诸子现代版丛书

方勇　主编

说苑

程翔　评注

商务印书馆
创于1897 The Commercial Press

2018年·北京

图书在版编目(CIP)数据

说苑/程翔评注. —北京:商务印书馆,2018(2018.8 重印)
(诸子现代版丛书)
ISBN 978-7-100-15409-3

Ⅰ.①说… Ⅱ.①程… Ⅲ.①笔记—中国—西汉时代 Ⅳ.①K234.106.6

中国版本图书馆 CIP 数据核字(2017)第 243708 号

诸子现代版丛书

说 苑

程翔 评注

商 务 印 书 馆 出 版
(北京王府井大街36号 邮政编码100710)
商 务 印 书 馆 发 行
北 京 冠 中 印 刷 厂 印 刷
ISBN 978-7-100-15409-3

2018 年 3 月第 1 版　　开本 880×1230 1/32
2018 年 8 月北京第 2 次印刷　　印张 32

定价:106.00 元

诸子现代版丛书

总　　序

方　勇

春秋战国之际，王道衰微，诸侯异政，礼乐崩坏，事不稽古。其间诸子，究际天人，异说郁起。老庄述道，孔孟言礼，墨翟执俭，申韩持法，其余诸家，亦各申己见，激辩争鸣。承流而枝附者，不可胜计，诸子之学，勃然而兴，诚为中华文明之活水源头。

自汉武改运，百家罢黜，儒术独尊，然子学一脉，承传绵延，代有兴发，不绝如缕。清末民初，旧政易制，西学东渐，儒学独尊地位不再。章太炎、梁启超、钱穆、吕思勉、冯友兰、于省吾、严灵峰诸君，各奋勤智，推究诸子，彰明百家，子学重现繁荣之貌。方今之世，政通人和，文运昭回。学界同仁，秉承诸子精神，整理诸子文献，述道言治，持说论辩，子学全面复兴之势，不可遏抑。

子学之全面复兴，其要有四：一曰整理文献；二曰精研学术；三曰传承精神；四曰推广文化。四要之中，整理文献奠其根基，精研学术掌其主干，传承精神运其枢纽，推广文化辅其侧翼。夫四要者，方今学者所推重者也。学界群贤，或专治一要，或数要并攻，各逞高论，共襄复兴之盛事。《诸子集成》《无求备斋诸子集成》《子藏》等子学文献整理丛书相继刊行，子学文献之整理愈发扎实厚重。《诸子学刊》《管子学刊》《老子学刊》《孔子学刊》《诸子研究丛书》等子学研究丛刊、丛书亦渐次问世，持续推动子学研究向纵深发展。合而观之,当代子学文献整理与学术研究,均有长足进步。然子学精神之提炼传承、子学文化之普及推广尚显薄弱。子学精神者,曰人格独立、精神自由,学派之间平等对话、互相争鸣,直面现实以深究学理,不尚一统而贵多元共生之精神也。子学精神贯穿历代子学发展之始终,实为诸子学说流衍之内在动力,乃子学承传延续之真脉。新时代之子学,当以承传发扬子学精神为己任,推陈出新,彰显当代子学之风标。再言子学文化之推广:诸子持论迥异,流派分明,各有传授,加之世事时局之影响,虽源远流长,却多持于士大夫、文人学者之手,并未在民间广为流传。然则诸子之学,本非束之高阁、囿于书斋之案头学术,而实为导世化俗、作用当下之实学。子学研究若清谈理论,不能化为时用,纵汪洋恣肆,亦难免于空疏之责。是故当代之诸子学术,务期以昌明国法,启蒙民智,摧邪辅正,去伪存真。故曰推广子学文化为子学复兴之辅翼,不可或缺。唯有深度与广度之二维拓展,方可引领子学之全面繁荣。

方今时代,与先秦相类,文化多元,议论蜂起,传统与革新同在,危机与机遇并存。固守传统、推尊一家,已难以独擅学林。传统文化、学术之转型,势在必行。由是,根植传统文化沃土而离脱旧学窠臼、融通中西思想方法而延续民族真脉之"新子学"应运而生。"新子学"之时代任务有三:一曰提炼并弘扬子学精神。以子学精神为导引,方可重拾独立、自由、平等、共生之优良传统,进而消解旧学专制、偏激、排异之流弊,从而锻造当代多元、会通之学术、文化。二曰重构中华民族话语体系。"五四"之际,旧学统治崩坍,除旧立新之声四起,加之西学涌入推助波澜,新文化运动席卷中华大地，是故中国传统学术承传递嬗之脉络暂告中断。学界多依傍西学体系，以期重构中华学术。《诗》归文，《春秋》入史，《论》《孟》归哲。就其形式而言，可谓大致实现传统到现代之转型。得益于此，中华学术亦得以挣脱桎梏，获得长足之进步。然就其实质而论，中学之血脉未能全合西学之骨络，使现今学术，表里不一，精神尽失，不能与西学平等对话，于世界范围几近失语。揆诸当今形势，中华文化之复兴，既要植根于传统，又须着眼于世界。其话语体系之重构，迫在眉睫。诸子之学，凝聚先人智慧哲思，为中华文化学术之源头，民族话语系统之柱石。“新子学”脱胎于传统子学，兼有融通中西之思想、契合当前再造中华民族话语体系之要求，当成为革新学术、重塑精神之中坚。三曰全面复兴子学，引领当代之国学。先秦之际，百家之说虽隐显各异，实则无高下之判。汉武推孔氏，黜百家，遂有经子之分野。传统国学，以经学为主导，因循守旧，排斥异端，以致抱残守缺，丧失创造革新之能力。“新子学”力主退经还子，全面复兴诸家之学，由此构建兼容经儒、并包诸子之开放体系，缔造包罗万有、生生不息之崭新学术，引领当代国学之发展走向。近两年间，学界先后数次召开高端学术研讨会，问脉“新子学”，有关“新子学”之议论亦持续升温。讨论日趋深入，“新子学”亦渐入人心，其理念、体系、方向已获学界多数朋友认同。“新子学”已崛起为当代主流学术之一。革新传统子学，缔造全新学术亦由此成为当前子学发展之风向标。恰值此时，商务印书馆欲刊行《诸子现代版丛书》，此举无疑顺应时代之要求，符合子学发展之规律，与“新子学”之理念不谋而合，实为复兴诸子之学、弘扬百家文化之新鲜血液。

20世纪以来,子学著作之整理成果颇丰。《诸子集成》《新编诸子集成》《诸子集成续编》《诸子集成补编》《无求备斋诸子集成》等大型丛书先后推出。《子藏》前两批成果之面世将子书整理推上另一高峰。《中国历代名著全译丛书》亦选入部分子书,另有某子之注译、选译单行本等等。就当前成果而言,《子藏》等大型丛书固然体系宏阔、内容丰赡,然其以整理元典为要,以保留子书原貌为先,文献价值虽高,却因语言古奥不利于大众之接受。今人之注译、选译,化繁为简,变古为今,易传播于当今,然各成一家,不成体系,标准不一,良莠不齐,恐有泥沙俱下、以讹传讹之虞。由是看来,《诸子现代版丛书》之出版,顺时应势,甚为必要。该丛书精选诸子百家之善本,全面注译原文。子书以刘勰所谓"诸子者,入道见志之书也"为标准择选,即诸子为诸子百家之子,而非经史子集之子。诸子之涵盖范围循章炳麟《诸子略说》之言,即"所谓诸子学者,非专限于周秦,后代诸家,亦得列入,而必以周秦为主"。另,篇首设题解,篇尾设评析,前后呼应,解读通篇大意,论析主要观点,导引读者接受。丛书全注全译,博采众长,简明晓畅,务求变古奥为浅近,化艰深为平易。题解、评析学术性与可读性并重,力争符合史实,通达精到。《诸子现代版丛书》之编成,文献价值与可推广性兼而有之,对当代子学之复兴与繁荣必有强劲之推动作用。

《诸子现代版丛书》之编撰宗旨为弘扬华夏传统文化,振兴中华民族精神。该丛书就文献价值而言,择选版本精善,体系构建谨严,持论平允适当,与《子藏》等诸子丛书相类,当成传世之经典。就其学术价值而言,立足于经典传承,着眼于文化普及,揭百家之面纱于众生,显诸子之精神于当世,使诸子当下之学之本质得以回归，大利于子学之普及与推广，无疑契合子学全面复兴之要义。就其现实意义而论，创新学术，彰显时代之风标，有益于大众对民族文化之认同，亦有益于提升华夏文明之世界影响与地位，从而助力中华民族话语体系之重构。《诸子现代版丛书》之面世，得益于学界整理诸子文献，创新百家学术之长期积淀，《诸子集成》系列丛书、《子藏》《诸子研究丛书》、“新子学”等均为其提供了丰富滋养。《诸子现代版丛书》之成书，亦是子学转型发展之必然，从传统到现代，自精英及大众，由封闭而融通，预示着当今子学发展已步入“新子学”阶段，子学之全面复兴，势在必然。

一人之立，尚需精神；一国之立，何能无精神而自行？耽于功利，惑于途说，大言炎炎，小言詹詹，所谓中国者竟何谓乎？诸子百家之学，源远流长，承传绵延两千余年而不减其泽，实为中华文化与精神之活水源头。当今中国之崛起，民族之复兴，实应以精神之回归、文化之传承为保证。归根返本，正本清源，正待其时。当代诸子之学，当汇纳百家以成不朽，淘沙取金以锻精神，引领文化、学术之走向，助推民族、文化复兴之实现。《诸子现代版丛书》为当代诸子学之力作，必将于未来之学术与文化领域发挥重要作用，成就一代之经典。

2014年9月15日

目　录

---

① 正文作“谈丛”。

导 言

一、刘向其人

刘向(前 79—前 8)[①],西汉经学家、目录学家、文学家。原名更生,字子政,沛(今属江苏沛县)人。汉皇族楚元王刘交四世孙。其祖父刘辟强,有清望,为武帝所重,任过宗正。其父刘德,曾召见甘泉宫,被武帝誉为“千里驹”[②],也做过宗正。刘向身为皇室宗亲,从小受到良好教育,12 岁荫任辇郎。成年后(前 60),刘向“以行修饬,擢为谏大夫”。又因通达能属文辞,献赋颂,展露才华,被宣帝选为名儒俊材,常侍左右,待诏金马门,并开始接触皇家图书,为后来学术生涯奠定基础。

公元前 51 年,汉廷召开石渠阁会议,宣帝“诏诸儒讲《五经》同异……立《谷梁春秋》博士”[③]。又诏命刘向传授《谷梁春秋》,从此“谷梁之学”大盛。这是刘向学术生涯的发展时期。后拜为郎中,给事黄门,迁散骑、谏大夫给事中。

---

① 刘向生卒年有四说。本书采用钱大昕之说。钱穆《刘向歆父子年谱》与徐兴无《刘向评传·刘向生卒年考异》均持此说。

② 《汉书·楚元王传》。

③ 《汉书·宣帝本纪》。

公元前 48 年，刘奭即位，即汉元帝。当时辅政大臣萧望之与宦官弘恭、石显形成两大势力。弘恭、石显在宣帝时就任中书令，“久典枢机，明习文法”，又与车骑将军史高等结为一体，常常在朝廷上与萧望之作对。萧望之认为重用宦官非国家旧制，也违背古人不近刑余之人的规定，当革除宦官专制的弊制，以士人代替宦官所任要职。这就与弘恭、石显等人发生了极大的矛盾，虽经多次较量，但皆遭失败。公元前 47 年，萧望之下狱后饮鸩自杀。后刘向被视为萧的朋党免为庶人，弃置十余年。

公元前 32 年，刘骜即位，即汉成帝，石显因罪死亡，刘向复出，拜为中郎，使领护三辅都水，迁光禄大夫。于是他更名为“向”，表达了对皇帝的无限希望之情。然而这时把持朝纲的外戚王凤对刘向这样的皇族心存戒备，阻挠其进入权力中枢。河平三年(前26)，54 岁的刘向受命主持中国文化史上一项浩大工程——以光禄大夫身份主持校理皇家图书，即中秘书，其子刘歆担任助手。57岁时，刘向又任中垒校尉。

我国《诗》《书》遭遇秦火之后，民间藏书大为减少。项羽烧秦宫，官府所藏荡为灰烬。汉代之初，萧何重视文化典籍的保护工作，主持修建了三座皇家藏书楼，名为石渠阁、天禄阁、麒麟阁。武帝时又建立国家(外廷)和皇家(内廷)图书馆，诏令天下献书。从汉武帝元朔五年下诏令礼官劝学，到汉成帝河平三年，整整一百年，书积如丘山，但未经整理，不能发挥作用。因此，刘向奉诏承担的这项文化整理工作，具有格外深远的意义。刘向不间断地工作了 19 年，卒于任上，为后人留下了中国目录学的开山之作《别录》。刘歆继承父业，撰写《七略》。尽管两书已佚，但我们从《汉书·艺文志》中可知其概貌。据《汉书·艺文志》记载,刘向校理经传、诸子、诗赋,“每一书已,向辄条其篇目,撮其旨意,录而奏之”。刘向所见之书,大概来自四个方面:1.宫廷藏书;2.太史书;3.太常书;4.私人藏书。刘向比对不同版本,着力校勘,校雠讹文脱简,校雠学由此诞生。因此,刘向是中国校雠学的开创者。严可均编《全上古三代秦汉三国六朝文》,收录刘向所写的“叙录”(“书录”)10篇,它们是:《战国策书录》《管子书录》《晏子叙录》《孙卿书录》《韩非子书录》《列子书录》《邓析书录》《关尹子书录》《子华子书录》和《说苑叙录》。另外还有大量“叙录”没有流传下来,比如《楚辞》是刘向编辑并定名,是我国最早的文学别集,但该书“叙录”已不传。这些工作奠定了刘向在中国文化史上极为重要的地位,班固在《汉书·楚元王传》中这样评价:

> 自孔子之后,缀文之士众矣,唯孟轲、孙况、董仲舒、司马迁、刘向、扬雄。此数公者,皆博物洽闻,通达古今,其言有补于世,《传》曰:“圣人不出,其间必有命世者焉。”岂近是乎?

章太炎在《国故论衡·明解故》中也说:

> 刘向父子总治《七略》,入者出之,出者入之,穷其原始,极其短长,此即与正考父、孔子何异?

余嘉锡在《古书通例·叙刘向之校雠编次》中说:

> 使后人得见周、秦诸子学说之全者,向之力也。

刘向一生热衷政治,但最终与权力中心失之交臂。这既是刘向的遗憾,也是刘向的幸运。正是因为有了主持校理皇家图书的任命,才有了永垂青史的刘向,这是中国文化的幸事!

刘向本人著作有《尚书洪范五行传论十一卷》(残存)、《五经通义九卷》(残存)、《五经要义五卷》(残存)、《别录二十卷》(残存)、《列女传八卷》(存)、《新序三十卷》(存十卷)、《说苑二十卷》(存)、《刘向赋三十三篇》(今残存《九叹》等数篇)、《刘向说老子四篇》(亡)等。还有奏议十一篇,可惜多数已亡佚,虽有严可均、陈寿祺等人的辑佚,但终归失多存寡,难见全貌。明代张溥辑有《刘中垒集》,收入《汉魏六朝百三家集》中。当代整理本有《两汉全书》(第九册)收录最全,邓骏捷整理,山东大学出版社 2009 年 12 月第一版。

刘向身为皇族成员,积极维护刘氏江山是其义不容辞的职责。反对宦官乱政,力排外戚势力,对上忠谏直言,贯穿刘向一生;虽然屡遭贬黜,备受打击,然初衷不改,其忠君报国之心可谓诚矣!刘向思想体系中,天人感应、灾异映世思想十分突出。他多次上书,借天灾言人祸,劝皇上谨守君道,戒奢倡俭。儒家思想在其思想体系中处于核心地位,颂圣君,歌贤臣,近贤远佞,保民安邦,致天下太平昌盛,是其孜孜以求的政治目标。同时,其思想中又掺杂道家、法家、墨家等学派因素,呈现出比较宽宏包容的一面。总之,《说苑》一书比较集中地展示了他的思想体系。

二、《说苑》其书

《说苑》是刘向主持校理皇家图书期间编撰成的一部书,最初书名为《新苑》,《汉书·艺文志》始称《说苑》,后世遂沿称至今。据刘向《说苑叙录》记载,当时,中秘书中有一部书名为《说苑杂事》,刘向认为它“事类众多,章句相溷,或上下谬乱,难分别次序”。于是“除去与《新序》复重者，其余者浅薄不中义理，别集以为《百家》。后令以类相从，一一条别篇目，更以造新事十万言以上，凡二十篇，七百八十四章，号曰《新苑》，皆可观”。由此得知，今本《说苑》有底本为据，即《说苑杂事》。那么，《说苑杂事》是一部什么书呢？因缺乏足够文献资料证明，目前尚无法下断语。台湾学者左松超在《论〈儒家者言〉及其与〈说苑〉的关系》（见《说苑集证》附录）一文中，根据河北定县八角廊四十号汉墓出土竹简进行推断，认为《说苑杂事》当时并未成书，只是一批资料。这批资料是“儒家者言”的一部分。当然，这只是推断而已，因为《汉书·艺文志》有《儒家言》一书，十八篇，归入“儒家”。“儒家者言”与《儒家言》是什么关系呢？《儒家言》是成书，我们是否可以说“儒家者言”是《儒家言》中的一部分呢？《汉书·艺文志》另有《百家》，归入“小说家”。这大概是刘向所言“别集以为《百家》”的《百家》。由此推知，《说苑》是在《说苑杂事》的基础上经刘向整理而成的一部书，既含原有内容，也含刘向“新造”内容。

清人谭献说刘向“以著述当谏书”，这是强调《说苑》的政治功能。从全书二十卷卷目可以看出，刘向编撰本书目的是弘扬儒家文化，巩固刘氏政权。二十卷卷目是：君道、臣术、建本、立节、贵德、复恩、政理、尊贤、正谏、敬慎、善说、奉使、权谋、至公、指武、丛谈、杂言、辨物、修文、反质，即刘向在《说苑叙录》所言“以类相从，一一条别篇目”。“篇目”即卷目，体现每一卷的主题。这些主题涵盖了忠君爱臣、敬天保民、尊贤斥佞、知恩图报、奖功罚罪、加强修养、重视治术、不辱使命、修文尚乐、戒奢倡简等等，涉及治国理政，提到的历史人物多达 670 余人；以儒家思想为主体，兼顾道、墨、法家思想。这样一个架构，实际上是一个治国大纲，既是对已有文化典籍体例架构的继承，又为后世编撰此类著作发凡起例。清代孙星衍编撰《孔子集语》即“略仿《说苑》体裁理而董之”。

今天来看，《说苑》不仅仅是一部谏书，其“文化窗”的特点非常突出。该书涉及众多古籍，从中可以窥见先秦典籍文化胜景。《说苑》与几十种古籍有互见关系，这些古籍绝大部分属于先秦重要文献，有的已经散佚。如果按数量排序，前十二部古籍是《孔子家语》《诗经》《韩诗外传》《史记》《淮南子》《吕氏春秋》《韩非子》《左传》《晏子春秋》《荀子》《礼记》《战国策》。

《说苑》反映了《诗经》在当时生活中普遍使用的情况，印证了孔子“不学诗无以言”的观点。徐建委在《说苑研究——以战国秦汉之间的文献积累与学术为中心》一书中指出：“除了《毛诗》《韩诗外传》之外，刘向《说苑》《新序》《列女传》三部著作几乎是西汉《诗经》学研究最重要的文献了。其中，《说苑》有近百章在文中或文后处引用了《诗经》。”在《说苑·奉使》“魏文侯封太子击于中山”一章中，刘向四次引用《诗经》，分别是《诗经·秦风·晨风》《诗经·王风·黍离》《诗经·齐风·东方未名》《诗经·大雅·卷阿》。文中的人物分别引用《诗经》中的句子，含蓄而生动地表达了思想感情，如同谜语，妙趣横生。这说明，《诗经》中的句子在当时贵族生活中得到普遍使用。

《说苑》在文章学上的意义也很重要。许多学者注意到了“说”这种文体的特点，拿它与《韩非子》中《说林》《储说》做比较研究，比如鲁迅在《中国小说史略》中就提到了该书。杨义在《中国古代小说史论》中指出：“在叙事完整性和曲折性上，《说苑》不少部分不让于先秦诸子，而且繁于六朝‘世说体’[①]。”笔者认为，《说苑》之“说”体现了比较成熟的文体特点，直接影响了后世“说”体文章。刘向继承前人之“说”，又有所发展。他在每一段故事开头交代背景，制造悬念，创设情境，然后引出故事内容，体现叙述意图。与这种叙述方式相配合的，就是虚构手法的使用。如果是议论，就在开头先设置一个“靶子”，然后引出观点，这比直接说教显得自然。这种“说”体，具有很大的灵活性，或解说，或叙述，或抒情，或议论，一切都为“宗旨”服务。比如《说苑·复恩》“晋赵盾举韩厥”章，叙述赵氏孤儿的故事。该故事家喻户晓，后世戏曲舞台久演不衰，程婴、公孙杵臼已是广受人们景仰的义士。有趣的是，刘向在《说苑》和《新序》中都选用了这个故事，但由于侧重点不同，对故事材料的处理也不同，从而体现了刘向文章学的观念。在《新序·节士》中，刘向表现的重点是程婴、公孙杵臼的侠肝义胆，使他俩成为核心人物；而在《说苑·复恩》中，刘向表现的重点是韩厥知恩图报的品质，对程婴、公孙杵臼救孤的过程只用“朔客程婴持亡匿山中”一句带过，对程婴自杀的情节则全部省去，让韩厥成为贯穿整个故事的中心人物。由于《说苑》的资料是广采群书，就必然有一个对原材料的取舍和加工使用的问题。总起来看，刘向对原材料采取了引用、改造、整合、新写的方法[②]。

《说苑》的文献价值向来为人所重。《四库全书总目·说苑》

---

① 《杨义文存》第六卷第145页，人民出版社1998年版。

② 邢培顺《刘向〈新序〉〈说苑〉〈列女传〉材料来源及加工取舍方式探索》，《滨州师专学报》2004年3月。

载:“然古籍散佚多赖此以存,如《汉志》《河间献王》八篇,《隋志》已不著录,而此书所载四条,尚足见其议论醇正,不愧儒宗,其他亦多可采择。”屈守元在为向宗鲁《说苑校证》写的《序言》中评价说,《说苑》取材十分广泛,上自周秦诸子,下及汉人杂著,其中一部分早已散佚,幸赖《说苑》保留了一点遗文琐语。比如《说苑·君道》有“晋平公问于师旷”章,全文如下:

晋平公问于师旷曰:“人君之道如何?”对曰:“人君之道,清净无为,务在博爱,趋在任贤;广开耳目,以察万方;不固溺于流俗,不拘系于左右;廓然远见,踔然独立;屡省考绩,以临臣下。此人君之操也。”平公曰:“善!”

《汉书·艺文志》“小说家”有《师旷》六篇,但其书已佚,本章内容可能出自《师旷》一书。刘向编撰此书,广采群书,遍引百家,查有实据的文献资料达46种,占总数的90%,还有10%出处不详。这些古籍,今或存或亡,从《说苑》中可以看到其中部分佚文。清人马国翰《玉函山房辑佚书》就充分利用了《说苑》的辑佚价值。仅以《汉书·艺文志》中“诸子略·儒家”为例,马氏就辑出《漆雕子》《宓子》《景子》《魏文侯书》《李克书》《宁越》《鲁连子》《河间献王书》的部分佚文。

再如《说苑·辨物》第十三章:

度量权衡以黍生之,为一分,十分为一寸,十寸为一尺,十尺为一丈。十六黍为一豆,六豆为一铢,二十四铢重一两,十六两为一斤,三十斤为一钧,四钧重一石。千二百黍为一龠,十龠为一合,十合为一升,十升为一斗,十斗为一石。

有学者认为,这是关于中国度量衡最早的资料之一①。再如《说苑·善说》第十三章《越人歌》,原文是“滥兮抃草滥予?昌枑泽予?昌州州𩜱。州焉乎秦胥胥,缦予乎昭澶秦逾渗。惿随河湖。”鄂君子晳听不懂越人歌,请人用楚语翻译为:“今夕何夕兮?搴中洲流。今日何日兮?得与王子同舟。蒙羞被好兮,不訾诟耻。心几顽而不绝兮,知得王子。山有木兮木有枝,心说君兮君不知。”后人便以《越人歌》名此篇。马祖毅在《中国翻译简史》中说它:“可以视为我国历史上第一篇诗歌翻译②。”甚至有的学者认为这是最早的关于同性恋的文献资料③。另据潘光旦《中国文献中同性恋举例》一文,《说苑·权谋》第三十九章“安陵缠以颜色壮美,得幸于楚共王”与《说苑·杂言》第四章“弥子瑕爱于卫君”,均为古代同性恋资料,世称同性恋为“余桃断袖”,即与弥子瑕的故事有关。

三、《说苑》的影响

《汉书·刘向传》记载:“向睹俗弥奢淫,而赵、卫之属起微贱,逾礼制。向以为王教由内及外,自近者始。故采取《诗》《书》所载贤妃贞妇,兴国显家可法则,及孽嬖乱亡者,序次为《列女传》,凡八篇,以戒天子。及采传记行事,著《新序》《说苑》凡五十篇奏之。数上疏言得失,陈法戒。书数十上,以助观览,补遗阙。上虽不能尽用,然内嘉其言,常嗟叹之。”

---

① 谢明仁《刘向〈说苑〉研究》第四章第八节。兰州大学出版社 2000 年版。
② 马祖毅《中国翻译简史》第 5 页。中国对外翻译出版公司 2004 年版。
③ 程翔《说苑译注》第 292 页。北京大学出版社,2009 年版。

正因为这样,《说苑》一书得到了历代帝王的高度重视。刘向编撰此书后,首先呈给了汉成帝。可以说汉成帝是《说苑》的第一位读者。"上虽不能尽用,然内嘉其言,常嗟叹之",说明该书对成帝是有影响的。

南北朝时期,北魏明元帝拓拔嗣读过《说苑》。据《魏书·太宗纪》载:"帝礼爱儒生,好览史传。以刘向所撰《新序》《说苑》于经典正义多有所阙,乃撰《新集》三十篇,采诸经史,该洽古义,兼资文武焉。"唐代开国君主李世民读过《说苑》。李世民曾下令,命魏征、虞世南、褚遂良编辑《群书治要》,收入《说苑》部分内容。李世民读过《群书治要》后,专门写了《答魏征上〈群书治要〉手诏》,感慨道:"朕少尚威武,不精学业,先王之道,茫若涉海。览所撰书,博而且要,见所未见,闻所未闻,使朕致治稽古,临事不惑。其为劳也,不亦大哉!"另据《贞观政要》记载,魏征曾在上唐太宗的奏章中大段引用《说苑·臣术》第一章中内容:"人臣之行,有六正六邪。行六正则荣,犯六邪则辱……"唐太宗写《帝范》,受《说苑》影响。另据宋代苏易简《文房四谱》转引唐代武平一《景龙文馆记》记载,唐中宗李显"令诸学士入甘露殿,其北壁列书架。架上之书学士等略见,有《新序》《说苑》《盐铁》《潜夫》等论。"这说明,在唐代《说苑》一书曾受到统治者高度重视,是治国理政的重要参考文献。到了明代,《说苑》的地位得到进一步提高。洪武十四年,朱元璋命祭酒李敬:"士之为学,贵于知古今,穷物理。圣经贤传,学者所必习。……卿以朕命,导诸生读经史之暇,兼读《说苑》,讲律令,必有所益[①]。"这

---

① 见《南雍志·卷一》。转引自毛礼锐、沈灌群《中国教育通史》第三卷第404页,山东教育出版社1987年版。

就是说,《说苑》一书由皇帝御批列为太学课程,是国子监生员必修课。这在《明史·选举志》中也有记载。清代《四库全书荟要》是乾隆皇帝下令编辑的丛书,是在编纂《四库全书》基础上遴选出的菁华,收书473种,其中收录《说苑》。《荟要》一共编了两部,其中一部放在宫中御花园的摛藻堂(另一部放在圆明园东墙外长春园内的味腴书屋),乾隆皇帝经常来这里阅读,想必是读过《说苑》的。

到了现代,《说苑》的教材价值进一步受到重视。民国二十二年,商务印书馆出版《新序说苑》(选本),作为"学生国学丛书"之一印行。今天,《说苑》部分章节被收入小学、中学、中职《语文》课本,供学生阅读。比如北师大版六年级《语文》选录了《螳螂捕蝉》一文,出自《说苑·正谏》。广东版高中《语文》必修四选入了《晏子治东阿》一章,出自《说苑·理政》。外语教学与研究出版社的中等职业学校《语文》"基础模块"上册收入了《孙叔敖纳言》一章,出自《说苑·敬慎》。《说苑》语言难度适中,作为教材颇为适宜。

四、《说苑》版本

《说苑》一书自汉至唐各代"艺文志"中均见著录,共20卷。目前所见最早版本为敦煌写本中的残卷。此书到宋代一度散佚。宋初王尧臣、王洙、欧阳修等人编撰《崇文书目》,记录"今存者五篇(卷),余皆亡"。治平四年,曾巩任馆阁校勘,整理《说苑》,写有《说苑目录序》云:"从士大夫间得之者十有三篇,与旧为十有八篇,正其脱谬，疑者阙之，而叙其篇目曰……[①]。”淳熙乙巳十月六日，陆游写《跋说苑》，记录李德刍云：“馆中《说苑》二十卷，而缺《反质》一卷。曾巩乃分《修文》为上、下，以足二十卷。后高丽进一卷，遂足[②]。”

目前所知，宋代《说苑》版本有两个系统：一是所谓“北宋本系统”，半页 11 行，行 20 字。二是“咸淳乙丑本系统”，半页 9 行，行 18 字。后一系统当由前一系统发展而来。这两个系统的版本现分别藏于俄罗斯国家图书馆、北京国家图书馆、上海图书馆和台湾故宫博物院。下面着重介绍前一个系统。

这个系统的版式特点是半页 11 行，行 20 字，白口。潘景郑在《著砚楼书跋》中写道：“《说苑》以海源阁所藏宋本为第一。”查《荛圃藏书题识》，黄丕烈收藏过一部《说苑》，六册，无宋刻标记，每卷标题有“校正说苑”字样，行款与其所藏宋版《新序》多同。黄丕烈认定“必是北宋以来旧本，因遂得之，取校咸淳重刊本，实多是正，即如卷六‘阳虎得罪’条，多‘非桃李也’四字，卢抱经《群书拾补》中据《御览》以为有‘非桃李也’四字，讵知宋刻初本固有之耶？其他佳处，不可枚举，余悉校诸程荣本，以供同好之传录云。”此本现藏于俄罗斯莫斯科国家图书馆，详见笔者《发现莫斯科国家图书馆藏宋版〈说苑〉》[③]一文。

这个系统的另一个重要版本是元代大德七年云谦刻本《校正

---

① 见《曾巩集》，中华书局 1984 年版。“十有三篇”和“十有八篇”为误记。当从《郡斋读书志》和《直斋书录解题》记为“从士大夫间得十五篇，与旧为二十篇。”

② 见《陆游集》，中华书局 1976 年版。

③ 载《中国典籍与文化》2014 年第 4 期。

刘向说苑》。此本虽非宋本，但潘景郑在《著砚楼书跋》中将其排在第二位，仅次于海源阁本。此本半页 11 行，行 20 字，白口，左右双栏，有刻工。其跋为："宪使牧庵先生暇日出示刘向《说苑》，有益后学，俾绣之梓，以寿其传，诚盛事也。大德癸卯冬十月朔，文学掾河南后学云谦敬书。"此本现藏于上海图书馆，最接近海源阁本。

北京大学图书馆现藏有一部《说苑》残本。《北京大学图书馆藏善本书录》著录此本，定为"宋刊本"，半页 11 行，行 20 字，白口，现存 11 卷至 20 卷，三册，末有袁克文题记。此书为李盛铎捐赠之物。傅增湘在《藏园群书经眼录》卷七记载："此书余甲寅岁代李木斋先生所收。蝶装巨册，微有损浥，望而知为内阁大库之书。纸背钤有'国子监崇文阁官书'大印。其后频年假校而不可得。今岁，先生遗书归北京大学图书馆。乃从典掌者假归，以程荣《汉魏丛书》本校之。程本余前取宋咸淳本校之，所校正之字，二本往往相合。然此本有而咸淳本无者，亦所在多有。余别有跋详之，此不赘。余详绎此本，虽字体方正，行款与海源阁藏宋本合，然气息孱薄，宋讳不避，疑为宋末元初覆刻之本。至木斋先生定为北宋刻，则非末学所敢知矣。"其实，傅增湘所言"宋讳不避"的说法不确。该残本避"桓"字，缺末笔。"桓"字缺笔是避北宋钦宗名讳。至于此残本究竟是宋本还是元本，有待进一步考证。

上述三种版本不仅行款相同，而且字迹相同，它们之间是怎样的承继关系，也有待进一步考证。除此之外，上海图书馆也藏有一部《说苑》残本，存 16 至 19 卷，半页 11 行，行 20 字，白口，左右双边，有刻工。此书曾为凌宴池夕薰楼收藏，书前有序，云："此南宋初年刻，为海内仅存之残本。明在晋府，清藏内阁。阁中人置诸怀袖携出者，索价太昂，久始得之。吴县曹元忠撰《笺经室遗集》卷十一跋宋椠残本《说苑》，即指此书。原《跋》考订精详，全文录后。”曹元忠跋语较长，下面摘录其中一段：“此红丝罗纹纸印本《说苑》……版心有洪茂、洪新、徐亮、许明等刻工姓名，亦有但作茂字、亮字者。卷中于“玄”“敬”“警”“殷”“徵”“让”“禳”“树”“桓”“完”“莞”等讳皆缺笔，于“慎”“敦”等讳皆不缺笔，当是南宋初年刻本。”此本与上述三种版本行款相同，但字迹明显不同，定为宋本应该没有问题。至于此本与上述三种是怎样的关系，尚有待进一步考证。

五、《说苑》研究概述

对《说苑》的研究，大概肇始于南北朝时期。刘勰在《文心雕龙·诸子》中写道：

若夫陆贾《新语》，贾谊《新书》，扬雄《法言》，刘向《说苑》，王符《潜夫》，崔寔《政论》，仲长《昌言》，杜夷《幽求》，或叙经典，或明政术，虽标论名，归乎诸子。何者？博明万事为子，适辨一理为论，彼皆蔓延杂说，故入诸子之流。夫自六国以前，去圣未远，故能越世高谈，自开户牖。两汉以后，体势漫弱，虽明乎坦途，而类多依采，此远近之渐变也。嗟夫！身与时舛，志共道申，标心于万古之上，而送怀于千载之下，金石靡矣，声其销乎！

有学者认为，刘勰称赞刘向《说苑》“越世高谈，自开户牖”①，这是

① 见范能船《“越世高谈，自开户牖”——〈说苑〉论》，《抚州师专学报》(社会科学版)1987 年第 3 期。

误解了刘勰的意思。刘勰这两句是来称赞先秦诸子百家的。先秦之时,思想尚未定于一尊,诸子百家少有局限,遂自成一家;两汉时期,罢黜百家,独尊儒术,就无人敢标新立异了。刘向的《说苑》只能是"标心于万古之上,而送怀于千载之下"。这里,刘勰总结了诸子从先秦到两汉的发展轨迹,并提出了自己的见解,对后人颇有启发。

到了唐代,著名史学家刘知几在《史通·杂说》中批评《说苑》道:

> 观刘向对成帝,称武、宣行事,世传失实,事具《风俗通》,其言可谓明鉴者矣。及自造《洪范》《五行》,及《新序》《说苑》《列女》《神仙》诸传,而皆广陈虚事,多构伪辞。非其识不周而才不足,盖以世人多可欺故也。呜呼!后生可畏,何代无人,而辄轻忽若斯者哉!夫传闻失真,书事失实,盖事有不获已,人所不能免也。至于故为异说,以惑后来,则过之尤甚者矣!

刘知几是著名史学家,其史学理论对后世影响巨大。刘知几以史家眼光评论《说苑》,提出了严厉批评,认为刘向"广陈虚事,多构伪辞"。对刘知几的批评,我们要辩证看待。从史学角度看,刘向应该忠于史实;但是说刘向"盖以世人多可欺故也","故为异说,以惑后来",则言重了。从文学角度看,《说苑》以历史故事为基础,适当虚构,突出编撰意图,以便更好地体现"谏书"作用,亦无可厚非。如果一定把《说苑》当史书看,是不是有点胶柱鼓瑟?刘向看重的是"义理",不只是史实。

到了北宋,曾巩开始对《说苑》进行整理,并写了一篇《说苑序》。《说苑》能流传至今,曾巩功不可没,《校正刘向说苑》的"校正”工作应当始于曾巩。在《说苑序》中，曾巩记录了该书失而复聚的经过，并“正其脱谬”。曾巩也表达了对《说苑》的评价，他认为，刘向编撰《说苑》，缺点有三：取料“或有不当于理”之处；“徇物多而自为少”；不能“尽乎精微”。这些批评有些苛刻，何良俊在《说苑新序・序》中给予了批驳，认为“诋诃过严，与夺失实”。刘向编撰《说苑》，以是否合乎儒家“义理”作为取舍标准，这一点与曾巩的思想是一致的。至于有些内容可能超出了儒家学说范围，这完全可以理解，而且是刘向的可贵之处。刘向所处的时代，儒学虽然已经取得独尊地位，但是刘向没有囿于一家，而是兼及百家，这比后代士子僵守儒学一家的做法要高远得多。说刘向“徇物多而自为少”，这只是看到了一个方面。徐兴无说：“由于这两部书并非刘向的自撰或创作，因此，其中的文字并不能完全代表刘向的思想，倒是刘向对两部书的选择、整理、修改或增益，才能代表刘向的思想①。”这一观点颇有道理。刘向的“自为”体现在构架了一个以儒家思想为主体的治国理政的思想体系。至于不能“近乎精微”，则纯属苛求了。曾巩所言“精微”究竟何所指？颇感茫然。笔者以为，《说苑》在一定程度上体现了儒家思想的精髓，只要细读该书，就会被刘向的仁爱之心所感动，而“仁爱”思想是儒家思想的精髓。

南宋时期，研究《说苑》的有黄震和叶大庆等人。《黄氏日钞》怀疑《说苑》有后人作伪之嫌。叶大庆的《考古质疑》针对《说苑》中内容指出了诸多问题。如《复恩》载有孔子称赞赵襄子善赏之事，《善说》亦载赵襄子当面奚落孔子。据历史年代考之，二人根本不

---

① 徐兴无《刘向评传》第401页，南京大学出版社2005年版。

是同时代的人，孔子卒后多年才有赵襄子。《复恩》并载《龙蛇之歌》，而舟之乔事悖矣。《正谏》载隐士诸御己谏楚庄王，为了让庄王善待忠臣，谏说中特举“吴不用子胥而越并之”为教训。事实上，越王勾践并吴，发生在楚庄王死后一百八十年。《奉使》载晏婴使吴而说吴王夫差。实际上吴王夫差即位时，晏婴已死去多年。《杂言》载曾子辞齐景公之聘，晏婴为他送行并赠以格言。实际上晏子卒时，曾子才七岁。《尊贤》“晋、景战于邲”章“昭公”应为“景公”。应该说，叶大庆的研究对于纠正《说苑》史误颇有功绩。

明、清两代，《说苑》版本繁多，仅明刻本就有三十多种。清代出现了一批研究刘向及《说苑》的学者，如卢文弨、严可均、黄丕烈、王念孙、孙诒让、俞樾、朱骏声等人。其中，卢文弨的《群书拾补·说苑》用力最勤，成就最显，可谓第一部有分量的《说苑》研究专著。以上为《说苑》研究的古代时期。

至近、现代，《说苑》研究成果繁多，代表性成果有刘文典《说苑斠补》、余嘉锡《四库提要辨证·〈新序〉〈说苑〉》，还有罗根泽的《〈新序〉〈说苑〉〈列女传〉不始作于刘向考》一文。1987 年中华书局出版了向宗鲁的《说苑校证》，该书作于上世纪二十年代，用力甚勤，多有创见，代表国内学者《说苑》研究最高成果。1930 年，钱穆《刘向歆父子年谱》在《燕京学报》第七期上发表，文中有关于《说苑》的研究成果。上世纪六十年代，台湾学者金嘉锡有《说苑补正》一书，对刘文典《说苑斠补》多有补正。1985 年，赵善诒的《说苑疏证》出版，作者参照清陈士珂《韩诗外传疏证》《孔子家语疏证》的体例，以原文为纲，把与诸书互见者备录于后，给读者阅读和研究带来很大方便。1993 年，台湾国立编译馆出版了左松超的《说苑集证》。此书在前人基础上更加完善，考订详审，创见颇多，是《说苑》研究的又一重要成果。左氏书在辑补《说苑》佚文方面有明显突破，其中 38 条为新增佚文，使《说苑》佚文增加到 63 条。2011 年，中华书局出版了朱季海遗著《说苑校理》，有益后学。

值得一提的还有 1979 年在台湾出版的徐复观《两汉思想史》第三卷中的《刘向〈新序〉〈说苑〉的研究》。此书首次全面研究了《说苑》的成书过程及在汉代思想史上的地位，给后人颇多启发。在徐复观之后，对《说苑》一书思想的研究有了新的发展，代表性成果是台湾学者许素菲的《说苑探微》和大陆学者谢明仁《刘向〈说苑〉研究》。前者出版于 1989 年，后者出版于 2000 年。两书都全面系统地研究了《说苑》的思想内容，后者还深入研究了《说苑》的成书过程及文学性，颇有见地。2005 年出版的徐兴无著《刘向评传》是第一部刘向评传，书中列专章研究了《列女传》《新序》和《说苑》的思想性与艺术性。

这个时期《说苑》译注工作也有了很大进展。台湾学者卢元骏的《说苑今注今译》初版于 1977 年，后又经过再版和修订。此书开《说苑》译注先河，然注释及译文难免有可商榷之处。1992 年，王锳、王天海的《说苑全译》出版，这是大陆第一个完整译本。1994 年，岳麓书社出版了钱宗武的《白话说苑》。1996 年台湾三民书局同时出版了左松超和罗少卿同名《新译说苑读本》。从质量上看，左书胜于罗书。2009 年，北京大学出版社出版了笔者的《说苑译注》，首次以元大德云谦刻本为底本，对全书进行了注释、翻译和点评，是一部普及性著作，这次出版仍以云谦刻本为底本。这个时期的选译本有 1986 年福建教育出版社出版的范能船选译的《说苑选》,1990年巴蜀书社出版的曹亦冰选译的《说苑新序选译》,1991年人民文学出版社出版的马达、顾易生选译的《新序说苑选译》,1993年中国文联出版公司出版的华晓林选译的《写给皇帝看的书——〈说苑〉》。

近年来《说苑》研究者渐增,大多是一些硕士、博士研究生,他们将《说苑》《新序》《列女传》等书作为毕业论文的写作对象。其中值得重视的是徐建委博士的《说苑研究——以战国秦汉之间的文献积累与学术为中心》,从新的角度,对《说苑》进行了研究,颇有见地。另有肖瑾的硕士论文《刘向〈新序〉〈说苑〉研究》,作者是徐兴无的研究生,研究《说苑》,可谓得天独厚。还有王启敏的《刘向〈新序〉〈说苑〉研究》也有新见解。另外,邢培顺的《刘向散文研究》和吴全兰的《刘向哲学思想研究》,也都很有见地,是《说苑》研究的深化和拓展。当然,不排除个别研究著作走向歧路,比如把《说苑》作为权谋书,直接命名为《权谋书》出版。

最后说一下日本研究《说苑》的情况。据严绍璗《日藏汉籍善本书录》记载,早在唐代,日本就有关于《说苑》的记录。今藏于日本的《说苑》版本有明楚府刊本、明嘉靖十四年刊本、明嘉靖二十六年何良俊刊本和明刊《汉魏丛书》本。1793年,日本学者关嘉撰《刘向说苑纂注》,是日本较早研究《说苑》的著作。1798年日人桃源藏撰有《刘向说苑考》。

总起来看,《说苑》虽不像"四书五经"那样热,也不像老、庄、荀、墨那样火,但它在古代典籍中的地位不应忽视。当今,《说苑》研究已经呈现出颇为可喜的新局面。

卷一　君道

【题解】

《说苑·君道》是继《荀子·君道》之后比较早的论述帝王行为规范的文献资料。刘向系统、全面地提出了为君之道，这是对中国政治学的贡献。在专制社会中，最高统治者个人品质和能力，是国家政治中的核心问题，直接关系到国家兴衰。刘向生活的年代，外戚专权更加突出，“王氏之患”令刘向寝食不安。为了维护刘氏政权，刘向先从“君道”入手，对汉朝天子的行为规范提出了具体要求，可谓用心良苦。

本卷共四十四章，从内容上分为以下几个方面：一、国君要有爱民思想，重教化轻刑罚；二、国君要知人善任、选贤任能；三、国君要加强个人品德修养；四、国君要独立决断；五、国君要远离奸佞；六、国君要有敬天思想；七、国君要注重内省、居安思危；八、国君要懂得“天下为公”的道理；九、国君要防止尾大不掉。可以说，这既是对历史的总结，也是对国君的忠告，表达了一位忠臣的心声。

在西方著作中，有意大利尼科洛·马基雅维里的《君主论》，是专门写给最高统治者看的，除了论述军事以外，还专门论述了怎样做君主，比如第二十三章专门论述了“应该怎样避开谄媚者”的问题。总起来看，《君主论》中议论的色彩浓厚，而《君道》则以故事的形式呈现，将深刻道理蕴涵于故事之中，比干巴巴的论述更具可读性。

一

晋平公问于师旷曰[1]：“人君之道如何？”对曰：“人君之道，清净无为，务在博爱，趋在任贤[2]；广开耳目，以察万方；不固溺于流俗[3]，不拘系于左右[4]；廓然远见[5]，踔然独立[6]；屡省考绩[7]，以临臣下[8]。此人君之操也。"平公曰："善！"

【注释】

[1] 晋平公：春秋时晋国国君，公元前557至前532年在位。师旷：晋国乐师，名旷，盲人。师，指乐师。《汉书·艺文志》"小说家"记有《师旷》六篇，已佚。此章可能是该书佚文。

[2] 务在博爱，趋(qù)在任贤：务，一定，务必。趋，志向。

[3] 固溺：拘泥。流俗：社会上流行的风俗习惯。

[4] 拘系于左右：拘系，限制、控制。左右，身边的人。

[5] 廓然：心胸开阔。

[6] 踔(zhuō)然：高超特出的样子。

[7] 省(xǐng)：督察。考绩，考核官吏政绩。

[8] 临：监督。

【今译】

晋平公请教师旷："做君主的道理是怎样的？"师旷回答说："做君主的道理是，简政不扰民，务必博爱众人，选贤任能；要拓宽见闻，明察天下情况；不被社会上流行的风俗习惯所拘泥，不被身边的人所控制；心胸开阔、富有远见，特立独行、富有主见；勤于督察、考核政绩，以此驾驭众臣。这就是做君主的道理。"晋平公说"好！"

二

齐宣王谓尹文曰[1]："人君之事何如？"尹文对曰："人君之事，无为而能容下。夫事寡易从[2]，法省易因[3]，故民不以政获罪也。大道容众，大德容下；圣人寡为而天下理矣。《书》曰：'睿作圣'[4]。诗人曰：'岐有夷之行，子孙其保之[5]！'"宣王曰："善！"

【注释】

[1] 齐宣王谓尹文：齐宣王，即田辟疆，战国时齐国国君，威王子，公元前319年至前301年在位。尹文(约前360—前280)，又称尹文子，战国时人，名家学派代表人物。《汉书·艺文志》著录《尹文子》一篇。有学者指出，今本《尹文子》系后人伪托。

[2] 事寡易从：政治简明，百姓容易遵从。

[3] 法省易因：法令简约，百姓容易遵守。因，遵守。

[4]《书》曰：'睿作圣'：《书》，指《尚书》。《尚书·洪范》："睿作圣"。一说"睿"当作"容"。

[5] 诗人曰：'岐有夷之行，子孙其保之'："人"，疑为衍文。岐，岐山。夷，平坦。行(háng)，道路。其，表示祈使，译为"可要"。保，保持。此句用平坦宽阔的道路比喻周文王简明宽容的政治。语出《诗经·周颂·天作》。

【今译】

齐宣王对尹文子说："国君做事情的原则是怎样的？"尹文子说："国君做事情，政治简明并且包容自己的臣民。政治简明，百姓容易遵从；法令简约，百姓容易遵守。所以百姓不会因为政令的苛刻而犯罪。宽大的道路可以容纳众人，高尚的品德可以包容万民；圣人少作为天下就安定了。《书》上说：'能包容就能成为圣人。'《诗》上说：'周朝有简明宽容的政治，子孙后代可要保持下去呀！'"齐宣王："好。"

三

成王封伯禽为鲁公[1]，召而告之曰："尔知为人上之道乎？凡处尊位者，必以敬下[2]，顺德规谏[3]，必开不讳之门[4]，蹲节安静以藉之[5]。谏者勿振以威[6]，毋格其言[7]，博采其辞，乃择可观。夫有文无武，无以威下；有武无文，民畏不亲；文武俱行，威德乃成；既成威德,民亲以服;清白上通,巧佞下塞;谏者得进,忠信乃畜。”伯禽再拜受命而辞。

【注释】

[1] 成王封伯禽为鲁公:成王,周武王之子,姬姓,名诵。武王死,成王年幼,叔父周公旦摄政。伯禽,周代鲁国始祖,姬姓,字伯禽,亦称禽父,周公旦长子。周公旦东征灭奄(今山东曲阜)后,成王将殷民六族与旧奄地、奄民封给伯禽,国号鲁,建都曲阜。伯禽在位 46 年。公,古爵位名,为五等爵的第一等。《礼记·王制》:“王者之制禄爵,公、侯、伯、子、男,凡五等。”

[2] 必以敬下:一定采取礼贤下士的态度。

[3] 顺德规谏:卢文弨认为,德,疑为“听”字之误(繁体“聽”与“德”字形相近)。规谏:下对上进行劝诫。

[4] 必开不讳之门:一定敞开无所避讳的大门。

[5] 蹲节安静以藉之:蹲节,即“撙(zǔn)节”,节制,克制。藉(jiè):安慰,抚慰。

[6] 谏者勿振以威:对进谏者不要用威怒震慑他。“振”通“震”。

[7] 格:阻止。

【今译】

周成王分封伯禽为鲁公,召见伯禽并告诫他说:“你懂得做人主的道理吗?凡是身居高位的人,一定采取礼贤下士的态度,听从他们的劝诫,坚决倡导言论无忌的风气,克制自己的情绪并保持平静的心态来抚慰进谏者。对进谏者不要用威怒震慑他们,不要阻止他们说话。要广泛地采纳他们的意见,然后选择有价值的内容。如果只有文治没有武功,就不能威慑天下的人;如果只有武功没有文治,百姓就只会敬畏而不亲近你;文治武功同时并用,威严和德政才能形成;威严和德政形成了,百姓就亲近并服从你;使操行纯洁的人通达上层,乖巧奸佞之徒被阻止在下层;使能够提意见的人得到任用,忠实诚信的人就会聚集在你身边。”伯禽向成王拜了两拜,接受成王的分封和告诫,辞谢而去。

四

陈灵公行僻而言失[1]，泄冶曰[2]："陈其亡矣！吾骤谏君[3]，君不吾听[4]，而愈失威仪。夫上之化下，犹风靡草，东风则草靡而西，西风则草靡而东，在风所由而草为之靡。是故人君之动，不可不慎也。夫树曲木者，恶得直影[5]？人君不直其行，不敬其言者，未有能保帝王之号、垂显令之名者也。《易》曰：'夫君子居其室，出其言善，则千里之外应之，况其迩者乎[6]？居其室，出其言不善，则千里之外违之，况其迩者乎？言出于身，加于民；行发乎迩，见乎远。言、行，君子之枢机[7]。枢机之发，荣辱之主，君子之所以动天地，可不慎乎？'天地动而万物变化。《诗》曰：'慎尔出话，敬尔威仪，无不柔嘉[8]。'此之谓也。今君不是之慎而纵恣焉，不亡必弑[9]。"灵公闻之，以泄冶为妖言而杀之，后果弑于征舒[10]。

【注释】

[1] 陈灵公：春秋时陈国国君，公元前 613 年至前 599 年在位。《左传·宣公九年》记载，陈灵公与大夫孔宁、仪行父三人与夏姬通，并在朝中公开夏姬的内衣并开玩笑，受到泄冶的批评。

[2] 泄冶：陈国大夫，曾劝戒陈灵公。陈灵公将泄冶的话告诉孔宁、仪行父，二人要求杀死泄冶，陈灵公不加阻止，泄冶于是被杀。

[3] 骤：屡次、多次。

[4] 君不吾听：宾语前置，即"君不听吾"。

[5] 恶(wū)得直影：怎么会得到直的影子？恶，疑问代词，怎么，如何。

[6] 迩(ěr)：近。

[7] 枢机：事物的关键。枢，门的转轴。机，弓弩上的发射装置。二者都是开启的关键。

[8] 柔嘉：温柔而美善。

[9] 不亡必弑：不亡国也一定会被臣下杀死。弑(shì)，古代专指臣杀君、下杀上。

[10] 征舒：夏姬之子。《左传·宣公十年》记载，陈灵公与大夫孔宁、仪行父在征舒家喝酒，一起戏弄征舒。征舒一气之下射杀了灵公，自立为陈侯，后被楚庄王所杀。

【今译】

陈灵公行为怪僻而且言语失当，泄冶劝说道："陈国要灭亡了！我多次劝戒国君，你不接受我的意见，反而愈发丧失君主的威仪。国君感化臣民，就像风吹草伏：吹东风，草就向西倒；吹西风，草就向东倒。风向决定草倒伏的方向。所以国君的一举一动，不可不慎重。栽种歪曲的树木，怎能会得到笔直的树影？国君不端正自己的行为，不谨慎自己的言语，没有能保住帝号的，没有能留下美好名声的。《易经》上说：'国君住在宫室，如果说出的话是正确的，千里之外的人也会响应，何况那些近旁的人呢？国君住在宫室，如果说出的话是错误的，千里之外的人也能违背，更何况近旁的人呢？话从自己口中说出，会影响到老百姓；行为在近处发出，会在很远的地方表现出来。恰当的言谈举止，是作为君子的关键。关键的话说出来，关系到国君的荣辱，能感动天地，能不谨慎吗？'天地感动会导致事物变化。《诗》上说：'警惕你说出的话，整肃你的威仪，那就显得温柔而美善。'说的就是这个意思。现在国君对自己的言行不谨慎，反而放纵它，即便国家不亡，国君也一定会被臣下杀死。"灵公听了这些话，认为泄冶在散布妖言，就杀了他。后来陈灵公果真被征舒所杀。

五

鲁哀公问于孔子曰[1]："吾闻君子不博，有之乎[2]？"孔子对曰："有之。"哀公曰："何为其不博也？"孔子对曰："为其有二乘[3]。"哀公曰:“有二乘则何为不博也?”孔子对曰:“为行恶道也[4]。”哀公惧焉。有间曰[5]:“若是乎君子之恶恶道之甚也!”孔子对曰:“恶恶道不能甚,则其好善道亦不能甚;好善道不能甚,则百姓之亲之也亦不能甚。《诗》云:‘未见君子,忧心惙惙。亦既见止,亦既觏止,我心则说[6]。’《诗》之好善道之甚也如此。”哀公曰:“善哉!吾闻君子成人之美,不成人之恶。微孔子,吾焉闻斯言也哉[7]?”

【注释】

[1] 鲁哀公:春秋时鲁国国君,定公之子,名将,公元前494年至前468年在位。

[2] 博:古代一种棋类游戏。

[3] 为其有二乘(chéng):因为双方互相算计。乘,防守,算计。

[4] 为行恶道也:是做坏事。

[5] 有间:过了一会儿。

[6] 未见君子,忧心惙惙(chuò chuò)。亦既见止,亦既觏(gòu)止,我心则说(yuè):语出《诗经·召南·草虫》。惙,忧虑。觏,遇见。止,之,代词。说,通“悦”。

[7] 微孔子,吾焉闻斯言也哉:微,没有。焉,哪里。

【今译】

鲁哀公请教孔子:“我听说君子不玩下棋的游戏,有这回事吗?”孔子回答说:“有这回事。”哀公问:“为什么君子不玩下棋的游戏呢?”孔子回答说:“因为下棋双方互相算计。”哀公问:“为什么不能玩互相算计的游戏呢?”孔子回答说:“互相算计会引诱人做坏事。”哀公有些恐惧感。过了一会儿哀公感叹说:“君子厌恶做坏事的态度坚定到了这样的程度啊!”孔子回答说:“如果君子厌恶做坏事的态度不坚定,那么他喜欢做好事的态度也就不坚定;如果君子喜欢做好事的态度不坚定,那么百姓亲近他的态度也就不坚定。《诗》上说:‘没有见到君子,内心忧虑不安;见到了,遇到了,我心里就高兴。’《诗》中表达喜欢做好事的态度也是这么坚定呀。”哀公说:“好啊！我听说君子促成别人做好事，不促成别人做坏事。如果不是孔先生，我到哪里听取这样的教诲呢？

六

河间献王曰[1]:“尧存心于天下，加志于穷民，痛万姓之罹罪[2]，忧众生之不遂也[3]。有一民饥，则曰此我饥之也；有一人寒，则曰此我寒之也；一民有罪，则曰此我陷之也。仁昭而义立，德博而化广；故不赏而民劝[4]，不罚而民治。先恕而后教[5]，是尧道也。”当舜之时[6]，有苗氏不服[7]。其所以不服者，大山在其南[8]，殿山在其北[9]，左洞庭之波，右彭蠡之川，用此险也，所以不服。禹欲伐之[10]，舜不许，曰:‘谕教犹未竭也[11]。’究谕教焉[12]，而有苗氏请服，天下闻之，皆非禹之义，而归舜之德[13]。”

【注释】

[1] 河间献王:刘德，汉景帝第三子，封为河间献王。河间，郡名，文帝时改为国，治所在今河北献县。

[2] 尧存心于天下，加志于穷民，痛万姓之罹(lí)罪:尧，传说中的五帝之一，号陶唐氏。与舜一起被称为最早的圣贤君主。存心，专心。天下，指天下百姓的疾苦。加志，注意，留意。穷民，无依无靠的人。痛，悲痛、伤心。罹，遭遇。

[3] 遂:顺利。

[4] 劝:努力。

[5] 恕:原谅，宽恕。

[6] 当舜之时:舜，传说中的唐尧之后的部落首领。姚姓，有虞氏，名重华，史称虞舜。

[7] 有苗氏不服:有苗氏，又称“三苗”，中国古代部族名。

[8] 大山:《战国策・魏策》作“文山”，即岷山。

[9] 殿山:《战国策·魏策》作“衡山”。

[10] 禹欲伐之:禹,传说中虞舜之后的部落联盟首领,因治水有功,得舜禅位。姒姓,名文命,亦称大禹、夏禹、戎禹。

[11] 谕教犹未竭也:推行教化还没有竭尽全力。

[12] 究谕教焉:全力推行教化。究,穷尽。

[13] 归:称颂。

【今译】

河间献王说:“尧把天下百姓的疾苦放在心上,关心那些无依无靠的人,对百姓的悲惨遭遇痛心疾首,担心百姓的生活不顺利。有人挨饿,他就说‘这是我使他挨饿的啊’;有人受冻,就说‘这是我使他受冻的啊’;有人犯了罪,就说‘这是我使他犯罪的啊’。尧仁爱之心显著并且树立起了合乎道义的行为准则,恩惠广施、教化远播,所以不用奖赏,百姓就自觉努力去做;不用惩罚,百姓就被治理得很安定。先宽恕他们然后教育他们,这就是尧治理天下的方法啊。”舜当政的时候,有苗氏不归服,他之所以不肯归服,原因是大山在他们的南面,殿山在他们的北面;左有洞庭湖的波涛,右有彭蠡湖的大水;凭借这样的天险,所以不肯归服。禹想要讨伐他们,舜不同意。舜说:“推行教化还没有竭尽全力。”于是全力推行教化,有苗氏主动请求归服。天下人听说这件事,都批评禹的不义,而称颂舜的德政。

七

周公践天子之位[1],布德施惠,远而逾明[2]。十二牧,方三人[3],出举远方之民[4],有饥寒而不得衣食者,有狱讼而失职者[5],有贤才而不举者,以入告乎天子。天子于其君之朝也[6],揖而进之曰[7]:“意朕之政教有不得者与[8]?何其所临之民有饥寒不得衣食者[9]？有狱讼而失职者？有贤才而不举者也？”其君归也，乃召其国大夫告用天子之言。百姓闻之皆喜曰：“此诚天子也！何居之深远而见我之明也？岂可欺哉？”故牧者所以辟四门，明四目，达四聪也，是以近者亲之，远者安之。《诗》曰：“柔远能迩，以定我王[10]”，此之谓矣[11]。

【注释】

[1] 周公践天子之位：周公，西周武王之弟，姬姓，名旦，亦称叔旦。因采邑在周（陕西岐山北），故称周公。曾佐武王伐纣。武王死后，成王年幼，周公摄政，七年后还政成王。践，登上帝位。

[2] 布德施惠，远而逾明：“布”和“施”都是“施舍”的意思。逾，更加。

[3] 十二牧，方三人：任命了十二位牧守，每方三人（天下四方，故十二牧）。牧，古代州的长官称牧。

[4] 举：察访。

[5] 有狱讼而失职者：狱讼，诉讼案件。失职，不尽职。

[6] 天子于其君之朝也：君，指诸侯国的国君。朝，朝觐。

[7] 揖而进之：拱手行礼请他们进朝。

[8] 意朕之政教有不得者与：意，用在句首，表示疑问的副词，可译为“莫非”。得，妥当，得当。

[9] 临：统辖。

[10] 柔远能迩，以定我王：语出《诗经·大雅·民劳》。柔，安抚。能，亲善。

[11] 此之谓矣：说的就是这个意思。

【今译】

周公登上天子之位，施舍恩泽，越是远方的人感觉越是明显。任命了十二位牧守，每方三人，外出察访远方百姓的生活。如果发现有挨饿受冻得不到衣食救助的，有处理诉讼案件不能尽职尽责的，贤能之人却得不到举荐的，就入朝把这些情况向天子汇报。天子在诸侯国的国君朝觐的时候，拱手行礼请他们进朝，说：“莫非我的政治教化有不妥当的地方吗？为何所统辖的百姓中有人挨饿受冻得不到衣食救助？为什么官员处理诉讼案件不能尽职尽责？为什么贤能之人得不到举荐呢?"那些国君回去后,就召集本国的大夫把天子的话告诉他们。百姓听到后都高兴地说:"这真是个好天子啊! 不然为什么住在远都深宫之内却了解我们的生活这样清楚呢? 难道可以欺骗他吗?"所以牧官是用他们来开四方之门、明察四方情况、倾听四方意见的。因此使近旁的人得到亲近,使远方的人得到安定。《诗经》上说:"使远方人得到安抚,使近处的人得到亲近,以此使我周王安定。"说的就是这个意思。

八

河间献王曰:"禹称'民无食,则我不能使也;功成而不利于人,则我不能劝也[1]。'故疏河以导之,凿江通于九派[2],酾五湖而定东海[3],民亦劳矣,然而不怨苦者,利归于民也。"

【注释】

[1] 劝:勉励。
[2] 九派:泛指长江众多的支流。
[3] 酾(shī)五湖而定东海:疏导五湖之水使它注入东海。酾,疏导,分流。五湖,泛指太湖一带所有湖泊。定,注入。

【今译】

河间献王说:"大禹说'百姓如果没有饭吃,我就不能指挥他们;功业告成却对百姓不利,我就不能勉励他们。'所以禹疏导黄河水,开凿长江与众多的支流沟通,疏导五湖之水使它注入东海,百姓也够劳累的了,但是没有抱怨叫苦的,因为治水对百姓有好处啊。"

九

禹出见罪人,下车问而泣之。左右曰:"夫罪人不顺道[1],故使然焉，君王何为痛之至于此也？”禹曰：“尧、舜之人，皆以尧、舜之心为心；今寡人为君也，百姓各自以其心为心，是以痛之也。”《书》曰：“百姓有罪，在予一人[2]。”

【注释】

[1] 不顺道：不遵守法令。
[2] 百姓有罪，在予一人：《尚书·泰誓》有“百姓有过，在予一人。”

【今译】

大禹出巡时见到一个犯罪的人，就下车询问并哭泣。身边的人说：“这个罪人不遵守法令，所以才会这样，您为什么伤心到这种地步？”大禹说：“尧、舜时代的百姓，都以尧、舜的仁爱之心为心；现在我做君王，百姓各自以自己的私心为心，所以我为之伤心。”《尚书》上说：“百姓犯了罪，责任在我一人身上。”

十

虞人与芮人质其成于文王[1]。入文王之境，则见其人民之让为士大夫[2]；入其国则见其士大夫让为公卿。二国者相谓曰[3]：“其人民让为士大夫，其士大夫让为公卿，然则此其君亦让以天下而不居矣。”二国者未见文王之身而让其所争以为闲田而反[4]。孔子曰：“大哉文王之道乎！其不可加矣！不动而变，无为而成，敬慎恭己而虞、芮自平[5]。”故《书》曰：“惟文王之敬忌[6]。”此之谓也。

【注释】

[1] 虞人与芮(ruì)人质其成于文王：虞，古国名，在今山西平陆。芮，古国名，在今陕西大荔。质其成，评判他们谁是谁非。文王，即周文王。
[2] 让为士大夫：推让做士大夫。

[3] 二国者:两国国君。
[4] 闲田而反:闲田,无人耕种的田地。反,同“返”。
[5] 敬慎恭己而虞、芮自平:恭敬谨慎、严格自律,虞、芮两国的争端自然平息。
[6] 惟文王之敬忌:希望能像周文王那样敬德忌恶。语出《尚书·康诰》。

【今译】

虞、芮两国国君因疆界争端请求周文王评判是非。他们进入到文王的辖境后,就看到这里的百姓互相推让做士大夫;进入文王的国都后就看到这里的士大夫互相推让做公卿。两国的国君互相议论说:“这里的百姓互相推让做士大夫,这里的士大夫互相推让做公卿。这样的话,那么这里的国君也就会推让天下而不居其位了。”两国国君感到惭愧,还没有见到周文王,他们就互相推让所争的土地用来作为闲田后就返回了。孔子说:“周文王的道德真是伟大呀!伟大到不可超越的地步了!他不必行动,事物就发生变化;他不必作为,事情自然成功,自己恭敬谨慎、严格自律,虞、芮两国的争端自然平息。”所以《尚书》上说:“希望能像周文王那样敬德忌恶。”说的就是这样的事啊。

十一

成王与唐叔虞燕居[1],剪梧桐叶以为珪[2],而授唐叔虞曰[3]:“余以此封汝[4]。”唐叔虞喜,以告周公。周公以请,曰:“天子封虞耶?”成王曰:“余一与虞戏也[5]。”周公对曰:“臣闻之,天子无戏言,言则史书之,工诵之,士称之[6]。”于是遂封唐叔虞于晋。周公旦可谓善说矣,一称而成王益重言[7],明爱弟之义,有辅王室之固。

【注释】

[1] 成王与唐叔虞燕居:唐叔虞,周成王的弟弟姬虞。成王时,唐人作乱,

周公前往讨伐。平乱后，成王把唐封给姬虞，故又称姬虞为唐叔虞。后其子燮父迁居晋水旁，改称晋侯，为晋国始祖。燕居，也称“宴居”，退朝后闲居。

[2] 珪：一种表示凭信的玉制礼器，长条形，上尖或圆，下方，帝王诸侯举行典礼时所用。

[3] 授：授给。

[4] 封：帝王授予臣子土地或封号。

[5] 余一与虞戏也：我和姬虞偶尔开玩笑的话。

[6] 工诵之，士称之：乐工要唱诵它，士大夫要称颂它。

[7] 一称而成王益重言：周公一句话就使得成王更加注重自己的言谈。《史记·晋世家》中“周公”作“史佚”。

【今译】

成王退朝后与弟弟姬虞闲居玩耍，剪了一片梧桐树叶当作珪，授给姬虞说：“我用这个来封你。”唐叔虞听了很高兴，把这件事告诉了叔父周公。周公因此请求拜见成王，问成王：“天子封了姬虞吗？”成王回答说：“那是我和姬虞偶尔开玩笑的话。”周公说：“天子没有戏言，天子的话说出来史官就记载它，乐工要唱诵它，士大夫要称颂它。”成王于是就把晋地封给了姬虞。周公可谓善于进言了，一句话就使得成王更加注重自己的言谈，既表明了爱弟弟的心意，又辅助成王巩固了王室的根基。

十二

当尧之时，舜为司徒[1]，契为司马[2]，禹为司空[3]，后稷为田畴[4]，夔为乐正[5]，倕为工师[6]，伯夷为秩宗[7]，皋陶为大理[8]，益掌驱禽[9]。尧体力便巧[10]，不能为一焉，尧为君而九子为臣，其何故也？尧知九职之事，使九子者各受其事。皆胜其任，以成九功。

尧遂成厥功[11]，以王天下。是故知人者主道也，知事者臣道也；王道知人[12]，臣道知事，毋乱旧法，而天下治矣[13]。

【注释】

[1] 司徒：掌管土地和民事的官职。云谦刻本此章原与上连，今据《群书治要》单作一章。

[2] 契（xiè）为司马：契，传说中商族的始祖，帝喾之子。司马，掌管军政的官职。

[3] 司空：掌管工程的官。

[4] 后稷为田畴：后稷，又名“弃”，传说中周族的始祖，曾在尧、舜时做农官，教民耕种。后，远古帝王称“后”。田畴，本指已耕种的土地，此处指农官。

[5] 夔（kuí）为乐正：夔，人名。乐正，乐官。

[6] 倕（chuí）为工师：倕，人名。工师，掌管百工的官职。

[7] 伯夷为秩宗：伯夷，人名，并非周武王时的伯夷。秩宗，掌管礼仪的官职。

[8] 皋陶（gāo yáo）为大理：皋陶，人名，传说中东夷族首领。大理，掌管刑狱的官职。

[9] 益掌驱（qū）禽：益，人名，即伯益。舜时东夷部落首领，为嬴姓各族的祖先。相传伯益助禹治水有功，禹欲让位于益，益避居箕山之北。驱禽，狩猎，此处指掌管山泽的官职。

[10] 便巧：便捷灵巧。

[11] 厥：他的。

[12] 王道知人：王，当作“主”。

[13] 治：安定太平。

【今译】

尧当政的时候，舜做掌管土地和民事的司徒，契做掌管军政的司马，后稷做掌管土地的官，夔做乐官，倕做掌管百工的工师，伯夷做掌管礼仪的秩宗，皋陶做掌管刑狱的大理，伯益做掌管山泽的官。尧虽体力便捷灵巧，却不能做其中任何一件事，但是尧做了君王而那九人做了臣子，这是什么原因呢？尧了解九种职务的情况，任命九人各自担任他们的职务。九人都能胜任，成就了各自的功业。尧于是成就了他的功业，君临天下。所以知人善任是君王的职分，善于做事是臣子的职分；君王的职分是善于用人，臣子的职分是善于做事，不打乱原来的制度，天下就安定太平。

十三

汤问伊尹曰[1]："三公、九卿，二十七大夫，八十一元士[2]，知之有道乎[3]？"伊尹对曰："昔者尧见人而知，舜任人然后知，禹以成功举之[4]。夫三君之举贤，皆异道而成功，然尚有失者，况无法度而任己直意用人[5]，必大失矣。故君使臣自贡其能[6]，则万一之不失矣[7]。王者何以选贤？夫王者得贤材以自辅，然后治也，虽有尧、舜之明，而股肱不备[8]，则主恩不流[9]，化泽不行[10]，故明君在上，慎于择士，务于求贤，设四佐以自辅，有英俊以治官，尊其爵，重其禄[11]；贤者进以显荣，罢者退而劳力[12]，是以主无遗忧，下无邪慝[13]；百官能治，臣下乐职，恩流群生，润泽草木，昔者虞舜左禹右皋陶，不下堂而天下治，此使能之效也。"

【注释】

[1] 汤问伊尹：汤，人名，名履，商朝的建立者及第一个君主，在位30年，又称武汤、武王、天乙、成汤、成唐。伊尹，人名，商初大臣，名伊，尹是官名。传说伊尹是商汤妻子陪嫁的奴隶，后被委以重任，曾助汤灭夏桀建立商朝。

[2] 三公、九卿，二十七大夫，八十一元士：三公，君主手下负责军政事务的最高长官。周代以太师、太傅、太保为三公，后代有变化。九卿，古代中央政府九个高级官职。周代以少师、少傅、少保、冢宰、司徒、宗伯、司马、司寇、司空为九卿，后代有变化。大夫，古代官名，位在九卿之

下，士之上。元士，古代官名，位在大夫之下。

[3] 知之有道乎：任用什么人担任这些官职有办法吗？知，了解、任用。

[4] 以成功举之：凭业绩举荐他们担任官职。

[5] 直意：主观意愿。

[6] 贡：表现。

[7] 万一之不失：万无一失。

[8] 股肱（gōng）不备：股肱，本指大腿和胳膊，这里指重臣。备，充任。

[9] 主恩不流：君王的恩德不能传布。

[10] 化泽不行：教化惠泽不能流行。

[11] 有英俊以治官，尊其爵，重其禄：英俊，杰出人物。治官，担任官职。尊，使……尊显。重，使……优厚。

[12] 罢者：无能之辈。

[13] 慝（tè）：邪恶。

【今译】

商汤请教伊尹："三公、九卿，二十七大夫，八十一元士，任用什么人担任这些官职有办法吗？"伊尹回答："过去尧见到人就能断定他是否合适担任官职，舜是任命了他们以后根据他们的表现知道谁适合担任官职，禹是凭他们取得的业绩任用他们担任官职。这三位君王举荐贤才，办法各不相同但都取得了成功，然而尚且有失误的时候，何况不依据法度而只是单凭自己的主观意愿任用人，必定有重大失误。所以君王要使臣子自己表现出才干来再任用，就万无一失了。君王为什么要选用贤能的人呢？因为君王只有得到贤臣来辅佐自己，然后才能把天下治理好。否则，即使像尧、舜那样贤明，却没有股肱一样的重臣，那么君王的恩德就不能传布，教化惠泽就不能流行。所以贤明的君王居于高位，要谨慎地挑选官吏，务必举荐贤能，设置三公、九卿、二十七大夫、八十一元士"四佐"来辅佐自己，选择杰出人物担任官职，使他们的爵位尊显，使他们的俸禄优厚；贤能之人得到重用而显赫荣耀，无能之辈遭到黜退而从事劳作。这样君王就不会留下忧患，手下就无邪恶之人；百官胜任，群臣尽职，君王恩德惠众，滋润草木。虞舜左有大禹，右有皋陶，不下朝堂天下就已经太平，这就是任用贤能的结果啊！”

十四

武王问木公曰[1]：“举贤而以危亡者[2]，何也？”太公曰：“举贤而不用，是有举贤之名，而不得真贤之实也。”武王曰：“其失安在？”太公望曰：“其失在君好用小善而已[3]，不得真贤也。”武王曰：“好用小善者何如？”太公曰：“君好听誉而不恶谗也，以非贤为贤，以非善为善，以非忠为忠，以非信为信；其君以誉为功，以毁为罪；有功者不赏，有罪者不罚；多党者进，少党者退；是以群臣比周而蔽贤[4]，百吏群党而多奸；忠臣以诽死于无罪，邪臣以誉赏于无功。其国见于危亡。”武王曰：“善！吾今日闻诽、誉之情矣[5]。”

【注释】

[1] 武王问木公：“木”字误，当作“太”。武王，周武王。西周王朝的建立者。姬姓，名发。太公，姜姓，吕氏，名望，字尚父，一说字子牙。辅佐武王伐纣有功，后封于齐。有太公之称，俗称姜太公。

[2] 举贤而以危亡者：举荐贤能却因此使国家陷入危亡。而，表转折。以，因为。危亡，使国家危亡。

[3] 小善：小的善行。

[4] 比周而蔽贤：比周，结党营私。蔽，压制。

[5] 吾今日闻诽、誉之情矣：我今天知道了毁谤与赞誉的实情。诽，毁谤。

【今译】

周武王请教太公：“举荐贤能却因此使国家陷入危亡，为什么？”太公说：“举荐贤能却不重用贤能，徒有举荐贤能的虚名，却没有得到真正贤能之人。”武王问：“这样做的过失在哪里？”太公说：

"过失在于国君喜欢使用小的善行罢了，不能得到真正的贤能之人。"武王问："喜欢使用小的善行的国君怎么样？"太公说："那样的国君喜欢听赞颂的话而不厌恶谗言，把不贤能的人当作贤能的人，把不好的人当作好人，把不忠诚的人当作忠诚的人，把不守信的人当作守信的人；那样的国君把奉承他的人当作功臣，把说他坏话的人当作罪人；真正有功的人得不到奖赏，真正有罪的人得不到惩罚；人多势众的人得到重用，势单力薄的人遭受排斥；因此群臣互相勾结压制贤才，众官吏结党营私大干坏事；忠臣因为遭受诽谤无罪而死，奸臣因为阿谀逢迎无功受禄。这样国家就会陷入危亡。"武王说："好。我今天知道了毁谤与赞誉的实情。"

十五

武王问太公曰："得贤敬士，或不能以为治者，何也[1]？"太公对曰："不能独断，以人言断者，殃也[2]。"武王曰："何为'以人言断'[3]？"太公对曰："不能定所去，以人言去[4]；不能定所取，以人言取；不能定所为，以人言为；不能定所罚，以人言罚；不能定所赏，以人言赏。贤者不必用，不肖者不必退，而壬不必敬[5]。"武王曰："善，其为国何如？"太公对曰："其为人恶闻其情，而喜闻人之情[6]；恶闻其恶，而喜闻人之恶[7]；是以不必治也。"武王曰："善。"

【注释】

[1] 或：有时。
[2] 独断：独立决断。
[3] 为：通"谓"。
[4] 去：舍弃。
[5] 壬：当作"士"。
[6] 恶闻其情：厌恶了解自己的实情。

[7] 恶闻其恶:厌恶听到自己的缺点。第一个“恶”(wù)是动词,厌恶;第二个“恶”(è)是名词,缺点。

【今译】

周武王请教太公:“得到贤才并敬重士人,有时仍不能因此治理好国家,是什么原因呢?”太公回答说:“不能独立决断,凭他人的意见决断,就会遭受祸殃。”武王问:“什么叫作‘凭他人的意见决断’?”太公回答说:“不能独立决定舍弃什么,凭他人的意见决断舍弃什么;不能独立决定选取什么,凭他人的意见决定选取什么;不能独立决定自己做什么,凭他人的意见决定做什么;不能独立决定惩罚谁,凭他人的意见决定惩罚谁;不能独立决定应该奖励谁,凭他人的意见决定奖励谁。这样贤能的人不一定得到重用,不贤能的人不一定被黜退,士人不一定得到尊敬。”武王说:“好。那样的国君会怎么样呢?”太公回答说:“那样的国君,他的为人是厌恶了解自己的实情,而喜欢了解别人的实情;厌恶听到自己的缺点,而喜欢听到别人的缺点。所以这样的国君不一定能治理好国家。”武王说:“讲得好。”

十六

齐桓公问于宁戚曰[1]:“管子今年老矣[2],为弃寡人而就世也[3],吾恐法令不行,人多失职,百姓疾怨,国多盗贼,吾何如而使奸邪不起、民足衣食乎?”宁戚对曰:“要在得贤而任之。”桓公曰:“得贤奈何?”宁戚对曰:“开其道路,察而用之,尊其位,重其禄,显其名,则天下之士骚然举足而至矣[4]。”桓公曰:“既以举贤士而用之矣,微夫子幸而临之[5],则未有布衣屈奇之士踵门而求见寡人者[6]。”宁戚对曰:“是君察之不明,举之不显,而用之疑,官之卑,禄之薄也。且夫国之所以不得士者,有五阻焉:主不好士,谄谀在旁,一阻也；言便事者[7]，未尝见用，二阻也；壅塞掩蔽[8]，必因近习[9]，然后见察[10]，三阻也；讯狱诘穷其辞[11]，以法过之[12]，四阻也；执事适欲[13]，擅国权命[14]，五阻也。去此五阻，则豪俊并兴，贤智来处；五阻不去，则上蔽吏民之情，下塞贤士之路。是故明王圣主之治，若夫江海无不受，故长为百川之主；明王圣君无不容，故安乐而长久。因此观之，则安主利人者，非独一士也。”桓公曰：“善，吾将着夫五阻[15]，以为戒本也[16]。”

【注释】

[1] 齐桓公问于宁戚：齐桓公，春秋时齐国国君，名小白，公元前685年至公元前643年在位，重用管仲，富国强兵，成为“春秋五霸”之首。谥号“桓”。宁戚，春秋时齐国大夫。本卫国人，家贫为人拉车，到齐国做牛夫，叩牛角唱歌，受到齐桓公召见，拜为上卿，后做相国。

[2] 管子：名夷吾，字仲，春秋时著名政治家，辅佐齐桓公使之成为春秋第一位霸主，被桓公尊称为“仲父”。

[3] 为弃寡人而就世也：如果弃我而去。为，如果。就世，死亡。

[4] 骚然：纷纷。

[5] 微夫子幸而临之：如果不是先生来辅佐我。微，如果不是、如果没有。幸，敬辞。临，来辅佐。之，代词，我。

[6] 则未有布衣屈奇之士踵（zhǒng）门而求见寡人者：布衣屈奇，平民中未授予官职的奇异人才。踵门，亲自上门。

[7] 便事：便民利国之事。

[8] 壅塞掩蔽：堵塞遮蔽。

[9] 必因近习：因，经由。近习，君王左右亲近的人。

[10] 然后见察：这样做了之后才被国君选拔。察，选拔。

[11] 讯狱诘穷其辞：讯，审问。狱，本指官司，这里指罪犯。诘，责问、追问。穷其辞，言辞尖刻到极点。

[12] 以法过之：施用刑罚超过法度。

[13] 执事适欲：执事，官吏。适欲，随心所欲。

[14] 擅国权命：擅国，独揽国政。权命，大权与命运。

[15] 吾将着夫五阻:我将牢记这五种阻碍。着,牢记。
[16] 以为戒本也:作为根本戒律。

【今译】

齐桓公向宁戚请教说:“管子现在年纪大了,如果弃我而去,我担心法令不能继续施行,百官不能忠于职守,百姓痛恨抱怨,国家盗贼增多,我怎样做才能使得奸邪之事不发生,百姓丰衣足食呢?”宁戚回答说:“关键在于得到贤才并重用他们。”桓公说:“怎样才能得到贤才?”宁戚回答说:“广开举贤之路,考察并重用他们,使他们的地位尊贵,使他们的俸禄优厚,使他们的名声显赫,那么天下的贤能之士就纷纷动身前来。”桓公说:“我已经选拔贤能并重用他们了,如果不是先生来辅佐我,那就没有奇才亲自上门来求见我。”宁戚回答说:“这是因为君王您考察人才不够明确,选拔人才不够显著,任用他们又有疑虑,使得他们官位低下,俸禄低微的原因呀。再说国家得不到贤士的原因,存在五种阻碍:君主本身不喜欢贤士,又有谄谀之人守在旁边,这是第一种阻碍;主张便民利国之事的人,不被重用,这是第二种阻碍;言路被堵塞、真相被遮蔽,贤才必须经由君王亲近的人引荐,这样做了之后才被国君选拔,这是第三种阻碍;审问罪犯言辞尖刻到极点,施用刑罚超过法度,这是第四种阻碍;官吏为所欲为,独断专权,这是第五种阻碍。消除这五种阻碍,那么豪杰俊才就纷纷出现,贤才智者就会来安居乐业;这五种阻碍不消除,那么对上就会掩盖官吏和百姓的实情,对下就会阻塞贤士进身的渠道。所以圣明的君主治理国家,好比江海包容百川,所以才能永久地成为百川的主宰;圣明的君主无所不容,所以才能使得百姓安乐国运长久。由此看来,那使君主安乐百姓受益的人,不是仅仅靠一个贤士就能做到啊。”桓公说:“好,我将牢记这五种阻碍,把它作为自己的根本戒律。”

十七

齐景公问于晏子曰[1]:“寡人欲从夫子而善齐国之政[2]。”对曰:“婴闻之,国具官而后政可善[3]。”景公作色曰[4]:“齐国虽小,则何为不具官乎?”对曰:“此非臣之所复也[5]。昔先君桓公,身体堕懈,辞令不给,则隰朋侍[6];左右多过,刑罚不中,则弦章侍[7];居处肆纵,左右慑畏,则东郭牙侍[8];田野不修,人民不安,则宁戚侍[9];军吏怠,戎士偷,则王子成父侍[10];德义不中,信行衰微,则管子侍[11]。先君能以人之长续其短,以人之厚补其薄[12];是以辞令穷远而不逆,兵加于有罪而不顿[13];是故诸侯朝其德而天子致其胙[14]。今君之失多矣,未有一士以闻者也[15],故曰未具。”景公曰:“善。吾闻高缭与夫人游[16],寡人请见之。”晏子曰:“臣闻为地战者不能成王,为禄仕者不能成政;若高缭与婴为兄弟久矣[17],未尝干婴之过,补婴之阙,特禄仕之臣也,何足以补君[18]?”

【注释】

[1] 齐景公问于晏子:齐景公,春秋时齐国国君,名杵臼,公元前 547 年至公元前 490 年在位。晏子,即晏婴,齐国大夫,著名政治家。

[2] 夫子:夫子,古代对男子的尊称。

[3] 具官:配备好官吏。

[4] 作色:变脸色,生气。

[5] 此非臣之所复也:这不是我所回答的本意。复,回答。

[6] 隰(xí)朋:齐国大夫,能言善辩。

[7] 弦章:齐国大夫,为治狱之官。

[8] 东郭牙:齐国大夫,直言敢谏。

[9] 宁戚:见卷一·十六[1]。

[10] 王子成父:齐国大夫,为大司马,复姓王子。

[11] 管子:见卷一·十六[2]。

[12] 续其短:弥补自己的短处。续,弥补。

[13] 不顿:不会受到挫折。顿,挫折。

[14] 致其胙(zuò):送给他祭肉。胙,古代祭祀用的肉。

[15] 以闻:使您知道(自己的过失)。

[16] 高缭与夫人游：高缭与先生您交往。高缭，与晏子同时代人。游，交往。“人”，当作“子”。

[17] 若高缭与婴为兄弟久矣：像高缭这样的人与我交往并成为兄弟已经很久了。

[18] 未尝干婴之过，补婴之阙，特进仕之臣也，何足以补君：干(gān)，指出。阙，缺点。特，只。

【今译】

齐景公对晏子说：“我想遵从先生的意见使齐国的政治变得好起来。”晏子回答说：“我听说，国家配备好的官吏之后政治就可以变好。”景公很不高兴地说：“齐国虽然小，但怎么能说没有配备好的官员呢？”晏子说：“这不是我所回答的本意。过去先王桓公，身体倦怠、言语迟钝时，就有隰朋辅佐他；近臣过失多，执行刑罚不恰当，就有弦章辅佐他；平时行为放纵，身边的人都害怕，就有东郭牙辅佐他；田地得不到整治，人民不安定，就有宁戚辅佐他；军官懈怠，士兵散漫，就有王子成父辅佐他；行为不合德义，信誉下降，就有管仲辅佐他。先王能用别人的长处弥补自己的短处，用别人的优点弥补自己的不足；因此他的号令传到很远的地方也不会有人违抗，对有罪的人进行讨伐不会受到挫折；因此诸侯都前来朝贺他的盛德而天子也送给他祭肉。现在君王您的过失很多，却没有一个人告诉您使您知道自己的过失，所以说没有配备好的官员。”景公说：“好！我听说高缭与先生您交往，请允许我召见他。”晏子说：“我听说为争夺土地进行战争的人不能成就帝王的功业，为追求俸禄而做官的人不能取得政绩。像高缭这样的人与我交往并成为兄弟已经很久了，但他不曾指出过我的缺点，弥补我的过失，只是一个追求俸禄和官位的人罢了，怎么能够来辅佐您呢？”

十八

燕昭王问于郭隗曰[1]：“寡人地狭人寡，齐人削取八城[2]，匈奴驱驰楼烦之下[3]，以孤之不肖，得承宗庙，恐危社稷，存之有道乎？”郭隗曰：“有，然恐王之不能用也。”昭王避席[4]：“愿请闻之。”郭隗曰：“帝者之臣，其名臣也，其实师也；王者之臣，其名臣也，其实友也；霸者之臣，其名臣也，其实宾也；危国之臣，其名臣也，其实虏也。今王将东面[5]，目指气使以求臣[6]，则厮役之材至矣[7]；南面听朝，不失揖让之礼以求臣，则人臣之材至矣；西面等礼相亢[8]，下之以色[9]，不乘势以求臣，则朋友之材至矣；北面拘指[10]，逡巡而退以求臣[11]，则师傅之材至矣。如此则上可以王，下可以霸，唯王择焉。”燕王曰：“寡人愿学而无师。”郭隗曰：“王诚欲兴道，隗请为天下之士开路。”于是燕王常置郭隗上坐，南面。居三年，苏子闻之[12]，从周归燕；邹衍闻之[13]，从齐归燕；乐毅闻[14]之，从赵归燕；屈景闻之[15]，从楚归燕。四子毕至，果以弱燕并强齐[16]；夫燕、齐非均权敌战之国也，所以然者，四子之力也。《诗》曰：“济济多士，文王以宁[17]。”此之谓也。

【注释】

[1] 燕昭王问于郭隗曰：燕昭王，战国时期燕国国君，名职。公元前 311 至公元前 279 年在位，招徕人才，改革政治，联合五国攻齐，占领齐国七十多城，为燕国最强盛时期。郭隗（wěi），燕国人，为燕昭王谋士。

[2] 齐人削取八城：公元前 314 年，齐国趁燕内乱攻下燕都蓟，燕王哙（kuài）死。削取八城，攻下八座城池。

[3] 楼烦：楼烦，地名，在燕国北境。

[4] 避席：古人席地而坐，“避席”即离开座位，以示尊敬。

[5] 东面：面向东。

[6] 目指气使：用脸色和眼神役使人，表示骄横傲慢。

[7] 厮役：听主人使唤的奴仆。

[8] 等礼相亢：以同等的礼节对待。亢，相当。

[9] 下之以色：和颜悦色。

[10] 拘指:恭谨的样子。

[11] 逡巡而退:逡巡,迟疑徘徊,欲行又止,这里指谦卑有礼的样子。退,谦让。

[12] 苏子:一说苏秦,一说苏代。

[13] 邹衍:战国时阴阳家。齐人,以阴阳五行之说,游说梁、赵、燕等国,受到诸侯尊重。有《邹子》一书,其学说为汉代谶纬之学重要来源。

[14] 乐毅:战国时燕国名将,魏将乐羊的后代。公元前284年,乐毅率秦、韩、赵、魏、燕军破齐,攻下临淄,连下七十余城。

[15] 屈景:人名,楚国贤士,与屈原同时。

[16] 并:兼并。

[17] 济济多士,文王以宁:济济,众多的样子。语出《诗经·大雅·文王》。

【今译】

燕昭王问郭隗:“我的国家土地狭窄,人口稀少,齐国人攻取了我八座城池,匈奴也出兵骚扰北方的楼烦,以我这样一个不贤之人,继承祖先的事业,担心招致危亡,使国家保存下去有什么办法吗?”郭隗说:“有。不过我担心君王您不能采用。”燕昭王离开座位郑重地说:“我乐意听,请您告诉我。”郭隗说:“帝王的臣子,名义上是臣子,实际上是帝王的老师;国王的臣子,名义上是臣子,实际上是国王的朋友;霸主的臣子,名义上是臣子,实际上是霸主的宾客;危亡之国的臣子,名义上是臣子,实际上是俘虏。如果大王坐西向东,颐指气使地来寻求辅佐之臣,那么像听差一样的人就来到了;如果您坐北朝南,不失礼貌地来寻求辅佐之臣,那么具有大臣才能的人就来到了;如果面向西以同等的礼节,和颜悦色,不凭借权势来寻求辅佐之臣,那么像朋友一样的人才就来了;如果面向北,态度恭谨,以谦卑有礼的谦让态度来寻求辅佐之臣,那么像老师一样的人才就来了。这样的话,那么您上可以称王,下可以称霸,希望您来选择。”燕王说:“我想学但是没有老师。”郭隗说:“大王真心求贤的话,就请让我为天下贤能之士开路吧。”于是燕王便请郭隗面南居于上座。过了三年,苏秦听说这件事,从东周投奔燕国;邹衍听说这件事,从齐国投奔燕国;乐毅听说这件事,从赵国投奔燕国;

屈景听说这件事，从楚国投奔燕国。这四位贤才全到了燕国，最终凭着弱小的燕国兼并了强大的齐国。燕国和齐国本不是势均力敌的国家，形成这种局面的原因，是这四位贤才的力量啊。《诗经》上说："靠众多的臣子，使文王得到安宁。"说的就是这样的事啊。

十九

楚庄王既服郑伯[1]，败晋师[2]，将军子重三言而不当[3]。庄王归，过申侯之邑[4]，申侯进饭，日中而王不食。申侯请罪，庄王喟然叹曰："吾闻之，其君贤者也，而又有师者王；其君中君也，而又有师者霸；其君下君也，而群臣又莫若君者亡。今我下君也，而群臣又莫若不穀[5]，不穀恐亡。且世不绝圣，国不绝贤，天下有贤而我独不得，若吾生者，何以食为[6]？"故战服大国，义从诸侯[7]，戚然忧恐圣知不在乎身[8]，自惜不肖，思得贤佐，日中忘饭，可谓明君矣。

【注释】

[1] 楚庄王既服郑伯：楚庄王，春秋时楚国国君，公元前 613 年至前 591 年在位。重用孙叔敖等人，整顿内政，兴修水利，推行县制，增强兵力，国势大盛。又询问九鼎，打败晋军，使鲁、宋、郑、陈归附，成为春秋五霸之一。服，征服。郑伯，即郑襄公。公元前 597 年，楚庄王攻郑，围之三月。郑襄公肉袒牵羊谢罪，庄公与郑讲和。

[2] 败晋师：指楚国打败了前来救郑的晋国军队。

[3] 将军子重三言而不当：将军子重多次进言都不恰当。子重，楚庄王弟公子婴齐，字子重。子重进言不当的记载见于《公羊传·宣公十二年》，子重曾劝庄公不要撤兵郑国，不要答应与晋国开战。

[4] 过申侯之邑：经过申侯的封地。申侯，即屈巫，楚国大夫，封为申公，后因自娶夏姬而逃至晋国。

[5] 不穀(gǔ)：古代君王的谦称。

[6] 何以食为:还吃什么饭呢?“何……为”是古汉语固定结构,一般表示疑问。
[7] 义从诸侯:凭仁义使诸侯服从。从,使动用法,“使……服从”。
[8] 戚然忧恐圣知不在乎身:戚然,忧虑的样子。圣知,“知”通“智”。

【今译】

楚庄王征服了郑国以后,又打败了前来救郑的晋国军队,将军子重多次进言都不恰当。庄公回国,经过申侯的封地,申侯向庄公进献饭食,到了中午庄公不吃。申侯就向庄公请罪,庄公叹息说:“我听说,如果国君是贤能的人,并且身边有老师一样的大臣辅佐,就可以实现王道;如果国君是中等才干的人,并且身边有老师一样的大臣辅佐,就可以成就霸道;如果国君是下等才干的人,而且群臣的才干又不如国君,就会亡国。现在我属于下等才干的国君,而且群臣的才干又不如我,我担心国家灭亡。况且世上圣人不会灭绝,国家的贤能之人不会灭绝,天下有贤能之人而只有我得不到,像我这样活着,还吃什么饭呢?”所以靠武力使大国降服,凭仁义使诸侯服从的人,却忧虑不安,担心圣明和才智不属于自己所有,叹息自己不才,想要得到贤才的辅佐,甚至忘记了中午吃饭,这样的人可以称得上是贤明的国君了。

二十

明主者有三惧:一曰处尊位而恐不闻其过,二曰得意而恐骄,三曰闻天下之至言而恐不能行。何以识其然也[1]?越王勾践与吴人战[2],大败之,兼有九夷[3]。当是时也,南面而立,近臣三,远臣五[4]。令群臣曰:“闻吾过而不告者其罪刑[5]。”此处尊位而恐不闻其过者也。昔者晋文公与楚人战[6],大胜之,烧其军,火三日不灭。文公退而有忧色,侍者曰:“君大胜楚,今有忧色,何也?”文公曰:

“吾闻能以战胜而安者,其唯圣人乎?若夫诈胜之徒,未尝不危也,吾是以忧。”此得意而恐骄也[7]。昔齐桓公得管仲、隰朋,辩其言,说其义。正月之朝,令具太牢,进之先祖[8]。桓公西面而立,管仲、隰朋东面而立。桓公赞曰[9]:“自吾得听二子之言,吾目加明,耳加聪,不敢独擅,愿荐之先祖。”此闻天下之至言而恐不能行者也。

【注释】

[1] 何以识其然也:凭什么知道是这样呢?

[2] 勾践:春秋时期越国国君,公元前 497 年至前 465 年在位。曾被吴王打败,卧薪尝胆,终于灭吴,并在徐州大会诸侯,成为霸主。

[3] 兼有九夷:统一九夷。九夷,我国古代东方九个民族部落。

[4] 近臣三,远臣五:近处臣服的有三个国家,远处臣服的有五个国家。臣,臣服。

[5] 刑:受惩罚。

[6] 晋文公:春秋时晋国国君,晋献公子,名重耳。在外流浪 19 年,后回国即位。公元前 636 年至前 628 年在位。城濮之战中大胜楚军,成为霸主。

[7] “也”前脱“者”字。

[8] 太牢:用牛、羊、猪三牲祭祀。

[9] 赞:祭祀时的祝词。

【今译】

贤明的君主有三怕:一是自己身处高位害怕听不到别人批评自己的过失,二是自己得意的时候害怕骄傲自满,三是自己听到天下的至理名言害怕不能实行。凭什么知道是这样呢?越王勾践和吴国人作战,大败吴国,统一了九夷。当时,他面南称霸,近处臣服的有三个国家,远处臣服的有五个国家。勾践命令群臣说:“听到我的过失不提出来的要受到惩罚。”这就是自己身处高位害怕听不到别人批评自己的过失。以前晋文公与楚国人作战,战胜了楚国,烧毁了楚军的营垒,大火三天不灭。晋文公退兵时面带忧虑神色,侍臣问他:“国君战胜了楚军,现在却面带忧虑,为什么?”晋文公说:“我听说,靠打仗胜利使天下安定的,大概只有圣人做得到吧。至于靠欺诈取胜的人,不会没有危险,我因此忧虑。”这就是自己得意的时候害怕骄傲自满。以前齐桓公得到管仲、隰朋的辅佐,认为他们善于说话,喜欢他们说的道理。正月上朝的时候,桓公命令准备牛、羊、猪做祭品,供奉祖先。桓公面向西站立,管仲、隰朋面向东站立。桓公祝词说:“自从我听到两位先生的话,我的眼睛更加明亮,我的耳朵更加灵敏,我不敢独自占有,愿意推荐给祖先。”这就是自己听到天下的至理名言害怕不能实行啊。

二十一

齐景公出猎[1],上山见虎,下泽见蛇,归,召晏子而问之曰:“今日寡人出猎,上山则见虎,下泽则见蛇,殆所谓之不祥也[2]?”晏子曰:“国有三不祥,是不与焉[3]。夫有贤而不知,一不祥;知而不用,二不祥;用而不任,三不祥也;所谓不祥,乃若此者也。今上山见虎,虎之室也[4];下泽见蛇,蛇之穴也。如虎之室,如蛇之穴而见之[5],曷为不祥也[6]?”

【注释】

[1] 齐景公:见卷一·十七[1]。
[2] 殆:大概。
[3] 是不与焉:这些不在其内。
[4] 虎之室也:老虎的居住地。
[5] 如:到。
[6] 曷:怎么。

【今译】

齐景公外出打猎,上山遇到老虎,下沼泽见到蛇。景公回去后，召见晏子并问他：“今天我出去打猎，上山就遇到老虎，进入沼泽就遇到蛇，这大概就是所说的不祥征兆吧？”晏子说：“国家有三种不祥征兆，这些不在其内。国家有贤能之人国君却不知道，是第一种不祥征兆；知道了却不任用，是第二种不祥征兆；任用了却不信任，是第三种不祥征兆。所说的不祥征兆，就是这方面的事情。上山见到老虎，那是因为到了老虎的居住地；进入沼泽见到蛇，那是因为到了蛇的洞穴。到了老虎的居住地、到了蛇的洞穴而见到它们，怎么能说是不祥征兆呢？”

二十二

楚庄王好猎，大夫谏曰：“晋、楚敌国也，楚不谋晋，晋必谋楚，今王无乃耽于乐乎[1]？”王曰：“吾猎将以求士也。其榛藂刺虎、豹者[2]，吾是以知其勇也；其攫犀搏兕者[3]，吾是以知其劲有力也；罢田而分所得[4]，吾是以知其仁也。因是道也，而得三士焉，楚国以安。”故曰“苟有志则无非事者[5]”，此之谓也。

【注释】

[1] 今王无乃耽于乐乎：无乃，恐怕是，莫非，表达委婉测度语气。耽，沉湎。
[2] 榛藂（cóng）：丛生的灌木。藂，同“丛”。
[3] 攫犀搏兕（sì）：抓斗犀牛。犀和兕都是犀牛。
[4] 田：同“畋”，打猎。
[5] 苟有志则无非事者：如果有了志向就不会做不利于自己的事情。

【今译】

楚庄王喜欢打猎，大夫们劝谏说：“晋、楚两国是敌人，楚国不图谋晋国，晋国必然图谋楚国，现在大王您恐怕沉湎于享乐了吧？”楚王说：”我打猎将要借此来物色人才。那在丛生的灌木中刺杀虎豹的，我因此可以知道他是勇敢的人；那敢于抓斗犀牛的，我因此可以知道他是强劲有力的人；打猎结束把自己的猎物分给别人的，我因此知道他是仁义的人。通过这个方法，我得到了三个人才，楚国因此安定。”所以说“如果有了志向就不会做坏事情”，说的就是这种情况。

二十三

汤之时大旱七年，洛坼川竭[1]，煎沙烂石[2]，于是使人持三足鼎祝山川，教之祝曰[3]：“政不节耶[4]？使人疾耶？苞苴行耶[5]？谗夫昌耶[6]？宫室营耶[7]？女谒盛耶[8]？何不雨之极也[9]。”盖言未已而天大雨[10]。故天之应人[11]，如影之随形，响之效声者也[12]。《诗》云：“上下奠瘗，靡神不宗[13]。”言疾旱也[14]。

【注释】

[1] 洛坼(chè)川竭：洛，指洛水。坼，裂开。川，泛指河流。

[2] 煎沙烂石：沙被烤得滚烫，石头烤烂了。

[3] 教之祝：教，使，令。祝，祝祷。

[4] 政(zhēng)：通“征”，征税。

[5] 苞苴(bāo jū)：本指包裹好的礼物，这里是贿赂的意思。

[6] 谗夫：善于说坏话毁谤别人的小人。

[7] 营：建造。一说“营”通“荣”，豪华的意思。

[8] 女谒：通过宫廷宠姬干求请托。

[9] 何不雨之极也：为什么不下雨到了极端的程度。

[10] 盖：句首语气词。

[11] 故天之应人：所以上天对人事的感应。

[12] 如影之随形，响之效声者也：好像影子随着形体，回响跟着声音一样。效，跟随，伴随。

[13] 上下奠瘗(yì)，靡神不宗：奠，祭天。瘗，祭地。宗，尊敬。语出《诗经·大雅·云汉》。

[14] 言疾旱也:说的是人们痛恨旱灾啊。

【今译】

商汤的时候大旱七年,洛水干裂,河流枯竭,沙被烤得滚烫,石头烤烂了。于是商汤命人拿着三足的鼎向山河之神祷告,令他祝祷说:"是不是我征税没有节制呀?使得人民怨恨我了吧?是不是贿赂成风呀?是不是毁谤别人的小人太猖獗呀?是不是我大兴土木呀?是不是宫廷宠姬干求请托盛行呀?不然的话为什么不下雨到了极端的程度?"祷告的话还没有说完天就下起了雨。所以上天对人事的感应,好像影子随着形体,回响跟着声音一样。《诗经》上说:"上祭天,下祭地,所有的神灵都受到尊敬。"说的是人们痛恨旱灾啊。

二十四

殷太戊时[1],有桑、榖生于庭[2],昏而生[3],比旦而拱[4]。史请卜之汤庙[5],太戊从之[6]。卜者曰:"吾闻之,祥者福之先者也[7],见祥而为不善,则福不生;殃者祸之先者也,见殃而能为善,则祸不至。"于是乃早朝而晏退[8],问疾吊丧[9],三日而桑、谷自亡。

【注释】

[1] 殷太戊时:殷,商。太戊,商代国君,在位 75 年。任用伊陟(伊尹之子)、巫咸治理国政,使商中兴。

[2] 有桑、榖(gǔ)生于庭:榖,树名,也叫构树,树皮可以造纸。庭,通"廷",朝廷。古人认为桑、榖共生于朝廷为不详。

[3] 昏而生:天刚黑时生长出来。

[4] 比旦而拱:比,等到。旦,天亮。拱,两手合围。

[5] 史请卜之汤庙:史,史官。卜,占卜吉凶。

[6] 从:听从。

[7] 祥者福之先者也：吉祥是福气的先兆。
[8] 早朝而晏退：早上朝晚退朝。晏，晚。
[9] 问疾吊丧：问，慰问，问候。吊，悼念。

【今译】

商代太戊执政的时候，桑树和榖树共同生长在朝廷上，天刚黑时生长出来，等到第二天天亮时已经长到两手合围那样粗了。史官请求到商的祖庙里去占卜吉凶，太戊同意了他的请求。占卜的人说："我听说，吉祥是福气的先兆，但是见到吉祥的事物如果做坏事，那么福祉也不会降临；凶恶是灾祸的先兆，但是见到凶恶的事物如果能够做善事，那么灾祸也不会到来。"太戊于是早上朝晚退朝，问候有病的，悼念死亡的，过了三天桑树和榖树就消失了。

二十五

高宗者[1]，武丁也[2]，高而宗之[3]，故号"高宗"。成汤之后[4]，先王道缺[5]，刑法违犯[6]，桑、榖俱生乎朝，七日而大拱[7]。武丁召其相而问焉。其相曰："吾虽知之，吾弗得言也。闻诸祖己[8]，桑、榖者，野草也，而生于朝，意者国亡乎[9]？"武丁恐骇，饬身修行[10]，思先王之政，兴灭国，继绝世，举逸民，明养老[11]。三年之后，蛮、夷重译而朝者七国[12]，此之谓存亡继绝之主[13]，是以高而尊之也。

【注释】

[1] 高宗：帝号。
[2] 武丁：商朝第二十二代国君，小乙之子，后称高宗，在位 59 年。相传少时生活在民间，即位后，重用傅说、甘盘为大臣，使商朝进入极盛时期。
[3] 高而宗之：高，尊重。宗，尊奉。
[4] 成汤：即商汤。详见卷一君道·十三[1]。
[5] 缺：衰微，废弃。

[6] 刑法违犯：违背法律。
[7] 桑、榖：参见上章注释及译文。
[8] 闻诸祖己：听祖己说。诸，“之于”的合称。祖己，武丁时贤臣。
[9] 意者国亡乎：恐怕国家要灭亡了吧？意者，或许，恐怕。
[10] 饬(chì)身修行：饬，整治，整顿。修，修养，培养。
[11] 兴灭国，继绝世，举逸民，明养老：“兴”“继”“举”“明”皆为使动用法。
[12] 蛮、夷重译而朝者七国：蛮，古代指南方少数民族。夷，古代指东方少数民族。重译，辗转翻译。
[13] 此之谓存亡继绝之主：存，使将要灭亡的国家复兴。继，使将要断绝的延续下去。

【今译】

高宗，就是武丁，后人尊重并景仰他，所以给他的帝号是“高宗”。商汤以后，先王的治国之道被废弃，违背法律，桑树和榖树共生于朝廷，过了七天长得比两手合围起来还要粗，武丁便召见他的国相询问吉凶。国相说：“我虽然知道，但是我不能说。我听祖己说：‘桑树和榖树都是野外生长的植物，却在朝廷中生长，恐怕国家要灭亡了吧？’”武丁非常害怕，于是正己养德，追慕先王美好的政治，使将要灭亡的诸侯国家复兴，使将要断绝的贵族世系延续下去，使避世隐居的贤人得到举荐，使赡养老人的礼节得到彰显。三年之后，远方的部落民族经过辗转翻译来朝拜的就有七个国家。这就是所说的使将要灭亡的诸侯国家复兴，使将要断绝的贵族世系延续下去的君主。所以后人尊重并景仰他。

二十六

宋大水，鲁人吊之曰[1]：“天降淫雨[2]，溪谷满盈，延及君地，以忧执政，使臣敬吊。”宋人应之曰：“寡人不佞[3]，斋戒不谨[4]，邑封不修[5]，使人不时[6]，天加以殃，又遗君忧[7]，拜命之辱[8]。”君子闻之曰[9]:“宋国其庶几乎[10]!”问曰:“何谓也[11]?”曰:“昔者夏桀、殷纣不任其过[12],其亡也忽焉[13];成汤、文、武知任其过,其兴也勃焉[14]。夫过而改之,是犹不过也,故曰其庶几乎!”宋人闻之,夙兴夜寐[15],早朝晏退,吊死问疾,戮力宇内[16]。三年,岁丰政平。向使宋人不闻君子之语[17],则年谷未丰,而国家未宁。《诗》曰:“弗时仔肩,示我显德行[18]。”此之谓也。

【注释】

[1] 吊:慰问。

[2] 淫雨:长时间下雨。

[3] 寡人不佞:寡人,君王自称。不佞,无才。自谦之词。

[4] 斋戒不谨:斋戒,古人的一种礼仪。在举行重大活动前,沐浴更衣,不喝酒,不吃荤,洁净身心,表示虔敬。不谨,不谨慎恭敬。

[5] 邑封不修:邑封,诸侯的封国与领地。不修,没有整治好。

[6] 使人不时:使用民力不按时节。

[7] 又遗君忧:又给贵国国君增添忧虑。遗,增添。

[8] 拜命之辱:古人外交辞令,犹如“承蒙关照,实不敢当”。

[9] 君子:《韩诗外传》作“孔子”。译文从之。

[10] 宋国其庶几乎:宋国大概治理得差不多了吧。其,表推测。庶几,差不多。

[11] 何谓也:为什么这样说呢?

[12] 夏桀、殷纣不任其过:夏桀、殷纣不担当自己的过失。夏桀,夏代末国王,著名暴君,为商汤所灭。殷纣,商代末国王,著名暴君,设酷刑,杀忠臣,生活荒淫,被周武王所灭。任,担当。

[13] 其亡也忽焉:他们灭亡得很快。忽,快。

[14] 其兴也勃焉:他们发展得很旺盛。兴,兴盛、发展。勃,旺盛。

[15] 夙兴夜寐:早起晚睡。夙,早,早晨。寐,睡着。

[16] 戮力宇内:全身心地投入到国家的事情上。宇内,国内。

[17] 向使:假使。

[18] 弗(bì)时仔肩,示我显德行:弗,同佛,佛,通“弼”,辅佐。时,是,这。

仔肩，责任。示，摆出来给人看。显，光明。语出《诗经·周颂·敬之》。

【今译】

宋国发生水灾，鲁国派人去慰问说："老天下了很长时间的雨，山谷里的水满了，流溢到您居住的地方，使得我们国君担忧，派我前来表示诚挚的问候。"宋国国君回答说："我没有才能，斋戒时不够恭敬，封地没有整治好，使用民力不按时节，所以上天降下灾祸，又给贵国国君增添忧虑，承蒙关照，实不敢当。"孔子听说这话后说："宋国大概治理得差不多了！"有人问孔子："为什么这样说呢？"孔子说："从前夏桀、商纣不肯担当自己的过失，他们灭亡得就很快；商汤、周文、武能够承担自己的过失，他们发展得就很旺盛。有错就改，等于没有过错，所以说大概治理得差不多了。"宋国国君听说后，早起晚睡，早上朝、晚退朝，悼念死亡的，问候有病的，全身心地投入到国家的事情上。过了三年，年成丰收，政治太平。假使当初宋国国君没有听到孔子的那番话，那么年成就不会丰收，国家就不会安宁。《诗经》上说："辅佐我担当重任，展示我光明的道德品行。"说的就是这样的事情啊。

二十七

楚昭王有疾[1]，卜之曰："河为祟[2]。"大夫请用三牲焉，王曰："止。古者先王割地制土[3]，祭不过望[4]；江、汉、睢、漳[5]，楚之望也[6]；祸福之至，不是过也。不穀虽不德，河非所获罪也[7]。"遂不祭焉。仲尼闻之曰："昭王可谓知天道矣，其不失国，宜哉！"

【注释】

[1] 楚昭王：春秋时楚国国君，楚平王之子。名壬，又名珍。公元前 515 年至前 489 年在位。

[2] 河为祟：这是河神在作祟。

[3] 割地制土：分封土地。

[4] 祭不过望：祭祀山川不超过一定范围。望，遥祭山川。

[5] 江、汉、睢（suī）、漳（zhāng）：楚国境内四条水名。

[6] 楚之望也：是楚国遥祭的河川。

[7] 不穀：古代君王的谦称。

【今译】

楚昭王有病，占卜的人说："这是河神在作祟。"大夫请用牛、羊、猪三牲祭祀河神。楚王说："不要这样做。古代帝王分封土地，祭祀山川不超过一定范围。江、汉、睢、漳四条河，是楚国遥祭的河川，福祸的到来，不会超过这个范围；我虽无才无德，河神不能使我获罪。"于是不祭祀河神。孔子听说这件事后说："楚昭王可以称得上懂天理的人，他不会丧失国家政权，理所应当啊！"

二十八

楚昭王之时，有云如飞鸟[1]，夹日而飞[2]，三日。昭王患之，使人乘驲[3]，东而问诸太史州黎。州黎曰："将虐于王身[4]，以令尹、司马说焉[5]，则可。"令尹、司马闻之，宿斋沐浴，将自以身祷之焉[6]。王曰："止。楚国之有不穀也，由身之有匈胁也[7]；其有令尹、司马也，由身之有股肱也。匈胁有疾，转之股肱，痛为去是人也[8]？"

【注释】

[1] 有云如飞鸟：有云像飞鸟一样。

[2] 夹日而飞：夹着太阳飞。夹，一译作"遮蔽"。

[3] 使人乘驲（rì）：派人乘驿车。驲，古代驿站专用的车。

[4] 将虐于王身：将要危害君王。

[5] 以令尹、司马说焉：用令尹、司马做替身向神灵祈祷。说，解释，这里指祈祷。

[6] 将(qiāng)自以身祷之焉：请求以自身代替昭王向神灵祈祷。将，请求。
[7] 由身之有匈胁也：由，通“犹”。匈，同“胸”。
[8] 痛：当作“庸”，难道。

【今译】

楚昭王的时候，有云像飞鸟一样，夹着太阳飞，飞了三天。昭王为此而担心，派人乘驿车，向东请教太史州黎。州黎说：“灾难将要危害君王，用令尹、司马做替身向神灵祈祷，就可以躲避灾祸。”令尹、司马听说这件事后，请求以自身代替昭王向神灵祈祷。昭王说：“不必。楚国有我，犹如身体上有胸肋；我有令尹和司马，犹如身体上有股肱。胸肋有病，转移到股肱，难道说疾病就离开了这个人的身体了吗？”

二十九

邾文公卜徙于绎[1]，史曰：“利于民，不利于君。”君曰：“苟利于民，寡人之利也。天生烝民而树之君[2]，以利之也；民既利矣，孤必与焉[3]！”侍者曰：“命可长也，君胡不为[4]？”君曰：“命在牧民，死之短长，时也[5]；民苟利矣，吉孰大焉[6]？”遂徙于绎。

【注释】

[1] 邾(zhū)文公卜徙于绎：邾，古国名。曹姓，周代为鲁国附庸，后改曰邹，战国时为楚国所灭。邾文公，即邾国国君。绎，即峄山，在山东邹城市东南。
[2] 烝(zhēng)民：众民。
[3] 孤必与(yù)焉：我的利益一定在其中。与，参与。
[4] 命可长也，君胡不为：(不迁都的话)国君的寿命可以延长，国君为什么不这样做呢？胡，为什么。
[5] 牧民：牧，整治，治理，这里指对百姓的统治。
[6] 苟：如果。

【今译】

邾国国君占卜准备迁都到峄山，史官说："迁都对百姓有利，对国君不利。"国君说："如果对百姓有利，那就是对我有利。上天创造了百姓并为他们确立了国君，以此来使百姓得利；百姓得利了，我的利益一定在其中！"侍从说："不迁都的话国君的寿命可以延长，国君为什么不这样做呢？"国君说："我的责任在于统治百姓，寿命的长短，只是个时间问题。百姓如果得到利益了，还有什么比这个更吉利的呢？"于是迁都到峄山。

三十

楚庄王见天不见妖而地不出孽[1]，则祷于山川曰："天其忘予欤？"此能求过于天[2]，必不逆谏矣[3]，安不忘危，故能终而成霸功焉。

【注释】

[1] 天不见(xiàn)妖而地不出孽：见，现。孽，灾害。
[2] 求过于天：向天寻求自己的过失。
[3] 必不逆谏矣：必定不会拒绝别人的意见。

【今译】

楚庄王看见上天不出现怪异并且地上也不出现灾害，就向山川祈祷说："上天难道忘记我了吗？"这就是能够向上天寻求自己的过失，居安思危，所以能够最终成就霸业。

三十一

汤曰："药食先尝于卑[1]，然后至于贵；药言先献于贵[2]，然后闻于卑。”故药食尝乎卑,然后至乎贵,教也[3];药言献于贵,然后闻于卑,道也。故使人味食然后食者[4],其得味也多;使人味言然后闻言者[5],其得言也少。是以明上之言,必自他听之[6],必自他闻之,必自他择之,必自他取之,必自他聚之,必自他藏之,必自他行之。故道以数取之为明,以数行之为章[7],以数施之万物为藏[8]。是故求道者不以目而以心,取道者不以手而以耳。

【注释】

[1] 卑:地位卑贱的人。

[2] 药言:劝谏的话。

[3] 教也:是教化。

[4] 故使人味食然后食者:疑原句有误,当为“故先味食然后使人食者”。

[5] 味言:听取良言。味,听取。

[6] 自他:即“自也”。他,《新书》作“也”。

[7] 以数(shuò)行之为章:数,多次,屡次。章,同“彰”。

[8] 以数施之万物为藏:施,实施。藏,同“臧”,完善。

【今译】

商汤说:“治病的药物先让卑贱的人品尝,然后才进献给尊贵的人服用。劝谏的话先献给尊贵的人,然后才让卑贱的人知道。”之所以治病的药物先让卑贱的人品尝,然后才进献给尊贵的人服用,这是教化的需要。劝谏的话先献给尊贵的人,然后才让卑贱的人知道,这是传播道的需要。所以先于他人品尝食物然后才让他人品尝的人,他感受到的味道就多;使人先听取良言然后自己才听取良言的人,他听到的良言就少。所以贤明的君主对于劝世良言,一定亲自听取,一定亲自了解,一定亲自选择,一定亲自获得,一定亲自完善,一定亲自实行。事物的道理因多次获得而变得清晰,因多次实行而显明,因多次实施于万物而完善。所以寻求道不靠眼睛而靠心,获得道不凭手而凭耳朵。

三十二

楚文王有疾[1]，告大夫曰：“管饶犯我以义[2]，违我以礼[3]，与处不安，不见不思，然吾有得焉，必以吾时爵之[4]；申侯伯[5]，吾所欲者，劝我为之，吾所乐者，先我行之。与处则安，不见则思，然吾有丧焉，必以吾时遣之[6]。”大夫许诺，乃爵管饶以大夫，赠申侯伯而行之。申侯伯将之郑，王曰：“必戒之矣，而为人也不仁，而欲得人之政，毋以之鲁、卫、宋、郑。”不听，遂之郑，三年而得郑国之政，五月而郑人杀之。

【注释】

[1] 楚文王有疾：楚文王，春秋时楚国国君。名赀（zī），武王子。始建都于郢。在位期间，攻蔡灭邓，国势强盛。有疾，有病。

[2] 管饶犯我以义：管饶，人名，生平不详。犯，同“范”，约束。

[3] 违我以礼：违，同“围”，限制。

[4] 必以吾时爵之：一定要在我活着的时候封给他爵位。以，在……时候。爵之，封他爵位。爵，动词。

[5] 申侯伯：人名，不详。

[6] 遣之：使他离开。

【今译】

楚文王有病，告诉大夫说：“管饶用义来约束我，用礼来限制我，和他在一起心中惶恐不安，见不到也不想念他，但是我从他身上得到益处，一定要在我活着的时候封给他爵位。申侯伯，我想要做的，他就劝我去做，我所喜欢的，他就先替我去做。和他在一起心中觉得安逸，见不到就想念他，但是我从他那里得到的是过失，一定要在我活着的时候使他离开。”大夫们同意，于是封给管饶大夫爵位，赠送给申侯伯一些礼物打发他离开楚国。申侯伯将要到郑国去，楚王对他说："引以为戒吧，你做人不讲仁义，却想得到别人的政权，不要带着这个毛病到鲁、卫、宋、郑四个国家去。"申侯伯不听，就去了郑国，三年后得到了郑国的政权，过了五个月就被郑国人杀掉了。

三十三

赵简子与栾激游[1]，将沉于河[2]，曰："吾尝好声色矣，而栾激致之；吾尝好宫室台榭矣，而栾激为之；吾尝好良马善御矣[3]，而栾激求之。今吾好士六年矣，而栾激未尝进一人，是进吾过而黜吾善也[4]。"

【注释】

[1] 赵简子与栾激游：赵简子，即赵鞅，春秋末晋国正卿。后在三家分晋中战胜对手，为建立赵国奠定了基础。栾激，赵简子的家臣。游，出游，游玩。

[2] 将沉于河：要把栾激沉到黄河里。

[3] 御：车夫。

[4] 是进吾过而黜吾善也：进，增加。黜，减少。

【今译】

赵简子和栾激在黄河上游玩，要把栾激沉到黄河里，说："我曾经喜欢歌舞美色，栾激就替我找来；我曾经喜欢华丽的宫室和亭台楼阁，栾激就替我建造；我曾经喜欢宝马和出色的车夫，栾激就替我物色。现在我喜欢贤能之士六年了，但是栾激不曾向我推荐一人，这是增加我的过错而减少我的善行。"

三十四

或谓赵简子曰："君何不更乎[1]？"简子曰："诺。"左右曰："君未有过，何更？”君曰：“吾谓是‘诺’[2]，未必有过也，吾将求以来谏者也。今我却之，是却谏者，谏者必止，我过无日矣。”

【注释】

[1] 更：改正过失。
[2] 吾谓是‘诺’：我说的这个‘是’。

【今译】

有人对赵简子说：“您为什么不改正过失呢？”赵简子说：“是。”赵简子身边的人说：“您没有过失，改正什么呢？”赵简子说：“我说的这个‘是’，不一定说我有过失，我是以此招徕进谏的人。如果我拒绝了，那就是拒绝进谏的人，进谏的人必然停止提意见，那离我有过失也就没几天了。”

三十五

韩武子田[1]，兽已聚矣[2]，田车合矣[3]，传来告曰[4]：“晋公薨[5]。”武子谓栾怀子曰[6]：“子亦知吾好田猎矣，兽已聚矣，田车合矣，吾可以卒猎而后吊乎？”怀子对曰：“范氏之亡也[7]，多辅而少拂[8]。今臣于君，辅也；盈于君[9]，拂也，君胡不问于盈也？”武子曰：“盈，而欲拂我乎[10]？而拂我矣，何必盈哉？”遂辍田[11]。

【注释】

[1] 韩武子田：韩武子，名万，晋国大夫，晋武公叔父。按，晋有两个韩武子，皆不与栾怀子同时，本章有误。田，同“畋”，打猎。
[2] 兽已聚矣：野兽已经被驱赶到一起了。
[3] 田车合矣：打猎的车队已经合围了。
[4] 传(zhuàn)：本指驿站的车马，这里指使者。
[5] 晋公薨(hōng)：晋武公死了。薨，诸侯死叫“薨”。

[6] 栾怀子:即栾盈,晋国臣子。

[7] 范氏之亡也:范氏,晋国大夫,参与分晋。

[8] 多辅而少拂(bì):辅佐他的人多而敢于矫正他的人少。拂,矫正、匡正。

[9] 畾(léi):人名,不详。

[10] 而:同"尔",你。

[11] 辍:停止。

【今译】

韩武子外出打猎,野兽已经被驱赶到一起了,打猎的车队已经合围了,驿站使者报告:"晋武公死了。"韩武子对栾盈说:"你也知道我喜欢打猎,现在野兽已经被驱赶到一起了,打猎的车队已经合围了,我能打完猎再去吊唁吗?"栾盈说:"范氏灭亡的原因,是辅佐他的人多而敢于匡正他的人少。现在我对于您,是辅佐的人;畾对于您,是匡正您的人,您为什么不问一问畾呢?"韩武子说:"栾盈,你想要匡正我吗? 你匡正就是了,何必找畾呢!"韩武子于是停止了打猎。

三十六

师经鼓琴[1],魏文侯起舞[2]。赋曰:"使我言而无见违[3]。"师经援琴而撞文侯[4],不中,中旒[5],溃之[6]。文侯谓左右曰:"为人臣而撞其君,其罪如何?"左右曰:"罪当烹。"提师经下堂一等[7]。师经曰:"臣可一言而死乎?"文侯曰:"可。"师经曰:"昔尧、舜之为君也,唯恐言而人不违;桀、纣之为君也,唯恐言而人违之。臣撞桀、纣,非撞吾君也。"文侯曰:"释之。是寡人之过也,悬琴于城门,以为寡人符[8];不补旒,以为寡人戒。"

【注释】

[1] 师经鼓琴:师经,名叫经的乐师。鼓,弹奏。《韩非子·难一》和《淮南

子·齐俗》也载有此事，但人物为师旷与晋平公。

[2] 魏文侯：战国时魏国开国国君。名斯，公元前 445 年至前 396 年在位。他任用李悝实行变法，使国家首先富强起来。

[3] 赋：吟诵。见，代词“我”。

[4] 援：拿。

[5] 中旒(liú)：击中了文侯冠冕上的玉串。

[6] 溃之：把玉串撞散了。

[7] 提师经下堂一等：捉住师经走下堂前的一级台阶。

[8] 以为寡人符：把它作为我有过失的凭证。

【今译】

乐师经弹奏琴，魏文侯伴随音乐节拍起舞吟诵道：“让我的话说出来没有人敢违抗我。”师经拿过琴撞击文侯，没有击中文侯，击中了文侯冠冕上的玉串，玉串被撞散了。文侯问身边的人：“做臣子的撞击他的国君，该处以什么刑罚？”身边的人说：“该处以烹刑。”于是武士捉住师经走下堂前的一级台阶。师经说：“能否让臣说一句话然后去死呢？”文侯说：“可以。”师经说：“以前尧、舜做君主，就怕自己说话没有人敢违抗；桀、纣做君主，就怕自己说话有人敢违抗。我撞的是桀、纣，不是撞我的国君。”文侯说：“放了他。这是我的过错。把琴悬挂在城门上，让它作为我有过失的凭证；坏了的旒不要修补，让它作为我的警戒。”

三十七

齐景公游于菑[1]，闻晏子卒，公乘舆素服，驲而驱之[2]。自以为迟，下车而趋，知不若车之速，则又乘。比至于国者[3]，四下而趋[4]，行哭而往矣。至，伏尸而号曰：“子大夫日夜责寡人，不遗尺寸[5]，寡人犹且淫佚而不收[6]，怨罪重积于百姓[7]。今天降祸于齐国，不加寡人而加夫子，齐国之社稷危矣！百姓将谁告矣？”

【注释】

[1] 齐景公游于蒌(lóu):蒌,当作"菑"(zī),地名,在今山东境内。

[2] 公乘(shèng)舆素服,驲(rì)而驱之:乘舆,古代帝王和诸侯乘坐的车子。驲,驿站用来传递文书的车。

[3] 比至于国者:比,等到。国,国都。

[4] 四下而趋;四次下车赶路。

[5] 不遗尺寸:细小的过失也不放过。尺寸,比喻细小的过失。

[6] 淫佚:放荡。

[7] 怨罪重积于百姓:对我的怨恨和责备深深蓄积在百姓心中。

【今译】

齐景公在蒌游玩,听到晏子去世的消息,他乘坐车子身穿白色丧服,驾马驱车往回赶。他认为速度太慢,就下车奔跑,又觉得不如车子的速度快,就又上车。等回到国都,已经反复四次下车赶路。他边走边哭,到了地方,趴在晏子尸体上哀号:"先生天天规劝我,连我细小的过失也不放过,我还是放荡而不收敛,对我的怨恨和责备深深蓄积在百姓心中。现在上天降祸给齐国,不加祸在我身上,却加祸在先生身上,齐国命运很危险了! 老百姓将向谁求告呢?"

三十八

晏子没十有七年[1],景公饮诸大夫酒[2]。公射出质[3],堂上唱善,若出一口[4]。公作色太息,播弓矢[5]。弦章入[6],公曰:"章,自吾失晏子,于今十有七年,未尝闻吾过、不善。今射出质,而唱善者,若出一口。"弦章对曰:"此诸臣之不肖也,知不足以知君之不善[7],勇不足以犯君之颜色。然而有一焉,臣闻之:'君好之,则臣服之[8];君嗜之,则臣食之[9]。'夫尺蠖食黄,则其身黄[10];食苍,则其身苍。君其犹有谄人言乎[11]?"公曰:"善!今日之言,章为君,我为臣[12]。"是时海人入鱼,公以五十乘赐弦章[13]。归,鱼乘塞涂[14],抚其御之手[15],曰:"曩之唱善者,皆欲若鱼者也。昔者晏子辞赏以正君,故过失不掩。今诸臣谄谀以干利[16],故出质而唱善,如出一口。今所辅于君,未见于众[17],而受若鱼[18],是反晏子之义而顺谄谀之欲也!"固辞鱼不受。君子曰:"弦章之廉,乃晏子之遗行也!"

【注释】

[1] 晏子没十有七年:《史记·齐世家》记载,晏婴卒于公元前500年,景公卒于公元前490年。本章记载为17年,时间不符。有,通"又"。

[2] 饮(yìn):请……喝酒。

[3] 质:箭靶。

[4] 唱善,若出一口:叫好之声如同出自一人之口。

[5] 播:舍弃,扔掉。

[6] 弦章:人名,齐景公时的贤士。

[7] 知(zhì)不足以知君之不善:前一个"知"通"智",后一个"知"是察觉、了解的意思。

[8] 君好之,则臣服之:君主喜欢穿什么衣服,臣子就喜欢穿什么衣服。

[9] 嗜:喜欢吃。

[10] 尺蠖(huò):蛾类的幼虫,行动时身体屈伸前行,犹如用尺量布。

[11] 君其犹有谄人言乎:您大概还有喜欢听别人谄谀之话的毛病吧?

[12] 章为君,我为臣:意思是,你说得对,我听你的。若翻译成"你是君主,我是臣子",则不通。

[13] 乘(shèng):古代计算车、马、舟的量词。这里指车。

[14] 鱼乘塞涂:送鱼的车子把道路堵塞了。涂,通"途",道路。

[15] 御:驾车人。

[16] 干(gān):求取。

[17] 未见于众:没有在众人面前表现出效果。

[18] 若鱼:这些鱼。

【今译】

晏子死后十七年，（有一天）景公请各位大夫喝酒，景公射箭（助兴）射出了箭靶，堂上大家齐声叫好，如同出自一人之口。景公不高兴并叹息，扔掉了弓箭。这时大夫弦章进来了，景公说："弦章，自我失去晏子，到现在十七年了，未曾听到有人指出我的过失。今天射箭明明射出了箭靶，但是大家齐声叫好，如同出自一人之口。"弦章回答说："这是众臣子不好，他们的智慧不足以察觉君主的过失，胆量不足以冒犯君王的颜面。不过有这样的一种情况，我听说'君主喜欢穿什么衣服，臣子就喜欢穿什么衣服；君主喜欢吃什么食物，臣子就喜欢吃什么食物。'尺蠖吃了黄色的东西，它的身体就变成黄色的，吃了黑色的东西，身体就变成黑色。君王您大概还有愿听别人谄谀之话的毛病吧？"景公说："好。今天这话，你说得对，我听你的。"这时海边渔民进献鲜鱼，景公把五十辆车的鱼赏给弦章。弦章回到家，看见送鱼的车子把道路堵塞了，就抚摩着驾车人的手说："刚才那些叫好的人都是想要这些鱼的人。过去晏子拒绝赏赐来纠正君王的言行，所以君王有什么过失无法掩饰。现在各位臣子谄谀献媚来求取利益，所以尽管景公射出了箭靶，大家却仍然齐声叫好，如同出自一人之口。现在我辅佐君王，还没有在众人面前表现出好的效果，却接受这些鱼，这是违反晏子的行为准则，并且顺从了谄谀之徒的欲望啊！"于是坚决辞谢不接受赏赐。有道德的人听说后称赞道："弦章廉洁，是晏子遗留下来的好品行啊！"

三十九

夫天之生人也，盖非以为君也；天之立君也，盖非以为位也[1]。夫为人君，行其私欲而不顾其人[3]，是不承天意，忘其位之所以宜事也[4]。如此者，《春秋》不予能君，而夷、狄之[5]。郑伯恶一人，而兼弃其师[6]，故有“夷、狄不君”之辞[7]。人主不以此自省，惟既以失实，心奚因知之[8]？故曰：“有国者不可以不学《春秋》[9]。”此之谓也。

【注释】

[1] 夫天之生人也，盖非以为君也；天之立君也，盖非以为位也：夫，句首发语词。盖，句首语气词，表示要发议论。语本《荀子·大略》：“天之生民，非为君也；天之立君，以为民也。”

[2] 行其私欲而不顾其人：顾，顾及。人，民。

[3] 宜事：应该做的事情。宜，应该。

[4]《春秋》不予能君，而夷、狄之：予，称赞。能，贤能。夷、狄，我国古代东方和北方的部落。这里作动词，看做夷狄。

[5] 郑伯恶一人，而兼弃其师：郑伯，郑文公。一人，指高克。《左传·闵公二年》记载，郑伯因厌恶高克，连同他率领的军队也不愿意过问，最后军队溃散，高克出奔陈国。

[6] 夷、狄不君：郑伯像夷、狄之人一样不配做君主。

[8] 惟既以失实，心奚因知之：惟，句首发语词。既，已经。以，通“已”。失，背弃。实，实际，指“天之生民的本意”。奚，什么。因，凭借。之，代词，指“其位之所以宜事”。

[9] 有国者不可以不学《春秋》：语出《史记·太史公自序》，“故有国者，不可以不知《春秋》”。有，掌管。

【今译】

上天降生万民的本意，不是为了替他们立一个君主；上天设立君主的本意，不是要给君主一个永久的位子。身为人君，如果为实现个人私欲就不顾及人民的利益，这就是没有秉承上天的意志，忘记了身处高位所应该做的事情。像这样的国君，《春秋》不会称赞他是贤能的君主，反而把他看作野蛮落后的夷、狄之人。郑伯因为厌恶一个人，就连同这个人率领的军队也舍弃了，所以有“郑伯像夷、狄之人一样不配做君主”的说法。君主不因此反省自己，其行为已经背弃了上天设立君主的本意，他的内心凭什么来了解自己所应该做的事情呢？所以说：“掌管国家的人不能不读《春秋》。”说的就是这个道理。

四十

齐人弑其君[1]，鲁襄公援戈而起曰[2]：“孰臣而敢杀其君乎[3]？”师惧曰[4]：“夫齐君治之不能，任之不肖。纵一人之欲以虐万夫之性[5]，非所以立君也[6]。其身死自取之也；今君不爱万夫之命，而伤一人之死，奚其过也[7]！其臣已无道矣，其君亦不足惜也。”

【注释】

[1] 齐人弑其君：齐人，指齐国大夫崔杼。弑，古代称子杀父、臣杀君为“弑”。君，指齐庄公，他与崔杼妻棠姜淫乱，被崔杼杀死。

[2] 鲁襄公援戈：鲁襄公，春秋时鲁国国君，名午，鲁成公之子，公元前572年至前542年在位。援戈，拿戈。

[3] 孰臣：什么样的臣子。

[4] 师惧：师，乐师。惧，乐师名。

[5] 虐：残害。

[6] 非所以立君也：这不是设立国君的本意。

[7] 奚其：何其。

【今译】

齐人崔杼杀死了自己的国君，鲁襄公听说后拿过戈来站起身说：“什么样的臣子敢杀死他自己的国君？”乐师惧回答说：“齐国君主治国无能，任用的臣子无才无德。他放纵自己的欲望，来残害广大百姓的生命，违背了设立国君的本意；他的死，是自取灭亡。现在您不为百姓的生命叹惜，却为一人之死而哀痛，这是多么错误的行为啊！齐国臣子不守臣道，齐国君主之死也不值得惋惜。”

四十一

孔子曰：“文王似‘元年’，武王似‘春王’，周公似‘正月’[1]。文王以王季为父[2]，以太任为母[3]，以大姒为妃[4]，以武王、周公为子[5]，以泰颠、闳夭为臣[6]，其本美矣[7]。武王正其身以正其国，正其国以正天下，伐无道，刑有罪，一动天下正。其事正矣！春致其时，万物皆及生[8]；君致其道，万人皆及治。周公戴己而天下顺之，其诚至矣[9]！”

【注释】

[1] 文王似‘元年’，武王似‘春王’，周公似‘正月’：这三句化用《春秋》首句。《春秋》开头有“元年春王正月”之句，即鲁隐公元年春季、周王正月。鲁国用周历。孔子以此来赞美文王、武王和周公是周朝的建立者。

[2] 王季：周太王之子，文王之父，名季历。

[3] 太任：王季之妻，文王母，任姓。

[4] 大姒：文王妻，武王母，姒姓。

[5] 武王、周公：文王之子。

[6] 泰颠、闳夭：两位贤臣，先佐文王，后佐武王。

[7] 其本美矣：他们的根基太美好了。本，根基。

[8] 春致其时，万物皆及生：春天送达它的时令，万物都得到生长。致，送达，献出。

[9] 戴己：自身率先推行。通“载”，推行。

【今译】

孔子说：“周文王好比‘元年’，周武王好比‘春王’，周公好比‘正月’。文王有王季为父，有太任为母，有大姒为妻，有武王、周公为子，有泰颠、闳夭为臣，他们的根基太美好了。武王先正自身然后正国家，正国家然后正天下，讨伐无道之人，惩处有罪之人，一举而天下太平。他的事业可谓光明正大！这就好比春天送达它的时令，万物都得到生长；君王送达他的道德，百姓都得到了安定。周公身体力行，天下人都归顺他，他的诚意达到极点了！”

四十二

尊君卑臣者，以势使之也，夫势失则权倾。故天子失道，则诸侯尊矣；诸侯失政，则大夫起矣；大夫失官，则庶人兴矣。由是观之，上不失而下得者，未尝有也。

【今译】

君王尊贵臣子低下，是由权势造成的，权势丧失了那么权力也就失掉了。所以如果天子失去统治天下的正道，那么诸侯就显得尊大；诸侯失去了统治的权威，那么大夫就崛起了；大夫失去了官位，那么庶人就兴起了。由此看来，处在高位不失去权势而下面的人得到政权的，是从来没有过的。

四十三

孔子曰：“夏道不亡，商德不作[1]；商德不亡，周德不作；周德不亡，《春秋》不作；《春秋》作而后君子知周道亡也。”故上下相亏也，犹水火之相灭也[2]。人君不可不察而大盛其臣下[3]，此私门盛而公家毁也[4]。人君不察焉，则国家危殆矣。管子曰：“权不两错，政不二门”[5]。故曰，胫大于股者难以步，指大于臂者难以把，本小末大,不能相使也。

【注释】

[1] 夏道不亡,商德不作:此处“作”是兴起的意思。后面“周德不亡,《春秋》不作”的“作”是写作的意思。

[2] 相亏:互相损害。

[3] 盛其臣下:让臣子强大起来。盛,使动。

[4] 公家:国家。

[5] 错:通“措”,执掌。

【今译】

孔子说:“夏朝不衰亡,商朝就不会兴起;商朝不衰亡,周朝就不会兴起;周朝不衰亡,就不会写作《春秋》这部书。《春秋》写作出来以后有识之士就知道周朝灭亡了。”所以处于上、下位的人互相损害,就好比水与火互相消灭一样。君王不能明察而让臣子强大起来,这是导致卿大夫强大而国家毁灭的原因。君王不明察,那么国家就危险了。管子说:“权力不能由两人执掌,政令不能由两人发出。”所以说,小腿粗过了大腿的人难以举步行走,手指大过了手臂的人难以把握东西,根基浅,枝叶大,不能互相配合使用。

四十四

司城子罕相宋[1],谓宋君曰:“国家之危定,百姓之治乱,在君行之赏罚也;赏当则贤人劝[2],罚得则奸人止;赏罚不当,则贤人不劝,奸人不止。奸邪比周[3],欺上蔽主,以争爵禄,不可不慎也!夫赏赐让与者,人之所好也,君自行之;刑罚杀戮者,人之所恶也,臣请当之。”君曰:“善。子主其恶,寡人行其善,吾知不为诸侯笑矣。”于是宋君行赏赐而与子罕刑罚,国人知刑戮之威专在子罕也,大臣亲之,百姓附之。居期年[4]，子罕逐其君而专其政。故曰，无弱君强大夫[5]。老子曰："鱼不可脱于渊，国之利器不可以借人[6]。"此之谓也。

【注释】

[1] 司城子罕相宋：司城，官名，即司空，春秋时宋国为避宋武公讳(武公名司空)改为司城。子罕，人名。据钱穆《先秦诸子系年考辨》考证，子罕有两个，一是春秋时宋国贤臣子罕乐喜，一是战国时宋国逐杀宋君夺其政的皇喜(又叫剔城肝)。此处子罕当为后者。

[2] 赏当则贤人劝：当，得当。劝，勤勉。

[3] 比周：结党营私。

[4] 期(jī)年：满一年。

[5] 无弱君强大夫：不要削弱国君而使大夫强大。

[6] 利器：比喻权柄。语出《老子·三十六章》。

【今译】

司城子罕担任宋国的国相，他对宋君说："国家的安危，百姓的治乱，取决于国君的赏罚政策。赏赐得当贤人就会更加努力，惩罚得当奸佞小人就会收敛。赏罚不当，贤能之士得不到鼓励，奸佞之徒不会收敛。奸佞邪恶之人结党营私，欺骗尊长蒙蔽君主，来争夺爵位和俸禄，不能不慎重啊！赏赐馈赠，是人们所喜欢的事情，君王您亲自去做它；惩罚杀戮，是人们所厌恶的事情，让我来担当它。"宋君说："好。你专管那些人们讨厌的事情，我负责那些人们喜欢的事情，我料定不会被诸侯笑话。"于是宋君负责赏赐的事情，子罕专管刑罚。国人知道刑罚杀戮的权力掌握在子罕手里，于是大臣亲近他，百姓依附他。这样过了一年，子罕驱逐了宋君而独揽国家大权。所以说，不要削弱国君而使大夫强大。老子说："鱼不可以离开深渊，国家权柄不可以随便给别人。"说的就是这个道理。

【评析】

将《君道》篇放在全书第一卷的位置，始于刘向。此前，在书中设《君道》篇的有《荀子》，置于第八卷。刘向整理过《荀子》一书，对荀子的观点甚为赞同，并在自己的书中将《君道》置于首篇，以示突出。在此之后，《贞观政要》和《康熙政要》也设《君道》篇，皆为首篇，显然是受了刘向《说苑》的影响。

《说苑》是写给皇帝看的一部谏书，目的在于巩固刘氏政权，将《君道》设为首篇可谓用心良苦。刘向是如何劝谏皇帝的呢？我们不妨先比较一下。《荀子》中《君道》篇是议论、说理、分析为主，属于政论文。而《说苑》中的《君道》篇则采用了叙述故事为主的方式，通过鲜活生动的叙述来阐明为君之道，可读性明显增加。刘向在《谏营昌陵疏》中，开门见山，直奔主题："臣闻《易》曰：'安不忘危，存不忘亡，是以身安而国家可保也。'故贤圣之君，博观终始，穷极事情，而是非分明。"写到激动处，刘向毫不掩饰自己的态度，直言道："是故德弥厚者葬弥薄，知愈深者葬愈微。无德寡知，其葬愈厚，丘陇弥高，宫庙甚丽，发掘必速。"又说道："陛下慈仁笃美甚厚，聪明疏达盖世，宜弘汉家之德，崇刘氏之美，光昭五帝、三王，而顾与暴秦乱君竞为奢侈，比方丘陇，说愚夫之目，隆一时之观，违贤知之心，亡万世之安，臣窃为陛下羞之。"简直是一点面子都不留，好在汉成帝心知刘向爱君，阅罢"甚感向言"。再读《说苑》中《君道》，政论文变成了讲故事，变成了历史人物的对话，将深刻的见解含蓄地溶解于故事之中。《汉书·刘向传》记载："上虽不能尽用，然内嘉其言，常嗟叹之。"这就是说，书中的故事打动了皇帝，起到了一定的作用。

笔者认为，表现方式的转变源于文本样式的不同，前两者一为诸子专著，体现作为思想家的荀子长于辩驳的语言风格，一为上奏皇帝的谏书，必须明言直谏。而《说苑》一书则不同，刘向显然受到《韩非子》中《说林》《储说》的影响，采用了叙述为主、说理为辅的表达方式。在《韩非子》一书中，"说"就是故事，《说林》就是故事集。在《储说》中，有"经"，有"说"。"经"是论点，"说"是举例，讲故事。《说苑》也是故事集，保留了论点与举例的体例，又有所改进。这是理解《说苑》表现方式时应该注意的。

既然是以讲故事为主，那就要体现形象性和生动性，而这恰恰是刘向《君道》与荀子《君道》的显著不同。第一是有人物形象。在本篇四十四章中，除了第三十九、四十二章没有人物外，其他各章皆有人物。这些人物有的是君王，有的臣子，各自代表不同的角色，每一个角色都被赋予了特定的含义。第二是人物之间有对话。本篇绝大多数章节的叙述方式采用了人物对话的形式，有问有答，答问之间包含为君之道。这些对话，往往以国君问话开场，引出关于为君之道的核心内容，最后让国君以表示赞叹结束对话，从而形成一个完整的话轮语体，具有话剧的情景。这种对话形式可能源自《论语》。孔子与弟子的对话，构成了《论语》基本的叙述方式，给后人以极大影响。举一个比较典型的章节"颜渊问仁"。

> 颜渊问仁。子曰："克己复礼为仁。一日克己复礼，天下归仁焉。为仁由己，而由人乎哉？"颜渊曰："请问其目。"子曰："非礼勿视，非礼勿听，非礼勿言，非礼勿动。"颜渊曰："回虽不敏，请事斯语矣。"

这种对话形式在《说苑·君道》中比比皆是，比如本篇第五章：

> 鲁哀公问于孔子曰："吾闻君子不博，有之乎？"孔子对曰："有之。"哀公曰："何为其不博也？"孔子对曰："为其有二乘。"哀公曰："有二乘则何为不博也？"孔子对曰："为行恶道也。"哀公惧焉。有间曰："若是乎君子之恶恶道之甚也！"孔子对曰："恶恶道不能甚，则其好善道亦不能甚；好善道不能甚，则百姓之亲之也亦不能甚。《诗》云：'未见君子，忧心惙惙，亦既见止，亦既觏止，我心则说。'《诗》之好善道之甚也如此。"哀公曰："善哉！吾闻君子成人之美，不成人之恶。微孔子，吾焉闻斯言也哉？"

这两段文字在结构上基本相同。但是在《论语》中，有问有答是常见的，未必有赞词。而在《说苑》中则多有赞词。我们可以推断，刘向在整理三家《论语》的过程中，受到启发，并参考了寓言故事，以及《孔子家语》《韩诗外传》《晏子春秋》等书的体例，在《说苑》中发展、完善、固化了这种结构。第三是引用经典名句作结。在

《说苑·君道》中，多有“此之谓也”这样的结尾。这是一个传统的结尾，《荀子·君道》中用得比较多，《韩诗外传》中也有。这样的结尾告诉读者，该文体不是纯粹的叙述，而是包含议论的成分。刘向所引用的内容，有《易》《诗》《书》这些儒家经典，体现儒家思想源流。这是将《韩非子》中的“经”后移到了章末，以呼应前文。这种体例上新的发展，减少了抽象的说理，但并不削弱论点的力量，而是水到渠成地得出结论，使得文章更加自然。徐建委在其《说苑研究——以战国秦汉之间的文献积累与学术史为中心》一书中指出，《说苑》各章引用《诗经》七十条左右，频率最高的就是“诗云……此之谓也”的格式，它是在文章没有对引用的诗句做任何解释的情况下提出的，也就是说，作者在引用时已经预知无须解释，读者已经对《诗经》有了很好的掌握。由此可见，《诗经》是作为默认经典存在的，它其实是文本交流或阅读群体必备的知识。第四是有故事情节。鲁迅在《中国小说史略》中就提到了《说苑》。杨义在《中国古代小说史论》中指出：“在叙事完整性和曲折性上，《说苑》不少部分不让于先秦诸子，而且繁于六朝‘世说体’。”在《说苑·君道》中，这一特点虽不如后面各篇集中，但已经表现出来了。比如第三十六章内容：

> 师经鼓琴，魏文侯起舞。赋曰：“使我言而无见违。”师经援琴而撞文侯，不中，中旒，溃之。文侯谓左右曰：“为人臣而撞其君，其罪如何？”左右曰：“罪当烹。”提师经下堂一等。师经曰：“臣可一言而死乎？”文侯曰：“可。”师经曰：“昔尧、舜之为君也，唯恐言而人不违；桀、纣之为君也，唯恐言而人违之。臣撞桀、纣，非撞吾君也。”文侯曰：“释之。是寡人之过也，悬琴于城门，以为寡人符；不补旒，以为寡人戒。”

《韩非子·难一》和《淮南子·齐俗》也载有此事，人物为师旷与晋平公。刘向在《说苑·君道》中引用时，做了必要的“改编”。首先是将人物进行了更换，意在告诉读者，他是在借用这则故事赋予新的含义。其次是增添了师经在堂下和文侯的对话，意在表现儒家的治国思想。在《韩非子·难一》中，韩非子用了一大段文字来评论师旷与晋平公的行为，认为，师旷撞君是“失臣礼”，平公不仅不杀师旷反而“喜而听之”，是失“君道”。本章中，刘向推翻了韩非的观点，完全肯定了师经撞君的行为，也肯定了文侯知错改错的勇气。从限制帝王权力膨胀的角度看，这显然是有积极意义的。另外，有一种观点认为，《说苑》一书是刘向所“编”而非“著”，而本章恰恰说明了《说苑》确有“著”的成分，是‘编著’，不仅仅是“编”。从故事情节看，本章可谓扣人心弦。“师经鼓琴，魏文侯起舞”，这是场景铺垫，交代了人物和地方，渲染了融洽的气氛。但是，魏文侯的一句话使情节陡然急转，“师经援琴而撞文侯，不中，中旒，溃之。”读者至此心中一紧。果然，文侯要依法行事了，一句“罪当烹”将紧张气氛推向高潮。就在这时，师经一句“臣可一言而死乎”使情节暂时缓和下来。师经一段有理有据又富有智慧的陈辞，使其形象跃然纸上，读者立刻对他产生了同情和敬佩之情。最后，文侯曰：“释之。是寡人之过也，悬琴于城门，以为寡人符；不补旒，以为寡人戒。”这又使得读者对文侯产生了好感，一个知错就改的君王形象出现在读者面前，读者原本悬着的心至此长长舒了一口气。正可谓一波三折，起伏有致。这就是小说笔法。

在这个富有文学性的故事集中，刘向装进了怎样的“君道”内容呢？台湾学者许素菲在其《说苑探微》一书中写道，《君道》集中阐释了“君德”的含义，包括“至公”“正道”“重义”“慎言行”“审己”“仁爱”（爱臣、惠民）“谦让”等方面的品质，还阐释了“独断”“任贤”“听谏”“察人”等方面君王应有的智慧。笔者以为，刘向在本篇中初步构建起了“君王学”的框架，为后来的《贞观政要》和《康熙政要》中的《君道》奠定了基础，从而形成了具有中国特色的君王文化论。刘向在举例子的过程中，既举了正面的例子，也举了反面的例子。正面的足以引导人，反面的足以警醒人。刘向不仅表达了君王应该做什么，还深刻地指出了君王本人应该是怎样的人。最可贵的是，他在第三十九章中指出：“夫天之生人也，盖非以为君也；天之立君也，盖非以为位也。夫为人君，行其私欲而不顾其人，是不承天意，忘其位之所以宜事也”。这既是对荀子观点的继承发扬，又体现了刘向具有民本思想，与他在《谏营昌陵疏》中的观点是一致的："王者必通三统，明天命所授者博，非独一姓也。"这是多么可贵呀！

总之，《说苑·君道》无论是表现方式，还是思想内容，都是具有重要影响的文献资料。

卷二　臣术

【题解】

本卷比较系统地论述了为臣之道，是继《荀子·臣道》之后专门记述臣道的著作，并在前人基础上又有新的发展。刘向通过记述各种故事，阐明了为臣要“益于国”、“补于君”。为臣，要有胸怀，要进贤、让贤。第五章中翟黄欲做相而不得，与第九章中公孙支主动让相给百里奚形成了鲜明对比，其胸襟境界高、低不言自明。刘向认为，为臣不可张扬、骄傲，即便对国家有功，也不能居功自傲，要为人低调，勤俭朴素。第七章中记载翟黄出行“乘轩车，载华盖；黄金之勒，约镇簟席，如此者其驷八十乘。”“子方望之，以为人君也。”这就违背了谦虚谨慎的为臣之道，会招致灾祸。本卷中的董安于和晏子是刘向所推崇的贤臣，他们细致入微，艰苦朴素，不事张扬。

最为可贵的是，刘向主张臣子要保持自己的独立人格，不能成为君主的附庸。刘向列举了晏子、陈成子、尹绰等贤臣的例子，歌颂了他们的独立人格，即便在今天仍有现实意义。受《荀子》的启发，刘向也论述了忠臣和贼臣的行为，提出了“顺”和“谀”“忠”和“乱”的区别标准，明确了“谏”“诤”“辅”“弼”的行为准则，这就为国君甄别忠、奸提供了参考。刘向写《说苑》是有针对性的，所以他还提出了为臣不可惑众、不能争功，要“劝善黜恶”，这是从维护刘氏政权的角度向当朝皇帝发出的忠告，可谓用心良苦。

本卷共二十三章。

一

人臣之术，顺从而复命，无所敢专，义不苟合，位不苟尊，必有益于国，必有补于君，故其身尊而子孙保之。故人臣之行有“六正”“六邪”。行“六正”则荣，犯“六邪”则辱。夫荣辱者，祸福之门也。何谓“六正”“六邪”？“六正”者，一曰萌芽未动，形兆未见，昭然独见存亡之几[1]，得失之要，预禁乎不然之前，使主超然立乎显荣之处，天下称孝焉[2]。如此者，圣臣也。二曰虚心白意[3]，进善通道[4]，勉主以礼义[5]，谕主以长策[6]，将顺其美，匡救其恶，功成事立，归善于君，不敢独伐其劳[7]，如此者，良臣也。三曰卑身贱体[8]，夙兴夜寐，进贤不解[9]，数称于往古之德行事[10]，以厉主意[11]，庶几有益[12]，以安国家、社稷、宗庙。如此者，忠臣也。四曰明察幽见[13]，成败早防而救之，引而复之[14]，塞其间，绝其源，转祸以为福，使君终以无忧。如此者，智臣也。五曰守文奉法，任官职事，辞禄让赐，不受赠遗[15]，衣服端齐，饮食节俭。如此者，贞臣也。六曰国家昏乱，所为不谀，然而敢犯主之颜面，言主之过失，不辞其诛，身死国安，不悔所行。如此者，直臣也。是谓“六正”也。“六邪”者，一曰安官贪禄，营于私家，不务公事，怀其智，藏其能，主饥于论，渴于策[16]，犹不肯尽节，容容乎与世沉浮上下[17]，左右观望。如此者，具臣也[18]。二曰主所言皆曰善，主所为皆曰可，隐而求主之所好即进之，以快主耳目，偷合苟容[19]，与主为乐，不顾其后害。如此者，谀臣也。三曰中实颇险[20]，外容貌小谨，巧言令色，又心嫉贤，所欲进，则明其美而隐其恶；所欲退，则明其过而匿其美,使主妄行过任,赏罚不当,号令不行。如此者,奸臣也。四曰智足以饰非,辩足以行说,反言易辞,而成文章[21],内离骨肉之亲,外妒乱朝廷。如此者,谗臣也。五曰专权擅势,持抔国事,以为轻重[22],于私门成党,以富其家,又复增加威势,擅矫主命,以自贵显。如此者,贼臣也。六曰谄言以邪[23],坠主不义,朋党比周,以蔽主明,入则辩言好辞,出则更复异其言语,使白黑无别,是非无间,伺侯可推,因而附然[24],使主恶布于境内,闻于四邻。如此者,亡国之臣也。是谓"六邪"。贤臣处"六正"之道,不行"六邪"之术,故上安而下治,生则见乐,死则见思[25],此人臣之术也。

【注释】

[1] 昭然独见存亡之几:昭然,明显、显著。几,征兆。

[2] 孝:《孝经》载:"能保其社稷,而和其民人,盖诸侯之孝也"。

[3] 虚心白意:内心恭敬,心怀坦荡。

[4] 进善通道:进善言,通道义。

[5] 勉主以礼义:用礼义来勉励君主。状语后置。

[6] 谕主以长策:用良策来启发君主。谕,启发使明白。

[7] 将顺其美……不敢独伐其劳:将,扶持。伐,夸耀。

[8] 卑身贱体:降低身份,亲自操劳。

[9] 解:通"懈"。

[10] 数(shuò)称于往古之德行事:数,屡次、经常。德,疑为衍文。行事,事实。

[11] 以厉主意:用来激励君主的意志。

[12] 庶几有益:希望有所裨益。庶几,希望。

[13] 明察幽见:洞察一切。其他注本都断为"明察幽,见成败,早防而救之"。翔按,"六正"中"曰"字后都为四字句,讲究对称,独此处三字,不妥。再者,"明察幽"与"见成败"不协。另考《贞观政要·择官》,记为"明察成败,早防而救之"。

[14] 成败早防而救之,引而复之:预见失败并早做防备、进行补救,正确引

导并恢复它的原貌。成败,偏义复词,侧指失败。复,恢复。

[15] 不受赠遗(wèi):不接受馈赠。

[16] 主饥于论,渴于策:君主迫切需要臣子出谋划策。

[17] 容容乎与世沉浮上下:从众附和,随波逐流。容容,从众附和。

[18] 具臣也:充数的臣子。

[19] 偷合苟容:苟且迎合取容于世。

[20] 中实颇险:心中充满偏邪险恶。中,内心。实,充满。颇,偏邪。

[21] 反言易辞,而成文章:言辞变化多端,华而不实。文章,比喻言辞华而不实。

[22] 持抔(póu)国事,以为轻重:把持国政,使自己成为决断是非轻重的人。抔,双手捧。

[23] 谄言以邪:考《北堂书钞》卷二十九,"言"当作"主"。

[24] 伺候可推,因而附然:等待时机,推脱责任,并趁机攀附更大的势力。

[25] 生则见乐,死则见思:活着的时候被人们称颂,死了以后被人们思念。

【今译】

做臣子的道理是,服从君王的命令并报告执行使命的情况,不敢专断,坚持道义不随意迎合,身处一定的职位却不妄自尊大,一定要对国家有贡献,一定要对国君有补益,这样不仅他自身位尊并且可以子孙后代保持富贵。所以作为臣子的操行有"六正""六邪"。实行"六正"就能得到尊荣,触犯"六邪"就要自找耻辱。尊荣和耻辱,是福与祸的门户。什么叫作"六正""六邪"呢?所谓"六正",一是当事物处于萌芽之前,形迹征兆尚未显露,就能独自清楚地看到存亡的征兆,把握得与失的关键,防患于未然,使国君不受影响而处于显赫荣耀的位置,天下的人称赞他。这样的臣子,就是"圣臣"。二是内心恭敬、心怀坦荡,进善言,通道义,用礼义来勉励君主,用良策来启发君主,扶持、顺从国君的美德,匡正、补救国君的错误,成就功业后,归功于国君,不敢独自夸耀自己的功劳。这样的臣子,就是"良臣"。三是降低身份,亲自操劳,早起晚睡,举荐贤能不懈怠,经常称颂过去圣贤的事迹,用来激励君主的意志,希望有所裨益,以此使国家社稷宗庙得到安定。像这样的臣子,就是

"忠臣"。四是洞察一切，预见失败并早做防备、进行补救，正确引导使其恢复正常，堵塞产生不好事物的漏洞，斩断产生不好事物的源头，扭转灾祸朝着福祉的方向发展，使得君王无忧无虑。像这样的臣子，就是"智臣"。五是遵守礼仪制度，胜任本职工作，不在乎俸禄的多少、推让君王的赏赐，拒绝别人的馈赠，穿戴整齐，衣食节俭。像这样的臣子，就是"贞臣"。六是国家政治黑暗的时候，不阿谀逢迎，敢于触犯君王的威严，当面指出君王的过失，不怕杀头，为了国家的安定献出生命，决不后悔。像这样的臣子，就是"直臣"。这就是"六正"。所谓"六邪"，一是安于官爵享受俸禄，营谋私利，不干公事，隐藏自己的智慧和才干，君主迫切需要出谋划策，他却仍然不肯尽心尽责，而是从众附和，随波逐流，看别人怎么做。这样的臣子，就是"具臣"。二是只要是君主说的话都认为是好的，只要是君主做的事都认为是对的，揣摩君主的嗜好立即进献给君王以博取君王的欢心，苟且迎合取容于世，鼓动君王寻欢作乐，不考虑后果。像这样的臣子，就是"谀臣"。三是内心充满偏邪险恶，表面上却谨小慎微，用花言巧语和谄媚的神色取悦于人，却又嫉贤妒能，对想要进用的人，宣扬其优点而隐瞒其恶行；对想要排挤的人，就宣传其过失而隐藏其美德，使得君王毫无根据地决断任免之事，赏罚不当，号令不能施行。像这样的臣子，就是"奸臣"。四是他的智慧足以掩饰错误，口才足以游说别人，言辞变化多端，华而不实，在宫内离间亲人的关系，在宫外妒贤乱朝。像这样的臣子，就是"谗臣"。五是大权独揽，把持国政，以此来使自己成为决断是非、轻重的人；结党营私，使自家富有，又不断加强自己的权势，擅自假托君王之命，来炫耀自己的高贵显要。像这样的臣子，就是"贼臣"。六是用邪恶的言论来谄媚君王，使君王陷入不道义的境地，拉帮结伙，来蒙蔽君王的视线，上朝时花言巧语，离开朝廷就出尔反尔，混淆黑白，颠倒是非，等待时机，推脱责任，并趁机攀附更大的势力，使得君王在国内臭名昭著，并且传于邻国。像这样的臣子，就是"亡国之臣"。这就是"六邪"。贤能之臣处于"六正"的正确道路上，不走"六邪"的歪路，所以国家太平、百姓安定，他活着的时候被人们称颂，死了以后被人们思念，这就是做臣子的道理。

二

汤问伊尹曰："三公、九卿、大夫、列士，其相去何如[1]？"伊尹对曰："三公者，知通于大道[2]，应变而不穷，辩于万物之情[3]，通于天道者也。其言足以调阴阳，正四时，节风雨。如是者，举以为三公。故三公之事，常在于道也。九卿者，不失四时，通于沟渠，修堤防，树五谷，通于地里者也[4]。能通不能通，能利不能利。如此者，举以为九卿。故九卿之事，常在于德也。大夫者，出入与民同众[5]，取去与民同利，通于人事，行犹举绳，不伤于言[6]，言之于世，不害于身[7]；通于关梁[8]，实于府库。如是者，举以为大夫。故大夫之事，常在于仁也。列士者，知义而不失其心，事功而不独专其赏，忠正强谏，而无有奸诈；去私立公，而言有法度。如是者，举以为列士。故列士之事，常在于义也。故道、德、仁、义定，而天下正。凡此四者，明王臣而不臣[9]。"汤曰："何谓臣而不臣？"伊尹对曰："君之所不名臣者四：诸父，臣而不名[10]；诸兄，臣而不名；先王之臣，臣而不名；盛德之士，臣而不名。是谓大顺也[11]。"

【注释】

[1] 三公、九卿、大夫、列士，其相去何如：三公、九卿、大夫、列士，都是职官等级名。相去，区别。

[2] 知通于大道：知，通"智"。大道，理想的治国之道。《礼记·礼运》："大道之行也，天下为公。"

[3] 辩：通"辨"。

[4] 里：通“理”。

[5] 众：《帝王世纪》作“象”，法也。

[6] 行犹举绳，不伤于言：《大戴礼·哀公问》作“行中矩绳，而不伤于本。”

[7] 言之于世，不害于身：《大戴礼·哀公问》作“言足法于天下，而不害于身”。

[8] 关梁：关口和津梁。指水陆交通要道。

[9] 明王臣而不臣：第一个“臣”是使动，使做臣；第二个“臣”是动词，以“臣”来称呼他们。咸淳本作“明王臣而不名。”

[10] 诸父，臣而不名：叔父伯父辈做臣子就不称其为臣。

[11] 大顺：上达天道，下通人情。《礼记·礼运》：“天子以德为车，以乐为御；诸侯以礼相与；大夫以法相序；士以信相考；百姓以睦相守；天下之肥也，是谓大顺。”

【今译】

商汤问伊尹道：“三公、九卿、大夫、列士，这些职位有些什么区别吗？”伊尹回答说：“做三公的人，他们的智慧可以达到天下为公这样最高的境界，可应付无穷的变化而不会枯竭，能够分辨万物的真实情况，都是通晓自然规律的人。他们的言论可以调节阴阳的变化，使得四时处于正常状态，调和风雨。像这样的人，推举他做三公。所以三公的职务，往往是掌握最根本的规律。做九卿的人，不错过四时，能疏通沟渠，能修筑堤防，能耕种五谷，都是通晓地理的人；他们能疏通一般人不能疏通的，能把一般人认为不利的变成有利的。像这样的人，推荐做九卿。所以九卿的职务，往往在于造福于百姓。做大夫的人，出入和百姓同法，取舍与百姓同利，精通人情事理，行为符合规矩，不会伤害根本；说出的话足以成为世人的法则，不会伤害自身；能疏通交通要道，能充实国家府库。像这样的人，推举做大夫。所以大夫的职务，往往在于体现仁爱。做列士的人，懂得行为准则而不失掉做人的本性，做事有成绩但不独自享受赏赐，忠诚正直敢于直言，没有奸诈之心；舍己为公，说话有法度。像这样的人，推荐做列士。所以列士的职务，往往在于体现行为准则。道、德、仁、义确定了，那么天下的事情就能走向正道。大凡对这四种人，贤明的君王让他们做臣却不称呼他们为臣子。商汤说："什么是让他们做臣却不称呼他们为臣子呢？"伊尹回答说："国君不以臣子称呼的有四种情况：叔父伯父辈做臣子不称其为臣，兄长做臣子不称其为臣，先王之臣做臣子不称其为臣，道德高尚的贤士做臣子不称其为臣。这就叫作上达于天，下通人情啊。"

三

汤问伊尹曰："古者所以立三公、九卿、大夫、列士者，何也？"伊尹对曰："三公者，所以参五事也[1]；九卿者，所以参三公也；大夫者，所以参九卿也；列士者，所以参大夫也。故参而有参[2]，是谓事宗[3]；事宗不失，外内若一[4]。"

【注释】

[1] 所以参五事也：参，检验。五，疑为"王"字之误。《帝王世纪·续补》作"三公以与主参王事"。

[2] 故参而有参：所以检验中还有检验。

[3] 是谓事宗：这是做事情的根本。

[4] 事宗不失，外内若一：坚持根本，朝廷内外就像一个整体了。

【今译】

商汤问伊尹："古代设立三公、九卿、大夫、列士这些职位，目的是什么呢？"伊尹回答说："设立三公，是用来检验君王的；设置九卿，是用来检验三公的；设立大夫，是用来检验九卿的；设立列士，是用来检验大夫的。所以检验中还有检验，这是做事情的根本；做事情不失掉根本，朝廷内外就像一个整体了。

四

子贡问孔子曰[1]："今之人臣孰为贤？"孔子曰："吾未识也[2]。

往者齐有鲍叔[3],郑有子皮[4],贤者也。”子贡曰:“然则,齐无管仲[5]? 郑无子产乎[6]?”子曰:“赐,汝徒知其一,不知其二。汝闻进贤为贤耶? 用力为贤耶?”子贡曰:“进贤为贤。”子曰:“然。吾闻鲍叔之进管仲也,闻子皮之进子产也,未闻管仲、子产有所进也。”

【注释】

[1] 子贡:孔子弟子,姓端木,名赐,字子贡。春秋时卫人,能言善辩,善于经商,家累千金。曾做鲁、卫相。

[2] 吾未识也:我不知道。

[3] 鲍叔:即鲍叔牙。春秋时齐国大夫,曾向齐桓公极力推荐管仲。

[4] 子皮:即罕虎。春秋郑国大夫,公孙舍之子,字子皮。他知子产贤能,主动让权,推举子产接替自己。

[5] 管仲:即管子,见卷一君道·十六[2]。

[6] 子产:即公孙侨,字子产,春秋时郑国著名政治家。

【今译】

子贡问孔子:“现在做臣子的谁贤能?”孔子说:“我不知道。以前,齐国有鲍叔,郑国有子皮,那是贤臣。”子贡说:“这样说来,那么齐国的管仲就不是贤臣了? 政国的子产就不是贤臣了?”孔子说:“赐啊,你只知其一,不知其二。就你听到的来说,举荐贤能的人是贤臣呢,还是出力干活的人是贤臣呢?”子贡说:“举荐贤能的人是贤臣。”孔子说:“对呀。我听说鲍叔举荐了管仲,还听说子皮举荐了子产,却未听说管仲、子产举荐了什么人。”

五

魏文侯且置相[1],召李克而问焉[2],曰:“寡人将置相,置于季成子与翟触[3],我孰置而可[4]?”李克曰:“臣闻之,贱不谋贵,外不谋内,踈不谋亲[5]。臣者踈贱,不敢闻命。”文侯曰:“此国事也,愿与先生临事而勿辞。”李克曰：“君不察故也，可知矣[6]。贵视其所举，富视其所与，贫视其所不取，穷视其所不为。由此观之，可知矣。”文侯曰：“先生出矣，寡人之相定矣。”李克出，过翟黄。翟黄问曰：“吾闻君问相于先生，未知果孰为相？”李克曰：“季成子为相。”翟黄作色不说曰：“触失望于先生。”李克曰：“子何遽失望于我，我于子之君也[7]，岂与我比周而求大官哉？君问相于我，臣对曰：‘君不察故也。贵视其所举，富视其所与，贫视其所不取，穷视其所不为。由此观之，可知也。’君曰：‘出矣，寡人之相定矣。’以是知季臣子为相。”翟黄不说曰[8]：“触何遽不为相乎？西河之守，触所任也[9]；计事内史，触所任也；王欲攻中山，吾进乐羊[10]；无使治之臣，吾进先生；无使傅其子，吾进屈侯鲋[11]。触何负于季成子？”李克曰：“不如季成子。季成子食采千钟，什九居外，一居中；是以东得卜子夏、田子方、段干木[12]。彼其所举，人主之师也；子之所举，人臣之才也。”翟黄迮然而惭[13]，曰：“触失对于先生，请自修，然后学。”言未卒，而左右言季成子立为相矣，于是翟黄默然变色内惭，不敢出，三月也。

【注释】

[1] 魏文侯且置相：魏文侯，见卷一君道·三十六[2]。置，任命。相，官名，辅助君主掌管国事的最高官吏，后来称作宰相、丞相、相国。

[2] 李克：人名，曾做过中山国国君魏武侯（魏文侯之子、太子击）的相。崔适《史记探源》认为李克即李悝。左松超《新译说苑读本》及王瑛、王天海《说苑全译》也持此说。查《汉书·古今人表》，作为两人，列李悝为第三等，李克为第四等。杨宽《战国史》认为，李悝是法家；李克是子夏弟子，儒家。战国史料中未见李克为魏文侯相的记载。《汉书·艺文志》说李克“为魏文侯相”，当是“为魏武侯相”之误。据文中“臣者疏贱”之句推测，李克当时没有担任文侯的要职；另《韩非子》一书记李悝

和李克为两人也很清楚。

[3] 置于季成子与翟触：在季成子和翟触之间任命一人做相。季成子，文侯弟，名成。翟触，即翟黄，又作翟璜，曾向文侯推荐吴起、西门豹、乐羊、李克、屈侯鲋。

[4] 我孰置而可：孰，谁、哪一个。可，适宜。

[5] 踈：同“疏”。

[6] 君不察故也，可知矣：这是您没有考察的缘故啊，（如果考察了）是可以断定的。

[7] 我于子之君也：《韩诗外传》卷三之六作“子之言克于子之君也”。本章脱“子之言”三字。意思是，您向您的国君推荐我。

[8] 说（yuè）：通“悦”。

[9] 触何遽（jù）不为相乎？西河之守，触所任也：我怎么就不能做国相呢？西河的郡守，是经我推荐而任命的。遽，就。西河，战国时魏地。一说在今山西、陕西间黄河左右；一说在今河南安阳。其时黄河流经安阳之东，西河就是河西，文侯时曾设置西河郡。

[10] 王欲攻中山，吾进乐羊：中山，古国名，又称鲜虞国，春秋时狄人建立。初建都于顾（今河北定州）。公元前406年被魏攻灭。不久复国，迁都灵寿（今河北灵寿县西北）。公元前323年与韩、燕、宋同时称王。公元前296年被赵所灭。乐羊，一作乐阳。战国时魏将，因翟黄推荐，魏文侯任为将军。文侯三十八年（前408），他率军越过赵国进攻中山国，三年攻克。子孙世代为将，乐毅即其后裔。

[11] 屈侯鲋：屈侯，复姓。鲋，一作“附”。战国时魏国贤大夫。

[12] 卜子夏、田子方、段干木：都是人名。卜子夏，姓卜名商，字子夏，孔子学生，长于文学，曾做过魏文侯的老师。田子方，名无择，求学于子贡，为魏文侯所重，敬为师。段干木，求学于子夏，守道不仕，魏文侯以师礼待他。

[13] 迮（zuò）然：惭愧的样子。迮，通“怍”。

【今译】

魏文侯将要任命国相，召见李克同他商量这件事，问道：“我将要任命国相，在季成子和翟触之间任命一人做相，我任命谁做合适呢？”李克回答说：“我听说，地位低贱的人不参与谋划地位高贵的人的事情，外臣不参与谋划国君内部的事情，和国君关系疏远的人不参与谋划和国君关系亲近的人的事情。我是个与国君关系疏远并且地位低贱的人，不敢接受君王的命令。”文侯说：“这是国家的事情，愿意和先生一起商量，请不要推辞。”李克说：“这是您没有考察的缘故啊，(如果考察了)是可以断定的。对身份高贵的人要看他举荐的人如何，对富人要看他所结交的人如何，对贫穷的人要看他是否有所不取，对处于困境中的人要看他是否有所不为。从这些方面来考察人才，就可以选定谁来担任国相了。”文侯说：“先生可以出去了，我的国相已经选定了。”李克出来，去拜访翟黄。翟黄问他：“我听说国君向您征求国相的人选，不知究竟谁做国相?”李克回答说：“季成子做国相。”翟黄改变脸色很不高兴地说：“我对先生很失望。”李克问：“先生怎么对我很失望呢？您向您的国君推荐我，难道是为了与我结党营私贪求高官厚禄吗？国君问我谁适合做国相，我回答他说：‘这是您没有考察的缘故啊，对身份高贵的人要看他所举荐的人如何，对富人要看他所结交的人如何，对贫贱的人要看他是否有所不取，对处于困境中的人要看他是否有所不为。从这些方面来考察人才，就可以选定谁来担任国相了。’国君说：‘你可以出去了，我的国相已经选定了。’我因此知道是季成子做国相。”翟黄很不高兴地说：“我怎么就不能做国相呢？西河郡守，是经过我推荐而任命的；计事内史，是经过我推荐而任命的；大王想要进攻中山国，我推荐了乐羊；缺少治理中山国的臣子，我就推荐了先生；没有人能够担任王子的老师，我就推荐了屈侯鲋。我怎么就比不上季成子呢?”李克说：“您确实比不上季成子。季成子有千钟的俸禄，十分之九用于别人，十分之一自己享用，所以从东方得到了卜子夏、田子方、段干木。他所举荐的这些人才，是可以担任国君老师的人才；您所举荐的人才，是可以担任臣子的人才。”翟黄表现出羞愧之色，说：“我冒犯了先生，请让我加强自身修养后好好向先生学习吧。”话未说完，身边的人便报告说季成子已经立为国相了。于是翟黄默不作声而脸色大变，他内心羞愧不敢出门，有三个月之久。

六

楚令尹死[1]。景公遇成公乾曰[2]:“令尹将焉归[3]?”成公乾曰:“殆于屈春乎[4]!”景公怒曰:“国人以为归于我[5]。”成公乾曰:“子资少[6],屈春资多。于义获,天下之至忧也[7],而子以为友[8];鸣鹤与刍狗[9],其知甚少[10],而子玩之[11]。鸱夷子皮日侍于屈春[12],损颇为友[13]。二人者之智,足以为令尹,不敢专其智[14],而委之屈春[15],故曰:政其归于屈春乎!”

【注释】

[1] 令尹:官名,春秋战国时楚国最高行政长官,掌管军政大权。

[2] 景公遇成公乾:景公,人名,生平不详。成公乾,人名,生平不详。乾,“乾”的异体字。

[3] 令尹将焉归:令尹这个职务将属于谁。焉归,“归焉”的倒装。归,属于。

[4] 殆于屈春乎:大概属于屈春吧。殆,大概。屈春,楚平王、楚昭王时大臣。

[5] 国人以为归于我:国人都认为应该属于我。

[6] 子资少:你的资质浅。

[7] 于义获,天下之至忧也:于义获,疑为人名。于,一作“子”。至忧,最大的祸害。

[8] 而子以为友:但你与他为友。

[9] 鸣鹤与刍狗:鸣鹤与刍狗一样的人。刍狗,草扎的狗。也有人认为“鸣鹤”“刍狗”是两个人名。

[10] 知:通“智”。

[11] 而子玩之:但你把他们当作玩臣。

[12] 鸱夷子皮:人名。

[13] 损颇:疑为人名。

[14] 不敢专其智:不敢擅自行事以表现其智慧。

[15] 委:交付。

【今译】

楚国的令尹死了。景公遇到成公乾说:"令尹这个职务将属于谁?"成公乾说:"大概属于屈春吧。"景公恼怒地说:"国人都认为应该属于我。"成公乾说:"你的资质浅,屈春的资质深。于义获,是天下最大的祸害,你却与他为友;鸣鹤与刍狗一样的人,他们智慧低下,你却把他们当作玩臣。鸱夷子皮每天都侍奉屈春,以损颇为友。这两个人的智慧,足够担任令尹职务了,他们却不敢擅自行事以表现其智慧,而是把智谋贡献给屈春(让屈春表现出智慧),所以说令尹的职位大概属于屈春啊。"

七

田子方渡西河[1],造翟黄[2]。翟黄乘轩车,载华盖;黄金之勒,约镇簟席,如此者其驷八十乘[3]。子方望之,以为人君也,道狭,下,抵车而待之[4]。翟黄至而睹其子方也,下车而趋[5],自投下风[6],曰:"触"。田子方曰:"子与!吾向者望子,疑以为人君也,子至而人臣也。将何以至此乎[7]?"翟黄对曰:"此皆君之所以赐臣也,积二十岁[8],故至于此。时以闲暇,祖之旷野[9],正逢先生。"子方曰:"何子赐车舆之厚也[10]?"翟黄对曰:"昔者西河无守,臣进吴起[11],而西河之外宁;邺无令,臣进西门豹[12],而魏无赵患;酸枣无令[13],臣进北门可[14],而魏无齐忧;魏欲攻中山,臣进乐羊,而中山拔;魏无使治之臣,臣进李克,而魏国大治。是以进此五大夫者,爵禄倍[15],以故至于此。"子方曰:"可。子勉之矣,魏国之相不去子而之他矣。"翟黄对曰:"君母弟有公孙季成者,进子夏,而君师之;进段干木,而君友之;进先生,而君敬之。彼其所进,师也、友也、所敬者也。臣之所进者，皆守职守禄之臣也，何以至魏国相乎?”子方曰:“吾闻身贤者贤也，能进贤者亦贤也。子之五举者尽贤，子勉之矣，子终其次也。”

【注释】

[1] 田子方渡西河:见卷二臣术·五[12]。

[2] 造:到、去，引申为拜访。

[3] 乘轩车，载华盖;黄金之勒，约镇簟席，如此者其驷八十乘(shèng):轩，古代大夫以上乘坐的车子。载华盖，撑着华盖。华盖，贵族车上的伞盖。黄金之勒，黄金装饰的勒头。勒，马络头，有嚼口的叫勒，无嚼口的叫羁。约镇簟席，约，丝绳;镇，玉镇，压席用的工具。约镇就是用丝绳将玉镇连缀起来。簟席，竹席。驷，同驾一辆车的四匹马，引申为四匹马拉的车。乘，古代一车四马为“乘”。此处是“辆”的意思。

[4] 下，抵车而待之:下车，把车子靠在路边等待他。抵，推、挤，此处指把车靠在路边。

[5] 趋:小步快走。表示恭敬。

[6] 自投下风:自己到风向的下方。

[7] 将何以至此乎:你究竟凭什么达到这样阔气的? 将，究竟。

[8] 二十岁:咸淳本作“三十岁”。

[9] 时以闲暇，祖之旷野:因为有空闲，到旷野走一走。祖，通“徂”，到、往。

[10] 何子赐车轝(yú)之厚也:为什么赏赐给你的车辆这么多呢? 轝，同“舆”，车。

[11] 吴起:战国初期著名军事家。卫国(今山东曹县)人，初为鲁将，曾大败齐军，遭谗赴魏，佐李悝改革法制，整顿军备，受魏文侯重用，任河西郡守，甚有名声。复遭谗奔楚，楚悼王任为相，后被贵族杀害。

[12] 西门豹:复姓西门，名豹。战国初魏国人。褚少孙补《史记·滑稽列传》中记载他治理邺(今河北临漳县西南邺镇)颇有政绩。

[13] 酸枣:地名，故城在今河南延津县西南。

[14] 北门可:人名，生平不详。

[15] 爵禄倍:爵禄受到加倍的赏赐。

【今译】

田子方渡河来到西河郡，拜访翟黄。翟黄乘坐轩车，撑着华盖，用黄金装饰马的勒头，丝绳缀玉饰压着竹席，像这样四匹马拉的车子有八十辆。田子方远远地望见他的车队，以为是国君来了，道路狭窄，只好下车把车子靠在路边等待他。翟黄来到跟前认出是田子方，下车小步快走，站到风向的下方，说："我是翟黄啊。"田子方说："是你呀！我刚才望见你，还以为是国君呢，到跟前才看清是你。你究竟凭什么达到这样阔气的？"翟黄回答说："这些东西都是国君赏赐我的，积累了二十年，所以达到了这样多。今天因为有空闲，到旷野走一走，恰巧碰见先生。"田子方说："为什么国君赏赐给你的车马这么多呢？"翟黄回答说："以前，西河郡无长官，我推荐了吴起，于是西河以外就安宁了；邺没有县令，我推荐了西门豹，于是魏国消除了赵国侵扰的忧患；酸枣没有县令，我推荐了北门可，于是魏国免除了齐国侵扰的忧患；魏文侯要讨伐中山国，我推荐了乐羊，于是中山国被攻克；魏国没有能使国家安定的大臣，我推荐了李克，于是魏国得到安定。因为我推荐了这五个大夫，爵禄受到加倍的赏赐，所以车马达到了这样多的程度。"田子方说："好啊。你努力吧，魏国的相位不会离开你而归属别人了。"翟黄回答说："国君有个同母弟公孙季成，推荐了子夏，国君以子夏为师；推荐了段干木，国君与段干木成为好朋友；推荐了先生，国君对您非常敬重。他所推荐的人是国君的老师、朋友、敬重的人。我所推荐的人，都是安守职务和俸禄的臣子，我怎么能得到相位呢？"田子方说："我听说自身贤能的人是贤士，能推荐贤能的人也是贤士。您所推举的五个人都是贤士，您努力吧，您就是下一任国相的人选。"

八

齐威王游于瑶台[1]，成侯卿来奏事[2]，从车罗骑甚众。王望之，谓左右曰："来者何为者也？"左右曰："成侯卿也。"王曰："国至贫也，何出之盛也？"左右曰："与人者有以责之也，受人者有以易之也，王试问其说[3]。"成侯卿至，上谒田："忌也[4]。"王不应。又曰："忌也。"王不应。又曰："忌也。"王曰："国至贫也，何出之盛也？"成侯卿曰："赦其死辠[5]，使臣得言其说。"王曰："诺"。对曰："忌举田居子为西河而秦梁弱[6]；忌举田解子为南城[7]，而楚人抱罗绮而朝；忌举黔涿子为冥州[8]，而燕人给牲，赵人给盛[9]；忌举田种首子为即墨[10]，而于齐足究[11]；忌举北郭刁勃子为大士[12]，而九族益亲，民益富。举此数良人者，王枕而卧耳，何患国之贫哉[13]？"

【注释】

[1] 齐威王游于瑶台：齐威王，田姓，名因齐，战国时齐国国君，公元前356至前320年在位。任用邹忌为相，田忌为将，孙膑为军事，国力日益强盛。瑶台，用美玉筑成的高台，宫内游玩之处。

[2] 成侯卿：即邹忌，以鼓琴游说齐威王，官至国相。"成"是封邑，"侯"是爵位，故称成侯卿。《邹忌讽齐王纳谏》一文中有关于他的记载。

[3] 与人者有以责之也，受人者有以易之也，王试问其说：给他人东西的人，有理由询问他人；接受他人东西的人，有理由交换它。大王试着问问，看他怎么说。有以，有……的理由。

[4] 田：此字误，当为"曰"。

[5] 辠："罪"的异体字。

[6] 田居子为西河而秦梁弱：田居子，即"田居"，齐将。西河，在齐国境内，与魏国的西河不同。为，治理。梁，魏国。魏惠王迁都大梁，魏也称作梁。

[7] 田解子为南城：田解子，又称檀子。南城，地名。

[8] 黔涿子为冥州：黔涿子，人名，即黔夫，齐威王臣子。冥州，地名，不详所在。《史记・田敬仲完世家》作"徐州"。

[9] 燕人给(jǐ)牲，赵人给盛(chéng)：给，供给。盛，祭祀时放在容器中的谷物等祭品。

[10] 田种首子为即墨：田种首子，人名。《史记・田敬仲完世家》作"种

首”。即墨,地名,

[11] 而于齐足究:此句意思难懂。《史记·田敬仲完世家》记载:“吾臣有种首者,使备盗贼,则道不拾遗。”据此意推为“社会安定”。

[12] 北郭刁勃子为大士:北郭刁勃子,人名。北郭是复姓。大士,即大理,主管刑法的官。

[13] 哉:原书有注:一作“也”。

【今译】

齐威王在瑶台游玩,成侯卿来上奏国事,跟从他的车马很多。齐王望见他,对左右的人说:“来人是谁?”身边的人回答说:“是成侯卿。”齐王说:“国家非常贫穷,他出行为何这样排场?”身边的人说:“给他人东西的人,有理由询问他人;接受他人东西的人,有理由交换它。大王试着问问,看他怎么说。”成侯卿来到,上前参拜说:“臣是邹忌。”齐王没有回应。邹忌又说:“臣是邹忌。”齐王还是没有回应。邹忌又说:“臣是邹忌。”齐王说:“国家非常贫穷,你出行为何这样排场?”邹忌说:“请大王赦臣死罪,让我解释。”齐王说:“好吧。”邹忌回答说:“我推荐田居子治理西河,秦国和魏国的力量就受到削弱;我推荐田解子治理南城,楚国人就抱着罗绮来朝见;我推荐黔涿子治理徐州,燕国人就供应祭祀用的家畜,赵国人供应祭祀用的物品;我推举田种首子治理即墨,齐国就社会安定;我推荐北郭刁勃子担任主管刑法的官,宗族就更加亲近,百姓更加富裕。我推荐了这些贤士,大王可以高枕无忧了,为什么还要担心国家贫穷呢?”

九

秦穆公使贾人载盐[1],征诸贾人。贾人买百里奚以五羖羊之皮[2],使将车之秦[3]。秦穆公观盐,见百里奚牛肥,曰:“任重道远以险,而牛何以肥也?”对曰:“臣饮食以时[4],使之不以暴;有险,先后之以身[5],是以肥也。”穆公知其君子也,令有司具沐浴、为衣冠[6],与坐,公大悦。异日与公孙支论政[7]。公孙支大不宁曰[8]:“君耳目聪明,思虑审察[9],君其得圣人乎!”公曰:“然。吾悦夫奚之言,彼类圣人也。”公孙支遂归取鴈以贺曰[10]:“君得社稷之圣臣,敢贺社稷之福。”公不辞,再拜而受。明日,公孙支乃致上卿以让百里奚[11],曰:“秦国处僻,民陋以愚无知,危亡之本也;臣自知不足以处其上,请以让之。”公不许,公孙支曰:“君不用宾相而得社稷之圣[12]臣,君之禄也[13];臣见贤而让之,臣之禄也。今君既得其禄矣,而使臣失禄,可乎?请终致之!”公不许。公孙支曰:“臣不肖而处上位,是君失伦也[14];不肖失伦[15],臣之过;进贤而退不肖,君之明也。今臣处位,废君之德而逆臣之行也,臣将逃。”公乃受之,故百里奚为上卿,以制之[16],公孙支为次卿,以佐之也。

【注释】

[1] 秦穆公使贾(gǔ)人载盐:秦穆公,春秋时秦国国君,名任好。前659年至前621年在位。任用百里奚、蹇叔、由余等为谋臣,国力强盛。为春秋五霸之一。贾人,商人。载盐,运送食盐。《北堂书钞》卷一四六,《太平御览》卷二二八于“载盐”后有“于卫”二字。

[2] 贾人买百里奚以五羖(gǔ)羊之皮:百里奚,有关他记载很多,差异也很大。据司马迁《史记·秦本纪》记载,百里奚原为虞国大夫,晋灭虞后,俘百里奚,将其作为晋献公女儿(即秦穆公的夫人)陪嫁的媵臣给了秦国。后百里奚从秦国逃走,被楚国抓住。秦穆公听说百里奚有才能,派人用五张黑公羊皮赎回,将国政交给他,号称“五羖大夫”。本章记载为另一种。羖,黑色公羊。此句前的“征诸贾人”四字难解。据文意推测,可能是秦穆公使贾人到卫国载盐,并向贾人征税。贾人于是用五张羊皮买百里奚,让他帮助运盐。

[3] 使将车之秦:将,赶着。之,到。

[4] 臣饮食(yìn sì)以时:饮食,动词,喂水喂食。以时,按时。

[5] 有险,先后之以身:有危险情况,我就在它的前后照料。

[6] 令有司具沐浴、为衣冠与坐:命令有司为百里奚准备洗澡的用具、新衣服,然后与他座谈。有司,官员。

[7] 公孙支:又作公孙枝,字子桑,曾向秦穆公举荐过孟明。

[8] 大不宁:很不平静。

[9] 思虑审察:思路清晰。

[10] 鴈:"雁"的异体字。

[11] 致:辞去职务。

[12] 宾相:即"傧相",古代替主人接引宾客和赞礼的人。

[13] 禄:福分。

[14] 失伦:用人失误。

[15] 不肖:不才、不贤。

[16] 制之:掌握国政。

【今译】

秦穆公派商人到卫国去运输食盐,并向商人征税。卫国的商人用五张黑公羊皮赎买百里奚,然后派他赶着盐车到秦国去。秦穆公察看盐车时,见百里奚驾车的牛又肥又壮,就问道:"承担这样的重量,路途遥远又艰险,你的牛为什么还能这样肥壮呢?"百里奚回答说:"我按时让牛喝水进食,不用暴力驱赶它,遇有危险情况,我就在它的前后照料,因此我的牛才这样肥壮。"秦穆公听了知道他是一位有才德的人,就命令有司为百里奚准备洗澡的用具、新衣服,然后与他座谈,秦穆公非常高兴。有一天,秦穆公与大臣公孙支谈论国家大事,公孙支感到很不平静,说:"您耳灵眼亮,思路清晰,您大概遇到圣人了吧?"秦穆公说:"是的。我很欣赏百里奚的话,他就像圣人一样。"公孙支于是回到家,取来一只雁向国君祝贺,说道:"国君得到了治国安邦的圣臣,请允许我祝贺国家的福祉。"秦穆公没有推辞,拜了两拜接受了贺礼。第二天,公孙支就要求辞去上卿让位给百里奚,说:"秦国所处的位置偏僻,百姓见识不广、愚昧无知,这是国家危亡的主要原因;我自知不配身居高位,请准许我让位给百里奚。"秦穆公不同意。公孙支说:"您没有经过傧相的举荐，就直接得到了治国安邦的圣臣，这是君王的福气；我见到贤臣让位与他，是我的福气。现在君王得到了福气，却让我失去福气，可以吗？还是请您接受我的辞职吧。”秦穆公不同意。公孙支说：“我不才却身居高位，这是您用人上的失误；我不才又使您失误，是我的过错。进用贤才斥退不肖之才，是您圣明的表现。现在我身居高位，败坏了君王的美德，违背了臣子的行为准则，我将要逃走。”秦穆公这才接受了他的请求。于是百里奚做了上卿，掌握国政，公孙支做次卿，辅佐他。

十

赵简主从晋阳之邯郸[1]，中路而止[2]。引车吏进问[3]：“君何为止？”简主曰：“董安于在后[4]。”吏曰：“此三军之事也，君奈何以一人留三军也？”简主曰：“诺。”驱之百步又止，吏将进谏，董安于适至[5]。简主曰：“秦道之与晋国交者，吾忘令人塞之。”董安于曰：“此安于之所为后也。”简主曰：“官之宝璧[6]，吾忘令人载之。”对曰：“此安于之所为后也。”简主曰：“行人烛过年长矣[7]，言未尝不为晋国法也[8]，吾行忘令人辞且聘焉。”对曰：“此安于之所为后也。”简主可谓内省外知人矣哉！故身佚国安[9]，御史大夫周昌曰[10]：“人主诚能如赵简主，朝不危矣。”

【注释】

[1] 赵简主从晋阳之邯郸：赵简主，即赵简子。名鞅，又名志父，也称赵孟。春秋末晋国正卿。他奠定了赵国的基础。晋阳，春秋时晋邑，故址在今山西太原市西南古城营。邯郸，古都邑，故址在今河北邯郸市。之，到。

[2] 中路而止：走到半路停了下来。

[3] 引车吏进问：引导车队的官吏进前询问。

[4] 董安于:赵简子家臣。《韩非子》《淮南子》作"董阏于"。晋定公十五年,荀寅、范吉射将攻打简子,安于劝简子先发难。次年,梁婴父以先发难罪讨赵氏,安于为使赵氏免祸,自缢而死。

[5] 适至:正好赶到。

[6] 官之宝璧:官府的印玺。

[7] 行人烛过:行人,官名,掌管外交事务。烛过,人名,担任行人官职。《韩非子·难二》和《吕氏春秋·贵直》都记载他曾直谏赵简子,并取得攻打卫国的胜利。赵简子感叹:"与吾得革车千乘也,不如闻行人烛过之一言。"

[8] 言未尝不为晋国法也:他的话没有不被晋国效法的。

[9] 佚:同"逸",安乐。

[10] 御史大夫周昌:御史大夫,官名,仅次于丞相。周昌,西汉沛人,从刘邦起兵破秦,官至御史大夫,封汾阴侯。

【今译】

赵简子从晋阳到邯郸去,走到半路停了下来。引导车队的官吏进前询问:"君王为何停下来呢?"赵简子说:"董安于在后面。"官吏说:"这是三军大事,君王怎么可以因为一个人而使得三军停留下来呢?"赵简子说:"好吧。"驱车走了百步远又停了下来,官吏将要进谏,董安于正好赶到。赵简子说:"秦国的道路与晋国交界的地方,我忘了派人堵住它。"董安于说:"这就是我留在后面的原因。"赵简子说:"官府的印玺,我忘了派人带上它。"董安于说:"这就是我留在后面的原因。"赵简子说:"掌管朝觐聘问的行人烛过年纪大了,他的话没有不被晋国效法的,我走的时候忘了派人向他辞行并向他问候。"董安于说:"这就是我留在后面的原因。"赵简子可以称得上对内能自我反省对外能知人善任了,所以他能做到身心安乐国家安定。御史大夫周昌说:"君王如果都能像赵简子一样,朝政就不会有危机了。"

十一

晏子侍于景公[1]。"朝寒,请进热食[2]。"对曰:"婴非君之厨养臣也,敢辞[3]。"公曰:"请进服裘[4]。"对曰:"婴非田泽之臣也[5],敢辞。"公曰:"然夫子于寡人奚为者也[6]?"对曰:"社稷之臣也。"公曰:"何谓社稷之臣?"对曰:"社稷之臣,能立社稷,辨上下之宜[8],使得其理;制百官之序,使得其宜;作为辞令,可分布于四方。"自是之后,君不以礼不见晏子也。

【注释】

[1] 晏子侍于景公:晏子、景公,见卷一君道·十七[1]。

[2] 朝寒,请进热食:《晏子春秋·内篇杂上》中此句前有"公曰"二字。

[3] 婴非君之厨养臣也,敢辞:我不是您管理膳食的臣子,恕不从命。

[4] 请进服裘:请献上皮衣。

[5] 婴非田泽之臣也:《晏子春秋·内篇杂上》载"田"前有"君"字;"田泽"作"茵席"。此处可以解释为"管理起居的人。"

[6] 然夫子于寡人奚为者也:那么先生对于我来说是干什么的呢?

[7] 宜:《晏子春秋·内篇杂上》作"义"。此处"宜"同"义"。

【今译】

晏子陪伴在景公旁边。景公说:"早上冷,请给我上热食。"晏子回答说:"我不是您管理膳食的臣子,恕不从命。"景公说:"请献上皮衣。"晏子回答说:"我不是您管理起居的臣子,恕不从命。"景公说:"那么先生对于我来说是干什么的呢?"晏子回答说:"我是社稷之臣。"景公说:"什么叫社稷之臣?"晏子回答说:"社稷之臣,能够建立国家,分辨上与下的意义,使它能够合乎道理;制定百官的秩序,使他们各得其所;起草法令,能够颁布到天下四方。"从这以后,景公不按照礼节就不敢召见晏子。

十二

齐侯问于晏子曰:"忠臣之事其君何若?"对曰:"有难不死,出亡不送。”君曰:“裂地而封之[1],疏爵而贵之[2],吾有难不死[3],出亡不送,可谓忠乎?”对曰:“言而见用,终身无难,臣何死焉?谋而见从,终身不亡,臣何送焉?若言不见用,有难而死之,是妄死也[4];谏而不见从[5],出亡而送之,是诈为也[6]。故忠臣者,能纳善于君[7],而不能与君陷难者也。”

【注释】

[1] 裂地:分割土地。
[2] 疏爵:分出爵位。疏,分。
[3] 吾:《晏子春秋·内篇问上》作“君”。译文从之。
[4] 妄死:即“枉死”,白白送死。
[5] 谏:《晏子春秋·内篇问上》作“谋”。
[6] 为:读作“伪”,《晏子春秋·内篇问上》《论衡·定贤篇》均作“伪”。
[7] 纳:使采纳。

【今译】

齐侯问晏子说:“忠臣侍奉他的君主是怎样的?”晏子回答说:“君王遇难不去殉死,君王出逃不去送行。”齐侯说:“君王分割土地封赏臣子,分出爵位使臣子显贵,君王遇难不去殉死,君王出逃不去送行,能说是忠臣吗?”晏子回答说:“如果臣子的进言能被采用,君王就终身没有灾难,臣子为谁去殉死呢?如果臣子的良谋被采纳,君王终身不会出逃,臣子为谁送行呢?如果臣子的进言不能被采用,君王遇难臣子殉死,那就是白白送死。臣子的良谋不被采纳,君王出逃臣子送行,那就是虚假行为。所以忠臣能使君王采纳臣子好的建议,而不是与君王一起陷入灾难之中。”

十三

晏子朝,乘弊车,驾驽马。景公见之曰:“嘻!夫子之禄寡耶?

何乘不任之甚也[1]?"晏子对曰:"赖君之赐[2],得以寿三族[3],及国交游,皆得生焉。臣得煖衣饱食[4],弊车驽马以奉其身,于臣足矣。"晏子出,公使梁丘据遗之辂车乘马[5],三返不受[6]。公不悦,趣召[7]晏子。晏子至,公曰:"夫子不受,寡人亦不乘。"晏子对曰:"君使臣临百官之吏,节其衣服饮食之养[8],以先齐国之人[9],然犹恐其侈靡而不顾其行也。今辂车乘马,君乘之上,臣亦乘之下,民之无义、侈其衣食而不顾其行者,臣无以禁之。"遂让不受也。

【注释】

[1] 任:《群书治要》作"佼",美好。
[2] 頼:"赖"的异体字。
[3] 寿三族:寿,使得到保养。三族,指父族、母族、妻族。
[4] 煖:"暖"的异体字。
[5] 公使梁丘据遗(wèi)之辂(lù)车乘(shèng)马:梁丘据,人名,齐景公宠臣。遗,送给。辂车,高大的车。乘马,四匹马。
[6] 三返不受:送了多次晏子都不接受。
[7] 趣(cù)召:赶快召见。趣,赶快,急促。
[8] 节:《晏子春秋·内篇杂下》"节"前有"臣"字。
[9] 先:先导,表率。

【今译】

晏子上朝,乘坐破旧的车,劣弱的马驾车。景公看见后说:"嘿!先生的俸禄少吗?为什么乘坐的马车这么不好?"晏子回答说:"依仗君王的赏赐,使我三族得到保养,连同国内与我交往的人,都得以养活。我能够穿得暖吃得饱,使用破车劣马,对我来说足够了。"晏子出朝后,景公派梁丘据送给晏子一辆高大的车子和四匹健壮的马,送了多次晏子都不接受。景公不高兴,赶快召见晏子。晏子到后,景公说:"先生如果不接受,我也不乘车了。"晏子回答说:"君王命我管理文武百官,我节省衣服饮食的俸养,为齐国人民做出表率,即使这样还是担心人们奢侈浪费而不考虑自己的品行。如果我接受了高大的车子和四匹健壮的马，君王乘坐它，我这个臣子也乘坐它，对那些没有行为准则、在衣服饮食上奢侈浪费不顾及自己品行的人，我就没有办法制止他们。”最终也不接受。

十四

景公饮酒，陈桓子侍[1]，望见晏子而复于公曰：“请浮晏子[2]。”公曰：“何故也？”对曰：“晏子衣缁布之衣[3]、麋鹿之裘[4]、栈轸之车[5]，而驾驽马以朝，是隐君之赐也[6]。”公曰：“诺。”酌者奉觞而进之曰[7]：“君命浮子。”晏子曰：“何故也？”陈桓子曰：“君赐之卿位以尊其身，宠之百万以富其家，群臣之爵莫尊于子，禄莫厚于子。今子衣缁布之衣，麋鹿之裘，栈轸之车而驾驽马以朝，则是隐君之赐也，故浮子。”晏子避席曰：“请饮而后辞乎？其辞而后饮乎[8]？”公曰：“辞然后饮。”晏子曰：“君赐卿位以显其身，婴不敢为显受也[9]，为行君令也；宠之百万以富其家，婴不敢为富受也，为通君赐也[10]。臣闻古之贤臣，有受厚赐而不顾其国族[11]，则过之[12]；临事守职不胜其任，则过之；君之内隶，臣之父兄[13]，若有离散在于野鄙者，此臣之罪也；君之外隶，臣之所职，若有播亡[14]在四方者，此臣之罪也；兵革不完，战车不修[15]，此臣之罪也。若夫[16]弊车驽马以朝主者，非臣之罪也。且臣以君之赐，臣父之党无不乘车者，母之党无不足于衣食者，妻之党无冻馁者，国之简士待臣而后举火者数百家[17]，如此为隐君之赐乎？彰君之赐乎？”公曰：“善！为我浮桓子也。”

【注释】

[1] 陈桓子侍：陈桓子，齐国大夫。侍，在尊长旁边陪着。

[2] 浮：罚酒。

[3] 衣（yì）缁（zī）布之衣：前一个“衣”为动词，穿。缁，黑色。

[4] 麋鹿：兽名，其毛粗糙，属于低劣的兽皮。

[5] 栈轸（zhàn zhěn）之车：竹木制成的车，不加雕饰。按《周礼·春官·巾车》记载：“孤乘夏篆，卿乘夏缦，大夫乘墨车，士乘栈车”。晏子的身份是卿，不当乘这样低级的车。

[6] 是隐君之赐也：这是隐瞒国君的赏赐。

[7] 酌者奉觞（shāng）：《晏子春秋·内篇杂下》于“酌者”前有“晏子坐”三字。觞，酒杯。

[8] 其：还是。

[9] 为显受也：为了显赫而接受。

[10] 为通君赐也：为了使国君的赏赐惠及更多的人。

[11] 顾其国族：顾及乡里乡亲。

[12] 则过之：就责备他。过，责备。

[13] 内隶：指宫内附属的官吏。下文“外隶”指宫外隶属的官吏。

[14] 播亡：流浪逃亡。

[15] 兵革不完，战车不修：武器盔甲不完备，战车未修整好。

[16] 若夫：至于。

[17] 国之简士待臣而后举火者数百家：简士，闲士，未做官的士人。举火，生火做饭。

【今译】

齐景公饮酒，陈桓子在旁边陪着，远远看见晏子，就向景公报告说：“请允许我罚晏子喝酒。”景公说：“为什么？”陈桓子回答说：“晏子穿黑布和麋鹿皮做成的衣服，乘坐竹木制成的车，用劣马驾车上朝，这是隐瞒国君的赏赐。”景公说：“好吧。”斟酒的人恭敬地捧着酒杯向晏子敬酒，说：“国君命令罚先生酒。”晏子说：“为什么？”陈桓子说：“国君赏赐给先生卿的高位，使得先生身份尊贵；赏给先生百万的俸禄，使得先生家庭富有。群臣的爵位，没有比先生更尊贵的，俸禄没有比先生更丰厚的。现在先生却穿黑布和麋鹿皮做成的衣服，乘坐竹木制成的车，用劣马驾车上朝，这是隐瞒国君的赏赐，所以罚先生酒。”晏子离开席位说：“是让我喝了这杯酒再解释呢，还是解释之后再喝这杯酒呢？”景公说：“解释之后再喝这杯酒。”晏子说：“国君赏赐我卿的高位，使得我身份显贵，但我不敢为了自己显贵而接受它，是为了执行国君的命令而接受它；赏给我百万的俸禄，使得我家庭富有，但是我不敢为了自己富有而接受它，是为了使国君的赏赐惠及更多人才接受它。我听说，古代的贤臣如果有人接受了重赏却不顾及乡里乡亲的，就责备他；担任管理政事之职，却不能胜任的，就责备他。国君宫内的官吏，好比我的父兄，如果有人流离失散在荒野偏远之地，这是我的罪过；国君宫外的官吏，在我职责管辖之内，如果有人流浪逃亡在四面八方，这是我的罪过；武器盔甲不完备，战车未修整好，这是我的罪过。至于乘破车驾劣马上朝，不是我的罪过。况且我靠着国君的赏赐，我父亲一族没有不乘车的，我母亲一族没有不衣食丰足的，我妻一族没有受冻挨饿的，国内没做官的士人等待我救济后而活下去的有数百家。我这是隐瞒国君的赏赐呢？还是彰显国君的赏赐呢？”景公说：“说得好！替我罚桓子酒。”

十五

晏子方食，君之使者至，分食而食之[1]，晏子不饱。使者返，言之景公。景公曰：“嘻，夫子之家若是其贫也！寡人不知也，是寡人之过也。”令吏致千家之县一于晏子[2]。晏子再拜而辞曰：“婴之家不贫，以君之赐，泽覆三族[3]，延及交游，以振百姓[4]。君之赐也厚矣，婴之家不贫也。婴闻之，厚取之君而厚施之人[5]，代君为君也[6]，忠臣不为也；厚取之君而藏之，是筐箧存也[7]，仁人不为也；厚取之君而无所施之，身死而财迁，智者不为也。婴也闻，为人臣进不事上以为忠，退不克下以为廉；八升之布[8]，一豆之食[9]，足矣。”使者三返，遂辞不受也。

【注释】

[1] 分食而食(sì)之:第一个“食”是名词,饭食。第二个“食”是动词,让吃。之,代使臣。

[2] 致千家之县一于晏子:致,赐给。千家之县,指千户人家县邑的税收。一,全部。

[3] 泽覆:恩泽遍及。

[4] 振:通“赈”,救济。

[5] 厚取之君而厚施之人:从国君那里得到丰厚的赏赐再大量地施舍给别人。

[6] 代君为君也:是代替国君做国君。

[7] 是筐箧存也:那像是用箱子盛放东西一样。

[8] 八升之布:升,量词,古代的布八十缕为一升。此处指粗布。

[9] 一豆之食:豆,古代盛食物的器皿,像高脚盘。

【今译】

晏子正在吃饭的时候,国君的使者到了,晏子就分饭食给使者吃,晏子没有吃饱。使者回宫后,把这件事告诉给景公,景公说:“嘿!先生的家里竟然如此贫穷!我不了解情况,这是我的过错。”景公命令官吏把一个拥有千户人家县邑的税收全部赐给了晏子。晏子拜了两拜后辞谢说:“我的家不贫穷,凭着国君的赏赐,恩泽遍及父、母、妻三族,并扩展达到我的朋友,还能借此救济百姓,国君的赏赐够丰厚了,我的家不贫穷啊。我听说,从国君那里得到丰厚的赏赐再大量地施舍给别人,是代替国君做国君,忠臣不那样做;从国君那里得到丰厚的赏赐再收藏起来,那像是用箱子盛放东西一样,仁德之人不那样做;从国君那里得到丰厚的赏赐而不肯施舍给别人,死了之后财产就转移给了别人,聪明的人不那样做。我听说,作为臣子,在朝廷时不把侍奉国君当作忠诚;离开朝廷时不把克扣下属当作廉洁。穿粗布衣服,一盘食物足够了。”使者奉命往返多次,晏子始终辞谢不肯接受。

十六

陈成子谓鸱夷子皮[1]曰:“何与常也[2]?”对曰:“君死吾不死，君亡吾不亡。”陈成子曰:“然子何以与常?”对曰:“未死去死[3]，未亡去亡，其有何死亡矣[4]!”从命利君谓之顺，从命病君谓之谀[5]，逆命利君谓之忠，逆命病君谓之乱。君有过，不谏诤，将危国殒社稷也。有能尽言于君，用则留之，不用则去之，谓之谏；用则可生，不用则死，谓之诤；有能比和同力[6]，率群下相与强矫君[7]，君虽不安，不能不听，遂解国之大患，除国之大害，成于尊君安国，谓之辅；有能亢君之命[8]，反君之事，窃君之重[9]，以安国之危，除主之辱，攻伐足以成国之大利，谓之弼。故谏、诤、辅、弼之人，社稷之臣也，明君之所尊礼，而闇君以为己贼[10]。故明君之所赏，闇君之所杀也。明君好问，闇君好独；明君上贤使能而享其功，闇君畏贤妒能而灭其业。罚其忠而赏其贼，夫是之谓至闇，桀、纣之所以亡也。《诗》云:“曾是莫听，大命以倾[11]”，此之谓也。

【注释】

[1] 陈成子:即田常，田乞之子。一作陈恒、田成子。春秋时齐国正卿。为田氏代姜奠定了基础。鸱夷子皮，人名，田常的属下。春秋末叫鸱夷子皮的有三人:楚之贤人、齐之商人、田氏之党人。此处当指田氏之党人。

[2] 何与(yǔ)常也:怎样帮助我呢？与，帮助。

[3] 未死去死:未死的时候消除掉死的隐患。去，消除。

[4] 其有何死亡矣:怎么会有死和逃亡的事情发生呢?

[5] 病:使……受损害。

[6] 有能比和同力:团结一致、同心协力。有，如果。比，联合。和，《荀子·

臣道》作“知”。

[7] 强矫君:强力矫正国君的错误。

[8] 亢:通“抗”。

[9] 重:权力。

[10] 闇(àn)君:昏君。

[11] 曾是莫听,大命以倾:语出《诗经·大雅·荡》。曾,竟然。

【今译】

陈成子对鸱夷子皮说:“你将怎样帮助我呢?”鸱夷子皮回答说:“君死我不跟着死,君逃跑我不跟着逃跑。”陈成子说:“这样的话,你将怎样帮助我呢?”鸱夷子皮回答说:“君未死的时候帮助君消除导致死的隐患,君未逃跑的时候帮助君消除导致逃跑的隐患,怎么会有什么死和逃亡的事情发生呢?”遵从国君命令而又有利于国君叫作“顺”,遵从国君命令却使国君受损害叫作“谀”,违背国君命令而又有利于国君叫作“忠”,违背国君命令而又使国君受损害叫作“乱”。国君有过失,臣子不谏诤,就会使国家陷入危险境地并导致社稷灭亡。能向国君进言,国君采纳就留下来,不采纳就离开,这就是“谏”。能向国君进言,国君采纳就活着,国君不采纳就死,这就是“诤”;能团结一致、同心协力,率领群臣一起强力矫正国君的错误,国君虽然不情愿,却不能不同意,于是解除了国家大患,消除了国家大害,完成了尊君安国的功业,这就是“辅”;敢于违背国君的命令,反对君王的错事,借用君王的权力,来使国家转危为安,洗雪君主的耻辱,功劳足以使国家获得大的利益,这就是“弼”。所以,谏、诤、辅、弼之人,是安邦定国的重臣,是贤明的君主所尊重和礼待的人才,是昏君所认定的敌人。所以他们是贤明君主赏赐的对象,也是昏君杀害的对象。贤明的君主喜欢征询别人的意见,昏君喜欢独断专行;贤明的君主尊重贤士重用人才而享受他们创造的功业,昏君则嫉贤妒能毁灭他们建立的功业。惩罚忠臣而赏赐奸佞,这就是最昏庸的君主,这就是桀、纣灭亡的原因。《诗经》上说:“竟然不听忠告,使得国家的命运倾倒”,讲的就是这个道理呀!

十七

简子有臣尹绰、赦厥[1]。简子曰："厥爱我[2]，谏我必不于众人中；绰也不爱我，谏我必于众人中。"尹绰曰："厥也爱君之丑[3]，而不爱君之过也；臣爱君之过，而不爱君之丑。"孔子曰："君子哉！尹绰，面訾不面誉也[4]。"

【注释】

[1] 简子有臣尹绰、赦厥：简子，指赵简子。尹绰、赦厥，赵简子的家臣。
[2] 爱：顾惜。
[3] 厥也爱君之丑：赦厥顾惜到国君的脸面。
[4] 訾：指责、批评。

【今译】

赵简子有家臣尹绰、赦厥。赵简子说："赦厥顾虑到我的脸面，规劝我一定不在大庭广众之下；尹绰不顾虑我的脸面，规劝我一定在大庭广众之下。"尹绰说："赦厥顾虑的是您的脸面，却不顾虑您的过错；我顾虑您的过错，却不顾虑您的脸面。"孔子说："尹绰是道德高尚的人啊！他能当面批评赵简子而不是当面奉承赵简子。"

十八

高缭仕于晏子[1]，晏子逐之。左右谏曰："高缭之事夫子，三年曾无以爵位而逐之，其义可乎？"晏子曰："婴仄陋之人也[2]，四维之然后能直[3]。今此子事吾三年，未尝弼吾过[4]，是以逐之也。"

【注释】

[1] 高缭:人名,曾跟随晏子,事迹不详。《晏子春秋·外篇》中有记载,作“高纠”。

[2] 仄陋:见识浅薄。仄,狭窄。

[3] 四维之然后能直:四维,古代统治者以礼、义、廉、耻为治国纲领,叫“四维”。此处“四维”是动词,指用四维来匡正人的行为。直,行正道。

[4] 弼:纠正。

【今译】

高缭在晏子手下做官,晏子辞退他。晏子身边的人规劝说:“高缭为先生服务,三年了连爵位也未得到却辞退他,从道义上说得过去吗?”晏子回答说:“我是个见识浅薄的人,要用四维来匡正我的行为我才能行正道。如今高缭为我办事三年了,不曾纠正过我的过错,因此辞退他。”

十九

子贡问孔子曰[1]:“赐为人下[2],而未知所以为人下之道也。”孔子曰:“为人下者,其犹土乎?种之则五谷生焉,掘之则甘泉出焉。草木植焉,禽兽育焉;生人立焉,死人入焉。多其功而不言[3]。为人下者,其犹土乎?”

【注释】

[1] 子贡:见卷二臣术·四[1]。

[2] 人下:指人臣。

[3] 多:称赞。

【今译】

子贡问孔子说:“我作为人臣,但不懂得做人臣的道理。”孔子说:“做人臣的人,大概像土地一样吧!在它上面耕种五谷就生长出来，在它下面挖掘就有甘泉冒出来。草木在它上面种植，禽兽在它上面繁育；活着的人在它上面站立，死了的人在它里面埋葬。别人称赞他的功劳自己却不夸耀。作为臣子，大概像土地一样吧？”

二十

孙卿曰[1]：“少事长，贱事贵，不肖事贤，此天下之通义也。有人贵而不能为人上[2]；贱而羞为人下。此奸人之心也。身不离奸心，而行不离奸道，然而求见誉于众，不亦难乎？”

【注释】

[1] 孙卿：即荀卿，名况，战国时赵国人，著名思想家，有《荀子》一书。汉代为避汉宣帝刘询讳改称孙卿。

[2] 有人贵而不能为人上：有人虽然出身高贵却不能处于众人之上。人上，众人之上。

【今译】

荀子说：“年少的侍奉年长的，低贱的侍奉高贵的，无能的侍奉贤能的，这是天下通行的道理。有人虽然出身高贵却不能处于众人之上；有人出身低贱却羞于处在别人之下。这样的人心术不正。自身不能去掉邪恶之心，行为不能远离邪恶之路，这样却要求被众人赞誉，不是太困难了吗？”

二十一

公叔文子问于史叟曰[1]：“武子胜事赵简子久矣[2]，其宠不解[3]，奚也？”史臾曰：“武子胜博闻多能而位贱，君亲而近之，致敏以愻[4];藐而疏之[5],则恭而无怨色;入与谋国家,出不见其宠;君赐之禄,知足而辞。故能久也。”

【注释】

[1] 公叔文子:人名,即公叔发,卫献公之孙,春秋时卫国大夫。卒谥“贞惠文子”。史叟:人名。又作“史鱼”“史鳝”“史鰌(qiū)”,卫国大夫,以尸谏君主而著称。事见《韩诗外传·卷七》。

[2] 武子胜:赵简子家臣。

[3] 解:通“懈”,松弛。

[4] 愻(xùn):同“逊”,谦恭、顺从。

[5] 藐而疏之:看不起并疏远。

【今译】

公叔文子问史叟说:“武子胜侍奉赵简子很长时间了,赵简子对他的宠信没有松弛,为什么呢?”史叟回答说:“武子胜知识渊博富有才干却官位不高,君王亲近他的时候,他就奉献智慧而且谦逊;君王轻视并疏远他的时候,他仍旧恭敬而没有怨恨的神色;入朝参与谋划国事,出朝看不出被宠信;君王赏赐他的俸禄,他懂得知足,赏赐多了就辞谢不要。所以他能长久得到君王的宠信。”

二十二

《泰誓》曰[1]:“附下而罔上者死[2],附上而罔下者刑;与闻国政而无益于民者退,在上位而不能进贤者逐。”此所以劝善而黜恶也。故《传》曰[3]:“伤善者,国之残也;蔽善者,国之谗也;愬无罪者[4],国之贼也。”《王制》曰[5]:“假于鬼神、时日、卜筮以疑于众者[6],杀也。”

【注释】

[1]《泰誓》:今本《尚书》中有《泰誓》篇,但无此内容。

[2] 附下而罔上者死：附和下属而欺骗主上的人应当处死。罔，欺骗。

[3]《传》：指《尚书大传》，相传为汉初伏胜撰。

[4] 愬(sù)：诽谤。

[5]《王制》：指《礼记·王制》。

[6] 假于鬼神、时日、卜筮以疑于众者：假，借。时日，吉日。卜筮，古时占卜，用龟甲称卜，用蓍草称筮。疑，迷惑。

【今译】

《泰誓》上说："附和下属而欺骗主上的人应当处死，附和主上而欺骗下属的人应当受到刑罚；参与商讨国家大事却不能给百姓带来好处的应当被撤职，身居高位却不能举荐贤能的应当被赶走。"这样做是为了鼓励好人而贬退坏人啊。所以《传》上说："伤害好人的人，是戕害国家的人；埋没贤能之人的人，是陷害国家的人；诽谤无罪之人的人，是残害国家的人。"《王制》上说："假借鬼神、吉日、占卜来迷惑众人的，罪该杀。"

二十三

子路为蒲令[1]，备水灾，与民春修沟渎，为人烦苦[2]，故与人一箪食、一壶浆[3]。孔子闻之，使子贡复之[4]。子路忿然不悦[5]，往见夫子曰："由也以暴雨将至，恐有水灾，故与人修沟渎以备之，而民多匮于食[6]，故与人一箪食、一壶浆，而夫子使赐止之[7]，何也？夫子止由之行仁也，夫子以仁教而禁其行仁也，由也不受[8]。"子曰："尔以民为饿[9]，何不告于君，发仓廪以给食之[10]？而以尔私馈之[11]，是汝不明君之惠[12]，见汝之德义也[13]！速已则可矣[14]，否则，尔之受罪不久矣。"子路心服而退也。

【注释】

[1] 子路为蒲令：子路，孔子学生，姓仲名由，字子路。蒲，卫国地名，今河南长垣县内。

[2] 与民春修沟渎(dú)，为人烦苦：和百姓一起在春天整修沟渠，给百姓带来麻烦、痛苦。沟渎，沟渠，田间水道。

[3] 故与人一箪(dān)食、一壶浆：因此发给每人一筐饭、一壶汤。箪，盛饭用的竹筐。

[4] 使子贡复之：派子贡去倒掉那些饭食。复，同“覆”。《韩非子·外储说右上》载：“孔子闻之，使子贡往覆其饭，击毁其器。”

[5] 忿然不悦：生气，很不高兴。

[6] 匮(kuì)于食：缺乏食物。匮，缺乏。

[7] 赐：子贡，名赐。

[8] 由：子路名由。

[9] 尔以民为饿：你认为百姓挨饿。尔，你。

[10] 发仓廪以给食(jǐ sì)之：打开粮仓来供给他们粮食吃。发，打开。仓廪，储藏谷米的仓库。

[11] 而以尔私馈(kuì)之：却用你私人的食物馈赠他们。私，私人的食物。馈，馈赠。

[12] 不明君之惠：不彰显君王的恩惠。

[13] 见(xiàn)汝之德义也：表现你自己的恩德仁义。见，通“现”，表现。

[14] 速已则可矣：赶快停止还来得及。已，停止。

【今译】

子路担任蒲令，为了预防水灾，和百姓一起在春天整修沟渠，给百姓带来麻烦、痛苦，因此发给每人一筐饭、一壶汤。孔子听说后，派子贡去倒掉那些饭食。子路生气，很不高兴，去见孔子说：“我是因为暴雨将要来到，担心有水灾，所以和百姓一起在春天整修沟渠加以防备，而百姓缺乏食物，所以发给每人一筐饭、一壶汤。先生却派子贡来制止这件事，这是为什么？先生是在阻止我施行仁政啊。先生用仁德的思想来教育我，却阻止我施行仁政，我接受不了。”孔子说：“你认为百姓挨饿，为什么不向国君报告，打开公家粮仓供给百姓粮食吃？却用你私人的食物馈赠百姓，你这是不彰显君王的恩惠，却表现你自己的恩德仁义啊！赶快停止还来得及，否则的话，你获罪的时间不远了。”子路心悦诚服地告退了。

【评析】

早在刘向《说苑·臣术》之前，《论语·八佾》中就记载鲁定公与孔子的一段对话：

> 定公问：“君使臣，臣事君，如之何？”孔子对曰：“君使臣以礼，臣事君以忠。”

《管子》一书中有《君臣》篇，主要论述君、臣关系。《韩非子》一书中关于君臣关系的论述散见于各篇之中。《荀子》一书中专设《臣道》篇，论述臣子的标准与作用，并对臣子进行了分类，可谓最早专门论述臣道的著作。《荀子》还在《子道》篇中提出了“从道不从君，从义不从父”的观点，对“争臣”“争子”进行了肯定，对“愚忠”“愚孝”行为进行了否定，提出了“大孝”“大忠”的观点。至《孟子·离娄下》，孟子提出了“君之视臣如手足，则臣视君如腹心；君之视臣如犬马，则臣视君如国人；君之视臣如土芥，则臣视君如寇仇”的著名观点，成为表达君臣关系的最有影响力的主张，深深影响了后人。

刘向整理过、阅读过以上著述，《说苑·臣术》就是他在前人基础上进行全面梳理而成的一篇比较完备的阐述臣子之道的著作。到了唐代，韩愈写过《争臣论》，宋代苏轼写过《臣子论》。可以推测，他们二人是读过刘向《说苑·臣术》篇的。就像“君道文化”一样，“臣道文化”在中国同样源远流长。阅读本卷，应该站在文化史的视角来认识和评析刘向的臣道观，从而把握其思想实质。

君、臣在国家治理中的重要性是不言而喻的，而君、臣关系又是极其微妙复杂的。如何阐述臣子之道，刘向首先继承了儒家先贤的观点。第一章可看作本卷的总论。《荀子·臣道》中把臣子分为“态臣”“篡臣”“功臣”“圣臣”等，刘向借鉴了荀子的观点，并进一步提出了“六正”“六邪”的观点，系统地论述了臣子的十二种表现。这一划分具有创造性，对后人产生了深远的影响。唐代《群书治要》和《贞观政要》都全文引用了刘向的这篇总论。许素菲在《说苑探微》中指出，近人对“六正”“六邪”的观点“考其出处，未有所获，可知此为刘向自著，非采集经传诸子之文也”。作为总论，本章属于政论文体，采用了“总—分—总”的论证结构，脉络清晰，逻辑严密，体现了刘向用语简练、辞气从容、说理详备的议论风格。姚鼐在《古文辞类纂》中指出，刘向论文“冲溶浑厚，无意为文，而自能尽意，若庄子所谓木鸡者。此境亦贾生所无也”。当然，刘向在本章中的论述，不仅仅是总结历史经验教训，也是针对当时汉朝存在的忧患而言的，具有很强的现实意义。

在总论之后，刘向安排了二十二章的内容来加以具体解说，继续体现本书“储说达意”的故事集特点。比如第五章表现翟黄对待选拔国相的态度就非常生动传神。李克曰：“季成子为相。”翟黄作色不说曰：“触失望于先生。”李克做了初步解释后，翟黄仍“不说”，干脆直接责问对方：“触何遽不为相乎？……触何负于季成子？”面对缺乏自知之明的翟黄，李克觉得必须表明态度，说道：“不如季成子。季成子食采千钟，什九居外，一居中；是以东得卜子夏、田子方、段干木。彼其所举，人主之师也；子之所举，人臣之才也。”翟黄“迮然而惭”，说道：“触失对于先生，请自修，然后学。”这时，季成子立为相的消息传来，于是“翟黄默然变色内惭，不敢出，三月也。”本章刻画翟黄的神态，可以栩栩如生。与此形成鲜明对照的是第九章公孙支让贤百里奚的故事，公孙支三让上卿之位，一个心胸宽广，勇于让贤的贤臣形象跃然纸上。刘向善于运用正反对比叙述来使故事中的人物更加生动感人，是《说苑》叙述方式的突出特点。

本卷共二十三章，关于晏子的故事占了六章。这说明晏子在刘向心目中是典型的贤臣。这几个故事均出自《晏子春秋》。据谢明仁《刘向〈说苑〉研究》一书统计，《说苑》全书中本自《晏子春秋》的资料多达四十二章。可见，晏子对刘向具有重要影响。在本卷引用的六章中，侧重于表现晏子作为一代名臣清廉的品质，以及他对“忠”的理解。忠，历来是臣子与君主关系中最为敏感的问题。晏子对于齐景公，突破了“愚忠”的藩篱，也突破了韩非子的观点，赋予“忠”以更加深广的含义。在第十二章中，齐侯问晏子曰：“忠臣之事其君何若?”这是一个很不好回答的问题，然而晏子直截了当：“有难不死，出亡不送。”在国君看来，这显然是不忠的行为，所以景公说：“裂地而封之，疏爵而贵之，吾有难不死，出亡不送，可谓忠乎?”景公所说的忠，是私人之间的“小忠”，晏子则从更高的境界上表达了对忠的理解。他说：“言而见用，终身无难，臣何死焉？谋而见从，终身不亡，臣何送焉？若言不见用，有难而死之，是妄死也；谏而不见从，出亡而送之，是诈为也。故忠臣者，能纳善于君，而不能与君陷难者也。”晏子将“忠”与臣子的“职”结合起来，认为臣子尽了职责，就是忠的表现。所以，在本卷第十一章中，当齐景公指使晏子“朝寒，请进热食”时，晏子严词拒绝：“婴非君之厨养臣也，敢辞。”并说自己是社稷之臣。“社稷之臣，能立社稷，辨上下之宜，使得其理；制百官之序，使得其宜；作为辞令，可分布于四方。”社稷之臣，非私人之臣。对百姓社稷忠，对自己的良知忠，就是对国君忠。晏子把臣子从君王的附属品中独立出来，做到了“一心事百君”，体现了大聪明、大智慧。

我们阅读本卷，应将二十三章作为一个整体来看。刘向安排各章内容，不是胡乱堆砌在一起，而是注意到了内在的逻辑关系。第一章是总论，阐明了刘向的臣子观。第二章从道、德、仁、义四个方面对三公、九卿、大夫、列士的职责进行了定位。第三章提出了各级大臣互相制衡的主张。第四章以鲍叔、子皮为例，阐明了“进贤为贤”的臣子观，后面的第五、六、七、八、九章都围绕这个观点讲故事。由此可见，“进贤为贤”是本章的一个重点内容。进入第十、十一章，转入对臣子职责的阐释，开启本卷另一个重点内容，即后面第十二至第十八章忠关于“忠”的问题，阐明了“顺”“谀”“忠”“乱”与“谏”“诤”“辅”“弼”的含义，以策应首章观点。第十九至第二十二章，阐释臣子应甘居人下。第二十三章是很有特色的补充，为人臣不要夺君恩惠，其实是警告做臣子的，不要自作聪明。第一章与后面各章是总分和解说的关系，刘向力图通过后面各章的实例来印证首章的观点。

在西方，也有论述臣子的著作，比如意大利文艺复兴时期的人文主义者巴尔德萨·卡斯蒂利奥内写过《廷臣论》一书，影响很大。作者站在人文主义和外交官的角度提出了“完美的廷臣”的概念。完美廷臣首先要出身高贵，其次要有尚武精神，还要具备优雅、得体、端正、谦虚的美德以及很高的文学艺术修养，总之，要具有绅士风度。这与《说苑·臣术》第九章中秦穆公发现百里奚的故事有了明显差异。百里奚虽然出身微贱，但他见解不凡，被秦穆公发现并重用为国相。史料记载，百里奚“谋无不当，举必有功”，实为秦国崛起的标志性人物。所以孟子称赞道：“舜发于畎亩之中，傅说举于版筑之间，胶鬲举于鱼盐之中，管夷吾举于士，孙叔敖举于海，百里奚举于市。……然后知生于忧患，而死于安乐也。”在中国，重真才实学，不重门第出身，是选拔人才、富国强兵的一个优良传统，激励过无数草根英雄。当然，《廷臣论》不是一部政治著作，这与《说苑·臣术》有着本质的不同。但是因为《廷臣论》涉及的内容无法完全避开政治因素，所以其中有些内容与《说苑·臣术》可以一比。比如，为了限制君主的权力，卡斯蒂利奥内支持廷臣对抗君主错误的行为，“如果他命令你去做一些背信弃义的勾当，光光不敢接受命令还不够，你还要勇于拒绝该命令。”另外，二者都可以视作体现了教育功能的著作，都对后来治国理政产生了积极影响。

今天，我们阅读《臣术》篇，仍然有其现实意义。一个国家，一个单位，都会有类似君臣的人际关系。做属下的应该从古人的著作中汲取营养，明白自己的职责，善于进贤，勇于进谏，不要把自己变成权力拥有者的附属品，要具有独立的人格，忠于国家，忠于单位，忠于良心。

卷三　建本

【题解】

“建本”就是树立根本。根本问题做好了，其他事情就好办了。在本卷中，刘向论述了建本的重要性。“君子务本，本立而道生。”那么，什么是治国、做人的根本问题呢？第一，要“慎始”。良好的开端是成功的基础。第二，“孝”是做人的根本，不孝就是禽兽一类。第三，勤学好问是成长之本。没有后天的学习，人就无法立身行事。修身、粪心，是加强学习的有效途径。学习的根本是持之以恒，富有韧性和恒心。第四，儒家理论为治国之本。刘向竭力维护儒家的正统地位，他所说的学习，就是学习儒家学说。这部分是本卷的主要内容。第五，民为邦本。作为统治者，“民怨其上，不遂亡者，未之有也。”第六，在物质和意识两者的关系上，刘向认为物质决定意识，他赞同管子的“仓廪实，知礼节，衣食足，知荣辱”的观点。并继承孔子的学说，先富起来，再行教化，以此作为治国之本。这一思想直到今天仍有现实意义。第七，储君为安国之本。刘向看到了储君在国家政权交替中的重要作用，他借鉴历史上的经验教训，提醒当朝统治者，一定要处理好这个敏感的问题。可以说，刘向是有眼光的人，他不仅从理论上论述了治国之本，而且从实践上探讨了治国之道，为统治者提供了一套行之有效的治国方略。

本卷共二十九章。

一

孔子曰：“君子务本，本立而道生[1]。”夫本不正者末必倚[2]，始不盛者终必衰。《诗》云："原隰既平，泉流既清[3]"。本立而道生，《春秋》之义[4]；有正春者无乱秋[5]，有正君者无危国。《易》曰"建其本而万物理；失之毫厘，差以千里[6]"。是故君子贵建本而重立始。

【注释】

[1] 君子务本，本立而道生：出自《论语·学而》，作"有子曰"。务本，致力于根本。

[2] 夫本不正者末必倚(yī)：本，本义是草木的根，引申为根本的东西。末，本义是树梢，引申为次要的事情。倚，歪，斜。

[3] 原隰(xí)既平，泉流既清：平原上的洼地已整平，泉水流过就会清澈。语出《诗经·小雅·黍苗》。隰，低洼潮湿的地方。

[4]《春秋》：鲁国史书。相传为孔子修订。

[5] 有正春者无乱秋：春，一年的开始，引申为开端。正春，好的开端。秋，收成的季节，引申为结局。

[6] 建其本而万物理；失之毫厘，差以千里：今本《周易》中无此语。左松超《说苑集证》云："《易》曰三句，见《易纬通卦验》上，'建'作'正'"。《礼记·经解》引《易》曰："君子慎始，差若毫厘，缪以千里。"

【今译】

孔子说："君子致力于根本的事情，根本建立起来，道就随之产生了。"根本不端正的，细枝末节就会歪斜；开头不兴盛，结局必然衰败。《诗经》上说："平原上的洼地已整平，泉水流过就会清澈。"说的就是根本建立起来道就随之产生的道理啊。《春秋》一书的道理，说一年中有了好的春季，就不会有糟糕的秋季；有了好的国君，就不会有充满危难的国家。《易经》上说："根本的东西建立起来了，万物就有条不紊了；开始的时候错一点，就会导致严重的后果。"所以君子重视建立根本并重视有良好的开端。

二

魏武侯问"元年"于吴子[1]。吴子对曰："言国君必慎始也。"

“慎始奈何?”曰:“正之”。“正之奈何?”曰:“明智。智不明,何以见正?多闻而择焉,所以明智也。是故古者君始听治,大夫而一言[2],士而一见,庶人有谒,必达。公族请问,必语;四方至者,勿距[3]。可谓不壅蔽矣[4]。分禄必及,用刑必中;君心必仁,思民之利,除民之害,可谓不失民众矣。君身必正,近臣必选;大夫不兼官,执民柄者不在一族。可谓不权势矣[5]。此皆《春秋》之意,而‘元年’之本也。”

【注释】

[1] 魏武侯问“元年”于吴子:魏武侯,魏文侯之子,名击,公元前 395 年至前 370 年在位。元年,古代帝王或诸侯即位的第一年。帝王改元后的第一年也称“元年”。吴子,即吴起。

[2] 而:如果。

[3] 距:通“拒”。

[4] 壅蔽:蒙蔽,欺骗。此处表被动。

[5] 不权势:不独揽权势。

【今译】

魏武侯向吴起询问“元年”是什么意思。吴起回答说:“说的是国君一定要在开始的时候就小心谨慎。”魏武侯问:“怎样才能在开始的时候就小心谨慎?”吴起回答说:“做事要正当。”魏武侯问:“怎样才能做事正当?”吴起回答说:“要有明达的智慧。智慧不明达,做事怎能正当呢?广泛听取意见并择善而从,是用来明智的方法。所以古代的国君开始处理政务的时候,大夫如果有一句话的谏言,士如果请求见一面,百姓如果有所陈述,一定要畅达。君王的同宗弟子中有所聘问,一定与他交谈;对四方各地的来访者不拒之门外。这样就能做到不被蒙蔽欺骗。分发俸禄要周到,动用刑罚要恰当;国君心地要仁慈,牵挂百姓的利益,为百姓除害,这样就能做到不失民心了。君王自身要正派,身边的大臣要严格挑选;大夫不去兼职,

掌握管理百姓大权的人不能集中在同一亲族手中。这就是不独揽权势。这些都是《春秋》一书中的含义,也就是"元年"的根本意义。"

三

孔子曰:"行身有六本[1],本立焉,然后为君子。立体有义矣[2],而孝为本;处丧有礼矣,而哀为本;战阵有队矣,而勇为本;治政有理矣,而能为本[3];居国有礼矣,而嗣为本[4];生才有时矣[5],而力为本。置本不固,无务丰末[6];亲戚不悦,无务外交[7];事无终始,无务多业;闻记不言,无务多谈;比近不说[8],无务修远。是以反本修迩[9],君子之道也。"天之所生,地之所养,莫贵乎人。人之道,莫大乎父子之亲、君臣之义。父道圣,子道仁,君道义,臣道忠。贤父之于子也,慈惠以生之,教诲以成之,养其义[10],藏其伪[11],时其节[12],慎其施[13]。子年七岁以上,父为之择明师,选良友,勿使见恶;少渐之以善[14],使之早化。故贤子之事亲,发言陈辞,应对不悖乎耳;趣走进退[15],容貌不悖乎目;卑体贱身,不悖乎心。君子之事亲以积德。子者,亲之财也[16],无所推而不从命[17]。推而不从命者,惟害亲者也。故亲之所安,子皆供之。贤臣之事君也,受官之日,以主为父,以国为家,以士人为兄弟。故苟有可以安国家、利民人者,不避其难,不惮其劳,以成其义。故其君亦有助之,以遂其德。夫君、臣之与百姓,转相为本[18],如循环无端。夫子亦云:"人之行莫大于孝[19]。"孝行成于内,而嘉号布于外[20],是谓建之于本,而荣华自茂矣。君以臣为本,臣以君为本;父以子为本,子以父为本;弃其本者,荣华槁矣。

【注释】

[1] 行身有六本：立身处世有六件根本的事情。
[2] 立体：立身。
[3] 能：《孔子家语·六本》作“农”。
[4] 嗣：子孙、后代，继承人。
[5] 才：通“财”。
[6] 丰末：枝繁叶茂。
[7] 外交：与外人交往。
[8] 比近不说(yuè)：比近，邻近。说，通“悦”。
[9] 反本修迩(ěr)：回到根本上来做好身边的事情。迩，近。
[10] 义：合宜的道德、行为或道理。
[11] 藏其伪：使他收敛虚伪的行为。
[12] 时其节：使他时时培养自己的气节。
[13] 慎其施：使他谨慎地施与。
[14] 少渐：逐渐熏陶。
[15] 趣(qū)：通“趋”，快走。古代礼仪要求，儿子在父母跟前经过时要小步快走，以示恭敬。
[16] 财：此字讹。当作“本”。
[17] 无所推而不从命：不要推脱而不听从父母之命。推，推脱。
[18] 转相为本：彼此转化互为根本。
[19] 人之行莫大于孝：语出《孝经·圣治章第九》，子曰：“天地之性，人为贵。人之行，莫大于孝。”
[20] 嘉号布于外：美好的声誉传播在外。

【今译】

孔子说：“立身处世有六件根本的事情，根本树立了，然后才能成为有道德有修养的人。立身是有行为准则的，孝道是根本；处于丧事中是有礼仪的，以尽哀为本；作战阵法是有队列的，以勇敢为本；治理政事是有条理规章的，以能力为本；做国君是要遵守礼仪的，以确立继承人为本；生财要掌握时机，以勤奋努力为本。根本树立得不牢固，就不要贪求枝繁叶茂；连自己的亲戚家人都无法愉快相处，就不去贪求与外人交往；做事情有始无终，就不去贪求做更多的事情；博闻强记却不善于表达，就不去贪求与别人更多地交谈；连邻近的人都不悦服，就不去贪求与远方的人修好。所以回到根本上来做好身边的事情，是君子立身处事的原则。”在上天所生、大地所养的事物中，没有比人更宝贵的了。做人的道理，没有比父子之亲、君臣之义更加重大的了。为父之道在于圣明，为子之道在于仁爱，为君之道在于坚守正义，为臣之道在于忠诚。贤良的父亲对于儿子，要用慈爱恩惠抚育他，用教诲来成就他，培养他形成合宜的道德，使他收敛虚伪的行为，让他时时培养自己的气节，使他谨慎地进行施与。儿子年龄在七岁以上，父亲要为他选择贤明的老师，挑选好的朋友，不让他接触邪恶的事物，逐渐用美好的事物来熏陶他，让他及早受到感化。所以贤良的儿子侍奉父母，说话言语之间，回答问题不让父母感到逆耳；快步进退，容貌举止不让父母看着不顺眼；态度谦卑，不使父母不顺心。君子侍奉双亲，用来积累道德。儿子，是父母的根本，不要推脱而不听从父母之命。推脱而不听从父母之命，只能是伤害双亲的行为。所以能使父母安乐的东西，儿子都要满足他们。贤良的臣子侍奉国君，从接受官职的那天起，就要把君主当作父亲来侍奉，把国当作自己的家，把士当作自己的兄弟。所以如果有能够使国家安定、对百姓有利的事情，臣子就不去回避困难，不怕辛劳，来成就为臣的道义。所以国君也会帮助臣子，成就品德。君臣和百姓之间，彼此转化互为根本，好像围绕圆环运动而无始无终。孔子说：“人的品行中没有比孝道更重大的了。”孝道在内心形成，而美好的名声却能传播在外，这就好比培养好了草木的根基，花朵自然会繁茂。国君以臣子为根本，臣子以国君为根本，父亲以儿子为根本，儿子以父亲为根本。如果抛弃了根本，花朵就会枯槁。

四

子路曰[1]：“负重道远者，不择地而休；家贫亲老者，不择禄而仕。昔者,由事二亲之时[2],常食藜藿之实[3],而为亲负米百里之外。亲没之后,南游于楚,从车百乘,积粟万钟[4],累茵而坐[5],列鼎而食[6]。愿食藜藿为亲负米之时,不可复得也;枯鱼衔索,几何不蠹[7]? 二亲之寿,忽如过隙[8];草木欲长,霜露不使[9];贤者欲养,二亲不待! 故曰,家贫亲老,不择禄而仕也。"

【注释】

[1] 子路:见卷二臣术·二十三[1]。

[2] 由:子路,名由。

[3] 藜藿:藜草和豆叶,泛指粗劣的食物。

[4] 万钟:钟,量器,也是容量单位,六斛四斗为一钟。万钟,指俸禄优厚。

[5] 累茵而坐:把席子重叠起来坐,形容富有。茵,坐垫、席子。

[6] 列鼎:列,排列。鼎,古代的烹饪器具,像锅,有足有耳。

[7] 枯鱼衔索,几何不蠹:串在绳索上的干鱼,能有多长时间不被蠹虫蛀掉?

[8] 过隙:"白驹过隙"的省略,语出《庄子·知北游》,形容时间过得快,好比一匹白色的骏马在缝隙间飞快地跃过。

[9] 草木欲长,霜露不使:草木想要生长,霜露不让它长。

【今译】

子路说:"背着沉重的东西走远路的人,无心选择休息的地方;家庭贫寒、父母年迈的人,不去计较俸禄的多寡。从前,我侍奉父母的时候,经常吃粗劣的食物,还要为父母到百里之外的地方去背米。父母去世后,我到南方楚国宦游,跟从的车马有百乘之多,积蓄的粮食有万钟之多,把席子重叠起来坐着,排列着鼎开饭。(这时候)我想要再过吃粗劣食物为父母背米的生活,是不会再得到了。串在绳索上的干鱼,能有多长时间不被蠹虫蛀掉? 父母的寿命,快得如白驹过隙! 草木想要生长,霜露不让它长;贤德的人想要赡养父母,双亲却无法等待! 所以说,家庭贫寒、父母年迈的人,不去计较俸禄的多寡。"

五

伯禽与康叔封朝于成王[1]，见周公[2]，三见而三笞[3]。康叔有骇色，谓伯禽曰："有商子者[4]，贤人也，与子见之。"康叔封与伯禽见商子曰："某某也[5]，日吾二子者朝乎成王，见周公，三见而三笞，其说何也[6]？"商子曰："二子盍相与观乎南山之阳[7]？有木焉，名曰桥。"二子者往观乎南山之阳，见桥竦焉[8]，实而仰，反以告乎商子。商子曰："桥者，父道也。"商子曰："二子盍相与观乎南山之阴？有木焉，名曰梓。"二子者往观乎南山之阴，见梓勃焉[9]，实而俯，反以告商子。商子曰："梓者，子道也。"二子者明日见乎周公，入门而趋，登堂而跪。周公拂其首，劳而食之，曰："安见君子？"二子对曰："见商子。"周公曰："君子哉！商子也。"

【注释】

[1] 伯禽与康叔封朝于成王：伯禽，见卷一君道・三[1]。康叔封，周武王同母第九弟，初封于康（今河南禹州市西北康城），史称康叔封。后改封于卫，为卫国始祖，又称卫康叔。成王，见卷一君道・三[1]。

[2] 周公：见卷一君道・七[1]。

[3] 三见而三笞（chī）：三次拜见周公三次被鞭打。笞，鞭打。

[4] 商子：西周时人。事迹如本章。

[5] 某某：代词，我们。

[6] 其说何也：这是什么原因。说，原因。

[7] 盍：何不。

[8] 竦：高起，高耸。

[9] 勃：旺盛的样子。

【今译】

伯禽和康叔封去朝见周成王，（然后）拜见周公，三次拜见周公三次被鞭打。康叔面带惧色,对伯禽说:“有一个叫商子的人,是个贤人,我和你去拜见他。”康叔封和伯禽去拜见商子,说:“我们有一天去朝见周成王,(然后)拜见周公,三次拜见周公三次被鞭打,这是什么原因?”商子说:“你们俩何不一起到终南山的南面看看?那里有一种树叫桥。”二人一起去终南山的南面察看,看见桥树高高耸立在那里,结了果实向上扬起,他们就回去把自己见到的告诉商子。商子说:“桥树表现的是做父亲的道理啊。”商子又说:“你们俩何不一起到终南山的北面看看?那里有一种树叫梓。”二人一起去终南山的北面察看,看见梓树在那里长得旺盛,结了果实向下垂着,就回去把自己见到的告诉商子。商子说:“梓树表现的是做儿子的道理啊。”两人第二天去拜见周公,进门后就小步快走,上堂后就跪拜。周公轻轻地抚摩他们的头,慰劳他们让他们吃东西,问道:“你们见到了哪一位懂礼仪的君子?”二人回答说:“见到了商子。”周公说:“商子真是一位品德高尚的人啊!”

六

曾子芸瓜而误斩其根[1],曾皙怒[2],援大杖击之。曾子仆地,有顷苏[3]。蹷然而起[4],进曰:“曩者参得罪于大人[5],大人用力教参,得无疾乎?”退屏鼓琴而歌[6],欲令曾皙听其歌声,令知其平也[7]。孔子闻之,告门人曰:“参来勿内也[8]!”曾子自以无罪,使人谢孔子[9]。孔子曰:“汝闻瞽叟有子名曰舜[10]。舜之事父也,索而使之,未尝不在侧;求而杀之,未尝可得;小棰则待[11],大棰则走,以逃暴怒也。今子委身以待暴怒[12],立体而不去,杀身以陷父不义,不孝孰是大乎?汝非天子之民邪?杀天子之民,罪奚如?”以曾子之材,又居孔氏之门,有罪不自知,处义难乎!

【注释】

[1] 曾子芸瓜：曾子，名参，孔子弟子，以孝著称。芸，通“耘”，除草。

[2] 曾皙：曾子父亲，也是孔子弟子。

[3] 有顷苏：《韩诗外传》卷八作“有顷乃苏”。

[4] 蹷(jué)然：急急忙忙的样子。蹷，同“蹶”。

[5] 曩(nǎng)者：刚才，先前。

[6] 退屏：退避。

[7] 令知其平也：让父亲知道自己身体平安无恙。

[8] 内(nà)：通“纳”，使进入。

[9] 谢：询问原因。

[10] 汝闻瞽叟：汝闻，《韩诗外传》卷八作“汝不闻”。瞽(gǔ)叟：虞舜父亲的别名。因目盲，故名。瞽，目盲。

[11] 棰(chuí)：一作“棰”。鞭子、木棍一类的刑杖。

[12] 委身：献身。把身体交给父亲处置。

【今译】

曾子在瓜地锄草不小心锄断了瓜的根，他父亲曾皙很生气，拿过大棍来打曾子。曾子向前倒下，过了一会儿才苏醒。他急忙起来，上前对父亲说：“刚才我得罪了父亲大人，大人用力教训我，该不会伤着吧？”曾子退避下来弹琴唱歌，想让父亲听见他的歌声，以便让父亲知道自己身体平安无恙。孔子听说这件事后，告诉他的弟子说：“曾参来了不要让他进来。”曾子自认为没有过错，就托人向孔子询问原因。孔子说：“你知道瞽叟有个儿子叫舜。舜侍奉他父亲的时候，只要寻找舜，舜从来没有不在身边的时候；但是他父亲生气找他要打死他，却从来没有找到的时候。瞽叟用小的刑杖，舜就等着挨打；瞽叟用大的刑杖，舜就跑掉，来逃避他父亲的暴怒。现在你把身体交给你父亲处置，等待你父亲的暴怒，站在那里不离开，以被打死来陷你父亲于于不义。不孝的行为有比这更大的吗？难道你不是天子的臣民吗？杀死天子的臣民，罪过该是怎样的呢？”凭着曾子这样的人才，又是孔子的门生，有了罪过自己都不知道，看来要使自己的行为合乎义实在是一件困难的事啊！

七

伯俞有过[1]，其母笞之，泣。其母曰："他日笞子，未尝见泣，今泣，何也？"对曰："他日俞得罪，笞尝痛。今母之力[2]，不能使痛，是以泣。"故曰，父母怒之，不作于意，不见于色[2]，深受其罪，使可哀怜，上也；父母怒之，不作于意，不见其色，其次也；父母怒之，作于意，见于色，下也。

【注释】

[1] 伯俞：即韩伯俞。"俞"一作"瑜"。西汉梁人，性至孝。
[2] 今母之力：《太平御览》卷第六四九作"今母之力衰"。
[3] 见（xiàn）：表现，流露。

【今译】

伯俞有了过错，他母亲用鞭子打他，伯俞小声哭泣。伯俞的母亲说："以前打你的时候，不曾见你哭，现在哭泣，为什么？"伯俞回答说："以前我有过错，母亲打我我能感到疼痛，现在母亲的力量，不能让我感到疼痛，所以哭泣。"所以说，父母对孩子生气，孩子不记恨在心上，不流露出不满的神色，心中深刻反省自己的过错，使父母哀怜自己，这是最好的态度；父母对孩子生气，孩子不记恨在心上，不流露出不满的神色，这是比较好的态度；父母对孩子生气，孩子记恨在心上，表现在神色上，这是最不好的态度。

八

成人有德，小子有造[1]。大学之教也[2]，时禁于其未发之曰预，因其可之曰时，相观于善之曰磨，学不陵节而施之曰驯[3]。

发然后禁，则扞格而不胜[4]；时过然后学，则勤苦而不驯[5]；杂施而不逊，则坏乱而不治；独学而无友，则孤陋而寡闻。故曰，有昭辟雍[6]，有贤泮宫[7]，田里周行，济济锵锵[8]，而相从执质，有族以文[9]。

【注释】

[1] 成人有德，小子有造：成年人有德行，孩子们学业有成。《诗经·大雅·思齐》有："肆成人有德，小子有造。"造，成就，功绩。此章原与上连，今据咸淳本分为两章。

[2] 大学：太学，古代贵族弟子读书的地方。

[3] 学不陵节而施之曰驯：陵节，超越限度、等级。施，施教。驯，顺。

[4] 发然后禁，则扞(hàn)格而不胜：事情发生了再去禁止，就互相抵触难以克服。扞格，抵触。

[5] 不驯：《礼记·学记》作"难成"。

[6] 有昭辟(pì)雍：有，语助词，无义。昭，明亮。辟雍，周天子为贵族子弟设立的太学。

[7] 有贤泮(pàn)宫：贤，好。泮宫，诸侯子弟的学宫。

[8] 田里周行(háng)，济济锵锵(qiāng qiāng)：道路像田野一样宽，学子众多。周行，大道。济济锵锵，人数众多的样子。

[9] 而相从执质，有族以文：人们一个跟着一个拿着拜见老师的礼物，同类相聚文质彬彬。执，拿着。质，同"贽"，初次见面时送给尊长的礼物。族，同类。

【今译】

成年人有德行，孩子们学业有成。太学的教育是，在不好的事物还未发生的时候加以防范叫作预防，依据其合适的时间进行教育叫作适时，对于好的事物相互观摩叫作切磋，不超越一定的限度去施教叫作顺。不好的事情发生了才去禁止，就互相抵触难以克服；恰当的时机错过了才去学习，就会劳苦不堪难有成就；杂乱地进行教育不按顺序，就会陷于混乱不好收拾；独自学习没有朋友，就学识短浅孤陋寡闻。所以说，天子明亮的学宫，诸侯美好的学宫，道路像田野一样宽，学子众多，大家一个跟着一个拿着拜见老师的礼物，同类相聚文质彬彬。

九

周召公年十九[1]，见正而冠[2]，冠则可以为方伯诸侯矣[3]。人之幼稚童蒙之时，非求师正本无以立身全性。夫幼者必愚，愚者妄行；愚者妄行，不能保身。孟子曰："人皆知以食愈饥，莫知以学愈愚[4]"。故善材之幼者，必勤于学问，以修其性。今人诚能砥砺其材[5]，自诚其神明[6]，睹物之应[7]，通道之要[8]，观始卒之端，览无外之境[9]，逍遥乎无方之内[10]，彷徉乎尘埃之外[11]，卓然独立，超然绝世，此上圣之所游神也[12]，然晚世之人莫能。闲居心思，鼓琴读书；追观上古，友贤大夫；学问讲辨，日以自虞[13]；疏远世事[14]，分明利害；筹策得失，以观祸福；设义立度[15]，以为法式；穷追本末[16]，究事之情；死有遗业，生有荣名；此皆人材之所能建也[17]。然莫能为者，偷慢懈堕多暇日之故也[18]，是以失本而无名。夫学者，崇名立身之本也。仪状齐等，而饰貌者好；质性同伦，而学问者智；是故砥砺琢磨非金也，而可以利金；《诗》《书》辟立非我也[19]，而可以厉心。夫问讯之士，日夜兴起，厉中益知，以分别理，是故处身则全，立身不殆。士苟欲深明博察，以垂荣名，而不好问讯之道，则是伐智本而塞智原也，何以立躯也？骐骥虽疾[20]，不遇伯乐不致千里[21]；干将虽利[22]，非人力不能自断焉；乌号之弓虽良[23]，不得排檠[24]，不能自任；人才虽高，不务学问，不能致圣。水积成川，则蛟龙生焉；土积成山，则豫樟生焉[25]；学积成圣，则富贵尊显至焉。千金之裘,非一狐之皮;台庙之榱[26],非一木之枝;先王之法,非一士之智也。故曰:讯问者智之本,思虑者智之道也。《中庸》曰[27]:“好问近乎智,力行近乎仁,知耻近乎勇。”积小之能大者,其惟仲尼乎!学者,所以反情治性尽才者也;亲贤学问,所以长德也;论交合友,所以相致也[28]。《诗》云:“如切如磋,如琢如磨”[29],此之谓也。

【注释】

[1] 周召(shào)公:一作邵公、召康公。姬姓,名奭(shì)。采邑在召(今陕西岐山西南)。曾佐武王灭商,被封于燕,为周代燕国的始祖。

[2] 见(xiàn)正而冠(guàn):表现出了纯正的品格并行加冠礼。冠,男子成年时举行加冠的礼仪。

[3] 方伯:殷周时诸侯之长。

[4] 人皆知以食愈饥,莫知以学愈愚:该句见于《孟子外书・性善辩》。

[5] 今人诚能砥砺其材:今,如果。诚,的确。砥砺,本指磨石,此处做动词,磨砺。

[6] 自诚其神明:使自己的精神诚实。诚,诚实。神明,精神。

[7] 睹物之应:观察事物的感应变化。应,感应变化。

[8] 通道之要:通晓道义的要领。

[9] 无外:广大。

[10] 无方:无限。

[11] 彷徉:即“仿佯”,游荡不定。

[12] 上圣:德才高超的人。

[13] 虞:通“娱”。

[14] 疏远:探索、分析。《淮南子・修务》作“苏援”。

[15] 义:《淮南子・修务》作“仪”,相通。

[16] 追:《淮南子・修务》作“道”。

[17] 建:《淮南子・修务》作“逮”。

[18] 偷慢懈堕多暇日:偷懒怠惰无所事事。

[19] 辟立:疑为“群言”之误。

[20] 骐骥：古代骏马名。
[21] 伯乐：古代善于相马的人。
[22] 干(gān)将：古代宝剑名。据说制造者叫干将，因以命名。
[23] 乌号：古代良弓名。
[24] 排檠(qíng)：矫正弓的器具。
[25] 豫樟：一种树。
[26] 榱(cuī)：椽子。
[27]《中庸》：儒家经典之一。
[28] 论(lún)：通“抡”，选择。
[29] 如切如磋，如琢如磨：语出《诗经·卫风·淇澳》。

【今译】

周召公十九岁时，表现出了纯正的品格并行加冠礼，加冠后就能够做诸侯的领袖了。人处于幼稚的蒙童时期，如果不拜师来端正根本，就无法立身于社会保全自己的品性。年幼的人必然愚顽，愚顽的人行为荒诞，不能保全自身。孟子说：“人都知道用食物可以充饥，但是不知道靠学习可以医治愚蠢。”所以优秀的人才在小时候，一定要勤学好问，以此来修养品性。现在的人如果确实能够磨砺自己的品质，使自己的精神诚实，看清事物的感应变化，通晓道义的要领，观察事物自始至终的发展迹象，察看广阔无边的世界，(就能够使自己的精神)在无拘无束中逍遥，在世尘之外自由盘桓，特立独行，超越世俗。这就是德才高超的人精神能够自由驰骋的原因，但是后来的人不能做到。悠闲地生活，用心去思考，弹弹琴，读读书，追思古代圣人，与贤人为友；求学好问、辨析事物，每天都自得其乐；探索分析人间事物，分清利和害；谋划得与失，观察祸与福；设立法度，作为依据；探究事物的过程，寻找事物的实情；死后留下事业，活着赢得美名。这些都是人的才能可以达到的，然而有的人不能达到，那是因为偷懒怠惰无所事事的缘故，所以失掉了根本就无法获得美名。求学，是提高名声立身行事的根本。仪表形状相同，修饰容貌的人就显得更加美好；天资禀性相类似，求学好问的人就富有智慧。所以用来打磨金属的磨刀石和玉石并不是金属，却可以使金属变得更加锋利；《诗》《书》上的言论并不是自己写的，却可以激励自己的心志。那些求学好问的人，夜以继日，磨砺意志提高智慧，来辨别不同的道理，所以能够保全自己，立身在世不会出现危险。士人如果想要理解深入、考察广博，留下美名，却不喜欢求学好问，那就是毁坏智慧的根本堵塞智慧的源头，如何能使自己立身呢？骐骥一样的骏马虽然跑得快，如果不能遇到伯乐就不能行千里；干将一样的宝剑虽然锋利，如果不依靠人的外力就不能砍断东西；乌号一样的劲弩虽然有力量，如果不靠矫正弓弩的器具，就不能自行矫正；人的才能高超，如果不致力于勤学好问，就不能达到圣贤的境界。水一点一点积攒起来就形成了川，蛟龙就在那里生长；土一点一点地积攒起来，豫樟就在那里生长；积累学问成为圣贤，富贵尊显就获得了。价值千金的裘皮衣服，并非一只狐狸皮做成；廊庙上的椽子，并非一棵树上的枝干做成；先王的法律，不是靠一位士人的智慧制定出来。所以求学好问是智慧的根本，善于思考是拥有智慧的途径。《中庸》上说："善于提出问题就接近于智慧了，亲身实践就近于仁爱了，知道羞耻就近于勇敢了。"积攒小的品行成为伟大的人，大概只有孔子吧！求学，是用它来恢复人情、修养品性、竭尽才能的；亲近贤人勤于学问，是用来加强美德的；选择交友，是用来互相帮助的。《诗经》上说："像制造骨器那样，像打磨美玉那样。"说的就是这个道理。

十

今夫辟地殖谷[1]，以养生送死；锐金石[2]、杂草药以攻疾苦；知构室屋以避暑雨，累台榭以避润湿。入知亲其亲，出知尊其君；内有男女之别，外有朋友之际。此圣人之德教，儒者受之传之，以教诲于后世。今夫晚世之恶人，反非儒者[3]，曰："何以儒为？"如此人者，是非本也，譬犹食谷衣丝，而非耕织者也；载于舡车[4]，服而安之，而非工匠者也；食于釜甑[5]，须以生活，而非陶冶者也[6]；此言违于情而行矇于心者也[7]。如此人者，骨肉不亲也，秀士不友也，此三代之弃民也，人君之所不赦也。故《诗》云："投畀豺虎，豺虎不食，投畀有北，有北不受，投畀有昊[8]。"此之谓也。

【注释】

[1] 辟地殖谷：开辟田地种植谷物。殖，种植。

[2] 锐金石：锐，使动用法。使金石尖锐。金石，金针和砭石，古代医疗器具。

[3] 反非：反，反而。非，非难、诋毁。《墨子》有《非儒》篇。

[4] 舡（xiāng）：船。

[5] 釜甑（fǔ zèng）：釜，一种锅。甑，古代做饭用的陶器。

[6] 须：依靠。

[7] 矇（méng）于心：昧良心。矇，眼睛瞎。

[8] 投畀（bì）豺虎，豺虎不食，投畀有北，有北不受，投畀有昊：畀，给予。有北，北方寒冷荒凉之地。有昊，上天。语出《诗经·小雅·巷伯》。

【今译】

现在的人开辟田地种植谷物，来供养活着的人，送别死去的人；使金针和砭石尖锐、用各种草药来治疗疾病；构筑房屋来躲避夏天的雨水，累砌台榭躲避潮湿；在家中懂得亲敬父母，在朝廷懂得尊敬君主；在家中讲究男女有别，在外面讲究朋友交情。这都是圣人道德教化的结果，儒家的人接受它、传播它，来教育后代。后世的恶人反而诋毁儒家的人，说："要儒家做什么？"这样的人，就是诋毁根本。这种人就好比吃着谷物穿着丝织衣服，却诋毁种地织布的人；乘坐船、车，使用并享受它，却诋毁制作船、车的工匠们；用釜甑做饭，依靠它生存，却诋毁制造陶器的人；这是违常情、昧良心的言行。这样的人，亲人不会亲近他，德才优异的人不会与他交游，这在夏、商、周三代是属于被遗弃的人，是君主不会赦免的罪人。所以《诗经》上说："把他丢给豺狼虎豹，豺狼虎豹都不吃他；把他扔到寒冷荒凉的北方，北方也不会接受他。把他送给老天去处置吧。”说的就是这样的人吧。

十一

孟子曰：“人知粪其田[1]，莫知粪其心；粪田莫过利苗得粟[2]，粪心易行而得其所欲[3]。何谓粪心？博学多闻。何谓易行？一性止淫也[4]。”

【注释】

[1] 粪：施肥，引申为“滋养”“培育”。此章内容出自《孟子外书·性善辩》，与今本同，可作为《孟子外书》不伪之证。

[2] 利苗得粟：有利于禾苗生长、收成好。

[3] 易行：改善品行。行，旧读 xìng，品行。

[4] 一性止淫：使品性专一，禁止淫邪行为。一，专一。淫，邪恶。

【今译】

孟子说：“人们知道培育自己的田地，却不知道培育自己的心灵。培育田地无非就是有利于禾苗生长、收成好，培育心灵则可以改善行为而实现自己的理想。怎样培育心灵？就是广泛学习增长见识；怎样改善品行？就是保持专一的品性，禁止淫邪行为。”

十二

子思曰[1]：“学，所以益才也；砺[2]，所以致刃也。吾尝幽处而深思，不若学之速；吾尝跂而望[3]，不若登高之博见。故顺风而呼，声不加疾，而闻者众；登丘而招，臂不加长，而见者远。故鱼乘于水[4],鸟乘于风,草木乘于时。”

【注释】

[1] 子思:孔子之孙孔伋(jí),字子思。《汉书·艺文志》记子思著有《子思》23篇。今佚。今仅存《礼记》中四篇。本章记为子思语,是否属于《子思》中内容?是否后为《荀子》所本?尚未可知。

[2] 砺:磨刀石。这里做动词。

[3] 跂(qǐ):踮起脚后跟。

[4] 乘(chéng):趁着,凭借。

【今译】

子思说:“学习,是用来增加才智的;磨刀,是用来使刀刃变锋利的。我曾经独处并深入思考,不如学习收效快;我曾经踮起脚后跟望远方,不如登上高处看到的广阔。所以顺着风向呼喊,声音传播得并没有格外快,但是听到的人很多;登到高丘上招手,手臂并没有格外加长,但是人们在很远的地方就可以看到。所以鱼凭借着水遨游,鸟凭借着风飞翔,草木凭借着时令生长。”

十三

孔子曰:“可以与人终日而不倦者[1],其惟学乎?其身体不足观也,其勇力不足惮也,其先祖不足称也,其族姓不足道也;然而可以开四方而昭于诸侯者[2],其惟学乎?《诗》曰:‘不僽不亡,率由旧章’[3],夫学之谓也。”

【注释】

[1] 人:《韩诗外传·卷六》作“言”。于义较胜。

[2] 开四方而昭于诸侯:“开”字于义不通。《韩诗外传·卷六》及《孔子家语·致思》皆作“闻”。繁体字“開”与“聞”形似而误。昭,彰显。

[3] 不僽不亡,率由旧章:僽愆的俗体字,过错。亡,通“忘”。率由,遵循。

语出《诗经·大雅·假乐》。

【今译】

孔子说："能够与人整天谈话都不感到厌倦的，大概只有学问吧？一个人的身体不值得观赏，他的勇力不值得害怕，他的祖先不值得夸耀，他的家族不值得炫耀，但是可以使他闻名四方并彰显于诸侯的，大概只有学问吧？《诗经》上说'不出错，不遗忘，遵循先王的典章制度'，讲的就是做学问的事情吧。"

十四

孔子曰："鲤[1]，君子不可以不学，见人不可以不饰[2]。不饰则无根[3]，无根则失理[4]，失理则不忠，不忠则失礼，失礼则不立。夫远而有光者，饰也；近而逾明者，学也。譬之如污池[5]，水潦注焉[6]，菅蒲生之[7]，从上观之，知其非源也[8]。"

【注释】

[1] 鲤：孔鲤，孔子之子。出生时鲁昭公惠赠鲤鱼，故名鲤。享年五十岁，先孔子而死。

[2] 饰：修饰容貌。

[3] 根：貌。《大戴礼记·劝学》《尚书大传·略说》均作"貌"，于义为胜。

[4] 理：理性。《大戴礼记·劝学》《尚书大传·略说》均作"敬"，于义为胜。

[5] 污池：池塘。

[6] 水潦(lǎo)：雨水。

[7] 菅(jiān)蒲：两种水草。

[8] 知其非源也：《孔子家语·致思》作"孰知其源乎"。《大戴礼记·劝学》《尚书大传·略说》"知"前多一"谁"字。

【今译】

孔子对他儿子说："鲤，品德高尚的人不能不学习，与别人见面不能不加以修饰，不修饰就没有好的容貌，没有好的容貌就会失去亲敬；失去亲敬就不忠诚，不忠诚就会失礼，失礼就无法立身处世。那在远处就焕发光芒的，是修饰的效果；越是接近越觉得清楚明白的，是学习。比如池塘，雨水倾注进去，菅、蒲就生长在里面，从上面看它，谁又知道它并不是源泉呢！”

十五

公扈子曰[1]：“有国者不可以不学《春秋》[2]。生而尊者骄，生而富者傲。生而富贵，又无鉴而自得者鲜矣[3]。《春秋》，国之鉴也。《春秋》之中，弑君三十六，亡国五十二，诸侯奔走不得保社稷者甚众，未有不先见而后从之者也。”

【注释】

[1] 公扈子：春秋时鲁国人，生平不详。或疑为孔子弟子公肩子。

[2] 有国者：治理国家的人，指国君。

[3] 鉴：镜子。引申为借鉴。

【今译】

公扈子说：“治理国家的人不能不学习《春秋》。生来就尊贵的人往往自高自大，生来就富有的人往往傲慢无礼。生来就富贵，又无可以借鉴却能够自我约束的人很少。《春秋》这部书，是治理国家的借鉴。《春秋》这部书中，记载臣子杀掉国君的事件有三十六起，亡国的有五十二起，诸侯逃走不能保全国家的很多，都是先见到别的国家灭亡自己随后重蹈覆辙。”

十六

晋平公问于师旷曰[1]：“吾年七十，欲学，恐已暮矣。”师旷曰：“何不炳烛乎[2]?”平公曰:“安有为人臣而戏其君乎?”师旷曰:“盲臣安敢戏其君乎[3]? 臣闻之,少而好学,如日出之阳;壮而好学,如日中之光;老而好学,如炳烛之明。炳烛之明,孰与昧行乎[4]?”平公曰:“善哉!”

【注释】

[1] 晋平公问于师旷:见卷一君道·一[1]。晋平公继位时年纪很小,在位26年,“吾年七十”恐为小说家言。《汉书·艺文志》载“小说家”有《师旷》六篇。

[2] 炳烛:点燃蜡烛。炳,动词,点亮。

[3] 盲臣:师旷目盲。

[4] 孰与昧行:与在昏暗中行走相比。孰与,和……相比,哪一个更……。昧,暗。

【今译】

晋平公问师旷说:“我年岁七十了,想要学习,恐怕已经晚了。”师旷说:“为什么不点燃蜡烛呢?”平公说:“哪里有做臣子的戏弄君主呢?”师旷说:“我哪里敢戏弄自己的君主呢? 我听说,年少的时候学习,犹如旭日初升;壮年的时候学习,犹如中午的太阳;年老的时候学习,犹如点燃蜡烛照明。点燃蜡烛照明与在昏暗中行走相比哪一个更光明呢?”平公说:“说得好啊!”

十七

河间献王曰[1]:“汤称学圣王之道者[2],譬如日焉;静居独思,譬如火焉。夫舍学圣王之道,若舍日之光。何乃独思若火之明也?可以见小耳,未可用大知。惟学问可以广明德慧也[3]。”

【注释】

[1] 河间献王:见卷一君道·六[1]。

[2] 汤：见卷一君道·十三[1]。
[3] 广明德慧：扩大彰显道德和智慧。

【今译】

河间献王说："商汤称赞学习圣王之道，好比太阳的光芒；居住在幽静的地方独自思考，如同火的光明。舍弃学习圣王之道，好比舍弃太阳的光芒。为什么说独自思考如同火的光明呢？只能够见到微小的东西罢了，不能获得大的智慧。只有勤学好问能够扩大彰显道德和智慧。"

十八

梁丘据谓晏子曰[1]："吾至死不及夫子矣。"晏子曰："婴闻之，为者常成，行者常至。婴非有异于人也，常为而不置[2]，常行而不休者，故难及也。"

【注释】

[1] 梁丘据：春秋时齐景公的宠臣。
[2] 置：放弃。

【今译】

梁丘据对晏子说："我到死也赶不上先生了。"晏子说："我听说，坚持做事的人总会获得成功，坚持行走的人总会到达目的地。我与别人相比没有什么不同，只不过坚持做而不放弃，坚持行走而不停止罢了，所以你难以赶上。"

十九

宁越，中牟鄙人也[1]，苦耕之劳，谓其友曰："何为而可以免此苦也?”友曰:“莫如学,学三十年则可以达矣。”宁越曰:“请十五岁[2],人将休,吾将不休;人将卧,吾不敢卧。”十五岁学而周威公师之[3]。夫走者之速也,而过二里止;步者之迟也,而百里不止。今宁越之材而久不止,其为诸侯师,岂不宜哉?

【注释】

[1] 宁越,中牟鄙人:宁越,战国时赵国人。中牟,地名,今河南省鹤壁西。鄙人,粗野之人,此处指种地人。

[2] 请十五岁:《吕氏春秋·博志》作“请以十五岁”。

[3] 十五岁学而周威公师之:《吕氏春秋·博志》作“十五岁而周威公师之”。周威公,战国时诸侯国西周国国君。

【今译】

宁越,中牟这个地方的农民,认为耕地是苦差使,便对他的朋友说:“怎么做才能免受耕地之苦呢?”朋友说:“不如求学,求学三十年就可以显贵了。”宁越说:“让我用十五年吧,别人休息,我不休息,别人睡觉,我不睡觉。”十五年后学成了,周威公拜他为师。奔跑的人速度快,但是超过二里路就要停下来歇息;步行的人速度慢,但是行百里还可以继续行走。现在宁越凭借他的才能并坚持学习不停止,他能成为国君的老师,难道不是应该的么?

二十

孔子谓子路曰:“汝何好?”子路曰:“好长剑。”孔子曰:“非此之问也。请以汝之所能,加之以学,岂可及哉?”子路曰:“学亦有益乎?”孔子曰:“夫人君无谏臣则失政,士无教友则失德[1]。狂马不择其策[2],操弓不返于檠[3];木受绳则直,人受谏则圣;受学重问,孰不顺成?毁仁恶士,且近于刑[4]。君子不可以不学!”子路曰:

“南山有竹，弗揉自直[6]，斩而射之，通于犀革[5]，又何学为乎？”孔子曰：“括而羽之[7]，镞而砥砺之[8]，其入不益深乎？”子路拜曰：“敬受教哉！”

【注释】

[1] 德：《孔子家语·子路初见》作“听”。“德”与“听”的繁体字“聽”形似而误。

[2] 狂马不择其策：《孔子家语·子路初见》作“御狂马不释策”。择，形近而误。当为“释”，放弃、丢掉。

[3] 操弓不返于檠（qíng）：干燥的弓弩离不开矫正它的工具。操，当为“燥”。返，离开。檠，矫正弓弩的器具。

[4] 且近于刑：就要遭受刑罚。

[5] 通于犀革：穿透犀牛皮。

[6] 揉：加工木材，使之变弯曲或变直，

[7] 括而羽之：括，箭的末端。羽，动词，装上羽毛。

[8] 镞而砥砺之：镞，箭头。砥砺，磨刀石。此处皆为动词。

【今译】

孔子对子路说：“你喜欢什么？”子路说：“喜欢长剑。”孔子说：“我不是问你这个。我说的是凭你的才能，加上学习，难道还有人比得上你么？”子路说：“学习也会有好处吗？”孔子说：“国君如果没有敢于提意见的臣子，朝政就会混乱；读书人如果没有朋友帮助，就听不到好的意见。驾驭奔跑的马不能丢掉马鞭子，干燥的弓弩离不开矫正它的工具。木料经过墨线的衡量就能取直，人接受规劝才会圣明。接受教诲重视学问，谁还不能顺利成功呢？毁坏仁德，憎恶贤士，就要遭受刑罚。君子不能不学习啊！”子路说：“南山的竹子，不用人工自来就直，砍下来做成箭，可以穿透犀牛皮，为什么要学习呢？”孔子说：“在箭的末端安上羽毛，再安装上箭头并用磨刀石磨锋利，射入得不是更深吗？”子路拜谢说：“我接受老师的教诲。”

二十一

子路问于孔子曰："请释古之学而行由之意[1]，可乎？"孔子曰："不可。昔者东夷慕诸夏之义[2]，有女，其夫死，为之内私婿[3]，终身不嫁。不嫁则不嫁矣，然非贞节之义也。苍梧之弟[4]，娶妻而美好，请与兄易。忠则忠矣，然非礼也。今子欲释古之学而行子之意，庸知子用非为是、用是为非乎[5]？不顺其初[6]，虽欲悔之，难哉！"

【注释】

[1] 请释古之学而行由之意：请让我放弃对古代礼义的学习而按照我个人的意愿做事。由，子路名由。

[2] 东夷慕诸夏之义：东夷，东方的少数民族。夏，中原地区。

[3] 为之内私婿：为她接纳一个没有正式婚姻的女婿。私婿，也写作"私壻"。古时东夷女子，丈夫死后，再非正式招夫婚配，称受招者为"私婿"。

[4] 苍梧：人名。《孔子家语・六本》作"苍梧娆"。

[5] 庸知子用非为是、用是为非乎：《孔子家语・六本》作"庸知子意不用非为是、用是为非乎"。

[6] 不顺（shèn）其初：顺，通"慎"，谨慎。初，开始的时候。

【今译】

子路问孔子："请让我放弃对古代礼义的学习而按照我个人的意愿做事，可以吗？"孔子说："不可以。从前东方的少数民族仰慕中原地区的礼义，女子死了丈夫，就为她接纳一个没有正式婚姻的女婿，使女子终身不嫁。不嫁归不嫁，不过不符合贞节的本义了。苍梧的弟弟，娶的妻子容貌美丽，请求与兄长交换。这样做对哥哥忠是忠了，但是不符合礼义。现在你想要放弃对古代礼义的学习而按照个人的意愿做事，哪里知道你会把错误的当成正确的，还是把正确的当成错误的呢？开始的时候不谨慎，即使想要后悔，也困难啦！”

二十二

丰墙墝下[1]，未必崩也，流行潦至[2]，坏必先矣。树本浅，根垓不深[3]，未必橛也[4]，飘风起，暴雨至，拔必先矣。君子居于是国，不崇仁义，不尊贤臣，未必亡也，然一旦有非常之变，车驰人走[5]，指而祸至[6]，乃始干喉燋唇[8]，仰天而叹，庶几焉天其救之[7]，不亦难乎？孔子曰："不慎其前而悔其后，虽悔无及矣。"《诗》云："啜其泣矣，何嗟及矣[9]？"言不先正本而成忧于末也。

【注释】

[1] 丰墙墝(qiào)下：丰，高大。墝，土地不平。下，地基。

[2] 潦(lǎo)：雨水。

[3] 垓(gāi)：垓，通"荄"，草根。

[4] 橛(juē)：拔起。橛，《韩诗外传》卷二之八作"撅"，于义为胜。

[5] 车驰人走：车马胡乱奔驰。

[6] 指而：很快的样子。《韩诗外传》卷二之八作"迫然"。

[7] 庶几焉天其救之：希望上天救助他。庶几，希望。

[8] 燋(jiāo)：通"焦"。

[9] 啜其泣矣，何嗟及矣：哭泣抽噎，怎么能来得及呢？出自《诗经·王风·中谷有蓷(tuī)》。

【今译】

墙体高大而地基不平，不一定倒塌，但是流动的积水不断地冲刷，必定先毁坏。树木的根扎得不深，草根扎得不深，不一定能拔动，但是大风刮来，暴雨袭来，必定先被拔起。一国之君，不崇尚仁德道义，不尊重贤能之臣，不一定立刻亡国，但是如果有一天发生突然变故，车马胡乱奔驰，灾祸很快就到来。这时候才急得口干舌燥，对天叹息，希望上天救助他，难道不是困难的事吗？孔子说，开始的时候不谨慎后面又后悔，后悔也来不及了。《诗经》上说："哭泣抽噎，怎么能来得及呢？"说的就是如果不先端正根本最终就会形成忧患的道理。

二十三

虞君问盆成子曰[1]："今工者久而巧，色者老而衰。今人不及壮之时益积心技之术，以备将衰之色，色者必尽乎老之前。知谋无以异乎幼之时，可好之色，彬彬乎且尽[2]，洋洋乎安托无能之躯哉[3]？故有技者不累身而未尝灭，而色不得以常茂。"

【注释】

[1] 虞君问盆成子：虞君（非虞国之君）、盆成子，皆为人名，生平不详。
[2] 彬彬乎：本义丰盛，这里是漂亮、美丽的意思。
[3] 洋洋乎：无所归依的样子。

【今译】

虞君对盆成子说："现在的手工艺者时间越长技术越精湛，而人的容颜则是越老越衰退。现在的人不趁着壮年之时增加积累智慧、技巧，来防备将要衰老的容颜，容颜必定在年老之前就褪色。智慧则无法使小孩在幼时就与众不同，令人喜欢的容貌，再漂亮美丽也有尽头，无所归依的身躯托付给谁呢？所以有技能的人不会连累自身并且不会销声匿迹，但是容颜不能长久美丽。"

二十四

齐桓公问管仲曰[1]："王者何贵？"曰："贵天。"桓公仰而视天。

管仲曰："所谓天者，非谓苍苍莽莽之天也，君人者以百姓为天。百姓与之，则安；辅之，则强；非之，则危；背之，则亡。"《诗》云："人而无良，相怨一方[2]"。民怨其上，不遂亡者[3]，未之有也。

【注释】

[1] 齐桓公问管仲：齐桓公，见卷一君道·十六[1]。管仲，见卷一君道·十六[2]

[2] 人而无良，相怨一方：国君如果不善良，一方的百姓就怨恨他。出自《诗经·小雅·角弓》。今本《诗经》作"民而无良"。

[3] 遂：终。

【今译】

齐桓公问管仲："国君把什么当作最重要的？"管仲说："把天作为最重要的。"桓公就抬头看天。管仲说："我说的天，不是苍苍莽莽的天，国君把百姓当作天。百姓拥护他，国家就安定；百姓辅助他，国家就强大；百姓反对他，国家就危险；百姓背叛他，国家就灭亡。"《诗经》上说："国君如果不善良，一方的百姓就怨恨他。"百姓如果怨恨国君，国家最终不灭亡的，还没有过这样的事。

二十五

河间献王曰[1]："管子称'仓廪实[2]，知礼节；衣食足，知荣辱[3]。'夫谷者，国家所以昌炽[4]，士女所以姣好[5]，礼义所以行，而人心所以安也。《尚书》'五福'[6]。以'富'为始。子贡问为政[7]，孔子曰：'富之'；既富，乃教之也。此治国之本也。"

【注释】

[1] 河间献王：见卷一君道·六[1]。

[2] 管子：见卷一君道·十六[2]。

[3] 仓廪实,知礼节;衣食足,知荣辱:出自《管子·牧民》。

[4] 昌炽:昌盛。

[5] 士女所以姣好:士女,男女,侧重青年男女。姣好,美好。

[6]《尚书》五福:《尚书·洪范》:"五福,一曰寿,二曰富,三曰康宁,四曰攸好德,五曰考寿命。"下文"以富为始",不详何据。

[7] 子贡问为政:见于《论语·子路》。原文问者不是子贡,是冉有。子贡,见卷二臣术·四[1]

【今译】

河间献王说:"管子说'仓库的粮食满了,人就懂得礼节了;衣食充裕了,人就有荣辱观念了。'粮食,国家靠它昌盛,青年男女靠它获得美好生活,礼仪靠它推行,人心靠它安定。《尚书》上有'五福',把'富'放在首位。子贡向孔子请教治国方略,孔子回答说:'让百姓富裕起来';富裕起来以后,就教育他们。这就是治理国家的根本啊。"

二十六

文公见咎季[1],其庙傅于西墙[2]。公曰:"孰处而西[3]?"对曰:"君之老臣也。"公曰:"西益而宅[4]。"对曰:"臣之忠,不如老臣之力,其墙坏而不筑。"公曰:"何不筑?"对曰:"一日不稼,百日不食。"公出而告之仆,仆顿首于轸曰[5]:"《吕刑》云:'一人有庆,兆民赖之[6]。'君之明,群臣之福也。"乃令于国曰:"毋淫宫室[7],以妨人宅;板筑以时[8],无夺农功[9]。"

【注释】

[1] 文公见咎季:晋文公去看望咎季。文公,见卷一君道·二十[6]。咎季,即胥臣,字季子,春秋时晋国大夫。曾从重耳出奔,官司空,又称司空季子。因食采于臼衰(今山西运城市解州西北),亦称臼季。

[2] 其庙傅于西墙：庙，家庙，祭祀祖先的建筑物。傅，通“附”，靠近。

[3] 孰处而西：孰，谁。处，居住。而，你、你的。

[4] 西益而宅：向西扩展你的住宅。西，动词。益，增加、扩展。

[5] 仆顿首于轸(zhěn)：车夫在车后叩头。仆，车夫。顿首，叩头。轸，车厢底部后面的横木，此处指车的后面。

[6] 一人有庆，兆民赖之：君王一人行善事，亿万臣民都靠他而受益。庆，善。赖，依靠。

[7] 毋淫宫室：不要无节制地修筑宫室。淫，无节制、过分。

[8] 板筑以时：按照一定的时间建房。板筑，建造泥墙的工具。

[9] 无夺农功：不要妨碍农事。

【今译】

晋文公去看望咎季，发现咎季的家庙靠近西墙。文公就问他：“谁住在你家的西边？”咎季回答说：“是国君您的一位老臣。”文公说：“向西扩展你的住宅。”咎季说：“我对您忠诚，但是比不上那位老臣的功劳大，他家的墙坏了却不重修。”文公说：“为什么不重修？”咎季回答说：“（重修屋墙就会耽误农活），如果一天不种庄稼，就会一百天没有饭吃。”文公出来就告诉了自己的车夫。车夫在车后叩头说：“《吕刑》上说：‘君王一人行善事，亿万臣民都靠他而受益。’国君英明，是群臣的福分啊。”文公于是下令说：“不要无节制地修筑宫室，以免妨碍他人的住宅；建房要按照一定的时间，不得耽误农时。”

二十七

楚恭王多宠子[1]，而世子之位不定[2]。屈建曰[3]：“楚必多乱。夫一兔走于街，万人追之；一人得之，万人不复走。分未定，则一兔走，使万人扰；分已定，则虽贪夫知止。今楚多宠子而嫡位无主，乱自是生矣。夫世太子者，国之基也，而百姓之望也。

国既无基，又使百姓失望，绝其本矣。本绝则挠乱，犹兔走也。”恭王闻之，立康王为太子[4]。其后犹有令尹围、公子弃疾之乱也[5]。

【注释】

[1] 楚恭王：又称楚共王，春秋时楚国国君，名审，公元前590年至前560年在位。

[2] 世子：古代帝王和诸侯的嫡长子，也叫太子。

[3] 屈建：人名，楚恭王时任令尹。

[4] 康王：楚恭王之子。

[5] 令尹围、公子弃疾之乱：令尹围，名围，恭王子，康王时任令尹。公子，诸侯王世子之外的儿子皆称公子。弃疾，也是恭王子。乱，指公子围杀康王子员，自立为灵王。公子弃疾杀灵王太子禄，自立为平王。事见《左传》和《史记·楚世家》。

【今译】

楚恭王有很多宠爱的儿子，但是太子的位置没有确定。屈建说：“楚国一定有很多内乱。比如一只兔子在街上跑，上万人去追它，只要有一个人捉到兔子，其他人就不再跑了。名分未定，就会出现一只兔子奔跑上万人跟着扰乱的情况；名分确定了，那么即使贪婪的人也知道停下来。现在楚王有很多宠爱的儿子，但是太子地位还没有确定，内乱就要从这里出现了。太子，是国家延续的基础，又是百姓的希望。国家没有基础，又使得百姓失望，那就断绝了国家的根本。根本断绝了就会出现内乱，好比兔子在街上奔跑一样啊。”恭王听了这些话，就立了康王为太子。后来还是出现了令尹围、公子弃疾作乱的事情。

二十八

晋襄公薨[1]，嗣君少[2]。赵宣子相[3]，谓大夫曰：“立少君，惧多难,请立雍[4]。雍长,出在秦。秦大,足以为援。"贾季曰[5]:"不若公子乐[6]。乐有宠于国,先君爱而仕之翟[7]。翟足以为援。"穆嬴抱太子以呼于庭曰[8]:"先君奚罪?其嗣亦奚罪?舍嫡嗣不立[9],而外求君乎!"出朝,抱以见宣子曰:"恶难也[10],故欲立长君。长君立而少君壮,难乃至矣。"宣子患之,遂立太子也。

【注释】

[1] 晋襄公薨(hōng):晋襄公,晋文公子,名驩(huān),公元前 627 年至前 621 年在位。薨,古代诸侯死叫"薨"。

[2] 嗣君少:即位的国君年幼。即太子年少。

[3] 赵宣子相:赵宣子,又称赵宣孟,即赵盾。赵衰之子,晋国正卿。相,任国相。卒谥"宣"。

[4] 雍:晋文公的儿子,当时在秦国做人质。

[5] 贾季:晋大夫狐偃之子狐射姑。字季,名陁(zhì)。食采于贾(今山西襄汾县西南),故称贾季。任晋国中军元帅,后因阳处父反对改为副帅,赵盾为中军元帅。

[6] 公子乐:晋文公的儿子乐,雍的弟弟。

[7] 翟:通"狄",我国古代北部的一个民族。

[8] 穆嬴抱太子:穆嬴,晋襄公的夫人,晋灵公之母。太子,名夷皋,即位后为晋灵公。无道,赵穿弑之。

[9] 嫡:正妻生的儿子。

[10] 恶(wù)难:害怕国家有难。

【今译】

晋襄公死了,即位的国君年幼。赵盾做国相,对大夫们说:"立年纪小的做国君,恐怕有很多麻烦;请立雍为国君,雍年纪大,派出在秦国做人质。秦国是大国,完全可以成为赵国的外援。"贾季说:"不如让公子乐即位。公子乐受到先君的宠爱,先君喜欢他并派他到狄地做官。狄完全可以成为赵国的外援。"晋襄公的夫人穆嬴抱着太子在朝廷上大喊大叫:"先君有什么罪?太子又有什么罪?放弃正妻生的太子不立为君,却到外面去寻找国君!"他出了朝廷,抱着儿子去见宣子，说："你害怕国家有难，所以就想要立年长的为国君。年长的做了国君后年少的就长大了，国家的灾难就来了。"宣子担心这样的情况出现，于是就立太子为国君。

二十九

赵简子以襄子为后[1]。董安于曰[2]："无恤不才，今以为后，何也？"简子曰："是其人能为社稷忍辱。"异日，智伯与襄子饮[3]，而灌襄子之首[4]。大夫请杀之，襄子曰："先君之立我也，曰能为社稷忍辱，岂曰能刺人哉？"处十月，智伯围襄子于晋阳[5]。襄子蹠队而击之[6]，大败智伯，漆其首以为酒器[7]。

【注释】

[1] 赵简子以襄子为后：赵简子，见卷一君道·三十三[1]。襄子，即赵无恤，赵简子的儿子，他与韩魏两家合谋，灭掉智伯，三分晋国，建立赵国。为后，作为继承人。

[2] 董安于：见卷二臣术·十[4]。

[3] 智伯：姓荀名瑶。又称智瑶、知伯，谥号智襄子。专断晋国国政，飞扬跋扈，常肆意侮辱大夫。公元前453年因向赵氏索取土地，被韩、魏、赵联合歼灭。从此，三家分晋的局面形成。

[4] 灌襄子之首：把酒倒在襄子的头上。

[5] 晋阳：地名，春秋时晋邑，今山西太原。

[6] 蹠队：分兵。蹠，同"疏"。

[7] 漆其首以为酒器：把他的头漆了以后当作酒具。

【今译】

赵简子让儿子襄子作为自己的继承人。董安于说："无恤没有什么才能，现在让他做继承人，为什么？"赵简子说："因为他能为国家忍辱负重。"有一天，智伯和襄子在一起喝酒，把酒倒在襄子的头上。大夫们请求杀掉智伯,襄子说:“先父之所以要立我为继承人,是说我能为国家忍辱负重,难道是说我能杀人吗?”过了十个月,智伯带兵在晋阳包围了襄子。襄子分兵反击,把智伯打得大败,并把他的头漆了以后当作酒具。

【评析】

在《荀子》一书中,排在首卷的是《劝学》,第十二、十三卷才是《君道》《臣道》。刘向《说苑》则将《君道》《臣术》置于前两卷,以突出“谏书”的特点。那么,把什么内容排在第三卷呢?是《建本》。

建本,就是树立根本。什么是根本呢?读完本卷,读者可以得出一个结论:人的成长,根本是不断学习。本卷共 29 章,涉及学习内容的就占了 16 章。可以说,本卷实际上就是“劝学”卷。这大概是受了《荀子》的影响。从第八章开始,到第二十三章,都是关于学习的内容。第八章内容出自《礼记·学记》,从讲述学习的原理入手,指出学习要按规律办事,要预防、适时、切磋、循序,提出了“独学而无友,则孤陋而寡闻”的著名观点。本章可以看作后面各章的总纲。第九章以周召公为例,指出学习应从小孩开始,“求师正本”,为一生奠基。刘向认为,幼儿未接受教化,必然表现为“愚”“妄”,长大后不能保身。他引用孟子的名言“人皆知以食愈饥,莫知以学愈愚”,阐明学习的伟大意义,指出学习对于人格形成的关键作用。后人误以为这是刘向的名言,其实刘向是借孟子之言,并与《淮南子》中的内容融合在一起,来表达自己对学习的高度重视。刘向认为,学习首先在于“勤”,以修炼性情,获得美名。相反,如果“偷慢懈堕”,就会“失本无名”。刘向进一步指出:“夫学者,崇名立身之本也”,学习的过程就是“厉心”的过程,最后可以达到圣贤的境界。第九章将近 800 字,算得上一篇优秀的论文。

接下来进入第十章,刘向指出学习的内容应该是儒家学说,儒学是学说之本,“非儒”就是“非本”。他批判那些非儒行为“譬犹食谷衣丝,而非耕织者也;载于舡车,服而安之,而非工匠者也;食于釜甑，须以生活，而非陶冶者也；此言违于情而行矇于心者也。如此人者，骨肉不亲也，秀士不友也，此三代之弃民也，人君之所不赦也。”由此可以看出刘向维护儒家文化的立场是多么坚定！儒家思想成为正统观念，是经过了一个复杂漫长的过程的，曾有些人对儒家学说持批判和否定的态度。董仲舒之后，儒家思想成为主流意识，刘向便是拥护儒家学说的中坚分子。

第十一章引用《孟子外书·性善辩》中的观点，提出学习儒家学说可以起到“粪心”的作用，从而指出了人的精神成长的基本养料应当来自儒学的观点。第十二章进一步论述学习的作用可以补人之短，增益其所不能。第十三章借孔子之口，指出学习可以超越其他，具有永恒的功效。第十四章借孔子之口，指出学习与“礼”的关系。第十五章指出学习《春秋》的意义。第十六章借师旷与晋平公的对话，提出活到老学到老的终身学习理念。第十七章指出要学习圣王之道。第十八、十九章讲的是学习要有恒心。第二十章叙述子路与孔子对话的故事，具体形象地说明学习的意义。第二十一章阐述学习不能偏离“礼”的方向。第二十二章阐述学习要使根基牢固。第二十三章阐述学习具有恒久的效用。以上各章，有议论，有叙述，叙议结合，将学习的各个方面都顾及到了。核心问题是学习儒家学说为立身行事之本。

先秦诸子的学说，论述学习重要性的很多，从孔子到孟子，到荀子，都是这方面积极的倡导者。孔子不仅劝别人学习，并且以身作则，率先垂范。他很自信地说：“十室之邑，必有忠信如丘者，不如丘之好学也。”（《论语·公冶长》）他最得意的弟子颜回也是一个好学之人。据《史记·仲尼弟子列传》记载，鲁哀公问：“弟子孰为好学？”孔子对曰：“有颜回者好学，不迁怒，不贰过。不幸短命死矣，今也则亡，未闻好学者也。”无论是孔子，还是刘向，都看到了学习对人精神成长的重要作用，是人的精神食粮。而儒家文化，则是精神食粮中的精华。这就是刘向论学习的基本思路。

本卷其他各章也是围绕“建本”内容展开的。第一章，刘向引用孔子（《论语》中记为有子之言）的名言“君子务本，本立而道生”

开篇明义，又通过第二章中对“元年”的解读，指出“元年”之本在于“正”。第三章很重要。首先，刘向引用《孔子家语·六本》中的观点，分别从六个方面阐述了君子立身之本为“孝本”“哀本”“勇本”“能本”“嗣本”“力本”。《孔子家语》一书，曾有伪书之称，近年来有学者指出它不仅不伪，而且价值和意义不可轻视。杨朝明先生的《孔子家语通解》是一部很有学术水平的著作。本章从“天之所生”开始，可能是刘向自己创作的文字，可以视为一篇观点鲜明，说理透彻的“建本宣言”。刘向认为，人在成长过程中，必须择明师，选良友，使之“早化”。刘向看到了教化对人的作用，而“孝”则是人间最为基本的行为。刘向引用《孝经》中孔子的话“人之行莫大于孝”，奠定了“建本”的基本含义，即“孝行成于内，而嘉号布于外，是谓建之于本，而荣华自茂矣。君以臣为本，臣以君为本；父以子为本，子以父为本；弃其本者，荣华槁矣。”接下来的第四章至第七章，分别记述了子路、伯禽、康叔封、曾子、伯俞有关孝的故事。

孝道是中华传统文化的重要内容，从维护家庭、人伦的角度讲，是有积极意义的，是文明的表现。中国古代，把家庭的孝道扩大到了政治领域，以孝道来衡量、要求臣子，这是维护政权统治的需要。正是这种“移用”，使得臣子缺失了独立的人格，变成了君王的附庸，尽管讲互为根本，但总是倾斜于“君为臣本”，而“臣为君本”名存实亡。按照今天的观点来说，孝道是建立在血缘关系上的一种亲族之间的行为规范，具有先天的制约作用；君臣是建立在国家政权基础上的一种团队关系，是后天形成的。人无法挑选父母，但可以挑选君主；人无法改变血缘关系，但可以进行政治选择。封建社会的特点在于，帝王为了维护自己的地位，而强行抹杀了二者的区别，一旦为臣，就成了帝王的儿子，就必须无条件服从。

子路是一个率性的人，比较鲁莽，但是第四章的内容却让读者看到了子路的另一面——儿女情长，孝心感人。子路的意思是，做儿女的应该趁着父母健在的时候尽到孝心，否则，父母一旦离开人世,即便自己身居高官、俸禄优渥,父母也不能享受了。第五章内容是教导人们懂得做儿子和做弟弟的道理,在父兄面前要懂礼。中国古代,儿子尊敬父辈叫“孝”,弟弟尊敬兄长叫“悌”。伯禽和康叔不懂礼数,所以三见周公三次挨罚。但是作者开始并没有直接写出二人遭受惩罚的原因,而是通过受教于商子后第四次去见周公时的表现,婉转地写出了前三次遭受惩罚的原因。这种写法很高明。商子运用启发式,引导二人自己去领悟做人的道理,比直接告诉要高明得多。周公在儿子和弟弟行礼后变得很慈祥,“拂其首,劳而食之”,生动地表现了作为父亲和兄长的爱心,同时使得读者省悟:周公前面的严厉行为,其实也是爱心的表现。这样,一位父亲、兄长的形象就跃然纸上了。第六章很有意思,既表现了曾子质朴的孝,也表现了孔子灵活变通的孝的观念。仔细体会孔子的话,就会发现,孔子是富有灵活性的,他反对坐等挨打。即便在今天,当父母生气要打孩子的时候,作为孩子也可以躲避开,等父母气消怒平后再回来。可见,孝是很具体、实在的事情。第七章写得很感人。母亲生气训斥孩子,甚至动手打两下,这在中国家庭生活中是很正常的。伯俞的言行让人感动,他从母亲力气大小的变化中敏感地觉察到了母亲年纪大了,连打儿子的力气都没有了。这是一个多么细心孝顺的儿子啊!

第二十四章体现了中国古代的民本思想。民为邦本。统治者必须懂这个道理,否则,就面临灭亡的危险。这一思想在古代很多著作中都有论述,刘向并未把它作为本卷的主要内容。第二十五章借用孔子“富之”“教之”的治国理念高度形象地概括了什么是治国之本。在中国古代,各行各业中,农业是根本,第二十六章就说明了这个道理。刘向先是运用对比手法,表达了邻里之间和睦相处的美好愿望,不要因为一己私利而产生矛盾;然后再运用衬托手法,说明修建房屋会占用务农的宝贵时间,从而启发国君,不要因为兴建宫室而耽误农时,因为农业是根本。晋文公很快领悟了咎季的用意,立刻下令“毋淫宫室,以妨人宅;板筑以时,无夺农功。”三个人物形象各有特色,真可谓委婉含蓄,耐人寻味。第二十七、

二十八、二十九章是一个意思，就是太子不确定，国家就会出现内乱。继承人的问题，在政权交接中具有重要的作用。

孝本，学本，民本，治本，农本，嗣本，共同构成了本卷“建本”的内容。

卷四　立节

【题解】

“立节”之“节”，是中国封建社会士大夫的最高行为准则，其重要性超过了生命。就本卷的具体内容来看，“节”的具体内涵包括在危急关头能够忠于国家，忠于人民，忠于国君，能够维护自己的人格尊严，坚持真理和正义。刘向所选的内容，总是把人物放在矛盾之中来加以表现，通过对生与死的选择，来彰显人物的节操。比如钼之弥、子兰，就是典型代表。值得大书特书的是，刘向所赞颂的人物中，有的为了正义和真理，面对昏君，无所畏惧，使读者感受到，真理高于君王和权势。这是对帝王制度的超越，即便在今天仍有积极意义。左儒就是这方面的典型代表。不可否认，刘向所赞颂的人物中，有的属于迂腐之“忠”，即便在当时来看，也是很迂腐的。比如雍门子狄、子囊、成公赵、邢蒯聩、朱厉附等。由此可以推测，刘向的忠君思想中充满了矛盾，他既有传统的“忠臣不事二君”的迂腐观念，又有“贼民之主不忠”的民本思想，还有“友道君逆，则率友以违君”的真理至上观念。这三种意识混杂在一起，表现了刘向思想的复杂性。今天，我们阅读本卷，应本着“取其精华，去其糟粕”的态度，有所扬弃，有所继承。当然，还要历史地看待以上人物，不要苛责古人。

本卷共二十二章。

一

士、君子之有勇而果于行者，不以立节行义，而以妄死非名[1]，岂不痛哉？士有杀身以成仁，触害以立义[2]，倚于节理，而不议死地[3]，故能身死名流于来世，非有勇断，孰能行之？子路[4]曰："不能勤苦[5]，不能恬贫穷，不能轻死亡，而曰'我能行义'，吾不信也。"昔者，申包胥立于秦庭[6]，七日七夜，哭不绝声，遂以存楚。不能勤苦，安能行此？曾子布衣[7]、缊袍未得完[8]，糟糠之食、藜藿之羹未得饱，义不合则辞上卿[9]，不恬贫穷，安能行此？比干将死[10]，而谏逾忠[11]；伯夷、叔齐饿死于首阳[12]，而志逾彰。不轻死亡，安能行此？故夫士欲立义行道，毋论难易而后能行之；立身著名，无顾利害而后能成之。《诗》曰："彼其之子，硕大且笃[13]。"非良、笃、修、激之君子，其谁能行之哉？王子比干杀身以成其忠，尾生杀身以成其信[14]，伯夷、叔齐杀身以成其廉[15]。此四子者，皆天下之通士也，岂不爱其身哉？以为夫义之不立，名之不著，是士之耻也，故杀身以遂其行。因此观之，卑贱贫穷，非士之耻也。夫士之所耻者，天下举忠而士不与焉[16]，举信而士不与焉，举廉而士不与焉。三者在乎身，名传于后世，与日月并而不息，虽无道之世不能污焉。然则非好死而恶生也，非恶富贵而乐贫贱也。由其道，遵其理，尊贵及己，士不辞也。孔子曰："富而可求，虽执鞭之士，吾亦为之；富而不可求，从吾所好。"大圣之操也。《诗》云："我心匪石，不可转也；我心匪席，不可卷也[17]。"言不失己也；能不失己，然后可与济难矣，此士君子之所以越众也。

【注释】

[1] 以妄死非名：凭着随便牺牲生命求取虚名。非，疑当作"求"。

[2] 触害以立义：触害，冒着生命危险。立义，树立节义。

[3] 不议死地：不惧牺牲。议，本义是商讨，这里是计较、惧怕的意思。

[4] 子路:见卷二臣术·二十三[1]。

[5] 能:通“耐”,受得住。

[6] 申包胥:又称王孙包胥,春秋时楚国贵族,与伍子胥为至交。楚昭王十年,吴国用子胥计攻破楚国,楚昭王出逃。申包胥求救于秦国,立于宫廷痛哭七日夜,终使秦发兵救赵。楚昭王返国复位,申包胥逃而不受赏。参见卷十四·十二。

[7] 曾子:见卷三建本·六[1]。

[8] 缊(yùn)袍:以乱麻为絮的袍子。

[9] 义不合则辞上卿:《孔子家语·弟子解》记载:“曾参,齐尝聘,欲与为卿而不就。”

[10] 比干(gān):商纣王的叔父,相传因屡次劝谏纣王而被剖心。

[11] 逾:通“愈”。越发,更加。

[12] 伯夷、叔齐:商朝孤竹国君的两个儿子。父死,二人让位,先后逃到周。武王伐纣,二人拦马谏阻。武王灭商,二人耻食周粟,隐于首阳山(今山西省永济县南),采薇而食,不久即饿死山里。事见《史记·伯夷叔齐列传》。

[13] 彼其之子,硕大且笃:那个人的儿子,高大而且厚道。出自《诗经·唐风·椒聊》。

[14] 尾生:人名。据《庄子·盗跖》记载:“尾生与女子期于梁下,女子不来,水至不去,抱梁柱而死。”

[15] 廉:清高廉洁。

[16] 与:本义是参与,此处是名列其中的意思。

[17] 我心匪石,不可转也,我心匪席,不可卷也:语出《诗经·邶风·柏舟》,原诗表达了不随俗屈志的情操。

【今译】

士人和君子中有勇气并且行为果断的人,不靠着树立名节来行义于天下,而凭着随便牺牲生命来求取虚名,难道不是可悲痛的事情么?士人有的杀身成仁,冒险就义,倚重节操和道理,并且不惧牺牲,所以能够死后美名流传。如果缺少了勇敢和果断,谁能够做到这样呢?子路说:“有的人不耐勤奋吃苦,不能安于贫穷生活,不能把死亡看得很轻,却说‘我能践行仁义’,我不相信。”从前,申包胥站在秦庭，七天七夜，哭声不断，终于使楚国得以保全下来。不耐勤奋吃苦，怎能做到这样呢？曾参连粗布乱麻做成的衣袍都不完整，连酒糟谷壳、野菜汤这样粗劣的食物都不能果腹，但是只要不合道义，哪怕上卿这样的官职也坚决辞掉。不能安于贫穷生活，怎能做到这样呢？比干临死的时候，进谏纣王更加尽心竭力；伯夷、叔齐饿死在首阳山，志向更加彰显。不能把死亡看得很轻，怎能做到这样呢？所以士人想要树立节义、推行正道，就不必管它是难是易，然后就能去实践它；想要自己立身于世、名声显著，就不要顾虑有利还是有害，然后就能获得成功。《诗经》上说："那个人的儿子，高大而且厚道。"不是善良、厚道、修身、发奋的人，谁能做到这些呢？比干以死来成就他的忠诚，尾生以死来证明他的信誉，伯夷、叔齐以死来成就他的清高廉洁。这四个人，都是天下通达事理的人，难道不知道爱惜自己的身体吗？他们认为如果道义树立不起来，美好的名声不显著，那就是士人的耻辱，所以用死来成就自己的品行。由此看来，卑贱贫穷，不是士人的耻辱；士人引以为耻辱的是，推举天下忠诚正直的人而自己不在其列，推举诚信的人而自己不在其列，推举清高廉洁的人而自己不在其列。这三种美好品质如果都集于自己一身，美好的名声就会传于后世，与日月同辉而不会熄灭，即便是世道黑暗，也不能使他变得污秽。然而这并不是说士人、君子喜欢死亡而讨厌活着，也不是说士人君子厌恶富贵而喜欢贫贱。只要是出自正道，遵循事理，尊贵来到自身，士人也是不会推辞的。孔子说："富贵如果能够通过正道获得，即使地位很低级的官我也去做；富贵如果不能够通过正道获得，那就顺从自己的本性吧。"这就是伟大的圣人的高尚节操啊！《诗经》上说："我心难把磨石比，岂能随人来转移。我心难把草席比，岂能说卷就卷起。"说的就是不要丧失自己的心志。能够不丧失心志，然后才能与他共渡难关，这就是贤士君子能够超越众人的原因。

二

楚伐陈[1],陈西门燔[2],因使其降民修之。孔子过之,不轼[3]。子路曰:"礼,过三人则下车,过二人则轼。今陈修门者人数众矣,夫子何为不轼?"孔子曰:"丘闻之,国亡而不知,不智;知而不争,不忠;忠而不死,不廉[4]。今陈修门者,不行一于此[5],丘故不为轼也。"

【注释】

[1] 楚伐陈:事见《左传·哀公九年》。陈,西周封国,妫(guī)姓,都宛丘(今河南淮阳县),公元前478年被楚国所灭。

[2] 燔(fán):焚烧。

[3] 轼:古代车厢前用作扶手的横木。动词,扶着横木表示尊敬。

[4] 廉:气节。

[5] 不行一于此:没有做到其中任何一条。

【今译】

楚国攻打陈国,陈国的西门被焚烧,于是让陈国的降民修缮西门。孔子经过西门,没有扶轼表示敬意。子路说:"按照礼节,经过三个人就要下车,经过两个人就要扶轼。现在陈国修缮西门的人数众多,先生您为何不扶轼表示敬意呢?"孔子说:"我听说,国家灭亡了却不知道哀痛,是没有智慧的表现;知道哀痛却不去抗争,是对国家不忠的表现;忠于国家却不为国家牺牲,是没有气节的表现。现在陈国修缮西门的人,没有做到其中任何一条,所以我就不能扶轼表示敬意。"

三

孔子见齐景公,景公致廪丘以为养[1]。孔子辞,不受。出,谓弟子曰:"吾闻君子当功以受禄[2],今说景公[3],景公未之行而赐我廪丘,其不知丘亦甚矣!"遂辞而行。

【注释】

[1] 景公致廪丘以为养:景公把廪丘赐予孔子作为食邑。景公,见卷一君道·十七[1]。致,赐予。廪丘,地名,春秋时齐邑(今山东郓城县西北)。养,养地,即食邑。

[2] 当:应当。

[3] 说(shuì):劝说别人接受自己的意见。

【今译】

孔子谒见齐景公,景公把廪丘赐予孔子作为食邑。孔子推辞,不接受。孔子出来后对弟子说:"我听说君子应当有了功劳以后才接受俸禄,现在我劝说景公,景公还没有按照我的意见去做就赐予我廪丘,他也太不了解我孔丘了!"于是告辞后离开了齐国。

四

曾子衣弊衣以耕[1]。鲁君使人往致邑焉,曰:"请以此修衣。"曾子不受。反,复往,又不受。使者曰:"先生非求于人,人则献之,奚为不受?"曾子曰:"臣闻之,受人者畏人,予人者骄人;纵予有赐[2],不我骄也[3],我能勿畏乎?"终不受。孔子闻之曰:"参之言,足以全其节也。"

【注释】

[1] 曾子:见卷三建本·六[1]。

[2] 纵予有赐:《孔子家语·在厄》作"纵君有赐"。于义较胜。

[3] 不我骄也:即"不骄我也"。

【今译】

曾子穿着破旧的衣服耕种田地。鲁国国君派人去赐予曾子食邑，说："请先生用它来置办衣服。"曾子不接受。使者回去，又返回，曾子还是不接受。使者说："并非先生有求于别人，是别人奉送先生的，为什么不接受呢？"曾子说："我听说，接受别人东西的人会惧怕别人，送给别人东西的人会对别人傲慢；即使国君赏赐我，不对我傲慢，但是我能不惧怕吗？"最终也没有接受。孔子听说这件事后说："曾参的话，可以保全他的气节。"

五

子思居于卫[1]，缊袍无表[2]，二旬而九食[3]。田子方闻之，使人遗狐白之裘[4]，恐其不受，因谓之曰："吾假人，遂忘之；吾与人也，如弃之。"子思辞而不受。子方曰："我有子无，何故不受？"子思曰："伋闻之，妄与不如弃物于沟壑。伋虽贫也，不忍以身为沟壑。是以不敢当也。"

【注释】

[1] 子思：见卷三建本·十二[1]。

[2] 表：穿在外面的衣服，罩衣。

[3] 二旬而九食：二十天吃了九顿饭。

[4] 使人遗(wèi)狐白之裘：派人送给他狐白皮衣。狐白之裘，用狐腋下的白毛制成的精美皮衣。

【今译】

子思居住在卫国，穿着乱麻为絮没有罩衣的袍子，二十天只吃了九顿饭。田子方听说了这件事，就派人送给子思狐白皮衣，因担心子思不接受，就对他说："我借给别人东西，很快就忘掉了；我送给别人东西，就好像扔掉它一样。”子思推辞不接受。田子方说：“我有，先生没有，先生为什么不接受呢？”子思说：“我听说，随便送给别人东西，不如把东西抛弃在沟壑中。我虽然贫穷，但不忍心把自己的身体当作沟壑，所以我不敢接受。”

六

宋襄公兹父为桓公太子[1]。桓公有后妻子曰公子目夷[2]，公爱之。兹父为公爱之也，欲立之，请于公曰：“请使目夷立，臣为之相以佐之。”公曰：“何故也？”对曰：“臣之舅在卫，爱臣，若终立则不可以往。绝迹于卫，是背母也[3]，且臣自知不足以处目夷之上。”公不许，强以请公，公许之。将立公子目夷，目夷辞曰：“兄立而弟在下，是其义也；今弟立而兄在下，不义也；不义而使目夷为之，目夷将逃。”乃逃之卫，兹父从之。三年，桓公有疾，使人召兹父：“若不来，是使我以忧死也。”兹父乃反，公复立之，以为太子。然后，目夷归也。

【注释】

[1] 宋襄公兹父：宋襄公，春秋时宋国国君，前 650 年至前 637 年在位，名兹父。襄公十三年，宋、楚战于泓水。目夷主张乘楚兵渡河中袭击，襄公不听；等楚师渡河列阵后再战，丧失战机，大败，伤腹归，次年死。桓公：襄公的父亲，前 681 年至前 651 年在位。

[2] 目夷：兹父异母弟，字子鱼。历史上有著名的“子鱼论战”。

[3] 背：背叛。

【今译】

宋襄公兹父是宋桓公的太子。桓公有个后妻生的儿子公子目夷，桓公喜欢他。兹父因为父亲喜欢目夷，便想要父亲立目夷为太子，于是向桓公请求说："请立目夷为太子，我做他的相国兄长辅佐他。"桓公问道："为什么呢？"兹父回答说："我的舅舅在卫国，喜欢我，如果最终立我为太子，那么我就不能前往卫国，就会与卫国断绝了来往，这是背叛母亲的行为。况且我自知我的德才不能够处在目夷之上。"桓公没有同意，兹父便竭力向桓公请求，桓公答应了他。桓公将要立目夷为太子，目夷推辞说："兄长为太子，弟弟在他的手下，这是符合礼义的。如果让弟弟做太子，兄长在弟弟手下，这不符合礼义。不符合礼义的事却让我去做它，我将要逃走。"于是逃到卫国，兹父跟从他也到了卫国。过了三年，桓公有病，派人召回兹父，说："如果你不来，将会使我忧愁而死。"兹父才不得不返回，桓公重新立他做太子。这样以后，目夷才返回。

七

晋骊姬谮太子申生于献公[1]，献公将杀之。公子重耳谓申生曰[2]："为此者，非子之罪也，子胡不进辞[3]？辞之必免于罪。"申生曰："不可。我辞之，骊姬必有罪矣。吾君老矣，微骊姬寝不安席[4]，食不甘味，如何使吾君以恨终哉[5]？"重耳曰："不辞则不若速去矣。"申生曰："不可。去而免于死，是恶吾君也。夫彰父之过而取美，诸侯孰肯纳之？入困于宗[6]，出困于逃，是重吾恶也[7]。吾闻之，忠不暴君，智不重恶，勇不逃死。如是者，吾以身当之。"遂伏剑死。君子闻之曰："天命矣夫[8]，世子！"《诗》曰："萋兮斐兮，成是贝锦。彼谮人者，亦已太甚[9]！"

【注释】

[1] 晋骊姬谮(zèn)太子申生于献公：骊姬，一作丽姬，春秋时骊戎(古族名)君之女。晋献公攻骊戎时所得，立为夫人，生奚齐。骊姬受献公

宠爱,欲立奚齐为太子,于是谮杀太子申生,并逐公子重耳、夷吾。献公死,奚齐即位,为大臣里克所杀,骊姬也被杀。谮,诬陷,这里指的是,骊姬与其妹妹合谋,说献公夜梦齐姜(申生生母,其时已死),必须立即祭祀,于是申生祭母于曲沃(献公祖庙所在地,今山西闻喜县东北)。按照当时的礼仪,“臣有祭祀,必致祭肉于君,所谓归胙(zuò)也。”所以申生回来后将祭祀用的肉(胙)、酒送给父亲享用。当时献公打猎未归,祭肉被骊姬放在宫中六天。献公回来后,骊姬派人放毒于胙、酒中,然后献上。献公怀疑,将肉分给犬和小臣吃,结果当场死亡。骊姬当即诬陷太子图谋不轨,于是申生被逼自杀。献公,武公之子,名佹(guǐ)诸(一作诡诸),春秋时晋国国君,前 677 年至前 651 年在位。

[2] 重耳:即晋文公,献公次子。申生被逼自杀后,骊姬诬陷重耳、夷吾(二人是申生异母兄长)参与其事,二人被逼出逃。重耳在外流浪 19 年,后借助秦穆公之力回国即位,并成为春秋霸主。前 636 年至前 628 年在位。

[3] 胡:为什么。

[4] 微:如果没有。

[5] 如何使吾君以恨终哉:怎么能使我们的父亲带着遗憾辞世呢?

[6] 宗:本义是宗族,这里指父母,即献公和骊姬。

[7] 是重吾恶也:这是加重我的罪恶。

[8] 夫:用于句尾,表示感叹。

[9] 萋兮斐兮,成是贝锦。彼谮人者,亦已太甚:萋斐,文采错杂的样子。成是贝锦,织成贝壳样花纹的锦缎。这里指罗织罪名。彼谮人者,亦已太甚,那个诬陷人的人,也太过分了。语出《诗经·小雅·巷伯》。

【今译】

晋国的骊姬在献公面前诬陷太子申生,献公将要杀死申生。公子重耳对申生说:“在祭肉里下毒,不是你的罪过,你为什么不进言申辩呢?申辩了一定会免罪的。”申生说:“不行。我进言申辩,骊姬必然获罪。我们的父亲老了,如果没有了骊姬就睡不好觉,吃饭不香甜,怎么能使我们的父亲带着遗憾辞世呢?”重耳说:“不进言申辩就不如赶快离开。”申生说:“不行。离开了虽然免于一死,这却是怨恨父亲的行为，暴露父亲的过错来博取美名，诸侯谁肯接纳我？在国内陷入困境，在外被出逃困扰，这是加重我的罪过。我听说，忠臣不暴露国君的过错，智者不加重自己的罪过，勇者不逃避死亡。像现在这样，我只能以死面对它。”于是拔剑自刎。君子听说这件事，说：“这是天命啊，太子！”《诗经》上说：“文采错杂的花纹，织成贝壳样花纹的锦缎，那个诬陷人的小人，也太过分了。”

八

晋献公之时，有士焉曰狐突[1]，傅太子申生。公立骊姬为夫人，而国多忧，狐突称疾不出。六年，献公以谮诛太子[2]。太子将死，使人谓狐突曰：“吾君老矣，国家多难，傅一出以辅吾君，申生受赐以死不恨。”再拜稽首而死[3]。狐突乃复事献公，三年，献公卒。狐突辞于诸大夫曰：“突受太子之诏，今事终矣，与其久生乱世也，不若死而报太子。”乃归自杀[4]。

【注释】

[1] 狐突：春秋时晋国大夫，字伯行，公子重耳的外祖父，狐偃的父亲。

[2] 献公以谮诛太子：参见上一章注释[1]。

[3] 稽(qǐ)首：一种礼节，跪拜时叩头至地。

[4] 乃归自杀：据《左传·僖公二十三年》和《史记·晋世家》记载，狐突为晋怀公所杀。与此不符。

【今译】

晋献公的时候，有个士人叫狐突，是太子申生的老师。献公立骊姬为夫人，于是国家多忧患，狐突借口身体有病不出门。过了六年，献公因为相信骊姬的诬陷杀了太子。太子临死的时候，派人对狐突说："我们的国君老了，国家多灾多难，先生如果能够出来辅佐我们的国君，我就是死了也毫无怨恨。"叩头至地拜了两拜后就自杀了。狐突于是重新侍奉献公。又过了三年，献公死了。狐突向各位大夫告辞说："我蒙受太子的诏命辅佐国君，现在任务已经完成了，与其长期苟活在乱世，不如以死来报答太子。"于是回到家中自杀了。

九

楚平王使奋扬杀太子建[1]。未至而遣之[2]，太子奔宋。王召奋扬。使城父人执之以至[3]，王曰："言出于予口，入于尔耳，谁告建也？"对曰："臣告之。王初命臣曰：'事建如事余'。臣不佞，不能贰也[4]；奉初以还，故遣之[5]。已而悔之，亦无及也。"王曰："而敢来，何也？"对曰："使而失命，召而不来，是重过也，逃无所入。"王乃赦之。

【注释】

[1] 楚平王使奋扬杀太子建：楚平王，名弃疾，后改名熊居。春秋时楚国国君，前528年至前516年在位。他为太子建娶女于秦，秦女美丽，便自娶为姬，生子壬并宠爱，于是疏远太子建。派建到城父巡边。后听信费无忌关于太子叛逆的谗言，派人杀太子建。太子建和伍员逃走。奋扬，楚国大夫，当时担任城父司马，故平王命其就便杀太子。

[2] 未至而遣之：（奋扬）还没有到，先派人通知太子逃走。

[3] 城父：楚邑名。在今河南宝丰县东。

[4] 臣不佞，不能贰也：不佞，不才。贰，三心二意，不忠。

[5] 奉初以还，故遣之：执行大王当初的命令回到城父，所以放走了他。

【今译】

楚平王派奋扬去杀太子建。奋扬还没有到，就先派人通知太子逃走，太子逃到宋国。平王召见奋扬。奋扬让城父的人把自己捆绑起来送到平王跟前来。平王说："命令出自我的口中，进入你的耳中，那是谁把消息告诉太子建的？"奋扬回答说："是我告诉他的。大王当初命令我：'侍奉太子建如同侍奉我一样。'我虽然不才，但不能有二心。我执行大王当初的命令回到城父，所以放走了他。后来后悔这样做，但已经来不及了。"平王说："你还敢回来见我，为什么？"奋扬回答说："我接受大王命令但未能完成任务，召见我我如果不来，这就加重了我的罪过。逃命也无处可去。"平王于是赦免了他。

十

晋灵公暴[1]，赵宣子骤谏[2]，灵公患之，使钼之弥贼之[3]。钼之弥晨往，则寝门辟矣[6]，宣子盛服将朝，尚早，坐而假寝。之弥退，叹而言曰："不忘恭敬，民之主也。贼民之主，不忠；弃君之命，不信。有一于此，不如死也。"遂触槐而死。

【注释】

[1] 晋灵公：晋襄公与穆嬴所生之子夷皋。晋国暴君，前 620 年至前 607 年在位，后被赵穿杀死。

[2] 赵宣子：见卷三建本·二十八[3]。骤：多次。

[4] 钼(chú)之弥：晋国力士。贼：杀。《左传·宣公二年》作"钼麑"。《吕氏春秋·过理》作"沮麛"。

[6] 辟(pì)：打开。

【今译】

晋灵公暴虐，赵盾多次进谏，灵公厌恶他，派大力士钼之弥杀赵盾。钼之弥早晨去赵盾家，赵盾寝室的门已经打开了，赵盾衣冠整齐准备上朝，因时间还早，便坐在那里打瞌睡。钼之弥悄悄退出来，感叹道："独处仍不忘恭敬，真是百姓的好官啊。杀百姓的好官，是不忠；违背君主的命令，是不讲信用。两者有一条，就不如死去。"于是撞死在槐树上。

十一

齐人有子兰子者[1]，事白公胜[2]。胜将为难[3]，乃告子兰子曰："吾将举大事于国，愿与子共之。"子兰子曰："我事子而与子杀君，是助子之不义也；畏患而去子，是遁子于难也。故不与子杀君，以成吾义，契领于庭[4]，以遂吾行。"

【注释】

[1] 子兰子：齐国人，生平不详。

[2] 白公胜：即楚国太子建之子王孙胜。公元前479年，原先逃亡的太子建被郑人所杀，其子胜逃亡吴，楚王召其回国，命他驻守边境白邑（今河南息县东长陵乡西），是为白公。他向令尹子西请求伐郑以报父仇，子西未能发兵。后晋人伐郑，子西反去救援，与郑结盟。白公因此作乱，杀死子西、子期，劫持惠王。叶公子高起兵讨乱，白公兵败自杀。

[3] 为难：发难，发动政变。

[4] 契领：断颈。

【今译】

齐国有个人叫子兰子，侍奉白公胜。白公胜准备发动政变，就告诉子兰子说："我将要在国内干一件大事，希望与你共同来做。"子兰子说："我侍奉先生却又与先生一起杀害国君，这是帮你做不道义的事情。如果我害怕而离开你，这是在你有难时逃脱。所以我不与你一起做杀害国君的事情，以此来成全我的道义，我要在厅堂自杀，来成就我的义行。"

十二

楚有士申鸣者[1],在家而养其父,孝闻于楚国。王欲授之相,申鸣辞不受。其父曰:“王欲相汝,汝何不受乎?”申鸣对曰:“舍父之孝子而为王之忠臣,何也?”其父曰:“使有禄于国,立义于庭[2],汝乐吾无忧矣,吾欲汝之相也。”申鸣曰:“诺。”遂入朝,楚王因授之相。居三年,白公为乱[3],杀司马子期[4]。申鸣将往死之,父止之曰:“弃父而死,其可乎?”申鸣曰:“闻夫仕者身归于君而禄归于亲,今既去子事君[5],得无死其难乎?”遂辞而往,因以兵围之。白公谓石乞曰[6]:“申鸣者,天下之勇士也,今以兵围我,吾为之奈何?”石乞曰:“申鸣者,天下之孝子也,往劫其父以兵,申鸣闻之必来,因与之语。”白公曰:“善。”则往取其父,持之以兵,告申鸣曰:“子与吾,吾与子分楚国;子不与吾,子父则死矣。”申鸣流涕而应之曰:“始吾父之孝子也,今吾君之忠臣也;吾闻之也,食其食者死其事,受其禄者毕其能;今吾已不得为父之孝子矣,乃君之忠臣也,吾何得以全身!”援桴鼓之[7],遂杀白公。其父亦死。王赏之金百斤。申鸣曰:“食君之食,避君之难,非忠臣也;定君之国,杀臣之父,非孝子也。名不可两立,行不可两全也,如是而生,何面目立于天下!”遂自杀也。

【注释】

[1] 申鸣:春秋时楚国人。据《左传・哀公十六年》记载,白公胜为叶公子高所败自杀。

[2] 立义于庭:《韩诗外传・卷十》作“有位于庭”。

[3] 白公为乱：参见上一章注释[2]。
[4] 司马子期：子期，楚平王之子，楚惠王时为大司马，死于白公胜之乱。
[5] 子：此字误。咸淳本作"父"。
[6] 石乞：白公胜家臣。
[7] 援桴(fú)鼓之：拿起鼓槌击鼓。援，拿。桴，鼓槌。鼓，敲击。

【今译】

楚国有个叫申鸣的士人，在家中奉养父亲，因其孝行闻名于楚国。楚王想要任命他做国相，申鸣辞谢不接受。他的父亲说："楚王想要让你做国相，你为什么不接受呢？"申鸣回答说："放弃做父亲的孝子而去做楚王的忠臣，为什么呢？"他父亲说："假使能够享有国家的俸禄，在朝廷树立道义，你高兴我也不担忧啦。我想要你去做国相。"申鸣说："好吧。"就入朝廷，于是楚王任命他做国相。过了三年，白公胜作乱，杀死了司马子期。申鸣将要去冒死一战，他父亲阻止他说："舍弃父亲去送死，难道可以吗？"申鸣说："我听说做官的人生命属于国君所有，俸禄属于家人所有。现在我已经离开父亲去事奉国君，能不为国难而死吗？"于是辞别而去，带兵包围了白公胜。白公胜对石乞说："申鸣，是天下的勇士，现在带兵包围我，我应该怎么办呢？"石乞说："申鸣这个人，是天下有名的孝子，我们用武力把他父亲劫持来，申鸣知道后一定会来，我们趁机与他谈判。"白公胜说："好。"就去劫持他父亲，用兵刃威胁申鸣说："你若能帮助我，我与你平分楚国；你若不帮助我，你的父亲就要被杀死。"申鸣流着泪回答他说："当初我是父亲的孝子，现在我是国君的忠臣。我听说，吃别人的饭就要为别人的事去死，接受别人的俸禄就要为别人贡献全部才能。现在我已经不能够做父亲的孝子了，就做国君的忠臣吧，我怎么能够保全自己呢？"于是拿起鼓槌击鼓进兵，终于杀死了白公胜。他的父亲也因此被杀死了。楚王赏赐申鸣黄金百斤。申鸣说："吃国君的饭，如果逃避国君的灾难，就不是忠臣。使君王的国家安定了，却使得父亲被杀，不是孝子啊。忠、孝的美名不能都树立起来，忠、孝的品行不能两全其美。像这样活着，我还有什么脸面立身在世上呢？"于是自杀而死。

十三

齐庄公且伐莒[1]，为车五乘之宾[2]，而杞梁、华舟独不与焉[3]。故归而不食。其母曰[4]：“汝生而无义，死而无名，则虽非五乘[5]，孰不汝笑也？汝生而有义，死而有名，则五乘之宾尽汝下也。”趣食乃行[6]，杞梁、华舟同车侍于庄公而行至莒。莒人逆之[7]，杞梁、华舟下斗，获甲首三百[8]。庄公止之曰：“子止，与子同齐国。”杞梁、华舟曰：“君为五乘之宾，而舟、梁不与焉，是少吾勇也[9]；临敌涉难，止我以利，是污吾行也；深入多杀者，臣之事也，齐国之利，非吾所知也。”遂进斗，坏军陷阵，三军弗敢当。至莒城下，莒人以炭置地，二人立有间，不能入。隰侯重为右曰[10]：“吾闻古之士，犯患涉难者，其去遂于物也[11]。来，吾踰子！”隰侯重仗楯伏炭[12]，二子乘而入，顾而哭之，华舟后息。杞梁曰：“汝无勇乎？何哭之久也？”华舟曰：“吾岂无勇哉？是其勇与我同也，而先吾死，是以哀之。”莒人曰：“子毋死，与子同莒国。”杞梁、华舟曰：“去国归敌，非忠臣也；去长受赐，非正行也；且鸡鸣而期，日中而忘之，非信也。深入多杀者，臣之事也，莒国之利非吾所知也。”遂进斗，杀二十七人而死。其妻闻之而哭[13]，城为之阤[14]，而隅为之崩。此非所以起也[15]。

【注释】

[1] 齐庄公且伐莒(jǔ)：齐庄公，名光，春秋时齐国国君，公元前553年至前548年在位，被大臣崔杼杀死。谥“庄”。莒，春秋国名，其地在今山东莒县。

[2] 为车五乘之宾：选出享受“五乘”爵禄的宾客。车，衍文。

[3] 而杞梁、华舟独不与焉：杞梁，名殖，春秋时齐国大夫，随庄公攻莒，被

俘而死。华舟,或作“华州”“华周”“华还”。春秋时齐国大夫。随庄公攻莒,战死。

[4] 其:代指杞梁。

[5] 则虽非五乘:“非”字,当为衍文。

[6] 趣(cù)食乃行:赶快吃完饭就动身了。趣,赶快。

[7] 逆之:迎击他们。

[8] 甲首:身穿铠甲士兵的首级。

[9] 少:轻视。

[10] 隰(xí)侯重为右:隰侯重,人名,生平不详。右,车右边的武士。

[11] 其去遂于物也:是因为他们的牺牲能够成就功名。去,牺牲。遂,成就。物,事情,功名。

[12] 仗楯(dùn)伏炭:手持盾牌趴在木炭上。仗,持。楯,通“盾”。

[13] 其妻:“其”,当指杞梁。后人将杞梁说成秦朝人,称范杞良,并演变成孟姜女哭长城的故事。

[14] 阤(zhì):崩、塌。韦昭注:“大曰崩,小曰阤。”

[15] 此非所以起也:此句费解。桃源藏《说苑考》认为此句疑是他章错简。

【今译】

齐庄公将要讨伐莒国,选出享受“五乘”爵禄的宾客,杞梁、华舟不在其中。杞梁、华舟气得回到家吃不下饭。杞梁的母亲说:“如果活着不行道义,死后没有好的名声,那么即使享受了五乘爵禄的待遇,谁不可以耻笑你呢?假如活着行道义,死后有好的名声,那些享受了五乘爵禄待遇的宾客都在你之下。”于是杞梁、华舟赶快吃完饭就动身了。杞梁、华舟与庄公同乘一辆战车,护卫着庄公来到了莒国。莒国人迎击他们,杞梁、华舟下车搏杀,斩获三百名身穿铠甲士兵的首级。庄公制止他们说:“你们住手吧,我和你们共同享有齐国。”杞梁、华舟说:“您选出享受五乘爵禄的宾客,杞梁、华舟不在其中,这是轻视我们的勇气;面对敌人,身处险境,用利益来阻止我们战斗,这是侮辱我们的品行;深入敌阵多杀敌人,这是臣子的职责,至于共享齐国的好处,不是我们所考虑的事情。”于是前进搏杀,摧毁军垒,攻陷敌阵,敌军不敢抵挡。到了莒国城下，莒国人把烧红的木炭铺在地上，两个人站了一会儿，无法前进。隰侯重是战车右边的武士，他说："我听说古代的勇士之所以冒着危险冲锋陷阵，是因为他们的牺牲能够成就功名。来吧，我让你们从我身上越过去！"隰侯重手持盾牌趴在木炭上，二人踩着他攻入城里，回头看时不禁失声痛哭。华舟哭了很长时间才停止。杞梁说："你没有勇气了吗？为什么哭了这么长时间？"华舟说："我哪里是没有勇气，因为隰侯重的勇气和我们一样，却先于我们而死，因此哭他。"莒人说："你们不要拼死，和你们共同享有莒国。"杞梁、华舟说："背叛祖国投奔敌人，不是忠臣的行为；离开国君接受别人的赏赐，不是正当的行为；况且早晨与人约定好的，到了中午就忘记了，不是守信的行为。深入敌阵多杀敌人，是臣子的职责，共享莒国的好处，不是我们所考虑的事情。"于是前进拼杀，杀死二十七个敌人后就牺牲了。杞梁的妻子听说后痛哭失声，哭得城墙都为之塌陷，城墙角为之崩溃。

十四

越甲至齐[1]，雍门子狄请死之[2]。齐王曰："鼓铎[3]之声未闻，矢石未交[4]，长兵未接[5]，子何务死之[6]？为人臣之礼邪？"雍门子狄对曰："臣闻之，昔者王田于囿[7]，左毂鸣[8]，车右请死之[9]。而王曰：'子何为死？'车右对曰：'为其鸣吾君也。'王曰：'左毂鸣者，工师之罪也[10]，子何事之有焉？'车右曰：'臣不见工师之乘，而见其鸣吾君也。'遂刎颈而死，知有之乎[11]？"齐王曰："有之。"雍门子狄曰："今越甲至，其鸣吾君也，岂左毂之下哉？车右可以死左毂，而臣独不可以死越甲也？"遂刎颈而死。是日越人引甲而退七十里，曰："齐王有臣，钧如雍门子狄[12]，拟使越社稷不血食[13]。"遂引甲而归。齐王葬雍门子狄以上卿之礼。

【注释】

[1] 越甲至齐:甲,皮做的护身衣服。这里指军队。

[2] 雍门子狄:人名。齐国大夫,复姓雍门。

[3] 鼓铎(duó):铎,大铃,古代宣布政教法令或有战事的时候使用,常与鼓相配。

[4] 矢石未交:箭石未发射。矢石,箭和垒石,守城的武器。

[5] 长兵:矛和戟之类的长柄兵器。

[6] 务:一定,务必。

[7] 田于囿(yòu):田,打猎。囿,蓄养禽兽的园地。

[8] 毂(gǔ):车轮中心的圆木,周围与车辐的一端相接,中有圆孔,可以插轴。

[9] 车右:古时乘车,在御者右边陪乘的武士。

[10] 工师:主管百工的官。这里指造车的工匠。

[11] 知有之乎:"知"字疑为衍文。

[12] 钧:通"均"。

[13] 拟使越社稷不血食:恐怕会使我们国家灭亡。拟(擬),通"疑",恐怕。血食,古代杀生取血,用以祭祀。"不血食"即不能保有国家。

【今译】

越国的军队到了齐国,雍门子狄请求为国而死。齐王说:"战鼓铎铃的声音还没听到,箭、石未发射,矛、戟没有交战,你为什么一定要去死呢?是为了尽人臣的礼节吗?"雍门子狄回答说:"我听说,过去君王在蓄养禽兽的园地打猎,车的左毂发出声音使国君受到惊吓,车右边的武士请求去死。大王说:'你为何去死?'右边的武士回答说:'因为左毂的鸣叫惊吓了国君。'大王说:'左毂鸣叫,那是工师的罪过,与你有什么关系呢?'右边的武士回答说:'我没有见到工师造车,但是我看到车子发出的声音惊吓了国君。'于是拔剑自杀了。有这回事吗?"齐王说:"有这回事。"雍门子狄说:"现在越国的军队到了齐国,它使国君受到的惊吓,难道在左毂的声音之下吗?车右边的武士能够因为左毂的声音去死,难道我就不能因为越国军队入侵而死吗?"于是拔剑自杀。这一天,越国人带领军队撤退了七十里,说:"齐王的大臣都像雍门子狄一样,恐怕会使我们国家灭亡。"于是带领军队回国。齐王按照上卿的礼仪厚葬了雍门子狄。

十五

楚人将与吴人战,楚兵寡而吴兵众。楚将军子囊曰[1]:"我击此国必败,辱君亏地,忠臣不忍为也。"不复于君,黜兵而退[2],至于国郊,使人复于君曰:"臣请死!"君曰:"子大夫之遁也,以为利也,而今诚利,子大夫毋死!"子囊曰:"遁者无罪,则后世之为君臣者,皆入不利之名而效臣遁[3]。若是,则楚国终为天下弱矣,臣请死。"退而伏剑。君曰:"诚如此,请成子大夫之义。"乃为桐棺三寸[4],加斧质其上[5],以徇于国[6]。

【注释】

[1] 子囊:一作"公子贞"。春秋时楚庄王之子,楚国令尹。
[2] 黜兵而退:放弃作战撤了回来。
[3] 入:以……为借口。
[4] 桐棺三寸:棺木只有三寸厚,表示是受刑而死。
[5] 加斧质其上:把斧子、砧等刑具放在棺上表示处以死刑。斧,古代杀人的刑具。质,通"锧",古代杀人时垫的砧板。
[6] 徇(xùn):示众。

【今译】

楚国人将要和吴国人交战,楚国兵少吴国兵多。楚国将军子囊说:"我们攻打吴国一定会失败,使国君受辱、国土受损,忠臣不忍心做这样的事。"他不再向国君请示,就放弃作战撤了回来。他到了京城郊外，派人向国君复命说："请求赐我死。"国君回话说："你之所以逃回来，是为了对国家有利。现在看来确实对国家有利，你不要死。"子囊说："如果逃跑的人没有罪，那么以后做臣子的，都借不利于国家之名来仿效我逃跑。如果这样，那么楚国最终会成为天下的弱国。我请求赐死。"他回去后就拔剑自杀了。国君说："果真如此，就让我来成全你的高义吧。"于是就为他做了三寸厚的桐木棺材，把斧子、砧等刑具放在棺上表示处以死刑，在京城示众。

十六

宋康公攻阿[1]，屠单父[2]。成公赵曰[3]："始吾不自知，以为在千乘则万乘不敢伐[4]，在万乘则天下不敢图。今赵在阿而宋屠单父，则是赵无以自立也。且往诛宋[5]！"赵遂入宋，三月不得见。或曰："何不因邻国之使而见之。"成公赵曰："不可。吾因邻国之使而刺之，则使后世之使不信，荷节之信不用[6]，皆曰赵使之然也，不可！"或曰："何不因群臣道徒处之士而刺之[7]。"成公赵曰："不可。吾因群臣道徒处之士而刺之，则后世之忠臣不见信，辩士不见顾，皆曰赵使之然也。不可！吾闻古之士怒则思理，危不忘义，必将正行以求之耳。"朞年[8]，宋康公病死。成公赵曰："廉士不辱名，信士不惰行。今吾在阿，宋屠单父，是辱名也；事诛宋王，朞年不得，是惰行也。吾若是而生，何面目而见天下之士？"遂立槁于彭山之上[9]。

【注释】

[1] 宋康公攻阿：宋康公，即宋康王，战国时宋国国君。阿，古地名，在今山东阳谷县东北阿城镇。

[2] 屠单(shàn)父：屠单父城。单父，春秋时鲁邑。在今山东单县境内。

[3] 成公赵:人名。复姓成公,名赵。齐人,生平不详。

[4] 在千乘(shèng):在,居于,处于。乘,古代一车四马为一乘。千乘,拥有千辆战车的诸侯。

[5] 且往诛宋:将要去杀死宋王。

[6] 荷:疑为"符"字之误。

[7] 道徒处之士:道,通"导",引导、推荐。徒处之士,隐士。

[8] 朞(jī):"期"的异体字。期年,一周年。

[9] 遂立槁于彭山之上:就站在彭山上枯槁而死。彭山,钱穆认为是彭城山,在今徐州东北三里。参见钱穆《先秦诸子系年·附战国时宋都彭城考》。

【今译】

宋康公攻打阿邑,屠杀单父城人。成公赵说:"起初我不了解自己,以为身在千乘之国,那么万乘之国就不敢来攻打;身在万乘之国,那么天下就没有人敢来图谋。现在我居于阿而宋国来屠单父城,这就使得我不能够自立于世上。我要去杀宋王。"成公赵进入宋国,过了三个月无法见到宋王。有的人说:"为什么不通过邻国的使臣去见宋王?"成公赵说:"不行。如果我通过邻国的使臣去刺杀宋王,那么就使得以后的使臣不被信任,符节的凭证作用就失去信用,人们都会说:'这是成公赵造成的。'不行。"有的人说:"为什么不通过群臣引导、推荐隐士的方式刺杀宋王呢?"成公赵说:"不行。如果我通过群臣引导、推荐隐士的方式刺杀宋王,那么以后的忠臣就不被信任,能言善辩的人就不受重视,他们都会说:'这是成公赵造成的。'不行。我听说古代的士人发怒而不失理智,危难时不忘记道义,我一定用正当的行为来达到目的。"一年后,宋康王病死,成公赵说:"廉洁之士不会辱没自己的名声,诚实守信的人不会懈怠自己的行动。现在我在阿,宋屠杀单父城,这是侮辱我的名声;我来刺杀宋王,一年了还不能达到目的,这是懈怠自己的行动。像这样活着,还有什么脸面去见天下士人呢?"就站在彭山上枯槁而死了。

十七

拂肹用中牟之县畔[1]，设禄邑、炊鼎[2]，曰："与我者受邑，不与我者其烹。"中牟之士皆与之。城北余子田基独后至[3]，祛衣将入鼎[4]，曰："基闻之，义者，轩、冕在前[5]，非义弗乘；斧、钺于后[6]，义死不避。"遂祛衣，将入鼎。拂肸播而之[7]。赵简子屠中牟，得而取之，论有功者，用田基为始。田基曰："吾闻廉士不耻人。如此而受中牟之功，则中牟之士终身慙矣[8]。"襁负其母[9]，南徙于楚。楚王高其义，待以司马[10]。

【注释】

[1] 拂肹(bì xī)用中牟之县畔：拂肹，即"佛肸"，晋大夫赵简子的邑宰。用，以、在。中牟，春秋晋邑，在今河南鹤壁市西。畔，通"叛"。

[2] 设禄邑、炊鼎：准备了封邑作为俸禄，热水锅作为刑具。

[3] 余子田基：余子，古军制，每户一人为正卒，其余为羡卒，称"余子"。田基，人名。

[4] 祛(qū)：撩起。

[5] 轩、冕：卿大夫的车、服。

[6] 斧、钺：两种兵器。

[7] 拂肹播而之：播，摇、扬。此处指摆手。"而"后脱"止"字。

[8] 慙："惭"的异体字。

[9] 襁(qiǎng)负：用背带背。襁，襁褓，背婴儿的背带。

[10] 司马：官名。掌管军政和军赋。

【今译】

拂肹在中牟县反叛，准备了封邑作为俸禄，热水锅作为刑具，说："顺从我的人给他封邑，不顺从我的人将他烹死。"中牟县的士人都顺从他。惟独城北的余子田基最后来到，他撩起衣服准备投入热水锅，说："我听说，坚持道义的人即使有官车、官服在眼前，如果它不合道义就不接受；即使斧、钺加身，也坚持道义死而不避。"于是撩起衣服，准备投身锅中。拂肹摇摇手制止了他。赵简子平定中牟县，攻下县城，评定功臣，以田基为第一。田基说："我听说廉洁之士不使别人受耻辱。像我这样而接受平定中牟县的功劳，那就使得中牟县的士人一辈子感到羞惭。"他于是用背带背着母亲，向南迁徙到楚国。楚王敬重他坚持道义，用对待司马的礼遇对待他。

十八

齐崔杼弑庄公[1]，邢蒯聩使晋而反[2]。其仆曰："崔杼弑庄公，子将奚如？"邢蒯聩曰："驱之，将入死而报君。"其仆曰："君之无道也，四邻诸侯莫不闻也，以夫子而死之，不亦难乎？"邢蒯聩曰："善，能言也[3]，然亦晚矣。子早言我，我能谏之；谏不听，我能去。今既不谏，又不去，吾闻食其禄者死其事，吾既食乱君之禄矣，又安得治君而死之？"遂驱车入死。其仆曰："人有乱君，人犹死之；我有治长，可毋死乎？"乃结辔自刎于车上[4]。君子闻之曰："邢蒯聩可谓守节死义矣。死者，人之所难也。仆夫之死也，虽未能合义，然亦有志士之意矣。"《诗》云："夙夜匪懈，以事一人[5]"，邢生之谓也。孟子曰："勇士不忘丧其元[6]"，仆夫之谓也。

【注释】

[1] 齐崔杼弑(shì)庄公：崔杼，春秋时齐国大夫。齐庄公与崔杼妻棠姜私通，崔杼杀庄公，立齐景公，自己做国相。弑，古代称子杀父、臣杀君为"弑"。庄公，春秋末齐国国君，姜姓，名光，齐灵公之子。公元前553年至前548年在位。执政期间，荒淫无道。

[2] 邢蒯聩(kuǎi kuì)：人名，春秋时齐国大夫。

[3] 善,能言也:好啊,你说的话。

[4] 结辔(pèi):栓好马缰绳。辔,驾驭牲口用的缰绳。

[5] 夙夜匪懈,以事一人:从早到晚不懈怠,来事奉天子一人。语出《诗经·大雅·烝民》。

[6] 勇士不忘丧其元:元,头颅。语出《孟子·滕文公下》:“志士不忘在沟壑,勇士不忘丧其元。”

【今译】

齐国大夫崔杼杀了庄公后,邢蒯聩出使晋国返回齐国。他的车夫说:“崔杼杀了庄公,先生将到哪里去呢?”邢蒯聩说:“驾车前进,我将进入国都以死来回报国君。”他的车夫说:“国君的荒淫无道,四邻诸侯国没有不知道的。像先生这样的人为他去死,不是让人难以理解吗?”邢蒯聩说:“好啊,你说的话!但是晚了。你早说给我听,我能够规劝国君;规劝他他不听,我可以离开他。现在既不能规劝他,也不能离开他。我听说,享受别人俸禄的人就要为别人的事去死。我已经享受了乱君的俸禄,又怎么能够另外找到一个贤明的君王并为他而死呢?”于是驾车入国都而死。他的车夫说:“人遇上了乱君,尚且能够为他而死;我有贤明的主人,能够不为他去死吗?”于是栓好马缰绳在车上自杀而死。君子听到了这件事后说:“邢蒯聩可以称得上坚守节操为义而死的人了。死亡,是人感到困难的事情。车夫的死,虽然不合乎道义,但是有仁人志士的意志啊。”《诗经》上说:“从早到晚不懈怠,来事奉天子一人。”说的就是邢蒯聩这样的人啊!孟子说:“勇士不忘记奉献自己的头颅,说的就是车夫这样的人啊。”

十九

燕昭王使乐毅伐齐[1],闵王亡[2]。燕之初入齐也,闻盖邑人王歜贤[3],令于军曰:“环盖三十里毋入。”以歜之故。已而使人谓歜曰:“齐人多高子之义[4]。吾以子为将,封子万家。”歜固谢燕人。燕人曰:“子不听,吾引三军而屠盖邑。”王歜曰:“忠臣不事二君,贞女不更二夫。齐王不听吾谏,故退而耕于野。国既破亡,吾不能存[5],今又劫之以兵。为君将,是助桀为暴也[6],与其生而无义,固不如烹。”遂悬其躯于树枝,自奋绝脰而死[7]。齐亡大夫闻之,曰:“王歜布衣,义犹不背齐向燕,况在位食禄者乎?”乃相聚如莒[8],求诸公子,立为襄王[9]。

【注释】

[1] 燕昭王:见卷一君道·十八[1]。

[2] 闵王亡:亦称齐愍王、齐湣王,田氏,名地,齐宣王之子。公元前 301 年至公元前 284 年在位。曾屡建武功。公元前 288 年,秦昭王与他相约共同称帝,秦昭王为西帝,齐闵王为东帝。公元前 284 年,燕国将领乐毅以燕国、秦国、赵国、韩国、魏国五国联军攻田齐,燕军攻入临淄,齐闵王出逃至莒(今山东莒县)。后被楚国将领淖齿所杀。

[3] 闻盖邑人王歜(chù)贤:盖邑,地名,王歜所居之地。在今山东沂源县东南盖冶。王歜,人名,齐国人。《史记·田单列传》盖邑作“画邑”,王歜作“王蠋”。

[4] 高:崇敬。

[5] 存:使国家保存下来。

[6] 桀:卷一君道·二十六[12]。

[7] 自奋绝脰(dòu):奋力挣断脖颈。脰,颈项。

[8] 如:到。

[9] 襄王:战国时齐国国君,田氏,名法章,闵王子。齐闵王逃至莒地,法章变姓更名为莒太史敫(jiǎo)家佣,敫女常偷着给法章衣食。后法章被立为襄王,敫女为后。在莒五年,田单破燕后,迎襄王入临淄,齐失地得以收复。在位十九年。

【今译】

燕昭王派乐毅攻打齐国,齐闵王出逃。燕军刚攻入齐国的时候，听说盖邑人王歜贤能，便向军队发布命令说："围绕盖邑三十里的地方不准进入。"因为王歜的缘故。后来燕君派人对王歜说："齐国人都崇敬你的德义，我让你做齐国的将军，封你万户的食邑。"王歜坚决拒绝。燕人说："你不听从，我们率领三军血洗盖邑。"王歜说："忠臣不事奉两个君王，贞女不嫁第二个丈夫。齐王不听我的劝谏，所以我只好退隐在山野耕耘。国家已经破灭，我不能使国家保存下来，现在你们又用武力劫持我，想要我做你们的将军，这是助纣为虐呀！与其这样没有意义地活着，还不如受烹而死。"于是把自己的身体悬挂在树枝上，奋力挣断脖颈而死。齐国那些逃亡的大臣听到这件事，说："王歜是个平民百姓，尚且坚持道义不背叛齐国投降燕国，何况我们这些处在官位吃国家俸禄的人呢？"于是聚集到莒地，寻找齐国的公子，立他为齐襄王。

二十

左儒友于杜伯[1]，皆臣周宣王[2]。宣王将杀杜伯而非其罪也[3]，左儒争之于王，九复之而王弗许也[4]。王曰："别君而异友，斯汝也[5]。"左儒对曰："臣闻之，君道友逆，则顺君以诛友[6]；友道君逆，则率友以违君[7]。"王怒曰："易而言则生[8]，不易而言则死。"左儒对曰："臣闻古之士，不枉义以从死[9]，不易言以求生，故臣能明君之过，以死杜伯之无罪。"王杀杜伯，左儒死之。

【注释】

[1] 左儒友于杜伯：左儒、杜伯都是周宣王时的大臣。《韩非子·明鬼下》《搜神记》及颜之推《冤魂志》引《周春秋》等书对杜伯、左儒的故事均有记载，且较详细。大概内容是：周宣王之妾女鸠欲与杜伯私通，杜伯不许，女鸠反诬陷杜伯。宣王囚杜伯，左儒极力替杜伯辩解，宣王不听，并派司工锜杀杜伯，左儒亦自杀。杜伯死后，其鬼魂质问宣王自己何

罪之有。宣王采纳主管祝告人的意见，杀司工錡以谢杜伯。后司工錡的鬼魂又质问宣王自己何罪之有，宣王又杀祝告以谢罪。三年后，宣王田猎，杜伯鬼魂持弓箭乘白马素车而来，司工錡和祝告左右相助，射杀宣王。

[2] 周宣王：西周国王，姬姓，名靖（一作静），厉王子。公元前828年至前782年在位。

[3] 非其罪也：没有什么罪。

[4] 复：复，上奏申辩。

[5] 别君而异友，斯汝也：别，背离。异，疑为“党”字之误。“斯”，助词，无义。

[6] 君道友逆，则顺君以诛友：国君坚持道义而朋友叛逆，就顺从国君来责备朋友。诛，责备。

[7] 率：率领。

[8] 易：改变。

[9] 从死：顺从邪恶。死，《太平御览》四百二十一、四百五十五皆作“邪”。

【今译】

左儒与杜伯是好朋友，都是周宣王的臣子。杜伯没有什么罪周宣王却要处死他。左儒在宣王面前极力为杜伯争辩，九次上奏申辩但是宣王都不同意。宣王说：“背离国君与朋友结党，说的就是你这样的人啊！”左儒回答说：“我听说，如果国君坚持道义而朋友叛逆，就顺从国君而责备朋友；如果朋友坚持道义而国君叛逆，就率领朋友一起违抗国君。”宣王大怒道：“改变的你的话就让你活下去，不改变你的话就得处死你。”左儒回答说：“我听说古代的士人，不违背道义顺从邪恶，不改变言论来苟且偷生。所以我能指出君王的过错，以死来证明杜伯无罪。”周宣王杀死了杜伯，左儒也为此而死。

二十一

莒穆公有臣曰朱厉附[1]，事穆公，不见识焉。冬处于山林，食杼栗[2];夏处洲泽,食蔆藕[3]。穆公以难死,朱厉附将往死之。其友曰:"子事君而不见识焉。今君难,吾子死之,意者[4]其不可乎?"朱厉附曰:"始我以为君不吾知也。今君死而我不死,是果不知我也[5]。吾将死之,以激天下不知其臣者。"遂往死之。

【注释】

[1] 莒穆公有臣曰朱厉附:莒穆公,一作"莒敖公",西周时莒国国君。朱厉附,一作"柱厉叔",穆公的大臣,曾因不得穆公赏识而辞去。

[2] 杼(shù)栗:杼,橡树。栗,橡树果实。

[3] 蔆藕:即"菱藕"。

[4] 意者其不可乎:想来恐怕没有必要吧?

[5] 今君死而我不死,是果不知我也:《列子·说符》记为"吾将死之,以丑后世之人主不知其臣者也"。《吕氏春秋·恃君》记为"吾将死之,以丑后世之人主不知其臣者也,所以激君人者之行,而厉人主之节也。行激节厉,忠臣幸于得察。忠臣察则君道固矣。"由此可推"今君死而我不死"与"是果不知我也"的"不"字必去其一。据两书前后文语境看,去掉"今君死而我不死"句中"不"字于义为胜。

【今译】

莒穆公有个臣子叫朱厉附,事奉穆公,却不被穆公赏识。朱厉附冬天居住在山林中,以橡栗为食;夏天居住在水边,以菱藕为食。后来穆公因为国难而死,朱厉附将要去殉死。他的朋友说:"你事奉国君却不被国君赏识,现在国君因为国难而死,你却要为他去殉死,想来恐怕没有必要吧?"朱厉附说:"当初我以为国君不了解我。现在君王死了而我去殉死的话,就说明国君是真的不了解我。我将要去殉死,来激励天下那些不了解自己臣子的国君(使其感到惭愧)。"于是前去殉死。

二十二

楚庄王猎于云梦[1],射科雉[2],得之,申公子倍攻而夺之[3],王将杀之。大夫谏曰："子倍自好也，争王雉，必有说，王姑察之。"不出三月，子倍病而死。邲之战，楚大胜晋。归而赏功，申公子倍之弟进请赏于王曰："人之有功也，赏于车下[4]。"王曰："奚谓也?"对曰："臣之兄读故记曰'射科雉者，不出三月必死。'臣之兄争而得之，故夭死也。"王命发乎府而视之，于记果有焉，乃厚赏之。

【注释】

[1] 楚庄王猎于云梦：楚庄王，见卷一君道·十九[1]。云梦，泽名。此泛指楚国游猎区。

[2] 科雉：秃顶野鸡。

[3] 申公子倍攻而夺之：申公子倍，楚庄王的大臣。名子倍，因做申邑（春秋楚国县名，今河南南阳县北 20 里）宰，故称申公。攻，抢。

[4] 人之有功也，赏于车下：于义不通，疑有脱漏。《太平御览》卷四百一十七引《吕氏春秋》作"人之有功也于军旅，臣兄之有功也于车下。"意思完整。

【今译】

楚庄王在云梦打猎，射中了一只秃顶野鸡，申公子倍强行抢走了这只秃顶野鸡，楚庄王想要杀死申公子倍。大臣们劝谏说："申公子倍是个洁身自好的人，他抢夺大王的猎物，其中必定有原因，大王姑且察看一段时间再说。"不出三个月的时间，申公子倍得病而死。后来楚国与晋国在邲交战，楚军大胜晋国。班师回朝论功行赏时，申公子倍的弟弟上前请求封赏，说："别人立功在战场，我的兄长立功在君王车下。"楚王说："你这话是什么意思?"申公子倍的弟弟回答说："我的兄长读古书，古书上面上说：'射杀秃顶野鸡的人，不出三个月一定死。'我的兄长抢夺了君王的猎物，所以夭折了。"楚王于是命令从府库中找出书来看，在古书上果真找到了有关记载，于是重赏了申公子倍的家。

【评析】

所谓立节，就是做人要有气节。朱自清先生在《论气节》中写道："气节是我国固有的道德标准，现代还用着这个标准来衡量人们的行为，主要的是所谓读书人或士人的立身处世之道。"他又指出："气是敢作敢为，节是有所不为——有所不为也就是不合作。"也就是操守。在中国古代，女人的"节"主要指贞节，从一而终；男人的"节"主要指忠节，效忠一君一朝，特别改朝换代之际，能够做到"臣心一片磁针石，不指南方不肯休"。"士为知己者死，女为悦己者容"是对"节"最生动最简括的阐释。当今，我们说的节，既包括民族气节这样的大节，也包括坚守正义的道德良知，还包括坚守做人底线的行为规范。

阅读本卷，要注意两个问题：一是刘向的节气观是比较复杂的，既有积极的一面，也有迂腐的一面，要批判地继承。二是不能仅仅局限于本章的内容，要拓展开去，了解相关背景，从整体上把握和评判人物。

先来谈谈第一个问题。

刘向在第一章"总论"中对"立节"的含义做了界定，就是坚守"仁、义、忠、信、廉"。为了做到它，要经得起勤苦、贫穷和死亡的考验。凡有悖于此的，即便面对高官厚禄、荣华富贵，也毫不动摇。这与孟子说的"富贵不能淫，贫贱不能移，威武不能屈"的大丈夫气节是一致的，值得肯定。同时，刘向也表示，对合乎道义的富贵是可以接受的，并援引孔子为例。这说明刘向没有走向极端化，是有理性观照的。

第二章记述"孔子过陈西门不轼"，子路不理解。孔子说："丘闻之，国亡而不知，不智；知而不争，不忠；忠而不死，不廉。今陈修门者，不行一于此，丘故不为轼也。"孔子认为，修门者在国破家亡之时不智、不忠、不廉，是没有气节的表现，也就没有必要对他们表示尊敬了。第三章记述孔子辞景公赏赐，表达了无功不受禄的观点，是廉的体现。第四章记述曾子拒鲁公赏，是基于对"受人者畏人，予人者骄人"的人性弱点而做出的选择。这很符合人性的特点，过去是这样，现在是这样，恐怕将来也还是这样。以上三章表达了一个核心意思，即面对赏赐要守节，有损于气节，就不能接受。

第六章写目夷拒绝即位，坚守的是礼。这进一步丰富了“节”的内涵，它应该包括“仁、义、礼、智、信、廉”六个方面。至于第七章，就有点复杂了。骊姬谮杀太子申生是春秋史上的一件大事，它直接影响了晋国发展进程。在《左传·僖公四年》《国语·晋语》《史记·晋世家》中对此事都有比较详细的记载。在《礼记·檀弓》《吕氏春秋·上德》《谷梁传·僖公十年》《列女传·孽嬖篇》中也有记载。刘向辑录此段，文字上与各书稍有出入。他把重点放在申生与重耳的对话上，以此来赞颂申生所谓的“孝”。于是，“立节”的含义又包括了“孝”，已超出“总论”的范畴。刘向对申生之死的态度，似乎与本书第三卷《建本》中“曾皙杖击曾子”故事含义形成矛盾。今天看来，申生逆来顺受，性格懦弱，不辨是非，是个悲剧性的人物。其所谓的“孝”“忠”“勇”实为迂腐的表现。从客观上讲，申生是被逼而死，骊姬这个女人太阴险，巧舌如簧，一肚子坏水，将申生陷于困境无法自救。从主观上讲，申生并非一点活路没有，他完全可以和重耳一起逃走，他的死实际上是陷其父于不义。重耳的表现与之形成鲜明对比。他出逃在外，流浪十九年后终于回国即位，并且成为霸主。这充分说明，对恶势力不能妥协，要敢于斗争。尚永亮在《弃逐视野下的骊姬之乱及其文化意义》一文中全面深刻论述了申生的行为，提出了很好的观点，值得参考。

第八章写狐突之死，与《左传·僖公二十三年》的记载明显不同：

> 冬，怀公执狐突，曰：“子来，则免。”对曰：“子之能仕，父教之忠，古之制也。策名委质，贰乃辟也。今臣之子，名在重耳，有年数矣。若又召之，教之贰也。父教子贰，何以事君？刑之不滥，君之明也，臣之愿也。淫刑以逞，谁则无罪？臣闻命矣。”乃杀之。

狐突是被晋怀公所杀，他“教子不二”，坚守“忠臣不事二主”的教条。“策名委质，贰乃辟也”，杜预注：“名书于所臣之策。”孔颖达疏：“古之仕者于所臣之人书己名于策，以明系属之也。”这就是说，你跟谁做官，就依附于谁，具有了一种人身隶属关系，一旦背叛了这种关系，就是失节行为。《说苑·立节》改为狐突自杀，表现他忠于申生，坚持“士为知己者死”的教条，从立节的角度讲，刘向改写后的表现力度明显减弱。狐突作为“三晋名臣”，在民间颇有影响，被尊为“神”。宋代建庙，封他为“利应侯”，金、元、明、清香火不断。

第十章钼之弥之死的故事也很生动。该故事又见于《左传·宣公二年》《国语·晋语五》《吕氏春秋·过理》《史记·晋世家》。刘向选入《说苑·立节》保持了原貌。该故事主要表现赵盾和钼之弥两个人物。前者一心为公，毫不懈怠；后者保有良知，宁死不害忠良。钼之弥违背暴君之命，是正义之举，并非“不信”。换句话说，他选择对君“不信”，换来了对国家的“大忠”。但问题就来了，钼之弥叹而言曰“不忘恭敬，民之主也。贼民之主，不忠；弃君之命，不信。有一于此，不如死也”的内心活动，作者是如何知道的？这不仅仅是个阅读问题，还是个写作问题。钱钟书在《管锥编·左传正义》中对此有精彩的论述：

> 吾国史籍工于记言者，莫先乎《左传》，公言私语，盖无不有。虽云左史记言，右史记事，大事书策，小事书简，亦只谓君廷公府尔。初未闻私家置左右史，燕居退食，有珥笔者鬼瞰狐听于傍也。上古既无录音之具，又乏速记之方，驷不及舌，而何其口角亲切，如聆謦欬欤？或为密勿之谈，或乃心口相语，属垣烛隐，何所据依？如僖公二十四年介之推与母偕逃前之问答，宣公二年钼麑自杀前之慨叹，皆生无傍证、死无对证者。注家虽曲意弥缝，而读者终不餍心息喙。纪昀《阅微草堂笔记》卷一一曰：“钼麑槐下之词，浑良夫梦中之噪，谁闻之欤？”李元度《天岳山房文钞》卷一《钼麑论》曰：“又谁闻而谁述之耶？”李伯元《文明小史》第二五回王济亦以此问塾师，且曰：“把他写上，这分明是个漏洞！”盖非记言也，乃代言也，如后世小说、剧本中之对话独白也。……《左传》记言而实乃拟言、代言，谓是后世小说、院本中对话、宾白之椎轮草创，未遽过也。

钱钟书指出了《左传》记言的特点以及对后世文学的影响，见解独特，启人思路。在中国，史书的文学化现象历史悠久，《左传》开先河,《史记》诣高峰,《说苑》承衣钵。我们看这个故事,不能简单地当作历史事件看,可以当作文学作品看。即便是历史资料,也不仅仅是对过往事件的单纯记录,同时也表达记录者的思想感情和价值判断,正如李元度在其《钼麑论》中所指出的那样:"读史者慎弗为古人所欺哉!"

本卷第十二、十三章的故事情节更加复杂,小说意味更加浓厚。首先应明确的是,平定白公胜之乱的是叶公沈诸梁。史书中关于申鸣的记载不多,《说苑·立节》算是比较详细的了。申鸣处于忠、孝不能两全的矛盾之中,内心经受煎熬,最后选择了自杀。起初,面对白公胜之乱,申鸣的父亲深明大义,鼓励儿子为国效忠。面对乱军的诱惑,申鸣不为所动,击鼓迎战,终于取得胜利。战后,他无心领赏,面对父亲的尸体,认为自己背上了不孝的罪名,"如是而生,何面目立于天下!"我们能感受到申鸣内心的痛苦,如果他不去参加战斗,他的父亲就不会死,他们就可以享受天伦之乐。现实是多么残酷啊!刘向在此突出了申鸣的心理感受,其实这就是小说中的心理描写。杞梁、华舟的故事已具有中国古代小说的雏形。杨义在《中国古典小说史论》中称此篇"铺陈较详",运用了衬托手法,属于孟姜女故事的早期形态(参见《杨义文存》第六卷第146页,人民出版社)。尤其是结尾处"其妻闻之而哭,城为之阤,而隅为之崩",显然使用了夸张手法,具有浪漫主义的创作风格。另外,第十九章记述王歜"忠臣不事二君",第二十章表现左儒"友道君逆,则率友以违君"的铮铮铁骨,都很生动地体现了做人的气节。

但必须指出的是,在本卷中,有的章节宣传了愚忠的思想。比较典型的是第十五章"子囊伏剑",第十六章"成功赵立槁于彭山",第十八章"邢蒯聩自刎于车",第二十一章"朱厉附以死激天下不知其臣者",都迂腐可笑,实不可取。第二十二章"申公子倍夺庄王科雉"逻辑不通。这说明刘向在编选过程中,来不及精细斟酌,取舍难免有粗陋失范之处。早就看出这一点的曾巩在《说苑·序》中写道:"夫学者之于道,非知其大略之难也,知其精微之际固难矣。"大概就是这个意思吧。

再来谈谈第二个问题。

阅读本卷某些章节，需要进行适当拓展，须把章节中的人物放在一个比较宏大的背景之下来看待。比如第九章“楚平王使奋扬杀太子建”，奋扬为何敢于违背君令？奋扬的解释可信吗？恐怕不那么可信。这就要拓展阅读，弄清楚平王杀太子建的原因。据《史记·伍子胥列传》记载：

> 楚平王有太子名曰建，使伍奢为太傅，费无忌为少傅。无忌不忠于太子建。平王使无忌为太子取妇于秦，秦女好，无忌驰归报平王曰：“秦女绝美，王可自取，而更为太子取妇。”平王遂自取秦女而绝爱幸之，生子轸。更为太子取妇。无忌既以秦女自媚于平王，因去太子而事平王。恐一旦平王卒而太子立，杀己，乃因谗太子建。建母，蔡女也，无宠于平王。平王稍益疏建，使建守城父，备边兵。顷之，无忌又日夜言太子短于王曰：“太子以秦女之故，不能无怨望，愿王少自备也。自太子居城父，将兵，外交诸侯，且欲入为乱矣。”平王乃召其太傅伍奢考问之。伍奢知无忌谗太子于平王，因曰：“王独奈何以谗贼小臣疏骨肉之亲乎？”无忌曰：“王今不制，其事成矣，王且见禽。”于是平王怒，囚伍奢，而使城父司马奋扬往杀太子。行未至，奋扬使人先告太子：“太子急去，不然将诛。”太子建亡奔宋。

楚平王昏庸好色，纳媳为妻，乱伦丧德，又信奸人谗言，于是派城父司马奋扬执行杀害太子建的任务。奋扬同情太子建，不满平王行为，于是透露消息，使太子建得以逃亡。这说明奋扬是一位有良知的人，与钼之弥一样，不愿做违背良心的事情。这大概就是刘向所说的“立节”。

阅读第十一章“子兰子契领于庭”的故事，也需要进行必要的拓展。齐国人子兰子，事奉白公胜。白公胜就是太子建的儿子王孙胜，他让子兰子与自己一起叛乱，杀掉子西。在大是大非面前，子兰子坚守道义，保持节操，不跟随主人犯上作乱，值得充分肯定。那么，白公胜为何要作乱？这就需要拓展阅读。据《左传·哀公十六年》记载，太子建先逃至宋国，后避难逃到郑国，后因间谍案被郑人杀掉。其子胜逃亡吴，后子西召其回国，命他驻守边境白邑（今河南息县东长陵乡西），是为白公。他为了报杀父之仇，向令尹子西请求伐郑，子西表面答应，实际按兵不动。后晋人伐郑，子西反去救援郑国，并与郑结盟。白公胜心生怨恨，因此作乱。他杀死子西和子期，劫持惠王。面对白公胜之乱，子兰子深明大义，拒绝合作，表现了忠于国家的气节。子兰子的生平，史料中绝少记载。《左传·哀公十六年》提到一个叫熊宜僚的楚国人，白公胜请他一起叛乱，并把刀架在他的脖子上逼其就范。熊宜僚毫不畏惧，誓死不从。看来子兰子是有原型的。他与左儒、田基、钼之弥、奋扬一样具有超越主人和君王的境界。在《论语·先进》中，有一段话很值得玩味：

> 季子然问："仲由、冉求可谓大臣与？"子曰："吾以子为异之问，曾由与求之问。所谓大臣者，以道事君，不可则止。今由与求也，可谓具臣矣。"曰："然则从之者与？"子曰："弑父与君，亦不从也。"

孔子认为，大臣"以道事君，不可则止"。这就十分明确地指出了道义与权力的关系：道义超越权力。孔子很自信地回答季然子，让仲由与冉求顺从主子去干弑父弑君的叛逆之事，那是不可能的。本卷可贵之处在于提出了"立节"行为高于对君王的服从，实际上否定了"君叫臣死臣不得不死"的教条。

卷五 贵德

【题解】

“贵德”就是以德为贵。德的概念是什么呢？刘向对此做了说明，就是爱民，就是具有悲天悯人的情怀。在第一章总论中，刘向指出，所谓“德”，就是政治之德，就是统治者之德。“圣人之于天下百姓也，其犹赤子乎！”统治者要像呵护婴儿一样爱护百姓。接下来，刘向对德政作了具体的阐释：第一，要解决百姓的衣食困难，“饥者则食之，寒者则衣之。”第二，爱民不求回报。“仁人之德教也，诚恻隐于中，悃愊于内，不能已于其心。”推行德政，是发自内心的赤诚，没有丝毫的虚假，是纯正之德。第三，德政就是全民同乐，没有被遗忘的人。“有一人独索然向隅而泣，则一堂之人皆不乐矣。”尽管这只是一种理想状态，但它表现出来的思想是很可贵的。第四，不胡乱杀人。这是爱民的具体体现，刘向通过太公、邵公和周公三个人对待前朝遗民的不同态度，十分形象生动地表现出了周公爱民之生命的大仁大德。第五，与民同乐，这也是爱民的表现。刘向多次引用《晏子春秋》中晏子爱民的事例，来启发汉朝帝王推行德政。第六，宽缓刑罚，这是德政的重要内容，是爱民的具体表现。刘向引用路温舒上书皇帝的奏章，论述了司法公正和轻刑重教的重要性，闪耀着理性的光芒。第七，不违农时，不因土木工程影响百姓耕种。这也是非常实际的德政。第八，戒贪婪，知荣耻，摒弃奸巧机诈，坚守拙朴诚实。最后，刘向列举了缺德酿成的恶果，用智伯灭亡的教训告诫人们，德为贵。本卷侧重历史故事对后人的警示作用，正所谓以史为鉴，可以知兴替。

本卷共二十九章。

一

圣人之于天下百姓也，其犹赤子乎[1]？饥者则食之[2]，寒者则衣之；将之[3]，养之，育之，长之，惟恐其不至于大也。《诗》曰："蔽芾甘棠，勿剪勿伐，召伯所茇[4]。"《传》曰[5]："自陕以东者[6]，周公主之[7]；自陕以西者，召公主之。"召公述职[8]，当桑蚕之时[9]，不欲变民事[10]，故不入邑中，舍于甘棠之下而听断焉[11]。陕间之人，皆得其所，是故后世思而歌咏之。善之，故言之；言之不足，故嗟叹之；嗟叹之不足，故咏歌之[12]。夫诗，思然后积，积然后满，满然后发，发由其道，而致其位焉[13]。百姓叹其美而致其敬，甘棠之不伐也，政教恶乎不行？孔子曰："吾于《甘棠》，见宗庙之敬也。甚尊其人，必敬其位，顺安万物，古圣之道几哉[14]！"仁人之德教也，诚恻隐于中[15]，悃愊于内[16]，不能已于其心[17]。故其治天下也，如救溺人。见天下强陵弱[18]，众暴寡[19]，幼孤羸露[20]，死伤系虏[21]，不忍其然。是以孔子历七十二君[22]，冀道之一行[23]，而得施其德，使民生于全育[24]，烝庶安土[25]，万物熙熙[26]，各乐其终。卒不遇，故睹麟而泣[27]，哀道不行，德泽不洽[28]，于是退作《春秋》，明素王之道[29]，以示后人。恩施其惠，未尝辍忘[30]，是以百王尊之，志士法焉，诵其文章，传今不绝，德及之也。《诗》曰："载驰载驱，周爰咨谋[31]。"此之谓也。

【注释】

[1] 赤子：初生的婴儿。

[2] 食（sì）之：给他们吃。

［3］将：扶持。

［4］蔽芾(fèi)甘棠，勿剪勿伐，召伯所茇(bá)：蔽芾，茂盛。甘棠，棠梨树。召伯，当指周宣王时大臣召虎(召，一作邵)。后人误为召公(周文王庶子，姬姓，名奭，周代燕国始祖)。茇，在草间住宿。语出《诗经·召南·甘棠》。

［5］《传》：指《公羊传》。

［6］陕：古地名，弘农陕县，在今河南陕县西南。周成王时，周、召二公以此为分治界。

［7］周公：见卷一君道·七［1］。

［8］述职：诸侯向天子陈述职守。这里指外出巡察。

［9］当桑蚕之时：正当百姓采桑养蚕的时候。

［10］不欲变民事：不想影响农事。变，干扰，影响。

［11］舍于甘棠之下而听断焉：住在甘棠树下听取百姓的意见并决断百姓的纠纷。

［12］故咏歌之：该句又见于《毛诗序》。

［13］位：神位。

［14］孔子曰：出自《孔子家语·好生》："吾于《甘棠》，见宗庙之敬甚矣。思其人，必爱其树；尊其人，必敬其位，道也。"几，接近。

［15］诚恻隐于中：诚，的确，确实。恻隐，同情。中，内心。

［16］悃愊(kǔn bì)于内：出自内心的至诚。悃愊，至诚。

［17］已：停止。

［18］陵：通"凌"，侵犯，欺凌。

［19］暴：欺凌，损害。

［20］羸(luǒ)露：赤身露体。

［21］系虏：系虏，俘虏。

［22］孔子历七十二君：语出《庄子·天运》："丘治《诗》《书》《礼》《乐》《易》《春秋》六经，自以为久矣，孰知其故矣，以奸(干)者七十二君，论先王之道而明周、召之迹，一君无所钩用。"七十二为约数，言其多。

［23］兾："冀"的俗体字。

［24］于：此字疑为衍文。

［25］烝(zhěng)庶安土：百姓安居故土。烝，众多。烝庶，百姓。

［26］熙熙：和睦融洽。

[27] 睹麟而泣：据《公羊传》记载，哀公十四年，哀公西狩获麟，孔子见而流泪。古时认为麟是吉祥物，捕杀它不吉利，后以此比喻世道衰微。

[28] 洽：广博，普遍。

[29] 素王：这里指远古帝王。也指有帝王之德而未居王位的人。儒家称孔子为素王。

[30] 辍忘：停止和遗忘。

[31] 载驰载驱，周爰咨谋：载，助词无义。周，广泛。爰，相当于介词“于”。咨谋，访问，商讨。语出《诗经·小雅·皇皇者华》。

【今译】

圣人对待老百姓，就像对待婴儿一样。对待饥饿的人就给他吃的东西，对待寒冷的人就给他衣服穿；扶持他，养活他，哺育他，抚养他，总担心他不能长大成人。《诗经》上说：“茂盛的甘棠树，不剪它也不砍它，因为召伯曾在树下停留。”《公羊传》上说：“自陕以东的地方，周公掌管；自陕以西的地方，召公掌管。”召公外出巡察，正当百姓采桑养蚕的时候，召公不想影响农事，就没有进城，居住在甘棠树下听取百姓的意见并决断百姓的纠纷。陕地的百姓，各得其所，所以后世之人怀念召公并且歌颂他。认为他好，所以就称赞他；称赞他还觉得不够，所以就再三赞叹他；再三赞叹他还觉得不够，所以就用诗歌歌颂他。做诗歌，先是情思在心中积累，积累到一定程度就充沛起来，充沛起来之后就不由自主地表达出来。表达是遵循一定规律的，并奉献到他的神位前面。百姓赞颂召公的美德并表达他们的敬意，以至于连甘棠树也舍不得砍掉，他的政令教化怎么能不被推行呢？孔子说：“我通过《甘棠》这首诗，明白了人们为什么对宗庙如此敬重。非常尊敬一个人，必然要敬重他的神位，能使万物和顺而安定，古代圣贤治理天下的境界也就接近了。”仁爱的人推行道德教化，的确是出于内心的同情，出于内心的至诚，在他的心中不能停止。所以他治理天下，如同拯救落水的人。他看到天下强欺弱、众欺少，幼子孤儿衣不蔽体，以及死伤者和俘虏，总是不忍心。所以孔子游说了七十二个国君，希望自己的主张能够得到推行，能够施行他的治国德政，使得人民生命得到保全和养育，百姓安居故土，万物和睦融洽，各得其所。但是最终他也没有遇到这样的明君，所以孔子看到被捕获的麒麟而流泪哭泣，痛心于自己的主张不能推行，德政的恩泽不能普遍实施，于是退隐在家撰写《春秋》，阐明远古帝王的主张，来警示后人。他想推行自己的德政，未曾停止和忘记，因此后来历代帝王都尊崇他，志士仁人都效法他，读他的文章，传诵至今没有断绝，这是因为他道德高尚才达到了这样的程度。《诗经》上说："策马又赶车，广泛地访问和商讨。"说的就是他这样的人啊！

二

圣王布德施惠，非求报于百姓也；郊望禘尝[1]，非求报于鬼神也。山致其高[2]，云雨起焉；水致其深，蛟龙生焉；君子致其道德，而福禄归焉。夫有阴德者必有阳报，有隐行者必有昭名[3]。古者沟防不修，水为人害。禹凿龙门[4]，辟伊阙[5]，平治水土，使民得陆处。百姓不亲，五品不逊[6]，契[7]教以君臣之义、父子之亲、夫妇之辨、长幼之序。田野不修，民食不足，后稷教之辟地垦草[8]，粪土树谷，令百姓家给人足。故三后之后无不王者，有阴德也。周室衰，礼义废，孔子以三代之道教导于后世，继嗣至今不绝者，有隐行也。《周颂》曰："丰年多黍多稌，亦有高廪，万亿及秭。为酒为醴，烝畀祖妣，以洽百礼，降福孔偕[9]。"《礼记》曰："上牲损，则用下牲；下牲损，则祭不备物[10]。"以其舛之为不乐也[11]。故圣人之于天下也，譬犹一堂之上也，今有满堂饮酒者，有一人独索然向隅而泣[12]，则一堂之人皆不乐矣。圣人之于天下也，譬犹一堂之上也，有一人不得其所者，则孝子不敢以其物荐进。

【注释】

[1] 郊望禘(dì)尝：古代帝王每年冬至在南郊祭天叫“郊”。遥祭山川、日月、星辰叫“望”。夏天祭祀先祖叫“禘”。尝，秋天进行的宗庙祭祀。

[2] 致：达到。

[3] 昭：显著。

[4] 禹凿龙门：禹，见卷一君道·六[10]。龙门，山名，即禹门口，在山西河津市西北和陕西韩城县东北。黄河至此，两岸峭壁对峙，形如阙门。

[5] 辟伊阙：辟，开辟。伊阙，山名，在今河南洛阳市南25里。因两山相对如阙门，伊水流经其间，故名。

[6] 五品不逊：五品，五常，指父义、母慈、兄友、弟恭、子孝。又指仁、义、礼、智、信。逊，和顺，和谐。

[7] 契(xiè)：见卷一君道·十二[2]。

[8] 后稷：见卷一君道·十二[4]。

[9] 丰年八句：出自《诗经·周颂·丰年》。黍，黍子。稌(tú)，稻。廪，仓库。秭(zǐ)，计量单位，亿亿为秭。醴，甜酒。烝，进献。畀(bì)，给。祖妣，先祖父、祖母。洽，配合。孔，很。偕，《诗经》作“皆”，古通，普遍。

[10] 上牲损，则用下牲；下牲损，则祭不备物：此语未知出处。上牲，上等的牺牲，指祭祀时用的豕和羊。《礼记·曾子问》：“曾子问曰：‘宗子为士，庶子为大夫，其祭也，如之何？’孔子曰：‘以上牲祭于宗子之家。’”损，不足。下牲，指祭祀或敬神用的等级较低的牲畜，如特豕、特豚之类。《礼记·杂记下》：“孔子曰：‘凶年则乘驽马，祀以下牲。’”不备物，年景不好不备祭品。

[11] 舛(chuǎn)：年景不好。

[12] 索然向隅而泣：索然，流泪的样子。隅，墙角。

【今译】

圣明的帝王推行德政布施恩惠，不是为了向百姓寻求报答；祭祀天地、山川、祖庙，不是为了向鬼神寻求报答。山达到了一定的高度，云、雨就在那里生起；水达到了一定的深度，蛟龙就在那里出现；君子达到了一定的道德水准，福禄就自然来到他那里。积累阴德必然会得到公开的回报，暗中积累美好德行必然有显著的名声。古时候沟渠堤坝没有修整，洪水成为百姓的灾害。大禹就开凿龙门山，开辟伊阙山，平整土地治理水患，让百姓在陆地上安心居住。那时百姓之间互不亲善，人伦五常不和顺，契就用君臣之义、父子之亲、夫妇之别、长幼之序的道理来教导人们。那时四方田野荒芜，百姓食品不足，后稷就教导人民开荒除草，施肥种谷，让百姓家家自给、人人富足。所以禹、契、稷的后代没有不做帝王的，因为积累了阴德。西周后来衰微，礼仪废弃，孔子就用夏、商、周三代的典章制度教导后世百姓，他的后代至今延续不断，是因为有隐行啊！《诗经·周颂》上说："丰收之年米稻多多，粮仓高高，数以万亿计。酿制白酒和甜酒，献给祖先，配合礼仪，天降幸福。"《礼记》上说："上等祭品不够，就用下等祭品；下等祭品不够，那么祭祀时就不备祭品。"这是因为年景不好还要祭祀，上天就不高兴。所以圣人治理天下，好比在厅堂上一样，假如满堂的人都在饮酒，有一个人独自面向墙角哭泣，那么满堂的人都不会高兴。圣人治理天下，好比在厅堂上一样，只要有一人得不到合适的位置，那么孝子就不敢进献祭品。

三

魏武侯浮西河而下[1]，中流，顾谓吴起曰[2]："美哉乎！河山之固也，此魏国之宝也。"吴起对曰："在德不在险。昔三苗氏[3]，左洞庭，右彭蠡，德义不修，而禹灭之；夏桀之居，左河、济[4]，右太华[5]，伊阙在其南[6]，羊肠在其北[7]，修政不仁，汤放之；殷纣之国，左孟门而右太行[8]，常山在其北[9]，大河经其南[10]，修政不德，武王伐之。由此观之，在德不在险。若君不修德，舡中之人尽敌国也[11]。"武侯曰："善！"

【注释】

[1] 魏武侯浮西河而下：魏武侯，见卷三建本·二[1]。西河，见卷二臣术·五[9]。

[2] 吴起：见卷二臣术·七[11]。

[3] 三苗氏：我国古代的一个民族，秦汉时居住在江淮流域。

[4] 河、济：黄河、济水。

[5] 太华：华山。

[6] 伊阙：见卷五贵德·二[5]。

[7] 羊肠："羊肠坂"的省称。羊肠坂是古坂道名，因其崎岖缠绕形似羊肠，故名。在今山西晋城市南。

[8] 孟门：山名，在太行山东面。

[9] 常山：恒山。因避汉文帝刘恒讳改称常山。

[10] 大河：黄河。

[11] 舡(xiāng)：船。

【今译】

魏武侯渡西河顺流而下，船到河中心，回头对吴起说："壮美啊！坚固的河山，这是魏国之宝啊。"吴起回答说："治理国家靠的是德政而不是靠山河险固。从前的三苗氏，左面靠着洞庭湖，右面依仗着彭蠡湖，但是不重德、义，最终被禹消灭。夏桀居住的地方，左面是黄河、济水，右面是华山，伊阙山在它的南面，羊肠坂在它的北面，因为执政不讲仁德，商汤放逐了他。商纣王的国家，左面靠着孟门山，右面凭借着太行山，恒山在它的北面，黄河经过它的南面，因为不重德政，周武王诛灭了他。由此看来，治理国家靠的是德政而不是山河险固。如果君王您不重德政，这船中的人都会变成您的敌人。"魏武侯说："讲得好！"

四

武王克殷，召太公而问曰[1]："将奈其士众何？"太公对曰："臣闻爱其人者,兼屋上之乌;憎其人者,恶其余胥[2]。咸刘厥敌[3],使靡有余[4],何如?”王曰:“不可。”太公出,邵公入[5],王曰:“为之奈何?”邵公对曰:“有罪者杀之,无罪者活之,何如?”王曰:“不可。”邵公出,周公入,王曰:“为之奈何?”周公曰:“使各居其宅,田其田,无变旧新,唯仁是亲。百姓有过,在予一人[6]!”武王曰:“广大乎,平天下矣。凡所以贵士君子者,以其仁而有德也!”

【注释】

[1] 太公:见卷一君道·十四[1]。

[2] 余胥:墙壁,篱笆。

[3] 咸刘厥敌:咸,全。刘,杀。厥,那些。

[4] 靡:无。

[5] 邵公:即召公奭。见卷三建本·九[1]。

[6] 百姓有过,在予一人:百姓有过错,都由我来承担。语见《论语·尧曰》。

【今译】

武王灭了商朝后,召见姜太公问道:“如何处理商朝士人和百姓呢?”姜太公说:“我听说,喜爱一个人,连他屋上的乌鸦也一同喜爱;憎恶一个人,连他房子周围的篱笆一同憎恶。全部杀掉那些敌人,一个都不留,怎么样?”武王说:“不行。”姜太公退出来,邵公进。武王问:“对商朝士人和百姓怎么处理呢?”邵公回答说:“有罪的就杀掉,无罪的就让他活下来,怎么样?”武王说:“不行。”召公退出来,周公进。武王问:“对商朝士人和百姓怎么处理呢?”周公说:“让他们住在自己的房子里,耕种自己的田地,不区别新民和遗民,只亲近仁德之人。百姓有过错,都由国君来承担。”武王说:“胸怀真宽大呀,天下可以太平了。”大凡君王之所以尊重贤士,是因为他们有仁爱之心并且能推行德政啊。

五

孔子曰:“里仁为美。择不处仁,焉得智[1]?”夫仁者,必恕然后行[2]。行一不义,杀一无罪,虽以得高官大位,仁者不为也。夫大仁者,爱近以及远,及其有所不谐,则亏小仁以就大仁。大仁者恩及四海,小仁者止于妻子。妻子者,以其知营利,以妇人之恩抚之,饰其内情,雕画其伪,孰知其非真?虽当时蒙荣,然士君子以为大辱。故共工、驩兜、符里、邓析[3],其智非无所识也,然而为圣王所诛者,以无德而苟利也。竖刁、易牙[4],毁体杀子以干利,卒为贼于齐。故人臣不仁,篡弑之乱生;人臣而仁,国治主荣;明主察焉,宗庙大宁。夫人臣犹贵仁,况于人主乎?故桀、纣以不仁失天下,汤、武以积德有海土,是以圣王贵德而务行之。孟子曰:“推恩足以及四海;不推恩不足以保妻子。古人所以大过人者,无他焉,善推其所有而已[5]。”

【注释】

[1] 里仁为美。择不处仁,焉得智:语出《论语·里仁》。里,居住。处,居住。

[2] 恕:宽容。

[3] 共(gōng)工、驩(huān)兜、符里、邓析:都是人名。共工、欢兜,相传为尧、舜的臣子,因为凶被流放。《尚书·舜典》载:“流共工于幽州,放驩兜于崇山,窜三苗于三危,殛鲧于羽山。”符里,又作“史附里”,春秋时人,被管仲所杀。邓析,春秋时郑人,编写《竹刑》,被执政者驷歂(chuǎn)所杀(《荀子·宥坐》《吕氏春秋·离谓》《淮南子·氾论》均记为子产所杀。《左传·定公九年》记为驷歂所杀),但其《竹刑》终被采用。

[4] 竖刁、易牙:齐桓公近臣。竖刁,自宫以接近桓公。易牙,烹子做羹献给桓公。桓公死后,诸公子争立。两人专权,杀害群臣,立公子无亏,太子出逃,齐国内乱。

[5] 孟子曰句:语出《孟子·梁惠王上》。

【今译】

孔子说:“与仁人居住在一起才好。选择住处不与仁人为邻,怎么能算是聪明人呢?”仁爱之人,一定是怀着宽恕之心做事的。做一件不义的事,杀一个无罪的人,即使因此能够得到高官显位,仁爱之人也不去做。大仁大义之人,关爱身边的人并推广到关爱远方的人,如果有不和谐的地方,那就牺牲小的仁爱来成就大的仁爱。大仁大义之人恩惠遍布天下,小仁小义之人恩惠限于妻子和儿女。限于妻子和儿女身上的人,用自己的智慧谋利,用妇人的恩惠来安抚人,掩饰内心真情,粉饰自己的虚伪,谁能知道不是真的呢?这种人虽然当时获得荣耀,但是君子认为是大的耻辱。所以共工、驩兜、符里、邓析,他们的智慧并非不明事理,但是最终被圣王所杀,是因为缺乏仁爱而贪求利益。竖刁、易牙,自残身体、杀死儿子来谋求私利,最终成为齐国的祸害。所以如果臣子没有仁爱之心,篡位弑君的祸乱就要发生;如果臣子有仁爱之心,就使国家安定君主尊荣;圣明的君主洞察这个道理,国家就安宁。臣子尚且要有仁爱之心,更何况君主呢?所以桀、纣因为不行仁政丢掉天下,汤、武因为积累德政得到天下,所以圣明的君王注重德政而全力推行它。孟子说:“推广恩德足以保有天下,不推广恩德不足以保住妻儿。古代圣君之所以能够大大地超出别人,没有别的原因,就是善于推广恩德于天下罢了。”

六

晏子饮景公酒[1],令器必新。家老曰[2]:“财不足,请敛于民。”

晏子曰:“止。夫乐者,上下同之,故天子与天下,诸侯与境内,自大夫以下各与其僚[3],无有独乐。今上乐其乐,下伤其费,是独乐者也,不可。”

【注释】

[1] 晏子饮景公:晏子、景公,均见卷一君道·十七[1]。

[2] 家老:春秋时卿大夫家中的家臣。

[3] 僚:僚属。

【今译】

晏子请齐景公喝酒,命令酒具必须都是新的。家臣说:“钱财不足,请让我向百姓征收。”晏子说:“不可。快乐的事情,应该上下共同享受它,所以天子与天下百姓共同享受快乐,诸侯与境内的臣民共同享受快乐,自大夫以下的人各自与自己的僚属共同享受快乐,没有独自享受快乐的。现在居上位的人自得其乐,却让百姓为他们的耗费感到痛心,这是独自享受快乐,不能这么做。”

七

齐桓公北伐山戎氏[1],其道过燕,燕君逆而出境[2]。桓公问管仲曰[3]:“诸侯相逆固出境乎?”管仲曰:“非天子不出境。”桓公曰:“然则燕君畏而失礼也。寡人不道,而使燕君失礼。”乃割燕君所至之地以与燕君。诸侯闻之,皆朝于齐。《诗》云:“靖恭尔位,好是正直,神之听之,介尔景福[4]。”此之谓也。

【注释】

[1] 齐桓公北伐山戎氏:齐桓公,见卷一君道·十六[1]。山戎氏,古族名。又称北戎氏、无终氏。春秋时分布在今山西太原,后迁河北玉田县西北无终山。善种冬葱、戎菽。公元前 7 世纪势力渐强,侵郑、齐、燕等

国。公元前661年,侵燕,齐助燕败之,得其冬葱、戎菽移至齐国。后为赵所灭。

[2] 燕君逆:燕君,指燕庄公。逆,迎接。

[3] 管仲:见卷一君道·十六[2]。

[4] 靖恭尔位,好是正直,神之听之,介尔景福:语出《诗经·小雅·小明》。靖恭,恭敬。尔,你的。位,职位。神,神灵。介,赐予。景,大。

【今译】

齐桓公北伐山戎氏,他的军队经过燕国,燕国君主走出国境迎接桓公。桓公问管仲:"诸侯之间迎接一定要出国境吗?"管仲说:"不是天子就不出国境迎接。"桓公说:"这样的话是燕国君主畏惧我而有失礼仪了。我不讲道义,致使燕国国君有失礼仪。"于是将燕国国君所到之地割让给燕国。诸侯听到这件事,都到齐国来朝贺。《诗经》上说:"恭敬地忠于你的职守,喜欢忠诚正直的人,神灵知道这些,会大大地赐福给你。"说的就是这样的事啊。

八

景公探爵鷇[1],鷇弱,故反之。晏子闻之[2],不待请而入见,景公汗出,惕然[3]。晏子曰:"君胡为者也?"景公曰:"我探爵鷇,鷇弱,故反之。"晏子逡巡北面再拜而贺曰[4]:"吾君有圣王之道矣。"景公曰:"寡人入探爵鷇,鷇弱,故反之,其当圣王之道者,何也?"晏子对曰:"君探爵鷇,鷇弱,故反之,是长幼也[5]。吾君仁爱,禽兽之加焉[6],而况于人乎?此圣王之道也。"

【注释】

[1] 景公探爵鷇(què kòu):景公,见卷一君道·十七[1]探,掏。爵,通"雀"。鷇,又读gòu,幼鸟。

[2] 晏子：见卷一君道·十七[1]。

[3] 愓然：忧惧的样子。

[4] 逡(qūn)巡：后退。

[5] 长幼：爱护幼鸟。

[6] 禽兽之加焉：(仁爱)施加到禽兽身上。

【今译】

齐景公掏小鸟，见小鸟很幼小，就把鸟放回窝里。晏子听说这件事，不等景公召见就主动请求入见。景公吓得出了一身汗。晏子说："君王做什么呢？"景公说："我掏小鸟，小鸟很幼小，就把它放回窝里了。"晏子后退两步面向北拜了两拜祝贺道："我的大王有圣王的德行啊。"景公说："我掏小鸟，小鸟很幼小，就把鸟放回窝里了，这怎么就合乎圣王的德行呢？"晏子回答说："您掏小鸟，小鸟很幼小，就把鸟放回窝里了，这是爱护幼鸟啊。大王有仁爱之心，能施加到禽兽身上，何况对于人呢？这就是圣王的德行啊。"

九

景公睹婴儿有乞于途者，公曰："是无归夫[1]？"晏子对曰："君存，何为无归？使养之[2]，可立而以闻。"

【注释】

[1] 夫：句末语气词。

[2] 使养之：《晏子春秋·内篇杂上》作"使吏养之"。

【今译】

景公出行时看见有小孩在路上乞讨，景公就说："这是个无家可归的孩子吧？"晏子回答说："有大王在，他怎么会无家可归呢？如果您派人抚养他，可以立即做好并让您知道。"

十

景公游于寿宫[1]，睹长年负薪而有饥色[2]。公悲之，喟然叹曰："令吏养之。"晏子曰："臣闻之，乐贤而哀不肖，守国之本也。今君爱老而恩无不逮，治国之本也。"公笑有喜色。晏子曰："圣王见贤以乐贤，见不肖以哀不肖。今请求老弱之不养，鳏、寡之不室者[3]，论而供秩焉。"景公曰："诺。"于是老弱有养，鳏、寡有室。

【注释】

[1] 寿宫：齐国宫殿。

[2] 长年：年老的人。

[3] 鳏(guān)、寡之不室：男子无妻叫鳏，女子无夫叫寡。不室，没有家室，没有配偶。

【今译】

齐景公在寿宫游玩，看见年老的人背负柴草面带饥色。景公很同情他，叹息说："叫官吏奉养他。"晏子说："我听说，喜欢贤能之人而哀怜无能之人，是保住国家的根本啊。现在君王您爱护老年人恩惠无所不及，这是治国的根本啊。"景公听了面带喜色地笑了。晏子说："圣明的君王见到圣贤之人就喜欢圣贤之人，见到无才能之人就哀怜无才能之人。我现在请求把那些年老羸弱无人供养的人，那些没有家室的鳏男寡女，按照等级供给他们生活用品。"景公说："好吧。"于是，老人病弱的人有了供养，鳏男寡女有了家室。

十一

桓公之平陵[1]，见家人有年老而自养者，公问其故。对曰："吾有子九人，家贫无以妻之，吾使佣而未返也[2]。”桓公取外御者五人妻之[3]。管仲入见曰：“公之施惠，不亦小矣？”公曰：“何也？”对曰：“公待所见而施惠焉[4]，则齐国之有妻者少矣。”公曰：“若何？”管仲曰：“令国丈夫二十而室，女子十五而嫁。”

【注释】

[1] 平陵：春秋时齐邑。
[2] 佣：受别人雇佣，出卖劳动力。
[3] 外御：指未接寝的宫女。
[4] 待所见而施惠焉：等到亲眼看见再施行恩惠。

【今译】

齐桓公到平陵去，看见一户百姓家有一个老人自己养活自己，桓公就问他原因。老人回答说：“我有九个儿子，家里穷不能给他们娶媳妇，我让他们去给人家当帮工，还没回来。”桓公就找了未侍过寝的五个宫女嫁给老人的儿子做妻。管仲进宫拜见说：“大王施行的恩惠，岂不显得太小了吗？”桓公说：“为什么？”管仲说：“大王等到亲眼看见再施行恩惠，那么齐国有妻室的人就少了。”桓公说：“该怎么办呢？”管仲说：“下令国内男子二十岁娶妻，女子十五岁出嫁。”

十二

孝宣皇帝初即位[1]，守廷尉吏路温舒上书[2]，言尚德缓刑。其词曰：“陛下初即至尊，与天合符[3]，宜改前世之失，正始受之统，涤烦文，除民疾，存亡继绝，以应天德，天下幸甚。臣闻往者秦有十失，其一尚存，治狱吏是也。昔秦之时，灭文学[4]，好武勇；贱仁义之士，贵治狱之吏；正言谓之诽谤，遏过谓之妖言[5]。故盛服先生不用于世[6]，忠良切言皆郁于胸；誉谀之声，日满于耳，虚美熏心，实祸蔽塞。此乃秦之所以亡天下也！方今海内赖陛下厚恩，无金革之危[7]，饥寒之患，父子夫妇，戮力安家，天下幸甚。然太平之未洽者，狱乱之也。夫狱，天下之命。死者不可生，断者不可属，《书》曰：'与其杀不辜，宁失不经[8]。'今治狱吏则不然。上下相驱[9]，以刻为明[10]，深者获公名，平者多后患。故治狱吏，皆欲入死[11]。非憎人也，自安之道，在人之死。是以死人之血流离于市[12]；被刑之徒比肩而立；大辟之计[13]，岁以万数。此圣人所以伤，太平之未洽[14]，凡以是也。人情安则乐生，痛则思死。捶楚之下[15]，何求而不得？故囚人不胜痛，则饰诬词以示之。吏治者利其然，则指道以明之。上奏恐却，则锻鍊而周内之[16]。盖奏当之[17]成，虽皋陶听[18]之，犹以为死有余罪。何则？成鍊之者众[19]，而文致之罪明也[20]。是以狱吏专为深刻[21]，残贼而无理[22]，偷为一切[23]，不顾国患，此世之大贼也！故俗语云：'画地作狱，议不可入；刻木为吏，期不可对[24]。'此皆疾吏之风，悲痛之辞也！故天下之患，莫深于狱。败法乱政，离亲塞道，莫甚乎治狱之吏。此臣所谓一尚存也。臣闻鸟鷇之卵不毁[25]，而后凤凰集；诽谤之罪不诛，而后良言进。故《传》曰：'山薮藏疾，川泽纳污。国君含垢，天之道也。'臣昧死上闻，愿陛下察诽谤，听切言，开天下之口，广箴谏之路[26]，改亡秦之一失，遵文、武之嘉德；省法制，宽刑罚，以废烦狱，则太平之风可兴于世，福履和乐[27]，与天地无极，天下幸甚。"书奏，皇帝善之，后卒为临淮太守[28]。

【注释】

[1] 孝宣皇帝：西汉宣帝刘询，武帝曾孙。公元前 74 年至前 49 年在位，重

视吏治，政绩颇显。

[2] 守廷尉吏路温舒：《汉书·路温舒传》"吏"作"史"。守廷尉史，官名，掌刑狱。路温舒，字长君，鉅鹿东里（今河北平乡西南）人，西汉司法官。年轻时为县狱吏，举孝廉，官至廷尉奏曹掾、太守等职。

[3] 与天合符：与天意相合。

[4] 文学：文献经典。

[5] 谒过：陈述过失。谒，陈述，禀告。

[6] 盛服先生：正直的人。盛服，衣冠整齐端正。

[7] 金革：战争，战乱。

[8] 与其杀不辜，宁失不经：语出《尚书·大禹谟》。

[9] 上下相驱：上下级之间相互比赛。

[10] 以刻为明：把对犯人的苛刻当作高明的行为。

[11] 皆欲入死：《汉书·路温舒传》"入"作"人"。

[12] 流离：滴流或沾湿的样子。

[13] 大辟（bì）：死刑。

[14] 洽：普遍。

[15] 捶楚：同"棰楚"。古代杖刑用具。捶，鞭子，木棍。楚，荆条。

[16] 锻鍊（liàn）而周内：锻鍊，罗织罪名。周内，周密。鍊，同"炼"。内，同"纳"。

[17] 奏当：案件审理完毕向皇帝奏进处理意见。

[18] 皋陶（gāo yáo）：传说中为舜掌管刑法的大臣。《汉书·路温舒传》作"咎繇"。

[19] 成鍊：《汉书·路温舒传》作"成练"。

[20] 文致：援用法律条文构成罪过。

[21] 深刻：刑罚严厉。

[22] 残贼而无理：残忍狠毒不讲道理。《汉书·路温舒传》作"残贼而无极"。

[23] 偷为一切：偷，苟且。一切，权宜。

[24] 画地作狱，议不可入；刻木为吏，期不可对：《汉书·路温舒传》作"画地作狱，议不入；刻木为吏，期不对。"司马迁《报任安书》中有："故士有画地为牢，势不可入，削木为吏，议不可对。"

[25] 乌鷇（kòu）：泛指鸟。鷇，幼鸟。《汉书·路温舒传》作"乌鸢"。

[26] 箴(zhēn)谏:规劝。

[27] 福履:即“福禄”。

[28] 卒为临淮太守:后来死在临淮太守任上。为,当作“于”。临淮,郡名,西汉置,东汉废。故址在今安徽盱眙。

【今译】

汉孝宣皇帝刚即位的时候,守廷尉史路温舒上书皇帝,主张推崇德政、宽缓刑罚。他在奏章中写道:“陛下初登皇位,与天意相合,理应改正前朝失误,端正刚刚承受的纲纪,清理烦琐的法规条文,解除百姓的疾苦,使快要灭亡的保存下来,快要断绝的赓续下去,来顺应天意,天下百姓甚感幸运。我听说过去秦朝有十个方面的失误,其中一个失误现在仍然存在,这就是治理刑狱的官吏擅权的问题。从前秦朝的时候,毁灭文献经典,喜好武功勇力;轻视主张仁义的士人,重视管理刑狱的官吏;正当的言论被污蔑为诽谤,陈述过失被指责为妖言惑众。所以正直之士得不到重用,忠良之人的恳切意见都积压在胸中;赞美阿谀的声音,天天充斥在皇帝耳边;虚假的赞美迷惑心志,现实的灾祸被掩盖遮蔽。这就是秦朝失掉天下的原因啊!现在天下百姓仰仗陛下的大恩大德,没有战争的危险,没有饥饿的担忧,父子夫妇合力使家庭安定,百姓甚感幸运。但是太平还没有达到普遍的程度,这是胡乱断案造成的。刑狱,是治理天下的大事。死人不可复活,断头不能再接。《尚书》写道:‘与其滥杀无辜,宁肯放过偶尔犯罪之人。’现在治理刑狱却不是这样。上下级之间相互比赛,把对犯人的苛刻当作高明的行为,官吏苛刻被称作公正无私,真正公平的会留下诸多后患。所以管理刑狱的官吏,都想着致犯人于死地。不是因为他们憎恨犯人,而是因为保全自己的途径,在于能够致犯人于死地。所以被杀死的人的鲜血满街流淌,遭受刑罚的囚徒肩并肩挨着站立;被处以死刑的人,多到数以万计。这就是圣人痛心的原因,太平不能普遍,也是因为这个原因啊!人之常情是,安定就乐意活着,痛苦就想死去。在严刑拷打之下,什么口供会得不到呢?所以囚犯忍受不住痛苦，就会编造假话交给狱吏看。办案的官吏认为这样做有利可图，就引诱犯人认定假案。上奏又担心被驳回，就周密地罗织罪名。到了案件审理完毕向皇帝奏进处理意见的时候，即便是让皋陶来决断，也会认为死有余辜。为什么会这样呢？因为罗织罪名的人多，援用法律条文构成的罪过明确啊。所以狱吏一心使刑罚严厉苛刻，手段残忍狠毒不讲道理，苟且权宜，不考虑国家利益，这是国家的大害啊！所以俗话说：'即使在地上画一个圆圈当作监狱，人们也不愿意进去；雕刻一个木头人当作狱吏，人们也不希望与它对答。'这些都是百姓痛恨狱吏的民谣、发出的悲痛言论啊！所以国家的忧患，没有比狱吏不正更严重的了。败坏法律搅乱政令，使亲人离散言路闭塞，没有比治理狱吏更为迫切的事情了。这就是我所说的现在仍然存在的一种失误啊。我听说鸟儿的蛋不被损坏，然后凤凰才来居住；犯了诽谤之罪不被杀死，然后好的建议才会出现。所以《左传》上说：'山深林密之地藏着毒蛇猛兽，河流湖泊之处藏污纳垢，一国君王具有包含容忍污垢的胸怀，这是大自然的规律啊。'我冒着死罪向皇上进言，希望皇上能明察什么是诽谤，采纳恳切的建议，打通天下进言的道路，拓宽规劝的途径，改变秦朝的这一错误，遵循周文王、周武王美好的德政，减少烦琐的法律条文，宽缓刑罚，废除烦琐的狱治，那么天下太平的风气，可以大兴于世，百姓的福气，同天地一样长存，天下百姓会甚感幸运。"奏书呈给皇帝，皇帝认为写得好。路温舒后来死在临淮太守的职位上。

十三

晋平公春筑台[1]。叔向曰[2]："不可。古者圣王贵德而务施，缓刑辟而趋民时[3]。今春筑台，是夺民时也。夫德不施则民不归，刑不缓则百姓愁。使不归之民，役愁怨之百姓，而又夺其时，是重竭也[4]。夫牧百姓[5],养育之而重竭之,岂所以定命安存,而称为人君于后世哉?”平公曰:“善!”乃罢台役。

【注释】

[1] 晋平公:晋平公,见卷一君道·一[1]。
[2] 叔向:晋国大夫,姓羊舌,名肸(xī),字叔向。
[3] 刑辟(bì):刑罚。
[4] 重(zhòng)竭:本医学名词。这里指用尽民力。
[5] 牧:统治。

【今译】

晋平公在春天修筑亭台。叔向说:“不可以。古代圣贤的君王重视德政并尽力推行,宽缓刑罚并且不误农时。现在春季修筑亭台,这是耽误农时的行为。不施行德政人民就不归附,刑罚不宽缓百姓就会愁苦。驱使不归附的人民,役使有愁苦的百姓,又耽误他们的农时,这就是用尽民力。统治百姓,本应该养育他们现在却用尽民力,难道这就是让百姓安身立命、并使后人称颂自己是明君的办法吗?”平公说:“说得好。”于是取消了修筑亭台的差役。

十四

赵简子春筑台于邯郸[1],天雨而不息,谓左右曰:“可无趋种乎[2]?”尹铎对曰[3]:“公事急。措种而悬之台[4],夫虽欲趋种,不能得也。”简子惕然[5],乃释台罢役,曰:“我以台为急,不如民之急也!民以不为台故,知吾之爱也。”

【注释】

[1] 赵简子:见卷一君道·三十三[1]。
[2] 可无趋(cù)种乎:怎么不催促百姓种地呢?可,表疑问,怎么。趋,催

促，赶紧。

[3] 尹铎：赵简子家臣。

[4] 措种而悬之台：安排种地却又牵挂修筑亭台。措，安排。悬，牵挂。

[5] 惕然：忧惧的样子。

【今译】

赵简子春天在邯郸修筑亭台，天不停地下雨，就对身边的人说：“怎么不催促百姓赶快种地呢？”尹铎回答说：“修筑亭台的公事紧急。安排种地却又牵挂修筑亭台，即便想要催促百姓种地，也办不到啊。”赵简子流露出忧惧的样子，于是放弃筑台取消差役，说：“我把筑台当作急事，但比不上百姓种地的事情要紧哪！百姓会因为我停止筑台的缘故，知道我对他们是仁爱的。”

十五

中行献子将伐郑[1]，范文子曰[2]：“不可。得志于郑，诸侯雠我[3]，忧必滋长。”郤至又曰[4]：“得郑，是兼国也[5]。兼国则王，王者固多忧乎？”文子曰：“王者盛其德而远人归，故无忧。今我寡德，而有王者之功[6]，故多忧。今子见无土而欲富者，乐乎哉？”

【注释】

[1] 中行献子：即荀偃，晋国大夫。晋厉公时为上军副帅。与大夫栾书杀厉公，立襄公曾孙为悼公，将中军。谥“献”。《国语·晋语》作“厉公将伐郑”。

[2] 范文子：即士燮，春秋时晋国大夫。曾随厉公与楚战于鄢陵，大败楚军，威震诸侯。谥“文子”。

[3] 雠：通“仇”。

[4] 郤(xì)至：温季，春秋时晋国大夫。鄢陵之战中有功。后被厉公宠臣胥童、夷阳等人袭杀。中“又”字疑为衍文。

[5] 兼国：吞并别的国家。

[6] 有:《国语·晋语》作“求”。

【今译】

中行献子想要讨伐郑国,范文子说:“不可以。如愿以偿打败郑国的话,诸侯就会把我们当作仇敌,忧患必然出现。”郤至说:“得到郑国,这是兼并别的国家,兼并他国可以称王,称王的人难道一定就有很多忧患吗?”范文子说:“称王的人能够使他的仁德盛大而使得远方的人来归附,所以没有忧患。如今我们缺少仁德,却想要建立王者的功业,所以会有很多忧患。您见过没有土地却想富贵的人,能够平安快乐吗?”

十六

季康子谓子游曰[1]:“仁者爱人乎?”子游曰:“然。”“人亦爱之乎?”子游曰:“然。”康子曰:“郑子产死[2],郑人丈夫舍玦佩[3],妇人舍珠珥[4],夫妇巷哭,三月不闻竽琴之声。仲尼之死,吾不闻鲁国之爱夫子,奚也?”子游曰:“譬子产之与夫子,其犹浸水之与天雨乎[5]? 浸水所及则生,不及则死。计民之生也[6],必以时雨;既以生,莫爱其赐。故曰:譬子产之与夫子也,犹浸水之与天雨乎?”

【注释】

[1] 季康子谓子游:季康子,指季康肥,鲁哀公时正卿,当时政治上最有权力的人。“康”是谥号。子游,即言偃,孔子学生。春秋鲁人,习文学。仕鲁为武城宰,以礼越教民。孔子过武城,闻弦歌之声,嘉许之。

[2] 子产:见卷二臣术·四[6]。

[3] 玦(jué)佩:玦,开缺口的玉环。佩,系在衣带上做装饰的玉。

[4] 珠珥(ěr):珍珠耳饰。

[5] 浸水:灌溉用的水。

[6] 计:明抄本作“斯”。

【今译】

季康子问子游:“仁慈的人爱人吗?”子游说:“当然。”“别人也爱仁慈的人吗?”子游说:“当然。”季康子说:“郑子产死后,郑国的男子摘下玉佩,女人摘下耳饰,夫妇在巷子里哭泣,人们三个月听不到乐器的声音。孔子死后,我没有听说鲁国人民那样来表达热爱他的感情,为什么呢?”子游说:“拿子产与先生相比,大概就像灌溉用的水与天上下的雨一样吧?灌溉用的水达到的地方庄稼就会生长,达不到的地方庄稼就会死亡。百姓的生存,一定是靠着雨水;现在百姓已经生存下来了,就感觉不到天上雨水的可爱了。所以说:拿子产与先生相比,好像灌溉用的水与天上下的雨一样吧?”

十七

中行穆子围鼓[1],鼓人有以城反者[2],不许。军吏曰:“师徒不勤[3],可得城,奚故不受?”曰:“有以吾城反者,吾所甚恶也;人以城来,我独奚好焉?赏所甚恶,是失赏也,若所好何?若不赏,是失信也,奚以示民?”鼓人又请降。使人视之,其民尚有食也,不听。鼓人告食尽力竭,而后取之,克鼓而反[4],不戮一人。

【注释】

[1] 中行穆子围鼓:中行穆子,荀偃之子,即荀吴。春秋晋平公时大夫。鼓,春秋时国名,白狄的一支,为晋所灭。

[2] 有以城反者:有人愿献城反叛。反,反叛。

[3] 师徒:兵士,军队。

[4] 克鼓而反:占领了鼓城凯旋。克,占领,攻占。反,通“返”。

【今译】

中行穆子包围了鼓城,鼓城中有人愿意献城反叛,中行穆子不答应。军吏说："军队不必辛劳，就可以得到城池，为什么不答应呢？"中行穆子说："如果有人愿意献出我们的城池反叛，那是我们非常痛恨的事情；现在别人愿意献城反叛，我唯独就喜欢吗？奖赏自己特别痛恨的人，是不正当的奖赏，那将如何对待自己喜欢的人呢？如果不奖赏，就是不讲信用，怎么向百姓交代呢？"鼓城中的人又请求投降。中行穆子派人去察看情况，城里的百姓还有粮食可以吃，就没有答应。后来鼓城中的人告诉说粮食吃完了力量也用尽了，这样之后中行穆子下令接受投降，占领了鼓城凯旋，一个人也没有杀戮。

十八

孔子之楚，有渔者献鱼甚强[1]，孔子不受。献鱼者曰："天暑远市，卖之不售，思欲弃之，不若献之君子。"孔子再拜受，使弟子扫除，将祭之。弟子曰："夫人将弃之，今吾子将祭之，何也？"孔子曰："吾闻之，务施而不腐余财者，圣人也。今受圣人之赐，可无祭乎？"

【注释】

[1] 强：诚恳。

【今译】

孔子到楚国去，有个打鱼的人诚恳地向孔子献鱼，孔子不接受。献鱼的人说："天气炎热，远离鱼市，卖鱼又无人购买，原想扔掉它，不如献给先生。"孔子拜了两拜接受了，让弟子打扫尘秽，将要祭拜鱼。弟子说："人家将要扔掉这鱼，现在先生将要祭拜它，为什么呢？"孔子说："我听说，一心施舍别人而不让多余的财物腐烂的人，是圣人。现在接受圣人的赏赐，能不祭拜吗？"

十九

郑伐宋，宋人将与战。华元杀羊食士[1]，其御羊斟不与焉[2]。及战，曰："畴昔之羊羹[3]，子为政[4]；今日之事，我为政。"与华元驰入郑师[5]，宋人败绩[6]。

【注释】

[1] 华元：春秋时宋国大夫，历仕宋文公、共公、平公三朝。

[2] 御羊斟不与焉：御，驾车的人。羊斟，宋人，华元的驭手。不与，不在其中。

[3] 畴昔：过去，先前。

[4] 为政：做主。

[5] 与华元驰入郑师：羊斟驾着车把华元载入郑国军队。

[6] 败绩：大败。

【今译】

郑国攻打宋国，宋国军队将要迎战。华元杀羊犒劳士卒，他的驭手羊斟不在被犒劳之列。等到打仗的时候，羊斟说："先前杀羊煮肉汤犒劳士卒，由你做主；今天驾车的事情，由我做主。"羊斟驾着车把华元载入郑国军队，宋国人大败。

二十

楚王问庄辛曰[1]："君子之行奈何？"庄辛对曰："居不为垣墙[2]，人莫能毁伤；行不从周卫[3]，人莫能暴君。此君子之行也。"楚王复问："君子之富奈何？"对曰："君子之富，假贷人，不德也，不责也。其食饮人不使也，不役也。亲戚爱之，众人喜之，不肖者事之，皆欲其寿乐而不伤于患。此君子之富也。”楚王曰：“善。”

【注释】

[1] 楚王问庄辛：楚王，《后汉书·樊宏传》作“楚顷襄王”。楚顷襄王，名横，公元前298年至前263年在位。庄辛，楚顷襄王时大夫，预知楚国有危难，避居赵国。后楚顷襄王流亡于成阳，召庄辛，封他为阳陵君。

[2] 垣墙：院墙，围墙。

[3] 周卫：宫禁。这里指侍卫。

【今译】

楚顷襄王问庄辛：“君子的品行是怎样的？”庄辛回答说：“君子居住的地方不设围墙，但没有谁能够伤害他；出行的时候不带侍卫，但没有谁能够暴虐他。这就是君子的品行。”楚顷襄王又问道：“君子如何对待富有？”庄辛回答说：“君子对待富有，借贷给别人东西，不要求别人感恩戴德，不责备别人。君子供给别人吃喝，不因此驱使别人，不奴役别人。亲戚热爱他，众人喜欢他，不才之人侍奉他，都希望他长寿快乐不受祸患的伤害，这就是君子对待富有的态度。”楚顷襄王说：“说得好。”

二十一

丞相西平侯于定国者[1]，东海下邳人也[2]，其父号曰于公。为县狱吏，决曹掾[3]。决狱平法，未尝有所冤。郡中离文法者[4]，于公所决，皆不敢隐情。东海郡中为于公生立祠，命曰“于公祠”。东海有孝妇，无子，少寡，养其姑甚谨[5]。其姑欲嫁之，终不肯。其姑告邻之人曰：“孝妇养我甚谨，我哀其无子，守寡日久。我老，累丁壮奈何[6]？”其后，母自经死[7]。母女告吏曰：“孝妇杀我母。”吏捕孝妇，孝妇辞不杀姑，吏欲毒治[8]，孝妇自诬服[9]。具狱以上府[10]，于公以为养姑十年以孝闻，此不杀姑也。太守不听，数争不能得，于是于公辞疾去吏[11]，太守竟杀孝妇。郡中枯旱三年。后太守至，卜求其故。于公曰："孝妇不当死，前太守强杀之，咎当在此。"于是杀牛祭孝妇冢，太守以下自至焉，天立大雨，岁丰熟，郡中以此益敬重于公。于公筑治庐舍，谓匠人曰："为我高门，我治狱未尝有所冤，我后世必有封者，令容高盖驷马车。"及子，封为西平侯。

【注释】

[1] 于定国：字曼倩，西汉宣帝时人。少年时从父学法。后做狱吏，官至廷尉、丞相，封西平侯。

[2] 东海下邳(pī)：东海，郡名，秦置，治所在郯(今山东郯城北)。下邳，县名，秦置，当时隶属东海郡，治所在今江苏睢宁西北。

[3] 决曹掾(yuàn)：决曹，西汉治狱官吏名称。掾，属官。据《汉书·于定国传》记载，于公曾做过县决曹的属官，也做过郡决曹的属官。据下文于公和太守争推知，当时于公已经做到郡决曹的属官了。

[4] 离：通"罹"。

[5] 姑：婆婆。

[6] 累丁壮奈何：怎能长期拖累年轻人呢。

[7] 母自经死：母，《汉书·于定国传》作"姑"。后面的"母女"作"姑女"。自经死，自己上吊死了。

[8] 毒治：毒刑拷打令其认罪。

[9] 诬服：无辜而服罪。这里指招认了虚假的罪名。

[10] 具狱：定案或据以定罪的案卷。

[11] 辞疾去吏：以有病为借口辞去狱吏的职务。

【今译】

丞相西平侯于定国，是东海郡下邳县人。他的父亲被尊称为"于公"，做县狱吏，是决曹的属官。他判决案子依法公平，不曾有过冤案。郡里违法的人，因于公主持判决，都不敢隐瞒真相。东海郡百姓在于公活着的时候就为他立了祠堂，名为"于公祠"。东海有一个孝妇，没有儿子，年轻守寡，奉养婆婆非常尽心。她的婆婆想要她改嫁，她终究也不肯答应。她的婆婆对邻居说："这个孝顺媳妇奉养我非常尽心，我同情她没有儿子，守寡时间已经很长了。我老了，怎能长期拖累年轻人呢？"后来，婆婆就自己上吊死了。婆婆的女儿向官府告发说："孝妇杀死了母亲。"官吏逮捕了孝妇，孝妇说自己没有杀婆婆，狱吏想要用毒刑拷打令其认罪，孝妇自己便招认了虚假的罪名。定罪的案卷报送郡府后，于公认为孝妇奉养婆婆十年以孝闻名，这足以证明她不会杀婆婆。太守不听他的意见，于公多次据理力争也不能改变太守的决定，于公就以有病为借口辞去狱吏的职务。太守最终还是杀了孝妇，郡中大旱三年。后任太守到职，卜问天旱的原因。于公说："孝妇不应该死，前任太守硬是杀了她，天降灾祸的原因就在这里。"于是杀牛祭奠孝妇的坟墓，太守以下的官吏都亲自来到坟前，上天立即下了大雨，年成丰收。郡中人因此更加敬重于公。后来于公修建房舍，对工匠说："替我把门修得高高的，我判决案件没有冤案，我的后代必然有受封赏的，要让大门能通过四匹马拉着的有高大车篷的马车。"到了他的儿子，被封为西平侯。

二十二

孟简子相梁并卫[1]，有罪而走齐。管仲迎而问之曰："吾子相梁并卫之时，门下使者几何人矣[2]？"孟简子曰："门下使者有三千余人。"管仲曰："今与几何人来？"对曰："臣与三人俱。"仲曰："是何也？"对曰："其一人父死无以葬，我为葬之；一人母死无以葬，亦为葬之；一人兄有狱[3]，我为出之[4]。是以得三人来。"管仲上车曰："嗟兹乎！我穷必矣，吾不能以春风风人[5]；吾不能以夏雨雨人[6]，吾穷必矣。"

【注释】

[1] 孟简子相梁并卫：孟简子，不详。相梁，做魏国的相。公元前361年，魏惠王迁都大梁（今河南开封），从此，魏也称梁。下文的管仲乃春秋时人，时间不合。并卫，吞并卫国。魏灭卫是公元前254年的事，时间不合。

[2] 使者：即门客。

[3] 有狱：有官司。指犯罪。

[4] 出之：从狱中救出。

[5] 春风风人：像春天的风一样温暖人。指施人以恩惠。

[6] 夏雨雨人：像夏天的雨一样滋润人。指施人以恩惠。

【今译】

孟简子做魏国的相时兼并了卫国，后因罪逃到齐国。管仲迎接他并问道："先生做魏国相兼并卫国的时候，门客有多少人呢？"孟简子说："门客有三千。"管仲说："现在与你同来的有多少人？"孟简子回答说："与我同来的有三人。"管仲问："三个怎样的人？"孟简子回答说："其中一个人的父亲死了无法埋葬，我帮他埋葬了；一个人的母亲死了无法埋葬，我也帮他埋葬了；一个人的哥哥犯了罪（关进监狱），我把他从狱中救了出来。因此有三个人与我同来。"管仲登上车说："唉，我将来处境困窘是一定的了，我不能像春天的风一样温暖人，我不能像夏天的雨一样滋润人，我将来处境困窘是一定的了。"

二十三

凡人之性，莫不欲善其德，然而不能为善德者，利败之也[1]。故君子羞言利名。言利名尚羞之，况居而求利者乎[2]？

【注释】

[1] 利败之也：追求私利败坏了它。

[2] 居:居于高位。

【今译】

大凡人的本性,无不想要使自己品德良好,但是不能使自己具有良好品德的原因,是追求私利败坏了它。所以君子把谈论名利当作可耻的事情。谈论名利尚且当作可耻的事情,何况是居于高位却贪求私利呢?

二十四

周天子使家父、毛伯求金于诸侯[1],《春秋》讥之。故天子好利则诸侯贪;诸侯贪则大夫鄙;大夫鄙则庶人盗。上之变下,犹风之靡草也。故为人君者,明贵德而贱利以道下。下之为恶,尚不可止,今隐公贪利而身自渔济上,而行八佾[2],以此化于国人,国人安得不解于义[3]?解于义而纵其欲,则灾害起,而臣下僻矣。故其元年始书螟[4],言灾将起、国家将乱云尔[5]。

【注释】

[1] 周天子使家父、毛伯求金于诸侯:据《春秋》记载,周王室派人向诸侯求取财物有三次:第一次是隐公三年,"秋,武氏子来求赙(fù)。"第二次是桓公十五年,"十又五年春二月,天王使家父来求车。"第三次是文公九年,"九年春,毛伯来求金。"《公羊传》记载,求赙、求车、求金皆为"非礼",为了讥刺周天子,《春秋》一书记录了此事。武氏子和家父、毛伯皆为周天子大夫。

[2] 今隐公贪利而身自渔济上,而行八佾(yì):隐公,即鲁隐公息姑,春秋初期鲁国国君,公元前722年至前712年在位。济,济水,源出河南济源县王屋山,向东流入山东,与黄河并行入海。八佾,古代天子专用的乐舞,八人一列,为一佾。

[3] 解于义:解,同"懈"。

[4] 故其元年始书螟："元年"当为"五年"之误。螟，螟蛾的幼虫，是一种食禾心的害虫。

[5] 云尔：语助词，相当于"如此而已"。

【今译】

周天子派家父、毛伯向诸侯索取财物，《春秋》讥刺这件事。所以天子喜欢财物，诸侯就变得贪婪；诸侯贪婪，大夫就变得庸俗浅陋；大夫庸俗浅陋，百姓就会盗窃。在上位的人使下位的人发生变化，好像风把草吹倒一样。所以作为国君，要用重品德修养、轻贪求私利的做法来引导臣民，即便这样臣民的恶劣行为还不一定能够制止。现在鲁隐公贪图小利而亲自到济水上捕鱼，并且僭越天子才能用的八佾乐舞，用这样的做法来教化国民，国民怎能不懈怠呢？对原则懈怠并放纵自己的欲望，那么灾祸就会出现，而臣下也就会变得邪僻起来。所以隐公元年就开始记载螟灾，就是预言灾害将要到来、国家将要混乱。

二十五

孙卿曰[1]："夫斗者，忘其身者也，忘其亲者也，忘其君者也。行须臾之怒，而斗终身之祸[2]，然乃为之[3]，是忘其身也；家室离散，亲戚被戮，然乃为之，是忘其亲也；君上之所致恶，刑罚之所大禁也，然乃犯之，是忘其君也。今禽兽犹知近父母，不忘其亲也，人而忘其身，内忘其亲，上忘其君，是不若禽兽之仁也。凡斗者，皆自以为是，而以他人为非。己诚是也[4]，人诚非也，则是己君子而彼小人也。夫以君子而与小人相贼害，是人之所谓以狐白补犬羊[5]，身涂其炭[6]，岂不过甚矣哉？以为智乎？则愚莫大焉；以为利乎？则害莫大焉；以为荣乎？则辱莫大焉。人之有斗，何哉？比之狂惑疾病乎？则不可，面目人也，而好恶多同[7]。人之斗，诚愚惑失道者也。《诗》云：‘式号式呼，俾昼作夜[8]’，言斗行也。”

【注释】

[1] 孙卿：见卷二臣术·二十[1]。本段出自《荀子·荣辱》。

[2] 斗：造成。

[3] 然乃：复合虚词，可译为“却仍然要”。

[4] 诚：的确。

[5] 以狐白补犬羊：用狐狸腋下的白色毛皮来补缀狗皮、羊皮。

[6] 身涂其炭：用炭灰涂抹身体。

[7] “人之有斗”句：《荀子·荣辱》作：“人之有斗，何哉？我欲属之狂惑疾病邪？则不可，圣王又诛之。我欲属之鸟鼠禽兽邪？则不可，其形体又人，而好恶多同。人之有斗，何哉？我甚丑之。”译文参照之。

[8] 式号式呼，俾昼作夜：式，句首语气词。俾，使。语出《诗经·大雅·荡》。

【今译】

荀子说：“喜欢争斗的人，是忘记自身的人，是忘记父母的人，是忘记国君的人。为了发泄一时的怒气，造成终身祸患，仍然去做，这就是忘记自身；使亲人离散，亲戚受连累被杀，却仍然去做，这就是忘记父母；国君所厌恶的事情，法律所禁止的事情，却仍然去做，这就是忘记国君。现在禽兽尚且懂得亲近父母，不忘亲人，而作为人却对下忘记自身，对内忘记父母，对上忘记国君，这是连禽兽一样的仁爱都不如的人啊。大凡喜欢争斗的人，都认为自己是正确的，而认为别人是错误的。如果自己确实正确，别人确实错误，那么自己就是君子别人就是小人。以君子的身份与小人争斗互相残害，这就是人们所说的用狐狸腋下的白色毛皮来补缀狗皮、羊皮，用炭灰涂抹身体，难道不是十分错误的吗？这是聪明的表现吗？其实没有比这再愚蠢的了；这样就得利了吗？其实没有比这祸害更大的了；这样就是荣耀吗？其实没有比这更大的耻辱了。人们喜欢争斗，是什么行为呢？把它比作精神疯狂得了疾病吧？不行，他们的面目都是人，好恶之情大多相同。人们喜欢争斗，的确属于愚蠢迷惑而失掉了正道啊。《诗经》上说：‘又号又呼乱糟糟，日夜不分政事荒。’说的就是好争斗的行为啊。”

二十六

子路持剑，孔子问曰：“由，安用此乎？”子路曰：“善古者[1]，固以善之；不善古者，固以自卫。”孔子曰：“君子以忠为质，以仁为卫，不出环堵之内，而闻千里之外。不善以忠化，寇暴以仁围，何必持剑乎？”子路曰：“由也请摄齐以事先生矣[2]。”

【注释】

[1] 古：朱骏声《说苑新序校评》：“古，皆当作‘吾’”。《韩诗外传·卷九》：“子路曰：‘人善我，我亦善之。人不善我，我不善之。’”

[2] 摄齐（zī）：提起衣服下摆，以防走路上堂时跌倒失礼。此处意思是子路要对孔子行拜师礼。

【今译】

子路手持宝剑，孔子问他：“由，你打算怎么用这东西呢？”子路回答说：“对我友好的人，我一定友好地对待他；对我不友好的，我用它来自卫。”孔子说：“君子以忠诚为本，以仁爱来防身，不走出院墙，却能够闻名于千里之外。对不友好的人要用忠诚来感化他，对残暴势力要用仁爱来防卫他，何必拿着宝剑呢？”子路说：“请允许我拜先生为师向您学习吧。”

二十七

乐羊为魏将以攻中山[1]。其子在中山，中山悬其子示乐羊，乐羊不为衰志，攻之愈急。中山因烹其子而遗之[2]，乐羊食之尽一杯[3]。中山见其诚也,不忍与其战,果下之,遂为魏文侯开地[4]。文侯赏其功而疑其心。孟孙猎得麑[5],使秦西巴持归[6]。其母随而鸣,秦西巴不忍,纵而与之。孟孙怒而逐秦西巴。居一年,召以为太子傅[7]。左右曰:“夫秦西巴有罪于君,今以为太子傅,何也?”孟孙曰:“夫以一麑而不忍,又将能忍吾子乎?故曰:巧诈不如拙诚。乐羊以有功而见疑,秦西巴以有罪而益信,由仁与不仁也。

【注释】

[1] 乐羊为魏将以攻中山:见卷二臣术·五[10]。

[2] 遗之:省略了“羹”字,当为“遗之羹”。

[3] 杯(bēi):同“杯”。

[4] 魏文侯:见卷一君道·三十六[2]。

[5] 孟孙猎得麑(ní):孟孙,复姓,鲁桓公之子庆父的后代,魏国大夫。麑,幼鹿。

[6] 秦西巴:孟孙氏家臣。

[7] 太子傅:长子的老师。孟孙为大夫,其子不当称为太子。此处“太子”即长子。

【今译】

乐羊担任魏国大将去攻打中山国。乐羊的儿子在中山国,中山国的人便把他的儿子悬挂起来给他看,乐羊并不因此减弱斗志,反而攻打得更加猛烈。中山国的人就煮了他的儿子并送给他肉羹,乐羊吃完了一杯肉羹。中山国的人看见他这样忠诚,不忍心与他交战,结果被攻破,于是为魏文侯扩大了疆土。文侯奖赏了乐羊的战功却怀疑他的忠心。孟孙打猎时得到一只幼鹿,让秦西巴带回去。那母鹿跟随在后边哀鸣,秦西巴于心不忍,便把幼鹿放还给母鹿。孟孙一怒之下赶走了秦西巴。过了一年,孟孙又召回了秦西巴让他做长子的老师。身边的人说:“秦西巴曾得罪于您,现在却让他做长子的老师,为什么呢?”孟孙说:“对一只幼鹿尚且于心不忍,又怎么会对我的儿子忍心呢?”所以说:奸巧机诈不如拙笨诚实。乐羊因为战功却被怀疑，秦西巴因为有罪却更受信任，这在于仁爱和不仁爱啊。

二十八

智伯还自卫[1]，三卿燕于蓝台[2]，智襄子戏韩康子而侮段规[3]。智伯国闻之谏曰[4]："主弗备难，难必至。"曰："难将由我，我不为难，谁敢兴之？"对曰："异于是。夫郤氏有车辕之难[5]，赵有孟姬之谗[6]，栾有叔祁之诉[7]，范中行有函冶之难[8]，皆主之所知也。《夏书》有之曰[9]：'一人三失，怨岂在明，不见是图[10]。'《周书》有之曰[11]：'怨不在大，亦不在小[12]。'夫君子能勤小物，故无大患。今主一谋而媿人君、相[13]，又弗备，曰'不敢兴难'，毋乃不可乎[14]？嘻！不可不惧，蚋蚁蜂虿[15]，皆能害人，况君、相乎？"不听。自是五年而有晋阳之难[16]，段规反而杀智伯于师，遂灭智氏。

【注释】

[1] 智伯：见卷三建本·二十九[3]。

[2] 三卿燕于蓝台：三卿，智襄子（即智伯，又作知伯）、韩康子、魏桓子。燕，通"宴"。此处为动词，举行宴会。蓝台，地名，游乐之所。

[3] 智襄子戏韩康子而侮段规：智襄子戏弄韩康子并轻侮段规。韩康子，即韩虎，晋国大夫。段规，《国语·晋语九》韦昭注为"魏桓子之相"。

[4] 智伯国：韦昭注为"晋大夫，智氏之族。"明抄本作"智果"。又称知果、辅果、智过。原属智氏之族，因谏智申毋立智伯，未被采纳，便归别族。智氏灭亡，智伯国因以保全。

[5] 郤(xì)氏有车辕之难：郤氏，晋国大族，郤犨、郤锜、郤至皆为大夫。郤犨曾与长鱼矫争田，郤犨把长鱼矫捉住并且囚禁起来，并把长鱼矫的父母妻子一同绑在一根车辕上。后来，长鱼矫受厉公宠信，就

在厉公的支持下杀死了“三郤”,并陈尸于朝。事见《左传·成公十七年》。

[6] 赵有孟姬之谗:孟姬,即赵庄姬。赵朔之妻。《左传·成公四年》载:“晋赵婴通于赵庄姬(庄姬为晋成公之女)。”《左传·成公五年》载:“五年春,原、屏(即赵同、赵括,赵婴同母兄)放逐齐(“齐”即指赵婴)。”《左传·成公八年》载:“晋赵庄姬为赵婴之亡故,谮之于晋侯,曰:‘原、屏将为乱。’栾、郤为征。六月,晋讨赵同、赵括。”

[7] 栾有叔祁之诉:栾,即栾盈,晋国大夫。栾氏是当时晋国一大势力集团。叔祁,一作“栾祁”,范宣子之女,栾盈之母。范氏是当时晋国另一大势力集团。《左传·襄公二十一年》记载:叔祁与家臣的头子州宾私通,栾氏的财货几乎全被州宾侵占,栾盈很是担心。叔祁怕栾盈讨伐,就向范宣子诬陷栾盈将要作乱。范宣子害怕栾氏势力强大,就相信了叔祁的话。栾盈当时做下卿,范宣子就派栾盈到外地筑城,用这个办法将其赶走。不久栾盈就逃到楚国,范宣子杀了栾氏集团的其他成员。后栾盈潜回曲沃(今山西闻喜县东北),被范鞅杀死,从此栾氏之族被灭。

[8] 范、中行(háng)有函冶之难:范,指晋国大夫范吉射。中行,指晋国大夫荀寅,中行是复姓。范氏和中行氏都属于晋国六卿之一,势力强大。六卿之间为了各自势力而互相征战。公元前497年,赵简子受到范、中行联合进攻,从绛(今山西翼城东南)退守晋阳(今山西太原西南)。当时六卿中的知氏、韩氏和魏氏助赵攻范、中行,迫使范、中行退守朝歌(今河南淇县)。赵简子率晋军围攻朝歌,并截获了齐国支援范氏的“齐粟千车”。范、中行被迫逃到邯郸,最后逃到齐国。于是范、中行灭亡,其土地被知氏、韩氏、魏氏和赵氏瓜分。函冶,地名,《国语·晋语九》作“亟治”,范皋夷封地。范皋夷是范吉射侧室所生之子,因不受宠爱,便联系韩氏、魏氏作乱,想要取代其父的地位,所以称“函冶之难”。范皋夷后被赵简子所杀。

[9]《夏书》:《尚书》组成部分之一。相传是记载夏代历史的书。今本共《禹贡》《甘誓》《五子之歌》《胤征》四篇,后两篇为伪《古文尚书》。

[10] 一人三失,怨岂在明,不见是图:这三句的意思是,一个人总不免有些差错,引起人们怨恨的不一定都是很明显的差错,要重视那些细小的差错,预防发生意外。出自《五子之歌》。

[11]《周书》:《尚书》组成部分之一。相传是记载周代历史的书。共三十二篇,其中十三篇是伪《古文尚书》。

[12] 怨不在大,亦不在小:这句话的意思是,人们的怨恨不论是大是小,都可能引来灾祸。出自《尚书·周书·康诰》。

[13] 今主一谋而媿(kuì)人君、相:谋,即"宴",《国语·晋语九》作"宴"。媿,同"愧",《国语·晋语九》作"耻"。君,指韩康子。相,指段规。

[14] 毋乃不可乎:恐怕不可以吧?毋乃,同"无乃",恐怕。

[15] 蚋(ruì)蚁蜂虿(chài):蚋,蚊子。虿,蝎子。

[16] 晋阳之难:公元前497年,六卿中势力最强大的智氏联合韩氏、魏氏举兵攻打赵襄子,围攻晋阳(今山西太原西南),并决水灌城。赵襄子谋臣张孟谈暗中出城说服韩、魏。韩、魏担心赵氏灭亡后祸及自身,便反戈攻击智氏,一举灭掉智氏。在谋划反戈计划中,段规也起了重要作用。智氏灭亡后,其地被赵、韩、魏三家瓜分。从此,三家分晋的局面形成,晋君成为三家的附庸。

【今译】

智伯从卫国回到晋国,与韩康子、魏桓子在蓝台宴饮。智伯戏弄韩康子并侮辱段规。智伯国听说这件事后,向智伯进谏说:"您不防患于未然,灾祸一定会到来。"智伯说:"有无灾难取决于我。我不发难,谁敢发难?"智伯国说:"不是这样的。郤氏一族被杀死在车上,赵氏因孟姬的谗言被灭族,栾氏因叔祁的诬陷被消灭,范氏、中行氏遭受函冶之祸,这些都是您所知道的呀。《夏书》上有这样的话:'一个人总不免有些差错,引起人们怨恨的不一定都是很明显的差错,要重视那些细小的差错,预防发生意外。'《周书》上有这样的话:'人们的怨恨不论是大是小,都可能引来灾祸。'君子能够经常明察细小的事物,就没有大的灾难。如今您在宴会上就使得韩康子和段规受辱,您又没有防备,还说什么'没有人敢发难',恐怕不可以吧?哎呀,不能不担心呀!蚋、蚁、蜂、虿都能害人,何况是君主和相呢?"智伯不听,从此以后过了五年终于有了晋阳之难,段规反戈一击将智伯杀死于军中,于是灭掉了智氏。

二十九

智襄子为室美[1]，士茁夕焉[2]。智伯曰："室美矣夫！"对曰："美则美矣，抑臣亦有惧也[3]。"智伯曰："何惧？"对曰："臣以秉笔事君，记有之曰：'高山浚源[4]，不生草木；松柏之地，其土不肥'。今土木胜人[5]，臣惧其不安人也。"室成三年，而智氏亡。

【注释】

[1] 智襄子：即智伯。见卷三建本·二十九[3]。
[2] 士茁夕焉：士茁，智伯家臣。夕，傍晚朝见君主。焉，句末语气词。
[3] 抑：表示轻微转折，可译为"不过"。
[4] 浚源：《国语·晋语九》作"峻原"。
[5] 今土木胜人：《国语·晋语九》无"人"字。

【今译】

智伯建造华美的宫室，士茁傍晚朝见君主。智伯说："我的宫室够华美的吧！"士茁回答说："华美是够华美的了，不过我有些担心。"智伯问："担心什么？"士茁回答说："我是靠执笔写文章来侍奉您的，古书记载过这样的话：'高峻的山峰峭拔的高原，不能生长草木；生长松柏的地方，土壤不会肥沃。'现在您土木建筑太过分了，我担心不能让人安心居住啊。"宫室建成后三年，智氏果然灭亡。

【评析】

本卷主要内容是谈德政。我们从内容和写法两方面来评析。

本卷"贵德"内容主要包括两个方面：一是德政，二是德行。前者阐明以德治国的重要性，后者着眼于君子德行与成败的关系。中国古代治理国家向来有三条路线，一条是"以德治国"，实行"仁政"，这是儒家的主张；一条是"依法治国"，严刑峻法，这是法家的主张；还有一条是"无为而治"，休养生息，这是道家的主张。这三条路线都有其道理，所以也就成为各执一词、持之有故进行争论的焦点。西汉建立之初，统治者采取道家无为而治、与民休息的政策，为百姓提供了喘息恢复的环境。同时，汉承秦制，秦朝的严刑峻法也被继承下来，酷吏执法，冤狱冤案也是客观存在。后来汉武帝采纳董仲舒的主张，“罢黜百家，独尊儒术”，逐渐使儒家学说成为统治思想。刘向正是在这样的背景下来编著《贵德》一卷的，其目的很明确，就是要实行儒家的仁政、德政，倡导以德治国。

第一章引用《诗经·召南·甘棠》，其中“召伯”应为周宣王时大臣召虎，而非周武王、成王时的召公奭。召虎是召公奭的后人。在本章中，刘向很可能受司马迁《史记·燕召公世家》的误导，误将召虎作为召公奭来歌颂了。其实，召虎的事迹更能体现德政的本意。召虎在甘棠之下听讼决狱，为的是不扰民。当时周厉王崇尚法治，严刑峻法，条目繁多，百姓苦不堪言，民怨沸腾。这在《国语·周语上》有记载：

> 厉王虐，国人谤王。邵公告曰：“民不堪命矣！”王怒，得卫巫，使监谤者。以告，则杀之。国人莫敢言，道路以目。王喜，告邵公曰：“吾能弭谤矣，乃不敢言。”邵公曰：“是障之也。防民之口，甚于防川。川壅而溃，伤人必多，民亦如之。是故为川者决之使导，为民者宣之使言。故天子听政，使公卿至于列士献诗，瞽献曲，史献书，师箴，瞍赋，矇诵，百工谏，庶人传语，近臣尽规，亲戚补察，瞽、史教诲，耆、艾修之，而后王斟酌焉，是以事行而不悖。民之有口，犹土之有山川也，财用于是乎出；犹其有原隰衍沃也，衣食于是乎生。口之宣言也，善败于是乎兴，行善而备败，其所以阜财用、衣食者也。夫民虑之于心而宣之于口，成而行之，胡可壅也？若壅其口，其与能几何？”王不听，于是国(人)莫敢出言。三年，乃流王于彘。

《国语》中的记载，说明召虎是一位反对暴政、主张德政的臣子，他的行为与甘棠听讼决狱不扰民的行为是一致的。由此看来，本卷第一章内容就明确了“贵德”的基本内涵是治理国家贵在以德治国，施行德政。德政就是敬民、保民。刘向既引《诗经》句子，又引孔子之言，体现了《鲁诗》在当时的影响，也突出了儒家仁政思想的核心作用。接下来刘向又写道："仁人之德教也，诚恻隐于中，悃愊于内，不能已于其心。故其治天下也，如救溺人。见天下强陵弱，众暴寡，幼孤羸露，死伤系虏，不忍其然。"这就进一步强化了"仁爱"思想对于德政的重要性，对于巩固儒家思想的正统地位是非常必要的。本卷第十三、十四章记述晋平公、赵简子罢台役，保农事，与本章主题是一致的。

第二章的主题是积阴德、隐行，不求报。这仍是对统治者而言的。在刘向看来，统治者敬民保民，属于其天职，做得好是应该的，做不好是失职。这一思想非常可贵。第三章内容在《战国策·魏策》《史记·吴起列传》中均有记载，其主题是"在德不在险"。这与孟子"固国不以山谿之险"的思想相呼应，体现了儒家思想的连续性和整体性。《孟子·公孙丑下》写道：

> 孟子曰："天时不如地利，地利不如人和。三里之城，七里之郭，环而攻之而不胜。夫环而攻之，必有得天时者矣，然而不胜者，是天时不如地利也。城非不高也，池非不深也，兵革非不坚利也，米粟非不多也，委而去之，是地利不如人和也。故曰，域民不以封疆之界，固国不以山谿之险，威天下不以兵革之利。得道者多助，失道者寡助。寡助之至，亲戚畔之。多助之至，天下顺之。以天下之所顺攻亲戚之所畔，故君子有不战，战必胜矣。

刘向在本章中的"由此观之，在德不在险。若君不修德，舡中之人尽敌国也"之句，暗含了孟子"得道者多助，失道者寡助"的思想观点。

第四章内容又见于《尚书大传·大战篇》和《韩诗外传·卷三》，刘向做了一点调整。本章写太公、召公、周公对待殷商遗民的不同态度，实际上体现了三种不同的治国思想。只有周公的观点得到了武王的认可，表示武王选择了"仁政"路线，并对后世产生了深远影响。这里，刘向引述了古代圣贤"罪己"的行为。关于"百姓有过，在予一人"的记载，在以下文献中出现过：

《尚书·泰誓中》:“百姓有过,在予一人。”

《尚书·汤诰》:“其尔万方有罪,在予一人;予一人有罪,无以尔万方。”

《论语·尧曰》:“虽有周亲,不如仁人。百姓有过,在予一人。”

《国语·周语上》:“余一人有罪,无以万夫;万夫有罪,在余一人。”

后人认为,“罪己诏”,作为中国古代帝王对灾难和过错的反省、自检,有它的积极作用,一则表达他们为了国家和人民,愿意把事情办好的愿望;二则笼络人心,形成团结一心的局面。罪己行为尽管有虚伪的成分,但在一定程度上起到了制约帝王言行的作用。从帝王“罪己”,到“李离伏剑”,再到当代官场的“引咎辞职”,实际上是一种行政过程中自我修正、自我惩罚的机制,它与弹劾制并存,不失为一种有效的制约机制。第五章出现了“恕”字,与孟子的“推恩及四海”构成了内在逻辑关系。德政的基础是仁,仁离不开恕。恕是孔子思想的重要组成部分,孔孟之道,一脉相承。

第六章记述不敛于民,与以上各章衔接。第七章写桓公之德行。第八章写齐景公怜悯幼鸟,与《孟子》“齐桓、晋文之事”类似。第九章、第十章都是记述晏子肯定齐景公有好生之德。第十一章记述桓公虽有德行,但不如从制度上施行德政。

第十二章节选自路温舒的《尚德缓刑书》。这是一篇奏章,具有很高的文献价值,也是一篇优秀的政论散文。由于汉承秦制,汉代的刑法十分严酷,酷吏不绝,“死人之血流离于市;被刑之徒比肩而立;大辟之计,岁以万数”,可谓实录。路温舒大胆揭露了汉代黑暗的酷吏政治,敢于伸张正义,表现了一个正直知识分子的良知。路温舒站在儒家立场,提出了“尚德缓刑”的主张。这一观点,从刑法制度上奠定了德政的基础,也为汉朝皇帝施行德政夯实了基础。另外,本文在写法上体现了醇厚的语言风格,论证严密,具有强大的逻辑力量;骈散结合,文句工整,是汉代文章从散文走向骈文的一个标志。

第十五章与第十七章、第十九章写的是战争中统帅的德行所具有的作用。其中第十九章的内容《吕氏春秋·察微》也有记载，旨在说明“治乱存亡，其始若秋毫，察其秋毫，则大物不过矣。”华元“犒士忘其御”，小处不察，终酿成大祸，教训惨痛。当然，像羊斟这样的人，君子不齿。第十六章写孔子有大德，子产难与之比肩。这关系到对德的理解。孔子之德，人们感觉不到，就像空气一样。第十八章、二十章继续写君子之德。

第二十一章很有特点，小说笔法突出。本章内容就是著名的“东海孝妇”的故事。较早记载此故事的是《淮南子·览冥训》中的“庶女叫天”。《说苑》记载的时间仅次于刘安。东晋文学家干宝在其《搜神记》中又进行了文学加工，使人物形象和故事情节更加生动感人。元代关汉卿在名剧《窦娥冤》中借用了前人的创作手法，使其浪漫主义特色更加突出。

第二十二章中，刘向为后人留下了两个著名成语：春风风人、夏雨雨人，指施人以恩惠，体现德行。第二十三章提醒人们，贪利坏德。第二十四章批评缺德的最高统治者，提出了“贵德贱利”的观点。第二十五章批评好斗之人忘亲忘君，不明荣辱，造成失德。第二十六章记述子路好剑不好德，在孔子的教育下发生转变，充分说明了德的重要性。第二十七章采用对比手法，说明了仁爱的重要性。第二十八章的主题是不尊重人就会招致灭亡。智伯原是六卿中势力最强大的一家，但由于过分强横跋扈反倒过早地被消灭了，这是“缺德”的结果。《国语·晋语九》写智果对智伯的评价：“瑶（智伯又称智瑶）之贤于人者五，其不逮者一也。美鬓长大则贤，射御足力则贤，伎艺毕给则贤，巧文辩惠则贤，强毅果敢则贤。如是而甚不仁。以其五贤陵人，而以不仁行之，其谁能待之？若果立瑶也，智宗必灭。”智果的话不幸而被言中。智果在劝谏中还提到了晋国有“四难”，加上“晋阳之难”可以称为“五难”，都是晋国历史上著名的事件，导致晋国从一个强大的国家走向衰落，最后走向“三家分晋”。由此可见，内乱能够使一个国家衰落并分裂。第二十九章紧承上一章，继续总结智氏灭亡的教训，从而说明“仁德”的重要性。司马光在《资治通鉴》中把智伯灭亡作为全书的开头是大有深意的。他写道：“智伯之亡也，才胜德也……才有余而德不足，以至于颠覆者多矣，岂特智伯哉！。”

卷六　复恩

【题解】

复恩是中国的传统思想，在中国传统文化中占有重要地位。比如流传甚广的结草相报的故事，就是典型的代表。但是刘向在本卷中的复恩，不是指一般意义上的知恩图报，也不包括平民之间的恩报之情。刘向所说的复恩，主要是针对君臣、主仆之间的关系而言的，是从治国安邦的政治高度来探讨复恩的社会作用的。看不到这一点，就把握不住本卷的主旨。刘向在第一章中写道："夫臣不复君之恩，而苟营其私门，祸之原也；君不能报臣之功，而惮刑赏者，亦乱之基也。夫祸乱之源基，由不报恩生矣。"在刘向看来，复恩是关系到国家安定、盛衰的大事，作为君主，一定要"悬禄以待之"；作为臣子，一定要"竭力以报之"，如此才能君臣和谐，国家安宁。可以说，将复恩提到这样的高度来系统地加以阐述，刘向可能是第一人。

本卷分别从以下几个方面体现主旨。第一，刘向通过前几章内容，对复恩的内涵做了解释。君、臣的恩德与回报是不平等的。不管臣子有多大功劳，都不能居功自傲，不可超越君、臣之礼。赵襄子之所以给了高赫最高的奖赏，并非他的功劳最大，而是他始终谨守臣道，不越雷池一步。五臣虽有功，但"皆骄寡人"，所以不能得最高奖赏。臣对君要"必死以复之"，但绝对不能倒过来。所以说，复恩对于君、臣是不平等的。第二，在刘向看来，最高功劳并非战功显赫，而是以仁、德成就君王的行为，其次是以制度约束君王。出生入死的人，只能受下赏。这是君王报答臣子的原则。应该说，这样的思想是深刻的。第三，刘向反对臣子伸手向君王要报答的做法，所谓"臣劳勤以为君，而不求其赏"。如果主动求赏，则为耻辱。刘向引用舟之侨的话说："请而得其赏，廉者不受也；言尽而名至，仁者不为也。"在这样的基础上，刘向反对臣子张扬功劳的行为。他赞美邴吉的阴德，用乐羊做反面例子形成对比。第四，刘向对君主的施恩也有明确态度。他主张君、臣同甘苦、共患难，要宽容大度，率先垂范。李谈力谏平原君毁家纾难，所以才深得民心，李谈也受到了重赏。刘向选录秦穆公不杀食马者、楚庄王灭烛宽恕调戏宫女的臣子、赵盾救人之父赢得回报、袁盎包容手下得回报四则故事，来阐明君主宽容大度的重要性。君主对臣子的宽容就是一种恩德。第五，刘向进一步阐述，知恩图报之人，即便是敌人，也会受到尊敬，豫让就是典型代表。在此基础上，刘向又向前推进一步，选录了几个虽得罪君王，但因有恩于人而有退路的例子，意在警告统治者，恩德可以超越君王的权力。第六，刘向选录了两个不但不施德于人反而荒淫无德而遭报应的反面例子，齐懿公、郑灵公的可悲下场就是最好的说明。

由此可以看出，刘向编选这些章节，是有一条脉络贯穿始终的。

本卷共二十八章。

一

孔子曰："德不孤，必有邻[1]。"夫施德者贵不德[2]，受恩者尚必报。是故臣劳勤以为君，而不求其赏；君持施以牧下，而无所德。故《易》曰："劳而不怨，有功而不德，厚之至也[3]。"君臣相与，以市道接[4]。君悬禄以待之[5]，臣竭力以报之；逮臣有不测之功[6]，则主加之以重赏。如主有超异之恩，则臣必死以复之。孔子曰[7]："北方有兽，其名曰蟨[8]，前足鼠，后足兔。是兽也，甚矣其爱蛩蛩、巨虚也[9]，食得甘草，必啮以遗蛩蛩、巨虚[10]；蛩蛩、巨虚见人将来，必负蹷以走。蹷非性之爱蛩蛩、巨虚也，为其假足之故也[11]；二兽者亦非性之爱蹷也，为其得甘草而遗之故也。夫禽兽昆虫，犹知比假而相有报也[12]，况于士君子之欲兴名利于天下者乎？”夫臣不复君之恩，而苟营其私门，祸之原也[13]；君不能报臣之功，而惮行赏者，亦乱之基也。夫祸乱之源基，由不报恩生矣。

【注释】

[1] 德不孤，必有邻：语出《论语·里仁》。德，施恩德。邻，志同道合的朋友。

[2] 夫施德者贵不德：后一个“德”是动词，感恩。

[3] 劳而不怨，有功而不德，厚之至也：语出《周易·系辞上传》，“怨”，《周易》作“伐”，夸耀。

[4] 以市道接：按照交易买卖的方式进行。

[5] 君悬禄以待之：君主悬赏等待臣子效力。

[6] 逮臣有不测之功：逮，等到。不测，意外。

[7] “孔子曰”后面的几句话见于《吕氏春秋·不广》《淮南子·道应》《韩诗外传·卷五》之二十六中（文字略有不同），但未标明是“孔子曰”。《说苑》将其归于孔子之语，不知何据。

[8] 蹷（jué）：兽名。

[9] 蛩蛩（qióng qióng）、巨虚：两种兽名。

[10] 必啮（niè）以遗（wèi）：啮，咬。遗，送给。

[11] 假足：借助脚力。

[12] 比假：相互利用。

[13] 原：同“源”。

【今译】

孔子说：“能施恩德的人不会孤独，一定有志同道合的朋友。”施恩德于人的人贵在不求报答，接受别人恩德的人崇尚有恩必报。所以臣子辛劳勤苦为君服务，却不希求赏赐；君主掌握赏赐来统治臣子，却不求臣下感恩。所以《周易》上说：“劳苦却不怨恨，有功劳却不求赏赐，这是最仁厚的表现。”君臣之间的交往，按照交易买卖的方式进行。君主悬赏等待臣子效力，臣子竭尽力量来报答君主；等到臣子有了意外的大功劳，那么君主就给他重重的赏赐；如果君主有非同寻常的赏赐，那么臣子就以死来报答君主。孔子说："北方有一种兽，它的名字叫蟨，前脚像鼠，后脚像兔。这种兽，非常喜欢蛩蛩、巨虚。它吃到甜味的草，一定用嘴衔着送给蛩蛩、巨虚；蛩蛩、巨虚若看见有人来，一定背着蟨快快跑掉。蟨并非生来就喜欢蛩蛩、巨虚，为的是借助它的脚力的缘故；蛩蛩、巨虚也并非生来就喜欢蟨，为的是它得到甜味的草能送给自己的缘故。禽兽昆虫，尚且懂得相互利用并相互报答，何况那些想要扬名求利于天下的士君子呢？"臣子不报答君主的恩德，却苟且营谋自己的私利，这是产生祸患的根源；君主不能回报臣子的功劳，却害怕赏赐臣子，也是国家混乱的根源。祸患的根源，是由不懂得报恩产生的。

二

赵襄子见围于晋阳[1]。罢围，赏有功之臣五人，高赫无功而受上赏[2]，五人皆怒。张孟谈谓襄子曰[3]："晋阳之中，赫无大功，今与之上赏，何也？"襄子曰："吾在拘厄之中[4]，不失臣主之礼，唯赫也。子虽有功，皆骄寡人，与赫上赏，不亦可乎？"仲尼闻之曰[5]："赵襄子可谓善赏士乎[6]！赏一人而天下之人臣莫敢失君臣之礼矣。"

【注释】

[1] 赵襄子见围于晋阳：见卷五贵德·二十八[16]。

[2] 高赫：赵襄子家臣。

[3] 张孟谈：赵襄子谋臣。曾劝赵襄子以晋阳为都城。智伯围晋阳，张孟谈奉使韩、魏约定共灭智氏而三分其地。事成，辞赵襄子赏而耕于野。后，韩、魏、齐、燕共谋赵，张孟谈为赵襄子定计而败其谋。《史记·赵世家》作"张孟同"，是司马迁避父讳而改。

[4] 拘厄：困于险境中。

[5] 仲尼闻之曰:此句有误,不应是孔子的话。晋阳解围于公元前453年,孔子卒于公元前479年。

[6] 乎:当作“矣”。

【今译】

赵襄子被围困在晋阳城。解围后,赵襄子赏赐五个有功之臣,高赫无功却受到最高赏赐,那五个人都很生气。张孟谈问赵襄子:“晋阳解围的战役中,高赫没有大功,现在给他最高奖赏,为什么呢?”赵襄子说:“在我被困于险境中的时候,没有失去君臣之礼的,只有高赫。你们虽然有功,但是都对我居功自傲。给高赫最高赏赐,不是应该的吗?”孔子听说这件事后说:“赵襄子可以称得上善于奖赏贤士了!奖赏了一个人就使得天下臣子不敢失去君臣之礼。”

三

晋文公亡时[1],陶叔狐从[2]。文公反国,行三赏而不及陶叔狐。陶叔狐见咎犯曰[3]:“吾从君而亡十有三年,颜色黧黑[4],手足胼胝[5],今君反国,行三赏而不及我也,意者君忘我与?我有大故与[6]?子试为我言之君。”咎犯言之文公,文公曰:“嘻,我岂忘是子哉?夫高明至贤,德行全诚,耽我以道[7],说我以仁,暴浣我行[8],昭明我名,使我为成人者,吾以为上赏。防我以礼[9],谏我以义[10],蕃援我[11],使我不得为非,数引我而请于贤人之门,吾以为次赏。夫勇壮强御,难在前则居前,难在后则居后,免我于患难之中者,吾又以为之次。且子独不闻乎[12]?死人者,不如存人之身;亡人者,不如存人之国。三行赏之后,而劳苦之士次之。夫劳苦之士,是子固为首矣[13],岂敢忘子哉[14]?”周内史叔舆闻之曰[15]:“文公其霸乎！昔圣王先德而后力，文公其当之矣。《诗》云：'率礼不越[16]'，此之谓也。"

【注释】

[1] 晋文公：见卷四立节·七[2]。

[2] 陶叔狐：晋文公的臣子，跟从重耳出亡。《史记·晋世家》作"壶叔"。

[3] 咎犯：即狐偃，字子犯，文公的舅舅，故又称舅犯。晋国大夫，跟从重耳出亡十九年，后助重耳称霸。

[4] 颜色黧(lí)黑：脸色晒黑了。黧，黑色。

[5] 手足胼胝(pián zhī)：手脚起了老茧。胝，原书作"胝"。

[6] 大故：重大过错。

[7] 耽：本义"喜欢"，此处引申为"引导"。

[8] 暴浣：暴晒、清洗。意思是让自己的品德向着好的方向变化。《韩诗外传》作"变化"。

[9] 防：约束。

[10] 义：原则。

[11] 蕃援：保护、援助。《韩诗外传》作"藩援"。

[12] 子：他，指陶叔狐。

[13] 是子：这个人。指陶叔狐。

[14] 岂敢忘子哉：怎敢忘记呢？"子"疑为"乎"字之误。

[15] 周内史叔舆：内史，官名，西周设置，协助天子管理爵、禄、废、置等政务。春秋时沿用。叔舆，人名，生平不详。"舆"为"興"字之误。《吕氏春秋·当赏》《左传僖公十六年》均作"興"。

[16] 率礼不越：语出《诗经·商颂·长发》。率，循。礼，一作"履"。

【今译】

晋文公出亡时，陶叔狐跟从。文公返回晋国即位后，三次行赏有功之臣都没有轮到陶叔狐。陶叔狐谒见咎犯说："我跟从国君出亡十三年，脸色晒黑了，手脚起了老茧，如今国君返回晋国，三次行赏有功之臣都没有轮到我，想来大概是国君忘记我了吧？还是我有大的过错呢？您替我问一问。"咎犯就报告了文公。文公说："唉，我怎么会忘了他呢？那些高明的贤士，道德品行完备真诚，用道义来引导我，用仁爱来劝说我，让我的品德朝着好的方向发展，使我名声显扬，让我成为德才兼备之人，这种人受上等赏赐。用礼义来约束我，用原则来劝谏我，保护、援助我，使我不能做错事，多次指引我到贤人门前请教，这种人受次一等的赏赐。那些勇敢强悍，危难在前就冲在前面，危难在后就留后坚守，把我从危难中解救出来，这种人受再次一等的赏赐。而且他难道没有听说过吗？为别人殉死不如保存别人的性命，跟别人逃亡不如保存别人的国家。三次行赏之后，就轮到有劳苦功绩的人了。有劳苦功绩的人中，这个人当然排在首位，我怎敢忘记呢？"东周的内史叔兴听到这件事后说："文公大概可以称霸了！从前的圣王以德为先、勇力为后，文公正符合这种做法啊。《诗经》上说'遵循礼法决不超越'，说的就是这样的人吧。"

四

晋文公入国，至于河，令弃笾豆茵席[1]，颜色黧黑、手足胼胝者在后[2]。咎犯闻之[3]，中夜而哭。文公曰："吾亡也十有九年矣，今将反国，夫子不喜而哭，何也？其不欲吾反国乎？"对曰："笾豆茵席，所以官者也[4]，而弃之；颜色黎黑，手足胼胝，所以执劳苦，而皆后之。臣闻国君蔽士[5]，无所取忠臣；大夫蔽游[6]，无所取忠友。今至于国，臣在所蔽之中矣，不胜其哀，故哭也。"文公曰："祸福利害不与咎氏同之者，有如白水[7]！"祝之，乃沉璧而盟。介子推曰[8]："献公之子九人，唯君在耳，天未绝晋，必将有主，主晋祀者，非君而何？唯二三子者以为己力，不亦诬乎？"文公即位，赏不及推。推母曰："盍亦求之？"推曰："尤而效之[9]，罪又甚焉。且出怨言，不食其食。"其母曰："亦使知之。"推曰："言，身之文也，身将隐，安用文?”其母曰:“能如是,与若俱隐。”至死不复见[10],推从者怜之,乃悬书宫门曰[11]:“有龙矫矫[12],顷失其所;五蛇从之[13],周徧天下[14];龙饥无食,一蛇割股[15];龙反其渊,安其壤土;四蛇入穴,皆有处所;一蛇无穴,号于中野[16]。”文公出见书,曰:“嗟! 此介子推也。吾方忧王室,未图其功。”使人召之,则亡,遂求其所在,闻其入绵上山中[17]。于是文公表绵上山中而封之[18],以为介推田[19],号曰“介山”。

【注释】

[1] 笾(biān)豆茵席:笾,竹制礼器,盛果品。豆,木制礼器,盛肉食。茵席,褥垫。

[2] 胼胝:胝,原书作“胝”。下同。

[3] 咎犯:见本卷三[3]。

[4] 官:《太平御览》四百八十七引作“资”。

[5] 蔽士:抛弃士人。

[6] 蔽游:废弃交游。

[7] 有如白水:有如,复合动词,用于带出一个可资见证的对象。后多用于誓词。白水,即河水。

[8] 介子推:人名,又称“介推”“介之推”。他跟随重耳出逃,事详见《左传·僖公二十四年》。

[9] 尤:罪过,引申为指责。

[10] 至死不复见:有的版本将此句作为介子推母语。

[11] 悬书:张贴告示。

[12] 有龙矫矫:龙,喻指重耳。矫矫,威武的样子。

[13] 五蛇:喻指跟随重耳出逃的五个人。“五人”说法不一,《史记·晋世家》“索隐”记为“狐偃、赵衰、魏武子、司空季子及子推也”。

[14] 徧:“遍”的异体字。

[15] 一蛇割股:喻指“介子推自割其股以食文公”,事见《庄子·盗跖》。

[16] 号于中野:哀号于荒郊旷野。

[17] 绵上:春秋时晋地,在今山西介休县南介山下。

[18] 表:做标记。《史记·晋世家》作“环”。
[19] 田:祭田。

【今译】

晋文公进入晋国,来到黄河边,命令将笾豆茵席全扔掉,让脸色晒黑、手脚起老茧的人走在后面。咎犯听到后,半夜里哭泣。文公说:“我在外逃亡十九年,现在就要回国,您不高兴反而哭泣,为什么呢?莫非是不想让我回国吗?”咎犯回答说:“笾豆茵席,是吃饭和休息的东西,倒被扔掉了;脸色晒黑、手脚起老茧,是操持劳苦造成的,却让走在后边。我听说,国君抛弃士人,就无法得到忠臣;大夫废弃交游,就无法得到忠实的朋友。现在回到自己的国家,我竟在被抛弃之列了,禁不住哀伤,所以哭泣。”文公说:“无论祸、福、利、害,我如果不能与咎氏共同担当,就像河水一样一去不回。”于是面向河水祝祷,将玉璧沉入河中并盟誓。介子推说:“晋献公有九个儿子,只有公子还在。老天不让晋国断绝,必定有继承的国君,主持晋国祭祀的国君,不是公子会是谁呢?有那么几个人认为是自己的功劳,不是骗人的么?”文公即位后,没有封赏介子推。介子推的母亲说:“为什么不去请求赏赐呢?”介子推说:“我指责那些求功的人反而去效法他们,罪过就更加严重了。况且我已经发出怨言,就不能再吃君王的俸禄了。”他的母亲说:“也应该让国君知道。”介之推说:“言语,好比身上的文饰,我将要隐居起来,还用文饰做什么呢?”他母亲说:“能够隐居起来,我和你一起隐居。”介子推到死也没有再见国君一面。介子推原来的随从中有人同情他,于是张贴告示在宫门口:“有一条龙威武向上,不久前失去了家乡。五条蛇跟随着它,周游遍及天下。龙饥饿难耐,一条蛇割股让龙充饥。龙返回自己的深池,安居在故乡的土壤之上。有四条龙进入洞穴,都得到了应有的住所。只有一条龙无处安身,哀号于荒郊旷野。”文公出门看到告示,说:“哎呀,这是说的介子推!我正在为王室操心,没有顾及封赏他的功劳。”派人召见他,他已经跑了,于是寻找他在的地方,听说进入绵上的山里。于是文公在绵上山里的土地上做了标记，封给介子推，作为他的祭田，起名“介山”。

五

晋文公出亡，周流天下，舟之侨去虞而从焉[1]。文公反国，择可爵而爵之，择可禄而禄之，舟之侨独不与焉。文公酌诸大夫酒，酒酣，文公曰："二三子盍为寡人赋乎？"舟之侨进曰："君子为赋，小人请陈其辞。辞曰：'有龙矫矫，顷失其所。一蛇从之，周流天下。龙反其渊，安宁其处。一蛇耆干[2]，独不得其所。'"文公瞿然曰[3]："子欲爵邪？请待旦日之期。子欲禄邪？请今命廪人[4]。"舟之侨曰："请而得其赏，廉者不受也；言尽而名至，仁者不为也。今天油然作云[5]，沛然下雨[6]，则苗草兴起，莫之能御[7]。今为一人言施一人，犹为一块土下雨也，土亦不生之矣。"遂历阶而去。文公求之不得，终身诵《甫田》之诗[8]。

【注释】

[1] 舟之侨：春秋时虢国大夫。虢公击败犬戎，舟之侨认为无德受禄，灾祸将至，于是离虢奔晋。本章中“去虞”应为“去虢”。

[2] 耆(qí)干：年老无用。

[3] 瞿(jù)然：瞪眼惊视的样子。

[4] 廪人：古代管粮仓的官吏。《周礼·地管·廪人》“廪人掌九谷之数，以待国之匪颁、赒(zhōu)赐、稍食。”

[5] 油然：浓云聚集的样子。

[6] 沛然：充沛，丰盛。

[7] 莫之能御：“莫能御之”的倒装。御，禁止。以上四句出自《孟子·梁惠王上》。

[8]《甫田》：《诗经》中“小雅”和“齐风”都有《甫田》一诗，本章应指“齐

风"中的《甫田》,原诗表达思念远人之意。《左传・僖公二十八年》记载,舟之侨在城濮之战中,未得军令而先归,被晋文公所杀。与写"文公求之不得,终身诵《甫田》之诗"不合。可参见叶大庆《考古质疑・四》。

【今译】

晋文公出逃,走遍天下各地,舟之侨离开虢国跟随文公。文公返国后,选出那些应该封爵的人封给爵位,选出那些应该赏给俸禄的人赏给俸禄,唯独舟之侨没有得到封赏。文公请大家喝酒,喝到酒兴正浓的时候,文公说:"你们为何不为我赋诗呢?"舟之侨上前道:"君子能赋诗,像我只能陈辞。辞说:有一条龙威武向上,不久前失去了家乡。一条蛇跟随着它,周游遍及天下。龙返回自己的深池,安居在故乡土壤之上。一条蛇年老无用,唯独得不到居住的地方。"文公瞪着眼惊讶道:"你想要得到爵位吗?请等到明天。你想要俸禄吗?我现在就命令管粮仓的官吏去办。"舟之侨说:"请求之后才得到赏赐,廉洁的人不会接受。话说尽了才得到名声,仁德之人不去做。假如老天乌云密布,大雨滂沱,那么秧苗就会生长起来,没有谁能够禁止它的生长。如果因为一个人说了话就对这一个人施恩德,就好比只为一块土地下雨,整个大地的秧苗是不会生长的。"于是他走过台阶离开了。晋文公到处找也找不到他,只能终身吟诵《甫田》诗。

六

邴吉有阴德于孝宣皇帝微时[1]。孝宣皇帝即位,众莫知,吉亦不言。吉从大将军长史转迁至御史大夫,宣帝闻之,将封之,会吉病甚,将使人加绅而封之及其生也[2]。太子太傅夏侯胜曰[3]:"此未死也。臣闻之,有阴德者必飨其乐[4],以及其子孙。今此未获其乐而病甚,非其死病也[5]。"后病果愈,封为博阳侯,终飨其乐。

【注释】

[1] 邴吉有阴德于孝宣皇帝微时：邴吉，《汉书·丙吉传》作“丙吉”。西汉鲁国人，字少卿。本为鲁狱史，累迁廷尉监。宣帝出生数月，因卫太子事入狱，靠丙吉得以保全。宣帝即位后，任命丙吉为太子太傅。后来做到宰相。五凤三年病卒。孝宣皇帝，即汉宣帝，见卷五贵德·十二[1]。

[2] 加绅：古代士大夫系在腰间的大带子。是身份的标志。《汉书·丙吉传》作“绋”。

[3] 夏侯胜：西汉东平人，字长公。幼孤，跟从长辈夏侯始昌学《尚书》，是今文《尚书》学大夏侯学的开创者。以阴阳灾异推论时政得失。反对宣帝为武帝立庙乐，因此下狱。后赦出，累迁太子太傅。年九十卒官。清人陈乔从辑有《尚书欧阳夏侯遗说考》。

[4] 飨(xiǎng)：享受。

[5] 非其死病也：不是绝症。

【今译】

汉宣帝微贱的时候，邴吉暗中有恩于他。汉宣帝即位后，众人都不知道这件事，邴吉自己也不说。邴吉从大将军长史的位置升迁到御史大夫，宣帝听说后，准备封赏他，正赶上邴吉病得厉害，便准备派人趁他还活着的时候给他加上绅带。太子太傅夏侯胜说：“这个人不会死的。我听说，暗中给人恩惠的人一定会享受到幸福快乐，并延续到他的子孙。现在尽管他还没有享受到那种幸福快乐就病得厉害，但不是绝症。”后来他的病果然好了，被封为博阳侯，最终享受到幸福快乐。

七

魏文侯攻中山[1]，乐羊将[2]。已得中山，还反报文侯，有喜功之色。文侯命主书曰[3]：“群臣宾客所献书操以进[4]。”主书者举两箧以进[5]。令将军视之，尽难攻中山之事也[6]。将军还走北面而再拜曰[7]:“中山之举也,非臣之力,君之功也。”

【注释】

[1] 魏文侯攻中山:魏文侯,见卷一君道·三十六[2]。中山,见卷二臣术·五[10]。

[2] 乐羊:见卷二臣术·五[10]。

[3] 主书:掌管文书的官吏。

[4] 操:拿。

[5] 箧(qiè):小箱子。

[6] 难:责备。

[7] 还(xuán)走:急忙转身退下。

【今译】

魏文侯攻打中山国,乐羊担任将军。攻下中山国,乐羊回师报告文侯,流露出立功自负的神色。魏文侯命令主管文书的官吏说:“把群臣宾客上奏的表章拿来。”主管文书的官吏抬了两个箱子进来。魏文侯让乐羊将军看这些奏章,内容都是责备攻打中山国这件事的。乐羊将军急忙转身退下面向北朝文侯拜了两拜说:“中山国被攻下,不是我的功劳,是君王的功劳。”

八

平原君既归赵[1],楚使春申君将兵救赵[2],魏信陵君亦矫夺晋鄙军往救赵[3]。未至,秦急围邯郸[4],邯郸急且降,平原君患之。邯郸传舍吏子李谈谓平原君曰[5]:“君不忧赵亡乎?”平原君曰:“赵亡即胜虏,何为不忧?”李谈曰:“邯郸之民,炊骨易子而食之,可谓至困。而君之后宫百数,妇妾荷绮縠[6],厨余粱肉;士民兵尽,或剡木为矛戟[7];而君之器物钟磬自恣[8]。若使秦破赵,君安得有此?

使赵而全,君何患无有?君诚能令夫人以下,编于士卒间,分功而作之,家所有尽散以飨食士,方其危苦时,易为惠耳。"于是平原君如其计,而勇敢之士三千人,皆出死,因从李谈赴秦军,秦军为却三十里。亦会楚、魏救至,秦军遂罢。李谈死[9],封其父为孝侯[10]。

【注释】

[1] 平原君既归赵:平原君,即赵胜,战国赵惠文王之弟,封于东武城,号平原君。后为相,养食客数千,为战国四公子之一。归赵,公元前257年,秦军围邯郸,赵孝成王使平原君求救于楚,签定合纵盟约后返赵。

[2] 春申君:黄歇,战国四公子之一,曾为楚相。

[3] 信陵君亦矫夺晋鄙军:信陵君,姓魏,名无忌,战国四公子之一。晋鄙,战国时魏国将领,率十万军队救赵。魏王惧怕秦军,命令晋鄙驻扎邺城观望不前。信陵君使如姬盗取虎符,杀晋鄙,假托魏王之命调动十万大军,解邯郸之围。事见《史记·信陵君列传》。

[4] 邯郸:战国时赵国都城。

[5] 传(zhuàn)舍吏:官职。传舍,古代供人休息住宿的处所。

[6] 荷绮縠(hú):荷,穿。绮縠,华美的丝织品。

[7] 剡(yǎn):削尖。

[8] 君之器物钟磬(qìng)自恣:钟磬,两种打击乐器。自恣,放纵自己。

[9] 李谈死:司马迁《史记·平原君列传》讳父名改为"李同","死"字前有"战"。

[10] 孝侯:当作"李侯",形近而误。《史记·平原君列传》作"李侯"。

【今译】

平原君从楚国返回赵国,楚国派春申君带领军队援救赵国,魏国的信陵君也假托魏王之命夺得晋鄙的兵权带领军队救援赵国。两支军队尚未到达时,秦国军队加紧围攻邯郸,邯郸危机,眼看守不住了,平原君对此很是担忧。邯郸传舍吏的儿子李谈对平原君说:"您不担忧赵国灭亡吗?"平原君说:"赵国灭亡我就成了俘虏,怎么不担忧呢?"李谈说:"邯郸的百姓,把人骨当柴烧,交换孩子杀了做食物,可以说艰难到极点了。但是您的后宫女子数以百计,妻妾穿着华美的丝织品，厨房里有多余的粮食和肉。士兵和百姓的兵器用光了，有的把木棒削尖了当作矛和戟，但是您的器物钟磬却用来纵情享乐。假使秦国攻破赵国，您怎能享有这些东西呢？假使赵国得以保全的话，您何必担心没有这些东西呢？您如果能够命令夫人以下的人，都编入队伍之中，分担工作；把家中所有的财物全都拿出来犒劳士卒，在他们困苦的时候，最容易施惠布德。"平原君就采纳了他的计策，有勇敢之士三千人都誓死效命，于是跟从李谈奔赴战场，秦军为此退兵三十里。正好这时楚国、魏国救兵赶到，秦军于是罢兵。李谈战死后，赵王封他父亲为李侯。

九

秦缪公尝出而亡其骏马[1]，自往求之，见人已杀其马，方共食其肉。缪公谓曰："是吾骏马也。"诸人皆惧而起。缪公曰："吾闻食骏马肉不饮酒者杀人[2]。"即以次饮之酒[3]。杀马者皆惭而去。居三年，晋攻秦缪公，围之。往时食马肉者相谓曰："可以出死报食马得酒之恩矣。"遂溃围，缪公卒得以解难，胜晋，获惠公以归[4]。此德出而福反也。

【注释】

[1] 秦缪公：又作"秦穆公"，见卷二・臣术九[1]。

[2] 杀人：中毒死亡。

[3] 饮之酒：让他们喝酒。

[4] 惠公：晋惠公夷吾，晋文公弟弟，公元前 650 年至前 637 年在位。

【今译】

秦缪公曾经外出时丢失了自己的骏马，他亲自前去寻找，看见别人已经杀死了他的马，正在吃马肉呢。缪公对他们说："这是我的骏马。”那些人都吓得站了起来。缪公说：“我听说吃了骏马的肉不喝酒的人会中毒死亡。”就挨个让他们喝酒。杀马的人都惭愧地离开了。过了三年，晋国攻打秦缪公，包围了他。以前吃马肉的人在一起说：“应该拼死报答吃马肉喝酒的恩德。”于是他们突破了晋军的包围，缪公终于能够解除危难，打败了晋国，俘获晋惠公班师。这就是施人恩惠而得到好报啊。

十

楚庄王赐群臣酒[1]，日暮，酒酣。灯烛灭，乃有人引美人之衣者，美人援绝其冠缨[2]，告王曰：“今者烛灭，有引妾衣者，妾援得其冠缨，持之，趣火来上[3]，视绝缨者。”王曰：“赐人酒，使醉失礼，奈何欲显妇人之节而辱士乎？”乃命左右曰：“今日与寡人饮，不绝冠缨者不欢。”群臣百有余人皆绝去其冠缨，而上火，卒尽欢而罢。居二年，晋与楚战，有一臣常在前，五合五获首[4]，却敌，卒得胜之。庄王怪而问曰：“寡人德薄，又未尝异子[5]，子何故出死不疑如是？”对曰：“臣当死。往者醉失礼，王隐忍不暴而诛也[6]。臣终不敢以荫蔽之德而不显报王也。常愿肝脑涂地，用颈血湔敌久矣[7]。臣乃夜绝缨者也。”遂斥晋军[8]，楚得以强。此有阴德者必有阳报也。

【注释】

[1] 楚庄王：见卷一君道・十九[1]。

[2] 援绝其冠缨：援，扯。绝，断。冠，盔。缨，系在脖子上的帽带。

[3] 趣：同“取”。一读 cù，作“赶快”解，亦通。

[4] 合：一次交战为一合。

[5] 异子：特别地厚待你。

[6] 暴(pù)：暴露。这里是“使出丑”的意思。

[7] 湔(jiàn):同"溅"。
[8] 斥:击退。

【今译】

楚庄王赏赐群臣饮酒,天黑了,大家酒兴正浓。灯烛灭了,于是有人拉扯美人的衣服,美人顺手扯断了那人帽子上的系带,告诉楚庄王:"刚才灯烛熄灭,有人拉扯我的衣服,我扯断了那人帽子上的系带,我手里还拿着它,取灯火来,看看谁的帽带断了。"楚庄王说:"我赏赐大家喝酒,他们醉酒失礼,怎能为了显示妇人的贞节而让勇士受到羞辱呢?"于是命令旁边的人说:"今天与我一起喝酒,不扯断帽带不算尽兴。"群臣一百多人都扯断了帽带,然后才点上灯火,最后大伙各自尽兴散去。过了二年,晋国与楚国交战,有一位臣子总是冲锋在前,五次交战五次斩获敌人首级,打退敌人,最后取得了胜利。楚庄王奇怪地问他:"我德行浅薄,又没有特别地厚待你,你为什么如此拼命作战毫不畏惧呢?"那人回答说:"我犯罪当死。以前我酒醉失礼,大王忍耐没有让我出丑并杀掉我。但是我最终也不敢因为受了您的阴德就不公开地回报大王。我总希望肝脑涂地来报答大王,用颈上的鲜血飞溅到敌人身上的想法已经很久了。我就是那夜被美人扯断帽带的人。"于是击退了晋国军队,楚国因此强盛起来。这就是有阴德的人一定能够得到公开的报答。

十一

赵宣孟将上之绛[1],见翳桑下有卧饿人[2],不能动。宣孟止车,为之下飡,自含而餔之[3]。饿人再咽而能视。宣孟问:"尔何为饥若此?"对曰:"臣宦于绛[4],归而粮绝,羞行乞而憎自取,以故至若此。"宣孟与之壶飡,脯二朐[5]。再拜顿首受之,不敢食。问其故，对曰："向者食之而美，臣有老母，将以贡之。"宣孟曰："子斯食之，吾更与汝。"乃复为之箪食，以脯二束与钱百，去之绛。居三年，晋灵公欲杀宣孟[6]，置伏士于房中，召宣孟而饮之酒。宣孟知之，中饮而出，灵公命房中士疾追杀之。一人追疾，先及宣孟，见宣孟之面曰："吁，固是君耶！请为君反死。"宣孟曰："子名为谁？"反走且对曰："何以名为？臣是夫桑下之饿人也。"还斗而死，宣孟得以活。此所谓德惠也。故惠君子，君子得其福；惠小人，小人尽其力。夫德一人活其身，而况置惠于万人乎？故曰德无细，怨无小，岂可无树德而除怨、务利于人哉？利出者福反，怨往者祸来。刑于内者应于外[7]，不可不慎也。此《书》之所谓"德无小"者也[8]。《诗》云："赳赳武夫，公侯干城[9]。""济济多士，文王以宁[10]。"人君胡可不务爱士乎！

【注释】

[1] 赵宣孟将上之绛：赵宣孟，即赵盾，见卷三建本·二十八[3]。上，由地势低处到高处。绛，晋都，在今山西翼城县东南。

[2] 翳(yì)桑下有卧饿人：翳桑，枝叶茂密的桑树。饿人，饥饿的人。《左传·宣公二年》记饿人名为"灵辄"。

[3] 为之下飧(sūn)，自含而铺(bū)之：飧，晚饭。铺，喂人吃。

[4] 宦：给贵族做奴仆。

[5] 脯二朐(qú)：两块干肉。脯，干肉。朐，弯曲的干肉。

[6] 晋灵公：见卷四立节·十[1]。

[7] 刑：通"形"。

[8] 德无小：恩德不在小。语出今本《尚书·伊训》。

[9] 赳赳武夫，公侯干城：语出《诗经·兔罝(jū)》。赳赳，雄壮英武的样子。干，盾牌。城，城墙，这里指用来保卫的器物。

[10] 济济多士，文王以宁：语出《诗经·大雅·文王》。

【今译】

赵盾将要到绛城去，路上看见枝叶茂密的桑树下面躺着一个人，饿得不能动弹了。赵盾就让车子停下来，替他准备好熟食，亲自嚼碎了喂他。饥饿的人咽了两口就睁开了眼。赵盾问道："你怎么饿成这个样子？"那人回答说："我在绛城做奴仆，回去的路上断了粮食。我羞于乞讨并且厌恶自行强取食物，所以到了现在这个样子。"赵盾就给了他一壶熟食，两块干肉。那人拜了两拜，接受了食物，但是不敢吃下食物。赵盾问他原因，那人回答说："刚才我吃了你给的食物，感觉很好吃，我有老母亲，我想把这些食物进献给她。"赵盾说："你只管吃了这些，我另外给你。"就又给了他一篮食物，有两捆干肉和一百文钱，然后才离开他到绛城去。过了三年，晋灵公想要杀掉赵盾，安排武士藏在房中，然后召见赵盾与他饮酒。赵盾觉察后，喝到一半就出来了。晋灵公命令房中的武士立即追杀赵盾。有一个人追得最快，最先追上了赵盾，看见赵盾的面容后说："呀，原来是先生啊！让我为先生回去战死吧。"赵盾说："你叫什么名字？"那人一边往回跑一边回答说："何必问我的名字呢？我就是桑树下那个快要饿死的人。"回去搏斗而死，赵盾得以逃脱活命。这就是人们说的报答恩德。所以对君子施恩德，君子就获得幸福；对小人施恩德，小人就尽力报答。对一个人施恩德就可以保全自己的生命，何况对万人施恩德呢？所以说，恩德不在少，怨恨不在小，怎么能不树立德行并消除怨恨、努力多做对人们有利的事情呢？有益于他人会得到报答，与人结下怨恨灾祸就会降临。恩怨在内心形成，在外表体现出来，不能不谨慎啊。这就是《尚书》上说的"恩德不在小"。《诗经》上说："赳赳武夫真勇猛，公侯要他做屏障。""靠着众多的臣子，文王得到安宁"。君王怎能不竭力爱惜士人呢！

十二

孝景时[1]，吴、楚反[2]，袁盎以太常使吴[3]，吴王欲使将[4]，不肯，欲杀之，使一都尉以五百人围守盎。盎为吴相时，从史与盎侍儿私通[5]，盎知之，不泄，遇之如故。人有告从史，从史惧，亡归。盎自追，遂以侍儿贿之[6]，复为从史。及盎使吴，见围守，从史适为守盎校司马[7]。夜引盎起曰："君可以去矣，吴王期旦日斩君。"盎不信，曰："公何为者也？"司马曰："臣故为君从史，盗侍儿者也。"盎乃敬谢曰："公有亲，吾不足以累公。"司马曰："君去，臣亦且亡，避吾亲，君何患？"乃以刀决帐，醉从卒道出[8]，分背去。盎遂归报。

【注释】

[1] 孝景：西汉景帝刘启。汉文帝子，公元前157年至前141年在位。

[2] 吴、楚反：吴王刘濞与楚王刘戊等七个藩王以"清君侧"杀晁错为名，举兵反叛，史称"吴、楚七国之乱"。

[3] 袁盎以太常使吴：袁盎，又作"爰盎"。汉文帝时为中郎将。与晁错不睦。吴、楚反，建议景帝杀晁错以谢天下，晁错因此被杀。以太常使吴，以太常的身份出使吴国。太常，官名，汉代九卿之一，掌管礼乐郊庙社稷事宜。

[4] 吴王欲使将：吴王想要袁盎做叛军将领。袁盎曾做过吴王的相。

[5] 从史：官名，即"从事"，汉代郡一级的属吏。这里指吴国相的属吏。

[6] 贿之：赠送给他。《史记·袁盎列传》《汉书·爰盎传》作"赐之"。

[7] 校司马：官名。

[8] 醉从卒道出：疑有倒文。《史记·袁盎列传》作"道从醉卒隧直出"。《汉书·爰盎传》作"道从醉卒出"。道，通"导"，引导。

【今译】

汉孝景帝时，吴、楚两国叛乱，袁盎以太常的身份出使吴国，吴王想要袁盎做叛军将领，袁盎不肯，吴王便想要杀掉他，派一都尉带领五百人围困住了袁盎。袁盎担任吴相时，从史与袁盎的侍女私通，袁盎知道后，没有泄露出去，对待他像原来一样。有人告诉从史袁盎已经知道了他的事情，从史很害怕，逃走回家，袁盎亲自追赶，并把侍女赏赐给他，仍然让他做从史。等到袁盎出使吴国，被围困，从史当时正巧做监守袁盎的校司马。夜间从史拉起袁盎说："先生可以离开了，吴王等到明天就要杀您。"袁盎不相信，问："你是干什么的？"司马说："我原来是您的从史，就是与侍女私通的那人。"袁盎严肃地谢绝说："你有亲人在，我不值得让你受连累。"司马说："先生离开后，我也要逃走，让我的亲人躲避起来，您还担心什么呢？"于是用刀划开帐篷，引导袁盎从醉倒的士卒中间逃出，然后分别逃走。袁盎于是回京向景帝报告。

十三

智伯与赵襄子战于晋阳下而死[1]，智伯之臣豫让者怒[2]，以其精气能使襄主动心[3]，乃漆身变形，吞炭更声。襄主将出，豫让伪为死人，处于梁下[4]，驷马惊不进，襄主动心，使使视梁下，得豫让。襄主重其义，不杀也。又盗为抵罪[5]，被刑人赭衣[6]，入缮宫[7]，襄主动心，则曰："必豫让也。"襄子执而问之曰："子始事中行君[8]，智伯杀中行君[9]，子不能死，还反事之。今吾杀智伯，乃漆身为厉[10]，吞炭为哑，欲杀寡人，何与先行异也？"豫让曰："中行君众人畜臣，臣亦众人事之；智伯朝士待臣，臣亦朝士为之用。"襄子曰："非义也，子壮士也！"乃自置车库中，水浆毋入口者三日，以礼豫让[11]。让自知，遂自杀也。

【注释】

[1] 智伯与赵襄子战于晋阳下而死：见卷五贵德·二十八[16]。
[2] 豫让：春秋时晋国人。
[3] 襄主：赵襄子。
[4] 梁下：桥下。
[5] 盗：冒充、假装。
[6] 被(pī)刑人赭(zhě)衣：穿着红褐色的囚服。

[7] 缮宫：修缮宫室。

[8] 中行(háng)君：即荀寅，春秋时晋国卿大夫。以中行为氏，又称中行文子。

[9] 智伯杀中行君：史书上没有记载智伯杀中行君。公元前 514 年，晋国六卿韩、赵、魏、范、中行、智氏掌政。范氏和中行氏收税最多，所以孙武预言范氏和中行氏将先灭亡。公元前 490 年，荀寅、吉士射在赵氏打击下逃奔齐国，范氏和中行氏遂灭亡。公元前 458 年，韩、赵、魏、智氏"分范、中行地以为邑。"

[10] 漆身为厉(lài)：把漆涂在身上长出恶疮。厉，通"癞"，恶疮。

[11] 以礼豫让：来表示对豫让的敬意。

【今译】

智伯与赵襄子在晋阳城下交战而死，智伯的臣子豫让十分愤怒，凭他的精诚之心能够让赵襄子内心感动，于是就用漆涂身改变容貌和形体，吃下木炭使声音变得沙哑。赵襄子准备外出，豫让伪装成死人，躺在桥下，拉车的马受惊不肯前进，赵襄子内心受到惊动，派人察看桥下，捉住了豫让。赵襄子敬重豫让的义气，没有杀他。豫让又冒充抵偿罪责的囚犯，穿着红褐色的囚服，混入宫中修缮宫室。赵襄子内心受到惊动，就说："一定是豫让。"赵襄子抓住他并问他："你起初侍奉中行君，智伯杀了中行君，你没有为中行君殉死，反而去事奉智伯。现在我杀了智伯，你竟然把漆涂在身上长出恶疮，吞下木炭使声音变得沙哑，想要杀掉我，为什么与先前的行为不一样呢？"豫让回答说："中行君把我当作普通人对待，我也就以普通人的身份事奉他；智伯把我当作朝中的士人对待，我也就以朝中士人的身份为他效命。"赵襄子说："你的行为不合道义，但你是一位壮士！"赵襄子就把自己关在车库中，三天三夜不进一口汤水，来表示对豫让的敬意。豫让知道后，就自杀了。

十四

晋逐栾盈之族[1]，命其家臣有敢从者死。其臣曰："辛俞从之[2]。”吏得而将杀之。君曰：“命汝无得从，敢从，何也？”辛俞对曰：“臣闻三世仕于家者君之，二世者主之。事君以死，事主以勤，为其赐之多也。今臣三世于栾氏，受其赐多矣，臣敢畏死而忘三世之恩哉？”晋君释之。

【注释】

[1] 晋逐栾盈之族：参见卷五贵德·二十八[7]。
[2] 辛俞：栾盈家臣。

【今译】

晋国君主驱逐栾盈的族人，下令说栾氏家臣中有敢跟随的人将被处死。有臣子说：“辛俞跟从了他们。”官吏抓住了辛俞准备杀死他。晋君说：“我命令你们不得跟从，你竟敢跟从，为什么呢？”辛俞回答说：“我听说一家三代都在大夫家做家臣的要把大夫当作君王来事奉，两代都在大夫家做家臣的人要把大夫视为主。事奉君王要以死报答，事奉主人要用勤劳报答，因为他赏赐的东西很多。现在我家三代事奉栾氏，得到的赏赐很多，我怎敢因为怕死就忘记了一家三代所受的恩惠呢？”晋君释放了辛俞。

十五

留侯张良之大父开地[1]，相韩昭侯、宣惠王、襄哀王[2]。父平，相釐王、悼惠王[3]。悼惠王二十三年，平卒。二十岁，秦灭韩，良年少，未宦事韩。韩破，良家童三百人，弟死不葬，良悉以家财求刺客，刺秦王[4]，为韩报仇，以大父、父五世相韩故。遂学礼淮阳[5]，东见沧海君[6]，得力士，为铁椎，重百二十斤。秦皇帝东游，良与客狙击秦皇帝于博浪沙[7]，误中副车。秦皇帝大怒，大索天下，求购甚急。良更易姓名,深亡匿,后卒随汉报秦。

【注释】

[1] 留侯张良之大父开地:张良,字子房,祖先为韩人。多智谋,助刘邦灭项羽,建立西汉,封留侯。大父,祖父。开地,张良祖父名。

[2] 韩昭侯、宣惠王、襄哀王:韩国三代君王。

[3] 釐王、悼惠王:韩国两代君王。同上三代,皆为子继父位。

[4] 秦王:即秦始皇,姓嬴名政,公元前 246 年至前 210 年在位。公元前 221 年称"始皇帝"。

[5] 淮阳:西汉时地名,在今河南淮阳县西南。

[6] 沧海君:沧海,地名。汉武帝时北方濊貊(huì mò)国降为沧海郡,在今辽宁凤城东。

[7] 博浪沙:古地名,一作"博狼沙",在今河南原阳县城东。

【今译】

留侯张良的祖父开地,做过韩昭侯、宣惠王、襄哀王的国相。父亲张平,做过釐王、悼惠王的国相。悼惠王二十三年,张平去世。二十年后,秦国灭了韩国,当时张良年少,没有在韩国做官。韩国破灭时,张良家有奴仆三百人,他的弟弟死后还没有来得及埋葬,张良就用全部家财收买刺客,刺杀秦王,为韩国报仇,因为祖父、父亲做过五代韩王国相的缘故。于是到淮阳城学习周礼,向东拜见沧海君,找到一个大力士,制作了一把大铁椎,重一百二十斤。秦始皇东巡的时候,张良与刺客在博浪沙狙击秦始皇,击中了始皇帝侍从车辆。秦始皇大为恼怒,在全国寻找刺客,悬赏捉拿十分紧迫。张良改换姓名,秘密躲藏,后来终于跟随刘邦灭秦报了仇。

十六

鲍叔死[1],管仲举上衽而哭之[2],泣下如雨。从者曰:"非君父子也[3],此亦有说乎?"管仲曰:"非夫子所知也。吾尝与鲍子负贩于南阳[4],吾三辱于市[5],鲍子不以我为怯,知我之欲有所明也;鲍子尝与我有所说王者,而三不见听,鲍子不以我为不肖,知我之不遇明君也;鲍子尝与我临财分货,吾自取多者三,鲍子不以我为贪,知我之不足于财也。生我者父母,知我者鲍子也。士为知己者死,而况为之哀乎!"

【注释】

[1] 鲍叔:见卷二臣术・四[3]。

[2] 管仲举上衽(rèn):管仲,见卷一君道・十六[2]。举上衽,举,即"扱"(chā),插掖。举上衽,就是把深衣前襟插掖在腰带里。这是孝子在父、母去世时的一种丧礼。《礼记・问丧》记载:"亲始死,鸡斯,徒跣,扱上衽,交手哭。"

[3] 非君父子也:"君"后脱"臣"字。

[4] 负贩于南阳:负贩,担货贩卖。南阳,古地区名。

[5] 三辱于市:多次在市上受人羞辱。

【今译】

鲍叔牙死了,管仲把深衣前襟插掖在腰带里痛哭,泪如雨下。侍从说:"你们并非君臣、父子关系,这样悲痛有什么原因吗?"管仲说:"这不是你们能理解的。我曾经与鲍叔牙在南阳担货贩卖,我多次在市上受人羞辱,鲍叔牙并不认为我怯懦,知道我暂时忍耐是为了将来有所表现;鲍叔牙曾经和我游说王侯,但多次不被采纳,鲍叔牙并不认为我无能,知道我没有遇到贤明君主;鲍叔牙曾与我分钱财,我多次取多的那一份,鲍叔牙并不认为我贪婪,知道我家里财物贫乏。生养我的是父母,了解我的是鲍叔牙。士应该为知己者去死,何况为他尽哀呢!"

十七

晋赵盾举韩厥[1],晋君以为中军尉[2]。赵盾死,子朔嗣为卿[3]。至景公三年[4]，赵朔为晋将，朔取成公姊为夫人[5]。大夫屠岸贾欲诛赵氏[6]。初，赵盾在时，梦见叔带持龟要而哭[7]，甚悲，已而笑，拊手且歌。盾卜之，占兆绝而后好[8]。赵史援占曰："此甚恶，非君之身，及君之子[9]，然亦君之咎也。"至子赵朔，世益衰。屠岸贾者，始有宠于灵公，及至于晋景公，而贾为司寇[10]，将作难，乃治灵公之贼以致赵盾[11]，遍告诸将曰："赵穿弑灵公[12]，盾虽不知，犹为首贼。臣杀君，子孙在朝，何以惩罪？请诛之。"韩厥曰："灵公遇贼，赵盾在外，吾先君以为无罪[13]，故不诛。今诸君将诛其后，是非先君之意而后妄诛，妄诛谓之乱臣。有大事而君不闻，是无君也。"屠岸贾不听。厥告赵朔趋亡[14]，赵朔不肯，曰："子必不绝赵祀，朔死且不恨[15]。"韩厥许诺，称疾不出。贾不请而擅与诸将攻赵氏于下宫，杀赵朔、赵括、赵婴齐[16]，皆灭其族。朔妻成公姊有遗腹，走公宫匿，后生男，乳，朔客程婴持亡匿山中[17]。居十五年，晋景公疾，卜之曰："大业之后不遂者为祟[18]。"景公疾问韩厥。韩厥知赵孤在，乃曰："大业之后在晋绝祀者，其赵氏乎？夫自中衍皆嬴姓也[19]，中衍人面鸟喙，降佐殷帝大戊[20]；及周天子，皆有明德。下及幽、厉无道[21]，而叔带去周适晋，事先君文侯[22]。至于成公，世有立功，未尝有绝祀[23]。今及吾君独灭之赵宗，国人哀之，故见龟策，唯君图之。"景公问云："赵尚有后子孙乎？"韩厥具以实对。于是景公乃与韩厥谋立赵孤儿，召而匿之宫中。诸将入问疾，景公因韩厥之众[24]，以胁诸将而见赵孤[25]。孤名曰武。诸将不得已，乃曰："昔下宫之难，屠岸贾为之，矫以君令[26]，并命群臣，非然[27]，孰敢作难？微君之疾[28]，群臣固且请立赵后，今君有令，群臣之愿也。"于是召赵武、程婴，遍拜诸将军。将军遂返与程婴、赵武攻屠岸贾，灭其族。复与赵武田邑如故。故人安可以无恩？夫有恩于此，攻复于彼[29]。非程婴则赵孤不全，非韩厥则赵后不复。韩厥可谓不忘恩矣。

【注释】

[1] 晋赵盾举韩厥：赵盾，见卷三建本·二十八[3]。韩厥，即韩献子，春秋时晋国人。初为司马，参与晋楚邲之战。景公十一年从郤克伐齐，大败齐师。晋悼公时主国政，复霸诸侯。后告老，卒。

[2] 中军尉：官名。春秋时晋国军队分为上、中、下三军，中军元帅地位最高。各军设尉。

[3] 子朔嗣为卿：赵盾的儿子赵朔继承父亲职位为卿。

[4] 景公：晋景公，名据，晋成公之子，公元前599年至前581年在位。

[5] 朔取成公姊为夫人：成公，春秋时晋国国君。晋文公少子，名黑臀。公元前606年至前600年在位。《左传》记为成公之女，即孟姬。

[6] 屠岸贾(gǔ)：春秋时晋国大臣，复姓屠岸。曾受宠于晋灵公，因赵盾之弟赵穿杀了灵公，故想要灭赵为灵公报仇。

[7] 叔带持龟要而哭：叔带，人名。西周人。赵氏初祖赵造父七世孙，赵公仲子。幽王无道，叔带去周至晋事文侯，始建赵氏于晋国。“持龟要而哭”，“龟”为衍文。《史记·赵世家》作“持要而哭”，就是手叉着腰哭泣。“要”通“腰”。

[8] 占兆绝而后好：裂纹先断裂后又复合。兆，古代占卜时，烧灼龟甲后出现的裂纹。卜者视裂纹来预测吉凶。

[9] 及君之子：《史记·赵世家》作“乃君之子”。

[10] 司寇：官名。西周始置，主管刑法狱讼。

[11] 乃治灵公之贼以致赵盾：于是就以惩治杀害灵公凶手的名义株连到赵盾。贼，杀害，凶手。

[12] 赵穿弑灵公：公元前607年，晋灵公想要杀害赵盾。赵盾逃脱。赵盾的弟弟赵穿杀了灵公，赵盾才得以返回。灵公，即晋灵公，参见卷四·立节第十章、本卷第十一章。

[13] 先君：即景公之父成公黑臀。晋灵公死后，赵盾派赵穿到东周洛阳将晋文公之子黑臀迎回，立为君，就是晋成公。

[14] 趋(cù)亡：赶快逃走。

[15] 必：如果。

[16] 赵括、赵婴齐：均为赵盾之弟。

[17] 程婴：赵朔的门客。一说赵朔的朋友。赵朔的门客公孙杵臼与程婴谋，杵臼携他人婴儿冒充赵朔遗腹子，藏匿山中，程婴告发，公孙杵臼及婴儿被杀。后程婴怀抱赵氏真孤儿匿养山中。屠岸贾被杀后，程婴自杀以报杵臼。

[18] 大业之后不遂者为祟：大业，人名，秦、赵的始祖。《史记·秦本纪》载："帝颛顼之苗裔孙曰女修，女修织，玄鸟陨卵，女修吞之，生子大业。"不遂，不顺，不如意，有冤情。为祟，作怪。

[19] 夫自中衍皆嬴姓也：中衍，秦人远祖。据《史记·秦本纪》记载，大业生大费，大费生大廉，大廉玄孙曰孟戏、中衍，鸟身人言。中衍后代在商世代有功，遂为诸侯。嬴姓，大费曾同大禹一道平治水土，又帮助舜帝驯鸟兽，故舜赐姓嬴。这里是追述赵氏远祖。

[20] 降佐殷帝大戊：降生来辅佐商帝大戊。大戊，殷商第九代国君，又称"太戊"。

[21] 幽、厉：指周幽王、周厉王，皆荒淫暴虐之君。幽王当在后。

[22] 文侯：晋文侯，名仇，公元前 780 年至前 746 年在位。

[23] 绝祀：断绝祭祀。指灭绝。

[24] 因：凭借。

[25] 以胁诸将而见赵孤：来胁迫众将领面见赵氏孤儿。

[26] 矫以君令：假传君王的命令。矫，假传命令。

[27] 非然：不这样的话。

[28] 微君之疾：如果不是君主生病。微，如果不是。

[29] 攻复于彼："攻"字讹，当作"故"。

【今译】

晋国赵盾举荐了韩厥，晋国国君让韩厥担任中军尉。赵盾死后，他的儿子赵朔继承父亲职位为卿。到了景公三年，赵朔做了晋国将军，娶晋成公的姐姐为夫人。大夫屠岸贾想要诛灭赵氏家族。当初，赵盾活着的时候，曾梦见叔带手叉着腰哭泣，很悲伤，一会又笑了，拍手唱歌。赵盾占卜这个梦，裂纹先断裂后又复合。赵家一个名叫援的史官看了占兆说:“这个占兆很凶险,不是应验在你身上,而是应验在你儿子身上,但也是由于你的过错造成的。”到了他儿子赵朔这一代,赵氏家族更加衰弱。屠岸贾这个人,原先受宠于晋灵公,到了晋景公时,屠岸贾做了司寇,他将要发难,于是就以惩治杀害灵公凶手的名义株连到赵盾。他遍告所有的将领说:“赵穿杀了灵公,赵盾虽然不知道,仍然是罪魁祸首。臣子杀死国君,他的子孙还在朝廷做官,这还怎么惩罚有罪的人呢?请求诛杀他们。”韩厥说:“灵公被杀,赵盾出逃在外,我们的先君成公认为他无罪,所以不诛杀他。现在各位将领要诛杀他的后代,这是违背先君旨意而胡乱杀人,胡乱杀人就是乱臣贼子。要做大事却不让国君知道,是目中没有国君的表现。”屠岸贾不听。韩厥告诉赵朔赶快逃走,赵朔不愿意逃走,说:“你如果不让赵家断绝后代,我死了也不会有遗憾。”韩厥答应了他,于是称病不出门。屠岸贾不向国君请示就擅自率众将进攻祖庙下宫,杀了赵朔、赵括、赵婴齐,灭了赵氏家族。赵朔的妻子成公的姐姐,当时怀有身孕,逃到景公宫内躲藏,后来生了一个男孩,还在哺乳的时候,赵朔的门客程婴抱着婴儿逃到山中藏了起来。过了十五年,晋景公患病,占卜的人说:“大业的后代中有冤情的人在作怪。”景公连忙问韩厥。韩厥知道赵氏孤儿活着,就说:“大业的后代在晋国断绝祭祀的,大概就是赵氏家族吧?他们家族从中衍那一代算起都属于嬴姓,中衍人面鸟喙,来辅佐商帝大戊;一直到周天子,赵氏都德行显著。到了周厉王、周幽王,荒淫暴虐,叔带离开了周朝来到晋国,侍奉先君晋文侯。直到成公,赵氏世代都建立功业,不曾断绝祭祀。现在到了国君您这里,惟独使赵氏断了香火,国人哀痛这件事,所以显现在龟甲蓍草上,希望国君好好考虑这件事。”景公问:“赵氏还有后代子孙吗?”韩厥就把全部实情都告诉了景公。于是景公就和韩厥商量要立赵氏孤儿,并将赵氏孤儿召回藏在宫中。众将进宫问候景公的病情,景公凭借韩厥人多势众,来胁迫众将面见赵氏孤儿。孤儿名叫赵武。众将无可奈何,就说:“从前的下宫之祸,都是屠岸贾所为,假传君王命令,号令群臣,不这样的话,谁敢发难作乱?如果不是君主生病，群臣本来也要请求立赵氏孤儿，如今君王有了命令，这也是群臣的心愿。”于是召来赵武、程婴，逐个拜见各位将领。各位将领于是反戈与程婴、赵武攻打屠岸贾，诛灭了他的家族。景公又赐给赵武田地和采邑，跟原来相同。所以怎么能够不施恩于人呢？在此时对人有恩惠，在彼时就会得到报答。没有程婴，赵氏孤儿就不能保全；没有韩厥，赵氏后代就无法再立。韩厥可以称得上不忘报恩的人了。

十八

蘧伯玉得罪于卫君[1]，走而之晋。晋大夫有木门子高者[2]，蘧伯玉舍其家[3]。居二年，卫君赦其罪而反之[4]。木门子高使其子送之至于境。蘧伯玉曰：“鄙夫之，子反矣[5]。”木门子高后得罪于晋君，归蘧伯玉。伯玉言之卫君曰：“晋之贤大夫木门子高得罪于晋君，愿君礼之。”于是卫君郊迎之[6]，竟以为卿[7]。

【注释】

[1] 蘧（qú）伯玉得罪于卫君：蘧伯玉，即蘧瑗。春秋时卫国人，字伯玉。灵公时大夫。勤于改过。孔子到卫国曾寄居于其家。卫君，当指卫灵公。

[2] 木门子高：木门，地名，晋邑。子高，复姓，生平不详。

[3] 舍（shè）其家：住在他的家里。舍，动词，住宿。

[4] 反之：让他回国。反，同“返”。

[5] 鄙夫之，子反矣：鄙夫，自称的谦辞。之，往，走。子，你。反，返。

[6] 郊迎之：到郊外迎接。

[7] 竟以为卿：后来让他做了卿。竟，最终、后来。

【今译】

蘧伯玉得罪了卫国国君，出逃到晋国。晋国大夫有个叫木门子高的人，蘧伯玉就住在他的家里。过了两年，卫国国君赦免了蘧伯玉的罪并让他回国。木门子高派他的儿子送蘧伯玉到边境上。蘧伯玉说："我走了，你回去吧。"后来木门子高得罪了晋国国君，投奔蘧伯玉。蘧伯玉对卫国国君说："晋国的贤大夫木门子高得罪晋君投奔到卫国来了，希望您能对他以礼相待。"于是卫君亲自到郊外迎接木门子高，后来让他做了卿。

十九

北郭骚踵见晏子曰[1]："窃悦先生之义，愿乞所以养母者。"晏子使人分仓粟府金而遗之[2]。辞金而受粟。有间[3]，晏子见疑于景公，出犇[4]。北郭子召其友而告之曰："吾悦晏子之义，而尝乞所以养母者。吾闻之曰：'养及亲者，身更其难[5]'。今晏子见疑[6]，吾将以身白之[7]。"遂造公庭，求复者曰："晏子，天下之贤者也，今去齐国，齐国必侵矣[8]。方必见国之侵也[9]，不若先死，请绝颈以白晏子。"逡巡而退[10]，因自杀也。公闻之，大骇，乘驰而自追晏子[11]，及之国郊[12]，请而反之。晏子不得已而反之[13]，闻北郭子之以死白己也，太息而叹曰："婴不肖，罪过固其所也[14]，而士以身明之，哀哉！"

【注释】

[1] 北郭骚踵见晏子：北郭骚，复姓北郭，名骚，事迹仅见于本章。踵，《晏子春秋》作"踵门"，走到家门。晏子，见卷一君道・十七[1]。

[2] 遗(wèi)之：送给他。

[3] 有间(jiàn)：不久。

[4] 犇：同"奔"。

[5] 更：《晏子春秋・内篇杂上》作"伉"，担当的意思。

[6] 见疑:被怀疑。见,被。
[7] 白之:为他清洗冤诬。
[8] 侵:遭受进攻。
[9] 方:将要。
[10] 逡巡:后退的样子。
[11] 驰:《晏子春秋·内篇杂上》作“驲”(rì),古代驿站专用的马车。
[12] 国郊:国都郊区。郊,国都城外百里之内称“郊”。
[13] 反:同“返”。
[14] 罪过固其所:罪有应得。

【今译】

北郭骚来到晏子家门,说:“我私下景仰先生的仁义,希望讨取用来奉养母亲的食物。”晏子派人从粮仓和钱府中拿出一些粮食和钱财送给他。北郭骚没有接受钱财而接受了粮食。不久,晏子受到齐景公怀疑,出逃在外。北郭骚叫来朋友对他说:“我景仰先生的仁义,曾经向他乞讨用来奉养母亲的食物。我听过这样的话:‘对于赡养过自己父母的人,你应当亲身为他担当灾难。’现在晏子被怀疑,我将要亲自为他清洗冤诬。”于是就到齐景公的朝堂去,请传话的人对景公说:“晏子,是天下的贤人,如果离开了齐国,齐国一定会遭受别国进攻。与其将来必然见到国家被别国侵犯,不如我先死,请让我断颈而死来为晏子清洗冤诬。”北郭骚后退两步,就自杀了。景公听说后,大为惊骇,乘上马车亲自去追赶晏子,在国都郊区追上了晏子,请晏子回来。晏子不得已回来了,听说北郭骚以死来为自己清洗冤诬,长叹一声说:“都是我不好,罪有应得,士人却以性命来为我洗清冤诬,痛心哪!”

二十

吴赤市使于智氏[1],假道于卫。宁文子具纻絺三百制[2],将以送之。大夫豹曰[3]:“吴虽大国也,不壤交[4],假之道则亦敬矣,又何礼焉?”宁文子不听,遂致之[5]。吴赤市至于智氏,既得事,将归吴,智伯命造舟为梁[6]。吴赤市曰:“吾闻之,天子济于水,造舟为梁,诸侯维舟为梁[7],大夫方舟[8]。方舟,臣之职也。且敬大甚[9],必有故。”使人视之。视则用兵在后矣[10],将以袭卫。吴赤市曰:“卫假吾道而厚赠我,我见难而不告,是与为谋也。”称疾而留,使人告卫,卫人警戒。智伯闻之,乃止。

【注释】

[1] 吴赤市(fú)使于智氏:赤市,吴国大夫,生平不详。智氏,即智伯,见卷三建本·二十九[3]。

[2] 宁文子具纻絺(zhù chī)三百制:宁文子,卫国大夫。《战国策·卫策》《说苑·权谋》《尚友录·卷一三》均作“南文子”。纻,麻布。絺,细葛布。制,古代布帛的长度单位,一丈八尺为一制。

[3] 豹:卫国大夫,生平不详。

[4] 不壤交:不接壤。

[5] 遂致之:就送给了他。

[6] 造舟为梁:把船连在一起造成浮桥。造,并连。梁,桥。《诗经·大雅·大明》:“造舟为梁,不显其光。”

[7] 维舟:四船相连。

[8] 方舟:两船相连。

[9] 且敬大甚:况且恭敬得太过分了。

[10] 视则用兵在后矣:察看后了解到原来在后边安排了军队。

【今译】

吴国的赤市出使晋国智伯,向卫国借道。宁文子准备了麻布和细葛布三百制,将要送给他。大夫豹说:“吴国虽然是大国,但与我国不接壤,借道给他,就已经是表示敬意了,为什么还要送礼物呢?”宁文子不听,就送给了他。赤市到了智伯那里,办完事,将要回吴国,智伯命令把船连在一起造成浮桥。赤市说:“我听说,天子过河，把船连在一起造成浮桥，诸侯过河把四条船连起来作为浮桥，大夫过河两船相连。两船相连，符合我的身份。况且恭敬得太过分了，一定有原因。”派人去察看，察看后了解到原来智伯在后边安排了军队。赤市说：“卫国借给我道并送我很多东西，如果我知道他们灾难降临却不告诉他们，这就是与晋国同谋啊。”他借口有病留下来未走，派人告诉卫国，卫国人警惕起来。智伯听说后，就停止了进攻卫国的行动。

二十一

楚、魏会于晋阳[1]，将以伐齐。齐王患之，使人召淳于髡曰[2]：“楚、魏谋欲伐齐，愿先生与寡人共忧之。”淳于髡大笑而不应。王复问之，又复大笑而不应。三问而不应，王怫然作色[3]，曰：“先生以寡人国为戏乎？”淳于髡对曰：“臣不敢以王国为戏也，臣笑臣邻之祠田也[4]，以奁饭与一鲋鱼[5]。其祝曰：‘下田洿邪[6]，得谷百车，蟹堁者宜禾[7]。’臣笑其所以祠者少而所求者多。”王曰：“善。”赐之千金，革车百乘[8]，立为上卿。

【注释】

[1] 晋阳：地名，春秋时晋邑，今山西太原。

[2] 淳于髡(kūn)：战国时人。齐人赘婿。学问渊博，滑稽多辩。

[3] 怫(fú)然作色：气得变了颜色。怫然，忿怒的样子。

[4] 祠田：向田地祈祷。

[5] 以奁(lián)饭与一鲋(fù)鱼：奁，盛物的器皿。鲋，鱼名，即鲫鱼。

[6] 洿(wū)邪：地势低洼。

[7] 蟹堁(kè)：狭小的高地。指旱地。

[8] 革车百乘：兵车一百乘。乘，一车四马。

【今译】

楚国和魏国的国君在晋阳会盟，将要讨伐齐国。齐王担心这件事，派人叫来淳于髡说："楚国和魏国共同谋划想要攻打齐国，我希望先生与我分忧。"淳于髡大笑而不回答。齐王又问他，他又大笑而不回答。齐王问了三次，淳于髡都不回答，齐王气得变了颜色，说："先生把我的国家当作儿戏吗？"淳于髡回答说："我不敢把大王的国家当作儿戏，我笑我的邻居向田地祈祷，用一盒饭和一条鲋鱼，他祈祷说：'下等的田地地势低洼，能长出谷物百车，狭小的旱地能长出好庄稼。'我笑他用来祈祷的东西太少，而所希望得到的东西太多。"齐王说："说得好。"赐给淳于髡千金，兵车百乘，让他做上卿。

二十二

阳虎得罪于卫[1]，北见简子[2]，曰："自今以来，不复树人矣。"简子曰："何哉？"阳虎对曰："夫堂上之人，臣所树者过半矣；朝廷之吏，臣所立者亦过半矣；边境之士，臣所立者亦过半矣。今夫堂上之人，亲却臣于君[3]；朝廷之吏，亲危臣于法[4]；边境之士，亲劫臣于兵[5]。"简子曰："唯贤者为能报恩，不肖者不能。夫树桃李者，夏得休息，秋得食焉；树蒺藜者，夏不得休息，秋得其刺焉。今子之所树者，蒺藜也，非桃李也[6]。自今以来择人而树，毋已树而择之。"

【注释】

[1] 阳虎：又名阳货。春秋末鲁国人，季氏家臣。事季平子。平子卒，阳虎专权。曾囚季桓子，迫使结盟。鲁定公八年，谋除三桓（孟孙、叔孙、季孙），欲杀尽三桓嫡子，更立其所善庶子。被击败，出奔阳关（今山东泰安市东南）。次年，三桓攻阳关，阳虎奔齐，后又奔晋，依附赵盾，为赵简子谋臣。详见《左传》，但未记得罪卫国事。《左传·定公九年》有"又以葱灵逃，奔宋，遂奔晋，适赵氏。"《韩非子·外储说左下》有"逐于

鲁，疑于齐，走而之赵，赵简主迎而相之。”由此推知，本章“阳虎得罪于卫”恐为误记。

[2] 简子：见卷一君道·三十三[1]。

[3] 却：排斥。

[4] 亲危臣于法：亲自用法令危害我。

[5] 亲劫臣于兵：劫，威胁。兵，武力。

[6] 非桃李也：此四字除元云谦刻本、明抄本外，其他版本均脱。

【今译】

阳虎在卫国获罪，到北方来见赵简子，说：“从今往后，我不再培养人了。”赵简子说：“为什么呢？”阳虎说：“那朝堂上，我培养的人有一多半；朝廷的官吏，我所栽培的也超过半数；边境上的将士，我所栽培的也超过半数。如今那朝堂上的人，亲自在君王面前排挤我；朝中的官吏，亲自用法令危害我；边境上的将士，亲自用武力威胁我。”赵简子说：“只有贤能的人才能报恩，不贤能的人不能报恩。种植桃李的人，夏季能在桃李树下休息，秋季能享用桃李的果实；种植蒺藜的人，夏季不能休息，秋季得到的是棘刺。现在你所栽培的人，是蒺藜一样的人，不是桃李那样的人。从今往后，要选择了人再培养，不要培养了再去选择。”

二十三

东闾子尝富贵而后乞[1]。人问之曰：“公何为如是？”曰：“吾自知。吾尝相六、七年，未尝贵一人也；吾尝富三千万者再[2]，未尝富一人也；不知士出身之咎然也[3]。”孔子曰：“物之难矣，小大多少，各有怨恶，数之理也[4]，人而得之[5]，在于外假之也[6]。”

【注释】

[1] 东闾子：人名，生平不详。东闾，复姓。

[2] 再：两次。

[3] 不知士出身之咎然也：不懂得为士人献身的过错啊。

[4] 物之难矣，小大多少，各有怨恶，数之理也：事物很复杂，大大小小，人们各有怨恨厌恶，这是自然的规律。

[5] 人而(néng)得之：人们能够掌握它。而，通“能”。

[6] 在于外假之也：在于对外物的借助。假，借助。

【今译】

东闾子曾经富贵后来却向人乞讨。有人问他：“你怎么成为这样的？”他回答说：“我自己明白。我曾经做过六七年的国相，不曾让一个人尊贵起来；我曾经两次拥有三千万的财富，不曾帮助过一个人富裕起来；这是我不懂得为士人献身的过错啊。”孔子说过：“事物很复杂，大大小小，人们各有怨恨厌恶，这是自然的规律，人们能够掌握它，在于借助外物的帮助。”

二十四

魏文侯与田子方语[1]，有两僮子衣青白衣而侍于君前。子方曰：“此君之宠子乎？”文侯曰：“非也。其父死于战，此其幼孤也，寡人收之。”子方曰：“臣以君之贼心为足矣，今滋甚[2]。君之宠此子也，又且以谁之父杀之乎[3]？”文侯愍然[4]，曰：“寡人受令矣[5]。”自是以后，兵革不用。

【注释】

[1] 魏文侯与田子方语：魏文侯，见卷一君道·三十六[2]。田子方，见卷二臣术·五[12]。

[2] 滋甚：更加厉害。

[3] 且：将要。

[4] 愍(mǐn)然：怜悯的样子。

[5] 受令:受教。

【今译】

魏文侯与田子方交谈,有两个孩子穿着黑色和白色的衣服,侍立在魏文侯面前。田子方说:“这是您宠爱的儿子吗?”文侯说:“不是。他们的父亲在战争中死了,这是他们幼小的遗孤,我收养了他们。”田子方说:“我以为您的杀人之心已经满足了,现在看来是更加厉害。您宠爱这两个孩子,又将要让他们杀死谁的父亲呢?”魏文侯表现出怜悯的样子,说:“我接受您的教诲。”从此以后,文侯不再发动战争。

二十五

吴起为魏将[1],攻中山。军人有病疽者[2],吴子自吮其脓,其母泣之。旁人曰:“将军于而子如是[3],尚何为泣?”对曰:“吴子吮此子父之创[4],而杀之于注水之战[5],战不旋踵而死[6]。今又吮之,安知是子何战而死?是以哭之矣!”

【注释】

[1] 吴起:战国时卫国人。善用兵,最初在鲁国做官,后入魏为将,屡建战功,任为西河守,以拒秦、韩。魏文侯死后,遭大臣陷害,逃至楚。楚悼王任为相。悼王死,为宗室大臣杀害。兵法与孙武、孙膑齐名,有《吴起》,已佚。今本《吴子》为后人所编。

[2] 病疽(jū):长了毒疮。

[3] 而:通“尔”,你的。

[4] 创:同“疮”。

[5] 注水之战:指公元前410年至前409年间在泾水区域魏国与秦国的战争。魏国军队在吴起指挥下,攻取了秦国大片土地,河西地区全部被魏占有。从此魏在河西设郡,以吴起为郡守。注水,当作“泾水”。发源于甘肃,流入陕西与渭水汇合,合称泾渭。

[6] 旋踵：转足之间，形容迅速。

【今译】

吴起做魏国的将军，带兵攻打中山国。军队中有人长了毒疮，吴起亲自为他吸出脓液，那人的母亲为此哭泣。旁边的人说："将军对你的儿子这样关心，你为何还哭泣呢？"那母亲回答说："吴起吸吮这孩子父亲的伤口，其父在泾水之战被杀，作战不久就死了。现在又吸吮这孩子的脓疮，不知这孩子会在哪一次战斗中死去呢？我因此哭泣啊！"

二十六

齐懿公之为公子也[1]，与邴歜之父争田[2]，不胜。及即位，乃掘而刖之[3]，而使歜为仆。夺庸织之妻[4]，而使织为参乘[5]。公游于申池[6]，二人浴于池。歜以鞭抶织[7]，织怒。歜曰："人夺女妻，而不敢怒；一抶女，庸何伤[8]！"织曰："孰与刖其父而不病，奚若[9]？"乃谋杀公，纳之竹中[10]。

【注释】

[1] 齐懿公：春秋时齐国国君，名商人。齐桓公之子，齐昭公之弟。桓公死后，争立而不得，遂阴交贤士。昭公卒，太子舍立，孤弱。商人杀舍，自立为君。在位四年。

[2] 与邴歜(bǐng chù)之父争田：和邴歜的父亲争夺田地。田，一译作"猎物"。今据杨伯峻《春秋左传注》译为"田地"。邴歜，人名，生平不详。

[3] 刖(yuè)：古代的一种酷刑，把人的脚砍掉。

[4] 庸织：人名。《左传·文公十八年》作"阎职"。

[5] 参乘(shèng)：陪乘。

[6] 申池：齐都临淄申门外之池，在今山东淄博市西北。

[7] 抶(chì):鞭打。
[8] “人夺女妻”句:女,通“汝”。而,你。庸何,复合虚词,可译为“有什么”。
[9] 病:痛恨。
[10] 纳:藏。

【今译】

齐懿公做公子的时候,和邴歜的父亲争夺田地,没有赢。等到他即位后,就掘开邴歜父亲的坟墓砍掉尸体的脚,并让邴歜做自己的奴仆。齐懿公又霸占庸织的妻子,并让庸织做自己的陪乘。有一次齐懿公到申池游玩,邴歜和庸织在池中洗澡。邴歜用鞭子打庸织,庸织发怒。邴歜说:“别人霸占了你的妻子,你不敢发怒,打你一下,有什么妨害的呢?”庸织说:“与砍掉你父亲的脚却不敢痛恨相比,怎么样呢?”于是两人密谋杀死国君,把尸体藏到竹林里。

二十七

楚人献鼋于郑灵公[1],公子家见[2]。公子宋之食指动,谓子家曰:“我如是[3],必尝异味。”及食大夫鼋[4],召公子宋而不与[5]。公子宋怒,染指于鼎[6],尝之而出。公怒,欲杀之。公子宋与公子家谋先,遂弑灵公。

【注释】

[1] 楚人献鼋(yuán)于郑灵公:鼋,大鳖。郑灵公,郑穆公之子,名夷。公元前605年在位一年。
[2] 公子家见:此句上下文意不连贯,疑有脱字。《左传·宣公四年》作“公子宋与子家将见”。《史记·郑世家》作“子家、子公将朝灵公”。可为旁证。公子家,即公子归生,字子家,春秋时郑国大臣。公子宋,郑国大臣。
[3] 我如是:《左传·宣公四年》作“他日我如此。”《史记·郑世家》作“他日指动。”

[4] 及食(sì)大夫鼋:等到灵公赐大夫们品尝鼋的时候。
[5] 召公子宋而不与:叫来公子宋却又不给他吃。
[6] 染指于鼎:用手指在鼎中蘸了一下。

【今译】

楚国人送给郑灵公鼋。公子宋与子家将要朝见灵公。公子宋的食指在动,并对公子家说:“我的手指像这样动,一定要尝到奇异的美味了。”等到灵公赐大夫们品尝鼋的时候,也叫来了公子宋,却又不给他吃。公子宋发怒了,用手指在鼎中蘸了一下,一边品尝味道一边退出。郑灵公恼怒,想要杀掉公子宋。公子宋与公子家谋划在先,于是杀了灵公。

二十八

子夏曰[1]:“《春秋》者,记君不君、臣不臣、父不父、子不子者也。此非一日之事也,有渐以至焉[2]。”

【注释】

[1] 子夏:见卷二臣术·五[12]。
[2] 有渐以至焉:是逐步发展到这样的。

【今译】

子夏说:“《春秋》,是记载君主不像君主、臣子不像臣子、父亲不像父亲、儿子不像儿子的书。这种现象不是一天形成的,是逐步发展到这样的。”

【评析】

复恩就是报恩。报恩思想是中国古代传统的伦理道德观念,无论在官方,还是在民间,报恩思想都是维系人际关系的基础。

本卷共二十八章。第一章是总论,包含了这样几个观点:一是

“施德者贵不德”，也就是古人常说的“施人慎勿念”，这是站在施恩者的角度讲的。二是“受恩者尚必报”，也就是古人常说的“受人慎勿忘”，这是站在受恩者的角度讲的。三是“君臣相与，以市道接”。这与韩非子“主卖官爵，臣卖智力”的思想是一致的。这个观点有点赤裸裸的感觉，原来君臣关系是买与卖的关系，具有突出的功利目的。刘向还引用孔子的话，把君臣关系说成是各取所需，更是一点遮掩也没有。最后的话更是惊心动魄：“夫臣不复君之恩，而苟营其私门，祸之原也；君不能报臣之功，而惮行赏者，亦乱之基也。夫祸乱之源、基，由不报恩生矣。”其实，这种市场交易式的君臣关系，是家天下政治体制的产物，正所谓“学成文武艺，货与帝王家”。在这种报恩思想之下，做得好，就君臣和睦，其乐融融；做得不好，就你怨我恨，祸乱四起。细细想来，颇有道理，因为报恩的问题，触及到了人性，好与坏的表现，都是人性的体现。

第二章、第三章主要记述报恩的等级问题。一般说来，有攻城野战大功的人应该得到最高奖赏，但赵襄子却将上等赏赐给了高赫，原因是高赫在襄子“拘厄”之中仍不失君臣之礼，从不“骄寡人”。这章故事的主旨在于提醒臣子不要居功，如果居功自傲，就会有危险。刘向选录此章，说明他是认同孔子“赵襄子善赏”这一观点的，与《吕氏春秋》《淮南子》中的观点相同。《韩非子》则相反，请看《韩非子·难一》：

> 或曰：仲尼不知善赏矣。夫善赏罚者，百官不敢侵职，群臣不敢失礼。上设其法，而下无奸诈之心。如此，则可谓善赏罚矣。使襄子于晋阳也，令不行，禁不止，是襄子无国，晋阳无君也，尚谁与守哉？今襄子于晋阳也，知氏灌之，臼灶生龟，而民无反心，是君臣亲也。襄子有君臣亲之泽，操令行禁止之法，而犹有骄侮之臣，是襄子失罚也。为人臣者，乘事而有功则赏。今赫仅不骄侮，而襄子赏之，是失赏也。明主赏不加于无功，罚不加于无罪。今襄子不诛骄侮之臣，而赏无功之赫，安在襄子之善赏也？故曰：仲尼不知善赏。

韩非是站在法家立场讲这番话的，他的观点颇有道理。相比之下，刘向的观点则显得有些迂腐了。第三章内容借陶叔狐求赏，让晋文公阐述行赏的原则是“先德后力”。又据《韩诗外传·卷三》记载，陶叔狐对晋文公仅仅是“劳苦之士”而已，并无仁义恩德可言，排在三赏之外并非冤枉。

第四章有对比的特点。咎犯误解了重耳，怕被抛弃，哭天抹泪，一副可怜兮兮的样子。介子推有点瞧不起他。刘向写此章，省去了《左传·僖公二十四年》和《史记·晋世家》中介子推讽刺咎犯等人“贪天之功为己有”的话，也淡化了《吕氏春秋·介立》中介子推“一蛇羞之”的清高，侧重表现了介子推不主动求禄的思想，暗示了重耳在复恩上的失误。第五章写舟之侨，主旨与第四章相同，但与历史事件相悖。《四库全书总目提要》指出：“又介子推、舟之侨并载其《龙蛇之歌》，而之侨事尤舛。”不过，有学者指出，此章是区分“赋”和“辞”两种文体的佐证。

第六章记述邴吉有恩于汉宣帝的事情，记载非常简略。查《汉书·丙吉传》，对此内容的记载则非常详细，如下：

> 丙吉字少卿，鲁国人也。治律令，为鲁狱史。积功劳，稍迁至廷尉右监。坐法失官，归为州从事。武帝末，巫蛊事起，吉以故廷尉监征，诏治巫蛊郡邸狱。时宣帝生数月，以皇曾孙坐卫太子事系，吉见而怜之。又心知太子无事实，重哀曾孙无辜，吉择谨厚女徒，令保养曾孙，置闲燥处。吉治巫蛊事，连岁不决。后元二年，武帝疾，往来长杨、五柞宫，望气者言长安狱中有天子气，于是上遣使者分条中都官诏狱系者，亡轻重一切皆杀之。内谒者令郭穰夜到郡邸狱，吉闭门拒使者不纳，曰：“皇曾孙在。他人亡辜死者犹不可，况亲曾孙乎！”相守至天明不得入，穰还以闻，因劾奏吉。武帝亦寤，曰：“天使之也。”因赦天下。郡邸狱系者独赖吉得生，恩及四海矣。曾孙病，几不全者数焉，吉数敕保养乳母加致医药，视遇甚有恩惠，以私财物给其衣食。……吉为人深厚，不伐善。自曾孙遭遇，吉绝口不道前恩，故朝廷莫能明其功也。……上亲见问，然后知吉有旧恩，而终不言。上大贤之，制诏丞相：“朕微眇时，御史大夫

吉与朕有旧恩，其德茂焉。《诗》不云乎？‘无德不报。’其封吉为博阳侯，邑千三百户。”临当封，吉疾病，上将使人加绋而封之，及其生存也。上忧吉疾不起，太子太傅夏侯胜曰：“此未死也。臣闻有阴德者，必飨其乐以及子孙。今吉未获报而疾甚，非其死疾也。”后病果愈。吉上书固辞，自陈不宜以空名受赏。上报曰：“朕之封君，非空名也，而君上书归侯印，是显朕之不德也。方今天下少事，君其专精神，省思虑，近医药，以自持。”后五岁，代魏相为丞相。

与此章形成鲜明对比的是第十七章，刘向则详细记述了赵氏孤儿的事件。这颇值得深究一番。按说，邴吉有恩于汉宣帝事件应该大事渲染一番，却为何简略记述呢？赵氏孤儿的故事在刘向《新序·节士》中已经有详细叙述，为何在此还要详细记述呢？笔者以为，这于研究刘向编著《说苑》手法特别是如何使用历史材料颇有参考价值。邴吉之事，距刘向颇近，乃当朝事件，写多了会引来麻烦，故而点到为止。赵氏孤儿的故事出自《左传》，年代久远，与当朝无利害关系，可以详尽记述。刘向在他的《说苑》和《新序》中都选用了这个故事，但由于侧重点不同，对故事材料的处理也不相同。在《新序·节士》中，刘向表现的重点是程婴、公孙杵臼两位侠肝义胆的英雄形象。开头写道：“公孙杵臼、程婴者，晋大夫赵朔客也。”结尾处又写道：“君子曰：‘程婴、公孙杵臼可谓信交厚士矣，婴之自杀下报，亦过矣。’”可谓首尾呼应。中间部分，刘向选用了程婴与公孙杵臼救孤以及程婴自杀的材料，使程婴、公孙杵臼成为核心人物。而在《说苑·复恩》中，刘向表现的重点是韩厥知恩图报的品质。开头写道：“晋赵盾举韩厥”。结尾写道：“韩厥可谓不忘恩矣。”对程婴、公孙杵臼救孤的详细过程只用“朔客程婴持亡匿山中”一句带过，对程婴自杀的情节则全部省去，让韩厥成为贯穿整个故事的中心人物。这是非常高明的创作手法，体现了刘向文章学思想。在学术界，一直有一种观点，认为《说苑》非刘向所著，仅仅是刘向编辑而成。第六章和第十七章说明，刘向不是简单地编辑，而是具有一定程度上的创作，称之为“编著”较为恰当。

第七章写乐羊在君王面前自夸其功，犯了为臣之大忌。作为臣子，功劳再大，都要归功于君王。立了大功，本来就容易招人嫉恨、令君猜疑，若再居功自傲，必然自毁前程。第八章写李谈在危机时刻劝平原君毁家纾难，挽狂澜于既倒，死后父亲被封侯。李谈的劝谏是冒着风险的，好在平原君深明大义，及时采纳，使国家转危为安。“方其危苦时，易为惠耳”这句话点到了要害处。第九章写秦缪公宽恕杀食马人，看出其胸怀。能够宽恕人，必然得好报。第十章颇值得玩味，这是一则流传甚广的故事，说明于人有阴德必受报答的道理。但是我们也可以从另一个角度来看这个故事：待人要宽容，尤其是对待那些犯了错误的人。拥有博大的胸怀，会受到人的尊敬。本章内容又见于《韩诗外传·卷七》，文字上有两个地方不同。《韩诗外传》记为“有牵王后衣者”，本章记为“乃有人引美人之衣者”。《韩诗外传》无“赐人酒，使醉失礼，奈何欲显妇人之节而辱士乎”之句，估计为刘向选入时所加。这两处改动显得更加合情合理，而且将“辱士”与“显妇人之节”进行比较，取舍鲜明，体现了一种新的贞节观。

第十一章内容又见于《左传·宣公二年》。从叙事角度看，《左传·宣公二年》运用了插叙的方法，将“桑下饿人”的故事作为插叙的内容。本章则运用了顺叙的方法，按照时间顺序安排“桑下饿人”和“饿人救盾”两个故事，最后再引用《诗经》，阐发观点。全章有叙有议，叙议结合，具有较强的可读性。第十二章记述司马报恩于袁盎的故事。《史记·袁盎列传》《汉书·爰盎传》对此事均有记载，文字相同，不同于本章的地方是，两部史书均有司马用酒灌醉守卒然后放走袁盎的细节，故事情节更加曲折。刘向《说苑》不取醉酒一段，在一定程度上降低了故事的可读性。第十三章中豫让复仇的故事广为流传，《战国策·赵策》《史记·刺客列传》均有详细生动的记载，表达了“士为知己者死”的主题。对豫让的行为，后人有所评论，方孝孺在《豫让论》中说：“苟遇知己，不能扶危于未乱之先，而乃捐躯殒命于既败之后，钓名沽誉，眩世炫俗，由君子观之，皆所不取也。”刘向选入《说苑》时，作了改动，将豫让“以其精气能使襄子动心”作为故事的主题加以体现，突出了神秘性，简化了豫让三番五次寻求机会刺杀襄子以报智氏的曲折情节，其记述意图非常明显，即知恩图报的人受人尊敬，同时也体现了刘向叙事要服从主题需要的文章学观点。第十三章中的辛俞也是一个报恩之人，受到了晋君的尊重。刘向将《国语·晋语》中辛俞一番带有狡辩意味的话删掉大半，保留了“三世之恩”的内容，剪裁恰当。第十五章主要表现张良前辈五代受知于韩王，自己立志为韩报仇的主题。

本卷各章多数内容侧重写君臣之间的施恩报恩，第十六、十七章则记述了基于平等关系的人与人之间的施恩报恩故事。第十六章记述“管、鲍之交”，向来被人称道，与伯牙、子期高山流水的知音佳话一起传诵千古，成为知己的代名词，令人向往。其实，二者还是有区别的。“管、鲍之交”，表现了鲍叔牙慧眼识俊才，对管仲有知遇之恩。知音佳话，则表现了伯牙、子期艺术心灵上的默契。第十七章写韩厥报答赵盾，第十八章写蘧伯玉报答木门子高。

第十九章内容又见于《晏子春秋·内篇杂上》和《吕氏春秋·士节》。我们将三篇对照阅读就会发现，刘向选入《说苑》时做了明显的调整，删掉了北郭骚的朋友。两书中有这位朋友感于北郭骚的壮举，也“退而自刎”。刘向还删掉了晏子的一句话，即“晏子上车太息而叹曰：‘婴之亡岂不宜哉！亦不知士甚矣。’”这样改动使得人物和主题更加集中，是恰当的。第二十章写赤市受宁文子厚赠，使卫国免遭智伯偷袭的故事。

第二十章、第二十一章开始从反面说明施与和回报的关系。淳于髡大笑，是因为自己得不到重用，官位低下。在淳于髡看来，齐王要让他分忧，就应该给他应有的地位和待遇。这照应了本卷开头“君臣相与，以市道接”的观点。第二十二章选取阳虎的故事，从反面表现复恩的主题。阳虎其人，历来被人所不齿，是一个被后人骂得狗血喷头的“盗贼”之人。他曾凌辱少年孔子，戏弄中年孔子。他曾作乱于鲁国，逃到齐国，又逃到晋国。他的名言是“为富不仁，为仁不富”，还提出了“主贤明则悉心以事之，不肖则饰奸而试之”的大胆观点。不能说阳虎的观点是错误的，但这样的观点的确说明了他内心之阴非常人可比。阳虎的确有能力，属于治世之能臣，乱世之奸雄。本章侧重记述他在培养人才方面的失败教训，是他与赵简子的一段对话，这段对话又见于《韩非子·外储说左下》，原文如下：

> 阳虎去齐走赵，简主问曰："吾闻子善树人。"虎曰："臣居鲁，树三人，皆为令尹；及虎抵罪于鲁，皆搜索于虎也。臣居齐，荐三人，一人得近王，一人为县令，一人为候吏；及臣得罪，近王者不见臣，县令者迎臣执缚，候吏者追臣至境上，不及而止。虎不善树人。"主俯而笑曰："树橘柚者，食之则甘，嗅之则香；树枳棘者，成而刺人。故君子慎所树。"

这段对话颇值得玩味。阳虎臭名昭著，赵简子为何敢收纳他呢？赵简子认为，用阳虎这种人，须用特殊手段。赵简子一句"吾闻子善树人"，话中包含讽刺。阳虎尚知收敛，如实回答。"主俯而笑曰"颇藏玄妙。刘向还觉不够，编选之时又增加了一句"今子之所树者，蒺藜也，非桃李也"，这就与复恩主题相吻合了。

第二十三章还是从反面举例，说明一个人富贵了，要善于帮助、提携他人。只顾自己，不管他人，往往遭人嫉恨，一旦失势，无人同情。这就是人性。第二十四、第二十五章揭示出对人施恩可能是一种手段，很有深意。第二十六、二十七章与君主不但不施恩，反而积累怨恨，就会遭杀身之祸。第二十八章引用《春秋》做结，指出"君不君、臣不臣、父不父、子不子"是治国安邦、修身齐家之大忌，有力地照应了第一章总论中"夫祸乱之源、基，由不报恩生矣"的核心观点，使本卷二十八章成为一个有机整体。

卷七　政理

【题解】

本卷主要阐述治国的道理。从刘向对材料的组织顺序上看，首先，他重“王道”轻“霸道”。王道的核心是仁政，是教化。刘向认为，君子之德如风，小人之德如草，“草上之风，必偃”，这就把教化的作用抬得很高。霸道重视刑法，轻视教化。刘向并非完全否定刑法的作用，他承认刑法的重要性，但有个主次的问题。“是以圣王先德教，而后刑罚。”这是对孔子“不教而诛谓之虐”的继承。对于刑法的使用，刘向认为要适度，严刑峻法，可能引起混乱。所谓“令苛则民乱”。对治国中出现的问题，刘向并没有简单地归因于百姓素质差，而是从上源头找原因。愚公谷的故事在于说明，如果司法不公正，百姓就不诉讼。所以，执政者要检查自身做得如何。其次，在刘向看来，治理国家一定要关心民生问题，只有使百姓生活得到保障，国家才能安定。“富且寿”的思想，是对孔子“富后教”思想的丰富和深化。在第十四章中，刘向描绘了一幅民生蓝图：“利之而勿害，成之勿败，生之勿杀，与之勿夺，乐之勿苦，喜之勿怒，此治国之道。使民之义也，爱之而已矣。”在第十五章中，刘向写道：“贤君之治国，其政平，其吏不苛，其赋敛节，其自奉薄。不以私善害公法，赏赐不加于无功，刑罚不施于无罪。不因喜以赏，不因怒以诛；害民者有罪，进贤举过者有赏；后宫不荒，女谒不听；上无淫慝，下不阴害；不幸宫室以费财，不多观游台池以罢民，不雕文刻镂以逞耳目；宫无腐蠹之藏，国无流饿之民。此贤君之治国也。”在这里，爱民是民生思想的具体体现。第三，治理国家的同时也提高了自身修养。刘向用了五章的内容来表现宓子贱的治国境界。

大概宓子贱的治国境界最符合孔子的思想，所以孔子称赞他说："惜乎，不齐之所治者小也！不齐所治者大，其与尧、舜继矣。"这是非常高的评价，为什么呢？因为宓子贱没有把执政看作累身累心的事情，相反，有助于自身修养的提升。孔子最看重的可能是这一点。最后，刘向认为，执政者要防"社鼠""猛狗"，要加强自律。奸臣当道，国运必然不昌；自身不正，难以正他人。总体看，本卷的重点是倡"王道"，通过与"霸道""强者"的对比，反复强调"王道"的重要性。在"以德治国""依法治国"并重的今天，刘向的主张或许有某些借鉴意义。

本卷共四十六章。

一

政有三品：王者之政化之，霸者之政威之，强者之政胁之。夫此三者，各有所施，而化之为贵矣。夫化之不变，而后威之；威之不变，而后胁之；胁之不变，而后刑之。夫至于刑者，则非王者之所贵也。是以圣王先德教，而后刑罚。立荣耻而明防禁，崇礼义之节以示之，贱货利之弊以变之[1]。修近理内，政橛机之礼[2]，壹妃匹之际[3]，则莫不慕义礼之荣，而恶贪乱之耻。其所由致之者，化使然也。

【注释】

[1] 弊：通"币"，财物。

[2] 政橛机之礼：政，通"正"，使动用法。橛机，喻指宫廷。

[3] 壹妃匹之际：壹，专一，使动用法。妃匹，配偶。际，职责。

【今译】

政治有三个品级：实行王道的政治是用德来教化百姓，实行霸道的政治是用武力来威慑百姓，强横者的政治是用严酷的刑罚惩治百姓。三种政治，各有用处，而教化为最高。教化了不能使人们变好，然后再以武力威慑；用武力威慑了不能使人们变好，然后再用刑罚惩治。用刑罚来惩治，不是实行王道的人所看重的。因此圣明的帝王先用道德来教化，然后才用刑罚惩治。树立荣耻观念，颁布防范和禁止的条令，推崇符合礼义的节操来昭示百姓，淡化货利财物来改变人们贪婪的心理，做好身边的事情，使宫内礼节端正，使后妃职责专一，那么下面的百姓就都仰慕义礼的尊荣，而厌恶贪婪乱礼的可耻行为了。能够形成这种局面，就是教化的结果啊！

二

季孙问于孔子曰[1]：“如杀无道以就有道，何如？”孔子曰：“子为政，焉用杀？子欲善而民善矣。君子之德，风也；小人之德，草也。草上之风，必偃。”言明其化而已也。治国有二机[2]，刑、德是也。王者尚其德而希其刑[3]，霸者刑、德并凑，强国先其刑而后德。夫刑、德者，化之所由兴也。德者，养善而进阙者也；刑者，惩恶而禁后者也。故德化之崇者至于赏，刑罚之甚者至于诛。夫诛、赏者[4]，所以别贤、不肖而列有功与无功也。故诛、赏不可以缪[5]，诛、赏缪则善、恶乱矣。夫有功而不赏，则善不劝；有过而不诛，则恶不惧。善不劝而能以行化乎天下者[6]，未尝闻也。《书》曰：“毕力赏罚[7]”，此之谓也。

【注释】

[1] 季孙：《论语·颜渊》作“季康子”。季康子，姓季孙，名肥，“康”是其谥号。鲁哀公时，嗣父（季桓子）为相。

[2] 机:关键。
[3] 希:少。
[4] 诛、赏:疑为倒文,应为"赏、诛"。下同。
[5] 缪:通"谬"。
[6] 善不劝:"善不劝"下疑脱"恶不惧"三字。
[7] 毕力赏罚:今本《尚书·康王之诰》作"毕协赏罚"。

【今译】

季康子向孔子请教说:"如果杀掉不遵守道义的人来亲近有道义的人,怎么样呢?"孔子说:"您治理国家,何必杀戮呢!您想要行善百姓就跟着行善。君子的品行,像风;百姓的品行,像草。草上的风,一定会使草顺着风向倒伏。"这只是说明了教化的作用。治理国家有两个关键,就是刑罚和德教。实行王道的崇尚德教而少用刑罚;实行霸道的刑罚、德教并用;强暴的政治,先用刑罚后用德教。刑罚、德教,是教化兴起的根源。所谓德教,就是培养好的品行来弥补缺陷;所谓刑罚,就是惩罚邪恶的品行并严禁后人仿效。所以实行德教的最高手段是赏赐,实行刑罚最严厉的手段是诛杀。赏赐和诛杀,是用来区分贤能、不贤能的人并区分有功和无功的手段。所以赏赐和诛杀不可以出现错误,如果出现错误,那么善、恶就会混乱。有功却不赏赐,那么好人就得不到鼓励;有了罪过却不诛杀,那么坏人就无所畏惧。好人得不到鼓励、坏人无所畏惧却能够用德行教化天下人的,不曾听说过。《尚书》上说:"全力实行赏罚",讲的就是这个道理。

三

水浊则鱼困,令苛则民乱,城峭则必崩,岸竦则必阤[1]。故夫治国,譬若张琴,大弦急,则小弦绝矣。故曰急辔衔者,非千里御也。有声之声，不过百里；无声之声，延及四海。故禄过其功者损，名过其实者削。情行合而民副之[2]，祸福不虚至矣。《诗》云："何其处也？必有与也。何其久也？必有以也[3]。"此之谓也。

【注释】

[1] 阤(zhì)：崩溃。
[2] 民：当作"名"。
[3] "何其处也"句：出自《诗经·邶风·旄丘》。与，帮助。以，原因。

【今译】

水浑浊鱼就困厄，政令苛刻百姓就混乱，城墙陡峭就一定崩塌，崖岸高耸就一定崩溃。所以治理国家就好比调琴弦，大弦调得太紧，小弦就会绷断。所以说，拉紧马缰绳的人，不是驾驭骏马行千里的好车夫。能够听到的声音，传播不会超过百里；无声的声音，却能够传播到四海。所以俸禄超过功劳的人会受到损害，名声超过实际的人会受到削弱。实际情况与品行匹配并且名副其实，灾祸和福祉就不会凭空来到。《诗经》上说："为什么能够安处？一定有人相助。为什么住得那么久？一定有缘故。"说的就是这个道理。

四

公叔文子为楚令尹三年[1]，民无敢入朝。公叔子见曰[2]："严矣。"文子曰："朝廷之严也，宁云妨国家之治哉[3]？"公叔子曰："严则下喑[4]，下喑则上聋，聋喑不能相通，何国之治也？盖闻之也，顺针缕者成帷幕[5]，合升斗者实仓廪，并小流而成江海。明主者，有所受命而不行，未尝有所不受也。"

【注释】

[1] 公叔文子：见卷二臣术·二十一[1]。"公叔文子为楚令尹三年"不见

于其他史籍。

[2] 公叔子:人名,生平不详。

[3] 宁(nìng)云:难道说。

[4] 喑(yīn):哑。这里是默不作声。

[5] 顺:俞樾疑为“积”字之误。

【今译】

公叔文子做楚国的令尹三年了,百姓无人敢入朝提意见。公叔子拜见说:“您太威严了。”文子说:“朝廷有威严,难道说妨害国家的治理吗?”公叔子说:“太威严了下面的人就默不作声;下面的人默不作声,上面的执政者就如同聋子一样;聋、喑不能互相沟通,国家怎能得到治理呢?我听说,积累一针一线就可以织成帷幕,积累一升一斗就可以使粮仓充实,汇集小溪就可以聚成江海。贤明的君主,可以接受意见而不实行,但没有不接受意见的。”

五

卫灵公谓孔子曰[1]:“有语寡人‘为国家者,谨之于庙堂之上,而国家治矣。’其可乎?”孔子曰:“可。爱人者,则人爱之;恶人者,则人恶之;知得之已者,亦知得之人。所谓‘不出于环堵之室[2],而知天下者’,知反之已者也[3]。”

【注释】

[1] 卫灵公:名元,春秋时卫国国君,公元前534年至前493年在位。

[2] 环堵:四面土墙。形容居室隘陋。

[3] 反:推及。

【今译】

卫灵公对孔子说:“有人对我说‘治理国家的人,只要在朝堂之上谨慎小心,国家就能治理好。’这话对吗?”孔子说:“对。爱别人的人，别人也会爱他；厌恶别人的人，别人也会厌恶他；懂得了从自身获益的道理，也会懂得从别人身上获益。人们所说的'足不出户，却知道天下事的人'，就是懂得由外物推及自身的人。"

六

子贡问治民于孔子[1]。孔子曰："懔懔焉，如以腐索御奔马[2]。"子贡曰："何其畏也？"孔子曰："夫通达之国皆人也，以道导之，则吾畜也[3]；不以道导之，则吾雠也[4]。若何而毋畏？"

【注释】

[1] 子贡：见卷二臣术·四[1]。
[2] 懔懔(lǐn lǐn)：危惧。
[3] 畜(xù)：本义喜爱，此为拥护之意。
[4] 雠(chóu)：仇敌。

【今译】

子贡向孔子请教治理百姓的方法。孔子说："要有畏惧感，就像用腐朽的绳索驾御奔驰的骏马一样。"子贡说："为何如此畏惧？"孔子说："那四通八达的国都到处都是百姓，用道义引导他们，他们就会拥护我；不用道义引导他们，他们就视我为仇敌。怎能不畏惧呢？"

七

齐桓公谓管仲曰[1]："吾欲举事于国，昭然如日月，无愚夫愚妇皆曰善[2]，可乎？"仲曰："可。然非圣人之道。"桓公曰："何也？"对曰："夫短绠不可以汲深井[3]，知鲜不可以与圣人之言[4]。惠士可与辨物[5],智士可与辨无方[6],圣人可与辨神明[7]。夫圣人之所为,非众人之所及也。民知十己[8],则尚与之争,曰'不如吾也';百己则疵其过[9];千己则谁而不信[10]。是故民不可稍而掌也[11],可并而牧也[12];不可暴而杀也,可麾而致也[13];众不可户说也[14],可举而示也。"

【注释】

[1] 齐桓公谓管仲:齐桓公,见卷一君道·十六[1]。管仲,见卷一君道·十六[2]。

[2] 无:无论。

[3] 绠(gěng):井绳。

[4] 知鲜:知识少。鲜,少。

[5] 惠士:聪明的人。惠,通"慧"。

[6] 无方:无极,无限。

[7] 神明:精神。

[8] 民知十己:一般人明知别人比自己强十倍。

[9] 疵其过:挑他的毛病。

[10] 谁而不信:进行诽谤而不相信。

[11] 稍而掌也:此句难解。《说苑校证》:"稍"疑为"称"字之误,"掌"疑为"赏"字之误。

[12] 牧:统治,管理。

[13] 麾而致也:指挥而招致。

[14] 户说:挨户进行宣传诰谕。

【今译】

齐桓公对管仲说:"我想在国内做事,光明显著如同日月,无论多么愚钝的男女都说好,可以吗?"管仲说:"可以。但这不是圣人治国之道。"桓公说:"为什么呢?"管仲回答说:"短绳不能在深井里汲水,知识贫乏的人不可以和他谈论圣贤的言论。对聪明的人,可以和他探讨一般事物;对智慧的人,可以和他探讨无限的事物;对圣贤之人,可以和他探讨精神层面的东西。圣贤所做的事情,不是一般人所能达到的。一般人明知别人比自己强十倍,却还要与人争辩,说'别人不如自己';对强过自己百倍的人就吹毛求疵;对强过自己千倍的人就极尽诽谤之能事,什么也不相信。所以对百姓不能轻易地称道奖赏,可以集中起来管理;不能对他们实施残暴杀虐,可以指挥而招致他们;对他们不能挨户进行宣传诰谕,可以推荐榜样给他们看。"

八

卫灵公问于史鳍曰[1]:"政孰为务?"对曰:"大理为务[2]。听狱不中[3],死者不可生也,断者不可属也[4],故曰大理为务。"子路见公,公以史鳍言告之。子路曰:"司马为务[5]。少焉[6],两国有难[7],两军相当,司马执枹以行之[8],一斗不当,死者数万。以杀人为非也,此其为杀人亦众矣,故曰司马为务。"少焉,子贡入见,公以二子言告之。子贡曰:"不识哉!昔禹与有扈氏战[9],三陈而不服[10]。禹于是修教,一年而有扈氏请服。故曰,去民之所事[11],奚狱之所听?兵革之不陈,奚鼓之所鸣?故曰教为务也。"

【注释】

[1] 卫灵公问于史鳍(qiū):卫灵公,见本卷·五[1]。史鳍,见卷二臣术·二十一[1]。
[2] 大理:官名,掌管刑法。
[3] 听狱:断案。
[4] 属(zhǔ):连接。
[5] 司马:官名,掌管军政和军赋。
[6] 少焉:此二字当在"子路见公"之前。参见明抄本。
[7] 难(nàn):仇怨。
[8] 枹(fú):鼓槌。

[9] 有扈氏:古代部族名。
[10] 陈(zhèn):军队作战时的队列。
[11] 事:当作"争"。

【今译】

卫灵公向史鰌请教道:"政务哪一项最重要?"史鰌回答说:"司法最重要。断案不公正,死人不能复生,断肢不能再连接,所以说司法最重要。"过了一会,子路参见卫灵公,卫灵公把史鰌刚才说的话告诉了子路。子路说:"军政最重要。两国作战,两军相对,司马击鼓指挥军队进攻,一仗指挥不当,死人数以万计。如果认为杀人是不对的,那么就会感到这样杀的人太多了。所以说军政最重要。"又过了一会,子贡进来拜见,卫灵公把刚才两个人的话告诉了子贡。子贡说:"没有见识呀!从前大禹和有扈氏作战,打了三仗有扈氏仍不能臣服,禹就施行教化,过了一年有扈氏就请求归顺。所以说消除百姓争斗的因素,还有什么案子可断呢?战争都停止了,还有什么战鼓可击呢?所以说施行教化最重要。"

九

齐桓公出猎[1],逐鹿而走。入山谷之中,见一老公而问之曰:"是为何谷?"对曰:"为愚公之谷。"桓公曰:"何故?"对曰:"以臣名之。"桓公曰:"今视公之仪状,非愚人也,何为以公名?"对曰:"臣请陈之。臣故畜牸牛[2],生子而大,卖之而买驹。少年曰:'牛不能生马。'遂持驹去。傍邻闻之,以臣为愚,故名此谷为愚公之谷。"桓公曰:"公诚愚矣,夫何为而与之?"桓公遂归。明日朝,以告管仲。管仲正衿再拜曰[3]:"此夷吾之愚也。使尧在上,咎繇为理[4],安有取人之驹者乎?若有见暴如是叟者[5],又必不与也。公知狱讼之不正,故与之耳。请退而修政。"孔子曰:"弟子记之,桓公,霸君也,管仲,贤佐也,犹有以智为愚者也,况不及桓公、管仲者也?"

【注释】

[1] 齐桓公:参见卷一君道・十六[1]。

[2] 牸(zì)牛:母牛。

[3] 衿:衣襟。

[4] 咎繇(yáo):即皋陶。参见卷一君道・十二[8]。

[5] 见暴:见,被。暴,欺凌。

【今译】

齐桓公外出打猎,因追赶鹿而奔跑。进入山谷之中,看见一位老公,就问他:"这叫什么山谷?"那人回答说:"是愚公谷。"桓公问:"为什么叫这个名字?"回答说:"因为我而命名的。"桓公说:"现在看您的相貌,不像愚蠢的人,为什么用您的名字命名呢?"回答说:"请让我告诉您吧。我原来蓄养了一头母牛,母牛生了牛犊长大后,我卖了小牛买了一匹马驹。一个少年说:'牛不能生马。'就牵走了我的马驹。我的邻居听说了这件事,认为我愚蠢,所以命名这个山谷为愚公谷。"桓公说:"您真的很愚蠢!您为什么就给他呢?"桓公于是回宫。次日上朝,桓公把这件事告诉了管仲。管仲整理好衣服拜了两拜说:"这说明我管仲愚蠢啊!假使尧做君主,咎繇掌管司法,怎会有抢走人家马的事情呢?如果有人像这个老翁一样被侵凌,也一定不会把马给他。老翁知道狱案诉讼不公正(告到官府也无用),所以就给了他。请让我下去好好地整顿政事。"孔子说:"弟子们记住,桓公是成就霸业的君主,管仲是贤良的辅佐,尚且还会把智者当作愚蠢的人,何况比不上桓公、管仲的人呢?"

十

鲁有父子讼者。康子曰[1]:"杀之!"孔子曰:"未可杀也。夫民不知子父讼之不善者久矣,是则上过也。上有道,是人亡矣。"康子曰:"夫治民以孝为本,今杀一人以戮不孝[2],不亦可乎?"孔子曰:"不孝而诛之[3],是虐杀不辜也。三军大败,不可诛也;狱讼不治,不可刑也。上陈之教而先服之,则百姓从风矣[4]。躬行不从,而后俟之以刑,则民知罪矣。夫一仞之墙,民不能踰;百仞之山,童子升而游焉,凌迟故也[5]。今是仁义之凌迟久矣,能谓民弗踰乎?《诗》曰:'俾民不迷[6]!'昔者君子导其百姓不使迷,是以威厉而不至,刑错而不用也。"于是讼者闻之,乃请无讼。

【注释】

[1] 康子:季康子。参见卷五贵德·十六[1]。
[2] 戮:惩罚。
[3] 不孝而诛之:"孝"为"教"字之误。
[4] 从风:响应。
[5] 凌迟:同"陵迟"。斜而平的山坡。下一个"凌迟"是衰落的意思。
[6] 俾民不迷:使百姓不迷惑。语出《诗经·小雅·节南山》。

【今译】

鲁国有父子互相打官司的。季康子说:"把儿子杀掉!"孔子说:"不能杀。百姓不知道父子互相告状是不好的事情已经很久了,这是执政者的过失。执政者如果执政符合道义,这样的人就不会有了。"季康子说:"统治百姓以孝道为根本,现在杀掉一个人来惩罚不孝之子,不也是可以的吗?"孔子说:"不教育就杀人,这是残害无辜的人。三军打了败仗,不可以杀害打败仗的兵士;案子没有审理清楚,不可以动用刑罚。执政者向百姓宣布教令并率先遵守它,那么百姓就会迅速响应。执政者亲自带头实行了,百姓不跟从,然后用刑罚做准备,那么百姓就认识到自己的罪过了。一仞高的墙,人们不能越过;百仞高的山,小孩可以爬上去玩耍,因为有斜而平的山坡啊!现在仁义教化衰落已经很久了,能要求百姓不逾越它吗?《诗经》上说:‘使百姓不迷惑!’过去有道德的人引导百姓不使百姓迷惑,所以虽然严厉却不表现出来,有刑罚却不使用。”于是打官司的父子听到这些话,请求撤消诉讼。

十一

鲁哀公问政于孔子[1]。对曰:“政有使民富且寿。”哀公曰:“何谓也?”孔子曰:“薄赋敛则民富,无事则远罪,远罪则民寿。”公曰:“若是,则寡人贫矣。”孔子曰:“《诗》云:‘凯悌君子,民之父母[2]’,未见其子富而父母贫者也。”

【注释】

[1] 鲁哀公:参见卷一君道·五[1]。

[2] 凯悌(tì)君子,民之父母:语出《诗经·大雅·泂(jiǒng)酌》。凯悌,又作“岂弟”“恺悌”,和乐。

【今译】

鲁哀公向孔子请教治国的事情。孔子回答说:“执政的目的在于使百姓富裕并且长寿。”哀公说:“这话是什么意思?”孔子说:“减轻赋税百姓就会富裕,不滋事扰民百姓就远离犯罪,远离犯罪百姓就长寿。”哀公说:“这样的话,我就贫穷了。”孔子说:“《诗》中说‘和乐的君子,是百姓的父母。’没有见过儿子富裕父母却贫穷的。”

十二

文王问于吕望曰[1]:“为天下若何?”对曰:“王国富民,霸国富士,仅存之国富大夫,亡道之国富仓府。是谓‘上溢而下漏[2]’。”文王曰："善！"对曰："宿善不祥[3]。"是日也，发其仓、府以振鳏、寡、孤、独[4]。

【注释】

[1] 文王问于吕望：文王，见卷一君道·十[1]。吕望，见卷一君道·十四[1]。

[2] 上溢而下漏：意思是君主富足有余，百姓却一贫如洗。

[3] 宿：隔夜，不立即施行。

[4] 振：振，通"赈"，救济。鳏(guān)、寡、孤、独：鳏，老而无妻或死了妻的人。寡，老而无夫或死了丈夫的人。孤，年幼死去父亲的人。独，老而无子的人。

【今译】

周文王请教吕望："如何治理天下？"吕望回答说："实行王道的国家使百姓富足，实行霸道的国家使士人富足，勉强存在的国家使大夫富足，丢掉道义的国家仅使府、库富足。"文王说："说得好。"吕望说："认为好却不立即实行它，是不吉利的。"当天，文王就打开他的粮仓和钱库来救济鳏寡孤独。

十三

武王问于太公曰[1]："治国之道若何？"太公对曰："治国之道，爱民而已。"曰："爱民若何？"曰："利之而勿害，成之勿败，生之勿杀，与之勿夺，乐之勿苦，喜之勿怒，此治国之道。使民之义也，爱之而已矣。民失其所务，则害之也；农失其时，则败之也；有罪者重其罚，则杀之也；重赋敛者，则夺之也；多徭役以罢民力[2]，则苦之也；劳而扰之，则怒之也。故善为国者，遇民如父母之爱子[3]，兄之爱弟，闻其饥寒为之哀，见其劳苦为之悲。"

【注释】

[1] 武王:周武王。见卷一君道·十四[1]。
[2] 傜:通"徭"。罢(pí):通"疲"。
[4] 遇:对待。

【今译】

周武王请教姜太公:"治理国家的道理是怎样的?"太公回答说:"治理国家的道理,就是爱护百姓罢了。"武王问:"怎样爱护百姓?"太公回答:"使百姓获利而不使他们受害,使百姓成功而不使他们失败,使他们好好活着而不被杀害,给他们生存所需物品而不掠夺他们,使他们感到快乐而不让他们感到痛苦,让他们高兴而不让他们心生怨怒,这就是治国的道理。驱使百姓的原则,就是爱护他们罢了。让百姓失掉了应该做的事情,就是损害他们;让百姓错过耕种的时节,就是让他们做失败的事情;对有罪的人加重刑罚,就是杀害他们;加重他们的赋税,就是掠夺他们;增加劳役使百姓疲惫不堪,就是让他们痛苦;让百姓劳苦又不断地使他们受到侵扰,就会让他们心生怨怒。所以善于治理国家的人,对待百姓就像父母爱护子女一样,就像兄长爱护弟弟一样,听到百姓受冻挨饿就为之痛心,看见百姓劳苦不堪就为之悲伤。"

十四

武王问于太公曰:"贤君治国何如?"对曰:"贤君之治国,其政平,其吏不苛,其赋敛节,其自奉薄。不以私善害公法,赏赐不加于无功,刑罚不施于无罪。不因喜以赏,不因怒以诛;害民者有罪,进贤举过者有赏;后宫不荒[1],女谒不听[2];上无婬慝[3],下不阴害[4];不幸宫室以费财[5],不多观游台池以罢民[6],不雕文刻镂以逞耳目;宫无腐蠹之藏,国无流饿之民。此贤君之治国也。"武王曰:"善哉!"

【注释】

[1] 荒:荒淫。

[2] 女谒:通过宫廷宠姬干求请托。

[3] 婬慝(tè):婬,同“淫”。慝,邪恶。

[4] 阴害:暗中作恶。

[5] 幸:俞樾认为“幸”乃“辛”字之误。“辛”通“新”。此句的意思是:不新建造宫室而浪费钱财。

[6] 罢:通“疲”。

【今译】

周武王请教姜太公说:“贤明的君主如何治理国家?”太公回答说:“贤明的君主治理国家,政治清平,官吏不酷,赋税有节制,个人的享用节省。君王不因个人的喜好而损害国家的法令,赏赐不给予无功的人,刑罚不施加给无辜的人。不因高兴就滥赏,不因动怒就滥杀;残害百姓的人有罪,推荐贤能检举过失的人有赏;后宫不荒淫,不听信所宠幸的妇人的话;处在上位的人无邪恶不正的行为,居下位的人不暗中作恶;不新建宫室而浪费钱财,不增加观赏游玩的场所而使百姓疲惫,不雕花镂刻来满足耳目的享受;宫廷中没有腐烂虫蛀的储藏,国内没有流浪饥饿的百姓。这就是贤明君主治理的国家。”武王说:“好!”

十五

武王问于太公曰:“为国而数更法令者[1],何也?”太公曰:“为国而数更法令者,不法法[2],以其所善为法者也,故令出而乱,乱则更为法,是以其法令数更也。”

【注释】

[1] 数(shuò):多次。

[2] 不法法：不遵守法令。前一个“法”是动词，遵守；后一个“法”是名词，法令。

【今译】

周武王请教姜太公说：“治理国家多次改变法令，是什么原因呢？”太公说：“治理国家多次改变法令，就是不遵守法令，把自己喜欢的东西当成法令了，所以法令公布后就出现混乱，混乱了就改变法令，因此他的法令多次改变。”

十六

成王问政于尹逸曰[1]：“吾何德之行而民亲其上？”对曰：“使之以时，而敬顺之，忠而爱之，布令信而不食言。”王曰：“其度安至[2]？”对曰：“如临深渊，如履薄冰。”王曰：“惧哉！”对曰：“天地之间，四海之内，善之则畜也[3]，不善则雠也。夏、殷之臣，反雠桀、纣而臣汤、武；夙沙之民[4]，自攻其主而归神农氏[5]。此君之所明知也，若何其无惧也？”

【注释】

[1] 成王问政于尹逸：成王，周成王，参见卷一君道·三[1]。尹逸，又作“尹佚”“史佚”，西周史官。

[2] 其度安至：怎样把握这个度。度，标准。

[3] 畜：通“慉”，喜爱，爱眷。

[4] 夙沙：又作“宿沙”。古国名。在今山东滨海之地。

[5] 神农氏：传说中的远古帝王。又称炎帝、烈山氏。始制耒耜，教民务农，故称神农。又传说他尝百草，教民治病。

【今译】

周成王向尹逸请教政事说：“我实行怎样的德政才能使百姓亲附我呢？”尹逸回答说：“命令百姓做事情要按照合适的时节，要尊重、顺从他们，尽心竭力地爱护他们，颁布法令讲求信用。”成王说：“怎样把握这个度呢？”尹逸回答说：“就像面临深渊一样谨慎，就像脚踩薄冰一样小心。”成王说：“可怕呀！”尹逸回答说：“天地之间，四海之内的百姓，你善待他们，他们就拥护你，不善待他们，他们就是你的仇人。夏、商时代的臣民，反过来仇恨桀、纣而臣服于汤、武；夙沙国的百姓，亲自攻打他们的君主而归附神农氏。这些是君王您清楚明白的，怎么能不可怕呢？”

十七

仲尼见梁君[1]。梁君问仲尼曰：“吾欲长有国，吾欲列都之得[2]，吾欲使民安不惑，吾欲使士竭其力，吾欲使日月当时，吾欲使圣人自来，吾欲使官府治，为之奈何？”仲尼对曰：“千乘之君，万乘之主，问于丘者多矣，未尝有如主君问丘之术也[3]。然而尽可得也。丘闻之，两君相亲[4]，则长有国；君惠臣忠，则列都之得；毋杀不辜，毋释罪人，则民不惑；益士禄赏，则竭其力；尊天敬鬼，则日月当时；善为刑罚，则圣人自来；尚贤使能，则官府治。梁君曰：“岂有不然哉[5]！”

【注释】

[1] 梁君：孔子时无梁君。《孔子家语·贤君》作“宋君”。史书亦不见孔子与宋君问答之记载。

[2] 列都之得：“得列都”的倒装。得到许多都城。都，大邑。

[3] 未尝有如主君问丘之术也：主，疑为衍文。术，当作“悉”。

[4] 亲：《孔子家语》作“邻”。

[5] 岂有不然哉：《孔子家语》作“宋君曰‘善哉！岂不然乎？寡人不佞，不足以致之也。’孔子曰：‘此事非难，唯欲行之云耳。’”

【今译】

孔子谒见梁君。梁君问孔子:“我想长久地保有国家,我想得到许多都城,我想要百姓安定不惑乱,我想要士人尽心尽力,我想要日月运转适时,我想要圣贤主动归附,我想要官府得到治理。该怎样做呢?”孔子回答说:“拥有千辆战车的国君,拥有万辆战车的君主,向我询问治国策略的很多,还没有像您询问这么多的。不过这些都可以得到。我听说,邻国和睦相处,就会长久地保有国家;君王惠爱、臣子忠诚,就会得到许多都城;不滥杀无辜,不释放罪人,百姓就安定不惑乱;增加俸禄奖赏,士人就会尽心竭力;尊崇天命敬奉鬼神,日月就会运转适时;恰当地使用刑罚,圣贤就会主动归附;重视贤士、任用能人,官府就能得到治理。”梁君说:“哪里不是如此呢?”

十八

子贡曰:“叶公问政于夫子[1],夫子曰:‘政在附近而来远[2]’;鲁哀公问政于夫子[3],夫子曰:‘政在于谕臣[4]’;齐景公问政于夫子,夫子曰:‘政在于节用’。三君问政于夫子,夫子应之不同,然则政有异乎?”孔子曰:“夫荆之地广而都狭,民有离志焉,故曰在于附近而来远。哀公有臣三人,内比周公以惑其君[5],外鄣距诸侯宾客以蔽其明[6],故曰政在谕臣。齐景公奢于台榭,淫于苑囿[7],五官之乐不解[8],一旦而赐人百乘之家者三[9],故曰政在于节用。此三者政也。《诗》不云乎:‘乱离斯瘼,爰其适归[10]’,此伤离散以为乱者也。‘匪其止共,惟王之邛[11]’,此伤奸臣蔽主以为乱者也。‘相乱蔑资,曾莫惠我师[12]’,此伤奢侈不节以为乱者也。察此三者之所欲,政其同乎哉?”

【注释】

[1] 叶公:原名沈诸梁。春秋时楚国人,字子高。楚大夫,封于叶。叶,旧读 shè。成语有“叶公好龙”,见《新序·五·杂事》。子贡,见卷二臣术·四[1]。

[2] 附近而来远:附、来,皆作使动用法。近、远,皆作名词。

[3] 鲁哀公:见卷一君道·五[1]。

[4] 谕臣:选择大臣。谕,当作“论”,选择。《尚书大传·略说》作“政在于论臣”。

[5] 内比周公:比周,结党。公,衍文。《韩非子·难三》作“内比周以愚其君”。《尚书大传·略说》作“内比周以惑其君”。

[6] 鄣(zhāng)距:阻塞。

[7] 淫于苑囿(yòu):沉溺于园林享受中。园囿,畜养禽兽的园林。

[8] 解:同“懈”。

[9] 一旦而赐人百乘之家者三:一天当中三次把百乘之家赏赐给人。意思是滥赏。

[10] 乱离斯瘼(mò),爰其适归:出自《诗经·小雅·四月》。斯,这。瘼,病,痛苦。爰,哪里。适,往,到。

[11] 匪其止共,惟王之邛(qióng):不能尽其职守,是君王的忧患。出自《诗经·小雅·巧言》。止,职。共,供。邛,忧患。惟,《毛诗》作“维”。止共,一译作“恭敬”。

[12] 相乱蔑资,曾莫惠我师:相,《毛诗》作“丧”。蔑,无。曾,竟。师,民众。语出《诗经·大雅·板》。

【今译】

子贡对孔子说:“叶公向先生请教政事,先生说:‘治理国家关键在于使近处的人归附,使远方的人来投奔。’鲁哀公向先生请教政事,先生说:‘治理国家关键在于选择好的大臣。’齐景公向先生请教政事,先生说:‘治理国家关键在于节省开支。’三位君主向先生请教为政之道,先生的回答各不相同,那么治国有不同的道理吗?”孔子说:“楚国土地广阔但都城狭窄,百姓有离开的想法,所以我就说治理国家关键在于使近处的人归附,使远方的人来投奔。

哀公有三个臣子，对内结党营私来迷惑他们的国君，对外阻塞诸侯宾客，来蒙蔽国君视听，所以我就说治理国家关键在于选择好的大臣。齐景公建设亭台轩榭十分奢侈，沉溺在园林享乐之中，满足各种享受毫不间断，一天之中三次把百乘之家赏赐他人，所以我就说治理国家关键在于节省开支。这三种回答都是执政之道啊。《诗》上不是说过吗：'丧乱离散使人痛苦，何处是归宿？'这是哀伤离散所引发的灾乱啊。'不能尽其职守，这是君王的忧患。'这是哀伤奸臣蒙蔽国君所引发的灾乱啊。'丧乱之灾耗尽资财，竟不施惠于民众。'这是哀伤奢侈不节省所引发的灾乱啊。明察这三种情况所须采取的对策，治国的方法能够相同吗？"

十九

公仪休相鲁[1]，鲁君死，左右请闭门。公仪休曰："止。池渊吾不税，蒙山吾不赋[2]，苛令吾不布，吾已闭心矣[3]，何闭于门哉？"

【注释】

[1] 公仪休：战国时鲁国博士。鲁穆公时为相，为人清廉。参见《史记·循吏传》。

[2] 蒙山吾不赋：蒙山，山名，在山东蒙阴县。赋，赋税。

[3] 闭心：抛弃私心杂念。

【今译】

公仪休做鲁国国相时，国君死了，左右的臣子请求关闭大门。公仪休说："不要关。池渊我不收税，蒙山我没有征赋，我也不颁布苛刻的政令，我已经抛弃私心杂念了，为什么还要关闭大门呢？"

二十

子产相郑[1]。简公谓子产曰[2]："内政毋出，外政毋入[3]。夫衣裘之不美，车马之不饰，子女之不洁，寡人之丑[4]也。国家之不治，封疆之不正[5]，夫子之丑也。”子产相郑，终简公之身，内无国中之乱，外无诸侯之患也。子产之从政也，择能而使之。冯简子善断事[6]，子太叔善决而文[7]，公孙挥知四国之为[8]，而辨于其大夫之族姓，变而立至[9]，又善为辞令。裨谌善谋[10]，于野则获，于邑则否[11]。有事，乃载裨谌，与之适野，使谋可否，而告冯简子断之，使公孙挥为之辞令。成，乃受子太叔行之，以应对宾客，是以鲜有败事也。

【注释】

[1] 子产：见卷二臣术·四[6]。

[2] 简公：郑简公，名嘉。春秋时郑国国君，重用子产，国家安定。公元前565年至前530年在位。

[3] 内政毋出，外政毋入：意思是，宫内的事我来管理，宫外的事归你管理。

[4] 寡人之丑：是我的耻辱。

[5] 封疆之不正：疆界不安定。封疆，疆界。

[6] 冯简子：春秋时郑国大夫，善断大事。

[7] 子太叔：郑国大夫。又称世叔。郑定公八年，继子产执政。

[8] 公孙挥：郑国大夫。即行人子羽。

[9] 变而立至：此处文字有错讹，义不可解。《左传·襄公三十一年》作“公孙挥能知四国之为，而辨于其大夫之族姓、班位、贵贱、能否。”译文参照之。

[10] 裨谌(pí chén)：郑国大夫。

[11] 于野则获，于邑则否：在野外谋划就能想出好注意，在城里谋划就想不出好注意。

【今译】

郑子产做郑国国相。郑简公对子产说：“宫内的事我来负责，宫外的事归你管理。如果衣裘不美观，车马无装饰，子女不洁净，是我的耻辱。如果国家治理不好，疆界不安定，是先生的耻辱。”子产做郑国国相，一直到简公去世，国内没有动乱，国外没有诸侯侵犯。子产治理国家，选择贤能的人加以重用。冯简子善断大事，子太叔善于决断并擅长文辞，公孙挥了解四方诸侯的政令，而且明察他们大夫家族的姓氏、官职爵位、出身贵贱、才能高低，又善于辞令。裨谌善于谋划，在野外谋划就能想出好注意，在城里谋划就想不出好注意。国家有事情，子产就乘车载着裨谌到野外去，让裨谌谋划可行不可行，然后告诉冯简子来决断，再让公孙挥拟制辞令。完成以后，就交给子太叔去执行，来对应对宾客。因此很少做错事。

二十一

董安于治晋阳[1]，问政于蹇老[2]。蹇老曰："曰忠、曰信、曰敢。"董安于曰："安忠乎？"曰："忠于主。"曰："安信乎？"曰："信于令。"曰："安敢乎？"曰："敢于不善人[3]。"董安于曰："此三者足矣。"

【注释】

[1] 董安于治晋阳：董安于，见卷二臣术·十[4]。晋阳，地名，春秋晋邑，故址在今山西太原市西南。

[2] 蹇老：人名。生平不详。

[3] 敢于不善人：《群书治要》引《吕氏春秋》有"勇去不肖""敢用贤"。译文参之。

【今译】

董安于治理晋阳城，向蹇老请教为政之道。蹇老说："要忠，要信，要敢。"董安于问："怎么做才叫忠？"蹇老说："忠于主人。"问："怎么做才叫信？"蹇老说："政令要有信用。"问："怎么做才叫敢？"蹇老说："敢于废黜坏人、重用贤人。"董安于说："这三条足够了。"

二十二

魏文侯使西门豹往治于邺[1]，告之曰："必全功、成名、布义[2]。”豹曰:“敢问全功、成名、布义,为之奈何?”文侯曰:“子往矣,是无邑不有贤豪辩博者也[3],无邑不有好扬人之恶蔽人之善者也。往必问豪贤者,因而亲之;其辩博者,因而师之;问其好扬人之恶蔽人之善者,因而察之;不可以特闻从事[4]。夫耳闻之不如目见之,目见之不如足践之,足践之不如手辨之;人始入官,如入晦室,久而愈明,明乃治,治乃行。”

【注释】

[1] 魏文侯使西门豹往治于邺:魏文侯,见卷一君道·三十六[2]。西门豹,见卷二臣术·七[12]。邺,地名,战国时魏国都城,古城在今河北省临漳县北。

[2] 必全功、成名、布义:一定要建立完整的功业,成就美名,传布道义。

[3] 辩博:善辩、博学。

[4] 特:只。

【今译】

魏文侯派西门豹去治理邺,告诉他说:“一定要建立完整的功业、成就美名、传布道义。”西门豹说:“请问要建立完整的功业、成就美名、传布道义,怎样做才能达到呢?”魏文侯说:“你去吧,没有哪一座城邑没有贤能、豪杰、善辩、博学之人,也没有哪一座城邑没有喜欢宣扬别人缺点、隐瞒别人优点的人。你去了以后要拜访贤能豪杰之人,并趁机亲近他们;对那些善辩博学之人,拜他们为师;了解那些喜欢宣扬别人缺点、隐瞒别人优点的人,趁机明察他们的情况;不能只凭传闻办事。听到的不如亲眼见到的,亲眼见到的不如亲自经历的,亲自经历的不如亲手处理的。人刚到任做官,如同进入昏暗的房子,时间长了就看清了,看清了就可以治理了,治理了就能实现上面所说的目标了。”

二十三

宓子贱治单父[1],弹鸣琴,身不下堂而单父治。巫马期亦治单父[2],以星出,以星入,日夜不处[3],以身亲之,而单父亦治。巫马期问其故于宓子贱。宓子贱曰:“我之谓任人,子之谓任力;任力者固劳,任人者固佚[4]。”人曰“宓子贱则君子矣,佚四枝[5],全耳目,平心气而百官治,任其数而已矣[6]。巫马期则不然,弊性事情[7],劳烦教诏[8],虽治,犹未至也。”

【注释】

[1] 宓(fú)子贱治单父(shàn fǔ):宓子贱,名不齐,孔子弟子。曾为单父宰。单父,地名,一作“亶父”,古邑名。相传为虞舜师单卷所居,故名。春秋时为鲁邑,治所在今山东单县南。
[2] 巫马期:复姓巫马,名施,字子期,孔子弟子,曾任单父宰。
[3] 日夜不处:日夜不得安闲。
[4] 佚:同“逸”。轻松快乐。
[5] 枝:通“肢”。
[6] 任其数而已矣:顺应执政的规律罢了。
[7] 弊性事情:损伤性情。弊,使受伤害。事,通“剚”(zì),刺入,伤害。
[8] 劳烦教诏:辛苦操劳教化百姓。

【今译】

宓子贱治理单父城,只是弹琴,身不离公堂而单父得到治理。巫马期也治理单父,披星戴月,日夜不得安闲,事必躬亲,单父也得到了治理。巫马期问宓子贱其中的缘故,宓子贱说:“我这叫作任用别人,你那叫作亲自操劳;亲自操劳当然劳累,任用别人当然轻松快乐。”人们议论说:“宓子贱是君子啊,身体轻闲,不劳耳目,心平气和,但百官都把自己的事情办好了,顺应执政的规律罢了。巫马期却不这样,他损伤性情,辛苦操劳教化百姓,虽然也能治理好,但是没有达到执政的最高境界。”

二十四

孔子谓宓子贱曰:“子治单父而众说[1],语丘所以为之者。”曰:

“不齐父其父[2]，子其子，恤诸孤而哀丧纪。”孔子曰：“善。小节也，小民附矣[3]，犹未足也。”曰：“不齐也所父事者三人，所兄事者五人，所友者十一人，”孔子曰：“父事三人，可以教孝矣；兄事五人，可以教弟矣[4]；友十一人，可以教学矣。中节也，中民附矣，犹未足也。”曰：“此地民有贤于不齐者五人，不齐事之，皆教不齐所以治之术。”孔子曰：“欲其大者[5]，乃于此在矣。昔者尧、舜清微其身[6]，以听观天下，务来贤人。夫举贤者，百福之宗也，而神明之主也。不齐之所治者小也，不齐所治者大，其与尧、舜继矣。”

【注释】

[1] 说：同“悦”。单父，见本卷·二十三[1]。

[2] 不齐父其父：不齐，宓子贱名。父其父，像对待自己的父亲一样对待别人的父亲。

[3]“小节”句：小的善行，能使百姓亲附。

[4] 弟(tì)：同“悌”，敬爱兄长。

[5] 欲其大者：想要做大事的人。

[6] 清微其身：使自己清廉卑微。

【今译】

孔子对宓子贱说：“你治理单父受到大家赞同，告诉我你取得政绩的做法。”宓子贱回答说：“我能够像对待自己的父亲一样对待别人的父亲，像对待自己的孩子一样对待别人的孩子，抚恤那些孤儿、哀痛他们的丧事。”孔子说：“好啊，这是小的善行，能使百姓亲附。但还不够。”宓子贱回答说：“我像对待自己的父亲一样对待的人有三个，像对待自己的兄长一样对待的人有五个，像对待自己的朋友一样对待的人有十一个。”孔子说：“像对待自己的父亲一样对待的人有三个，这样就可以教育人们尽孝道了；像对待自己的兄长一样对待的人有五个，这样就可以教育人们敬爱兄长了；像对待自己的朋友一样对待的人有十一个，这样就可以教育人们互相学习了。这是中等的善行，能使一般的人亲附。但还不够。”宓子贱说：“本地百姓中比我贤能的有五人，我向他们学习，他们都传授给我治理的方法。”孔子说：“想要做大事的人，就在于此。从前尧、舜使自己清廉卑微，来了解天下事情，务必使贤能之人前来归附。举荐贤能之人，是百福中最重要的，也是得到神灵护佑的根本。宓子贱治理的地方很小，如果宓子贱能治理的地方很大，那么就可以上继尧、舜了。”

二十五

宓子贱为单父宰[1]，辞于夫子[2]。夫子曰：“毋迎而距也，毋望而许也。许之则失守，距之则闭塞。譬如高山深渊，仰之不可极，度之不可测也[3]。”子贱曰：“善，敢不承命乎！”

【注释】

[1] 宰：县令。
[2] 夫子：孔子。
[3] 度（duó）：测量。

【今译】

宓子贱将要做单父县令，向孔子辞行。孔子说：“对人不要一见面就拒绝他，不要一接触就答应他。随便许诺就会失去原则，盲目拒绝就会闭塞下情。这就好比高山深池，仰望它看不到顶，测量它试不到底。”宓子贱说：“好，我怎能不听从教诲呢！”

二十六

宓子贱为单父宰，过于阳昼[1]，曰：“子亦有以送仆乎[2]？”阳昼曰:“吾少也贱,不知治民之术。有钓道二焉,请以送子。”子贱曰:“钓道奈何?”阳昼曰:“夫扱纶错饵[3],迎而吸之者也,阳桥也[4],其为鱼薄而不美[5];若存若亡若食若不食者,鲂也,其为鱼也博而厚味。”宓子贱曰:“善。”于是未至单父,冠盖迎之者交接于道。子贱曰:“车驱之,车驱之,夫阳昼之所谓‘阳桥’者至矣。”于是至单父,请其耆老尊贤[6]者,而与之共治单父。

【注释】

[1] 过于阳昼:拜访阳昼。过,拜访。阳昼,人名,生平不详。
[2] 子亦有以送仆乎:先生有什么话送给我吗?有以,有什么。
[3] 扱(chā)纶错饵:举起钓丝安放钓饵。扱,举。纶,钓丝。错,通“措”,安放。
[4] 阳桥:鲦(chóu)鱼,小白鱼。
[5] 薄而不美:肉薄味淡。
[6] 耆(qí)老:年寿高。六十为耆。

【今译】

宓子贱将要做单父县令,去拜访阳昼,说:“先生有什么话送给我吗?”阳昼说:“我从小就出身微贱,不懂得治理百姓的道理。不过我有钓鱼的两种门道,让我送给你吧。”宓子贱说:“钓鱼的门道是怎样的呢?”阳昼说:“举起钓丝安放钓饵后,迎着上来吞食鱼饵的,是阳桥鱼,这种鱼肉薄味淡;那种若隐若现似吃似不吃的,是鲂鱼,这种鱼肉肥味美。”宓子贱说:“说得好。”果然,他还没到单父,前来迎接他的官吏在道路上接连不断。宓子贱说:“让车快点走,让车快点走,阳昼所说的‘阳桥鱼’到了。”于是来到单父,请教那些德高望重的老年人,和他们共同治理单父。

二十七

孔子弟子有孔蔑者[1],与宓子贱皆仕。孔子往过孔蔑,问之曰:“自子之仕者,何得?何亡?”孔蔑曰:“自吾仕者,未有所得,而有所亡者三。曰:王事若袭[2],学焉得习?以是学不得明也,所亡者一也;奉禄少,鬻鬻不足及亲戚[3],亲戚益疏矣,所亡者二也;公事多急,不得吊死视病,是以朋友益疏矣,所亡者三也。”孔子不说[4],而复往见子贱,曰:“自子之仕,何得?何亡?”子贱曰:“自吾之仕,未有所亡,而所得者三:始诵之文,今履而行之,是学日益明也,所得者一也;奉禄虽少,鬻鬻得及亲戚,是以亲戚益亲也,所得者二也;公事虽急,夜勤吊死视病,是以朋友益亲也,所得者三也。”孔子谓子贱曰[5]:“君子哉若人!君子哉若人!鲁无君子也,斯焉取斯[6]?”

【注释】

[1] 孔子弟子有孔蔑者:弟,《孔子家语·子路初见》作“兄”。《史记·仲尼弟子列传》有“孔忠”。《孔子家语·七十二弟子解》:“忠字子蔑,孔子兄之子”。

[2] 王事若袭:公务缠身。

[3] 鬻鬻(zhōu zhōu):稠粥。《孔子家语·子路初见》作“饘(zhān)粥”。

[4] 说(yuè):通“悦”。

[5] 谓:评论。

[6] 斯焉取斯:这个人从哪里学到这种境界的?前一个“斯”指子贱,后一个“斯”指境界。焉取,从哪里学习。

【今译】

孔子的弟子中有个叫孔蔑的,与宓子贱都做了官。孔子经过孔蔑处,问他道:“从你做了官以后,你得到了什么?损失了什么?”孔蔑说:“自从我做了官以后,没有得到什么,反而有三个损失。这就是:公务缠身,所学习的内容无法实践,因此学习不能明达,这是第一个损失;俸禄很少,连稠粥都不足以供给亲戚,亲戚和我日益疏远了,这是第二个损失;公务紧急,我无暇吊唁死者、探望病人,因此朋友和我日益疏远了，这是第三个损失。"孔子听了不高兴，又去见宓子贱，说："从你做了官以后，你得到了什么？损失了什么？"宓子贱说："自从我做了官以后，我没有损失什么，反而有三个收获：起初学习的内容，现在能够实践了，因此我的学习更加明达，这是第一个收获；俸禄虽然少，稠粥也足以供给亲戚，所以亲戚和我关系更加亲近，这是第二个收获；公务虽然紧张，夜间辛苦点去吊唁死者、探望病人，所以朋友和我关系更加友好了，这是第三个收获。"孔子评论宓子贱说："这人真是一个君子啊！这人真是一个君子啊！假如鲁国没有君子的话，这个人从哪里学到这种境界的呢？"

二十八

晏子治东阿[1]，三年，景公召而数之曰[2]："吾以子为可，而使子治东阿，今子治而乱，子退而自察也，寡人将加大诛于子[3]。"晏子对曰："臣请改道易行而治东阿，三年不治，臣请死之。"景公许之。于是明年上计[4]，景公迎而贺之曰："甚善矣，子之治东阿也！"晏子对曰："前臣之治东阿也，属托不行，货赂不至，陂池之鱼以利贫民[5]。当此之时，民无饥者，而君反以罪臣。今臣后之治东阿也，属托行，货赂至，并会赋敛，仓库少内，便事左右[6]，陂池之鱼入于权家。当此之时，饥者过半矣，君乃反迎而贺。臣愚，不能复治东阿，愿乞骸骨[7]，避贤者之路。"再拜便僻[8]。景公乃下席而谢之曰："子强复治东阿[9]。东阿者，子之东阿也，寡人无复与焉。"

【注释】

[1] 东阿(ē)：地名，春秋时属于齐国，故址在今山东阳谷县东北。
[2] 数(shǔ)：列举罪状加以责备。

[3] 加大诛：加重处罚。

[4] 上计：战国秦汉时考核地方官员政绩的方法。官员在年终须将户口、赋税、狱讼等编造计簿，呈送国君考核，叫上计。

[5] "属(zhǔ)托不行"三句：不搞人情关系，不接受别人贿赂，池塘的鱼用来让贫民获益。属托，托人办事。陂(bēi)池，池塘。

[6] "并会赋敛"三句：加重百姓赋税，公家仓库减少积存，讨好君王身边的人。"会"，《晏子春秋·外篇第七》作"重"。内，通"纳"，收缴。便(pián)事，讨好，逢迎。

[7] 愿乞骸骨：请允许我辞职回家。乞骸骨，古人向君王请求辞职的谦辞。

[8] 便僻(pián bì)：本义为讨好逢迎，玩弄手腕。但与义不通，此处作"退避"解。

[9] 强(qiǎng)：全力。

【今译】

晏子治理东阿，三年了，齐景公召见晏子并责备他说："我认为你有才能，才让你治理东阿，现在你治理得非常乱，你下去好好反省，我将要对你加重处罚。"晏子回答说："请允许我改变治理的方法，再治理东阿，三年治理不好，请判我死罪。"景公答应了他。在第二年上缴赋税的时候，景公迎上去祝贺说："太好了，你治理的东阿！"晏子回答说："从前我治理东阿，不搞人情关系，不接受别人贿赂，池塘的鱼用来让贫民获益。那时候，百姓没有挨饿的，君王反而认为我有罪。如今我治理东阿，搞人情关系，接受别人贿赂，加重百姓赋税，减少公家仓库的积存，讨好君王身边的人，池塘的鱼落入权贵之手；这时候，挨饿的人超过一半，国君竟然迎接我并表示祝贺！我愚钝，不能再治理东阿了，请允许我辞职回家，为贤能的人让位。"于是拜了两拜就要离开。景公于是起身离开座位向他道歉说："先生就全力治理东阿吧。东阿，是先生的东阿，我不再干预了。

二十九

子路治蒲[1]，见于孔子曰："由愿受教[2]。"孔子曰："蒲多壮士，又难治也。然吾语汝:恭以敬,可以摄勇[3];宽以正,可以容众;恭以洁,可以亲上。”

【注释】

[1] 蒲:卫国地名,今河南长垣县内。
[2] 由:子路名仲由,字子路。
[3] 摄:通“慑”,害怕,使害怕、收敛。

【今译】

子路治理蒲,去拜见孔子说:“我愿意接受先生教诲。”孔子说:“蒲地多壮士,难于治理。但我告诉你:做事恭敬有礼,能使壮士收敛;执政宽缓公正,能使众人容纳自己;恭敬廉洁,能使上司看重自己。”

三十

子贡为信阳令[1],辞孔子而行。孔子曰:“力之顺之[2],因子之时[3],无夺无伐[4],无暴无盗。”子贡曰:“赐少而事君子[5],君子固有盗者邪!”孔子曰:“大以不肖伐贤,是谓夺也;以贤伐不肖,是谓伐也;缓其令,急其诛,是谓暴也;取人善以自为己,是谓盗也。君子之盗,岂必当财币乎[6]?吾闻之曰:知为吏者,奉法利民;不知为吏者,枉法以侵民。此皆怨之所由生也。临官莫如平,临财莫如廉;廉平之守,不可攻[7]也。匿人之善者,是谓蔽贤也;扬人之恶者,是谓小人也;不内相教而外相谤者,是谓不足亲也。言人之善者,有所得而无所亡伤也[8];言人之恶者,无所得而有所伤也。故君子慎言语矣,毋先己而后人,择言出之,令口如耳。”

【注释】

[1] 子贡为信阳:子贡,见卷二臣术·四[1]。信阳,地名,春秋时楚邑,故

城在今河南信阳县南。

[2] 力之顺(shèn)之:努力做,谨慎做。顺,通“慎”。《孔子家语·辩政》作“勤之慎之”。

[3] 子:当作“天”。《孔子家语·辩政》作“天”。

[4] 无夺无伐:不要靠强力夺取,不要用武力讨伐。

[5] 赐:子贡,名赐。

[6] 当:是。

[7] 攻:战胜。《孔子家语·辩政》作“改”。

[8] 亡:此字为衍文。

【今译】

子贡将要做信阳令,去向孔子辞行。孔子说:“努力去做,谨慎去做,顺应天时,不要靠强力夺取,不要用武力讨伐,不要施暴,不要盗窃。”子贡说:“我从小就事奉君子,君子难道还会有盗窃的吗?”孔子说:“不贤德的人去攻打贤德的人,这就叫作夺;贤德的人去攻打不贤德的人,这就叫作伐;政令松弛,诛杀急切,这就叫作暴;拿别人的长处当成自己的优点,这就叫作盗。君子的盗窃,难道一定是针对钱财吗?我听说过这样的话,懂得做官道理的人,执行法令为民谋利;不懂得做官道理的人,歪曲法令侵害百姓利益。百姓的怨恨都是由此产生的。为官没有比公平更好的了,面对钱财没有比廉洁更好的了;具有廉洁、公平操守的人是不可战胜的。埋没别人的长处,是压制贤能;宣扬别人的短处,是小人行为;对人当面不教导规劝,却背后公开诽谤,这种人不可亲近。宣扬别人的优点,自己有收获不会有损失;宣扬别人的短处,自己没有收获反而有损失。所以君子说话要谨慎小心,不要抢先说话,要考虑好了再说,让嘴巴像耳朵一样具有分辨能力。”

三十一

杨朱见梁王[1],言治天下如运诸掌然。梁王曰:“先生有一妻一妾不能治，三亩之园不能芸[2]，言治天下如运诸手掌[3]，何以？”杨朱曰：“臣有之[4]。君不见夫羊乎？百羊而群，使五尺童子荷杖而随之，欲东而东，欲西而西；君且使尧牵一羊，舜荷杖而随之，则乱之始也。臣闻之，夫吞舟之鱼不游渊，鸿鹄高飞不就污池，何则？其志极远也。黄钟大吕[5]，不可从繁奏之舞[6]，何则？其音疏也。将治大者不治小，成大功者不小苛，此之谓也。”

【注释】

[1] 杨朱见梁王：杨朱，先秦哲学家，战国初魏国人，道家杨朱学派创始人。其学说散见于《孟子》《庄子》《荀子》《韩非子》《吕氏春秋》等书。梁王，魏王。

[2] 芸：通“耘”，除草。

[3] 治天下如运诸手掌：治理天下如同将一件物品放在手掌赏玩一样简单轻松。

[4] 臣有之：我的确有这样的本领。

[5] 黄钟大吕：我国古代音乐分为十二律，阴、阳各六律。黄钟是阳律的第一律，音调洪大响亮。大吕是阴律的第四律。黄钟大吕常用来形容音乐或文辞正大、庄严、高妙。

[6] 繁奏之舞：节奏细密的舞蹈。

【今译】

杨朱拜见梁王，说治理天下如同将一件物品放在手掌玩弄一样简单容易。梁王说：“先生家中有一妻一妾都不能管好，三亩园地的草都不能锄掉，反而谈论治理天下如同将一件物品放在手掌玩弄一样简单容易，凭什么说这样的大话呢？”杨朱说：“我的确有这样的本领。您不是见过羊吗？百头羊组成的羊群，让一个五尺高的少年扛着木棍跟在后面，想要羊群往东就往东，想要羊群往西就往西。您如果让尧牵着一头羊，让舜扛着木棍跟在后面，那么混乱就出现了。我听说，能够吞掉舟的大鱼不在水池中游动，在高空飞翔的鸿鹄不会停在池塘，为什么呢？它们的志向极其远大。黄钟大吕，不能给节奏细密的舞蹈伴奏，为什么呢？它的声音疏阔。做大事的人不屑于做小事，成就大功业的人不在小的方面计较。说的就是这个道理。”

三十二

景差相郑[1]。郑人有冬涉水者，出而胫寒。后景差过之，下陪乘而载之[2]，覆以上衽[3]。晋叔向[4]闻之曰：“景子为人国相，岂不固[5]哉！吾闻良吏居之，三月而沟渠脩[6]，十月而津梁[7]成，六畜且不濡足[8]，而况人乎？”

【注释】

[1] 景差相郑：景差，人名，生平不详。楚有景差，非一人。相郑，做郑国的相。

[2] 下陪乘(shèng)而载之：使陪乘下车，让那人上车。下，使动用法。陪乘，骖乘，车上的侍卫。

[3] 覆以上衽：用自己的上衣盖在他身上。

[4] 叔向：人名。见卷五贵德·十三[2]。

[5] 固：鄙陋。

[6] 脩：通“修”。

[7] 津梁：桥梁。

[8] 六畜且不濡足：濡，沾湿。六畜，牛、马、猪、羊、鸡、犬。

【今译】

景差做郑国的相。郑国有个人在冬天过河，出水后感到小腿寒冷。后来景差路过那里，就使陪乘下车，让那人上车，并用自己的上衣盖在他身上。晋国的叔向听到这件事说：“景差做国相，难道不是太鄙陋了吗？我听说好官处在国相位置上，三个月就修好沟渠，十个月就建成桥梁，六畜尚且不会湿脚，更何况人呢？”

三十三

魏文侯问李克曰[1]："为国如何？"对曰："臣闻为国之道，食有劳而禄有功[2]，使有能而赏必行，罚必当。"文侯曰："吾赏罚皆当而民不与[3]，何也？"对曰："国其有淫民[4]乎？臣闻之曰：夺淫民之禄以来[5]四方之士。其父有功而禄，其子无功而食之[6]，出则乘车马，衣美裘，以为荣华；入则脩[7]竽瑟钟石之声，而安其子女之乐，以乱乡曲[8]之教。如此者，夺其禄以来四方之士，此之谓夺淫民也。"

【注释】

[1] 魏文侯问李克曰：魏文侯、李克，人名，见卷一君道·三十六[2]、卷二臣术·五[2]。

[2] 食(sì)有劳而禄有功：给劳苦的人饭吃，给立功的人俸禄。"食""禄"都是动词。

[3] 与：亲附。

[4] 淫民：不劳而获、贪图享乐之人。

[5] 来：使动用法，使……到来。

[6] 食之：享受它。

[7] 脩：通"修"，演奏。

[8] 乡曲(qū)：乡里。

【今译】

魏文侯问李克："如何治理国家？"李克回答："我听说治国的方法是，让劳苦的人有饭吃，给立功的人俸禄，重用有能力的人并该奖赏的就奖赏，该惩罚的就惩罚。"魏文侯说："我赏罚恰当，但是百姓不亲附我，什么原因呢？"李克回答说："大概有不劳而获、贪图享乐的人吧？我听说这样的话：剥夺那些不劳而获、贪图享乐的人的俸禄，用来招徕天下贤能之人。父辈立功劳获得俸禄，他们的孩子没有功劳却享受它，出门就乘坐车马，穿华美的皮衣，以此炫耀荣华富贵；在家就享受竽瑟钟石之声，使他们的子女安于享乐，扰乱乡里淳朴的教化。像这样的人，剥夺他们的俸禄用来招徕天下贤能的人，这就叫夺淫民。”

三十四

齐桓公问管仲曰：“国何患[1]？”管仲对曰：“患夫社鼠[2]。”桓公曰：“何谓也？”管仲对曰：“夫社束木而涂之[3]，鼠因往托焉。熏之则恐烧其木，灌之则恐败其涂。此鼠所以不可得杀者，以社故也。夫国亦有社鼠，人主左右是也。内则蔽善、恶于君上，外则卖权重于百姓。不诛之则为乱，诛之则为人主所察据[4]，腹而有之[5]。此亦国之社鼠也。人有酤酒者[6]，为器甚洁清，置表甚长[7]，而酒酸不售。问之里人其故，里人云：‘公之狗猛。人挈器而入[8]，且酤公酒，狗迎而噬之[9]，此酒所以酸不售之故也。’夫国亦有猛狗，用事者是也。有道术之士，欲明万乘之主，而用事者迎而龁之[10]。此亦国之猛狗也！左右为社鼠，用事者为猛狗，则道术之士不得用矣。此治国之所患也。”

【注释】

[1] 国何患：《晏子春秋·问上》《韩非子·外储说右上》皆作“治国何患”，语义更明。

[2] 社鼠：社庙中的老鼠。比喻有所依恃的坏人。

[3] 夫社束木而涂之：那社庙的（神像）是用捆绑起来的木头做成并且外表涂了泥。

[4] 察据：“察”字当为“案”。“案据”就是把持的意思。

[5] 腹而有之：当成心腹而保护他们。

[6] 酤(gū):卖。下文“且酤公酒”的酤为“买”。

[7] 表:酒帘,招牌。

[8] 挈(qiè)器:提着盛酒的器具。

[9] 噬(shì):咬。

[10] 龁(hé):咬。

【今译】

齐桓公问管仲:“治理国家最担心什么?”管仲回答:“最担心社鼠。”桓公问:“这话是什么意思?”管仲回答:“那社庙里的神像是用木头捆绑起来并外表涂了泥做成的,老鼠常常寄身在里面。用烟火烤熏它则担心烧坏木头,灌水则担心毁坏涂的泥。这些老鼠之所以不能被消灭,是因为顾忌社庙神像的原因。国家也有社鼠,国君身边的人就是这样的社鼠。他们在朝廷之内对国君隐瞒善恶是非,在朝廷之外对百姓卖弄自己手中的权力。不杀他们吧,容易造成祸乱;杀掉他们吧,国君把持着,把他们当成心腹保护起来。这就是国家的社鼠啊!有一家卖酒的,酒器很干净,招牌也很长,但是酒存放酸了也卖不出去。他问邻里是什么原因,邻里告诉他:‘你家的狗太凶猛了。人们提着器具走进你家门,将要买酒,你家的狗迎面扑来想咬他们,这就是酒酸卖不出去的原因。’国家也有猛狗,那些掌握重权的就是这样的猛狗。那些有道德学问的人,想对国君阐明自己的主张,但把握权力的人迎上去像狗一样咬他们。这就是国家凶猛的狗啊!君主身边的人是社鼠,掌握重权的人是猛狗,那么有道德学问的人就不能得到重用了。这就是治理国家最担心的事情。”

三十五

齐侯问于晏子曰[1]:“为政何患?”对曰:“患善、恶之不分。”公曰:“何以察之?”对曰:“审择左右。左右善,则百僚各得其所宜,而善、恶分。"孔子闻之曰："此言也，信矣！善言进，则不善无由入矣；不进善言，则善无由入矣[2]。"

【注释】

[1] 齐侯：《晏子春秋·问上》作"景公"。
[2] "善言进"句：两个"言"字为衍文，《晏子春秋》《群书治要》俱无"言"字。

【今译】

齐侯问晏子："执政最担心什么？"晏子回答："最担心好人、坏人不分。"景公问："凭什么标准去考察好人和坏人呢？"晏子回答："谨慎选择身边近臣。身边的人是好人，那么文武百官就各得其所，好人坏人就区分开了。"孔子听到这句话后说："这句话的确不错！好人得到任用，坏人进用的路就堵住了；坏人得到任用，好人进用的路就堵住了。"

三十六

复槀之君朝齐[1]，桓公问治民焉。复槀之君不对，而循口操衿抑心[2]。桓公曰："与民共甘苦饥寒乎？夫以我为圣人也，故不用言而谕。"因礼之千金。

【注释】

[1] 复槀：小国名，情况不详。槀，"槁"的异体字。
[2] 循口操衿抑心：摸摸嘴，提一提衣襟，按一下胸口。循，抚摩。

【今译】

复槀国的君主朝见齐国国君，齐桓公问他治理百姓的情况。复槁国的君主不回答，而是摸摸嘴，提一提衣襟，按一下胸口。桓公说："是与百姓同甘共苦吗？你把我当成了圣人，所以认为不用说话就能使我明白。"桓公于是送给他千金的礼物。

三十七

晋文公时，翟人有封狐、文豹之皮者[1]。文公喟然叹曰："封狐、文豹何罪哉？以其皮为罪也。"大夫栾枝曰[2]："地广而不平，财聚而不散，独非狐、豹之罪乎？"文公曰："善哉！说之。"栾枝曰："地广而不平，人将平之；财聚而不散，人将争之。"于是列地以分民[3]，散财以赈贫。

【注释】

[1] 翟人有封狐、文豹之皮者：翟人，我国古代北方部族。翟，通"狄"。"有"字后脱"献"字。《韩非子·喻老》："翟人有献丰狐、文豹之皮于晋文公。"封狐，大狐狸。文豹，文理斑斓的豹。

[2] 栾枝：春秋时晋国大夫。晋文公四年春出兵救宋，因赵衰举荐，以栾枝将下军为卿。

[3] 列地以分民：分割土地给百姓。列，同"裂"。

【今译】

晋文公的时候，翟人有献大狐狸皮和豹皮的。文公叹息说："大狐狸和豹有什么罪呢？因为它们有华丽的皮毛而获罪。"大臣栾枝说："土地广阔却分配不均，财物聚集但不分给穷人，难道不是与大狐狸和豹一样的罪过吗？"文公说："说得好！说下去。"栾枝说："土地广阔却分配不均，百姓就要来分割它；财物聚集但不分给穷人，百姓就要争抢它。"文公于是分割土地给百姓，分散财物来救济贫穷的人。

三十八

晋文侯问政于舅犯[1]。舅犯对曰："分熟不如分腥[2]，分腥不如分地。割以分民,而益其爵禄,是以上得地而民知富,上失地而民知贫。古之所谓政师[3]而战者,其此之谓也。”

【注释】

[1] 晋文侯问政于舅犯:晋文侯,即晋文公。见卷四立节・七[2]。舅犯,见卷六复恩・三[3]。

[2] 腥:生肉。

[3] 政师:二字于义不通。明抄本作“致师”,即挑战。古代作战,先使勇力之士犯敌,即“单车挑战”。

【今译】

晋文公向舅犯询问如何执政。舅犯回答:“分发熟肉不如分发生肉,分发生肉不如分发土地。割地分给百姓,增加百姓的爵禄,因此君主获得土地百姓就知道会富足,君主失去土地百姓就知道会贫穷。古代所谓的勇士挑战,讲的大概就是这样的情况。”

三十九

晋侯问于士文伯曰[1]:“三月朔[2],日有蚀之[3]。寡人学惛焉[4],《诗》所谓:‘彼日而蚀,于何不臧’者[5],何也?”对曰:“不善政之谓也。国无政,不用善,则自取谪于日月之灾[6]。故不可不慎也。政有三而已:一曰因民,二曰择人,三曰从时。”

【注释】

[1] 晋侯问于士文伯:晋侯,指晋文公。士文伯,春秋时晋国大夫。

[2] 朔:阴历每月初一。

[3] 日有蚀之:发生日食。蚀,同“食”。

[4] 寡人学惛(hūn)焉:我学业上糊涂。惛,糊涂,神智不清。

[5] 彼日而蚀,于何不臧:这天出现日食,是多么不吉利呀。彼,当作“此”。于何,如何。臧,吉利。古人认为,发生日食、月食是因为国无善政,用

人不当。语出《诗经·小雅·十月之交》。

[6] 谪:谴责、惩罚。

【今译】

晋侯问士文伯:"三月初一这天,发生了日食。我头脑糊涂,《诗经》上说'这天出现日食,是多么不吉利呀',这话是什么意思?"士文伯回答:"说的是国家政治不好。国家政治不好,不重用贤能之人,就会从日、月的自然灾害上受到谴责、惩罚。所以治理国家不能不谨慎小心。执政有三个要点:一是以百姓利益为根本,二是选择贤能之人,三是顺从天时。

四十

延陵季子游于晋[1],入其境曰:"嘻,暴哉国乎[2]!"入其都,曰:"嘻,力屈哉国乎[3]!"立其朝,曰:"嘻,乱哉国乎!"从者曰:"夫子之入晋境未久也,何其名之不疑也[4]?"延陵季子曰:"然。吾入其境,田亩荒秽而不休[5],杂增崇高[6],吾是以知其国之暴也。吾入其都,新室恶而故室美,新墙卑而故墙高,吾是以知其民力之屈也。吾立其朝,君能视而不下问,其臣善伐而不上谏[7],吾是以知其国之乱也。"

【注释】

[1] 延陵季子:即公子札,又称季札。春秋时吴国人,吴王寿梦少子。因封于延陵(故址在今江苏常州),故称延陵季子。

[2] 暴:残暴。

[3] 力屈:民力匮乏。

[4] 名:评价。

[5] 休:当作"茠"(hāo),同"薅",除草。

[6] 杂增崇高:杂草丛生。

[7] 伐:夸耀、奉承。

【今译】

延陵季子到晋国游历,进入晋国后说:"唉,这是个残暴的国家!"进入都城后说:"唉,这个国家民力匮乏!"站在晋国的朝廷上说:"唉,这是个混乱的国家!"跟从他的人说:"先生进入晋国时间不长,为什么对它这样评价呢?"延陵季子说:"是的。我进入晋国国境,看到田园荒芜野草不除,杂草丛生,我因此知道这是个残暴的国家。我进入它的都城,看到新房简陋而老房华美,新墙低矮而老墙高大,我因此知道这个国家民力匮乏。我站在它的朝廷上,发现他们国君只是看着臣子却不向臣子发问,那些臣子善于夸耀奉承却不向国君进谏,我因此知道这是个混乱的国家。"

四十一

齐之所以不如鲁者,太公之贤不如伯禽[1]。伯禽与太公俱受封而各之国,三年,太公来朝,周公问曰:"何治之疾也?"对曰:"尊贤,先疏后亲[2],先义后仁也,此霸者之迹也[3]。"周公曰:"太公之泽及五世。"五年,伯禽来朝,周公问曰:"何治之难?"对曰:"亲亲者[4],先内后外,先仁后义也,此王者之迹也。"周公曰:"鲁之泽及十世。"故鲁有王迹者,仁厚也;齐有霸迹者,武政也。齐之所以不如鲁也,太公之贤不如伯禽也。

【注释】

[1] 太公之贤不如伯禽:太公,见卷一·君道十四[1]。伯禽,见卷一君道·三[1]。

[2] 疏:关系疏远的。

[3] 此霸者之迹也:这是成就霸业的做法。

[4] 者:此字为衍文。

【今译】

齐国之所以比不上鲁国,是因为姜太公不如伯禽贤明。伯禽和太公一起受封并各自到自己的封国去治理。过了三年,太公朝见周天子。周公问他:"你的国家怎么这样快就治理好了?"太公回答:"尊重贤能之人,先重用关系疏远的后重用关系亲近的,先推行道义后推行仁政,这是推行霸道的做法。"周公说:"太公恩德惠及后世五代。"过了五年,伯禽朝见周天子,周公问他:"你治理国家怎么这样艰难?"伯禽回答:"教育百姓孝敬父母,先治理宫廷内部后治理宫廷外部,先推行仁政后推行道义,这是推行王道的做法。"周公说:"鲁国恩德惠及后世十代。"所以说鲁国能成就王道,是因为推行仁政;齐国能成就霸道,是因为推行武力。齐国之所以比不上鲁国,是因为姜太公不如伯禽贤明。

四十二

景公好妇人而丈夫饰者,国人尽服之[1]。公使吏禁之曰:"女子而男子饰者,裂其衣,断其带。"裂衣断带相望而不止。晏子见,公曰:"寡人使吏禁女子而男子饰者,裂其衣,断其带,相望而不止者,何也?"对曰:"君使服之于内而禁之于外,犹悬牛首于门而求买马肉也[2]。公胡不使内勿服,则外莫敢为也。"公曰:"善!"使内勿服,不旋月[3],而国莫之服也[4]。

【注释】

[1] 国:都城。

[2] 买:《晏子春秋·内篇杂下》作"犹悬牛首于门而卖马肉于内也。"于义为胜。

[3] 不旋月:不到一个月。

[4] 国莫之服：倒装句，即“国莫服之”。“国”后当有“人”字。

【今译】

景公喜欢让宫中妇人穿男子装束，都城的女人于是都穿男子装束。景公派官吏制止这种做法说：“凡是女子穿男子装束的，撕烂她的衣服，扯断她的衣带。”于是被撕烂衣服扯断衣带的女子随处可见，但制止不了。晏子晋见景公，景公说：“我派官吏禁止女子穿男子装束，撕烂她们的衣服，扯断她们的衣带，还是随处可见而无法制止，为什么？”晏子回答：“您让宫内的女子穿男子装束，却在宫外禁止别人这样做，这好比在门上挂着牛头，却作为马肉来卖。您何不命令宫内女子不准穿男子装束，那么宫外的女子就无人敢那样做了。”景公说：“好。”景公命令宫内女子不准穿男子装束，不到一个月，都城之内就没有女子穿男子装束了。

四十三

齐人甚好毂击相犯以为乐[1]，禁之不止。晏子患之，乃为新车良马，出与人相犯也，曰：“毂击者不祥[2]，臣其祭祀不顺[3]，居处不敬乎[4]？”下车弃而去之，然后国人乃不为。故曰，禁之以制而身不先行也[5]，民不肯止。故化其心，莫若教也[6]。

【注释】

[1] 毂(gǔ)击相犯：车轴相碰撞。毂，车轮中心的圆木，周围与车辐的一端相接，中有圆孔，可以插轴。

[2] 不祥：不吉利。

[3] 臣其祭祀不顺(shèn)：大概是我祭祀时不够谨慎。其，表推测。顺，通“慎”。

[4] 居处不敬乎：平日生活不够恭敬吧。

[5] 制：法令。

[6] 教："教"字前疑脱"身"字。

【今译】

齐国人特别喜欢用车轴相碰撞来取乐，屡禁不止。晏子为此事忧虑，就造了一辆新车，出门与别人的车撞击，然后说："车轮撞击不吉利，大概是我祭祀时不够谨慎，平日生活行为不够恭敬吧？"下车丢弃车子离去。从此以后人们就不再用车轴相碰撞来取乐了。所以说，用法令来禁止却不以身作则，百姓是不会停止的。所以教化百姓的心，没有比以身作则更有效了。

四十四

鲁国之法，鲁人有赎臣妾于诸侯者[1]，取金于府[2]。子贡赎人于诸侯而还其金[3]。孔子闻之曰："赐，失之矣。圣人之举事也，可以移风易俗，而教导可施于百姓，非独适其身之行也[4]。今鲁国富者寡而贫者众，赎而受金则为不廉不受，则后莫复赎。自今以来，鲁人不复赎矣。"孔子可谓通于化矣。故老子曰："见小曰明[5]。"

【注释】

[1] 臣妾：奴隶。
[2] 取金于府：向官府取回赎金。
[3] 子贡：见卷二臣术·四[1]。
[4] 非独适其身之行也：不只是适合自己做事的原则。
[5] 见小曰明：出自《老子》第五十二章。

【今译】

鲁国的法令规定，能把在诸侯国中沦为奴隶的鲁国人赎回，可以向官府领取赎金。子贡赎回了奴隶却退回了赎金。孔子说："子贡，做错了。圣人做事情，能够改变社会风俗，并且教化引导百姓，不只是适合自己做事的原则。现在鲁国富人少而穷人多，如果认为赎回奴隶接受官府的赎金是不廉洁的行为而不接受赎金的话，那么以后就没有人再去赎人了。从今以后，鲁国不会有人赎回流落在外的人了。”孔子可以称得上通达教化了。所以老子说：“能观察细微之处就是明。”

四十五

孔子见季康子[1]，康子来说[2]。孔子又见之。宰予曰[3]：“吾闻之夫子曰‘王公不聘不动[4]。’今吾子之见司寇也少数矣[5]。”孔子曰：“鲁国以众相凌以兵相暴之日久矣[6]，而有司不治。聘我者，孰大乎于是[7]？”鲁人闻之曰：“圣人将治，可以不先自为刑罚乎[8]？”自是之后，国无争者。孔子谓弟子曰：“违山十里[9]，蟪蛄之声犹尚存耳，政事无如膺之矣[10]。”古之鲁俗，涂里之间[11]，罗门之罗[12]，收门之渔[13]，独得于礼，是以孔子善之。夫涂里之间，富家为贫者出；罗门之罗，有亲者取多，无亲者取少；收门之渔，有亲者取巨，无亲者取小。

【注释】

[1] 季康子：见卷五贵德·十六[1]。

[2] 来说(yuè)：来，明抄本作“未”，于义为胜。说，通“悦”。

[3] 宰予：字子我，春秋时鲁人，孔子弟子，以言语见长。

[4] 王公不聘不动：诸侯不来聘请自己就不动身。

[5] 今吾子之见司寇也少数(shuò)矣：司寇，官名，主管刑法狱讼。数，次数过多。

[6]“以众相凌”句：凭着人多势众、仗着武力欺凌别人的时间也很长了。

[7] 聘我者，孰大乎于是：至于聘请我，能比这更重要吗？

[8] 可以不先自为刑罚乎：《孔子家语·子路初见》作“何不先自远于刑

罚?”于义较胜。

[9] 违山十里:离山十里路的地方。违,离开。

[10] 政事无如膺之矣:《孔子家语·子路初见》作“政事莫如应之”。于义较胜。

[11] 涂里之间:涂里,地名。间,里巷大门。

[12] 罗门之罗:罗门,打猎的地方。后一个“罗”指分配猎物。

[13] 収(shōu)门之渔:収门,捕鱼的地方。渔,指分配鱼。

【今译】

孔子求见季康子,季康子显出不高兴的样子。孔子又一次去求见他。宰予说:“我听老师说过‘诸侯不来聘请就不动身’。老师主动求见司寇的次数过多了吧?”孔子说:“鲁国国内凭着人多势众、仗着武力欺凌别人的现象已经很久了,但是官府不去治理。至于聘请我,能比这更重要吗?”鲁国人听了以后就说:“圣人将要治理国家,为何不先行远离刑罚呢?”自此以后,国内没有发生争斗的事情。孔子对弟子说:“即便离山十里路,蝉的声音还响在耳边,所以从政(与其放任),不如主动应对。”古代鲁国的风俗中,涂里这个地方的人,打猎有打猎的分配方式,捕鱼有捕鱼的分配方式,特别符合周礼,因此得到孔子称赞。涂里这个地方的人,富裕家庭帮助贫寒家庭;打猎的分配方式是,家里有父母的多拿一些,家里无父母的少拿一些;捕鱼的分配方式是,家里有父母的拿大的,家里无父母的拿小的。

四十六

《春秋》曰:“四民均,则王道兴[1],而百姓宁。所谓四民者,士、农、工、商也。”婚姻之道废,则男女之道悖[2],而淫泆之路兴矣[3]。

【注释】

[1] 王道:儒家提倡的以仁义治天下的政治主张,与“霸道”相对。

[2] 悖：乱。
[3] 淫泆(yì)：纵欲放荡。

【今译】

《春秋》上说："四民均平，那么王道就兴盛，百姓就安宁。所谓四民，就是士人、农民、百工、商贾。"如果嫁娶的礼法被废弃，那么男女结合的规范就会混乱，纵欲放荡的做法就会兴起。

【评析】

本卷主要阐述治理国家的基本方针。第一章是总纲，提出治国"三品"说，体现三种不同的治国思想。如何处理三者的关系，是治国理政的基本问题。刘向的观点，主要受孔子的影响，贵德尚礼重仁，教化在先。《论语·为政》有：

> 子曰："道之以政，齐之以刑，民免而无耻；道之以德，齐之以礼，有耻且格。"

《孔子家语·刑政》有：

> 仲弓问于孔子曰："雍闻至刑无所用政，至政无所用刑。至刑无所用政，桀、纣之世是也；至政无所用刑，成、康之世是也。信乎？"孔子曰："圣人之治化也，必刑政相参焉。太上以德教民，而以礼齐之，其次以政焉导民，以刑禁之，刑不刑也。化之弗变，导之弗从，伤义以败俗，于是乎用刑矣。"

由此看出，孔子主张的基本观点是"德主刑辅"。西汉武帝时期，虽然提出独尊儒术的主张，但实际上是儒、法、道并用，汉宣帝即位后概括为"霸、王道杂之"。新兴的贤良文学信奉儒家仁义学说，主张德治，并在盐铁会议上取得胜利，以桑弘羊为代表的法家学说受到一定程度的抑制。到了刘向编著《说苑》的时候，以德治国的思想更加深入士子之心。第一章体现了由霸、王道并用向王道为主过渡的痕迹。第二章继续阐述这个基本国策："治国有二机，刑、德是也。王者尚其德而希其刑，霸者刑、德并凑，强国先其刑而后德。"这就将"三品"的不同进一步明确了。第三章用一系列的比喻，形象地说明了适度的重要性。本章又见于《韩诗外传·卷一》，有"故吴起峭刑而车裂，商鞅峻法而支解。”在《淮南子·缪称训》中也有“故商鞅立法而支解，吴起刻削而车裂”之句。本章删掉了这两句，说明刘向既没有完全否定刑罚的作用，也没有盲目夸大德教的作用，而是二者并重。第四章继续围绕这一核心问题进行阐述，只是故事性加强了。公叔文子是卫国人，是卫献公之孙，成子当之子，《说苑》记他做楚令尹不见于其它文献，恐有误。《论语·宪问》中对他有记载：

> 子问公叔文子于公明贾曰：“信乎，夫子不言、不笑、不取乎？”公明贾对曰：“以告者过也。夫子时然后言，人不厌其言；乐然后笑，人不厌其笑；义然后取，人不厌其取。”子曰：“其然？岂其然乎？”

显然，一个人如果“不言、不笑、不取”，岂不是个怪人？孔子于是向公明贾了解情况。公明贾是公叔文子的家臣，当然很了解主人的为人。在《论语》中，表现的重点应该是“义然后取”的义利观。到了本章，公叔文子则成了为政“严”的典型。据《晏子春秋·谏下》和《说苑·正谏》二十六章记载，这本是晏子与齐景公的对话，大概刘向依据“不言、不笑、不取”的记载，将原本不相干的人和事连在了一起。从情理上来说，《晏子春秋·谏下》和《说苑·正谏》的记载更恰当，因为在朝廷之上，威严的人应该是君王，而不是臣子。当然，不管是谁，问题的关键在于“严”究竟有什么不好，“严”与执政是什么关系。在《贞观政要·求谏》中，也有类似的内容：

> 太宗威容俨肃，百僚进见者，皆失其举措。太宗知其若此，每见人奏事，必假颜色，冀闻谏诤，知政教得失。

由此看来，在朝堂之上，臣子本来就很紧张，如果君王太威严，那么臣子就不敢讲话。这与教师上课一个道理，如果教师板着面孔，不苟言笑，学生回答问题就紧张，甚至不敢回答。基于此，才有了“严则下喑”的观点。

第五章接着阐述君王在朝廷上的表现与政治的关系。第六章阐述治国要小心谨慎。这两章材料的力度有所减弱。第七章内容不见于今本《管子》，可能是古本《管子》中的内容。管仲对民的态度是明确的，就是对“知鲜”“慧士”“智士”“圣人”分别对待。只有圣人，可以和他探讨“形而上”的东西，对其他人，只能谈论“形而下”的东西。根据人不同的认知水平而分别采取相应的交流方式，是有道理的。但若认为百姓是愚钝之人，可以实行愚民政策，那就错了。第八章又回到了治国“三品”上来，史鳍、子路和子贡三人的观点，不是角度不同，而是治国的方针不同，显然，刘向倾向于子贡。

第九章是愚公谷的故事。愚公不但不愚，反而是真正的聪明。司法是否公正，是衡量治国的重要标尺。管仲深谙此理，他看到了桓公看不到的一面，不愧是一代杰出的政治家。此段叙述生动有趣，极富可读性。人民教育出版社高中《语文》课本曾将此章收入课后练习题供学生阅读。第十章表现了孔子的司法思想。孔子认为，民犯罪，与执政者的失误有关，不能完全怪罪百姓。对百姓，要先教育。不教育就杀戮，是滥杀无辜。这一思想非常可贵。本章内容又见于《荀子·宥坐》《韩诗外传·卷三》和《孔子家语·始诛》，且篇幅较长，选入本卷，刘向做了压缩。第十一章阐述治国与赋敛的问题，虽然短小，却是政理的基本问题。“政有使民富且寿”，孔子用仁爱之心引导君主行善利民，是民生思想的具体体现。

第十二至第十五章，都是关于姜太公治国思想的内容，核心是爱民。其中第十三章又见于《六韬·国务》(清孙同元刻本)：

> 文王问太公曰：“愿闻为国之大务，欲使主尊人安，为之奈何？”太公曰：“爱民而已。”文王曰：“爱民奈何？”太公曰：“利而无害，成而勿败，生而勿杀，予而勿夺，乐而勿苦，喜而勿怒。”文王曰：“敢请释其故。”太公曰：“民不失务则利之，农不失时则成之，薄赋敛则予之，俭宫室台榭则乐之，吏清不苛扰则喜之。民失其务则害之，农失其时则败之，无罪而罚则杀之，重赋敛则夺之，多营宫室台榭以疲民力则苦之，吏浊苛扰则怒之。故善为国者，驭民如父母之爱子，如兄之爱弟，见其饥寒则为之忧，见其劳苦则为之悲，赏罚如加于身，赋敛如取于己。此爱民之道也。”

后世之《吴越春秋》《群书治要》都引用此内容。《六韬》成书于战国至秦汉之际，刘向整理皇家书籍，一定读过此书，其《说苑》是较早引用《六韬》相关内容的著作。第十四章又见于《群书治要》，描述了一幅美好的理想国蓝图。第十六章的主题也是爱民。

第十七章记述梁君的七问，与其说梁君谦虚好问，不如说愚蠢可笑。孔子也感觉到了这一点，说："未尝有如主君问丘之术也。然而尽可得也。"孔子就像大人教育孩童一样，逐一耐心作答。第十八章记述孔子面对三位不同的君主，开出不同的药方。第十九章写鲁国国君去世，国家容易发生混乱，但是公仪休一点也不担心，因为他没有实行苛政，他对百姓放心。这从正面体现了德政的效果。第二十章记述郑子产善用人，这在《论语·宪问》中也有体现：

> 子曰："为命，裨谌草创之，世叔讨论之，行人子羽修饰之，东里子产润色之。"

这种议事制度值得借鉴，互相制约，相辅相成，确保决策不失误。第二十一章表现"忠""信""敢"的从政思想。第二十二章记述西门豹治邺，重实践，明察秋毫。第二十三至第二十七章，记述宓子贱善于从政的故事，体现儒家治国理念，可读性很强。第二十八章极具讽刺意味，齐景公违法乱纪、享乐奢侈、鱼肉百姓的形象跃然纸上。为民和为君有时是矛盾的，忠于人民有时就不能忠于国君。一个真正为民的大臣，敢于冒着生命危险抗拒国君，晏子就是这样的人。本章内容又见于《晏子春秋·外篇第七》并被收入中学语文课本。第二十九章记述孔子指导子路从政。第三十章与第四十四章记述子贡为政。后者很有意味。子贡在孔子学生中是最富有的，孔子周游列国的费用有他的赞助。子贡对赎金不在乎，受到了孔子的批评。从此事可以看出，孔子注重利对百姓引导的作用。联系卷二·臣术二十三章"子路为蒲令"的故事看，孔子要求学生把个体的自己和社会的自己区别开来，不能仅凭个人好恶从事社会工作。这一思想是有道理的。《淮南子·齐俗》中说："孔子之明，以小知大，以近知远，通于论者也。"又说："矜伪以惑世，伉行以违众，圣人不以为民俗。”

第三十一章记述杨朱的故事。杨朱狡辩能力很强，但是，他讲的不是一点道理也没有。人的才能分为不同的类型，有的善于“治大”，有的善于“治小”，有的大、小皆可。第三十二章在于说明从政艺术，作为一国之相，主要是抓大事，从根本上抓起，不必在细枝末节上做文章。诸葛亮曾说：“治世以大德，不以小惠。”第三十三章写官二代的问题，颇有现实意义。第三十四章内容广为流传，叙述生动，比喻形象。第三十七章写人们的仇富心理，“羡慕嫉妒恨”自古就有。第三十八章虽短，但提出了一个治国的重要原则，即执政者要用土地来凝聚百姓之心。第三十九章主题是表现治国三个关键：“一曰因民，二曰择人，三曰从时。”可谓一语中的。第四十章写延陵季子具有深刻的洞察力，透过现象看到了深藏的本质问题。

第四十一章很值得深究一番。首先，刘向善于整合材料的做法于此得到了集中体现。先看《吕氏春秋·长见》中的记载：

> 吕太公望封于齐，周公旦封于鲁，二君者甚相善也。相谓曰：“何以治国？”太公望曰：“尊贤上功。”周公旦曰：“亲亲上恩。”太公望曰：“鲁自此削矣。”周公旦曰：“鲁虽削，有齐者以必非吕氏也。”其后，齐日以大，至于霸，二十四世而田成子有齐国。鲁日以削，至于觐存，三十四世而亡。

再看《韩诗外传·卷十》记载：

> 昔者太公望、周公旦受封而见。太公问周公何以治鲁，周公曰：“尊尊亲亲。”太公曰：“鲁从此弱矣。”周公问太公曰：“何以治齐？”太公曰：“举贤尚功。”周公曰：“后世必有劫杀之君矣。”后齐日以大，至于霸，二十四世而田世伐之。鲁日以削，三十四世而亡。由此观之，圣人能知微矣。

《淮南子·齐俗》与《韩诗外传·卷十》相同。从略。三看《史记·鲁世家》中的记载：

> 鲁公伯禽之初受封之鲁，三年而后报政周公。周公曰：“何迟也？”伯禽曰：“变其俗，革其礼，丧三年然后除之，故迟。”太公亦封于齐，五月而报政周公。周公曰：“何疾也？”曰：“吾

简其君臣礼，从其俗为也。"及后闻伯禽报政迟，乃叹曰："呜呼，鲁后世其北面事齐矣！夫政不简不易，民不有近；平易近民，民必归之。"

综合以上各种材料，有三点值得深究之处：第一，"齐之所以不如鲁者，太公之贤不如伯禽"这句话首尾出现两次，此句不见于其他材料，很可能是刘向个人的观点。第二，齐太公封于武王世，伯禽封于成王世，相隔较远，"伯禽与太公俱受封而各之国"显然不合史籍，是刘向为了表达其抑齐扬鲁的观点而进行的改编。第三，太公"三年"来朝，伯禽"五年"来朝，以及"太公之泽及五世""鲁之泽及十世"都不合于其他文献所记，显然也是刘向的改编。在刘向之前，司马迁是扬齐抑鲁的。《史记·齐太公世家》有：

太史公曰：吾适齐，自泰山属之琅邪，北被于海，膏壤二千里，其民阔达多匿知，其天性也。以太公之圣，建国本，桓公之盛，修善政，以为诸侯会盟，称伯，不亦宜乎？洋洋哉，固大国之风也！

又《史记·鲁周公世家》有：

太史公曰：余闻孔子称曰"甚矣鲁道之衰也！洙泗之闲断断如也"。观庆父及叔牙闵公之际，何其乱也？隐、桓之事；襄仲杀适立庶；三家北面为臣，亲攻昭公，昭公以奔。至其揖让之礼则从矣，而行事何其戾也？

《说苑》颠覆了司马迁的观点。刘向为何要这样改编？显然是为了突出本卷政理"尚德"的主题，鲁国是周公封国，将"尚德"的帽子戴在伯禽头上无疑是最好的选择。这种颠覆源自刘向的儒家思想。儒家思想的核心是"仁政""王道"，与太公望治理齐国"贵法重利尚道"的思想不完全相同。在《论语·雍也》中，记录了孔子评价鲁国和齐国的一段话："子曰：'齐一变，至于鲁；鲁一变，至于道。'"显然，刘向与孔子的观点是一致的。刘向为了表达儒家思想的正统地位，对原有材料进行了必要的改编，让其为主旨服务，说到底是为大汉的现实政治服务。

第四十二章，单就事件本身来说，景公简直就是弱智。不过，刘向的意图大概不在于表现事情本身，而是以此说明一个道理：上有所好，下必行焉；上梁不正，下梁就歪；正人先正己。第四十三章的主题与此相同。第四十五章孔子用“蟪蛄之声犹尚存耳”形象地说明了对国家要有责任感。第四十六章的“均”，就是今天所说的和谐。只有和谐，社会才兴盛。而婚姻之道是社会和谐的基本保障。

总体来看，本卷四十六章阐述的核心主题是治国要推行王道，要以德治国。

卷八　尊贤

【题解】

尊贤，顾名思义，就是尊重贤士。贤士是国家栋梁，不可一日无之。刘向从国家利益出发，提出了“尊贤”的主张，认为“人君之欲平治天下而垂荣名者，必尊贤而下士”。

本卷包含以下内容：首先，刘向阐明了贤士的重要作用，那就是“鸿鹄之羽翼”“游江海之船”“致远之乘”，并从正反两方面加以对照说明，从而得出“国家之任贤而吉，任不肖而凶”的结论。其次，刘向选用了大量史料，来充分说明很多贤士往往出身低贱，作为国君要慧眼识人才，切不可凭出身高低来评判是否人才。这个观点尽管不是刘向的首创，但经过刘向的发挥，对后世影响很大，也让那些出身贫寒低贱的人鼓起了成功的勇气，是中国人才学上的重要理论之一。第二，贤士可以弥补国君的缺陷。以齐桓公为代表的国君，本身有很严重的缺点，人品极差，足以亡国。但是，因为有了良臣，在很大程度上弥补了君主的缺点，国家得以发展兴旺。那么，怎样才能得到贤士呢？这就是第四方面的内容了。第九章中，周威公问于宁子曰：“取士有道乎？”对曰：“有。穷者达之，亡者存之，废者起之，四方之士则四面而至矣。”可见，“达之”“存之”“起之”是吸引贤士的必要条件。什么是真正的贤士？有没有标准？刘向借用孔子的话表达出来：“人必忠信重厚，然后求其知能焉。今有人不忠信重厚而多知能，如此人者，譬犹豺狼与，不可以身近也。是故先其仁信之诚者，然后亲之；于是有知能者，然后任之。”（本卷第十章）“忠信重厚”成了千百年来统治者用人选材的首要标准。用今天的话来说，在“德”与“才”两方面，“德”是第一位的。第五，刘向推崇以周公为代表的尊贤楷模，使尊贤有了一个高标。尊贤，要舍得物质投入，要赏罚严明，要爱护贤士，要凝聚他们的心，切不可"骄士"。刘向在第二十一章中，引田子方之口说"贫穷者骄人，富贵者安敢骄人？人主骄人而亡其国，吾未见以国待亡者也；大夫骄人而亡其家，吾未见以家待亡者也。贫穷者若不得意，纳履而去，安往不得贫穷乎？贫穷者骄人，富贵者安敢骄人？"这一见解十分深刻，点到了尊贤的要害之处。另外，刘向认为，国君对贤士要深信不疑，全力支持；平时要厚待贤士，关键时候贤士才会冲锋陷阵；不要羡慕别人手下的贤士，要反躬自省；不要轻易杀贤士；贤士不随君出逃，要原谅，要反省自己是否因为不听贤士意见而导致逃亡，等等。这些观点，今天看来也是正确的，它表现出刘向非常可贵的观点——就是贤士不是君主的私有财产。

本卷共三十七章。

一

人君之欲平治天下而垂荣名者，必尊贤而下士[1]。《易》曰："自上下下，其道大光[2]。"又曰："以贵下贱，大得民也[3]。"夫明王之施德而下下也，将怀远而致近也。大朝无贤人，犹鸿鹄之无羽翼也，虽有千里之望，犹不能致其意之所欲至矣。是故游江海者托于舡[4]，致远道者托于乘，欲霸王者托于贤；伊尹、吕尚、管夷吾、百里奚[5]，此霸王之舡乘也。释父兄与子孙[6]，非疏之也；任庖人、钓屠与仇雠、仆虏，非阿之也；持社稷立功名之道，不得不然也。犹大匠之为宫室也，量小大而知材木矣，比功校而知人数矣[7]。是故吕尚聘而天下知商将亡，而周之王也；管夷吾、百里奚任，而天下知齐、秦之必霸也，岂特舡、乘哉[8]？夫成王霸固有人，亡国破家亦固有人。桀用千莘[9]，纣用恶来[10]，宋用唐鞅[11]，齐用苏秦[12]，秦用赵高[13]，而天下知其亡也。非其人而欲有功，譬其若夏至之日而欲夜之长也，射鱼指天而欲发之当也，虽舜、禹犹亦困，而又况乎俗主哉？

【注释】

[1] 下士：谦恭地对待贤士。下，自降身份与人交往。

[2] 自上下下，其道大光：地位高的人谦虚地对待地位低的人，他的事业大为光明。出自《周易·益卦·象辞》。

[3] 以贵下贱，大得民也：以尊贵的身份礼遇低贱的人，能够大得民心。见《周易·屯卦·象辞》。

[4] 舡（xiāng）：船。

[5] 伊尹、吕尚、管夷吾、百里奚：这几个人最初身份低贱。伊尹曾是庖厨之臣，故称"庖人"；吕尚曾钓于渭滨，故称"钓屠"；管仲曾箭射公子小白（齐桓公）中钩，故称"仇雠"；百里奚被俘并当过陪嫁之臣，故称"仆虏"。伊尹，参见卷一君道·十三[1]。吕尚，参见卷一君道·十四[1]。管夷吾，参见卷一君道·十六[2]。百里奚，参见卷二臣术·九[2]。

[6] 释：放弃，疏远。这里是不重用的意思。

[7] 功校：工程规模。

[8] 岂特船、乘（shèng）哉：哪里只是舟船和车马。

[9] 桀用千莘：夏桀重用千莘。桀，见卷一君道·二十六[12]。千莘，桀的谀臣。

[10] 纣用恶来：纣，见卷一君道·二十六[12]。恶来，纣王臣子，有勇力，能撕裂虎兕。后被周武王所杀。

[11] 宋用唐鞅：宋，指宋康王。唐鞅，战国时宋国宋康王相。《吕氏春秋·淫辞》记载，唐鞅曾劝宋康王杀臣子，无论善与不善都杀，以此让群臣惧怕。

[12] 齐用苏秦：齐，指战国时齐国齐愍王，曾用苏秦为相。苏秦，战国时洛阳人，字季子，以鬼谷子为师，纵横家。曾佩六国相印，合纵抗秦。他曾奉燕昭王命入齐从事反间活动，想让齐疲于对外战争，以便攻齐。后乐毅率六国军队攻齐，其反间活动暴露，被车裂而死。一说与齐大夫争宠，被刺杀。

[13] 秦用赵高：秦，指秦二世胡亥。赵高，秦朝宦官，始皇时任中车府令。

始皇死，与李斯合谋，伪造遗诏，逼始皇长子扶苏自杀，立胡亥为皇帝。后又杀李斯，专权朝政。秦二世三年，杀二世，立子婴为秦王。后为子婴所杀。

【今译】

国君想要天下安宁太平并名垂青史，一定要尊重贤人并谦恭地对待士人。《周易》上说："地位高的人谦虚地对待地位低的人，他的事业就大为光明。"又说："以尊贵的身份礼遇低贱的人，能够大得民心。"贤明的君主布施恩德并谦恭地对待士人，就能够使远方的人归附并使近处的人投奔自己。朝中没有贤人，就好比鸿雁缺少了羽翼，即使有飞越千里的愿望，仍然不能到达想要到达的地方。因此，遨游江海的人依靠舟船，到远方去的人依靠车马，想要成就霸业的人依靠贤人。伊尹、吕尚、管夷吾、百里奚，这些人就是成就霸业的舟船车马。不任命自己的父兄和子孙做官，不是故意疏远他们；任用厨师、钓者甚至仇人、俘虏，并不是讨好他们，是因为要掌握国家政权，走建功立业的道路，就不能不这样做。这就好比杰出的工匠建造宫室，测量一下宫室就知道用多少木料，计算一下工程的规模就知道使用的人数。所以吕尚受到重用，天下的人就知道商朝将要灭亡周朝将要建立，管仲、百里奚受到重用，天下的人就知道齐国、秦国一定能成就霸业。他们哪里只是舟船和车马呢？成就霸业固然需要贤人辅佐，导致国家灭亡也是因为用人的原因。桀重用干莘，纣王重用恶来，宋康王重用唐鞅，齐愍王重用苏秦，秦二世重用赵高，天下人就知道他们的国家将要灭亡了。如果重用的不是贤人却想要建立功业，就好比在夏至这一天却希望夜长一样，好比对着天空射鱼却想要射中一样，即使像舜、禹这样的明君也感到困难，更何况是庸俗的君主呢？

二

春秋之时，天子微弱，诸侯力政[1]，皆叛不朝。众暴寡，强劫弱，南夷与北狄交侵，中国之不绝若线[2]。桓公于是用管仲、鲍叔、隰朋、宾胥无、宁戚[3]，三存亡国，一继绝世，救中国，攘戎狄，卒胁荆蛮，以尊周室，霸诸侯。晋文公用咎犯、先轸、阳处父[4]，强中国，败强楚，合诸侯，朝天子，以显周室。楚庄王用孙叔敖、司马子反、将军子重[5]，征陈从郑，败强晋，无敌于天下。秦穆公用百里子、蹇叔子、王子廖及由余[6]，据有雍州，攘败西戎。吴用延州莱季子[7]，并冀州，扬威于鸡父[8]。郑僖公富有千乘之国[9]，贵为诸侯，治义不顺人心，而取弑于臣者，不先得贤也。至简公用子产、裨谌、世叔、行人子羽[10]，贼臣除，正臣进，去强楚，合中国，国家安宁，二十余年无强楚之患。故虞有宫之奇[11]，晋献公为之终夜不寐[12]；楚有子玉得臣[13]，文公为之侧席而坐[14]，远乎贤者之厌难折冲也[15]。夫宋襄公不用公子目夷之言[16]，大辱于楚；曹不用僖负羁之谏，败死于戎[17]。故共维"五始"之要[18]，治乱之端，存乎审己而任贤也。国家之任贤而吉，任不肖而凶，案往世而视己事[19]，其必然也如合符[20]，此为人君者，不可以不慎也。国家惛乱而良臣见[21]，鲁国大乱，季友之贤见[22]，僖公即位而任季子[23]，鲁国安宁，外内无忧，行政二十一年。季子之卒后，邾击其南[24]，齐伐其北，鲁不胜其患，将乞师于楚以取全耳。故《传》曰："患之起，必自此始也[25]。"公子买不可使戍卫[26]，公子遂不听君命而擅之晋[27]，内侵于臣下，外困于兵乱，弱之患也。僖公之性非前二十一年常贤，而后乃渐变为不肖也，此季子存之所益，亡之所损也。夫得贤失贤其损益之验如此。而人主忽于所用，甚可疾痛也。夫智不足以见贤，无可奈何矣。若智能见之，而强不能决，犹豫不用，而大者死亡，小者乱倾，此甚可悲哀也。以宋殇公不知孔父之贤乎[28]？

安知孔父死己必死趋而救之？趋而救之者，是知其贤也。以鲁庄公不知季子之贤乎[29]？安知疾将死召季子而授之国政？授之国政者，是知其贤也。此二君知能见贤而皆不能用，故宋殇公以杀死，鲁庄公以贼嗣。使宋殇蚤任孔父[30]，鲁庄素用季子[31]，乃将靖邻国[32]，而况自存乎？

【注释】

[1] 政：通“征”。

[2] 中国：中原地区。此特指东周政权。

[3] 桓公于是用管仲、鲍叔、隰(xí)朋、宾胥无、宁戚：桓公、管仲，见卷一君道·十六[1][2]。鲍叔，见卷二臣术·四[3]。隰朋，春秋时齐国公族，桓公大臣，佐管仲治国以成霸业。管仲病，桓公往问谁可继者，管仲推荐隰朋以代。宾胥无，一作“宾须无”，春秋时齐国贤臣，不杀无辜，不诬无罪。宁戚，见卷一君道·十六[1]。

[4] 晋文公用咎犯、先轸、阳处父：晋文公，见卷一君道·二十[6]。咎犯，见卷六复恩·三[3]。先轸，一作“原轸”，春秋时晋国将领。城濮之战中大破楚军，佐晋文公称霸。崤之战中，晋襄公用其计败秦军。后与狄战，去胄入敌阵，战死。阳处父，春秋时晋国太傅，因将贾季由中军帅改为中军佐而被贾杀害。

[5] 楚庄王用孙叔敖、司马子反、将军子重：楚庄王，见卷一君道·十九[1]。孙叔敖，春秋时楚国大臣，为楚相，三得三去，不喜不忧。有政绩。司马子反，春秋时楚将。曾随楚庄王伐宋。子重，春秋时楚将。

[6] 秦穆公用百里子、蹇叔子、王子廖及由余：秦穆公，见卷二臣术·九[1]。百里子，即百里奚，见卷二臣术·九[2]及上章[5]。蹇叔子，即蹇叔。春秋时秦国上大夫，与百里奚为友。百里奚为秦相，向穆公推荐他，穆公厚币迎之至秦。曾谏穆公不要伐郑，穆公不听，蹇叔就向师而哭，即“蹇叔哭师”。结果秦军在崤被晋打败。王子廖，春秋时秦穆公内史。曾为穆公设计降由余。由余，春秋时人。本晋人，亡入戎。戎王闻秦穆公贤，派他入秦察看。穆公见之，认为贤，用王子廖计使之降。后由余为穆公谋伐戎之策，益国十二，开地千里，秦遂霸西戎。

[7] 延州来季子：春秋时吴国公子季札。他是吴王寿梦的四子，有贤名，曾

封于延陵，故又称“延陵季子”。后吴灭楚邑州来，以此封季札，故又称“延州来季子”。州来，地名，春秋时楚邑，在今安徽凤台县。

[8] 并冀州，扬威于鸡父：冀州，古代九州之一，地在今河北、山西两省及河南的黄河以北区域。鸡父，地名，春秋时楚地，在今河南省固始县东南。《春秋·昭公二十三年》有吴败楚于鸡父的记载。

[9] 郑僖公：又作“郑釐公”，春秋时郑国国君，成公子，名恽。因不以礼待郑相子驷（公子騑），被子驷派厨人毒死。公元前570年至前566年在位。

[10] 简公用子产、裨谌、世叔、行人子羽：简公，郑简公，见卷七政理·二十[2]。子产，即郑子产，见卷二臣术·四[6]。裨谌、世叔、行人子羽，见卷七政理·二十[10][7][8]。

[11] 虞有宫之奇：虞，周代诸侯国，在今山西平陆东北。宫之奇，春秋时虞国大夫。晋献公欲借道于虞以攻虢（guó），宫之奇以唇亡齿寒之喻谏虞君，不听，遂率其族人离虞。是年冬，晋灭虢，还师灭虞。

[12] 晋献公：见卷四立节·七[1]。

[13] 子玉得臣：即成得臣，字子玉。春秋时楚国人。性刚，治军严。楚成王三十九年，率军围宋。次年，晋攻楚之盟国卫、曹以援宋。成王命撤宋围，子玉违君命与晋军战，败于城濮，受责自杀。

[14] 文公为之侧席：文公，即晋文公重耳，见卷四立节·七[2]。侧席，不正坐，坐不安稳。

[15] 远乎贤者之厌难（yā nàn）折冲也：贤者克服困难战胜敌人的影响深远啊！厌，通“压”。厌难，克服困难。折冲，击退敌人。

[16] 宋襄公不用公子目夷之言：目夷，即“子鱼”。参见卷四立节·六[1][2]。

[17] 曹不用僖负羁之谏，败死于戎：曹，周代诸侯国，在今山东定陶县。僖负羁，春秋时曹国大夫。重耳过曹时，曹伯不礼，僖负羁谏之，不听。重耳回国即位后，伐曹，擒曹伯。“败死于戎”之事，当指贤大夫曹羁，此处误为僖负羁。《公羊传·庄公二十四年》载：“戎将侵曹，曹羁谏曰：‘戎众以无义，君请勿自敌也。’曹伯曰：‘不可。’三谏不从，随去之。”

[18] 共维“五始”之要：恭敬地思考“五始”的要义。共，同“恭”。维，通“惟”，思考。五始，《春秋》纪事，始以元年、春、王、正月、公即位等五

事,谓之“五始”。

[19] 案往世而视己事:考察往世并审视当今。案,考察。己事,当今时势。

[20] 合符:事物或意见相合。符,古代用竹、木、玉、铜等制成凭证,上刻文字,分为两半,一半存朝廷,一半给外任官员或出征将帅,检验相合,叫“合符”。

[21] 国家惛(hūn)乱而良臣见(xiàn):国家纷乱的时候就会出现良臣。惛乱,纷乱。见,同“现”。

[22] 季友之贤见(xiàn):季友,一作“成季”。春秋时鲁国人,庄公的弟弟。庄公卒,立公子般。庆父杀般,季友奔陈。庆父立庄公子启方,为闵公。后庆父又杀闵公。季友复奉庄公少子申出奔。后庆父不容于鲁,奔莒。季友归国立申,为僖公,逼庆父自杀。后为相。其后称季孙氏,三桓之一。

[23] 僖公即位而任季子:僖公,即鲁僖公,公元前659年至前627年在位。季子,即季友。

[24] 邾(zhū):周代诸侯国,即邹国,都于邾,故址在今山东曲阜市东南。

[25] 患之起,必自此始也:语出《春秋·公羊传僖公二十六年》。

[26] 公子买:鲁国宗室,字子丛。《左传·僖公二十八年》载,当时晋、楚交恶,而楚、鲁、卫三国交好。为了帮助卫国,鲁僖公命公子买戍卫。为了不得罪晋国,鲁僖公杀掉了公子买,为了应付楚国,就诈称公子买驻守没有期满就想撤走。

[27] 公子遂:又称“东门遂”“东门襄仲”。鲁国大夫,庄公之子。僖公、文公时为卿,掌国政。公子遂“之晋”事在《春秋·僖公三十年、三十一年》,均为奉命前往,“擅之晋”之说不详。

[28] 以宋殇公不知孔父之贤乎:宋殇公,春秋时宋国国君,名与夷,宣公子,被太宰华父督所杀。孔父,春秋时宋国人,名嘉。穆公时为大司马。穆公将死,受嘱立殇公。殇公在位时,连年战争,民苦于战。太宰华父督见孔父妻美,乃宣言责在孔父,遂杀之,娶其妻。当时,殇公怒,欲救孔父,他明白孔父死自己必死。非但没有救成,结果两人均被华父督所杀。孔父之子奔鲁,五传而生孔子。

[29] 鲁庄公:桓公子,名同,春秋时鲁国国君,公元前693年至662年在位。

[30] 蚤:通“早”。

[31] 素:向来。

[32]靖:安定。

【今译】

春秋时期,周天子力量微弱,诸侯国靠武力互相征讨,都背叛周室不来朝觐。势众的欺凌势寡的,强大的劫夺弱小的,南方与北方的少数民族互相侵略,中原地区的王室命悬一线。于是齐桓公重用管仲、鲍叔、隰朋、宾胥无、宁戚,多次使濒于灭亡的国家转危为安,一次就使得将要断绝的国运得以延续,拯救中原周王室,攘除戎狄,最后制服荆、蛮,尊奉周天子,称霸于诸侯。晋文公重用咎犯、先轸、阳处父,成为中原地区的强国,打败了强大的楚国,联合诸侯国朝觐周天子,使得周王室的地位尊显。楚庄王重用孙叔敖、司马子反、将军子重,讨伐陈国,征服郑国,打败强晋,天下无敌手。秦穆公重用百里子、蹇叔子、王子廖、由余等人,占据雍州,挫败西戎。吴国重用季札,吞并冀州,声振楚国。郑僖公拥有千辆战车,贵为诸侯,治理国家措施不能顺乎民心,被臣下杀死,原因是不能得到贤人的辅佐。到了郑简公重用子产、裨谌、世叔、行人子羽,贼臣被铲除,正直之臣受重用,驱逐强楚,联合中原邻国,国家安宁,二十多年没有强楚袭扰的担忧。所以虞国有了宫之奇,晋献公为此整夜无法安睡;楚国有了子玉得臣,晋文公为此坐卧不安。贤者克服困难战胜敌人的影响深远啊!宋襄公不采纳目夷的劝说,被楚国打败;曹国国君不听僖负羁的规劝,败死于戎人之手。所以恭敬地思考"五始"的要义,思考治理乱世的根本,在于审查自身并重用贤人啊!国家任用贤人就吉利,任用坏人就凶险,考察往世并审视当今,它必然就像信符相合那样灵验,这就是国君不能不慎重的原因。国家纷乱的时候就会出现良臣。鲁国大乱,季友这样的贤人出现了。僖公即位后,重用季友,鲁国得以安宁,内外都无忧患,推行政令有二十一年。季友死后,邾国攻击它的南边,齐国攻击它的北边,鲁国无法承受各种忧患,就向楚国请求救兵保全国家。所以《春秋·公羊传》上说:"祸患的兴起,一定会从这里开始。"鲁君不应该派公子买去防守卫国边境,公子遂不听君命而擅自到晋国,鲁君内受臣子欺侮，外受困于战乱，这就是国家微弱带来的祸患。僖公的本性，不是前二十一年中一直贤明，后来渐渐变得不贤明了，这是季友辅佐带来的好处，死去造成的损失啊。得到贤人和失去贤人，与得到好处和受到损害的结果就是这样灵验。国君忽略用贤，非常令人痛心呀！假若国君的智慧不足以发现贤人，那是无可奈何的事情。假若国君的智慧足以发现贤人，却固执不能决断，犹豫不能重用，后果严重的导致国破家亡，轻一点的导致国家混乱，这是非常可悲的事情。难道宋殇公不知道孔父是贤能之人吗？不然他怎会知道孔父死了自己也必定被杀死，便去救孔父呢？跑去救他，这说明他知道孔父是一个贤人。难道鲁庄公不知道季友是贤能之人吗？不然的话怎么会在病重临死的时候召见季友授给他国政呢？授给他国政，这说明他知道季友是贤人。这两个君主的智慧足以辨别贤人，却不能重用贤人，所以宋殇公被人杀死，鲁庄公继嗣也被人杀害。假使宋殇公早用孔父，鲁庄公向来就重用季友，那就能够安定邻国，更何况保存自身呢？

三

邹子说梁王曰[1]："伊尹，故有莘氏之媵臣也[2]，汤立以为三公[3]，天下之治太平。管仲，故成阴之狗盗也[4]，天下之庸夫也，齐桓公得之为仲父[5]。百里奚道之于路[6]，传卖五羊之皮，秦穆公委之以政。宁戚，故将车人也[7]，叩辕行歌于康之衢[8]，桓公任以国。司马喜髌脚于宋[9]，而卒相中山。范雎折胁拉齿于魏[10]，而后为应侯。太公望，故老妇之出夫也[11]，朝歌之屠佐也[12]，棘津迎客之舍人也[13]，年七十而相周，九十而封齐。故《诗》曰：'绵绵之葛，在于旷野，良工得之，以为絺纻，良工不得，枯死于野[14]。'此七士者，不遇明君圣主，几行乞丐，枯死于中野，譬犹绵绵之葛矣。"

【注释】

[1] 邹子说(shuì)梁王:邹子,邹阳,西汉临淄人。梁王,梁孝王刘武,汉文帝次子,景帝同母弟。邹子初仕吴王,曾上书谏吴王,不听,投梁孝王,为梁孝王上客。后为羊胜等人嫉恨,受谗下狱。于狱中上书梁王辩白,梁王感动,释之,仍为上客。

[2] 伊尹,故有莘氏之媵(yìng)臣:伊尹,见卷一君道·十三[1]。有莘氏,古代部族名。商汤曾娶有莘氏之女。媵臣,古代陪嫁的奴隶。

[3] 汤立以为三公:汤,见卷一君道·十三[1]。三公,见卷一君道·十三[2]。

[4] 成阴之狗盗:阴,疑为"阳"字之误。成阳,地名,春秋时齐邑。狗盗,原指披上狗皮作为狗形为盗的人。后泛指偷盗者。

[5] 仲父:齐桓公对管仲的尊称。

[6] 百里奚道之于路:百里奚,见卷二臣术·九[2]。道之,讹文,邹阳《狱中上梁王书》作"乞食"。

[7] 宁戚,故将(jiāng)车人:宁戚,见卷一君道·十六[1]。将车人,驾车的人。

[8] 叩辕行歌于康之衢(qú):据《吕氏春秋·举难》载:"宁戚欲干齐桓公,穷困无以自进,于是为商旅,将任车以至齐,暮宿于郭门之外。桓公郊迎客,夜开门,辟任车,爝火甚盛,从者甚众。宁戚饭牛居车下,望桓公而悲,击牛角疾歌。桓公闻之,抚其仆之手曰:'异哉,之歌者非常人也。'后命车载之。"康之衢,四通八达的大路。

[9] 司马喜髌(bìn)脚于宋:司马喜,战国时人,据说曾在宋受髌刑,后来三次为中山国相。髌,同"膑",古代剔去膝盖骨的一种酷刑。

[10] 范雎(jū)折胁拉齿于魏:范雎,战国魏人,受魏相魏齐的迫害,掠笞数百,腋下的肋骨和牙齿都被打折。后入秦为相,封为应侯。胁,腋下至肋骨处。

[11] 出夫:被妻子所遗弃的丈夫。

[12] 朝歌(zhāo)之屠佐:朝歌,商代国都,旧址在今河南淇县。屠佐,屠夫的助手。

[13] 棘津迎客之舍人:棘津,古黄河渡口,故址在今河南滑县西南。舍人,古代王公贵族的侍从。这里指佣工。

[14] 绵绵之葛,在于旷野,良工得之,以为絺纻(chī zhù);良工不得,枯死于野:绵绵,连绵不断。葛,葛藤,其纤维可以织布。絺,细葛布。纻,

苎麻织的布。此诗句不见于今本《诗经》,当为逸诗。

【今译】

邹子劝谏梁王说:“伊尹,原来是有莘氏陪嫁的奴隶,商汤立他做到了三公的位置,天下因此安定太平。管仲,原来是成阳这个地方的盗贼,一介凡夫俗子,齐桓公重用他,尊他为仲父。百里奚,曾在路上讨饭,被人用五张羊皮辗转买卖,秦穆公把国家大事交付给他。宁戚,原来是驾车的人,在大路上一面敲击车辕一面唱歌,桓公把国事交付给他。司马喜在宋国遭受膑刑,最后却做了中山国的国相。范雎在魏国被人折断肋骨和牙齿,后来入秦被封为应侯。太公望原来是被妻子所遗弃的丈夫,在朝歌做过屠夫的助手,在棘津渡口做过迎客的舍人,到了七十岁做了周朝的相,九十岁被封于齐国。所以《诗》上说‘连绵不断的葛藤,生长在荒郊野外,好的织工得到它,作为织布的良材。好的织工得不到它,它就只能枯死在野外。’这七位贤人,如果遇不到明君圣主,就要沦为乞丐,枯死于野外,就好比那些连绵不断的葛藤。”

四

眉睫之微,接而形于色;声音之风,感而动乎心。宁戚击牛角而商歌[1],桓公闻而举之;鲍龙跪石而登嶕[2],孔子为之下车;尧、舜相见,不违桑阴[3];文王举太公不以日久。故贤圣之接也,不待久而亲;能者之相见也,不待试而知矣。故士之接也,非必与之临财分货,乃知其廉也;非必与之犯难涉危,乃知其勇也。举事决断,是以知其勇也;取与有让,是以知其廉也。故见虎之尾,而知其大于狸也;见象之牙,而知其大于牛也。一节见则百节知矣。由此观之,以所见可以占未发,睹小节固足知大体矣。

【注释】

[1] 商歌：以商音为主调的歌，悲凉低沉。一说商旅之歌。

[2] 鲍龙跪石而登嵼(chǎn)：鲍龙，事迹不详。《列子·知人》："鲍龙跪石而吟，仲尼为之下车。"嵼，突起的山。或谓"登嵼"当为"咨嗟"。

[3] 不违桑阴：《战国策·赵策》："昔者，尧见舜于草茅之中，席陇亩而荫庇桑，阴移而受天下。"违，移。桑阴未移，时间很短。

【今译】

人的眉毛和眼睫毛非常微小，但相互交接就可以表现脸色；声音发出来，可以使听者内心感动。宁戚一面敲击车辕一面唱歌，桓公听到后就重用了他；鲍龙跪在石头上嗟叹，孔子为他下车；尧见到舜，很快就决定把天下禅让给他；周文王重用姜太公，时间很短。所以圣、贤相遇，无须长时间就能彼此亲近；贤能的人互相见面后，不用考察就能知道彼此的才干。所以士人之间的交往，不一定临财分物后才知道他的廉洁；不一定和他冒险犯难，才知道他的勇敢。看他办事果断，就可以推知他勇敢；看他取舍谦让，就可以推知他廉洁。所以看见老虎的尾巴，就能推知这种动物比狐狸要大；看见象牙，就能推知这种动物比牛要大；一节显示出来了，那么就可以推知百节。由此看来，由已经看见的事物可以推知未看见的事物，看见小的部分可以推知整体部分。

五

禹以夏王，桀以夏亡；汤以殷王，纣以殷亡。阖庐以吴战胜无敌于天下[1]，而夫差以见禽于越[2]；文公以晋国霸，而厉公以见弑于匠丽之宫[3]；威王以齐强于天下[4]，而湣王以弑死于庙梁[5]；穆公以秦显名尊号，而二世以劫于望夷[6]。其所以君王者同，而功迹不等者，所任异也。是故成王处襁褓而朝诸侯，周公用事也；赵武灵王年五十而饿于沙丘[7]，任李兑故也。桓公得管仲，九合诸侯，一匡天下；失管仲，任竖刁、易牙[8]，身死不葬，为天下笑。一人之身，荣辱俱施焉，在所任也。故魏有公子无忌[9]，削地复得；赵任蔺相如，秦兵不敢出；鄢陵任唐雎[10]，国独特立。楚有申包胥[11]，而昭王反位；齐有田单[12]，襄王得国[13]。由此观之，国无贤佐俊士，而能以成功立名、安危继绝者，未尝有也。故国不务大，而务得民心；佐不务多，而务得贤俊。得民心者民往之，有贤佐者士归之。文王请除炮烙之刑[14]，而殷民从；汤去张网者之三面[15]，而夏民从；越王不隳旧冢[16]，而吴人服；以其所为之顺于民心也。故声同，则处异而相应；德合，则未见而相亲。贤者立于本朝，则天下之豪相率而趋之矣。何以知其然也？曰：管仲，桓公之贼也[17]，鲍叔以为贤于己而进之为相，七十言而说乃听，遂使桓公除报雠之心而委国政焉。桓公垂拱无事而朝诸侯，鲍叔之力也。管仲之所以能北走桓公[18]，无自危之心者，同声于鲍叔也。纣杀王子比干，箕子被发而佯狂[19]；陈灵公杀泄冶[20]，而邓元去陈[21]；自是之后，殷兼于周，陈亡于楚，以其杀比干、泄冶，而失箕子与邓元也。燕昭王得郭隗，而邹衍、乐毅以齐、赵至[22]，苏子、屈景以周楚至[23]，于是举兵而攻齐，栖闵王于莒[24]。燕校地计众[25]，非与齐钧也[26]，然所以能信意至于此者[27]，由得士也。故无常安之国，无恒治之民，得贤者则安昌，失之者则危亡，自古及今，未有不然者也。明镜所以照形也，往古所以知今也。夫知恶往古之所以危亡，而不务袭迹于其所以安昌[28]，则未有异乎却走而求逮前人也。太公知之，故举微子之后[29]，而封比干之墓[30]，夫圣人之于死尚如是其厚也，况当世而生存者乎？则其弗失可识矣。

【注释】

[1] 阖庐:春秋时吴国国君,姬姓,名光,号阖庐(一作"阖闾"),吴王诸樊之子。杀吴王僚即位,重用楚逃亡之臣伍子胥,屡胜楚军,攻破楚都,一度成为春秋霸主。后与越王勾践作战受重伤而死。公元前 514 年至前 496 年在位。

[2] 夫差:春秋时吴国国君,阖庐之子。父死即位,志在复仇,大败越军。不听伍子胥忠告,接受越王求和,终被越王打败,自杀。公元前 495 年至前 473 年在位。见禽:被擒。禽,同"擒"。

[3] 厉公以见弑于匠丽之宫:厉公,春秋时晋国国君。晋景公之子,名寿曼。专横骄奢,后被大臣杀死。匠丽,厉公宠臣。《左传·成公十八年》载,厉公在匠丽氏宫中游玩,被栾书、中行偃捕杀。公元前 580 年至前 573 年在位。

[4] 威王:即齐威王,名因齐,田齐桓公之子。战国时齐国国君,重用邹忌、田忌、孙膑,进行改革,国势强盛。公元前 356 年至前 320 年在位。

[5] 湣王:战国时齐国国君,田氏,名地,齐宣王之子。《战国策·楚策》载,湣王重用楚人淖齿为相,乱齐国之政,湣王被吊在祖庙梁上抽筋而死。公元前 300 年至前 284 年在位。

[6] 望夷:即望夷宫,秦二世的别宫,在今陕西泾阳县东南。秦二世三年,赵高劫杀秦二世胡亥于望夷宫。

[7] 赵武灵王年五十而饿死于沙丘:赵武灵王,战国时赵国国君。名雍,公元前 325 年至前 299 年在位。沙丘,赵王别宫,在今河北广宗县境内。公元前 295 年,公子章争位作乱,被已经立为王的公子何派公子成和李兑率军杀死在沙丘宫。赵武灵王被困于宫中三个月,饿死在宫中。李兑,战国时赵国大臣。

[8] 竖刁、易牙:齐桓公的两个宠臣。管仲死后,竖刁、易牙和开方专权。诸子争立,竖刁和易牙诛杀群臣,桓公尸体不葬,尸虫流出户外。

[9] 公子无忌:战国时魏国宗室大臣,魏昭王少子,安厘王异母弟。名无忌,封信陵君,战国四君子之一。曾窃符救赵,留赵十余年。后归国为上将军,率五国之兵败秦军于河外,名声大振。后秦用反间计,被魏王夺兵权。从此称病不朝,卒于家中。

[10] 鄢陵任唐雎:鄢陵,战国时地名,又称安陵。在今河南鄢陵县西北。这里指的是安陵君,是魏襄王之弟的封号。唐雎,战国时魏国人。当

时齐、楚攻魏，魏求救于秦，秦不肯出兵。唐雎年九十，说服秦王，发兵救魏。

[11] 申包胥：见卷四立节·一[6]及卷十四至公·十二。

[12] 田单：战国时齐将。初为临淄市掾。后燕伐齐，连下七十二余城，唯莒、即墨不下。他率领族人据城抗燕，用火牛计大败燕军，迎立齐襄王，封为安平君。

[13] 襄王：即齐襄王。齐湣王之子，名法章，公元前283年至前265年在位。

[14] 文王请除炮烙之刑：《史记·周本纪》："西伯乃献洛西之地，以请纣去炮烙之刑，纣许之。"炮烙，即"炮格"，商纣王时一种酷刑。《史记·殷本纪》："于是纣乃重刑辟，有炮格之法。"《列女传·孽嬖传·殷纣妲己》："纣乃为炮烙之法，膏铜柱，下加之炭，令有罪者行焉，辄堕炭中，妲己笑。"

[15] 汤去张网者之三面：《史记·殷本纪》记载，商汤撤去打猎的三面围网，只留一面围网。诸侯闻之曰："汤德至矣，及禽兽。"意思是汤法令宽缓。

[16] 越王不隳旧冢：指越王勾践打败夫差后，让吴王祖坟继续享受祭祀的事情。隳，同"毁"。冢，坟墓。

[17] 贼：仇敌。

[18] 北走桓公：失败后投奔桓公。

[19] 箕子被(pī)发而佯狂：箕子，商朝贵族，纣王叔父，名胥余，受封于箕，故称。箕子曾劝谏纣王，不听，于是装疯避祸。

[20] 陈灵公杀泄冶：见卷一君道·四[1][2]。

[21] 邓元去陈：邓元，人名，生平不详。去陈，离开陈国。

[22] 燕昭王得郭隗，而邹衍、乐毅以齐、赵至：燕昭王、郭隗、邹衍、乐毅，见卷一君道·十八[13][14]。

[23] 苏子、屈景以周楚至：卷一君道·十八[12][15]。

[24] 栖闵王于莒：闵王，即齐湣王。乐毅率军伐齐，闵王逃至莒城。栖，居住。

[25] 校地计众：统计土地和人口。校，计算。

[26] 钧：同"均"。相等、相当。

[27] 信(shēn)意：实现自己的心愿。信，同"伸"，实现。

[28] 袭迹：沿袭他人的行迹，遵行前人的做法。

[29] 微子：商纣王庶兄，名启。封于微国，爵为子，故称。为纣王卿士，数谏纣王，不听。武王灭商，他肉袒面缚持祭器到武王军门请罪。武庚作乱后，以商嗣受封于宋，为春秋时宋国祖始。

[30] 封比干之墓：给比干坟上加土。比干，见卷四立节·一[10]。

【今译】

禹凭借夏朝而称王，桀依靠夏朝而灭亡；汤凭借商朝而称王，纣依靠商朝而灭亡。阖庐凭借吴国的强大打胜仗而无敌于天下，夫差却被越王所擒。晋文公依靠晋国称霸于诸侯，晋厉公却被杀死在匠丽氏宫中；齐威王依靠齐国成为天下的强国，齐湣王却落得个在祖庙梁上抽筋而死；秦穆公依靠秦国名号显赫尊贵，秦二世却落得个身死望夷宫。他们同样都是君王，但成就的功业不同，这是因为用人不同啊。所以周成王身在襁褓之中的时候就使得诸侯来朝觐，那是周公得到重用的缘故；赵武灵王五十岁就饿死在沙丘宫中，那是因为重用了李兑的缘故。桓公得到了管仲的辅佐，多次会合诸侯，匡正天下；失掉了管仲后，重用竖刁、易牙，导致自己死后不能埋葬，被天下人耻笑。同一个人，尊荣和耻辱都遇上了，原因在于用人啊。所以魏国有了公子无忌后，失去的土地重新收复；赵国重用蔺相如后，秦国军队不敢入侵赵国；安陵君重用唐雎后，国家得以独立；楚国重用申包胥后，出逃的楚昭王返国复位；齐国重用了田单，齐襄王才拥有了国家。由此看来，国家如果没有贤才俊杰，却能够建立功业树立美名、安邦定国的，从来没有这样的事情。所以国家不在大，在于得民心；佐臣不在多，在于能得到贤臣。得民心的百姓就顺从他，有贤人辅佐的士人就归附他。周文王请求解除炮烙酷刑，商朝的百姓就顺从他；商汤撤掉三面的围网，夏朝的百姓就顺从他；越王不毁掉吴王的祖坟，吴国百姓就臣服；因为他们的行为顺乎民心啊。所以声音相同，那么即便处在不同的地方也能呼应；道德观念相同的人，即使不见面也能彼此感到亲切。贤能之人在朝廷得到重用，那么天下的英杰就会争相而来。凭什么知道这样呢？回答是：管仲本来是桓公的仇人，鲍叔牙认为他比自己贤能于是就推荐他做国相，说了七十次才被桓公接受，于是使得桓公消除了报仇的心理，而把国家重任交给了他。桓公垂拱而治，使得诸侯来朝见，这是鲍叔牙的功劳。管仲之所以能够失败后投奔桓公，不必为自己的安危担心，是因为与鲍叔牙同声相应。商纣王杀死了王子比干，箕子披头散发假装疯狂；陈灵公杀死了泄冶，邓元离开了陈国；从这以后，商被周吞并，陈被楚灭亡，因为他们杀死了比干、泄冶，失去了箕子和陈元。燕昭王重用了郭隗，邹衍、乐毅分别从齐国、赵国来到燕国，苏秦、屈景分别从东周、楚国来到燕国，于是兴师进攻齐国，迫使齐闵王逃到莒地避难。燕国的土地和人口，与齐国不相当，但是燕国之所以能够在这方面实现自己的愿望，是由于得到了贤士辅佐。所以，没有永久安定的国家，没有永久安顺的百姓。重用贤者国家就安定、昌盛，失掉贤者国家就危险、灭亡。从古到今，没有不是这样的。明镜能够照出人的形貌，借鉴古代能够得益于今天。人们知道厌恶古代那些导致危亡的事情，却不致力于学习使国家安定昌盛的做法，那么这与倒退着往后跑却想要赶上前面的人没有什么区别。姜太公明白此理，所以举用微子的后代，加封比干的坟墓。圣贤之人对于已经死去的人尚且如此厚待，何况那些当今活着的贤士呢？那么不能失去这些贤士的道理是可以知道的了。

六

齐景公问于孔子曰[1]：“秦穆公其国小[2]，处僻而霸，何也？”对曰：“其国小而志大，虽处僻而其政中[3]。其举果，其谋和，其令不偷。亲举五羖大夫于系缧之中[4]，与之语三日而授之政。以此取之，虽王可也[5]，霸则小矣[6]。”

【注释】

[1] 齐景公：见卷一君道·十七[1]。

[2] 秦穆公:见卷二臣术·九[1]。
[3] 政中:执政适当。中,适当。
[4] 亲举五羖(gǔ)大夫于系缧(xì léi)之中:五羖大夫,即百里奚,参见卷二臣术·九[2]。系缧,捆绑,拘囚。
[5] 王(wàng):成就王业。以道德行仁义使天下归顺者为王业,也叫"王道"。
[6] 霸:成就霸业。以武力征服天下者为霸业,也叫"霸道"。

【今译】

齐景公向孔子请教说:"秦穆公的国家小,地处偏僻却成就了霸业,什么原因呢?"孔子回答说:"他国家小但是志向远大,地处偏僻然而执政适当。他举动果断,谋略恰到好处,执行政令不苟且。他能够亲自把百里奚从拘囚中选拔出来,和他交谈三天就把国政交给了他。用这样的办法治理天下,即便成就王业也是可以的,成就霸业算是小的了。"

七

或曰:"将谓桓公仁义乎?杀兄而立[1],非仁义也;将谓桓公恭俭乎?与妇人同舆驰于邑中,非恭俭也;将谓桓公清洁乎?闺门之内,无可嫁者[2],非清洁也。此三者,亡国失君之行也[3],然而桓公兼有之。以得管仲、隰朋,九合诸侯,一匡天下,毕朝周室,为五霸长,以其得贤佐也。失管仲、隰朋,任竖刁、易牙,身死不葬,虫流出户。一人之身,荣辱俱施者,何者?其所任异也。由此观之,则士佐急矣。"

【注释】

[1] 杀兄而立:兄,指公子纠,与公子小白(桓公)争位,失败,奔鲁。桓公即位后胁迫鲁国杀死公子纠。
[2] 闺门之内,无可嫁者:桓公生活荒淫,淫于诸姑姊妹,使她们无法出嫁。

[3] 失：通“佚”，放纵。

【今译】

有人说：“要说桓公仁义嘛，他杀死兄长继承了君位，不算是仁义之君；要说桓公恭敬俭约嘛，他和妇人同乘一车在城中趋驰，不算是恭敬俭约之君；要说桓公私生活清白嘛，他的后宫之内无可嫁的女子，不算是清白之君。这三个方面，是亡国之君的行为，然而桓公全都占了。但是桓公重用贤臣管仲、隰朋，多次会合诸侯，匡正天下，使诸侯都来朝见周天子，成为五霸之首，是因为得到了贤良之人的辅佐。后来桓公失去了管仲、隰朋，重用竖刁、易牙，导致自己死后不能埋葬，尸虫流出门外。同一个人，尊荣和耻辱都遇上了，为什么呢？他重用的人不同啊。由此看来，重用贤臣是很迫切的事情了。”

八

周公旦白屋之士所下者七十人[1]，而天下之士皆至；晏子所与同衣食者百人，而天下之士亦至；仲尼修道行，理文章，而天下之士亦至矣。伯牙子鼓琴[2]，钟子期听之[3]。方鼓而志在太山[4]，钟子期曰：“善哉乎鼓琴！巍巍乎若太山。”少选之间，而志在流水，钟子期复曰：“善哉乎鼓琴！汤汤乎若流水[5]。”钟子期死，伯牙破琴绝弦，终身不复鼓琴，以为世无足为鼓琴者。非独鼓琴若此也，贤者亦然。虽有贤者，而无以接之，贤者奚由尽忠哉？骥不自至千里者，待伯乐而后至也[6]。

【注释】

[1] 周公旦白屋之士所下者七十人：周公旦，见卷一君道・七[1]。白屋，平民，多指没有做官的读书人。下，谦恭待人。

[2] 伯牙子：即俞伯牙，相传为春秋时人，善弹琴。
[3] 钟子期：伯牙的知音。
[4] 太山：高山。太，大。
[5] 汤汤(shāng shāng)：水势浩大。
[6] 伯乐：春秋秦穆公时人，以善相马著称。

【今译】

周公旦以礼相待的贫贱之士有七十人，天下的士人闻风而至；晏子用同自己衣食一样的待遇对待的士人有上百个，天下的士人也闻风而至；孔子修养德行，治理文献、礼乐，天下的士人也闻风而至。俞伯牙弹琴，钟子期倾听，刚弹奏表现高山的乐曲，钟子期说："弹得好啊！我好像看见巍峨的高山。"一会儿，俞伯牙弹奏表现流水的乐曲，钟子期又说："弹得好啊！我好像看见浩浩汤汤的流水。"钟子期死后，俞伯牙摔琴断弦，终身不再弹琴，他认为世上没有值得为之弹奏的人了。不仅弹琴是这样，对待贤能之士也是如此。虽有贤能之士，但是如果君主不能礼贤下士，贤能之士又怎么会尽忠呢？良马不能自行千里，须等待会相马的人发现它然后才能到达千里。

九

周威公问于宁子曰[1]："取士有道乎？"对曰："有。穷者达之，亡者存之，废者起之，四方之士则四面而至矣。穷者不达，亡者不存，废者不起，四方之士则四面而畔矣[2]。夫城固不能自守，兵利不能自保，得士而失之，必有其间[3]。夫士存则君尊，士亡则君卑。"周威公曰："士壹至如此乎[4]？"对曰："君不闻夫楚乎[5]？王有士曰楚傒胥、丘负客[6]，王将杀之，出亡之晋，晋人用之，是为城濮之战[7]。又有士曰苗贲皇[8]，王将杀之，出亡走晋，晋人用之，是为鄢陵之战[9]。又有士曰上解于[10]，王将杀之，出亡走晋，晋人用之，是为两堂之战[11]。又有士曰伍子胥[12]，王杀其父兄，出亡走吴，阖闾[13]用之，于是兴师而袭郢[14]。故楚之大得罪于梁、郑、宋、卫之君，犹未遽[15]至于此也，此四得罪于其士，三暴[16]其民骨，一亡其国。由是观之，士存则国存，士亡则国亡。子胥怒而亡之，申包胥[17]怒而存之，士胡[18]可无贵乎！”

【注释】

[1] 周威公问于宁子：周威公，见卷三建本·十九[3]。宁子，即宁越，见卷三建本·十九[1]。

[2] 畔：同“叛”。

[3] 间(jiàn)：失误。

[4] 壹：竟然。

[5] 君不闻夫楚乎：“乎”原误作“平”。据《说苑校证》改。

[6] 楚傒胥、丘负客：人名，不详。

[7] 城濮之战：中国历史上著名战例。《左传·僖公二十八年》载，晋文公与楚成王战于城濮(今山东鄄城西南)，晋国大胜，晋文公从此成为霸主。但未提及楚傒胥、丘负客二人。

[8] 苗贲皇：春秋时楚国人。楚令尹斗椒之子。椒因罪被杀，苗贲皇奔晋。晋人与之苗邑，故称苗氏。鄢陵之战，他向晋厉公献计，大败楚军。

[9] 鄢陵之战：《左传·成公十六年》载，晋厉公与楚共王战于鄢陵(今河南鄢陵西北)，楚大败。

[10] 上解于：人名，不详。

[11] 两堂之战：两堂，即“两棠”，地名，即邲(bì)，在今河南郑州市西北。《左传·宣公十二年》载，晋、楚战于邲，楚胜晋败。向宗鲁《说苑校证》认为：“惟此非宣十二年事，彼则楚庄胜晋，此则所载皆楚败事……又此叙在鄢陵之战后，则事在恭王后，或晋楚两战于邲也。”

[12] 伍子胥：春秋时楚国人，名员。其父、兄伍奢、伍尚被楚平王杀害，遂逃吴。在吴国，他向公子光推荐刺客专诸，杀掉了吴王僚，助公子光登上王位，即吴王阖闾。后佐吴伐楚，攻破郢都。时楚平王已死，他

掘平王墓,鞭尸三百。后因反对吴王夫差许越求和,又反对吴王伐齐,夫差听信太宰伯嚭谗言,逼其自杀。

[13] 阖闾:即"阖庐",见本卷·五[1]。

[14] 郢(yǐng):楚国都城。在今湖北省江陵北。

[15] 遽(jù):迅速。

[16] 暴(pù):曝露。

[17] 申包胥:见卷四立节·一[6]及卷十四·十二。

[18] 胡:怎么。

【今译】

周威公问宁越:"招揽贤士有好办法吗?"宁越回答:"有。让穷困的贤士显达,让逃亡的贤士生存,让废黜的贤士东山再起,这样各地的贤士就会从四面八方到来。不让穷困的贤士显达,不让逃亡的贤士生存,不让废黜的贤士东山再起,天下的贤士就会向四面八方叛逃而去。城池坚固却不能坚守,兵器锋利却不能自保,得到贤士又失去,这其中必然有失误。贤士在君王就尊显,贤士不在君王就卑微。"周威公说:"贤士竟然重要到这样的程度吗?"宁越回答说:"大王难道没有听说过楚国的事情吗?楚王有贤士叫楚傒胥、丘负客,楚王将要杀掉他们,他们逃到了晋国,晋文公重用他们打败了楚国,这就是城濮之战。又有个贤士叫苗贲皇,楚王将要杀掉他,他逃到晋国,晋厉公重用他打败了楚国,这就是鄢陵之战。有个贤士叫上解于,楚王将要杀掉他,他逃到晋国,晋君重用他打败了楚国,这就是两堂之战。有个贤士叫伍子胥,楚平王杀死了他的父兄,他逃到吴国,吴王阖闾重用他,于是起兵攻破了楚都郢。所以即使楚国大大得罪了梁、郑、宋、卫的国君,还不至于一下子就到这种地步。这四次得罪了他的贤士,结果三次使得百姓曝露尸骨,一次丢失了国都。由此看来,贤士在国家就在,贤士不在国家就要灭亡。伍子胥一怒之下灭了楚国都城,申包胥一怒之下保存了楚国,怎么可以不尊贵贤士呢?"

十

哀公问于孔子曰[1]:“人若何而可取也?”孔子对曰:“毋取拑者[2],毋取健者[3],毋取口锐者[4]。”哀公曰:“何谓也?”孔子曰:“拑者大给利[5],不可尽用;健者必欲兼人,不可以为法也;口锐者多诞而寡信,后恐不验也。夫弓矢和调而后求其中焉[6];马悫愿顺[7],然后求其良材焉;人必忠信重厚,然后求其知能焉。今人有不忠信重厚而多知能,如此人者,譬犹豺狼与[8],不可以身近也。是故先其仁信之诚者,然后亲之;于是有知能者,然后任之。故曰:亲仁而使能。夫取人之术也,观其言而察其行。夫言者所以抒其匈而发其情者也[9]。能行之士,必能言之。是故先观其言而揆其行[10],夫以言揆其行,虽有奸轨之人[11],无以逃其情矣。”哀公曰:“善。”

【注释】

[1] 哀公:见卷一君道·五[1]。

[2] 拑(qián):挟制。

[3] 健:争强好胜。

[4] 口锐:能说会道。

[5] 拑者大给利:挟制别人的人急于获得利益。大,通“太”。

[6] 和调(tiáo):调和,协调。

[7] 马悫(què)愿顺:悫愿,谨慎老实。顺,驯服。本句疑有缺字。

[8] 与:《荀子·哀公》作“也”。

[9] 匈:同“胸”。

[10] 揆(kuí):考察。

[11] 奸轨:即“奸宄”,犯法作乱。

【今译】

鲁哀公问孔子："什么样的人才能选用呢？"孔子回答："不要选用挟制别人的人，不要选用争强好胜的人，不要选用能说会道的人。"鲁哀公问："这是什么意思？"孔子说："挟制别人的人急于获得利益，不能完全信用他；争强好胜的人喜欢超过别人，不能效法他；能说会道的人说大话少信用，恐怕以后不会兑现。弓箭要协调好，然后才能要求它射中靶子；马要老实驯服，然后才能要求它是良马；人必须忠厚信用，然后才能要求他富有智慧和才能。如果人不忠厚信用，却多智慧和才能，像这样的人，就好比是豺狼一样，不能靠近他。所以考察人先要断定他是仁厚信用的诚实之人，然后亲近他；如果是有智慧才能的人，然后重用他。所以说，要亲近仁厚之人并重用有才能的人。选用人才的方法，要看他说什么和做什么。言论是用来抒发内心情感的。能做事的人，一定能表达出来，所以要先考察他的言论再考察他的行为。用他的言论来考察他的行为，即使是犯法作乱的人，也无法掩饰他的真情。"哀公说："好。"

十一

周公摄天子位七年[1]，布衣之士执贽所师见者十二人[2]，穷巷白屋所见者四十九人，时进善者百人[3]，教士者千人[4]，官朝者万人[5]。当此之时，诚使周公骄而且悋[6]，则天下贤士至者寡矣。苟有至者，则必贪而尸禄者也。尸禄之臣，不能存君矣。

【注释】

[1] 周公摄天子位七年：参见卷一君道・七[1]。摄，代理。

[2] 贽：初见尊长所送的礼物。

[3] 时进善：按时举荐贤才。

[4] 教士：本指平时受过训练的士兵，这里指受过周公教化的士人。

[5] 官朝者:在朝廷做官的。
[6] 悋(lìn):同“吝”。

【今译】

周公代理天子执政有七年,平民百姓中被周公当作老师一样执礼相见的有十二个,贫穷百姓中被周公接见的有四十九人,得到周公按时举荐的贤才有百人,受过周公教化的士有千人,在朝廷做官的有万人。就在那个时候,如果周公傲慢而且吝啬,那么天下前来投奔的贤士就很少。即便有来投奔的,也只能是一些贪婪并尸位素餐的人。空拿俸禄无实干精神的人,不能够保全国君。

十二

齐桓公设庭燎[1],为士之欲造见者[2],期年而士不至。于是东野鄙人有以九九之术见者[3]。桓公曰:“九九何足以见乎?”鄙人对曰:“臣非以九九为足以见也,臣闻主君设庭燎以待士,期年而士不至。夫士之所以不至者,君天下贤君也;四方之士皆自以论而不及君[4],故不至也。夫九九薄能耳,而君犹礼之,况贤于九九乎?夫太山不辞壤石,江海不逆小流,所以成大也,《诗》云:‘先民有言,询于刍荛[5]。’言博谋也。”桓公曰:“善。”乃因礼之。期月,四方之士,相携而并至,《诗》曰:“自堂徂基,自羊徂牛[6]。”言以内及外,以小及大也。

【注释】

[1] 庭燎:古代庭中照明用的火炬。燎,火炬。齐桓公,见卷一君道·十六[1]。
[2] 造见:拜见。造,到。
[3] “东野”句:东野,地名。九九之术,即九九乘法。这是我国对九九乘法

口诀较早的记载。《管子·轻重戊》中有更早的记载:“(伏羲)作九九之数以合天道。”

[4] 皆自以论而(néng)不及君:“自以论”即“自以为”。“而”通“能”,才能。

[5] 先民有言,询于刍荛:古人曾经有句话,有事请教割草打柴人。刍,割草。荛,打柴。语出《诗经·大雅·板》。

[6] 自堂徂(cú)基,自羊徂牛:从堂到阶都查过,从羊到牛查牺牲。徂,往。基,台阶。语出《诗经·周颂·丝衣》。

【今译】

齐桓公在庭院中布置了火炬,为了方便那些想要来求见的人,但是满一年了一个士人也没有来。这时齐国东野有个乡下人以九九乘法口诀来求见。桓公说:“九九乘法口诀也值得拿来求见吗?”乡下人说:“我不认为九九乘法口诀值得拿来求见,我听说君王在庭院中布置了火炬来接待士人,整整一年了却无一个士人前来;士人之所以不来,是因为君王您是天下的贤君,天下的士人,都自以为才能不如君王,所以无士人前来。九九乘法口诀是雕虫小技,君王尚且能够以礼相待,何况那些比九九乘法口诀高明的呢?高山不嫌弃一土一石,江海不拒纳潺潺小溪,所以才能形成大山大水。《诗经》上说:‘古人曾经有句话,有事请教割草打柴人。’说的就是要广泛采纳。”桓公说:“说得好。”于是就对他以礼相待。一个月后,天下的士人都随之而来。《诗经》上说:“从堂到阶都查过,从羊到牛查牺牲。”说的就是从内到外、从小到大的道理啊。

十三

齐景公伐宋[1],至于歧堤之上[2],登高以望,太息而叹曰:“昔我先君桓公[3],长毂八百乘以霸诸侯[4],今我长毂三千乘,而不敢久处于此者,岂其无管仲欤?”弦章对曰[5]:“臣闻之:‘水广则鱼大,君明则臣忠。’昔有桓公,故有管仲;令桓公在此[6],则车下之臣尽管仲也。”

【注释】

[1] 齐景公:见卷一君道·十七[1]。
[2] 歧堤(dī):地名。
[3] 桓公:见卷一君道·十六[1]。
[4] 长毂(gǔ):兵车,车毂较长,用于撞击敌人。
[5] 弦章:齐景公的贤臣。
[6] 令:假如。

【今译】

齐景公攻打宋国,来到歧堤上面,登高远望,长叹一声:“过去先王桓公,只有战车八百辆就称霸诸侯;现在我有战车三千辆,却不敢长久停留在此地,难道是缺少管仲那样的贤臣吗?”弦章回答说:“我听说这样的话:‘水域广阔鱼就长得巨大,君王贤明臣子就忠诚。’过去有桓公那样的明君,所以才有管仲那样的贤臣;假如桓公在这里,那么车下的群臣就都会是管仲了。”

十四

赵简子游于河而乐之[1],叹曰:“安得贤士而与处焉!”舟人古乘跪而对曰[2]:“夫珠玉无足,去此数千里而所以能来者,人好之也。今士有足而不来者,此是吾君不好之乎?”赵简子曰:“吾门左右客千人,朝食不足,暮收市征[3];暮食不足,朝收市征。吾尚可谓不好士乎?”舟人古乘对曰:“鸿鹄高飞远翔,其所恃者六翮也[4]。背上之毛,腹下之毳[5],无尺寸之数[6],去之满把,飞不能为之益卑;益之满把,飞不能为之益高。不知门下左右客千人者,有六翮之用乎?将尽毛毳也[7]。”

【注释】

[1] 赵简子游于河而乐之：赵简子，见卷一君道·三十三[1]，《韩诗外传》卷六之二十七作“晋平公游于河而乐”。

[2] 古乘：人名。《韩诗外传》作“盍胥”，《新序·杂事一》作“固桑”。

[3] 朝食不足，暮收市征：早饭供给不够，晚上就去市场收税。征，赋税。

[4] 六翮(hé)：鸟翅上六根大羽毛。

[5] 毳(cuì)：绒毛。

[6] 无尺寸之数：《韩诗外传》作“背上之毛，腹下之毳，益一把，飞不为加高，损一把，飞不为加下。”《新序》作“夫腹下之毳，背上之毛，增去一把，飞不为高下。”皆无此句。据上下文意，可译为“不可胜数”。

[7] 将：还是。

【今译】

赵简子在西河游玩而感到高兴，叹息说：“怎么才能得到贤士与他共同游玩呢？”船夫古乘跪着回答说：“珍珠、宝玉没有腿脚，距离这里数千里却能够到来，是因为人们喜欢它。现在贤士有腿脚却不能前来，是君王不喜欢贤士吧？”赵简子说：“我有门客千人，早饭供给不够，晚上就去市场收税；晚饭供给不够，早上就去市场收税。像我这样还能说不喜欢贤士吗？”船夫古乘回答说：“鸿鹄高飞远翔，它所凭借的是翅膀上的六根大羽毛。它背上的毛，腹部的绒毛，不可胜数，去掉一大把，它不会因此飞得比原来低，增加一大把，它不会因此飞得比原来高。不知您千名门客，是六翮这样的人才呢，还是些绒毛式的庸人呢？”

十五

齐宣王坐[1]，淳于髡侍[2]。宣王曰：“先生论寡人何好？”淳于髡曰：“古者所好四，而王所好三焉。”宣王曰：“古者所好，何与寡人所好[3]？”淳于髡曰：“古者好马，王亦好马；古者好味，王亦好味；古者好色，王亦好色；古者好士，王独不好士。”宣王曰：“国无士耳，有则寡人亦说之矣[4]。”淳于髡曰：“古者骅骝、骐骥[5]，今无有，王选于众，王好马矣；古者有豹、象之胎，今无有，王选于众，王好味矣；古者有毛廧、西施[6]，今无有，王选于众，王好色矣。王必将待尧、舜、禹、汤之士而后好，则尧、舜、禹、汤之士亦不好王矣。”宣王嘿然无以应[7]。

【注释】

[1] 齐宣王：见卷一君道・二[1]。
[2] 淳于髡：见卷六复恩・二十一[2]。
[3] 何与：与……相比怎么样。
[4] 说（yuè）：喜欢。
[5] 骅骝、骐骥：皆指良马。
[6] 毛廧、西施：古代美女名。毛廧，即女嫱。
[7] 嘿然：默然。“嘿”同“默”。

【今译】

齐宣王闲坐，淳于髡陪侍。宣王说：“先生评论一下我爱好什么？”淳于髡说：“古人有四种爱好，君王有三种爱好。”宣王说：“古人的爱好，与我相比怎么样呢？”淳于髡说：“古人喜欢宝马，君王也喜欢宝马；古人喜欢美味，君王也喜欢美味；古人喜欢美色，君王也喜欢美色；古人喜欢贤士，君王惟独不喜欢贤士。”宣王说：“国家没有贤士，如果有贤士的话我会喜欢的。”淳于髡说：“古代有骅骝、骐骥这样的宝马，如果您没有，君王就从众多的马中挑选，所以说君王喜欢宝马；古代有用豹、象的胎儿做成的美食，如果您没有，君王就从众多的豹、象中挑选，所以说君王是喜欢美味的；古代有毛廧、西施这样的美色，如果您没有，君王就在众多的美女中挑选，所以说君王喜欢美色。君王一定要等待尧、舜、禹、汤一样的贤士来到才喜欢的话，那么尧、舜、禹、汤一样的贤士却不会喜欢君王您啦。”宣王默然不回答。

十六

卫君问于田让曰[1]:"寡人封侯尽千里之地,赏赐尽御府缯帛,而士不至,何也?"田让对曰:"君之赏赐,不可以功及也;君之诛罚,不可以理避也[2]。犹举杖而呼狗,张弓而祝鸡矣[3];虽有香饵而不能致者,害之必也。"

【注释】

[1] 卫君问于田让:卫君,卫国国君,事迹不详。田让,人名,事迹不详。
[2] 以理避:凭借公正的理由得到赦免。
[3] 祝鸡:唤鸡。祝,同"喌"(zhōu),唤鸡声。

【今译】

卫君问田让:"我用尽千里之地来封侯,用尽朝廷府库中的丝织品来赏赐,可是士人不来,为什么?"田让回答说:"君王的赏赐,不能凭借功勋得到;君王的诛罚,不能凭借公正理由得到赦免。这就好比举着木棍来唤狗,张开弓箭来唤鸡,虽然有香喷喷的诱饵却不能使鸡狗前来,受到伤害是必然的。"

十七

宗卫相齐[1],遇逐,罢归舍,召门尉田饶等二十有七人而问焉[2],曰:"士大夫谁能与我赴诸侯者乎?"田饶等皆伏而不对。宗卫曰:"何士大夫之易得而难用也!"饶对曰:"非士大夫之难用也,是君不能用也。"宗卫曰:"不能用士大夫何若?"田饶对曰:"厨中有臭肉,则门下无死士。今夫三升之稷不足于士;而君雁鹜有余粟[3]。纨素绮绣，靡丽堂楯[4]，从风雨弊，而士曾不得以缘衣[5]；果园梨栗，后宫妇人摭以相擿[6]，而士曾不得一尝。且夫财者，君之所轻也；死者，士之所重也。君不能用所轻之财，而欲使士致所重之死，岂不难乎哉？"于是宗卫面有惭色，逡巡避席而谢曰："此卫之过也。"

【注释】

[1] 宗卫：人名。不详。
[2] 田饶：人名。不详。
[3] 雁鹜：大雁和野鸭。
[4] 楯（shǔn）：栏杆上的横木。
[5] 缘衣：边缘带装饰的衣服。
[6] 摭（zhí）以相擿（zhì）：拾取并互相投掷嬉戏。摭，拾取。擿，投掷。

【今译】

宗卫做齐国的相，遭到斥退，罢官回家，召集守门将尉田饶等二十七人问他们："你们谁愿意和我投奔诸侯？"田饶等人都伏在地上不回答。宗卫说："为什么得到士人容易而使用困难呢？"田饶回答说："不是士人使用困难，是您不知重用。"宗卫说："怎么能说我不能重用士人呢？"田饶回答说："厨房中有放臭了的肉，就不会有不怕死的勇士。如今连三斗粮食都不能满足士人，而您的大雁和野鸭却有余粮；您的宫室用洁白精致的细绢、花纹美丽的丝织品装饰，就连堂上栏杆的横木都装饰豪华，任凭风吹雨打，可是士人竟然连边缘带装饰的衣服都得不到；您的果园里种着梨树栗子，后宫的妇人随意拾取并互相投掷嬉戏，可士人竟然连尝一口都不能。财物，是您所不看重的；死亡，是士人所看重的。您不能用不看重的财物去赏赐士人，却想要士人奉献出他们所看重的生命，难道不是困难的事情吗？"这时宗卫流露出惭愧的颜色，后退两步道歉说："这是我的过错。"

十八

鲁哀公问于孔子曰[1]:“当今之时,君子谁贤[2]?”对曰:“卫灵公[3]。”公曰:“吾闻之,其闺门之内,姑、姊、妹无别[4]。”对曰:“臣观于朝廷,未观于堂陛之间也[5]。灵公之弟曰公子渠牟,其知足以治千乘之国,其信足以守之,而灵公爱之。又有士曰王林,国有贤人,必进而任之,无不达也;不能达,退而与分其禄。而灵公尊之。又有士曰庆足,国有大事,则进而治之,无不济也,而灵公说之。史鳝去卫[6],灵公邸舍三月[7],琴瑟不御[8],待史鳝之入也而后入,臣是以知其贤也。”

【注释】

[1] 鲁哀公:见卷一君道·五[1]。
[2] 君子:“子”为衍文。《孔子家语·贤君》无“子”。
[3] 卫灵公:见卷七政理·五[1]。
[4] 闺门之内,姑、姊、妹无别:指卫灵公与姑、姊、妹淫乱。
[5] 堂陛(bì):宫殿和台阶。陛,指帝王宫殿的台阶。
[6] 史鳝(qiū):见卷二臣术·二十一[1]。
[7] 邸舍:住进旅馆。
[8] 御:弹奏。

【今译】

鲁哀公问孔子:“当今哪个君主最贤明?”孔子回答:“卫灵公。”鲁哀公说:“我听说,卫灵公在后宫之内,与姑、姊、妹淫乱。”孔子说:“我看的是朝廷上的公事,没有看他后宫的私事。卫灵公的弟弟叫公子渠牟,他的智慧足以能够用来治理有千辆战车的大国,他的信义足以用来守护国家,灵公很欣赏他。有个贤士叫王林,国内有贤能之人，他一定推荐给灵公重用，没有不被重用的；如果不能重用，他就把自己的俸禄分给那人。灵公很尊重他。还有个贤士叫庆足，国家有重大事情，他就得到重用去办理，没有不成功的，灵公很喜欢他。史鳝离开卫国，灵公住进旅馆，三个月不弹奏音乐，等史鳝回朝之后才回到王宫居住。我由此知道他贤明。"

十九

介子推行年十五而相荆[1]。仲尼闻之，使人往视。还曰："廊下有二十五俊士，堂上有二十五老人。"仲尼曰："合二十五人之智，智于汤、武；并二十五人之力，力于彭祖[2]。以治天下，其固免矣乎[3]！"

【注释】

[1] 介子推：《孔子家语·六本》作"荆公子"。史书无介子推相荆的记载。

[2] 彭祖：传说中远古时人，姓篯（jiān）名铿，颛顼玄孙陆终氏第三子，自尧时举用，历夏至商末，活了八百余岁。常食桂芝，善导引行气。封于彭城，故称彭祖。文献上并无彭祖力大的记载。

[3] 固免：一定免于患难。

【今译】

介子推十五岁就做了楚国国相。孔子听说这件事，就派人前去观察。派去的人回来说："介子推的走廊下面有二十五个才智出众的人，厅堂之上有二十五个年老的人。"孔子说："集中二十五个人的智慧，就胜过了商汤、周武的智慧；集中二十五个人的力量，就胜过彭祖的力量。以此来治理天下，那一定免于患难。"

二十

孔子闲居，喟然而叹曰："铜鞮伯华而无死[1]，天下其有定矣。"

子路曰："愿闻其为人也何若？"孔子曰："其幼也，敏而好学；其壮也，有勇而不屈；其老也，有道而能以下人。"子路曰："其幼也，敏而好学则可；其壮也，有勇而不屈则可；夫有道又谁下哉？"孔子曰："由不知也。吾闻之，以众攻寡而无不消也；以贵下贱无不得也。昔者，周公旦制天下之政，而下士七十人[2]，岂无道哉？欲得士之故也。夫有道而能下于天下之士，君子乎哉！"

【注释】

[1] 铜鞮（dī）伯华而无死：铜鞮伯华，春秋时晋人，名赤，字伯华，封邑在铜鞮（春秋晋邑，今山西沁县南），故称。早于孔子，孔子甚称其贤。而无死，假如不死。而，假如，如果。

[2] 下士七十人：参见本卷八[1]。

【今译】

孔子闲居在家，叹息说："假如铜鞮伯华还活着，天下就会安定了！"子路说："铜鞮伯华是个什么样的人呢？"孔子说："他少年的时候，聪明而且好学；他壮年的时候，勇敢而且不屈；他老年的时候，坚守道义而且谦恭待人。"子路说："少年时候聪明好学是对的，壮年时勇敢不屈是对的，老年时坚守道义的人还向谁谦恭呢？"孔子说："你不明白。我听说，人多势众攻击势单力薄，没有不成功的；以高贵的身份谦恭地对待地位低下的人，没有不得人心的。以前周公统治天下的时候，谦恭地礼遇七十士人，难道他没有道义吗？那是因为想要得到贤士啊。有道又能礼遇天下贤士的人，是真正的君子啊！"

二十一

魏文侯从中山奔命安邑[1]，田子方后[2]。太子击遇之[3]，下车而趋，子方坐乘如故，告太子曰："为我请君，待我朝歌[4]。"太子不说[5]，因为子方曰："不识贫穷者骄人，富贵者骄人乎？"子方曰："贫穷者骄人。富贵者安敢骄人？人主骄人而亡其国，吾未见以国待亡者也；大夫骄人而亡其家，吾未见以家待亡者也。贫穷者若不得意，纳履而去[6]，安往不得贫穷乎？贫穷者骄人，富贵者安敢骄人？"太子及文侯，道田子方之语。文侯叹曰："微吾子之故[7]，吾安得闻贤人之言？吾下子方以行，得而友之。自吾友子方也，君臣益亲，百姓益附，吾是以得友士之功。我欲伐中山，吾以武下乐羊[8]，三年而中山为献于我，我是以得有武之功[9]。吾所以不少进于此者，吾未见以智骄我者也。若得以智骄我者，岂不及古之人乎？"

【注释】

[1] 魏文侯从中山奔命安邑：魏文侯，见卷一君道·三十六[2]。中山，见卷二臣术·五[10]。奔命，匆忙奔走。据《史记·魏世家》"子击逢文侯之师田子方于朝歌……田子方不为礼"的记载，此当为文侯伐中山返回路上发生的事。安邑，地名。战国初期，魏文侯与韩、赵三家分晋，都城安邑（在今山西夏县北）。

[2] 田子方：见卷二臣术·五[12]。

[3] 太子击：魏文侯之子，名击，立为太子，公元前395年即位，为魏武侯。

[4] 朝（zhāo）歌：地名。商代国都，旧址在今河南淇县。

[5] 说（yuè）：高兴，通"悦"。

[6] 纳履：穿上鞋子。

[7] 微：如果没有。

[8] 吾以武下乐羊：我自认为在军事方面不如乐羊而对他以礼相待。乐羊，见卷二臣术·五[10]。

[9] 有：此字误。当作"友"。

【今译】

魏文侯从中山国匆忙赶回安邑，田子方落在后边。太子击遇到田子方，便下车快步向他走来施礼，田子方坐在车上一动不动，对太子说："替我转告君王，在朝歌等我。"太子不高兴，就对田子方说："我不知道是贫穷的人傲慢，还是富贵的人傲慢呢？"田子方说："贫穷的人傲慢。富贵的人怎敢傲慢呢？君主傲慢就会失掉自己的国家，我没有见过拿自己的国家等待灭亡的；大夫傲慢就要亡家，我没有见过拿自己的家等待灭亡的。贫穷的人如果不顺心，穿上鞋子就离开，到哪里去不是贫穷呢？所以贫穷的人傲慢，富贵的人怎敢傲慢呢？"太子赶上了文侯的车马，转述了田子方刚才的话。魏文侯听了叹息说："如果不是你的缘故，我怎能听到圣贤的话呢！我自认为品行在田子方之下，所以与他为友；自从我与田子方为友之后，君、臣更加亲近，百姓更加亲附，我因此懂得了与士人为友的好处。我想要讨伐中山国，我自认为在军事方面在乐羊之下，所以与他为友，三年后乐羊把中山国攻下来献给了我，我因此懂得了与武士为友的好处。我之所以不能比现在有进步，是我还没有遇到凭智慧对我傲慢的人。若有凭智慧对我傲慢的人，难道我还不能赶上古人吗？"

二十二

晋文侯行地登隧[1]，大夫皆扶之，随会不扶[2]。文侯曰："会，夫为人臣而忍其君者，其罪奚如？"对曰："其罪重死[3]。"文侯曰："何谓'重死'？"对曰："身死，妻、子为戮焉。"随会曰："君奚独问为人臣忍其君者，而不问为人君而忍其臣者邪？"文侯曰："为人君而忍其臣者，其罪何如？"随会对曰："为人君而忍其臣者，智士不为谋，辨士不为言[4]，仁士不为行，勇士不为死。"文侯援绥下车[5]，辞诸大夫曰："寡人有腰髀之病[6]，愿诸大夫勿罪也。"

【注释】

[1] 晋文侯行地登隧：晋文侯，即晋文公。见卷一君道·二十[6]。行地登

隧，走过平地后上坡。

[2] 随会：即士会，春秋时晋国人。士氏，名会。因食采于随（春秋晋邑，今山西介休市东南），故称随会。

[3] 重死：双重死罪。

[4] 辨士：辨，同"辩"。

[5] 绥：登车时拉手用的绳子。

[6] 腰髀（bì）：腰和大腿。

【今译】

晋文侯的车子走过平地后开始上坡，大夫们都用手推扶，只有随会不推扶。文侯说："随会，作为人臣却忍心看着君主陷于困境而不帮忙，罪该如何？"随会回答说："双重死罪。"文侯说："什么是'双重死罪'？"随会回答说："自己是死罪，妻子和孩子也被杀掉。"随会说："您为何只问臣子忍心君主陷于困境罪该如何，却不问人君忍心臣子陷于困境罪该如何呢？"文侯就问："人君忍心臣子陷于困境，罪该如何呢？"随会回答说："人君忍心看着臣子陷于困境，智谋之士不会为他出谋划策，善辩之士不会为他说话，仁爱之士不会替他做事情，勇猛之士不会替他献身。"文侯听了，就拉着绳子下车，向各位大夫道歉说："我的腰和大腿有病，请各位大夫不要怪罪我。"

二十三

齐将军田瞶出将[1]，张生郊送曰[2]："昔者尧让许由以天下[3]，洗耳而不受，将军知之乎？"曰："唯，然[4]，知之。""伯夷、叔齐辞诸侯之位而不为[5]，将军知之乎？"曰："唯，然，知之。""於陵仲子辞三公之位而佣[6]，为人灌园，将军知之乎？"曰："唯，然，知之。""智过去君弟[7]，变姓名，免为庶人，将军知之乎？"曰："唯，然，知之。""孙叔敖三去相而不悔[8],将军知之乎?"曰:"唯,然,知之。""此五大夫者,名辞之而实羞之。今将军方吞一国之权[9],提鼓拥旗,被坚执锐[10],旋回十万之师[11],擅斧钺之诛[12],慎毋以士之所羞者骄士[13]。"田聩曰:"今日诸君皆为聩祖道、具酒脯,而先生独教之以圣人之大道[14],谨闻命矣。"

【注释】

[1] 田聩(kuì)出将:田聩,齐国将军,生平不详。出将,率军出征。

[2] 张生:生平不详。

[3] 尧让许由以天下:许由,传说中尧、舜时人,隐于箕山,尧把天下让给许由,许由拒绝了,还到颍川去洗耳。

[4] 唯,然:是的,是这样。

[5] 伯夷、叔齐:见卷四立节·一[12]。

[6] "於(wū)陵仲子"句:於陵仲子,战国时楚国人。楚王闻其贤,使使者持百金聘之,欲以为相。不就,夫妻相与逃而为人灌园。於陵,战国时齐邑,在今山东邹平南。三公,国君手下掌管军政的最高长官。周代以太师、太傅、太保为三公。

[7] 智过:即智果。见卷五贵德·二十八[4]。

[8] 孙叔敖:见本卷·一[5]。

[9] 方吞:正掌握着。

[10] 被(pī)坚执锐:身披坚硬的铠甲手执锐利的武器。坚,锐,都是名词。

[11] 旋回:指挥。

[12] 擅斧钺之诛:独掌生杀大权。

[13] 慎毋:千万不要。

[14] 祖道:祭祀路神。也指为人饯行。

【今译】

齐国将军田聩率军出征,张生送他到郊外说:"从前尧把天下让给许由,许由拒绝了,还到颍川去洗耳,将军知道这件事吗?"田聩说:"是的,是这样,我知道这件事。""伯夷、叔齐辞去诸侯高位而不做,将军知道这件事吗?"田聩说:"是的,是这样,我知道这件事。""於陵仲子辞去三公的高位去出卖劳力，替人家浇园子，将军知道这件事吗？"田瞶说："是的，是这样，我知道这件事。""智过离开处于君位的弟弟（智伯），改变姓名，丢掉官位去做一个平民，将军知道这件事吗？"田瞶说："是的，是这样，我知道这件事。""孙叔敖三次辞去相位而不后悔，将军知道这件事吗？"田瞶说："是的，是这样，我知道这件事。""这五位大夫，表面上看是辞去高位，但实际上是以之为羞。现在将军正掌握着全国的大权，拿着战鼓挥舞着令旗，身披坚硬的铠甲手执锐利的武器，指挥着十万军队，独掌生杀大权，千万不要拿士人以为羞耻的权势来傲慢地对待士人。"田瞶说："今天各位都为我饯行，准备了酒和肉，只有先生您用圣贤的道理来教育我，我一定听从您的教诲。"

二十四

魏文侯见段干木[1]，立倦而不敢息；及见翟璜，踞堂而与之言[2]。翟璜不说[3]。文侯曰："段干木，官之则不肯，禄之则不受；今汝欲官则相至，欲禄则上卿；既受吾赏，又责吾礼，毋乃难乎？"

【注释】

[1] 魏文侯见段干木：魏文侯，见卷一君道·三十六[2]。段干木，卷二臣术·五[12]。

[2] 踞堂：伸开两腿坐在堂上。一种不礼貌的坐姿。

[3] 说（yuè）：通"悦"，高兴。

【今译】

魏文侯接见段干木，站得累了却不敢休息；等到接见翟璜的时候，就伸开两腿坐在堂上与翟璜谈话。翟璜不高兴。文侯曰："段干木这个人，给他官他不愿做，给他俸禄他不接受；现在你想要做官就做到了相，想要俸禄就得到了上卿的俸禄；已经接受了我的封赏，还要求我以礼相待，恐怕困难吧？”

二十五

孔子之郯[1]，遭程子于涂[2]，倾盖而语终日[3]。有间，顾子路曰：“取束帛一以赠先生。[4]”子路不对。有间，又顾曰：“取束帛一以赠先生。”子路屑然对曰[5]：“由闻之也，士不中而见，女无媒而嫁，君子不行也。”孔子曰：“由，《诗》不云乎：‘野有蔓草，零露漙兮；有美一人，清扬婉兮；邂逅相遇，适我愿兮[6]。’今程子，天下之贤士也，于是不赠，终身不见。大德毋逾闲[7]，小德出入可也。”

【注释】

[1] 孔子之郯（tán）：之，到。郯，古国名，故地在今山东省郯城县北。

[2] 遭程子于涂：遭，遇到。涂，通“途”。程子，即子华子，名本，春秋时晋国人。博学善辩，聚徒著书，自号程子，名闻诸侯。有《子华子》一书。

[3] 倾盖：行道相遇，停车交谈，车盖靠在一起。

[4] 束帛：将帛捆成一束，作为聘问、婚丧、馈赠的礼品。帛一束为五匹。

[5] 屑然：漫不经心的样子。

[6] 野有蔓草，零露漙（tuán）兮；有美一人，清扬婉兮；邂逅（xiè hòu）相遇，适我愿兮：野地里有蔓延的草，落下的露水密且浓。有一个美女，清丽柔美。不约而遇，正符合我的心意。漙，露多。邂逅，不期而遇。语出《诗经·郑风·野有蔓草》。

[7] 逾闲：越过范围。《论语·子张》有“大德不逾闲，小德出入可也”。

【今译】

孔子到郯国去，在途中遇到程子，停车交谈了一天，车盖靠在一起。过了一会儿，孔子回头对子路说：“拿一束帛来送给先生。”子路没有反应。过了一会儿，孔子又回头对子路说：“拿一束帛来送给先生。”子路漫不经心地说：“我听说，士人不经过介绍就相见，女子不经过媒人就嫁人，君子不做那种事。”孔子说：“由，《诗经》上不是说过吗：‘野地里有蔓延的草，落下的露水密且浓。有一个美女，清丽柔美。不约而遇，正符合我的心意。’程先生是天下的贤士，现在不送他礼物，恐怕这一辈子就不会再见到了。在大节上不能越过范围，小节上可以灵活一些。”

二十六

齐桓公使管仲治国[1]，管仲对曰：“贱不能临贵[2]。”桓公以为上卿[3]，而国不治。桓公曰：“何故？”管仲对曰：“贫不能使富[4]。”桓公赐之齐国市租一年[5]，而国不治。桓公曰：“何故？”对曰：“疏不能制亲[6]。”桓公立以为仲父[7]。齐国大安，而遂霸天下。孔子曰：“管仲之贤，不得此三权者，亦不能使其君南面而霸矣[8]。”

【注释】

[1] 齐桓公使管仲治国：齐桓公、管仲。见卷一君道・十六[1][2]。
[2] 贱不能临贵：出身低贱的无法管理出身高贵的。
[3] 上卿：最尊贵的大臣。
[4] 贫不能使富：贫穷的无法驱使富裕的。
[5] 市租：市场的税收。
[6] 疏不能制亲：关系疏远的无法驾驭关系亲近的。
[7] 仲父：本指父亲的大弟弟。此处是尊称，尊事如父。
[8] 南面：面向南。

【今译】

齐桓公命管仲治理齐国，管仲回答说：“出身低贱的无法管理出身高贵的。”桓公就把他拜为上卿，但是国家没有治理好。桓公问：“是什么原因？”管仲回答：“贫穷的无法驱使富裕的。”桓公就赏赐给他齐国一年的市场税收，但是国家还是没有治理好。桓公问：

“是什么原因?”管仲回答:“关系疏远的无法驾驭关系亲近的。”桓公就尊称管仲为仲父。于是齐国治理得很好,并称霸于天下。孔子说:“凭管仲的贤能,如果得不到这三种权力,也不能使他的君主面南称霸天下。”

二十七

桓公问于管仲曰:“吾欲使爵腐于酒[1],肉腐于俎[2],得毋害于霸乎[3]?”管仲对曰:“此极非其贵者耳;然亦无害于霸也。”桓公曰:“何如而害霸?”管仲对曰:“不知贤,害霸;知而不用,害霸;用而不任,害霸;任而不信,害霸;信而复使小人参之,害霸。”桓公:“善。”

【注释】

[1] 爵腐于酒:文句不同,当为“酒腐于爵”,与下句“肉腐于俎”句式相同,极言奢侈之重。爵,酒具。

[2] 俎:切肉用的砧板。

[3] 得毋:即“得无”。莫不是,该不会。

【今译】

桓公问管仲:“我想要酒坏在酒杯中,肉腐烂在砧板上,这样做该不会妨害霸业吧?”管仲回答说:“这绝对不是应该做的事情,但是也不会妨害霸业。”桓公问:“怎样做才会妨害霸业呢?”管仲回答:“不能识别贤才,会妨害霸业;识别了却不能任用,会妨害霸业;任用了却不能委以重任,会妨害霸业;委以重任了却不信任,会妨害霸业;信任了却又让小人干扰他,会妨害霸业。”桓公说:“说得好。”

二十八

鲁人攻鄪[1],曾子辞于鄪君曰[2]:“请出,寇罢而后复来,请姑毋使狗豕入吾舍。”鄪君曰:“寡人之于先生也,人无不闻;今鲁人攻我而先生去我,我胡守先生之舍[3]?”鲁人果攻鄪,而数之罪十,而曾子之所争者九[4]。鲁师罢,鄪君复修曾子舍而后迎之。

【注释】

[1] 鄪(bì):即“费”,春秋时鲁邑,季氏的私邑,故地在今山东费县境内。下句中的“鄪君”疑指季氏。

[2] 曾子:见卷三建本·六[1]。

[3] 胡:为什么。

[4] 曾子之争者九:曾子平时诤谏的内容有九条。争,同“诤”。

【今译】

鲁国军队攻打鄪,曾子向鄪君告辞说:“请让我逃走,敌人退了以后我再回来,请暂时不要让狗、猪进入我的房舍。”鄪君说:“我是如何对待先生的,没有人不知道;现在鲁国军队进攻我们,先生却离我而去,我为什么要替先生看守房舍呢?”鲁国人果然进攻鄪,并且列举了鄪君十大罪状,其中曾子平时诤谏的内容有九条。鲁国军队撤走后,鄪君修复曾子的房舍并亲自迎接他回来。

二十九

宋司城子罕之贵子韦也[1],入与共食,出与同衣。司城子罕亡,子韦不从。子罕来,复召子韦而贵之。左右曰:“君之善子韦也,君亡不从;来又复贵之,君独不愧于君之忠臣乎[2]?”子罕曰:“吾唯不能用子韦,故至于亡。今吾之得复也,尚是子韦之遗德余教也[3],吾故贵之。且我之亡也,吾臣之削迹拔树以从我者[4],奚益于吾亡哉?”

【注释】

[1] 宋司城子罕之贵子韦也:宋司城子罕,参见卷一君道·四十四[1]。子

韦,人名,生平不详。

[2] 独:难道。

[3] 遗德余教:先前的恩德和教诲。

[4] 削迹拔树:消灭车辙痕迹,拔去车上的标志。

【今译】

宋国司城子罕很器重子韦,入则吃一样的饭,出则穿同样的衣服。后司城子罕出逃,子韦没有跟从。子罕返回,又召来子韦仍然很器重他。子罕左右的人说:"您如此厚待子韦,但是您出逃子韦却没有跟从;您回来后仍然很器重他,您难道不有愧于那些忠于您的臣子吗?"子罕说:"我就是因为没有听子韦的话,所以才导致出逃。现在我能够返回,还多亏子韦先前的恩德和教诲,所以我仍然很器重他。况且我的出逃,那些消灭车辙痕迹、拔去车上标志跟从我的人,对于避免我出逃又有什么益处呢?"

三十

杨因见赵简主[1],曰:"臣居乡三逐,事君五去,闻君好士,故走来见。"简主闻之,绝食而叹[2],跽而行[3]。左右进谏曰:"居乡三逐,是不容众也;事君五去,是不忠上也。今君有士见过八矣。"简主曰:"子不知也。夫美女者,丑妇之仇也;盛德之士,乱世所疏也;正直之行,邪枉所憎也。"遂出见之,因授以为相,而国大治。由是观之,远近之人,不可以不察也。

【注释】

[1] 杨因见赵简主:杨因,春秋时晋人。赵简主,即赵简子,参见卷一君道·三十三[1]。

[2] 绝食:停止进食。

[3] 跽:两膝着地,上身挺直。

【今译】

杨因求见赵简子，说："我住在乡里三次被赶出来，侍奉国君五次离开，听说您喜欢士人，所以跑着来求见。"赵简子听了这话，停止进食，叹了口气，上身挺直，两膝着地而行。左右的人进谏说："住在乡里三次被赶出来，是不被众人容纳；侍奉国君五次离开，是不忠于主上的行为。现在您交接的这个士人，有八次过错了。"赵简子说："你们不明白。美女，是丑妇的仇人；品德高尚的君子，是乱世所不重视的；正直的品行，是邪恶势力所憎恶的。"于是出来接见杨因，授予他相的职位。于是赵国治理得很好。由此看来，无论是被疏远还是被亲近的人，不能够不认真考察他。

三十一

应侯与贾于子坐[1]，闻其鼓琴之声。应侯曰："今日之琴一何悲也！"贾于子曰："夫张急调下[2]，故使之悲耳。急张者，良材也；调下者，官卑也。取夫良材而卑官之[3]，安能无悲乎！"应侯曰："善哉！"

【注释】

[1] 应侯与贾于子：应侯，见本卷·三[10]。贾于子，人名，不详。一作"贾午子"。

[2] 张急调下：琴弦紧张，曲调低沉。下文"急张"，即"张急"。

[3] 卑官之：让他做低级的官职。

【今译】

应侯与贾于子闲坐，听他弹琴。应侯说："今天的琴声，多么悲伤啊！"贾于子说："琴弦紧张，曲调低沉，所以使人感到悲伤。琴弦紧张，说明做琴的木材好；曲调低沉，说明官职低下。选用良材却让他做低级的官职，能不悲伤吗？"应侯说："说得好啊！"

三十二

十三年[1],诸侯举兵以伐齐,齐王闻之,惕然而恐[2],召其群臣大夫告曰:“有智为寡人用之。”于是博士淳于髡仰天大笑而不应[3],王复问之,又大笑不应,三问三笑不应,王艴然作色不悦曰[4]:“先生以寡人语为戏乎?”对曰:“臣非敢以大王语为戏也,臣笑臣邻之祠田也,以一奁饭,一壶酒,三鲋鱼,祝曰:‘蟹堁者宜禾,洿邪者百车,传之后世,洋洋有余[5]。’臣笑其赐鬼薄而请之厚也。”于是王乃立淳于髡为上卿,赐之千金,革车百乘[6],与平诸侯之事;诸侯闻之,立罢其兵,休其士卒,遂不敢攻齐。此非淳于髡之力乎?

【注释】

[1] 十三年:《史记·滑稽列传》作“齐威王八年”。左松超《说苑集证》疑为“齐威王之十三年”。参见卷六复恩·二十一。

[2] 惕然:忧惧的样子。

[3] 博士:古代学官名。始于战国,教授文化、技艺。秦汉相承,武帝时置“五经博士”,影响甚大。

[4] 艴(bó)然:生气、不高兴的样子。艴,又读(fú)。

[5] “蟹堁(kè)”句:蟹堁,狭小的高地。洿(wū)邪:地势低洼、容易积水的劣田。洋洋:形容很多。

[6] 革车:兵车。

【今译】

十三年,诸侯发兵来攻打齐国。齐王听了,忧惧而害怕,就召集群臣大夫,对他们说:“有智谋的请替我出主意吧。”博士淳于髡仰天大笑而不回答。齐王又问他,他又大笑不回答。问了三次,他笑了三次均不回答。齐王生气,脸上表现出不高兴的样子,说:“先生认为我的话是开玩笑吗?”淳于髡回答:“我不敢把您的话当作开玩笑，我笑我的邻居祭祀他的田地，用一盒饭，一壶酒，三条小鱼，祈祷说：'希望狭小的高地能长出好庄稼，地势低洼的下等田地能长出百车多的谷物，传给我的后代，粮食大大有余。'我笑他用来敬奉鬼神的太少，而所希望得到的东西太多啦。"于是齐王就封淳于髡为上卿，赏赐给他千金、兵车百辆，参与平息诸侯进攻齐国的战事。诸侯听说后，立即撤回军队，让士兵休息，最终也没有敢来攻打齐国。这难道不是淳于髡的力量吗？

三十三

田忌去齐奔楚[1]，楚王郊迎至舍，问曰："楚万乘之国也，齐亦万乘之国也，常欲相并[2]，为之奈何？"对曰："易知耳[3]。齐使申孺将[4]，则楚发五万人，使上将军将之[5]，至禽将军首而反耳。齐使田居将[6]，则楚发二十万人，使上将军将之，分别而相去也。齐使眄子将[7]，楚发四封之内[8]，王自出将而忌从，相国、上将军为左、右司马，如是则王仅得存耳[9]。"于是齐使申孺将。楚发五万人，使上将军至，擒将军首反。于是齐王忿然，乃更使眄子将。楚悉发四封之内，王自出将，田忌从，相国、上将军为左、右司马，益王车属九乘，仅得免耳。至舍，王北面正领齐袪[10]，问曰："先生何知之早也？"田忌曰："申孺为人，侮贤者而轻不肖者，贤、不肖者俱不为用，是以亡也；田居为人，尊贤者而贱不肖者，贤者负任[11]，不肖者退，是以分别而相去也；眄子之为人也，尊贤者而爱不肖者，贤不肖俱负任，是以王仅得存耳。"

【注释】

[1] 田忌去齐奔楚：田忌，战国时齐国人。威王时为将，曾荐孙膑于齐王。

围魏救赵,在桂陵打败魏军。又败魏军于马陵。与邹忌不和,遭邹忌暗算,出逃至楚。齐宣王立,复任田忌为将。

[2] 常欲相并:总想着吞并对方。

[3] 易知耳:好办。

[4] 申孺:齐将。

[5] 上将军:武官名。战国时位在大将军之上,为全军主将。

[6] 田居:参见卷二臣术·八[6]。

[7] 眄(miǎn)子:即"田盼子"。齐宣王时将军。

[8] 楚发四封之内:据上下文意,疑脱"则""悉"。全句当为"则楚悉发四封之内"。四封之内,全国。封,疆界。

[9] 仅得存耳:仅能保全自己。

[10] 正领齐袪(qū):整理好衣领、袖口。袪,袖口。

[11] 负任:担负重任。此处指得到重用。

【今译】

田忌离开齐国逃到楚国,楚王到郊外迎接他到馆舍,问他:"楚国是拥有万辆战车的大国,齐国也是拥有万辆战车的大国,各自总想着吞并对方,对此怎么办呢?"田忌回答说:"好办。如果齐国派申孺为将,那么楚国就发兵五万,派一名上将军率领,到了战场就能提着对方将领的首级凯旋;如果齐国派田居为将,那么楚国就发兵二十万,派一名上将军率领,两军不分胜负,各自带军撤回;如果齐国派眄子为将,那么楚国就要派出全国的兵力,大王亲自率领并且让我随从,相国、上将军担任左、右司马,这样的话大王才能够仅仅保全自己。"正在这时,齐国派申孺为将攻打楚国。楚国发兵五万,派一名上将军率领,到了战场就提着对方将领的首级凯旋了。于是齐王大怒,更换眄子为将。楚国只好派出全国的兵力,大王亲自率领,田忌随从,相国、上将军担任左、右司马,还增派了楚王侍卫车九辆,这才仅仅保全了自己。回到馆舍,楚王面朝北整理好衣领、袖口,问道:"先生怎么这样早就知道了战争的结果?"田忌说:"申孺的为人,轻慢贤士看不起无能的人,贤士和无能的人都不愿意为他卖力,因此失败;田居的为人,尊敬贤者而轻视无能的人,贤士得到任用愿意出力，无能的人则遭到斥退不能出力，因此两军不分胜负，各自带军撤回；眄子的为人，尊敬贤士爱护无能的人，贤者和无能的人都得到重用愿意为他出力，因此大王仅仅能够保全自己。”

三十四

魏文侯觞大夫于曲阳[1]。饮酣[2]，文侯喟焉叹曰[3]："吾独无豫让以为臣[4]。”蹇重举酒进曰[5]："臣请浮君[6]。”文侯曰“何以[7]？”对曰："臣闻之，有命之父母，不知孝子；有道之君，不知忠臣。夫豫让之君，亦何如哉？”文侯曰："善！”受浮而饮之，釂而不让[8]。曰："无管仲、鲍叔以为臣，故有豫让之功也。”

【注释】

[1] 魏文侯觞（shāng）大夫于曲阳：魏文侯，见卷一君道·三十六[2]。觞，酒杯，此处作动词，请喝酒。曲阳，地名，战国时赵邑，在今河北曲阳县西。

[2] 酣：畅快。

[3] 喟焉：即“喟然”。

[4] 豫让：人名，见卷六复恩·十三。

[5] 蹇（jiǎn）重：战国时魏国大夫。

[6] 浮：用满杯酒罚人。

[7] 何以：以，《淮南子·道应》作“也”。

[8] 釂（jiào）而不让：一饮而尽，并不推辞。釂，把杯中酒喝干。

【今译】

魏文侯在曲阳宴请大夫。喝酒喝到正畅快的时候，文侯叹了一口气说："我为什么单单没有像豫让那样的人来做臣子呢！”蹇重举起酒杯上前说道："请让我罚您一杯酒。”文侯说："凭什么？”蹇重回答说："我听说，有福命的父母，不知道什么是孝子；有道的君主，不知道什么是忠臣。那豫让的君主又怎么样呢？"文侯说："说得好。"受罚而饮酒，一饮而尽，并不推辞，说："没有管仲、鲍叔做臣子，所以才有了豫让那种人的功劳。"

三十五

赵简子曰[1]："吾欲得范、中行氏之良臣[2]。"史黡曰[3]："安用之？"简子曰："良臣，人所愿也，又何问焉？"曰："君以为无良臣故也[4]。夫事君者，谏过而荐可，章善而替否[5]，献能而进贤；朝夕诵善败而纳之[6]，听则进，否则退。今范、中行氏之良臣也，不能匡相其君，使至于难[7]；出在于外，又不能入[8]。亡而弃之，何良之为？若不弃，君安得之？夫良，将营其君，使复其位，死而后止，何曰以来[9]？若未能，乃非良也。"简子曰："善。"

【注释】

[1] 赵简子：见卷一君道·三十三[1]。

[2] 范、中行氏：即范吉射（范昭子）和中行寅（荀寅，即中行文子）。二人都是春秋时晋国大夫。晋定公十五年共伐赵鞅，失败后俱奔朝歌，后逃亡至齐。

[3] 史黡（yǎn）：晋国史官。又作"史黯""史墨"。字黯，名墨。曾预言吴人攻郢，又预言越将灭吴。

[4] 君：《国语·晋语九》作"臣"，宋咸淳本也作"臣"。

[5] 章，同"彰"。

[6] 善败：成败。

[7] 使至于难：指范、中行氏败奔朝歌事。

[8] 出在于外，又不能入：指范、中行氏出逃齐国事。

[9] 曰：《国语·晋语九》作"日"。

【今译】

赵简子说:“我想要得到范、中行氏的良臣。”大夫史黡说:“用他们干什么呢?”赵简子说:“良臣,是君主希望得到的,还用问吗?”史黡说:“我以为范、中行氏的灭亡是没有良臣造成的。侍奉君主的人,应该劝谏过错、推广可行的政策,彰显善事、消除坏事,贡献才能、举荐贤才,经常陈述成败的先例使君王借鉴,听取建议就为他出力,不采纳就隐退。如今范、中行氏的良臣,不能够纠正、辅佐他们的君主,反而致使君主陷于危难之中;出逃在外,又不能使他返回。君主逃亡后自己就背弃君主,这算什么良臣?如果不背弃君主,您又怎么能得到那些良臣呢?良臣,将要为君主出谋划策,使君主返回君位,直到献出生命为止,哪里能投奔到您这里来呢?如果不能,就不是良臣。”赵简子说:“说得好。”

三十六

子路问于孔子曰:“治国何如?”孔子曰:“在于尊贤而贱不肖。”子路曰:“范、中行氏尊贤而贱不肖[1],其亡何也?”曰:“范、中行氏尊贤而不能用也,贱不肖而不能去也;贤者知其不己用而怨之[2],不肖者知其贱己而雠之[3]。贤者怨之,不肖者雠之,怨雠并前,中行氏虽欲无亡,得乎?”

【注释】

[1] 范、中行氏:见上一章。
[2] 不己用:不重用自己。
[3] 雠(chóu):仇恨、怨恨。

【今译】

子路问孔子:“怎样才能治理好国家?”孔子回答说:“在于尊重

贤才并且轻视不贤的人。”子路说:“范、中行氏尊重贤才并且轻视不贤的人,他们为什么还是灭亡了呢?”孔子说:“范、中行氏尊重贤才却不能重用,轻视不贤的人却不能斥退他们;贤能的人知道自己得不到重用就怨恨他,不贤的人知道自己遭受轻视就仇恨他。贤能的人怨恨他,无能的人仇恨他,怨恨和仇恨同时存在,范、中行氏想要不灭亡,可能吗?”

三十七

晋、荆战于邲[1],晋师败绩。荀林父将归[2],请死,昭公[3]将许之,士贞伯曰[4]:“不可。城濮之役[5],晋胜于荆,文公犹有忧色,曰:‘子玉犹存[6],忧未歇也;困兽犹斗,况国相乎?’及荆杀子玉,乃喜曰:‘莫予毒也。’今天或者大警晋也,林父之事君,进思尽忠,退思补过,社稷之卫也,今杀之,是重荆胜也[7]。”昭公曰:“善!”乃使复将。

【注释】

[1] 晋、荆战于邲:《左传·宣公十二年》记载晋、楚战于邲。邲,地名,春秋时郑国城邑,故地在今河南郑州市西北。

[2] 荀林父:即“中行桓子”,春秋时晋国大夫。晋作三行(步兵)以御狄,他将中行,故以官为氏。曾佐晋文公大败楚君于城濮。晋景公三年(公元前 597 年),率军与楚战于邲,因诸将意见不合,大败。

[3] 昭公:误。当为“晋景公”。

[4] 士贞伯:春秋时晋国大夫。姓士,名贞,封为伯爵,故称。

[5] 城濮之役:中国历史上著名战例。公元前 633 年,楚、晋在城濮(今山东鄄城西南临濮集)作战,晋胜楚败,晋文公由此成为霸主。

[6] 子玉:见本卷·二[13]。

[7] 是重荆胜也:这是加重楚国的胜利。

【今译】

晋、楚两国在邲打仗，晋国大败。主将荀林父带领军队返回，向国君请求处死自己。晋景公准备答应他，大夫士贞伯说："不可以。城濮之役，晋打败了楚国，文公仍然面带忧色，说：'楚国令尹子玉还在，忧患还未消除。被围困的野兽还要拼斗，何况是一国之相呢？'等到楚国杀了子玉，文公就高兴地说：'没有谁能危害晋国了。'今天的失败可能是上天给晋国的一个大的警告。荀林父侍奉君主，晋升时想的是为国尽忠，遭斥退时想的是弥补自己的过失，他是保卫国家的忠臣啊。现在杀了他，这是加重楚国的胜利。"景公说："说得好。"就让荀林父重新做主将。

【评析】

本卷在表达方式上一如前面各卷，以故事的呈现方式为主，叙议结合，正反举例，引用诗书，旁征博引，故本卷的评析不再就此赘述。笔者认为，本卷"尊贤"的思想价值颇值得评析一番。

第一，刘向在本卷所指"尊贤"的内涵究竟是什么。笔者认为，刘向所说的"尊贤"实际上是"尊士"。刘向在第一章中开宗明义指出："人君之欲平治天下而垂荣名者，必尊贤而下士"，把"尊贤"与"下士"并列对举。到了第二章进一步指出"任贤"的意义在于"国家之任贤而吉，任不肖而凶。"到了第五章就把"贤"与"士"等同起来，"得民心者民往之，有贤佐者士归之。"到了第九章，刘向直接写道："夫士存则君尊，士亡则君卑。"以后各章就以"士"作为重点来写。其中第十一章写道："周公摄天子位七年，布衣之士执贽所师见者十二人。"第十二章中写道："齐桓公设庭燎，为士之欲造见者，期年而士不至。"第十四章中写赵简子感叹："安得贤士而与处焉！"第十五章中写淳于髡批评齐宣王"古者好士，王独不好士"。第十七章则进一步把"士"与"大夫"连在一起，宗卫感叹："何士大夫之易得而难用也！"第二十二章则对士进行了分类，"智士不为谋，辨士不为言，仁士不为行，勇士不为死。"第二十三章又写了一种具有清高境界的士人，他们对权力和功名利禄"名辞之而实羞之"。第

二十八、二十九章则进一步提高了士人的地位,士人不是统治者的附属品,而是具有独立性,不会跟随君王逃亡。因此说,尊贤就是尊士。

第二,我们来看一看本章中的"贤士"具体是哪些人。第一章中的贤人有伊尹、吕尚、管夷吾、百里奚。第二章中的贤人有管仲、鲍叔、隰朋、宾胥无、宁戚、咎犯、先轸、阳处父、孙叔敖、司马子反、将军子重、百里子、蹇叔子、王子廖、由余、延州莱季子、子产、裨谌、世叔、行人子羽、宫之奇、子玉得臣、公子目夷、僖负羁、季友、孔父。第三章中的贤士除了与上面重复的之外,还有司马喜、范雎。第五章中有魏公子无忌、唐雎、田单、郭隗、邹衍、乐毅、苏秦、屈景。第八章有钟子期。第九章有楚傒胥、丘负客、苗贲皇。第二十章有铜鞮伯华。第二十章有田子方。第二十二章有随会。第二十三章有许由、伯夷、叔齐、於陵仲子、智过。第二十四章有段干木。第二十五章有程子。第二十八章有曾子。第二十九章有子韦。第三十章有杨因。第三十二章有淳于髡。第三十三章有眄子。这样算来,本章涉及的贤士有近六十人。

第三,我们来考察一下,这些贤士的出身和成就如何。这些贤士有的出身低微贫贱,最典型的有伊尹、吕尚、管夷吾、百里奚、宁戚等。刘向在邹阳《狱中上梁王书》的基础上进行了扩展,他写道:

> 伊尹,故有莘氏之媵臣也,汤立以为三公,天下之治太平。管仲,故成阴之狗盗也,天下之庸夫也,齐桓公得之为仲父。百里奚道之于路,传卖五羊之皮,秦穆公委之以政。宁戚,故将车人也,叩辕行歌于康之衢,桓公任以国。司马喜髌脚于宋,而卒相中山。范雎折胁拉齿于魏,而后为应侯。太公望,故老妇之出夫也,朝歌之屠佐也,棘津迎客之舍人也,年七十而相周,九十而封齐。

然而就是这些出身低贱之人,创造了惊天动地的业绩,被后人传为佳话。所以孟子评价他们说:

> 舜发于畎亩之中,傅说举于版筑之间,胶鬲举于鱼盐之中,管夷吾举于士,孙叔敖举于海,百里奚举于市。故天将降

大任于是人也，必先苦其心志，劳其筋骨，饿其体肤，空乏其身，行拂乱其所为，所以动心忍性，曾益其所不能。人恒过，然后能改；困于心，衡于虑，而后作；征于色，发于声，而后喻。入则无法家拂士，出则无敌国外患者，国恒亡。

——《孟子·告子下》

孟子所说的“拂士”也就是刘向所说的贤士。他们当中有的一生充满坎坷，最典型的当属范雎了，邹阳在《狱中上梁王书》中说：“范雎摺胁折齿于魏，卒为应侯。”司马迁在《史记》中为他立传，并写赞语道：

范雎、蔡泽世所谓一切辩士，然游说诸侯至白首无所遇者，非计策之拙，所为说力少也。及二人羁旅入秦，继踵取卿相，垂功于天下者，固强弱之势异也。然士亦有偶合，贤者多如此二子，不得尽意，岂可胜道哉！然二子不困厄，恶能激乎？

第四，我们再看这些士人建立了怎样的功勋。我们仅以管仲为例来说明。司马迁在《史记·管晏列传》中这样写他：

管仲夷吾者，颍上人也。少时常与鲍叔牙游，鲍叔知其贤。管仲贫困，常欺鲍叔，鲍叔终善遇之，不以为言。已而鲍叔事齐公子小白，管仲事公子纠。及小白立，为桓公，公子纠死，管仲囚焉。鲍叔遂进管仲。管仲既用，任政于齐，齐桓公以霸，九合诸侯，一匡天下，管仲之谋也。

……

管仲既任政相齐，以区区之齐在海滨，通货积财，富国强兵，与俗同好恶。故其称曰：“仓廪实而知礼节，衣食足而知荣辱，上服度则六亲固。四维不张，国乃灭亡。下令如流水之原，令顺民心。”故论卑而易行。俗之所欲，因而与之；俗之所否，因而去之。

其为政也，善因祸而为福，转败而为功。贵轻重，慎权衡。桓公实怒少姬，南袭蔡，管仲因而伐楚，责包茅不入贡于周室。桓公实北征山戎，而管仲因而令燕修召公之政。于柯之会，桓公欲背曹沫之约，管仲因而信之，诸侯由是归齐。故曰：“知与之为取，政之宝也。”

管仲富拟于公室，有三归、反坫，齐人不以为侈。管仲卒，齐国遵其政，常强于诸侯。后百余年而有晏子焉。

可以说，管子居功至伟，就连孔子也不得不承认这一点：

子贡曰：“管仲非仁者与？桓公杀公子纠，不能死，又相之。”子曰：“管仲相桓公，霸诸侯，一匡天下，民到于今受其赐。微管仲，吾其被发左衽矣。岂若匹夫匹妇之为谅也，自经于沟渎而莫之知也。”

——《论语·宪问》

第五，既然士如此重要，那么，所谓“士”究竟是什么性质的一类人呢？其社会角色怎样界定呢？《论语·子路》中有这样的两段记载：

子贡问曰：“何如斯可谓之士矣？”子曰：“行己有耻，使于四方，不辱君命，可谓士矣。”

子路问曰：“何如斯可谓之士矣？”子曰：“切切偲偲，怡怡如也，可谓士矣。朋友切切偲偲，兄弟怡怡。”

另外，在《论语·泰伯》中还有一段曾子论士的话：

曾子曰：“士不可以不弘毅，任重而道远。仁以为己任，不亦重乎？死而后已，不亦远乎？”

《孔子家语·五仪解》有这样一段文字：

公曰：“何谓士人？”孔子曰：“所谓士人者，心有所定，计有所守。虽不能尽道术之本，必有率也；虽不能备百善之美，必有处也。是故知不务多，必审其所知；言不务多，必审其所谓；行不务多，必审其所由。智既知之，言既道之，行既由之，则若性命之形骸之不可易也。富贵不足以益，贫贱不足以损。此则士人也。”

《白虎通·爵》中这样表述：“士者，事也。任事之称也。故《传》曰：‘通古今，辨然否，谓之士。’”范文澜在《中国通史简编》中说：“士大抵受过六艺（礼、乐、射、御、书、数）教育，是军事上政治上必不可少的一群有力人物。”

从春秋到战国，士成为一个阶层，数量不断壮大，地位也不断提高，独立性不断加强。据《孔丛子·居卫》记载：

> 曾子谓子思曰："昔者吾从夫子游于诸侯，夫子未尝失人臣之礼，而犹圣道不行。今吾观子有傲世主之心，无乃不容乎？"子思曰："时移世异，各有宜也。当吾先君，周制虽毁，君臣固位，上下相持若一体然。夫欲行其道，不执礼以求之，则不能入也。今天下诸侯方欲力争，竞招英雄以自辅翼，此乃得士则昌，失士则亡之秋也。伋于此时不自高，人将下吾；不自贵，人将贱吾。舜禹揖让，汤武用师，非故相诡，乃各时也。"

子思的这段话，很好地诠释了士的独立性和影响力是怎样发展过来的。如果我们再看《战国策·齐策四》中颜斶"王轻臣贵"的观点以及《孟子》中蔑视君王的记载，就会实实在在地感觉到士独立人格的发展是有其显著痕迹的。

余英时在《士与中国文化》一书中指出："如果从孔子算起，中国士的传统至少已延续了两千五百年，而且流风余韵至今未绝。这是世界文化史上独一无二的现象。"吕文郁在《春秋战国文化史》一书中引用清代经学家沈彤《周官禄田考》对士的统计数字，春秋时期总数约在38000人。到了战国时期，更加壮大，构成了一个以知识分子为核心和骨干的庞大社会群体，即战国时期的士阶层。吕文郁先生认为，从春秋到战国，士阶层演变的过程也就是从默默无闻到迅速崛起的过程。数十万知识分子异军突起，他们在剧烈动荡的社会里风云际会，龙腾虎跃。他们奇迹般地驰骋于群雄纷争的历史舞台上，在政治、经济、军事、外交、科学、艺术等各个领域都充分显示了他们的创造才能，成为当时社会上一支举世瞩目的生力军。特别是在春秋五霸时期，那些有远见的国君为了争当霸主或保持霸主的地位，破格招揽人才，为豪杰之士提供了施展才华的机会和舞台，齐桓公之于管仲，秦穆公之于百里奚，楚庄王之于孙叔敖，就是其中典型代表。

第六，战国时期形成了养士之风。像是齐国的孟尝君，赵国的平原君，魏国的信陵君，楚国的春申君，他们养士的数量都在三千以上。养士，是需要代价的，这在本卷中有具体记载。首先，对士要以礼相待。第二十一章写太子击对田子方，第二十二章写文侯对随会，第二十三章写田聩与张生，都表达了同一个主题，就是对士必须尊重，不得冒犯士的人格尊严。其次，对士要以财相待。第三十二章写淳于髡大笑三次，然后对齐王讲了随口杜撰的“赐鬼薄而请之厚”的故事，使齐王幡然醒悟，马上“赐之千金，革车百乘”。其三，对士要以位相待。士要做事情，必须有足够显赫的地位。在春秋战国时期，君主对中意的士，往往使之位居卿相，一人之下，万人之上，掌握生杀大权，能够呼风唤雨。本卷第九章写道：

> 周威公问于宁子曰：“取士有道乎？”对曰：“有。穷者达之，亡者存之，废者起之，四方之士则四面而至矣。

宁子的话实在是说到本质上去了。在这里，揭示了士人的人性，君主舍得用权、财、礼厚待士，那么士就能够舍身报答君主。本卷第二十六章写齐桓公与管仲一段最为典型：

> 齐桓公使管仲治国，管仲对曰：“贱不能临贵。”桓公以为上卿，而国不治。桓公曰：“何故？”管仲对曰：“贫不能使富。”桓公赐之齐国市租一年，而国不治。桓公曰：“何故？”对曰：“疏不能制亲。”桓公立以为仲父。齐国大安，而遂霸天下。孔子曰：“管仲之贤，不得此三权者，亦不能使其君南面而霸矣。”

管仲认为“贱不能临贵”，手中无权不行；“贫不能使富”，家中不富不行；“疏不能制亲”，关系疏远不行。齐桓公都满足了他，这样管仲再无顾虑，便放手大干，于是“齐国大安，而遂霸天下”，就连孔子都不得不承认“不得此三权者，亦不能使其君南面而霸矣”。这就是养士的真谛。

最后，我们要探究刘向编著本卷的现实意义。到了汉代，士阶层越发体现为儒士为主体，这是汉代独尊儒术的结果。刘向作为西汉有名的博学之士，他对古代尊贤尚士的传统是颇为向往的，这可能与他整理《战国策》等书籍有关。他希望汉朝统治者能够尊重儒士,重用儒士。于是他便通过重复历史故实来表达他的现实思考。于迎春先生在《秦汉士史》中写道:“这种重复本身不能不说流露了刘向浓厚的兴趣,明知时异世异,他也还仍然浸淫于个人织造的历史氛围中,借助文字而追慕、遥想往昔于再三。”

卷九　正谏

【题解】

正谏，就是正言直谏。进谏，是臣子的职责，是高度负责、忠诚于国家、君王的体现。刘向比较早地对进谏行为进行了划分，分为正谏、降谏、忠谏、戆谏、讽谏。今天看来，这个划分不够科学，划分的标准也不统一，既有语言表达上的直、婉区别，也有态度上的刚、柔区别，还有场合、时机的因素在里面。但是从政治学史的角度看，这种划分显然是一个重要的贡献。

在中国古代政治制度中，向君王进谏被看作是臣子的天职，是衡量臣子忠诚与否的试金石，是区分忠诚与奸佞的分水岭。但是，进谏必然伴随着风险，弄不好，进谏者就会遭杀身之祸。比干进谏被杀就是一个典型的例子。儒家学派对进谏方式不仅做了划分，而且还提出了一个基本原则，那就是“三谏而不用则去”，这实在是一个了不起的观点。它既可以体现忠诚于国家和君主一面，又可以体现尊重生命，不做无谓牺牲，保持臣子独立人格的一面，是一种人生智慧的体现。因此，儒家学派并不提倡死谏，而是提倡讽谏。在中国古代，讽谏被发挥到了一种极致的境界，不仅仅是治理国家的问题，同时也是语言艺术的问题，它促进了中国古代汉语表达的艺术化进程，对后代的影响极大。

本卷汇集了臣子进谏君王攻伐、淫游、声色、玩物、土木、赋税、滥杀、违礼等行为的典型例子二十六章，有长有短，都很生动。直谏的例子以“伍子胥谏吴王”最为典型，说明了不听劝谏的严重后果，足醒后人。更多的是讽谏的例子，像“土耦木梗”“螳螂捕蝉，黄雀在后”都是流传甚广的例子。晏子进谏景公的例子与其说是讽谏，不如说是“智谏”更恰当。枚乘的《上书谏吴王》可以看作是降谏的例子。以上例子又都可以看作是忠谏。至于戆谏，没有太典型的例子，大概进谏不成功者即为戆谏吧，比如进谏秦王被杀死的那二十七个人。

刘向常常是把进谏者放在特定的环境和氛围中来加以表现。比如，君王先说“敢有谏者死”，然后才出现智勇双全的谏者。被谏的君王最后能够接受劝谏，是因为进谏者完全站在君王的立场上，国家的立场，为君王分析利弊，权衡得失。第二十五章借用孔子之口说：“良药苦口利于病，忠言逆耳利于行”，对进谏做了深刻总结，并扩大到其它领域，使得进谏成为中国传统文化中重要的组成部分。

本卷共二十六章。

一

《易》曰：“王臣蹇蹇，匪躬之故[1]。”人臣之所以蹇蹇为难而谏其君者，非为身也，将欲以匡君之过，矫君之失也。君有过失者，危亡之萌也；见君之过失而不谏，是轻君之危亡也。夫轻君之危亡者，忠臣不忍为也。三谏而不用则去，不去则身亡；身亡者，仁人所不为也。是故谏有五[2]：一曰正谏[3]，二曰降谏[4]，三曰忠谏[5]，四曰戆谏[6]，五曰讽谏[7]。孔子曰：“吾其从讽谏矣乎[8]！”夫不谏则危君，固谏则危身；与其危君，宁危身。危身而终不用，则谏亦无功矣[9]。智者度君权时[10]，调其缓急而处其宜，上不敢危君，下不以危身。故在国而国不危，在身而身不殆。昔陈灵公不听泄冶之谏而杀之[11]，曹羁三谏曹君[12]，不听而去，《春秋》序义虽俱贤[13]，而曹羁合礼。

【注释】

[1] 王臣蹇蹇,匪躬之故:语出《易经·蹇·六二爻辞》。蹇蹇,同“謇謇”,尽忠直言。匪,不是。躬,自身。

[2] 故谏有五:班固《白虎通·谏诤》:“人怀五常,固有五谏。谓讽谏、顺谏、窥谏、指谏、陷谏。”《孔子家语·辩政》:“忠臣之谏君,有五义焉。一曰谲谏,二曰戇谏,三曰降谏,四曰直谏,五曰风谏。”风,通“讽”。

[3] 正谏,正言直谏。《管子·形势解第四十六》:“正谏死节,臣下之则也。”

[4] 降(jiàng)谏:和颜悦色、平心静气地劝谏。《孔子家语·辩政》王肃注:“降谏,卑降其体所以谏也。”

[5] 忠谏:忠诚正直地劝谏。

[6] 戇(zhuàng)谏:迂愚而刚直地劝谏。《孔子家语·辩政》王肃注:“戇谏,无文饰也。”戇,刚直,愚直。

[7] 讽谏:用委婉的言辞进谏。

[8] 吾其从讽谏矣乎:此句出处不详。《论语·里仁》:“子曰:‘事父母几谏,见志不从,又敬不违,劳而不怨。’”“几谏”就是婉转劝止的意思。

[9] 无功:没有作用、功效。

[10] 度君权时:揣度君主心理,权衡当时形势。

[11] 陈灵公不听泄冶之谏而杀之:见卷一君道·四[1][2]。

[12] 曹羁三谏曹君:见卷八尊贤·二[17]。

[13]《春秋》序义虽俱贤:序,评价。《公羊传·庄公二十四年》有“故君子以为得君臣之义也”评价曹羁之语。

【今译】

《易经》上说:“臣子尽忠直言,不是为自身。”臣子之所以忠心耿耿直面困难而劝谏他的君主,不是为了自身的利益,是要来匡正国君的错误,纠正国君的失误。国君有了错误,是国家危亡的先兆;臣子洞察了却不劝谏,就是忽视国君的危亡。忽视国君危亡,忠臣不忍心去做。三次劝谏而不被采纳就可以离开国君,不离开就会遭杀身之祸。遭杀身之祸,仁德之人不去做。所以进谏的方式有五种:第一是正言直谏,第二是平心静气地劝谏,第三是忠诚正直地劝谏，第四是迂愚而刚直地劝谏，第五是用委婉的言辞进谏。孔子说：“我赞成用委婉的言辞进谏！”不劝谏就会使得国君处于危亡境地，坚定地劝谏就可能危及自身，与其让国君处于危亡境地，宁肯危及自身。危及自身最终还不被采纳，那么劝谏也就没有作用了。明智的大臣揣度君主心理，权衡当时形势，调节缓急，处置适当，对上不危及国君，对下不危及自身。这样对国家不会危亡，对自己不会有危机。从前陈灵公不听泄冶的劝谏并杀了他，曹羁三次劝谏国君不被采纳就离开了国君，《春秋》评价他们在道义上都属于贤臣，但曹羁更符合礼的要求。

二

齐景公游于海上而乐之[1]，六月不归，令左右曰：“敢有先言归者，致死不赦。”颜烛趋进谏曰[2]：“君乐治海上而六月不归[3]，彼傥有治国者[4]，君且安得乐此海也！”景公援戟将斫之，颜烛趋进，抚衣待之，曰：“君奚不斫也？昔者桀杀关龙逢[5]，纣杀王子比干[6]，君之贤非此二主也；臣之材，亦非此二子也。君奚不斫？以臣参此二人者[7]，不亦可乎？”景公说[8]，遂归。中道，闻国人谋不内矣[9]。

【注释】

[1] 齐景公：见卷一君道·十七[1]。

[2] 颜烛趋：春秋时齐国大夫。或作“烛雏”。

[3] 君乐治海上：《太平御览·四百六十八》“上”后有“不乐治国”四字。

[4] 傥（tǎng）：倘若。

[5] 桀杀关龙逢（páng）：桀，见卷一君道·二十六[12]。关龙逢，夏桀的臣子，因劝谏夏桀通夜狂欢滥饮而被杀。逢，也作“逄”。

[6] 纣杀王子比干：纣，见卷一君道·二十六[12]。比干，见卷四立节·一[10]。

[7] 参:通"三(叁)"。
[8] 说:通"悦"。
[9] 内:同"纳"。

【今译】

齐景公在海上游玩得很高兴,六个月了还不返回,命令左右的人说:"有人敢先说返回的,死罪不赦"。颜烛趋进谏说:"您喜欢治理海上的事情,六个月不返回,都城内倘若有人取代您治理国家,您还能在海上游玩吗?"景公拿起长戟就要砍他,颜烛趋前进一步,拍了拍衣服等待着,说:"您为何不砍呀?从前夏桀杀死了关龙逢,商纣杀死了王子比干,您的贤明不是这两个君主可比的,我的才能也比不上这两个臣子。您为何不砍呀?把我当作这两个臣子之后的第三个人,不也可以吗?"景公高兴了,就返回去了。在半路上,听到都城有人策划不让他进城。

三

楚庄王立为君[1],三年不听朝,乃令于国曰:"寡人恶为人臣而遽谏其君者[2]。今寡人有国家,立社稷,有谏则死无赦。"苏从曰[3]:"处君之高爵,食君之厚禄,爱其死而不谏其君[4],则非忠臣也。"乃入谏。庄王立鼓钟之间,左伏杨姬[5],右拥越姬[6],左裯衽[7],右朝服,曰:"吾鼓钟之不暇,何谏之听!"苏从曰:"臣闻之,好道者多资,好乐者多迷;好道者多粮,好乐者多亡;荆国亡无日矣,死臣敢以告王。"王曰:"善。"左执苏从手,右抽阴刀[8],刎钟鼓之悬[9]。明日,授苏从为相。

【注释】

[1] 楚庄王:见卷一君道·十九[1]。

[2] 苏从:春秋时楚国大夫。
[3] 遽(jù)谏:多次劝谏。
[4] 其:自己。
[5] 杨姬:扬州美女。杨,即"扬"。
[6] 越姬:越地美女。
[7] 裯衽(chóu rèn):裯,床帐。衽,卧席。
[8] 阴刀:藏在衣内用来护身的短刀。
[9] 刎钟鼓之悬:割断悬挂钟鼓的绳子。

【今译】

楚庄王立为国君后,三年不处理朝政,还下令对国人说:"我讨厌臣子总是不断地劝谏他的君主。现在我继承了国君职位,建立了国家,如果有人敢劝谏我就死罪不赦。"苏从说:"身处君王赐给的高位,享受君王赐给的优厚俸禄,却因爱惜自己的生命不劝谏君主,那就不是忠臣。"于是入宫进谏。庄王站在钟鼓中间,左边靠着扬州美女,右边抱着越国美女,左边是床帐、卧席,右边是朝服,说:"我连听音乐的闲空都没有,哪有时间听进谏!"苏从说:"我听说,尊崇道义的人能得到很多资助,沉迷于享乐的人容易执迷不悟;尊崇道义的人粮食多多,沉迷于享乐的人容易败亡;楚国灭亡没有多长时间了,我冒死来劝告大王。"庄王说:"说得好。"于是左手拉着苏从,右手抽出护身的短刀,割断了悬挂钟鼓的绳子。第二天,授予苏从国相的职位。

四

晋平公好乐[1],多其赋敛,下治城郭[2],曰:"敢有谏者死。"国人忧之,有咎犯者[3],见门大夫曰[4]:"臣闻主君好乐,故以乐见。"门大夫入言曰:"晋人咎犯也,欲以乐见。"平公曰:"内之。"止坐殿上[5],则出钟、磬、竽、瑟。坐有顷,平公曰:"客子为乐。"咎犯对曰:

“臣不能为乐，臣善隐[6]。”平公召隐士十二人。咎犯曰：“隐臣窃顾昧死御[7]。”平公曰：“诺。”咎犯申其左臂而诎五指[8]，平公问于隐官曰：“占之为何？”隐官皆曰：“不知。”平公曰：“归之[9]！”咎犯则申其一指曰：“是一也，便游赭尽，而峻城阙[10]；二也，柱梁衣绣，士民无褐[11]；三也，侏儒有余酒[12]，而死士渴；四也，民有饥色，而马有粟秩[13]。五也，近臣不敢谏，远臣不得达。”平公曰：“善。”乃屏钟鼓，除竽瑟，遂与咎犯参治国。

【注释】

[1] 晋平公：见卷一君道·一[1]。

[2] 下：此字误，当作“不”。

[3] 咎犯：卢文弨认为，此为另一咎犯，非晋文公之舅。向宗鲁《说苑校证》引《后汉书·宦者传》吕强上疏云：“昔师旷谏平公曰：‘梁柱衣绣，民无褐衣，池有弃酒，士有渴死，厩马秣粟，民有饥色，近臣不敢谏，远臣不得畅。’”据此疑“咎犯”乃“师旷”之讹。

[4] 门大夫：守门的官。

[5] 止：使停留。

[6] 善隐：擅长打哑谜。下文的“隐士”“隐官”指善隐语而在宫中任职的人。

[7] 顾昧死御：顾，当作“愿”。昧，冒犯。御，进献。

[8] 申其左臂而诎五指：申，同“伸”。诎，同“屈”。

[9] 归之：回去吧。

[10] 便游赭(zhě)尽，而峻城阙：凡是便于游玩之处全是雕梁画栋，却不修整城池。赭，赤色。尽，当作“画”。而，当作“不”。

[11] 褐：粗麻织的短衣，穷人穿的衣服。

[12] 侏儒：指充当倡优、乐师的矮小之人。

[13] 秩：俸禄。

【今译】

晋平公喜欢音乐，多征赋税，不修整城池，还说：“谁敢进谏就杀死谁。”人们都很忧虑。有一个叫咎犯的人，去见守门官说：“我听说国君喜欢音乐，因此想以乐技拜见大王。”守门官进宫说：“有个叫咎犯的晋国人，想要以乐技拜见大王。”平公说：“让他进来。”平公让咎犯坐在大殿上，让人摆出钟、磬、竽、瑟等乐器。坐了一会儿，平公说：“请客人演奏吧。”咎犯说：“我不能演奏音乐，我擅长打哑谜。”平公就叫来十二个善于打哑谜的官员。咎犯说：“我个人愿冒死罪进献薄技。”平公说：“好的。”于是咎犯伸出左臂拳曲五指，平公问隐官：“猜猜这是什么？”隐官都说：“不知道。”平公说：“你们回去吧！”咎犯于是伸出一个指头说：“这个一，是说凡是便于大王游玩之处全是雕梁画栋，却不修整城池；这个二，是说宫殿梁柱披锦戴绣，士人和百姓却连粗麻织的衣服都没有；这个三，是说那些矮小的倡优、乐师美酒喝不完，而敢于冒死的勇士却忍受饥渴；这个四，说的是百姓面有饥色，但大王养的马却有粮食俸禄；这个五，说的是大王身旁的臣子不敢进谏，远方臣子的意见无法传达。”平公说：“说得好。”于是撤掉钟、鼓，除去竽、瑟，就请咎犯一同参与治理国家。

五

孟尝君将西入秦[1]，宾客谏之百通[2]，则不听也，曰：“以人事谏我，我尽知之；若以鬼道谏我，我则杀之[3]。”谒者入曰：“有客以鬼道闻。”曰：“请客入。”客曰[4]：“臣之来也，过于淄水上[5]，见一土耦人[6]，方与木梗人语[7]。木梗谓土耦人曰：‘子先土也，持子以为耦人[8]，遇天大雨，水潦并至[9]，子必沮坏[10]。’应曰：‘我沮乃反吾真耳，今子东园之桃也，刻子以为梗，遇天大雨，水潦并至，必浮子[11]，泛泛乎不知所止。’今秦四塞之国也，有虎狼之心，恐其有木梗之患。”于是孟尝君逡巡而退[12]，而无以应，卒不敢西向秦。

【注释】

[1] 孟尝君：齐国宗室大臣，战国四公子之一。姓田名文，田婴之子，袭封于薛（今山东滕州市南），称薛公，号孟尝君。轻财礼士，召集天下贤士，门客三千。

[2] 百通：百遍。

[3] 杀："杀"字于义不通，疑当为"察"字。

[4] 客：《史记·孟尝君列传》作"苏代"。《战国策·齐策》作"苏秦"。

[5] 淄水：河名，源出山东莱芜东北，流经临淄。

[6] 土耦：即"土偶"，泥塑的偶像。

[7] 木梗：即"木偶"，木刻的偶像。

[8] 持：俞樾认为当为"埏"，误为"持"。埏（shān），制陶器的模子。《战国策·齐策》："埏子以为人"是其证。

[9] 水潦（lǎo）：河水和雨水。潦，雨水。

[10] 沮坏：遭水泡坏。

[11] 浮：漂浮

[12] 逡巡：后退的样子。

【今译】

孟尝君将要向西进入秦国，门客劝谏百遍他也不听，说："用人情世故的道理来劝谏我，我都明白，如果用鬼神的道理来劝谏我，我还可以听一听。"侍从进来说："有一个客人用鬼神的道理来劝谏您。"孟尝君说："请客人进来。"客人说："我来的路上，经过淄水，看见一个土耦正在和一个木梗对话。木梗对土耦说：'你原先是泥土，把你抟揉成土耦，一旦遇到大雨，河水和雨水一起来到，你一定会被水泡坏。'土耦回答说：'我被泡坏是返回我原来的真面目了。现在的你原本是东边园子里的桃木，把你刻成木梗，一旦遇到大雨，河水和雨水一起来到，一定把你漂流到不知哪里去。'现在的秦国，是四面都险要的国家，有虎狼一样的凶恶之心，您进入秦国恐怕是有木梗那样的祸患。"这时的孟尝君往后退了几步，无话可对，最终也没敢向西进入秦国。

六

吴王欲伐荆[1]，告其左右曰："敢有谏者死！"舍人有少孺子者[2]，欲谏不敢，则怀操弹于后园，露沾其衣，如是者三旦。吴王曰："子来，何苦沾衣如此？"对曰："园中有树，其上有蝉，蝉高居悲鸣饮露，不知螳蜋在其后也[3]！螳蜋委身曲附欲取蝉，而不知黄雀在其傍也[4]！黄雀延颈欲啄螳蜋，而不知弹丸在其下也！此三者皆务欲得其前利，而不顾其后之有患也。"吴王曰："善哉！"乃罢其兵。

【注释】

[1] 荆：楚国的别称。
[2] 舍人有少孺子者：舍人，侍从。少孺子，人名，生平不详。
[3] 螳蜋，即"螳螂"。
[4] 傍(páng)：旁侧。

【今译】

吴王想要攻打楚国，警告身边的人说："敢有劝谏我的犯死罪。"侍从中有个叫少孺子的人，想要劝谏吴王却不敢去，就在怀里装上弹丸拿着弹弓在后花园里待着。露水沾湿了他的衣服，这样有三个早晨。吴王说："你过来，何苦这样把衣服沾湿了？"他回答说："花园里有一棵树，树上有蝉。蝉在高高的地方饮露水、发出悲哀的鸣叫，不知道螳螂在它的后面；螳螂躬着身子趴在树枝上想要捕捉蝉，却不知道黄雀在它的旁边；黄雀伸着脖子想要啄取螳螂，却不知道弹丸在它的下面。这三个东西，都想要得到眼前的利益，却不顾及自己身后的祸患。"吴王说："说得好啊！"于是取消了攻打楚国的计划。

七

楚庄王欲伐阳夏[1],师久而不罢,群臣欲谏而莫敢。庄王猎于云梦[2],椒举进谏曰[3]:"王所以多得兽者,马也;而王国亡,王之马岂可得哉?"庄王曰:"善,不谷知诎强之可以长诸侯也[4],知得地之可以为富也;而忘吾民之不用也[5]。"明日,饮诸大夫酒,以椒举为上客,罢阳夏之师。

【注释】

[1] 楚庄王欲伐阳夏:楚庄王,见卷一君道·十九[1]。欲,衍字,既言"师久而不罢",则是已经举兵。阳夏,地名,在今河南省太康县。

[2] 云梦:泽名。泛指春秋战国时期楚王的游猎区。

[3] 椒举:即伍举,春秋时楚国大夫,子胥祖父。因食邑于椒,故称。伍举是楚灵王时大夫,此时佐庄王者当为举父伍参。伍参为伍举之父,伍举为伍奢(事平王,被杀)之父,伍奢为伍子胥(因父被杀,逃至吴,佐吴王阖闾败楚,后被夫差赐死)之父。

[4] 不谷知诎(qū)强之可以长诸侯也:不谷,即"不穀",君王的谦辞。诎,屈。使动用法。长诸侯,为诸侯之长。

[5] 而忘吾民之不用也:"不"字后当有"可"字。用,役使。

【今译】

楚庄王攻打阳夏,打了很久还不撤兵,群臣想劝谏但又不敢。庄王在云梦畋猎,椒举进谏说:"大王能够猎获很多禽兽,是因为有马,如果大王的国家灭亡了,大王难道还能够得到马吗?"庄王说:"说得好。我只知道使强国屈服就可以称霸于诸侯,只知道得到土地就可以成为富国,却忘记了对我的百姓不可以这样长期役使下去。"第二天,庄王请各位大夫喝酒,把椒举待为上宾,撤回了进攻阳夏的军队。

八

秦始皇帝太后不谨[1]，幸郎嫪毐[2]，封以为长信侯，为生两子。毐专国事，浸益骄奢，与侍中左右贵臣俱博、饮，酒醉，争言而斗，瞋目大叱曰："吾乃皇帝之假父也，窭人子何敢乃与我亢[3]！"所与斗者走行白皇帝，皇帝太怒[4]。毐惧诛，因作乱，战咸阳宫，毐败。始皇乃取毐四支车裂之[5]，取其两弟囊扑杀之[6]，取皇太后迁之于萯阳宫[7]，下令曰："敢以太后事谏者，戮而杀之，从蒺藜其脊肉干四支[8]，而积之阙下！"谏而死者二十七人矣。齐客茅焦[9]乃往上谒曰："齐客茅焦愿上谏皇帝。"皇帝使使者出问："客得无以太后事谏也？"茅焦曰："然。"使者还白曰："果以太后事谏。"皇帝曰："走往告之：'若不见阙下积死人邪？'"使者问茅焦，茅焦曰："臣闻之，天有二十八宿[10]，今死者已有二十七人矣，臣所以来者，欲满其数耳。臣非畏死人也，走入白之。"茅焦邑子同食者，尽负其衣物行亡。使者入白之，皇帝大怒曰："是子故来犯吾禁，趣炊镬汤煮之[11]，是安得积阙下乎？趣召之入！"皇帝按剑而坐，口正沫出。使者召之入，茅焦不肯疾行，足趣相过[12]耳。使者趣之，茅焦曰："臣至前则死矣，君独不能忍吾须臾乎？"使者极哀之。茅焦至前，再拜谒起称曰："臣闻之，夫有生者不讳死，有国者不讳亡；讳死者不可以得生，讳亡者不可以得存。死生存亡，圣主所欲急闻也，不审陛下欲闻之不？"皇帝曰："何谓也？"茅焦对曰："陛下有狂悖之行，陛下不自知邪！"皇帝曰："何等也？愿闻之。"茅焦对曰："陛下车裂假父，有嫉妒之心；囊扑两弟，有不慈之名；迁母萯阳宫，有不孝之行；从蒺藜于谏士,有桀纣之治。今天下闻之,尽瓦解无向秦者。臣窃恐秦亡,为陛下危之。所言已毕,乞行就质。”乃解衣伏质[13]。皇帝下殿,左手接之,右手麾左右曰[14]:“赦之,先生就衣,今愿受事。”乃立焦为仲父,爵之为上卿。皇帝立驾千乘万骑,空左方,自行迎太后萯阳宫,归于咸阳。太后大喜,乃大置酒待茅焦。及饮,太后曰:“抗枉令直,使败更成,安秦之社稷,使妾母子复得相会者,尽茅君之力也。”

【注释】

[1] 秦始皇帝太后不谨:秦始皇帝,见卷六复恩·十五[4]。不谨,行为不检点。

[2] 嫪毐(lào ǎi):人名。战国末秦国宦官(名义上是宦官)。因得太后宠幸,权势很大。后因叛乱被处死。

[3] 窭(jù)人子:穷小子。窭,贫穷。亢:通“抗”。

[4] 太:同“大”。

[5] 支:同“肢”。

[6] 囊扑杀之:装在口袋里摔死。

[7] 萯(bèi)阳宫:当作“棫(yù)阳宫”。

[8] 从(zòng)蒺蔾其脊肉干四支:用蒺藜贯穿脊背和四肢。从,贯穿。蒺蔾,即“蒺藜”。下“蒺蔾”同。“肉”为衍字。

[9] 茅焦:人名,齐国人,事如本章所载。

[10] 二十八宿(xiù):中国古代对二十八个星座的称呼。

[11] 趣(cù)炊镬(huò)汤煮之:赶快用锅烧开水煮死他。趣,赶快,急速;下文“使者趣之”的“趣”是催促的意思。镬,锅。

[12] 足趣相过:一步一步地挨着向前走。

[13] 伏质:趴在铡刀的垫座上。质,同“锧”,古代杀人用的砧板。

[14] 麾:通“挥”。

【今译】

秦始皇的母太后行为不检点,私通郎官嫪毒,封他为长信侯,为他生了两个孩子。嫪毒专断国家政事,越来越骄横跋扈,与皇帝身边的侍从一起赌博、饮酒，喝醉后，就因口角而殴斗，瞪大眼睛说："我是皇帝的义父，穷小子们怎敢和我对抗！"与他殴斗的人跑着到皇帝那里去告状，皇帝大怒。嫪毐担心被杀，就搞起叛乱，攻打咸阳宫，被打败，皇帝就把他车裂了，捕捉两个弟弟装在口袋里摔死，把皇太后迁往萯阳宫关起来，下令说："有胆敢因为太后的事情进谏的人，就砍杀他，用蒺藜贯穿他的脊背和四肢，并把尸体堆放在城门下。"因进谏而被杀死的人二十七个了。这时齐国的客人茅焦去谒见皇帝说："齐国客人茅焦愿意进谏皇帝。"皇帝的使者出宫问他："客人莫非因为太后的事情进谏吗？"茅焦说："是的。"使者回宫对皇帝说："果真是因为太后的事情来进谏。"皇帝说："跑去告诉他：'你没有看到城门下堆放着的尸体吗？'"使者出去问茅焦，茅焦说："我听说，天上有二十八星宿，现在死去的人已经有二十七个了，我来的目的，想要填满二十八这个数字。我不是怕死的人，快去告诉皇帝吧！"和茅焦在城中同吃、住的人，吓得都背着自己的衣物逃走了。使者进宫告诉了皇帝。皇帝大怒说："这个人故意违反我的禁令，赶快烧锅用开水煮死他！看他怎么能够让自己的尸体堆放在城门之下呢？快叫他进来！"皇帝握剑而坐，气得唾沫流了出来。使者叫茅焦进宫，茅焦不肯快走，只是一步一步地向前走。使者催促他快走，茅焦说："我到皇帝面就要被煮死，你难道不能为我忍耐一会儿吗？"使者非常同情他。茅焦到了皇帝面前拜了两拜，谒见皇帝起身说道："我听说，活着的人不忌讳说死，拥有国家的人不忌讳说亡国。忌讳说死的人不会因此长寿，忌讳说亡国的人不会因此使国家保存下来。生死存亡的道理，是圣明的君主想要急于知道的，不知陛下想不想听一听呢？"皇帝说："你说的是什么？"茅焦说："陛下有狂乱违背情理的行为，陛下自己不知道吗？"皇帝说："指哪些事情，我想听听！"茅焦回答说："陛下车裂自己的继父，说明你有妒忌心理；把两个弟弟装在口袋里摔死，你就有了不仁慈的名声；把你母亲贬到萯阳宫，说明你有不孝的行为；用蒺藜贯穿脊背和四肢来对待进谏的士人，说明你有桀纣一样的暴政。现在天下的人都知道了，人心都瓦解涣散了，没有人心向秦朝了，我私下里担心秦朝灭亡，替陛下感到危机啊。我说完了，请让我服刑吧。”于是茅焦解开衣服趴在刑具上。皇帝走下殿来，左手拉起他，右手挥了挥身边的人说：“赦免他！请先生穿好衣服，现在我愿意接受您的教诲。”于是立茅焦为仲父，赐给上卿的爵位。皇帝立即带上众多车马，预留出左侧上位，亲自到萯阳宫来迎接太后回皇宫，返回咸阳。太后非常高兴，于是大摆酒席款待茅焦。到了敬酒的时候，太后说：“抗拒错误使他回到正道上来，使得坏事变成了好事，使得秦朝社稷安定下来，使得我们母子又能够团聚，都是茅焦的功劳啊。”

九

楚庄王筑层台[1]，延石千里[2]，延壤百里，士有反三月之粮者[3]。大臣谏者七十二人，皆死矣。有诸御己者[4]，违楚百里而耕[5]，谓其耦曰[6]：“吾将入见于王。”其耦曰：“以身乎？吾闻之，说人主者，皆闲暇之人也，然且[7]至而死矣。今子特草茅之人耳[8]！”诸御己曰：“若与予同耕[9]，则比力也，至于说人主，不与子比智矣。”委其耕而入见庄王[10]。庄王谓之曰：“诸御己来，汝将谏邪？”诸御己曰：“君有义之用，有法之行。且己闻之[11]，土负水者平，木负绳者正，君受谏者圣。君筑层台，延石千重，延壤百里，民之衅咎血成于通涂[12]，然且未敢谏也。己何敢谏乎？顾臣愚[13]，窃闻昔者虞不用宫之奇而晋并之[14]，陈不用子家羁而楚并之[15]，曹不用僖负羁而宋并之[16]，莱不用子猛而齐并之[17]，吴不用子胥而越并之[18]，秦人不用蹇叔之言而秦国危[19]。桀杀关龙逄而汤得之[20]，纣杀王子比干而武王得之[21]，宣王杀杜伯而周室卑[22]。此三天子、六诸侯，皆不能尊贤用辩士之言，故身死而国亡。”遂趋而出，楚王遽而追之曰[23]：“己，子反矣！吾将用子之谏；先日说寡人者，其说也不足以动寡人之心，又危加诸寡人[24]，故皆至而死。今子之说，足以动寡人之心，又不危加诸寡人，故吾将用子之谏。”明日令曰：“有能入谏者，吾将与为兄弟。”遂解层台而罢民。楚人歌之曰：“薪乎？莱乎？无诸御己，讫无子乎[25]！莱乎？薪乎？无诸御己，讫无人乎！”

【注释】

[1] 楚庄王：见卷一君道·十九[1]。

[2] 延石千里：从千里之外运来石头。延，本义迎接，引申为运送。

[3] 士有反三月之粮者：男劳力带三个月的粮食。士，男劳力。反，携带。

[4] 诸御己：人名。春秋时楚国人。

[5] 违：相距。

[6] 耦：两人并耕。此处指同伴。

[7] 然且：而且。

[8] 特：只不过。

[9] 予：一作“子”。

[10] 委：舍弃，丢弃。

[11] 且：但是。

[12] 民之衅咎血成于通涂：百姓被认为有罪而遭受刑罚，血流满路。衅，罪过。咎，责打。涂，通“途”，道路。

[13] 顾：不过。表示轻微的转折。

[14] 宫之奇：见卷八尊贤·二[11]。

[15] 陈不用子家羁：其事不详。

[16] 僖负羁：见卷八尊贤·二[17]。

[17] 莱不用子猛：莱，西周列国名。子猛，生平不详。齐并莱当在楚庄王之后，原文时间不合。

[18] 子胥：即“伍子胥”。见卷八尊贤·九[12]。越并吴当在楚庄王之后，原文时间不合。

[19] 蹇叔：见卷八尊贤·二[6]。
[20] 关龙逢：见本卷·二[5]。
[21] 比干：见卷四立节·一[10]。
[22] 宣王、杜伯：见卷四立节·二十[2][1]。
[23] 遽：快速。
[24] 又危加诸寡人：又危言耸听强加于我。
[25] "薪乎"句：砍柴呀，割草呀，如果没有诸御己，至今没有后代呀！薪，柴。莱，草。这里均用作动词，砍柴、割草。讫，通"迄"，至今。

【今译】

楚庄王修筑高台，从千里之外运来石头，从百里之外运来土壤，男劳力带三个月的粮食。大臣中进谏的有七十二人，都被处死了。有一个叫诸御己的人，在距离楚都百里的地方耕耘，对他的同伴说："我要进宫见楚王。"他的同伴说："就凭你吗？我听说，游说国君的人，都是不务农耕的官人，而且去了就被处死。现在你只不过是乡野之人罢了！"诸御己说："你和我共同耕耘，比的是力气；至于游说君王，那我就不和你比智慧了。"于是丢弃了耕具进宫求见楚王。楚庄王对他说："诸御己，过来，你将要进谏我吗？"诸御己说："大王自有道义可遵循，自有法律可遵守。但是我听说，土经过水流冲刷后就变得平整，木材经过墨线的打量后就变得笔直，君王接受了进谏就变得圣明。君王修筑高台，从千里之外运来石头，从百里之外运来土壤，百姓被认为有罪而遭受刑罚，血流满路，而且没有人敢进谏。我怎敢进谏呢？不过我虽然愚笨，但私下听说从前虞国国君不听宫之奇劝谏而被晋国吞并，陈国国君不听子家羁的劝谏而被楚国吞并，曹国国君不听僖负羁的劝谏而被宋国吞并，莱国国君不听子猛的劝谏而被齐国吞并，吴国国君不听子胥的劝谏而被越国吞并，秦国国君不听蹇叔的话而造成秦国的危机。桀杀掉了关龙逢而让商汤得了天下，纣王杀了王子比干而让周武王得了天下，周宣王杀了杜伯而使得周王室衰弱。这三位天子、六位诸侯，都不能尊重贤士、采纳辩士忠言，所以导致身死国灭。"说完就快步走出王宫。楚王迅速追赶上他，说："诸御己！你回来，我将采纳你的进谏！先前那些劝谏我的，他们的进谏不足以打动我的心，又危言耸听强加于我，所以都来到后被处死了；现在你的劝谏，足以打动我的心，又不危言耸听强加于我，所以我将采纳先生的进谏。”他第二天下令说：“有能进宫劝谏的，我将要和他结为兄弟。”于是解除了修筑高台的工程并解散了做工的百姓。楚人歌颂这件事说：“砍柴呢？还是割草呢？如果没有诸御己，至今没有你们呀！砍柴呢？还是割草呢？如果没有诸御己，至今没有我们呀！”

十

齐桓公谓鲍叔曰[1]：“寡人欲铸大钟，昭寡人之名焉，寡人之行，岂避尧、舜哉[2]？”鲍叔曰：“敢问君之行？”桓公曰：“昔者吾围谭三年[3]，得而不自与者，仁也；吾北伐孤竹[4]、刬令支而反者[5]，武也[6]；吾为葵丘之会[7]，以偃天下之兵[8]者，文也；诸侯抱美玉而朝者九国，寡人不受者，义也。然则，文武仁义寡人尽有之矣，寡人之行，岂避尧、舜哉！”鲍叔曰：“君直言，臣直对。昔者公子纠在上位而不让[9]，非仁也；背太公之言而侵鲁境，非义也；坛场之上，诎于一剑[10]，非武也；侄娣不离怀衽[11]，非文也[12]。凡为不善遍于物，不自知者[13]，无天祸必有人害。天处甚高，其听甚下，除君过言[14]，天且闻之。”桓公曰：“寡人有过乎？幸记之[15]，是社稷之福也；子不幸教，几有大罪以辱社稷。”

【注释】

[1] 齐桓公谓鲍叔：齐桓公，见卷一君道·十六[1]。鲍叔，见卷二臣术·四[3]。

[2] 避：逊于，比……差。

[3] 谭：春秋时国名，故地在山东省济南历城东。

[4] 孤竹：古国名。故地在今河北卢龙县西北。存于商、周时代，伯夷、叔齐是孤竹君二子。

[5] 刬(chǎn)令支：刬，灭除，废除。令支，古国名。故地在今河北迁安市西。

[6] 武：武功。

[7] 葵丘之会：《左传·僖公九年》载："齐侯盟诸侯于葵丘。"葵丘，春秋时宋地，今河南民权县东北。

[8] 偃天下之兵：停止天下的战争。偃，弭兵。兵，战争。

[9] 公子纠：桓公兄。桓公即位后令鲁人将其杀死。

[10] 坛场之上，诎(qū)于一剑：坛场，古代举行祭祀、即位、盟会、拜将等大典的场所。诎于一剑，《史记·刺客列传》载："桓公与庄公既盟于坛上，曹沫执匕首劫齐桓公，乃许尽归鲁之侵地。"诎，屈服，被……所屈服。

[11] 侄娣(dì)不离怀衽：见卷八尊贤·七[2]。侄娣，即"娣侄"，从嫁的妹妹和侄女。怀衽，怀抱。

[12] 文：礼法。

[13] 凡为不善遍于物，不自知者：做尽一切坏事，却不懂得自省的人。

[14] 除：改变。

[15] 寡人有过乎？幸记之：《太平御览·四百五十五》作"寡人有过，子幸记之。"于义较胜。

【今译】

齐桓公对鲍叔说："我想铸造一口大钟，来彰显我的美名。我的品行，难道逊于尧、舜吗？"鲍叔说："冒昧地问一问大王的品行是怎样的？"桓公说："从前，我围困了谭国三年，灭了它并不占为己有，这是我的仁德；我北伐孤竹国，灭除了令支国而返回，这是我的武功；我召集葵丘盟会，来停止天下的战争，这是我的文治；诸侯携带着美玉来朝拜的有九个国家，我没有接受，这是我的义举；这样看来，文、武、仁、义的品行我全都具备了。我的品行，难道逊于尧、舜吗？"鲍叔说："大王说话直率，我也就直言回答。从前，公子纠居兄长之位应继承王位你却不谦让，这不是仁义的行为；违背了姜太公的誓言去侵犯鲁国，这是不道义的行为；在盟会的坛场上，被一把剑所屈服，这不是勇武的表现；从嫁的妹妹和侄女不离怀抱，这不是符合礼法的行为。做尽一切坏事却不懂得自省的人，即便天不降灾，也一定会导致人为的灾乱。天虽然看上去高高在上，却能够听取下情。改变您错误的话吧，不然上天会听到的。”桓公说：“我有过错，幸亏先生能够记住，这是国家的福气；假如先生不来教导我，我几乎犯有大的罪过，辱没了国家。”

十一

楚昭王欲之荆台游[1]，司马子綦进谏曰[2]：“荆台之游，左洞庭之陂，右彭蠡之水[3]，南望猎山[4]，下临方淮[5]，其乐使人遗老而忘死，人君游者尽以亡其国，愿大王勿往游焉。”王曰：“荆台乃吾地也，有地而游之，子何为绝我游乎？”怒而击之。于是令尹子西驾安车四马径于殿下[6]，曰：“今日荆台之游，不可不观也。”王登车而拊其背曰[7]：“荆台之游，与子共乐之矣！”步马十里[8]，引辔而止曰[9]：“臣不敢下车，愿得有道[10]，大王肯听之乎？”王曰：“第言之[11]。”令尹子西曰：“臣闻之，为人臣而忠其君者，爵禄不足以赏也[12]；为人臣而谀其君者，刑罚不足以诛也。若司马子綦者，忠臣也；若臣者，谀臣也。愿大王杀臣之躯，罚臣之家而禄司马子綦[13]。”王曰：“若我能止，听公，子独能禁我游耳，后世游之，无有极时，奈何？”令尹子西曰：“欲禁后世易耳，愿大王山陵崩阤[14]，为陵于荆台；未尝有持钟鼓管弦之乐而游于父之墓上者也[15]。”于是王还车，卒不游荆台，令罢先置[16]。孔子从鲁闻之曰：“美哉！令尹子西，谏之于十里之前，而权之于百世之后者也[17]。”

【注释】

[1] 楚昭王欲之荆台游：楚昭王，见卷一君道·二十七[1]。之，到。荆台，地名，今湖北监利县北。

[2] 司马子綦(qí)：司马，官名。子綦，春秋时楚国人，名结。楚昭王之兄，有贤名。楚昭王有疾，欲传位于子綦，不从。与子西合立昭王妾越女所生之子章为王，是为楚惠王。后死于白公胜叛乱。

[3] 左洞庭之陂(bēi)，右彭蠡之水：洞庭，即洞庭湖。陂，当作“波”。彭蠡，即鄱阳湖。

[4] 猎山：山名。不详。

[5] 方淮：水名。不详。

[6] 子西：即公子申，楚平王庶长子(一作庶弟)，字子西。平王死，令尹子常欲立子西为王，子西斥子常为乱国。子常惧，乃立平王太子珍，即昭王。后助昭王败吴军，为令尹。后死于白公胜叛乱。安车四马：安车，古代一种与立乘有别的坐乘小车。四马，四匹马拉车。

[7] 拊(fǔ)：抚摩。

[8] 步马：使马慢行。

[9] 引辔(pèi)：拉住马缰绳。

[10] 愿得有道：希望能够与有道之君说几句话。

[11] 第：只管。

[12] 爵禄不足以赏也：爵位和俸禄不足以用来赏赐他。

[13] 禄：作为……的俸禄

[14] 山陵崩阤(zhì)：山陵，比喻帝王。崩阤，皇帝去世的隐讳说法。

[15] 父：后脱一“祖”字。

[16] 令罢先置：命令撤掉原先准备好的一切。

[17] 权：考虑。

【今译】

楚昭王想要到荆台去游玩，司马子綦劝谏道：“到荆台去游玩，左面靠近洞庭湖，右面毗邻彭蠡湖，南面是猎山，下面挨着方淮河，快乐得可以使人忘记老和死，凡是到这个地方游玩的君王，他的国家都亡了。希望大王不要去这样的地方游玩。”昭王说：“荆台是我的地方，有这样的地方去游玩，你为什么要阻拦我呢？”发怒并击打司马子綦。在这时令尹子西驾着四匹马拉的安车，径直来到大王的宫殿下面，说：“今天到荆台去游玩，不能不去啊。”昭王登上车抚摩着他的背说：“到荆台去游玩，我和你一起享受快乐！”子西驾着车使马慢慢行走了十里路，拉住马缰绳停下车，说：“我不能下车行礼，希望能够在车上与有道之君说几句话，大王愿意听我讲吗？”昭王说：“只管说。”令尹子西说：“我听说，作为臣子能够忠于君主，仅用爵位和俸禄来赏赐他是不够的；作为臣子阿谀君主，仅用刑罚来处罚他是不够的。像司马子綦这样的人，是忠臣；像我这样的人，属于阿谀之臣。请大王杀了我，抄我的家，来作为司马子綦的俸禄。”昭王说：“如果我能停止游玩，听从公子的话，也就只能够阻止我一个人去游玩罢了。后来的人到荆台去游玩，永无休止，怎么办呢？”令尹子西说：“想要禁止后来的人到荆台去游玩容易，请大王去世以后，在荆台修建陵墓，还没有见过谁带着钟鼓管弦乐器到祖先的坟墓上去游玩呢。”于是大王使车马返回，最终没有到荆台游玩，并命令撤掉原先准备好的一切。孔子在鲁国听到这件事，说：“好啊！令尹子西，在十里之外劝阻了楚王，而且还考虑到了百代之后啊。”

十二

荆文王得如黄之狗[1]、箘簬之矰[2]，以畋于云梦[3]，三月不反。得舟之姬[4]，淫，期年不听朝[5]。保申谏曰[6]：“先王卜，以臣为保，吉。今王得如黄之狗、箘簬之矰，畋于云梦，三月不反。及得舟之姬，淫，期年不听朝，王之罪当笞[7]。匍伏[8]，将笞王。”王曰：“不穀免于襁褓，托于诸侯矣[9]，愿请变更而无笞。”保申曰：“臣承先王之命不敢废。王不受笞，是废先王之命也。臣宁得罪于王，无负于先王。"王曰:"敬诺。"乃席王[10],王伏。保申束细箭五十,跪而加之王背,如此者再,谓王:"起矣。"王曰:"有笞之名,一也,遂致之[11]。"保申曰:"臣闻之,君子耻之,小人痛之;耻之不变,痛之何益?"保申趋出,欲自流[12],乃请罪于王。王曰:"此不穀之过,保将何罪?"王乃变行从保申,杀如黄之狗,折箘簬之矰,逐舟之姬,务治乎荆。兼国三十。令荆国广大至于此者,保申敢极言之功也。萧何、王陵闻之曰[13]:"圣主能奉先世之业而以成功名者,其惟荆文王乎!故天下誉之,至今明主忠臣孝子以为法。"

【注释】

[1] 荆文王得如黄之狗:荆文王,即楚文王,见卷一君道·三十二[1]。如黄,猎犬名。

[2] 箘簬(jùn lù)之矰(zēng):箘簬,两种竹子,细长而直,杆可为矢。矰,一种用于射鸟的系着丝线的短箭。

[3] 畋(tián)于云梦:畋,打猎。云梦,泽名。

[4] 舟之姬:当为"丹之姬"。丹,地名,即丹阳,今湖北省秭归县。姬,美女。

[5] 期(jī)年:一年。

[6] 保申:名叫申的太保。保,官名,太保,三公之一,专门辅佐国君。

[7] 笞(chī):鞭刑。此处指施以鞭刑。

[8] 匍伏:即"匍匐"。此处是趴下的意思。

[9] 不穀免于襁褓,托于诸侯矣:我不是小孩子了,已经身为诸侯了。不穀,君王自称。襁褓,本指包裹婴儿用的布被,此处指年纪幼小。

[10] 乃席王:于是为文王铺好席子。

[11] "有笞之名"句:一,一样。遂致之,就真的动刑吧。

[12] 自流:流放自己。

[13] 萧何、王陵:萧何,西汉沛人,辅佐刘邦建立汉朝,为开国名相,封酂(zàn)侯。王陵,西汉沛人,辅佐刘邦建立汉朝,封为安国侯,后任右丞相。

【今译】

荆文王得到了如黄猎狗和用箘、簬做成的箭，在云梦打猎，三个月不回朝。又得到了丹阳美女，淫乐不休，一年不理朝政。太保申进谏说："先王占卜过，让我来担任太保，认为吉利。如今大王得到了如黄猎狗和用箘、簬做成的箭，在云梦打猎，三个月不回朝。又得到了丹阳美女，淫乐不休，一年不理朝政。大王罪当受鞭刑。趴在席上，我将要鞭打你。"文王说："我不是小孩子了，已经身为诸侯了，希望变换方式不要动用鞭刑。"太保申说："我秉承先王之命，不敢废弃鞭刑。大王不接受鞭刑，这是废弃先王之命的行为。我宁肯得罪大王您，也不能违背先王之命。"文王说："好吧。"于是太保申为文王铺好席子，让文王趴在上面。太保申捆好五十根细竹条，跪下后放到楚王的背上，这样进行了两次，然后对文王说："起来吧。"楚王说："我有了受鞭刑的名声，与真的受鞭刑没有区别，你就真的用刑吧。"太保申说："我听说对于鞭刑，君子以之为耻，小人则只是感到疼痛。如果感觉到耻辱却不改正，觉得疼痛又有什么益处呢？"太保申快步走出，想要流放自己，就向楚王请罪。文王说："这是我的过错，你有什么罪呢？"于是文王改变行为听从太保申的话，杀死了猎狗如黄，折断了箘、簬做成的箭，赶走了丹阳美女，专心治理国家，兼并了三十个小国。使得楚国土地扩大到现在这样的面积，这是太保申敢于极力进谏的功劳啊。萧何、王陵听后说："圣明的君主能够继承先王留下的基业成功名的，大概只有楚文王吧！因此天下的人称赞他，至今贤明的君主和忠臣、孝子仍然奉他为效法的榜样。"

十三

晋平公使叔向聘于吴[1]，吴人拭舟以逆之[2]，左五百人，右五百人，有绣衣而豹裘者，有锦衣而狐裘者。叔向归以告平公。平公曰:“吴其亡乎！奚以敬舟？奚以敬民?[3]”叔向对曰:“君为驰底之台[4],上可以发千兵,下可以陈钟鼓。诸侯闻君者,亦曰‘奚以敬台？奚以敬民?’所敬各异也。”于是平公乃罢台。

【注释】

[1] 晋平公使叔向聘于吴:晋平公,见卷一君道·一[1]。叔向,见卷五贵德·十三[2]。聘,诸侯之间派使者问候致意。

[2] 拭舟以逆之:拭,通“饰”。逆,迎。

[3] 奚以敬舟？奚以敬民:为什么这样看重舟船？怎么来敬民呢？前一个“奚以”是“为什么”,后一个“奚以”是“怎么”。

[4] 驰底之台:平公所建高台,在汾水边。

【今译】

晋平公派叔向访问吴国,吴人装饰舟船来迎接叔向,左边有五百人,右边有五百人,有的穿着锦绣豹皮衣,有的穿着锦绣狐皮衣。叔向回国后把情况报告给平公。平公说:“吴国要亡了吧！为什么这样看重舟船？怎么来敬民呢?”叔向说:“君王您建造驰底之台,上面可以存兵千人,下面可以陈列钟鼓。诸侯听说后,也会说‘为什么这样看重高台,怎么来敬民呢?’看来只是各自所看重的不同罢了。”于是晋平公停止建造驰底之台。

十四

赵简子举兵而攻齐[1],令军中有敢谏者罪至死。被甲之士名曰公卢[2],望见简子大笑。简子曰:“子何笑?”对曰:“臣有宿笑[3]。”简子曰:“有以解之则可[4],无以解之则死。”对曰:“当桑之时,臣邻家夫与妻俱之田,见桑中女,因往追之,不能得,还反,其妻怒而去之。臣笑其旷也[5]。”简子曰:“今吾伐国失国,是吾旷也。”

于是罢师而归。

【注释】

[1] 赵简子:见卷一君道·三十三[1]。
[2] 公卢:人名。
[3] 宿笑:从前的笑话。
[4] 有以解之:能说清楚。
[5] 旷:失掉,落空。

【今译】

赵简子发兵攻打齐国,下令军中有人敢进谏者死。一个身穿铠甲名叫公卢的武士,看见赵简子就大笑不止。赵简子说:"你笑什么?"他回答说:"我有一个老笑话。"赵简子说:"能说清楚就算了,不能说清楚就是死罪。"他回答说:"那是在采桑的时候,我邻居家的丈夫和妻子一块到田地里去。那丈夫看见桑树林中有一个女子,就去追逐,没有追到,回到家里,他的妻子生气地离开了丈夫。我笑那个丈夫,两个人都失掉了。"赵简子说:"现在我攻打齐国将要失掉自己的国家,我就像那个失掉两个人的丈夫一样啊。"于是撤军回国。

十五

景公为台[1],台成,又欲为钟。晏子谏曰[2]:"君不胜欲为台[3],今复欲为钟,是重敛于民,民之哀矣[4]。夫敛民之哀而以为乐,不祥。"景公乃止。

【注释】

[1] 景公:见卷一君道·十七[1]。
[2] 晏子:见卷一君道·十七[1]。
[3] 不胜欲:不能克制自己的欲望。
[4] 民之哀矣:《晏子春秋·内篇谏下》作"民必哀矣"。

【今译】

齐景公建造高台,建成后,又想要铸造大钟。晏子进谏说:“君王您不能克制自己的欲望去建造高台,现在又想要铸造大钟,这是加重百姓赋税的负担,百姓一定很痛苦。把加重百姓的负担来作为自己的快乐,不吉祥。”景公于是停止了。

十六

景公有马,其圉人杀之[1]。公怒,援戈将自击之。晏子曰:“此不知其罪而死,臣请为君数之[2],令知其罪而杀之。”公曰:“诺。”晏子举戈而临之曰:“汝为吾君养马而杀之,而罪当死[3];汝使吾君以马之故杀圉人,而罪又当死;汝使吾君以马故杀人,闻于四邻诸侯,汝罪又当死。”公曰:“夫子释之!夫子释之!勿伤吾仁也。”

【注释】

[1] 圉(yǔ)人:养马的人。
[2] 数:列举罪状。
[3] 而:代词。你。

【今译】

齐景公有一匹马,被养马的人杀死了。景公非常生气,拿起长戈就要去杀那个养马人。晏子说:“他不知道自己犯了什么罪就被处死,请让我来列举他的罪状,让他知道自己的罪后再杀死他。”景公说:“好。”晏子举着长戈对养马人说:“你为君王养马却杀死了马,你罪当死;你使得我们君主因为一匹马杀死了养马人,你罪又当死;你使得我们君主因为一匹马杀死了人,传到邻国诸侯那里毁坏君王的名声,你罪又当死。”景公说:“先生放了他,先生放了他,不要毁坏了我仁爱的名声。”

十七

景公好弋[1]，使烛雏主鸟而亡之[2]，景公怒而欲杀之。晏子曰："烛雏有罪，请数之以其罪，乃杀之。"景公曰："可。"于是乃召烛雏数之景公前，曰："汝为吾君主鸟而亡之，是一罪也；使吾君以鸟之故杀人，是二罪也；使诸侯闻之，以吾君重鸟而轻士，是三罪也。"数烛雏罪已毕，请杀之。景公曰："止！"勿杀而谢之[3]。

【注释】

[1] 弋(yì)：当作"弋"，带绳子的箭。此处是用弋射。
[2] 烛雏：见本卷·二[2]。主，管理。
[3] 谢：道歉。

【今译】

齐景公喜欢用弋射鸟，让烛雏管理鸟，烛雏却让鸟飞走了，景公很生气就想要杀死烛雏。晏子说："烛雏有罪，请让我列举他的罪过，再杀他。"景公说："可以。"于是晏子把烛雏叫到景公跟前，说："你为君主管理鸟却让鸟飞走了，这是你的第一条罪状；你使得我们君主因为一只鸟的缘故而杀人，这是你的第二条罪状；让诸侯听到了，会认为我们君主看重鸟而轻视士人的生命，这是你的第三条罪状。"列举烛雏罪行完毕后，晏子请景公杀烛雏。景公说："停！"没有杀烛雏反而向他道歉。

十八

景公正昼被发、乘六马，御妇人以出正闺[1]，刖跪击其马而反之[2]，曰："尔非吾君也。"公惭而不朝。晏子睹裔敖而问曰[3]："君何故不朝？”对曰：“昔者君正昼被发、乘六马，御妇人出正闺，刖跪击其马而反之曰：‘尔非吾君也。’公惭而反，不果出[4]，是以不朝。”晏子入见，公曰：“昔者寡人有罪，被发、乘六马，以出正闺，刖跪击其马而反之[5]，曰：‘尔非吾君也。’寡人以天子大夫之赐[6]，得率百姓以守宗庙，今见戮于刖跪以辱社稷[7]，吾犹可以齐于诸侯乎[8]？”晏子对曰：“君无恶焉。臣闻之，下无直辞，上有隐君；民多讳言，君有骄行。古者明君在上，下有直辞；君上好善，民无讳言。今君有失行，而刖跪有直辞，是君之福也，故臣来庆。请赏之，明君之好善；礼之，以明君之受谏！”公笑曰：“可乎？”晏子曰：“可。”于是令刖跪倍资，无正[9]，时朝无事。

【注释】

[1]“正昼被(pī)发”句：大白天披头散发、乘坐六匹马拉的车，带上妇人从宫中正门出来。正昼，大白天。被，同“披”。正闺，宫中正门。

[2]刖(yuè)跪：受刖足之刑的人。刖，砍去脚。古代常用刖足者守门。

[3]裔敖：人名。不详，疑为景公近侍。

[4]果：终究，最终。

[5]其：此为景公自述，“其”为衍字。《晏子春秋·内篇杂上》无“其”字。

[6]天：当为衍字。

[7]戮：侮辱，羞辱。

[8]齐：并列。

[9]倍资，无正：加倍奖赏钱财，不征他的赋税。正，同“征”。

【今译】

齐景公大白天披头散发、乘坐六匹马拉的车，带上妇人从宫中正门出来。受刖刑的守门人拍打景公的马让他返回宫内，并且说：“您不像我们国君应有的样子。”景公很惭愧，就不上朝。晏子看见裔敖就问他：“君王为什么不上朝？”裔敖回答说：“前些天，君王大白天披头散发、乘坐六匹马拉的车，带上妇人从宫中正门出来。受刖刑的守门人拍打景公的马让他返回宫内,并且说:‘您不像我们国君应有的样子。’君王羞愧而返,终究也没有出去,因此不上朝。”晏子入宫见景公,景公说:“前些日子,我大白天披头散发、乘坐六匹马拉的车,从宫中正门出来。受刖刑的守门人拍打我的马让我返回宫内,并且说:‘您不像我们国君应有的样子。’我依靠先生和各位大夫的赐教,得以率领百姓守护国家社稷,现在被遭刖刑的守门人羞辱,使国家受到侮辱,我还可以并列于诸侯的行列吗?”晏子回答说:“君王不必以此为耻辱。我听说,臣下如果不能直言,上面必定有昏君;百姓如果讲话忌讳多,国君就有骄横行为。古时候,贤明的君主在位,臣下就敢于直言;君王喜欢善行,百姓就没有忌讳的话。现在君王的行为有过失,遭刖刑的守门人敢于直言,这是君王的福分啊,所以我来庆贺。请求君王赏赐他,来表明君王喜好善行;对他以礼相待,来表明君王接受进谏。”景公笑着说:“这样做可以吗?”晏子回答说:“可以。”景公于是下令对遭刖刑的守门人加倍奖赏钱财,不向他征收赋税。当时朝廷平安无事。

十九

景公饮酒,移于晏子家,前驱报闾曰[1]:“君至”。晏子被玄端立于门曰[2]:“诸侯得微有故乎[3]?国家得微有故乎?君何为非时而夜辱[4]?”公曰:“酒醴之味,金石之声,愿与夫子乐之。”晏子对曰:“夫布荐席、陈簠簋者有人[5],臣不敢与焉。”公曰:“移于司马穰苴之家[6]。”前驱报闾曰:“君至”。司马穰苴介胄操戟立于门曰:“诸侯得微有兵乎?大臣得微有叛者乎?君何为非时而夜辱?”公曰:“酒醴之味,金石之声,愿与夫子乐之。”对曰:“夫布荐席,陈簠簋者有人,臣不敢与焉。”公曰:“移于梁丘据之家[7]。”前驱报闾曰:

"君至"。梁丘据左操瑟,右挈竽,行歌而至。公曰:"乐哉!今夕吾饮酒也,微彼二子者何以治吾国?微此一臣者何以乐吾身?"贤圣之君皆有益友,无偷乐之臣。景公弗能及,故两用之,仅得不亡。

【注释】

[1] 前驱报闾:先行的人到门口报信。闾,里门。

[2] 被(pī)玄端:穿上黑色的礼服。被,同"披"。玄端,黑色礼服。

[3] 诸侯得微有故:诸侯莫非有什么变故。得微,莫非。故,变故。

[4] 非时而夜辱:不在正常的时间出行却在深夜屈尊来到。

[5] 布荐席、陈簠簋(fǔ guǐ):铺设席子,陈列簠、簋。布,铺。荐,草席。簠、簋,盛食品的器具。

[6] 司马穰苴:春秋时齐国大夫,田氏,名穰苴,官司马。深通兵法,奉景公命击退晋、燕军,收复失地。战国时,齐威王命大夫整理古司马兵法,并将其兵法附在里面,称为《司马穰苴兵法》,见《史记·司马穰苴列传》。

[7] 梁丘据:景公宠臣。

【今译】

齐景公饮酒到深夜,想要转移到晏子家中继续饮酒,先行的人到门口报信,说:"君王到了。"晏子就穿上黑色的礼服,站在门口,问道:"莫非诸侯有什么变故?莫非国家有什么变故?国君为什么不在正常的时间出行却在深夜屈尊来到我家?"景公说:"品尝美酒的味道,欣赏金石乐器的声音,我想与先生共同享乐。"晏子回答说:"铺设席子,陈列簠、簋等器具,有专人负责,我不敢参与这些事情。"景公只好说:"转移到司马穰苴家中饮酒。"先行的人到门口报信,说:"君王到了。"司马穰苴就披甲戴盔,手里拿着长戟,站在门口,问道:"莫非诸侯有军队来到?莫非有臣子发生叛乱?国君为什么不在正常的时间出行却在深夜屈尊来到我家?"景公说:"品尝美酒的味道,欣赏金石乐器的声音,我想与先生共同享乐。"司马穰苴回答说:"铺设席子,陈列簠、簋等器具,有专人负责,我不敢参与这些事情。"景公只好说:"转移到梁丘据家中饮酒。"先行的人到门口报信,说:"君王到了。"梁丘据左手拿着瑟,右手拿着竽,边唱歌边来迎接。景公说:“我今晚饮酒,真快乐啊!没有晏子和司马穰苴两个人,怎么治理国家呢?没有梁丘据这样的臣子,怎么让我快乐呢?”贤明的君主,都有好朋友,但没有贪图享乐的臣子。景公比不上贤明君主,所以两种臣子都任用,因此仅能做到不灭亡。

二十

吴以伍子胥、孙武之谋[1],西破强楚,北威齐、晋,南伐越。越王勾践迎击之[2],败吴于姑苏[3],伤阖庐指[4]。军却,阖庐谓太子夫差曰[5]:“尔忘勾践杀而父乎?”夫差对曰:“不敢。”是夕阖庐死。夫差既立为王,以伯嚭为太宰[6],习战射。三年伐越,败于夫湫[7]。越王勾践乃以兵五千人,栖于会稽山上[8],使大夫种厚弊遗吴太宰嚭以请和[9],委国为臣妾。吴王将许之。伍子胥谏曰:“越王为人能辛苦,今王不灭,后必悔之。”吴王不听,用太宰嚭计,与越平。其后五年,吴王闻齐景公死而大臣争宠,新君弱,乃兴师北伐齐。子胥谏曰:“不可。句践食不重味,吊死问疾,且能用人。此人不死,必为吴患。今越,腹心之疾;齐,犹疥癣耳,而王不先越,乃务伐齐,不亦缪乎[10]?”吴王不听,伐齐,大败齐师于艾陵[11],遂与邹、鲁之君会以归,益疏子胥之言。其后四年,吴将复北伐齐,越王勾践用子贡之谋[12],乃率其众以助吴,而重宝以献遗太宰嚭。太宰嚭既数受越赂,其爱信越殊甚,日夜为言于吴王,王信用嚭之计。伍子胥谏曰:“夫越,腹心之疾,今信其游辞伪诈而贪齐,譬犹石田,无所用之。《盘庚》曰[13]:‘古人有颠越不恭[14]’,是商所以兴也。愿王释齐而先越,不然将悔之无及也已。”吴王不听,使子胥于齐。子胥谓其子曰:“吾谏王,王不我用,吾今见吴之灭矣。女与吴俱亡,无为也。”乃属其子于齐鲍氏[15],而归报吴王。太宰嚭既与子胥有隙,因谗曰:“子胥为人,刚暴少恩;其怨望猜贼,为祸也深;恨前日王欲伐齐,子胥以为不可,王卒伐之而有大功。子胥计谋不用,乃反怨望。今王又复伐齐,子胥专愎强谏[16],沮毁用事[17],徼幸吴之败,以自胜其计谋耳。今王自行,悉国中武力以伐齐,而子胥谏不用,因辍,佯病不行[18]。王不可不备,此起祸不难。且臣使人微伺之,其使齐也,乃属其子于鲍氏。夫人臣内不得意,外交诸侯,自以先王谋臣,今不用,常怏怏。愿王蚤图之[19]。”吴王曰:“微子之言,吾亦疑之。”乃使使赐子胥属镂之剑[20],曰:“子以此死。”子胥曰:“嗟乎! 谗臣宰嚭为乱,王顾反诛我。我令若父霸,又若立时,诸子弟争立,我以死争之于先王,几不得立。若既立,欲分吴国与我,我顾不敢当。然若之何听谗臣杀长者!”乃告舍人曰:“必树吾墓上以梓,令可以为器,而抉吾眼著之吴东门,以观越寇之灭吴也。”乃自刺杀。吴王闻之,大怒,乃取子胥尸,盛以鸱夷革[21],浮之江中。吴人怜之,乃为立祠于江上,因名曰胥山。后十余年,越袭吴,吴王还与战[22],不胜。使大夫行成于越[23],不许。吴王将死,曰:“吾以不用子胥之言至于此。令死者无知则已,死者有知,吾何面目以见子胥也?”遂蒙絮覆面而自刎[24]。

【注释】

[1] 伍子胥、孙武:伍子胥,见卷八尊贤·九[12]。孙武,春秋末军事家,字长卿,齐国人。曾以《兵法》十三篇见吴王阖闾,被任为将,率吴军攻破楚国。今有《孙子兵法》传世。

[2] 勾践:即“句践”,见卷一君道·二十[2]。

[3] 姑苏:山名,在苏州市西南。古姑苏台在其上,阖闾所筑。夫差于台上

立春宵宫，为长夜之饮。越国攻吴，遂焚其台。

[4] 伤阖庐指：阖庐被勾践打败，伤大脚趾而死。阖庐，即阖闾，见卷八尊贤·五[1]。

[5] 夫差：春秋时吴国国君，阖闾之子，公元前495年至前473年在位。据《吴越春秋·阖闾内传》记载，阖闾死前，曾向伍子胥征求太子人选意见，伍子胥推荐了夫差，阖闾遂定夫差为太子。故下文有"又若立时，诸子弟争立，我以死争之于先王，几不得立。"

[6] 伯嚭(pǐ)：春秋时吴国大臣。伯氏，名嚭。本楚国人，楚大夫伯州犁孙，出亡奔吴，任太宰(相当于宰相)，深得夫差宠信。吴亡后，降越为臣。一说被越王勾践所杀。

[7] 夫(fú)湫：即夫椒，山名。在今江苏吴县西南太湖。一说即"夫山"，在绍兴市西北。

[8] 会(kuài)稽山：山名。在浙江中部绍兴、嵊县、诸暨、东阳等市县间。

[9] "使大夫种"句：种，人名。越国大夫文种。姓文名种，字少禽(一作子禽)。辅佐勾践灭吴。后为勾践所杀。弊，通"币"。

[10] 缪(miù)：通"谬"，错误。

[11] 艾陵：古地名，春秋时齐地。在今山东莱芜市东北。一说在今山东泰安市东南。

[12] 子贡：孔子弟子。姓端木，名赐，字字贡。事见于《吴越春秋》《越绝书》和《史记·仲尼弟子列传》。但后人对此多有怀疑。

[13]《盘庚》：《尚书》中的篇名。盘庚为殷商第十一代君主，公元前1300年，迁都于殷，使商复兴，诸侯来朝。《书·盘庚》即他在迁殷前后的报告辞，分上、中、下三篇。

[14] 古人有颠越不恭：古人，义不可通。颠越不恭，指败坏法纪不听命令。此语出于《尚书·盘庚中》，原文为："乃有不吉不迪，颠越不恭，暂遇奸宄(guǐ)，我乃劓殄灭之，无遗育，无俾易种于兹新邑。"意思是说，如果有不逞之徒，胆敢不听教训，不奉上命，甚至触犯法纪，作奸为非，劫夺行路，那我就要把他抓起来，轻则割掉鼻子，重则斩尽杀绝，不留后代，绝不让这种坏人到新住的地方去。本章疑有遗漏，造成义不可通。

[15] 属(zhǔ)其子于齐鲍氏：把自己的儿子托付给齐国的鲍氏。属，通"嘱"，托付。鲍氏，《史记·伍子胥列传》记为齐国大夫鲍牧。据《左

传》记载，此事发生在哀公十一年，而鲍牧则在哀公八年就被哀公杀掉了。推测此处"属其子于齐鲍氏"之"鲍氏"当为鲍氏宗亲。

[16] 专愎强谏：专横刚愎，强力劝谏。

[17] 沮毁用事：对做这件事极力诋毁。

[18] 佯病不行：装作有病不跟随大王行动。

[19] 蚤：通"早"。

[20] 属(zhǔ)镂：剑的名称。

[21] 盛(chéng)以鸱(chī)夷革：用皮革制成的口袋来盛放。鸱夷革，皮革制成的口袋。

[22] 越袭吴，吴王还与战：《史记·吴太伯世家》载："十四年春，吴王北会诸侯于黄池，欲霸中国以全周室。六月子，越王勾践伐吴。"这说明勾践是趁着吴王带精兵北上与诸侯会盟国内空虚时候袭击吴国的。

[23] 行成于越：向越国求和。行成，求和。

[24] 絮：头巾。

【今译】

吴国用伍子胥、孙武的计谋，向西攻破强大的楚国，向北威慑齐、晋两国，向南讨伐越国。越王勾践率军迎击吴军，在姑苏山打败了吴国，击伤了阖庐的大脚趾。吴军撤退回来，阖庐对太子夫差说："你忘记了勾践杀伤你父亲的事情了吗？"夫差回答说："不敢忘记。"这天晚上，阖庐死去。夫差立为吴王后，让伯嚭做太宰，教习作战射箭。过了三年，夫差讨伐越国，在夫湫这个地方打败了越国。越王勾践就率领五千士兵退守到会稽山上，然后派大夫文种带着很多财物送给太宰伯嚭以求和，把国家政权交给夫差，全越国人都做夫差的奴隶。于是吴王夫差想要答应勾践的求和。伍子胥进谏说："越王勾践能够含辛茹苦，现在大王不消灭他，以后肯定会后悔。"夫差不听，而是采纳了伯嚭的计策，与越国讲和。从那以后过了五年，吴王听说齐景公死去后大臣们争宠，新即位的国君暗弱，于是发兵向北攻打齐国。伍子胥进谏说："不可以。勾践生活非常简朴，吊唁死者慰问病人，并且善于用人。不杀死这个人，一定会成为吴国的后患。现在的越国，是吴国的心腹之患，齐国只不过像是疥癣一样无关紧要，大王不先进攻越国，竟然先攻打齐国，这不是错误的吗？"吴王不听，就去攻打齐国，在艾陵把齐国军队打得大败，就和邹、鲁两国的国君会盟后回国了，从此更加不听从伍子胥的意见。从那以后过了四年，吴国又要攻打齐国，越王勾践采用子贡的计谋，就率领自己的部下来援助吴王，并用大量的财宝来贿赂太宰伯嚭。太宰伯嚭多次接受越国的贿赂，他就特别宠信越国人，整天在吴王跟前说越国人的好话，吴王相信并采纳伯嚭的意见。伍子胥进谏说："越国，是吴国的心腹之患，如今相信越国人毫无根据的伪诈之言而贪图齐国之利，即使攻下齐国那也好像是得到石头一样的田地，没有任何用处。《盘庚》上说：'如果有不逞之徒，胆敢不听教训，不奉上命，甚至触犯法纪，作奸为非，劫夺行路，那我就要把他抓起来，轻则割掉鼻子，重则斩尽杀绝，不留后代，绝不让这种坏人到新住的地方去。'这就是殷商兴盛的原因。希望大王放弃齐国来攻打越国，不然的话，后悔就来不及了。"吴王不听他的意见，并派他出使齐国。伍子胥对儿子说："我进谏吴王，吴王不听我的意见，我将眼看着吴国灭亡啊。你和吴国一起灭亡，没有意义。"就把自己的儿子托付给齐国的鲍氏，自己回国向吴王复命。太宰伯嚭与伍子胥有矛盾，就向吴王诋毁说："伍子胥的为人，刚愎残暴，刻薄少恩；他好怨恨猜忌，能造成大的祸患。他怨恨大王前些时候讨伐齐国，他以为不可以攻打，大王最终攻打齐国取得了胜利，伍子胥的建议没有被采纳，就心生怨恨。现在大王又想要讨伐齐国，伍子胥专横刚愎，强力劝谏，对大王您做这件事极力诋毁，希望吴国失败，以显示他的意见是正确的。现在大王亲自带军队前行，调集国家所有的武力去攻打齐国，而他的意见没有得到采纳，就装作有病不跟随大王行动。大王不能不防备他，这个人向大王发难并不难。况且我派人暗中观察他，他出使齐国，竟然把他的儿子托付给齐国的鲍氏。他作为臣子在国内不得意，在外交接诸侯，自己依仗着是先王的谋臣，现在不被重用，心中怏怏不乐。希望大王对他早做打算。"吴王说："你就是不说这些话，我也已经怀疑他了。”于是派人送给伍子胥一把属镂剑，说：“你就用它自杀吧。”子胥说：“唉！谗臣伯嚭制造祸乱，大王反而诛杀我。我辅佐你的父亲成为霸主，还有在你立为太子时，各位王子争夺继承者的位子，我冒着杀身的危险在先王面前替你力争，几乎不能得立。你立为太子后，要把吴国分给我一部分，我不敢接受，可是你为什么听信谗言要杀害老臣呢？”于是告诉他的门客说：“一定要在我的坟墓上栽种梓树，让它长大成材，并挖下我的眼睛悬挂在东门，让我亲眼看到越国军队消灭吴国。”于是就自杀而死。吴王夫差听说后非常生气，就派人取来伍子胥的尸体盛进用皮革制成的口袋里，投入江中。吴国百姓同情伍子胥的遭遇，就替他在江边修建了一座祠堂，于是命名为胥山。十多年以后，越国偷袭吴国，吴王回师与越作战，没有打胜，就派大夫到越国求和，越国没有答应。吴王将要自尽时说：“我因为没有听从子胥的话才落到这个地步，假如死去的人无知也就罢了；假如死者有知，我还有什么脸面去见子胥呢！”于是用头巾蒙住面庞自杀而死。

二十一

齐简公有臣曰诸御鞅[1]，谏简公曰：“田常与宰予[2]，比二人者甚相憎也[3]，臣恐其相攻。相攻虽叛而危之[3]，不可。愿君去一人。”简公曰：“非细人之所敢议也[4]。”居无几何，田常果攻宰予于庭，贼简公于朝[5]。简公喟焉太息，曰：“余不用鞅之言，以至此患也。”故忠臣之言，不可不察也。

【注释】

[1] 齐简公有臣曰诸御鞅：齐简公，春秋时齐国国君，姓吕名壬，悼公之子。公元前484年至前481年在位。诸御鞅，人名，

[2] 田常与宰予：田常，即“田成子”，又作“田恒”“陈恒”。齐国卿大夫，势

力强大，公元前481年打败监止，杀死简公，取得齐国政权。宰予，即阚（kàn）止（又作“监止”），字子我。与孔子弟子宰予字相同。当时，齐简公任用阚止为右相，主政务，让田常为左相，企图削弱田氏的权力。

[3] 比：此字误，当作“此”。

[4] 相攻虽叛而危之：两人相互攻杀，虽然不会结为朋党，但会危害到国君。一说“虽”当为“离”，“之”当为“上”。

[5] 细人：地位卑微的人。诸御鞅是掌管车马的人。

[6] 贼：杀害。

【今译】

齐简公有一位臣子叫诸御鞅，劝谏简公说：“田常与宰予，这两个人之间互相憎恨得厉害，我担心他们之间互相攻杀。两人相互攻杀虽然不会结为朋党，但会危害到国君。不能这样下去，希望您让其中的一人离开。”简公说：“这不是你这样地位卑微的人应该议论的事情。”过了不长时间，田常果然在朝廷上攻杀阚止，并把简公杀死在朝廷上。当时简公长叹一声说：“我没有听诸御鞅的话，导致了这样的祸患。”所以忠臣的话，不能不认真考虑啊。

二十二

鲁襄公朝荆[1]，至淮，闻荆康王卒[2]，公欲还。叔仲昭伯曰[3]：“君之来也，为其威也；今其王死，其威未去，何为还？”大夫皆欲还。子服景伯曰[4]：“子之来也，为国家之利也，故不惮勤劳，不远道涂[5]，而听于荆也，畏其威也。夫义人者，固将庆其喜而吊其忧，况畏而聘焉者乎？闻畏而往，闻丧而还，其谁曰非侮也。芈姓是嗣[6]，王太子又长矣，执政未易，事君任政，求说其侮[7]，以定嗣君而示后人，其雠滋大[8]，以战小国，其谁能止之？若从君而致患，不若违君以避难，且君子计而后行，二三子其计乎？有御楚之术，有守国之备,则可;若未有也,不如行!”乃遂行。

【注释】

[1] 鲁襄公朝荆:鲁襄公去朝见楚王。鲁襄公,见卷一君道・四十[2]。荆,古代楚国的别称。

[2] 荆康王:即楚康王。春秋时楚国国君,公元前559年至前545年在位。

[3] 叔仲昭伯:春秋时鲁国大夫。

[4] 子服景伯:春秋时鲁国大夫。

[5] 涂:通“途”。

[6] 芈(mǐ)姓是嗣:继承王位的还是芈姓的后代。芈,楚国祖先的姓。嗣,继承。

[7] 说:通“脱”。

[8] 雠(chóu):仇敌。

【今译】

鲁襄公去朝见楚王,来到淮水,听说楚康王去世了。鲁襄公就想回去。叔仲昭伯说:“君王这次来,是惧于楚王的声威;现在楚王虽然死了,但是他的声威还没有消失,为什么要回去?”其他大夫都想回去。子服景伯说:“你们这次来,是为了国家的利益。之所以不怕辛劳,不嫌路途遥远而听命于楚国,是害怕楚王的声威啊。坚持原则的人,本来就应该庆贺别人的喜事而吊唁别人的丧事,何况我们是畏惧楚国而来致意的呢?因为害怕而前来,因为丧事而返回,别人听说了谁不认为这是对他们的侮辱呢?楚国继承王位的还是芈姓的后代,楚太子已经长大了,执政的大臣没有更换,他们侍奉君主处理政事,希望消除侮辱,来安定即位的君主并昭示后人,会加深对我们的仇恨,若因此来攻打我们这样的小国,谁能制止呢?与其听从国君的话导致祸患,不如违抗国君来使国家避免灾难。况且君子做事要计划好之后再行动,你们计划好了吗?如果有抵御楚国的办法,做好了坚守国家的准备,就可以回去;如果没有,那就不如前往。”于是就前往楚国。

二十三

孝景皇帝时[1]，吴王濞反[2]，梁孝王中郎枚乘字叔闻之[3]，为书谏王。其辞曰："君王之外臣乘[4]，窃闻得全者全昌，失全者全亡。舜无立锥之地，以有天下；禹无十户之聚，以王诸侯。汤、武之地，方不过百里；上不绝三光之明[5]，下不伤百姓之心者，有王术也。故父子之道，天性也。忠臣不敢避诛以直谏，故事无废业，而功流于万世也。臣诚愿披腹心而效愚忠，恐大王不能用之；臣诚愿大王少加意念恻怛之心于臣乘之言[6]。夫以一缕之任，系千钧之重，上悬之无极之高，下垂之不测之渊，虽甚愚之人，且犹知哀其将绝也。马方骇而重惊之，系方绝而重镇之。系绝于天，不可复结；坠入深渊，难以复出；其出不出，间不容发。诚能用臣乘言，一举必脱。必若所欲为，危如重卵，难于上天；变所欲为，易于反掌，安于太山。今欲极天命之寿，弊无穷之乐[7]，保万乘之势，不出反掌之易，以居太山之安；乃欲乘重卵之危，走上天之难，此愚臣之所大惑也！人性有畏其影而恶其迹者，却背而走，无益也，不如就阴而止，影灭迹绝。欲人勿闻，莫若勿言；欲人勿知，莫若勿为。欲汤之冷，令一人炊之，百人扬之，无益也；不如绝薪止火而已。不绝之于彼，而救之于此，譬犹抱薪救火也。养由基[8]，楚之善射者也，去杨叶百步，百发百中。杨叶之小，而加百中焉，可谓善射矣；所止乃百步之中耳，比于臣，未知操弓持矢也[9]！福生有基，祸生有胎；纳其基，绝其胎，祸何从来哉？泰山之溜穿石，引绳久之，乃以挈木[10]。水非石之钻，绳非木之锯也，而渐靡使之然。夫铢铢而称之，至石必差[11];寸寸而度之,至丈必过;石称丈量,径而寡失。夫十围之木,始生于蘖[12],可引而绝,可擢而拔,据其未生,先其未形。磨砻砥砺[13],不见其损,有时而尽;种树畜长,不见其益,有时而大;积德修行,不知其善,有时而用;行恶为非,弃义背理,不知其恶,有时而亡。臣诚愿大王熟计而身行之,此百王不易之道也。"吴王不听,卒死丹徒[14]。

【注释】

[1] 孝景皇帝:见卷六复恩·十二[1]。

[2] 吴王濞(bì):即刘濞,高祖兄刘仲之子。高祖时封为吴王。景帝二年,刘濞借口诛晁错,联合楚、越等七国反,史称"吴、楚七国之乱"。后兵败而死。

[3] 梁孝王中郎枚乘字叔:梁孝王,见卷八尊贤·三[1]。枚乘,字叔,淮阴人,西汉辞赋家。景帝时为吴王中郎(文学侍从)。吴王谋反,上书谏阻,不听,与邹阳等去梁,梁孝王尊为上客。吴、楚七国反叛时,又上书谏吴王,又不听。

[4] 外臣:诸侯国臣子对别国君主的自称。

[5] 三光:日、月、星。

[6] 恻怛(cè dá):同情,哀怜。

[7] 弊:尽。

[8] 养由基:春秋时楚国大夫,善射,百步穿柳叶,百发百中。

[9] 比于臣,未知操弓持矢也:《史记·枚乘传》颜师古注:"乘自言所知者远,非只见于百步之中,故谓由基为不晓射也。"意思是,从深谋远虑上比,养由基就差远了。

[10] 栔(qì):刻。

[11] 石(dàn):此处为重量单位,一百二十市斤。前面的"铢"也是重量单位,二十四铢为一两。

[12] 蘖(niè):树木砍伐后复生的枝条。泛指始生的草木。

[13] 磨砻(lóng)砥砺:磨砻,研磨。砥砺,磨刀石。

[14] 卒死丹徒:刘濞失败后,弃军度淮,走丹徒,又收罗散亡士卒万余人,

欲依东越自保。但东越人不愿附吴，于是诱杀刘濞，献其头于汉王朝。丹徒，地名，故地在今江苏丹徒。

【今译】

汉景帝时，吴王刘濞反叛，梁孝王的中郎枚乘听说后，上书规劝吴王，信中写道："君王的外臣枚乘，私下听说能够保全自己的人就昌盛，不能够保全自己的人就败亡。舜没有立锥之地，却统治天下；禹无十户人家，却成为诸侯之王；汤、武的土地，方圆不超过百里，对上不遮蔽日、月、星的光芒，对下不伤害百姓的心灵，因为实行了王道。所以父子之间的关系，是天然形成的。忠臣冒着生命危险直言进谏，所以才能够使帝王的事业不被废弃，从而建立流芳万世的功业。我愿意表达赤诚之心来向您进献我愚拙的忠诚，却担心大王不能采纳；我确实希望大王能够对我的话稍加留意、同情。凭借一根丝线的承受力，来悬挂千钧的重物，上面悬挂在无限的高空，下面悬垂在无底的深渊，即使非常愚笨的人，也知道危险而担心它将要断绝。骏马惊骇，还要惊吓它；悬丝要绝，还要加重它的分量。丝线断绝于空中，不能够再接上；重物坠入无底的深渊，难以再出来。在它能出与不出之间，空隙小得容不下一根头发。大王如果采纳我的意见，一次行动就可以脱离危险。如果您一定按照你所想的那样去做，就像是累卵一样，想摆脱危险比登天还难；改变您的想法，比翻转一下手掌还容易，就比泰山还安稳。如今您想要尽情享受老天赋予您的寿命，尽享无穷的快乐，保全您万乘君王的地位，不用超出反掌之易的范围，就可以生活得像泰山一样安稳，您却想冒累卵那样的危险，走登天一样的险路，这是我最不能明白的。有人害怕自己的影子并讨厌自己的脚印，就倒退着跑，没有用处，不如到阴处停下来，影子和足迹就不再有了。想让别人听不到，就不如不说；想让别人不知道，就不如不做。想让沸腾的水冷却下来，就叫一个人烧火，一百个人扬汤止沸，没有用处，不如撤薪灭火。在那方面不断绝，却在这方面去扑救，就好比是抱着柴火去救火啊。养由基，是楚国善于射箭的人，距离杨叶百步,能够做到百发百中。杨叶那样小,却能百发百中,可以说是善于射箭了;但他也仅限于百步之内罢了,若和我枚乘(能深谋远虑)相比,养由基简直还不懂得持弓握箭的道理呢!福运的产生是有基础的,祸患的到来也是有根由的。培育福运的基础,斩断祸患的根由,祸患还能从哪里出现呢?泰山上细小的水流可以穿透岩石,长时间来回地拉绳子,可以磨断木头。水不是凿石的工具,绳子也不是锯木的工具,然而逐渐磨损就能使它成为这样。一铢一铢地称量,累计到一石必定有差错;一寸一寸地测量,累计到一丈必定有失误。如果一石一石地称量、一丈一丈地测量,就既直接又少失误。那十抱粗的树,从细芽开始生长,那时可以轻易地拔断它,拔起它,这是因为它还没有长大,尚未成形的缘故。磨石研磨,看不见磨石的损耗,但总有一天会被磨尽;种植树苗加以培育,看不见它长高,总有一天会长大;积累道德修养品行,觉察不到它的好处,总有一天能够发挥作用;为非作歹,违背义理,觉察不出它的邪恶,总有一天会导致自己灭亡。我真心希望大王认真考虑然后身体力行,这是历代君王坚持不变的行为准则啊。”吴王不听,终于败死在丹徒。

二十四

吴王欲从民饮酒,伍子胥谏曰[1]:“不可。昔白龙下清冷之渊[2],化为鱼,渔者豫且射中其目[3],白龙上诉天帝[4],天帝曰:‘当是之时,若安置而形?’白龙对曰:‘我下清冷之渊,化为鱼。’天帝曰:‘鱼,固人之所射也。若是,豫且何罪?’夫白龙,天帝贵畜也;豫且,宋国贱臣也;白龙不化,豫且不射。今弃万乘之位,而从布衣之士饮酒,臣恐其有豫且之患矣。”王乃止。

【注释】

[1] 伍子胥:见卷八尊贤·九[12]。

[2] 白龙下清冷之渊:白龙,神话中的河神。清冷,即"清泠",传说中的水泽名。《山海经·中山经》载:"丰山,神耕父处之,常游清泠之渊,出入有光。"

[3] 豫且:或作"余且"。春秋时宋国人,捕鱼为业。

[4] 天帝:中国古代神话中天上的主神。始见于《战国策·楚策一》:"天帝使我长百兽,今子食我,是逆天帝命也。"

【今译】

吴王想要与百姓一起饮酒,伍子胥劝谏说:"不可以。从前白龙从天上下到清冷池,变成鱼,渔人豫且射中了它的眼睛,白龙到天帝那里去告状。天帝说:'当时你是如何处置自己形体的?'白龙回答说:'我从上天下到清冷池,变成鱼的形状。'天帝说:'鱼,本来就是让人射杀的东西。你这样做,豫且有什么罪过呢?'那白龙,是天帝豢养的宠物;豫且,是宋国的贱民;白龙不化作鱼,豫且就不会射它。现在您放弃万乘的君位,却要与百姓一起饮酒,我担心您有被豫且射杀的灾祸。"吴王就放弃了原先的想法。

二十五

孔子曰:"良药苦于口利于病,忠言逆于耳利于行。"故武王谔谔而昌[1],纣嘿嘿而亡[2]。君无谔谔之臣,父无谔谔之子,兄无谔谔之弟,夫无谔谔之妇,士无谔谔之友,其亡可立而待。故曰:君失之,臣得之;父失之,子得之;兄失之,弟得之;夫失之,妇得之;士失之,友得之。故无亡国、破家、悖父、乱子、放兄、弃弟、狂夫、淫妇、绝交败友。

【注释】

[1] 武王谔谔(è è):武王,指周武王。谔谔,直言争辩的样子。

[2] 纣嘿嘿(mò mò):纣,指商纣王。嘿嘿,闭口不言。嘿,同"默"。

【今译】

孔子说："良药苦在口中却利于治病，忠言听着不顺耳却利于行事。"所以周武王因为有直言争辩的臣子才昌盛，商纣王使大臣们闭口不言导致了灭亡。君王没有直言争辩的臣子，父亲没有直言争辩的儿子，兄长没有直言争辩的弟弟，丈夫没有直言争辩的妻子，士人没有直言争辩的朋友，他的败亡很快就会到来。所以说：君王有失误，大臣能够纠正；父亲有失误，儿子能够纠正；兄长有失误，弟弟能够纠正；丈夫有失误，妻子能够纠正；士人有失误，朋友能够纠正。所以就不会出现灭亡的国、破败的家、悖理的父亲、忤逆的儿子、放纵的兄长、背弃的弟弟、狂乱的丈夫、淫荡的妇人、绝交的朋友。

二十六

晏子复于景公曰[1]："朝居严乎[2]？"公曰："朝居严则曷害于治国家哉[3]？"晏子对曰："朝居严，则下无言；下无言，则上无闻矣。下无言则谓之喑[4]，上无闻则谓之聋。聋、喑则非害治国家如何也？且合菽、粟之微[5]，以满仓廪；合疏缕之纬，以成帏幕[6]。太山之高，非一石也，累卑然后高也。夫治天下者，非用一士之言也；固有受而不用，恶有距而不入者哉？[7]"

【注释】

[1] 晏子复于景公：晏子、景公，见卷一君道·十七[1]。复，对……说。

[2] 朝居严乎：主持朝政严厉吗？

[3] 曷：何，什么。

[4] 喑(yīn)：哑，不做声。

[5] 且合菽、粟之微：聚合微小的豆、米。菽，豆类总称。粟，谷子，去皮后俗称小米。

[6] 合疏缕之纬,以成帏幕:聚合稀疏的纬丝,可以织成帷幕。缕,丝。纬,横线。

[7] 恶(wū)有距:怎么能拒绝人家提意见呢?恶,怎么,哪里。距,通"拒"。

【今译】

晏子对景公说:"您主持朝政严厉吗?"景公:"主持朝政严厉对于治理国家有什么妨害吗?"晏子回答说:"主持朝政严厉,臣子就不敢说话;臣子不敢说话,君王就听不到意见。臣子不敢说话叫做喑,君王听不到意见叫作聋。君王聋、喑那么对于治理国家不是妨害又是什么呢?聚合微小的豆、米,可以装满粮仓;聚合稀疏的纬丝,可以织成帷幕。高大的山,不是靠一块石头,而是在低矮的地方用众多的石头累积起来的。治理天下,不能仅采纳一个人的意见;当然有时只听取而不采纳,但怎么能拒绝人家提意见呢?"

【评析】

本卷内容是进谏。刘向首先对进谏的方式进行了划分,分为正谏、降谏、忠谏、戆谏、讽谏。这样划分大概是受了孔子的影响。《孔子家语·辩政》记载:

> 孔子曰:"忠臣之谏君有五义焉:一曰谲谏,二曰戆谏,三曰降谏,四曰直谏,五曰风谏。唯度主而行之,吾其从风谏乎!"

这种划分不一定科学,但体现了刘向对进谏的认识已经上升到理性的高度,同时也具有了艺术性,是政治与文学的结合,在中国政治学史上无疑是可贵的探索。中国有所谓"伴君如伴虎"之说,向国君进谏是有风险的。进谏国君究竟使用哪一种方式效果好?难以简单地下断语,要看具体情况。

我们先来看正谏。所谓正谏,就是直谏,有话直说,不拐弯抹角。本卷中正谏的章节有:第二章、第三章、第四章、第十章。前三章在结构上是相同的,都是先交代君王的不良行为,并用"敢谏者死"类似的话制造悬念,然后进谏者挺身而出,冒死进谏,最后君王接受进谏,峰回路转。我们不妨将这种构思方式叫作"情境法",它的基本要素有:人物、地点、时间、矛盾、进谏、效果,构成了戏剧情节，符合现代戏剧理论的原理。由于“敢谏者死”制造了悬念，所以其戏剧性就凸显出来。进谏者冒着生命危险，最后化险为夷，读者悬着的心放了下来。这里面带有虚构的成分。但总起来看，这三章的情节还是比较简单的，进谏者直言相告后，君王转怒为喜，一个“善”字结束了情节。第十章之所以归入正谏，是因为鲍叔面对过度自信的桓公直言批评，“君直言，臣直对。”《管子·形势解》有：“正谏死节，臣下之则也。”鲍叔毫不避讳地批评桓公“昔者公子纠在上位而不让，非仁也；背太公之言而侵鲁境，非义也；坛场之上，诎于一剑，非武也；侄娣不离怀衽，非文也。凡为不善遍于物，不自知者，无天祸必有人害。天处甚高，其听甚下，除君过言，天且闻之。”桓公曰：“幸记之，是社稷之福也；子不幸教，几有大罪以辱社稷。”鲍叔说桓公是一个“不仁”“不义”“不文”之人，真是一点情面也不留，桓公不仅不生气，反而自我检讨，承认错误，感激鲍叔。这样的君主，别说古代不多见，即便在今天也少有。这说明一个道理，君主真正贤明，身边才会有直言敢谏的臣子；君主不贤明，身边阿谀奉迎的臣子就多。

再说降谏。所谓降谏，有人解释为和颜悦色、平心静气地劝谏。也有人解释为委屈自己，很卑微地苦苦哀求。《孔子家语·辩政》王肃注：“降谏，卑降其体所以谏也。”笔者以为委屈自己，苦苦哀求可能体现了降谏的特点。本卷第十一章写楚昭王欲到荆台游玩，先是司马子綦以亡国身死的严重后果来进谏，结果楚昭王“怒而击之”。后来令尹子西改变方式，把自己降身为“谀臣”，貌似投其所好，实则委屈自己。这种方式实属无奈，但达到了进谏目的，使楚昭王回心转意。

所谓忠谏，不能简单解释为忠心于君王的进谏，而应解释为尽心竭力地进谏，有不达目的誓不罢休的坚持。如果进谏一次君王不听就放弃，那就谈不上忠谏。在中国古代历史上，忠谏之臣很多，最有代表性的有关龙逢、比干、伍子胥、屈原、魏征等人。本卷选了伍子胥忠谏吴王一章。吴、越之间的历史故事见于多种文献：《左传》《国语》《吕氏春秋》《史记》《吴越春秋》《越绝书》等，刘向主要采自《史记·伍子胥列传》。从篇幅上看，本章是《说苑》中的长篇了。吴、越之战的故事中，最激励后人的当属勾践卧薪尝胆，刘向之所以选录伍子胥的故事，目的在于突出子胥忠于吴王，屡次进谏，终致赐死的过程，从而总结吴国灭亡的教训，以启迪汉代君主要接受进谏，谨防奸臣，保国运昌盛。在本章中伍子胥有三次进谏：一谏吴王许越请和，二谏吴王伐齐，三谏吴王释齐而先越，吴王均不听，不但不听，还怀疑伍子胥，并赐死。伍子胥忠心耿耿，三番五次进谏，信而见疑，忠而被谤，最后冤屈而死。伍子胥进谏是以长辈的身份，直言相劝，话说得很重，比如"今王不灭，后必悔之""不亦缪乎""不然将悔之无及也已"。这些话毫不客气，吴王难以接受。伍子胥还带着教训的口吻负气出怨言道："我令若父霸，又若立时，诸子弟争立，我以死争之于先王，几不得立。若既立，欲分吴国与我，我顾不敢当。然若之何听谗臣杀长者！"伍子胥还说出赌气的话："必树吾墓上以梓，令可以为器，而抉吾眼著之吴东门，以观越寇之灭吴也。"这些话很犯忌，但伍子胥毫无顾忌。之所以如此，是因为伍子胥对吴王忠诚，可谓尽心竭力。吴国的结局果然不出伍子胥所料，最终被越国灭亡。吴王临死时说："吾以不用子胥之言至于此。令死者无知则已，死者有知，吾何面目以见子胥也？""遂蒙絮覆面而自刎"。本段写得很曲折，很悲壮。伍子胥的进谏也是直谏，不过刘向突出的不是直，而是忠。据《史记·楚世家》记载，伍子胥可以称得上满门忠谏。

> 庄王即位三年，不出号令，日夜为乐，令国中曰："有敢谏者死无赦！"伍举入谏。庄王左抱郑姬，右抱越女，坐钟鼓之间。伍举曰："愿有进。"隐曰："有鸟在于阜，三年不蜚不鸣，是何鸟也？"庄王曰："三年不蜚，蜚将冲天；三年不鸣，鸣将惊人。举退矣，吾知之矣。"

伍举是伍子胥的祖父。再看其父伍奢，面对奸臣费无忌的谗言，伍奢直言进谏楚平王："王奈何以小臣疏骨肉？"因此称伍氏满门忠谏并不为过。尽管后人质疑司马迁的记录，认为从人物年龄上推测是有问题的，但司马迁将忠谏这条红线贯穿于伍氏家族的写作思想是明确的。司马迁对“信而见疑、忠而被谤”本来就有切身感受，何况面对伍奢、伍子胥忠臣父子皆被杀害的残酷事实，作为一个有正义感的作者，不能不把自己的情感写进去，这就是“史家之绝唱，无韵之离骚”的风骨体现，而刘向采用司马迁史书所记，并作为忠谏的代表人物，说明了刘向是赞同司马迁的态度与情感倾向的。

所谓戆谏，指迂愚而刚直地劝谏。戆，鲁莽而刚直。《孔子家语·辩政》王肃注：“戆谏，无文饰也。”这似乎与直谏没有明显区别。何休注《公羊传·庄公二十四年》曰：“赣谏，百里子、蹇叔子是也。”那么我们就来看一看《史记·秦本纪》中是如何记载百里奚与蹇叔子进谏的：

> 郑人有卖郑于秦曰：“我主其城门，郑可袭也。”缪公问蹇叔、百里傒，对曰：“径数国千里而袭人，希有得利者。且人卖郑，庸知我国人不有以我情告郑者乎？不可。”缪公曰：“子不知也，吾已决矣。”遂发兵，使百里傒子孟明视，蹇叔子西乞术及白乙丙将兵。行日，百里傒、蹇叔二人哭之。缪公闻，怒曰：“孤发兵而子沮哭吾军，何也？”二老曰：“臣非敢沮君军。军行，臣子与往；臣老，迟还恐不相见，故哭耳。”二老退，谓其子曰：“汝军即败，必于殽阨矣。”三十三年春，秦兵遂东，更晋地，过周北门。周王孙满曰：“秦师无礼，不败何待！”兵至滑，郑贩卖贾人弦高，持十二牛将卖之周，见秦兵，恐死虏，因献其牛，曰：“闻大国将诛郑，郑君谨修守御备，使臣以牛十二劳军士。”秦三将军相谓曰：“将袭郑，郑今已觉之，往无及已。”灭滑。滑，晋之边邑也。当是时，晋文公丧尚未葬。太子襄公怒曰：“秦侮我孤，因丧破我滑。”遂墨衰绖，发兵遮秦兵于殽，击之，大破秦军，无一人得脱者。虏秦三将以归。文公夫人，秦女也，为秦三囚将请曰：“缪公之怨此三人入于骨髓，愿令此三人归，令我君得自快烹之。”晋君许之，归秦三将。三将至，缪公素服郊迎，向三人哭曰：“孤以不用百里傒、蹇叔言以辱三子，三子何罪乎？子其悉心雪耻，毋怠。”遂复三人官秩如故，愈益厚之。

百里奚与蹇叔子的进谏的确没有任何修饰，但也谈不上鲁莽刚直。可见以百里奚、蹇叔子为戆谏的例子并不恰当。戆谏，应当属于进谏不成功的那一类，凡是进谏成功的就不应该划入戆谏行列。本卷中没有详细记载戆谏者具体表现的章节，我们仅从结果来推测，那些进谏被杀的大概属于戆谏。本卷第八章写秦始皇下令"敢以太后事谏者，戮而杀之，从蒺藜其脊肉干四支，而积之阙下！"结果谏而死者二十七人。这二十七人究竟是怎样鲁莽刚直进谏的，我们不得而知，但据茅焦进谏的内容逆推，似乎那二十七人没有将问题的严重性指出来，也没有站在亲情、国家和始皇本人的角度来进谏。茅焦进谏的策略，可以借用苏洵《谏论》的说法，是"理而谕之""势而禁之""利而诱之"。第九章写楚庄王杀七十二个进谏者，比秦始皇残酷多了。但是这一章的真实性令后人怀疑，所以不足为训。其他各章都是进谏成功的例子，所以不能算作戆谏。笔者认为，像关龙逄、比干可以归入戆谏一类，但刘向并没有入选这一内容，我们不妨看一看《史记·殷本纪》中有关比干的记载：

> 纣愈淫乱不止。微子数谏不听，乃与大师、少师谋，遂去。比干曰："为人臣者，不得不以死争。"乃强谏纣。纣怒曰："吾闻圣人心有七窍。"剖比干，观其心。箕子惧，乃详狂为奴，纣又囚之。殷之大师、少师乃持其祭乐器奔周。周武王于是遂率诸侯伐纣。

微子谏而无效，选择了逃离，而比干则"强谏"，是否有一点"鲁莽刚直"呢？

本卷标题为"正谏"，孔子赞成的却是"讽谏"。从效果来看，刘向似乎也倾向于讽谏。大概讽谏最集中地体现了政治性与艺术性的完美结合。所谓讽谏，就是用委婉的言辞进谏。徐坚《初学记·卷十八人部中·讽谏第三》对讽谏的解释较为详准："讽也者，谓君父有缺而难言之，或托兴诗赋以见于词，或假托他事以陈其意，冀有所悟而迁于善。谏也者，谓事有不善，有指而言之，上至君父，下及朋友，论之不疑，必有所益。故孔子称君有争臣，父有争子，士有争友，此之谓也。"本卷中这方面成功的例子比较典型。第五章写谒者以“土耦木梗”说服了孟尝君，第六章写少孺子以“螳螂捕蝉，黄雀在后”的寓言说服了吴王，第十四章写公卢用采桑女的故事说服了赵简子，第十六、十七章写晏子智谏景公，都收到了很好的效果。“讽谏”的文学性突出，都是借助其他的例子来达到进谏的目的，用他山之石，攻眼下之玉，类比、暗示、启发的艺术性强，也给了受谏者一个台阶，不至于尴尬。正如苏洵在《谏论》中所说：“吾以为讽、直一也，顾用之之术何如耳。”又说“由是知不必乎讽，而必乎术也。”这就揭开了讽谏的本质在于“术”，在于方法策略。这大概就是孔子推崇“讽谏”的原因吧。

进谏固然是有效果的，但不是万能的。本卷第二十三章内容即枚乘著名的《上书谏吴王》一文，见于《汉书·枚乘传》，梁萧统收录《文选》。本章文采飞扬，多用比喻，形象贴切，发人深省，但吴王不为所动。枚乘后来又写了《上书重谏吴王》。两者相比，前者用语委婉，后者直截了当，枚乘先后两文进谏，可谓“五术”尽用，但吴王刘濞至死不悟，一条道走到黑，正所谓“天作孽，犹可违；自作孽，不可逭”。

卷十　敬慎

【题解】

敬慎，就是待人恭敬，做事谨慎。刘向在第一章中提出“存亡祸福，其要在身。”这是很有道理的。是否善于处理人际关系，是否尊敬他人，是否小心谨慎，这的确是人生成败的关键，也是治国理家的关键。刘向用了很多章节，来阐述强弱、盈虚、成败、得失、利害的辩证关系，指出事物是互相转化的。要想保持强，就必须守弱；要想成功，就不要拒绝暂时的失败。这就从理论上对敬慎的重要性进行了透彻的阐释。

那么怎样恭敬谨慎呢？刘向认为，不可骄士。不管你的地位多高，多么富有，都不能高慢。相反，越是高贵越要谦恭。刘向虽然不可能从现代心理学的角度提出论点，但可以说，刘向是懂得人际交往原理的。刘向反复强调事物是可以转化的，他说：“德行广大而守以恭者荣，土地博裕而守以俭者安，禄位尊盛而守以卑者贵，人众兵强而守以畏者胜，聪明睿智而守以愚者益，博闻多记而守以浅者广。”他又提出“高而能下，满而能虚，富而能俭，贵而能卑，智而能愚，勇而能怯，辩而能讷，博而能浅，明而能闇”，这才是聪明的。“怨生于不报，祸生于多福。”刘向对人性的见解十分深刻，为化解人性导致的矛盾提供了药方。要想敬慎，还要慎言。在刘向看来，祸从口出，这方面的教训很多，要像东周太庙的金人那样“三缄其口”。这个观点具有普遍意义。别说治国理政，就是日常生活，也不能口无遮拦。

刘向认为，只要坚持做到敬慎，就不怕天灾地妖。因为你做得好，任何人都对你无可奈何。他说：“存亡祸福皆在己而已，天灾地妖亦不能杀也。”他又说：“妖孽不胜善政，恶梦不胜善行。”这实际上是在给汉朝皇帝鼓劲，希望他能够行为端正，谨慎致敬。

本卷内容明显受到老子学说的影响，表现出西汉初年统治者尊奉老庄哲学的痕迹，同时也体现了刘向哲学思想的复杂性。

本卷共三十三章。

一

存亡祸福，其要在身[1]；圣人重诫[2]，敬慎所忽。《中庸》曰：“莫见乎隐，莫显乎微，故君子能慎其独也[3]。”谚曰：“诫无诟，思无辱。”夫不诫不思而以存身全国者亦难矣。《诗》曰：“战战兢兢，如临深渊，如履薄冰[4]。”此之谓也。

【注释】

[1] 要：关键。

[2] 重诫：重视自我勉励。

[3]《中庸》：见卷三建本·九[27]。见，同“现”。今本《中庸》无“能”字。

[4] 战战兢兢，如临深渊，如履薄冰：战战，恐惧的样子。兢兢，小心谨慎的样子。语出《诗经·小雅·小旻》。

【今译】

人的生死、存亡、灾祸、福分，取决于自身。圣人重视自我勉励，对容易忽略的小事格外谨慎。《中庸》上说：“道总是在阴暗处显现出来，总是在细小的地方显现出来，所以君子在无人监督的环境里格外谨慎。”俗话说：“自我勉励就不会有耻辱，善于思考就不会受侮辱。”不自我勉励又不善于思考，却能够保全自身和国家，是很难做到的。《诗经》上说：“因恐惧而小心谨慎，就像面前有深渊，就像走在薄薄的冰面上。”说的就是这个道理呀。

二

昔成王封周公[1]，周公辞不受，乃封周公子伯禽于鲁[2]。将辞去，周公戒之曰："去矣，子其无以鲁国骄士矣！我，文王之子也，武王之弟也，今王之叔父也，又相天子，吾于天下亦不轻矣。然尝一沐而三握发，一食而三吐哺，犹恐失天下之士。吾闻之曰：德行广大而守以恭者荣，土地博裕而守以俭者安，禄位尊盛而守以卑者贵，人众兵强而守以畏者胜，聪明睿智而守以愚者益，博闻多记而守以浅者广[3]。此六守者，皆谦德也。夫贵为天子，富有四海，不谦者先天下亡其身，桀、纣是也，可不慎乎？故《易》曰：'有一道，大足以守天下，中足以守国家，小足以守其身，谦之谓也[4]。''夫天道毁满而益谦，地道变满而流谦，鬼神害满而福谦，人道恶满而好谦。'是以衣成则缺衽[5]，宫成则缺隅[6]，屋成则加错[7]，示不成者，天道然也。《易》曰：'谦，亨，君子有终，吉。'《诗》曰：'汤降不迟，圣敬日跻[8]。'其戒之哉，子其无以鲁国骄士矣！"

【注释】

[1] 昔成王封周公：从前周成王分封周公。成王，见卷一君道·三[1]。周公，见卷一君道·七[1]。

[2] 伯禽：见卷一君道·三[1]。

[3] "德行广大而守以恭者荣"句：《文子·九守》有"是故聪明广智守以愚，多闻博辩守以俭，武力勇毅守以畏，富贵广大守以狭，德施天下守以让。此五者，先王所以守天下也。"是其所本。

[4] "故《易》曰"句：《易》，指《周易》，儒家重要经典之一。"有一道，大足以守天下，中足以守国家，小足以守其身，谦之谓也。"此句不见于今本《周易》。"夫天道毁满而益谦，地道变满而流谦，鬼神害满而福谦，人

道恶满而好谦。"见于《周易·谦卦》,"毁"原作"亏"。"满"原作"盈",因避惠帝刘盈讳改。下面的"谦,亨,君子有终,吉。"出处相同。

[5] 衽:衣襟。

[6] 隅:墙角。

[7] 错:用金涂饰镶嵌。

[8] 汤降不迟,圣敬日跻(jī):出自《诗经·商颂·长发》。汤,商朝第一个君王。跻,上升。

【今译】

从前周成王分封周公,周公推辞不接受,于是封周公的儿子伯禽到鲁国。伯禽告辞离开的时候,周公告诫伯禽说:"到了鲁国以后,你一定不要以为自己是国君就对士人傲慢!我,是文王的儿子,武王的弟弟,当今成王的叔父,又辅佐天子,我在天下的地位不算轻微了。但是,我曾经洗头时多次握着头发接见客人,吃一顿饭多次把口中食物吐出来(忙着去接见客人),还是担心失去天下士人。我听说过这样的话:'道德高尚、品行正大而能够坚持恭敬待人就荣耀,疆土广博、地产丰厚而能够坚持节俭就安宁,俸禄优厚、地位尊贵而能够坚持低调做人就高贵,兵强马壮、装备精良而能够谨慎小心就能取胜,聪明、富有远见卓识而能够大智若愚就能获益,博闻强记而能够谦虚谨慎就渊博。'这六个方面的操守,都属于谦虚的品德。地位显贵到天子,富足到拥有四海,不谦虚的话,自身比天下先败亡,桀、纣就是这样的人。能不谨慎吗?所以《周易》上说:'有一条真理,它的作用大可以保有天下,中可以保有住国家,小足以保有自身,说的就是谦虚呀。''天的规律是毁损满的增益虚的,地的规律是毁坏满的增加虚的,鬼神的规律是损害满的加福于虚的,人间的规律是憎恶自满的喜欢谦虚的。所以衣服做成了就让它缺少一块衣襟,宫殿建成了就让它缺一角,房屋建成了还要用金涂饰镶嵌,表示没有完成的意思,自然的规律就是这样。'《周易》上说:'谦卦,通顺。君子谦虚有好的结果,大吉。'《诗经》上说:'商汤礼贤下士毫不懈怠,圣明恭敬日益上升。'你一定引以为戒!你一定不要以为自己是国君就对士人傲慢!"

三

孔子读《易》至于“损”“益”[1]，则喟然而叹。子夏避席而问曰[2]：“夫子何谓叹？”孔子曰：“夫自损者益，自益者缺，吾是以叹也。”子夏曰：“然则学者不可以益乎？”孔子曰：“否。天之道，成者未尝得久也。夫学者以虚受之，故曰得苟接知持满[3]，则天下之善言不得入其耳矣。昔尧履天子之位，犹允恭以持之，虚静以待下，故百载以逾盛，迄今而益章[4]。昆吾自臧而满意[5]，穷高而不衰，故当时而亏败，迄今而逾恶。是非损益之征与？吾故曰，谦也者，致恭以存其位者也。夫丰明而动故能大[6]，苟大则亏矣，吾戒之。故曰，天下之善言不得入其耳矣[7]。日中则昃，月盈则食，天地盈虚，与时消息[8]。是以圣人不敢当盛。升舆而遇三人则下，二人则轼[9]，调其盈虚，故能长久也。”子夏曰：“善，请终身诵之。”

【注释】

[1] 损、益：指《周易》中的“损”卦和“益”卦。

[2] 子夏：见卷二臣术・五[12]。

[3] “故曰”句：得，此字为衍文。苟接知持满：如果用自满的态度接受知识。

[4] 章：同“彰”。

[5] 昆吾自臧：昆吾，夏的同盟部落。己姓。相传为颛顼之后。自臧，自认为好，自满。

[6] 夫丰明而动故能大：“丰”卦说趁着中午时分行动，那时候阳光明亮，所以就宏大。《周易・丰卦》载祭祀“宜日中”。《彖传》载：“明以动，故丰。”

[7] 天下之善言不得入其耳矣：卢文弨认为此句为衍文。

[8] 日中则昃(zè)，月盈则食，天地盈虚，与时消息：昃，太阳偏西。食，同“蚀”，缺。消息，消长。语出《周易・丰卦・彖传》。

[9]“升舆”句：坐在车上遇到三个人时就下车，遇到两个人时就扶轼表示敬意。舆，车。轼，车前部用来扶手的横木。这里用作动词。

【今译】

孔子读《周易》，读到“损”卦和“益”卦时，就长叹一声。子夏起身离席问孔子：“老师为何叹息？”孔子说：“谦虚的人得益，自满的人受损，我因此叹息呀。”子夏说：“既然这样，那么求学的人不能因为学习了知识就满足吧？”孔子说：“不能满足。天的规律是，成功的人不可能永远成功，求学的人要虚心接受。所以说，如果用自满的态度接受知识，那么他就听不到天下的善言了。从前尧登上天子之位后，仍然坚守诚心谦恭的品质，虚心安静地对待臣民，所以他的德行过了百年更加昌盛，到了今天越发彰显。昆吾自夸自满，登上高位仍然不改变，所以他当时就受损而失败了，到今天越发使人厌恶。这不就是关于损、益的例证吗？所以我说，谦虚，是用恭敬来保存自身地位的。“丰”卦说趁着中午时分行动，那时候阳光明亮，所以就宏大，如果已经达到了宏大程度就会开始亏减，我们要引以为戒。所以说，太阳正中后就要偏斜，月满盈后就要亏缺，天地间的日月有盈有亏，与时间一起消长。因此圣人不敢处在最兴盛的位置上。坐在车上遇到三个人时就下车，遇到两个人时就扶轼表示敬意，调节盈、虚的平衡关系，所以能保持长久。”子夏说：“说得好，我终身牢记教诲。”

四

孔子观于周庙而有欹器焉[1]。孔子问守庙者曰：“此为何器？”对曰：“盖为右坐之器[2]。”孔子曰：“吾闻右坐之器，满则覆，虚则欹，中则正[3]，有之乎？”对曰：“然。”孔子使子路取水而试之，满则覆，中则正，虚则欹。孔子喟然叹曰：“呜呼！恶有满而不覆者哉[4]!”子路曰:“敢问持满有道乎[5]?”孔子曰:“持满之道,挹而损之[6]。”子路曰:“损之有道乎?”孔子曰:“高而能下,满而能虚,富而能俭,贵而能卑,智而能愚,勇而能怯,辩而能讷,博而能浅,明而能闇[7],是谓损而不极[8]。能行此道,唯至德者及之。《易》曰:‘不损而益之,故损;自损而终,故益[9]。’”

【注释】

[1] 孔子观于周庙,而有欹(qī)器焉:周庙,《荀子·宥坐》《淮南子·道应》《孔子家语·三恕》皆作“孔子观于鲁桓公之庙。”参照本卷第二十四章,当指周天子祖庙。欹器,倾斜易覆之器。

[2] 右坐:置于座位右侧,起警示作用。坐,同“座”。

[3] 满则覆,虚则欹,中则正:注满水就会倾倒,内部空虚就倾斜,水处于正中就端正。

[4] 恶(wū):怎么,哪里。

[5] 敢问持满有道乎:请问有保持盈满而不倾倒的办法吗? 敢,谦辞。

[6] 挹而损之:抑制并减少盈满。挹,通“抑”。

[7] 闇(àn):愚昧。

[8] 损而不极:减损它不让它盈满。

[9] “不损而益之”句:今本《周易》无此文。疑为《周易》佚文。

【今译】

孔子到周天子祖庙参观,看到有欹器在那里。孔子问看守祖庙的人:“这是什么器物?”那人回答说:“是置于座位右侧起警示作用的器物。”孔子说:“我听说这种器物,注满水就会倾倒,内部空虚就会倾斜,水处于正中就端正。是这样吗?”那人回答说:“是这样。”孔子就让子路取来水验证一下。果然注满水就倾倒,水处于正中就端正,内部空虚就倾斜。孔子长叹一声说:“唉! 哪有盈满却不倾倒的呢!”子路问道:“请问有保持盈满而不倾倒的办法吗?”孔子说:“想保持盈满而不倾倒,就要抑制并减少盈满。”子路问道:“抑制并减少盈满有什么办法吗?”孔子说:“在高位而能居人下,盈满而能谦虚，富有而能节俭，尊贵而能谦卑，大智若愚，大勇若怯，大辩若讷，大博若陋，大贤若昧，这就是减损它不让它盈满的办法。能够这样做，只有道德修养极高的人能够达到。《周易》上说：'不减少却增加它，所以会受损；自行减损并坚持到底，所以能获益。'"

五

常摐有疾[1]，老子往问焉，曰："先生疾甚矣，无遗教可以语诸弟子者乎？"常摐曰："子虽不问，吾将语子。"常摐曰："过故乡而下车，子知之乎？"老子曰："过故乡而下车，非谓其不忘故邪？"常摐曰："嘻，是已[2]。"常摐曰："过乔木而趋，子知之乎？"老子曰："过乔木而趋，非谓敬老耶[3]？"常摐曰："嘻，是已。"张其口而示老子，曰："吾舌存乎？"老子曰："然。""吾齿存乎？"老子曰："亡。"常摐曰："子知之乎？"老子曰："夫舌之存也，岂非以其治之柔耶[4]？齿之亡也，岂非以其刚耶？"常摐曰："嘻，是已。天下之事已尽矣，何以复语子哉？"

【注释】

[1] 常摐(chuāng)：一作"常枞"。老子之师。老子，又称老聃。姓李，名耳，字伯阳。楚国苦县(今河南鹿邑东，一说今安徽涡阳)厉乡曲仁里人。春秋时思想家，道家创始人。做过周朝"守藏室之史"(管理藏书的史官)，孔子曾向他问礼。后退隐，著有《老子》一书。

[2] 是已：对了。已，同"矣"。

[3] 非谓敬老耶：脱"其"。当为"非谓其敬老耶"，与上句一致。

[4] 治之：此二字为衍文。

【今译】

常摐生病，老子前去看望，说："先生病得很重，难道没有留下教诲来告诉弟子吗？"常摐说："即使你不问，我也要告诉你。"常摐说:“经过故乡要下车,你懂得其中的道理吗?”老子说:“经过故乡要下车,不就是说人不要忘本吗?”常摐说:“啊,对了。”常摐说:“经过高大树木要小步快走,你懂得其中的道理吗?”老子说:“经过高大树木要小步快走,不就是说人要尊敬老人吗?”常摐说:“啊,对了。”常摐张开自己的嘴让老子看,问道:“我的舌头还在吗?”老子说:“在。”“我的牙齿还在吗?”老子说:“没有了。”常摐问道:“你懂得其中的道理吗?”老子说:“舌头还在,难道不是因为它柔软吗?牙齿掉了,难道不是因为它坚硬吗?”常摐说:“啊,对了。天下的道理都在这里面了,还对你说什么呢?”

六

韩平子问于叔向曰[1]:“刚与柔孰坚?”对曰:“臣年八十矣,齿再堕而舌尚存。老聃有言曰[2]:‘天下之至柔,驰骋乎天下之至坚[3]。’又曰:‘人之生也柔弱,其死也刚强;万物草木之生也柔脆,其死也枯槁。’因此观之,柔弱者,生之徒也;刚强者,死之徒也。夫生者毁而必复,死者破而愈亡。吾是以知柔之坚于刚也[4]。”平子曰:“善哉!然则子之行何从?”叔向曰:“臣亦柔耳,何以刚为?”平子曰:“柔无乃脆乎?”叔向曰:“柔者纽而不折[5],廉而不缺[6],何为脆也?天之道,微者胜。是以两军相加,而柔者克之;两仇争利,而弱者得焉。《易》曰:‘天道亏满而益谦,地道变满而流谦,鬼神害满而福谦,人道恶满而好谦[7]。’夫怀谦、不足之柔弱而四道者助之[8],则安往而不得其志乎?”平子曰:“善!”

【注释】

[1] 韩平子问于叔向:韩平子,即韩须,春秋时晋国大夫,字平子。见《左传·昭公二年》。叔向,见卷五贵德·十三[2]。

[2] 老聃(dān):即老子。

[3]“天下之至柔”句:见《老子》四十三章。

[4]“人之生也柔弱”句:见《老子》七十六章。

[5] 纽而不折:扭转却不会断裂。纽,通“扭”。

[6] 廉而不缺:锋利但不会破损。廉,锋利。

[7]“天道亏”句:见本卷·二[4]。

[8] 四道:指上面所说的天道、地道、鬼神道、人道。

【今译】

韩平子问叔向:“刚与柔哪一个更坚固?”叔向回答说:“我八十岁了,牙齿掉了又掉但舌头还在。老子说过:‘天下最柔软的,能够在天下最坚硬的地方驰骋纵横。’又说:‘人活着的时候是柔软的,死了就变得僵硬;世间所有草木活着的时候是柔软的,死了就变得枯槁。由此看来,柔弱,是属于有生命力一类的;刚强,是属于死亡一类的。’有生命力的事物即便毁坏了也一定复活,死亡的事物毁灭后就消亡得更加迅速。我因此懂得柔软比坚硬更加坚固。”韩平子说:“说得好!既然如此,那么你的行为将依从什么呢?”叔向回答说:“我依从柔软,为什么非要刚强呢?”韩平子说:“柔软恐怕容易碎裂吧?”叔向回答说:“柔软的事物能扭转却不会断裂,锋利但不会破损,怎么会碎裂呢?天的规律是微弱的得胜。因此两军相对时,坚守柔软能战胜对方;两个敌对者争夺利益时,坚守柔软的一方得利。《周易》上说:‘天的规律是贬损满的增益虚的,地的规律是毁坏满的增加虚的,鬼神的规律是损害满的加福于虚的,人间的规律是憎恶自满的喜欢谦虚的。’坚守谦虚、不足这种柔弱的人,天、地、鬼神、人都会帮助他,那么到哪里不能实现自己的志向呢?”韩平子说:“说得好!”

七

桓公曰[1]:“金刚则折,革刚则裂[2];人君刚则国家灭,人臣刚则交友绝。”夫刚则不和,不和则不可用。是故四马不和,取道不长；父子不和，其世破亡；兄弟不和，不能久同；夫妻不和，家室大凶。《易》曰：'二人同心，其利断金[3]。'由不刚也。"

【注释】

[1] 桓公：不明所指何人。春秋战国时期谥号为"桓公"的诸侯不止一人。
[2] 刚：坚硬。
[3] 二人同心，其利断金：语出《周易·系辞》。

【今译】

桓公说："金属太坚硬就容易折断，皮革太坚硬就容易断裂；国君太刚强国家就会灭亡，臣子太刚强朋友就会断绝交往。"太刚强就不和顺，不和顺就不能发挥作用。所以拉车的四匹马如果不和顺，行路就不会长远；父子如果不和顺，世族就会破亡；兄弟如果不和顺，就不能长期共同生活；夫妻如果不和顺，家庭就会有大的凶险。《周易》上说："两人同心同德，就像刀一样锋利可以切断金属。"因为不坚硬啊。

八

老子曰："得其所利，必虑其所害；乐其所成，必顾其所败[1]。"人为善者，天报以福；人为不善者，天报以祸也。故曰："祸兮，福所倚；福兮，祸所伏[2]。"戒之，慎之！君子不务，何以备之？夫上知天，则不失时；下知地，则不失财；日夜慎之，则无害灾。

【注释】

[1]"得其所利"句：此句不见于今本《老子》。
[2]"祸兮福所倚"句：语出《老子·五十八章》。

【今译】

老子说："获得利益的时候，一定想到它的害处；欣喜于成功的时候，一定考虑到它的失败。”人如果做善事，天就以幸福来回报；人如果做不善的事，天就以灾祸来回报。所以说：“灾祸啊，幸福依傍在它里面；幸福啊，灾祸潜伏在它之中。”要以此来告诫自己，要谨慎小心！君子如果不在这方面用心，凭什么来防备灾祸呢？对上了解天道，就不会错失天时；对下了解地道，就不会错失财货；日夜谨慎小心，就不会有灾祸降临。

九

曾子有疾[1]，曾元抱首，曾华抱足[2]。曾子曰：“吾无颜氏之才[3]，何以告汝？虽无能，君子务益。”夫华多实少者[4]，天也；言多行少者，人也。夫飞鸟以山为卑，而层巢其巅[5]；鱼鳖以渊为浅，而穿穴其中。然所以得者，饵也。君子苟能无以利害身，则辱安从至乎？官怠于官成[6]，病加于少愈，祸生于懈惰，孝衰于妻子。察此四者，慎终如始。《诗》曰：‘靡不有初，鲜克有终[7]。’”

【注释】

[1] 曾子：见卷三建本·六[1]。
[2] 曾元、曾华：曾参之子。
[3] 颜氏：颜回，孔子最得意的弟子。
[4] 华多实少：开花多结果少。华，同“花”。果，结果。皆用作动词。
[5] 层巢其巅：在山顶累巢。层，累。
[6] 官怠于官成：咸淳本作“官怠于宦成”。于义较胜。宦成，官居高位。
[7] 靡不有初，鲜克有终：靡，无。鲜，少。克，能。语出《诗经·大雅·荡》。

【今译】

曾参有病，曾元抱他的头，曾华抱他的脚。曾子说：“我没有颜回那样的才能，拿什么来作为遗嘱告诉你们呢？虽然没有才能，君子也要致力于做有益的事情。”开花多结果少，那是自然的规律；说得多做得少，那是一般人的通病。飞鸟认为山是低矮的，就在山顶累巢；鱼鳖以为池渊是浅的，就在池渊中穿洞。但是它们仍然能够被人捉住，是因为诱饵。君子如果能够做到不因追逐利益使自身受害，那怎么会招致屈辱呢？做官做到高位就懈怠了，疾病往往在快痊愈的时候又加重了，祸患常常出现在懈怠的时候，孝心总是从妻、子那里开始衰减。明察这四个方面的问题，做任何事情都要像开始那样谨慎对待。《诗经》上说：'做事情都有开头，但很少有能坚持到底的。'"

十

单快曰[1]："国有五寒[2]，而冰冻不与焉。一曰政外，二曰女厉，三曰谋泄，四曰不敬卿士而国家败，五曰不能治内而务外。此五者一见[3]，虽祠无福[4]，除祸必得，致福则贷[5]。"

【注释】

[1] 单快：人名，周大夫，生平不详。

[2] 寒：令人寒心的事情。

[3] 见（xiàn）：同"现"。

[4] 祠：祭祀。

[5] 贷（tè）：通"忒"，失误，差错。

【今译】

单快说："国家有五种令人寒心的事情，但冰冻不在其中。一是政权旁落，二是女祸，三是机密外泄，四是不重视士人而导致国家失败，五是不治理国家内部事情却把精力放在对外讨伐上。这五种情况有一种出现的话，即使祭祀祖先也不会带来福祉，想要除去祸患而祸患一定会到来，祈求福祉就会出现失误。"

十一

孔子曰:“存、亡、祸、福皆在己而已,天灾、地妖亦不能杀也[1]。”昔者殷王帝辛之时[2],爵生乌于城之隅[3],工人占之曰[4]:“凡小以生巨,国家必祉,王名必倍[5]。”帝辛喜爵之德[6],不治国家,亢暴无极[7],外寇乃至,遂亡殷国。此逆天之时,诡福反为祸[8]。至殷王武丁之时[9],先王道缺[10],刑法弛,桑、榖俱生于朝[11],七日而大拱[12]。工人占之曰:“桑榖者,野物也。野物生于朝,意朝亡乎!”武丁恐骇,侧身,修行,思昔先王之政,兴灭国,继绝世,举逸民[13],明养老之道。三年之后,远方之君重译而朝者六国[14]。此迎天时,得祸反为福也。故妖孽者,天所以警天子、诸侯也;恶梦者,所以警士大夫也。故妖孽不胜善政[15],恶梦不胜善行也。至治之极,祸反为福。故太甲曰[16]:“天作孽,犹可违;自作孽,不可逭[17]。”

【注释】

[1] 杀(shài):减少,引申为“改变”。

[2] 殷王帝辛:商纣王。

[3] 爵(què):通“雀”。

[4] 工人占之:负责占卜的人占卜它。

[5] 祉:福运。

[6] 帝辛喜爵之德:纣王对雀鸟带来的福运很高兴。德,福运。

[7] 亢暴无极:残暴到了极点。

[8] 诡福反为祸:求福反带来了祸患。诡,求。

[9] 武丁:参见卷一君道·二十五[2]。“至”字当作“于”。

[10] 先王道缺:先王治国的传统被丢弃。

[11] 桑、穀俱生于朝：参见卷一君道·二十四、二十五。

[12] 七日而大拱：参见卷一君道·二十四、二十五。

[13] 兴灭国，继绝世，举逸民：参见卷一君道·二十五。

[14] 重译：辗转翻译。

[15] 妖孽不胜善政：怪异的东西战胜不了好的政治。

[16] 太甲：商朝第五代帝王，商汤之孙。

[17] 天作孽，犹可违；自作孽，不可逭(huàn)：天降灾祸，还是可以避开的；自己造成的灾祸，就无法逃避了。违，避开。逭，逃避。语出《尚书·太甲》。

【今译】

孔子说："存、亡、祸、福都取决于自己，即便是天灾、地妖也不能改变。"从前商纣王的时候，雀鸟在城墙一角生下一只乌鸦。负责占卜的人占卜后说：'凡是小的能够生出大的，国家一定有福运，大王的名声一定加倍显赫。'纣王对雀鸟带来的福运很高兴，不去治理国家，残暴到了极点，于是外面的敌人来到，商朝就灭亡了。这就是违背天的意志，求福反带来了祸患。在商王高宗武丁的时候，先王治国的传统被丢弃，刑法松弛，朝廷中长出了桑树、穀树，七天就长到两手合围那样粗。负责占卜的人占卜后说：'桑树和穀树，是野生植物。野生植物长在朝廷中，想来是商朝要灭亡了吧？'武丁恐惧害怕，坐立不安，加强品德修养，思慕先王美好的政治，使将要灭亡的诸侯国家复兴，使将要断绝的贵族世系延续下去，使避世隐居的贤人得到举荐，使赡养老人的礼义得到彰显。三年之后，远方的国君辗转翻译而来朝见的有六个国家。这就是顺应天时，虽然遭受灾祸，反而变成了福运。所以妖孽，是上天用来警告天子和诸侯的；恶梦，是上天用来警告大夫的。所以怪异的东西战胜不了好的政治，恶梦战胜不了好的品行。如果达到了治理的最高境界，灾祸也会变成福运。所以太甲说：'天降灾祸，还是可以避开的；自己造成的灾祸，就无法逃避了。'"

十二

石雠曰[1]:“《春秋》有忽然而足以亡者[2],国君不可以不慎也。妃妾不一,足以亡;公族不亲,足以亡;大臣不任,足以亡;国爵不用,足以亡;亲佞近谗,足以亡;举百事不时,足以亡;使民不节,足以亡;刑罚不中,足以亡;内失众心,足以亡;外嫚大国[3],足以亡。”

【注释】

[1] 石雠(chóu):人名,生平不详。

[2] “《春秋》”句:指东周时代鲁国史书,相传孔子据鲁国史书修订而成。忽然,不重视。

[3] 嫚:轻侮,骄慢。

【今译】

石雠说:“《春秋》中记载了因不重视某些因素而足以使国家灭亡的教训,后世国君不能不谨慎对待。后妃、侍妾争宠不和睦,足以使国家灭亡;宗室不亲附,足以使国家灭亡;大臣得不到信任足以使国家灭亡;国家的爵位不能授予贤能之人,足以使国家灭亡;亲近奸佞谗臣,足以使国家灭亡;做各种事情不按照时节规律,足以使国家灭亡;役使百姓不加以节制,足以使国家灭亡;刑法不恰当,足以使国家灭亡;在国内失去民心,足以使国家灭亡;在外交中骄慢大国,足以使国家灭亡。”

十三

夫福生于隐约[1],而祸生于得意,齐顷公是也[2]。齐顷公,桓公之子孙也,地广民众,兵强国富,又得霸者之余尊[3],骄蹇怠傲[4],未尝肯出会同诸侯[5],乃兴师伐鲁,反,败卫师于新筑[6],轻小嫚大之行甚[7]。俄而,晋、鲁往聘[8],以使者戏[9],二国怒,归求党与助,得卫及曹,四国相辅,期战于鞍,大败齐师,获齐顷公,斩逄丑父,于是懼然大恐[10]。赖逄丑父之欺[11],奔逃得归。吊死问疾,七年不饮酒,不食肉,外金石丝竹之声[12],远妇女之色。出会与盟,卑下诸侯[13]。国家内得行义,声问震乎诸侯[14]。所亡之地弗求而自为来。尊宠不武而得之[15],可谓能诎免变化以致之[16]。故福生于隐约,而祸生于得意。此得失之效也。

【注释】

[1] 隐约:穷困,不得志。

[2] 齐顷公:春秋时齐国国君,惠公之子,桓公之孙,名无野。公元前598至前582年在位。

[3] 得霸者之余尊:继承了齐桓公留下来的余威。齐桓公曾为春秋霸主。

[4] 骄蹇怠傲:傲慢不恭。

[5] 未尝肯出会同诸侯:从未愿意外出与诸侯会盟。

[6] 新筑:地名。春秋时卫地,在今河北大名县。

[7] 轻小嫚大:轻视小国,骄慢大国。

[8] 往聘:前来访问。聘,诸侯国之间派使者问候致意。

[9] 以使者戏:拿使者开玩笑。《公羊传·成公二年》记载,晋国使者郤克与鲁国使者臧孙许同时到达齐国访问,顷公的母亲拿这两位使者的跛脚、独眼开玩笑,激怒了两国,于是发生鞍之战,齐国大败。

[10] 懼(jué)然:震惊的样子。

[11] 赖逄(páng)丑父之欺:依仗着逄丑父欺骗了敌军。逄丑父,担任齐顷公的车右。在鞍之战中,齐顷公几乎被擒,因逄丑父相貌类似齐顷公,于是扮作齐顷公骗走了敌军。

[12] 外:摒弃。

[13] 卑下诸侯:降低自己的身份,谦恭地对待诸侯。

[14] 声问:声望,名声。问,通“闻”。

[15] 尊宠不武而得之:不凭借武力而尊荣就得到了。

[16] 诎免(qū fǔ)变化以致之:委曲求全而得到。诎免,委曲求全。免,通“俛”,俯身,曲身。

【今译】

福运产生于穷困之中,祸患产生于得意之间,齐顷公就是一个例子。齐顷公,是桓公的孙子,他的国家土地广阔人民众多,军队强大国库富足,又继承了齐桓公留下来的余威,但他对待诸侯傲慢不恭,从未愿意外出与诸侯会盟。他竟然出兵攻打鲁国,并在返回的途中于新筑打败了卫国的军队。齐顷公轻视小国、骄慢大国的行为十分过分。不久,晋、鲁两国派使者前来访问,齐顷公拿使者开玩笑。两国大怒,后寻求盟国帮助,得到卫国和曹国的援助,四个国家相互辅助,约定在齐国的鞍地打仗,大败齐国军队,俘获了齐顷公,斩杀了逢丑父。这时候齐顷公才震惊、恐惧,依仗着逢丑父欺骗了敌军,才得以逃回。从此以后齐顷公吊唁死者、慰问病者,七年不饮酒,不吃肉,摒弃声乐,远离女色,外出与诸侯会盟,降低自己的身份,谦恭地对待诸侯国君。他在国内推行仁政,声望震动了诸侯。齐国原来丢失的土地不用索要别国就主动归还,不凭借武力而尊荣就得到了。这可以说是因为能够委曲求全而得到的。所以说福运产生于穷困之中,祸患产生于得意之间。这就是得与失的效验。

十四

大功之效,在于用贤积道,浸章浸明[1];衰灭之过,在于得意而怠,浸蹇浸亡[2]。晋文公是其效也。晋文公出亡,修道不休,得至于飨国[3]。飨国之时,上无明天子,下无贤方伯[4],强楚主会,诸侯背畔,天子失道,出居于郑[5]。文公于是悯中国之微[6],任咎犯、先轸、阳处父[7],畜爱百姓,厉养戎士[8]。四年,政治内定,则举兵而伐卫，执曹伯[9]，还败强楚[10]，威震天下。明王法，率诸侯而朝天子，莫敢不听，天下旷然平定[11]，周室尊显。故曰：大功之效，在于用贤积道，浸章浸明。文公于是霸功立，期至意得[12]，汤、武之心作而忘其众[13]，一年三用师，且弗休息，遂进而围许[14]，兵亟弊[15]，不能服，罢诸侯而归[16]。自此而怠政事，为狄泉之盟[17]，不亲至，信衰义缺，如罗不补[18]，威武诎折不信[19]，则诸侯不朝，郑遂叛，夷狄内侵，卫迁于商丘[20]。故曰：衰灭之过，在于得意而怠，浸蹇浸亡。

【注释】

[1] 浸章浸明：浸，逐渐。章，通"彰"。

[2] 蹇：衰败。

[3] 得至于飨国：能够享有晋国。

[4] 方伯：诸侯之长。

[5] 出居于郑：出奔郑国。

[6] 中国：中原，指东周王室。

[7] 咎犯、先轸、阳处父：咎犯，见卷六复恩·三[3]。先轸、阳处父，见卷八尊贤·二[4]。

[8] 厉养戎士：精心训练将士。

[9] 曹伯：曹国君主，曹共公，名襄。公元前652年至公元前618年在位。

[10] 还（xuán）败强楚：随即打败了强大的楚国。指城濮之战。还，同"旋"，迅速。

[11] 旷然：空阔广大的样子。

[12] 期至意得：期望的事情都已实现，就自我满足。

[13] 汤、武之心作而忘其众：产生了像商汤、周武统一天下的想法而忘记了百姓的利益。

[14] 许：许国。周代国名，故址在今河南许昌。

[15] 兵亟弊：军队疲惫到极点。

[16] 罢：解散。

[17] 狄泉之盟：《春秋》僖公二十九年，晋与周、宋、齐、陈、蔡、秦等国大夫

在洛阳翟泉会盟，谋伐郑。狄泉，即翟泉，在今河南孟津县。

[18] 如罗不补：如同网破了不加修补。

[19] 威武诎折不信：威武受到挫折，不再被诸侯信服。

[20] 卫迁于商丘：商丘，当作“帝丘”，今河南濮阳市西南。《左传·僖公三十一年》载：“卫迁于帝丘。”

【今译】

取得大功业的经验，在于任用贤才积累道义，政治就逐渐清楚明了；国家衰灭的教训，在于自满懈怠，逐渐走向衰败灭亡。晋文公就是证明。晋文公出逃时，修养道德从不停止，最终能够享有晋国。他即位的时候，上无英明的天子，下无贤能的诸侯，强大的楚国主持会盟，诸侯国都背叛周室，天子失去应有的地位，出奔郑国。晋文公同情周王室的衰微，任用咎犯、先轸、阳处父等人，爱护百姓，精心训练将士。过了四年，国内政治稳定，就发兵攻打卫国，又活捉曹伯，随即打败了强大的楚国，声威震动天下。他彰显王法，率领诸侯朝见天子，没有谁敢不听，天下空阔处处安定，周室地位尊显。所以说，取得大功业的经验，在于任用贤才积累道义，政治就逐渐清楚明了。晋文公这时候建立了霸主的功业，他所期望的事情都已实现，就自我满足起来，产生了像商汤、周武统一天下的想法而忘记了百姓的利益，一年之内多次用兵，而且不让休养生息，又去围攻许国，军队疲惫到极点，不能征服许国，只好让诸侯解散回国。从此以后对国家大事懈怠，召集诸侯在狄泉盟会不亲自到会，丧失信誉缺乏道义，如同网破了不加修补。威武受到挫折，不再被诸侯信服，诸侯也不来朝见，郑国背叛，夷狄入侵，卫国迁都到帝丘。所以说，国家衰灭的教训，在于自满懈怠，逐渐走向衰败灭亡。

十五

田子方侍魏文侯坐[1]，太子击趋而入见[2]，宾客群臣皆起，田子方独不起。文侯有不说之色，太子亦然。田子方称曰："为子起欤？无如礼何[3]！不为子起欤？无如罪何！请为子诵楚恭王之为太子也[4]。将出之云梦，遇大夫工尹[5]。工尹遂趋避家人之门中[6]。太子下车从之家人之门中，曰：'子，大夫，何为其若是？吾闻之，敬其父者，不兼其子；兼其子者，不祥莫大焉。子大夫何为其若是？'工尹曰：'向吾望见子之面，今而后记子之心。'审如此，汝将何之？"文侯曰："善。"太子击前，诵恭王之言，诵三遍而请习之。

【注释】

[1] 田子方侍魏文侯坐：田子方，见卷二臣术·五[12]。魏文侯，卷一君道·三十六[2]。侍坐，在尊者旁边陪坐。

[2] 太子击：见卷八尊贤·二十一[3]。

[3] 无如礼何：无奈不符合礼的要求。下句"无如罪何"：无奈又得罪了太子。

[4] 楚恭王：见卷三建本·二十七[1]。楚恭王，名审。

[5] 工尹：春秋楚国官职名，掌管百工。

[6] 家人：人家，百姓家。

【今译】

田子方在魏文侯旁边陪坐，太子击小步快走地来拜见魏文侯，各位宾客及众大臣都站起来表示敬意，只有田子方不起身。文侯流露出不高兴的神色，太子也不高兴。田子方高声说道："为了太子起身吗？无奈不符合礼的要求！若不为了太子起身呢？无奈又得罪了太子！请让我说一说楚恭王做太子时的故事吧。楚恭王将要外出到云梦大泽去，途中遇到大臣工尹。工尹就赶快躲避到一家百姓门内。太子下车跟着他来那家百姓家门内，说：'先生，您是大臣，为什么要这样做呢？我听说，尊敬一个人的父亲，不必同时尊敬父亲的儿子，如果同时尊敬他的儿子，没有比这样做更不吉利的了。先生是大臣，为什么要这样做呢？'工尹说：'从前我只是看到了您的外表，从今以后我就了解您的内心了。'楚恭王做太子的时候是这样做的，那么你将怎么办呢？"文侯说："说得好！"太子击走向前复述了楚恭王的话，复述了三遍并照着演习。

十六

子赣之承[1]，或在涂见道侧巾弊布拥蒙而衣衰[2]，其名曰舟绰[3]。子赣问焉曰："此至承几何？"嘿然不对[4]。子赣曰："人问乎已而不应，何也？"屏其拥蒙而言曰[5]："望而黩人者[6]，仁乎？睹而不识者，智乎？轻侮人者，义乎？"子赣下车曰："赐不仁，过闻[7]。三言可复闻乎[8]？"曰："是足于子矣，吾不告子。"于是子赣参偶则轼，五偶则下[9]。

【注释】

[1] 子赣(gòng)之承：子赣，即子贡。见卷二臣术·四[1]。之，到。承，即"承"，地名，故址今山东枣庄市东南。

[2] 或在涂见道侧巾弊布拥蒙而衣衰(cuī)：或，疑为衍字。涂，通"途"。巾，本义头巾，此处为动词，头上戴着。弊布，破布。拥蒙，遮蔽。衰，同"缞"，丧服。

[3] 舟绰：人名，生平不详。

[4] 嘿(mò)然：闭口不言。嘿，同"默"。

[5] 屏：掀开，撩开。

[6] 黩(dú)：轻慢，亵渎。

[7] 过闻：问话不礼貌。

[8] 三言可复闻乎：三句话可以再听您说一遍吗？

[9] 参偶则轼，五偶则下：在车上遇到三个人时就扶轼表示敬意，遇到五个人时就下车表示敬意，偶，相遇。

【今译】

子贡到承这个地方去，在途中看见一个人在路边，用破头巾遮蔽着脸面，身上穿着丧服，他的名字叫舟绰。子贡问他："从这里到承有多远？"舟绰闭口不回答。子贡说："别人问自己却不回答，这是为什么？"舟绰撩开遮蔽在面部的头巾说："老远看见一个人就轻慢地问话，是仁厚的行为吗？走近了却看不出人家身穿丧服，能算聪明的人吗？轻侮别人，符合道义吗？"子贡赶忙下车，说："我不仁厚，问话不礼貌。三句话可以再听您说一遍吗？"舟绰说："这对于您已经足够了，我不再对您说什么了。"从此以后，子贡在车上遇到三个人时就扶轼表示敬意，遇到五个人时就下车表示敬意。

十七

孙叔敖为楚令尹[1]，一国吏民皆来贺。有一老父衣麤衣[2]，冠白冠，后来吊。孙叔敖正衣冠而出见之，谓老父曰："楚王不知臣不肖，使臣受吏民之垢[3]。人尽来贺，子独后来吊，岂有说乎？"父曰："有说。身已贵而骄人者，民去之；位已高而擅权者，君恶之；禄已厚而不知足者，患处之。"孙叔敖再拜曰："敬受命，愿闻余教。"父曰："位已高而意益下[4]，官益大而心益小，禄已厚而慎不敢取。君谨守此三者，足以治楚矣。"

【注释】

[1] 孙叔敖为楚令尹：孙叔敖，见卷八尊贤·二[5]。令尹，官名。春秋、战国时楚国最高官职，掌军政大权。

[2] 麤(cū)：同"粗"。

[3] 受吏民之垢：接受吏民的指责。一种谦虚的说法，意思就是"管理吏民"。

[4] 已：当作"益"。

【今译】

孙叔敖做楚国的令尹，全都城的官吏和百姓都来祝贺。有一位老父穿着粗布衣服，戴着白色帽子，最后来吊唁。孙叔敖把衣冠穿戴端正出来接见他，对老父说："楚王不知道我不贤，让我来管理百姓。别人都来祝贺，只有先生最后来吊唁，难道有什么道理要告诉我吗？"老父说："有的。身份高贵却待人傲慢的人，百姓会离开他；地位显赫却大权独揽的人，国君会厌恶他；俸禄优厚却不满足的人，祸患会伴随他。"孙叔敖拜了两拜说："我恭敬地接受您的教诲，希望再听到其它方面的教诲。"老父说："地位越高态度越要谦恭，官职越大越要小心翼翼，俸禄越优厚越要谨慎不敢轻易获取。您遵守这三点，就可以治理好楚国了。"

十八

魏安釐王十一年[1]，秦昭王谓左右曰[2]："今时韩、魏与秦孰强？"对曰："不如秦强。"王曰："今时如耳、魏齐与孟尝、芒卯孰贤[3]？"对曰："不如孟尝、芒卯之贤。"王曰："以孟尝、芒卯之贤，率强韩、魏以攻秦，犹无奈寡人何也[4]？今以无能如耳、魏齐而率弱韩、魏以伐秦，其无奈寡人何亦明矣！"左右皆曰："然。"申旗伏瑟而对曰[5]："王之料天下过矣。当六晋之时[6]，智氏最强，灭范、中行氏，又率韩、魏之兵以围赵襄子于晋阳[7]，决晋水以灌晋阳之城[8]，不满者三板[9]。智伯行水[10]，魏宣子御[11]，韩康子为骖乘[12]。智伯曰：'吾始不知水可以亡人国也，乃今知之。汾水可以灌安邑，绛水可以灌平阳[13]。'魏宣子肘韩康子，康子履魏宣子之足，肘、足接于车上，而智氏分，身死国亡，为天下笑。今秦虽强，不过智氏；韩、魏虽弱，尚贤其在晋阳之下也。此方其用肘、足之时，愿王之必勿易也。"于是秦王恐。

【注释】

[1] 魏安釐(xī)王:魏安釐王,战国时魏国国君,名圉。昭王子。屡为强秦所败。公元前276年至前243年在位。

[2] 秦昭王:又称"昭襄王"。战国时秦国国君,名稷,秦武王异母弟。公元前306年至前251年在位。

[3] 如耳、魏齐与孟尝、芒卯:如耳,战国时魏国大夫。魏齐,魏之公族,昭王时为相。孟尝,即田文,战国时齐国人。齐国公族,称薛公,相齐,为战国四公子之一。芒卯,又作"孟卯",战国时齐国人。仕于魏,为相,有贤名。

[4] 犹无奈寡人何也:犹,尚且。无奈……何,固定结构,对……没有办法。

[5] 申旗伏瑟:申旗,秦国辩士。伏,身体前倾靠在物体上。

[6] 六晋之时:指智氏、赵氏、韩氏、魏氏、范氏、中行氏六卿在晋国执政的时期。

[7] 围赵襄子于晋阳:见卷三建本·二十九[1][5]和卷五贵德·二十八[16]。

[8] 晋水:水名,源出山西太原西南悬瓮山,入汾水。

[9] 不满者三板:还差三板的高度晋阳城就被淹没了。满,淹没。板,古代筑土墙用的夹墙板。

[10] 智伯行(xìng)水:智伯出来察看水势。智伯,见卷三建本·二十九[3]。行,巡视。

[11] 魏宣子御:魏宣子驾车。魏宣子,春秋末晋国大夫。

[12] 韩康子为骖乘(shèng):韩康子做侍卫陪乘。韩康子,见卷五贵德·二十八[3]。骖乘,即陪乘。

[13] 汾水可以灌安邑,绛水可以灌平阳:汾水,水名,在今山西境内,流经平阳,入黄河。安邑,魏宣子邑,故址在今山西夏县。绛水,水名,即涑(sù)水。在今山西境内,流经安邑,入黄河。平阳,韩康子邑,故址在今山西临汾市南。安邑、平阳互讹,当互易为"汾水可以灌平阳,绛水可以灌安邑"。

【今译】

魏安釐王十一年,秦昭王对左右臣子说:"现在韩、魏比秦国哪一个更强大?"左右回答说:"比不上秦国强大。"秦王说:"现在如耳、魏齐与孟尝、芒卯相比谁更贤能?”左右回答说:“比不上孟尝、芒卯贤能。”秦王说:“凭着孟尝、芒卯的贤能,率领强大的韩、魏军队来攻打秦国,尚且不能把我怎么样;现在凭着如耳、魏齐这样无能之辈,率领弱小的韩、魏来攻打秦国,他们不能把我怎么样是很清楚的了。”左右臣子都说:“是这样的。”申旗身体前倾靠在琴上回答说:“大王把天下的形势估计错了!晋国在六姓执政的时候,智氏最强大,灭掉了范氏、中行氏,又率领韩、魏的军队围攻赵襄子在晋阳城中,挖开晋水来淹晋阳城,还差三板的高度晋阳城就被淹没了。智伯出来察看水势,魏宣子驾车,韩康子做侍卫陪乘。智伯说:‘起初我不知道水可以灭掉人家的城,而今我知道了。引汾水能够淹没平阳,引绛水能够淹没安邑。’魏宣子用胳膊肘碰一碰韩康子,韩康子踩了踩魏宣子的脚,肘、足在车上互相接触一下,智氏的土地就被瓜分了,智伯被杀死,国家灭亡,被天下人耻笑。现在秦国虽然强大,但超不过智氏;韩、魏虽然弱小,还是比处在晋阳城下的时候要强大得多。这正是他们用肘、足密谋联合的时候,希望大王不要掉以轻心。”这时秦王才感到了恐惧。

十九

魏公子牟东行[1],穰侯送之曰[2]:“先生将去冉之山东矣[3],独无一言以教冉乎[4]?”魏公子牟曰:“微君言之,牟几忘语君。君知夫官不与势期[5],而势自至乎?势不与富期,而富自至乎?富不与贵期,而贵自至乎?贵不与骄期,而骄自至乎?骄不与罪期,而罪自至乎?罪不与死期,而死自至乎?”穰侯曰:“善,敬受明教[6]。”

【注释】

[1] 魏公子牟:即魏牟,魏国贤公子。因封于中山,又称中山公子牟。道家学者。《汉书·艺文志》记有《公子牟四篇》,书已亡。

[2] 穰(ráng)侯:《史记·穰侯列传》记载,穰侯,战国时秦臣。姓魏名冉,秦昭王母亲宣太后弟。自秦惠王、秦武王开始任职用事。秦昭王即位,年少,宣太后用事,任冉主持国政,后封于穰(战国韩邑,后属秦,在今河南邓州市),号穰侯。后因骄横专政,被昭王免相,令出关,就封邑。钱穆《先秦诸子系年·一四六魏牟考》认为本章当从《战国策·赵策》为是,当指应侯(范雎)与魏牟事。

[3] 山东:战国时称崤山以东为山东。

[4] 独:难道。

[5] 期:约会。

[6] 敬受明教:恭敬地接受您明确的教导。

【今译】

魏公子牟去东方游历,穰侯魏冉为他送行时说:"先生将要离开魏冉到崤山以东的地方去,难道没有一句话来教育我吗?"魏公子牟说:"你要是不说,我几乎要忘记了。您知道官位并不和权势相约,但是权势会自己到来的;权势并不和富有相约,但是富有会自己到来的;富有并不和高贵相约,但是高贵会自己到来的;高贵并不和傲慢相约,但是傲慢会自己到来的;傲慢并不和罪过相约,但是罪过会自己到来的;罪过并不与死亡相约,但是死亡会自己到来的。"穰侯说:"说得好,我恭敬地接受您明确的教导。"

二十

高上尊贤[1],无以骄人;聪明圣智,无以穷人[2];资给疾速[3],无以先人;刚毅勇猛,无以胜人。不知则问,不能则学。虽智必质,然后辩之[4];虽能必让,然后为之。故士虽聪明圣智,自守以愚;功被天下,自守以让;勇力距世[5],自守以怯;富有天下,自守以廉;此所谓高而不危,满而不溢者也。

【注释】

[1] 贤:《荀子·非十二子》《韩诗外传》卷六之七作“贵”。于义为胜。
[2] 穷人:使人困窘,难堪。穷,使动用法。
[3] 资给疾速:敏捷快速。资给,即“齐给”,迅速敏捷的意思。《荀子·非十二子》《韩诗外传》卷六之七“资”皆作“齐”。
[4] 虽智必质,然后辩之:即使是很聪明但也一定要多多请教,然后加以分辨。质,请教,询问。辩,通“辨”。
[5] 距世:盖世。

【今译】

官位显达身份尊贵的人,不要待人高慢;才智超群,不要使人困窘难堪;反应敏捷快速,做事不要抢在别人之前;刚毅勇猛,不要总想胜过别人。不懂就问,不会就学;即使自己很聪明也一定要多多请教,然后加以分辨;即使自己很有本领也一定要谦让,然后再去做。所以士人即使才智超群,仍要守拙;功盖天下,仍要谦虚;勇猛无比,仍要守怯;富有天下,仍要守廉。这就是所谓居高位却不招致危险、盈满却不外溢的道理。

二十一

齐桓公为大臣具酒[1],期以日中。管仲[2]后至,桓公举觞以饮之[3]。管仲半弃酒[4]。桓公曰:“期而后至,饮而弃酒,于礼可乎?”管仲对曰:“臣闻酒入舌出,舌出者言失,言失者身弃,臣计弃身不如弃酒。”桓公笑曰:“仲父起就坐。”

【注释】

[1] 齐桓公为大臣具酒:齐桓公,见卷一君道·十六[1]。具酒,筹办酒宴。
[2] 管仲:见卷一君道·十六[2]。
[3] 举觞以饮(yìn)之:举起酒杯罚管仲喝酒。

[4] 半弃酒：喝了一半就倒掉了。

【今译】

齐桓公为大臣们准备了酒宴，约好在中午举行。管仲后到，齐桓公举起酒杯罚管仲喝酒。管仲喝了一半就倒掉了。桓公说："约好时间却迟到，罚酒却被倒掉，从礼数上说得通吗？"管仲回答说："我听说，酒喝进口中话就多，话多必然失言，失言就会丧身。我考虑丧身不如倒酒。"桓公说："请仲父起身就座。"

二十二

楚恭王与晋厉公战于鄢陵之时[1]，司马子反渴而求饮[2]。竖谷阳持酒而进之[3]，子反曰："退，酒也。"谷阳曰："非酒也。"子反又曰："退，酒也。"谷阳又曰："非酒也。"子反受而饮之，醉而寝。恭王欲复战，使人召子反，子反辞以心疾。于是恭王驾往，入幄，闻酒臭，曰："今日之战，所恃者司马，司马至醉如此，是亡吾国而不恤吾众也[4]，吾无以复战矣！"于是乃诛子反以为戮[5]，还师。去谷阳之进酒也[6]，非以妒子反，忠爱之而适足以杀之，故曰："小忠，大忠之贼也；小利，大利之残也[7]。"好战之臣，不可不察也。羞小耻以构大怨，贪小利以亡大众，春秋有其戒，晋先轸是也[8]。先轸欲要功获名[9]，则以秦不假道之故，请要秦师[10]。襄公曰[11]："不可。夫秦伯与吾先君有结[12]，先君一日薨而兴师击之[13]，是孤之负吾先君，败邻国之交而失孝子之行也。"先轸曰："先君薨而不吊赠[14]，是无哀吾丧也；兴师径吾地而不假道[15]，是弱吾孤也；且柩毕尚薄屋[16]，无哀吾丧也。"兴师，卜曰："大国师将至，请击之。"则听先轸兴兵。要之殽[17]，击之，匹马只轮无脱者[18]。大结怨构祸于秦，接刃流血，伏尸暴骸，糜烂国家，十有余年，卒丧其师众，祸及大夫，忧累后世，故好战之臣，不可不察也。

【注释】

[1] 楚恭王与晋厉公战于鄢陵：楚恭王，见卷三建本·二十七[1]。晋厉公，见卷八尊贤·五[3]。鄢陵，地名，春秋时属郑地，在今河南鄢陵县西北。公元前575年晋军在此地大败楚军。

[2] 司马子反：春秋时楚公子侧，字子反。楚庄王时为司马。司马，官名，掌管军政和军赋。

[3] 竖谷阳：竖，仆人。谷阳，人名。

[4] 亡：《吕氏春秋·权勋》作"忘"。译文从之。

[5] 戮：暴尸示众。

[6] 去：明抄本作"夫"。于义为胜。

[7] 残：祸害。

[8] 先轸：卷八尊贤·二[4]。

[9] 要(yāo)功：求取功名。

[10] 要(yāo)：通"邀"，半路拦截。

[11] 襄公：春秋时晋国国君，名欢。文公子。公元前627年至前621年在位。

[12] 秦伯与吾先君有结：秦伯，指秦穆公，见卷二臣术·九[1]。先君，指晋文公。见卷一君道·二十[6]。有结，结有盟约。

[13] 薨(hōng)：古代称诸侯死为"薨"。

[14] 吊赠：吊唁并赠送财物。

[15] 径吾地而不假道：直接经过我国境却不向我们借道。

[16] 柩毕尚薄屋：此句不通。大概是"文公的灵柩还没有下葬"。

[17] 殽(xiáo)：山名，在今河南洛宁县西北。

[18] 匹马只轮无脱者：连一匹马一只车轮也没有逃脱。

【今译】

楚恭王和晋厉公在鄢陵交战的时候，司马子反口渴想要水喝，仆人谷阳拿着酒进奉给他。子反说："拿回去！这是酒。"谷阳说："不是酒。"子反又说："拿回去！这是酒。"谷阳又说："不是酒。"子反接过来就喝了，喝醉后就睡了。恭王想要再和晋军交战，派人叫子反，子反推托心口疼没有去。于是恭王驾着车来探视。恭王进入帐篷，闻到酒味，说："今日一战，所依靠的就是司马；司马现在醉成这样，这是忘记我们的国家不顾惜我们的士卒啊。我无法再与晋国交战了！"于是杀了子反并暴尸示众，撤回军队。谷阳给子反酒喝，并非忌恨他。谷阳对子反的忠爱恰好害了子反。所以说："小忠，是大忠的仇敌；小利，是大利的祸害。"对喜欢打仗的臣子，不能不明察：以小的耻辱为羞而导致大的怨恨，贪图小利而使众多人受到伤亡，《春秋》上记载有这样的教训，晋国的先轸就是这样的人。先轸想要求取功名，就以秦国经过晋国国境却不向晋国借道为理由，请求拦截秦国军队。晋襄公说："不可以，秦穆公与先王结有盟约。先王刚离世，我们就兴兵攻打他，这是让我背叛先王，既破坏了与邻国的邦交又失掉了孝子的品行啊。"先轸说："先王去世秦国不来吊唁并赠送财物，这是不为我们的丧事举哀；领兵经过我们国境却不事先向我们借道，这是欺负我们国君孤弱；而且文公的灵柩还没有下葬，竟然对我们的丧事一点哀戚的表示都没有。"于是兴兵攻打秦军，占卜说："有大国的军队将要到来，请求攻击它。"襄公就听任先轸出兵，在殽山拦截秦军。攻打秦军，秦军连一匹马一只车轮也没有逃脱。于是与秦国结下深仇。从此以后，两国经常交战，尸骨遍野，国家破败，危害十多年，最终损兵折将，祸及众臣，连累后人。所以说对喜欢打仗的臣子，不能不明察。

二十三

鲁哀公问孔子曰[1]："予闻忘之甚者，徙而忘其妻，有诸乎？"孔子对曰："此非忘之甚者也。忘之甚者，忘其身。"哀公曰："可得闻与？"对曰："昔夏桀贵为天子[2]，富有天下，不修禹之道[3]，毁坏辟法[4],裂绝世祀[5],荒淫于乐,沉酗于酒。其臣有左师触龙者,谄谀不止。汤诛桀[6],左师触龙者身死[7],四支不同坛而居[8]。此忘其身者也。"哀公愀然变色曰:"善[9]。"

【注释】

[1] 鲁哀公:见卷一君道・五[1]。

[2] 桀:夏代国君。名履癸,暴虐荒淫,后被商汤灭,夏朝亡。

[3] 禹:传说中古代部落联盟领袖。姒姓,名文命。鲧之子。奉舜命治理洪水,有功,被舜选为继承人。其子启建立中国历史上第一个奴隶制国家夏朝。

[4] 辟(bì)法:刑法。

[5] 世祀:世代祭祀。

[6] 汤:商朝的建立者。

[7] 左师触龙:左师,官名。触龙,夏桀的佞臣,生平不详。与战国时赵国左师触龙非一人。

[8] 四支不同坛而居:连四肢都不能埋在同一个坟墓里。支,同"肢"。坛,本指高台,这里是坟墓的意思。

[9] 愀(qiǎo)然:脸色变得忧惧严肃。

【今译】

鲁哀公问孔子:"我听说健忘严重的人,搬家的时候把妻子都忘了,有这样的事情吗?"孔子回答说:"这不是最健忘的人。最健忘的人连他自己都忘了。"鲁哀公说:"可以说给我听听吗?"孔子回答说:"从前,夏桀贵为天子,富有天下,不遵循夏禹的正道,毁坏刑法,断绝世代祭祀,荒淫于声乐,沉醉于酒宴。他的臣子左师触龙,不断地阿谀逢迎。后来商汤杀死了夏桀,左师触龙也被处死,连四肢都不能埋在同一个坟墓里。这就是连他自己都忘了的人。"鲁哀公脸色表现出忧惧严肃,说:"讲得好。"

二十四

孔子之周,观于太庙[1]。右陛之前有金人焉[2],三缄其口而铭其背[3],曰:“古之慎言人也。戒之哉!戒之哉!无多言,多言多败;无多事,多事多患。安乐必戒,无行所悔。勿谓何伤,其祸将长;勿谓何害,其祸将大;勿谓何残,其祸将然[4];勿谓莫闻,天妖伺人[5];荧荧不灭[6],炎炎奈何[7];涓涓不壅[8],将成江河;绵绵不绝[9],将成网罗;青青不伐[10],将寻斧柯[11]。诚不能慎之,祸之根也;口是何伤?祸之门也。强梁者不得其死[12],好胜者必遇其敌。盗怨主人,民害其贵。君子知天下之不可盖也[13],故后之下之,使人慕之。执雌持下[14],莫能与之争者。人皆趋彼,我独守此;众人惑惑[15],我独不从;内藏我知,不与人论技。我虽尊高,人莫害我。夫江河长百谷者,以其卑下也[16]。天道无亲,常与善人。戒之哉!戒之哉!”孔子顾谓弟子曰:“记之,此言虽鄙,而中事情[17]。《诗》曰:‘战战兢兢,如临深渊,如履薄冰[18]’。行身如此,岂以口遇祸哉?”

【注释】

[1] 太庙:周天子祖庙。

[2] 右陛之前有金人焉:陛,台阶。金人,铜铸的人像。

[3] 三缄其口而铭其背:封口三重并在背上铸有铭文。缄,封。

[4] 然:“燃”的本字。燃烧。

[5] 勿谓莫闻,天妖伺人:不要以为无人知道,不吉祥的天象窥伺着人间。

[6] 荧荧:小火。

[7] 炎炎:大火。

[8] 涓涓不壅(yōng):涓涓细流不堵塞。壅,堵塞。

[9] 绵绵:连绵的丝线不断绝。

[10] 青青:树木茂盛。

[11] 斧柯:斧子柄。此处指斧子。

[12] 强梁:强悍。《老子·四十二章》有“强梁者不得其死,吾将以为教父”。

[13] 盖:遮盖。

[14] 执雌持下:守弱谦恭。雌,比喻柔弱。

[15] 惑惑:迷惑、盲从。

[16] 夫江河长百谷者,以其卑下也:《老子·六十六章》有“江海之所以能为百谷王者,以其善下之。”

[17] 此言虽鄙,而中事情:鄙,粗俗。事情,事实。

[18] 战战兢兢,如临深渊,如履薄冰:战战,恐惧的样子。兢兢,小心谨慎的样子。语出《诗经·小雅·小旻》。

【今译】

孔子到东周去,参观周天子的祖庙。在右边台阶的前面,有铜铸的人像,封口三重并在背上铸有铭文,写着:“这是古代说话谨慎的人。要以之为戒啊!要以之为戒啊!不要多言,多言就多败;不要多事,多事就多祸。安乐时要警惕,不要做使自己后悔的事情。不要以为这没有什么妨害,它造成的祸患将会长久;不要以为这没有什么损害,它造成的祸患将会很大;不要以为这没有什么伤害,它造成的祸害会像燃烧的火一样蔓延;不要以为无人知道,不吉祥的天象窥伺着人间。小火不去扑灭,蔓延成大火就无可奈何;涓涓细流不堵塞,将汇成长江黄河;连绵的丝线不断绝,能织成细密的罗网;小树茂盛不砍伐,长大后就需要大斧头。言行不谨慎,是造成祸患的根源;口有什么伤害的?它是招惹祸患的大门。强悍的人不得好死,好胜斗气的人一定会遇到对手;盗贼怨恨主人,百姓妒忌权贵。君子知道天下之大自己不可能一手遮天,所以做事情故意在人之后,以谦卑的态度,使人敬慕。处在柔弱低下的位置,就没有谁能与自己相争。人都往那边去,我独守在这边;众人迷惑盲从,我独自不盲从;心中充满智慧,不与别人争高低;我虽然尊贵显赫,但是别人不能加害于我。长江、黄河之所以能成为百川之长,因为它能居于低下之处。老天没有偏爱,总是帮助善良的人。要以之为戒啊!要以之为戒啊!”孔子回头对弟子说:“记住它,这些话虽然粗俗,却符合事实。《诗经》上说:‘小心谨慎,如同面临深渊,如同脚踩薄冰。’如果能够这样立身行事,难道会因为说话招惹灾祸吗?”

二十五

鲁哀侯弃国而走齐[1]。齐侯曰[2]:“君何年之少而弃国之蚤[3]?”鲁哀侯曰:“臣始为太子之时,人多谏臣,臣受而不用也;人多爱臣,臣爱而不近也。是则内无闻而外无辅也,是犹秋蓬恶于根本而美于枝叶,秋风一起,根且拔也。”

【注释】

[1] 鲁哀侯:当依《晏子春秋·内篇杂上》作“鲁昭公”。鲁昭公,春秋时鲁国国君。名裯(一作“稠”),襄公之子。十九岁即位,童心无改,嬉戏无度。“三桓”伐公,奔齐,后至晋。公元前541年至前510年在位。其中后八年寄居于齐、晋,卒于干侯(春秋晋邑,在今河北成安县东南)。事见《左传·昭公二十五年》。

[2] 齐侯:当指齐景公。

[3] 蚤:通“早”。

【今译】

鲁昭公失掉君位逃亡到齐国。齐景公说:“您为何这样年轻就早早地失掉了君位呢?”鲁昭公说:“我当初做太子的时候,人们多劝谏我,我接受了却不去实行;人们都爱护我,我也爱护他们却不去亲近他们。这样我就在宫内听不到意见,在宫外无人辅佐,这就好比秋天的蓬草在根上已经坏了枝叶却很美,秋风起来,就连根拔起了。”

二十六

孔子行游,中路闻哭者声,其音甚悲。孔子曰:“驱之!驱之！前有异人音。"少进，见之，丘吾子也[1]，拥镰带索而哭[2]。孔子辟车而下[3]，问曰："夫子非有丧也？何哭之悲也？"丘吾子对曰："吾有三失。"孔子曰："愿闻三失。"丘吾子曰："吾少好学问，周遍天下，还后吾亲亡，一失也；事君奢骄，谏不遂，是二失也；厚交友而后绝，三失也。树欲静乎风不定，子欲养乎亲不待。往而不来者，年也；不可得再见者，亲也。请从此辞。"则自刎而死。孔子曰："弟子记之，此足以为戒也。"于是弟子归养亲者十三人。

【注释】

[1] 丘吾子：人名，生平不详。
[2] 拥镰带索：拿着镰刀，带着绳子。
[3] 辟(bì)车：把车停在路边。辟，通"避"。

【今译】

孔子外出游历，半路上听到有人哭泣的声音，非常悲哀。孔子说："快走！快走！前面有贤人哭泣的声音。"走了不远，看到了，是丘吾子，拿着镰刀，带着绳子哭泣。孔子把车停在路边下来，问道："先生莫非有丧事吗？为什么哭得这样悲伤？"丘吾子回答说："我有三个过失。"孔子说："我想听一听您这三个过失。"丘吾子说："我年轻时勤学好问，走遍天下，回来后我的父母已经去世了，这是第一个过失；我事奉的君主奢侈傲慢，我进谏不成功，这是第二个过失；我重视交朋友但后来交情断绝，这是第三个过失。想要树平静下来但是风不停止，儿子想要奉养父母但是亲人却不在世了。一去不复返的，是岁月时光；不能再次见到的，是去世的双亲。让我从此离开人世吧。"于是自刎而死。孔子说："弟子们记住这些话，足以作为自己的鉴戒呀。"于是孔子的弟子回家奉养双亲的有十三人。

二十七

孔子论《诗》,至于《正月》之六章[1],戄然曰[2]:“不逢时之君子,岂不殆哉?从上依世,则废道;违上离俗,则危身。世不与善,己独由之,则曰非妖则孽也。是以桀杀关龙逢[3],纣杀王子比干[4]。故贤者不遇时,常恐不终焉。《诗》曰:‘谓天盖高?不敢不跼;谓地盖厚?不敢不蹐[5]。’此之谓也。”

【注释】

[1]《正月》:指《诗经·小雅·正月》。

[2]戄(jué)然:震惊的样子。

[3]桀杀关龙逢(páng):桀,见卷一君道·二十六[12]。关龙逢,即“关龙逢”,见卷九正谏·二[5]。

[4]纣杀王子比干:纣,商纣王。王子比干,见卷四立节·一[10]。

[5]谓天盖(hé)高,不敢不跼(jú);谓地盖厚,不敢不蹐(jí):盖,通:“盍”,何。跼,弯腰。蹐,小步走路。出自《诗经·小雅·正月》第六章。

【今译】

孔子评论《诗》,评到《正月》第六章时,惊叹道:“生不逢时的君子,怎么能不危险呢?顺从君主依循世俗吧,就得废弃大的道义;违背君主摆脱世俗吧,就会危机自身。世人都不做善事,如果自己去做它,就会被看作妖孽。所以夏桀杀了关龙逢,商纣王杀了王子比干。所以贤人生不逢时,常常担心自己没有好结果。《诗》上说:‘问天为何这样高?不敢不弯腰;问地为何这样厚?走路不敢不小步。’说的就是这种情形啊。”

二十八

孔子见罗者[1],其所得者皆黄口也[2]。孔子曰:“黄口尽得,大爵独不得[3]，何也？”罗者对曰：“黄口从大爵者，不得；大爵从黄口者，可得。”孔子顾谓弟子曰：“君子慎所从。不得其人，则有罗网之患。”

【注释】

[1] 罗：用网捕鸟。
[2] 黄口：雏鸟。
[3] 大爵（què）：大鸟。爵，通“雀”。

【今译】

孔子看见一个用网捕鸟的人，他所捕捉到的都是黄口雏鸟。孔子说：“都是幼鸟，偏偏捉不到大鸟，为什么？”捕鸟的人说：“幼鸟跟从大鸟的，捉不到；大鸟跟从幼鸟的，能够捉到。”孔子回头对弟子说：“君子慎重选择自己要跟从的人。跟从不当，就会有进入罗网的祸患。”

二十九

修身正行，不可以不慎。嗜欲使行亏，谗谀乱正心，众口使意回。忧患生于所忽，祸起于细微。污辱难湔洒[1]，败事不可复追。不深念远虑，后悔当几何？夫徼幸者[2]，伐性之斧也；嗜欲者，逐祸之马也；谩谀者[3]，穷辱之舍也；取虐于人者，趋祸之路也。故曰：去徼幸，务忠信，节嗜欲，无取虐于人，则称为君子，名声常存。怨生于不报[4]，祸生于多福；安危存于自处；不困在于蚤豫[5]；存亡在于得人；慎终如始，乃能长久。能行此五者，可以全身。已所不欲，勿施于人[6]，是谓要道也。

【注释】

[1] 湔洒（jiān xǐ）：清除，洗刷。

[2] 徼幸：即“侥幸”。
[3] 谩(mán)谀：欺瞒谄谀。
[4] 报：报恩。
[5] 蚤豫：早做准备。蚤，通“早”。豫，预备。
[6] 己所不欲，勿施于人：自己不想要的，不要强加于人。语出《论语·颜渊》。

【今译】

修身养性、端正品行，不能不小心谨慎。嗜好和欲望会导致品行受损，谗言阿谀能扰乱公正的心灵，众人的话可以让人改变心意。忧患产生于疏忽的地方，祸害起于细微之处。耻辱难以洗涤，失败的事情不可挽回。不深思熟虑，后悔的事情不知有多少。侥幸心理，好比砍伐天性的利斧；嗜好和欲望，好比追逐灾祸的快马；欺瞒谄谀，好比储存穷困和耻辱的馆舍；暴虐的行为，好比通向灾祸的大路。所以说：除去侥幸心理，笃行忠信，节制欲望，没有暴虐行为，就可以称为君子，美好的名声永远保有。怨恨产生于不报答恩德，祸患产生于多福；安危存在于自己的把握之中；不陷入困境的关键在于早做准备；使濒于灭亡的国家生存下来在于得到人才；善始善终，才能长久。能做到以上这五点，就可以保全自身。自己不想要的，不要强加于人。这是根本的道理。

三十

颜回将西游[1]，问于孔子曰：“何以为身？”孔子曰：“恭、敬、忠、信可以为身。恭则免于众[2]，敬则人爱之，忠则人与之，信则人恃之。人所爱，人所与[3]，人所恃，必免于患矣。可以临国家，何况于身乎？故不比数而比疏[4]，不亦远乎？不修中而修外[5]，不亦反乎？不先虑事，临难乃谋，不亦晚乎？”

【注释】

[1] 颜回：春秋时鲁国人，名回，字子渊。贫而好学，以德行著称，是孔子最为欣赏的弟子。

[2] 免于众：《孔子家语·贤君》作"远于患"。于义较胜。

[3] 与：亲附；帮助。

[4] 不比数(cù)而比疏：比，接近。数，亲密的。疏，疏远的。

[5] 中：内心。

【今译】

颜回将要到西方游学，问孔子："怎样做才能立身？"孔子说："恭、敬、忠、信可以立身。恭谨了就远离灾祸，尊敬了人们就爱戴你，忠诚了人们就亲附你，诚信了人们就依赖你。人们爱戴你、亲附你、依赖你，你一定能免于灾祸了。这样的话国家都可以治理好，何况是立身呢？所以不接近关系亲密的却接近关系疏远的，不就远了吗？不加强内心的修养却修饰外表，不就颠倒了吗？不事先做好准备，事到临头才谋划，不就晚了吗？"

三十一

凡司其身[1]，必慎五本[2]：一曰柔以仁，二曰诚以信，三曰富而贵毋敢以骄人，四曰恭以敬，五曰宽以静。思此五者，则无凶命。曰能治敬以助天时，凶命不至而祸不来。敬人者，非敬人也，自敬也；贵人者，非贵人也，自贵也。昔者吾尝见天雨金、石与血[3]；吾尝见四月、十日并出，有与天滑[4]；吾尝见高山之崩，深谷之窒[5]，大都王宫之破，大国之灭；吾尝见高山之为裂，深渊之沙竭，贵人之车裂[6]；吾尝见稠林之无木，平原为溪谷，君子为御仆；吾尝见江河干为坑，正冬采榆叶，仲夏雨雪霜，千乘之君、万乘之主，死而不葬。

是故君子敬以成其名，小人敬以除其刑，奈何无戒而不慎五本哉？

【注释】

[1] 凡司其身：大凡加强自身修养。司，掌管。这里指加强修养。

[2] 五本：五个根本问题。

[3] 雨(yù)：动词，下，降落。

[4] 有与天滑：此句难解。疑有脱漏。

[5] 窒：阻塞，堵塞。

[6] 车裂：古代一种酷刑，以车马撕裂人的肢体。

【今译】

大凡加强自身修养的人，一定要谨慎对待五个根本问题：一柔和而仁厚，二诚实而有信，三虽富裕高贵却不敢待人高慢，四谦恭礼让，五宽厚而沉静。想到这五个根本问题的人，就不会遭遇厄运。任用贤能、做事恭敬、顺应天时，厄运就不会来到，灾祸也不会降临。对别人恭敬，不要认为只是尊敬别人，也是在尊敬自己；尊重别人，不要认为只是尊重别人，也是在尊重自己。以前我曾经看见天上降落金属、石头和血；我曾经看见四个月亮、十个太阳同时出现；我曾经看见高山崩塌，深谷堵塞，大都市的王宫被毁坏，大国被消灭；我曾经看见高山断裂，深渊的沙石枯竭，贵人被车裂；我曾经看见茂密的树林变得没有树木，平原变成了溪谷，君子变成了车夫；我曾经看见江河变成了大坑，人们在寒冷的冬天采摘榆叶，炎热的夏天降落雪霜；拥有千辆战车的君主和拥有万辆战车的霸主，死后不能埋葬。所以君子恭敬地对待事物就能成就美好的名声，小人谨慎行事可以免除刑罚。为什么不引以为戒并且谨慎对待这五个根本问题呢？

三十二

鲁有恭士，名曰机氾[1]，行年七十，其恭益甚。冬日行阴，夏日行阳，市次不敢不行参[2]。行必随，坐必危。一食之间，三起不羞，见衣裘褐之士则为之礼[3]。鲁君问曰："机子年甚长矣，不可释恭乎？"机氾对曰："君子好恭以成其名；小人学恭以除其刑。对君之坐，岂不安哉？尚有差跌[4]；一食之上，岂不美哉？尚有哽噎。今若氾所谓幸者也，固未能自必[5]。鸿鹄飞冲天，岂不高哉？矰缴尚得而加之[6]；虎豹为猛，人尚食其肉，席其皮。誉人者少，恶人者多。行年七十，常恐斧质之加于氾者[7]，何释恭为？"

【注释】

[1] 机氾(fàn)：人名，生平不详。

[2] 市次不敢不行参：见了管理市场的官舍也要行参见问候之礼。市次，管理市场的官舍。行参，行参见问候之礼。

[3] 裘褐：粗陋衣服。

[4] 差(cuō)跌：失足跌倒。

[5] 自必：自以为是。

[6] 矰缴(zēng zhuó)：系着丝绳射鸟用的短箭。

[7] 斧质：即"鈇锧"，古代斩人用的刑具。

【今译】

鲁国有一位很谦恭的人，名字叫机氾，七十岁了，越来越谦恭。冬天行走在阴冷之处，夏天行走在酷日之下，即使是见了管理市场的官舍也要行参见问候之礼。走路一定跟在别人后边，坐着的时候一定端正身子。一顿饭的工夫，多次起身行礼也不觉得难为情，看见身穿粗陋衣服的人就行礼。鲁国国君问他："先生年纪大了，难道不可以免除那些礼节吗？"机氾回答说："君子喜欢恭敬，用来成就好的名声；小人学习恭敬之礼，用来免除刑罚。面对国君坐着，不是很安全吗？但还是会失足跌倒；在一桌宴席上，不是有很多美味吗？但还是有哽噎的时候。现在像我这样算是所谓幸运的人了，但一定不能自以为是。鸿鹄一飞冲天，不是飞得很高了吗？系着丝绳的短箭还是可以射中它；虎豹是凶猛的野兽，人们还是能够把它的肉作食物,用它的皮当坐席。称赞别人的人少,诋毁别人的人多。我虽然七十了,但常常担心斧质的刑罚会落到我身上,我怎能免除那些礼节呢?"

三十三

成回学于子路三年[1],回恭敬不已。子路问其故何也,回对曰:"臣闻之,行者比于鸟,上畏鹰鹯[2],下畏网罗。夫人为善者少,为谗者多。若身不死,安知祸罪不施。行年七十,常恐行节之亏。回是以恭敬待大命。"子路稽首曰[3]:"君子哉!"

【注释】

[1] 成回:人名,生平不详。
[2] 鹰鹯(zhān):凶猛的鸟。
[3] 稽(qǐ)首:古代的一种跪拜礼。

【今译】

成回跟从子路学习了三年,成回对子路一直很恭敬。子路问他这样做的原因,成回答道:"我听说,人的行为好比是鸟,对上害怕鹰鹯这样凶猛的鸟,对下害怕陷入罗网。做善事的人少,进谗言的人多。人只要活着,怎能预知灾祸不来到自己身边呢?我活到七十岁了,总害怕自己的品行节操有所欠缺。我因此恭敬地对待天命。"子路跪拜说:"你是一个君子啊!"

【评析】

"敬慎"一词最早出自《诗·大雅·抑》:"敬慎威仪,维民之则。"意思是恭敬谨慎,谨言慎行,成为人们修身敬德的表率。明代方孝孺说:"敬慎则获福,恣肆则致凶。"

刘向认为治国要敬慎。第一章、第十一章讲的是治国要敬慎,刘向提出了“存亡祸福，其要在身”的观点，其意义在于强调统治者自身行为是导致盛衰的决定性因素，批判了归咎于天命的观点。在《孔子家语・五仪解》中有：

> 哀公问于孔子曰：“夫国家之存亡祸福，信有天命，非唯人也？”孔子对曰：“存、亡、祸、福皆己而已，天灾地妖不能加也。”

这一观点直接影响了欧阳修，他在《伶官传・序》中写道：“盛衰之理，虽曰天命，岂非人事哉”，可谓是对孔子盛衰观的继承。刘向引用《诗经》中名言“战战兢兢，如临深渊，如履薄冰”，形象地说明了敬慎所持的态度，直到今天仍然具有现实意义。第二章写周公戒子伯禽，这一段很有名，特别是“一沐而三握发，一食而三吐哺”的记载，早已成为尊重人才、思贤若渴的具体写照。本章内容当本自《韩诗外传》，主要内容是讲谦虚之德，不要骄士，提出了“六守”论。“六守”当本自《文子・九守》：“是故聪明广智守以愚，多闻博辩守以俭，武力勇毅守以畏，富贵广大守以狭，德施天下守以让。此五者，先王所以守天下也。”

刘向认为治学要敬慎。第三章写孔子读书时的情景，很生动。孔子晚年喜欢读《易》，有一天，孔子读到“损”卦和“益”卦，感慨万千，不禁放下手中的书长叹一声，得出“夫学者，以虚受之”的观点。子夏听后受益匪浅，表示“请终身诵之”。在《吕氏春秋・人间训》中也有类似记载，不同的是孔子由此想到了治国：“孔子读《易》至于《损》《益》，未尝不愤然而叹曰：‘益、损者，其王者之事与！’”应该说，《吕氏春秋》的记载更符合原意，因为《易》中《损》《益》的确涉及治国之道，而本章则将其引申到治学上来，算是一种“读者意”吧。第四章写孔子观于周庙，看到欹器，发了一番感慨，教育子路不要自满。这与《文子・九守》中“故三皇五帝有戒之器，命曰侑卮，其冲即正，其盈即覆。夫物盛则衰，日中则移，月满则亏，乐终而悲”相近，其中“侑卮”就是欹器。

刘向认为做人要敬慎。第五章写老子与其老师常摐的详细故事，仅见于《说苑》。《文子・上德》中虽有“老子学于常摐，见舌而守柔”的记载，但极为简略。由此可知《说苑》在保存古代文献方面功不可没。本章写做人要敬慎,第一不能忘本,第二要尊敬老人,第三要守柔,不可简单强硬。第六章写韩平子与叔向的对话,多引《老子》中内容,表现守柔主题。《文子·九守》一书中,提出了“九守”(实为“十守”),即“守虚、守无、守平、守易、守清、守真、守静、守法、守弱、守朴”,与守柔在精神上是一致的。那么,为什么守柔就能体现敬慎态度呢?《周易·谦卦》说:“夫天道毁满而益谦”,这与人的本性相冲突,《文子·九守》中写道:

> 故圣人日损,而冲气不敢自满,日进以牝,功德不衰,天道然也。人之情性,皆好高而恶下,好得而恶亡,好利而恶病,好尊而恶卑,好贵而恶贱。众人为之,故不能成;执之,故不能得。是以圣人法天,弗为而成,弗执而得,与人同情而异道,故能长久。

文子非常清晰地辨析了天道与人之性情的不同,如果随人任性不加限制,势必违背天道,受到惩罚,因此,必须守柔,对天道保持敬慎的态度。在这里,刘向更多地采用了道家的观点,并与《周易》和孔子观点相结合,体现了儒、道同源的思想。第七章从“刚”与“和”的关系上进行小结,指出人君、人臣、父子、兄弟、夫妻之间相处都要戒刚求和,和则利,不和则害。

第八章引用《老子》佚文,指出“得其所利,必虑其所害;乐其所成,必顾其所败”,目的在于说明人得意的时候要谨慎,不可得意忘形,须知得、失之间可以转化。第九章借曾子的话再次阐明这层含义,其中“君子苟能无以利害身,则辱安从至乎”这句话具有普遍意义。很多人招灾惹祸,往往在于经不住“诱饵”的诱惑,以致“以利害身”。第十章写警惕“五寒”。这三章的主题相同,都是阐述利能致害,因此对利的追求一定要谨慎小心。

刘向认为做事要敬慎。第十二章列举导致亡国的十种情况,告诫统治者要提高警惕。第十三章以齐顷公为例,证明“外嫚大国足以亡”的道理。本章接着写齐顷公接受教训,“卑下诸侯”,于是转败为胜,充分说明“祸生于得意”“福生于隐约”的深刻道理。第十四章以晋文公为例,先写他任贤勤政,成为霸主,说明了“大功之效，在于用贤积道，浸章浸明”的道理；然后写他志得意满，怠于政事，导致众叛亲离，转胜为败，说明了“衰灭之过，在于得意而怠，浸蹇浸亡”的道理。这两章一反一正，体现了祸患常积于忽微，治国要防微杜渐的敬慎思想。

第十五章以故事的形式具体说明身为太子对人对事应持敬慎的态度。太子击是典型的“太子党”，出身高贵，刚一到场，宾客群臣皆起身示敬，独田子方不起。田子方的行为是很显眼的，由此引起魏文侯与太子击的不满。田子方据说是子贡的学生，又拜魏国贤士东郭顺子为师，是道家学者，道德学问闻名于诸侯，魏文侯聘他为师，执礼甚恭。《庄子·外篇》中有一篇以其姓名为篇名。本章写田子方教训太子，他举楚恭王做太子时道遇工尹而敬之的例子，说明“敬其父者，不兼其子；兼其子者，不祥莫大焉”的道理，使“太子击前，诵恭王之言，诵三遍而请习之。”在《说苑·尊贤》第二十章中，也有田子方与太子击的故事。第十六章写子贡问路于舟绰，因不合礼数，被舟绰教训一顿，由此“参偶则轼，五偶则下”。第十七章写孙叔敖上任伊始，一国吏民皆来贺。此时需要保持清醒头脑，切不可得意忘形。于是一老父“冠白冠，后来吊”。这当然很不吉利，但是老父送去了最宝贵的“礼物”——为人做事真言：“身已贵而骄人者，民去之；位已高而擅权者，君恶之；禄已厚而不知足者，患处之。”第十八章写秦昭王过分自大，以为韩、魏不足虑。申旗及时泼了一盆冷水，令昭王不寒而栗。第十九章写魏公子牟告诫穰侯勿以富贵骄人。在《战国策·赵策三》中，对话的双方是公子牟与应侯。公子牟是魏国贤人，善辩，有著作《公子牟四篇》，《汉书·艺文志》归入道家。第二十章又是小结，指出人们不可骄人是敬慎的基本内容，也是做人做事的基本原则。

进入第二十一章，涉及了饮酒与慎言的关系，这是敬慎遇到的具体问题。管仲说：“臣计弃身不如弃酒”，这对那些酒后失言者是一个很好的警示。第二十二章记录了两件事情，主题不相同，应当提行分段。第一件事还是关于饮酒的事情，但主题是“小忠，大忠之贼也”，告诫人们进小忠需谨慎，不可毁大忠。第二件事写先轸

“欲要功获名”，结果“大结怨构祸于秦，接刃流血，伏尸暴骸，糜烂国家，十有余年，卒丧其师众，祸及大夫，忧累后世。”刘向对先轸的做法持否定态度。今天学术界也有人认为，崤之战虽然晋国大胜，但提前激化了秦、晋的矛盾，以至于两国公开决裂，为秦、楚联盟埋下种子，加上北方的戎、狄乘机侵扰，最终造成晋国三面受敌的战略局势。所以刘向评价先轸“羞小耻以构大怨，贪小利以亡大众”，属于“好战之臣”。对崤之战究竟如何评价，不是本书的任务，但刘向将先轸列入好战分子，似乎有些过分。本章将“敬慎”主题与先轸主战挂钩，扣上“要功获名”的大帽子，是不公平的。崤之战前夕，晋国处于国丧之中，“柩毕尚薄屋”，按照常理，的确不宜开战，先轸和栾枝意见也确有分歧，据《左传·僖公三十三年》载：

> 晋原轸(即先轸)曰：“秦违蹇叔，而以贪勤民，天奉我也。奉不可失，敌不可纵。纵敌患生，违天不祥。必伐秦师。”栾枝曰：“未报秦施，而伐其师，其为死君乎?”先轸曰：“秦不哀吾丧，而伐吾同姓，秦则无礼，何施之为？吾闻之：‘一日纵敌，数世之患也。’谋及子孙，可谓死君乎!”遂发命，遽兴姜戎。子墨衰绖，梁弘御戎，莱驹为右。夏四月辛巳，败秦师于崤，获百里孟明视、西乞术、白乙丙以归。遂墨以葬文公，晋于是始墨。

由此可知，先轸站在军事的角度，认为机不可失；栾枝从礼数的角度，认为不合时宜。最后还是先轸占了上风，于是有了崤之战的辉煌战果。《崤之战》曾入选中学语文课本，广为人知。

刘向认为敬慎须加强个人修养，慎言慎从。第二十三章写孔子借谈论健忘症这样的闲话教育鲁哀公，希望他加强个人修养，搞得哀公“愀然变色”。哀公是一位无能之君，个人修养又差，不配治理国家，史书记载他将侍妾所生公子荆立为太子，遭众人反对，“国人始恶之”。他死之后谥号为“哀”，是对其一生的恰当评价。第二十四章很有名，写孔子观周太庙，看到金人及铭文，深感祸从口出，教育弟子要出言谨慎，韬光养晦。这与孔子“敏于事而讷于言”“多闻阙疑，慎言其余，则寡尤；多见阙殆，慎行其余，则寡悔。言寡尤，行寡悔，禄在其中矣”的思想是一致的。该章的文献价值颇高。有学者认为《金人铭》即《黄帝铭》六篇之一，是座右铭的源头，并首见于《说苑》。梁思成在《中国雕塑史》中认为，《金人铭》中之金人"盖亦我国铜像中之最古者也"。另外，本章中多处文字与《老子》相合，郑良根在《〈金人铭〉与〈老子〉》中指出，《老子》在孔子前成书，并采用了《金人铭》。这就进一步说明儒道同源。当然，对《金人铭》的内容不能做极端理解。如果不论做什么事情，无论在任何时候，都谨小慎微，必然消磨创新冒尖的勇气，显得老气横秋、暮气沉沉。如果以谨小慎微为保命护身的秘诀，其人生也将会走向灰色黯淡。就像第三十二章、三十三章中的机汜、成回那样，都七十岁了，仍然"其恭益甚""恭敬不已"，一辈子不敢大声喘气，活得实在憋屈。范仲淹写《乌灵赋》回答梅尧臣"宁鸣而死，不默而生"，是勇气的表现，给后人以无限激励。所以，对本章乃至本卷所宣扬的"敬慎"之说，我们要辩证对待。

第二十五章中"犹秋蓬恶于根本而美于枝叶，秋风一起，根且拔也"这个比喻很精彩。第二十六章表达"父母在，不远游"的主题，体现孔子的孝道观，深深影响了他的弟子，也深深影响了中华民族。但从内容看，与"敬慎"关系不大，似应归入"建本"。第二十七章写孔子读《诗经》的情景，一个"懼然"形象生动地刻画了孔子读书时的情态，与第二章记述孔子读《易》时"喟然而叹"相映成趣，两千五百年前孔老夫子读书的情景宛然映现在读者眼前。

第二十八章当本自《孔子家语·六本》，原文如下：

> 孔子见罗雀者所得，皆黄口小雀。夫子问之曰："大雀独不得，何也？"罗者曰："大雀善惊而难得，黄口贪食而易得。黄口从大雀则不得，大雀从黄口亦不得。"孔子顾谓弟子曰："善惊以远害，利食而忘患，自其心矣，而以所从为祸福。故君子慎其所从。以长者之虑，则有全身之阶；随小者之戆，而有危亡之败也。"

显然，这段内容优于《说苑·敬慎》。首先，"善惊而难得""贪食而易得"很有深意，与"善惊以远害，利食而忘患"相呼应。其次，"以长者之虑，则有全身之阶；随小者之戆，而有危亡之败也"很清楚透彻地解释了导致不同结果的原因。长者经验丰富，思虑周全，有全身之术，懂得避害；小孩愚昧无知，幼稚单纯，不知深浅，容易上当。所以，“君子慎其所从”。孔子善于从平凡小事中领悟深刻的人生哲理，体现了哲人的特点。即便在今天，也会有跟错了人、站错了队、上了贼船的事情出现，古今一个道理。

第二十九章从五个方面阐述全身之道，主题是敬慎须加强修养。第三十章从恭、敬、忠、信四个方面谈修养。第三十一章谈从“柔以仁”“诚以信”“毋骄人”“恭以敬”“宽以静”五个方面加强修养。本章语气恢弘，像一个人在慷慨陈辞、发表演说的内容，其排比句式的运用，娴熟而富有气势，如长江大河，一泻千里。

卷十一 善说

【题解】

善说，就是善于表达，并有效地说服别人。从哪些方面来提高表达效果呢？刘向在本章中做了粗略的划分，他引用荀子的话"夫谈说之术，齐庄以立之，端诚以处之，坚强以持之，譬称以谕之，分别以明之，欢欣、愤满以送之。"换用今天的话说就是，第一，说话时态度严肃认真，绝不能嬉皮笑脸。严肃的态度是取得表达效果的前提。与国君说话，一定要"齐庄"。第二，说话"端诚"，就是实事求是，不夸大，不缩小，不隐瞒，说真话。这就体现了儒家"修辞立其诚"的重要思想。第三，要坚持自己的观点，不达目的不罢休。这一点，从第九章门客与孟尝君的对话中得到了充分体现。第四，要善于运用比喻。在本卷中，有大量精彩的比喻，形象生动地表达了观点，使对方不得不认可、接受。第八章惠子与梁王的对话可谓精彩之至，这就是"譬称以谕之"的作用。大概在刘向看来，类比也可以算做"譬称"，分类不像今天这样严格细致。所谓"分别以明之"，可以理解为使用对比手法。最典型的就是正反对比。比如第二十五章子贡与文子的对话，就充分显示了对比的效果。所谓"欢欣、愤满以送之"，大概就是情境表达法。要想增强语言表现力和感染力，干巴巴的说教固然不行，缺少了必要的情境渲染和气氛烘托也不行。刘向深知这个道理，所以他举了一个典型的例子——第十四章"雍门子周以琴见乎孟尝君"。该章写雍门子周步步为营，最终使孟尝君涕泣不已。之所以有如此效果，关键在于营造了一个生动感人的情境，使孟尝君如临其境，情不能已。调动人的情感因素，就是"欢欣、愤满以送之"的基本内涵。除此之外，刘向所选内容还有类比法、排比法、归谬法、寓言法、事实法等，体现了刘向对中国修辞学的理解与贡献。

但是，刘向毕竟不是修辞学家，他不是在向读者传播修辞理论，而是借助善说来宣传儒家思想。看不到这一点，就会误解刘向编著此卷的意图。我们看刘向所选的内容，是围绕治“尊君、重身、安国、全性”这个标准进行的，并非单纯表现语言机智。最后几章，宣传孔子的意图十分明显，甚至不惜通过虚构来表现观点和主张。在刘向看来，离开了宣传儒家学说这个灵魂，修辞是没有意义的，修辞应该附丽于儒家学说之上。这大概才是编著“善说”一卷的真实意图。

必须指出的是，刘向所选内容与他想要表达的意图并不完全吻合。有些善说内容属于无赖要嘴皮子，没有意义。笔者感到遗憾的是，先秦著作中有大量的善说例子远比本卷某些内容精彩，比如《烛之武退秦师》《触龙说赵太后》《邹忌讽齐王纳谏》《晏子使楚》等等。可惜刘向没有选录。

本卷共二十八章。

一

孙卿曰[1]：“夫谈说之术，齐庄以立之[2]，端诚以处之[3]，坚强以持之，譬称以谕之，分别以明之[4]，欢欣、愤满以送之[5]，宝之、珎之[6]、贵之、神之。如是，则说常无不行矣。夫是之谓能贵其所贵。《传》曰[7]：‘唯君子为能贵其所贵也。’”《诗》云：“无易由言，无曰苟矣[8]。”鬼谷子曰[9]：“人之不善而能矫之者，难矣。说之不行，言之不从者，其辩之不明也。既明而不行者，持之不固也；既固而不行者，未中其心之所善也。辩之、明之、持之、固之，又中其人之所善，其言神而珍，白而分[10]，能入于人之心，如此而说不行者，天下未尝闻也。此之谓善说。"子贡曰:"出言陈辞,身之得失,国之安危也。"《诗》云:"辞之绎矣,民之莫矣[11]。"夫辞者,人之所以自通也。主父偃曰[12]:"人而无辞,安所用之?"昔子产修其辞,而赵武致其敬[13];王孙满明其言,而楚庄以惭[14];苏秦行其说,而六国以安[15];蒯通陈说,而身得以全[16]。夫辞者,乃所以尊君、重身、安国、全性者也。故辞不可不修,而说不可不善。

【注释】

[1] 孙卿:见卷二臣术·二十[1]。所引荀子语见于《荀子·非相》,立,作"莅",接近。

[2] 齐庄:恭敬庄重。

[3] 端诚:端正诚实。

[4] 分别:分析。

[5] 欢欣、愤满以送之:用喜爱和憎恶的情感来影响他。愤满,即"愤懑"。

[6] 玠:"珍"的异体字。

[7]《传》:指古书。

[8] 无易由言,无曰苟矣:易,轻易。由,于。苟,随便。出自《诗经·大雅·抑》。

[9] 鬼谷子:人名,战国时纵横家,楚国人。隐居鬼谷,号称鬼谷子或鬼谷先生。长于养生持身及纵横捭阖之术。苏秦、张仪拜其为师。著有《鬼谷子》一书。本章所引内容不见于今本《鬼谷子》。

[10] 白而分:明白有条理。

[11] 辞之绎矣,民之莫矣:绎,当为"怿",通"殬",败坏。莫,通"瘼",疾病。出自《诗经·大雅·板》。

[12] 主父偃:人名,复姓主父。临淄人,西汉时大臣。

[13] 昔子产修其辞,而赵武致其敬:子产,即郑子产。见卷二臣术·四[6]。赵武,赵盾之孙,即赵氏孤儿,参见卷六复恩·十七。据《左传·襄公二十五年》记载,郑子产向晋国进献攻打陈国的战利品,晋国派士庄伯质问以何罪伐陈,子产善说,使士庄伯"不能诘",赵武便令接收了战利品。

[14] 王孙满明其言,而楚庄以惭:王孙满,周定王时大夫。楚庄,即楚庄王,见卷一君道·十九[1]。据《左传·宣公三年》记载,楚庄王陈兵洛水,向周王朝示威。周定王派大夫王孙满慰劳。楚庄王借机问周鼎之大小、轻重,王孙满说了一番“在德不在鼎”的话,委婉讥讽楚庄王。最后说:“鼎之轻重,未可问也。”后世遂用“问鼎”一词指图谋夺取政权。

[15] 苏秦:见卷八尊贤·一[12]。

[16] 蒯(kuǎi)通:人名,西汉时人。曾劝韩信拥军自立。韩信被诛后,他因善辩免罪。

【今译】

荀子说:“与别人谈话的策略是,用恭敬庄重的态度来接近他,用端正诚实的态度来对待他,用坚定刚强的信念来扶助他,用比喻称引的方式来启迪他,用喜爱和憎恶的情感来影响他,使他以之为宝、以之为贵、以之为重、以之为妙。如能这样,那么与别人谈话就不会行不通。这就叫作推重自己所推重的。古书上说:‘只有君子能够推重自己所推重的。’”《诗经》上说:“不要轻易发言,不要随便说话。”鬼谷子说:“别人不喜欢,想要纠正他是困难的。劝说行不通,所谈不被采纳,那是说得还不够明白;已经说明白了却还行不通,那是坚持得不够坚定;已经坚持了还是行不通,那是不符合别人的心愿。分辩了,说清了,坚持了,坚定了,又符合别人的心愿,说的话神妙珍贵,明白清楚,符合人的心愿,像这样游说别人却行不通的,天下还没有听说过。这就叫善说。”子贡说:“说出的话、陈述的言辞,关系到自己的得失,关系到国家的安危。”《诗经》上说:“言辞一旦败坏,百姓就遭受疾苦。”言辞,是人用来沟通的。主父偃说:“一个人如果不善言辞,那还有什么用处呢?”从前郑子产能够修饰自己的言辞,赵武向他表示敬意;王孙满说话清楚明白,楚庄王听后感到惭愧;苏秦善于推行他的观点,六国因此安宁;蒯通善于陈述自己的观点,性命得以保全。言辞,是用来尊奉君主、提高身份、安定国家、保全性命的啊!所以言辞不能不修饰,游说不能不追求好的结果。

二

赵使人谓魏王曰[1]:“为我杀范痤[2],吾请献七十里之地。”魏王曰:“诺”。使吏捕之,围而未杀。痤自上屋骑危[3],谓使者曰:“与其以死痤市[4],不如以生痤市。有如痤死,赵不与王地,则王奈何?故不若与定割地,然后杀痤。”魏王曰:“善”。痤因上书信陵君曰[5]:“痤,故魏之免相也。赵以地杀痤,而魏王听之,有如强秦亦将袭赵之欲,则君且奈何?”信陵君言于王而出之。

【注释】

[1] 魏王:即魏安釐王,见卷十敬慎·十八[1]。
[2] 范痤(cuó):战国时魏相。
[3] 危:屋脊。
[4] 市:交易。
[5] 信陵君:见卷六复恩·八[3]。

【今译】

赵国派人对魏王说:“替我们杀掉范痤,我们愿意献出七十里的国土。”魏王说:“好吧。”于是派官吏去抓范痤,包围了范痤的住宅,但还没有杀他。范痤自己爬上房子骑在屋脊上,对派来的人说:“与其用一个死范痤做交易,不如用一个活范痤做交易。假如杀死了我,赵国不给大王土地,那么大王怎么办呢?所以不如先完成割地的手续,然后再杀死我。”魏王说:“好吧。”范痤趁机写信给信陵君说:“我原是魏国的免职相。赵国用割让土地的办法来杀我而魏王听从了,假如强大的秦国仿效赵国的做法来杀您,您将怎么办呢?”信陵君于是向魏王进言救出了范痤。

三

吴人入荆，召陈怀公[1]。怀公召国人曰："欲与荆者左，欲与吴者右。"逢滑当公而进曰[2]："吴未有福，荆未有祸。"公曰："国胜君出，非祸而奚？"对曰："小国有是犹复，而况大国乎？楚虽无德，亦不斩艾其民[3]。吴日弊兵，暴骨如莽[4]，未见德焉。天其或者正训荆也！祸之适吴，何日之有！"陈侯从之。

【注释】

[1] 陈怀公：春秋时陈国国君，名柳，公元前 505 年—前 502 年在位。公元前 505 年，吴破楚，召公往会于郢，大夫逢滑谏止。后吴复召，恐而赴吴。吴怒其前不听命，扣留怀公，卒于吴。

[2] 逢(páng)滑当公：逢滑，怀公大夫。当公，不左不右，正对着怀公。

[3] 斩艾(yì)：残害，宰割。

[4] 莽：草木丛生。

【今译】

吴国军队攻入楚国，吴王召见陈怀公。陈怀公召集国人说："想要亲附楚国的站到左边，想要亲附吴国的站到右边。"逢滑正对着怀公进前说："亲附吴国没有福分，亲附楚国没有灾祸。"怀公说："吴国打了胜仗，楚国君主出奔，楚国不是灾祸是什么呢？"逢滑回答说："小国有了类似情况还能恢复国家，何况是大国呢？楚国虽然没有建立德行，并没有残害他们的百姓。吴国天天让军队疲敝，暴露尸骨如同杂草，又没有建立德行。上天大概正在给楚国一次教训吧！灾祸到达吴国，能有多久呢？"陈怀公听从了他的话。

四

桓公立仲父[1]，致大夫曰："善吾者入门而右，不善吾者入门而左。"有中门而立者[2],桓公问焉。对曰:"管子之知可与谋天下,其强可与取天下。君恃其信乎?内政委焉,外事断焉,驱民而归之,是亦可夺也[3]。"桓公曰:"善。"乃谓管仲:"政则卒归于子矣,政之所不及,唯子是匡。"管仲故筑三归[4]之台,以自伤于民[5]。

【注释】

[1] 桓公立仲父:齐桓公尊管仲为仲父事,参见卷八尊贤·二十六。

[2] 中门:大门的中间。

[3] 夺:削弱,剥夺。

[4] 三归:有多种理解:一,娶三姓女子。二,三处家庭。三,地名,指管仲的采邑。四,相当于国家税收的三成市租。五,台名。本章从语境上看,第五种理解为妥。

[5] 伤:思。

【今译】

齐桓公要尊管仲为仲父,召集大臣们说:"赞成我的进门站在右边,不赞成我的进门站在左边。"有一个人站在大门的中间,桓公问他为什么。那人回答说:"管仲的智谋,可以用来和他谋划天下大事,他的强干可以用来和他称霸天下。但您能依赖他的诚信吗?国内的事情交给他,外交事情交给他决断,驱使百姓归附于他,也应该削弱一下他的权力。"桓公说:"好。"桓公就对管仲说:"政事都交给你了。政事有办不好的地方,唯你是问。"管仲就建造了三归台,来提醒自己时刻想着百姓。

五

齐宣王出猎于社山[1],社山父老十三人相与劳王[2]。王曰:"父老苦矣!"谓左右赐父老田,不租[3]。父老皆拜,闾丘先生不拜[4]。王曰:"父老以为少耶?"谓左右复赐父老无徭役,父老皆拜,闾丘先生又不拜。王曰:“拜者去,不拜者前。”曰:“寡人今日来观,父老幸而劳之,故赐父老田不租。父老皆拜,先生独不拜,寡人自以为少,故赐父老无徭役,父老皆拜,先生又独不拜,寡人得无有过乎?”闾丘先生对曰:“惟闻大王来游[5],所以为劳大王,望得寿于大王,望得富于大王,望得贵于大王。”王曰:“天杀生有时[6],非寡人所得与也,无以寿先生;仓廪虽实,以备菑害[7],无以富先生;大官无缺,小官卑贱,无以贵先生。”闾丘先生对曰:“此非人臣所敢望也[8]。愿大王选良富家子有修行者以为吏,平其法度,如此臣少可以得寿焉[9];春秋冬夏,振之以时[10],无烦扰百姓,如是臣可少得以富焉;愿大王出令,令少者敬长,长者敬老,如是臣可少得以贵焉。今大王幸赐臣田不租,然则仓廪将虚也;赐臣无徭役,然则官府无使焉。此固非人臣之所敢望也。”齐王曰:“善。愿请先生为相。”

【注释】

[1] 齐宣王出猎于社山:齐宣王,见卷一君道·二[1]。社山,一作“杜山”,在今山东省临淄齐国故城西。

[2] 劳王:慰劳。

[3] 不租:不交租税。

[4] 闾丘先生不拜:“不”字前脱“独”字。闾丘,本为地名,后以为姓。闾丘先生,生平不详。

[5] 惟:句首发语词。

[6] 天杀生有时:老天给人的寿命是有一定时限的。

[7] 菑(zāi):通“灾”。

[8] 人:疑为衍文。下同。

[9] 如此臣少可以得寿焉:根据后面句式,此句应为“如此臣可少得以寿焉”。

[10] 振:通“赈”。

【今译】

齐宣王到社山打猎，社山父老十三个人都来慰劳宣王。宣王说："父老们辛苦了！"于是对身边的人说："赏赐这些父老不交田租。"父老都拜谢，只有闾丘先生不拜谢。宣王说："父老觉得赏赐的少吧？"于是对身边的人说："再赏赐父老们免除劳役。"父老都拜谢，闾丘先生仍然不拜谢。宣王说："拜谢的人都回去吧，不拜谢的人到前面来。"宣王说："我今天到这里来，很荣幸得到父老的慰劳，所以赏赐父老不交田租。父老都拜谢，只有先生不拜谢，我以为赏赐的少了，所以再赏赐父老们免除劳役。父老都拜谢，先生仍然不拜谢，莫非我有什么过错吗？"闾丘先生回答说："听说大王来游玩，所以来慰劳大王，希望从大王这里得到长寿，得到富有，得到高贵。"宣王说："老天给人的寿命是有一定时限的，不是我能够给予的，我没有办法让先生长寿；国家仓库虽然充实，是用来防备灾荒的，我没有办法让先生富有；大的官职没有缺位，小的官职卑贱低下，我没有办法让先生高贵。"闾丘先生回答说："这些不是我敢奢望的。希望大王选拔善良有修养的富家子弟担任官吏，使得法律制度公平合理，这样的话我就可以活得稍微长一点啦；春秋冬夏，按照时节赈济百姓，不要烦扰百姓，这样的话我就可以稍微富有一点啦；希望大王下达命令，让年少的尊敬年长的，年长的尊敬年老的，这样的话我就可以稍微高贵一点啦。如今大王赏赐我们有幸种田不交租，这样的话国家粮库就要空虚了；您赏赐免除我们劳役，这样的话官府就无人可使唤了。这不是我敢奢望的。"齐宣王说："说得好！请先生担任国相。"

六

孝武皇帝时[1]，汾阴得宝鼎而献之于甘泉宫[2]。群臣贺，上寿曰[3]："陛下得周鼎！"侍中虞丘寿王独曰[4]："非周鼎。"上闻之，召而问曰："朕得周鼎，群臣皆以为周鼎，而寿王独以为非，何也？寿王有说则生，无说则死。"对曰："臣寿王安敢无说？臣闻夫周德始产于后稷[5]，长于公刘[6]，大于大王[7]，成于文、武[8]，显于周公[9]。德泽上洞天，下漏泉，无所不通。上天报应，鼎为周出，故名曰周鼎。今汉自高祖继周[10]，亦昭德显行，布恩施惠，六合和同[11]。至陛下之身逾盛[12]，天瑞并至，征祥毕见[13]。昔始皇帝亲出鼎于彭城而不能得[14]。天昭有德，宝鼎自至，此天之所以予汉，乃汉鼎，非周鼎也！"上曰："善！"群臣皆称"万岁"，是日，赐虞丘寿王黄金十斤[15]。

【注释】

[1] 孝武皇帝：即汉武帝刘彻。

[2] 汾阴得宝鼎而献之于甘泉宫：汾阴，战国魏邑，西汉置县。故地在今山西万荣县西南。鼎，古代一种烹饪器，又为礼器。多以青铜铸成，三足(或四足)两耳。相传夏禹收九州岛之金铸九鼎，遂为传国之重器，象征王位和帝业。甘泉宫，又名"云阳宫"，汉武帝行宫，在今陕西淳化西北甘泉山。宝鼎事见《史记·武帝本纪》及《封禅书》。

[3] 上寿：祝颂长寿。

[4] 侍中虞丘寿王：侍中，官名。虞丘，又作"吾丘"，复姓，名寿王。赵人，因善格五棋任待诏，后征入光禄大夫侍中。后因犯法被杀。

[5] 后稷：见卷一君道·十二[4]。

[6] 公刘：商朝时周国国君，后稷曾孙。重修后稷事业，致力耕种，百姓安居乐业，周室从此兴盛。

[7] 大王：又作"太王"。即古公亶父，商朝时周国国君，周文王祖父。发展农业生产，使周逐渐强盛。周武王追尊为"太王"。

[8] 文、武：即周文王、周武王。

[9] 周公：见卷一君道·七[1]。

[10] 高祖：指汉高祖刘邦。

[11] 六合和同：六合，天地四方。和同，和睦同心。

[12] 逾：越发，更加。
[13] 见(xiàn)：通"现"。
[14] 昔始皇帝亲出鼎于彭城而不能得：事见《史记·秦始皇本纪》："始皇还过彭城，斋戒祷祠，欲出周鼎泗水，使千人没水求之，弗得。"彭城，今江苏徐州。
[15] 黄金：黄铜。

【今译】

汉武帝时，汾阴县有人得到一个宝鼎并进献到甘泉宫。群臣祝贺，祝颂长寿："陛下得到了周鼎！"只有侍中虞丘寿王说："不是周鼎。"皇上听说了，召见他问道："我得到了周鼎，群臣都认为是周鼎，只有你认为不是，为什么？你说得出理由就饶恕你，说不出理由就处死你。"虞丘寿王回答说："我怎敢没有理由就乱说呢。我听说周的德行开始于后稷，发展于公刘，盛大在太王，完成于文王和武王，显扬于周公。周的恩德泽惠上通于天，下泽于泉，没有达不到的地方。上天为了回报周的德行，鼎器就为周出现了，所以叫周鼎。后来汉高祖继承周的德行，光大显扬，布施德泽，天地四方和睦同心。到了陛下更加盛大，上天的祥瑞一起出现，吉祥的征兆全都出现。以前秦始皇亲自到彭城希望得到周鼎而不能。现在上天昭示陛下的德行，宝鼎自己主动出现，这是上天用来赏赐给汉朝的，是汉鼎，不是周鼎啊！"皇上说："说得好！"群臣都高呼"万岁"。这一天，皇上赏赐给虞丘寿王黄金十斤。

七

晋献公之时[1]，东郭民有祖朝者[2]，上书献公曰："草茅臣东郭民祖朝，愿请闻国家之计。"献公使使出告之曰："肉食者已虑之矣，藿食者尚何与焉[3]？"祖朝对曰："大王独不闻古之将曰桓司马者[4]，朝朝其君，举而晏，御呼车[5]，骖亦呼车[6]。御肘其骖曰：'子何越云为乎[7]？何为藉呼车[8]？'骖谓其御曰：'当呼者呼，乃吾事也。子当御正子之辔衔耳[9]。子今不正辔衔，使马卒然惊[10]，妄轹道中行人[11]。必逢大敌，下车免剑[12]，涉血履肝者，固吾事也。子宁能辟子之辔，下佐我乎？其祸亦及吾身，与有深忧，吾安得无呼车哉？'今大王曰：'食肉者已虑之矣，藿食者尚何与焉？'设使食肉者一旦失计于庙堂之上，若臣等之藿食者，宁得无肝胆涂地于中原之野与？其祸亦及臣之身。臣与有其忧深，臣安得无与国家之计乎？"献公召而见之，三日与语，无复忧者，乃立以为师也。

【注释】

[1] 晋献公：见卷四立节·七[1]。

[2] 东郭民有祖朝者：东郭，城东。祖朝，人名。

[3] "肉食者"句：肉食者，享用俸禄有官位的人。藿食，粗食，指平民百姓。

[4] 桓司马：人名，生平不详。

[5] 御：驾御车马。这里指驾御车马的人。晏，晚，迟。

[6] 骖：陪乘。负责行车安全。

[7] 子何越云为乎：你为什么超越职责呢？云，无义。

[8] 何为藉(jiè)呼车：为什么帮着我吆喝车马呢？藉，帮助。

[9] 子当御正子之辔衔耳：你只管控制矫正你的马缰绳和马笼头就是了。

[10] 卒(cù)然：突然。

[11] 轹(lì)：车轮碾压。

[12] 免剑：解下配剑。

【今译】

晋献公的时候，城东百姓中有一个叫祖朝的人，上书给献公说："城东草民祖朝，希望能够听听国家大事。"献公派人告诉他说："在位上的人已经考虑了，百姓还有什么必要参与呢？"祖朝回答说："大王难道没有听说过古代将军桓司马吗？他早晨去朝见君主，行动得晚了点。车夫吆喝车马，陪乘也吆喝车马。车夫用胳膊肘碰了一下陪乘说：'你为什么超越职责呢？你为什么帮着我吆喝车马呢？'陪乘对车夫说：'该吆喝就吆喝，这也是我的职责；你只管控制矫正你的马缰绳和马笼头就是了。你如果不控制矫正你的马缰绳和马笼头，让马突然受惊，就会使车轮胡乱碾压道上行人。假使遇到敌人，下车拔剑，踏着血迹和尸体前进，那本来就是我的职责，你能放下手中的缰绳，下车来帮助我吗？马受惊造成的灾祸也会关系到我的安危，我也有深深的忧虑，我怎能不吆喝车马呢？'现在大王说'在位上的人已经考虑了，百姓还有什么必要参与呢'，假如在位上的人有一天在朝廷上决策有失误，像我这样的平民百姓，难道不是要在战场上肝脑涂地吗？灾祸也会影响到我，我和你们一样也有深深的忧虑，我怎能不参与国家大计呢？"献公召见他，与他交谈了三天，不再有担忧的事情了，于是拜他为师。

八

客谓梁王曰[1]："惠子之言事也善譬[2]，王使无譬，则不能言矣。"王曰："诺。"明日见，谓惠子曰："愿先王言事则直言耳[3]，无譬也。"惠子曰："今有人于此而不知弹者[4]，曰：'弹之状何若？'应曰：'弹之状如弹。'则谕乎？"王曰："未谕也。""于是更应曰：'弹之状如弓，而以竹为弦。'则知乎？"王曰："可知矣。"惠子曰："夫说者，固以其所知，谕其所不知，而使人知之。今王曰'无譬'，则不可矣。"王曰："善。"

【注释】

[1] 梁王：即梁惠王，又称"魏惠王"。战国时魏国国君，魏文侯之孙。公元前369年至前319年在位。

[2] 惠子：即惠施，战国时宋国人，曾任魏惠王相。先秦名家学派代表人物。擅长辩论，辩友庄周称他"惠施多方，其书五车。"有《惠子》一书，已佚。

[3] 王：当为“生”字。
[4] 弹：弹弓。

【今译】

有宾客对梁惠王说：“惠施谈论事情善于使用比喻，大王如果不让他使用比喻，他就不会说话了。”梁惠王说：“好吧。”次日召见惠施，对他说：“希望先生谈论事情直接说，不要使用比喻。”惠施说：“假如有个人在这里不知道弹弓，问：‘弹弓的形状是什么样子的？’回答说：‘弹弓的形状就像弹弓一样。’那么能使他明白吗？”梁惠王说：“不能使他明白。”“这时换个说法：‘弹弓的形状像弓，用竹片做弦。’那么能使他明白吗？”梁惠王说：“可以使他明白。”惠施说：“说话的人，一定要用人们所熟知的，来让人们明白所不熟知的，从而使人们明白。现在大王说‘不要使用比喻’，那是不行的。”梁惠王说：“说得好。”

九

孟尝君寄客于齐王[1]，三年而不见用，故客反谓孟尝君曰：“君之寄臣也，三年而不见用，不知臣之罪也？君之过也？”孟尝君曰：“寡人闻之[2]，缕因针而入，不因针而急[3]；嫁女因媒而成，不因媒而亲。夫子之材必薄矣，尚何怨乎寡人哉？”客曰：“不然。臣闻周氏之喾，韩氏之卢[4]，天下疾狗也。见菟而指属[5]，则无失菟矣；望见而放狗也，则累世不能得菟矣！狗非不能，属之者罪也。”孟尝君曰：“不然。昔华舟、杞梁战而死[6]，其妻悲之，向城而哭，隅为之崩，城为之阤[7]。君子诚能刑于内[8]，则物应于外矣。夫土壤且可为忠，况有食谷之君乎？”客曰：“不然。臣见鹪鹩巢于苇苕[9]，着之发毛，建之，女工不能为也，可谓完坚矣。大风至，则苕折、卵破、子死者,何也?其所托者使然也。且夫狐者,人之所攻也;鼠者,人之所熏也。臣未尝见稷狐见攻、社鼠见熏也[10]。何则?所托者然也。"于是孟尝君复属[11]之齐,齐王使为相。

【注释】

[1] 孟尝君寄客于齐王:孟尝君,见卷九正谏·五[1]。寄,推荐。

[2] 寡人:古代也作为自称用。前面的"君之寄臣也"之"臣"也是自称。

[3] 急(yǐn):缝合。

[4] 周氏之喾(kù),韩氏之卢:"喾""卢"都是犬名。

[5] 见菟而指属(zhǔ):见到兔子就指给它看。菟,通"兔"。属,瞩目。

[6] 华舟、杞梁战而死:见卷四立节·十三。

[7] 陁(zhì):同"阤",崩塌。

[8] 刑于:用礼法对待。《诗经·大雅·思齐》:"刑于寡妻。"

[9] 鷦鹩(jiāo liáo)巢于苇苕(tiáo):鷦鹩,一种善做巢的小鸟。苇苕,芦苇的花穗。

[10] "臣未尝见"句:稷狐,栖息在稷庙中的狐狸。比喻仗势作恶的人。社鼠:社庙中的老鼠。比喻有所倚恃的坏人。

[11] 属(zhǔ):通"嘱",嘱咐,请托。

【今译】

孟尝君向齐王推荐宾客,过了三年宾客还不被齐王重用,所以宾客回来对孟尝君说:"您推荐我,过了三年我还不被重用,不知道是我的罪过呢,还是您的过错呢?"孟尝君说:"我听过这样的话:丝线凭借针穿进,但不凭借针来缝合;嫁女凭借媒人成功,但不凭借媒人使夫妻亲密。先生的才干一定低下,为什么埋怨我呢?"宾客说:"不是这样。我听说周氏的喾、韩氏的卢是天下跑得快速的狗。如果(在近处)见到兔子立刻指给狗看,就不会让兔子跑掉;如果在远处望见兔子放狗去追的话,那么几世也捉不到兔子。不是狗跑得不快,是指给狗看的人有问题。"孟尝君说:"不是这样。过去华舟、杞梁作战而死,杞梁的妻子为此而悲痛,对着城墙哭泣,墙角因此崩塌,城墙因此崩溃。君子如果能够用礼法对待自己的内心,那么外物就会有所反应。那土壤筑成的城墙尚且被忠诚感动，何况吃粮食的人呢?”宾客说：“不是这样。我看见鹪鹩在芦苇的花穗上筑巢，用毛发来缠绕，搭建的技巧，即便女工也比不上，称得上是完美坚固了。但是大风一吹，芦苇折断、鸟蛋破裂、小鸟摔死，为什么呢？它所托身的地方使它成为这样的。再说那狐狸，是人们要捕杀的；老鼠，是人们要熏灭的。但是我未曾看见栖息在谷神庙中的狐狸遭到捕杀、土地庙中的老鼠被人熏灭。为什么呢？它们所托身的地方使他们这样的。”于是孟尝君再一次向齐王推荐，齐王让他做了国相。

十

陈子说梁王[1]，梁王说而疑之，曰：“子何为去陈侯之国而教小国之孤于此乎[2]?”陈子曰：“夫善亦有道，而遇亦有时。昔傅说衣褐带剑而筑于秕传之城[3]，武丁夕梦旦得之[4]，时王也；宁戚饭牛康衢[5]，击车辐而歌顾见[6]，桓公得之[7]，时霸也；百里奚自卖五羊之皮[8]，为秦人虏，穆公得之[9]，时强也。论若三子之行，未得为孔子骏徒也[10]。今孔子经营天下，南有陈、蔡之厄[11]，而北干景公[12]，三坐而五立[13]，未尝离也[14]。孔子之时不行，而景公之时怠也。以孔子之圣，不能以时行说之怠，亦独能如之何乎?”

【注释】

[1] 陈子说梁王：陈子，生平不详。梁王，即魏王。

[2] 陈侯：魏国国君由“侯”改称“王”时，陈国已灭亡上百年。此处“陈侯”即为“田侯”。陈氏原为齐国上卿，后改称田氏，取代姜氏主齐政。故此处“陈侯”即指齐君。

[3] 傅说(yuè)衣褐带剑而筑于秕传之城：傅说，商代人，武丁时大臣。传说原为傅岩筑墙之奴隶。武丁梦得圣人，名曰说，求于野，于傅岩得

之，举以为相，国大治。剑，字误，当为“索”，草绳。秕传之城，不详何地，疑“秕传”为“傅岩”之误。傅岩，地名，在今山西平陆县东。

[4] 武丁：商代第二十三任君主。相传少时生长于民间，知稼穑之艰难。即位后得傅说，举以为相。又用妻子妇好为将军。国大治。

[5] 宁戚饭牛康衢：宁戚，见卷一君道·十六[1]。饭，喂。康衢，大街。

[6] 击车辐而歌顾见：见卷八尊贤·三[8]。顾见，有误，当为“《硕鼠》”。参见高诱注《吕氏春秋》。

[7] 桓公：指齐桓公。

[8] 百里奚：见卷二臣术·九[2]。

[9] 穆公：指秦穆公。

[10] 骏徒：杰出的学生。骏，通“俊”。

[11] 陈、蔡之厄：孔子周游列国，曾在陈、蔡两国遭受围攻、断粮的困厄。

[12] 干(gān)景公：干谒齐景公。

[13] 三坐而五立：三次坐着谈话五次站着谈话。意思是孔子受到冷遇。

[14] 离：遇合。

【今译】

陈子游说梁王，梁王高兴却又怀疑地问他：“先生为何离开齐国，到我这里来教导小国的君主呢？”陈子说：“人与人之间友善是有道理的，君、臣遇合也是有时机的。过去傅说穿着粗布衣服腰间扎着草绳在傅岩修筑城墙，武丁夜里梦见他并在第二天早上找到了他，时机到了就帮助武丁成就了王业；宁戚在大街上喂牛，敲击车轮唱着《硕鼠》，桓公发现了他，时机到了就帮助桓公成就了霸业；百里奚用五张羊皮出售自己，成为秦国的奴隶，穆公发现了他，时机到了就帮助穆公使秦成为强国。如果评论这三个人的德行，他们算不上孔子学生中的俊杰。孔子周游天下，曾在南面陈、蔡两国遭受围攻、断粮的困厄，在北方干谒齐景公，三次坐着谈话五次站着谈话，没有遇合。孔子的时运不好，景公的时运也不好。凭着孔子这样的圣人尚且不能在时运不好的时候成功游说，像我这样的人又能怎么样呢？”

十一

林既衣韦衣而朝齐景公[1]。齐景公曰:“此君子之服也?小人之服也?”林既逡循而作色曰[2]:“夫服事何足以端士行乎[3]?昔者荆为长剑危冠[4],令尹子西出焉[5];齐短衣而遂偞之冠[6],管仲、隰朋出焉[7];越文身鬋发[8],范蠡、大夫种出焉[9];西戎左衽而椎结[10],由余亦出焉[11]。即如君言,衣狗裘者当犬吠,衣羊裘者当羊鸣,且君衣狐裘而朝,意者得无为变乎?”景公曰:“子真为勇悍矣,今未尝见子之奇辩也。一邻之斗也,千乘之胜也[12]?”林既曰:“不知君之所谓者何也?夫登高临危而目不眴[13],而足不陵者[14],此工匠之勇悍也;入深渊,刺蛟龙,抱鼋、鼍而出者[15],此渔夫之勇悍也;入深山,刺虎、豹,抱熊、罴而出者[16],此猎夫之勇悍也;不难断头裂腹[17],暴骨流血中野者,此武士之勇悍也。今臣居广廷,作色端辩,以犯主君之怒,前虽有乘轩之赏[18],未为之动也;后虽有斧质之威[19],未为之恐也。此既之所以为勇悍也。”

【注释】

[1] 林既衣韦衣:林既,齐国人,生平不详。衣韦衣,穿着皮衣。韦,熟牛皮。
[2] 逡循:后退几步。
[3] 端:判定。
[4] 荆为长剑危冠:楚国人有佩长剑戴高帽的风俗。
[5] 子西出焉:子西就出在那里。子西,见卷九·十一[6]。
[6] 遂偞(yè):轻丽美好的样子。
[7] 隰朋:见卷八尊贤·二[3]。
[8] 越文身鬋发:越国人身上刺画花纹,剪掉头发。鬋,即“剪”。
[9] 范蠡(lí)、大夫种:范蠡,字少伯,春秋末越国大夫,助勾践灭吴,后浮

海出齐，变换姓名，自称鸱夷子皮，定居于陶（今山东定陶县西北），经商致富，号陶朱公。大夫种，即文种，见卷九正谏·二十[9]。

[10] 西戎左衽而椎（chuí）结：西戎，我国古代西北少数民族的总称。左衽，前襟向左掩，不同于中原人右衽。后也用左衽为外族统治的代称。椎结，也作"椎髻"，像椎形的发髻。

[11] 由余：见卷八尊贤·二[6]。

[12] 一邻之斗也，千乘之胜也：是与一个邻人相斗取胜呢？还是与千乘大国相斗而取胜呢？

[13] 眴（xuàn）：眼睛眩晕。

[14] 陵：颤抖。

[15] 鼋鼍（yuán tuó）：鼋，大鳖。鼍，鳄鱼的一种，又名"猪婆龙"。

[16] 熊、罴（pí）：两种猛兽。

[17] 不难：不怕。

[18] 乘轩：本义指大夫乘坐的车，这里泛指做官。

[19] 斧质：杀人用的斧头和铁砧板。质，通"锧"。

【今译】

林既穿着皮衣朝见齐景公。齐景公说："这是君子的服装呢？还是小人的服装呢？"林既立刻右退几步说道："单凭衣服能判定出士人的品行吗？从前楚国人有佩长剑戴高帽的风俗，子西就出现在那里；齐国人喜欢穿短衣戴'遂偞'的帽子，管仲、隰朋就出现在那里；越国人有身上刺画花纹、剪掉头发的风俗，范蠡、大夫种就出现在那里；西戎人前襟向左掩并将头发绾成椎形的发髻，由余就出现在那里。如果像您说的那样，穿狗皮衣服的就应当像狗一样叫，穿羊皮衣服的就应当像羊一样叫，那么您穿着狐狸皮衣服上朝，想来大概也会像狐狸一样叫吧？"齐景公说："您真是一个勇敢强悍的人啊！我不曾见过像您这样奇异的辩论。您的勇敢强悍足以与一个邻人相斗取胜呢？还是与千乘大国相斗而取胜呢？"林既说："我不明白您所说的是什么意思。登上高处，眼不眩晕，并且腿脚不软，这是工匠的勇敢强悍；潜入深渊，刺杀蛟龙，捉住鼋鼍出来，这是渔夫的勇敢强悍；进入深山，搏杀虎、豹，捉住熊、罴出来，这是猎人的勇敢强悍;不怕断头破腹,暴露尸骨流血原野,这是武夫的勇敢强悍。现在我站在高大的朝廷上,厉色严词地冒犯君主之怒,面前即使有高官厚禄之赏,不会为之动心;身后即使有斧质威胁,不会为之恐惧。这就是我所认同的勇敢强悍。”

十二

魏文侯与大夫饮酒[1],使公乘不仁为觞政[2],曰:“饮不釂者,浮以大白[3]。”文侯饮而不尽釂,公乘不仁举白浮君,君视而不应。侍者曰:“不仁退,君已醉矣。”公乘不仁曰:“《周书》曰[4]:‘前车覆,后车戒。’盖言其危。为人臣者不易,为君亦不易。今君已设令,令不行,可乎?”君曰:“善。”举白而饮,饮毕曰:“以公乘不仁为上客。”

【注释】

[1] 魏文侯:见卷一君道·三十六[2]。

[2] 公乘不仁为觞(shāng)政:公乘不仁,人名,战国时魏国人。生平不详。觞政,酒令。

[3] 饮不釂(jiào)者,浮以大白:釂,把杯中酒喝干。浮,用满杯酒罚人。白,酒杯。

[4]《周书》:《尚书》中记载周史事的部分。本章所引两句不见于今本《周书》。

【今译】

魏文侯与大臣一起喝酒,让公乘不仁发布酒令,说:“如果不能把杯中的酒喝干,就罚酒一大杯。”文侯喝酒没有喝干,公乘不仁举起酒杯罚文侯酒,文侯看着他却没有答应。侍从说:“公乘不仁退下,国君已经喝醉了。”公乘不仁说:“《周书》上说:‘前面的车翻了,后面驾车的人要引以为戒。’这大概是说预防危险吧。做臣子的不能改变，做国君的也不能改变。现在国君既然已经设置了酒令，却又不执行酒令，可以吗？”魏文侯说：“说得好。”举起酒杯一饮而尽，喝完酒说：“把公乘不仁当作上等宾客。”

十三

襄成君始封之日[1]，衣翠衣，带玉剑，履缟舄[2]，立于游水之上[3]。大夫拥钟锤，县令执桴号令，呼：“谁能渡王者？”于是也，楚大夫庄辛过而说之[4]，遂造托而拜谒[5]，起立曰：“臣愿把君之手，其可乎？”襄成君忿作色而不言。庄辛迁延沓手而称曰[6]：“君独不闻夫鄂君子皙之泛舟于新波之中也[7]？乘青翰之舟[8]，极芮芘[9]，张翠盖，而掩犀尾[10]，班丽袿、衽[11]。会钟鼓之音毕，榜枻越人拥楫而歌[12]。歌辞曰：‘滥兮抃草滥予？昌枑泽予？昌州州𩜾。州焉乎秦胥胥，缦予乎昭澶秦踰渗。惿随河湖[13]。’鄂君子皙曰：‘吾不知越歌，子试为我楚说之[14]。’于是乃召越译[15]，乃楚说之曰：‘今夕何夕兮？搴中洲流[16]。今日何日兮？得与王子同舟。蒙羞被好兮[17]，不訾诟耻[18]。心几顽而不绝兮[19]，知得王子[20]。山有木兮木有枝，心说君兮君不知。’于是鄂君子皙乃揄修袂[21]，行而拥之[22]，举绣被而覆之。鄂君子皙，亲楚王母弟也，官为令尹，爵为执珪[23]。一榜枻越人犹得交欢尽意焉，今君何以踰于鄂君子皙？臣独何以不若榜枻之人？愿把君之手，其不可何也？”襄成君乃奉手而进之曰：“吾少之时，亦尝以色称于长者矣[24]，未尝遇僇如此之卒也[25]。自今以后，愿以壮少之礼谨受命。”

【注释】

[1] 襄成君：生平不详。当为楚顷襄王时封君，封邑襄城（即"襄成"，时为楚邑，今河南襄城县）。

[2] 衣翠衣，带玉剑，履缟舄（xì）：缟，白细绢。舄，古代一种鞋，内有双层底加木垫。

[3] 立于游水之上：游水，流水。郦道元《水经注·汝水》认为即汝水。

[4] 庄辛：人名，战国时楚国大夫，封为阳陵君。

[5] 造托：编造托词。

[6] 迁延沓手：后退几步合手。

[7] 鄂君子皙：即楚公子黑肱，《左传·昭公》又称公孙黑。楚恭王子，楚康王弟，字子皙。曾为令尹，封于鄂（西周时楚地，即今湖北鄂州市。近年发现楚怀王时鄂君启节遗物）。《左传·昭公元年》有"子皙盛饰人……女自房观之，曰：'子皙信美矣。'"由此可知，子皙的确为美男子。一说鄂君子皙不是黑肱，应是战国楚威王时人。

[8] 青翰：船名。刻饰鸟形，涂以青色。

[9] 极芮芘（mán bì）：极，疑"插"之误，挂。芮，通"幔"。芘，通"蔽"。指遮挡风尘的帷幔。

[10] 擒（tà）犀尾：擒，疑"捡"之误，举。犀尾，犀牛尾。

[11] 班丽袿（guī）、衽（rèn）：衣服斑斓艳丽。班，通"斑"。袿、衽，本指袖、襟，这里指衣服。

[12] 榜枻（bàng yì）越人：划船的越人。榜、枻，都指船桨，这里作动词。

[13] 滥兮抃草滥予？昌枑泽予？昌州州湛。州焉乎秦胥胥，缦予乎昭澶秦踰渗。惿随河湖：这段歌词很难解释，其他注译本概不断句。韦庆稳先生在《〈越人歌〉与壮语的关系试探》一文中，认为文中的"榜枻越人"很可能就是壮族的先民，这首歌应与壮语有一定关系。韦先生还根据《越人歌》的记字试拟构了每个字的读音，并进行了释义。具体内容请参看原文（见《民族语文论集》，中国社会科学出版社 1982 年版。台湾三民书局出版的左松超和罗少卿的《新译说苑读本》用注音字母做了注音，也可以参考）。

[14] 楚说之：用楚国话来解释它。

[15] 越译：越语翻译。

[16] 搴（qiān）中洲流：泛舟江中的意思。搴，慢慢划船。

[17] 蒙羞被好兮：承蒙错爱。参照《先秦诗鉴赏辞典》（上海辞书出版社）译文。

[18] 不訾（zǐ）诟（gòu）耻：不以我鄙陋为耻。参照同上。

[19] 心几顽而不绝兮：心绪烦乱不止。参照同上。

[20] 知得王子：能够结识王子。

[21] 揄修袂（mèi）：挥动长长的衣袖。揄，当为"揄"，挥动。修，长。

[22] 行而拥之：走过去拥抱他。

[23] 爵为执珪：爵，爵位。执珪，爵位名。也作"执圭"。

[24] 亦尝以色称于长者矣：也曾经因为貌美受到长者的称赞。

[25] 未尝遇僇（lù）如此之卒也：不曾像今天这样突然地感到羞辱。僇，羞辱。

【今译】

襄成君开始受封的那一天，身穿翠绿色的衣服，佩带宝剑，脚蹬白细绢双层底加木垫的鞋子，站在河边。大夫们拿着敲击乐钟的锤子，县令拿着鼓槌，高声喊："谁能渡王过去？"就在这时，楚国大夫庄辛经过这里看见了襄成君，很喜欢襄成君的美貌，于是编造托词拜谒后站起来说："我想握住您的手，可以吗？"襄成君很生气地变了脸色，没理他。庄辛后退几步合手说："您难道没有听说鄂君子皙在春汛新波泛舟的事么？他乘着青翰之舟，两侧挂着遮挡风尘的帷幔，撑着翠绿色羽毛制成的伞盖，举着犀牛尾，衣服斑斓艳丽。当钟鼓音乐停止后，划船的越人手持船桨唱起了歌，歌词说：'滥兮抃草滥予？昌枑泽予？昌州州湛。州焉乎秦胥胥，缦予乎昭澶秦踰渗。惿随河湖。'鄂君子皙说：'我听不懂越歌，请你为我用楚国话来解释它。'于是叫来越语翻译，用楚国话来译释它说：'今夕何夕兮？搴中洲流。今日何日兮？得与王子同舟。蒙羞被好兮，不訾诟耻。心几顽而不绝兮，知得王子。山有木兮木有枝，心说君兮君不知。'这时鄂君子皙就挥动长长的衣袖，走过去拥抱他，拿起锦绣被子盖在他身上。鄂君子皙与楚王是同母亲兄弟，官至令尹，爵位是执珪。一个划船的越人尚且能够与他尽情欢乐表达情意，现在您怎么能够超过鄂君子皙呢？我又怎么比不上划船的越人呢？希望握一下您的手，您为什么不同意呢？”襄成君于是伸出手而走向前说：“我小的时候，也曾经因为貌美受到长者的称赞，不曾像今天这样突然地感到羞辱。从今以后，我愿意用年轻人的礼节恭谨地接受先生的教诲。”

附：楚译诗的现代汉语译文（意译）：
今晚是多么美好呀！
能在水中泛舟；
今日是多么美好呀！
能与王子同舟；
承蒙美意呀，
我无比羞惭；
我的心多么痴情呀，
今日终能结识王子！
山上长满树，
树上长满枝；
我眷慕你呀，
你知我心吗？

十四

雍门子周以琴见乎孟尝君[1]。孟尝君曰：“先生鼓琴亦能令文悲乎[2]？”雍门子周曰：“臣何独能令足下悲哉？臣之所能令悲者，有先贵而后贱，先富而后贫者也。不若身材高妙[3]，适遭暴乱无道之主，妄加不道之理焉；不若处势隐绝[4]，不及四邻，诎折傧厌[5]，袭于穷巷，无所告愬[6]；不若交欢相爱，无怨而生离，远赴绝国，无复相见之时；不若少失二亲，兄弟别离，家室不足，忧戚盈匈[7]。当是之时也，固不可以闻飞鸟疾风之声，穷穷焉固无乐已！凡若是者，臣一为之徽胶援琴而长太息[8]，则流涕沾衿矣。今若足下，千乘之君也，居则广厦邃房[9]，下罗帷，来清风，倡优侏儒处前迭进而谄谀[10]；燕则斗象棋而舞郑女[11]，激楚之切风[12]，练色以淫目[13]，流声以虞耳[14]。水游则连方舟，载羽旗，鼓吹乎不测之渊；野游则驰骋弋猎乎平原广囿[15]，格猛兽；入则撞钟击鼓乎深宫之中。方此之时，视天地曾不若一指，忘死与生，虽有善鼓琴者，固未能令足下悲也。"孟尝君曰："否！否！文固以为不然。"雍门子周曰："然臣之所为足下悲者一事也。夫声敌帝而困秦者[16]，君也；连五国之约，南面而伐楚者，又君也。天下未尝无事，不从则横[17]。从成则楚王，横成则秦帝。楚王秦帝，必报仇于薛矣[18]。夫以秦、楚之强而报雠于弱薛，譬之犹摩萧斧而伐朝菌也[19]，必不留行矣[20]。天下有识之士，无不为足下寒心酸鼻者[21]。千秋万岁之后[22]，庙堂必不血食矣[23]。高台既以坏，曲池既以渐[24]，坟墓既以下[25]，而青廷矣[26]。婴儿竖子樵采薪荛者[27]，蹢躅其足而歌其上[28]，众人见之，无不愀焉[29]，为足下悲之曰：'夫以孟尝君尊贵，乃可使若此乎！'"于是孟尝君泫然泣涕[30]，承睫而未殒[31]。雍门子周引琴而鼓之，徐动宫徵，微挥羽角[32]，切终而成曲[33]。孟尝君涕浪汗增欷而就之曰[34]："先生之鼓琴，令文立若破国亡邑之人也。"

【注释】

[1]"雍门子周"句：雍门子周，又称"雍门子"，战国时齐国人，名周。善鼓琴，相传是琴谱的最早发明者。雍门，齐都西门，以地为姓。孟尝君，见卷九正谏·五[1]。

[2] 文：孟尝君名文。

[3] 不若身材高妙：不若，否则，或者。身材高妙，品德才能出众。

[4] 处势隐绝：所处的环境隐僻孤绝。

[5] 不及四邻，诎(qū)折傧(bìn)厌：与四邻不相往来，命运坎坷遭受摈弃。诎，曲折，坎坷。傧，遗弃，排斥。

[6] 袭于穷巷，无所告愬(sù)：隐居在陋巷，无处倾诉。告愬，告诉，诉说。

[7] 忧戚(qī)盈匈：忧伤充满心胸。匈，同"胸"。

[8] 徽胶援琴：拿琴调弦弹奏。徽，系弦的绳。胶，粘黏琴柱的东西。援，拿，取。

[9] 邃房：幽深的房屋。

[10] 倡优侏儒处前迭进而谄谀：歌舞杂技艺人在身边轮流进前奉承取悦。

[11] 燕：通"宴"，闲居娱乐。

[12] 激楚之切风：本句疑有脱漏。切风，应为"结风"。《激楚》《结风》皆为歌舞名。

[13] 练色以淫目：挑选美色享尽眼福。练，通"拣"，挑选。

[14] 流声以虞耳：流转的乐曲声饱享耳福。流声，流转的乐曲声。虞，通"娱"。

[15] 野游则驰骋弋猎乎平原广囿(yòu)：到野外游玩就在平坦的原野和广阔的园林中骑马打猎。囿，古代帝王畜养禽兽的园林。

[16] 声敌帝而困秦者：名声与帝王匹敌并且使秦国受困的人。

[17] 不从(zòng)则横：不是合纵就是连横。从，同"纵"。合纵，战国时六国联合对抗秦国的联盟。横，连横，战国时张仪游说六国共同事奉秦国的政策，与合纵相对。

[18] 薛：孟尝君的封邑。在今山东滕州市南。

[19] 摩萧斧而伐朝菌也：磨砺刚利之斧去砍伐菌类植物。摩，通"磨"。萧斧，刚利之斧。朝菌，菌类植物，朝生暮死。

[20] 留行：阻挡，阻碍。

[21] 足下：敬辞，可译为"先生"。

[22] 千秋万岁：婉言死亡。

[23] 血食：享受后代的牺牲祭祀。

[24] 曲池既以渐：回环的池水变成了壕沟。以，通"已"。渐，同"堑"，壕沟。

[25] 坟墓既以下：坟墓变成了平地。下，当作"平"。

[26] 青廷：荒芜。

[27] 婴儿竖子樵采薪荛：小孩童仆打柴割草。

[28] 蹢躅(zhí zhú):同“踯躅”,徘徊不前。这里是玩耍的意思。

[29] 愀(qiǎo):颜色变得忧惧或严肃。

[30] 泫(xuàn)然:流泪的样子。

[31] 承睫而未殒:眼里含着泪还没有掉下来。睫,眼睫毛。

[32] 徐动宫徵(zhǐ),微挥羽角:慢慢调动宫、徵之音,轻轻拨动羽、角之调。中国古代音乐分为宫、商、角、徵、羽五音。

[33] 切终而成曲:一曲终了,深深叹息。

[34] 涕浪汗增欷而就之:涕泗纵横,叹息着走到雍门子周跟前。浪汗,纵横乱流的样子。增欷,叹息。

【今译】

雍门子周因为擅长弹琴受到孟尝君的召见。孟尝君说:“先生弹琴,也能够让我悲痛吗?”雍门子周说:“我哪里能够让先生悲痛呢!我能够使其悲痛的是这样一些人:原先高贵后来卑微,原先富有后来贫贱;或者是品德、才能出众,却遭遇横暴无道的国君,胡乱施加不实之辞;或者是处在隐僻孤绝的环境中,与四邻不相往来,命运坎坷遭受摈弃,隐居在陋巷,无处倾诉;或者是原本相亲相爱的人,毫无怨恨却生离死别,奔赴遥远的他国,不再有相见的机会;或者是幼时失去亲人,兄弟分别,家庭残缺,忧伤满怀。在这样的情况下,他们当然不忍心听那飞鸟疾风的声音,因为穷困潦倒原本就没有欢乐可言啊!凡是这样的人,我只要动一下手指,拿过琴来调弦弹奏就能够让他长声叹息,就能够让他泪湿衣襟。现在先生您,是拥有千辆战车的君主,住的是高大幽深的房屋,绫罗帷幔一放下,就能掀起徐徐清风,歌舞杂技艺人在身边轮流进前奉承取悦于您;闲居娱乐的时候拿象棋来逗乐、用郑地的女子来跳舞,享受那随风飘扬的高亢曲调,挑选美色享尽眼福,流转的乐曲声饱享耳福;在水上游玩时就连接方舟,插上有羽毛的旗子,在深不见底的水面上演奏乐曲;到野外游玩时就在平坦的原野和广阔的园林中骑马打猎,与猛兽拼斗;回到宫中就撞钟击鼓。在这个时候,您看天地大小连一个手指都不如,沉浸享乐使您忘记了生与死的烦恼,即便有擅长弹琴的人,当然不能使先生悲痛啦。”孟尝君说:“不对!

不对！我的确认为不是这样。”雍门子周说：“但有一件事是我为先生感到悲痛的：名声与帝王匹敌并且使秦国受困的人，是先生您；缔结五国盟约向南讨伐楚国的，也是先生您。天下不曾太平无事，不是合纵就是连横。合纵成功了楚国称王，连横成功了秦国称帝。无论是楚国称王还是秦国称帝，一定都会向您的封邑薛地报仇。凭着秦、楚的强大力量而向薛邑报仇，就好比是磨砺刚利之斧去砍伐朝菌，必定势不可挡。天下有识之士，没有不为先生心寒鼻酸的。先生去世以后，您的祖庙肯定享受不到后代的牺牲祭祀。高大的楼台坍塌掉了，回环的池水变成了壕沟，坟墓变成了平地，一片荒芜，小孩、童仆以及打柴、割草的人，在上面唱歌、玩耍，大家看到这种情景后无不愀然动容为先生悲痛，说道：‘凭孟尝君这样地位尊贵的人，死后竟然这样凄凉啊！’”这时候孟尝君像是要流泪的样子，开始哭泣眼里含着泪还没有掉下来。雍门子周拿过琴弹奏起来，慢慢调动宫、徵之音，轻轻拨动羽、角之调，一曲终了，深深叹息。孟尝君涕泗纵横，叹息着走到雍门子周跟前说：“先生弹琴，使我好像立刻变成了国破家亡的人一样啊。”

十五

蘧伯玉使至楚[1]，逢公子皙濮水之上[2]。子皙接草而待曰[3]：“敢问上客将何之？”蘧伯玉为之轼车[4]。公子皙曰：“吾闻上士可以托色[5]，中士可以托辞[6]，下士可以托财[7]。三者固可得而托身耶[8]？”蘧伯玉曰：“谨受命。”蘧伯玉见楚王，使事毕，坐谈话，从容言至于士。楚王曰：“何国最多士？”蘧伯玉曰：“楚最多士。”楚王大说。蘧伯玉曰：“楚最多士而楚不能用。”王造然曰[9]：“是何言也？”蘧伯玉曰：“伍子胥生于楚[10]，逃之吴，吴受而相之，发兵攻楚，堕平王之墓[11]。伍子胥生于楚，吴善用之。衅蚡黄生于楚[12]，走之晋，治七十二县，道不拾遗，民不妄得，城郭不闭，国无盗贼。蚡黄生于楚，而晋善用之。今者臣之来，逢公子皙濮水之上，辞言‘上士可以托色，中士可以托辞，下士可以托财，三言者固可得而托身耶?’又不知公子皙将何治也?”于是楚王发使一驷，副使二乘，追公子皙濮水之上。子皙还，重于楚，蘧伯玉之力也。故《诗》曰：“谁能亨鱼？溉之釜鬵。孰将西归？怀之好音[13]。”此之谓也。物之相得，固微甚矣[14]。

【注释】

[1] 蘧伯玉：见卷六复恩·十八[1]。

[2] 公子皙：黑肱子皙死于楚平王即位(公元前529年)前。本章中“堕平王之墓”，是公元前506年的事情，此时黑肱子皙已死多年。因此，此处子皙不可能是黑肱，当为另一人。考《国语·楚语上》，有“大夫仆夫子皙”，疑是。濮水，水名。是古黄河、济水支流的合流，流经河南封丘、原阳，在山东境内合流。

[3] 接草：义不可通。孙诒让疑“接”当为“捽(zuó)”，拔的意思。

[4] 轼车：手扶车轼，以示敬意。轼，车厢前面供人凭依的横木。

[5] 上士可以托色：上士可以用神色来委托他(指精神相通)。上士，古代官阶之一。周代有上士、中士、下士。

[6] 托辞：用言辞来委托他。

[7] 托财：用财物来委托他。

[8] 三者固可得而托身耶：这三者哪一种可以用来托付给您呢?

[9] 造然：因不安而改变脸色。

[10] 伍子胥：见卷八尊贤·九[12]。

[11] 堕(huī)：毁坏。

[12] 蚡蚡(fén)黄：即苗贲皇，见卷八尊贤·九[8]。

[13] 谁能亨鱼？溉之釜鬵(xín)；孰将西归？怀之好音：溉，洗涤。釜、鬵，锅一类的炊具。出自《诗经·桧风·匪风》。

[14] 物之相得，固微甚矣：事物之间相互投合，本来就很微妙啊。

【今译】

蘧伯玉出使楚国，在濮河边遇见公子皙。公子皙拔草相迎，说："请问尊贵的客人将要到哪里去？"蘧伯玉手扶车轼，以示敬意。公子晳说："我听说上士可以用神色来委托他，中士可以用言辞来委托他，下士可以用财物来委托他。这三者哪一种可以用来托付给您呢？"蘧伯玉说："我恭敬地接受您的托付。"蘧伯玉拜见楚王，把出使的公事办完后，就与楚王坐着聊天，很自然地说到了士的问题。楚王问道："哪个国家人才最多？"蘧伯玉说："楚国人才最多。"楚王非常高兴。蘧伯玉说："楚国人才最多但是不能重用。"楚王一听就变了脸色，说："这话什么意思？"蘧伯玉说："伍子胥生于楚国，却逃到吴国，吴国接受了他并任他为国相，他率领吴国军队攻打楚国，毁坏了楚平王的坟墓。伍子胥生于楚国，吴国善于重用他。衅蚡黄生于楚国，却跑到晋国去了，他治理七十二个县，路不拾遗，百姓不乱取，城门不关闭，城内无盗贼。衅蚡黄生于楚国，晋国善于重用他。这次我出使贵国，在濮河边遇见公子晳，他对我说：'上士可以用神色来委托他，中士可以用言辞来委托他，下士可以用财物来委托他。这三者哪一种可以托付给您呢？'不知公子晳将要治理什么地方？"于是楚王派使者驾着驷车、副手二人骑着马，到濮河边追赶公子晳。子晳回来后，受到楚王重用，这是蘧伯玉的功劳啊。所以《诗经》上说："谁人能够烧鱼？我替他把锅洗干净。谁将向西回故乡？想托他捎一个好音信。"说的就是这样的事情啊。事物之间相互投合，本来就很微妙啊。

十六

叔向之弟羊舌虎善乐达[1]。达有罪于晋，晋诛羊舌虎，叔向为之奴[2]。既而祁奚曰[3]："吾闻小人得位，不争不义；君子所忧，不救不祥。"乃往见范桓子而说之曰[4]："闻善为国者，赏不过，刑不滥。赏过则惧及淫人[5]，刑滥则惧及君子。与不幸而过[6]，宁过而赏淫人，无过而刑君子。故尧之刑也，殛鲧于羽山而用禹[7]；周之刑也，僇管、蔡而相周公[8]。不滥刑也。”桓子乃命吏出叔向。救人之患者，行危苦而不避烦辱，犹不能免；今祁奚论先王之德，而叔向得免焉，学岂可已哉？

【注释】

[1] 叔向之弟羊舌虎善乐达：叔向，见卷五贵德·十三[2]。羊舌虎，叔向异母弟，晋国大夫，复姓羊舌。乐达，当作“栾盈”（即“栾逞”），春秋晋平公时大夫，被其外祖父范宣子灭除。

[2] 为（wèi）之奴：为此没入官府为奴。

[3] 祁奚：春秋时晋国大夫，字黄羊，食邑在祁。

[4] 范桓子：即范宣子。春秋时晋国正卿，灭栾氏，掌握国政，制定《刑书》。

[5] 惧及淫人：担心小人得利。淫人，邪恶之人。

[6] 与：如果。

[7] 故尧之刑也，殛（jí）鲧（gǔn）于羽山而用禹：殛，诛杀。鲧，尧的臣子，禹的父亲。因治水无功，被尧杀死。羽山，山名，在今江苏东海县西北。

[8] 周之刑也，僇（lù）管、蔡而相周公：僇，通“戮”。管、蔡，管叔和蔡叔，周武王的弟弟。武王死后，成王年幼，周公摄政。管、蔡不服，并散布流言。周公惧而避于东都。成王迎公归，管、蔡挟纣子武庚反叛。周公出兵，杀武庚、管叔，流放蔡叔，乱始平。

【今译】

叔向的弟弟羊舌虎与栾盈交好。栾盈在晋国犯了罪，晋执政者杀死了羊舌虎，叔向为此没入官府为奴。不久，祁奚说：“我听说小人得了高位，不去规劝他是不符合道义的；君子身处忧患，不去拯救他是不吉利的。”于是去见范桓子并劝谏他道：“我听说善于治理国家的人，奖赏不过分，刑罚不滥用。奖赏过分就担心小人得利，滥用刑罚则担心祸及君子。如果不幸出现过失，就宁肯奖赏过分让小人得利，也不要滥用刑罚祸及君子。所以尧的用刑，在羽山杀死鲧后重用他的儿子禹；周使用刑罚，杀戮管、蔡而让他们的弟兄周公做相。这就是不滥用刑罚。”范宣子就命令狱吏释放了叔向。解救君子于危难之中的人，冒着风险困苦而不躲避辛劳和屈辱，有时仍不能使君子免除危难；而现在祁奚只是论说了先王的德政，叔向就因此能够免除危难，由此看来学习怎么可以停止呢？

十七

张禄掌门见孟尝君[1]，曰："衣新而不旧，仓庾盈而不虚，为之有道，君亦知之乎？"孟尝君曰："衣新而不旧，则是修也；仓庾盈而不虚，则是富也。为之奈何？其说可得闻乎？"张禄曰："愿君贵则举贤，富则振贫，若是则衣新而不旧，仓庾盈而不虚矣。"孟尝君以其言为然，说其意[2]，辩其辞。明日使人奉黄金百斤，文织百纯[3]，进之张先生，先生辞而不受。后先生复见孟尝君。孟尝君曰："前先生幸教文曰：'衣新而不旧，仓庾盈而不虚，为之有说，汝亦知之乎？'文窃说教，故使人奉黄金百斤，文织百纯，进之先生，以补门内之不赡者，先生曷为辞而不受乎[4]？"张禄曰："君将掘君之偶钱[5]，发君之庾粟以补士，则衣弊履穿而不赡耳[6]，何暇衣新而不旧，仓痍盈而不虚乎？"孟尝君曰："然则为之奈何？"张禄曰："夫秦者，四塞国也[7]，游宦者不得入焉。愿君为吾为丈尺之书[8]，寄我与秦王，我往而遇乎，固君之入也[9]；往而不遇乎，虽人求间谋[10]，固不遇臣矣。"孟尝君曰："敬闻命矣。"因为之书，寄之秦王。往而大遇，谓秦王曰："自禄之来入大王之境，田畴益辟[11]，吏民益治，然而大王有一不得者，大王知之乎？"王曰："不知。"曰："夫山东有相，所谓孟尝君者，其人贤人。天下无急则已，有急则能收天下英乂雄俊之士[12]。与之合交连友者，疑独此耳。然则大王胡不为我友之乎[13]？"秦王曰："敬受令。"奉千金以遗孟尝君，孟尝君辍食察之而寤曰[14]:“此张生之所谓‘衣新而不旧,仓庾盈而不虚’者也。”

【注释】

[1] 张禄掌门见孟尝君:张禄,一说即范雎,但与史不合。一说是同名另一人。疑为孟尝君的门客。掌门,义不明。疑为“踵门”,即登门。孟尝君,见卷九正谏·五[1]。

[2] 说(yuè):高兴,欣赏。

[3] 文织百纯:有花纹的丝绵布帛百纯。纯,长度单位,一丈五尺为一纯。

[4] 曷为:为什么。

[5] 偶钱:偶,疑为“府”字之误。

[6] 衣弊履穿而不赡:连破衣烂鞋都供不上。赡,供给,供养。

[7] 四塞:国境四周有天险屏障。

[8] 丈尺之书:当作“咫尺之书”。简单的便笺。

[9] 固君之人也:自然是您推荐的功劳。

[10] 虽人求间谋:即使寻求各种办法。

[11] 田畴益辟:田地开辟得更加广阔。

[12] 英乂(yì):俊杰。

[13] 我:自己。

[14] 辍食察之而寤:停下饭食仔细考虑而醒悟。

【今译】

张禄登门拜见孟尝君,说道:“要想穿的衣服长新而不旧,仓库里的粮食长满而不空,经营它是有方法的,您知道吗?”孟尝君说:“穿的衣服长新而不旧,那是修饰的结果;仓库里的粮食长满而不空,那是富有的结果。怎样才能做到呢?其中的道理能说给我听听吗?”张禄说:“希望您高贵了就推举贤能之士,富有了就赈济贫寒之人,如果这样就能够衣服长新而不旧,仓库里的粮食长满而不空。”孟尝君认为他的话正确,欣赏他的意见,认为他有辩才,第二天派人送去黄金百斤,有花纹的丝绵布帛百纯,进献给张禄。张禄拒绝接受。后来张禄又拜见孟尝君。孟尝君说:“先前有幸听到先生教诲:‘要想穿的衣服长新而不旧,仓库里的粮食长满而不空,经营它是有方法的,你知道吗?’我私下欣赏这样的教诲,所以派人送去黄金百斤，有花纹的丝绵布帛百纯，进献给张先生，来贴补先生家中供养不足的人，先生为什么拒绝接受呢？”张禄说：“如果您打算拿出自己府库中的钱财，打开您的粮仓来救济士人，那么您就连破衣烂鞋都供不上，哪还能做到使衣服长新而不旧，仓库里的粮食长满而不空呢？”孟尝君说：“这样的话，那么怎么办呢？”张禄说：“秦国，是四周有天险屏障的国家，想游说求官的人不容易进入。请您为我写一封短信，把我推荐给秦王。我去了如果受到礼遇，那自然是您推荐的功劳；我去了如果不能受到礼遇，即使寻求各种办法，秦王肯定不会重视我。”孟尝君说：“就按照您说的做。”于是写了信，向秦王推荐张禄。（张禄）到了之后受到了格外的礼遇。张禄对秦王说：“自从我来到秦国，进入大王的国境，看到田地开辟得更加广阔，百姓被官吏治理得更加安定，但是大王有一件事没有做到，您知道吗？”秦王说：“不知道。”张禄说：“崤山东边的齐国有一个国相叫孟尝君，那人是贤能之人。天下没有急事则罢，一旦有紧急情况他就能够聚合天下的英雄豪杰。秦王可以结为朋友的人，大概只有这样的。既然这样，那么大王为什么不为了自己与他结为朋友呢？”秦王说：“接受您的教诲。”于是派人送给孟尝君千金。孟尝君停下饭食仔细考虑而醒悟道：“这就是张禄所说的衣服长新而不旧，仓库里的粮食长满而不空的道理啊。”

十八

庄周贫者[1]，往贷粟于魏文侯[2]。曰[3]：“待吾邑粟之来而献之。”周曰：“乃今者周之来，见道傍牛蹄中有鲋鱼焉[4]，大息谓周曰[5]：‘我尚可活也？’周曰：‘须我为汝南见楚王，决江、淮以溉汝。’鲋鱼曰：‘今吾命在瓮甕之中耳[6]，乃为我见楚王，决江、淮以溉我，汝即求我枯鱼之肆矣[7]。’今周以贫故来贷粟，而曰须我邑粟来也而赐臣，即来，亦求臣佣肆矣[8]。"文侯于是乃发粟百钟[9]，送之庄周之室。

【注释】

[1] 庄周：战国时宋国人，名周，哲学家，道家学派代表人物。有《庄子》一书。

[2] 魏文侯：见卷一君道·三十六[2]。《庄子·外物》作"监河侯"。庄子与魏文侯不同时。

[3] 曰：当为"文侯曰"。

[4] 道傍牛蹄中有鲋(fù)鱼：路边牛踩出的水洼中里一条鲋鱼。鲋鱼，鲫鱼。

[5] 大息：即"太息"。

[6] 瓫甕(pén wèng)：一种陶制容器。

[7] 枯鱼之肆：干鱼铺。肆，店铺，市场。

[8] 佣肆：佣工市场。

[9] 钟：量器，也是容量单位。六斛四斗为一钟。

【今译】

庄周家贫，到魏文侯那里借粮。魏文侯说："等到我把封邑的粮食收上来就给您送去。"庄周说："今天我来的路上，看见路边牛踩出的水洼中里有一条鲋鱼，叹息着对我说：'能把我救活吗？'我说：'等我替你到南方拜见楚王，开掘长江、淮河来灌溉你。'鲋鱼说：'如今我只需要一盆一瓮那样多的水就可以活命，你竟然说替我到南方拜见楚王，开掘长江、淮河来灌溉我，你干脆到干鱼铺找我好了。'如今我因为家贫的缘故来借粮，您却说等到把封邑的粮食收上来就给我送去，等到粮食收上来，您到佣工市场找我好了。"魏文侯于是就拿出百钟粮食，派人送到庄周家中。

十九

晋平公问叔向曰[1]："岁饥民疫[2]，翟人攻我[3]，我将若何？"对曰："岁饥，来年而反矣；疾疫，将止矣；翟人，不足患也。"公曰："患有大于此者乎？"对曰："夫大臣重禄而不极谏，近臣畏罪而不敢言，左右顾宠于小官而君不知[4]，此诚患之大者也。"公曰："善。"于是令国中曰："欲有谏者为隐，左右言及国吏，罪。"

【注释】

[1] 晋平公问叔向：晋平公，见卷一君道・一[1]。叔向，见卷五贵德・十三[2]。

[2] 疫：流行瘟病。

[3] 翟人：通"狄"，对居住在北方部族的统称。

[4] 左右顾宠于小官：身边的人被小官吏眷顾贿赂。

【今译】

晋平公问叔向："年成饥荒百姓多病，翟人进攻我国，我们该怎么办呢？"叔向回答说："年成饥荒，明年就恢复了；瘟病流行，快要停止了；翟人，不值得担心。"晋平公问："还有比这更让人担心的吗？"叔向回答说："大臣贪图俸禄而不极力进谏，近臣害怕得罪国君而不敢说话，您身边的人被小官吏眷顾贿赂而国君不了解情况，这实在是让人担心的事情啊。"晋平公说："说得好。"于是在国内下令："有人想要进谏却被隐瞒，我身边的人随便议论国家官吏，都要治罪。"

二十

赵简子攻陶[1]，有二人先登，死于城上。简子欲得之，陶君不与。承盆疽谓陶君曰[2]："简子将掘君之墓，以与君之百姓市[3]，曰：'踰邑梯城者[4]，将赦之；不者，将掘其墓；朽者，扬其灰；未朽者，辜其尸[5]。'"陶君惧，请效二人之尸以为和[6]。

【注释】

[1] 赵简子攻陶：赵简子，见卷一君道·三十三[1]。陶，地名，今山东定陶县境内。

[2] 承盆疽：人名，生平不详。

[3] 市：交换。

[4] 踰邑梯城：逃离城邑越墙出来。

[5] 辜：分裂肢体。

[6] 效：献出。

【今译】

赵简子攻打陶邑，有两个人抢先登上城墙，死在城上。赵简子想要得到那两个人的尸体，陶君不给。承盆疽对陶君说："赵简子将要挖掘您的祖坟，来和您的百姓做交易，说：'逃离城邑越墙出来的人，赦免他；不出来的，就挖他的祖坟；尸骨腐烂的，就把骨灰撒掉；没有腐烂的，就分裂肢体。'"陶君恐惧，请求献出那两个人的尸体来求和。

二十一

子贡见太宰嚭[1]，太宰嚭问曰："孔子何如？"对曰："臣不足以知之。"太宰曰："子不知，何以事之？"对曰："惟不知，故事之。夫子其犹大山林也，百姓各足其材焉[2]。"太宰嚭曰："子增夫子乎[3]？"对曰："夫子不可增也。夫赐，其犹一累壤也[4]，以一累壤增大山，不益其高，且为不知。"太宰嚭曰："然则子有所酌也[5]？"对曰："天下有大樽，而子独不酌焉，不识谁之罪也？"

【注释】

[1] 子贡见太宰嚭：子贡，见卷二臣术·四[1]。太宰嚭，见卷九正谏·二

十[6]。

[2] 各足其材焉:各自从他那里取得足够的木料。

[3] 增:增益,拔高、夸大。

[4] 夫赐,其犹一累壤:我子贡,就好比是一堆土。赐,子贡名。累,借为“蔂”,盛土的笼。

[5] 酌:舀取。关嘉引太室语说,此处有错简。“然则子有所酌也?”对曰:“天下有大樽,而子独不酌焉,不识谁之罪也?”当与下章“善哉!子贡之言也”对调,意思才顺。译文从之。

【今译】

子贡拜见太宰嚭,太宰嚭问道:“孔子这个人怎么样?”子贡回答道:“我不足以了解他。”太宰嚭说:“你不了解他,凭什么拜他为师?”子贡回答道:“正是因为不了解他,所以才拜他为师。先生他就好比是大山中的森林,百姓各自从他那里取得足够的木料。”太宰嚭说:“你夸大孔子了吧?”子贡回答道:先生不可能被夸大。我就好比是一笼土,用一笼土去增益大山,不但不能增加山的高度,而且不明智。太宰嚭说:“子贡的话说得好啊!”

二十二

赵简子问子贡曰[1]:“孔子为人何如?”子贡对曰:“赐不能识也。”简子不说曰[2]:“夫子事孔子数十年,终业而去之,寡人问子,子曰‘不能识’,何也?”子贡曰:“赐譬渴者之饮江海,知足而已。孔子犹江海也,赐则奚足以识之?”简子曰:“善哉!子贡之言也。”

【注释】

[1] 赵简子问子贡:赵简子,见卷一君道·三十三[1]。子贡,见卷二臣术·四[1]。

[2] 说(yuè):通“悦”。

【今译】

赵简子问子贡道:“孔子为人怎么样?”子贡回答道:“我不能了解他。”赵简子不高兴地说:“你事奉孔子数十年,完成了学业才离开他,我问你,你说‘不能了解他’,为什么?”子贡回答道:“我就好比是口渴的人到江海里喝水,喝够了就完事了。孔子好比是江海,我又怎么能够了解他呢?”赵简子说:“这样的话,那么你从孔子那里舀取了什么呢?”子贡回答道:“天下有大的酒杯,惟独你不去舀取,不知是谁的过错?”

二十三

齐景公谓子贡曰:“子谁师[1]?”曰:“臣师仲尼。”公曰:“仲尼贤乎?”对曰:“贤。”公曰:“其贤何若?”对曰:“不知也。”公曰:“子知其贤,而不知其奚若[2],可乎?”对曰:“今谓天高,无少长愚智[3],皆知高。高几何? 皆曰不知也。是以知仲尼之贤,而不知其奚若。”

【注释】

[1] 谁师:以谁为师。

[2] 奚若:怎么样。

[3] 无:无论。

【今译】

齐景公问子贡道:“您以谁为师?”子贡说:“我以仲尼为师。”齐景公问:“仲尼贤能吗?”子贡说:“贤能。”齐景公问:“他怎样贤能?”子贡说:“不知道。”齐景公说:“你知道他贤能,却不知道他怎样贤能,讲得通吗?”子贡说:“现在说天很高,无论孩子、大人、愚者、智者,都知道天高。高多少? 都说不知道。因此说知道仲尼贤能,却不知道他怎样贤能。”

二十四

赵襄子谓仲尼曰[1]:“先生委质以见人主七十君矣[2],而无所通,不识世无明君乎?意先生之道固不通乎[3]?”仲尼不对。异日,襄子见子路,曰:“尝问先生以道,先生不对。知而不对,则隐也,隐则安得为仁?若信不知,安得为圣?”子路曰:“建天下之鸣钟[4],而撞之以挺[5],岂能发其声乎哉?君问先生,无乃犹以挺撞乎?”

【注释】

[1] 赵襄子:见卷三建本·二十九[1]。赵襄子与孔子不同时。
[2] 委质:古代卑幼见尊长的一种礼节。把礼物放在地上,而后退出。
[3] 意:通“抑”。或者,还是。
[4] 建:树立。
[5] 挺:卢文弨《群书拾补》认为当作“莛”,草茎。

【今译】

赵襄子对孔子说:“先生拜见过的国君有七十人,却都没有得到他们的重视,不知是世上没有贤明的君主呢,还是先生的主张本来就行不通呢?”孔子没有回答。他日,赵襄子见到子路,说:“我曾就孔子的主张问过孔子,孔子不回答。知道了不回答,就是故意隐瞒,隐瞒怎能是仁的行为呢?如果确实不知道,那怎能算是圣人呢?”子路说:“树立天下最响亮的钟,却用草茎去撞击它,怎么能发出响亮的声音呢?您问先生,恐怕是用像草茎一样的东西撞击的吧?”

二十五

卫将军文子问子贡曰[1]:“季文子三穷而三通[2],何也?”子贡曰:“其穷事贤,其通举穷,其富分贫,其贵礼贱。穷而事贤则不侮,通而举穷则忠于朋友,富而分贫则宗族亲之,贵而礼贱则百姓戴之。其得之,固道也;失之,命也。”曰:“失而不得者,何也?”曰:“其穷不事贤,其通不举穷,其富不分贫,其贵不礼贱。其得之,命也;其失之,固道也。”

【注释】

[1] 文子:文子,名木,字弥牟,卫灵公之孙。

[2] 季文子:春秋时鲁国大夫,姓季孙,名行父,为人慎行好思,以廉洁著称,相鲁国三君。

【今译】

卫将军文子问子贡:“季文子三次穷困之后又三次通达,为什么呢?”子贡说:“他穷困的时候事奉贤达的人,他通达的时候举荐穷困的人,他富有的时候救济贫穷的人,他显贵的时候礼遇卑贱的人。穷困的时候事奉贤达的人,就不会遭受侮辱;通达的时候举荐穷困的人,就是对朋友忠诚;富有的时候救济贫穷的人,宗族就会亲近他;显贵的时候礼遇卑贱的人,百姓就会拥戴他。这样做如有所得,符合道义本来的规律;如有所失,那是命不好。”文子说:“有的人有所失而无所得,为什么呢?”子贡说:“穷困的时候不去事奉贤达的人,通达的时候不去举荐穷困的人,富有的时候不去救济贫穷的人,显贵的时候不去礼遇低下的人。这种人如有所得,那是命好;如有所失,则符合道义本来的规律。”

二十六

子路问于孔子曰:“管仲何如人也?”子曰:“大人也。”子路曰:“昔者管子说襄公[1],襄公不说,是不辩也;欲立公子纠而不能[2],

是无能也；家残于齐而无忧色，是不慈也；桎梏而居槛车中无惭色[3]，是无愧也；事所射之君[4]，是不贞也；召忽死之[5]，管仲不死，是无仁也。夫子何以大之？”子曰：“管仲说襄公，襄公不说，管子非不辩也，襄公不知说也；欲立公子纠而不能，非无能也，不遇时也；家残于齐而无忧色，非不慈也，知命也；桎梏居槛车而无惭色，非无愧也，自裁也；事所射之君，非不贞也，知权也；召忽死之，管子不死，非无仁也；召忽者，人臣之材也，不死则三军之虏也，死之则名闻天下，夫何为不死哉？管子者，天子之佐，诸侯之相也，死之则不免为沟中之瘠[6]，不死则功复用于天下，夫何为死之哉？由[7]，汝不知也！”

【注释】

[1] 襄公：春秋时齐国国君，名诸儿，庄公之孙。在位十二年，后被公子无知所杀。“管子说襄公”事不知出自何处。

[2] 公子纠：春秋时齐国人，襄公弟。襄公言行无常，诛杀不当，造成内乱，公子纠奔鲁，公子小白奔莒。后襄公被公子无知所杀，齐国无君。小白先回齐即位，是为齐桓公。后齐、鲁交战，鲁大败，齐命鲁杀公子纠。

[3] 桎梏而居槛(jiàn)车中无惭色：槛车，囚禁犯人或装载野兽设有栅栏的车。管仲原属公子纠。公子纠被杀后，管仲被囚，后经鲍叔牙举荐为相。

[4] 事所射之君：襄公死后，公子纠与小白争夺君位。管仲曾袭小白归路，射中小白带钩，小白佯死，得先回国即位。

[5] 召(shào)忽：公子纠师傅，后为公子纠殉死。

[6] 瘠(zì)：通“胔”，将要腐烂的尸骨。

[7] 由：子路，字仲由。

【今译】

子路问孔子：“管仲是怎样的人？”孔子说：“是德才超群的人。”子路说：“从前管仲劝说襄公，襄公不高兴，说明管仲没有辩才；管仲想要立公子纠为国君而没有成功,说明管仲没有能力;管仲的家人在齐国遭到残害他却没有忧伤的表情,说明管仲不仁慈;管仲戴上脚镣手铐囚系在槛车中却没有惭愧颜色,说明他不知羞耻;事奉自己曾射杀过的君主,说明管仲不忠贞;召忽为公子纠殉死,管仲不去殉死,说明管仲没有仁德。先生凭什么说他是德才超群的人呢?”孔子说:“管仲劝说襄公,襄公不高兴,不是管仲没有辩才,是襄公不懂得管仲所讲的道理;想要立公子纠为国君而没有成功,不是管仲没有能力,是管仲时运不济;家人在齐国遭到残害他却没有忧伤的表情,不是管仲不仁慈,是因为他懂得天命如此;戴上脚镣手铐囚系在槛车中没有惭愧颜色,不是不知羞耻,是他能自我控制;事奉自己曾射杀过的君主,不是不忠贞,是懂得权变;召忽为公子纠殉死,管仲不去殉死,不是管仲没有仁德。召忽这个人,是臣子的材料,不殉死就会成为三军的俘虏,殉死就闻名天下,他为什么不去殉死呢?管仲这样的人,是辅佐天子的材料,诸侯的国相,殉死的话免不了成为沟壑中将要腐烂的尸骨,不殉死就可以在天下再次建功立业,他为什么要去殉死呢?仲由啊,你不懂啊!”

二十七

晋平公问于师旷曰[1]:“咎犯与赵衰孰贤[2]?”对曰:“阳处父欲臣文公[3],因咎犯,三年不达。因赵衰,三日而达。智不知其士众,不智也;知而不言,不忠也;欲言之而不敢,无勇也;言之而不听,不贤也。”

【注释】

[1] 晋平公问于师旷:晋平公、师旷,均见卷一君道·一[1]。

[2] 咎犯与赵衰(cuī):咎犯,见卷六复恩·三[3]。赵衰,春秋时晋国大夫。曾从重耳在外流浪十九年,历尽艰难,助重耳回国即位(即晋文公),并佐文公创立霸业。卒谥成子,又称赵成子。

[3] 阳处父欲臣文公：阳处父想要做文公的臣子。阳处父，春秋时晋国大夫，太傅，后被贾季所杀。文公，晋文公。

【今译】

晋平公问师旷："咎犯与赵衰谁贤能？"师旷回答说："阳处父想要做晋文公的臣子，通过咎犯引荐，过了三年仍然得不到文公重用。后来通过赵衰引荐，三天就得到文公的重用。一个人的才智如果不用来了解他的士众，就不算富有智慧；了解了却不说出来，是不忠的表现；想要说出来却不敢，是没有勇气的表现；说出来了没有被采纳，是不贤能的表现。"

二十八

赵简子问于成抟曰[1]："吾闻夫羊殖者贤大夫也[2]，是行奚然[3]？"对曰："臣抟不知也。"简子曰："吾闻之，子与友亲，子而不知，何也？"抟曰："其为人也数变。其十五年也，廉以不匿其过；其二十也，仁以喜义；其三十也，为晋中军尉，勇以喜仁；其年五十也，为边城将，远者复亲。今臣不见五年矣，恐其变，是以不敢知。"简子曰："果贤大夫也，每变益上矣。"

【注释】

[1] 赵简子问于成抟（tuán）：赵简子，见卷一君道·三十三[1]。成抟，《左传·昭公二十八年》有"成鱄"（zhuān），晋国大夫，疑即其人。

[2] 羊殖：春秋时晋国大夫。疑即羊舌职。

[3] 是行奚然：这人的品行怎么样？奚然，怎么样。

【今译】

赵简子问成抟道："我听说羊殖这个人贤能，他的品行怎么样？"成抟回答说："我不了解。"赵简子说："我听说，你与他关系友好亲密，你却不了解，为什么？”成抟说：“他这个人经常有变化。他十五岁的时候，品行端正不隐藏自己的过失；他二十岁的时候，仁爱并且讲道义；他三十岁的时候，做了晋国的中军尉，勇敢并且仁爱；他五十岁的时候，成为守边城的大将，使远离的人重新亲附。如今我没有见他已经五年了，恐怕他又有新的变化，因此不敢说了解他。”赵简子说：“的确是个贤能的大夫，每次变化都更加好。”

【评析】

《善说》一卷在《说苑》全书中颇具特色，它不仅继续体现作为一部谏书的作用，而且还体现了刘向在语言学、文献学上的贡献。郑子喻主编的《中国修辞学通史》认为，刘向明确提出“辞不可不修，而说不可不善”的观点，是中国古代修辞学走向成熟道路的一个标志。在刘向看来，修辞学绝不仅仅是耍嘴皮子的小把戏，而是“尊君、重身、安国、全性”的大事。这显然是受了孔子“修辞立其诚”的影响。

本卷用二十八章来阐述“善说”。第一章是总论，刘向旁征博引前人关于善说的论述，来为自己的主张提供理论依据，涉及荀子、孔子、鬼谷子、子贡、子产、王孙满、苏秦、蒯通、主父偃、《诗》《传》等人物和书籍，充分证明了善说的重要性，后面各章用具体内容来加以诠释，这说明刘向已经对修辞有了比较完整的思考。在本章中，“昔子产修其辞，而赵武致其敬”的故事值得一提。《左传·襄公二十五年》有如下记载：

> 郑子产献捷于晋，戎服将事，晋人问陈之罪。对曰：“昔虞阏父为周陶正，以服事我先王。我先王赖其利器用也，与其神明之后也，庸以元女大姬配胡公，而封诸陈，以备三恪。则我周之自出，至于今是赖。桓公之乱，蔡人欲立其出。我先君庄公奉五父而立之，蔡人杀之。我又与蔡人奉戴厉公。至于庄、宣，皆我之自立。夏氏之乱，成公播荡，又我之自入，君所知也。今陈忘周之大德，蔑我大惠，弃我姻亲，介恃楚众，以凭陵我敝邑，不可亿逞，我是以有往年之告，未获成命，则有我东门

之役。当陈隧者，井堙木刊。敝邑大惧不竞，而耻大姬，天诱其衷，启敝邑之心。陈知其罪，授手于我。用敢献功！”晋人曰：“何故侵小？”对曰：“先王之命，唯罪所在，各致其辟。且昔天子之地一圻，列国一同，自是以衰。今大国多数圻矣！若无侵小，何以至焉？”晋人曰：“何故戎服？”对曰：“我先君武、庄为平、桓卿士。城濮之役，文公布命，曰：‘各复旧职！’命我文公戎服辅王，以授楚捷。不敢废王命故也。”士庄伯不能诘，复于赵文子。文子曰：“其辞顺，犯顺不祥。”乃受之。冬十月，子展相郑伯如晋，拜陈之功。子西复伐陈，陈及郑平。仲尼曰：“《志》有之：‘言以足志，文以足言。’不言，谁知其志？言之无文，行而不远。晋为伯，郑入陈，非文辞不为功。慎辞哉！”

这段文字记载子产回答晋国三问：“问陈之罪”“何故侵小？”“何故戎服？”子产一一回答，有理、有据、有节，有条不紊，令士庄伯无言以对。后面孔子对修辞的必要性作了精辟的阐述，“言之无文，行而不远”成为中国修辞学史上的著名论断。

第二章写“范痤自救”，范痤靠着自己的智慧，说服了信陵君，保住了自己的性命。话不一定多，但要说到关键处。范痤一句“有如强秦亦将袭赵之欲，则君且奈何”击中要害，化险为夷。第三章写逢滑劝说陈怀公。这一章的内容背景是，陈国本依附楚国，公元前 505 年，吴国攻入楚国郢都，吴王召见陈怀公，其实就是想让陈国变成吴国的附庸。逢滑基于道义上的考虑，劝说陈怀公。本章作为善说的例子，典型性并不突出。第四章可与《韩非子·外储说左下》中的一段相比较：

齐桓公将立管仲，令群臣曰：“寡人将立管仲为仲父。善者入门而左，不善者入门而右。”东郭牙中门而立。公曰：寡人立管仲为仲父，令曰‘善者左，不善者右。’今子何为中门而立？”牙曰：“以管仲之智，为能谋天下乎？”公曰：“能。”“以断，为敢行大事乎？”公曰：“敢。”牙曰：“若知能谋天下，断敢行大事，君因专属之国柄焉。以管仲之能，乘公之势以治齐国，得无危乎？”公曰：“善。”乃令隰朋治内、管仲治外以相参。

两者比较,《韩非子》的记载更加完整。东郭牙的善说表现在他既看到了管仲的才华,又担心国君大权旁落,于是警告桓公"得无危乎?"第五章在叙述上不够简约,重复过多,但闾丘先生的一番说辞是很有水平。本章与上面几章都属于"端诚以处之"的例子。

刘向选录的第六章颇为失误。虞丘寿王不是什么善说,而是善拍马屁。查《汉书・吾丘寿王传》,知此人一生并无可圈点的政绩功德。有人将虞丘寿王的话作为"正话反说"典型,认为吾丘寿王之所以这样说,是因为他对那些阿谀之辈嗤之以鼻,心里有气,却又不便直说,而同时他更明白若是违背了天子的圣意该当何罪。既不想人云亦云,但又得让武帝高兴,所以,他才一语惊人,提出了自己的独到见解。如此,既讽刺了那些同僚,又转逆为顺,深得天子赏识,而更重要的是,他还巧妙地给自己赢得了一个鹤立鸡群的好时机,真乃一箭三雕也!(见《光禄大夫的智慧》一文,《读书文摘・经典》2014 年第 12 期)笔者对这种观点实难苟同。

第 7 章写"藿食者"草民祖朝上书晋献公。这一章可谓善说的典型,祖朝面对晋献公"肉食者已虑之矣,藿食者尚何与焉"的一盆冷水,不但没有后退,反而运用类比手法,成功说服了晋献公,并被"立以为师"。祖朝一句"臣与有其忧深,臣安得无与国家之计乎"便将其"国家兴亡,匹夫有责"的精神境界体现出来。运用类比手法的还有第十章,所不同的是,祖朝与普通人类比,陈子与名人类比。这两种类比各有优长。第十一章中林既的话有一点过分,给人华而不实的感觉,但他"善说"的特点很突出,使用类比、排比,讲究气势,用词精当,句式整饬。第十三章写楚大夫庄辛善说襄成君,也运用了类比手法,而且具有特殊的文献价值。马祖毅在《中国翻译简史》中说:"(《越人歌》)可以视为我国历史上第一篇诗歌翻译。"对这首诗的理解,梁启超在《中国之美文及其历史》一书中认为"榜枻越人"是船家女孩,那自然就是异性恋歌了。近年来,中外学者认为它是最早记载同性恋的资料。剑桥大学汉学家白安妮女士在她翻译的《玉台新咏》一书中持此观点。旅美学者康正果也持此观点。自上个世纪 80 年代以来,海内外很多学者运用历史比较音韵学的研究方式对《越人歌》的 32 个越语汉字记音符号进行解读，破译了“蛮夷鴃舌”的古越语。但是如果将这些学者的解读与原文中的楚译之作进行对照的话就会发现，楚译诗是最美的。

第八章非常精彩。本章在中国修辞学史上有重要地位，该故事形象地说明了比喻的功能，指出了比喻的本质特点：“固以其所知，谕其所不知，而使人知之。”美国著名文学理论家乔纳森·卡勒为比喻下的定义是：比喻是认知的一种基本方式，通过把一种事物看成另一种事物而认识了它。也就是说找到甲事物和乙事物的共同点，发现甲事物暗含在乙事物身上不为人所熟知的特征，而对甲事物有一个不同于往常的重新的认识。这与两千年以前刘向的观点完全一致。

第九章也颇为精彩。孟尝君与宾客唇枪舌剑，一个强调主观努力的重要性，一个强调客观条件的重要性，都巧妙使用比喻。最后客人使用比喻占了上风，使得孟尝君不得不再次推荐。客人的语言体现了“坚强以持之，譬称以谕之”的表达技巧。

第十二章写公乘不仁担任“觞政”，面对魏文侯的赖皮行为，他能小中见大，引用古训，终于赢得文侯对他的尊重。这大概就是“齐庄以立之”吧。

第十四章写雍门周为孟尝君鼓琴，是中国古代音乐史上著名故事。相传雍门周是琴谱的最早发明者。在本章中，刘向记录了音乐家雍门周的琴论：第一，音乐对于有切身经历者比较容易起到感染作用；第二，没有切身经历者，可以通过驱遣想象来营造情境渲染氛围，然后发挥感染作用。雍门周一步一步引导孟尝君想象自己死后凄凉情景，触发起孟尝君对生前死后巨大落差的感慨，动之以情，随即“引琴而鼓之，徐动宫徵，微挥羽角，切终而成曲，孟尝君涕浪汗增欷而就之曰：‘先生之鼓琴，令文立若破国亡邑之人也。’”后世因以“雍门琴”指哀伤的曲调。隋杨素《赠薛播州》诗：“离心多苦调，讵假雍门琴。”唐李白《猛虎行》：“肠断非关陇头水，泪下不为雍门琴。”白居易《和答诗十首·和思归乐》：“孟尝平居时，娱耳琴泠泠。雍门一言感，未奏泪沾缨。”曾有人认为，本章本自东汉著名琴家桓谭《新论·琴道》，谢明仁先生在《〈雍门周为孟尝君鼓琴〉不为桓谭所著——读刘向〈说苑〉札记一则》(《广西大学学报》哲学社会科学版1988年03期)一文中认为，是桓谭抄袭刘向，并非刘向抄袭桓谭。

第十五章写蘧伯玉善说楚王。《论语》中曾记载孔子称赞蘧伯玉："君子哉，蘧伯玉！"从本章记述中，可以感受到蘧伯玉的君子之风。从善说的角度看，蘧伯玉通过举例子，证明了"楚最多士而楚不能用"的观点，然后用问句委婉含蓄地加以劝谏，令楚王顿时清醒。由于是办完了公事，"从容言至于士"，在一种轻松的气氛中谈话，所以楚王即使"造然"，也不会对蘧伯玉产生误解。

第十六章写祁奚善说范桓子。祁奚就是祁黄羊，他最有名的故事是《吕氏春秋·去私》中"外举不避仇，内举不避子"，并受到孔子称赞。第十七章写张禄善说孟尝君，运用了借力的策略。张禄是一个有经济头脑的人，即便对今天市场经济下的资本运作也颇有启发意义。

第十八章写庄周贷粟于魏文侯，运用了类比的手法。庄子的类比不同于本卷其他章的地方在于，庄子用寓言作类比，类比中含有比喻。第十九章，叔向的善说表现在引导国君对不明显的忧患要引起足够的警惕上。第二十章写承盆疽成功地劝谏了陶君，不要因小失大。至于是不是赵简子的原话，那就不得而知了。

第二十一章至第二十三章写子贡分别回答太宰嚭、赵简子、齐景公询问孔子的问话。子贡被孔子列为言语科的代表，他擅长外交辞令，利口巧辞，善于雄辩，富有外交才干。在这几章中，子贡运用比喻表达了对孔子的景仰之情，同时也回击了太宰嚭带有挑衅性的问话，最后令其佩服不已。《论语·子罕》也记有"太宰问于子贡"的记录。子贡的比喻生动形象，对赵简子的问话毫不客气，从此可以看出子贡捍卫孔子形象的勇气是何等突出！子贡回答齐景公的话可谓妙绝！三章内容又见于《韩诗外传》卷八之十四，集中写景公与子贡的对话。刘向将其所用精妙比喻分为三章，各自独立，让子贡与三个重量级人物对话，从中可以看出刘向的编辑意图。试想，如果子贡不用比喻，而是直白浅陋，那效果会如何呢？会不会显得苍白无力呢？由此可以看出运用比喻来说话是多么重要。第二十四章写子路巧用比喻回答赵襄子问话，实为高明。这位平时以鲁莽急躁著称的子路，其实也是富有智慧的。

第二十五章写子贡回答卫将军文子的问题，运用了正反对比手法，论说有力。第二十六章写孔子与子路关于评价管仲的对话，孔子的话让人感动！同样的事实，师生评价截然相反。这里不仅仅是看问题的角度不一样，关键是角度为什么不一样。孔子的思想远比子路深刻，子路则显得表面化。第二十七章写叔向回答晋平公之问，先让事实说话，再讲道理，颇具说服力。第二十八章写成抟回答赵简子之问。成抟实际上很了解羊殖，只不过不想自己来评价羊殖的品行。他通过叙述羊殖的行状，让赵简子发出赞叹。这也是善说。

卷十二 奉使

【题解】

奉使,就是奉国君之命,出使他国,圆满完成使命。本卷内容是中国古代外交史上的宝贵资料,对于研究中国古代外交学具有重要意义。

第一章是总论。作者的核心观点是,外交使节要把国家利益看得至高无上,只要对国家有利,对国君有利,使节在决定进、退时可以便宜行事,灵活变通。第二章写赵王的使者借赵王鼓瑟劝赵王对其“不制以辞”。第三章写解扬为了完成君命,假装投降,欺骗楚王,终于完成使命。当楚王斥责“其信安在”时,解扬说:“欲以成吾君命。”为了更加充分地表现国家至上的外交原则,刘向选取了几位在外交场上折冲樽俎、大义凛然的英雄外交官。这里面最典型的当属唐且。他面对如狼似虎的秦王,毫不畏惧,勇敢斗争,硬是让不可一世的秦王“变色”“长跪”,读来有一种痛快淋漓的感觉。外交学上认为,语言是外交的武器。在本卷中,刘向选取了柳下惠、晏婴、陆贾等人。其中晏婴的出使例子举了五个,充分说明晏婴在刘向心目中的地位。在鲁毅主编的《外交学概论》(世界知识出版社)一书中,晏婴被列为中国古代杰出的外交家。他的机智善辩,令对方国国君无地自容;他的从容不迫,堪称外交家的典范;他的事迹不仅是中国外交史中的宝贵财富,也是世界外交史中的宝贵财富,值得后人自豪、珍视和总结。从刘向所选的外交事例中,我们还可以总结出几条外交策略:一、要重视外交礼节。秦王仗势欺人,表现了大国霸道行为;楚王欺晏婴短小,想戏弄于他;尉佗“椎结箕踞”面对汉使,失尽礼数;齐王面对柳下惠盛气凌人，口出狂言。这些都严重违反了外交礼节。在刘向看来，即便是父子关系的魏文侯与太子击，也应讲究礼数。当文侯面对赵仓唐直呼太子名的时候，赵仓唐不客气地指出："君出太子而封之国，君名之，非礼也。"二、不能互相揭短。外交场合，要注意营造和谐气氛，相互尊重。反之，就可能陷入尴尬境地。第十八章写楚、齐之间互不相让，互揭对方短处，必然导致两国关系的紧张。三、对外交使节的素质要求。外交官要有高素质，知识渊博，沉着冷静，口才出色，维护国格、人格。第二十一章写毋择面对诱惑毫不动心，不仅出色完成了使命，还表现了高尚的境界。同时也要注意外部形象。晏婴虽然身材短小，但名声远扬，超出了一般外交官的素质要求范围。然而对于一般外交人员，形象外貌还是比较重要的。第十九章写蔡国使者师强、王坚的例子就说明了这一点。

当然，中国古代诸侯国之间的外交，不同于今天世界上国与国之间的外交；周天子和诸侯的关系，是通过分封制和宗法制来确立的，无论周天子强与弱，总还是有"天下共主"的概念存在的。西周"封土建国"的"国家"概念是有其特定含义的，并不完全等同于今天世界上国家的概念。

本卷共二十一章。

一

《春秋》之辞[1]，有相反者四：既曰"大夫无遂事[2]"，不得擅生事矣，又曰"出境可以安社稷利国家者，则专之可也[3]"；既曰"大夫以君命出，进退在大夫矣[4]"，又曰"以君命出，闻丧徐行而不反"者[5]，何也？曰此义者各上其科[6]，不转移也。"不得擅生事"者，谓平生常经也[7]；"专之可"者，谓救危除患也；"进退在大夫"者，谓将师用兵也;“徐行而不反”者,谓出使道闻君亲之丧也。公子子结擅生事[8],《春秋》不非,以为救庄公危也;公子遂擅生事,《春秋》讥之,以为僖公无危事也。故君有危而不专救,是不忠也;若无危而擅生事,是不臣也。《传》曰[10]:“《诗》无通诂,《易》无通吉,《春秋》无通义[11]。”此之谓也。

【注释】

[1]《春秋》:编年体史书,孔子据鲁史修订而成。文字简洁,寓有褒贬之意,后世称为“春秋笔法”。

[2] 遂事:专断。此句见《春秋公羊传·庄公十九年》,赞赏公子结相机断事。

[3] 出境可以安社稷利国家者,则专之可也:此句出处及用意同上。

[4] 大夫以君命出,进退在大夫矣:此句见《春秋公羊传·襄公十九年》。原文称赞“晋士匄帅师侵齐,至谷闻齐侯卒,乃还”事。

[5] 以君命出,闻丧徐行而不反:此句见《春秋公羊传·宣公八年》,讥刺鲁国大夫公子遂“如齐,至黄乃复”事。

[6] 此义者各上其科:“义”字当作“四”。“上”字当作“止”,遵守。科,标准。

[7] 平生常经也:通常情况下的一般原则。

[8] 公子子结:即“公子结”,第二个“子”字衍。公子结,鲁国大夫。《春秋·庄公十九年》记载:“秋,公子结媵陈人之妇于鄄,遂及齐侯、宋公盟。”古代诸侯娶于某国,另一国以庶出之女陪嫁,叫媵。此当是卫国之女嫁与陈宣公为夫人,鲁国以女陪嫁,使公子结往送女。公子结本应送至卫国都城,使与卫国之女同行,但送至鄄(卫地,今山东鄄城),听到齐侯、宋公有会盟事,就临时改变计划,使他人送女,自己代表鲁国参与会盟,从而解除了鲁君的危机。

[10]《传》:解释经书的著作。

[11] 通诂:一成不变的解释。

【今译】

《春秋》中的词句,意思相反的有四处:既说“大夫不要专断”,就是不能擅自行事,又说“出国办事如果有使社稷安定、对国家有利的事情，那么专断也是可以的”；既说“大夫奉国君之命出使，是进是退由大夫自己决定”，又说“大夫奉国君之命出使，听到死人的消息后要慢走但不能返回”。这是为什么呢？这四种情况各自遵守自己的标准，不能彼此通用。“不能擅自行事”，指的是通常情况下的一般原则；“专断也是可以的”，指的是在解救危机消除祸患的特殊情况下；“是进是退由大夫自己决定”，指的是率军带兵打仗的事情；“慢走但不能返回”，指的是在出使的途中听到君主、父母去世的消息。公子结擅自行事，《春秋》没有讥刺他，认为他解除了鲁庄公的危机；公子遂擅自行事，《春秋》讥刺他，因为鲁僖公没有危机。所以国君有了危机而不果断地去解救，这是不忠的表现；如果没有危机而擅自行事，这是不守臣道的表现。《传》上说：“《诗经》没有一成不变的解释，《周易》没有一成不变的吉利卦，《春秋》没有一成不变的道理。”说的就是这个意思。

二

赵王遣使者之楚，方敢瑟而遣之[1]。诫之曰：“必如吾言。”使者曰：“王之鼓瑟，未尝悲若此也。”王曰：“宫、商固方调矣[2]。”使者曰：“调则何不书其柱耶[3]？”王曰：“天有燥湿，弦有缓急，宫、商移徙不可知，是以不书。”使者曰：“明君之使人也，任之以事，不制以辞。遭吉则贺之，凶则吊之。今楚、赵相去千有余里，吉凶忧患，不可豫知[4]，犹柱之不可书也。”《诗》云：“莘莘征夫，每怀靡及[5]。”

【注释】

[1] 敢：此字误，当作“鼓”。

[2] 宫、商：五音中的两个音阶。中国古代音阶分为宫、商、角、徵、羽五音。

[3] 书其柱：书，做记号。柱，琴瑟等乐器上支弦的小立柱。

[4] 豫知：即“预知”。

[5] 莘莘（shēn shēn）征夫，每怀靡及：莘莘，众多。征夫，指使者。靡及，不能完成君命。出自《诗经·小雅·皇皇者华》。

【今译】

赵王派遣使者到楚国去，弹瑟为他送行。赵王告诫使者说：“一定按照我说的去做。”使者说：“大王弹奏瑟，以前不曾这样悲凉。”赵王说：“是刚刚调好宫、商音调的原因。”使者说：“既然调好了音调为什么不在柱上做记号呢？”赵王说：“天气有干燥有潮湿，瑟弦也就有舒缓有急切，宫、商音调的变化不固定，因此不做记号。”使者说：“贤明的君主派出使者，委以重任，但不用言辞限制他。遇到吉利的事情就庆贺，遇到凶险的事情就慰问。如今楚国距离赵国有一千多里路，吉凶忧患不可预知，就好比不能在柱上做记号一样。”《诗经》上说：“众多出使的行人，常常担心不能完成君王的使命。”

三

楚庄王举兵伐宋[1]，宋告急。晋景公欲发兵救宋[2]，伯宗谏曰[3]：“天方开楚[4]，未可伐也。”乃求壮士，得霍人解扬[5]，字子虎，往命宋毋降。道过郑，郑新与楚亲，乃执解扬而献之楚。楚王厚赐，与约使反其言，令宋趣降[6]。三要，解扬乃许[7]。于是楚乘扬以楼车[8]，令呼宋使降。遂倍楚约[9]，而致其晋君命曰：“晋方悉国兵以救宋，宋虽急，慎毋降楚，晋兵今至矣。”楚庄王大怒，将烹之。解扬曰：“君能制命为义[10]，臣能承命为信。受吾君命以出，虽死无二。”王曰：“汝之许我，已而倍之，其信安在？”解扬曰：“死以许王[11]，欲以成吾君命，臣不恨也。”顾谓楚君曰[12]：“为人臣无忘尽忠而得死者。"楚王诸弟皆谏王赦之。于是庄公卒赦解扬而归之。晋爵之为上卿,故后世言霍虎。

【注释】

[1] 楚庄王:见卷一君道·十九[1]。

[2] 晋景公:见卷六复恩·十七[4]。

[3] 伯宗:春秋时晋国大夫,贤而好直言。

[4] 天方开楚:上天正要让楚国强盛起来。

[5] 霍人解扬:霍,古诸侯国名,春秋时为晋所灭。故地在今山西霍州市西南。解扬,晋国大夫。

[6] 使反其言,令宋趣(cù)降:让解扬反传晋君的话,使宋国赶快投降。趣,急速,赶快。

[7] 三要(yāo),解扬乃许:多次要挟,解扬才答应。

[8] 楼车:即云车,古代战车,车上有望楼,用来观察敌情。

[9] 倍:通"背",违背,背叛。

[10] 君能制命为义:国君能够制定命令张扬道义。

[11] 死:《史记·郑世家》作"所",于义为胜。

[12] 君:《史记·郑世家》作"军",于义为胜。

【今译】

楚庄王兴兵讨伐宋国,宋国向晋国告急求救。晋景公想要发兵救宋,伯宗谏阻道:"上天正要让楚国强盛起来,不能讨伐楚国。"于是寻找壮士给宋国报信,找到了霍地人解扬,字子虎,派他去告诉宋国不要投降。解扬路过郑国,郑国新近与楚国亲善,于是捉住解扬献给了楚国。楚王重赏解扬,与他约定,让解扬反传晋君的话,使宋国赶快投降。多次要挟,解扬才答应。于是楚国人让解扬登上楼车,让他喊话使宋国投降。解扬违背约定,趁机传达晋国国君的命令说:"晋国正集合全国军队来救宋,宋国虽然处境危急,但千万不要投降,晋国军队马上就到了!"楚庄王非常恼怒,想要烹杀解扬。解扬说:"国君能够制定命令张扬道义,臣下就能够接受命令坚守信义。我接受国君的命令出使宋国,即便死了也不能有二心。”楚庄王说:“你答应了我,随后又背叛了我,你的信义表现在哪里?”解扬说:“之所以答应大王,是要用这个办法完成我君王交给的使命,死而无憾。”解扬回头对楚军说:“做臣子的不要忘记我这个为了尽忠被杀死的人。”楚王的几个弟弟都劝谏楚王赦免解扬,于是楚王赦免了解扬并放他回去。晋国封解扬为上卿的爵位,所以后来人们称他是“霍虎”。

四

秦王以五百里地易鄢陵[1],鄢陵君辞而不受,使唐且谢秦王[2]。秦王曰:“秦破韩灭魏,鄢陵君独以五十里地存者,吾岂畏其威哉?吾多其义耳[3]。今寡人以十倍之地易之,鄢陵君辞而不受,是轻寡人也。”唐且避席对曰:“非如此也。夫不以利害为趣者[4],鄢陵也。夫鄢陵君受地于先君而守之。虽复千里不得当,岂独五百里哉?”秦王忿然作色,怒曰:“公亦曾见天子之怒乎?”唐且曰:“主臣未曾见也[5]。”秦王曰:“天子一怒,伏尸百万,流血千里。”唐且曰:“大王亦尝见夫布衣韦带之士怒乎[6]?”秦王曰:“布衣韦带之士怒也,解冠徒跣,以头颡地耳[7],何难知者!”唐且曰:“此乃匹夫愚人之怒耳,非布衣韦带之士怒也。夫专诸刺王僚[8],彗星袭月,奔星昼出[9];要离刺王子庆忌[10],苍隼击于台上[11];聂政刺韩王之季父[12],白虹贯日[13]。此三人皆夫布衣韦带之士怒矣,与臣将四!士含怒未发,祲厉于天[14]。士无怒即已,一怒伏尸二人,流血五步。”即案匕首[15],起视秦王曰:“今将是矣!”秦王变色,长跪曰[16]:“先生就坐[17],寡人喻矣。秦破韩灭魏,鄢陵独以五十里地存者,徒用先生之故耳。”

【注释】

[1] 秦王以五百里地易鄢陵：秦王，即秦始皇嬴政，当时尚未称帝，故称王。鄢陵，春秋时郑邑，战国时称“安陵”，是魏的属国。故址在今河南鄢陵县西北。下文的“鄢陵君”，本是魏襄王给弟弟的封号，此处当指鄢陵君的后代。

[2] 唐且（jū）：也作“唐雎”。此处指鄢陵君的臣子，与劝说秦昭王救魏的唐且非同一人。

[3] 多：赞赏。

[4] 趣（qū）：驱使。

[5] 主：疑为衍字。

[6] 布衣韦带：布衣，平民。韦带，没有装饰的皮带，指贫贱人的服饰。

[7] 解冠徒跣（xiǎn），以头颡（sǎng）地：摘下帽子，光着脚丫，用头叩地。颡，叩。

[8] 专诸刺王僚：专诸，春秋时吴国勇士。王僚，春秋时吴王寿梦的第三子余昧（一作“夷昧”）的儿子，名僚。他即位后，寿梦长子诸樊的儿子公子光（阖闾）不服，为了争夺王位，便派专诸藏匕首于鱼腹中，向吴王僚献食时，趁机刺死了吴王僚，专诸也当场被吴王僚的左右杀死。

[9] 彗星袭月，奔星昼出：彗星，俗名“扫帚星”，有光尾，形似扫帚。袭月，指彗星光尾掩盖了月亮。奔星，流星。昼出，白天出现。古人认为人事变化与天象相感应。

[10] 要（yāo）离刺王子庆忌：要离，春秋时吴国勇士。庆忌，吴王僚之子。吴王僚被刺后，庆忌逃到卫国。吴王阖闾（公子光）为除后患，欲谋杀庆忌。于是要离献计，让阖闾杀其妻、子，自己假装有罪逃到卫国见庆忌，并以破吴之策骗取了庆忌的信任，后乘庆忌渡江至中流时，刺杀庆忌，后自己伏剑自杀。

[11] 苍隼（sǔn）击于台上：苍鹰扑击在高台上。

[12] 聂政刺韩王之季父：聂政，战国时韩国轵（zhǐ，今河南济原市东南）人。尝杀人，避仇至齐，隐于屠。韩国大夫严遂（字仲子）与国相韩傀（guī，字侠累，韩烈侯叔父）有仇，出奔。严遂听说聂政勇武，奉重金请为报仇。聂政因老母在，未许。及母死，为严遂刺杀韩傀，后自杀。

[13] 白虹贯日：一道白色长虹穿日而过。这是一种大气光学现象，即日光

通过云层时因折射作用而在太阳周围形成的光圈。古人牵强附会，归之于天人感应，认为是君王遇害的天象征兆。

[14] 祲(jìn)厉于天：凶兆飞扬在天。祲，古人认为阴阳二气相侵时所形成的不吉祥的云气。厉，猛烈飞扬。

[15] 案：通“按”，握住。

[16] 长跪：直身而跪，以示庄重。

[17] 坐：通“座”。

【今译】

秦王用五百里土地换取鄢陵，鄢陵君拒绝接受，派唐且向秦王致歉。秦王说：“秦国攻破韩国灭掉魏国，鄢陵君独自凭借着五十里土地保存下来，我难道害怕他的威势吗？我不过是赞赏他能行道义罢了。现在我用十倍的土地来换取鄢陵，鄢陵君拒绝接受，这是轻蔑我的表现。”唐且离开座席说：“不是这样。能够不被利害驱使的人，是鄢陵君。鄢陵君从先王那里接受了土地并守护着它，即使有千里之地也不能与之相抵，难道会看中这五百里吗？”秦王气得脸色都变了，发怒说：“先生可曾见过天子发怒吗？”唐且说：“我不曾见过。”秦王说：“天子一发怒，伏尸百万，流血千里。”唐且说：“大王曾见过贫贱之士发怒吗？”秦王说：“贫贱之士发怒，不过就是摘下帽子，光着脚丫，用头叩地罢了，有什么难以知道的呢？”唐且说：“那不过是村夫蠢人发怒罢了，不是贫贱之士发怒。勇士专诸刺杀吴王僚的时候，彗星的光尾掩盖了月亮，流星在白天出现；勇士要离刺杀王子庆忌的时候，苍鹰扑击在高台上；勇士聂政刺杀韩王的叔父韩傀的时候，一道白色长虹穿日而过。这三个人的表现都是贫贱之士发怒，现在加上我将是四个。贫贱之士怒气未发，不祥的征兆就飞扬在天。贫贱之士不怒则已，一发怒，两人倒地，流血五步。”唐且握住匕首，站起来怒视秦王说：“现在就要这样了！”秦王吓得变了脸色，直身长跪在地上说：“先生请坐下，我明白了，秦国攻破韩国灭掉魏国，鄢陵君能独自凭借着五十里土地保存下来，就是因为重用了先生的缘故啊！”

五

齐攻鲁。子贡见哀公[1],请求救于吴。公曰:“奚先君宝之用[2]?”子贡曰:“使吴责吾宝而与我师[3],是不可恃也。”于是以杨干麻筋之弓六往[4]。子贡谓吴王曰:“齐为无道,欲使周公之后不血食[5],且鲁赋五百,邾赋二百[6],不识以此益齐,吴之利与?非与?”吴王惧,乃兴师救鲁。诸侯曰:“齐伐周公之后,而吴救之。”遂朝于吴。

【注释】

[1] 子贡见哀公:子贡,见卷二臣术·四[1]。哀公,见卷一君道·五[1]。

[2] 奚先君宝之用:先君留下来的有什么宝物可作为礼物送给吴国吗?奚,什么。

[3] 责:求。

[4] 杨干(gàn)麻筋:杨干,杨木。麻筋,孙诒让《札迻》认为当作“麋筋”,麋鹿肌腱或骨头上的韧带,用来做强弓。

[5] 不血食:血食,古代杀牲取血,祭祀祖先。意思是灭亡周公的后代。

[6] 鲁赋五百,邾赋二百:鲁国军队赋税五百,邾国军队赋税二百。赋,赋税。邾,古国名,曹姓,周代为鲁国附庸,后改为“邹”,战国时为楚所灭。故址在今山东邹城市东南。

【今译】

齐国攻打鲁国。子贡拜见鲁哀公,请求向吴国求救兵。哀公说:“先君留下来的宝物有什么可作为礼物送给吴国呢?”子贡说:“如果吴国为索求我们的宝物才肯出兵救援的话,这就靠不住了。”于是带着六副杨干和麋筋做成的强弓前往。子贡对吴王说:“齐国不行道义,想要灭亡周公的后代,况且鲁国有军队赋税五百,邾国有军队赋税二百,不知用这些增强齐国的力量,对吴国有利呢,还是没有利呢?”吴王恐惧,于是派兵救鲁。诸侯们称赞说:“齐国讨伐周公的后代,吴国拯救了鲁国。”于是诸侯都到吴国朝拜。

六

魏文侯封太子击于中山[1],三年,使不往来,舍人赵仓唐进称曰[2]:“为人子三年不闻父问,不可谓孝。为人父三年不问子,不可谓慈。君何不遣人使大国乎?”太子曰:“愿之久矣,未得可使者。”仓唐曰:“臣愿奉使。侯何嗜好?”太子曰:“侯嗜晨凫,好北犬[3]。”于是乃遣仓唐绁北犬[4],奉晨凫,献于文侯。仓唐至,上谒曰[5]:“孽子击之使者[6],不敢当大夫之朝,请以燕间[7],奉晨凫,敬献庖厨,绁北犬,敬上涓人[8]。”文侯悦曰:“击爱我,知吾所嗜,知吾所好。”召仓唐而见之,曰:“击无恙乎?”仓唐曰:“唯,唯。”如是者三,乃曰:“君出太子而封之国,君名之,非礼也。”文侯怵然为之变容,问曰:“子之君无恙乎?”仓唐曰:“臣来时,拜送书于庭。”文侯顾指左右曰:“子之君长孰与是?”仓唐曰:“礼,拟人必于其伦。诸侯毋偶,无所拟之。”曰:“长大孰与寡人?”仓唐曰:“君赐之外府之裘,则能胜之;赐之斥带,则不更其造[9]。”文侯曰:“子之君何业?”仓唐曰:“业《诗》。”文侯曰:“于《诗》何好?”仓唐曰:“好《晨风》《黍离》。”文侯自读《晨风》曰:“鸿彼晨风,郁彼北林。未见君子,忧心钦钦。如何如何?忘我实多[10]。”文侯曰:“子之君以我忘之乎?”仓唐曰:“不敢,时思耳。”文侯复读《黍离》曰:“彼黍离离,彼稷之苗。行迈靡靡,中心摇摇。知我者,谓我心忧;不知我者,谓我何求?悠悠苍天,此何人哉[11]?”文侯曰:“子之君怨乎?”仓唐曰:“不敢,时思耳。”文侯于是遣仓唐赐太子衣一袭，敕仓唐以鸡鸣时至[12]。太子起拜受赐[13]，发箧视衣，尽颠倒。太子曰：“趣早驾，君侯召击也。”仓唐曰：“臣来时不受命。”太子曰：“君侯赐击衣，不以为寒也。欲召击，无谁与谋，故敕子以鸡鸣时至。《诗》曰：‘东方未明，颠倒衣裳，颠之倒之，自公召之[14]。’”遂西至谒。文侯大喜，乃置酒而称曰：“夫远贤而近所爱，非社稷之长策也。”乃出少子挚，封中山，而复太子击。故曰：欲知其子，视其友；欲知其君，视其所使。赵仓唐一使，而文侯为慈父，而击为孝子。太子乃称《诗》曰：“‘凤凰于飞，哕哕其羽，亦集爰止，蔼蔼王多吉士，维君子使，媚于天子[15]。’舍人之谓也。”

【注释】

[1] 魏文侯封太子击于中山：魏文侯，见卷一君道·三十六[2]。太子击，见卷八尊贤·二十一[3]。中山，见卷二臣术·五[10]。公元前406年，魏灭中山国，因为魏与中山之间隔着赵国，魏文侯就把太子击封于中山，派李克为相。后击即位，为魏武侯。

[2] 舍人赵仓唐：舍人，官名。赵仓唐，太子击的佐臣。

[3] 嗜晨凫(fú)，好北犬：晨凫，野鸭，常在早晨飞翔，故名。北犬，北方的猎犬。

[4] 绁(xiè)：牵牲畜的绳索。这里作动词。

[5] 上谒：上书求见。

[6] 孽子：不孝之子。

[7] 燕间(xián)：空闲时刻。间，空闲。

[8] 涓人：宫中主管洒扫清洁的人。

[9] “君赐之”句：外府，宫外的仓库，与“内府”相对。斥带，绅带。不更其造，不用改做。意思是太子击已经长大长高。

[10] “鴥(yù)彼晨风”句：鴥，疾飞的样子。晨风，鸟名，似鹞鹰。郁，茂盛。钦钦，忧愁。语出《诗经·秦风·晨风》。

[11] “彼黍(shǔ)离离”句：离离，庄稼排列整齐的样子。稷，高粱。行迈，

远行。靡靡,迟缓。摇摇,幽思积压心头无可诉说。语出《诗经·王风·黍离》。

[12] 勑(chì):同"敕"。告诫,吩咐。

[13] 起:《太平御览·六百八十九》作"迎",于义为胜。

[14] "东方未明"句:语出《诗经·齐风·东方未明》。

[15] "凤凰于飞"句:哕哕(huì huì),众多。集,鸟栖息树上。爰(yuán),于。止,栖止。蔼蔼,众多。吉士,良才。维,同"惟",只。媚,爱戴。语出《诗经·大雅·卷阿》。写周王与群臣出游,赞颂周王。

【今译】

魏文侯封太子击为中山国君,过了三年,没有互派使者往来。舍人赵仓唐进见太子说:"作为文侯的儿子,三年不去听一听父亲的询问,不能算是孝子;作为父亲,三年不问候一下儿子,不能算是慈父。您何不派人到魏国都城去呢?"太子说:"我有这个想法很久了,只是没有找到使者。"赵仓唐说:"我愿意奉命出使。文侯有何嗜好?"太子说:"文侯喜欢吃晨凫,喜欢牵北犬打猎。"于是派赵仓唐牵上北犬,带上晨凫,献给文侯。赵仓唐到了魏国都城,上书求见说:"不孝之子击的使者,不配在朝廷上当着大臣的面被召见,请允许我在大王闲居的时候,敬献晨凫给庖厨,牵上北犬敬献给宫中主管洒扫清洁的人。"文侯高兴地说:"击心疼我,知道我喜欢吃什么,知道我喜欢玩什么。"于是召见赵仓唐,问道:"击很好吧?"赵仓唐说:"是的,是的。"这样问答了三遍,于是赵仓唐说:"君王派出太子封他为中山国君,您叫他的名字,不合礼数。"文侯吃惊地变了脸色,问道:"你的国君很好吧?"赵仓唐说:"我来的时候,太子在朝庭上行了送拜书信的大礼。"文侯回头指着身边的人,说:"你的国君高得跟他们谁一样高?"赵仓唐说:"按照礼的要求,比较身高应和身份相同的人比较。诸侯没有可比的,无法比较。"文侯说:"他身长大小与我相比如何?"赵仓唐说:"君王您赐给他外库的皮衣,穿着合适;您赐给他的绅带,不必改做了。"文侯问:"你的国君在学习什么呢?"赵仓唐说:"学习《诗经》。"文侯问:"喜欢读哪些诗?"赵仓唐说:"喜欢读《晨风》《黍离》。"文侯自己诵读起《晨风》:"鸩彼晨风，郁彼北林。未见君子，忧心钦钦。如何如何？忘我实多。”文侯说：“你的国君以为我把他忘记了吧？”赵仓唐说：“不敢。只是他经常想念您。”文侯又诵读起《黍离》：“彼黍离离，彼稷之苗。行迈靡靡，中心摇摇。知我者，谓我心忧；不知我者，谓我何求？悠悠苍天，此何人哉？”文侯说：“你的国君怨恨我吗？”赵仓唐说：“不敢。只是他经常想念您。”文侯于是派赵仓唐赐给太子一套衣服，嘱咐赵仓唐在鸡叫的时候送到。太子拜迎，接受衣服，打开箱子，看了看衣服，摆放得颠倒混乱。太子说：“赶快趁早驾车，君侯要召见我。”赵仓唐说：“我来的时候没有得到召见您的命令。”太子说：“君侯赐我衣服，不是让我御寒的。他要召见我，因为无人和他谋划，所以嘱咐你在鸡叫的时候送到。《诗经》上说：‘东方未明，颠倒衣裳，颠之倒之，自公召之。’”于是向西出发谒见文侯。文侯非常高兴，于是设酒宴说：“远离贤人亲近宠爱的人，不是国家的长久之策。”于是派出小儿子挚，封为中山国君，召回太子击。所以说：想要了解儿子就看他结交的朋友，想要了解君主就看他派出的使者。赵仓唐出使一次，使得文侯成为慈父，击成为孝子。太子于是引用《诗经》说：“‘凤凰于飞，哕哕其羽，亦集爰止，蔼蔼王多吉士，维君子使，媚于天子。’说的就是舍人赵仓唐这样的人啊。”

七

楚庄王欲伐晋[1]，使豚尹观焉[2]。反曰[3]：“不可伐也。其忧在上，其乐在下，且贤臣在焉，曰沈驹[4]。”明年，又使豚尹观。反曰：“可矣。初之贤人死矣。谄谀多在君之庐者，其君好乐而无礼，其下危处以怨上。上下离心，兴师伐之，其民必先反。”庄王从之，果如其言矣。

【注释】

[1] 楚庄王：见卷一君道・十九[1]。
[2] 豚尹：《左传・襄公十八年》载楚官有“杨豚尹宜”，但内容不同。
[3] 反：通“返”。
[4] 沈驹：晋国贤臣，生平不详。

【今译】

楚庄王想要讨伐晋国，派大臣豚尹去晋国了解情况。豚尹回来后说：“不能讨伐晋国。掌权者忧劳勤政，百姓安乐无虑。而且有一个贤臣在位，名叫沈驹。”第二年，楚庄王又派豚尹去晋国了解情况。豚尹回来后说：“可以讨伐了。当初的贤臣已经死了。宫廷中一些阿谀奉承人围在国君身边，晋国国君喜欢享乐而不讲礼仪，下层百姓处境艰危、怨恨君上。晋国上下离心离德，兴兵讨伐它，那里的百姓一定率先反叛。”楚庄王听从了他的建议，果然像他说的那样。

八

梁王赘其群臣而议其过[1]。任座进谏曰[2]：“主君国广以大，民坚而众，国中无贤人辩士，奈何？”王曰：“寡人国小以狭，民弱臣少，寡人独治之，安所用贤人辩士乎？”任座曰：“不然。昔者齐无故起兵攻鲁，鲁君患之，召其相曰：‘为之奈何？’相对曰：‘夫柳下惠少好学[3]，长而嘉智，主君试召使于齐。’鲁君曰：‘吾千乘主也，身日使于齐，齐不听。夫柳下惠特布衣韦带之士也[4]，使之又何益乎？’相对曰：‘臣闻之，乞火不得，不望其炮矣[5]。今使柳下惠于齐，纵不解于齐兵，终不愈益攻于鲁矣。’鲁君乃曰：‘然乎。’相即使人召柳下惠来。入门，袪衣不趋[6]。鲁君避席而立，曰：‘寡人所谓饥而求黍稷、渴而穿井者，未尝能以欢喜见子。今国事急，百姓恐惧，愿藉子大夫使齐[7]。'柳下惠曰：'诺。'乃东见齐侯。齐侯曰：'鲁君将惧乎？'柳下惠曰：'臣君不惧。'齐侯忿然怒曰：'吾望而鲁城，芒若类失亡国[8]，百姓发屋伐木以救城郭，吾视若鲁君类吾国子，曰不惧，何也？'柳下惠曰：'臣之君所以不惧者，以其先人出周，封于鲁；君之先君亦出周，封于齐，相与出周南门，刳羊而约曰[9]：自后子孙敢有相攻者，令其罪若此刳羊矣。臣之君固以刳羊不惧矣。不然，百姓非不急也。'齐侯乃解兵三百里。夫柳下惠特布衣韦带之士，至解齐，释鲁之难，奈何无贤士圣人乎？"

【注释】

[1] 梁王赘(zhuì)：梁王，即魏王。赘，召集。

[2] 任座：魏国大臣，生平不详。

[3] 柳下惠：即展禽。春秋时鲁国人，展氏，名获，字禽。食邑柳下(今山东新泰柳里)，谥惠。后人称其为"和圣"。

[4] 布衣韦带：布衣，平民。韦带，没有装饰的皮带，指贫贱人的服饰。

[5] 乞火不得，不望其炮(páo)：求不到火种，不指望烧烤罢了。

[6] 袪(qū)衣不趋：撩起衣襟，并不快走。袪，举，撩。趋，小步快走，表示敬意。

[7] 藉(jiè)：凭借，依靠。

[8] 芒若类失亡国：芒若，茫然。失，疑为"夫"字之误。

[9] 刳(kū)羊：结盟时宰羊立誓。刳，剖开。

【今译】

魏王召集众臣来讨论他的过失。任座进谏说："大王的国家土地广阔，百姓坚强而且人口众多，但国中没有贤人辩士，怎么办呢？"魏王说："我的国家土地狭小，百姓孱弱而且大臣稀少，我自己可以治理它，用贤人辩士做什么呢？"任座说："不对。以前齐国无故攻打鲁国，鲁国国君担心，召见他的国相说：'对这件事怎么办呢?'国相回答说:'柳下惠从小好学,长大后具有很好的智慧,大王试试派他出使齐国。'鲁国国君说:'我是千乘之国的君主,即便亲自出使齐国,齐国都不会听。那柳下惠只不过是一贫贱寒士,派他出使能有什么益处呢?'国相回答说:'我听说,求不到火种,不指望烧烤罢了。如果派柳下惠出使齐国,即使不能让齐军撤兵,总不会导致齐国加紧攻打鲁国吧。'鲁国国君说:'就这样吧。'国相于是派人召见柳下惠进宫。柳下惠进门后,撩起衣襟,并不快走。鲁国国君离开座位站立起来说:'我是那种饿了才找粮食吃,渴了才挖井喝水的人,不曾在平时高兴的时候召见先生。现在国家情况危急,百姓担惊受怕,希望凭借先生出使齐国。'柳下惠说:'遵命。'于是向东方去见齐侯。齐侯说:'鲁君要害怕了吧?'柳下惠说:'我的君主不害怕。'齐侯怒气冲冲地说:'我看你们鲁国城邑,惊慌得就像那灭亡的国家一样,百姓拆屋砍树来修筑城郭,我看你的国君就像我的子民一样,你说他不害怕,为什么呢?'柳下惠说:'我的国君之所以不害怕,是因为他的祖先出自周王室,封在鲁国;大王您的祖先也出自周王室,封在齐国。当年他们一起从周王室南门走出,宰羊结盟立誓说:今后子孙中若敢互相攻打,让他受死罪像这头被宰杀的羊。我们君主本来就因为有刳羊结盟而不害怕。不然的话,百姓不会不紧张。'齐侯于是撤兵后退三百里。柳下惠只不过是一贫贱寒士,出使能让齐国撤兵,解了鲁国的危难,治理国家怎能没有贤士呢?"

九

陆贾从高祖定天下[1],名为有口辩士,居左右,常使诸侯。及高祖时,中国初定,尉佗平南越[2],因王之。高祖使陆贾赐尉佗印,为南越王。陆生至,尉佗椎结箕踞见陆生[3]。陆生因说佗曰:"足下中国人,亲戚昆弟坟墓在真定。今足下弃反天性,捐冠带[4],欲以区区之越，与天子抗衡为敌国，祸且及身矣！且夫秦失其政，诸侯豪桀并起[5]，惟汉王先入关，据咸阳。项籍倍约[6]，自立为西楚霸王，诸侯皆属[7]，可谓至强。然汉王起巴、蜀，鞭笞天下[8]，劫诸侯，遂诛项羽，灭之。五年之间，海内平定，此非人力，天之所建也。天子闻君王王南越，不助天下诛暴逆，将、相欲移兵而诛王；天子怜百姓新劳苦，且休之，遣臣授君王印，剖符通使[9]。君王宜郊迎，北面称臣，乃欲以新造未集之越[10]，屈强于此[11]。汉诚闻之，掘烧君王先人冢墓，夷种宗族[12]，使一偏将将十万众临越，越则杀王以降汉，如反覆手耳。"于是尉佗乃蹶然起坐[13]，谢陆生曰："居蛮夷中久，殊失礼义。"因问陆生曰："我孰与萧何、曹参、韩信贤[14]？"陆生曰："王似贤。"复问："我孰与皇帝贤？"陆生曰："皇帝起丰沛[15]，讨暴秦，诛强楚，为天下兴利除害，继五帝三皇之业[16]，统理中国。中国之人以亿计，地方万里，居天下之膏腴[17]，人众车舆[18]，万物殷富，政由一家，自天地剖判[19]，未尝有也。今王众不过数十万，皆蛮夷，踦跛山海之间[20]，譬若汉一郡，何可乃比于汉王[21]！"尉佗大笑曰："吾不起中国[22]，故王此；使我居中国，何遽不若汉[23]？"乃大悦陆生，与留饮数月[24]。曰："越中无足与语，至生来，令我日闻所不闻。"赐陆生橐中装[25]，直千金[26]，佗送亦千金[27]。陆生拜尉佗为南越王，令称臣，奉汉约。归报，高祖大悦，拜为太中大夫[28]。

【注释】

[1] 陆贾从高祖定天下：陆贾，西汉初楚人，跟从刘邦平定天下，有辩才。谏高祖"居马上得之，宁可以马上治之？"高祖乃令述秦所以兴亡之故，著《新语》十二篇。后为陈平画策，促平交欢周勃，卒诛诸吕，立汉文

帝。高祖,见卷十一善说·六[10]。

[2] 尉佗:西汉真定(今河北真定)人,赵姓。秦时为南海尉,故称“尉佗”。高祖定天下,立佗为南越王。南越,古地名,今广东、广西一带。也作“南粤”。

[3] 椎(chuí)结箕踞:梳着椎形发髻,两腿前伸形如箕坐着。是一种倨傲无礼的表现。

[4] 弃反天性,捐冠带:反,疑为衍文。弃天性,指背离父母之国,背弃骨肉之亲。冠带,中原服饰。

[5] 桀:杰出的人物。

[6] 项籍倍约:即项羽,名籍。倍,通“背”。

[7] 属(shǔ):归属。

[8] 鞭笞(chī):征伐。

[9] 剖符通使:符,凭信。古代分封诸侯或封赏功臣,将符一分为二,一半留帝王处,一半授诸侯或功臣,称为“剖符”。通使,遣使通问。

[10] 新造未集:刚刚缔造尚未稳定。集,稳定,安和。

[11] 屈强(jué jiàng):即“倔强”,不顺从。

[12] 夷种宗族:《史记·郦生陆贾列传》作“夷灭宗族”,于义为胜。

[13] 蹶(jué)然:急急忙忙的样子。

[14] 萧何、曹参、韩信:萧何,见卷九正谏·十二[13]。曹参,西汉沛人,秦末为沛县狱吏,佐刘邦灭项羽,封平阳侯。汉惠帝时继萧何为相,悉遵萧何旧事,人称“萧规曹随”。韩信,秦末淮阴人,初从项羽,后归刘邦,拜为大将,战功卓著,佐刘邦建立汉朝,封为楚王,后降为淮阴侯,被吕氏所杀。

[15] 丰沛:沛县丰邑,刘邦故乡。故址在今江苏沛县境内。

[16] 五帝三皇:五帝,说法不一。一指伏羲、神农、黄帝、尧、舜;一指黄帝、颛顼(zhuān xū)、帝喾(kù)、尧、舜;一指少昊、颛顼、高辛、尧、舜。

[17] 膏腴:土地肥沃。

[18] 舆:众,多。

[19] 剖判:开辟。

[20] 踦躯:同“崎岖”。

[21] 何可乃比于汉王:《史记·郦生陆贾列传》《汉书·陆贾列传》皆作“王何乃比于汉”,于义为胜。

[22] 起:起兵。

[23] 何遽(jù):怎么就。

[24] 与留:《史记·郦生陆贾列传》《汉书·陆贾列传》皆作“留与”,于义为胜。

[25] 橐(tuó)中装:一口袋珠宝。

[26] 直:通“值”。

[27] 佗:《史记·郦生陆贾列传》作“他”。《汉书·陆贾列传》作“它”。

[28] 太中大夫:官名。掌议论之官。

【今译】

陆贾跟从高祖刘邦平定天下,被称作有口才的辩士,事奉在皇帝身边,经常奉命出使诸侯。等到高祖称帝时,中原地区刚刚安定,尉佗平定了南越,就自立为王。高祖派陆贾赐给尉佗印信,封他为南越王。陆贾到了南越,尉佗梳着椎形发髻、两腿前伸坐着接见陆贾。陆贾于是劝谏尉佗说:“先生是中原人,父母兄弟的坟墓都在真定。假如先生违反天性,抛弃冠带,想要凭借小小的南越与天子抗衡成为敌对国家,灾祸就要降临到自己身上了!再说秦朝失去政权,诸侯豪杰同时起义造反,只有汉王先攻入函谷关,占据了咸阳。项羽背弃约定,自封为西楚霸王,让诸侯都归属于他,可以说是力量最为强大了。但是汉王从巴、蜀起兵,征伐天下,攻打诸侯,终于消灭了项羽。五年的时间里,平定天下,这不是人力能做到的,是上天的建树。天子听说大王在南越称王,不帮助天下百姓诛杀暴虐叛逆之人,将、相们都想要调兵来攻杀大王。天子同情百姓刚刚遭受过劳苦,希望百姓休养生息,派遣我来授予大王印玺,剖符信、通问使。大王理应在城外迎接天子使者并向北称臣,却竟然想要凭借着刚刚缔造尚未稳定的南越,在这里逞强,汉王朝如果知道了,就会掘您祖坟并且烧掉,夷灭宗族,派一副将率领十万大军兵临南越,南越之人就会杀掉大王投降汉朝,这样做易如反掌。”尉佗急忙起身,向陆贾道歉说:“我久居蛮夷之地,实在是太失礼仪了。”于是问陆贾说:“我与萧何、曹参、韩信相比谁更贤能?”陆贾说:“大王好像更加贤能。”尉佗又问:“我与皇帝相比谁更贤能?”

陆贾说:“皇帝起兵于沛县丰邑,讨伐暴虐的秦朝,击败强大的项羽,为天下百姓兴利除害,继承五帝三皇的事业,统治中原。中原人口数以亿计,土地方圆万里,占据天下肥沃之地,人多车多,物产富足,政权集中,自从天地开辟以来,不曾有过这样的盛况。现在大王您的民众不过数十万,都属于蛮夷之人,居于崎岖的高山与大海之间,如同汉朝的一个郡,哪里能够与汉朝皇帝相比呢!”尉佗大笑道:“我不起兵于中原,所以在此称王;假使我在中原的话,怎么就比不上汉朝皇帝呢?”于是非常欣赏陆贾,留下他一起饮酒数月。尉佗说:“南越这地方没有人能与我谈得来,先生到来,使我每天听到了以前不曾听到的东西。”赏赐给陆贾一袋价值千金的宝物,又另外送给陆贾千金。陆贾正式封尉佗为南越王,命令他对汉称臣并遵守汉朝的制度。陆贾回到朝廷报告出使结果,高祖非常高兴,授予陆贾太中大夫的官职。

十

晋、楚之君相与为好,会于宛丘之上[1]。宋使人往之。晋、楚大夫曰:“趣以见天子礼见于吾君[2],我为见子焉。”使者曰:“冠虽弊,宜加其上;履虽新,宜居其下;周室虽微,诸侯未之能易也。师升宋城,臣犹不更臣之服也。”揖而去之。诸大夫惧然[3],遂以诸侯之礼见之。

【注释】

[1] 宛丘:地名。古宛丘地为春秋时陈都,故址在今河南淮阳县。
[2] 趣(cù):赶快。
[3] 惧(jù)然:惊视的样子。

【今译】

晋、楚两国的国君相互结为友好关系,在宛丘举行盟会。宋国派人前往。晋、楚两国的大臣说："赶快用觐见天子的礼节来见我们君主，我们才为你引见。"宋国使者说："帽子虽然破旧，也应该戴在头上；鞋子虽然是新的，也应该穿在脚下；周王室虽然衰微，但是诸侯谁也不能取而代之。即使你们军队登上了宋国都城，我仍然不能改变我的礼服。"于是拱拱手就离开他们。各位大臣面面相觑，于是用诸侯之礼接见他。

十一

越使诸发执一枝梅遗梁王[1]。梁王之臣曰韩子[2]，顾谓左右曰："恶有以一枝梅以遗列国之君者乎[3]？请为二三子惭之。"出谓诸发曰："大王有命，客冠则以礼见，不冠则否。"诸发曰："彼越亦天子之封也。不得冀、兖之州，乃处海垂之际，屏外蕃以为居，而蛟龙又与我争焉。是以翦发文身[4]，烂然成章以像龙子者，将避水神也。今大国其命，冠则见以礼，不冠则否。假令大国之使，时过弊邑，弊邑之君亦有命矣，曰：'客必翦发文身，然后见之。'于大国何如？意而安之[5]，愿假冠以见；意如不安，愿无变国俗。"梁王闻之，披衣出，以见诸发，令遂韩子[6]。《诗》云："维君子使，媚于天子[7]。"若此之谓也。

【注释】

[1] 诸发：战国时越国大夫，生平不详。遗（wèi）：送给。

[2] 梁王：即魏王。韩子，战国时魏国大夫。

[3] 恶（wū）：哪里。

[4] 翦：同"剪"。

[5] 而：表示假设，如果。

[6] 遂：当作"逐"。

[7] 维君子使，媚于天子：见本卷·六[15]。

【今译】

越国派遣诸发带着一枝梅花送给魏王。魏王有一个臣子叫韩子，他回头对身边的大臣说："哪里有用一枝梅花送给诸侯国国君的呢？请让我替你们去羞辱他。"他出宫对诸发说："国君有令，客人戴帽子，国君就以礼相见；不戴帽子，国君就不以礼相见。"诸发说："越国也是周天子所封的诸侯，不能住在冀州、兖州等中原地区，只能住在海边一带，赶走了外族人自己居住在那里，但是蛟龙又来与我们相争夺，所以就剪发文身，斑斓多彩，来模仿龙子龙孙，为的是让水神躲避我们。现在贵国的国君命令我，戴帽子就以礼相见；不戴帽子，就不以礼相见。如果贵国的使者，有机会路过我们国家，我们国君命令说：'来客必须剪发文身，然后才能召见。'贵国会觉得怎么样呢？如果你们对此心安理得，我愿意借一顶帽子而得到国君接见；如果觉得不妥，希望不要改变我国的风俗习惯。"魏王听说了这些话，披上衣服就出来接见诸发，下令赶走韩子。《诗经》上说："只有君子出使，才能爱戴天子。"说的就是诸发这样的人啊。

十二

晏子使吴[1]，吴王谓行人曰[2]："吾闻晏婴盖北方之辩于辞、习于礼者也。"命傧者[3]："客见，则称天子[4]"。明日，晏子有事，行人曰："天子请见。"晏子憱然者三[5]，曰："臣受命弊邑之君[6]，将使于吴王之所，不佞而迷惑入于天子之朝[7]，敢问吴王恶乎存[8]？"然后吴王曰："夫差请见[9]。"见以诸侯之礼。

【注释】

[1] 晏子：见卷一君道·十七[1]。

[2] 行人：官名。掌管朝觐聘问的官。
[3] 傧(bīn)者：接引宾客的人。傧，旧读 bìn。
[4] 天子：《晏子春秋·杂下》"天子"后有"请见"二字。
[5] 慽(cù)然：变色改容。不安的样子。
[6] 弊邑：对别人谦称自己的国家。
[7] 不佞：无才，自谦之词。
[8] 夫差：见卷八尊贤·五[2]。
[9] 恶乎存(wū)：在什么地方。恶，哪里。

【今译】

晏子出使吴国，吴王对行人说："我听说晏婴是北方富有辩才、熟悉礼仪的人。"他命令傧者："客人求见，就说天子有请。"第二天，晏子有事求见，行人说："天子有请。"晏子听了，多次变色改容，说："我奉我们国君的命令，将要出使到吴王所在的地方，但我无能走错了路来到了天子的朝廷，请问吴王在什么地方？"这样之后吴王说："夫差有请。"于是用诸侯礼节接见了晏子。

十三

晏子使吴，吴王曰："寡人得寄僻陋蛮夷之乡，希见教君子之行，请私而毋为罪。"晏子慽然避位[1]。矣王曰[2]："吾闻齐君盖贼以慢，野以暴，吾子容焉，何甚也！"晏子逡巡而对曰[3]："臣闻之，微事不通，麤事不能者[4]，必劳；大事不得，小事不为者，必贫；大者不能致人，小者不能至人之门者，必困。此臣之所以仕也。如臣岂能以道食人者哉[5]！"晏子出，王笑曰："今日吾讥晏子也，犹倮而訾高橛者[6]。"

【注释】

[1] 慽(cù)然：变色改容，不安的样子。

[2] 矣:此字误,当作“吴”。

[3] 逡(qūn)巡:后退几步。离开座席。

[4] 麤(cū)事:简单的事情。麤,即“粗”。

[5] 以道食(sì)人:用道理教育别人。

[6] 犹倮(luǒ)而訾高橛者:就好比裸体的人指责那把衣服掀得很高的人。倮,同“裸”。訾,指责。橛,同“撅”,撩起衣服。

【今译】

晏子出使吴国,吴王说:“我居住在偏僻狭隘的蛮夷之乡,很少得到道德高尚之人的教导,请您理解不要怪罪于我。”晏子变色改容。吴王说:“我听说齐国君主残忍而且傲慢,粗野而且暴躁,先生竟能容忍他,这是多么过分呀!”晏子后退几步说:“我听说,细微的事情弄不懂,简单的事情又做不了的人,一定劳苦;大事不能做,小事不愿做的人,一定贫穷;地位高却不能吸纳人才,地位低又不肯向别人求助的人,一定困窘。这就是我出来做官的原因。像我这样的人,怎能用道理去教育别人呢?”晏子出宫,吴王自笑道:“今天我讥讽晏子,就好比裸体的人指责别人把衣服撩得很高一样。”

十四

景公使晏子使于楚。楚王进橘,置削[1]。晏子不剖而并食之。楚王曰:“橘当去剖[2]。”晏子对曰:“臣闻之,赐人主前者,瓜桃不削,橘柚不剖。今万乘无教[3],臣不敢剖,然臣非不知也。”

【注释】

[1] 削:小刀。

[2] 去剖:去皮剖开。

[3] 万乘:代指楚王。

【今译】

齐景公派晏子出使楚国。楚王叫人送给晏子橘子吃，还准备了刀子。晏子没有剖开就连皮一起吃下去了。楚王说："橘子应当去皮、剖开食用。"晏子回答说："我听说，在君主面前接受赏赐，瓜、桃不去皮，橘、柚不分剖。如今大王没有命令，我不敢剖开，但是我并非不懂得。"

十五

晏子将使荆[1]，荆王闻之，谓左右曰："晏子，贤人也，今方来，欲辱之，何以也？"左右对曰："为其来也[2]，臣请缚一人过王而行。"于是荆王与晏子立语，有缚一人过王而行。王曰："何为者也？"对曰："齐人也。"王曰："何坐[3]？"曰："坐盗。"王曰："齐人固盗乎？"晏子反顾之曰："江南有橘，齐王使人取之而树之于江北，生不为橘，乃为枳[4]。所以然者何？其土地使之然也。今齐人居齐不盗，来之荆而盗，得无土地使之然乎？"荆王曰："吾欲伤子，而反自中也。"

【注释】

[1] 荆：楚国的别称。
[2] 为其来也：当他到来的时候。为，当……时候。
[3] 何坐：犯了什么罪。坐，犯罪。
[4] 枳（zhǐ）：一种灌木，多刺，果实可入药。

【今译】

晏子将要出使楚国，楚王听说这件事，对身边的人说："晏子是圣贤之人，现在将要来，我想要羞辱他，用什么办法呢？"身边的人说："当他到来的时候，请让我绑缚一个人从大王身边经过。"于是在楚王与晏子站立说话的时候，有一个人被捆绑着从楚王身边经过。楚王问道："干什么的人？"回答说："齐国人。"楚王问："犯了什么罪？"回答说："犯了偷盗罪。"楚王说："齐国人本性就偷盗吗？"晏子回过头看看说："长江以南有橘树，齐王派人移栽它到长江以北，生长出来不是橘树，而是枳树。造成这种差异的原因是什么呢？是因为土地使它成为那样子的。如今齐国人居住在齐国不偷盗，来到楚国就偷盗，莫非是楚国的土地使他变成这样子的？"楚王说："我本想羞辱先生，反而羞辱了自己。"

十六

晏子使楚。晏子短，楚人为小门于大门之侧而延晏子。晏子不入，曰："使至狗国者从狗国入[1]，今臣使楚，不当从此门。"傧者更从大门入[2]。见楚王，王曰："齐无人耶？"晏子对曰："齐之临淄三百闾[3]，张袂成帷[4]，挥汗成雨，比肩继踵而在，何为无人？"王曰："然则何为使子？"晏子对曰："齐命使各有所主。其贤者使贤主，不肖者使不肖主。婴最不肖，故宜使楚耳。"

【注释】

[1] 国：此字误，当作"门"。

[2] 傧(bīn)者：接引宾客的人。

[2] 临淄三百闾：临淄，齐国都城，故址在今山东淄博市临淄区北。三百闾，七千五百户。古代以二十五家为一闾。

[3] 张袂(mèi)成帷：人们张开衣袖就可以连成帷幕。此言都城人多繁华。袂，衣袖。

【今译】

晏子出使楚国。晏子个子矮，楚国人就在大门的旁边开了一个小门接待晏子。晏子不进，说："出使狗国的人，从狗门入，现在我出使楚国，不应当从这个门进入。"接引宾客的人只好改道从大门进入。晏子拜见楚王，楚王说："齐国没有人了吗？"晏子说："齐国都城临淄有七千五百户人口，人们张开衣袖就可以连成帷幕，挥洒汗水就如同下雨，人多得肩挨着肩脚靠着脚，怎么能说没有人呢？"楚王说："既然这样那为什么派你出使楚国呢？"晏子回答说："齐王派出使者因出使国国君的不同而不同。贤能的使者出使到贤明君主那里，不贤能的使者出使到不贤能的君主那里。我最不贤能，所以应该出使楚国。"

十七

秦、楚毂兵[1]，秦王使人使楚。楚王使人戏之曰："子来亦卜之乎？"对曰："然。""卜之谓何？"对曰："吉。"楚人曰："噫，甚矣，子之国无良龟也[2]！王方杀子以衅钟[3]，其吉如何！"使者曰："秦、楚毂兵，吾王使我先窥。我死而不还，则吾王知警戒，整齐兵以备楚，是吾所谓吉也。且使死者而无知也，又何衅于钟？死者而有知也，吾岂错秦相楚哉[4]？我将使楚之钟、鼓无声，钟、鼓无声，则将无以整齐其士卒而理君军。夫杀人之使，绝人之谋，非古之通议也，子大夫试熟计之[5]。"使者以报楚王，楚王赦之。此之谓造命[6]。

【注释】

[1] 毂(gǔ)兵：交战。古代交战时兵车车毂往往互相撞击，所以称交战为毂兵。

[2] 良龟：龟，占卜用的龟甲。特别灵验的叫良龟。

[3] 衅钟：牲血涂在钟上。衅，古代杀牲以血涂于祭祀之物。

[4] 错秦相楚：放弃秦国，帮助楚国。错，通"措"，放弃。

[5] 熟计：仔细考虑。

[6] 造命：掌握命运。

【今译】

秦、楚两国交战,秦王派人出使楚国。楚王派人戏弄秦国使者说:“你来的时候占卜了吗?”使者回答说:“是的。”“占卜结果怎么样?”回答说:“吉利。”楚国人说:“唉,太严重了,你的国家没有良龟啊!我们大王正要杀掉你来祭钟,哪里是什么吉利!”使者说:“秦、楚两国交战,我们国君派我先来察看情况。如果我死而不返,那么我们国君就会警惕戒备,整治军队来防备楚国,这就是我说的吉利。况且我死后如果无知的话,祭钟又有何用?如果我死后有知,我难道会放弃秦国,帮助楚国吗?我会让楚国的钟、鼓没有声音,那么会使你们无法整治士卒并指挥你们君王的军队。杀掉使者,断绝谋划,不符合古代通行的原则,你仔细考虑吧。”派去的人报告楚王,楚王释放了秦国使者。这就叫作能够掌握自己的命运。

十八

楚使使聘于齐[1],齐王飨之梧宫[2]。使者曰:“大哉,梧乎!”王曰:“江、海之鱼吞舟,大国之树必巨[3],使何怪焉!”使者曰:“昔燕攻齐[4],遵雒路[5],渡济桥[6],焚雍门[7],击齐左而虚其右,王歜绝颈而死于杜山[8],公孙差格死于龙门[9]。饮马乎淄、渑[10],定获乎琅邪[11],王与太后奔于莒[12],逃于城阳之山[13],当此之时,则梧之大何如乎?”王曰:“陈先生对之[14]。”陈子曰:“臣不如刁勃[15]。”王曰:“刁先生隐之[16]。”刁勃曰:“使者问梧之年耶?昔者荆平王为无道[17],加诸申氏[18],杀子胥父与其兄[19]。子胥被发乞食于吴,阖庐以为将相[20]。三年将吴兵复仇乎楚,战胜乎柏举[21],级头百万[22],囊瓦奔郑[23],王保于随[24],引师入郢[25]。军云行乎郢之都,子胥亲射宫门,掘平王冢,笞其坟,数以其罪,曰:‘吾先人无罪而子杀之!'士卒人加百焉,然后止。当若此时,梧可以为其柎[26]矣。"

【注释】

[1] 聘:聘问。诸侯之间,诸侯与天子之间派使者问候致意。

[2] 飨(xiǎng)之梧宫:飨,设宴款待。梧宫,齐国宫殿名。

[3] 树:建筑。

[4] 燕攻齐:公元前285年,乐毅率领赵、秦、韩、魏、燕五国军队攻齐,取灵丘。次年乐毅独率燕军乘胜长驱直入,攻入齐都临淄。齐愍王与太后出奔到莒(今山东莒县)。

[5] 遵雒(luò)路:绕道而行。雒,通"络"。燕军没有直接南下进攻齐与燕接界的河北地区(即北地)及徐州(邑名,即平舒,今河北大城)一带,而是经赵国东边南下,绕道和秦、赵等国联军汇合,进攻齐和赵接壤的济西地区的灵丘。

[6] 渡济桥:五国联军大破齐主力于济西后,燕军乘胜渡过济上浮桥东进,向临淄进攻。济,水名。

[7] 焚雍门:燕军在临淄雍门以西得胜后,焚烧雍门,攻入临淄。雍门,齐国都城城门。

[8] 王歜(chù)绝颈而死于杜山:王歜,见卷四立节·十九[3]。杜山,即"社山"。在今山东淄博市临淄西。

[9] 公孙差:人名,生平不详。

[10] 淄、渑:淄,水名,流经临淄。渑,古水名,在今临淄区一带。

[11] 定获乎琅邪:在琅邪获得胜利。定获,获得。琅邪,古邑名,春秋齐地。在今山东胶南市琅邪台西北。

[12] 莒(jǔ):春秋时齐邑,在今山东莒县。

[13] 城阳:即莒邑。

[14] 陈先生:齐国大夫,生平不详。

[15] 刁勃:齐国大夫,生平不详。

[16] 隐:此字误,当作"应"。

[17] 荆平王:即楚平王,见卷四立节·九[1]。

[18] 申氏:即伍子胥。子胥奔吴,吴王与之申地,故称。参见卷八尊贤·九[12]。

[19] 杀子胥父与其兄:参见卷八尊贤·九[12]。

[20] 阖庐:参见卷八尊贤·五[1]。
[21] 柏举:古地名,在今湖北省麻城县境。
[22] 级头:古代凭斩敌首级加爵,所以叫级头。这里是斩首的意思。
[23] 囊瓦:春秋时楚国公族,字子常,平王时为令尹。蔡昭侯有佩与裘,唐成公有骕骦马,二君朝楚,囊瓦欲得其裘佩名马,竟扣留二君于楚三年。后来,蔡人献佩,唐人献马,二君始归。
[24] 随:古国名,姬姓。后为楚附庸。在今湖北随州。
[25] 郢:楚国都城。在今湖北荆州市荆州区西北。
[26] 柎(fū):本指花萼,这里比喻避难场所。

【今译】

楚王派使者到齐国问候致意,齐王在梧宫设宴款待楚国使者。楚国使者说:"梧宫好大啊!"齐王说:"江、海里的鱼大得可以吞下船只,大国的建筑当然高大了。"楚国使者说:"从前燕国军队进攻齐国,绕道而行,渡过济水浮桥,焚烧雍门,袭击齐国的左翼而让出右翼,王歜在杜山断颈而死,公孙差拼死在龙门。燕军放马淄、渑,在琅邪获得胜利,大王与太后出奔到莒,躲避到了城阳的山里。那个时候,梧宫大到什么程度呢?"齐王说:"陈先生回答他。"陈子说:"我不如刁勃说得好。"齐王说:"刁先生回应他。"刁勃说:"使者问的是梧宫的年头吗?从前楚平王不行道义,加罪于伍氏,杀死了伍子胥的父、兄,伍子胥披散着头发乞讨到吴国,吴王阖庐让他做将相。过了三年,伍子胥带领吴国军队,向楚国报仇,在柏举打了胜仗,斩首百万,囊瓦逃到郑国,楚王逃到随地保全性命。伍子胥带领军队攻入郢都,吴军云集在郢都。伍子胥亲手射击楚国宫门,掘开楚平王的墓地,鞭笞坟墓,历数他的罪行,说:'我的父、兄没有罪,你却杀了他们!'并叫士卒每人鞭笞一百下,这样之后才停止。在那个时候,梧宫可以作楚王的避难所。"

十九

蔡使师强、王坚使于楚[1]。楚王闻之,曰:"人名多章章者[2],

独为‘师强’‘王坚’乎？趣见之，无以次[3]。”视其人状，疑其名，而丑其声，又恶其形。楚王大怒曰：“今蔡无人乎？国可伐也！有人不遣乎？国可伐也！端以此诫寡人乎[4]？国可伐也！”故发二使见三谋伐者，蔡也。

【注释】

[1] 蔡使师强、王坚：蔡，周代诸侯国名，后为楚所灭。故址在今河南上蔡、新蔡一带。师强、王坚，楚国使者名，生平不详。

[2] 章章：明显。

[3] 次：停留，迟缓。

[4] 端以此诫：端，故意。诫，朱骏声《说苑校评》：“诫，当作试”。

【今译】

蔡国派遣师强、王坚出使楚国。楚王听说这件事，说：“人起名字往往要表达明显的用意，但是偏要起‘师强’‘王坚’这样的名字吗？赶快召见他们，不要迟缓。”楚王仔细看了他们的长相，怀疑他俩的名字，并且觉得他俩的声音很难听，又讨厌他俩的长相。楚王大怒道：“如今蔡国没有人了吗？蔡国应该受到讨伐！还是有人却故意不派遣来吗？蔡国应该受到讨伐！故意用这种做法来试探我吗？蔡国应该受到讨伐！”所以因为派了两个使者而招来三条遭讨伐理由的国家，就是蔡国啊。

二十

赵简子将袭卫[1]，使史黯往视之[2]。期以一月，六日而后反[3]。简子曰：“何其久也？”黯曰：“谋利而得害，由不察也。今蘧伯玉为相[4]，史鰍佐焉[5]，孔子为客，子贡使令于君前[6]，甚听。《易》曰：‘涣其群，元吉[7]。’涣者，贤也；群者，象也[8]；元者，吉之始也。'涣其群,元吉'者,其佐多贤矣。"简子按兵而不动耳。

【注释】

[1] 赵简子将袭卫:赵简子,见卷一君道·三十三[1]。卫,周代诸侯国名。姬姓。始封之君为周武帝康叔。初都沫邑(今河南淇县),后多次迁都。战国时,国势弱小,公元前254年成为魏的附庸,前209年为秦所灭。

[2] 史黯:见卷八尊贤·三十五[3]。

[3] 六日而后反:字有误。日,当为"月"。反,同"返"。

[4] 蘧伯玉:见卷六复恩·十八[1]。

[5] 史鳅(qiū):见卷二臣术·二十一[1]。

[6] 子贡:见卷二臣术·四[1]。

[7] 涣其群,元吉:出自《周易·涣卦·六四》。

[8] 象:《吕氏春秋·召类》作"众"。

【今译】

赵简子将要偷袭卫国,派史黯前往卫国查看情况。预计一个月的时间回来,六个月之后才返回。赵简子说:"为什么这么久?"史黯说:"做事情本想获得利益却受到损害,是因为没有明察的结果。如今卫国蘧伯玉做相,史鳅辅佐,孔子做宾客,子贡在国君面前接受指令,很受信任。《周易》上说:'涣其群,元吉。'涣,就是贤能;群,就是众多;元,是吉利的开始。'涣其群,元吉'就是有很多贤者辅佐。"赵简子听后没有发兵偷袭卫国。

二十一

魏文侯使舍人毋择献鹄于齐侯[1]。毋择行道失之,徒献空笼。见齐侯曰:"寡君使臣毋择献鹄,道饥渴,臣出而饮食之,而鹄飞冲天,遂不复反。念思非无钱以买鹄也,恶有为其君使轻易其币者乎[2]？念思非不能拔剑刎头，腐肉暴骨于中野也，为吾君贵鹄而贱士也；念思非不敢走陈、蔡之间也，恶绝两君之使。故不敢爱身逃死，来献空笼，唯主君斧质之诛[3]。"齐侯大悦曰："寡人今者得兹言三，贤于鹄远矣。寡人有都郊地百里，愿献子大夫以为汤沐邑[4]。"毋择对曰："恶有为其君使，而轻易其币，而利诸侯之地乎？"遂出不反。

【注释】

[1] 魏文侯使舍人毋择献鹄(hú)：魏文侯，见卷一君道·三十六[2]。舍人，官名。又指左右亲近之人。毋择，人名，生平不详。鹄，天鹅。

[2] 恶(wū)有为其君使轻易其币：恶，哪里。轻，随便。易，更换。币：礼物。

[3] 斧质：古代刑具。质，同"锧"，古代杀人用的砧板。

[4] 汤沐邑：供诸侯斋戒沐浴的封邑。

【今译】

魏文侯派舍人毋择献给齐侯一只鹄。毋择在途中将鹄丢失了，只献给齐侯一个空的笼子。他拜见齐侯说："我的君主派我献给您鹄，途中鹄又饥又渴，我就放它出来给它水喝给它食吃，不料鹄飞到天上去了，最终也没有回来。我想我不是没有钱再买一只鹄，但哪有替君主出使却随便更换礼物的呢？我想我不是没有勇气拔剑自尽，将腐烂的尸骨暴露在荒野之中，但那样人们会认为国君看重鹄而轻视人。我想我不是不敢逃到陈国或蔡国去，又担心那样做会断绝了魏、齐两国的来往。所以我不敢因为爱惜自己的生命而逃避死罪，所以来献上空笼，任凭君主您对我处以刀劈斧砍的刑罚。"齐侯非常高兴地说："我今天收获了三句话，比得到鹄强多了。我在都城的郊外有百里土地，愿意献给先生您作为封邑。"毋择说："哪里有替君主出使却随便更换礼物，又为了私利而接受诸侯土地的呢？"

【评析】

"奉使"就是奉命出使。这个词较早见于司马迁《史记·平津侯主父列传》:“奉使则张骞、苏武”,而集中记述古代奉使故事的,《说苑·奉使》是第一篇,可以视为中国古代较早的外交专著。

本卷内容主要反映春秋、战国时期诸侯国之间的奉使案例。春秋、战国时代的外交使节按其使命不同可以分为会盟专使、聘问通好专使、通命示整专使、庆贺吊丧专使等,皆由国王任命,代表国王出使并处理邦交关系。根据《春秋》《左传》《国语》《战国策》《史记》等书记载,春秋、战国时期外交已相当发达,各诸侯国之间会盟、聘问频繁,出现了一批杰出的外交家,如管仲、烛之武、子产、晏子、张仪、苏秦、蔺相如、鲁仲连等,他们的形象深入人心,他们的精神和智慧已经成为外交学的宝贵财富。

第一章以《春秋》为依据,着重从外交理念上阐述奉命出使的总体指导思想,就是既要有原则性,又要有灵活性。从第二章开始,则通过具体案例来阐释这一外交理念。赵使者对赵王说:“明君之使人也,任之以事,不制以辞。遭吉则贺之,凶则吊之。今楚、赵相去千有余里,吉凶忧患,不可豫知,犹柱之不可书也。”“不制以词”,就是不在外交辞令上加以限制,允许使者根据实际情况灵活把握。这一思想无疑是正确的,与现代外交学原理相通。鲁毅等著《外交学概论》中指出,外交本身是一种艺术和技巧,如何使用外交语言同样也是艺术和技巧。外交语言的风格和色彩需根据形式、内容、场合灵活变化,也常带有民族和个人的特性。外交语言有时是庄严的、冷峻的;有时是幽默的、富有感情的;有时是口语化的,有时是公文式的,有时是文学性的。总之,没有固定不变的模式。赵王要求使者“必如吾言”,就等于限制了使者的灵活性,让使者无法变通。

第三章写晋使臣解扬出使宋国的故事,是一个典型的案例。该故事分别见于《左传·宣公十五年》《史记·郑世家》(《晋世家》中也有),刘向选用了《郑世家》中的文字。《左传》中写解扬“义无二信,信无二命”,《郑世家》中写解扬“君能制命为义,臣能承命为信。受吾君命以出,虽死无二。”二者都突出了“信义”。到了《说苑》,刘向将其归属于“奉使”卷之下,主题也就随之发生了变化,成为使者可以灵活变通的典型案例。解扬奉晋国君王之命出使宋国，被郑国发现，押解至楚军中。为了完成使命，解扬采取了“诈降”的方式，借机将晋国的意图传达给宋国，从而完成了使命。“诈降”本不是晋国君王的授命（这与《晋世家》的记载不同），但在特殊情况下，解扬表现出高度的灵活性。这就是第一章中所说的“专之可者，谓救危除患也”的主题。笔者由此得出一个观点，即刘向编著《说苑》，具有比较成熟的“教材观”。所谓教材，就是为了围绕主题而编选的例文。编选者可以对原材料进行适当的调整、改造，以便更好地体现主题。“奉使”不仅仅是本卷的标题，同时还体现这个教学单元的主题。单元主题一般在每一卷的第一章中得到集中阐述，后面各章类似一篇一篇的课文，从不同的角度来体现单元主题。这就是刘向的教材观。大概正因为如此，到了明代，朱元璋就下令将《说苑》列入太学教材，成为士子们的必读书。

第四章记述唐且不辱使命的故事。此章内容广为传诵，并入选中学语文课本。本章的特点在于塑造了一个不畏强暴、大义凌然、折冲樽俎外交官唐且的形象。“秦王以五百里地易鄢陵，鄢陵君辞而不受，使唐且谢秦王。”这是一个简单的背景介绍，读者一看便知，秦王在耍弄欺诈手段。接下来，作者借助语言描写表现轮次较量。先写秦王语言的虚伪性，假惺惺地表示“以十倍之地易之”。唐且没有虚与委蛇，因为他知道面对如狼似虎的秦王绝不能抱任何幻想，他说：“虽复千里不得当，岂独五百里哉？”可谓字字刚硬，掷地有声。于是“秦王忿然作色，怒曰：‘公亦曾见天子之怒乎？’”果然原形毕露。唐且早有准备，毫不畏惧，一句“未曾见也”表现了对秦王极大的蔑视。秦王说：“天子一怒，伏尸百万，流血千里。”这句话充分表现了秦王的残暴，杀人如麻。唐且胸有成竹，沉着回应：“大王亦尝见夫布衣韦带之士怒乎？”这句话表现了唐且对以淫威相逼的秦王的调侃戏弄，也是对不可一世秦王的教训。在秦王看来，布衣韦带之士何足挂齿，不过就是“解冠徒跣，以头颡地耳”。这句话表现了秦王对“士”的不了解。接下来唐且列举专诸刺王僚、要离刺庆忌、聂政刺韩傀三个惊天动地的刺杀案例，点明士一怒"伏尸二人，流血五步"，随即手持匕首，直逼秦王。文章至此，可谓惊心动魄，扣人心弦。再看秦王，"变色""长跪"，说："先生就坐，寡人喻矣。秦破韩灭魏，鄢陵独以五十里地存者，徒用先生之故耳。"从暴怒狰狞到变色长跪，一个色厉内荏、外强中干的秦王就完全表现出来了，让读者感到酣畅痛快、心开目爽。后人评价本文是"妙人、妙事、妙文"。当然，后人怀疑唐且劫秦王的真实性，认为极有可能是文学作品的艺术夸张，也可能是子虚乌有。司马迁《史记》中没有唐且此人。《资治通鉴·秦记二》记载：

> (二十二年)王使人谓安陵君曰：'寡人欲以五百里地易安陵。'安陵君曰：'大王加惠，以大易小，甚幸。虽然，臣受地于魏之先王，愿终守之，弗敢易。'王义而许之。"

这说明，安陵国能够暂存与唐且没有关系。关于唐且不辱使命的记载，本自《战国策·魏策四》，唐且，写作唐雎。袁行霈主编《中国文学史》认为，《战国策》这部书突出表现了纵横家的思想，作者对"士"心仪不已，不惜脱离史实，以虚构和想象进行文学性描写。黄岳洲、茅宗祥在《中华文学鉴赏宝库》中认为，《唐雎不辱使命》一文，内容未必尽合历史事实，但所表达的思想有积极意义。唐雎作为小国之臣，在孤立无援的危难情况下，对抗秦王，不辱使命，堪称一个临危不惧、机智果敢的伏虎英雄。他从"道义"上暗刺了秦王的不义，是一个反抗强暴、蔑视王侯的义侠和高士，这种无畏品格为时人和后人所赞赏。刘向是《战国策》一书的整理者，他将《唐雎不辱使命》选入《说苑》，说明他对本文是欣赏的，对其思想意义是肯定的，同时也表现了刘向的文学观。

第五章写子贡说吴王，内容比较简短。子贡是孔子学生中擅长外交辞令的弟子，"利口巧辞"，"常相鲁卫"，古代众多文献记载他在此次国家危难之时表现非凡。他略施小计，巧妙应对，周旋于列国之中，玩弄诸侯于股掌之间；凭三寸不烂之舌，纵横捭阖，取得了扭转乾坤、惊天动地的功勋。司马迁在《史记·仲尼弟子列传》中写道："故子贡一出，存鲁，乱齐，破吴，强晋而霸越。子贡一使，使势相破，十年之中，五国各有变。"左松超在《说苑集证》中认为，众多文献写子贡巧言乱德，不顾礼义，纵横捭阖，事涉阴谋，作为孔子高足，不宜至此。清代梁玉绳、崔述都认为此事虚诞不经，盖战国游说之士借子贡善于辞令托之而已，而"史公误信之耳"（参见《史记志疑》《洙泗考信余录》二书）。刘向在《说苑·奉使》中并没有采用众多文献的记载，而是以简短的内容写了子贡说服吴王出兵救鲁，取得诸侯朝吴的效果，给人平实可信之感。

第六章的精彩之处不在于表现使者赵仓唐，而在于魏文侯与太子击之间引用《诗经》所传达出来的美学意味。孔子说过："不学诗，无以言。"当时，《诗》流传甚广，人们在日常交流中经常引用，属于文化人必备修养。杨伯峻在《春秋左传注·襄公二十八年》中指出："春秋外交常以赋诗表意，赋者与听者各取所求，不顾本义，断章取义也。"徐建伟在其《说苑研究——以战国秦汉之间的文献积累与学术史为中心》一书中指出，这种引用代表了一种重要的修辞方式：以《诗》原义为基础的使用或类比使用。笔者认为，本章内容体现了中国古代解释学的一个突出特点，即"六经注我"。读者并不受文本原意的束缚，能够超越原意进入"读者意"，即借用。清人谭献在《复堂词录序》中说："作者之用心未必然，而读者之用心未必不然"。本章内容可以说是《诗经》解释史上典型的例子，具有突出的审美价值。另外，徐建伟在其著作中专门将本章与《韩诗外传·卷八》相关内容做了对比分析，通过比较二者的不同点，指出《说苑》与《韩诗外传》所引《诗经》传布系统明显不同，《说苑》并不承袭《韩诗外传》，而是各有所依据的文献群。这一观点值得重视。

第七章写豚尹奉命两次出使晋国，根据实情表达意见，供楚庄王参考。该章与第二十章主题有相同之处，即"修德可以免祸"。第八章从"奉使"的角度说，可以将柳下惠使齐的部分摘出单独成篇。据《左传·僖公二十六年》载，出使齐国者为柳下惠的弟弟展喜。第九章写陆贾凭智慧和勇气出使南越，说服尉佗，出色完成使命，为维护汉朝大一统江山建立了功勋。刘向选录本章是有特殊意义的，目的在于彰显汉帝国大一统的体制。南越地区本为秦帝国版图中的一部分，赵佗曾代行南海尉。秦灭后，赵佗合并桂林、象郡、南海，自立为南越武王，于是在中原王朝南疆出现了一个“南越国”。汉高帝十一年（前196年），刘邦特派“名有口辩”的陆贾出使南越，向赵佗宣扬大汉国威，使赵佗既仰慕又畏惧，欣然接受刘邦给予的“南越王”封号，从此“称臣奉汉约”，南越便成为大汉帝国的一个属国，是西汉王朝不可分割的一部分。陆贾出使南越有两次，本章所记为第一次。刘邦去世，吕后对南越实行禁运，引起赵佗不满，加之听到祖坟被掘烧，一气之下独立称帝，并派兵攻打长沙国。吕后曾派兵镇压，终因不服水土而罢兵。公元前179年汉文帝即位后，对南越采取安抚政策，再次派陆贾出使南越，带去皇帝书信，令赵佗去帝号，继续对汉称臣。

据《汉书·陆贾列传》记载：

> 陆贾至，南粤王恐，乃顿首谢，愿奉明诏，长为藩臣，奉贡职。

赵佗在上皇帝书中写道：

> 老夫身定百邑之地，东西南北数千万里，带甲百万有余，然北面而臣事汉，何也？不敢背先人之故。老夫处粤四十九年，于今抱孙焉。然夙兴夜寐，寝不安席，食不甘味，目不视靡曼之色，耳不听钟鼓之音者，以不得事汉也。今陛下幸哀怜，复故号，通使汉如故，老夫死骨不腐，改号不敢为帝矣！”

至汉武帝时，灭南越国，改设九个郡，汉族与越族进一步融合，终成一体。

第十章写宋使者维护国家尊严，虽然国家小，但尊严不可辱。第十一章写越使诸发维护国家尊严的故事，他以其人之道还治其人之身，“梁王闻之，披衣出，以见诸发，令遂（逐）韩子。”第十二至第十六章写晏子出使吴国和楚国的故事。这些故事历来广为流传，作为晏子富有智慧、善于外交辞令的典型案例。欣赏这几章，我们可以得出这样的结论，晏子“习辞者也”的特点表现为：第一，不卑不亢，语言得体，如第十三章和第十四章。第二，以子之矛，陷子之盾，如第十二章和第十六章。第三，顺手牵羊，巧妙归谬，如第十五章。

第十七章写秦使者沉着冷静，字字机智，句句勇敢。第十八章写楚使者聘于齐，齐王的过分自夸引起楚国使者不满，于是互揭对方伤疤，两败俱伤。这个故事说明，外交场合中，不要自夸，更不要揭短。第十九章启发读者，从外交的角度考虑，国家对使者的外部形象及名字不能不有所考虑。当然，对来访者无论其形象如何都应持尊重的态度，外交无小事。末章写魏文侯使舍人毋择献鹄于齐侯，结果途中鹄飞冲天，只献空笼。本章意义不大，看点只在使者运用排比句，显得滑稽可笑，引得齐王大悦。

读完此卷，静静思考，刘向虽然没有形成完整的外交思想体系，但从“奉使”中表现出来的外交理念是很可贵的，可谓开中国古代外交学之先河。

卷十三 权谋

【题解】

权谋，就是随机应变的计谋。春秋战国的形势，盛衰异变，云诡波谲，出现了众多谋略家，比如老子、姜太公等。仅《汉书·艺文志》“兵家”就有“兵权谋十三家”。秦汉之际，谋略之学再起，韩信、张良等大谋略家在灭项立汉的过程中发挥了重要作用。这必然影响到刘向。在刘向的《新序》中，“善谋”分为上、下两卷。在《说苑》中，刘向又设“权谋”一卷，由此可见，刘向对谋略十分重视。

刘向在第一章中明确提出：“夫权谋有正有邪，君子之权谋正，小人之权谋邪。”二者的区别在于，“夫正者，其权谋公，故其为百姓尽心也诚；彼邪者，好私尚利，故其为百姓也诈。”二者的结果也不同，“夫诈则乱，诚则平。”由此可知，刘向所谓权谋，不是要权术玩阴险，而是指安邦定国的谋略，是建立在道德基础之上的。与其他学派谋略理论相比，儒家谋略理论的独特之处，就在于把道德学说融入谋略学中，由此形成了“诡道”论与道德学说有机结合的学术特色。这不仅有别于道家与法家的权谋，也与一味强调阴毒诡诈的马基雅维里式的谋略理论颇不相同。有人把《说苑》全书当作一本权谋之书来看，并将其改名为《权谋书》翻译出版，实在是误解了刘向。

第一章是本卷的总纲。刘向首先阐明了谋略的重要性在于：“居乱世则不害于其身；在乎太平之世，则必得天下之权。”然后对权谋进行划分：权谋有上、下之分。“上谋知命，其次知事。”所谓“知命”，就是能够“预见存亡祸福之原，早知盛衰废兴之始；防事之未萌，避难于无形。”“知事”就是能够预见人事，有洞察力。在后面的几章中，刘向列举了孔子、东郭垂、缔疵、叔向、白圭、管仲、屈建等人，来具体说明其主张。“夫非知命知事者，孰能行权谋之术？”可见“知命”“知事”是行权谋的基础。刘向认为，权谋，要讲权变，要洞察事物，预见隐患，审时度势，不能死抱住僵死的观念不放。因此，即便天象不吉利，占卜时卦象凶险，但只要顺应天时，努力去做，就不会有祸患。武王伐纣，大风折旆，暴雨骤至，没有动摇武王的决心；城濮之战，晋文公做噩梦，见彗星，然而靠着顺势应时的人事，打败了楚军，成为一代霸主。而吴王夫差沽名钓誉，不听忠言，最后导致国灭身死。

本卷第40章以后，刘向列举了一部分偷袭对方和使用阴险狡诈手段置对手于死地的例子。仔细玩味刘向使用历史材料的角度，似乎他并不太不赞同这种做法，只是没有表明自己的态度而已。最后一章，写晋文公已经是大军兵临卫国城下，眼看就要攻取卫国，然而公子虑的“一笑”，使得文公顿时醒悟，立刻撤兵回国。刘向以此章作结，其用意还是比较明显的。

共四十八章。

一

圣王之举事，必先谛之于谋虑[1]，而后考之于蓍龟[2]。白屋之士[3]，皆关其谋；刍荛之役[4]，咸尽其心。故万举而无遗筹失策。传曰[5]：“众人之智，可以测天。兼听独断，惟在一人。”此大谋之术也。谋有二端：上谋知命，其次知事。知命者，预见存亡祸福之原，早知盛衰废兴之始；防事之未萌，避难于无形。若此人者，居乱世则不害于其身；在乎太平之世，则必得天下之权。彼知事者亦尚矣。见事而知得失成败之分，而究其所终极，故无败业废功。孔子曰：“可与适道，未可与权也[6]。”夫非知命知事者，孰能行权谋之术？夫权谋有正有邪。君子之权谋正，小人之权谋邪。夫正者，其权谋公，故其为百姓尽心也诚；彼邪者，好私尚利，故其为百姓也诈。夫诈则乱，诚则平。是故尧之九臣诚而兴于朝[7]，其四臣诈而诛于野[8]。诚者隆至后世，诈者当身而灭。知命知事而能于权谋者，必察诚、诈之原，而以处身焉，则是亦权谋之术也。夫知者举事也[9]，满则虑溢，平则虑险，安则虑危，曲则虑直[10]；由重其豫[11]，惟恐不及，是以百举而不陷也[12]。

【注释】

[1] 谛：深思。

[2] 蓍（shī）龟：指蓍草和龟甲。都是占卜之物。

[3] 白屋之士：平民。古代平民住屋不施彩，故称白屋。

[4] 刍荛（chú ráo）之役：割草打柴的仆役。刍，割草。荛，打柴。

[5] 传（zhuàn）：指古书。

[6] 可与适道，未可与权也：语出《论语·子罕》："可与共学，未可与适道；可与适道，未可与立；可与立，未可与权。"

[7] 九臣：参见卷一君道·十二章。

[8] 四臣：传说尧时的四个恶人，指共工、驩（huān）兜、三苗、鲧。《尚书·舜典》："流共工于幽州，放驩兜于崇山，窜三苗于三危，殛鲧于羽山，四罪而天下咸服。"

[9] 知：同"智"。

[10] 曲则虑直：当为"直则虑曲"。顺利时考虑到曲折。《荀子·仲尼》无此句。

[11] 由重其豫：由，当作"曲"，详尽，全面。豫，预备，防范。语出《荀子·仲尼》："故知者之举事也，满则虑嗛（嗛 qiàn，通'谦'），平则虑险，安则虑危；曲重其豫，犹恐及其祸，是以百举而不陷也。"

[12] 陷：过失。

【今译】

圣明的君王做事情，一定事先深思熟虑，然后通过占卜考察吉凶。凡贫寒之士,都可以出谋划策;割草打柴之人,也可尽心筹划。所以圣明的君王能做很多事情却无失策失算的时候。古书上说:“众人的智慧,可以预测天意。广泛听取而独立判断,只在一个人身上。”这就是谋划大事的方法。谋略有两等:上等的谋略可以预知天命,次一等的谋略可以预知人事。预知天命的人能够事先了解存亡祸福的根源,及早了解盛衰废兴的端由;在坏事情萌芽之前就加以预防,在灾难没有形成的时候就加以规避。像这样的人,身居乱世却不会危及自身;处于太平盛世,一定会掌握国家重权。能够预知人事的人也是很好的。遇到事情就能够预知得失成败的区别,并能追寻事物的结果,所以不会有失败荒废的功业。孔子说:“可以和他一起达到某种成就,未必可以和他一起通权达变。”那些不能预知天命和人事的人,谁能够使用权谋的方法呢?权谋有正、邪的区别。君子的权谋正当,小人的权谋邪恶。正当的权谋公正,所以为百姓办事能够全心全意;邪恶的权谋为了自己的私利,所以为百姓办事就虚假。虚假会导致混乱,诚心则能太平。所以尧的九位良臣诚心为公就能够在朝廷受到重用,另外四个恶人虚假就被诛杀在野外。诚心的人兴隆福及子孙,虚假的人本身就会遭受灭亡。能够预知自然规律和人事并善于权谋的人,一定能明察诚心和虚假的根源,以此来立身行事,这也是权谋的方法。聪明的人做事情,盈满的时候会考虑到会外溢,平安的时候会考虑到有险恶,安定的时候会考虑到可能出现危险。全面慎重地加以防范,仍然担心有考虑不周的地方,因此做任何事情都不会出现过失。

二

杨子曰[1]:“事之可以之贫,可以之富者,其伤行者也;事之可以之生,可以之死者,其伤勇者也。”仆子曰[2]:“杨子智而不知命,故其知多疑。语曰‘知命者不惑’,晏婴是也。”

【注释】

[1] 杨子:即杨朱,见卷七政理·三十一[1]。
[2] 仆子:人名。生平不详。

【今译】

杨子说:"如果一件事情既可以因为它贫穷,也可以因为它富裕,这样的事情就会损害人的品行;如果一件事情既可以因为它生存,也可以因为它死亡,这样的事情就会损害人的勇气。"仆子说:"杨子富有智慧但不知天命,所以他看待事物的时候多疑。古语说'了解天命的人不困惑',晏婴就是这样的人。"

三

赵简子[1]曰:"晋有泽鸣、犊犨[2],鲁有孔丘,吾杀此三人,则天下可图也。"于是乃召泽鸣、犊犨,任之以政而杀之。使人聘孔子于鲁。孔子至河,临水而观曰:"善哉水!洋洋乎!丘之不济于此,命也夫!"子路趋进曰:"敢问奚谓也?"孔子曰:"夫泽鸣、犊犨,晋国之贤大夫也。赵简子之未得志也,与之同闻见,及其得志也,杀之而后从政。故丘闻之,刳胎焚夭[3],则麒麟[4]不至;干泽而渔,蛟龙不游[5];覆巢毁卵,则凤凰不翔。丘闻之,君子重伤其类者[6]也。"

【注释】

[1] 赵简子:见卷一君道·三十三[1]。
[2] 泽鸣、犊犨(chōu):晋国贤大夫,生平不详。
[3] 刳(kū)胎焚夭(ǎo):刳,剖开。夭,幼小的东西。
[4] 麒麟:传说中的仁兽,象征吉祥。也比喻杰出人物。
[5] 蛟龙不游:"蛟"前脱"则"字。
[6] 重伤其类者:对同类遭遇不幸很是伤痛。

【今译】

赵简子说："晋国有泽鸣、犊犨，鲁国有孔子，如果我杀了这三个人，那么就可以谋取天下了。"于是就召见泽鸣、犊犨，把政事委托给他们，然后就杀了他们。又派人去鲁国聘请孔子。孔子来到黄河岸边，在水边观看说："好呀，黄河水！我孔丘不能渡过此河，是命中注定的啊！"子路快步走向前来说："请问老师说什么呢？"孔子说："那泽鸣和犊犨，是晋国的贤大夫。赵简子不得志的时候，与他们一起治理政事；等他得志后，就杀了二人独自执政。我听说，剖腹取胎，焚烧幼小的东西，那么麒麟就不会到他那里去；把湖里的水抽干了去捕鱼，蛟龙就不会到他那里去游玩；倾覆鸟巢、毁坏鸟卵，那么凤凰就不会飞到他那里去。我听说，君子对同类遭遇不幸很是伤痛。"

四

孔子与齐景公[1]坐，左右白曰："周使来，言周庙燔[2]。"齐景公出问曰："何庙也？"孔子曰："是釐王[3]庙也。"景公曰："何以知之？"孔子曰："《诗》云：'皇皇上帝，其命不忒。天之与人，必报有德[4]。'祸亦如之。夫釐王变文、武之制而作玄黄宫室[5]，舆马奢侈，不可振也。故天殃其庙，是以知之。"景公曰："天何不殃其身，而殃其庙乎？"子曰："天以文王之故也。若殃其身，文王之祀，无乃绝乎？故殃其庙，以章[6]其过也。"左右入报曰："周釐王庙也。"景公大惊，起再拜曰："善哉！圣人之智，岂不大乎！"

【注释】

[1] 齐景公：见卷一君道・十七[1]。

[2] 燔(fán)：焚烧。

[3] 釐(xī)王:春秋时东周国王,姬姓,名胡齐,周庄王之子。公元前681年至前677年在位。

[4] "皇皇上帝,其命不忒(tè)"句:皇皇,伟大的样子。忒,差错。《诗经》逸诗。

[5] 玄黄宫室:玄黄,将宫室变成了黑色和黄色。周为火德,应该崇尚赤色。周釐王改变了周文、武尚赤色的制度,代之以黑色和黄色。这样也就改变了周的德运。这是古代关于"五行说"的理论。

[6] 章:同"彰",显著,明显。

【今译】

孔子与齐景公坐着谈话,身边的人报告说:"周朝使者来了,说周庙被烧了。"齐景公出来问道:"被烧的是谁的庙呢?"孔子曰:"是周釐王的庙。"齐景公说:"凭借什么知道的呢?"孔子说:"《诗经》上说:'伟大的天帝,他的命令不会有错。上天帮助人,一定回报有德之人。'上天降祸也是这样。周釐王改变了周文王、武王尚赤色的制度,将宫室变成了黑色和黄色,车马豪华奢侈。他不可挽救了。所以上天毁坏他的祭庙,因此知道他的庙被烧。"齐景公说:"上天为什么不降祸到他身上,却降祸到他的庙上呢?"孔子曰:"因为文王的缘故。如果祸及到他自身,文王不就断绝后代了吗?所以祸及其庙,来彰显他的错误。"这时身边的人来报告说:"被烧的是周釐王的庙。"齐景公非常惊讶,起身向孔子拜了两拜说:"好啊!圣人的智慧,真是伟大呀!"

五

齐桓公与管仲谋伐莒[1],谋未发而闻于国。桓公怪之,以问管仲。管仲曰:"国必有圣人也。"桓公叹曰:"歖[2]!日之役者,有执柘杵而上视者[3],意其是邪?"乃令复役,无得相代。少焉,东郭垂至[4]。管仲曰:"此必是也。"乃令傧者延而进之[5],分级而立[6]。

管仲曰:"子言伐莒者也?"对曰:"然。"管仲曰:"我不言伐莒,子何故言伐莒?"对曰:"臣闻君子善谋,小人善意,臣窃意之也。"管仲曰:"我不言伐莒,子何以意之?"对曰:"臣闻君子有三色:优然喜乐者[7],钟鼓之色;愀然清净者,缞绖之色[8];勃然充满者,此兵革之色也。日者,臣望君之在台上也,勃然充满,此兵革之色;君吁而不吟[9],所言者莒也;君举臂而指,所当者莒也。臣窃虑小诸侯之未服者,其惟莒乎?臣故言之。"君子曰:"凡耳之闻以声也。今不闻其声,而以其容与臂,是东郭垂不以耳听而闻也。桓公、管仲虽善谋,不能隐。圣人之听于无声,视于无形,东郭垂有之矣!故桓公乃尊禄而礼之。"

【注释】

[1] 齐桓公与管仲谋伐莒(jǔ):齐桓公,见卷一君道·十六[1]。管仲,见卷一君道·十六[2]。莒(jǔ),古国名。西周分封的诸侯国。己姓,一说曹姓。开国君主是兹舆期,建都计斤(一作介根,今山东胶州市西南),春秋初年迁于莒(今山东莒县)。公元前431年为楚所灭。后属齐,前284年燕将乐毅大破齐,唯莒与即墨未下,即此。

[2] 歖:同"嘻"。

[3] 柘杵:柘木做的夯土的杵。杵,夯土的工具。

[4] 东郭垂:人名,事如本文。

[5] 傧(bīn)者:接引宾客的人。

[6] 分级而立:分别在左右台阶上站立。古代礼节,主客不同阶。

[7] 优然:悠闲的样子。

[8] 缞绖(cuī dié):缞,古代丧服,用麻布制成,披在胸前。绖,丧服中的麻带,系在腰间或头上。

[9] 吁而不吟(jìn):张成"吁"的口型而不闭嘴。吟,通"噤",闭口。

【今译】

齐桓公与管仲谋划进攻莒国,结果还未公布就在国都传播开了。桓公对此感到奇怪，就问管仲。管仲说："国都一定有聪明睿智之人。"桓公叹息说："嘻，那天服劳役的人中，有一个人手拿着柘杵向台上看，估计就是他吧？"于是下令那天服劳役的人再次来服劳役，不能代替。不长时间，东郭垂到了。管仲说："一定是这个人了。"就让接引宾客的人引导他进宫来，主、客分别在左右台阶站立。管仲说："你就是那个传播要进攻莒国的人吧？"东郭垂回答："是的。"管仲说："我没有说进攻莒国，你为什么就传播要进攻莒国呢？"东郭垂回答说："我听说君子善于谋划，小人善于猜测。是我个人猜测的。"管仲说："我没有说进攻莒国，你凭什么猜测得到呢？"东郭垂回答说："我听说君子面部有三种表情：悠闲高兴，这是听钟鼓音乐时的表情；忧伤清净，这是有丧事时的表情；充满怒气，这是要出征打仗时的表情。那天，我远远看见国君在台上，充满怒气，这是要出征打仗时的表情。国君张成"吁"的口型而不闭嘴，所说的就是莒国；国君举起手臂指的方向，正对着的就是莒国。我私下考虑，小诸侯国中还没有臣服的，大概只有莒国了吧？所以我就那样说了。"有君子说："耳朵是凭借着声音来倾听的。现在听不到声音，而凭着脸色和手臂，这个东郭垂不靠耳朵听就能有所知晓啊！桓公、管仲虽然善于谋划，却无法隐藏消息。聪明睿智之人能够在没有声音的地方听出声音来，在没有形状地方看出形状来，东郭垂就达到了这样的境界啊！所以桓公就给他优厚的俸禄并且对他以礼相待。"

六

晋太史屠馀见晋国之乱[1]，见晋平公之骄而无德义也[2]，以其国、法归周[3]。周威公见而问焉[4]，曰："天下之国，其孰先亡？"对曰："晋先亡。"威公问其说。对曰："臣不敢直言，示晋公以天妖，日月星辰之行多不当。曰：'是何能然？'示以人事多不义，百姓多怨。

曰:'是何伤?'示以邻国不服,贤良不兴[5]。曰:'是何害?'是不知所以存,所以亡。故臣曰晋先亡。"居三年,晋果亡。威公又见屠馀而问焉。曰:"孰次之?"对曰:"中山次之。"威公问其故。对曰:"天生民,令有辨;有辨,人之义也。所以异于禽兽麋鹿也,君臣上下所以立也。中山之俗,以昼为夜,以夜继日,男女切踦[6],固无休息;淫昏康乐,歌讴好悲,其主弗知恶,此亡国之风也。臣故曰中山次之。"居二年,中山果亡。威公又见屠馀而问曰:"孰次之?"屠馀不对,威公固请。屠馀曰:"君次之。"威公惧,求国之长者,得锜畴、田邑而礼之[7];又得史理、赵巽以为谏臣[8],去苛令三十九物[9],以告屠馀。屠馀曰:"其尚终君之身[10]。臣闻国之兴也,天遗之贤人,与之极谏之士;国之亡也,天与之乱人与善谀者。"威公薨[11],九月不得葬,周乃分而为二。故有道者言,不可不重也。

【注释】

[1] 屠馀:人名,晋幽公时太史。
[2] 晋平公:史实与时间不合。当为"晋幽公"。
[3] 国法:国,当作"图"字。图、法,指晋国的图册和法典。
[4] 周威公:见卷三建本·十九[3]。
[5] 兴:《吕氏春秋·先识》作"举"。于义为胜。
[6] 切踦(qiè yǐ):耳鬓厮磨,互相偎依。形容十分亲昵。《吕氏春秋·先识》作"切倚"。
[7] 锜(yǐ)畴、田邑:周威公时贤臣。
[8] 史理、赵巽(xùn):周威公时贤臣。
[9] 物:件。量词。
[10] 其尚:大概,或许。
[11] 薨(hōng):死。古代称诸侯死为"薨"。

【今译】

晋国的太史官屠馀看到晋国内部混乱,看到晋国君主骄奢淫逸丧失道义，就带着晋国的图册和法典归顺周国。周威公接见他时问道："天下的诸侯国，哪一个会先灭亡？"屠馀回答说："晋国先灭亡。"威公问他原因。屠余回答说："我不敢直言，就拿天象不吉祥、日月星辰运行不正常来暗示晋公。晋公说：'这能怎么样呢？'我又拿人事的处理多不合道义、百姓怨声载道的事情来启发他。晋公说：'这能有什么妨害呢？'我又拿邻国不肯归附，贤良之士不被举荐的事情来启发他。晋公说：'这能有什么危害呢？'这就说明他不懂得国家存亡的规律啊。所以我说晋国先灭亡。"过了三年，晋国果然灭亡了。周威公又接见屠馀问他道："下一个灭亡的是哪一个国家？"屠馀回答说："下一个是中山国。"威公问他原因。屠余回答说："上天创造了人，使他们男女有别。男女有别，是人伦原则，是人区别于禽兽麋鹿的地方，是确立君臣上下关系的基础。中山国的风俗，把白天当作黑夜，夜以继日，男女耳鬓厮磨，互相偎依，连一点休止的时候也没有；过度纵情享乐，唱歌喜欢悲声，国君不知厌恶，这是亡国的风俗啊。所以我说下一个是中山国。"过了两年，中山国果然灭亡了。周威公又接见屠馀问他道："下一个灭亡的是哪一个国家？"屠余不回答，威公继续问他。屠馀回答说："下一个就是您。"威公害怕了，就访求国家中德高望重的人，得到了锜畴、田邑，以礼相待，又得到了史理、赵巽，让他俩做谏官；废除苛刻的条令三十九件。威公把此事告诉屠馀，屠馀说："这样大概可以保您一生平安。我听说国家要兴盛，上天会送给他贤能的人，送给他直言敢谏的人；国家要灭亡，上天会送给他乱臣贼子和阿谀奉承之人。"威公死后，过了九个月尸体不能安葬，于是周国分裂为东、西二周两个小国。所以有道之人的话，不能不重视。

七

齐侯[1]问于晏子曰："当今之时，诸侯孰危？"对曰："莒[2]其亡乎？"公曰："奚故？"对曰："地侵于齐，货竭于晋，是以亡也。"

【注释】

[1] 齐侯:《晏子春秋·问下》作"齐公"。当指齐景公。
[2] 莒:见本卷五[1]。

【今译】

齐景公问晏子:"现在,诸侯谁会先灭亡?"晏子说:"莒国大概要灭亡吧?"景公问:"什么原因?"晏子回答说:"莒国的土地被齐国侵占,财物被晋国取尽,因此会灭亡。"

八

智伯从韩、魏之兵以攻赵[1],围晋阳之城而溉之,城不没者三板。絺疵谓智伯曰[2]:"韩、魏之君必反矣。"智伯曰:"何以知之?"对曰:"夫胜赵而三分其地,今城未没者三板[3],臼灶生鼃[4],人马相食,城降有日矣。而韩、魏之君无喜志而有忧色,是非反何也?"明日,智伯谓韩、魏之君曰:"疵言君之反也。"韩、魏之君曰:"必胜赵而三分其地,今城将胜矣。夫二家虽愚,不弃美利而偝约为难不可成之事[5],其势可见也。是疵必为赵说君,且使君疑二主之心,而解于攻赵也[6]。今君听谗臣之言,而离二主之交,为君惜之。"智伯出,欲杀絺疵,絺疵逃。韩、魏之君果反。

【注释】

[1] 智伯:见卷三建本·二十九[3]。
[2] 絺(chī)疵:人名,智伯家臣。
[3] 三板:六尺高。古代一板 2 尺。板,古代筑墙用的框板。
[4] 臼灶生鼃(wá):臼,舂米的器具。灶,锅灶。鼃,同"蛙"。
[5] 偝(bèi):违背。
[6] 解(xiè):同"懈"。

【今译】

智伯率领韩康子、魏宣子两家的军队去攻打赵襄子，包围晋阳城并引水淹城，还差三板的高度晋阳城就被淹没了。絺疵对智伯说："韩、魏的君主一定会反叛。"智伯说："你凭借什么知道的？"絺疵回答说："如果战胜了赵氏就要三家瓜分土地，现在还差三板的高度晋阳城就被淹没了，城里臼、灶中栖息着青蛙，人们靠吃马肉生存，赵氏很快就要投降了。但是韩、魏两家的君主不但没有喜悦的神色反而流露出忧虑的表情，这不是要反叛是什么呢？"第二天，智伯对韩、魏两家的君主说："絺疵说你们一定会反叛。"韩、魏两家的君主说："我们一定要战胜赵氏并且三家瓜分他的土地，现在攻城就要胜利了。我们两家虽然愚笨，却也不会放弃这么好的利益而违背盟约去做那不可能实现的事情，形势是显而易见的。这一定是絺疵替赵氏君主游说于您，并且使得您怀疑我们两家的诚心，从而使我们懈怠对赵氏的进攻。现在您听信谄谀之臣的话，离间与我们两家的交情，我们为您感到遗憾。"智伯出来后，想要杀掉絺疵，絺疵就逃走了。后来韩、魏两家的君主果然反叛了。

九

鲁公索氏将祭而亡其牲[1]。孔子闻之曰："公索氏比及三年必亡矣[2]。"后一年而亡。弟子问曰："昔公索氏亡牲，夫子曰比及三年必亡矣。今期年而亡[3]。夫子何以知其将亡也？"孔子曰："祭之为言索也，索也者，尽也[4]，乃孝子所以自尽于亲也。至祭而亡其牲，则余所亡者多矣。吾以此知其将亡矣。"

【注释】

[1] 公索氏：鲁国大夫。
[2] 比及：等到。

[3] 期(jī)年：满一年。
[4] 索：尽。

【今译】

鲁国公索氏将要祭祀祖先却丢失了祭祀用的牺牲。孔子听到后说："公索氏等到三年一定会灭亡。"后来一年就灭亡了。弟子问孔子："从前公索氏丢失了祭祀用的牺牲，先生说等到三年一定会灭亡，如今一年就灭亡了。先生凭什么知道他将要灭亡呢？"孔子说："祭祀的意思，就是索；索，就是尽，是孝顺的子孙用来向祖先尽孝的方式。到了祭祀的时候却丢失了祭祀用的牺牲，那么做其他事情丢失的东西就太多了。我因此知道他将要灭亡了。"

十

蔡侯、宋公、郑伯朝于晋。蔡侯谓叔向[1]曰："子亦奚以语我？"对曰："蔡言地计众，不若宋、郑，其车马衣裘侈于二国，诸侯其有图蔡者乎？"处期年，荆[2]伐蔡而残之。

【注释】

[1] 叔向：见卷五贵德·十三[2]。
[2] 荆：楚国。

【今译】

蔡侯、宋公、郑伯到晋国朝拜。蔡侯对叔向说："先生有什么话告诉我吗？"叔向说："蔡国要说土地、民众，比不上宋、郑两国，但是您的车马衣裘却比那两个国家的君主奢侈，诸侯中大概有人会图谋蔡国吧？"过了一年，楚国攻打蔡国并灭掉了它。

十一

白圭之中山[1]，中山王欲留之，固辞而去。又之齐，齐王亦欲留之，又辞而去。人问其辞[2]。白圭曰："二国将亡矣。所学者，国有五尽：故莫之必忠[3]，则言尽矣[4]；莫之必誉，则名尽矣；莫之必爱，则亲尽矣；行者无粮，居者无食，则财尽矣；不能用人，又不能自用，则功尽矣。国有此五者，毋幸，必亡。中山与齐皆当此。"若使中山之与齐也闻五尽而更之，则必不亡也。其患在不闻也，虽闻又不信也。然则人主之务，在乎善听而已矣。

【注释】

[1] 白圭：名丹，周人，与惠施、孟轲同时。曾为魏惠王之相，以善于治水和筑堤著称。提出贸易致富理论，成为当时商人崇奉的祖师，所谓"天下言治生者祖白圭。"参见《史记·货殖列传》。清代有学者认为战国时有两个白圭。

[2] 辞：《吕氏春秋·先识》作"故"。于义为胜。

[3] 故莫之必忠：没有坚决忠诚的人。故，疑为衍文。

[4] 言：《吕氏春秋·先识》作"信"。于义为胜。

【今译】

白圭到中山国，中山国的国王想留住他，他坚决告辞而离开了；又到齐国去，齐王想留住他，又告辞而离开了。有人问他为什么坚决离开。白圭说："因为这两个国家将要灭亡。据我所知，有五种情况预示国家将要灭亡：没有人觉得必须忠诚于国家了，那么说明国家的信义就完蛋了；没有人觉得必须称赞国家了，那么说明国家的名声就完蛋了；没有人觉得必须热爱国家了，那么说明国家没有可以亲近之人了；行路的人缺乏粮食，居住的人缺乏食物，那么说明国家的财产竭尽了；不能重用他人，又不能施展自己的才华，那么说明国家的功业就完蛋了。国家有了这样五种情况，就不会幸免，一定会灭亡。中山国与齐国都存在这五种情况。"如果中山国与齐国听到这"五尽"并改正，那一定不会灭亡的。他们的问题在于没有听到，即便听到也不肯相信。这样看来，国君最重要的事情就是善于听取别人的意见。

十二

下蔡威公闭门而哭[1]，三日三夜，泣尽而继以血。旁邻窥墙而问之曰："子何故而哭悲若此乎？"对曰："吾国且亡。"曰："何以知也？"应之曰："吾闻病之将死也，不可为良医；国之将亡也，不可为计谋。吾数谏吾君，吾君不用，是以知国之将亡也。"于是窥墙者闻其言，则举宗而去之于楚[2]。居数年，楚王果举兵伐蔡。窥墙者为司马，将兵而往，来虏甚众[3]，问曰："得无有昆弟故人乎[4]？"见威公缚在虏中，问曰："若何以至于此？"应曰："吾何以不至于此？且吾闻之也，言之者，行之役也；行之者，言之主也。汝能行，我能言，汝为主，我为役。吾亦何以不至于此哉？"窥墙者乃言之于楚王，遂解其缚，与俱之楚。故曰："能言者未必能行，能行者未必能言。"

【注释】

[1] 下蔡威公：下蔡，即今安徽凤台县。蔡，本西周封国，姬姓。开国君主是周武王弟叔度，因随同武庚反叛，被周公放逐。后改封其子蔡仲（名胡）于蔡。建都上蔡（今河南上蔡西南）。春秋时，常受楚逼迫，多次迁移。平侯迁新蔡（今河南新蔡县），昭侯迁州来（今安徽凤台），称下蔡。威公，人名，生平不详。

[2] 举宗：带领全族人。

[3] 来虏甚众：抓来的俘虏很多。

[4] 昆弟：兄弟朋友。

【今译】

下蔡的威公在家闭门哭泣，哭了三天三夜，眼泪哭干了接着哭出来的是血。邻居在墙外窥探他，问："先生为何而哭泣得如此悲伤啊？"威公回答说："我们的国家就要灭亡了。"邻居问他："凭借什么知道国家将要灭亡呢?”威公回答说:“我听说人生病快要死了,良医也无可奈何;国家将要灭亡,什么计谋也无济于事。我多次劝谏我们国君,国君不采纳,因此知道国家将要灭亡。”窥探的人听后就带领全族人离开下蔡逃到楚国。过了几年,楚王果然发兵攻打蔡。那个窥探的人做了司马,带领军队前往,抓来的俘虏很多,他问道:“俘虏中会不会有我的兄弟朋友?”他看见威公被捆绑在俘虏群中,问威公:“你怎么落到了这步田地?”威公回答说:“我怎么就不会落到这步田地呢?我听说,言语是行为的仆役;行为是言语的主人。你能行动,我能说话,你是主人,我是仆役。我怎么不会落到这步田地呢?”窥探的人就把威公的事情告诉了楚王,于是解开了捆绑威公的绳索,和他一起到楚国。所以说:“能说的人未必能行动,能行动的人未必能说。”

十三

管仲有疾,桓公往问之,曰:“仲父若弃寡人[1],竖刁可使从政乎[2]?”对曰:“不可。竖刁自刑以求入君[3],其身之忍,将何有于君?”公曰:“然则易牙可乎[4]?”对曰:“易牙解其子以食君[5],其子之忍,将何有于君?若用之,必为诸侯笑。”及桓公殁,竖刁、易牙乃作难。桓公死六十日,虫出于户而不收[6]。

【注释】

[1] 弃寡人:去世的委婉说法。

[2] 竖刁:见卷五贵德·五[4]。

[3] 自刑:自我阉割。《管子·小称》载竖刁以自宫方式求入宫侍奉桓公。

[4] 易牙:见卷五贵德·五[4]。

[5] 解其子以食君:肢解自己的儿子让桓公吃。《管子·小称》载桓公厨师易牙曾烹子食君。

[6] 虫出于户而不收:尸体内的虫子爬出门外。

【今译】

管仲有病，桓公前去看望他，问道："仲父万一离我而去，可以让竖刁执政吗？"管仲回答说："不可以。竖刁自我阉割来请求到国君身边侍候，他对自己的身体如此忍心残害，对于您还能有什么不忍心去做的呢？"桓公说："那么可以让易牙执政吗？"管仲回答说："易牙肢解自己的儿子给您吃，他对自己的亲生儿子如此忍心，对于您还能有什么不忍心去做的呢？如果重用他们，一定会被诸侯耻笑。"等到桓公死后，竖刁、易牙就作乱。桓公死了六十天，尸体内的虫子都爬出门外了也无人来收殓埋葬。

十四

石乞侍坐于屈建[1]。屈建曰："白公其为乱乎[2]？"石乞曰："是何言也？白公至于室无营，所下士者三人，与己相若臣者五人，所与同衣者千人。白公之行若此，何故为乱？"屈建曰："此建之所谓乱也。以君子行，则可于国家。行过礼则国家疑之，且苟不难下其臣，必不难高其君矣。建是以知夫子将为乱也。"处十月，白公果为乱。

【注释】

[1] 石乞侍坐于屈建：石乞，楚国勇士，白公胜手下。侍坐，陪坐。屈建，见卷三建本·二十七[3]。

[2] 白公：名胜，楚平王之孙，太子建之子，封为白公。后作乱，事败自缢而死。白公与屈建不同时。此记误。赵逵夫《屈原与他的时代》认为，此屈建当是屈春之子，与楚恭王时令尹屈建(屈到之子)非同一人。

【今译】

石乞陪同屈建坐着。屈建说："白公恐怕要作乱吧？"石乞说：

"这是什么话？白公不经营宫室，他屈己以礼相待的士人有三个，与自己地位相同而以礼相待的人有五个，与他同衣共食的有千人。像白公这样的行为，怎么会作乱呢？"屈建说："这正是我要说的作乱的征兆。他的做法从君子的角度说是可以的，但对国家来说行为超越了礼仪，那么国家就应怀疑他。况且如果不以甘居人下为难事的人，也一定不以高居于国君之上为难事。"过了十个月，白公果然作乱。

十五

韩昭侯造作高门[1]。屈宜咎曰[2]："昭侯不出此门。"曰："何也？"曰："不时。吾所谓不时者，非时日也。人固有利不利，昭侯尝利矣，不作高门。往年秦拔宜阳[3]，明年大旱，民饥，不以此时恤民之急也，而顾反益奢，此所谓福不重至，祸必重来者也。"高门成，昭侯卒。竟不出此门。

【注释】

[1] 韩昭侯造作高门：韩昭侯，战国时韩国国君。以申不害为相，国内大治，诸侯不来侵犯。公元前362年至前333年在位。造作，《史记·韩世家》无"造"字。高门，高大的宫门。

[2] 屈宜咎：一作"屈宜臼"，楚国大夫，时亡在魏。

[3] 宜阳：韩地，故城在今河南省宜阳县西。秦拔宜阳在公元前307年。

【今译】

韩昭侯建造高大的宫门。屈宜咎说："昭侯不能走出此门。"有人问："为什么？"回答说："不合时宜。我所说的不合时宜，并非指时日。一个人本来就有有利和不利的时候，昭侯曾经有过有利的形势，那时不建造高门。前年秦国攻取了宜阳，去年遭遇大旱，百姓遭受饥荒，昭侯不在这个时候救济百姓的困难，反而更加奢侈，这就叫作福无双至，祸不单行啊。"高门建成了，昭侯也死了，最终也没能走出此门。

十六

丑子颜自大术至乎平陵城下[1]，见人子问其父，见人父问其子。田子方曰[2]："其以平陵反乎？吾闻行于内，然后施于外。子颜欲使其众甚矣。"后果以平陵叛。

【注释】

[1] 丑子颜自大术至乎平陵：丑子颜，一作"田子颜"。生平不详。大术，地名，不详所在。平陵，春秋晋邑。在今山西交城县西南。

[2] 田子方：见卷二臣术·五[12]。

【今译】

丑子颜从大术来到平陵城下，看见别人的儿子就问候他的父亲，看见别人的父亲就问候他的儿子。田子方说："恐怕丑子颜要凭借平陵城反叛吧？我听说一个人在内心蓄谋已久，然后就在外部表现出来。子颜想要役使他的百姓也太明显了。"后来子颜果然凭借平陵城反叛了。

十七

晋人已胜智氏[1]，归而缮甲砥兵[2]。楚王恐，召梁公弘曰[3]："晋人已胜智氏矣，归而缮甲兵，其以我为事乎？"梁公曰："不患。害其在吴乎？夫吴君恤民而同其劳，使其民重上之令，而人轻其死以从上使，如虏之战。臣登山以望之，见其用百姓之信，必也勿已乎？其备之若何？"不听，明年，阖庐袭郢[4]。

【注释】

[1] 智氏：即智伯，见卷三建本·二十九[3]。

[2] 缮甲砥兵：缮，修整。甲，盔甲。砥，磨砺。

[3] 梁公弘：春秋时楚国人，楚昭王大夫。

[4] 阖庐袭郢（yǐng）：阖庐，见卷八尊贤·五[1]。郢，春秋时楚国都城。今湖北荆州市荆州区西北。

【今译】

晋国人灭掉了智氏，回去后修整盔甲磨砺兵器。楚王恐惧，召见梁公弘说："晋国人灭掉了智氏，回去后修整盔甲磨砺兵器，恐怕是把我国作为进攻的目标吧？"梁公说："不用担心。楚国的忧患恐怕是来自吴国吧。那吴国的国君抚恤百姓，与百姓同劳苦，使得百姓听从君主的命令，百姓不怕牺牲生命来服从国君的役使，像奴隶上战场一样。我登到山上去观望，看见他们役使百姓时讲究信义，一定不会放弃侵犯楚国。我们应该防备他们的进攻，怎么样呢？"楚王不听，第二年，阖庐率军攻入郢都。

十八

楚庄王欲伐陈[1]，使人视之。使者曰："陈不可伐也。"庄王曰："何故？"对曰："其城郭高，沟壑深，蓄积多，其国宁也。"王曰："陈可伐也。夫陈小国也，而蓄积多，蓄积多，则赋敛重；赋敛重，则民怨上矣。城郭高，沟壑深，则民力罢矣[2]。"兴兵伐之，遂取陈。

【注释】

[1] 楚庄王欲伐陈：楚庄王，见卷一君道·十九[1]。陈，西周封国，妫（guī）姓，都宛丘，今河南淮阳县，公元前478年为楚所灭。

[2] 罢（pí）：通"疲"。

【今译】

楚庄王想要进攻陈国，派人察看陈国情况。使者回来说："不能进攻陈国。"庄王说："什么原因呢？"回答说："陈国的城墙高峻，护城河深邃，财物蓄积众多，国内安宁。"庄王说："可以进攻陈国。那陈国是个小国，却蓄积众多财物；蓄积众多财物，就会加重百姓的赋税；加重百姓的赋税，百姓就会怨声载道。城墙高峻，护城河深邃，民力就会疲乏了。"发兵进攻，于是攻取了陈国。

十九

石益谓孙伯曰[1]："吴将亡矣，吾子亦知之乎[2]？"孙伯曰："晚矣，子之知之也！吾何为不知？"石益曰："然则子何不以谏？"孙伯曰："昔桀罪谏者，纣焚圣人，剖王子比干之心；袁氏之妇络而失其纪[3]，其妾告之，怒弃之。夫亡者，岂斯人知其过哉[4]？"

【注释】

[1] 石益谓孙伯：石益、孙伯，生平不详。推测当为吴国臣子。

[2] 吾子：对对方的尊称。

[3] 袁氏之妇络而失其纪：袁氏妇人缠绕丝线时乱了丝的头绪。袁氏妇人，不详出处。络，缠绕。纪，丝的头绪。

[4] 斯：吴勉学本作"期"。从之。

【今译】

石益对孙伯说："吴国将要灭亡了，你知道吗？"孙伯说："你知道得太晚了！我怎能不知道呢？"石益说："那么你为什么不向国君进谏呢？"孙伯说："从前夏桀治罪进谏的人，商纣王烧死圣人，剖开王子比干的心；袁氏妇人缠绕丝线时乱了丝的头绪，小妾告诉她，她大怒赶走了小妾。能够使国家灭亡的君主，难道希望别人指出他的过失吗？"

二十

孝宣皇帝之时[1]，霍氏奢靡[2]，茂陵徐先生曰[3]："霍氏必亡。夫在人之右而奢，亡之道也。孔子曰：'奢则不逊。'夫不逊者，必侮上；侮上者，逆之道也。出人之右，人必害之。今霍氏秉权，天下之人疾害之者多矣。夫天下害之，而又以逆道行之，不亡何待？"乃上书言"霍氏奢靡，陛下即爱之，宜以时抑制，无使至于亡。"书三上，辄报"闻"。其后霍氏果灭。董忠等以其功封[4]。人有为徐先生上书者曰："臣闻客有过主人者，见灶直突[5]，傍有积薪[6]。客谓主人曰：'曲其突，远其积薪，不者，将有火患。'主人默然不应。居无几何，家果失火，乡聚里中人哀而救之，火幸息。于是杀牛置酒，燔发灼烂者在上行[7]，余各用功次坐，而反不录言曲突者[8]。向使主人听客之言，不费牛、酒，终无火患。今茂陵徐福数上书言霍氏且有变，宜防绝之。向使福说得行，则无裂地出爵之费，而国安平自如。今往事既已，而福独不得与其功，惟陛下察客徙薪曲突之策，而使居燔发灼烂之右。"书奏，上使人赐徐福帛十匹，拜为郎。

【注释】

[1] 孝宣皇帝：见卷五贵德・十二[1]。

[2] 霍氏：指霍光家族。霍光，西汉河东平阳（今山西临汾西南）人，字子孟。霍去病异母弟。武帝时，为奉车都尉，深受倚重。后元二年，为大司马大将军。昭帝年幼即位，光与桑弘羊等同受武帝遗诏辅政，封博陆侯。后光专政。昭帝死，迎立昌邑王刘贺，又废之迎立宣帝。前后执政达二十年。卒谥宣成。光死后，宣帝亲政，收霍氏兵权，最后以谋反罪灭霍氏家族。

[3] 茂陵徐先生：茂陵，本为汉武帝陵墓，宣帝时置县，属右扶风。治所在

今陕西兴平市东北。徐先生，即徐福，茂陵人。

[4] 董忠：西汉人颍川阳翟（今河南禹县）人。宣帝地节四年，董忠因告发霍禹（霍光之子）阴谋废宣帝有功，封高昌侯。

[5] 直突（tū）：烟囱是直的。突，烟囱。

[6] 傍（páng）：通“旁”，旁边。

[7] 燔（fán）发灼烂者在上行：被烧得焦头烂额的人坐在上位。

[8] 不录：不邀请。

【今译】

汉宣帝时，霍氏生活奢侈糜烂。茂陵徐先生说：“霍氏一定会灭亡。身居高位并且奢侈，这是灭亡之道。孔子说：‘生活奢侈，待人就不谦逊恭顺。’不谦逊恭顺的人一定欺侮君主；欺侮君主，是叛逆之道。身居别人之上，别人一定会嫉恨他。现在霍氏专权，天下嫉恨他的人太多了。天下人嫉恨他，而他又按照叛逆之道做事，不灭亡还等待什么呢？”于是上书皇帝说“霍氏生活奢侈糜烂，陛下如果爱惜他的话，应该在一定的时间内抑制他，不使他走向灭亡。”上书三次，皇帝总是批曰“知道了”。后来霍氏果然被灭。董忠等人因为揭发有功受到封赏。于是有人为徐先生上书说：“我听说有一位客人路过主人家，看见主人家烟囱是直的，旁边有堆积的木柴。客人就对主人说：‘把烟囱变成弯曲的，把木柴堆放在远处。不这样的话，将会有火灾。’主人默然不应。过了不久，主人家果然着火。乡里人同情他并都来帮助灭火，大火幸好被扑灭。主人于是杀牛摆酒宴，被烧得焦头烂额的人坐在上位，其余的人各自按照功劳大小依次入座，却不邀请建议把烟囱变成弯曲的那个客人。假如先前主人听从了客人的建议，就不必耗费牛、酒，最终也不会有火灾之患。现在茂陵徐先生多次上书皇帝直言霍氏将阴谋叛逆，应该预防并断绝他的阴谋。假如先前徐福的建议被采纳，就不会有封地封爵的耗费，并且国家自然像现在一样平安无事。事情已经过去了，唯独徐福得不到赏赐。希望陛下考察客人徙薪曲突的建议，并使他能够居于焦头烂额的人之上。”书上奏后，皇帝派人赏赐徐福帛十匹，并任命为郎官。

二十一

齐桓公将伐山戎、孤竹[1]，使人请助于鲁。鲁君进群臣而谋，皆曰："师行数十里[2]，入蛮夷之地，必不反矣。"于是鲁许助之而不行。齐已伐山戎、孤竹，而欲移兵于鲁。管仲曰："不可。诸侯未亲，今又伐远而还诛近邻，邻国不亲，非霸王之道。君之所得山戎之宝器者，中国之所鲜也，不可以不进周公之庙乎？"桓公乃分山戎之宝，献之周公之庙。明年，起兵伐莒[3]。鲁下令丁男悉发，五尺童子皆至。孔子曰："圣人转祸为福，报怨以德。"此之谓也。

【注释】

[1] 山戎、孤竹：山戎，亦名"北戎"。春秋时夷国之一，分布在今河北北部。公元前七世纪颇强大，常为郑、齐、燕之患。公元前663年，齐桓公"遂伐山戎，至于孤竹而还。"孤竹，古国名，存在于商、西周、春秋时。故址在今河北卢龙县。

[2] 十：咸淳本作"千"。译文从之。

[3] 莒(jǔ)：见本卷五[1]。

【今译】

齐桓公将要进攻山戎、孤竹两个小国，派人请鲁国出兵相助。鲁国国君召集群臣商量，都说："军队行军数千里，进入蛮夷之地，必定一去不返。"于是鲁国表面答应相助实际上却按兵不动。齐国攻打山戎、孤竹回来后，想要调转军队攻打鲁国。管仲说："不可以。诸侯国还未亲附齐国，如今攻打远方国家回来又要进攻邻国，邻国不亲附，这不是实现霸业之道。君王从山戎得到的宝物，中原国家很少见到，大概不能不进贡给周公庙吧？"齐桓公就把攻打山戎得到的宝物分出一部分，进献到周公庙。第二年，齐国出兵攻打莒国，鲁国下令征发所有成年男子，连五尺的童子也都参加了。孔子说："圣人能转祸为福，用恩惠来报答怨恨。"说的就是这样的事情啊。

二十二

中行文子出亡至边[1]，从者曰："为此啬夫者[2]，君人也[3]，胡不休焉，且待后车者？"文子曰："异日吾好音，此子遗吾琴；吾好佩，又遗吾玉。是不非吾过者也，自容于我者也[4]。吾恐其以我求容也。"遂不入。后车入门，文子问啬夫之所在，执而杀之。仲尼闻之，曰："中行文子背道失义以亡其国，然后得之，犹活其身。道不可遗也，若此。"

【注释】

[1] 中行(háng)文子：即荀寅。见卷六复恩·十三[8]。

[2] 啬夫：主持行政的官吏。

[3] 君人也：疑"君"后脱"故"字。《韩非子·说林下》载："此啬夫，公之故人。"

[4] 自容：取悦别人。

【今译】

中行文子出逃到边境，跟从他的人说："在此地做啬夫的，是您的下属，何不休息一下，暂且等待后面的车子呢？"文子说："以前我喜欢音乐，这个人就送给我琴；我喜欢佩饰，他又送给我美玉。这是个不批评我过失的人，是想以此取悦于我。我担心他现在拿我去取悦新主子。"于是就不进去。后面的车子进门后，文子打听到啬夫在的地方，就捉住并杀了他。孔子听说这件事，说："中行文子违背道德丧失恩义而失去国家，后来明白了道理，还能够保全性命。道义不可丢弃，就像这样重要啊。"

二十三

卫灵公襜被以与妇人游[1]。子贡见公，公曰："卫其亡乎?"对曰："昔者夏桀、殷纣不任其过[2]，故亡；成汤、文武知任其过，故兴。卫奚其亡也[3]?"

【注释】

[1] 卫灵公襜(chān)被：卫灵公，见卷七政理·五[1]。襜被，即"襜褕(yú)"，短衣，非正式朝服。此处做动词。

[2] 任：承担。

[3] 奚：怎么。

【今译】

卫灵公穿着短衣与妇女一起游玩。子贡拜见卫灵公，卫灵公说："卫国会灭亡吗?"子贡回答说："从前夏桀、殷纣不能承担自己的过失，所以国家灭亡了；成汤、文武能承担自己的过失，所以国家兴盛。卫国怎么会灭亡呢?"

二十四

智伯请地于魏宣子[1]，宣子不与。任增曰[2]："何为不与?"宣子曰："彼无故而请地，吾是以不与。"任增曰："彼无故而请地者，无故而与之，是重欲无厌也[3]。彼喜，必又请地于诸侯；诸侯不与，必怒而伐之。"宣子曰："善。"遂与地。智伯喜，又请地于赵，赵不与，智伯怒，围晋阳[4]。韩、魏合赵而反智氏，智氏遂灭。

【注释】

[1] 智伯请地于魏宣子：智伯，见卷三建本·二十九[3]。请地，索取土地。魏宣子，见卷十敬慎·十八[11]。

[2] 任增：魏宣子家臣，有智谋。

[3] 是重欲无厌也：这样可以加重他贪得无厌的心理。

[4] 晋阳：见卷三建本·二十九[5]。

【今译】

智伯向魏宣子索要土地，魏宣子不给他。任增说："为什么不给他？"魏宣子说："他无缘无故索要土地，我因此不给他。"任增说："他无缘无故索要土地，你无缘无故给他，这样可以加重他贪得无厌的心理。他一高兴，一定会向其他诸侯索要土地；其它诸侯不给他，他一定恼怒并去讨伐他们。"魏宣子说："说得好。"于是给智伯土地。智伯高兴，又向赵氏索要土地，赵氏不给，智伯大怒，派兵包围了晋阳。于是韩、魏联合赵反攻智伯，智氏就被消灭了。

二十五

楚庄王与晋战[1]，胜之。惧诸侯之畏己也，乃筑为五仞之台[2]。台成而觞诸侯[3]，诸侯请约。庄王曰："我薄德之人也。"诸侯请为觞，乃仰而曰："将将之台[4]，窅窅其谋[5]，我言而不当，诸侯伐之。"于是远者来朝，近者入宾[6]。

【注释】

[1] 楚庄王：见卷一君道·十九[1]。

[2] 仞：长度单位。古代以八尺或七尺为一仞。

[3] 觞(shāng)：请人饮酒。下一个"觞"是敬酒的意思。

[4] 将将(qiāng qiāng)高大庄严的样子。

[5] 窅窅(yǎo yǎo)深远的样子。

[6] 宾:宾服,归顺。

【今译】

楚庄王与晋国交战,战胜了晋国。楚庄王顾虑诸侯畏惧自己,就修筑了一个高五仞的台子。台子建成后楚庄王宴请诸侯,诸侯请楚庄王主持盟约。楚庄王说:"我是个薄德的人。"诸侯向楚庄王敬酒,楚庄王仰面一饮而尽,说:"高大庄严的层台,深远的谋略,如果我说的话不恰当,诸侯来讨伐我。"于是远方的诸侯来朝贡,近处的诸侯来归顺。

二十六

吴王夫差破越[1],又将伐陈。楚大夫皆惧,曰:"昔阖庐能用其众[2],故破我于柏举[3],今闻夫差又甚焉。"子西曰[4]:"二三子恤不相睦也[5],无患吴矣。昔阖庐食不贰味,处不重席,择不取费[6]。在国,天有灾,亲戚乏困而供之[7];在军,食熟者半而后食;其所尝者,卒乘必与焉。是以民不罢劳,死知不旷[8]。今夫差,次有台榭陂池焉[9];宿有妃嫱嫔御焉;一日之行,所欲必成,玩好必从,珍异是聚。夫差先自败已,焉能败我?"

【注释】

[1] 夫差:见卷八尊贤·五[2]。

[2] 阖庐:见卷八尊贤·五[1]。

[3] 柏举:指公元前 506 年吴、楚柏举之战。楚国大败。

[4] 子西:见卷九正谏·十一[6]。

[5] 二三子恤不相睦也:二三子,诸君、诸位。恤,忧虑。

[6] 择不取费:《左传·哀公元年》作"衣服财用,择不取费。"意思是衣服和用具实用即可,不求华丽。本章脱四字。

[7] 亲戚乏困而供之:意思不通。《左传·哀公元年》作"亲巡孤、寡而共其

乏困。"译文从之。

[8] 死知不旷:知道不会白死。

[9] 次有台榭陂(bēi)池:次,停留。台榭,积土高为台,台上建屋为榭。此处泛指楼台亭阁。陂池,蓄积水的池塘。

【今译】

吴王夫差攻破越国,又准备进攻陈国。楚国大臣都很恐惧,说:"从前阖庐善于使用他的将士,所以在柏举一战打败我国。如今听说夫差比阖庐还要厉害。"子西说:"诸君担心的应该是不能和睦团结,不用担心吴国。从前阖庐吃饭不吃两样菜,坐席不用双层,衣服和用具不求华丽。在国内,遇上灾害,他亲自探视孤、寡百姓并提供给他们缺乏的物品;在军中,一半人吃上煮熟的饭食后自己才进食;他吃到的食物,士卒一定都能吃得到。因此百姓服役不怕困苦疲劳,知道不会白死。如今夫差,居住的地方有亭台楼阁池塘,夜宿有妃、嫱、嫔等宫女侍奉;即便出行一天,凡是想要做的都必须做到,喜欢的各种珍玩一定带上,珍奇宝物都集中在身边。夫差先自己打败了自己,怎么能打败我们呢?"

二十七

越破吴,请师于楚以伐晋。楚王与大夫皆惧,将许之。左史倚相曰[1]:"此恐吾攻已,故示我不病[2]。请为长毂千乘[3],卒三万,与分吴地也。"庄王听之[4],遂取东国[5]。

【注释】

[1] 左史倚相:左史,史官。周代史官有左史、右史之分。左史记行动,右史记言语。倚相,春秋时楚国人,楚灵王左史。灵王称其为良史,能读《三坟》《五典》《八索》《九丘》等古书。

[2] 不病:不疲惫,未伤元气。

[3] 长毂:战车。以其毂较长,故称。

[4] 庄王:"庄"字误,当为"惠"。
[5] 东国:楚国东部地区。

【今译】

越国攻破吴国后,请楚国出兵去帮助攻打晋国。楚王与众大臣都感到恐惧,准备答应越国。左史倚相说:"这是越国担心我国进攻他自己,故意向我国显示他自己不疲惫。请准备战车千辆,步兵三万,与越国分割吴国的土地。"楚王听从了他的建议,于是占取了东部吴国的土地。

二十八

阳虎为难于鲁[1],走之齐,请师攻鲁,齐侯许之。鲍文子曰[2]:"不可也。阳虎欲齐师破。齐师破,大臣必多死,于是欲奋其诈谋。夫虎有宠于季氏[3],而将杀季孙,以不利鲁国而容其求焉[4]。今君富于季氏,而大于鲁国,兹阳虎所欲倾覆也。鲁免其疾,而君又收之,毋乃害乎?"齐君乃执之,免而奔晋[5]。

【注释】

[1] 阳虎:见卷六复恩·二十二[1]。
[2] 鲍文子:齐国大夫鲍国。
[3] 季氏:即鲁国正卿季孙氏,这里指季平子。
[4] 容其求焉:《左传·定公九年》作"而求容焉"。于义为胜。
[5] 免:逃脱。

【今译】

阳虎在鲁国作乱,出逃至齐国,请求齐国出兵攻鲁,齐侯答应了他。鲍文子说:"不能出兵。阳虎想要齐国军队失败。齐国军队失败了,必然会死很多大臣,那时阳虎就可以实现其阴谋。那阳虎被季氏宠信，却想要杀害季氏，来制造对鲁国不利的局面从而博取您的好感。现在您比季氏富裕，而且齐国大于鲁国，这就是阳虎想要使齐国倾覆的动机。鲁国免除了灾难，您却要接纳他，只怕是害了自己吧?"齐君就捉住了阳虎，却让他逃脱后跑到晋国去了。

二十九

汤欲伐桀。伊尹曰[1]："请阻乏贡职[2]，以观其动。"桀怒，起九夷之师以伐之[3]。伊尹曰："未可。彼尚犹能起九夷之师，是罪在我也。"汤乃谢罪，请服，复入贡职。明年，又不供贡职。桀怒，起九夷之师，九夷之师不起。伊尹曰："可矣。"汤乃兴师伐而残之，迁桀南巢氏焉[4]。

【注释】

[1] 伊尹：见卷一君道·十三[1]。

[2] 阻乏贡职：阻乏，停止。贡职，进献礼品。

[3] 九夷：古代称东方的九个民族。

[4] 迁桀南巢氏：迁，放逐。南巢氏，夏、商部族名。在今安徽省桐城南。一说在今巢湖市一带。《尚书·商书》："成汤放桀于南巢"。

【今译】

商汤想要进攻夏桀。伊尹说："请停止向桀进献礼品，来察看桀的反映。"桀大怒，发动九夷的军队来讨伐汤。伊尹说："还不行。他还能够发动九夷的军队，这说明罪过在我们这边。"商汤就向夏桀请罪请求归服，又向夏朝进献礼品。第二年，又停止了进献礼品。桀大怒，发动九夷的军队，九夷的军队都按兵不动。伊尹说："可以了。"汤于是就带领军队攻打夏桀并消灭了他，把夏桀放逐到南巢。

三十

武王伐纣。过隧斩岸[1]，过水折舟[2]，过谷发梁[3]，过山焚莱[4]，示民无返志也。至于有戎之隧[5]，大风折旆[6]。散宜生谏曰[7]："此其妖欤？"武王曰："非也，天落兵也[8]。"风霁而乘以大雨[9]，水平地而啬[10]。散宜生又谏曰："此其妖欤？"武王曰："非也，天洒兵也[11]。"卜而龟熸[12]。散宜生又谏曰："此其妖欤？"武王曰："不利以祷祠[13]，利以击众[14]，是熸之已[15]。"故武王顺天地，犯三妖而禽纣于牧野[16]，其所独见者精也。

【注释】

[1] 过隧斩岸：过了通道就封闭道路。隧，两山之间的通道。斩岸，本义是削平水边高地，这里是封闭道路的意思。

[2] 过水折舟：过了河就把船毁弃。折，毁弃。

[3] 过谷发梁：过了山谷就把桥梁毁坏掉。发，毁坏。

[4] 过山焚莱：翻过了山就把莱草烧掉。莱，一种草，就是藜，嫩叶可食。

[5] 有戎：古国名。故址在今山东微山县西北。

[6] 旆(pèi)：旗帜。

[7] 散(sǎn)宜生：西周初年大臣，文王四友之一。散氏，名宜生。与闳夭、太颠等辅佐周文王。文王被纣囚禁，他们用美女、宝物献纣，营救文王脱险。后佐武王灭商。

[8] 落兵：润兵。吉利。

[9] 风霁而乘以大雨：风停了接着又下起了大雨。乘，接着。

[10] 水平地而啬：水流遍地，行走不通畅。啬，不通畅。

[11] 天洒兵也：这是上天为我们清洗兵器。

[12] 卜而龟熸(jiān)：占卜时用火灼龟，火却灭了。熸，火灭。

[13] 不利以祷祠：不利于祷告祭祀。祷，祭祀祷告。祠，祭祀。

[14] 利以击众：有利于进攻敌人。

[15] 是熸之已：这是让我们消灭他们啊。熸，这里是消灭的意思。已，通“矣”。

[16] 犯三妖而禽纣于牧野：冒犯三种妖孽却在牧野捉住了纣。禽，同“擒”。牧野，地名，在今河南淇县西南。周武王所率诸侯之师在此大败商军。

【今译】

周武王讨伐商纣王。军队过了山间通道就封闭道路，过了河就把船毁弃，过了山谷就把桥梁毁坏掉，翻过了山就把莱草烧掉，向百姓表示不取得胜利不回师。军队到了有戎氏的地盘，大风折断了旗帜。散宜生说：“这是妖孽作祟吧？”周武王说：“不是。这是上天为我们润兵。”风停了却又接着下起了大雨，水流遍地，行走不通畅。散宜生又进谏说：“这是妖孽作祟吧？”周武王说：“不是。这是上天为我们清洗兵器。”占卜时用火灼龟，火却灭了。散宜生又进谏说：“这是妖孽作祟吧？”武王说：“不利于祷告祭祀，却有利于进攻敌人，这是让我们消灭他们啊！”所以武王顺应天意，冒犯三种妖孽却在牧野捉住了纣，他独到的见解精辟啊。

三十一

晋文公与荆人战于城濮[1]，君问于咎犯[2]。咎犯对曰：“服义之君，不足于信[3]；服战之君，不足于诈。诈之而已矣。”君问于雍季[4]，雍季对曰：“焚林而田[5]，得兽虽多，而明年无复也；干泽而渔，得鱼虽多，而明年无复也。诈犹可以偷利，而后无报[6]。”遂与荆军战，大败之。及赏，先雍季而后咎犯。侍者曰：“城濮之战，咎犯之谋也。”君曰：“雍季之言，百世之谋也；咎犯之言，一时之权也。寡人既行之矣。”

【注释】

[1] 晋文公与荆人战于城濮：晋文公，见卷一君道・二十[6]。荆人，楚国人。城濮，春秋时卫地。在今山东鄄城县西南。

[2] 咎犯：见卷六复恩・三[3]。

[3] 服义之君，不足于信：尊奉道义的君主，不满足于信义。

[4] 雍季：即公子雍。晋文公之子。

[5] 田：同"畋"，打猎。

[6] 诈犹可以偷利，而后无报：运用诈术虽然能够苟且得利，但以后不会再得到利益。犹，虽然。报，复。《韩非子・难一》《吕氏春秋・赏义》《淮南子・人间》"报"皆为"复"。

【今译】

晋文公与楚国人在城濮作战，晋文公问计于咎犯。咎犯回答说："尊奉道义的君主，不满足于信义；尊奉战争规律的君主，不满足于使用诈术。您使用诈术对付敌人就是了。"文公又问计于雍季。雍季回答说："使用焚烧林木来打猎的方法，获得的野兽虽然多，但是第二年就不会再有野兽了；使用抽干了水来捕鱼的方法，得到的鱼虽然多，但是第二年就不会再有鱼了；运用诈术虽然能够苟且得利，但以后就不会再得到利益了。"于是就与楚国人开战，大败楚军。等到封赏的时候，晋文公先封赏雍季而后封赏咎犯。侍从说："城濮之战，您采用了咎犯的计谋啊。"晋文公说："雍季所说的，是谋求百世长久的计策；咎犯所说的，只是一时权宜之计。我已经这样做了。"

三十二

城濮之战，文公谓咎犯曰："吾卜战而龟熸[1]；我迎岁，彼背岁[2]；彗星见，彼操其柄，我操其标[3]；吾又梦与荆王搏，彼在上，我在下。吾欲无战，子以为何如？"咎犯对曰："卜战龟熸，是荆人也；

我迎岁，彼背岁，彼去我从之也；彗星见，彼操其柄，我操其标，以扫则彼利，以击则我利；君梦与荆王搏，彼在上，君在下，则君见天而荆王伏其罪也[4]。且吾以宋、卫为主，齐、秦辅我，我合天道，独以人事，固将胜之矣！”文公从之，荆人大败。

【注释】

[1] 吾卜战而龟熸（jiān）：卜战，占卜战争吉凶。龟熸，灼龟时火熄灭。熸，火灭。

[2] 我迎岁，彼背岁：岁，指木星。这句说的是两军所处的地理位置。

[3] 彗星见，彼操其柄，我操其标：见，同“现”。柄，末端。标，顶端。这句说的还是两军所处的地理位置。

[4] 见：《左传·僖公二十八年》“见”作“得”。

【今译】

晋、楚两国在城濮打仗，晋文公对咎犯说：“我占卜战争的吉凶，灼龟时火却熄灭了；我军面对着木星，敌军背对着木星；彗星出现了，敌军对着彗星尾柄，我军对着彗星顶端；我又梦见与楚王搏斗，他在上面，我在下面。我想要停止这场战争，你认为怎么样呢？”咎犯回答说：“占卜战争龟火熄灭，这是楚人灭亡的预兆；我军面对着木星，敌军背对着木星，这预示着敌军将要败走，我军将要追赶他们；彗星出现了，敌军对着彗星尾柄，我军对着彗星顶端，这预示着用于扫除对敌军有利，用于进攻则对我军有利；君王梦见与楚王搏斗，他在上面，你在下面，那就预示着君王得天道相助而楚王低头伏罪。况且我军以宋、卫两国军队为主力，齐、秦两国又辅助我们，别说我们符合天道了，即便单凭人事，也一定能够战胜敌人！”文公听从了他的意见，结果楚军大败。

三十三

越饥，句践惧。四水进谏曰[1]：“夫饥，越之福也，而吴之祸也。

夫吴国甚富而财有余，其君好名而不思后患。若我卑辞重币以请籴于吴[2]，吴必与我。与我，则吴可取也。”越王从之。吴将与之，子胥谏曰[3]：“不可。夫吴、越接地邻境，道易通，仇雠敌战之国也[4]；非吴有越，越必有吴矣；夫齐、晋不能越三江五湖以亡吴、越。不如因而攻之，是吾先王阖庐之所以霸也[5]！且夫饥，何哉？亦犹渊也。败伐之事，谁国无有？君若不攻而输之籴，则利去而凶至。财匮而民怨，悔无及也！”吴王曰：“吾闻义兵不服，仁人不以饿饥而攻之[6]，虽得十越，吾不为也。”遂与籴。三年，吴亦饥，请籴于越。越王不与而攻之，遂破吴。

【注释】

[1] 四水：春秋时越国人，句践之臣。《吕氏春秋·长攻》作“范蠡”。

[2] 卑辞重币以请籴(dí)于吴：卑辞，谦卑的言辞。币，古人用做馈赠或祭祀的丝织品，也泛指用作礼物的车、马、皮、帛、玉器等。籴，买进粮食。

[3] 子胥：见卷八尊贤·九[12]。

[4] 仇雠(chóu)：仇人。

[5] 阖庐：见卷八尊贤·五[1]。

[6] 吾闻义兵不服，仁人不以饿饥而攻之：本句义不可通。《吕氏春秋·长攻》作：“义兵不攻服，仁者食饥饿。今服而攻之，非义兵也；饥而不食，非仁体也。不仁不义，虽得十越，吾不为也。”译文从之。

【今译】

越国遭遇饥荒，句践恐惧。臣子四水进谏说：“饥荒，是越国的福运，却是吴国的灾祸。吴国非常富裕而且财物有余，它的国君喜欢虚名却不考虑后患。如果我们用谦卑的言辞和贵重的礼物来向吴国请求购买粮食，吴国一定答应给我们。给我们的话，那么吴国就可以攻取了。”越王句践听从了他的意见。吴王夫差准备给越国粮食，子胥进谏说：“不能给。吴、越两国土地相连、边境相邻，道路易通，向来是仇恨交战之国；不是吴国吃掉越国，就是越国吃掉吴国;那齐、晋等国不可能越过三江五湖来灭亡吴、越。不如趁机攻打越国,这就是先王阖庐成为霸主的原因啊! 再说那饥荒,是什么呢? 就好比是深渊。打仗失败,哪个国家没有经历过? 君王如果不进攻越国却给他们粮食,那么有利的时机就会失掉而凶险就会来到。财物匮乏百姓怨恨,后悔就来不及了!”吴王说:“我听说,尊奉正义的军队不攻打已经降服的国家,信守仁德的人会拿粮食给饥饿的人吃。现在越国已经降服却去攻打它,那就不是正义的军队;他们遭遇饥荒却不给他们粮食吃,这是不仁德的行为。不仁不义,即便能得到十个越国,我也不去做。”于是就给越国粮食。过了三年,吴国遭遇饥荒,向越国请求买进粮食。越王句践不但不答应,反而去攻打吴国,于是灭掉了吴国。

三十四

赵简子使成何、涉他与卫灵公盟于鄟泽[1]。灵公未喋盟[2],成何、涉他捘灵公之手而撙之[3]。灵公怒,欲反赵[4]。王孙商曰[5]:“君欲反赵,不如与百姓同恶之。”公曰:“若何?”对曰:“请命臣令于国曰:‘有姑姊妹女者,家一人质于赵。’百姓必怨,君因反之矣。”君曰:“善。”乃令之,二日遂征之,五日而令毕。国人巷哭。君乃召国大夫而谋曰:“赵为无道,反之可乎?”大夫皆曰:“可。”乃出西门,闭东门。赵氏闻之,缚涉他而斩之以谢于卫。成何走燕。子贡曰:“王孙商可谓善谋矣。憎人而能害之,有患而能处之,欲用民而能附之。一举而三物俱至,可谓善谋矣!”

【注释】

[1] 赵简子使成何、涉他与卫灵公盟于鄟(zhuān)泽:赵简子,见卷一君道·三十三[1]。成何、涉他,人名,晋大夫。卫灵公,见卷七政理·五[1]。

盟，会盟。郪泽，地名，卫地。

[2] 喋(dié)盟：即“歃血盟誓”。古人会盟时饮血或以牲血涂于口旁，表示诚信。

[3] 捘(zùn)灵公之手而撙(zǔn)之：推着灵公的手往下压。捘，推，挤。撙，压。

[4] 反赵：反叛赵国。《左传·定公八年》“欲叛晋”。此时赵简子为晋卿，言“叛晋”为胜。

[5] 王孙商：春秋时卫国人，灵公大夫。《左传·定公八年》作“王孙贾”。

【今译】

赵简子派成何、涉他与卫灵公在郪泽会盟。灵公没有歃血盟誓，成何、涉他就推着灵公的手往下压。灵公大怒，想要反叛晋国。王孙商说：“君王想要背叛晋国赵简子，不如发动百姓共同来仇视他。”灵公说：“怎么办呢？”王孙商回答说：“请允许我在国内发布命令：‘凡是有姑姊妹的，每家送一人到赵国做人质。’百姓一定怨恨，君王就可以趁机反叛晋国了。”灵公说：“好。”于是下命令，两天后开始征召人质，五天后征召完毕。国人在大街小巷哭泣。灵公于是召集群臣商议说：“晋国赵简子不讲道义，反叛他可以吗？”群臣都说：“可以。”于是只从西门出入，关闭了通往晋国的东门。赵简子听说后，捆绑涉他并杀了他来向卫国道歉。成何逃到燕国。子贡说：“王孙商可以说是善于用计谋的人了。憎恨某一个人就能够杀害他，有祸患而能够解决，想要利用百姓就能够使百姓亲附他。做一件事而能够达到三个目的，可以说是善于用计谋的人了！”

三十五

楚成王赞诸属诸侯[1]，使鲁君为仆[2]。鲁君致大夫而谋曰：“我虽小，亦周之建国也。今成王以我为仆，可乎？”大夫皆曰：“不可。”公仪休曰[3]：“不可不听。楚王身死国亡，君之臣乃君之有也，为民君也!"鲁君遂为仆。

【注释】

[1] 楚成王赞诸属诸侯:楚成王,春秋时楚国国君,楚文王之子。熊氏,名恽。公元前671年至前626年在位。赞,当作"赘",召集。诸属,疑为衍文。

[2] 仆:驾车的人。

[3] 公仪休:战国时鲁国人,鲁穆公时为相。公仪休上距楚成王约二百年,非同一时代。

【今译】

楚成王召集诸侯开会,命鲁君驾车。鲁君召集群臣商议说:"我国虽然小,但也是周天子分封的国家。现在楚成王让我驾车,可以吗?"群臣都说:"不可以。"公仪休说:"不能不听楚王的。即便楚成王身死国灭了,可君王您的臣子还是您的臣子,君王还是百姓的君王。"鲁君于是就为成王驾车。

三十六

齐景公以其子妻阖庐[1],送诸郊,泣曰:"余死不汝见矣[2]!"高梦子曰[3]:"齐负海而县山[4],纵不能全收天下,谁干我君[5]? 爱则勿行。"公曰:"余有齐国之固,不能以令诸侯,又不能听,是生乱也。寡人闻之,不能令,则莫若从。且夫吴若蜂虿然[6],不弃毒于人则不静,余恐弃毒于我也。"遂遣之。

【注释】

[1] 齐景公以其子妻阖庐:齐景公,见卷一君道·十七[1]。子,女儿。妻,动词,嫁与人为妻。阖庐,见卷八尊贤·五[1]。

[2] 不汝见:"不见汝"的倒装。

[3] 高梦子:人名。生平不详。
[4] 负海而县(xuán)山:靠海连山。负,靠。县,“悬”的古字,连接。
[5] 干:触犯、冒犯。
[6] 蜂虿(chài):泛指毒虫。虿,蝎子一类毒虫。

【今译】

齐景公把自己的女儿嫁给阖庐为妻,送她到郊外,哭着说:“我到死也见不到你了!”高梦子说:“齐国靠海连山,纵使不能够完全占有天下,但是谁敢冒犯我们君主呢?既然舍不得就不要让她走了。”齐景公说:“我拥有险固的齐国,却不能以此来号令诸侯,又不能够听从别人,这是要生乱子的。我听说,不能号令别人,就不如听从别人。况且吴国就好比是黄蜂毒蝎一样,不施毒给别人就不会安静,我担心他施毒给我呀。”于是就送女儿到吴国。

三十七

齐欲妻郑太子忽[1],太子忽辞。人问其故,太子曰:“人各有偶[2]。齐大,非吾偶也。《诗》云:‘自求多福[3]。’在我而已矣。”后戎伐齐[4],齐请师于郑。郑太子忽率师而救齐,大败戎师。齐又欲妻之,太子固辞。人问其故,对曰:“无事于齐,吾犹不敢,今以君命救齐之急,受室以归[5],人其以我为师婚乎[6]?”终辞之。

【注释】

[1] 太子忽:郑庄公子,即郑昭公,曾两度为君。公元前695年在打猎时被高渠弥射杀。据《左传·桓公六年》载,此句中齐国君主想要把女儿文姜嫁给郑国太子忽为妻。
[2] 偶:配偶。
[3] 自求多福:自己祈求多福。语出《诗经·大雅·文王》。
[4] 戎:古代对我国西部少数民族的泛称。

[5] 受室:娶妻。

[6] 人其以我为师婚乎:人们岂不就认为我出师是为了求婚吗? 其,岂、难道。

【今译】

齐国君主想把女儿嫁给郑国太子忽为妻,太子忽不接受。人们问他原因,太子说:"每个人都有自己合适的配偶。齐是大国,齐国的女儿不适合做我的配偶。《诗经》上说'自己祈求多福',靠我自己就是了。"后来戎军侵略齐国,齐国请求郑国出兵相助。太子忽就率领军队救援齐国,大败戎军。齐国君主又想把女儿嫁给太子忽为妻,太子坚决不接受。人们问他原因,太子回答说:"没为齐国做事的时候,我尚且不敢接受,现在奉国君命令解救齐国危急,如果娶妻而归的话,人们岂不就认为我出师是为了求婚吗?"最终还是没有接受。

三十八

孔子问漆雕马人曰[1]:"子事臧文仲、武仲、孺子容[2],三大夫者,孰为贤?"漆雕马人对曰:"臧氏家有龟焉[3],名曰蔡[4]。文仲立,三年为一兆焉[5];武仲立,三年为二兆焉;孺子容立,三年为三兆焉。马人见之矣。若夫三大夫之贤不贤,马人不识也。"孔子曰:"君子哉,漆雕氏之子! 其言人之美也,隐而显[6];其言人之过也,微而著[7]。故智不能及,明不能见,得无数卜乎[8]?"

【注释】

[1] 漆雕马人:复姓漆雕。"马人",疑为"凭"字之误。《孔子家语·好生》作"漆雕凭"。据《论语》、《史记·仲尼弟子列传》等文献资料记载,孔子弟子中姓漆雕的共有三人:漆雕开、漆雕哆(chǐ)、漆雕徒父。漆雕开具有不屈的勇气,孔子曾让他去做官,他说对做官没有信心,孔子

听了表示赞赏。漆雕马人或是漆雕开同时代而年长者。

[2] 臧文仲、武仲、孺子容：臧文仲，即臧孙辰，春秋时鲁国人，正卿，死于公元前617年。武仲，即臧孙纥，臧文仲之孙。孺子容，生平不详，当为武仲后代。

[3] 龟：古人以龟为灵物，用龟甲占卜。

[4] 蔡：占卜用的大龟。古人认为龟越大越灵。

[5] 三年为一兆焉：三年才占卜一次。兆，古代占卜时烧灼龟甲后出现的裂纹。卜者视裂纹预测吉凶。

[6] 隐而显：看起来含蓄其实明显。

[7] 微而著：看起来含蓄其实清楚。

[8] 得无数（shuò）卜乎：能不多次占卜吗？数，屡次。

【今译】

孔子问漆雕马人说：“你事奉臧文仲、武仲、孺子容，这三位大夫，哪一个贤明？”漆雕马人说：“臧氏家有占卜用的大龟，叫蔡。文仲掌权时，三年才占卜一次；武仲掌权时，三年占卜两次；孺子容掌权时，三年占卜三次。这是我亲眼见到的。至于说道这三位大夫谁贤能谁不贤能，我就不知道了。”孔子说：“漆雕氏这人真是君子啊！他说人的优点，看起来含蓄其实明显；他说别人的缺点，看起来含蓄其实清楚。所以那些智慧达不到，眼光看不远的人，能不多次占卜吗？”

三十九

安陵缠以颜色美壮[1]，得幸于楚共王[2]。江乙往见安陵缠[3]，曰：“子之先人岂有矢石[4]之功于王乎？”曰：“无有。”江乙曰：“子之身岂亦有乎？”曰：“无有。”江乙曰：“子之贵何以至于此乎？”曰：“仆不知所以。”江乙曰：“吾闻之，以财事人者，财尽而交疏[5]；以色事人者，华落而爱衰[6]。今子之华有时而落，子何以长幸无解于王乎[7]?”安陵缠曰:“臣年少愚陋,愿委智于先生[8]。”江乙曰:“独从为殉可耳。”安陵缠曰:“敬闻命矣!”江乙去,居期年[9],逢安陵缠,谓曰:“前日所谕子者,通之于王乎?”曰:“未可也。”居期年,江乙复见安陵缠曰:“子岂谕王乎?”安陵缠曰:“臣未得王之间也[10]。”江乙曰:“子出与王同车,入与王同坐。居三年,言未得王之间,子以吾之说未可耳。”不悦而去。其年,共王猎江渚之野,野火之起若云蜺[11],虎狼之嗥若雷霆。有狂兕从南方来[12],正触王左骖[13]。王举旌旄而使善射者射之。一发,兕死车下。王大喜,拊手而笑,顾谓安陵缠曰:“吾万岁之后,子将谁与斯乐乎?”安陵缠乃逡遁而却[14],泣下沾衿,抱王曰:“万岁之后,臣将从为殉,安知乐此者谁?”于是共王乃封安陵缠于车下三百户。故曰:“江乙善谋,安陵缠知时。”

【注释】

[1] 安陵缠:即“安陵君”,因姿色美好、身体健壮而受到楚王喜欢的一位男宠。安陵,地名,在今河南鄢城县东南,安陵缠之封邑。

[2] 楚共王:当作“楚宣王”。楚共王为春秋时王,早江乙两百年。

[3] 江乙:即“江一”,又称“江尹”,楚宣王大夫。

[4] 矢石:箭和垒石,是守城的武器,代指战争。

[5] 踈:同“疏”。

[6] 华:同“花”。这里比喻如花一样的颜容。

[7] 解(xiè):懈怠。

[8] 委智:求教。

[9] 期(jī)年;满一年。

[10] 间(jiàn):机会。

[11] 云蜺(ní):即“云霓”,彩虹。

[12] 狂兕(sì):疯狂凶猛的犀牛。

[13] 左骖:左侧驾车的马。

[14] 逡遁(xún):即“逡巡”,后退几步。

【今译】

安陵缠因姿色美好、身体健壮而受到楚王宠幸。江乙去见安陵缠，说："您的祖先难道为楚王立有军功吗？"安陵缠说："没有。"江乙说："您本人为楚王立有军功吗？"安陵缠说："没有。"江乙说："您尊贵的地位凭什么到了这样的程度？"安陵缠说："我不知道是什么原因。"江乙曰："我听说，凭着财物去结交他人，财物枯竭了交情就疏远了；凭着姿色去事奉他人，美色衰老后宠爱就随之减退。如今您的美貌有一天衰老了，您凭什么永远得到楚王的宠幸而不会懈怠呢？"安陵缠说："我年少无知，愿意向先生求教。"江乙说："只要表示愿意为楚王殉葬就可以了。"安陵缠说："我恭敬地接受您的教诲。"江乙离开了。过了一年，江乙见到安陵缠，对他说："以前我告诉你的话，说给楚王听了吗？"安陵缠说："还没有。"又过了一年，江乙又见到安陵缠说："您是否告诉楚王了呢？"安陵缠说："我还没有找到合适的机会。"江乙说："您外出与楚王同车，回到宫里与楚王同坐，三年了，没有找到合适的机会，您不过是认为我的说法不好罢了！"江乙不高兴就离开了。有一年，楚王在野外江边打猎，野火燃烧起来如同云霓，虎啸狼嗥的声音如同雷霆。有一头疯狂凶猛的犀牛从南边奔跑过来，正好撞了楚王左侧驾车的马。楚王举起用牦牛尾装饰的旗子，命令优秀射手射箭。只发了一箭，就把犀牛射死在车前。楚王非常高兴，拍着手笑了，回头对安陵缠说："我死了之后，你还会与谁一起享受这种快乐呢？"安陵缠就恭敬地退了几步，泪水沾湿了衣襟，他抱住楚王说："您死了之后，我就跟着您去殉葬，哪里会知道享受这种快乐的人是谁呢？"于是楚王就在车前封赏安陵缠食邑三百户。所以说："江乙善于谋划，安陵缠懂得把握时机。"

四十

太子商臣怨令尹子上也[1]。楚攻陈，晋救之，夹泜水而军[2]。阳处父知商臣之怨子上也[3]，因谓子上曰："少却，吾涉而从子。"子上却。因令晋军曰:"楚遁矣!"使人告商臣曰:"子上受晋赂而去之。"商臣诉之成王,成王遂杀之。

【注释】

[1] 商臣怨令尹子上:商臣,春秋时楚成王之子。为太子时,惧被废,以宫卫兵围成王,逼父自杀而自立,是为楚穆王。令尹,官名。春秋时楚国设置,为最高官职,掌军政大权,相当于国相。子上,名斗勃,楚成王时为令尹。曾劝阻成王立商臣为太子,遭商臣记恨。

[2] 泜(zhì)水:古水名。在河南叶县东北,今名沙河。

[3] 阳处父:见卷八尊贤·二[4]。

【今译】

太子商臣怨恨令尹子上。楚国进攻陈国,晋国援救陈国,两军夹着泜水驻扎。阳处父知道商臣怨恨令尹子上,就对子上说:"请你稍微后退,我渡过河与你决战。"子上后退。阳处父就命令晋军说:"楚国军队逃跑了!"他又派人告诉商臣说:"子上接受了晋国的贿赂而撤退了。"商臣向楚成王报告了此事,成王于是杀掉了子上。

四十一

智伯欲袭卫[1],故遗之乘马[2],先之一璧。卫君大悦,酌酒,诸大夫皆喜,南文子独不喜[3],有忧色。卫君曰:"大国礼寡人,寡人故酌诸大夫酒,诸大夫皆喜,而子独不喜,有忧色者,何也?"南文子曰:"无方之礼[4],无功之赏,祸之先也。我未有往,彼有以来,是以忧也。"于是卫君乃修梁津而拟边城[5]。智伯闻卫兵在境上,乃还。

【注释】

[1] 智伯:见卷三建本·二十九[3]。

[2] 遗(wèi)之乘(shèng)马:送给卫国国君四匹马。乘,古代四匹马拉一

辆车叫“乘”，因此“乘”又代表“四”。

[3] 南文子：卫国大夫。又作“宁文子”。参见卷六复恩·二十。

[4] 无方之礼：无正当理由的礼品。方，正当理由。

[5] 乃修梁津而拟边城：梁津，桥梁渡口。拟，筹划。

【今译】

智伯想要偷袭卫国，特意要送给卫国国君四匹马，并先送上一块玉璧。卫君非常高兴，请群臣饮酒，群臣都很高兴，唯独南文子不高兴，面带忧虑。卫君说：“大国送给我礼物，因此我宴请各位大夫，各位大夫都很高兴，唯独先生不高兴还面带忧虑，为什么？”南文子曰说：“接受无正当理由的礼品，接受没有功劳的赏赐，这是遭遇祸患的先兆啊。我们没有送给他们礼物，他们却送给我们礼物，我因此忧虑啊。”于是卫君整修桥梁渡口并且筹划修筑边城。智伯听说卫国军队防守在边境上，就撤军回去了。

四十二

智伯欲袭卫，乃佯亡其太子颜[1]，使奔卫。南文子曰：“太子颜之为其君子也，甚爱，非有大罪也而亡之，必有然，故人亡而不受[2]，不祥。”使吏逆之[3]，曰：“车过五乘，慎勿内也[4]。”智伯闻之，乃止。

【注释】

[1] 太子颜：智伯长子，名颜。

[2] 必有然，故人亡而不受：此句有倒文，当作“必有故，然人亡而不受。”

[3] 逆：迎接。

[4] 内：同“纳”。

【今译】

智伯想要偷袭卫国，就让他的长子假装出逃，使他逃到卫国。南文子说：“太子颜作为智伯的儿子，很受宠爱，没有大的罪过却要出逃,其中一定有原因。不过有人出逃而不接纳,是不吉利的。”于是派官吏迎接太子颜,嘱咐说:“如果车辆超过五辆,就千万不要放他们进边境。”智伯听说后,就停止了这个计划。

四十三

叔向之杀苌弘也[1],数见苌弘于周,因佯遗书[2],曰:“苌弘谓叔向曰:‘子起晋国之兵以攻周,吾废刘氏而立单氏[3]。’”刘氏请之君曰:“此苌弘也。”乃杀之。

【注释】

[1] 叔向之杀苌弘:叔向,见卷五贵德·十三[2]。苌弘,又称“苌叔”。春秋时周敬王大夫,孔子曾从其学乐。敬王二十八年(公元前 492 年),苌弘参与晋国大夫范吉射、中行寅作难,晋卿赵鞅责周室,周杀苌弘。传说其血三年化为碧玉,以示冤情深重,常见于后世文学作品。左松超《新译说苑读本》认为,叔向早死,不得见苌弘之死,阴谋杀弘之计,实属虚有。

[2] 遗(yí):丢失。

[3] 废刘氏而立单氏:刘氏,周王卿士(执政大臣)刘文公。单氏,周王卿士单穆公。

【今译】

叔向想要杀死苌弘,就屡次到周室去见苌弘,趁机遗失了伪造的苌弘给叔向的一封信。信上写道:“苌弘对叔向说:‘请先生率领晋国的军队来攻打周室,我就废掉刘氏而立单氏。’”刘氏见到这封信后拜见周王说:“这是苌弘写的信。”于是周王杀掉了苌弘。

四十四

楚公子午使于秦[1],秦囚之。其弟献三百金于叔向[2]。叔向谓平公曰[3]:"何不城壶丘[4]? 秦、楚患壶丘之城。若秦恐而归公子午,以止吾城也,君乃止,难亦未构,楚必德君。"平公曰:"善。"乃城之。秦恐,遂归公子午,使之晋。晋人辍城。楚献晋赋三百车。

【注释】

[1] 楚公子午:楚庄王子。

[2] 金:古代货币单位。秦代以黄金二十两为一金,汉代以黄金一斤为一金。

[3] 平公:晋平公。见卷一君道·一[1]。

[4] 城壶丘:在壶丘修筑城墙。城,动词,修筑。壶丘,晋国地名,在今山西垣曲县东南。

【今译】

楚公子午出使到秦国去,秦国囚禁了他,公子午的弟弟便进献给叔向三百金请叔向设法解救其弟弟。叔向对晋平公说:"何不在壶丘修筑城墙呢? 秦、楚两国害怕我们在壶丘修筑城墙。如果秦国因害怕而使公子午回去,以此来阻止我们筑城的话,您就停止筑城,这样做不会造成灾难,楚国国君还一定会感激您。"平公说:"好。"于是筑城。秦国害怕,于是就放公子午回去,并让他到晋国去。晋国人也停止了筑城。楚国进献给晋国田赋三百车。

四十五

赵简子使人以明白之乘六[1],先以一璧,为遗于卫。卫叔文子曰[2]:"见不意可以生故[3],此小之所以事大也。今我未以往,而简子先以来,必有故。"于是斩林除围[4],聚敛蓄积,而后遣使者。简子曰:"吾举也,为不可知也。今既已知之矣,乃辍围卫也。"

【注释】

[1] 赵简子使人以明白之乘六:赵简子,见卷一君道·三十三[1]。明白,

光滑明亮的车马。

[2] 卫叔文子:疑即本卷四十一中“南文子”。

[3] 不意:意料不到的事情。

[4] 斩林除围:砍伐林木,撤除围场。围,打猎的围场。

【今译】

赵简子派人用光滑明亮的车马六套,并先送去一块玉璧,作为送给卫国国君的礼物。卫叔文子说:“见到了意料不到的事情就要想到可能会出现变故,这是小国事奉大国的办法。如今我们没有送给他礼物,而他的礼物却先送来,其中一定有原因。”于是砍伐林木,撤除围场,聚集财物积蓄粮草,然后派使者去致谢。赵简子说:“我的举动,我以为没有人能够知晓。现在已经有人知晓,就撤去对卫国的包围吧。”

四十六

郑桓公将欲袭郐[1],先问郐之辨智果敢之士,书其名姓,择郐之良臣而与之[2],为官爵之名而书之,因为设坛于门外而埋之,衅之以猳[3],若盟状。郐君以为内难也,尽杀其良臣。桓公因袭之,遂取郐。

【注释】

[1] 郑桓公将欲袭郐(kuài):郑桓公,西周时郑国国君,郑国之创始者,名友,周厉王少子,周宣王庶弟。宣王立二十二年(公元前806年),封于郑(今陕西华县东)。后迁至虢与郐之间。公元前806年至前771年在位。郑武公即位后,都新郑(今河南新郑)。郐,又称“会”,西周封国。祝融之后,妘(yún)姓,故址在今河南新密市东。公元前769年为郑所灭。

[2] 良臣:《韩非子·内储说下》作“择郐之良田赂之。”译文从之。

[3] 猳(jiā):即“豭”。公猪。

【今译】

郑桓公准备偷袭郐，先打听郐国谁是善于辩论富有智慧果断勇敢的士人，写下他们的姓名，选择郐国的良田赐给他们，并把封赏的官职爵位名称也写在上面，还为它们在城门外修建高坛埋在里面，又用公猪的血来祭祀，好像歃血结盟的样子。郐君以为这些人将要制造内乱，就把这些良臣全杀掉了。郑桓公趁机去偷袭，于是灭掉了郐国。

四十七

郑桓公东会封于郑[1]，暮舍于宋东之逆旅[2]。逆旅之叟从外来，曰："客将焉之?"曰："会封于郑。"逆旅之叟曰："吾闻之，时难得而易失也。今客之寝安，殆非封也?"郑桓公闻之，援辔自驾[3]，其仆接淅而载之[4]，行十日夜而至。釐何与之争封[5]。故以郑桓公之贤，微逆旅之叟，几不会封也。

【注释】

[1] 会封：臣子朝见天子，以接受封爵或封土。

[2] 逆旅：迎客住宿之处。

[3] 援辔(pèi)自驾：拉过缰绳，亲自驾车。辔，驭马的缰绳。

[4] 接淅而载之：漉干淘的米。也指行动匆忙。

[5] 釐(xī)何：人名，生平不详。

【今译】

郑桓公向东去朝见天子接受封地，晚上住在宋国都城东边的旅馆中。旅馆的老头从外边回来，说："客人将要到哪里去?"郑桓公回答说："到郑接受天子封地。"旅馆的老头说："我听说，得到时机虽然难得但失去它很容易。如今客人住得如此安心，大概不是去受封吧?”郑桓公听了,拉过缰绳,亲自驾车,他的仆人漉干淘的米装在车上,走了十天十夜才到。釐何与他争夺封地。所以凭着郑桓公的贤能,如果没有旅馆的老头提醒,他几乎得不到封地了。

四十八

晋文公伐卫[1],入郭[2],坐士令食[3],曰:“今日必傅大垣[4]。”公子虑俛而笑之[5]。文公曰:“奚笑[6]?”对曰:“臣之妻归,臣送之,反见桑者而助之。顾臣之妻,则亦有送之者矣。”文公惧,还师而归。至国,而貉人攻其地[7]。

【注释】

[1] 晋文公:见卷一君道·二十[6]。
[2] 郭:外城,在城外加筑的一道城墙。
[3] 坐士令食:命令士兵坐着吃饭。
[4] 傅大垣:傅,靠近,攀爬。垣,城墙。
[5] 公子虑俛(fǔ)而笑之:公子虑,晋文公子,名锄。“俛”通“俯”,低头。
[6] 奚笑:笑什么。奚,何。
[7] 貉(mò)人:貉,通“貊”,古代泛指居于北方的民族。

【今译】

晋文公攻打卫国,军队进入外城,命令士兵坐着吃饭,说:“今天一定要攻上高大的城墙。”公子虑低头发笑。晋文公说:“笑什么?”公子虑回答说:“我的妻子回娘家,我去送她,返回的路上我看到采桑的女子,就去帮助她。回头看我的妻子,也有人帮助她。”晋文公恐惧,撤军回国。回到晋国,貉人正来进犯国土。

【评析】

《说苑》中每卷第一章是总纲,是读者准确理解本卷的钥匙。如果说《说苑》是刘向的编著,那么每卷的第一章则基本上是刘向的原创，是全书主旨所在，后面各章皆围绕第一章编选。因此，读懂第一章，是理解全卷乃至全书的关键。

本卷第一章有四层意思。

第一层：

> 圣王之举事，必先谛之于谋虑，而后考之于蓍龟。白屋之士，皆关其谋；刍荛之役，咸尽其心。故万举而无遗筹失策。传曰："众人之智，可以测天。兼听独断，惟在一人。"此大谋之术也。

这一层主要讲圣王做事一定要谋。谋，不是一般意义上的出主意想办法，更不是想歪点子出坏门道，而是深思熟虑。谋，要群策群力，集众人之智，供君王裁决。这是"大谋"。也就是说，真正的谋虑不仅仅来自所谓"高人"组成的智囊团，而是包括平民樵夫在内的智慧。谋虑面前，不分高下。这一观点无疑是可贵的。第五章中东郭垂和第四十七章中逆旅之叟就是代表。

第二层：

> 谋有二端：上谋知命，其次知事。知命者，预见存亡祸福之原，早知盛衰废兴之始；防事之未萌，避难于无形。若此人者，居乱世则不害于其身；在乎太平之世，则必得天下之权。彼知事者亦尚矣。见事而知得失成败之分，而究其所终极，故无败业废功。孔子曰："可与适道，未可与权也。"夫非知命知事者，孰能行权谋之术？

这一层对权谋的等类进行了划分，有上谋，有次谋。上谋知命。所谓知命，就是能够从根本上洞悉存亡祸福与盛衰废兴的规律，并能够利用规律驾驭事物防患于未然。这样的人在乱世不害身，在太平之世能掌握重权治国理政，从而达到"穷则独善其身，达则兼济天下"的人生境界。次谋知事。所谓知事，就是明白成败得失的区别，并能够追寻其终极结果，不会导致人生的失败。刘向引用孔子的话作为理论支撑，提出"道"与"权"的关系问题。在《论语·子罕》中，孔子说："可与共学，未可与适道；可与适道，未可与立；可与立，未可与权。"这是做人的四个境界，而"权"是最高境界。所谓道，体现原则性；所谓权，体现灵活性。既然“权”体现灵活性，那么如何谋虑就事关重大了。所以刘向才提出“夫非知命知事者，孰能行权谋之术？”这个重大的命题。

第三层：

> 夫权谋有正有邪。君子之权谋正，小人之权谋邪。夫正者，其权谋公，故其为百姓尽心也诚；彼邪者，好私尚利，故其为百姓也诈。夫诈则乱，诚则平。是故尧之九臣诚而兴于朝，其四臣诈而诛于野。诚者隆至后世，诈者当身而灭。知命知事而能于权谋者，必察诚诈之原，而以处身焉，则是亦权谋之术也。

这一层刘向换了一个标准继续对权谋进行分类，分为正谋与邪谋。这个划分很重要。在有的人看来，既然是权谋，那就不论正、邪，只要达到目的就行，于是权谋就变成了玩弄权术、阴险欺诈的下三滥。刘向认为，正谋为公，为百姓，有诚心；邪谋为私，为个人，玩诈心。二者结果不同。邪谋导致混乱，正谋开创太平。所以尧的九个臣子行正谋就受到重用，另有四位臣子行邪谋就被诛于野。那些知命知事并能善于权谋的人，一定明察诚、诈根源，并身体力行。

第四层：

> 夫知者举事也，满则虑溢，平则虑险，安则虑危，曲则虑直；由重其豫，惟恐不及，是以百举而不陷也。

这一层引用《荀子》言论，指出聪明的人做事情，必然居安思危，常存忧患之心，只有如此，方能“百举而不陷”。这既照应开头，又涵盖上谋与正谋，是对整章的总结。全章层次清晰，逐层递进，逻辑严密，显示了刘向出色的文章组织能力。

第二章写仆子批评杨子多疑。仆子系何人，目前无文献可查，仅从本章中可以看出仆子属于知命者，他赞扬晏子，批评杨子。杨子为何多疑？在于不知命。仆子认为，对那些可以富也可以贫，可以生也可以死的事情，知命者心中不会犹豫，更不会“伤行伤勇”。这一章照应总论的第二层观点。第三章写孔子入赵而中途返回，因为泽鸣、犊犨的被杀深深刺痛了孔子。“丘之不济于此，命也夫!”他开始思考自己与赵简子之间是不可能相容的。“亲其身为不善者,君子不入也。”(《论语·阳货》)“这也许才是孔子在半路改变了投奔赵简子的真正原因。”(参见杨金廷、张润泽、范文华《赵简子与孔子史迹述略》,《邯郸学院学报》2011 年第 1 期)第四章写孔子推断“天殃周鳌王庙”,仍在于说明孔子是知命的,刘向认为孔子是知命之人。

第六章写晋太史屠馀具有预见性。屠馀为何能预知未来?他并非具有什么神力。国家兴亡是有规律的,这个规律的核心就是:是否以民为本。儒家学说之所以能够历经数千年而始终为文化之主流,关键就在于它提倡以人为本。正如《尚书·蔡仲之命》所说:“皇天无亲,唯德是辅。民心无常,惟惠之怀。”把握住了这个根本规律,也就把握住了天命。以下各章均体现这一规律。

第八章写絺疵察言观色,通过韩、魏之君“无喜志而有忧色”断言“韩、魏之君必反”。第九章写孔子断言“公索氏比及必亡”。在古代礼仪中,没有比祭祀更重要的了。《礼记·祭统》说:“礼有五经,莫重于祭。”公索氏连如此重要的事情都做不好,由此可见一斑。第十章写叔向推测“诸侯其有图蔡者乎”,其根据是“蔡言地计众,不若宋、郑,其车马衣裘侈于二国”。第十章写白圭预言中山国、齐国将亡,他从五个方面为依据得出此结论。第十二章写下蔡威公预言“吾国且亡”,其根据是“吾数谏吾君,吾君不用”。第十三章写管仲预言竖刁、易牙不可用,因为他们的行为违背人之常情。第十四章写屈建观察白公胜行为“过礼”预言其将作乱。第十五章写屈宜咎断言“昭侯不出此门”,其根据是“不以此时恤民之急也,而顾反益奢。”第十六章写田子方预言丑子颜“其以平陵反乎?”,依据是“见人子问其父,见人父问其子”的过分行为,有笼络人心之嫌。第十七章写梁公预言,楚国患吴不患晋,因为吴国国君“恤民而同其劳”,从而赢得民心,对楚国构成巨大威胁。第十八章写楚庄王的使者根据陈国“国宁”“民怨”“民力”情况来判断是否伐陈,表现的是民本思想。第十九章写石益和孙伯根据吴王“罪谏”行为预言“吴将亡”。第二十章写茂陵徐先生断言“霍氏必亡”,他的根据是“出人之右而奢”“奢则不逊”。宣帝表面不动声色，因为时机未到；宣帝不仅不会爱惜霍氏，相反就是让其充分表演，最后一网打尽。这就是“多行不义必自毙”的谋略。曲突徙薪的故事广为流传，在本章中只是类比说理的一个例子而已。以上各章写知命之谋。

从第二十一章开始，写知事之谋。第二十一章中，管仲有远见，劝桓公不但不攻打鲁国，还要向周公庙进献礼品，从而赢得鲁国支持。第二十二章中的中行文子本是晋国贵族，属于炙手可热的人物，但在晋国内部公卿之间的斗争中失败，不得不四处逃窜，以避灾祸。这个啬夫原是他身边之人，属于那种阿谀奉承、投其所好的小人，后来看到主子落难，也就离开了。这种人在现实生活中并不少见，但中行文子得志之时看不清此人本性，如今逃难中的他终于醒悟了，为防止啬夫卖主求荣，便断然杀之。第二十三章写卫灵公“任其过”，受到子贡称赞。第二十四章写任增劝魏宣子答应智氏请地要求，进而助长其贪欲，激怒诸侯，从而使其自取灭亡。这就是古人讲的“将欲败之，必姑辅之；将欲取之，必姑与之”的道理。第二十五章写楚庄王成为霸主之后，“惧诸侯之畏己也”，于是谦卑对待诸侯。这固然不排除虚假的成分，但也有其真诚的一面。第二十六章写楚国令尹子西冷静分析夫差与阖庐的不同，阖庐节俭爱民，夫差奢侈虐民，从而得出夫差不足惧、真正担心的应该是本国内部是否和睦团结的观点。子西洞察政事，见解深刻，他后来死于白公胜之乱，不幸被自己的话所言中。第二十七章中左史倚相也是楚国一位有深刻见解的大夫。面对越国的要求，他看到了问题的实质。第二十八章写鲍文子帮齐侯分析阳虎的动机，识破其阴谋，阳虎不得不再次出逃。第二十九章是比较典型的谋略。伊尹富有谋略，先试探桀之虚实，做到知己知彼，然后一举歼灭。柴宇球在《谋略论》中认为，伊尹之谋略是先以“抗贡”来获得夏桀的情报，在掌握这些情报后，待机消灭夏桀。这一谋略在当今世界也经常使用。

第三十章写武王伐纣，自然现象预示着出师不利，但武王不信邪,"其所独见者精也"。第三十一章写了两种权谋。晋文公虽然采纳了咎犯的诈术,但同时深知诈术终归有限,不得已而为之。第三十二章写城濮之战前天象不利于晋,晋文公心怀顾虑。作为全军主帅,他的态度必然影响军队士气。咎犯的智慧表现在他善于将消极因素转化为积极因素,即权变机智。第三十三章中四水的聪明表现在从不利情况中看到了有利因素,从而充分利用它,将不利转化为有利。而吴王固守旧有道德观念,不知权变,从而导致失败。

第三十四章又见于《左传·定公八年》,刘向选入时做了较大改动,突出了计谋的特点。这个计谋的巧妙处在于转移视线,激怒国人,从而达到叛晋目的。这一计谋在当今世界国与国之间的斗争中也常使用。第三十五章写国相公仪休劝鲁君能忍辱方能全身保国,这就是权变。第三十六章写齐景公嫁女,一方面是父女情深,依依不舍,一方面是国家利益,事关重大。景公深知轻重,关键时候不糊涂。第三十七章中的太子忽颇有远见。文姜后来嫁给了鲁桓公,仍与兄齐襄公暧昧,并害死了桓公,成为一大丑闻。成语"齐大非偶"就出自这个故事。第三十八章写漆雕马人的聪明,他回答孔子问话很艺术,不直接说谁贤,而是通过客观叙述,让事实来说。在《论语》中,有两处写到孔子对臧文仲的评价:

> 子曰:"臧文仲居蔡,山节藻棁,何如其知也?"(《公冶长》)
>
> 子曰:"臧文仲其窃位者与!知柳下惠之贤而不与立也。"(《卫灵公》)

仅就这两处来看,孔子对臧文仲评价似乎不高。那么,臧文仲究竟是怎样一个人呢?在《左传》中有关于藏文仲的记载。他大约早孔子一百多年,前后历经庄公、闵公、僖公、文公四代君主,辅政四十余年。当时正值齐桓公为春秋霸主,齐、鲁两国力量对比悬殊,他多次出使齐国,不辱使命,维护了鲁国的尊严和利益,显示出高超的军事和外交能力。臧文仲最可贵的地方是他具有民本思想。据《国语·鲁语上》记载:

> 鲁饥,臧文仲言于庄公曰:"夫为四邻之援,结诸侯之信,

重之以婚姻，申之以盟誓，固国之艰急是为。铸名器，藏宝财，固民之殄病是待。今国病矣，君盍以名器请籴于齐?”公曰：“谁使?”对曰：“国有饥馑，卿出告籴，古之制也。辰也备卿，辰请如齐。”公使往。从者曰：“君不命吾子，吾子请之，其为选事乎?”文仲曰：“贤者急病而让夷，居官者当事不避难，在位者恤民之患，是以国家无违。今我不如齐，非急病也。在上不恤下，居官而惰，非事君也。”

《左传·庄公十一年》记载：

秋，宋大水。公使吊焉，曰：“天作淫雨，害于粢盛，若之何不吊?”对曰：“孤实不敬，天降之灾，又以为君忧，拜命之辱。”臧文仲曰：“宋其兴乎。禹、汤罪己，其兴也悖焉，桀、纣罪人，其亡也忽焉。且列国有凶，称孤，礼也。言惧而名礼，其庶乎。”

《左传·襄公二十四年》记载：

二十四年，春，穆叔如晋，范宣子逆之，问焉，曰：“古人有言曰‘死而不朽’，何谓也?”……穆叔曰：“以豹所闻，此之谓世禄，非不朽也。鲁有先大夫曰臧文仲，既没，其言立。其是之谓乎? 豹闻之：‘大上有立德，其次有立功，其次有立言。’虽久不废，此之谓不朽。若夫保姓受氏，以守宗祊，世不绝祀，无国无之。禄之大者，不可谓不朽。”

以上三段文字，足以说明臧文仲是一位大贤者。这样的贤者，不必天天占卜。

从第三十九章开始，各章内容基本属于邪谋一类。三十九章中安陵缠的故事很有意思。后世有人把安陵缠当成女子，认为他是楚共王的一位姿色绝佳的妃子。从文本内容看不是这样。安陵缠是楚王男宠。本章中的江乙是楚宣王时大夫，经常在楚王面前说令尹昭奚恤的不是，“狐假虎威”的故事就是江乙用来嘲讽昭奚恤的。本章中江乙对安陵缠讲的一番话固然有道理，但基本上属于歪门邪道，是用来获得君王好感的，应该归入邪谋一类。第四十章写阳处父充分利用楚国内部矛盾，借刀杀人。关于阳处父，有一个成语与他有关，就是“华而不实”，出自《左传·文公五年》。商臣是楚成王的太子，长相蜂目豺声，为人残忍，逼死其父，即位后为楚穆王，做了一番事业。第四十一章先写智伯欲偷袭他国，先与之交好，来麻痹对方放松警惕。二战时德军用过此伎俩。后写南文子识破计谋，使国家转危为安。第四十二章写智伯以太子丢失为理由欲发动战争，手段颇为狡诈。二战时日军攻打我国用过此手段。南文子再次识破敌人阴谋，取得了“上兵伐谋”的胜利。第四十三章写叔向用离间计杀苌弘。离间计就是使用欺诈手段使敌人内部互相猜忌、互相残杀，从而战胜敌人。《三国演义》周瑜使用离间计欺诈蒋干，诱使曹操杀害了蔡瑁、张允，从而消除了心头之患。苌弘在人们心目中是一个美好形象，知识渊博，孔子曾向他讨教过音乐问题。叔向也是一位贤臣，为晋国公卿。本章内容可能源自《韩非子·内储说下》，但有学者怀疑其可信度（参见向宗鲁《说苑校证》及左松超《说苑集证》）。第四十四章继续写叔向足智多谋。第四十五章写赵简子欲偷袭卫国，手段与智伯如出一辙。第四十六章仍本自《韩非子·内储说下》。郑桓公采用了阴招，使离间计，导致郐国先失掉贤臣，后失掉国家。第四十八章写公子虑用极其巧妙的方式提醒晋文公可能有螳螂捕蝉之虞。

本卷明显受了《韩非子》一书的影响。刘备临终前告诫儿子阿斗多读《韩非子》，可以“益人意智”。周勋初认为，在先秦诸子中，《韩非子》是最贴近现实的一部著作，因为书中所涉及的是政治斗争的权谋，以及人在复杂社会关系中趋利避害的手段。书中《八奸》《七术》《六微》等篇章对法、术、势的内涵进行解说，提供了多种阴谋奸诈手段。刘向将这方面的内容置于本卷的后半部分，其用意在于说明这些内容属于“邪谋”，与正谋是不同的。刘向提倡使用正谋，反对阴谋诡计，这与他本人的性格特点是一致的。但同时他也看到了“邪谋”的可取之处，在特殊情况下，不得已而用之，兵不厌诈嘛。

卷十四　至公

【题解】

至公，就是“天下为公”，就是“大公无私”，体现儒家治国最高理想。《礼记·礼运》中说：“大道之行也，天下为公，选贤任能，讲信修睦……是谓大同。”至公思想，也就是“大同”思想，就是仁。

在古代，最能够体现至公思想的君主首推尧、舜。《礼记·礼运》中说：“孔子曰：‘大道之行也，与三代之英，丘未之逮也，而有志焉。’”因此，刘向在本卷中把尧、舜放在第一章中。在刘向看来，尧、舜“不偏不党，王道荡荡”，尧舜是“行大公者”，是天下楷模。“惟天为大，惟尧则之。”除了尧、舜，作为臣子的伊、吕也是楷模，他们具有最优秀的品质：“治官事则不营私家；在公门则不言货利；当公法则不阿亲戚；奉公举贤则不避仇雠；忠于事君，仁于利下；推之以恕道，行之以不党。”后面的二十一章，基本上是围绕这个标准展开的。由此可见，第一章是本卷之总纲。儒学的核心是“仁”。仁者，爱人，以人为本。在这个世界上，人最宝贵，关心人就体现了“仁”的思想。第二章中季札为不起内乱，宁肯放弃君位，达到了“君子以其不杀为仁，以其不取国为义。夫不以国私身，捐千乘而不恨，弃尊位而无忿，可以庶几矣”的境界。第三章中的太王“守国安民”，“三迁而民五倍其初者，皆兴仁义。”第四章歌颂周公。以上人物，都是至公的典范。从第五章开始，刘向列举反面例子来衬托尧、舜等人的伟大。秦始皇、齐景公、楚共王虽身为君王，但与尧、舜相比有天壤之别。从第八章开始，刘向连用三章，极力歌颂了孔子的至公思想和行为。在刘向看来，孔子不得重用，没有实现其伟大理想，是因为他“生于乱世，莫之能容也。”但是孔子“怀天覆之心,挟仁圣之德”,周情孔思,悲天悯人,其伟大影响同样光照人间。至公,就要一心为国,第十二章中申包胥是这样的人;至公,就要举荐贤能,虞丘子、赵宣子是这样的人;举荐贤能,内不避亲,外不避仇,唯贤是举,咎犯是这样的人;至公,就要为民做主,楚文王是这样的人;至公,就要法律面前人人平等,王子犯法与庶民同罪,楚令尹子文、楚庄王是这样的人;至公,就是不独断,善于听取别人意见,孔子是这样的人。这是第十二章到第二十一章的内容。最后一章写子羔逃难获救,目的在于说明,一个至公之人能得好报,即便被你惩罚过的人,也会敬佩你。

至公,是维系社会公正公平的法宝,是实现和谐社会的基础。本卷所选内容,无论在政治史上,还是在法制史上,都具有积极意义。

本卷共二十二章。

一

《书》曰:“不偏不党,王道荡荡[1]。”言至公也。古有行大公者,帝尧是也[2]。贵为天子,富有天下,得舜而传之[3],不私于其子孙也。去天下若遗躧[4]。于天下犹然,况其细于天下乎?非帝尧孰能行之?孔子曰:“巍巍乎,惟天为大,惟尧则之[5]。”《易》曰:“无首,吉[6]。”此盖人君之公也。夫以公与天下,其德大矣!推之于此,刑[7]之于彼,万姓之所载[8],后世之所则也。彼人臣之公,治官事则不营私家;在公门则不言货利;当公法则不阿亲戚;奉公举贤则不避仇雠;忠于事君,仁于利下;推之以恕道,行之以不党;伊、吕是也[9]。故显名存于今,是之谓公。《诗》云:“周道如砥,其直如矢;君子所履,小人所视[10]。”此之谓也。夫公生明,偏生暗,端悫生达[11]，诈伪生塞，诚信生神，夸诞生惑。此六者，君子之所慎也，而禹、桀之所分也[12]。《诗》云："疾威上帝，其命多僻[13]。"言不公也。

【注释】

[1] 不偏不党，王道荡荡：偏，偏私。党，结党。荡荡，广大。语出《尚书·洪范》，原作"无偏无党，王道荡荡。"

[2] 尧：传说中的五帝之一，号陶唐氏。

[3] 舜：传说中的五帝之一，号有虞氏，与尧一起被称为最早的圣贤君主。

[4] 蹝(xǐ)：草鞋。

[5] 巍巍乎，惟天为大，惟尧则之：则，学习，效法。语出《论语·泰伯》。

[6] 无首，吉：语出《易经·干卦》："见群龙无首，吉。"高亨《周易大传今注》："六爻象群龙并出，各秉刚健之天德。此乃比喻诸侯并立，德齐力均，不可能有帝王为之首领；但以其各秉天德，故吉。"刘向此处引用该句的意思是：尧不留恋帝位，也不传位给自己的子孙，而是主动让贤与舜，堪为榜样，所以吉利。

[7] 刑：同"型"。典范。

[8] 载：明抄本作"戴"，拥戴。于义为胜。

[9] 伊、吕：即伊尹和吕望，见卷一君道·十三[1]、十四[1]。

[10] "周道如砥"句：周道，大道。砥，磨刀石。履，践行。小人，泛指百姓。语出《诗经·小雅·大东》。

[11] 端悫(què)：端，正直。悫，恭谨，诚实。语出《荀子·不苟》。

[12] 禹、桀：禹，远古夏部落领袖，也称大禹、夏禹，姒姓，夏代第一个君主，因治水有功，得舜禅位。桀，夏代的最后一个君主，暴虐荒淫。

[13] 疾威上帝，其命多僻：疾威，暴戾。僻，邪僻不正。语出《诗经·大雅·荡》。

【今译】

《尚书》中说："不偏私不结党，王道广大无边。"说的就是大公无私的道理。古代有实行大公无私的人，帝尧就是这样的人。帝尧是尊贵的天子，富有天下，发现了舜并传位给他，不偏私传给自己的子孙。帝尧放弃帝位就像扔弃草鞋。对于天下尚且如此,何况比天下细小的事物呢?除了帝尧这样的人谁能够做得到呢?孔子说:"伟大啊,只有天是最伟大的,只有尧能够效法天。"《易经》上说:"没有首领,吉利。"这大概说的是君主的大公无私。以大公无私来治理国家,他的道德境界就高大啊!从此处推行了,在别处就会被当作典范效法,受到百姓的拥戴,是后代效法的榜样。至于臣子的大公无私,表现为办理公家的事务而不去经营私家的利益,给公家做事而不谈个人得利,执行国家法令而不因为亲戚就徇私枉法,为公家举贤授能而不回避自己的仇敌,忠诚地事奉国君,对众人仁慈,推行恕道,不结党营私,伊、吕是这样的人。所以他们显赫的名声流传至今,这就是臣子的大公无私。《诗经》上说:"周道如砥,其直如矢;君子所履,小人所视。"说的就是这个道理。大公无私就会产生清明,偏听偏信就会产生黑暗。忠诚正直就能够通达顺畅;奸诈虚伪就会蔽塞。诚信就会达到神明的境界,夸大虚妄就会产生祸乱。这六点,是君子非常小心谨慎的,这是夏禹和桀不同的地方。《诗经》上说:"疾威上帝,其命多僻。"说的是不公平的事情。

二

吴王寿梦有四子[1],长曰谒,次曰馀祭,次曰夷昧[2],次曰季札,号曰延陵季子[3],最贤,三兄皆知之。于是王寿梦薨[4],谒以位让季子,季子终不肯当。谒乃为约曰:"季子贤,使国及季子,则吴可以兴。"乃兄弟相继,饮食必祝曰:"使吾早死,令国及季子。"谒死,馀祭立;馀祭死,夷昧立;夷昧死,次及季子。季子时使行,不在。庶兄僚曰[5]:"我亦兄也。"乃自立为吴王。季子使还,复事如故。谒子光曰[6]:"以吾父之意,则国当归季子;以继嗣之法,则我适也[7]，当代之君，僚何为也？”于是乃使专诸刺僚[8]，杀之，以位让季子。季子曰：“尔杀吾君，吾受尔国，则吾与尔为共篡也。尔杀吾兄，吾又杀汝，则是昆弟父子相杀无已时也[9]。”卒去之延陵，终身不入吴。君子以其不杀为仁，以其不取国为义。夫不以国私身，捐千乘而不恨，弃尊位而无忿，可以庶几矣[10]。

【注释】

[1] 寿梦：春秋时吴国国君，姬姓。吴太伯之后，夫差之曾祖父。公元前585年至前561年在位。吴国自其即位后开始强大。

[2] 长曰谒，次曰馀祭，次曰夷昧：谒，寿梦长子。又作“遏”，号“诸樊”，公元前560年至前548年在位。馀祭，公元前547年至前531年在位。夷昧，又作“馀昧”“馀眛”，公元前530年至前527年在位。

[3] 延陵季子：季札因受封于延陵，故称。延陵，春秋吴邑，今江苏常州市。

[4] 薨(hōng)：古代称诸侯死为薨。

[5] 庶兄僚：寿梦庶子，比季札年长，故称庶兄。本文与《左传·公羊传襄公二十九年》都记僚是寿梦庶子。《史记·刺客列传》《吴越春秋·吴王寿梦传》则记僚是馀昧之子。

[6] 光：即公子光，谒之子。派刺客专诸刺杀僚自立，即阖闾。公元前514年至前496年在位。

[7] 适(dí)：通“嫡”。嫡传。

[8] 专诸：见卷十二奉使·四[8]。

[9] 昆弟：兄弟。

[10] 庶几：表示可能，意思是“差不多”。

【今译】

吴王寿梦有四个儿子，长子叫谒，次子叫馀祭，三子叫夷昧，四子叫季札，季札号为延陵季子，最贤能，三位兄长都知道这一点。吴王寿梦死后，长子谒把王位让给季札，季札终究也不肯接受。长子谒与两个弟弟约定：“季札贤能，把王位传给季札，吴国就可以强盛起来。”于是兄弟三个相继做王，吃饭一定祷告说：“让我早死，把王位传给季札。”长子谒死后，馀祭即位；馀祭死后，夷昧即位；夷昧死后，轮到季札。当时季札出使他国，不在国内。庶兄僚说："我也是兄长。"就自立为王。季札出使回国，照样事奉吴王僚。谒的儿子光说："按照我父亲的意愿，王位应当归还给季札；如按照嫡子继承制度，我是嫡子，就应该我来即位。僚算是干什么的呢？"于是就派专诸刺杀吴王僚，杀死了吴王僚，把王位让给季札。季札说："你杀死了我的君主，我再接受你的王位，那么我与你成为共同篡位的人了。你杀了我的兄长，我再杀你，那么兄弟父子之间互相杀戮就没有完结的时候。"季札最终离开了吴国都城到了延陵，一辈子不再回到吴都。君子把不杀人看作符合仁义的行为，把不霸取国家权利看作是符合道义的行为。那种不凭借国家权利谋取私利，抛弃千乘之君的君位不感觉遗憾，放弃尊贵的位置却没有愤恨的做法，就可以说是距离大公无私差不多了。

三

诸侯之义死社稷，大王委国而去[1]，何也？夫圣人不欲强暴侵陵百姓，故使诸侯死国，守其民。大王有至仁之恩，不忍战百姓，故事勋育、戎氏以犬马珍币[2]，而伐不止。问其所欲者，土地也。于是属其群臣耆老而告之曰[3]："土地者，所以养人也，不以所以养而害其养也[4]，吾将去之。"遂居岐山之下[5]。邠人负幼扶老从之[6]，如归父母。三迁而民五倍其初者，皆兴仁义，趣上之事[7]。君子守国安民，非特斗兵罢杀士众而已[8]。不私其身，惟民足用保民，盖所以去国之义也。是谓至公耳。

【注释】

[1] 大王委国而去：大王，一作"太王"，即古公亶父，周人祖先，文王祖父。初居豳，遭戎、狄侵扰，于是迁居岐山(今陕西岐山县东北)。武王灭商

后尊其太王。委国而去，抛弃自己的国家而迁走。

[2] 勋育、戎氏：勋育，我国古代北部少数民族名。夏作“獯鬻”，周作“猃狁”，汉作“匈奴”。戎氏，我国古代西部少数民族。

[3] 耆(qí)老：年寿高。这里指年高德重的人。

[4] 害其养也：“养”前当有“所”字。

[5] 岐山：山名，今陕西省岐山县东北。

[6] 邠(bīn)人：邠，又作“豳”，古国名，周代公刘始迁于此，在今陕西旬邑、彬县一带。

[7] 趣(cù)上之事：趣，积极主动。上，指古公亶父。

[8] 罢(pí)：通“疲”。

【今译】

诸侯国君合乎正义的行为是为国家而死，太王却抛弃自己的国土而迁走，这是为什么呢？圣人不愿意让强暴的势力欺凌百姓，所以让诸侯国君为国而死，来保护他的百姓。太王有仁爱的恩德，不忍心让百姓上战场，所以委屈自己用犬马、珍宝事奉勋育、戎氏，但是勋育、戎氏的攻击没有停止。太王问他们想要的东西，他们说是土地。太王于是召集他的群臣和年高德重的人说：“土地，是用来养育人的，如果不能够用土地来养育百姓反而因为土地危害百姓的话，那么我就要离开这块土地。”于是迁居到岐山之下。邠人背着孩子搀扶着老人跟从着他，如同归从父母一样。太王迁居了三次百姓却增加为原先的五倍，这都是因为太王推行仁德的原因，百姓积极主动地为他做事情。君子守护国家使百姓平安，不能只凭武力使士卒、百姓疲劳并遭受屠戮。太王不为自身谋利，只希望百姓丰衣足食，这就是他抛弃自己的国土的意义吧！这就是大公无私。

四

辛栎见鲁穆公曰[1]：“周公不知太公之贤也[2]。”穆公曰：“子何以言之?”辛栎对曰:“周公择地而封曲阜[3],太公择地而封营丘[4],爵、土等[5],其地不若营丘之美,人民不如营丘之众。不徒若是,营丘又有天固[6]。”穆公心惭,不能应也。辛栎趋而出,南宫边子入[7],穆公具以辛栎之言语南宫边子。南宫边子曰:“昔周成王之卜居成周也[8],其命龟曰[9]:‘予一人兼有天下,辟就百姓[10],敢无中土乎[11]? 使予有罪,则四方伐之,无难得也。’周公卜居曲阜,其命龟曰:‘作邑乎山之阳,贤则茂昌,不贤则速亡。’季孙行父之戒其子也[12],曰:‘吾欲室之侠于两社之间也[13],使吾后世有不能事上者,使其替之益速[14]。’如是,则曰‘贤则茂昌,不贤则速亡’,安在择地而封哉? 或示有天固也? 辛栎之言,小人也,子无复道也。”

【注释】

[1] 辛栎(lì)见鲁穆公:辛栎,战国时鲁国大夫。鲁穆公,战国时鲁君,名显。礼贤下士,礼拜子思,人民生活安定。公元前 407 年至前 376 年在位。

[2] 周公不知太公之贤也:周公,见卷一君道・七[1]。太公,见卷一君道・十四[1]。知,咸淳本作“如”。译文从之。

[3] 曲阜:鲁国都城,故地在今山东曲阜。

[4] 营丘:齐国都城,故地在今山东临淄。

[5] 爵、土等:爵位、封地等级相同。鲁、齐都被封为第一等爵位“公”,都是天子建国(即周天子分封诸侯)。

[6] 天固:天然险固。因齐国靠海,故有此说。

[7] 南宫边子:又叫南宫适,字子容,孔子弟子。从年代上推断,可能是孔子晚期弟子中年龄较小者。此人谨小慎微,深受孔子喜欢,孔子把哥哥的女儿嫁给了他。

[8] 周成王之卜居成周:周成王,见卷一君道・三[1]。卜居成周,用占卜的方式选择营建东都成周的地点。《尚书・召诰》记载,周成王派遣召公前往洛邑“相宅”“卜宅”。成周,西周都城。西周初周公平定武庚叛

乱后，为加强对东方的统治，开始在伊、洛地区营建新邑，作为东都，称为成周（与“宗周”对称）。公元前770年，周平王东迁，成周成为东周政治中心。

[9] 命龟：对着龟甲祷告。

[10] 辟就：靠拢，接近。这里是统治的意思。

[11] 中土：中原地区。

[12] 季孙行父：见卷十一善说·二十五[2]。

[13] 侠（jiā）于两社之间也：侠，通“夹”。两社，指周社和亳社。社是古代祭祀土地神的地方。古代建国必先立社。商始都于亳，故称社为亳社。鲁是周的诸侯国，周社为其国社。

[14] 替：废弃。

【今译】

辛栎拜见鲁穆公说：“周公不如太公贤能。”穆公说：“先生凭什么这样说呢？”辛栎回答说：“周公选择土地受封在曲阜，太公选择土地受封在营丘。爵位、封地等级相同，但周公的封地比不上营丘肥美，百姓也比不上营丘众多。不仅如此，营丘还有天然屏障。”穆公内心感到惭愧，不能回答他的话。辛栎小步快走出去了，南宫边子进来了。穆公就把辛栎说的话全都告诉给南宫边子。南宫边子说：“从前周成王用占卜的方式选择营建成周地点时，对着龟甲祷告说：‘我一个人拥有天下，统治百姓，怎敢不住在中原地区呢？假使我有罪过，天下四方的人就可以来讨伐我，不会有什么困难的。’周公用占卜的方式选择营建曲阜地点的时候，对着龟甲祷告说：‘把都城建在山的南边，如果君主贤明国家就昌盛，否则国家很快就灭亡。’季孙行父在告诫他儿子的时候说：‘我想要把房舍建在周社和亳社中间，假使我的后代不能够忠心地事奉君主，就使他很快地被废弃吧。’像这些例子，都是在表达‘如果君主贤明国家就昌盛，否则国家很快就灭亡’的态度，哪里在乎选择什么地方受封呢？或是炫耀什么天然屏障呢？辛栎的话，是小人说的话，您不要再提它了。”

五

秦始皇帝既吞天下，乃召群臣而议曰："古者五帝禅贤[1]，三王世继[2]，孰是？将为之。"博士七十人未对[3]。鲍白令之对曰[4]："天下官[5]，则让贤是也；天下家[6]，则世继是也。故五帝以天下为官，三王以天下为家。"秦始皇帝仰天而叹曰："吾德出于五帝[7]，吾将官天下，谁可使代我后者？"鲍白令之对曰："陛下行桀、纣之道，欲为五帝之禅，非陛下所能行也！"秦始皇帝大怒曰："令之前！若何以言我行桀、纣之道也？趣说之[8]，不解则死！"令之对曰："臣请说之。陛下筑台干云，宫殿五里；建千石之钟[9]，万石之簴[10]；妇女连百，倡优累千；兴作骊山宫室[11]，至雍相继不绝[12]。所以自奉者，殚天下，竭民力，偏驳自私[13]，不能以及人。陛下所谓自营仅存之主也，何暇比德五帝、欲官天下哉？"始皇闇然无以应之[14]，面有惭色，久之，曰："令之之言，乃令众丑我。"遂罢谋，无禅意也。

【注释】

[1] 五帝禅贤：五帝，见卷十二奉使·九[16]。禅贤，把帝位让给贤者。

[2] 三王世继：三王，指夏、商、周三代开国之君夏禹、商汤、周武王（一说周文王）。世继，世袭。

[3] 博士：古代学官名。始于战国，秦汉相承，后世沿置。

[4] 鲍白令之：即鲍丘，又称浮丘伯、包丘子。荀子门生，曾仕秦。陆贾《新语·资质篇》载："鲍丘之德行，非不高于李斯、赵高也，然隐伏于蒿庐之下，而不录于世，利口之臣害之也。"或遭谗见斥。

[5] 天下官：天下为公有。

[6] 天下家：天下为私有。

[7] 吾德出于五帝：德，德运。秦姓嬴氏，少昊氏后代。

[8] 趣(cù)：赶快。

[9] 石(dàn)：古代重量单位，120 市斤。

[10] 万石之簴(jù)：《太平御览·卷第四百二十八》作“立万石之簴”。于义为胜。簴，古代悬挂编钟、编磬木架上的立柱。

[11] 骊山：山名。在今陕西临潼县东南。

[12] 雍：秦国都。在今陕西凤翔县西南。

[13] 偏驳：不周遍，不普及。

[14] 闇(àn)然：沉默的样子。

【今译】

秦始皇帝吞并天下以后，就召集群臣讨论说：“古代五帝把帝位让给贤者，三王则采用世袭制，哪一种做法好呢？我将要施行。”七十个博士没有人能回答。鲍白令之回答说：“如果把天下看作公有的话，那么采用禅贤制度是对的；如果把天下看作私有的话，那么采用世袭制度是对的。所以五帝以天下为公有，三王以天下为私有。”秦始皇帝仰天而叹道：“秦的德运出自五帝，我将要以天下为公有，谁是可以接替我的人呢？”鲍白令之回答说：“陛下推行桀、纣之道，却想采用五帝禅贤制度，这不是陛下所能推行的啊！”秦始皇帝大怒，说道：“你到前面来！你凭什么说我推行桀、纣之道呢？赶快说说理由，说不出理由就处死你！”鲍白令之回答说：“请允许我说出理由。陛下修筑的楼台上接云霄，宫殿绵延五里；铸造有千石重量的大钟，树立起有万石重量的编钟架；宫女上百人，歌舞杂技人上千；大兴土木修建骊山宫室，一直到雍连接不断。为了自己的享乐，耗尽天下财富，榨干百姓血汗，专为自己一人，不能用来惠及天下百姓。陛下您是那种为自己立业仅能保存自身的君主啊，怎能和五帝比德行以天下为公呢？”秦始皇帝默不作声，面有惭愧之色，过了很长时间，说：“鲍白令之的话，是让我在众人面前出丑啊。”于是作罢，没有禅贤的想法了。

六

齐景公尝赏赐及后宫[1]，文绣被台榭，菽粟食凫鴈[2]。出而见殣[3]，谓晏子曰："此何为死？"晏子对曰："此餧而死[4]。"公曰："嘻！寡人之无德也何甚矣！"晏子对曰："君之德著而彰，何为无德也？"景公曰："何谓也？"对曰："君之德及后宫与台榭；君之玩物，衣以文绣；君之凫鴈，食以菽粟；君之营内自乐，延及后宫之族，何为其无德也？顾臣愿有请于君：由君之意，自乐之心，推而与百姓同之，则何殣之有？君不推此，而苟营内好私，使财货偏有所聚，菽粟币帛腐于囷府[5]，惠不遍加于百姓，公心不周乎国，则桀、纣之所以亡也！夫士民之所以叛，由偏之也。君如察臣婴之言，推君之盛德，公布之于天下，则汤、武可为也，一殣何足恤哉？"

【注释】

[1] 齐景公：见卷一君道·十七[1]。
[2] 菽粟食凫(fú)鴈(yàn)：菽，豆类。粟，谷类。凫，野鸭。雁，这里指鹅。
[3] 殣(jìn)：饿死的人。
[4] 餧(něi)：同"馁"。
[5] 囷府：粮仓和府库。囷，圆形粮仓。

【今译】

齐景公曾赏赐后宫所有的人，楼台亭榭披锦挂绣，野鸭野鹅食谷吃豆。景公走出宫来见到有饿死的人，问晏子道："这人怎么死的？"晏子回答说："饿死的。"景公说："唉，我无德已经到了这样严重的程度了！"晏子说："君王的德行显著，为何说无德呢？"景公说："您说的是什么意思？"晏子回答说："君王的恩德遍及后宫和楼台亭榭；君王的玩物，披上彩绣；君王的鸭、鹅，以菽、粟为食；君王经营内宫自己享乐，还推广到后宫很多人，凭什么说无德呢？不过我对您有一个请求：通过君王爱护后宫的心意，通过满足自己享乐的想法，推广到与广大百姓同乐，那样的话怎么还会有饿死的人呢？君王不推广这种心意，却无限制地经营内宫贪图自己享乐，使得国家的财富偏积一处，菽、粟、币、帛烂在仓库中，恩惠不能遍及百姓身上，主持公平的想法不能够推行到全国各地，这是桀、纣之所以灭亡的原因啊！士人和百姓之所以反叛，就是偏私造成的。君王如果能够体察我所说的话，推广君王的美德，公平之心遍布天下，那么就会成为汤、武一样的圣君了，哪里只是体恤一个饿死的人呢？”

七

楚共王出猎而遗其弓[1]，左右请求之。共王曰：“止。楚人遗弓，楚人得之，又何求焉？”仲尼闻之，曰：“惜乎其不大。亦曰：‘人遗弓，人得之而已，何必楚也！’”仲尼所谓大公也。

【注释】

[1] 楚共王：见卷三建本·二十七[1]。遗：丢失。

【今译】

楚共王外出打猎丢失了弓，身边的人要去寻找。楚共王说：“算了。楚国人丢的，楚国人捡到，还找什么呢？”孔子听说后，说：“可惜他的公心还不够宽广。应该说：‘人丢弓，人捡到弓罢了，何必局限于楚国人呢？’”孔子的话是大公无私啊。

八

万章问曰[1]：“孔子于卫主雍雎[2]，于齐主寺人脊环[3]，有诸[4]?”孟子曰:“否,不然。好事者为之也。于卫主颜雠由[5]。弥子之妻与子路之妻[6],兄弟也[7]。弥子谓子路曰:‘孔子主我,卫卿可得也。’子路以告。孔子曰:‘有命。’孔子进之以礼,退之以义,得之不得曰‘有命’[8];而主雍雎与寺人脊环,是无命也[9]。孔子不说于鲁、卫,将适宋[10],遭桓司马将要而杀之[11],微服过宋。是孔子尝厄[12],主司城贞子,为陈侯周臣[13]。吾闻之,观近臣[14],以其所为之主,观远臣[15],以其所主。如孔子主雍雎与寺人脊环,何以为孔子乎?”

【注释】

[1] 万章:战国时齐人,孟子弟子。

[2] 主雍雎:住在雍雎家,以雍雎为主人。雍雎,又作“雍渠”,卫灵公近宦。

[3] 寺人脊环:寺人,宫中近侍,类似后代宦官。脊环,又作“瘠环”,齐君近宦。

[4] 有诸:有这样的事吗?诸,“之乎”的合称。

[5] 颜雠(chóu)由:春秋时卫国贤大夫,子路妻兄。

[6] 弥子:卫灵公幸臣弥子瑕。子路:孔子弟子。

[7] 兄弟:此处是姊妹的意思。

[8] 之:与。

[9] 是无命也:《孟子·万章上》作“无义无命”。

[10] 不说(yuè):不得意,不顺心。适:到。

[11] 遭桓司马将要(yāo):遇到宋国司马桓魋(tuí)半路拦截。桓司马,指宋国司马桓魋。要,半路拦截。《史记·孔子世家》记载:“孔子去曹适宋,与弟子习礼于大树下。宋国司马桓魋欲杀孔子,拔其树。孔子去。”

[12] 尝厄:遭受困厄。尝,经历、遭受。

[13] 主司城贞子:住在司城贞子家中。《史记·孔子世家》:“孔子遂至陈,主于司城贞子家。”司城贞子,陈国大夫。后面的陈侯周,即陈湣公,名周。陈怀公子。陈国最后一位君主,为楚所灭。

[14] 近臣:在朝之臣。

[15] 远臣:远方来仕者。

【今译】

万章问孟子："孔子在卫国时住在宦官雍雎家中，在齐国时住在宦官脊环家中，有这样的事吗？"孟子说："不，不是这样的。这是好事之徒编造出来的。孔子在卫国住在颜雠由家中。弥子的妻子和子路的妻子是姊妹。弥子对子路说：'如果孔子住在我家中，卫国的卿相位置就可以得到。'子路告诉了孔子。孔子说：'还是看天命吧。'孔子依照礼进身，遵循义退处，得到官位与得不到官位都是'天命'；如果住在雍雎与脊环家中，那就是无视礼义和天命了。孔子在鲁国、卫国不顺心，将要到宋国去，遇到宋国司马桓魋半路拦截并想要杀死他，孔子只好改换服装悄悄经过宋国。这时候，孔子处于困厄境地，便住在司城贞子家中，做了陈侯周的臣子。我听说，考察在朝的臣子，看他所招待的客人；考察外来的臣子，看他所寄居的主人。假如孔子住在雍雎和脊环家中的话，还怎么算是孔子呢？"

九

夫子行说七十诸侯[1]，无定处，意欲使天下之民各得其所，而道不行，退而修《春秋》。采毫毛之善，贬纤介之恶；人事浃[2]，王道备，精和圣制[3]，上通于天而麟至[4]。此天之知夫子也。于是喟然而叹曰："天以至明为不可蔽乎？日何为而食[5]？地以至安为不可危乎？地何为而动？天地而尚有动蔽，是故贤圣说于世而不得行其道，故灾异并作也。"夫子曰："不怨天，不尤人[6]，下学而上达[7]，知我者其天乎！"

【注释】

[1] 行说（shuì）：四处游说。

[2] 人事浃(jiā):人事融洽。浃,融洽。
[3] 精和圣制:使圣王礼制精微和谐。
[4] 上通于天而麟至:上与天相应而麒麟来到。
[5] 食:通"蚀",亏缺。特指日食或月食。
[6] 不怨天,不尤人:不抱怨上天,不指责他人。语出《论语·宪问》。
[7] 下学而上达:下学人事,上通于天。语出《论语·宪问》。

【今译】

孔子四处游说了七十个诸侯君主,没有固定的住处,他想使天下的百姓各得其所,但是其主张行不通,就退隐在家修订鲁国史书《春秋》。该书采记细微的善事,针砭微小的恶事;体现出人事融洽、王道完备的特点,使圣王礼制精微和谐,上与天相应而麒麟来到。这是上天了解孔子的表现啊!于是孔子长叹一声说:"上天因为光明无比就不能被遮蔽吗?为什么会出现日食呢?大地因为安稳无比就不会摇动吗?为什么会出现地动呢?上天和大地尚且出现遮蔽和摇动的现象,所以圣贤游说于天下而不能够推行其主张,所以就会有灾祸和异常现象同时发生。"孔子说:"不抱怨上天,不指责他人,下学人事,上通于天,了解我的大概只有天吧!"

十

孔子生于乱世,莫之能容也。故言行于君,泽加于民,然后仕;言不行于君,泽不加于民,则处。孔子怀天覆之心[1],挟仁圣之德,悯时俗之污泥,伤纪纲之废坏,服重历远[2],周流应聘[3],乃俟幸施道以子百姓[4],而当世诸侯莫能任用。是以德积而不肆[5],大道屈而不伸,海内不蒙其化,群生不被其恩。故喟然叹曰:"而有用我者,则吾其为东周乎[6]!"故孔子行说,非欲私身,运德于一城,将欲舒之于天下,而建之于群生者耳。

【注释】

[1] 怀天覆之心：怀抱着像上天覆盖大地一样的胸怀。

[2] 服重历远：驾着沉重车子跋涉到遥远的地方。

[3] 周流应聘：周游应聘。

[4] 子：爱护。

[5] 肆：推展，实践。

[6] 东周：兴周道于东方。《论语·阳货》："如有用我者，吾其为东周乎？"

【今译】

孔子活在乱世，没有那一位君主能够容纳重用他。所以自己的建言能够被国君采用，恩泽惠及百姓，然后才出来做官；建言不能够被国君采用，恩泽不能惠及百姓，就退隐在家。孔子怀抱着像上天覆盖大地一样的胸怀，具备圣贤仁慈之德，忧虑当时社会风气的污浊，痛心于纪纲的败坏，驾着沉重车子跋涉到遥远的地方，周游应聘，等待机会推行其主张来爱护百姓，但是当世诸侯没有人能够重用他。因此他积蓄了深厚的道德却不能推展，宏大的主张受到压抑不得伸张，天下的百姓不能接受他的教化，百姓不能感受他的恩惠。所以孔子长叹一声："如果有君主重用我，那么我就在东方复兴周的文、武之道啊！"所以孔子游说天下，不是为了自己的私利，也不是只推行其恩德在一座城池，而是想要推广到整个天下，并在广大百姓中树立起来。

十一

秦、晋战，交敌[1]。秦使人谓晋将军曰："二军之士皆未息，明日请复战。"臾骈曰[2]："使者目动而言肆[3]，惧我，将遁矣。迫之河，必败之。"赵盾曰[4]："死伤未收而弃之，不惠也；不待期而迫人于险，无勇也。请待。"秦人夜遁。

【注释】

[1] 交敌:互相不分胜负。
[2] 臾骈:春秋时晋国大夫。
[2] 言肆:放肆。
[4] 赵盾:见卷三建本·二十八[3]。

【今译】

秦、晋两国交战,互相不分胜负。秦军派人对晋国将军说:"两国军士都未能得到休息,请求明天再战。"臾骈说:"使者眼光闪烁不安、语言放肆,这是惧怕我们的表现,说明他们将要逃跑。如果把他们逼到河边,一定能打败它们。"赵盾说:"我军死伤的士卒还未收埋,这是不仁道的行为;不等待约定的时间就把对方逼迫到危险境地,这不算勇敢。还是等到明天吧。"秦国军队果然在夜里逃走了。

十二

子胥将之吴[1],辞其友申包胥曰[2]:"后三年,楚不亡,吾不见子矣!"申包胥曰:"子其勉之,吾未可以助子。助子是伐宗庙也,止子是无以为友。虽然,子亡之,我存之。"于是乎观楚一存一亡也。后三年,吴师伐楚,昭王出走[3]。申包胥不受命西见秦伯曰[4]:"吴无道,兵强人众,将征天下,始于楚。寡君出走,居云梦[5],使下臣告急。"哀公曰:"诺,固将图之。"申包胥不罢朝,立于秦庭,昼夜哭,七日七夜不绝声。哀公曰:"有臣如此,可不救乎?"兴师救楚。吴人闻之,引兵而还。昭王反复[6],欲封申包胥。申包胥辞曰:"救亡非为名也,功成受赐,是卖勇也。"辞不受,遂退隐,终身不见。《诗》云:"凡民有丧,匍匐救之[7]。"

【注释】

[1] 子胥:见卷八尊贤·九[12]。
[2] 申包胥:见卷四立节·一[6]。
[3] 昭王:见卷一君道·二十七[1]。
[4] 秦伯:即秦哀公,公元前536年至前501年在位。
[5] 云梦:泽名。泛指春秋战国时期楚王的游猎区。
[6] 反复:返国复位。
[7] 凡民有丧,匍匐救之:如果人民有了丧亡,走不动爬着也要去拯救。语出《诗经·邶风·谷风》。

【今译】

伍子胥将要到吴国去,向他的好友申包胥告辞说:"三年之后,楚国不灭亡的话,我不来见你!"申包胥说:"你好自为之吧,我不能帮助你。如果我帮助你那就是攻伐我的祖庙,如果我阻止你那就是不讲朋友情谊。虽然如此,但是你要灭亡楚国,我要保存楚国。"于是人们都在观望楚国的一存一亡。过了三年,吴国军队进攻楚国,楚昭王逃离都城。申包胥没有接到楚王的命令就主动向西去见秦伯,说:"吴国不讲道义,靠着兵强人多,将要征伐天下,先从楚国开始。我们国君出逃,暂时住在云梦,派我来向大王告急。"秦哀公说:"好吧,我本来也打算去救援的。"申包胥不肯离开朝廷,站立在秦国朝廷上,昼夜哭泣,七天七夜不断声。秦哀公说:"有这样的臣子,怎能不去救援他的国家呢?"于是发兵救楚。吴国人听说后,就撤兵回国了。楚昭王返国复位,想要封赏申包胥。申包胥辞谢说:"拯救危亡的楚国不是为了个人的名声,功业完成就接受封赏,这是出卖勇气的行为。"辞谢不受,于是隐居起来,终身不再出来。《诗经》上说:"凡民有丧,匍匐救之。"

十三

楚令尹虞丘子复于庄王曰[1]:"臣闻奉公行法,可以得荣;能浅行薄，无望上位；不名仁智，无求显荣；才之所不著，无当其处。臣为令尹十年矣，国不加治，狱讼不息[2]，处士不升，淫祸不讨；久践高位，妨群贤路；尸禄素餐，贪欲无猒[3]，臣之罪当稽于理[4]。臣窃选国俊，下里之士曰孙叔敖[5]，秀羸多能[6]，其性无欲。君举而授之政，则国可使治，而士民可使附。"庄王曰："子辅寡人，寡人得以长于中国，令行于绝域，遂霸诸侯，非子如何？"虞丘子曰："久固禄位者，贪也；不进贤达能者[7]，诬也；不让以位者，不廉也。不能三者，不忠也。为人臣不忠，君王又何以为忠？臣愿固辞。"庄王从之，赐虞子莱地三百[8]，号曰"国老"。以孙叔敖为令尹。少焉，虞丘子家干法，孙叔敖执而戮之。虞丘子喜，入见于王，曰："臣言孙叔敖果可使持国政。奉国法而不党，施刑戮而不骫[9]，可谓公平。"庄王曰："夫子之赐也已！"

【注释】

[1] 虞丘子复于庄王：虞丘子，即"沈尹茎"，庄王时任令尹。庄王，即楚庄王，见卷一君道·十九[1]。

[2] 狱讼：诉讼案件。

[3] 猒(yàn)：同"厌"，满足。

[4] 稽于理：受到法官的审查。稽，审查。理，法官。

[5] 孙叔敖：见卷八尊贤·二[5]。

[6] 秀羸(léi)：清秀瘦弱。

[7] 贤达能者：《渚宫旧事·卷一》无"达"字。

[8] 赐虞子莱地三百：虞子，当作"虞丘子"。莱地，采地，卿大夫的封地。

[9] 骫(wěi)：歪曲，枉曲。

【今译】

楚国的令尹虞丘子对楚庄王说："我听说大公无私执行国家法令的人，可以得到荣耀；才能和品德浅薄的人，不要奢望登上高位；

缺乏仁爱和智慧,就不要追求显赫和荣耀;才能不突出,就不要承担那个方面的重任。我担任令尹已经有十多年了,国家没有变得更加安定,诉讼案件没有停息过,隐居的贤士没有得到升迁,邪恶和祸乱没有受到惩处;我长时间占据高位,妨碍群贤的进路;我尸位素餐,显得贪得无厌;我的罪过应当受到法官的审查。我私下里选拔国家俊才,发现乡下贤士孙叔敖,清秀瘦弱,性情淡泊。如果国君提拔重用他,那么国家就可以得到很好的治理,并且能使士人和百姓来亲附。"楚庄王说:"先生辅佐我,使我能够在中原地区成为霸主,号令推行到边远的地方,称霸于诸侯,假如没有了您那怎么办呢?"虞丘子说:"长期占据俸禄和官位,是贪婪的表现;不推荐贤能的人,就是欺骗;不让出官位给贤人,就是不廉洁。不能做好这三件事,就是对国家不忠。作为臣子不忠,君王怎么能够把他们看成忠诚之人呢?我坚决要求辞去官职。"楚庄王答应了他,并赐给他封地三百亩,号称"国老"。楚庄王让孙叔敖做令尹。不久,虞丘子的家人犯了王法,孙叔敖抓捕来杀了。虞丘子很高兴,入宫见庄王说:"我推荐的孙叔敖,果然可以让他主持国政。遵行国家法律不结党营私,执行法律毫不枉曲,可以称得上大公无私了。"楚庄王说:"这都是先生推荐的功劳啊!"

十四

赵宣子言韩献子于晋侯曰[1]:"其为人不党,治众不乱,临死不恐。"晋侯以为中军尉[2]。河曲之役[3],赵宣子之车干行[4],韩献子戮其仆。人皆曰:"韩献子必死矣。其主朝升之,而暮戮其仆,谁能待之?"役罢,赵宣子觞大夫[5]。爵三行,曰:"二三子可以贺我。"二三子曰:"不知所贺。"宣子曰:"我言韩厥于君,言之而不当,必受其刑。今吾车失次而戮之仆[6],可谓不党矣,是吾言当也。"二三子再拜稽首曰[7]:"不惟晋国适享之[8],乃唐叔是赖之[9],敢不再拜稽首乎?"

【注释】

[1] 赵宣子言韩献子：赵宣子，即赵盾，见卷三建本·二十八[3]。韩献子，即韩厥，见卷六复恩·十七[1]。言，推荐。

[2] 中军尉：见卷六复恩·十七[2]。

[3] 河曲之役：鲁文公十二年（公元前 615 年），秦、晋两军战于河曲，秦主动撤兵。参见本卷十一章。河曲，春秋晋地，在今山西芮城县西南。黄河自此折而东流，故称。

[4] 干（gān）行：冲撞了军队的行列。干，冒犯。

[5] 觞（shāng）大夫：请大夫饮酒。

[6] 失次：乱了次序。

[7] 再拜稽（qǐ）首：拜两拜又叩头。稽首，古代一种跪拜礼。

[8] 适享：适合享受这样的福气。

[9] 唐叔：即唐叔虞，晋国开国君主。见卷一君道·十一[1]。

【今译】

赵宣子向晋侯推荐韩献子说："韩献子为人不结党营私，管理众人有条不紊，面对死亡毫不畏惧。"晋侯就让韩献子做了中军尉。河曲一仗，赵宣子的车冲撞了军队的行列，韩献子就杀了赵宣子的车夫。人们都说："韩献子必死无疑。韩献子的主子早上刚提拔了他，到了晚上就杀了赵宣子的车夫，谁能受得了？"仗打完后，赵宣子请大夫饮酒。酒过三巡，赵宣子说："你们应该祝贺我。"大家问："不知祝贺您什么呢？"赵宣子说："我向晋侯推荐韩献子，如果推荐得不当，我一定会受到处罚。现在我的车子冲撞了行列他就杀掉了我的车夫，可以说他是不结党营私的人，我推荐得恰当啊。"大伙拜两拜又叩头说："不只是晋国适合享受这样的福气，就是先祖唐叔也信赖这样的人，我们怎敢不叩拜呢？"

十五

晋文公问于咎犯曰[1]："谁可使为西河守者[2]？"咎犯对曰："虞

子羔可也[3]。”公曰:“非汝之仇也?”对曰:“君问可为守者,非问臣之仇也。”羔见咎犯而谢之曰:“幸赦臣之过,荐之于君,得为西河守。”咎犯曰:“荐子者,公也;怨子者,私也。吾不以私事害公义。子其去矣,顾吾射子也[4]!”

【注释】

[1] 晋文公问于咎犯:晋文公,见卷一君道·二十[6]。咎犯,见卷六复恩·三[3]。

[2] 西河:见卷二臣术·五[9]。

[3] 虞子羔:人名,生平不详。

[4] 顾:否则。

【今译】

晋文公问咎犯:“谁可以担任西河太守?”咎犯回答说:“虞子羔可以。”文公说:“虞子羔不是你的仇人吗?”咎犯回答说:“君主问我谁可以担任西河太守,不是问谁是我的仇人。”子羔拜见咎犯并道谢说:“多亏了您赦免了我的罪过,把我推荐给国君,我得以担任西河太守。”咎犯说:“推荐你,是公事;我怨恨你,是个人私事。我不能够因为个人私事损害了公事。你走吧,不然我就射杀你。”

十六

楚文王伐邓[1],使王子革、王子灵共捃菜[2]。二子出采,见老丈人载畚[3],乞焉,不与,搏而夺之。王闻之,令皆拘二子,将杀之。大夫辞曰[4]:“取畚信有罪,然杀之非其罪也,君若何杀之?”言卒,丈人造军而言曰[5]:“邓为无道,故伐之,今君公之子之搏而夺吾畚[6],无道甚于邓!”呼天而号。君闻之,群臣恐。君见之,曰:“讨有罪而横夺,非所以禁暴也;恃力虐老,非所以教幼也;爱子弃法,非所以保国也；私二子灭三行，非所以从政也。丈人舍之矣[7]。谢之军门之外耳[8]。”

【注释】

[1] 楚文王伐邓：楚文王，见卷一君道·三十二[1]。邓，西周国名。曼姓。在今湖北襄阳县西北邓城，疆域到达今河南邓州市。公元前678年为楚所灭。

[2] 王子革、王子灵：楚文王的两个儿子。捃（jùn）：拾取，采集。

[3] 畚（běn）：用蒲草编织的容器。

[4] 辞：劝谏，进言。

[5] 造：到。

[6] 之：疑为衍文。

[7] 舍：宽恕。

[8] 谢之：向老丈人谢罪。

【今译】

楚文王去攻打邓国，派公子革和公子灵去摘菜。两位公子出去摘菜的时候，看见一个老丈人身背菜筐里面装着菜，就向他讨要，老人不给，他们就打了老人抢走了他的菜。楚文王听说后，命令将两个公子都抓起来，准备杀掉。大夫劝谏说：“抢夺菜筐确实有罪，但是罪不至于被杀掉，为什么要杀死他们呢？”话音刚落，老人走到军营来说：“邓国做事不行仁道，所以攻打它。如今您的公子打了我还抢走了我的菜筐，这比邓国不行仁道还要严重啊！”说罢号啕大哭。楚文王听到了，群臣都感到恐惧。于是楚文王召见老人，说：“我讨伐有罪的人，却蛮横地抢夺您的东西，这就无法禁止暴行；倚仗着自己力气大虐待老人，就无法教育年轻人；偏爱自己的孩子而不顾法律，就无法保有自己的国家；偏爱两个公子，抛弃上面三种德行，就无法治理国家。老人家宽恕我，我要在军门外斩杀二子来向您谢罪。”

十七

楚令尹子文之族有干法者[1]，廷理拘之[2]，闻其令尹之族也而释之。子文召廷理而责之曰："凡立廷理者，将以司犯王令而察触国法也[3]。夫直士持法，柔而不挠，刚而不折。今弃法而背令而释犯法者[4]，是为理不端，怀心不公也。岂吾营私之意也？何廷理之驳于法也[5]？吾在上位以率士民，士民或怨，而吾不能免之于法。今吾族犯法甚明，而使廷理国缘吾心而释之[6]，是吾不公之心明著于国也。执一国之柄而以私闻，与吾生不以义，不若吾死也。"遂致其族人于廷理曰："不是刑也[7]，吾将死！"廷理惧，遂刑其族人。成王闻之[8]，不及履而至于子文之室曰[9]："寡人幼少，置理失其人，以违夫子之意。"于是黜廷理而尊子文，使及内政。国人闻之，曰："若令尹之公也，吾党何忧乎[10]？"乃相与作歌曰："子文之族，犯国法程。廷理释之，子文不听。恤顾怨萌[11]，方正公平。"

【注释】

[1] 子文：一作"斗谷于菟(wū tù)"。春秋时楚国人，斗伯比之子。幼时被弃，虎乳之。楚人称乳汁为"谷"，称虎为"于菟"，故名。楚成王八年，任楚令尹，执法不避亲贵，又捐家财，以解楚国之难。曾率师灭弦(西周封国，在今河南光山县西北)，逼随(西周封国，在今湖北随州，战国初灭于楚)附楚。三十五年，因子玉伐陈有功，将令尹之位让于子玉。干(gān)：触犯。

[2] 廷理：楚国官名，掌刑法。

[3] 司：督察。

[4] 而：前一个"而"字疑为衍文。

[5] 驳：违背。

[6] 国缘:"国"字讹。咸淳本作"因"。因缘,迎合。
[7] 不是刑:"不刑是"的倒装。刑,处罚。
[8] 成王:楚成王,见卷十三权谋·三十五[1]。
[9] 不及履:来不及穿鞋子。
[10] 吾党:我们这些人。
[11] 恤顾怨萌:体恤顾及有怨恨之心的百姓。萌,通"氓"。

【今译】

楚国令尹子文的宗族中有人触犯了法律,廷理逮捕了他,但听说他是令尹子文的族人后,就释放了他。子文召见廷理并责备他道:"设立廷理这个职务,是用来督察触犯国法的人的。正直的人执行法律,温和而不枉曲,刚直而不屈服。如今你无视法律、违背君令放走了犯法的人,这是为官不正,持心不公的表现。难道我有徇私枉法的想法吗?为什么廷理知法犯法呢?我身居高位,做士民的表率,士民中即便有人怨恨,我不能使他们免于法律的制裁。现在我的族人明明触犯了法律,却让廷理因为我释放了犯人,这就把我不公平的心明显地暴露在国人面前。我掌握着国家政权,却因为徇私枉法出名,与其让我活着不遵守道义,还不如让我死掉的好。"于是就把犯罪的族人送到廷理那里说,"如果不处罚他,我就去死!"廷理很害怕,就杀了令尹的族人。楚成王听说这件事,来不及穿鞋子,就来到子文的家中,说:"我年轻,任命刑狱官有失误,以至于违背了先生心意。"于是罢黜廷理的职务而使子文的地位更加尊崇,让他兼管王室内部的事务。国人听说这件事后说:"令尹这样公正,我们还有什么可忧虑的呢?"于是互相传诵:"子文的族人,触犯了法律;廷理释放了他,子文不答应。顾及百姓怨恨,执法方正公平。"

十八

楚庄王有茅门者法[1],曰:"群臣大夫诸公子入朝,马蹄蹂霤者[2]，斩其辀而戮其御[3]。”太子入朝，马蹄蹂溜，廷理斩其辀而戮其御。太子大怒，入为王泣曰：“为我诛廷理。”王曰：“法者，所以敬宗庙、尊社稷，故能立法从令、尊敬社稷者，社稷之臣也，安可以加诛？夫犯法废令，不尊敬社稷，是臣弃君，下陵上也。臣弃君则主失威，下陵上则上位危。社稷不守，吾何以遗子？”太子乃还走避舍[4]，再拜请死。

【注释】

[1] 楚庄王有茅门者法：楚庄王，见卷一君道·十九[1]。茅门，即“雉门”。诸侯有三门：库、雉、路。外朝在雉门外。茅门者法，即“茅门之法”，由廷理掌管。

[2] 蹂霤(liù)：蹂，践踏。霤，屋檐下滴水处。

[3] 辀(zhōu)：居中的独木车辕。

[4] 还(xuán)走避舍：还走，快步后退。避舍，避开正寝，移居他室。

【今译】

楚庄王有关于茅门的法令，规定说：“群臣大夫及各位公子入朝，如果马蹄践踏到屋檐下滴水处，就砍断他的车辕杀死他的车夫。”太子入朝的时候，马蹄践踏到屋檐下滴水处，廷理就砍断了他的车辕杀死了车夫。太子大怒，入宫向楚庄王哭泣道：“替我杀了廷理。”庄王说：“法律是用来礼敬宗庙、尊崇国家的。所以，凡是能够使法律确立、遵守法律的人，就是国家的良臣，怎能杀掉呢？如果违犯法律、无视法令，不尊敬国家的尊严，就是臣子背弃君主，以下犯上。臣子背弃君主就使君主丧失权威，以下犯上就会危及君主地位。国家守不住了，我拿什么来传给你呢？”太子于是快步后退，避开正寝，移居他室，拜了两拜，请求治他死罪。

十九

楚庄王之时，太子车立于茅门之内，少师庆逐之[1]。太子怒，入谒王曰："少师庆逐臣之车。"王曰："舍之。老君在前而不踰[2]，少君在后而不豫[3]。是国之宝臣也！"

【注释】

[1] 少师庆：少师，官名，"三孤"之一。周置少师，辅佐天子，地位仅次于太师。诸侯沿置。庆，人名。

[2] 踰：超越。

[3] 豫：犹豫不决。

【今译】

楚庄王的时候，太子的车子停在茅门之内，少师庆驱逐他。太子发火，入宫拜见楚王说："少师庆驱逐我的车子。"楚王说："算了吧。前面有我在，他也不会因我而超越法律宽恕了你；后面有你在，他也不会因你是太子而犹豫不决。这是国家的忠臣啊！"

二十

吴王阖庐为伍子胥兴师复仇于楚[1]。子胥谏曰："诸侯不为匹夫兴师。且事君犹事父也，亏君之义，复父之仇，臣不为也。"于是止。其后因事而后复其父仇也[2]。如子胥可谓不以公事趋私矣[3]。

【注释】

[1] 阖庐：见卷八尊贤·五[1]。伍子胥：见卷八尊贤·九[12]。

[2] 后：第二个"后"字疑为衍文。

[3] 趋：谋取。

【今译】

吴王阖庐要攻打楚国为伍子胥复仇。子胥进谏道："诸侯不要为我个人而出兵。臣子事奉君主就好比儿子事奉父亲一样，损害君主的义行，来替我父亲报仇，我不做这样的事情。"于是停止出兵。后来因为别的事情伍子胥为父亲报了仇。像伍子胥这样做可以称得上不假公济私了。

二十一

孔子为鲁司寇[1],听狱必师断[2],敦敦然[3],皆立,然后君子进曰[4]:“某子以为何若,某子以为云云[5]。”又曰:“某子以为何若,某子曰云云。”辩矣[6],然后君子几当从某子云云乎[7]。以君子之知[8],岂必待某子之“云云”然后知所以断狱哉?君子之敬让也,文辞有可与人共之者,君子不独有也[9]。

【注释】

[1] 司寇:主管刑狱的官名。孔子曾担任鲁国司寇。
[2] 师断:众人裁断。师,众人。
[3] 敦敦然:聚集的样子。
[4] 君子:指孔子。
[5] 云云:如此,这样。
[6] 辩:通“遍”,普遍。
[7] 几:《孔子家语·好生》作“曰”。译文从之。
[8] 知:通“智”,智慧。
[9] 独有:独自裁断。

【今译】

孔子担任鲁国司寇,审理案件一定要让众人裁断。大家聚在一起,站立着,然后孔子上前说:“某人认为该怎样断案?某人认为应该这样。”孔子又说:“某人认为该怎样断案?某人认为应该这样。”都问遍了,然后孔子说:“应当遵从某某的意见。”凭着孔子的智慧,难道一定要等待某某人的意见,然后才知道如何裁断吗?这是孔子表示对他人的尊敬礼让。司法文书凡是能够与他人共同拟定的，孔子就不独自裁断。

二十二

子羔为卫政[1]，刖人之足[2]。卫之君臣乱[3]，子羔走郭门[4]，郭门闭，刖者守门，曰："于彼有缺[5]！"子羔曰："君子不踰。"曰："于彼有窦[6]。"子羔曰："君子不遂[7]。"曰："于此有室。"子羔入。追者罢[8]，子羔将去，谓刖者曰："吾不能亏损主之法令，而亲刖子之足。吾在难中，此乃子之报怨时也，何故逃我？"刖者曰："断足，固我罪也，无可奈何。君之治臣也，倾侧法令[9]，先后臣以法[10]，欲臣之免于法也，臣知之。狱决罪定，临当论刑，君愀然不乐[11]，见于颜色，臣又知之。君岂私臣哉？天生仁人之心，其固然也！此臣之所以脱君也。"孔子闻之，曰："善为吏者，树德；不善为吏者，树怨。公行之也，其子羔之谓欤？"

【注释】

[1] 子羔：即高柴，字子羔。孔子弟子，齐人，有政事才能。担任过卫国士师。

[2] 刖(yuè)：古代砍掉双脚或脚趾的酷刑。

[3] 卫之君臣乱：即"蒯聩之乱"。蒯聩是卫灵公的太子，因犯罪出奔到晋国。卫灵公死后，灵公的另一个儿子辄被立为国君。蒯聩得知后，从晋国打回来，引起内乱。

[4] 郭门：外城的大门。

[5] 缺：墙上缺口。

[6] 窦：洞。

[7] 遂：通"隧"，地道。

[8] 罢：停止，罢休。

[9] 倾侧：反复推敲。

[10] 先后：反复斟酌。
[11] 愀(qiǎo)然：脸色忧伤的样子。

【今译】

子羔掌管卫国的刑狱，砍过犯人的脚。后来卫国发生内乱，子羔从外城门逃跑，外城门关闭了。被子羔砍掉脚的那个人把守外城门，对子羔说："在那边墙上有缺口可以逃出去。"子羔说："君子不越墙而逃。"那人说："在那边有个洞。"子羔说："君子不钻洞出逃。"那人说："在这里有个房间可以躲避一下。"子羔就进去了。追赶的人找不到子羔就回去了。子羔准备离开的时候，对受过刖刑的看门人说："我不能损害君主的法令，亲自执行刑罚砍掉了你的脚。现在我处于危难之中，这是你报仇的好时机，你为什么让我逃过这一难呢？"被砍脚的人说："遭受砍脚的刑罚我是罪有应得，这是谁也没有办法的事情。您在惩罚我的时候，反复推敲，依据法令反复斟酌，想要使我免于刑罚，我是知道的。案件判决、罪行确定后，临到执行刑罚时，您脸色忧伤很不高兴，表现在您的脸色上，我也是知道的。您难道是偏爱我吗？您有仁慈之心，这是您的本性啊！这就是我让您逃过这一难的原因。"孔子听说这件事后说："善于做官吏的，树立恩德；不善于做官吏的，树立怨恨。公正做事，说的大概就是子羔这样的人吧？"

【评析】

刘向设置《至公》卷，以"禅让"为首章，分别阐述了君主的大公无私和臣子的大公无私，他们的典型代表分别是尧和伊尹、吕尚。在中国古代，尧的禅让行为赢得了后人高度赞美，认为这是最理想的帝王传位制度。王玉哲在《中华远古史》一书中认为："尧、舜、禹禅让的传说，恐怕是处在由民主选举到王权世袭的过渡阶段的产物。"周、秦诸子大都认为尧、舜、禹是实行了禅让制度。但在晚周人中间，也流传着与此完全相反的"篡夺"的传说，如《韩非子·说疑》《古本竹书纪年》和《山海经·海内南经》等。究竟是"禅让"还是"篡夺"，可能是部落酋长由传贤制转变为传子制过渡阶段的真实反映。尧之时，传子还是传贤，天下为家还是天下为公，斗争应当是很激烈的，最终则是由“公天下”转向了“家天下”。

第二章还是谈王位的承让问题。在中国古代，王位的继承是一个大问题，也一直是古代知识分子关注的焦点。刘向选录此章，体现他的政权理想，他希望“禅贤”，反对因嗣位而仇杀。刘向选录此章，说明他对季札的让国行为持肯定态度。关于季札让位，在中国古代是一件大事，《左传·昭公二十七年》《左传·公羊传襄公二十九年》《史记·刺客列传》及《吴太伯世家》《吴越春秋·吴王寿梦传》等文献资料皆有记载。自有伯夷让位之说以来，后人对让位行为大多持赞扬态度，比如泰伯让国之举，深得孔子称赞：

> 子曰：“泰伯，其可谓至德也已矣。三以天下让，民无得而称焉。”
>
> ——《论语·太伯》

清代阎若璩在《四书释地又续》中写道：

> 泰伯不让国于传位之日，而让国于采药之时，是盖有伯夷之心，而无其迹，然后可以行伯夷之事，遂伯夷之心。古今之让，从未有曲而尽如此焉者。此夫子之所以深叹其不可及也。

吴开国后历十九世而至寿梦，少子季札贤能，寿梦想要立他为继承人，于是又有季札让国之事。但是后人对季札让国的评价不一，其中不乏持否定态度者，影响比较大的有唐代独孤及，他在《吴季子札论》中写道：

> 以季子之闳达博物，慕义无穷，向使当寿梦之眷命，接馀昧之绝统，必能光启周道，以霸荆蛮。则大业用康，多难不做。阖闾安得谋于窟室？专诸何所施其匕首？呜呼！全身不顾其业，专让不夺其志，所去者忠，所存者节。善自牧矣，谓先君何？与其观变周乐，虑危戚钟，曷若以萧墙为心，社稷是恤？复命哭墓，哀死事生，孰与先衅而动，治其未乱？弃室以表义，挂剑以明信，孰与奉君父之命，慰神祇之心？则独守纯白，不干义嗣，是洁己而遗国也。吴之覆亡，君实阶祸。且曰非我生乱，其孰生之哉？其孰生之哉？

北京大学历史系教授孙淼在《太伯、季札让国事件简析》一文中则认为:“所谓季札让国,实际上并不是什么谦逊让贤之举,而是在当时的政治条件下,不得不采取的一种方式,这也是他明哲保身的处世哲学的具体运用。”(见《史学月刊》1992年第五期)

台湾学者陈芝生对季札让国持肯定态度,他的《论吴太伯与季札让国》(《台湾大学历史学报》1994年)一文,全面深入地分析了季札让国的原因,得出的结论是:“吴之乱亡,罪不在季札。”“寿梦有传弟之乱命,而为生乱之原。诸樊不正乱命,三君沿袭不改,益以滋乱,遂成光僚之弑。”他认为季札是“以让化争”。

以上各家观点对我们会有所启发。笔者的观点是,泰伯也好,季札也好,实际上反映了中国古代在王位继承上一直存在着传长与传贤之间的博弈,实际上反映了政权交接制度的不稳定。这不能不说是中国古代政治制度的重大缺陷。一个国家的制度,政权交接问题至关重要,但是中国古代并没有坚定不移地坚持传长制度,或者说这一制度非常脆弱,往往被最高权力者的个人好恶所左右。季札的让国,不宜作为“至公”的范例加以宣扬。刘向在这个问题并没有表现出特别深刻之处。

第三章写古公亶父迁居以避战乱,从而使百姓免遭涂炭,其境界超越了一般意义上“公”的境界。第四章通过辛栎和南宫边子的话来评价其话语的公正性。辛栎的话的确是错误的,他错在评价的标准不合理。辛栎用封地质量与人数多寡来评价贤能与否,而不是用治国能力来评价,这就偏误了。其实,周公受封后并未到任,而是派他的儿子伯禽代其受封并成为鲁国第一任君主。把太公与周公放在一起评价是不合适的。还有,辛栎的话也不符合实际,吕尚刚受封时,齐国的生产条件很差,土壤质量不好,人口也不多,而且周朝没有像分封姬姓诸侯那样分配给齐国殷或方国的旧贵族。《史记·货殖列传》记载:“太公望封于营丘,地潟卤(xì lǔ,盐碱地),人民寡,于是太公劝其女功,极技巧,通鱼盐,而人物归之。”《汉书·地理志》也记载:“太公以齐地负海舄卤,少五谷而人民寡,乃劝以女工之业,通鱼盐之利而人物辐凑。”单凭这一点,说明太公治理国家的能力显然强于伯禽。南宫边子的话有一定道理，他认为“贤则茂昌，不贤则速亡，安在择地而封哉！”因此说，南宫边子的话更公道一点。

第五章写秦始皇与博士七十人讨论“五帝禅贤、三王世继”的话题，不知刘向采自何书，或是刘向的想象之作。他假想了一个很有滑稽意味的场面，让秦始皇说出禅贤的想法，然后借助鲍白令之这样一个或许根本就不存在的人物之口来嘲弄秦始皇，演出了一幕绝妙的讽刺剧。该章与“至公”主题关系不大。第六章写晏子借齐景公的话来启发他，要推恩于百姓，要与民同乐，才能行大公于天下。第七章写楚王的境界有限，孔子的境界是大公无私。

第八章表现的主题是：评价孔子要公道。公道的表现形式之一就是说话要符合实情，不能道听途说，不能人云亦云，与第四章的主题有相近之处。第九章、第十章继续评价孔子。孔子不被重用，不见容于世，这究竟是孔子的错还是世道的错？这一问题在孔子活着的时候就开始争论了，孔子与其弟子自己也曾经讨论过。据《史记·孔子世家》记载：

> 不得行，绝粮。从者病，莫能兴。孔子讲诵弦歌不衰。子路愠见曰：“君子亦有穷乎？”孔子曰：“君子固穷，小人穷斯滥矣。”子贡色作。孔子曰：“赐，尔以予为多学而识之者与？”曰：“然。非与？”孔子曰：“非也。予一以贯之。”孔子知弟子有愠心，乃召子路而问曰：“诗云‘匪兕匪虎，率彼旷野’。吾道非邪？吾何为于此？”子路曰：“意者吾未仁邪？人之不我信也。意者吾未知邪？人之不我行也。”孔子曰：“有是乎！由，譬使仁者而必信，安有伯夷、叔齐？使知者而必行，安有王子比干？”子路出，子贡入见。孔子曰：“赐，诗云‘匪兕匪虎，率彼旷野’。吾道非邪？吾何为于此？”子贡曰：“夫子之道至大也，故天下莫能容夫子。夫子盖少贬焉？”孔子曰：“赐，良农能稼而不能为穑，良工能巧而不能为顺。君子能修其道，纲而纪之，统而理之，而不能为容。今尔不修尔道而求为容。赐，而志不远矣！”子贡出，颜回入见。孔子曰：“回，诗云‘匪兕匪虎，率彼

旷野’。吾道非邪？吾何为于此？”颜回曰：“夫子之道至大，故天下莫能容。虽然，夫子推而行之，不容何病，不容然后见君子！夫道之不修也，是吾丑也。夫道既已大修而不用，是有国者之丑也。不容何病，不容然后见君子！”孔子欣然而笑曰：“有是哉颜氏之子！使尔多财，吾为尔宰。”

所以，如何公正地评价孔子，一直是孔子之后的重大社会命题。刘向在本卷连续选入三章相关内容的文段，想以此来纠正对孔子的错误评价，其用心可谓良苦矣。

第十一章写两军作战时讲究“惠”“勇”。这距“至公”主题有点偏离。第十二章写申包胥以公心对待国家、朋友和赏赐，境界高尚，可为至公矣。第十三章写虞丘子推荐贤能，甘心让位，的确出于公心。像这样的人，过去少见，现在也少见。第十四章写赵宣子向晋侯推荐韩献子“为人不党，治众不乱，临死不恐”的品格。韩献子得到重用后果然不负赵宣子重望，秉公处理“赵宣子之车干行”事件，不因为赵宣子推荐过自己就徇情枉法。赵宣子不但不生气，反而称赞韩献子。二者的行为都充分体现了至公精神：真心推荐贤能之人，不是为了谋求私利，不是结党营私，而是出于公心。第十五章写咎犯推荐仇人虞子羔，能超越个人恩怨，超越偏见，殊为不易。其实，如果真能达到这样至公的境界，又哪来的仇人呢？第十六章表现楚文王秉持公心、不徇私情的品质，但是杀子行为是否太过分了呢？第十七章表现法与权的斗争，这一话题今天仍有现实意义。子文身为楚国宰相，不以权谋私，大义灭亲，令人敬佩。第十八章、十九章都是体现法律面前人人平等的主题，楚庄王不愧是一代名君。第二十章写伍子胥“不以私事趋公”。第二十一章记录了孔子断案时的情景，这在中国司法史上具有重要的文献价值。司法公正历来就是社会公信力的基本内容，社会要有可以说理的地方，判案不能凭个人主观决断。第二十二章写子羔被刖者所救，刖者不仅对自己受刑心服口服，更为子羔“天生仁人之心”所打动，所以才在关键时刻挺身相护。

以上各章围绕“至公”主题，从君王和臣子两个层面上选录了二十二章，涉及王位继承、公正评价、公心荐贤、公正执法、铁面无私等重大社会问题，体现了“天下为公”的儒家治国理政思想，其法治思想的核心是正确的，不仅在当时具有正确的导向作用，即便在今天建设公平、公正、法治的文明社会进程中，仍然具有积极意义。

卷十五　指武

【题解】

指武，意思是阐明使用军事武力的原则和策略。第一章是总纲，刘向引用前人的话，指出“好战必亡”“忘战必危”。这是从两个方面来论述的，具有辩证思想。为了证明这个总论点，刘向列举了徐偃王废武招祸和屈宜臼批评吴起穷兵黩武的例子。进入第五章，刘向试图阐明另一个观点：“虽有广土众民，坚甲利兵，盛猛之将，士卒不亲附，不可以战胜取功。”这是用兵打仗的策略之一。第六章阐明“内治未得，不可以正外；本惠未袭，不可以制末”的观点，这是用兵打仗的策略之二。第七章重在阐明作战时要忘掉一切，视死如归，并在第八章中列举了田单的例子作为论据，这是用兵打仗的策略之三。从第九章开始，刘向意在阐明用兵注意事项，将、士同甘共苦的军队不可攻打；第十章，要学习借鉴《太公兵法》；第十一章，军人绝对不能从商；第十二章，剑术再高明，也比不上兵不血刃高明。第十三章阐明儒家的太平理想，消弭战争，永远太平。第十五章还是表现孔子反对用兵攻打的例子。不过，刘向并非一概反对用兵，他认为对那些怀有二心、不行仁道的国家，应该主动进攻。第十五、十六、十七三章集中表达了这样的观点。后面几章中，第十九和第二十章意在阐明“先文德后武力”的军事思想，其他几章则显得有些游离，特别是最后四章，似与“指武”关系不大。

本卷最可宝贵的是表现了刘向的战争思想。然而，刘向毕竟不是军事家，他所阐述的只是儒家的战争观，并非军事作战的理论，更缺乏系统性和操作性。据《汉书·艺文志》记载：“（成帝）诏光禄大夫刘向校经传、诸子、诗赋，步兵校尉任宏校兵书，太史令尹咸校数术，侍医李柱国校方技。”由此可知，当时有专人负责兵书的整理工作，任宏很可能是一位懂军事学的专家，而刘向擅长经传、诸子、诗赋，军事非其长。这一点，从本卷的编撰内容上可以看出来，有些与军事没有关系的章节也被编了进来。相比之下，刘安的《淮南子·兵略》也谈军事，就明显高于本卷。

本卷共二十八章。

一

《司马法》曰[1]:“国虽大，好战必亡；天下虽安，忘战必危。”《易》曰:“君子以除戎器，戒不虞[2]。”夫兵不可玩，玩则无威；兵不可废，废则召寇。昔吴王夫差好战而亡[3]，徐偃王无武亦灭[4]。故明王之制国也，上不玩兵，下不废武。《易》曰:“存不忘亡，是以身安而国家可保也[5]。”

【注释】

[1]《司马法》:兵书。战国初期齐威王命大夫整理古司马兵法，把春秋时期齐国大将司马穰苴兵法附其中，故又称《司马穰苴兵法》。《汉书·艺文志》称《军礼司马法》，共155篇。今存《仁本》《天子之义》《定爵》《严位》《用众》五篇。该书较多地辑存了春秋以前的军事制度和军事思想。后面的引文出自《仁本》。

[2]君子以除戎器，戒不虞:除，修整。戎器，兵器。戒，防备。虞，戒备、准备。语出《周易·萃卦》。

[3]夫差:见卷八尊贤·五[2]。

[4]徐偃王:西周时徐国(故址在今江苏泗洪县)国君。行仁义，诸侯朝者三十六国(一说三十二国)，曾联合淮夷等抗周。春秋时楚攻徐，徐偃王爱其民不与斗，遂为楚所败。参见本卷第三章。

[5]“存不忘亡”句:语出《周易·系辞下》。

【今译】

《司马法》上说："国家即使强大，如果好战就会灭亡；天下即使安定，如果忘记战备必然危机。"《周易》上说："君子修整兵器，防备意外变化。"战争不可轻易发动，轻易发动战争就没有威力；战备不可放弃，放弃战备就招致敌人到来。从前吴王夫差好战而灭亡，徐偃王放弃战备也灭亡了。所以圣明的君主治理国家，使上面的人不轻易发动战争，使下面的人不放弃战备。《周易》上说："存在时不忘记灭亡，因此身体平安并且国家得以保存。"

二

秦昭王中朝而叹曰[1]："夫楚剑利，倡优拙[2]。夫剑利，则士多慓悍[3]；倡优拙，则思虑远也。吾恐楚之谋秦也。"此谓当吉念凶而存不忘亡也，卒以成霸焉。

【注释】

[1] 秦昭王：见卷十敬慎·十八[2]。中朝，朝会当中。

[2] 倡优拙：歌舞杂技艺人笨拙。

[3] 慓悍(piāo hàn)：同"剽悍"。敏捷而勇猛。

【今译】

秦昭王在朝会中叹息说："楚国的剑器锋利，倡优笨拙。器剑锋利，勇士就慓悍；倡优笨拙，说明君主志向远大不图享乐。我担心楚国会图谋秦国。"这就是说处在好的环境中要想到坏的一面，国家存在的时候要想到国家灭亡的危险，这样的君主终究会成就霸业。

三

王孙厉谓楚文王曰[1]："徐偃王好行仁义之道[2]，汉东诸侯三十二国尽服矣[3]。王若不伐，楚必事徐。”王曰：“若信有道，不可伐也。”对曰：“大之伐小，强之伐弱，犹大鱼之吞小鱼也，若虎之食豚也[4]，恶有其不得理[5]？”文王遂兴师伐徐，残之[6]。徐偃王将死，曰：“吾赖于文德而不明武备，好行仁义之道而不知诈人之心，以至于此。”夫古之王者，其有备乎？

【注释】

[1] 王孙厉谓楚文王：王孙厉，人名，春秋时楚国臣子。楚文王，见卷一君道·三十二[1]。

[2] 徐偃王：参见本卷第一章。

[3] 汉东：汉水以东。

[4] 豚：小猪。

[5] 恶(wū)：哪里。

[6] 残之：消灭徐国。关于灭徐事，诸说不同，本章仅为其一。

【今译】

王孙厉对楚文王说：“徐偃王喜欢施行仁义之道，汉水以东三十二个诸侯国都归附他了。大王如果不攻打他，楚国一定会成为他的附属国。”楚文王说：“如果他真的施行仁义之道，那是不能攻打的。”王孙厉回答说：“大国攻打小国，强国攻打弱国，就好比大鱼吞食小鱼，就好比老虎吃掉小猪，怎么会有不得手的道理呢？”楚文王于是出兵攻打徐国，消灭了徐国。徐偃王临死的时候说：“我依靠文教德政却不懂得做好武力上的防备，我喜欢施行仁义之道却不了解人的奸诈心理，因此到了这一步。”古代的那些君王，大概都有武力上的防备吧？

四

吴起为苑守[1]，行县适息[2]，问屈宜臼曰[3]：“王不知起不肖，以为苑守，先生将何以教之？”屈公不对。居一年，王以为令尹，行县适息,问屈宜臼曰:“起问先生,先生不教。今王不知起不肖,以为令尹,先生试观起为之也。”屈公曰:“子将奈何?”吴起曰:“将均楚国之爵而平其禄,损其有余而继其不足,厉甲兵以时争于天下[4]。”屈公曰:“吾闻昔善治国家者不变故,不易常。今子将均楚国之爵而平其禄,损其有余而继其不足,是变其故而易其常也。且吾闻,兵者,凶器也;争者,逆德也。今子阴谋逆德,好用凶器,殆人所弃,逆之至也,淫泆之事也[5],行者不利。且子用鲁兵,不宜得志于齐,而得志焉[6];子用魏兵,不宜得志于秦,而得志焉[7]。吾闻之曰:‘非祸人不能成祸。’吾固怪吾王之数逆天道,至今无祸,嘻!且待夫子也。”吴起惕然曰[8]:“尚可更乎?”屈公曰:“不可。”吴起曰:“起之为人谋。”屈公曰:“成刑之徒[9],不可更已。子不如敦处而笃行之,楚国无贵于举贤。”

【注释】

[1] 吴起为苑守:吴起,见卷二臣术・七[11]。苑,卢文弨《群书拾补・说苑》:“苑,当为宛,即南阳也。”

[2] 行县适息:巡行各县来到息县。适,到。息,一作“鄎”,原西周封国,在今河南息县西南。春秋时为楚所灭。

[3] 屈宜臼:见卷十三权谋・十五[2]。钱穆《先秦诸子系年・六六》认为:“屈子固不与吴起同时也。”

[4] 争:《淮南子・道应训》作“争利”。

[5] 淫泆(yì):纵欲放荡。

[6] 且子用鲁兵,不宜得志于齐,而得志焉:事见《史记・吴起传》。

[7] 子用魏兵,不宜得志于秦,而得志焉:事见《史记・吴起传》。

[8] 惕然:忧惧的样子。

[9] 成刑之徒:灾祸已经在民众中形成。刑,《淮南子・道应训》作“形”。高诱注:“形祸已成于众”。

【今译】

吴起担任宛地太守,巡行各县来到息县,问屈宜臼:“楚王不知道我是不肖之人，让我担任了宛地太守，先生将有何见教呢？”屈宜臼没有回答。过了一年，楚王任命他做楚国的令尹，他巡行各县来到息县，对屈宜臼说：“先前我请教先生，先生不肯指教。如今大王不知道我是不肖之人，让我担任了楚国的令尹，请先生看一看我的表现吧。”屈宜臼说：“你打算怎么做呢？”吴起说：“我打算平均楚国的爵位和俸禄，减损富人多余的财物来补给财物不足的人；操练军队根据时机在天下为楚国争夺利益。”屈宜臼说：“我听说以前那些善于治理国家的人，不改变旧法，不改动常规。现在你打算平均楚国的爵位和俸禄，减损富人多余的财物来补给财物不足的人，这是改变旧法改动常规的做法。我还听说，武力是凶器，争斗是违背道德的事情。现在你暗中谋划违背道德的事情，喜欢用凶器，这都是人们所厌弃的。违逆到极点，无节制地放纵自己，做这些事情的人不会得利的。况且你指挥鲁国军队的时候，不应该在与齐国军队作战时得胜，但是你得胜了；你指挥魏国军队的时候，不应该在与秦国军队作战时得胜，但是你得胜了。我听说过这样的话：‘不是祸乱之人不能制造祸乱。’我本来就奇怪我们大王多次违逆天意，却至今没有遭受祸乱，嘿！原来是等待你呀！”吴起忧惧地说：“还可以改变吗？”屈宜臼说：“不能改变了。”吴起说：“我通过人力谋划来改变。”屈宜臼说：“灾祸已经在民间形成，不能改变。你不如敦厚笃实地做事，楚国没有比举荐贤良更重要的事了。”

五

《春秋》记国家存亡以察来世。虽有广土众民，坚甲利兵，盛猛之将[1]，士卒不亲附，不可以战胜取功。晋侯获于韩[2]，楚子玉得臣败于城濮[3]，蔡不待敌而众溃[4]。故语曰：“文王不能使不附之民，先轸不能战不教之卒[5]，造父、王良不能以弊车不作之马趋疾而致远[6]，羿、逢蒙不能以枉矢弱弓射远中微[7]。”故强弱成败之要，在乎附士卒，教习之而已。

【注释】

[1] 盛猛：威猛。

[2] 晋侯获于韩：鲁僖公十五年，秦、晋战于韩，秦获晋惠公以归。韩，原西周封国，春秋时属晋。故址在今山西河津市东。

[3] 子玉得臣败于城濮：子玉得臣，成姓，名得臣，字子玉。春秋楚令尹。鲁僖公二十八年，晋、楚战于城濮，楚师大败，子玉自杀。城濮，春秋时卫地。在今山东鄄城西南。

[4] 蔡不待敌而众溃：鲁僖公四年，齐桓公会诸侯各国军队攻打蔡国，蔡军不待敌军进攻便溃逃了。

[5] 先轸：见卷八尊贤・二[4]。

[6] 造父、王良：造父，周穆王时人，善于驾车。见《史记・赵世家》。王良，即"邮无恤"，赵简子时善驾车的人。

[7] 羿、逢(páng)蒙：羿，传说中古代善射之人。逢蒙，尝学射于羿，因嫉妒羿而杀之。"逢"又作"逄"。

【今译】

《春秋》记载国家存亡的例子来考察后世。一个国家虽然拥有广阔土地和众多百姓，盔甲坚固兵器锋利，将领勇猛，如果士卒不亲附于君，就不能够打胜仗取得战功。晋侯在韩被秦俘获，楚国子玉败于城濮，蔡国军队不待敌军进攻便溃逃。所以古语说："周文王也不能役使不愿归附的百姓，先轸也不能率领不经训练的士兵作战，造父、王良也不能凭借破车和劣马快速奔驰到很远的地方，羿、逢蒙也不能用弯曲的箭、软弱无力的弓射中远处微小的目标。"所以说强弱胜败的关键，在于士卒对国君的亲附，在于教育他们、训练他们而已。

六

内治未得，不可以正外[1]；本惠未袭[2]，不可以制末，是以《春秋》先京师而后诸夏[3]，先诸华而后夷、狄[4]。及周惠王[5]，以遭乱世。继先王之体，而强楚称王[6]，诸侯背叛；欲申先王之命[7]，一统天下。不先广养京师以及诸夏，诸夏以及夷、狄；内治未得，忿则不料力权得失，兴兵而征强楚，师大败，撙辱不行[8]，大为天下笑。幸逢齐桓公，以得安尊[9]。故内治未得，不可以正外；本惠未袭，不可以制末。

【注释】

[1] 正：通“征”。

[2] 本惠未袭：根本的恩惠未能遍及。本，根本。袭，覆盖。

[3] 诸夏：周代分封的诸侯国。

[4] 诸华：即“诸夏”。古代称汉族为“华夏”。也指中原地区。夷、狄：古代指边远地区的少数民族。

[5] 周惠王：春秋东周国王，名阆，釐王子。公元前676年至前652年在位。时有边伯等五大夫作乱，谋召燕、卫军队伐惠王。惠王逃到郑国，居于栎（yuè，春秋郑别都，今河南禹州市）。大夫立王子颓为王。后郑与虢联合伐周，杀王子颓及五大夫，迎惠王复位。

[6] 强楚称王：《史记·楚世家》记载，楚武王三十七年，楚请周室封其尊号，周室不允，于是楚王熊通怒，遂自立为楚武王。

[7] 欲申先王之命：周惠王想要伸张先王的教令。

[8] 撙（zǔn）辱不行：遭受挫折侮辱，无法伸张先王的教令。撙，遭受挫折。

[9] 幸逢齐桓公，以得安尊：幸亏遇到齐桓公，才使得周室得到安定和尊崇。齐桓公以“尊王攘夷”为名，北伐戎狄，阻其窥视中原；南抑强楚，迫其盟于召陵。安定周王室，惠王死，奉太子郑即位，为周襄王。

【今译】

国家内部没有治理好，就不可以征伐外国；根本的恩惠未能遍及百姓，就不可以去做细枝末节的事情。因此《春秋》主张先治理好都城然后治理分封的诸侯国；先治理好分封的诸侯国，然后治理好边远地区的少数民族。到了周惠王时，遭受乱世。他继承先王的政体，却遭遇强大的楚国提出称王的挑衅，诸侯也都背叛周王室。周惠王想要伸张先王的教令，企图统一天下。他不首先培养都城的力量然后推广到分封的诸侯国，再从分封的诸侯国推广到边远地区的少数民族；国家内部还没有治理好，盛怒之下就不自量力，不权衡得失，贸然发动战争去征伐楚国，结果军队大败，遭受挫折和侮辱，无法伸张先王的命令，被天下人深深耻笑。幸亏遇到齐桓公，才使得周室得到安定和尊崇。所以国家内部没有治理好，就不可以征伐外国；根本的恩惠未能遍及百姓，就不可以去做细枝末节的事情。

七

将师受命者，将率入，军吏毕入，皆北面再拜稽首受命[1]。天子南面而授之钺[2]，东行，西面而揖之[3]，示弗御也[4]。故受命而出，忘其国；即戎[5]，忘其家；闻枹鼓之声[6]，唯恐不胜，忘其身，故必死。必死不如乐死，乐死不如甘死，甘死不如义死，义死不如视死如归，此之谓也。故一人必死，十人弗能待也[7]；十人必死，百人弗能待也；百人必死，千人不能待也；千人必死，万人弗能待也；万人必死，横行乎天下，令行禁止，王者之师也。

【注释】

[1] 稽(qǐ)首：古代一种跪拜礼。

[2] 钺(yuè)：古代一种兵器，形状像大斧。此处是兵权的象征。

[3] 揖之：对他拱手行礼。

[4] 示弗御也：表示对出征在外的将军不去干涉兵权。御，控制，驾御。

[5] 即戎：双方交战。

[6] 枹(fú)鼓：击鼓。枹，同“桴”，鼓槌。此处作动词。

[7] 待：抵挡。

【今译】

带领军队接受军命出征的时候，将军率先进入朝廷，然后部将全部跟进，都面向北拜两拜再行跪拜礼。天子面向南授予将军斧钺，然后向东行面向西对他拱手行礼，表示不去干涉出征在外将军的兵权。所以将军接受君命出征作战，要忘掉国君；交战时，要忘掉家庭；听到击鼓的声音，惟恐不能取得胜利，要忘掉自身。所以作战要抱有必死的决心。必死不如乐于献身，乐于献身不如甘愿献身，甘愿献身不如为正义献身，为正义献身不如视死如归，说的就是这个道理。所以一个人抱定必死的决心后，十个人也抵挡不了他；十个人抱定必死的决心后，一百个人也抵挡不了他；一百个人抱定必死的决心后，一千个人也抵挡不了他；一千个人抱定必死的决心后，一万个人也抵挡不了他；一万个人抱定必死的决心后，就可以横行于天下无敌手，做到有令则行，有禁则止，这就是圣王的军队啊！

八

田单为齐上将军[1]，兴师十万，将以攻翟[2]。往见鲁仲连子[3]，仲连子曰："将军之攻翟，必不能下矣！"田将军曰："单以五里之城，十里之郭，复齐之国，何为攻翟不能下？"去上车，不与言。决攻翟，三月而不能下，齐婴儿谣之曰："大冠如箕，长剑拄颐，攻翟不能下，垒于梧丘。"于是田将军恐骇，往见仲连子曰："先生何以知单之攻翟不能下也？"仲连子曰："夫将军在即墨之时[4]，坐则织蒉[5]，立则杖臿[6]，为士卒倡[7]，曰：'宗庙亡矣，魂魄丧矣，归何党矣！'故将有死之心，士卒无生之气。今将军东有掖邑之封[8]，西有淄上之宝[9]，金银黄带[10]，驰骋乎淄、渑之间，是以乐生而恶死也。"田将军明日结发，径立矢石之所[11]，乃引枹而鼓之。翟人下之。故将者，士之心也；士者，将之枝体也[12]。心犹与[13]，则枝体不用，田将军之谓乎！

【注释】

[1] 田单：见卷八尊贤·五[13]。

[2] 翟：通“狄”，中国古代对北方部族的泛称。

[3] 鲁仲连子：也称“鲁连”“鲁仲连”。战国时齐人，善于出谋划策，排忧解难，不喜做官。

[4] 即墨：战国时齐邑，故址在山东平度市东南。

[5] 蒉(kuì)：草编的筐子。

[6] 杖臿(chā)：持锹。臿，铁锹。

[7] 倡：楷模。

[8] 掖邑之封：掖邑，今山东省掖县。封，封邑。

[9] 淄：淄水。流经齐国都城临淄。下文的渑指渑水，也在临淄附近。

[10] 黄带：《战国策·齐策》作“横带”。译文从之。

[11] 径立矢石之所：站立在箭、石交加的战场。

[12] 枝体：即肢体。枝，通“肢”。

[13] 犹与：即“犹豫”。

【今译】

田单做齐国的上将军，领兵十万，将要攻打狄人。田单去拜见鲁仲连，鲁仲连说：“将军要攻打狄人，肯定攻不下来。”田单说：“我曾经倚仗五里的城池，十里的城郭，恢复了齐国的土地，为什么就攻不下狄人呢？”离去，上车，不再与鲁仲连说话。田单决心攻打狄人，但是打了三个月就是攻不下来。齐国的小孩唱童谣道：“帽子大得像簸箕，宝剑长得到下巴，三月攻狄不能下，阵亡尸骨垒梧丘。”这时候田单将军很恐惧，就又去拜见鲁仲连说：“先生凭什么能预见我攻打狄人攻不下来呢？”鲁仲连说：“将军在即墨作战的时候，坐着的时候编竹筐，站立的时候手持锹把，做士卒的楷模，说道：‘宗庙丢掉了，魂魄失落了，我们的归宿在哪里！’所以将领抱定牺牲的决心，士卒就不会苟且偷生。如今将军您东边拥有掖邑的封邑，西边拥有淄水宝地，束着黄金装饰的腰带，驰骋在淄、渑之间，因此产生了贪生怕死的想法。”田单将军第二天就站立在箭、石交加的战场上，手持鼓槌咚咚击鼓。狄人终于被攻下。所以，将领好比是士卒的心脏；士卒，好比是将领的肢体。心犹豫不决肢体就不能发挥作用，说的就是田单将军这样的人吧！

九

晋智伯伐郑[1]，齐田恒救之[2]，有登盖，必身立焉[3]；车、徒有不进者，必令助之；垒合而后敢处[4]；井、灶成而后敢食。智伯曰：“吾闻田恒新得国，而爱其民，内同其财，外同其勤劳。治军若此，其得众也，不可待也[5]。”乃去之耳。

【注释】

[1] 智伯：见卷三建本·二十九[3]。
[2] 田恒：见卷九正谏·二十一[2]。
[3] 有登盖必身立焉：此句费解。疑有脱误，译文灵活处理。
[4] 垒合而后敢处：防守工事建成后才敢休息。垒，防守工事。处，休息。
[5] 待：抵御。

【今译】

晋国的智伯攻打郑国，齐国田恒前去救援。如果登城攻打，田恒一定身先士卒。战车和步兵有不能前进的，他一定派人去帮助。防守工事建成后他才敢休息，水井和锅灶建好后他才敢吃饭。智伯说：“我听说田恒刚掌握政权，爱护他的百姓，在国内与大家共同分享财物，外出打仗与士卒一同勤奋劳作。治理军队到了这样的程度，他能赢得人心，不可抵御。”于是就撤军离开了。

十

《太公兵法》曰[1]："致慈爱之心，立武威之战，以其众[2]；练其精锐，砥砺其节，以高其气。分为五选[3]，异其旗章，勿使冒乱；坚其行阵，连其什伍，以禁淫非。"垒陈之次[4]，车骑之处，勒兵之势，军之法令，赏罚之数，使士赴火蹈刃，陷阵取将，死不旋踵者，多异于今之将者也。

【注释】

[1]《太公兵法》：又称《六韬》。旧题吕望撰。后人考证，大多认为是战国晚期至秦汉之间的作品。现存六卷。下面的引文不见于今本《六韬》。

[2] 以：统率。

[3] 分为五选：将军队分为五个行列。

[4] 垒陈：即"垒阵"。陈，通"阵"。

【今译】

《太公兵法》上说："表现慈爱之心，建立威武战功，来统率他所指挥的军队；训练精锐的部队，砥砺他们的节操，鼓舞战士的斗志。军队分为五个行列，使用的旗子各不相同，不能混乱；让队伍行阵坚固，实行以什五为单位的连坐法，来防止军队发生胡作非为的事情。"军队垒阵的顺序，车马的安排，兵力的部署，军队的法令，赏罚的方法，使士兵赴火蹈刃，冲锋陷阵，斩取敌将，死不退缩的策略，许多地方与现在治理军队不相同。

十一

孝昭皇帝时[1]，北军监御史为奸[2]，穿北门垣以为贾区[3]。胡建守北军尉[4]，贫无车马，常步与走卒起居，所以慰爱走卒甚厚。建欲诛监御史，乃约其走卒曰："我欲与公有所诛，吾言取之，则取之，斩之，则斩之。"于是当选士马日[5]，护军诸校列坐堂皇上[6]，监御史亦坐。建从走卒趍至堂下拜谒[7]，因上堂，走卒皆上。建跪指监御史曰："取彼。"走卒前拽下堂。建曰："斩之。"遂斩监御史，护军及诸校皆愕惊，不知所以。建亦已有成奏在其怀，遂上奏以闻，曰："臣闻军法立武以威众，诛恶以禁邪。今北军监御史公穿军垣以求贾利，买卖以与士市[8]。不立刚武之心，勇猛之意，以率先士大夫，尤失理不公。臣闻《黄帝理法》曰[9]：'垒壁已具，行不由路，谓之奸人，奸人者杀。'臣谨以斩之，昧死以闻。"制[10]曰："《司马法》曰：'国容不入军，军容不入国也[11]。'建有何疑焉[12]？"建由是名兴，后至渭城[13]令死，至今渭城有其祠也。

【注释】

[1] 孝昭皇帝：汉昭帝刘弗陵，武帝之子。公元前 87 年至前 74 年在位。按《汉书·胡建传》作"孝武皇帝"。本章误。

[2] 北军监御史：北军，汉代守卫京师的屯卫兵。因屯守长安城内北部，故称。监御史，官名。

[3] 贾(gǔ)区：买卖场所。区，小屋。

[4] 胡建守北军尉：胡建，西汉河东人，字子孟。武帝天汉中为守军正丞，甚得人心。后受诬，自杀。吏民称冤，为立祠。守，暂时代理职务。北军尉，北军校尉，军中执法官。

[5] 当选士马日：在选练兵马的那一天。

[6] 护军诸校列坐堂皇上：护军，秦汉时设置护军督尉或中尉，以调节各将领的关系。护，督统的意思。堂皇，官府办公的厅堂。

[7] 趍(qū)：同"趋"。奔跑。

[8] 买卖以与士市：《汉书·胡建传》作"私买卖以与士市"。

[9]《黄帝理法》：托名黄帝所撰的兵书。又称《李法》。

[10] 制：皇帝的命令。

[11] “《司马法》”句：《司马法》，见本卷一[1]。两句出自《司马法·天子之义》。容，制度。

[12] 疑：责怪。

[13] 渭城：汉置渭城县。治所在今陕西咸阳市东北。

【今译】

汉昭帝的时候，北军监御史胡作非为，拆毁北门的墙作为买卖场所。胡建代理北军校尉一职，穷得没有车马，经常步行上班，与士卒一道起居生活，因此非常关心爱护士卒。胡建准备诛杀监御史，于是和士卒约定说：“我想和你们一起杀一个人，我说抓捕，你们就去抓捕他，我说杀掉，你们就杀掉他。”于是在选练兵马的那一天，护军和诸校尉列坐在厅堂上，监御史也在座。胡建带领士卒跑步来到堂下参拜谒见，趁机走上厅堂，士卒也都跟随上来。胡建跪着手指监御史说：“抓住他。”士卒上前把监御史拽下厅堂。胡建说：“杀掉他。”士卒就杀掉了监御史。护军和诸校尉都很惊愕，不知道为什么。胡建把早已准备好的奏章装在怀中，就上奏皇帝说：“我听说军法要树立武德来威服众人，诛杀坏人来禁止邪恶。现在北军监御史，公然拆毁北门的墙来贪求私利，私下里买卖和士卒交易，不树立刚强勇武的精神，不树立勇猛无畏的信念，来做士大夫的表率，尤为失理不公。我听《黄帝理法》上说：‘军营墙垣已经修好，走路不按照规定的道路，称之为奸人，奸人要被杀掉。’我已按律斩杀他，冒着死罪禀告皇上。”皇上命令说：“《司马法》上说：‘国家的制度不适合军中，军中的制度不适合国家。’胡建有什么可责怪的呢？”胡建因此名声大振。后来他死在渭城县令任上，直到现在还有纪念他的祠堂。

十二

鲁石公剑[1]，迫则能应，感则能动；昒穆无穷[2]，变无形像，复柔委从[3],如影与响;如龙之守户[4],如轮之逐马,响之应声,影之像形也;阊不及鞈[5],呼不及吸,足举不及集;相离若蝉翼,尚在肱北[6]、眉睫之微,曾不可以大息小[7],以小况大。用兵之道,其犹然乎? 此道当敌者也[8]。未及夫折冲于未刑之前者[9],揖让乎庙堂之上[10],而施惠乎百万之民。故居则无变动,战则不血刃,其汤、武之兵与[11]。

【注释】

[1] 鲁石公:人名,生平不详。

[2] 昒(wù)穆:精微深远的样子。

[3] 复柔委从:复柔,优游,悠闲自得。委从,顺从。

[4] 龙(máng):多毛犬。

[5] 阊(tāng)不及鞈(tà):阊、鞈,两种鼓音。阊,同"闛"。

[6] 肱北:肱和手臂之间。北,指手臂。

[7] 曾:竟。

[8] 道:咸淳本作"善"。译文从之。

[9] 折冲于未刑:折冲,使敌人撤退。冲,指冲车,一种战车。未刑,尚未交战。

[10] 揖让乎庙堂之上:揖让,指礼仪文德。庙堂,指朝廷。此句指使用外交手段。

[11] 其汤、武之兵:其,副词。用在句首,表推测。与,句末语气词,表感叹。

【今译】

鲁石公舞剑,靠近了就会有感应,感受到就会有行动。它幽深无穷,变化无形,柔顺地跟随着手的动作,如同影子与回响,如同龙犬看守门户,车轮追逐骏马,回响接应声音,影子随同形体。速度之快如同敲鼓发出的闛音跟不上鞈音,呼气跟不上吸气,走路这只脚跟不上那只脚;相距如同蝉翼那样微薄,仅在肱臂、眉睫之间微小的空间,竟然不能借助大的兵器来制服它,也不能用小的兵器来表现它的宏大。用兵作战的规律,大概也像这样吧? 这就是善于用兵抵挡敌人了，但是比不上在尚未交战的时候就使敌人撤退，或者在朝廷上使用巧妙的外交手段，从而施加恩德给广大百姓。这样处在平时就不会出现变乱，作战时就能够兵不血刃，这大概就是商汤和周武王的用兵之道吧。

十三

孔子北游，东上农山[1]，子路、子贡、颜渊从焉[2]。孔子喟然叹曰："登高望下，使人心悲。二三子者，各言尔志，丘将听之。"子路曰："愿得白羽若月[3]，赤羽若日，钟鼓之音上闻乎天，旌旗翩翻下蟠于地[4]。由且举兵而击之，必也攘地千里[5]。独由能耳，使夫二子为我从焉！"孔子曰："勇哉士乎！愤愤者乎[6]！"子贡曰："赐也，愿齐、楚合战于莽洋之野[7]，两垒相当，旌旗相望，尘埃相接，接战构兵。赐愿着缟衣白冠[8]，陈说白刃之间，解两国之患。独赐能耳，使夫二子者为我从焉！"孔子曰："辩哉士乎！仙仙者乎[9]！"颜渊独不言。孔子曰："回，来，若独何不愿乎？"颜渊曰："文、武之事，二子已言之，回何敢与焉？"孔子曰："若鄙心不与焉[10]，弟言之[11]！"颜渊曰："回闻鲍鱼兰芷不同箧而藏[12]，尧舜桀纣不同国而治，二子之言与回言异。回愿得明王圣主而相之，使城郭不修，沟池不越[13]，锻剑、戟以为农器，使天下千岁无战斗之患，如此则由何愤愤而击，赐又何仙仙而使乎？"孔子曰："美哉，德乎！姚姚者乎[14]！"子路举手问曰："愿闻夫子之意。"孔子曰："吾所愿者，颜氏之计，吾愿负衣冠而从颜氏子也。"

【注释】

[1] 农山：大山。

[2] 子路、子贡、颜渊：子路，见卷二臣术·二十三[1]。子贡，见卷二臣术·

四[1]。颜渊,见卷十敬慎·三十[1]。

[3] 白羽:又称"白旄",古代军中主帅所执的指挥旗。后面"赤羽"指红色的军旗。

[4] 翩翻下蟠于地:翩翻,翻飞的样子。蟠,盘曲。

[5] 攘地:夺取土地。

[6] 愤愤:愤恨不平的样子。

[7] 莽洋:广大的样子。

[8] 赐愿者(zhuó)缟衣白冠:缟衣白冠,丧服。者,咸淳本作"著"。

[9] 仙仙:游说时善于言辞的样子。

[10] 鄙心:浅陋的心思。

[11] 弟:同"第"。只管。

[12] 鲍鱼兰芷不同箧(qiè):鲍鱼,盐渍鱼,腥臭。兰芷,香草。箧,小箱子。

[13] 越:开挖,整治。

[14] 姚姚:美盛的样子。

【今译】

孔子到北方游历,登上了东边的农山,弟子子路、子贡、颜渊跟从着他。孔子长叹一声:"登到高处向下远望,令人心中悲伤。你们几个人,各自说说自己的志向,我准备听听你们的打算。"子路说:"我希望挥舞白色羽毛和红色羽毛装饰的军旗,战场上钟鼓的声音响彻云霄,飘扬的旗帜在大地上盘旋飞舞。我将率领军队出击,一定夺取千里土地。只有我子由能实现这个愿望,请他们二位跟随着我吧!"孔子说:"勇敢的武士啊,表现出了愤恨不平的样子。"子贡说:"我嘛,希望齐、楚两国在广阔的原野上交战,两军势均力敌,飘扬的旌旗彼此相望,扬起的尘土连接在一起,双方短兵相接。我愿意身穿白色衣服头戴白色帽子,在两军之间陈述利害,化解两国危机。只有我端木赐能实现这个愿望,请他们二位跟随着我吧!"孔子说:"辩士啊!善于言辞的人!"只有颜渊不说话。孔子说:"颜回,你过来,为什么只有你不讲话呢?"颜渊说:"文辩和武功的事情,他们两个已经说过了,我怎敢参与其中呢?"孔子说:"假若你感觉自己浅陋不能参与,那只管说一说罢了。"颜渊说:"我听说鲍鱼和兰芷不能同在一个箱子中收藏，尧舜、桀纣不可治理同一个国家。他们两个人的话，与我要说的不相同。我愿意遇到一个贤明的君主辅佐他，让他不修整城池，不开挖护城河，把剑、戟锻造成农具，使得天下千秋万代没有战争的灾患。这样的话，那么子路何必勇猛地出击，子贡又何必出使去游说别人呢？”孔子说：“美好的德治呀！盛大呀！”子路举手问：“希望听听先生的意见。”孔子说：“我所希望的，就是颜回所考虑的。我愿意背上衣帽跟从颜回。”

十四

鲁哀公问于仲尼曰[1]：“吾欲小则守，大则攻，其道若何？”仲尼曰：“若朝廷有礼，上下有亲[2]，民之众皆君之畜也[3]，君将谁攻[4]？若朝廷无礼，上下无亲，民众皆君之仇也，君将谁与守？”于是废泽梁之禁[5]，弛关市之征[6]，以为民惠也。”

【注释】

[1] 鲁哀公：见卷一君道·五[1]。

[2] 有：《孔子家语·五仪解》作“相”。于义为胜。

[3] 畜（xù）：收养，养育。

[4] 谁攻：“攻谁”的倒装。

[5] 废泽梁之禁：废除有关湖泊鱼梁的禁令。梁，形似桥的捕鱼小堤。

[6] 弛：解除。

【今译】

鲁哀公请教孔子说：“我想在力量弱小的时候就防守，在力量强大的时候就去进攻，怎样才能做到呢？”孔子说：“如果朝廷崇尚礼法，上下和睦相亲，广大百姓都是国君所养育的子民，您还去攻打谁呢？如果朝廷不讲礼法，广大百姓都是您的仇敌，您将与谁去防守呢？”于是鲁哀公废除湖泊鱼梁的禁令，解除在关卡和市场的征税，以此作为给百姓的恩惠。

十五

文王曰：“吾欲用兵，谁可伐？”“密须氏疑于我[1]，可先往伐。”管叔曰[2]：“不可。其君天下之明君也，伐之不义。”太公望曰：“臣闻之，先王伐枉，不伐顺；伐险，不伐易；伐过，不伐不及。”文王曰：“善。”遂伐密须氏，灭之也。

【注释】

[1] 密须氏：商代古国名。故地在今甘肃灵台县西。皇甫谧《帝王世纪·第五》在“密须氏”前有“太公曰”三字。

[2] 管叔：姬鲜。文王之子，武王之弟。因封于管（今河南郑州），故称。后与纣王子武庚作乱，周公东征杀管叔而放逐蔡叔。

【今译】

周文王说：“我想用兵，该讨伐谁呢？”太公望说：“密须氏对我们有二心，该先讨伐他。”管叔：“不可以。密须国的国君是天下贤明的君主，讨伐他不合道义。”太公望说：“我听说，先王讨伐邪曲的国家，不讨伐顺从的国家；讨伐地势险峻的国家，不讨伐容易进攻的国家；讨伐行为过分的国家，不讨伐不足的国家。”文王说：“说得好。”于是讨伐密须国，灭了他的国家。

十六

武王将伐纣。召太公望而问之曰：“吾欲不战而知胜，不卜而知吉，使非其人。为之有道乎？”太公对曰：“有道。王得众人之心，以图不道,则不战而知胜矣;以贤伐不肖,则不卜而知吉矣。彼害之,我利之。虽非吾民,可得而使也。"武王曰:"善。"乃召周公而问焉,曰:"天下之图事者,皆以殷为天子,以周为诸侯,以诸侯攻天子,胜之有道乎?"周公对曰:"殷信天子[1],周信诸侯,则无胜之道矣,何可攻乎?"武王忿然曰[2]:"汝言有说乎?"周公对曰:"臣闻之,攻礼者为贼,攻义者为残;失其民,制为匹夫[3],王攻其失民者也,何攻天子乎?"武王曰:"善。"乃起众举师,与殷战于牧之野[4],大败殷人。上堂见玉,曰:"谁之玉也?"曰:"诸侯之玉。"即取而归之于诸侯。天下闻之,曰:"武王廉于财矣!"入室见女,曰:"谁之女也?"曰:"诸侯之女也。"即取而归之于诸侯。天下闻之,曰:"武王廉于色也!"于是发巨桥之粟[5],散鹿台之财、金钱以与士民[6],黜其战车而不乘[7],弛其甲兵而弗用,纵马华山[8],放牛桃林[9],示不复用。天下闻者,咸谓武王行义于天下,岂不大哉?

【注释】

[1] 信:果真。

[2] 忿然:生气的样子。

[3] 制:号称。

[4] 牧之野:即"牧野",地名。在今河南淇县西南。周武王率诸侯之师大败殷于此。

[5] 巨桥:即"钜桥",商纣大粮仓。在今河北曲周县东北。

[6] 鹿台之财:鹿台,商纣王行宫,在今河南淇县境内,纣王死于此。"财"字疑为衍文。

[7] 黜:摈弃。

[8] 华山:指西岳华山。

[9] 桃林:又名桃原。今河南灵宝以西,陕西潼关以东一带地区。《尚书·武成》:"乃偃武修文,归马于华山之阳,放牛于桃林之野。"

【今译】

周武王准备攻打商纣王，召见姜太公问道："我想要在打仗前就知道能够取得胜利，不用占卜就知道是吉利的，可以驱使不属于自己的百姓。这样做有办法吗？"姜太公说："有办法。大王赢得广大百姓的人心来讨伐无道昏君，那么不用打仗就知道可以得胜利；凭着大王的贤能去讨伐不贤能的君主，那么不用占卜就知道是吉利的；商纣王残害百姓，大王您让百姓得到利益，虽然他们不属于我们的人，却也可以赢得他们的心从而驱使他们。"周武王说："说得好。"于是召见周公问道："天下图谋大事的人，都把商纣王当作天子，把周当作诸侯，凭着诸侯的身份去攻打天子，取得胜利有办法吗？"周公回答说："商纣王果真是天子，周果真是诸侯的话，那就没有办法战胜他，怎么能够攻打他呢？"武王很生气地说："你这样说话有什么根据呢？"周公说："我听说过这样的话：攻打以礼治国的国家叫做贼，攻打谨守道义的国家叫作残；国君失掉了民心，就号称'独夫'。大王攻打的是失掉了民心的独夫，怎么是攻打天子呢？"武王说："说得好。"于是率领军队，和商纣王的军队在牧野决战，彻底打败了敌军。武王登上庙堂看见宝玉，问："这是谁的玉？"有人回答说："诸侯的宝玉。"于是就归还给诸侯。天下的人听说了这件事，就说："武王对于财宝是很廉洁的啊！"武王来到宫室中看见有美女，问："这是谁家的美女？"有人回答说："诸侯的美女。"于是就归还给诸侯。天下的人听说了这件事，就说："武王对于美色是很自律的啊！"于是武王发放商纣王大粮仓里的粮食，散发商纣王行宫里的钱财，分给天下的士人和百姓，摈弃纣王的战车不再乘坐，解除纣王的军队武器不再使用，把马放归华山，把牛放归桃林，来表示绝不再使用。天下的人听说后，都说武王在天下推行仁义，难道不是伟大的君主吗？

十七

文王欲伐崇[1]，先宣言曰："余闻崇侯虎蔑侮父兄[2]，不敬长老,听狱不中,分财不均,百姓力尽,不得衣食。余将来征之,唯为民。”乃伐崇。令毋杀人,毋坏室,毋填井,毋伐树木,毋动六畜;有不如令者,死无赦。崇人闻之,因请降。

【注释】

[1] 崇:商代方国。在今陕西西安市长安区西北。商代末年崇侯虎为周文王所灭。

[2] 崇侯虎:纣王臣子,崇国国君。曾向纣王进谗言诋毁姬昌。纣囚姬昌。后姬昌脱归,伐崇而筑丰邑。

【今译】

周文王想要讨伐崇国,先宣布说:“我听说崇侯虎轻侮父兄,不尊敬长辈老人,审理案件不公正,分配财物不均等,百姓耗尽力量,得不到衣食。我将要去讨伐他,一切都是为了百姓。”于是讨伐崇国。周文王命令军队不准乱杀无辜,不准毁坏房屋,不准填堵水井,不准砍伐树木,不准掠夺牲畜。如果有不听从命令的,杀无赦。崇国人听说后,就请求投降。

十八

楚庄王伐陈[1],吴救之。雨十日十夜,晴。左史倚相曰[2]:“吴必夜至。甲列垒坏[3],彼必薄我,何不行列鼓出待之?”吴师至,楚见成陈而还[4]。左史倚相曰:“追之。吴行六十里而无功,王罢卒寝[5]。”果击之,大败吴师。

【注释】

[1] 楚庄王伐陈:《韩非子·说林下》作“荆伐陈”。楚庄王与倚相不同时,本章有误。

[2] 左史倚相:见卷十三权谋·二十七[1]。

[3] 甲列垒坏:盔甲破裂、营垒毁坏。列,同“裂”。
[4] 楚见成陈:当作“见楚成陈”。“陈”,同“阵”。
[5] 王罢卒寝:吴王疲敝、士卒困乏。“罢”通“疲”。寝,困乏。

【今译】

楚庄王攻打陈国,吴国赶来救援。天下了十天十夜的雨,然后才放晴。担任左史的倚相说:“吴国军队一定在夜里来偷袭我们。我们现在盔甲破裂、营垒毁坏,他们一定逼近我们,我们为什么不排好阵列、击鼓出去迎敌呢?”吴国军队到了,看见楚国军队已经摆好阵势就撤兵回去了。左史倚相说:“追击敌人。吴国军队行军六十里却没有取得战功,想必是吴王疲敝、士卒困乏了。”楚军追击敌人,果然大败吴军。

十九

齐桓公之时,霖雨十旬[1]。桓公欲伐漅陵[2],其城之值雨也未合[3]。管仲、隰朋以卒徒造于门[4],桓公曰:“徒众何以为?”管仲对曰:“臣闻之,雨则有事。夫漅陵不能雨[5],臣请攻之。”公曰:“善!”遂兴师伐之。既至,大卒间外[6],士在内矣。桓公曰:“其有圣人乎?”乃还旗而去之[7]。

【注释】

[1] 霖雨:连绵大雨。
[2] 漅(cháo)陵:即“巢陵”。在今山东聊城市东。相传为巢父隐居躬耕处。
[3] 其城之值雨也未合:那里修筑城墙因下雨还未合拢。
[4] 隰朋以卒徒造于门:隰朋率领士卒抵达宫门。造,到。隰朋,见卷一君道·十七[6]。
[5] 能:通“耐”,受得住。
[6] 大卒间外:大军隐蔽在城外。间,隐蔽。

[7] 还旗：掉转旗帜，指撤军。

【今译】

齐桓公的时候，连绵大雨下了百天。桓公想要趁机攻打漅陵，那里修筑城墙因下雨还未合拢。管仲、隰朋率领士卒抵达宫门，桓公问："大家想要干什么？"管仲回答说："我听说，下雨的时候可以做事。漅陵城禁不住大雨，我请求趁机攻打它。"桓公说："好。"于是发兵攻打漅陵。军队到了以后，发现对方大军隐蔽在城外，甲士隐蔽在城内。桓公说："莫非有圣人吗？"于是掉转旗帜撤军离开。

二十

宋围曹[1]，不拔。司马子鱼谓君曰[2]："文王伐崇[3]，崇军其城，三旬不降。退而修教，复伐之，因垒而降[4]。今君德无乃有所阙乎[5]？胡不退修德，无阙而后动？"

【注释】

[1] 曹：周代诸侯国，姬姓。故址在今山东曹县、定陶一带。
[2] 司马子鱼：宋襄公庶兄，字子鱼，时为司马，故称。
[3] 崇：参见本卷第十七章。
[4] 因垒而降：崇人虽有营垒凭借却投降了。
[5] 阙：欠缺，缺失。

【今译】

宋国人围攻曹国，没有攻克下来。司马子鱼对宋君说："周文王攻打崇国的时候，崇国军队驻扎在城上，三个月不投降。文王撤兵修治教化，再来攻打崇国，崇人虽有营垒可凭借却投降了。现在曹国攻克不下，莫非国君德行有所欠缺？何不撤兵修养德教，等到没有欠缺的时候再来攻打呢？"

二十一

吴王阖庐与荆人战于柏举[1]，大胜之，至于郢郊[2]，五败荆人。阖庐之臣五人进谏曰："夫深入远报[3]，非王之利也，王其返乎[4]！"五将锲头[5]，阖庐未之应，五人之头坠于马前。阖庐惧，召五子胥而问焉[6]。子胥曰："五臣者惧也。夫五败之人者，其惧甚矣。王姑少进。"遂入郢，南至江，北至方城[7]，方三千里，皆服于吴矣。

【注释】

[1] 柏举：楚地，在今湖北省麻城县东北。

[2] 郢郊：郢，楚国都城，在今湖北荆州市荆州区西北。郊，城郊。

[3] 报(fù)：通"赴"。

[4] 其：还是。表示希望、祈请的语气。

[5] 五将锲头："五"后脱"人"字。将，将要。锲头，割下头颅。

[6] 五子胥：当作"伍子胥"。

[7] 方城：春秋时楚国北部的长城，为我国古代九塞之一。起自今河南方城，至邓县。

【今译】

吴王阖庐与楚国人在柏举打仗，大胜楚军，军队推进到楚国郢都城郊，五次击败楚军。阖庐的五位臣子进谏说："我军深入到远方来报仇，不是对大王有利的事情，大王还是撤兵吧！"五位臣子将要割下自己的头颅来进谏，阖庐还没有回答他们，五人就在马前割下头颅。阖庐很害怕，就叫来伍子胥询问。伍子胥说："五位大臣内心恐惧。不过那被打败五次的吴国军队，更加恐惧。大王姑且向前稍稍推进。"于是进入郢都，向南推进到长江，向北推进到方城，方圆三千里，都臣服于吴国。

二十二

田成子常与宰我争[1]。宰我夜伏卒，将以攻田成子，令于卒中曰："不见旌节毋起[2]。"鸱夷子皮闻之[3]，告田成子。田成子因为旌节以起宰我之卒以攻之，遂残之也。

【注释】

[1] 田成子常与宰我争：田成子常、宰我，见卷九正谏·二十一[2]。
[2] 旌节：旌，旗帜。节，符节。
[3] 鸱夷子皮：见卷二臣术·十六[1]。

【今译】

田成子常与宰我争斗。宰我在夜里埋伏下兵卒，准备攻打田成子，命令兵卒道："看不到旌节不要发起进攻。"鸱夷子皮听说后，告诉了田成子。田成子于是就伪造了旌节用来调动宰我的兵卒去攻打宰我，于是消灭了宰我。

二十三

齐桓公北伐山戎氏[1]，请兵于鲁，鲁不与。桓公怒，将攻之。管仲曰："不可，我已刑北方诸侯矣[2]，今又攻鲁，无乃不可乎？鲁必事楚，是我一举而失两也。"桓公曰："善。"乃辍攻鲁矣。

【注释】

[1] 山戎氏：见卷五贵德·七[1]。
[2] 刑：处罚。

【今译】

齐桓公要北伐山戎氏，向鲁国请求援军，鲁国不同意。桓公生气,准备攻打鲁国。管仲说:“不可。我们已经处罚了北方的诸侯,如果再去攻打鲁国,恐怕不可以吧?假如我们攻打鲁国,鲁国一定会倒向楚国,这样的话我们就一举两失。”桓公说:“说得好。”就停止了进攻鲁国的行为。

二十四

圣人之治天下也,先文德而后武力[1]。凡武之兴为不服也。文化[2]不改,然后加诛。夫下愚不移,纯德之所不能化,而后武力加焉。

【注释】

[1] 文德:礼乐教化。
[2] 文化:文,文德。化,教化,感化。

【今译】

圣人治理天下,先用礼乐教化然后再用武力。凡使用武力,都是因为对方不肯归服。用礼乐来感化后仍不能改变的,然后再加以武力讨伐。那些低下愚昧之人顽固不化,使用纯正的文德也无法感化他们,然后对他们使用武力。

二十五

昔尧诛四凶以惩恶[1],周公杀管、蔡以弭乱[2],子产杀邓析以威侈[3],孔子斩少正卯以变众[4]。佞贼之人而不诛[5],乱之道也。《易》曰:“不威小,不惩大,此小人之福也[6]。”

【注释】

[1] 四凶:见卷十三权谋·一[8]。

[2] 周公杀管、蔡以弭乱：指周公平定管、蔡之乱的事情。管、蔡，见卷十一善说·十六[8]。弭乱，平定叛乱。

[3] 子产杀邓析以威侈：子产，即公孙侨，名侨，字子产，春秋时郑国执政大臣，实行过一系列的政治改革。子产杀邓析事，见卷五贵德·五[3]。威侈，威慑那些放纵自己的人。

[4] 孔子斩少正卯以变众：参见本卷第二十七章。

[5] 佞贼：佞，巧谄善辩。贼，心地阴险。

[6] "不威小"句：此句非《周易》原文。《周易·系词下》："小人不耻不仁，不畏不义，不见利不劝，不威不惩。小惩而大诫，此小人之福也。"小人，高亨《周易大传今注》解为"无才德之人"。译文从之。

【今译】

从前尧惩罚了四凶来惩戒恶人，周公杀了管、蔡来平定叛乱，郑国子产杀了邓析来威慑那些放纵自己的人，孔子杀了少正卯来改变民风。巧谄善辩、心地阴险的人如果不杀掉，是导致祸乱的渠道。《周易》上说："在小恶上有所威慑，就能预防行大恶受惩戒，这是无才无德之人的福气啊。"

二十六

五帝三王教以仁义而天下变也[1]，孔子亦教以仁义，而天下不从者，何也？昔明王有绂冕以尊贤[2]，有斧钺以诛恶[3]，故其赏至重而刑至深，而天下变。孔子贤颜渊[4]，无以赏之，贱孺悲[5]，无以罚之，故天下不从。是故道非权不立，非势不行。是道尊然后行。

【注释】

[1] 五帝三王：见卷十四至公·五[1][2]。

[2] 绂(fú)冕：绂，系官印的丝带。冕，冠。代指官位。

[3] 斧钺：古代杀人的刑具。指刑罚。

[4] 孔子贤颜渊：孔子以颜渊为贤。贤，意动用法。后面的"贱"也是意动

用法。

[5] 孺悲:孔子弟子,生平不详。

【今译】

五帝三王用仁义来教化天下百姓从而使百姓发生了变化。孔子也用仁义来教化百姓,但是天下的百姓却不顺从,为什么呢?从前贤明的君王用官位来尊重贤能的人,用斧钺这样的刑具来惩罚恶人,所以赏赐十分厚重,惩罚十分严厉,从而使得天下百姓发生了变化。孔子认为颜渊是贤人,却无法来赏赐他,认为孺悲是贱恶之人,却无法来惩戒他,所以天下的百姓就不顺从。所以说道义不通过权力就树立不起来,不通过权势就无法实行。这就说明道义受到尊崇之后才能实行。

二十七

孔子为鲁司寇[1],七日而诛少正卯于东观之下[2]。门人闻之,趋而进,至者不言,其意皆一也。子贡后至,趋而进,曰:“夫少正卯者,鲁国之闻人矣,夫子始为政,何以先诛之?”孔子曰:“赐也,非尔所及也。夫王者之诛有五,而盗窃不与焉:一曰心辨而险,二曰言伪而辩,三曰行辟而坚[3],四曰志愚而博,五曰顺非而泽。此五者皆有辨知聪达之名,而非其真也。苟行以伪,则其知足以移众,强足以独立,此奸人之雄也,不可不诛。夫有五者之一,则不免于诛。今少正卯兼之,是以先诛之也。昔者汤诛蠋沐[4],太公诛潘阯[5],管仲诛史附里[6],子产诛邓析[7],此五子未有不诛也。所谓诛之者,非为其昼则攻盗,暮则穿窬也[8],皆倾覆之徒也[9]!此固君子之所疑,愚者之所惑也。《诗》云:‘忧心悄悄,愠于群小[10]。’此之谓矣。”

【注释】

[1] 司寇:官名。西周始置,主管刑法狱讼。鲁定公十四年,孔子以大司寇摄行相事。

[2] 诛少正卯于东观(guàn)之下:少正卯,春秋时鲁国人。少正氏,名卯。一说少正为官名。传说与孔子同时在鲁国聚徒讲学,以致孔子之门“三盈三虚”。东观,阙名。

[3] 行辟(pì):行为邪僻。

[4] 蠋(zhú)沐:人名,生平不详。

[5] 太公诛潘阯:“太公”当作“文王”。潘阯,人名,生平不详。

[6] 史附里:见卷五贵德·五[3]。

[7] 子产诛邓析:见卷五贵德·五[3]。

[8] 穿窬(yú):越过。窬,通“逾”。

[9] 倾覆之徒:颠覆国家的人。

[10] 忧心悄悄,愠于群小:内心忧愁啊,被一群小人所怨。悄悄,忧愁的样子。语出《诗经·邶风·柏舟》。

【今译】

孔子担任鲁国的司寇,第七天就在东观诛杀了少正卯。孔子的学生听说了,赶来见孔子,到的人都没有说话,但内心所想是一致的。子贡后到,快步进前,说:“那个少正卯,是鲁国有名望的人,先生刚刚执政,为何先杀掉了他?”孔子说:“赐呀,这不是你能理解的。君王杀五种人,但是偷盗不在其中:一是能辨别事理但内心险恶的人,二是语言虚伪却善于狡辩的人,三是行为邪僻却顽固不化的人,四是志向卑下却见识广博的人,五是顺从错误却又爱施恩惠的人。这五种人皆有明辨、智能、聪明、通达的名声,但只是假象。如果虚伪的言行得到发展,那么他们的智慧足以用来迷惑众人,他们的顽强足以保持独立,这是奸人中的豪雄,不可不杀。只要属于五种人中的任何一种,就免不了要被杀掉。现在少正卯兼有五种人的恶劣品质,因此要先杀掉他。从前商汤杀蠋沐,太公杀潘阯,管仲杀史附里,子产杀邓析,这五种人没有不被杀掉的。所说的杀掉他们，不是因为他们在光天化日之下进行偷盗，也不是因为他们在夜晚越墙行窃，他们都属于颠覆国家的一类人啊！这正是那些使君子忧虑、众人迷惑的人啊。《诗经》上说：‘内心忧愁啊，被一群小人所怨。’说的就是这个意思。”

二十八

齐人王满生见周公[1]，周公出见之，曰：“先生远辱[2]，何以教之？”王满生曰：“言内事者于内，言外事者于外。今言内事乎？言外事乎？”周公导入。王满生曰：“敬从。”布席[3]，周公不导坐[4]。王满生曰：“言大事者坐，言小事者倚。今言大事乎？言小事乎？”周公导坐。王满生坐。周公曰：“先生何以教之？”王满生曰：“臣闻圣人不言而知，非圣人者虽言不知。今欲言乎？无言乎？”周公俛念[5]，有顷，不对。王满生藉笔牍书之曰“社稷且危[6]。”傅之于膺[7]。周公仰视见书曰：“唯唯，谨闻命矣。”明日诛管、蔡[8]。

【注释】

[1] 王满生：人名，生平不详。

[2] 远辱：辱，谦辞。本句意思是，劳驾从很远的地方到来。

[3] 布席：布置坐席。

[4] 导坐：引导入座。坐，同“座”。

[5] 俛(fǔ)念：低头想。俛，同“俯”。

[6] 藉(jiè)笔牍书：借助笔在木简上写字。藉，借助。牍，木简。

[7] 傅之于膺：贴在胸前。傅，通“附”，贴近。膺，胸。

[8] 管、蔡：卷十一善说·十六[8]。

【今译】

齐国人王满生拜见周公，周公出宫迎接他，说：“劳驾先生从很远的地方来到这里，您用什么来教导我呢？”王满生说：“谈论朝内的事在宫内说话，谈论朝外的事在宫外说话。现在是谈论朝内的事呢？还是谈论朝外的事呢？”周公便引导他进入宫内。王满生说：“恭敬地从命。”手下的人布置坐席，周公没有引导他入座。王满生说：“谈论大事坐着说话，谈论小事站着说话。现在是谈论大事呢？还是谈论小事呢？”周公便引导他入座。王满生入座。周公说：“先生用什么来教导我呢？”王满生说：“我听说圣人不必听别人说什么就能预知事情，不是圣人即便说了他也不明白。现在您想要我说话呢？还是不想要我说话呢？”周公低下头，过了一会儿，没有回答。王满生借助笔在木简上写道“国家将危。”他把字贴在胸前。周公抬起头来看见他写的字，说：“是、是，我恭敬地接受您的教导。”第二天，周公诛杀了管叔、蔡叔。

【评析】

指武，就是阐明国家军备的重要性。军事、国防与专政手段向来是国家政治的基本内容，刘向对此非常重视，尽管他不是军事家，也不是政治家，也不专门研究和整理军事文献，但他还是在《说苑》一书中专门设立了“指武”一卷，这应该是受了《荀子·议兵》和《淮南子·兵略训》等军事论著的影响，同时还在于使全书的架构更加完整合理。刘向在本卷中所选录的内容以及所阐明的观点，都具有很高的参考价值。

全卷共二十八章，第一章是全卷总纲，提出了“好战必亡”“忘战必危”“兵不可玩”的观点。应该说，刘向是继承前人的观点而进行的阐发，他首先引用《司马法》的观点，再引用《周易》的观点，然后列举夫差和徐偃王做反面例子，从而有力地阐明了国家军备的重要性。

第二章写秦昭王从“楚剑利，倡优拙”中看到了危机，引起了警觉，这是一个国君应有的敏感。如果一个国家倡优盛行，那就说明享乐现象普遍，会导致国防意识淡薄，必然暗藏危机。第三章写徐偃王“赖于文德而不明武备”终于灭亡的内容。关于徐偃王的时代和灭亡，后世说法不一。钱穆在《先秦诸子系年·宋王即徐偃王说》中指出："谓荆文王伐徐者，韩非也。谓楚庄王者，《淮南》也。谓周穆王者，《史记·秦本纪》也。混《韩子》《史记》为一谈者，《后汉书·夷东传》也。"又说："然称徐偃王以仁义灭国，则三说皆同。余疑徐偃王即宋王偃，其见灭时，惟《淮南》楚庄王之说得之。"徐偃王灭国的教训说明，单靠文德是不行的，要文德和军备并重。

第四章当本自《淮南子·道应训》，批评吴起好用兵。吴起精通军事，多有战功，但树敌过多，遭人嫉恨，所以结局十分可悲。屈宜臼作为旁观者，看得非常清楚。《荀子·议兵》中指出："故善附民者，是乃善用兵者也。故兵要在乎善附民而已。"在第五章中刘向进一步阐释了这一观点。第六章强调治理天下应先内后外，但周惠王"兴兵而征强楚"事未详出处。第七章先写军队出征作战的隆重仪式，次写将士作战要视死如归。先秦时期军事著作丰富，很多著作中都有类似本章的观点，刘向对这些观点进行了归纳总结。第八章鲁仲连的话说到要害之处了，军人无牵无挂时，很单纯，能够做到冲锋陷阵，视死如归；等到功成名就、名利双收时，就牵肠挂肚，顾虑重重了。第九章写田恒身为将领，能与士卒同甘共苦，能凝聚人心，赢得拥护，使智伯明智而退。第十章主要讲练兵，造就一支过硬的战斗队伍，但并不见于今本《六韬》，可能是佚文。第十一章写胡建惩治军队腐败的事情。我们不妨将本章文字与班固《汉书·胡建传》做一比较：

胡建，字子孟，河东人也。孝武天汉中，守军正丞，贫亡车马，常步与走卒起居，所以尉荐走卒，甚得其心。时监军御史为奸，穿北军垒垣以为贾区。建欲诛之，乃约其走卒，曰："我欲与公有所诛，吾言取之则取，斩之则斩。"于是当选士马日，监御史与护军诸校列坐堂皇上。建从走卒趋至堂皇下拜谒。因上堂皇，走卒皆上。建指监御史曰："取彼！"走卒前曳下堂皇。建曰："斩之！"遂斩御史。护军诸校皆愕惊，不知所以。建亦已有成奏在其怀中，遂上奏曰："臣闻军法，立武以威众，诛恶以禁邪。今监御史公穿军垣以求贾利，私买卖以与士市，

> 不立刚毅之心勇猛之节，亡以帅先士大夫，尤失理不公。用文吏议，不至重法。黄帝《李法》曰：‘壁垒已定，穿窬不繇路，是谓奸人，奸人者杀！’臣谨按军法曰：‘正亡属将军，将军有罪以闻，二千石以下行法焉。’丞于用法疑，执事不诿上，臣谨以斩，昧死以闻。”制曰：“《司马法》曰：‘国容不入军，军容不入国。’何文吏也？三王或誓于军中，欲民先成其虑也；或誓于军门之外，欲民先意以待事也；或将交刃而誓，致民志也。建又何疑焉？”建繇是显名。

二者在文字上相近。在法学界，一般认为中国法的起源以《黄帝李法》为标志，比如沈家本、程树德都主张《黄帝李法》说，根据之一就是《汉书·胡建传》引《黄帝李法》中“壁垒已定，穿窬不繇路，是谓奸人，奸人者杀”等内容，说明黄帝时已有法律。王兰娣在《中国法的起源》中指出，就中国古代法起源的具体途径而言，历史上有“刑始于兵”的说法，并援引《汉书·胡建传》关于《黄帝李法》的记载，说明最初的法源于军法。其实，刘向在本章中的记载明显早于《汉书》，是班固参考了《说苑》。本章内容说明，严禁军队从商是自古就有的纪律。军人腐败，往往从经商、捞钱开始。像本章中所写，监御史竟敢穿墙开店经商，这必然动摇军心。

第十二章写鲁石公善舞剑：动作迅捷，变化莫测，令人眼花缭乱，这与后世公孙大娘舞剑器堪有一比。本章进一步指出，指挥作战若能达到此种境界，可谓善用兵，但是，比起不战而屈人之兵还差得太远。层层衬托手法是本章突出的写作特点。第十三章的主题与上一章相近，但在叙述、描写的技巧上生动多了。该章运用对比手法，渲染气氛，画面感极强。子路的勇敢，子贡的善辩，颜回的憧憬，性格鲜明，真切动人。孔子一句“吾所愿者，颜氏之计，吾愿负衣冠而从颜氏子也”体现了儒家反对战争、希望和平的美好愿望。本章可与《论语·先进》中《子路、曾皙、冉有、公西华侍坐》比美。第十四章的主题仍然是反对战争，体现孔子“以礼治国”的思想。第十五章写文王伐密须。据《诗经·大雅·皇矣》记载：“密人不恭，敢距大邦，侵阮徂共，王赫斯怒，爰整其旅，以按徂旅，以笃于周祐，以对于天下。"可见伐密须师出有名。李仲立、刘得祯在《密须国初探》一文中指出，西周初年，武、成之时，周王室同西北、西南地区方国、部族的关系相对而言比较融洽。西土是周人稳固的后方，密国是西土方国中势力最强，位处要塞的方国，起着北拒犬戎，捍卫岐凤的作用。因此，文王为灭商做准备，讨伐密须，巩固后防。（见《陕西师大学报》哲学社会科学版 1989 年第 4 期）

第十六章记载武王伐纣这一重大历史事件。关于武王伐纣的具体年代，学术界一直存在争议，有几十种说法。本章的主旨不是探讨牧野大战的精确年代，而是表现武王军队是正义之士、仁义之师、和平之师、文明之师，体现了本卷诸多章节一个共同的主题，就是反对战争、热爱和平。武王先问太公，如何做到"不战而知胜，不卜而知吉，使非其人"，这是战术问题，因为牧野大战的军事总指挥是太公，所以让太公回答这个问题。武王又问周公："天下之图事者，皆以殷为天子，以周为诸侯，以诸侯攻天子，胜之有道乎？"这是战略问题，事关战争的性质。周公是研究战略问题的高手，他的回答十分精彩，消除了武王冒有"弑君"罪名的顾虑。后来《荀子·议兵》中有"……文王伐崇，武王伐纣，此两帝、四王皆以仁义之兵行于天下也"之言，为文王伐纣正名。《孟子·梁惠王下》则说得更加彻底：

> 齐宣王问曰："汤放桀，武王伐纣，有诸？"孟子对曰："于传有之。"曰："臣弑其君，可乎？"曰："贼仁者谓之贼，贼义者谓之残，残贼之人谓之一夫。闻诛一夫纣矣，未闻弑君也。"

本章对武王伐纣的美化宣传意图是显而易见的，后世文学作品如《封神演义》等极端美化武王伐纣，大概与此有一定关系。

第十七章写文王伐崇。由于文王颁布了"令毋杀人，毋坏室，毋填井，毋伐树木，毋动六畜，有不如令者，死无赦"的军令，周的军队所到之处秋毫无犯，展示了文明仁义之师的风貌，彻底征服了百姓，以致"崇人闻之，因请降。"刘向选录本章，是想借此宣传儒家的军事思想。《大戴礼记·主言》记载："明主之所征，必道之所废者也。彼废道而不行，然后诛其君，致其征，吊其民，而不夺其财也。"

《荀子·议兵》记载："不杀老弱，不猎禾稼，服者不禽，格者不舍，奔命者不获。凡诛，非诛其百姓也，诛其乱百姓者也。百姓有扞其贼，则是亦贼也。"《司马法·仁本》记载："入罪人之地，无暴神祇，无行田猎，无毁土功，无燔墙屋，无伐林木，无取六畜、禾黍、器械，见其老幼，奉归勿伤。虽遇壮者，不校勿敌，敌若伤之，医药归之。既诛有罪，王及诸侯修正其国，举贤立明，正复厥职。"另外《淮南子·兵略训》和《吕氏春秋·怀宠》等书也有类似的内容，体现中国古代宝贵的军事文化思想。

但是在本章的背后，还隐含着一个更加深厚的政治背景。文王在位时，以商朝的一个"方伯"的面目出现，表面上臣服于商朝，暗地里却积极进行灭商的准备。他分化瓦解商朝的附庸，争取与国，成功地调解了虞、芮两国争田纠纷（参见卷一君道·十），使河东小国前来归附。又向西北、西南用兵，为灭商建立了巩固的后方。接着向东发展，过黄河进攻耆、邘等国；沿渭水东进，攻占了商朝在渭水中游的重要据点崇。当时崇是东方强国，凭借嵩山一带有利地形，筑有高大城墙。因此，文王在东方最难进攻的就是崇虎侯所在的崇国。崇虎侯，这个被称为中国历史上最早的告密者，曾向纣王告密，说文王因九侯和鄂侯被杀而叹息，结果纣王囚文王于羑里，后文王之臣闳夭向纣王献美女、奇物、良马才被赦免。纣王册命文王替他征服叛国之臣，使之服侍于殷。文王抓住这个时机，打着名正言顺的旗号，有计划地四处征伐，为后来武王克纣打下了坚实的基础。

关于文王攻打崇国，在《诗经·大雅·文王有声》有记载：

> 文王受命，有此武功。既伐于崇，作邑于丰。文王烝哉！

在《史记·周本纪》中也有记载：

> 崇侯虎谮西伯于殷曰："西伯积善累德，诸侯皆向之，将不利于帝。"帝纣乃囚西伯于羑里。闳夭之徒患之，乃求有莘氏美女，骊戎之文马，有熊九驷，他奇怪物，因殷嬖臣费仲而献之纣。纣大说，曰："此一物足以释西伯，况其多乎！"乃赦西伯，赐之弓矢斧钺，使西伯得征伐。曰："谮西伯者，崇侯虎也。"西

伯乃献洛西之地，以请纣去炮格之刑。纣许之。西伯阴行善，诸侯皆来决平。于是虞、芮之人有狱不能决，乃如周。入界，耕者皆让畔，民俗皆让长。虞、芮之人未见西伯，皆惭，相谓曰："吾所争，周人所耻，何往为，只取辱耳。"遂还，俱让而去。诸侯闻之，曰："西伯盖受命之君。"明年，伐犬戎。明年，伐密须。明年，败耆国。殷之祖伊闻之，惧，以告帝纣。纣曰："不有天命乎？是何能为！"明年，伐邘。明年，伐崇侯虎。而作丰邑，自岐下而徙都丰。明年，西伯崩，太子发立，是为武王。

文王扫除了东进道路上的障碍崇国之后，就占据关中膏腴之地，在沣水西岸营建丰邑，把政治中心迁于丰(今西安市西南)。至此，文王已完成了对商都的钳形包围，周人对商朝已经形成咄咄逼人的攻势。这就是阅读第十七章、十五章以及《说苑·君道》第十章应了解的背景。

第十八章写左史倚相判断正确，指挥果断。第十九章写齐桓公想乘人之危进行偷袭，不料对方有备，所以只好无功而返。可见"雨则有事"的道理，不只是管仲懂得，濮陵人也懂得，同时也表达了不伐已有准备的国家的军事理念。第二十章在于传达一种战争思想：以有德伐无德，则胜；以无德伐无德，胜败难料；以无德伐有德，必败。将战争与德治紧密联系起来，这是中国古代军事文化的重要内容。第二十一章写吴、楚五次作战，都付出了沉重代价。这个时候伍子胥准确判断敌人更加恐惧，于是乘势进攻，取得胜利。第二十二章的内容说明情报在战争中的作用十分重要。第二十三章内容可参见卷十三权谋·二十一。第二十四章宣传了儒家一个著名的战争观点："先文德而后武力"。《论语·季氏》有"故远人不服，则修文德以来之"。

第二十五章在于说明，武备不仅仅针对外敌入侵，还包针对本国内部的乱臣贼子。刘向列举了"四凶"、管、蔡、邓析和少正卯为例。"四凶"属于历史传说，语焉不详，理由是乱国。关于管、蔡的资料多一点，其罪名也是乱国。邓析是否被子产所杀，向来有争议，因为《左传·定公九年》记载是"郑驷歂杀邓析"，而非子产。至于少正卯被孔子所杀，则在本卷第二十七章有具体记载。第二十六章在于阐明“道非权不立，非势不行”的观点，似乎在为下一章孔子杀少正卯进行铺垫。

第二十七章写了一件从古至今聚讼纷纭、莫衷一是的著名公案：孔子杀少正卯。孔子担任鲁国司寇并“摄行相事”，是鲁定公十年(前500)的事，孔子年52岁。司寇，是最高司法长官，位同卿大夫。孔子担任此职约三年时间，做了不少好事，表现出很强的治国能力。本章“孔子为鲁司寇，七日而诛少正卯于东观之下”的记载，肯定不是原始材料。据现有文献资料所知，本章内容当最早载于《尹文子·大道》，但因学界有人认为《尹文子》是伪书，故而将最早的记载落在《荀子》一书上。《荀子·宥坐》记载如下：

> 孔子为鲁摄相，朝七日而诛少正卯，门人进问曰：“夫少正卯，鲁之闻人也，夫子为政而始诛之，得无失乎?”孔子曰：“居！吾语女其故。人有恶者五而盗窃不与焉：一曰心达而险，二曰行辟而坚；三曰言伪而辩；四曰记丑而博；五曰顺非而泽。此五者，有一于人，则不得免于君子之诛，而少正卯兼有之。故居处足以聚徒成群，言谈足以饰邪营众，强足以反是独立，此小人之桀雄也，不可不诛也。是以汤诛尹谐，文王诛潘止，周公诛管叔，太公诛华仕，管仲诛付里乙，子产诛邓析、史付。此七子者，皆异世同心，不可不诛也。《诗》曰：‘忧心悄悄，愠于群小’小人成群，斯足忧矣。”

从文字上来看，《尹文子·大道》与《荀子·宥坐》高度相同，二者当有传承关系。再看《孔子家语·始诛》中的记载：

> 孔子为鲁司寇，摄行相事，有喜色。仲由问曰：“由闻君子祸至不惧，福至不喜，今夫子得位而喜，何也?”孔子曰：“然，有是言也。不曰‘乐以贵下人’乎?”于是朝政七日而诛乱政大夫少正卯，戮之于两观之下，尸于朝三日。子贡进曰：“夫少正卯，鲁之闻人也。今夫子为政而始诛之，或者为失乎?”孔子曰：“居，吾语汝以其故。天下有大恶者五，而窃盗不与焉。一曰心逆而险，二曰行僻而坚，三曰言伪而辩，四曰记丑而博，五

曰顺非而泽。此五者,有一于人,则不免君子之诛,而少正卯皆兼有之。其居处足以撮徒成党,其谈说足以饰褒荣众,其强御足以反是独立,此乃人之奸雄者也,不可以不除。夫殷汤诛尹谐,文王诛潘正,周公诛管、蔡,太公诛华士,管仲诛付乙,子产诛史何,是此七子皆异世而同诛者,以七子异世而同恶,故不可赦也。《诗》云:'忧心悄悄,愠于群小。'小人成群,斯足忧矣。"

《论衡·讲瑞》的记载不同于以上内容:

少正卯在鲁,与孔子并。孔子之门,三盈三虚,唯颜渊不去,颜渊独知孔子圣也。夫门人去孔子归少正卯,不徒不能知孔子之圣,又不能知少正卯,门人皆惑。子贡曰:"夫少正卯,鲁之闻人也。子为政,何以先之?"孔子曰:"赐退,非尔所及。"夫才能知佞若子贡,尚不能知圣,世儒见圣,自谓能知之,妄也。

另外,《史记·孔子世家》《淮南子·氾论》《白虎通·诛伐》(引《韩诗内传》)也有相关记载而文字简略。在汉代,无人怀疑此事件的真实性,相反,汉代文人包括司马迁、班固、王充在内都在其著作中有所记载,他们确信有此事件。宋代苏轼也是相信的,《东坡志林》中有:

孔子为鲁司寇七日而诛少正卯,或以为太速。此叟盖自知其头方命薄,必不久在相位,故汲汲及其未去发之。使更迟疑两三日,已为少正卯所图矣。

刘向选录本章,说明他相信确有此事。汉代距离孔子相对较近,当时还没有形成为孔子遮掩的风气,刘向应该是如实记录。即便对孔子景仰有加的司马迁也没有掩饰此事。

近现代学者中也有持肯定态度的,比如洪亮吉、胡适等人。当代学者中有赵纪彬和马作武等人。1974 年,人民出版社出版了赵纪彬的《关于孔丘杀少正卯问题》,尽管带有那个特定时代的痕迹,但仍不失为资料性较强的参考书。马作武在《孔子杀少正卯考论》一文(《中外法学》2005 年第 5 期)中说,澄清这个历史事实有助于我们认识一个真实的孔子——一个有血有肉的凡人,认识儒家思想的精神本质。但比这重要得多的是这一事实本身的象征意义，它为我们提供了一个认识中国传统政治内在奥秘的视角，多少解开了一点这样的一个谜团：两千年来，儒教是中国的国教，孔子这位“仁且智的儒家圣人”一直是我们的文化教主和精神皈依，但偏偏我们从不曾摆脱政治的黑暗和暴虐的统治，偏偏不曾真正享有思想以及言论的自由。否定孔子杀少正卯不仅有违于我们对历史客观性的基本尊重，更严重的是这将误导我们对历史真实性的认识，从而在解读中国传统政治的精神本质问题上出现迷失和错觉。

到了宋代开始有人怀疑其真实性，较早怀疑此事的是朱熹。他在《晦庵集·舜典象刑说》中写道：

> 若少正卯之事，则予尝窃疑之。盖《论语》所不载，子思、孟子所不言，虽以《左氏春秋》内外传之诬且驳而犹不道也，乃独荀况言之，是必齐鲁陋儒，愤圣人之失职，故为此说以夸其权耳。

金人王若虚在《滹南遗老集·五经辨惑下》中对此全面提出疑义。后来，阎若璩的《四书释地》、崔述的《洙泗考信录》、梁玉绳的《史记志疑》都极辩无诛少正卯事。今人持否定说的有匡亚明，他在《孔子评传》中指出，归纳起来，可以论证孔子诛少正卯之事为不可信者，主要依据有三条：1. 孔子诛少正卯，仅见于《荀子·宥坐》《史记》《孔子家语》等书，不见于《论语》《春秋》《左传》等所谓“经传”。虽不能说凡不见于《论语》《春秋》《左传》等书的，都不真实，但像所传孔子诛少正卯这样的大事，竟不留一点记传痕迹，是不可能的。2. 孔子秉政七日，以一大夫而杀一大夫，这样的事发生在春秋时代的孔子身上，是不可设想的。3. 孔子的核心思想是“仁”，他坚决反对轻易杀人，所以季康子提出“杀无道以就有道”的问题时，也遭到孔子的反对，说“子为政，焉用杀”，如果孔子秉政七日就“诛乱政大夫少正卯”，和孔子的一贯思想不是全然不相吻合吗？另外，徐复观、傅佩荣等人也持否定说。李长之的《孔子的故事》，钱穆的《孔子传》，鲍鹏山的《孔子传》都对此避而不谈。

清代孙星衍则提出另一种观点，认为“诛”当训为“责”，是惩罚，不是杀死。今人杨朝明、沈善增也持该说，并进一步解释“尸”为“羞辱”“示众”“桎梏而坐诸嘉石”。另外，王刚《从〈周礼〉看“孔子诛少正卯”问题》(《孔子研究》2015 年第 2 期)，以及白海萍《从“诛少正卯”看孔子的刑政思想》一文(见于豆丁网)也持此说。

笔者以为，虽有人否定此事，却谁也拿不出确凿证据，所以我们还应该尊重《荀子》《说苑》《史记》等已有文献的记载。如果哪一天有了更加具有说服力的证据出来，我们再否定此事不迟。所谓“否定说”，只是怀疑而已。怀疑是可以的，但否定就不合逻辑了。我们应该尊重已有的文献。孔子杀少正卯，表面看似乎与其“德政”观点相左，但仔细分析，也不矛盾。孔子既有“礼制德政”的一面，也有不废“刑政”的一面，其法治思想是“德主刑辅”。

《左传·昭公二十年》记载：

> 仲尼曰：“善哉！政宽则民慢，慢则纠之以猛。猛则民残，残则施之以宽。宽以济猛，猛以济宽，政是以和。”

《论语·子路》记载：

> 子曰：“名不正则言不顺，言不顺则事不成，事不成则礼乐不兴，礼乐不兴则刑罚不中，刑罚不中则民无所措手足。”

《孔子家语·六本》中记载：

> 孔子曰：“舟非水不行，水入舟则没。君非民不治，民犯上则倾。是故君子不可不严也，小人不可不整一也。”

孔子最恨“犯上作乱”的人，而少正卯就被认定为“犯上作乱”，将其杀掉，不也合情合理么？孔子参观周太庙时，见到金人，三缄其口，于是发了一通感慨，说道：“行身如此，岂以口遇祸哉？”在孔子看来，祸从口出，所以要慎言。而少正卯恰恰是一个能说的人，栽到这上边，不也合情合理么？还有，少正卯所持的观点很可能与孔子不同，甚至相反，并且具有强大的感召力，或者叫“诱惑力”“蛊惑力”，总之，他是一位持异端邪说者，是具有独立意志的人。这种人无论在什么时候都不受欢迎，都会有杀身之祸。苏格拉底是这样，布鲁诺是这样，李贽是这样，少正卯自然也是这样。任何政权都有属于自己的底线，当一个人的言行挑战底线的时候，统治者肯定要进行镇压。孔子尽管也对统治者不满，但他维护统治者、热爱国家的感情是不容怀疑的，他不会容忍一位在他看来搬弄是非、蛊惑人心、巧言乱政的佞人存在。

《礼记·王制》中有："析言破律，乱名改作，执左道以乱政，杀。作淫声、异服、奇技、奇器以疑众，杀。行伪而坚，言伪而辩，学非而博，顺非而泽以疑众，杀。假于鬼神、时日、卜筮以疑众，杀。此四诛者，不以听。凡执禁以齐众，不赦过。"《孔子家语·刑政》也有此记载。《王制》一般认为成书于孟子之后，赵纪彬则认为是汉文帝时代博士所写，后编入《礼记》。果真如此，这不恰恰证明少正卯被杀的事实是被汉人普遍认可的吗？

《孔子家语·刑政》是研究孔子刑政思想重要文献，其中有这样的内容：

> 孔子曰："圣人之治，化也，必刑政相参焉。太上以德教民，而以礼齐之；其次以政焉导民，以刑禁之，刑不刑也。化之弗变，导之弗从，伤义以败俗，于是乎用刑。"

过去，我们更多地把目光集中在孔子"德政"上，忽略了孔子"刑政"的一面。其实，孔子治国理政思想是全面的，忽略任何一方都不能完整体现孔子思想。当然，这不等于说孔子杀少正卯的行为值得肯定。我们今天已经无法知道少正卯学说的具体内容，但站在历史长河的角度看，少正卯被杀应该是一个冤案。每个时代都有其局限性，但每个时代总会出现超越其局限性的先哲，虽然他们的结局是悲剧性的，但他们为社会发展而进行的探索是可贵的。他们的死固然令人遗憾，但他们的献身精神令人景仰。他们的理想将来有一天会变成现实。比如邓析，虽然被杀，但他私造的《竹刑》还是被采用了。邓建鹏在《中国法制史》中称，邓析是中国历史上第一个私办法律教育的人。高积顺在《论邓析》一文中称邓析是中国历史上最早的讼师。邓析被杀是在公元前 501 年，少正卯被杀是在公元前 500 年。社会的发展进步水平与其对异见者的包容度成正比，我们希望统治者的包容度尽可能大一些，但我们不能也不应该苛求两千年前的孔子去包容一个持不同政见者少正卯。

第二十八章写王满生向周公报告管、蔡谋乱。周公没有任何犹豫，第二天就诛杀了管叔、蔡叔。这就是政治，最讲究现实。总之，本卷阐述“指武”，是从对外和对内两方面展开的。外敌要抵御，内贼也要警惕。“上不玩兵，下不废武”，“存不忘亡，是以身安而国家可保也”，这就是本卷的核心思想，也体现刘向的思想。

卷十六　谈丛

【题解】

本卷一改前面各卷以记事为主的写法，变为以记言为主。“谈丛”，就是格言的汇集。这些格言分别采自先秦及秦汉众多著作，涉及《大戴礼记》《六韬》《淮南子》《吕氏春秋》《文子》《史记》《国语》《荀子》《老子》《易经》《论衡》《管子》《韩非子》《孟子》《孟子外书》《论语》《庄子》《孔子家语》《列子》《韩诗外传》《汉书》《礼记》等典籍。由此可见，刘向编著此卷，其文化背景是相当宏大的。

这些“格言”，在当时广为流传。我们看到，同一句格言，在不同的典籍中均有记载。比如第七十七章“吞舟之鱼，荡而失水”一句，分别见于《列子》《淮南子》《庄子》《韩非子》《吕氏春秋》等书，可见流传之广。正因如此，它们才能称得上“格言”。这些格言最初始自何人何书，有的很难给出确切答案，刘向也不侧重考查其出处，而是看重它们的教化作用。这些格言，有的直到今天还经常使用。比如第二十六章中的“蓬生枲中，不扶自直；白砂入泥，与之皆黑”。

刘向在编写时注意到了两个方面的问题：一是押韵，二是对仗。第三十四章中“蒲且修缴，凫雁悲鸣；逢蒙抚弓，虎豹晨嗥”，对仗就比较工稳。第四十一、四十二、四十三这三章中，均押“en”韵。所以本卷比较适合诵读。至于本卷的内容，则体现了刘向编著《说苑》一贯遵循的原则，重在表现治国和修身，重在宣扬儒家学说。

本卷每章短小精悍，注释尽量从简。由于本卷多为格言的汇集，因此句子之间的连贯性不如前面各卷。刘向在引用这些格言时，可能会使它们的原意发生改变。为了使译文通顺流畅，笔者既顾及刘向的编著意图，同时也参考了这些格言在原有典籍中的含义。

本卷共八十一章。

一

王者知所以临下而治众[1]，则群臣畏服矣；知所以听言受事，则不蔽欺矣；知所以安利万民[2]，则海内必定矣。知所以忠孝事上，则臣子之行备矣。凡所以劫杀者[3]，不知道术以御其臣下也。凡吏胜其职则事治，事治则利生；不胜其职则事乱，事乱则害成也。

【注释】

[1] 所以临下：所以，“用……的办法”。临下，驾驭臣下。

[2] 安利：使动用法。

[3] 劫杀：被劫杀。

【今译】

国君懂得用驾驭臣下的办法来治理百姓，那么群臣就敬畏服从了；懂得用听取建议的办法来处理事情的话，那么就不会被蒙蔽欺骗了；懂得用让百姓获得安定和实惠的办法治理国家，那么国家就必然安定。臣子懂得用忠孝的办法来事奉国君，那么臣子的品行也就具备了。凡是被劫杀的国君，都是不懂得通过方法和手段来驾御臣子。大凡官吏胜任其职就可以把事情办好，事情办好了就会产生利益；不能胜任其职就会把事情搞乱，事情搞乱了祸害就形成了。

二

百方之事，万变锋出[1]：或欲持虚，或欲持实；或好浮游，或好诚必[2];或行安舒,或为飘疾。从此观之,天下不可一。圣王临天下而能一之。

【注释】

[1] 锋出:同“蜂出”。
[2] 诚必:诚实。

【今译】

万事万物,变化多端:有的持守虚静,有的持守现实;有的喜欢虚浮,有的喜欢诚信;有的举止安闲,有的行为轻疾。由此看来,天下无法整齐划一。圣明的君王统治天下就能够整齐划一。

三

意不并锐[1],事不两隆。盛于彼者必衰于此,长于左者必短于右。喜夜卧者不能蚤起也[2]。

【注释】

[1] 意不并锐:一心不可二用。“锐意”即专心致志。
[2] 蚤:通“早”。

【今译】

一心不可二用,做一件事情不能两方面都兴盛。在那方面兴盛一定会在这方面衰弱,在左边有长处一定在右边有短处。喜欢很晚才睡眠的人往往不能早起。

四

鸾设于镳[1],和设于轼[2];马动而鸾鸣,鸾鸣而和应,行之节也。

【注释】

[1] 鸾设于镳(biāo):鸾铃系在镳上。鸾,装配在车、马、刀、镳上的铃铛。镳,勒马的工具。

[2] 和设于轼:和,车铃。轼,车前的横木。

【今译】

鸾铃系在镳上,和铃系在车前的横木上;马一走动鸾铃就响,鸾铃一响和铃就发出应和之声,这就是行进的节奏。

五

不富无以为大[1],不子无以合亲[2];亲疏则害,失众则败;不教而诛谓之虐[3],不戒责成谓之暴也。

【注释】

[1] 不富无以为大:大,当作"人",通"仁"。《太平御览》四百七十二引《六韬》作"人"。人、亲押韵。

[2] 不子无以合亲:子,慈爱。合亲,使亲族融洽。

[3] 不教而诛谓之虐:不行教化就诛杀叫作残虐。语出《论语·尧曰》。

【今译】

不富足就无法施行义仁,缺乏慈爱就无法融洽族亲;亲人疏远使你遭受损害,失掉众人导致失败;不行教化就诛杀叫作虐,不告诫就责求成功叫作暴。

六

夫水出于山而入于海,稼生于田而藏于廪,圣人见所生则知所归矣[1]。

【注释】

[1] 此章又见于《淮南子·泰族》。

【今译】

水从山里流出奔向大海，庄稼长于田地而归于仓库，圣人见万物生长之地就知道它们的归宿。

七

天道布顺，人事取予。多藏不用，是谓怨府[1]。故物不可聚也。

【注释】

[1] 怨府：众人怨恨的对象。

【今译】

自然规律是布施顺遂，人事特点则有取有予。只收藏不施舍，便成怨恨对象。所以不要聚敛财物。

八

一围之木，持千钧之屋；五寸之键[1]，而制开阖。岂材足任哉？盖所居要也。

【注释】

[1] 键：门闩。

【今译】

一抱粗的树，撑起千钧重的屋；五寸长门闩，控制门户的开关。岂是木材堪重任？只因处在要害位。

九

夫小快害义[1]，小慧害道，小辨害治[2]。苟心伤德[3]，大政不险。蛟龙虽神，不能以白日去其伦[4]；飘风虽疾[5]，不能以阴雨扬其尘。

【注释】

[1] 快：放纵。
[2] 小辨：辩说琐碎小事。“辨”通“辩”。
[3] 苟心：怀有苟且之心。
[4] 伦：同类。
[5] 飘风：旋风，暴风。

【今译】

小放纵害仁义，小聪明损道义，计较小事害大事。苟且之心损道德，良好政治不险恶。蛟龙虽然有神灵，不能白天离同类；旋风虽然能迅疾，无法雨天扬起灰尘。

十

邑名胜母[1]，曾子不入；水名盗泉[2]，孔子不饮。丑其声也[3]。

【注释】

[1] 胜母：传说中的地名。
[2] 盗泉：古代泉水名。
[3] 丑：憎恶。

【今译】

邑名为胜母，曾子不进入；井水名盗泉，孔子拒饮酌。憎恶其名啊！

十一

妇人之口可以出走，妇人之喙可以死败[1]。

【注释】

[1] 喙（huì）：嘴。

【今译】

妇人之口，可让亲离戚走；妇人之嘴，能使人死家毁。

十二

不修其身，求之于人，是谓失伦[1]；不治其内，而修其外，是谓大废[2]。重载而危之[3]，操策而随之[4]，非所以为全也。

【注释】

[1] 伦：道理。
[2] 大废：大败。
[3] 危：高。
[4] 策：鞭子。

【今译】

不修自身，苛求别人，此为无道；不修内心，只顾外表，肯定大败。车载重高，执鞭随后，远非良策。

十三

士横道而偃[1]，四支不掩[2]。非士之过，有土之羞也[3]。

【注释】

[1] 偃(yǎn):倒。
[2] 支:同“肢”。
[3] 有土:指国君。

【今译】

士人穷困倒路旁,四肢裸露无遮挡。不是士人有过错,君王若知当羞伤。

十四

邦君将昌,天遗其道[1];大夫将昌,天遗之士;庶人将昌[2],必有良子[3]。

【注释】

[1] 遗(wèi):赠给。
[2] 庶人:平民,百姓。
[3] 良子:好儿子。

【今译】

国君将要兴盛,上天赠给道义;大夫将要兴盛,上天增给士人;百姓将要兴盛,上天赠给好儿。

十五

贤师良友在其侧,《诗》《书》《礼》《乐》陈于前,弃而为不善者鲜矣。义士不欺心,仁人不害生。谋泄则无功,计不设则事不成。贤士不事所非,不非所事。愚者行间而益固[1],鄙人饰诈而益野。声无细而不闻，行无隐而不明[2]。至神无不化也，至贤无不移也。上不信，下不忠，上、下不和，虽安必危。求以其道，则无不得；为以其时，则无不成。

【注释】

[1] 行间（jiàn）：暗中做事，不光明正大。

[2] 声无细而不闻，行无隐而不明：声音无论多么细小，没有听不见的；行为无论多么隐蔽，没有不显露痕迹的。

【今译】

有贤师、良友在身旁，有《诗》《书》《礼》《乐》在面前，却弃之不理做坏事情，这种人很少见。有正义感的人不会欺骗自己的良心，有仁爱之心的人不会危害生灵。谋略泄露就不会有功劳，计策不谋划好就不会成功。贤能之士不去做他认为不好的事情，也不认为他已经做过的事情不好。愚蠢的人暗中做事会显得更加固陋，鄙陋之人如果矫饰伪诈则显得愈发粗陋。声音无论多么细小，没有听不见的；行为无论多么隐蔽，没有不显露痕迹的。神明至极，没有什么不能变化，贤明至极，没有什么不能改变。君上不讲信用，臣下就没有忠心，上下不和谐，即使国家暂时安定但一定会发生危机。按照良方去寻求，就不会得不到；按照适宜时机做事，就没有不成功的。

十六

时不至，不可强生也；事不究[1]，不可强成也。贞良而亡，先人余殃；猖蹶而活[2]，先人余烈[3]。权取重，泽取长。才贤任轻，则有名；不肖任大，身死名废。

【注释】

[1] 究：谋划。

[2] 猖蹷(jué):遭受挫折。
[3] 余烈:留下来的功业。

【今译】

季节不到,不能强求生长;不经谋划,不能强求成功。忠贞贤良之人死掉,是先人留下的祸殃;遭受挫折却活了下来,是先人留下的功德。对权力,取其大;对恩泽,求其远。有才能职务轻,会有贤名;无才能职务重,身死名灭。

十七

士不以利移,不为患改,孝、敬、忠、信之事立,虽死而不悔。智而用私,不如愚而用公。故曰:巧伪不如拙诚。学问不倦,所以治己也;教诲不厌,所以治人也。所以贵虚无者,得以应变而合时也。冠虽故,必加于首;履虽新,必关于足[1]。上下有分,不可相倍[2]。一心可以事百君,百心不可以事一君[3]。故曰:正而心又少而言[4]。

【注释】

[1] 关:穿
[2] 倍:通"背"。
[3] 百心:三心二意。《晏子春秋·内篇问下》:"一心可以事百君,三心不可以事一君。"此句还见于他书,可见是一句古语。
[4] 而:尔。

【今译】

士人不会因为利诱而动摇意志,不会因为遇到祸患而改变志向,只要孝、敬、忠、信的品节树立起来了,哪怕面对死亡也不后悔。富于智慧却用于私利,不如愚笨用于公众。所以说:机巧伪饰不如守拙诚信。求学不倦怠,用来修治自身;育人不倦怠,用来培养他人。崇尚虚无的原因，是因为它能够灵活变化合乎时宜。帽子虽然破旧，一定戴在头顶；鞋子虽然新做，一定穿在脚上。上下各有职分，不可以违背颠倒。一心一意可事奉多位君主，三心二意连一位君主也事奉不好。所以说：使你的心思纯正又使你寡言少语。

十八

万物得其本者生，百事得其道者成。道之所在，天下归之；德之所在，天下贵之；仁之所在，天下爱之；义之所在，天下畏之。屋漏者，民去之；水浅者，鱼逃之。树高者，鸟宿之，德厚者，士趋之；有礼者，民畏之；忠信者，士死之。衣虽弊，行必修；头虽乱，言必治。时在应之，为在因之。所伐而当，其福五之[1]；所伐不当，其祸十之。

【注释】

[1] 福：左松超《说苑集证》认为当作“祸”。译文从之。

【今译】

万物保持根本就生长，百事符合规律便成功。道义存在的地方，天下归附；德行高尚的人士，天下崇敬；具有仁爱之心，天下爱戴；富有正义之感，天下敬畏。房屋漏雨，人们会离开，池小水浅，鱼儿会逃离。树木高大，鸟儿栖息；道高望重，士人归附。遵守礼义，人们敬畏。讲究忠信，士人效命。衣服破旧不要紧，德行一定得修治；头发蓬乱无所谓，言语一定要谨慎。时机到了灵活变，行为随之可调整。讨伐得当，灾祸五倍；讨伐不当，灾祸十倍。

十九

必贵以贱为本，必高以下为基[1]。天将与之，必先苦之；天将毁之,必先累之[2]。孝于父母,信于交友。十步之泽,必有香草;十室之邑,必有忠士。草木秋死,松柏独在。水浮万物,玉石留止。饥渴得食,谁能不喜?赈穷救急,何患无有?视其所以[3],观其所使,斯可知已[4]。乘舆马不劳致千里,乘船楫不游绝江海。智莫大于阙疑[5],行莫大于无悔也。制宅名子[6],足以观士。利不兼,赏不倍。忽忽之谋[7],不可为也;惕惕之心[8],不可长也。

【注释】

[1] 必贵以贱为本,必高以下为基:语出《老子》。
[2] 累:过错。此处用如使动。
[3] 所以:即"所与",结交的朋友。
[4] 已:句末语气词。
[5] 阙疑:对疑惑不解的东西不妄加评论。
[6] 制宅名子:建筑房屋、给孩子起名。
[7] 忽忽:草率匆忙。
[8] 惕惕:担心或忧惧的样子。

【今译】

尊贵一定是以卑贱为根本,高大一定是以低下为基础。上天将要给予他,一定先让他遭受辛苦;上天将要毁灭他,一定是先让他犯错误。对父母要孝敬,对朋友要诚信。哪怕只有十步大小的水洼,也一定会生长出香草;哪怕只有十户住家的地方,也一定会有忠诚之士。草木在秋天凋零,只有松柏独自长青;水能漂浮万物,只有玉石沉底不动。饥渴之后得到食物,谁不高兴呢?赈济穷困救济危难,何必担心自己缺乏呢?观察他所结交的朋友,观察他所任用的人才,就可以了解他的品行了。乘坐马车不必受累就可以到达千里之外,乘坐船只不必游泳就可以渡过江海。论智慧没有比对疑惑不解的东西不妄加评论更聪明的了,论行为没有比做事不后悔更高尚的了。建房修屋、给孩起名,足以观察士人德行。好处不要兼得,赏赐不要双份。草率匆忙之谋,不要去做;顾虑忧惧之心，切莫滋长。

二十

天与不取，反受其咎；时至不迎，反受其殃。天地无亲，常与善人。天道有常，不为尧存，不为桀亡。积善之家，必有余庆；积恶之家，必有余殃。一噎之故，绝谷不食；一蹶之故，却足不行。心如天地者明，行如绳墨者章[1]。

【注释】

[1] 章：同“彰”。

【今译】

上天赐给你的不接受，反而会受到责备；时机来到却不迎接，反而会遭到祸殃。天地无所偏袒，总是帮助善良人。自然运行有规律，不为尧贤而存在，不为桀暴而消亡。积累善行，幸福多多；做恶多端，定遭祸殃。不因噎废食，不惧摔裹足。心胸宽广，光明磊落；品行正直，名声显彰。

二十一

位高道大者从，事大道小者凶。言疑者无犯，行疑者无从。蠹蝝仆柱梁，蚊虻走牛羊[1]。

【注释】

[1] 蠹蝝（dù yuán）仆（pū）柱梁，蚊虻（méng）走牛羊：蠹蝝虽小却能把柱梁蛀断，蚊虻虽细却叮得牛羊乱跑。蠹蝝，蛀虫。虻，昆虫，雌的吸人和动物的血液。

【今译】

地位高道行深的人行得通，事业大道行浅的人有凶险。言语可疑的人不要接近他，品行可疑的人不可跟从他。蠹蝝虽小却能把柱梁蛀断，蚊虻虽细却叮得牛羊乱跑。

二十二

谒问析辞勿应[1]，怪言虚说勿称[2]。谋先事则昌，事先谋则亡。

【注释】

[1] 谒问析辞勿应：谒问，私下告求。析辞，玩弄词句。勿应，不要理睬。
[2] 勿称：不要赞同。

【今译】

对私下告求、玩弄词句的人不要理睬，对怪诞虚妄的言论不要赞同。先谋划后做事就兴盛，先做事后谋划就败亡。

二十三

无以淫泆弃业[1]，无以贫贱自轻，无以所好害身，无以嗜欲妨生。无以奢侈为名，无以贵富骄盈[2]。

【注释】

[1] 淫泆(yì)：纵欲放荡。
[2] 骄盈：骄傲自满。

【今译】

不要因为纵欲放荡而废弃正业，不要因为出身贫贱而妄自菲薄，不要因为喜欢某物而伤害身体，不要因为嗜好贪欲而妨害健康。不要把奢侈浪费当作好名声，不要因为尊贵富有而骄傲自满。

二十四

喜怒不当，是谓不明。暴虐不得，反受其贼[1]。怨生不报，祸生于福。

【注释】

[1] 贼：害。

【今译】

喜怒不当，是不明事理。残暴无得，反受其害。怨恨生于不报恩，祸患来自好事多。

二十五

一言而非，四马不能追；一言不急[1]，四马不能及。顺风而飞，以助气力；衔葭而翔[2]，以备矰弋[3]。

【注释】

[1] 一言不急："不"当作"而"。
[2] 葭（jiā）：初生的芦苇。
[3] 矰弋（zēng yì）：一种用于射鸟的系着丝绳的短箭。

【今译】

一句说错，四马难追；一语说快，四马难赶。顺风飞翔，节省气力；衔苇而飞，防人射箭。

二十六

镜以精明[1]，美恶自服；衡平无私[2]，轻重自得。蓬生枲中[3]，不扶自直；白砂入泥，与之皆黑。

【注释】

[1] 精明：光明。

[2] 衡：秤杆。

[3] 枲(xǐ)：麻。

【今译】

镜子光明，美丑毕现；秤杆公平，轻重自出。蓬草生于麻中，不扶自直；白砂混入污泥，与泥同黑。

二十七

时乎，时乎，间不及谋[1]；至时之极，间不容息；劳而不休，亦将自息；有而不施[2]，亦将自得。

【注释】

[1] 间不及谋：间隙，形容时间短暂。谋，谋划，此处指犹豫。

[2] 有而不施(chí)：有，为，做。施，通“弛”，弃置。

【今译】

时光啊，时光啊，短暂得来不及犹豫；到了最快的时刻，短暂得不容喘息；一直劳作不停，终将自行停止；锲而不舍地劳作，自然有收获。

二十八

无不为者，无不能成也；无不欲者，无不能得也。众正之积，福无不及也；众邪之积，祸无不逮也[1]。

【注释】

[1] 逮：及，到。

【今译】

努力做事情，没有不成功；执着去追求，所得不会空。积累正能量，福运会来到；积累恶行为，灾祸总有报。

二十九

力胜贫，谨胜祸，慎胜害，戒胜灾。为善者，天报以德；为不善者，天报以祸。君子得时如水，小人得时如火。

【今译】

不懈奋斗，就能战胜贫穷；为人恭谨，能战胜祸患；做事谨慎，能战胜祸害；心有戒备，能战胜灾难。做善事的人，上天用恩德回报他；做坏事的人，上天用灾祸回报他。君子面对时运，如水一样平静；小人遇到时运，如火一样暴烈。

三十

谤道己者[1]，心之罪也；尊贤己者，心之力也。心之得，万物不足为也;心之失,独心不能守也。子不孝,非吾子也;交不信,非吾友也。食其口而百节肥[2],灌其本而枝叶茂。本伤者枝槁,根深者末[3]厚。为善者得道,为恶者失道。恶语不出口,苟言不留耳[4]。务伪不长,喜虚不久。义士不欺心,廉士不妄取。以财为草,以身为宝。慈仁少小,恭敬耆老[5]。犬吠不惊,命曰金城[6];常避危殆,命曰不悔。富必念贫,壮必念老;年虽幼少,虑之必早。夫有礼者相为死,无礼者亦相为死。贵不与骄期,骄自来;骄不与亡期,亡自至。踒人日夜愿一起[7],盲人不忘视。知者始于悟,终于谐;愚者始于乐,终于哀。高山仰止,景行行止[8]。力虽不能,心必务为。慎终如始,常以为戒;战战慄慄,日慎其事。圣人之正[9],莫如安静;贤者之治,故与众异。

【注释】

[1] 谤道:诽谤。

[2] 百节肥:全身强壮。

[3] 末:树梢。

[4] 苟言:不实之言。

[5] 耆(qí)老:泛指老年人。

[6] 金城:金属造的城。常比喻城防坚不可摧,这里比喻内心坚定。

[7] 踒(wō):足骨折伤。

[8] 高山仰止,景行(háng)行(xíng)止:高山啊,让人仰望;大道啊,让人行走。景行,大道。止,句末语气助词。语出《诗经·小雅·车舝(xiá)》。

[9] 正:通“政”。

【今译】

让别人诽谤自己,是自己心的过错;使别人尊敬自己,是自己心的力量。内心充实,万事做起来轻而易举;内心空虚,连自己的意志也难以坚守。儿子不孝顺,不是做父母所希望的;为人不诚信，不是自己想要结交的朋友。食从口入可以身强力壮，水溉树根能够枝繁叶茂。树根受伤害，枝叶会枯萎；树根扎得深，树梢就茂盛。行善事，得道义，做坏事，失道义。恶语不出口，假话不听信。追求虚伪难长远，喜欢虚浮不长久。义士不自欺，廉士不乱取。视钱财如草芥，好身体最宝贵。慈爱仁德对年幼，恭敬尊重待老人。狗叫不惊，心似金城；化险为夷，做事不悔。富贵不忘贫穷，青壮想到年老；年纪虽小，虑事应早。经受礼的熏陶，懂得舍生取义；不经礼的熏陶，只会轻掷生命。富贵不与骄情约，骄情自己会来到；骄情不与死亡遇，死亡总也跑不了。跛人盼望重新站立，瞎子想着见到光明。智者始于明理，终于和谐；愚者始于享乐，终于悲哀。君子道德高尚，行为光明正大。虽然力量达不到，心中一定去努力。善始善终，引以为戒；战慄恐惧，谨慎从事。圣人从政，追求清净；贤者治国，与众不同。

三十一

好称人恶，人亦道其恶；好憎人者，亦为人所憎。衣食足，知荣辱；仓廪实，知礼节。江河之溢，不过三日；飘风暴雨，须臾而毕。

【今译】

喜欢说别人的坏话，别人也说他的坏话；喜欢憎恨别人，也会被别人所憎恨。衣食充足了，就懂得荣耀与耻辱；仓廪府库充实了，就懂得礼仪和节操。江河涨水，不会超过三天；狂风暴雨，片刻就会结束。

三十二

福生于微[1]，祸生于忽[2]；日夜恐惧，唯恐不卒。

【注释】

[1] 微:细小。一寸的百万分之一。
[2] 忽:古代极小的度量单位。一寸的十万分之一。

【今译】

福气和祸患产生于细微的事物之中。日夜恐惧,只担心不得善终。

三十三

已雕已琢[1],还反于朴。物之相反,复归于本。循流而下,易以至;倍风而驰[2],易以远。兵不豫定[3],无以待敌;计不先虑,无以应卒[4]。中不方,名不章[5];外不圜[6],祸之门。直而不能枉,不可与大任;方而不能圜,不可与长存。慎之于身,无曰云云[7]。狂夫之言,圣人择焉。能忍耻者安,能忍辱者存。唇亡而齿寒,河水崩,其怀在山[8]。毒智者莫甚于酒,留事者莫甚于乐[9],毁廉者莫甚于色,摧刚者反己于弱[10]。富在知足,贵在求退。先忧事者后乐,先傲事者后忧[11]。福在受谏,存之所由也。恭敬逊让,精廉无谤;慈仁爱人,必受其赏。谏之不听,后无与争[12]。举事不当,为百姓谤。悔在于妄,患在于先唱[13]。

【注释】

[1] 已雕已琢:已经雕琢。已,既。
[2] 倍风:凭借风力。倍,通"背",凭借。
[3] 豫定:预先定好。
[4] 卒(cù):突然的变化。卒,通"猝"。
[5] 中不方,名不章:内心不方正,名声不显扬。章,通"彰"。

[6] 外不圜：外表不圆通。

[7] 无曰云云：不要说这是多余的话。云云，纷纷，形容言语多而杂。

[8] 河水崩，其怀在山：义不可解，疑有讹误。《淮南子·说林》："川竭而谷虚，邱夷而渊塞，唇竭而齿寒。河水之深，其壤在山。"译文参照此句。

[9] 留：贻误。

[10] 反己：当作"莫甚于"，与上三句同。

[11] 慠：同"傲"。

[12] 争，同"诤"。

[13] 患在于先唱：祸患在于先倡导什么。唱，同"倡"。《淮南子·原道》："先唱者，穷之路也；后动者，达之原也。"

【今译】

虽然已经过雕琢，但终究要返朴归真。事物总向着相反的方向转化，最终要回到原始状态。顺流而下容易到达，凭借着风力飞翔容易到达远方。打仗不预先定好计策，就无法抵御敌军；计策不事先谋划好，就无法应对突然的变故。内心不方正，名声就不显扬；外表不圆通，是招祸的门径。正直却不肯屈就，不能授予重任；方正却不能圆通，不能够长期共事。对于自身要谨慎，不要说这是多余的话；即便是狂夫的话，圣人也择善而听。能够忍受耻辱的人得安全，能忍受羞辱的人能保身。唇亡齿寒，河水变深，是冲刷山上土壤而成。破坏智慧莫过于酗酒，贻误工作莫过于贪图享乐，败坏廉洁莫过于好色，摧毁刚强莫过于坚守柔弱。富者关键是知足，尊者关键是谦退。事先忧虑事后得安乐，事先骄傲事后招忧虑。有福在于能接受别人建议，这是保存自身的办法。恭敬谦逊地对待他人，就能够纯正廉洁不受诽谤；慈善仁爱地对待别人，就一定能够受到赏赐。不听别人的建议，以后就不会有人提建议了。做事情不妥当，就会受到百姓批评。后悔在于胡乱去做，招惹祸患在于先倡导什么。

三十四

蒲且修缴[1]，凫雁悲鸣；逢蒙抚弓[2]，虎豹晨嗥。河以委蛇故能远[3],山以凌迟故能高[4];道以优游故能化[5],德以纯厚故能豪[6]。言人之善,泽于膏沐[7];言人之恶,痛于矛戟。为善不直,必终其曲;为丑不释[8],必终其恶。一死一生,乃知交情;一贫一富,乃知交态;一贵一贱,交情乃见[9];一浮一没,交情乃出。德义在前,用兵在后。初沐者必拭冠,新浴者必振衣。败军之将,不可言勇;亡国之臣,不可言智。

【注释】

[1] 蒲且(jū)修缴(zhuó):蒲且,又称“蒲且子”,楚国善于射箭的人。缴,射鸟时系在箭上的丝绳。

[2] 逢蒙:见卷十五指武·五[7]。

[3] 委蛇(wēi yí):弯曲绵延的样子。

[4] 凌迟:同“陵迟”,斜而平。

[5] 优游:广大,宽广。

[6] 豪:宏大。

[7] 膏沐:妇女用的润发油。

[8] 释:舍弃,停止。

[9] 见:同“现”。

【今译】

蒲且修理箭绳,野鸭和大雁就发出悲鸣;逢蒙抚弄弓箭,虎豹就会在清晨吼叫。河水因为弯曲绵延所以能够流得长远,山因为斜坡舒缓所以长得高大;道因为广大所以能够化育万物,德因为纯正深厚所以强大无敌。宣扬别人的优点,就好比涂了发油一样加惠于人;宣扬人家的缺点,就好比用矛戟刺痛身体一样伤害别人。做善事却心术不正,最终一定邪僻不公;做坏事永不停止,最终一定导致恶果。经过了生与死的考验,才能了解真实的交情;经历了贫与富的变化,才能看透人情世态;经历了贵和贱的起伏,才能体现真正的交情;经历了浮与沉的磨难,才能显露真正的友情。用道义感化在先,用武力征服在后。刚洗过头的人一定要擦拭帽子,刚洗过澡的人一定抖一抖衣服。打了败仗的将领，没有资格谈论勇敢；亡了国的臣子，没有资格谈论智谋。

三十五

坎井无鼋鼍者[1]，隘也；园中无修林者[2]，小也。小忠[3]，大忠之贼也；小利，大利之残也。自请绝易[4]，请人绝难。水激则悍，矢激则远。人激于名，不毁为声[5]。下士得官以死[6]，上士得官以生。祸福非从地中出，非从天上来，己自生之。

【注释】

[1] 坎井无鼋鼍(yuán tuó)：坎井，坏井。鼋鼍，大鳖和鳄鱼。
[2] 修：高大。
[3] 小忠：只效忠于私人。《韩非子·饰邪》："故曰，小忠，大忠之贼也。"
[4] 绝：很、非常。
[5] 不毁为声：不毁坏名声。
[6] 下士：古代官阶名称。周代有上士、中士、下士。下士，又用来表示最下一等人。上士，又用来表示道德高尚的人。

【今译】

坏掉的井里不会有大鳖和鳄鱼，因为空间狭小；花园里不会长出高大的树木，因为场地太小。小忠，是对大忠的戕害；小利，是对大利的戕害。求己容易，求人很难。水流激荡起来便凶猛有力，箭头激发起来能射向远方。人被名声激发，就不去毁坏名声。下等人得到官职会加速灭亡，高尚的人得到官职会提高生命质量。灾祸与福运不会从地下冒出，不会从天上掉下，是人自己造成的。

三十六

穷乡多曲学[1]，小辩害大知，巧言使信废，小惠妨大义。不困在于早虑，不穷在于早豫[2]。欲人勿知，莫若勿为；欲人勿闻，莫若勿言。

【注释】

[1] 曲学：囿于一隅之学。
[2] 豫：预备，事先准备。

【今译】

穷乡僻壤多囿于一隅之学，在细小琐碎的事物上辩解会妨害大智慧，花言巧语会使信义败坏，小恩小惠能妨碍大的道义。没有遭受困厄是因为早有谋划，没有陷入绝境是因为事先有准备。想要人不知，除非己莫为；使人听不到，不如不去说。

三十七

非所言勿言，以避其患；非所为勿为，以避其危；非所取勿取，以避其诡[1]；非所争勿争，以避其声。明者视于冥冥[2]，谋于未形[3]；聪者听于无声，虑者戒于未成。世之溷浊而我独清[4]，众人皆醉而我独醒。

【注释】

[1] 诡：欺诈。
[2] 冥冥：昏暗。
[3] 谋于未形：四句当一律。疑“谋”字前有脱误，当加“智者”二字。译文灵活变通。
[4] 溷(hùn)浊：污浊。

【今译】

不该说的话不说，以避免招患；不该做的事不做，以避免惹祸；不该拿的东西不拿，以避免欺诈；不该争的事情不争，以避免坏的名声。眼睛明亮的人在昏暗中也能看清，富有智慧的人在成功之前就谋营；听觉好的人在无声之处听出声，善于思虑的人在事情形成前就警醒。世人皆污浊，只有我洁净；众人都沉醉，只有我清醒。

三十八

乖离之咎[1]，无不生也；毁败之端，从此兴也。江河大溃从蚁穴，山以小阤而大崩[2]。淫乱之渐，其变为兴，水、火、金、木转相胜[3]。卑而正者可增，高而倚者且崩。直如矢者死，直如绳者称。

【注释】

[1] 乖离之咎：乖离，背离，不一致。咎，罪过，过失。

[2] 阤(zhì)：崩塌。韦昭注："大曰崩，小曰阤"。

[3] 相胜：相克。

【今译】

相互背离产生的过失，随时随地都会发生；事物毁败的征兆，就是从此开始的。江、河溃决始于小小蚁穴，高山崩塌因为小土毁坏。惑乱是逐渐形成的，可以变成大的混乱，水、火、金、木互相转化而相克。位低而中正可以升高，位高而倾斜将要倒掉。像箭一样耿直容易招致死亡，如墨绳一样正直往往受人称颂。

三十九

祸生于欲得，福生于自禁；圣人以心导耳、目[1]，小人以耳、目导心。

【注释】

[1] 圣人以心导耳、目:《孔子家语·好生》:"圣人以心导耳、目,立义以为勇;小人以耳、目导心,不愻以为勇。"愻,音 xùn,同"逊",谦虚,驯顺。

【今译】

祸患生于贪得无厌,福运源于自我控制;圣人用心来引导耳、目,小人用耳、目来导引心。

四十

为人上者,患在不明;为人下者,患在不忠。人知粪田[1],莫知粪心[2]。端身正行,全以至今。见亡知存,见霜知冰。

【注释】

[1] 粪田:参见卷三建本·十一[1]。

[2] 粪心:滋养心灵。

【今译】

身居高位的人,忧患在于不能明察;身处下位的人,忧患在于不能忠诚。人们知道给田地施肥,却不知道给心灵施肥。端正自己的行为,能始终保全自身。看见他人灭亡就应该知道怎样生存,见到霜露就预知将要结冰。

四十一

广大在好利,恭敬在事亲。因时易以为仁,因道易以达人。营于利者多患,轻诺者寡信。

【今译】

不断扩大是为了追求利益，恭恭敬敬是为了孝敬父母。根据时机的变化来行仁政，凭借规律的变化来使人通达。追求私利的人忧患多多，轻易许诺的人信用少少。

四十二

欲贤者莫如下人[1]，贪财者莫如全身。财不如义高，势不如德尊。父不能爱无益之子，君不能爱不轨之民；君不能赏无功之臣，臣不能死无德之君。问善御者莫如马，问善治者莫如民。以卑为尊，以屈为伸。圣人所因[2]，上法于天。

【注释】

[1] 下人：居于人下，即谦卑。
[2] 所因：所依据的。

【今译】

与其想成为贤德之人，不如为人谦卑；与其贪图钱财，不如保全自身。钱财比不上道义高尚，权势不如德行尊贵。做父亲的不会疼爱不孝顺的儿子，做国君的不会爱护不守法的百姓；做国君的不能赏赐没有功劳的臣子，做臣子的不能替没有德行的君主效命。想了解谁善于驾驭，不如问一问骏马；想要了解谁善于治理国家，不如去问一问百姓。把卑下当作尊贵，把委屈当作伸张。圣人所依据的，就是道法自然。

四十三

君子行德以全其身，小人行贪以亡其身。相劝以礼，相强以仁。得道于身,得誉于人。

【今译】

君子崇尚德义来保全自身,小人追求贪婪自取灭亡。用礼义互相劝勉,用仁德互相砥砺。从自身领悟道理,从别人获得荣誉。

四十四

知命者不怨天,知己者不怨人。人而不爱则不能仁,佞而不巧则不能信[1]。言善毋及身,言恶毋及人。上清而无欲,则下正而民朴。来事可追也,往事不可及。无思虑之心则不达,无谈说之辞则不乐。

【注释】

[1] 佞而不巧:义不可解,疑有误。译文灵活掌握。

【今译】

了解天命的人不怨恨天,了解自己的人不怨恨人。做人如不懂得爱别人就不能成为仁人,花言巧语的人不能取信于人。说优点的时候不要提到自己,说缺点的时候不要提到别人。处在上位清廉没有贪欲,那么下面的人就端正、民风就淳朴。未来的事情是可以补救的,过去的事情已无法做到。缺乏思虑之心就不能通达,不善于表达言辞就不会有快乐。

四十五

善不可以伪来,恶不可以辞去。近市无贾[1],在田无野。善不逆旅[2]。非仁义、刚武，无以定天下。

【注释】

[1] 贾(gǔ)：做买卖。

[2] 逆旅：违背。语出《大戴礼记·曾子制言上》："近市无贾，在田无野，行无据旅。"

【今译】

善行不能靠伪饰得到，恶行不能靠言辞去掉。靠近市场反而没有买卖可做，在田野里反而无荒野可供开辟。善行不会遭到违背。缺乏仁义和刚强勇武，就无法平定天下。

四十六

水倍源则川竭[1]，人倍信则名不达。义胜患则吉，患胜义则灭。五圣之谋[2]，不如逢时；辩智明慧，不如遇世。有鄙心者，不可授便势[3]；有愚质者，不可予利器。多易多败，多言多失。

【注释】

[1] 倍：同"背"。

[2] 五圣：五位圣人。指神农、尧、舜、禹、汤。

[3] 便势：便利的权势。

【今译】

河水离开了源头就会枯竭，人背离了信义名声就不显达。道义胜过灾祸就吉利，灾祸胜过道义就失败。即便拥有五位圣人的智慧，也不如遇着好的时运；即便有辩才多智慧，也不如躬逢盛世。有贪婪之心的人，不能给他便利的权势；资质愚笨的人，不能给他锋利的武器。多变化就会多失败，多说话就会多失误。

四十七

冠、履不同藏，贤不肖不同位。官尊者忧深，禄多者责大。积德无细，积怨无大，多少必报，固其势也。

【今译】

帽子和鞋子不能放在一处，贤者和不肖之人不能处在同样的官位上。官位越尊贵的人忧患就越深重，俸禄越多的人责任就越大。积累德行不在细小，积累怨恨不要增大，无论是多还是少一定会有报应，这是必然的趋势。

四十八

枭逢鸠[1]。鸠曰："子将安之？"枭曰："我将东徙。"鸠曰："何故？"枭曰："乡人皆恶我鸣，以故东徙。"鸠曰："子能更鸣可矣。不能更鸣，东徙犹恶子之声。"

【注释】

[1] 枭(xiāo)逢鸠：枭，猫头鹰。鸠，斑鸠。

【今译】

猫头鹰遇到斑鸠。斑鸠说："你将要到哪里去？"猫头鹰说："我将要迁徙到东边去。"斑鸠说："什么原因呢？"猫头鹰说："乡里的人都讨厌我的叫声，因此我要迁徙到东边去。"斑鸠说："只要你能改掉你的叫声就可以了。如果你不能改掉你的叫声，迁徙到东边去人们还是会讨厌你的叫声。"

四十九

圣人之衣也，便体以安身；其食也，安于腹。适衣、节食，不听口、目[1]。

【注释】

[1] 听：听任，放纵。

【今译】

圣人穿衣服，感觉舒适就可以了；圣人的饮食，吃饱就可以了。合体的衣服、有节制的饮食，不放纵口、目的享乐。

五十

曾子曰："鹰鹫以山为卑[1]，而增巢其上；鼋鼍鱼鳖以渊为浅[2]，而穿穴其中。卒其所以得者，饵也。君子苟不求利禄，则不害其身。"

【注释】

[1] 鹰鹫（jiù）：两种猛禽。
[2] 鼋鼍（yuán tuó）：大鳖和鳄鱼。

【今译】

曾子说："鹰和鹫把山当作低矮之处，将巢窠筑在上面；鼋鼍鱼鳖把深渊当作浅水之处，钻挖巢穴于其中。它们最终还会被人捕捉住的原因，是吃诱饵。君子如果能够不追求功名利禄，就不会伤害自身。"

五十一

曾子曰:“狎甚则相简也[1],庄甚则不亲[2]。是故君子之狎足以交欢,庄足以成礼而已。”

【注释】

[1] 狎甚则相简:狎,亲近。简,简慢、轻视。
[2] 庄:严肃、庄重。

【今译】

曾子说:“过分亲近就显得轻慢,过分庄重就显得疏远。所以君子之间的亲近能够达到彼此欢悦就足够了,君子之间的庄重能够完成礼仪就可以了。”

五十二

曾子曰:“入是国也,言信乎群臣,则留可也;忠行乎群臣[1],则仕可也;泽施乎百姓,则安可也。”

【注释】

[1] 忠行乎群臣:《金楼子·立言》作“行忠于群臣。”

【今译】

曾子说:“到一个国家,你的言论取信于这个国家的群臣,就可以留下来;你的行为被群臣认为是忠诚的,就可以做官;你能够施恩德于百姓,就可以安居下来。”

五十三

口者关也[1]，舌者机也[2]，出言不当，四马不能追也。口者关也，舌者兵也，出言不当，反自伤也。言出于己，不可止于人；行发于迩[3]，不可止于远。夫言行者，君子之枢机[4]；枢机之发，荣辱之本也，可不慎乎？故蒯子羽曰[5]："言犹射也。栝既离弦[6]，虽有所悔焉，不可从而追已。"《诗》曰："白圭之玷，尚可磨也，斯言之玷，不可为也。"

【注释】

[1] 关：机械的转捩处，关闭钮。

[2] 机：机械的发射处，发射钮。

[3] 迩(ěr)：近。

[4] 枢机：枢与机。比喻事物的关键部位。

[5] 蒯(kuǎi)子羽：人名，生平不详。

[6] 栝(guā，又读 kuò)：箭尾扣弦的地方。

【今译】

人的嘴就好比关闭钮，人的舌就好比发射钮，如果说话不恰当，即便四匹马也拉不回来。人的嘴就好比关闭钮，人的舌就好比兵器，如果说话不恰当，反而会伤害自己。话从自己口中说出，别人听了就无法收回；行为从自身发出，传播到远处不能阻止。人的言论和行为，是君子做人的关键；关键的行为，是获得荣辱的根本，怎能不慎重呢？所以蒯子羽说："说话好比射箭。箭已离开弦，即使后悔，也不能追回它了。"《诗经》上说："白玉圭上面有污点，还是可以磨掉的，说的话有失误，就无法更改了。"

五十四

蠋欲类蚕[1]，䱇欲类蛇[2]。人见蛇、蠋，莫不身洒然[3]；女工修蚕[4]，渔者持鳝，不恶，何也？欲得钱也。逐鱼者濡[5]，逐兽者趋，非乐之也，事之权也。

【注释】

[1] 蠋(zhú)欲类蚕：蠋，蛾蝶类的幼虫。欲，衍文。下同。《韩非子》"说林下"及"内储说"作"鳣似蛇，蚕似蠋"。

[2] 䱇(shàn)：同"鳝"。

[3] 洒(sěn)然：惊吓的样子。

[4] 修蚕：养蚕。

[5] 濡：浸湿。

【今译】

蠋的样子类似蚕，䱇的样子类似蛇。人们见到蛇、蠋后，没有不惊吓的；然而妇女养蚕，渔人捉鳝，不厌恶它们，为什么呢？因为想要用它来卖钱。捕鱼的人衣服被浸湿了，打猎的人不停地跑，不是他们乐意这样做，是因为生活的需要。

五十五

登高使人欲望[1]，临渊使人欲窥，何也？处地然也。御者使人恭，射者使人端[2]，何也？其形便也。

【注释】

[1] 欲望：想要远望。

[2] 端：直。

【今译】

登到高处人就想要远望，面对深渊人就想要窥探，这是为什么呢？所处的环境使人这样的。驾御车马使人谦恭，拉弓射箭使人身体端正，这是为什么呢？这种姿势使人方便。

五十六

民有五死[1]，圣人能去其三，不能除其二。饥渴死者，可去也；冻寒死者，可去也；罹五兵死者[2]，可去也。寿命死者，不可去也；痈疽死者[3]，不可去也。饥渴死者，中不充也[4]；冻寒死者，外胜中也[5]；离五兵死者[6]，德不忠也。寿命死者，岁数终也；痈疽死者，血气穷也。故曰：中不正[7]，外淫作；外淫作者，多怨怪；多怨怪者，疾病生。故清静无为，血气乃平[8]。

【注释】

[1] 五死：五种死因。
[2] 罹(lí)五兵：罹，遭受。五兵，五种兵器。
[3] 痈疽：毒疮。
[4] 中不充：吃得不饱。
[5] 外胜中：穿得不暖。
[6] 离：通"罹"。
[7] 中不正：内心不端正。
[8] 血气：血和气，指生命。

【今译】

人有五种死因，圣人能够消除的有三种，不能消除的有两种。因饥渴而死的，可以消除；因冻寒而死的，可以消除；因遭受五种兵器而死的，可以消除。因寿命而死的，不能消除；因患毒疮而死的，不能消除。因饥渴而死,是吃得不饱;因冻寒而死,是穿得不暖;遭受五种兵器而死,是统治者的道德恩惠不够。因寿命而死,是寿数到了;因患毒疮而死,是生命穷尽了。所以说:内心不端正,体外的邪气就发作;体外邪气发作的人,就会产生很多抱怨;产生很多抱怨的人,就会产生疾病。所以清净无为,血气才会平和。

五十七

百行之本,一言也。一言而适,可以却敌;一言而得,可以保国。响不能独为声,影不能倍曲为直[1]。物必以其类及,故君子慎言出己。负石赴渊,行之难者也,然申屠狄为之[2],君子不贵之也[3]。盗跖凶贪[4],名如日月,与舜、禹并传而不息,而君子不贵。

【注释】

[1] 倍曲为直:改变弯曲的东西使之变直。倍,通"背",改变。

[2] 申屠狄:或作"申徒狄""司徒狄"。商代人。汤想把天下让给他,狄以为耻,自投河而死。

[3] 君子不贵之也:君子不认为可贵。《荀子·不苟》:"故怀负石而赴河,是行之难者也,而申徒狄能之;然而君子不贵者,非礼仪之中也。"

[4] 盗跖:传为春秋末年大盗,名跖。

【今译】

各种行为的根本,其实就是一句话的问题。一句话说恰当了,可以使敌人退却;一句话说得当了,可以保全国家。回响不能独自成声,影子不能使弯曲的东西变直。万物一定是以类相聚,所以君子对自己的话小心谨慎。背着石头投河自杀,这是一般人难以做到的,然而申屠狄做到了,君子却不认为他的行为可贵。盗跖凶猛贪婪,名声如同太阳和月亮,与舜、禹一起流传而不衰,但是君子不认为这样的名声可贵。

五十八

君子有五耻：朝不坐，燕不议[1]，君子耻之；居其位，无其言，君子耻之；有其言，无其行，君子耻之；既得之又失之，君子耻之；地有余而民不足，君子耻之。

【注释】

[1] 朝不坐，燕不议：朝议时没有资格坐，宴礼时没有资格议政。《礼记·檀弓下》作"朝不坐，燕不与"。

【今译】

君子有五种耻辱：朝议时没有资格坐，宴礼时没有资格议政，君子认为是耻辱；身居官位，不能发表言论，君子认为是耻辱；有言论，却没有行动，君子认为是耻辱；已经得到了却又失去了，君子认为是耻辱；土地富足但民众不富裕，君子认为是耻辱。

五十九

君子虽穷，不处亡国之势；虽贫，不受乱君之禄。尊乎乱世，同乎暴君，君子之耻也。众人以毁形为耻，君子以毁义为辱。众人重利，廉士重名。

【今译】

君子即使困厄，也不在将要败亡的国家为官；即使贫穷，也不接受淫乱国君的俸禄。在乱世居于尊位，与暴君同流合污，是君子的耻辱。一般人把形貌被毁当作耻辱，君子把毁坏道义当作耻辱。一般人看重利益，廉洁之士看重名声。

六十

明君之制：赏从重，罚从轻；食人以壮为量，事人以老为程[1]。

【注释】

[1] 程：标准。

【今译】

圣明君主的制度是：奖赏的时候从重，惩罚的时候从轻；给人食物时以壮年人的食量作为标准，事奉别人时以尊敬老年人的态度作为标准。

六十一

君子之言寡而实，小人之言多而虚。君子之学也，入于耳，藏于心，行之以身。君子之治也，始于不足见，终于不可及也。君子虑福弗及，虑祸百之。君子择人而取，不择人而与。君子实如虚，有如无。

【今译】

君子话少但实在，小人话多但虚假。君子学习的态度是，听入耳中，记在心里，体现在行动上。君子办事的态度是，从不显眼的地方做起，最终达到别人不可企及的高度。君子对福运担心往往不多，但对祸患的担心则是它的百倍。君子根据人来决定是否接受他的赠予，不根据人来决定是否施与。君子诚实但看上去似乎显得空虚，内心富有但看上去似乎显得空空如也。

六十二

君子有其备则无事。君子不以愧食，不以辱得。君子乐得其志，小人乐得其事。君子不以其所不爱及其所爱也。

【今译】

君子有防备就不会生祸事。君子不凭愧疚于心而获得食物，不靠有辱于人格而得到名声。君子因实现志向而高兴，小人因办成一件事而沾沾自喜。君子不把他所不喜欢的东西推及他所喜欢的人身上。

六十三

君子有终身之忧，而无一朝之患。顺道而行，循理而言。喜不加易[1]，怒不加难[2]。

【注释】

[1] 易：轻率。
[2] 难（nàn）：责难。

【今译】

君子有终身忧虑的事情，却没有一时的祸患。君子按照道义行事，遵从规律发表言论。君子高兴时不轻率，生气时不责难别人。

六十四

君子之过，犹日月之蚀也，何害于明？小人可也[1]，犹狗之吠盗、狸之夜见，何益于善？夫智者不妄为，勇者不妄杀[2]。

【注释】

[1] 可：可取之处。
[2] 杀：当作“发”。

【今译】

君子的过失，好比日蚀与月蚀，对光明有什么妨害呢？小人的可取之处，好比狗对着对着盗贼狂吠、狸猫在夜里出现，对于善行有什么补益呢？聪明的人不胡乱作为，勇敢的人不胡乱发作。

六十五

君子比义[1]，农夫比谷。事君不得进其言，则辞其爵；不得行其义，则辞其禄。人皆知取之为取也，不知与之为取之。政有招寇，行有招耻。弗为而自至，天下未有。猛兽狐疑，不若蜂虿之致毒也[2]；高议而不可及，不若卑论之有功也[3]。

【注释】

[1] 比(bì)：看重，重视。
[2] 虿(chài)：蝎子一类有毒的虫子。
[3] 卑论：浅陋的观点。

【今译】

君子看重道义，农夫看重谷粮。事奉君主如果不能进谏自己的言论，就应该辞掉爵位；如果不能推行自己信奉的道义，就应该辞掉俸禄。人们都知道表面上的获得是一种获得，却不知道给予也是一种获得。有的政治招致敌寇，有的行为招致耻辱。不努力好结果就到来，天下没有这样的事。如果猛兽犹豫不决，就比不上蜂虿厉害；只唱高调却不实践，还不如浅陋的观点实用。

六十六

秦信同姓以王[1]，至其衰也非易同姓也[2]，而身死国亡。故王者之治天下，在于行法，不在于信同姓。

【注释】

[1] 秦信同姓以王：此句不合史实。关嘉说："盖子政借秦论当代耳。"向宗鲁认为："'秦'疑'周'之误。"

[2] 易：改变。

【今译】

秦朝信用同姓而称王统治天下，直到它衰败也没有改变信用同姓的制度，却身死国灭。所以君王统治天下，关键在于推行法制，不在于信用同姓。

六十七

高山之巅无美木，伤于多阳也；大树之下无美草，伤于多阴也。

【今译】

高山顶上长不出高大树木，因为被充足的阳光伤害；大树底下生不出肥美青草，因为被浓密的树阴伤害。

六十八

钟子期死而伯牙绝弦破琴[1]，知世莫可为鼓也；惠施卒而庄子深瞑不言[2]，见世莫可与语也。

【注释】

[1] 钟子期死而伯牙绝弦破琴：参见卷八尊贤·八。

[2] 惠施卒而庄子深瞑不言：惠施：参见卷十一善说·八[2]。深瞑：紧闭双目。

【今译】

钟子期死后，伯牙断弦毁琴，知道世上没有值得为他弹琴的人了；惠施死后，庄子紧闭双目不说话，认为世上没有能够共同对话的人了。

六十九

修身者，智之府也[1]；爱施者，仁之端也；取予者，义之符也；耻辱者[2]，勇之决也；立名者，行之极也。

【注释】

[1] 府：所聚之处。

[2] 耻辱：以受辱为耻。耻，意动用法。

【今译】

修身养性，是聚集智慧的府库；乐善好施，是仁爱的表现；慎重对待获取和给予，是体现礼义的行为；耻于受辱，是判断勇敢的标准；树立名节，是修养品行的最高目标。

七十

进贤受上赏，蔽贤蒙显戮[1]，古之通义也；爵人于朝，论人于市[2]，古之通法也。

【注释】

[1] 显戮:处决示众。此处指重罚。

[2] 论:定罪。指处决。

【今译】

推荐贤人受到上等赏赐,埋没贤才遭受重罚,这是自古以来通行的道理。在朝廷上封人爵位,在街市上处决罪犯,这是自古以来通行的法律。

七十一

道微而明,淡而有功。非道而得,非时而生,是谓妄成。得而失之,定而复倾。

【今译】

规律微妙却显明,平淡却有功效。违背规律而获得,违背时机而生长,这是荒诞的成功。得到后会失去,安定后会倾覆。

七十二

福者祸之门也,是者非之尊也,治者乱之先也。事无终始而患不及者,未之闻也。

【今译】

福运是引发祸端的根源;正确是错误的先导;安定是混乱的先兆。做事不够善始善终却免于祸患,从来没有听说过。

七十三

枝无忘其根，德无忘其报，见利必念害身。故君子留精神，寄心于三者，吉祥及子孙矣。

【今译】

枝叶茂盛，源自根本；受人恩德，不忘回报；得到利益，预知祸端。所以君子留神存心这三点，吉祥就惠及子孙。

七十四

两高不可重，两大不可容，两势不可同，两贵不可双。夫重、容、同、双，必争其功。故君子节嗜欲，各守其足，乃能长久。夫节欲而听谏，敬贤而勿慢，使能而勿贱。为人君能行此三者，其国必强大，而民不去散矣。

【今译】

两个同样高，难合作；两个同样大，难相容；势力同样大，难并列；两个同样贵，难兼顾。勉强合作、相容、并列、兼顾，一定会互相争抢功劳。所以君子节制自己的嗜好欲望，各自坚守自己知足的地方，就能够长久保持下去。节制欲望听劝谏，礼敬贤能不傲慢，重用能人不轻视。作为国君如果能够推行这三点，他的国家一定能够强大起来，而且他的百姓也就不会离散了。

七十五

默无过言，慤无过事[1]。木马不能行，亦不费食；骐骥日驰千里[2],鞭箠不去其背[3]。

【注释】

[1] 愨(què):即"悫",恭谨。

[2] 骐骥:指千里马。

[3] 箠(chuí):马鞭。

【今译】

保持缄默就不会说错话,为人恭谨就不会做错事。木马不能走路,也不消耗食物;宝马虽日行千里,马鞭子却在它的脊背挥舞。

七十六

寸而度之[1],至丈必差;铢而称之[2],至石必过[3]。石称丈量,径而寡失[4];简丝数米[5],烦而不察。故大较易为智,曲辩难为慧[6]。

【注释】

[1] 度(duó):测量。

[2] 铢:古代重量单位。24 铢为一两。

[3] 石(dàn):古代重量单位。120 斤为一石。

[4] 径:直接。

[5] 简:选择。

[6] 曲辩:巧辩、诡辩。

【今译】

一寸一寸地测量,累计到一丈必定有误差;一铢一铢地称量,累计到一石必定有差错。一石一石地称重、一丈一丈地测量,既直接又少失误;一根一根地挑拣丝线,一颗一颗地计数米粒,既烦琐又难以算清楚。所以从大处着眼的人容易成为智者,巧辩之人难以成为聪明的人。

七十七

吞舟之鱼[1],荡而失水[2],制于蝼蚁者,离其居也;猿猴失木,禽于狐貉者[3],非其处也。腾蛇游雾而升[4],腾龙乘云而举,猿得木而挺[5],鱼得水而骛[6],处地宜也。

【注释】

[1] 吞舟之鱼:即鲸鱼,其口大可吞舟。
[2] 荡:被潮汐冲荡。
[3] 禽:通“擒”。
[4] 腾蛇:传说中会飞的蛇。
[5] 挺:《淮南子·主术》作“捷”,动作敏捷。
[6] 骛:疾驰。

【今译】

能够吞下船的大鱼,如果被潮汐冲荡离开水,就会被蝼、蚁制服,因为它离开了生活的水域;猿猴如果离开了树林,就会被狐、貉擒获,因为不在自己生活的区域。腾蛇驾雾能飞升,飞龙驾云能升天,猿猴在林中能敏捷攀缘,鱼儿在水中能疾驰,因为他们所处的地方很适宜。

七十八

君子博学,患其不习;既习之,患其不能行之;既能行之,患其不能以让也。

【今译】

君子广泛求学,担心不能实习;已经实习了,担心不能推行;已经推行了，担心不能谦让。

七十九

君子不羞学，不羞问。问讯者，知之本；念虑者，知之道也。此言贵因人知而加知之，不贵独自用其知而知之。

【今译】

君子不以求学为羞，不以请教别人为耻。勤于请教，是获得智慧的根本途径；勤于思考，是获得智慧的良好方法。这就是说，君子看重的是通过借鉴别人的智慧从而提升自己的智慧，不看重仅凭自己的一点聪明来求得智慧。

八十

天地之道，极则反，满则损。五采曜眼[1]，有时而渝[2]；茂木丰草，有时而落。物有盛衰，安得自若[3]？

【注释】

[1] 五采曜(yào)眼：采，通“彩”。曜，炫耀。

[2] 渝：改变。

[3] 自若：如常，如故。

【今译】

天地之间的规律是，物极必反，盈满则亏。五彩颜色炫耀眼睛，但总有变色的时候；树木茂盛青草肥美，但总有枯萎的时候。万物有盛有衰，哪里能够总是依然如故呢？

八十一

民苦则不仁,劳则诈生。安平则教,危则谋。极则反,满则损,故君子弗满弗极也。

【今译】

百姓生活艰苦就难有仁爱之心,劳苦就会产生欺诈之心。社会安定就教育他们,危机时刻就要为他们谋划。物极必反,盈满则亏,所以君子不会满溢、不走极端。

【评析】

《谈丛》卷在《说苑》全书中最有特点,可以称之为"名言集",或者"格言集",或者"谚语汇编"。笔者认为,目录中称"丛谈"更能体现刘向编著的本意,因为第十七卷的卷目为"杂言",二者句法结构相同。

全卷究竟有多少章?很难说清楚,因为不同的研究者对本卷章节的划分也不相同。杨以滢校万有文库本《说苑》分为 77 章,刘文典《说苑斠补》分为 78 章。向宗鲁《说苑校证》分为 115 章,赵善诒《说苑疏证》依据卢文弨《群书拾补・说苑》将本卷划分为 209 章,左松超《说苑集证》分为 83 章,钱宗武《白话说苑》分为 172 章,邓骏捷《两汉全书・说苑》分为 82 章,笔者以云谦刻本为底本的《说苑译注》分为 81 章。

下面举例将云谦刻本《说苑・谈丛》的分章与《说苑疏证・谈丛》的分章做一比较:

笔者以云谦刻本为底本的《说苑译注・谈丛》第三十章:

谤道己者,心之罪也;尊贤己者,心之力也。心之得,万物不足为也;心之失,独心不能守也。子不孝,非吾子也;交不信,非吾友也。食其口而百节肥,灌其本而枝叶茂。本伤者枝槁，根深者末厚。为善者得道，为恶者失道。恶语不出口，苟言不留耳。务伪不长，喜虚不久。义士不欺心，廉士不妄取。以财为草，以身为宝。慈仁少小，恭敬耆老。犬吠不惊，命曰金城；常避危殆，命曰不悔。富必念贫，壮必念老；年虽幼少，虑之必早。夫有礼者相为死，无礼者亦相为死。贵不与骄期，骄自来；骄不与亡期，亡自至。踒人日夜愿一起，盲人不忘视。知者始于悟，终于谐；愚者始于乐，终于哀。高山仰止，景行行止。力虽不能，心必务为。慎终如始，常以为戒；战战慄慄，日慎其事。圣人之正，莫如安静；贤者之治，故与众异。

赵善诒依据卢文弨《群书拾补·说苑》《说苑疏证·谈丛》的分章：

谤道己者，心之罪也；尊贤己者，心之力也。

心之得，万物不足为也；心之失，独心不能守也。

子不孝，非吾子也；交不信，非吾友也。

食其口而百节肥，灌其本而枝叶茂。本伤者枝槁，根深者末厚。

为善者得道，为恶者失道。

恶语不出口，苟言不留耳。

务伪不长，喜虚不久。

义士不欺心，廉士不妄取。

以财为草，以身为宝。慈仁少小，恭敬耆老。

犬吠不惊，命曰金城；常避危殆，命曰不悔。

富必念贫，壮必念老；年虽幼少，虑之必早。

夫有礼者相为死，无礼者亦相为死。

贵不与骄期，骄自来；骄不与亡期，亡自至。

踒人日夜愿一起，盲人不忘视。卢文弨："盲人"后亦当有"日夜"二字。

知者始于悟，终于谐；愚者始于乐，终于哀。

高山仰止，景行行止。力虽不能，心必务为。

慎终如始，常以为戒；战战慄慄，日慎其事。

圣人之正，莫如安静；贤者之治，故与众异。

云谦刻本将十几条不相关的格言堆在一起，前后缺乏连贯，很难说是体现了刘向编选此章的原意。《说苑疏证》的分章颇有道理，划分的依据大概有以下几点：1. 句式的整饬性。字数相等，两两相对，排列整齐，具有形式美。2. 句意连贯，前后衔接、对应。“谤道己者，心之罪也；尊贤己者，心之力也。”其中“尊贤”对应“谤道”，“罪”对应“力”。3. 与出处相吻合。比如“高山仰止，景行行止。力虽不能，心必务为”，当出自司马迁《史记・孔子世家》“高山仰止，景行行止。虽不能至，然心向往之”。“力虽不能，心必务为”是从“虽不能至，然心向往之”变化而来。4. 押韵的需要。比如“以财为草，以身为宝。慈仁少小，恭敬耆老”四句，押 ao 韵，且句句押韵，读来朗朗上口。所以，刘向编选之初，很可能是以短句呈现的，究竟什么时候改为云谦刻本中的分章形式，目前尚难下断语。

我们还有必要探讨一下本卷这些格言的流传情况。徐建委在《〈说苑〉研究：以战国秦汉之间的文献累积与学术史为中心》一书中指出，本卷有三分之一的内容见于其他典籍，比如第十章：“邑名胜母，曾子不入；水名盗泉，孔子不饮。丑其声也。”该章内容又见于《尸子》《淮南子》《新序》《盐铁论》《上梁王书》等。我们仅以本书本卷所划分的第五十四章为例，具体看一看古代典籍与该章重复的程度：

本书《说苑・谈丛》第五十四章：

> 蠋欲类蚕，鳣欲类蛇。人见蛇、蠋，莫不身洒然；女工修蚕，渔者持鳝，不恶，何也？欲得钱也。逐鱼者濡，逐兽者趋，非乐之也，事之权也。

《韩非子・说林下》：

> 鳣似蛇，蚕似蠋。人见蛇则惊骇，见蠋则毛起。渔者持鳝，妇人拾蚕，利之所在，皆为贲、诸。

《吕氏春秋・精论》：

> 求鱼者濡，争兽者趋，非乐之也。

《列子・说符》：

> 争鱼者濡，逐兽者趋，非乐之也。

《文子·微明》：

> 争鱼者濡，逐兽者趋，非乐之也。

《淮南子·道应训》：

> 争鱼者濡，逐兽者趋，非乐之也。

这种高频率重复出现的情况，大概只能有一种解释，就是此语广为流传，已经成为格言、谚语，著者引用十分方便。更何况刘向为朝廷整理典籍，博览群书，熟稔于心，信手拈来。那么，这些格言为什么会广为流传呢？大概也只有一种解释，就是此语是对人生和社会现实生活深刻生动形象的总结，含义隽永，耐人寻味，具有启发教育作用。我们仅以本书本卷所划分的第五十三章为例来赏析一下：

> 口者关也，舌者机也，出言不当，四马不能追也。口者关也，舌者兵也，出言不当，反自伤也。言出于己，不可止于人；行发于迩，不可止于远。夫言行者，君子之枢机；枢机之发，荣辱之本也，可不慎乎？故蒯子羽曰："言犹射也。栝既离弦，虽有所悔焉，不可从而追已。"《诗》曰："白圭之玷，尚可磨也，斯言之玷，不可为也。"

只要有一定生活阅历的人，对本章内容必定深以为然。在现实生活中，祸从口出，这是人们从无数沉重教训中总结出来的经验之谈，刻骨铭心。因此，人生在世，管住自己的嘴，谨言慎行，应是为人处事的信条。

当然，刘向不只是简单引用格言、谚语，他还加进了自己的观点和感受。比如"逐鱼者濡，逐兽者趋，非乐之也，事之权也"中的"事之权也"，在其他典籍中还没有看到类似的句子，很可能是刘向自己加上去的，借以表达自己的观点和感受。

另外，本卷的语言很有特点，最突出的有两点：第一，形象。形象大于思维，可以引发读者广阔的联想和想象。比如第二十六章"镜以精明，美恶自服；衡平无私，轻重自得。蓬生枲中，不扶自直；白砂入泥，与之皆黑。"再比如第七十七章"吞舟之鱼，荡而失水，制于蝼蚁者，离其居也；猿猴失木，禽于狐貉者，非其处也。腾蛇游雾而升，腾龙乘云而举，猿得木而挺，鱼得水而骛，处地宜也。”都是非常形象生动的写照。第二，哲理。格言和谚语的本质在于哲理，启迪心智，促进理性思维的提升。比如第三十四章“一死一生，乃知交情；一贫一富，乃知交态；一贵一贱，交情乃见；一浮一没，交情乃出。”这是多么精彩的人生总结，写尽了人间世态炎凉与人情冷暖！此语出于司马迁《史记·汲郑列传》，该传记记载汉武帝时汲黯和郑庄两位大臣人生起伏的动人事迹，太史公最后感叹道：“夫以汲、郑之贤，有势则宾客十倍，无势则否，况众人乎！下邽翟公有言，始翟公为廷尉，宾客阗门；及废，门外可设雀罗。翟公复为廷尉，宾客欲往，翟公乃人署其门曰：‘一死一生，乃知交情。一贫一富，乃知交态。一贵一贱，交情乃见。’汲、郑亦云，悲夫！”再比如第三十一章“好称人恶，人亦道其恶；好憎人者，亦为人所憎。”以及第二十章“积善之家，必有余庆；积恶之家，必有余殃。”这些格言，多出自秦汉典籍，在当时就广为流传。因为他们包含了深刻的哲理，可谓至理名言。阅读这些语句，有胜读十年书的感觉。

格言，在中国古代文献中早有所见，比如被称为“群经之首”的《周易》中，就有“天行健，君子以自强不息；地势坤，君子以厚德载物”的名言警句，成为中华民族自励的格言。《尚书》中也有“满招损，谦受益”的格言，发人深省。在《诗经》《左传》《论语》《孟子》以及先秦诸子百家著作中，也有大量的格言、谚语，成为中华文化的重要组成部分，但是像这样集中的格言专著，《说苑·谈丛》应该是第一部，梁萧绎《金楼子·立言篇》当受此影响。

卷十七　杂言

【题解】

本卷题为“杂言”，实际上不杂，中心内容是表现“君子”的品质。那么，作为一个君子，应该具有怎样的修养呢？刘向用了五十三章进行了诠释。第一章，总体论述君子的精神格调是：“贤人君子者，通乎盛衰之时，明乎成败之端，察乎治乱之纪，审乎人情，知所去就，故虽穷不处亡国之势，虽贫不受汙君之禄。”这就把君子与治国平天下联系起来了。在刘向看来，君子有智有仁有德有能，对国家有贡献，可以辅佐国君成就功业，是帝王之师。在刘向看来，“君子道狭”，常处于矛盾两难的境地。然而君子不僵化，不拘泥，而是看准时机。“今夫世异则事变，事变则时移，时移则俗易；是以君子先相其土地，而裁其器，观其俗，而和其风，揔众议而定其教。”刘向认为，君子不是十全十美的人，而是专注于某一方面的人；这样，君子的短处也就显而易见；不过君子总是“务大忘小”，而且不以忘小为耻。他列举舜、姜太公、惠施、西闾等人的事例充分说明了这一道理。君子不免要遭受困厄，在艰难环境中品行不改是真君子的品格。刘向用了两个篇幅很长的章节来表现孔子困于陈蔡之间的坚贞表现，这就把君子的人格境界推向了顶点——圣人。

“君子”经常与“小人”相对而言。在第二十五章中，孔子借子路“盛服而见”的行为，向他讲述了小人和君子的区别。在第二十七章中，孔子又借回答子路问题的机会阐明了“君子有终身之乐，无一日之忧”“小人有终身之忧，无一日之乐”。正因为如此，所以君子对生活环境要求很严，所谓“居必择处，游必择士。”所以孔子说“与善人居，如入兰、芷之室，久而不闻其香，则与之化矣；与恶人居，如入鲍鱼之肆，久而不闻其臭，亦与之化矣。”

由对君子品格的景仰，进而迁移到对象征美好人格的自然景物的景仰，这是中国古代君子的审美范式。本卷中虽然没有选择梅、兰、竹、菊四君子，却也选择了水和山，这是更加宏大的审美对象。第四十六章，孔子用诗一般的语言表达“智者乐水，仁者乐山”的美学思想。第四十七章又更详细地进行了叙述。玉，也是古代君子的喜爱之物。与山水不同的是，它可以佩戴在身，作为装饰物。第四十八章，刘向选取了古人对玉的赞美之辞，把君子美好品德寄托在玉中，简直就是一首美玉的颂歌。

本卷共五十三章。

一

贤人君子者，通乎盛衰之时，明乎成败之端，察乎治乱之纪，审乎人情，知所去就，故虽穷不处亡国之势，虽贫不受汙君之禄[1]。是以太公七十而不自达[2]，孙叔敖三去相而不自悔[3]。何则？不强合非其人也。太公一合于周而侯七百岁，孙叔敖一合于楚而封十世。大夫种存亡越而霸勾践[4]，赐死于前；李斯积功于秦[5]，而卒被五刑[6]。尽忠忧君，危身安国，其功一也[7]。或以封侯而不绝，或以赐死而被刑，所慕所由异也[8]。故箕子弃国而佯狂[9]，范蠡去越而易名[10]，智过去君弟而更姓[11]，皆见远识微，而仁能去富势以避萌生之祸者也。夫暴乱之君，孰能离縶以役其身[12]，而与于患乎哉？故贤者非畏死避害而已也，为杀身无益而明主之暴也。比干死纣而不能正其行[13]，子胥死吴而不能存其国[14]。二子者强谏而死，适足明主之暴耳，未始有益如秋毫之端也。是以贤人闭其智，塞其能，待得其人然后合。故言无不听，行无见疑，君臣两与，终身无患。今非得其时，又无其人，直私意不能已[15]，闵世之乱[16]，忧主之危；以无赀之身[17]，涉蔽塞之路，经乎谗人之前，造无量之主[18]，犯不测之罪，伤其天性，岂不惑哉？故文信侯、李斯[19]，天下所谓贤也，为国计，揣微射隐[20]，所谓无过策也；战胜攻取，所谓无强敌也。积功甚大，势利甚高。贤人不用，谗人用事，自知不用，其仁不能去。制敌积功，不失秋毫；避患去害，不见丘山。积其所欲，以至其所恶[21]，岂不为势利惑哉？《诗》云："人知其一，莫知其它[22]。"此之谓也。

【注释】

[1] 汙君：昏庸的君主。汙，同"污"。

[2] 太公：见卷一君道·十四[1]。

[3] 孙叔敖：见卷八尊贤·二[5]。

[4] 大夫种：见卷九正谏·二十[9]。勾践：见卷一君道·二十[2]。

[5] 李斯：秦朝丞相，楚上蔡人，荀子学生。曾建议对六国采取各个击破的政策。反对分封制，主张焚《诗》《书》，禁私学。以小篆为标准，整理文字。秦始皇死后，与赵高合谋篡改遗诏，迫令秦始皇长子扶苏自杀，立少子胡亥为二世皇帝。后为赵高所忌，腰斩于咸阳。

[6] 五刑：五种刑罚：墨、劓、剕、宫、大辟。

[7] 其功一也：建立的功劳是相同的。一，相同。

[8] 所慕所由异也：追求的理想和途径不一样。

[9] 箕(jī)子：见卷八尊贤·五[19]。

[10] 范蠡：见卷十一善说·十一[9]。

[11] 智过：卷五贵德·二十八[4]。

[12] 离絷(zhí)：被拘囚。离，通"罹"，遭遇。絷，原指拴马的绳子，此处指拘囚。

[13] 比干：见卷四立节·一[10]。

[14] 子胥：见卷八尊贤·九[12]。

[15] 直：只是。

[16] 闵：忧虑，担心。

[17] 无赀(zī):无价。赀,同“资”。

[18] 造无量之主:投奔没有器量的君主。造,到,往。

[19] 文信侯:即吕不韦。战国末秦国大臣,卫国濮阳人。原为阳翟大贾,在赵国都城邯郸遇见入质于赵的秦公子异人(后改名子楚),游说秦华阳夫人立子楚为太子,后子楚立为庄襄王,任吕不韦为相,封文信侯。后嬴政(子楚之子)即位,被免去相位,忧惧自杀。

[20] 揣微射隐:揣测细微隐蔽的事情。射,猜测。

[21] 积其所欲,以至其所恶(wù):他们积累自己的欲望,从而导致了所不愿看到的结果。

[22] 人知其一,莫知其它:人们只知道一方面,不知道其他方面。语出《诗经·小雅·小旻》。

【今译】

贤人君子,通晓国家盛与衰的时机,清楚国家成与败的征兆,明察国家治与乱的道理,明白人之常情,懂得离职和就职的时间,所以虽然困厄也不在即将灭亡的国家做官,虽然贫寒也不接受昏庸君主的俸禄。因此姜太公七十岁了也不自求发达,孙叔敖三次离开相位并不后悔。为什么呢?不勉强自己与不相宜的人共事。太公与周文王一旦遇合,子孙后代就享有封侯七百年的待遇;孙叔敖与楚庄王一旦遇合,就享有子孙十代封赏的待遇。大夫文种使即将灭亡的越国保存下来并辅佐勾践成为霸主,却被君王赐死在眼前;李斯为秦朝屡建功劳最后却惨遭腰斩之刑。竭尽忠心替君忧劳,自身受害使国家安稳,他们建立的功劳是相同的,却有的因为封侯而世代不断,有的因为被赐死而惨遭刑罚,这是因为追求的理想和途径不一样啊!所以箕子离开了自己的国家而装疯,范蠡离开越国并改名,智过离开君王的家族而变姓,他们都有远见看得细微,并且他们的仁爱能够使得他们离开富贵和权势来躲避萌生的祸患。那些暴乱的君主,谁愿意被拘囚来奴役自身,并与他共患难呢?所以贤能的人不是贪生怕死逃避祸害,因为这种死亡没有益处反而暴露了君主的残暴。比干为谏纣王而死却不能匡正他的行为,子胥为谏吴王而死却不能保存吴国。这两个臣子强行进谏而被杀，恰好暴露了君主的残暴，不曾有丝毫的益处。所以贤能的人关闭他们的智慧，隐藏他们的才能，等待合适的君主出现之后才与他共事。所以这样的君主言无不听，又不怀疑自己，君臣互信，终身没有祸患。如果时机不对，所遇君主又不相宜，仅仅是自己的情感不能控制，忧虑混乱的世道，担心君主的安危，用无价的生命，走向充满蔽塞的仕途之路，遭受谗人的诬陷，投奔没有器量的君主，冒着犯下不测之罪的危险，伤害自己的本性，难道不是糊涂的做法吗？所以文信侯、李斯，有人说是贤能之人，他们为了国家考虑，揣测细微、隐蔽的事情，有人说没有过失；他们作战进攻，有人说没有对手。他们建立了很大的功劳，权重禄厚。但是当时贤能的人得不到重用，奸人当权。他们自己明知不被重用，却留恋着不忍离去。他们御敌立功的时候，明察秋毫，但对于躲避祸患远离灾害，却看不见丘山一样的隐患。他们积累自己的欲望，从而导致了所不愿看到的结果。这难道不是被权势和利益所迷惑了吗？《诗经》上说："人们只知道一方面，不知道其他方面。"说的就是这样的事情啊。

二

子石登吴山而四望[1]，喟然而叹息曰："呜呼，悲哉！世有明于事情不合于人心者，有合于人心不明于事情者。"弟子问曰："何谓也？"子石曰："昔者吴王夫差不听伍子胥尽忠极谏，抉目而辜[2]；太宰嚭、公孙雒偷合苟容以顺夫差之志而伐吴[3]。二子沉身江湖，头悬越旗。昔者费仲、恶来、革、长鼻决耳崇侯虎顺纣之心[4]，欲以合于意，武王伐纣、四子身死牧之野，头足异所。比干尽忠剖心而死。今欲明事情，恐有抉目剖心之祸；欲合人心，恐有头足异所之患。由是观之，君子道狭耳。诚不逢其明主，狭道之中，又将危险闭塞，无可从出者。"

【注释】

[1] 子石登吴山：子石，春秋时楚国人。复姓公孙，名龙，一作"宠"，字子石。孔子弟子，小孔子53岁。吴山，又名胥山。在今浙江杭州市西湖西南。山上有伍子胥祠。

[2] 抉目而辜：挖出双眼肢解而死。辜，肢解，分裂肢体。《史记·伍子胥列传》："而抉吾眼县吴门之上，以观越寇之入灭吴也。"

[3] 太宰嚭、公孙雒(luò)：太宰嚭，见卷九正谏·二十[6]。公孙雒，夫差的臣子。《吴越春秋》作"王孙骆"，写他曾批评夫差杀伍子胥，又曾在夫差灭亡前受命向勾践求和。伐吴，当作"伐齐"。

[4] 费仲、恶来、革、长鼻决(quē)耳崇侯虎：费仲，商代人。纣王宠臣，善于阿谀逢迎，贪利。纣囚禁周文王，文王通过费仲献美女、奇物、良马，文王得出。恶来，商代人，飞廉子，有勇力，能撕裂虎兕，与父同侍纣王。武王伐纣，并杀父子。革，《太平御览·卷第三百六十六》作"胶革"。纣王宠臣。长鼻决耳崇侯虎，商代人，有崇氏国君，纣王宠臣。西伯姬昌闻纣王滥杀无辜而叹息，崇侯虎知之而谗之于纣。纣囚禁西伯，后西伯脱归，伐崇而筑丰邑。长鼻决耳，指其长相。决，通"缺"，裂开。

【今译】

子石登上吴山向四面远望，长叹道："唉，可悲呀！世上有的人明白事理，却不合乎人心；有的人合乎人心，却不明白事理。"弟子问他："这话是什么意思？"子石说："从前，吴王夫差不采纳伍子胥的忠言强谏，还挖出他的双眼肢解了他；太宰嚭和公孙雒则苟且迎合来顺从夫差的意愿去攻打齐国，这两个人被勾践沉溺江湖，头颅悬挂在越国的旗杆上。从前，费仲、恶来、胶革和长鼻缺耳的崇侯虎，顺从纣王的心意，迎合他的愿望，在武王讨伐纣王时，这四个恶人死于牧野，头脚分家。比干竭尽忠心，被纣王剖开心脏而死。如今想要明白事理，就害怕有抉目剖心的祸患；想要迎合人心，又担心有头脚分家的祸患。由此看来，君子的人生道路很狭窄。如果遇不见明君，就像在狭窄的道路中艰难行进，会有危险坎坷，在劫难逃啊！"

三

祁射子见秦惠王[1],惠王说之[2],于是唐姑谗之[3]。复见,惠王怀怒以待之。非其说异也,所听者易也。故以徵为羽[4],非弦之罪也;以甘为苦,非味之过也。

【注释】

[1] 祁射子见秦惠王:祁射子,左松超《说苑集证》:“祁乃地名,祁属太原。”射子,《吕氏春秋·去宥》《淮南子·修务》均作“谢子”。墨家学派人物。秦惠王,即秦惠文王,战国时秦国国君,名驷,公元前 337 年至前 311 年在位。

[2] 说(yuè):通“悦”。

[3] 唐姑:人名。秦国大夫,墨家学派人物。《吕氏春秋·去宥》作“唐姑果”。《淮南子·修务》作“唐姑梁”。

[4] 以徵(zhǐ)为羽:把徵音当成羽音。徵、羽,均为中国古代五音之一。

【今译】

祁射子拜见秦惠王,惠王很欣赏他,于是唐姑在惠王面前说祁射子的坏话。祁射子再次拜见秦惠王的时候,秦惠王就怒气冲冲地接见他。不是祁射子说的话与上次不一样了,而是听话的人心理变化了。所以把徵音当成羽音,不是琴弦的过错;把甜的当成苦的,不是味道的错误。

四

弥子瑕爱于卫君[1]。卫国之法,窃驾君车罪刖[2]。弥子瑕之母疾,人闻,夜往告之。弥子瑕擅驾君车而出。君闻之,贤之曰:

“孝哉！为母之故犯刖罪哉！”君游果园，弥子瑕食桃而甘，不尽而奉君。君曰：“爱我而忘其口味。”及弥子瑕色衰而爱弛，得罪于君，君曰：“是故尝矫吾车[3]，又尝食我以余桃。”故子瑕之行未必变初也，前见贤后获罪者，爱憎之生变也。

【注释】

[1] 弥子瑕：春秋时卫国人。灵公时大夫。受宠爱，后被黜。
[2] 刖(yuè)：古代砍掉双脚或脚趾的酷刑。
[3] 矫：假托。

【今译】

弥子瑕受卫灵公宠爱。卫国法律规定，私自驾驶国君的车马要受刖刑。弥子瑕的母亲得了病，别人听说后，连夜告诉弥子瑕。弥子瑕就擅自驾驶卫灵公的车马出去了。灵公听说这件事后，称赞他说：“孝顺啊！为了母亲的缘故竟然触犯刖刑！”卫灵公到果园游玩，弥子瑕吃桃子觉得很甜，没有吃完就献给了灵公。灵公说：“弥子瑕疼爱我竟然忘记了他的口臭。”等到弥子瑕衰老了灵公不宠爱他了，并且得罪了灵公。灵公就说：“这个人曾经假托我的名义驾驶我的车马，还把吃剩下的桃子让我吃。”所以说弥子瑕的行为和刚开始没有变化，以前被认为是贤德，后来却认为是罪过，是宠爱和厌恶的变化罢了。

五

舜耕之时不能利其邻人[1]，及为天子，天下戴之。故君子穷则善其身，达则利于天下[2]。

【注释】

[1] 舜：传说中的远古帝王，号有虞氏。传说舜在做帝王前曾躬耕田地。

[2] 穷则善其身，达则利于天下：语出《孟子·尽心上》："古之人，得志，泽加于民。不得志，修身见于世。穷则独善其身，达则兼善天下。"

【今译】

舜在家躬耕田地的时候，不能做有益于邻居的事情，等到他做了天子，天下的人都爱戴他。所以君子穷困的时候就修养自身，通达的时候就造福天下。

六

孔子曰："自季孙之赐我千钟[1]，而友益亲；自南宫项叔之乘我车也[2]，而道加行。故道有时而后重，有势而后行。微夫二子之赐，丘之道几于废也。"

【注释】

[1] 季孙：见卷七政理·二[1]。千钟：俸禄。钟，古代量器。六斛四斗为一钟。

[2] 南宫项叔之乘我车："项"字误，《史记·孔子世家》《孔子家语·致思》均作"南宫敬叔"。春秋时鲁国大夫，复姓南宫。孔子弟子。乘我车，让我乘坐车。

【今译】

孔子说："自从季康子赐给我千钟的俸禄后，朋友更加亲近了；自从南宫敬叔让我乘坐车子，我的主张推行得更加快捷了。所以一种主张机遇合适就更加受重视，借助权势就推行得更加快捷。假如没有这二人的赐予，我的主张几乎要被废弃了。"

七

太公田不足以偿种[1]，渔不足以偿网，治天下有余智。文公种米[2],曾子架羊[3],孙叔敖[4]相楚,三年不知轭在衡后[5],务大者固忘小。智伯[6]厨人亡炙䉑[7]而知之,韩、魏反而不知;邯郸子阳[8]园人亡桃而知之,其亡也不知。务小者亦忘大也。"

【注释】

[1] 太公:指姜太公。见卷一君道·十四[1]。

[2] 文公种米:晋文公拿米下种。晋文公,见卷一君道二十[6]。

[3] 曾子架羊:曾子用羊驾车。曾子,见卷三建本·六[1]。架,通"驾"。

[4] 孙叔敖:见卷八尊贤·二[5]。

[5] 轭(è)在衡后:轭,车上部件。驾车时驾在牲口颈上的曲木。衡,车辕前端的横木。

[6] 智伯:见卷三建本·二十九[3]。

[7] 炙䉑(xuǎn):古代厨房用的竹制容器。

[8] 邯郸子阳:人名,被赵鞅拘捕杀害。

【今译】

姜太公当年种田的时候连种子都收不回来,捕鱼连渔网的成本也收不回来,但是后来治理天下却才智有余。晋文公拿米下种,曾子用羊驾车。孙叔敖担任楚相三年了,不知道轭在衡的后面。致力于大事业的人必然会忘记小的方面。智伯的厨师连丢失了炙䉑都知道,但是韩、魏要反叛智伯他却不知道;给邯郸子阳看守果园的人连丢失了几个桃子都了解得清清楚楚,但对于邯郸子阳将要灭亡却浑然不觉。致力于小的方面也会忘掉大的方面。

八

淳于髡谓孟子曰[1]:"先名实者[2],为人者也;后名实者,自为者也。夫子在三卿之中[3],名实未加上下而去之[4],仁者固如此乎?"孟子曰:"居下位,不以贤事不肖者,伯夷也[5];五就汤,五就桀者,伊尹也[6];不恶汙君[7],不辞小官者,柳下惠也[8]。三子者不同道,其趣一也[9],一者何也?曰仁也。君子亦仁而已,何必同?"曰:"鲁穆公之时[10],公仪子为政[11],子思、子庚为臣[12],鲁之削也滋甚。若是乎贤者之无益于国也。"曰:"虞不用百里奚而亡[13],秦穆公用之而霸[14],故不用贤则亡,削何可得也[15]。"曰:"昔者王豹处于淇[16],而河西善讴;绵驹处于高唐[17],而齐右善歌[18];华舟、杞梁之妻善哭其夫[19],而变国俗。有诸内必形于外;为其事,无其功,髡未睹也。是故无贤者也,有则髡必识之矣。"曰:"孔子为鲁司寇而不用,从祭,膰肉不至[20],不脱冕而行;其不善者以为为肉也,其善者以为为礼也。乃孔子欲以微罪行,不欲为苟去,故君子之所为,众人固不得识也。"

【注释】

[1] 淳于髡:见卷六复恩·二十一[2]。

[2] 先名实者:以声誉和功业为先的人。

[3] 三卿:官阶名,爵位名。周制,天子及诸侯都有卿,分上、中、下三等。

[4] 名实未加上下而去之:声誉和功业还没有在国君和百姓身上体现出来就离开。

[5] 伯夷:见卷四立节·一[12]。

[6] "五就汤"句:五次投奔商汤,又五次投奔夏桀的人,是伊尹。

[7] 不恶汙(wū)君:不讨厌污浊的君主。汙,同"污"。

[8] 柳下惠:见卷十二奉使·八[3]。

[9] 一:此字原脱。据明抄本补。

[10] 鲁穆公:见卷十四至公·四[1]。

[11] 公仪子:即公仪休,见卷七政理·十九[1]。

[12] 子思、子庚:子思,见卷三建本·十二[1]。子庚,《孟子·告子下》作"子柳",即"泄柳"。战国时鲁国贤人,鲁穆公想见他,他闭门不见。

[13] 虞不用百里奚而亡:虞,古国名。百里奚,见卷二臣术·九[2]。

[14] 秦穆公:见卷二臣术·九[1]。

[15] 削何可得也：别说削地，连国家也保不住。

[16] 王豹处于淇：王豹，春秋时卫国善歌的人。淇，水名，也在卫地。

[17] 绵驹处于高唐：绵驹，春秋时齐人，擅歌。高唐，地名，春秋时齐邑，在今山东禹城县西南。

[18] 齐右：齐国西部。

[19] 华舟、杞梁之妻：见卷四立节·十三。

[20] 膰(fán)肉：古代祭祀用的熟肉。

【今译】

淳于髡对孟子说："以声誉和功业为先的人，是为他人着想的人；以声誉和功业为后的人，是为自己着想的人。先生您处于三卿的官位上，声誉和功业还没有在国君和百姓身上体现出来就离开，仁爱的人本来就这样吗？"孟子说："身居卑下的位置能不以贤者的身份事奉不肖的国君，伯夷是这样的人；五次投奔商汤，又五次投奔夏桀的人，是伊尹；不讨厌污浊的君主，不辞谢微小的官职，是柳下惠。这三个人的途径不相同，但是他们的追求是相同的。为什么是相同的呢？因为都是仁爱之人。君子只要是仁爱之人就够了，为什么必须相同呢？"淳于髡说："鲁穆公的时候，公仪休做国相，子思、子庚做臣子，鲁国的土地被别国侵吞得很厉害。这样看来贤者对于国家也没有什么益处。"孟子说："虞国不重用百里奚而亡国，秦穆公重用了百里奚成就了霸业。所以不重用贤者就会灭亡，别说削地了，连国家也保不住。"淳于髡说："从前王豹住在淇水边，河西的人都善歌；绵驹住在高唐，齐国西部的人都善歌；华舟、杞梁的妻子哭他们的丈夫哭得厉害，从而改变了国家的风俗。内心有了感受一定会反映到外表。努力去做一件事，不能取得功效，我淳于髡没有见到过。所以国家现在是没有贤者，有的话我一定会知道他的。"孟子说："孔子担任鲁国的司寇却得不到信任，孔子参加祭祀，祭肉没有送来，孔子来不及脱掉帽子就离开了。那些不赞成的人认为孔子是为了一块膰肉，那些赞成的人认为孔子是为了礼。至于孔子本人，是想要背负一点微小的罪名离开，不愿意随便离开。所以说君子的行为，一般人肯定是无法理解的。"

九

梁相死，惠子欲之梁[1]，渡河而遽堕水中[2]，舡人救之[3]。舡人曰："子欲何之而遽也？"曰："梁无相，吾欲往相之。"舡人曰："子居舡檝之间而困[4]，无我则子死矣，子何能相梁乎？"惠子曰："子居艘楫之间，则吾不如子；至于安国家、全社稷，子之比我，蒙蒙如未视之狗耳[5]。"

【注释】

[1] 惠子：见卷十一善说·八[2]。

[2] 遽(jù)：突然间；匆忙。

[3] 舡(xiāng)：船。

[4] 檝(jí)：同"楫"。

[5] 蒙蒙如未视之狗耳：模模糊糊的样子就像是还没有睁开眼睛的小狗。

【今译】

魏国的国相死了，惠子想要到魏国去，渡河的时候突然间掉入水中，船夫把他救了上来。船夫问到："先生这样匆忙，是要到哪里去？"惠子说："魏国没有国相了，我想要去担任国相。"船夫说："先生处在船楫之间受困，如果不是我，先生就被淹死了，先生如何能够担任魏国的国相呢？"惠子说："您处在船楫之间，那么我比不上您；至于安定国家、保全社稷，您跟我比，模模糊糊的样子就像是还没有睁开眼睛的小狗。"

十

西闾过东渡河[1]，中流而溺。舡人接而出之[2]，问曰："今者子欲安之?”西闾过曰:“欲东说诸侯王。”舡人掩口而笑曰:“子渡河中流而溺,不能自救,安能说诸侯乎?”西闾过曰:“无以子之所能相为伤也。子独不闻和氏之璧乎[3]? 价重千金,然以之间纺[4],曾不如瓦砖;随侯之珠[5],国之宝也,然用之弹,曾不如泥丸;骐骥、騄駬[6],倚衡负轭而趋,一日千里,此至疾也,然使捕鼠,曾不如百钱之狸;干将、镆铘[7],拂钟不铮,试物不知[8],扬刃离金斩羽契铁斧[9],此至利也,然以之补履,曾不如两钱之锥。今子持楫乘偏舟[10],处广水之中,当阳侯之波[11],而临渊流,适子所能耳。若诚与子东说诸侯王,见一国之主,子之蒙蒙,无异夫未视之狗耳[12]。”

【注释】

[1] 西闾过:人名,生平不详。西闾,复姓。

[2] 舡(xiāng):船。

[3] 和氏之璧:春秋时楚人卞和得璞玉,献给楚厉王、武王,判为石头,被刖足,抱玉而哭。及至楚文王,命匠剖之,果得美玉,后因此命名为“和氏璧”。

[4] 间纺:纺线。此处指用做纺线锤。

[5] 随侯之珠:随,又做“隋”,诸侯国名。在今湖北省随州市。随侯见大蛇受伤,以药治之,后蛇衔明珠报答,世称“随侯珠”。

[6] 骐骥、騄駬(lù ěr):良马名。

[7] 干将、镆铘:宝剑名。镆铘,也作“莫邪”。

[8] 拂钟不铮,试物不知:砍击钟不会发出声响,切割物品没有感觉。拂,通“刜”,砍,击。

[9] 扬刃离金斩羽契铁斧:举起刀刃能斩断金属、割断羽毛、切割铁斧。

[10] 偏舟:当作“扁舟”。

[11] 当阳侯之波:处在水波之上。阳侯,传说中的波神。

[12] 子之蒙蒙,无异夫未视之狗耳:你模模糊糊的样子,就像是还没有睁开眼睛的小狗。

【今译】

西闾过东渡黄河,到了河水中间掉入水中,船夫抓住他把他救了上来,问他:“如今先生将要到哪里去?”西闾过说:“要去东方游说诸侯。”船夫捂住嘴笑着说:“先生渡河在中流掉进水中,不能自我求生,怎能游说诸侯呢?”西闾过:“不要用你的能耐来伤害我。你难道没有听说过和氏璧的故事吗?它价值千金,然而用它来做纺线锤的话,连一块砖头都不如。随侯之珠,国家的宝物,然而用它来做弹子,连一粒泥丸也比不上。骐骥、騄駬这样的宝马,拉着车子奔驰,一天可以跑千里之远,这是最快的速度了,然而用它来捕捉老鼠,连一只狸猫都不如。干将、镆铘这样的宝剑,击钟不会发出声响,切割物品没有感觉,举起刀刃能斩断金属、割断羽毛、切割铁斧,这是最锋利的刀剑了,然而用它来修补鞋子,连两文钱买来的锥子都比不上。如今你握着船桨撑着小船,处在水波之上,下临深水,正可以显示你的本领。假如和你一起去东方游说诸侯,拜见一国的君主,你模模糊糊的样子,就像是还没有睁开眼睛的小狗。”

十一

甘戊使于齐[1],渡大河。舡人曰:“河水,间耳[2],君不能自渡,能为王者之说乎?”甘戊曰:“不然,汝不知也。物各有短长。谨愿敦厚[3],可事主,不施用兵;骐骥、騄駬,足及千里,置之宫室,使之捕鼠,曾不如小狸;干将为利,名闻天下,匠以治木,不如斤斧。今持楫而上下随流,吾不如子;说千乘之君,万乘之主,子亦不如戊矣。”

【注释】

[1] 甘戊:即甘茂。下蔡人。战国时秦国大臣。秦惠王时为将。武王时为左丞相。后受谗奔齐,任上卿。死于魏。

[2] 间:通“涧”。

[3] 谨愿敦厚:诚实宽厚。

【今译】

甘戊出使到齐国去,渡黄河。船夫说:“河水,就像山涧一样,您不能自己渡过去,能够做君王的说客吗?”甘戊说:“不对,你不懂。任何事物都有自己的长处。诚实宽厚的人,可以事奉君主,却不能带兵打仗;骐骥、騄駬这样的宝马,可以跑千里之远,但是放到宫室里,让它捕捉老鼠,连小狸猫也不如;干将是锋利的宝剑,天下闻名,工匠用来修治木料,就不如斧子管用。如今你手握船桨随着水流上下行驶,我比不上你;但是游说拥有千辆战车的国君,拥有万辆战车的君王,你就不如我啦!”

十二

今夫世异则事变,事变则时移,时移则俗易;是以君子先相其土地,而裁其器,观其俗,而和其风,总众议而定其教。愚人有学远射者,参矢而发[1],已射五步之内,又复参矢而发。世以易矣,不更其仪[2],譬如愚人之学远射。目察秋毫之末者[3],视不能见太山;耳听清浊之调者,不闻雷霆之声,何也?唯其意有所移也。百人操觿[4],不可为固结;千人谤狱[5],不可为直辞;万人比非[6],不可为显士。

【注释】

[1] 参矢:《淮南子·说山》作“参天”。

[2] 仪:法度,准则。

[3] 秋毫之末:鸟兽在秋天新长出的细毛的末端。

[4] 觿(xī):古代用来解绳的角锥。

[5] 谤狱:歪曲案件。

[6] 比非:偏袒错误。比,偏袒。

【今译】

如果世道变化了，那么很多事情的做法也会变化；事情的做法变化了，那么做事情的时间也会推移；时间推移了，那么社会风俗也会随之变化。因此君子首先察看土地情况然后制造农具，先观察民俗，然后调和民风，先综合考虑众人的意见，然后确定教化的方案。有个愚蠢的人学习射箭，向着天空发射，只射出五步远；之后还是向天射箭。世道已经变了，却不改变法度，就好比愚蠢的人学习远射一样。有的人眼睛能够看清鸟兽在秋天新长出的细毛的末端，却看不见高大的山；耳朵能够听出清浊的音调，却听不到雷霆的声音，为什么呢？只是因为他的心思转移到别的事物上去了。一百个人拿着解绳的角锥，你就无法打成死结；上千人歪曲案件，你就不能够写出公正的判词；上万人偏袒错误，你的名声就显示不出来了。

十三

麋鹿成群，虎豹避之；飞鸟成列，鹰鹫不击；众人成聚，圣人不犯。腾蛇游于雾露，乘于风雨而行，非千里不止；然则暮托宿于鳝之穴，所以然者何也？用心不一也。夫蚯蚓内无筋骨之强，外无爪牙之利，然下饮黄泉，上垦晞土[1]，所以然者何也？用心一也。聪者耳闻，明者目见，聪明形则仁爱著，廉耻分矣。故非其道而行之，虽劳不至；非其有而求之，虽强不得。智者不为非其事，廉者不求非其有，是以远容而名章也[2]。《诗》云："不忮不求，何用不臧[3]。"此之谓也。

【注释】

[1] 晞(xī)土：干土。

[2] 远容：《韩诗外传·卷一》作“远害”，于义为胜。章，同“彰”。

[3] 不忮(zhì)不求，何用不臧：忮，忌恨。臧，善，好。语出《诗经·邶风·雄雉》。

【今译】

麋鹿成群结队在一起，连虎、豹也要畏避它们；飞鸟成列在一起，就连凶猛的鹰、鹫也不敢攻击它们；众多的人在一起，连圣人也不敢冒犯他们。腾飞的蛇在云雾中游动，乘着风雨飞行，不到千里之远不停息下来。虽然这样，但是它晚上还要寄宿在泥鳅和黄鳝的洞穴里，之所以这样是为什么呢？用心不专一的原因。那些蚯蚓体内没有强健的筋骨，体外也没有锐利的爪牙，却能够向下饮黄泉水，向上翻开干燥的泥土，之所以这样是为什么呢？用心专一的原因。听力好的人能听清声音，视力好的人能看清东西，耳聪目明形成后就能使得仁爱更加显著，廉耻分明。所以不按照正确的道路行走，虽然走得很辛苦但也到不了目的地；不属于自己的东西却贪求得到，即便用强力也得不到；聪明的人不做自己不该做的事情，廉洁的人不贪求不属于自己的东西，因此能够远离祸害并且彰显名声。《诗经》上说：“不忌恨，不贪求，做什么能不好呢？”说的就是这个意思。

十四

楚昭王召孔子[1]，将使执政而封以书社七百[2]。子西谓楚王曰[3]：“王之臣用兵有如子路者乎？使诸侯有如宰予者乎[4]？长官五官有如子贡者乎[5]？昔文王处酆[6]，武王处镐[7]，酆、镐之间百乘之地[8]，伐上杀主立为天子，世皆曰圣。王今以孔子之贤而有书社七百里之地，而三子佐之，非楚之利也。”楚王遂止。夫善恶之难分也，圣人独见疑[9]，而况于贤者乎？是以贤、圣罕合，谄谀常兴也。故有千岁之乱而无百岁之治，孔子之见疑，岂不痛哉！

【注释】

[1] 楚昭王：见卷一君道·二十七[1]。

[2] 书社：古制二十五家立社，把社内人姓名写在簿册上，叫作书社。

[3] 子西：即公子申。春秋时楚国人，楚平王庶子。楚昭王时任令尹，后白公胜作乱，被杀。

[4] 宰予：见卷七政理·四十五[3]。

[5] 长官五官：长官，掌管。五官，五种官职，借指百官。

[6] 酆(fēng)：即丰京。周文王旧都，故址在今陕西长安县。

[7] 镐(hào)：即镐京。西周国都，故址在今陕西长安县西北。武王灭商后，自酆迁于此，诸侯宗之，谓之"宗周"。

[8] 百乘：疑当作"百里"。

[9] 独：当作"犹"。尚且。

【今译】

楚昭王召见孔子，准备让他执掌国政并封他土地七百里。子西对楚昭王说："大王的臣子中有像子路一样善于用兵的人吗？出使诸侯有像宰予一样善于外交辞令的人吗？管理百官有像子贡一样贤能的人吗？从前周文王住在丰京，武王住在镐京，丰京和镐京之间土地不过百里，却能够讨伐商纣王立为天子，世上的人都称他为圣王。大王现在凭借着孔子的贤能而封他土地七百里，并且有子路、宰予、子贡三人辅佐他，恐怕对楚国没有好处。"楚王于是作罢。善、恶难以分辨，圣人尚且被怀疑，何况是一般的贤士呢？因此贤士和圣人少有遇合，谄谀小人很猖獗。所以有千年的混乱却没有百年的安定，孔子被怀疑，怎么不令人痛心呢！

十五

鲁哀公问于孔子曰[1]："有智者寿乎？"孔子曰："然。人有三死而非命也者，人自取之。夫寝处不时，饮食不节，佚劳过度者，疾共杀之；居下位而上忤其君[2]，嗜欲无厌，而求不止者，刑共杀之；少以犯众，弱以侮强，忿怒不量力者，兵共杀之。此三者，非命也，人自取之。"《诗》云："人而无仪，不死何为[3]？"此之谓也。

【注释】

[1] 鲁哀公：见卷一君道·五[1]。

[2] 忤（wǔ）：违逆。

[3] 人而无仪，不死何为：仪，威仪，指可供他人取法的端庄严肃的态度、行为。语出《诗经·鄘风·相鼠》。

【今译】

鲁哀公问孔子："智者长寿吗？"孔子说："是的。人有三种死亡不属于天命，是人自己招致的。休息不按规律，饮食不加节制，放纵和劳累过度的人，都会死于疾病；处在下位却对上违逆君主，欲望永不满足，贪心不止的人，都会死于刑罚；以少数冒犯多数，以弱小凌辱强大，好发怒又不自量力的人，都会死于兵器之下。这三种死亡，都不属于天命，是人自己招致的。"《诗经》上说："做人如果没有威仪，不死还等什么呢？"说的就是这个道理。

十六

孔子遭难陈、蔡之境[1]，绝粮。弟子皆有饥色，孔子歌两柱之间[2]。子路入见曰："夫子之歌，礼乎？"孔子不应，曲终而曰："由，君子好乐为无骄也，小人好乐为无慑也，其谁知之？子不我知而从我者乎？"子路不悦，援干而舞[3]，三终而出。及至七日，孔子修乐不休，子路愠见曰[4]："夫子之修乐，时乎？"孔子不应，乐终而曰："由，昔者齐桓霸心生于莒[5]，勾践霸心生于会稽[6]，晋文霸心生于骊氏[7]，故居不幽，则思不远，身不约，则智不广，庸知而不遇之。”于是兴，明日免于厄。子贡执辔曰[8]：“二三子从夫子而遇此难也，其不可忘已[9]。”孔子曰：“恶，是何也[10]？语不云乎：三折肱而成良医。夫陈、蔡之间，丘之幸也。二三子从丘者皆幸人也。吾闻人君不困不成王，列士不困不成行。昔者汤困于吕[11]，文王困于羑里[12]，秦穆公困于殽[13]，齐桓困于长勺[14]，勾践困于会稽[15]，晋文困于骊氏[16]。夫困之为道，从寒之及暖，暖之及寒也，唯贤者独知而难言之也。”《易》曰：“《困》：亨。贞大人吉，无咎。有言不信[17]。”圣人所与人难言，信也！

【注释】

[1] 孔子遭难陈、蔡：公元前 489 年，楚、陈两国交兵，孔子住在陈、蔡之间，楚王派人礼请孔子，陈、蔡两国却派兵把孔子团团围住，断绝食粮，直到楚昭王派来救兵才解围。

[2] 两柱：房屋前面的两根楹柱。

[3] 授干而舞：授，此字误，当作“援”。拿起。干，盾，古代用以护身的兵器。

[4] 愠(yùn)：不高兴，生气。

[5] 莒(jǔ)：古邑名。在今山东莒县。

[6] 会稽(kuài jī)：山名。在今浙江绍兴市东南。

[7] 骊氏：指晋献公宠妾骊姬。她欲立亲子即位，于是谗害太子申生和公子重耳、夷吾。

[8] 辔(pèi)：驭马的缰绳。

[9] 已：句末语气词。

[10] 恶(wū)，是何也：恶，叹词。是何也，即“是何言也”。

[11] 汤困于吕：吕，地名。汤困于吕事未详。

[12] 文王困于羑(yǒu)里：羑里，地名，故址在今河南省汤阴县北。商纣王囚西伯(周文王)于此。

[13] 秦穆公困于殽(xiáo)：殽，一作“崤”，山名，在今河南洛宁县西北。公元前 627 年，晋国军队在此击败秦军。

[14] 齐桓困于长勺：长勺，地名，春秋属鲁，在今山东莱芜市东北。一说在今山东曲阜市北。公元前 684 年，鲁庄公在曹刿帮助下在此击败齐军。

[15] 勾践困于会稽：会稽，山名。春秋时越王勾践为吴王夫差所败，退守会稽山。

[16] 晋文困于骊氏：见注释[7]“骊氏”。

[17] “《困》”句：语出《易经·困卦》。

【今译】

孔子与弟子被困在陈国和蔡国之间，绝了粮。他的弟子都面有饥色。孔子在两柱间悠然唱歌。子路进来见孔子，说：“先生在这个时候唱歌符合礼的要求吗？”孔子不回答，唱完后才说：“仲由啊，君子喜欢音乐，为的是不让自己骄傲；小人喜欢音乐，为的是不让自己害怕。谁懂得这个道理呢？你并不了解为何要跟从我呢？”子路不高兴，拿过盾舞起来，舞了三遍才退出。到了第七天，孔子练习音乐还没有停止。子路很生气地来见孔子说：“先生在这个时候练习音乐合乎时宜吗？”孔子不回答他，音乐结束后才说：“仲由，从前齐桓公居住在莒国激励他产生了霸心，越王勾践战败后退守会稽山激励他产生了霸心，晋文公被骊姬陷害激励他产生了霸心。所以处境不困窘的人思虑就不远，自身不遭遇穷困的人志向就不宏大。你怎么知道我在这样的艰难环境中不会产生高远的志向并有机遇呢？”于是大家振作起来，第二天果然结束了厄运。子贡牵着马缰绳说：“我们跟从先生遭遇这样的困厄，恐怕终生难忘吧？”孔子说：“唉，这是什么话？俗话不是说吗：多次折断手臂的人就会变成良医。困在陈国和蔡国之间，那是我的幸运。你们跟随我，也都是幸运的人。我听说，国君没有遭遇困厄，成就不了王业，士人没有遭遇困厄，成就不了好的品行。从前，商汤受困于吕地，周文王受困于羑里，秦穆公受困于殽山，齐桓公受困于长勺，勾践受困于会稽山，晋文公受困于骊姬。受困后才能成功的道理，就好比是从寒冷变为温暖，又从温暖变为寒冷，只有圣贤才能领悟其中的道理，然而很难表达出来。”《易经》上说：“《困》卦：通顺。占问大人吉,无害。有话他人不信。"圣人与人说话,有时候也难以表达心迹,的确如此啊!

十七

孔子困于陈、蔡之间[1],居环堵之内[2],席三经之席[3],七日不食,藜羹不糁[4],弟子皆有饥色,读《诗》《书》,治《礼》不休。子路进谏曰:"凡人为善者,天报以福,为不善者天报以祸。今先生积德行,为善久矣。意者尚有遗行乎[5]?奚居隐也[6]!"孔子曰:"由,来,汝不知。坐,吾语汝。子以夫知者为无不知乎?则王子比干何为剖心而死[7]?以谏者为必听耶?伍子胥何为抉目于吴东门[8]?子以廉者为必用乎?伯夷、叔齐何为饿死于首阳山之下[9]?子以忠者为必用乎?则鲍庄何为而肉枯[10]?荆公子高终身不显[11],鲍焦抱木而立枯[12],介子推登山焚死[13]。故夫君子博学深谋不遇时者众矣,岂独丘哉!贤不肖者才也,为不为者人也,遇不遇者时也,死生者命也;有其才不遇其时,虽才不用,苟遇其时,何难之有!故舜耕历山而逃于河畔[14],立为天子,则其遇尧也。傅说负壤土、释板筑[15],而立佐天子,则其遇武丁也[16]。伊尹,有莘氏媵臣也[17],负鼎俎、调五味,而佐天子[18],则其遇成汤也[19]。吕望行年五十卖食于棘津[20],行年七十屠牛朝歌[21],行年九十为天子师,则其遇文王也。管夷吾束缚胶目[22],居槛车中,自车中起为仲父,则其遇齐桓公也。百里奚自卖取五羊皮[23],伯氏牧羊以为卿大夫[24],则其遇秦穆公也。沈尹名闻天下[25],以为令尹,而让孙叔敖[26],则其遇楚庄王也。伍子胥前多功,后戮死,非其智益衰也,前遇阖庐,后遇夫差也。夫骥厄罢盐车[27],非无骥状也,夫世莫能知也;使骥得王良、造父[28],骥无千里之足乎?芝兰生深林,非为无人而不香。故学者非为通也,为穷而不困也,忧不衰也,此知祸福之始而心不惑也[29],圣人之深念独知独见。舜亦贤圣矣,南面治天下,唯其遇尧也。使舜居桀纣之世,能自免刑戮固可也,又何官得治乎?夫桀杀关龙逢而纣杀王子比干[30],当是时,岂关龙逢无知,而比干无惠哉?此桀纣无道之世然也。故君子疾学修身端行,以须其时也。"

【注释】

[1] 孔子困于陈、蔡之间:见上一章注释[1]。

[2] 环堵:四周土墙。形容居室的简陋狭窄。

[3] 席三经之席:坐在有三部经典的席子上。第一个席是动词,坐。第二个席是名词。三经,三部儒家经典。所指不一。此处当指《诗经》《尚书》《周礼》,与下文相对应。

[4] 藜羹不糁(sǎn):羹汤中没有米粒。藜羹,用野菜藜草煮成的羹。糁,用米和羹。指饭食粗劣。

[5] 遗行:行为有过失。

[6] 奚居隐也:为什么生活这样穷困呢?奚,为何。居,生活。隐,穷困。

[7] 比干:见卷四立节·一[10]。

[8] 伍子胥:见卷八尊贤·九[12]。

[9] 伯夷、叔齐:见卷四立节·一[12]

[10] 鲍庄:生平不详。《韩诗外传》卷七之六作"则鲍叔何为而不用"。

[11] 荆公子高:《韩诗外传》卷七之六作"叶公子高"。春秋时楚人,沈姓,名诸梁,沈尹戌子。字子高,封于叶,为叶县尹,自称公,故名公子高。楚惠王十年,谏令尹子西勿召白公胜归,子西不听。后白公胜为乱,杀子西,劫惠王。叶公与国人攻白公,白公出山而缢。叶公兼令尹、司马。国宁,乃使子国(子西之子)为令尹,使宽(子期之子)为司马,自终老于叶。本句说他"终身不显"与事不符。《新序·杂事五》中"叶公好龙"的故事即写他。

[12] 鲍焦:春秋时人,廉洁之士。据说他愤世嫉俗,不臣天子,不友诸侯,甘心过贫困生活,受子贡责备,抱木而死。

[13] 介子推:见卷六复恩·四[8]。

[14] 舜耕历山而逃于河畔:历山,所指不一,左松超认为山东济南历山较合。逃,明抄本作"陶"。音同而误。河畔,河边。

[15] 傅说(yuè):见卷十一善说·十[3]。

[16] 武丁:见卷一君道·二十五[2]。

[17] 伊尹,有莘氏媵臣也:伊尹,见卷一君道·十三[1]。有莘氏,古代氏族名。《帝王世纪》:"汤先娶有莘氏女为妃。"媵臣,诸侯嫁女,派大夫随行,称为媵臣。

[18] 负鼎俎、调五味,而佐天子:原本是做饭切菜的人,却成了天子的辅佐。负,承担。鼎,炊具。俎,切肉的砧板。五味,指酸、苦、甘、辛、咸五种味道。

[19] 成汤:契(xiè,传说中商族的始祖,帝喾之子。舜时佐禹治水有功,任司徒,封于商)的后代,子姓,名履,又称天乙。夏桀无道,汤伐之,遂有天下,国号商,都于亳(今河南商丘、偃师一带)。

[20] 吕望:见卷一君道·十四[1]。

[21] 朝(zhāo)歌:地名。商代帝乙、帝辛别都,故址在今河南淇县。

[22] 管夷吾束缚胶目:管夷吾,见卷一君道·十六[2]。束缚,捆绑。胶目,蒙住双眼。管仲原本跟随公子纠,与公子小白(桓公)争君位。公子纠失败后,管仲曾被关进囚车。

[23] 百里奚:见卷二臣术·九[2]。

[24] 伯氏:即秦伯。元本《韩诗外传》卷七之六作"为秦伯牧羊"。

[25] 沈尹:不详。《韩诗外传》卷七之六作"虞丘"。见卷十四至公·十三。

[26] 孙叔敖:见卷八尊贤·二[5]。

[27] 夫骥厄罢(pí)盐车:良马拉盐车受疲敝。厄,困苦。罢,通"疲"。

[28] 王良、造父:见卷十五指武·五[6]。

[29] 此:《韩诗外传》卷七之六作"先"。

[30] 关龙逄(páng):见卷九正谏·二[5]。

【今译】

孔子与弟子被困在陈国和蔡国之间,住在四周是土墙的房屋之内，坐在有三部经典的席子上，七天没有饭吃了，用野菜藜草煮成的羹汤中没有米粒，弟子都面有饥色。但是他们还是不停地诵读《诗》《书》和《周礼》。子路向孔子进谏说："凡是做好事的人，上天会用福运来回报他；做不好的事情的人，上天会用灾祸来回报他。如今先生积累高尚品德做好事已经很长时间了，想来行为还有过失吧？不然为什么生活这样穷困呢？"孔子说："仲由，过来。你不懂，坐下，我告诉你。你以为那些聪明人就无所不知吗？那么王子比干为何被挖心而死呢？你以为进谏就一定被采纳吗？伍子胥为何挖掉双眼挂在吴国城门上呢？你以为廉洁之人一定得到重用吗？那伯夷、叔齐为何饿死在首阳山下呢？你以为忠心耿耿的一定得到任用吗？那鲍庄为何肉枯而死呢？为何楚国的公子高一生不显贵，鲍焦抱着枯树而死，介子推逃到山上被烧死呢？所以，君子虽然学识渊博、谋虑深远，但是生不逢时的多啦，难道只有我孔丘一人吗？贤能还是不贤能是能力的问题，作为还是不作为是个人的问题，有机遇还是没有机遇是时机的问题，死还是活是命的问题。有才能却生不逢时，虽然有才能也无法施展；如果生而逢时，施展才干有什么困难的呢？所以舜耕田在历山，在河畔制作陶器，却做了天子，是因为遇上了尧啊。傅说原本挑土筑墙，后来丢弃筑墙的工具，做了辅佐天子的重臣，那是他遇到了武丁啊。伊尹，是有莘氏陪嫁的臣子，原本是做饭切菜的人，却成了天子的辅佐之臣，那是遇到了成汤啊。姜子牙五十岁的时候在黄河棘津渡口卖小吃，七十岁的时候在朝歌做杀牛的屠夫，九十岁的时候做了天子的军师，是遇到了周文王啊。管仲手脚被捆绑双眼被蒙住，关进囚车中，却在囚车中被起用称为仲父，是遇到了齐桓公啊。百里奚用五张羊皮就把自己卖了，为秦伯牧羊，做了秦王的大夫，是遇到了秦穆公啊。沈尹天下有名，做楚国令尹，却让位给了孙叔敖，是遇到了楚庄王啊。伍子胥先前建立了很多功劳，后来被杀死，不是他的智慧越来越衰退，是因为先前遇到了阖庐，后来遇到了夫差啊。良马以困苦疲敝之身拉着盐车，不是没有良马的状貌，是世上没有伯乐啊。假使良马遇到王良、造父这样的驭马人，这些良马难道不能日行千里吗？芝兰生长在深林中，并不因为没有人欣赏它就不散发芳香。所以求学不是为了显达亨通，是为了处于困境的时候不倦怠，处于忧患之中意志不衰退，预知福祸的缘由而内心不迷惑啊。圣人思考深入，具有独立的见解。舜也是圣贤，面南而治理天下，就是因为遇到了尧。假使舜生活在桀、纣的时代，能够使自己免于遭受刑戮就不错了，又如何能够做官治理天下呢？桀杀死了关龙逄，纣杀死了王子比干，那个时候，难道是关龙逄缺乏智慧而比干不够聪明吗？是桀、纣昏庸无道的世道造成的啊！所以君子努力学习，修养自身端正品行，用来等待时机啊。"

十八

孔子之宋，匡简子将杀阳虎[1]，孔子似之，甲士以围孔子之舍。子路怒，奋戟将下斗。孔子止之，曰："何仁义之不免俗也？夫《诗》《书》之不习，《礼》《乐》之不修也[2]，是丘之过也；若似阳虎，则非丘之罪也，命也夫。由，歌，予和汝。"子路歌，孔子和之，三终而甲罢[3]。

【注释】

[1] 匡简子将杀阳虎：匡，地名，春秋时有三个地方名匡，分属郑、宋、卫。《论语·子罕》有"子畏于匡"。杨伯峻《论语译注》认为此处匡为卫邑，在今河南长垣县西南。简子，生平不详，疑为匡人首领。匡人曾受到阳虎的攻击，而孔子相貌又与阳虎相近，匡人误以为孔子就是阳虎，于是囚禁了孔子。阳虎，见卷六复恩·二十二[1]。

[2]《礼》《乐》：《礼》，指《周礼》。《乐》即《乐经》，已佚。

[3] 三终：三遍。

【今译】

孔子到宋国去，匡地的简子正准备攻杀阳虎，孔子长相与阳虎相似，简子就派身穿铠的甲士兵把孔子住的房舍包围起来。子路被激怒了，拿起戟来就要过去和他们拼杀。孔子阻止他，说："为何修习仁义还不能免俗呢？不修习《诗》《书》，不修习《礼》《乐》，是我的过错；至于相貌和阳虎相似，不是我的过错，是天命。仲由，你唱歌，我来应和你。"于是子路唱歌，孔子应和，唱了三遍士兵就撤回了。

十九

孔子曰："不观于高岸，何以知颠坠之患？不临于深渊，何以知没溺之患？不观于海上，何以知风波之患？失之者其不在此乎？士慎三者，无累于人。"

【今译】

孔子说："不观察高高的山崖，凭什么知道从高处掉下来的祸患？不面对深深的潭水，凭什么知道被淹没的祸灾？不到大海上看看，凭什么知道风波的灾难？有失误的人难道不是在这些方面出了问题吗？士人在这三个方面小心谨慎，就不会连累他人。"

二十

曾子曰[1]："响不辞声，鉴不辞形[2]，君子正一而万物皆成。夫行非为影也，而影随之；呼非为响也，而响和之。故君子功先成而名随之。"

【注释】

[1] 曾子：见卷三建本·六[1]。

[2] 鉴：镜子。

【今译】

曾子说："回声离不开声音，镜子离不开形体，君子端正一物而万物就随之端正。人的行动不是为了影子，但影子却跟随着它；人的呼喊不是为了回声，但回声却应和它。所以君子成功在先而声誉跟随在后。"

二十一

子夏问仲尼曰[1]："颜渊之为人也何若？"曰："回之信贤于丘也[2]。"曰："子贡之为人也何若？"曰："赐之敏贤于丘也[3]。"曰："子路之为人也何若？"曰："由之勇贤于丘也。"曰："子张之为人也何若[4]？"曰："师之庄贤于丘也[5]。"于是子夏避席而问曰："然则四者何为事先生[6]？"曰："坐，吾语汝。回能信而不能反[7]，赐能敏而不能屈，由能勇而不能怯，师能庄而不能同。兼此四子者，丘不为也[8]。"夫所谓至圣之士，必见进、退之利，屈、伸之用者也。

【注释】

[1] 子夏：见卷二臣术·五[12]。

[2] 回之信：回，颜渊名回。信，诚信。

[3] 赐之敏：赐，子贡姓端木，名赐。敏，聪敏。

[4] 子张：姓颛孙，名师，字子张。春秋时陈国人，孔子弟子。

[5] 庄：庄重、严肃。

[6] 四：《列子·仲尼》《孔子家语·六本》皆作"四子"。于义为胜。

[7] 反：变通。

[8] 兼此四子者，丘不为也：此句意思不完整，疑有脱文。《列子·仲尼》作"兼四子之有以易吾，吾弗许也。"《孔子家语·六本》作"兼四子者之有以易，吾弗许也。"《论衡·定贤》作"以三子之能易丘之道，弗为之。"《淮南子·人间》作"以三子之能，易丘一道，丘弗为也。"本句的意思应

该是：用他们的长处，来换取我的综合能力，我不愿意。

【今译】

子夏问孔子："颜渊的为人如何？"孔子说："颜回的诚信比我强。"子夏问："子贡的为人如何？"孔子说："端木赐比我聪敏。"子夏问："子路的为人如何？"孔子说："仲由比我勇敢。"子夏问："子张的为人如何？"孔子说："颛孙师比我端庄严肃。"这时候子夏离开座位恭敬地问："既然这样，为何这四个人拜您为师呢？"孔子说："你坐下，我告诉你。颜回守信用却不能变通，端木赐聪敏却不能受委屈，仲由勇敢但不能示弱，颛孙师庄重严肃但不合群。用他们四个人的长处，来换取我的综合能力，我不愿意。"那最圣明的人，一定知道进取和退守都会获得利益，委屈和伸张都会取得效果。

二十二

东郭子惠问于子贡曰[1]："夫子之门何其杂也？"子贡曰："夫隐括之旁多枉木[2]，良医之门多疾人，砥砺之旁多顽钝[3]。夫子修道以俟天下，来者不止，是以杂也。《诗》云：'苑彼柳斯，鸣蜩嘒嘒；有漼者渊，莞苇淠淠[4]。'言大者之旁，无所不容。"

【注释】

[1] 东郭子惠：生平不详。《荀子·法行》作"南郭惠子"。

[2] 隐括之旁多枉木：隐括，即"檃括"或"檃栝"。矫正竹木弯曲的工具。枉木，弯曲的木头。

[3] 砥砺之旁多顽钝：砥砺，磨刀石。顽钝，不锋利的器物。

[4] 苑彼柳斯，鸣蜩（tiáo）嘒嘒（huì huì）；有漼（cuǐ）者渊，莞苇淠淠（pèi pèi）：苑，当作"菀"（wǎn，或读 yù），茂盛。蜩，蝉。嘒嘒，蝉鸣声。漼，深。莞苇，荻草和芦苇。淠淠，茂盛。语出《诗经·小雅·小弁》。

【今译】

东郭子惠问子贡："孔子的门下为何这么庞杂？"子贡说："矫正竹木弯曲的工具的旁边都是些弯曲的木头，良医的门下有很多病人，磨刀石的旁边堆放着很多不锋利的器物。先生他修养道德以待天下人，来者不断，所以显得庞杂。《诗经》上说：'茂密的柳枝，蝉儿鸣叫不休；潭水深深，芦苇长得密而稠。'说的是庞大的事物旁边，无所不包。"

二十三

昔者南瑕子过程太子[1]，太子为烹鲵鱼[2]。南瑕子曰："吾闻君子不食鲵鱼。"程太子曰："乃君子否？子何事焉？"南瑕子曰："吾闻君子上比，所以广德也；下比，所以狭行也。于恶自退之原也[3]。《诗》云：'高山仰止，景行行止[4]。'吾岂敢自以为君子哉？志向之而已。"孔子曰："见贤思齐焉，见不贤而内自省[5]。"

【注释】

[1] 南瑕子过程太子：南瑕子，人名，生平不详。过，拜访。程太子，当作"程本子"。春秋无程国，言"太子"无据。《韩诗外传》卷七之二十三作"程本"，《太平御览·九三八》作"程本子"。程本，见卷八尊贤·二十五[2]。

[2] 鲵(ní)鱼：鱼名，属两栖类动物，又称山椒鱼、娃娃鱼。

[3] 于恶自退之原也：《太平御览·九三八》作"比于善，自进之阶也；比于恶，自退之源也。"意思完整。译文从之。

[4] 高山仰止，景行(háng)行(xíng)止：高山啊，让人仰望；大道啊，让人行走。景行，大道。止，之。后用"高山景行"比喻道德高尚，行为光明正大。语出《诗经·小雅·车舝(xiá)》。

[5] 见贤思齐焉，见不贤而内自省(xǐng)：省，反省。语出《论语·里仁》。

【今译】

从前,南瑕子拜访程本,程本请他吃鲵鱼。南瑕子说:“我听说君子不吃鲵鱼。”程本说:“那是君子不吃,与你有什么关系?”南瑕子说:“我听说君子向上比,用来提高自己的优良品德;向下比,德行就变狭小了。与好的相比,是自己进步的阶梯;与坏的相比,是自己退步的根源。《诗经》上说:‘高山啊,让人仰望,大道啊,让人行走。’我哪里敢自诩为君子呢?不过是内心向往罢了。”孔子说:“见到贤能的人就想要向他看齐,见到不贤能的人就自己反省。”

二十四

孔子观于吕梁[1],悬水四十仞[2],环流九十里,鱼鳖不能过,鼋鼍不敢居[3]。有一丈夫,方将涉之。孔子使人并崖而止之曰[4]:“此悬水四十仞,圜流九十里[5],鱼鳖不敢过,鼋鼍不敢居,意者难可济也!”丈夫不以错意[6],遂渡而出。孔子问:“子巧乎?且有道术乎?所以能入而出者何也?”丈夫曰:“始吾入,先以忠、信[7],吾之出也,又从以忠、信。忠、信错吾躯于波流,而吾不敢用私。吾所以能入而复出也。”孔子谓弟子曰:“水而尚可以忠信,义久而身亲之[8],况于人乎?”

【注释】

[1] 吕梁:泗水水流湍急处。在今江苏铜山县东南。《水经注·泗水注》:“泗水之上有石梁焉,故曰吕梁也。”

[2] 悬水四十仞:瀑布。仞,长度单位。古代以七尺或八尺为一仞。

[3] 鼋鼍(yuán tuó):大鳖和鳄鱼。

[4] 并(bàng):通“傍”。依傍,靠着。

[5] 圜(huán):通“环”。

[6] 错意:在意。错,通“措”。下文的“错”是安置的意思。
[7] 忠信:忠,尽心竭力。信,坚定的意志。
[8] 义久:疑衍文。

【今译】

孔子在吕梁观赏风景,看到有瀑布高四十仞,水流湍急回旋达九十里,鱼鳖难以渡过,鼋鼍不敢停留。有一男子,正要从那里横渡。孔子派弟子凭靠着高崖阻止他,说:“此处瀑布高达四十仞,水流湍急回旋达九十里,鱼鳖难以渡过,鼋鼍不敢停留,我想你是很难横渡过去的!”那男子毫不在意,于是渡水上岸。孔子问他:“你有什么技巧吗?还是有什么道术?能够深入危险的地方并轻松地出来,为什么呢?”那男子说:“我刚开始进入水中的时候,先是靠尽心竭力和坚定的意志;我出水的时候,还是靠着尽心竭力和坚定的意志。忠、信把我的身体置于洪水波浪之上,我不敢有任何的私心杂念。这就是我能够轻松地出入于湍急水流中的原因。”孔子对他的弟子说:“渡水尚且能够凭着忠、信来亲近它,何况与人交往呢?”

二十五

子路盛服而见孔子。孔子曰:“由,是襜襜者何也[1]?昔者江水出于岷山,其始也,大足以滥觞[2],及至江之津也,不方舟[3],不避风,不可渡也。非唯下流众川之多乎?今若衣服甚盛,颜色充盈,天下谁肯加若者哉[4]?”子路趋而出,改服而入,盖自如也[5]。孔子曰:“由,记之,吾语若:贲于言者[6],华也[7];奋于行者[8],伐也[9]。夫色智而有能者[10],小人也。故君子知之为知之,不知为不知,言之要也[11];能之为能,不能为不能,行之至也。言要则知,行要则仁。既知且仁,夫有何加矣哉?由,《诗》云:‘汤降不迟,圣敬日跻[12]’。此之谓也。”

【注释】

[1] 襜襜(chān chān)：衣服华丽的样子。

[2] 滥觞(shāng)：江河源头水浅，仅能浮起酒杯。觞，酒杯。

[3] 方舟：将两只船并在一起。

[4] 天下谁肯加若者哉：天下的人谁还愿意帮助你提高呢？

[5] 盖：句首语气词。

[6] 贲(bì)：装饰华美。

[7] 华：浮华。

[8] 奋：骄矜，自负。

[9] 伐：夸耀。

[10] 色智而有能：色智，自矜才智，外形于色。有能，自我显露才能。

[11] 言之要也：说话的要领。

[12] 汤降不迟，圣敬日跻(jī)：商汤的降生正当其时，圣明恭谨的品德与日俱增。汤，商汤。跻，登，升。语出《诗经·商颂·长发》。

【今译】

子路衣着华丽去见孔子。孔子说：“仲由，为何穿着这样华丽？从前江水发源于岷山，刚开始的地方，水流的大小仅能浮起酒杯，但是到了下游有渡口的地方，如果不将两只船并在一起，不避开大风浪，就不能横渡过去。这不就是因为下游汇合了众多水流而江面宽广的缘故吗？现在你穿着非常华丽的衣服，脸上流露出满足的神色，这样天下的人谁还愿意帮助你提高呢？”子路快步走出去，改换服装进来，像过去一样。孔子说：“仲由，记住，我告诉你：装饰自己的话语，是浮华的表现；行为上自负，是自夸的表现。自矜才智，外形于色，自我显露才能，是小人的表现。所以君子懂就是懂，不懂就是不懂，这是说话的要领；能做就是能做，不能做就是不能做，这是行动的要领。说话有要领就是智慧，行动有要领就是仁德。既有智慧又有仁德，那还有什么要提高的呢？仲由，《诗经》上说:‘商汤的降生正当其时,圣明恭谨的品德与日俱增。’说的就是这样的道理啊!”

二十六

子路问孔子曰:“君子亦有忧乎?”孔子曰:“无也。君子之修其行,未得,则乐其意;既已得,又乐其知[1]。是以有终身之乐,无一日之忧。小人则不然。其未之得,则忧不得;既已得之,又恐失之。是以有终身之忧,无一日之乐也。”

【注释】

[1] 又乐其知:《荀子·子道》《孔子家语·在厄》均作“又乐其治”。译文从之。

【今译】

子路问孔子:“君子也有忧愁吗?”孔子说:“没有。君子修炼自己的品行,没有得到官位的时候,就为有修炼的意愿而高兴;已经得到了官位,又为能够实践理想而高兴。所以一辈子都高兴,没有哪一天是忧愁的。小人就不这样了。他没有得到官位的时候,就为得不到而忧愁;他已经得到了,又担心失掉官位。所以一辈子都在忧愁,没有哪一天是快乐的。”

二十七

孔子见荣启期[1],衣鹿皮裘,鼓瑟而歌。孔子问曰:“先生何乐也?”对曰:“吾乐甚多。天生万物,唯人为贵,吾既已得为人,是一乐也;人以男为贵,吾既已得为男,是二乐也;人生不免襁褓[2],吾年已九十五，是三乐也。夫贫者，士之常也，死者，民之终也。处常待终，当何忧乎[3]？”

【注释】

[1] 荣启期：隐士。《孔子家语·六本》作“荣声期”。

[2] 人生不免襁褓：有人生来便死于襁褓之中。襁褓，背负婴儿的背带和布兜。

[3] 当（shàng）：通“尚”，还。

【今译】

孔子见到荣启期身穿鹿皮做的皮衣，弹着瑟唱歌。孔子问他：“先生为何这样高兴？”荣启期回答说：“我高兴的事很多。大自然生育万物，只有人最为高贵，我能够成为人，这是第一件快乐的事；人以男子为高贵，我能够成为男子，这是第二件快乐的事；有人生来便死于襁褓之中，我已活了九十五岁，这是第三件快乐的事。至于贫穷，是士人的正常情况，死亡，是人的自然归宿。我处于正常情况之中，等待自然的归宿，还有什么可忧虑的呢？”

二十八

曾子曰：“吾闻夫子之三言，未之能行也。夫子见人之一善而忘其百非，是夫子之易事也[1]；夫子见人有善若已有之，是夫子之不争也[2]；闻善必躬亲行之，然后道之，是夫子之能劳也。夫子之能劳也，夫子之不争也，夫子之易事也。吾学夫子之三言，而未能行。”

【注释】

[1] 易事：容易事奉、相处。《论语·子路》：“君子易事而难说也。……小人难事而易说也。”

[2] 夫子之不争：《论语·八佾》：“子曰：‘君子无所争。’”

【今译】

曾子说："我听先生说过三件事，但我没能实践它。先生看到别人有一个优点就会忘记他的很多缺点，这说明先生容易相处；先生看到别人有优点就像是自己有了那个优点一样，这说明先生不与人相争；先生听到好的道理一定身体力行，然后引导别人，这说明先生能吃苦耐劳。先生能吃苦耐劳，先生不与别人相争，先生容易相处。我学习先生说的这三件事，但没能实践它。"

二十九

孔子说："回，若有君子之道四：强于行己，弱于受谏，怵于待禄，慎于持身。"

【今译】

孔子说："颜回，你具有君子的四种品行：严于律己，易于接受，惧于做官，慎于立身。"

三十

仲尼曰："史鳝有君子之道三[1]：不仕而敬上，不祀而敬鬼，直能曲于人[2]。"

【注释】

[1] 史鳝：见卷二臣术·二十一[1]。
[2] 曲于人：宽以待人。

【今译】

孔子说："史鳝具有君子的三种品行：不做官却能敬奉居上位

的人，不祭祀却能够敬奉鬼神，自身正直却能够宽以待人。”

三十一

孔子曰：“丘死之后，商也日益[1]，赐也日损[2]；商也好与贤己者处，赐也好说不如己者[3]。”

【注释】

[1] 商：卜商，即子夏。见卷二臣术·五[12]。

[2] 赐：端木赐，即子贡。见卷二臣术·四[1]。

[3] 说(yuè)：讨好。

【今译】

孔子说：“我死了以后，卜商会一天比一天有进步，端木赐会一天比一天退步。卜商喜欢与比自己贤能的人在一起，端木赐喜欢讨好不如自己的人。”

三十二

孔子将行，无盖[1]。弟子曰：“子夏有盖，可以行。”孔子曰：“商之为人也[2]，甚短于财[3]。吾闻与人交者，推其长者，违其短者，故能久长矣。”

【注释】

[1] 盖：车盖。车上用来遮阳挡雨的伞形篷子。

[2] 商：卜商，即子夏。见卷二臣术·五[12]。

[3] 短：《孔子家语·致思》作“悋”(lìn)，吝啬。

【今译】

孔子准备出行，(遇雨)，车上没有伞盖。弟子说："子夏的车上有伞盖，可以借来出行。"孔子说："卜商的为人，在财物方面比较小气。我听说与人交往，要推崇他的长处，回避他的短处，所以能够长久地交往。"

三十三

子路行，辞于仲尼曰："敢问新交取亲若何[1]？言寡可行若何[2]？长为善士而无犯若何[3]？"仲尼曰："新交取亲，其忠乎！言寡可行，其信乎！长为善士而无犯，其礼乎！"

【注释】

[1] 新交取亲：在新交的朋友中选取可以亲近的。
[2] 言寡可行：少说多做。
[3] 长为善士：长期做好人。

【今译】

子路要出行，向孔子辞行，说："我想在新交的朋友中选取可以亲近的，怎么样呢？我少说多做，怎么样呢？我想长期做好人而无所冒犯，怎么样呢？"孔子说："在新交的朋友中选取可以亲近的，大概是忠的表现吧！少说多做，大概是信的表现吧！长期做好人而无所冒犯，大概是礼的表现吧！"

三十四

子路将行，辞于仲尼。曰："赠汝以车乎？以言乎？"子路曰："请以言。"仲尼曰："不强不远[1]，不劳无功，不忠无亲，不信无复，不恭无礼。慎此五者,可以长久矣。"

【注释】

[1] 不强不远:不坚强就不能致远。不……不……,表假设关系的复句。下同。

【今译】

子路准备出行,向孔子辞行。孔子说:"送给你车呢?还是送给你几句话呢?"子路说:"请先生教导我。"孔子说:"不坚强就不能致远,不辛劳就不能立功,不忠诚就不能让人亲近,不诚信就不能实践,不恭敬就得不到别人的礼遇。如能谨慎对待这五个方面,就可以长久不犯错误了。"

三十五

曾子从孔子于齐,齐景公以下卿礼聘曾子。曾子固辞,将行。晏子送之[1],曰:"吾闻君子赠人以财,不若以言。今夫兰本三年,湛之以鹿醢[2],既成,则易以匹马。非兰本美也,愿子详其所湛。既得所湛,亦求所湛。吾闻君子居必择处,游必择士。居必择处,所以求士也;游必择士,所以修道也。吾闻反常移性者,欲也,故不可不慎也。"

【注释】

[1] 晏子送之:晏子卒于公元前500年。曾子(曾参)生于公元前505年。"晏子送之"不合情理。详见叶大庆《考古质疑》。此处"曾子"恐为"曾皙"之误也。

[2] 湛(jiān)之以鹿醢:浸泡在鹿肉酱中。湛,浸泡,渍。

【今译】

曾子跟从孔子到齐国去,齐景公用下卿的礼节聘用曾子。曾子坚决辞谢,准备离开。晏子为他送行,说:"我听说君子与其送给人钱财，不如送给人忠言。那兰草的根生长三年，浸泡在鹿肉酱中，泡好后，可以换一匹骏马。并非兰草的根味道好，希望你能审慎地对待用来浸泡自己的东西。已经得到了浸泡的东西，就要追求浸泡的效果。我听说君子居住一定选择好的环境，游历一定选择好的朋友。居住一定选择好的环境，目的是寻求好朋友；游历一定选择好的朋友，目的是加强品德修养。我听说违反常情改变自然本性的人，是欲望在作怪，所以不能不谨慎啊。”

三十六

孔子曰：“中人之情，有余则侈，不足则俭。无禁则淫，无度则失[1]，纵欲则败。饮食有量，衣服有节，宫室有度，畜聚有数，车器有限，以防乱之源也。故夫度量不可不明也，善欲不可不听也[2]。”

【注释】

[1] 失（yì）：通“佚”，逸乐。
[2] 欲：疑当作“言”。

【今译】

孔子说：“一般人的情形是，有余裕就开始奢侈，不足的时候就节俭。不加以禁止人就放纵，没有法度人就逸乐，放纵欲望就招致失败；饮食要有规定，穿着要有节制，宫室要讲限度，豢养牲畜应限定数目，车马珍器要有限度，以此在源头上杜绝祸乱的出现。所以度、量不能不明确，有益的话不能不听。”

三十七

孔子曰：“巧而好度，必工[1]；勇而好同，必胜；知而好谋，必成。

愚者反是。夫处重擅宠[2],专事妒贤,愚者之情也。志骄傲而轻旧怨[3]。是以尊位[4]则必危,任重则必崩,擅宠则必辱。”

【注释】

[1] 巧而好度,必工:灵巧而有法度,做事一定精巧。

[2] 处重擅宠:身居要位独揽大权。

[3] 志骄傲而轻旧怨:《荀子·仲尼》作“则好专事而妒贤能,抑有功而挤有罪,志骄盈而轻旧怨。”句式相同,意思完整。

[4] 尊位:《荀子·仲尼》作:“位尊”。

【今译】

灵巧而有法度,做事一定精巧;勇敢并善与人共处,一定能胜任职责;聪明并且善于谋划,一定获得成功。愚蠢的人与此相反。身居要位独得宠信,独断专行嫉贤妒能,这是愚蠢之人的性情。心志骄傲而轻视旧怨。因此地位高就必然处境危险,职责重就必然导致失败,独得宠信就必然遭受屈辱。

三十八

孔子曰:“鞭扑之子,不从父之教;刑戮之民,不从君之政。言疾之难行。故君子不急断,不意使,以为乱源。”

【今译】

孔子说:“受过鞭扑的儿子,常常不听从父亲的教导;遭受过刑戮的百姓,往往不听从国君的政令。这是说急于求成很难做到。所以君子不急于求成,不随意指使别人,以免成为祸乱的根源。”

三十九

孔子曰:“终日言,不遗己之忧;终日行,不遗己之患。唯智者有[1]之。故恐惧,所以除患也;恭敬,所以越难也[2]。终身为之,一言败之,可不慎乎?”

【注释】

[1] 有:《孔子家语·六本》作“能”。
[2] 越:《孔子家语·六本》作“避”。

【今译】

孔子说:“整天说话,但不给自己留下忧患;整天做事,但不给自己留下祸患。只有聪明的人才能做到。所以恐惧,是用来免除祸患的;恭敬,是用来远离灾难的。终身做事,因为一句话就可以招致失败,能不谨慎吗?”

四十

孔子曰:“以富贵为人下者,何人不与?以富贵敬爱人者,何人不亲?众言不逆[1],可谓知言矣;众向之[2],可谓知时矣。”

【注释】

[1] 众:《孔子家语·六本》作“发”。译文从之。
[2] 众向之:《孔子家语·六本》作“言而众向之”。译文从之。

【今译】

孔子说:“能以富贵的身份居于别人之下的人,谁不愿意与他交往呢?能以富贵的身份敬爱别人的人,谁不愿意亲近他呢?说出的话不悖常理,可以称得上会说话了;说出话来众人响应,可以称得上会把握时机了。”

四十一

孔子曰:“夫富而能富人者,欲贫而不可得也;贵而能贵人者,欲贱而不可得也;达而能达人者,欲穷而不可得也。"

【今译】

孔子说:"自己富裕了还能够使别人富裕的人,即便他想要贫穷也不可能了;自己高贵了还能够使别人高贵的人,即便他想要低贱也不可能了;自己通达了还能够使别人通达的人,即便他想要穷困也不可能了。"

四十二

仲尼曰:"非其地而树之,不生也;非其人而语之,弗听也。得其人,如聚沙而雨之;非其人,如聚聋而鼓之。"

【今译】

孔子说:"不适宜生长的土地而种东西,是不会生长的;不善于听取别人意见的人而给他提意见,他是不会听的。如果遇到了善于听取意见的人给他提意见,就好比聚拢沙子在上面下雨一样;如果遇到的不是善于听取意见的人给他提意见,就好比聚拢了很多聋子而敲鼓给他们听一样。"

四十三

孔子曰:"舡非水不可行[1],水入舡中则其没也[2]。故曰:君子不可不严也,小人不可不闭也[3]!"

【注释】

[1] 舡(xiāng):船。

[2] 水入舡中则其没也:《孔子家语·六本》作"舟非水不行,水入舟则没;君非民不治,民犯上则倾。"

[3] 小人不可不闭也：《孔子家语·六本》作“小人不可不整一也”。闭，《说苑校证》引程荣本作“闲”。约束的意思。

【今译】

孔子说：“船没有水就不能行驶，水进入船中船就会被淹没。所以说：君子不可以不严谨，小人不可以不约束他们。”

四十四

孔子曰：“依贤固不困，依富固不穷。马趼斩而复行者何[1]，以辅足众也。”

【注释】

[1] 马趼(yán)斩而复行者何：为何马趼被斩断还能爬行。马趼，即马陆。节肢动物，体圆长，由二十个环节构成。

【今译】

孔子说：“依靠贤能之人就一定不会困窘，依靠富人就一定不会穷困。为何马趼被斩断还能爬行？因为它用来帮助行走的脚众多啊。”

四十五

孔子曰：“不知其子，视其所友；不知其君，视其所使。”又曰：“与善人居，如入兰、芷之室[1]，久而不闻其香，则与之化矣[2]；与恶人居，如入鲍鱼之肆[3]，久而不闻其臭，亦与之化矣。”故曰：丹之所藏者赤[4]，乌之所藏者黑[5]。君子慎所藏。

【注释】

[1] 兰、芷：兰草和白芷，都是香草。

[2] 与之化:和它同化。
[3] 鲍鱼之肆:卖腌制鲍鱼的店铺。鲍鱼,用盐腌制的咸鱼,腥臭。肆,店铺。
[4] 丹:朱砂,一种朱红色的矿物。
[5] 乌:黑色。《孔子家语·六本》作"漆"。

【今译】

孔子说:"不了解儿子,就看他结交的朋友;不了解国君,就看他重用的臣子。"又说:"和好人相处,好比进入有兰、芷的房屋,时间长了就闻不出它的香味,那是和它同化了;和坏人相处,好比进入卖腌制鲍鱼的店铺,时间长了就闻不出它的腥臭,也和它同化了。"所以说,储存朱砂的地方会变红,储存黑漆的地方会变黑。君子要慎重对待自己所处的环境。

四十六

子贡问曰:"君子见大水必观焉,何也?"孔子曰:"夫水者,君子比德焉。遍予而无私,似德;所及者生,似仁;其流卑下句倨[1],皆循其理,似义;浅者流行,深者不测,似智;其赴百仞之谷不疑,似勇;绵弱而微达[2],似察;受恶不让,似包蒙;清冷以入,鲜洁以出,似善化[3];至量必平[4],似正;盈不求概,似度[5];其万折必东,似意。是以君子见大水观焉尔也。"

【注释】

[1] 其流卑下句倨(gōu jù):卑下,低处。句,曲。倨,直。
[2] 绵弱而微达:绵,当作"绰"。绰弱,柔弱。微达,到达细微之处。
[3] "清冷"句:清冷,当作"不清",参见下章。善化,善于化育万物。
[4] 量:量器。
[5] 盈不求概,似度:概,量粮食时用以刮平斗斛的器具。度,法度。

【今译】

子贡问道："君子看见浩大的水一定要观赏它，为什么？"孔子说："水可以用来比喻君子的美德：水普遍地施与而没有私心，像给人恩德；水所到达的地方就有生命，像有仁爱之心；它流向低处，或曲或直，都遵循着一定的规律，像遵循着道义；浅的地方流过去，深的地方不可测，像具有智慧；它穿过百仞深的山谷毫不犹疑，像勇敢无畏的人；看似柔弱却能到达细微之处，像能明察的人；能接受恶浊的东西而不退让，具有包容的胸怀；浑浊着流进来，洁净着流出去，像善于化育万物一样；灌到容器中一定持平，像公平的法官；满溢了也不用木板刮平，像有法度一样；它千回百转，最终流向东海，像有坚定的意志。因此君子看见大水就观察它。"

四十七

"夫智者何以乐水也[1]？"曰："泉源溃溃[2]，不释昼夜，其似力者；循理而行，不遗小间，其似持平者；动而之下，其似有礼者；赴千仞之壑而不疑，其似勇者；障防而清，其似知命者；不清以入，鲜洁而出，其似善化者；众人取平，品类以正；万物得之则生，失之则死，其似有德者；淑淑渊渊[3]，深不可测，其似圣者。通润天地之间，国家以成，是知之所以乐水也。《诗》云：'思乐泮水，薄采其茆；鲁侯戾止，在泮饮酒[4]。'乐水之谓也。""夫仁者何以乐山也？"曰："夫山巃嵸嵔嵬[5]，万民之所观仰。草木生焉，众物立焉，飞禽萃焉，走兽休焉，宝藏殖焉[6]，奇夫息焉[7]，育群物而不倦焉，四方并取而不限焉。出云风，通气于天地之间[8]，国家以成，是仁者所以乐山也。《诗》曰：'太山岩岩，鲁侯是瞻[9]。'乐山之谓矣。"

【注释】

[1] 乐(yào)水:爱好水。《论语·雍也》:"知者乐水,仁者乐山。"后以"乐水"代指智者。

[2] 溃溃:水流的样子。

[3] 淑淑渊渊:清澈深邃。

[4] 思乐泮(pàn)水,薄采其茆(mǎo);鲁侯戾止,在泮饮酒:思,发语词。泮水,泮宫之水。泮宫,周代诸侯国举行射礼或宴会的地方,也是培养贵族子弟的学校。薄,助词,用于动词前。茆,莼菜。戾,到来。止,语气词。语出《诗经·鲁颂·泮水》。

[5] 巃嵸礨崔(lóng zōng lěi zuì):形容山势高峻。

[6] 宝藏殖焉:殖,出产。焉,在那里。

[7] 奇夫息焉:高人隐居在那里。

[8] 出云风,通气于天地之间:风起云涌,大气在天地之间流通。

[9] 太山岩岩,鲁侯是瞻:《诗经·鲁颂·閟宫》作:"泰山岩岩,鲁邦所瞻。"太山,同"泰山"。岩岩,高峻的样子。

【今译】

"智者为什么喜欢水呢?"回答说:"泉水流淌,日夜不停,它好像有力量的人一样;遵循着一定的规律流淌,不遗漏小的地方,它好像主持公道的人一样;向下流动,它就像有礼节的人一样;流到千仞深谷也不犹豫,它好像是勇敢的人一样;遇到阻碍就沉静澄清,好像知天命的人一样;浑浊着流进来,洁净着流出去,就像善于化育万物的人一样;人们用它来作为平正的标准,万物因此得以平正;万物有了它便可以生长,缺了它就会死亡,它好像施与恩德的人一样;清澈深邃,深不可测,好像圣人一样;它普遍地滋润天地万物,国家因此形成。这就是智者为什么喜欢水的原因。《诗经》上说:'那美好的泮水,可以采摘莼菜;鲁君到来,在泮水边饮酒乐开怀。'说的就是喜欢水的意思。"仁爱的人为什么喜欢山呢?山高峻险要,是万民所仰望的。草木在那里生长,动物在那里繁殖,飞鸟在那里聚集,野兽在那里栖息,宝藏在那里出产,高人在那里隐居,养育万物而不厌倦,四面八方的人各取所需而不受限制。风起云涌，大气在天地之间流通，国家因此形成。这就是仁爱的人为什么喜欢山的原因。《诗经》上说：'泰山高峻，鲁侯仰望它。'喜欢山就是这个意思。"

四十八

玉有六美，君子贵之：望之温润，近之栗理[1]；声近徐而闻远，折而不挠，阙而不荏[2]，廉而不刿[3]，有瑕必示之于外，是以贵之。望之温润者，君子比德焉；近之栗理者，君子比智焉；声近徐而闻远者，君子比义焉；折而不挠，阙而不荏者，君子比勇焉；廉而不刿者，君子比仁焉；有瑕必见之于外者，君子比情焉。

【注释】

[1] 栗理：栗，坚硬。理，纹理。

[2] 阙（quē）而不荏（rěn）：残缺但不软弱。阙，残缺，亏损。荏，软弱，怯懦。

[3] 廉而不刿（guì）：锋利但不伤害人。廉，锋利，有棱角。刿，刺伤。这里比喻君子方正但不尖刻的人格。

【今译】

玉有六种美好的品德，君子看重它：看上去温厚润泽，靠近它知道它坚硬而有纹理，声音近处徐缓但能使远处的人听到，可以折断但不能使它弯曲，有残缺但不软弱，虽然锋利但不伤害人，有瑕疵一定在外部表现出来，因此君子看重它。看上去温厚润泽，君子比作美德；靠近它知道它坚硬而有纹理，君子比作智慧；声音近处徐缓但能使远处的人听到，君子比作道义；可以折断但不能使它弯曲，有残缺但不软弱，君子比作勇敢；锋利但不伤害人，君子比作仁爱；有瑕疵一定在外部表现出来，君子比作诚实。

四十九

道吾闻之夫子[1]："多所知、无所知，其身孰善者乎?"对曰："无知者，死人属也[2]；虽不死，累人者必众甚矣。然多所知者，好其用心也。多所知者，出于利人即善矣，出于害人即不善也。"道吾曰："善哉!"

【注释】

[1] 道吾：人名，生平不详。闻，当作"问"。
[2] 属：类。

【今译】

道吾问孔子："知识丰富和知识贫乏，对自身来说哪一种好?"孔子回答说："知识贫乏的人，是死人一类的人；即使不死，拖累别人一定严重。然而知识丰富的人，喜欢使用心计。知识丰富的人，出于有利于别人的话就好，出于陷害别人的话就不好。"道吾说："说得好!"

五十

越石父曰[1]："不肖人，自贤也；愚者，自多也[2]；佞人者，皆莫能相其心[3]，口以出之，又谓人勿言也。譬人犹渴而穿井[4]，临难而后铸兵，虽疾从而不及也。"

【注释】

[1] 越石父：春秋时齐国人。有贤名，晏子将他从奴仆中举荐为上客。
[2] 多：赞美。此处是自吹自擂的意思。

[3] 相:省视,察看。
[4] 人:咸淳本作“之”。于义为胜。

【今译】

越石父说:“不贤能的人,自以为贤能;愚蠢的人,喜欢自吹自擂;奸佞的人,不能考察自己是否心口如一,还亲口说出去,又要求别人不要说。这就好比渴了才去打井,面对危难才去锻造兵器,即使迅疾也赶不上了。”

五十一

夫临财忘贫,临生忘死,可以远罪矣。夫君子爱口[1],孔雀爱羽,虎豹爱爪,此皆所以治身法也[2]。上交者不失其禄,下交者不离于患[3],是以君子择人与交[4],农人择田而田。君子树人,农夫树田;田者择种而种之,丰年必得粟;士择人而树之,丰时必得禄矣。天下失道,而后仁义生焉,国家不治,而后孝子生焉;民争不分[5],而后慈惠生焉;道逆时反,而后权谋生焉。凡善之生也,皆学之所由。一室之中,必有王道焉[6],父母之谓也;故君正则百姓治,父母正则子孙孝慈。是以孔子家儿不知骂,曾子家儿不知路[7];所以然者,生而善教也。夫仁者好合人,不仁者好离人。故君子居人间则治,小人居人间则乱;君子欲和人,譬犹水火不相能然也[8],而鼎在其间,水火不乱,乃和百味。是以君子不可不慎择人在其间。

【注释】

[1] 爱口:慎言。
[2] 治身:保全自身。
[3] 离:避免。

[4] 与:相当于“而”。
[5] 分:已,停。
[6] 王:明抄本作“主”。
[7] 路:当作“怒”。
[8] 相能:相容。

【今译】

面对财物而忘记贫穷,面对生存而忘记死亡,就可以远离犯罪了。君子爱惜话语,孔雀爱惜羽毛,虎豹爱惜利爪,这都是用来保全自身的方法。与处在上位的人交往不会失掉俸禄,与处在下位的人交往不会避免祸患,因此君子选择人来交往,农民选择田地来耕种。君子培养人,农夫培养田地。种田的人选择种子来播种,丰年一定收获粮食;士人选择人才来培养,盛世一定获得利益。天下失掉道义,然后产生仁义;国家不安定,然后产生孝子;百姓纷争不停,然后产生仁爱;违背道义违反时势,然后产生权谋。大凡美好品格的形成,都是通过学习实现的。一家之中,必然包含着王道的道理,说的就是父母的行为。所以国君走正道百姓就安定,父母走正道子孙就孝顺、慈爱。因此孔子家中小孩子不会骂人,曾子家中的小孩子不会发怒。之所以这样,是因为生来就有良好的教育啊。仁爱的人喜欢使人际关系融洽,不仁爱的人喜欢使人分离。所以君子处在人们中间就能治理好,小人处在人们中间就治理得混乱。君子想要使人融洽,就好比是水火不相容,假如有鼎处在中间,水火就不混乱了,就能调和各种味道。因此君子不能不谨慎选择处在中间的人。

五十二

齐景公问晏子曰:“寡人自以坐地[1],二三子皆坐地,吾子独搴草而坐之[2],何也?”晏子对曰:“婴闻之,唯丧与狱坐于地。今不敢以丧、狱之事侍于君矣。”

【注释】

[1] 以：通“已”。

[2] 搴草：拔草。

【今译】

齐景公问晏子：“我已经坐在地上了，他们几个人也都坐在地上了，只有先生拔草而坐，为什么？”晏子回答说：“我听说，只有居丧和坐牢才坐在地上。现在我不敢用居丧和坐牢的方式来事奉国君。”

五十三

齐高廷问于孔子曰[1]：“廷不旷山、不直地[2]，衣蓑提执[3]，精气以问事君之道[4]，愿夫子告之。”孔子曰：“贞以干之[5]，敬以辅之；待人无倦，见君子则举之，见小人则退之；去尔恶心，而忠与之；敏其行，修其礼，千里之外亲如兄弟；若行不敏，礼不合，对门不通矣。”

【注释】

[1] 齐高廷：齐国人高廷。生平不详。《孔子家语·六本》作“高庭”。

[2] 不旷山、不直地：不怕山的阻隔、不怕道路遥远。旷，阻隔。直，王肃注：“宜为植，不根于地而远来也。”

[3] 衣蓑(suō)提执：穿着蓑衣，拿着礼物。执，见面礼。《孔子家语·六本》作“衣穰而提贽。”王肃注：“贽，所以执为礼也。”

[4] 精气：怀着精诚之心。

[5] 贞以干(gān)之：用正直的态度求取它。贞，正。干，求。《易经·乾卦》：“贞固足以干事。”

【今译】

齐高廷问孔子："我不怕高山阻隔，不惧路途遥远，穿着蓑衣，拿着礼物，怀着精诚之心来请教事奉君主的道理，希望先生告诉我。"孔子说："用正直的态度求取，用恭敬的态度去辅佐；对人不厌倦，发现君子就举荐，看到小人就斥退；摒弃邪恶的念头，忠诚地与人交往；行动勤勉，修习礼仪，千里之外的人亲如兄弟；如果行动不勤勉，做事不合礼仪，即便住对门也不往来。"

【评析】

本卷卷目为"杂言"，与第十六卷卷目"丛谈"相对应。全书其它各卷都是卷目体现卷义，即"以类相从，一一条别篇目"，而这两卷则是从编辑方式和文体角度来命名的。

本卷共五十三章，主要内容是谈君子。第一章从君、臣遇合的角度阐明了作为臣子应具有的两种准备：君臣相宜，就竭忠尽智；君臣相悖，就及时离去。刘向是从君子社会作用的角度来谈这个问题的。在刘向看来，君子是难得的人才，是为社会做事的人；君臣遇合，君子的作用就能发挥出来，否则，就要学会保护自己，"闭其智，塞其能，待得其人然后合"。这说明刘向是反对愚忠的，这与孔子的主张相吻合。孔子说："危邦不入，乱邦不居。天下有道则见，无道则隐。"（《论语·泰伯》）"用之则行，舍之则藏。"（《论语·述而》）

第二章的核心观点是"君子道狭"，这与孔子"君子固穷"的观点相一致。君子对国家、社会、他人和自己都有明确的价值标准，反对玩世不恭。君子重义轻利，重人格轻权力，重修养轻富贵。这样的人生价值必然与世俗社会产生冲突，被一般人不理解，甚至不容。君子的理想是高远的，在一定程度上是超现实的，其现实人生空间自然狭窄，所以说"君子道狭"。但是，不可否认，君子所达到的思想境界代表了人类精神与品质的高地，是人类未来精神发展的方向。中国古代所形成的"君子文化"不仅仅属于儒家文化，而是属于以儒为主兼容佛、道的中华文化。"君子文化"已经成为中华民族千锤百炼的文化基因，在今天仍然发挥着积极作用。蔡先金在《孔子“君子固穷”观要解》一文中指出，科学技术与物质生活高度发达的今天，面对自己周围的生活环境以及生活方式产生了越来越多的困惑与不安，人们不禁要问：人类为何在创造了极其丰富的物质世界的同时却沦为了物质世界的机器与奴隶，在创造了无比瑰丽的精神世界的同时却收获了压抑与孤独，以至于西方现象学派反思并质疑过度的科学技术以及物质生活存在的合理性，努力寻找一种有居家的感觉并且具有完整意义上的生活。当人们陷入过度工业生产与物质生活的时候，孔子“君子固穷”观值得当下借鉴，而“固穷”的生活方式也许就是解决当下生存问题的一剂药方。（见《孔子研究》2015 年第 1 期）

第三章以实例说明“君子道狭”的观点，写君子受到小人谗言攻击。第四章写弥子瑕“馀桃食君”的故事，成为古代男子同性恋的记录之一。在本章中，刘向的意图是，君王善变是造成“君子道狭”原因之一。第五章以舜为例，说明君子“穷则善其身，达则利于天下”。第六章的内容又见于《孔子家语·致思》，在于说明君子的思想主张离开了物质基础就很难推行。孔子讲的是实话，所以，君子要善于借助客观条件来推行自己的主张。第七章表面看是写了两个方面，其实后者是用来衬托前者的，在于说明君子做大事，小的方面做不好，对君子不要求全责备。第八章写孟子与淳于髡的对话。孟子在齐国不得志，要离开的时候，淳于髡与他进行了这番对话。淳于髡有点瞧不起君子仁人，孟子逐一驳斥，最后以孔子为例，说明君子很难被人理解，意思就是说，你淳于髡不理解我孟轲。这仍然在证明“君子道狭”的观点。第九章写船夫掌握的是水上技能，惠施掌握的是治国本领，二者不可相提并论，与第十、第十一章体现的写作意图基本相同。西方也有类似的故事。古希腊哲学家泰勒斯见天空清朗，便在草地上观察星星。他一边仰头看着天空，一边慢慢地走着，不料前面有个深坑，积满了雨水，泰勒斯只顾看星星而忘了脚下，一脚踩空，人便掉了下去。待他明白过来，身子已经泡在水里了，只得高呼求救。当有人救他出水坑后，泰勒斯说："明天会下雨！"第二天，果真下了雨。有人嘲笑泰勒斯知道天上的事情，却看不见脚下的东西。泰勒斯对这种嘲笑只付之一笑，没有说什么。两千年后，德国哲学家黑格尔知道了泰勒斯的这个故事，他想了想，说了一句名言：只有那些永远躺在坑里从不仰望高空的人，才不会掉进坑里！君子关注的是大事，不能拿生活中的小技能小技巧来要求他，孔子说"君子不器"就这个意思。

第十二章表现君子因时而化的思想。第十三章在于说明"智者不为非其事，廉者不求非其有，是以远容（害）而名章也。"第十四章写子西阻止楚怀王重用孔子之事。尽管后世有人怀疑此事的合理性，但这个故事所阐述的道理非常深刻。像孔子这样的君子，为什么天下不容？大概不是孔子的主张不合时宜，而是孔子这个人太厉害了，无论他到哪个国家去任职，都会影响到那个国家原来臣子的地位与影响；不管你孔子多么贤能，他们都想方设法排挤孔子。个人的地位是第一位的，这是人的本性使然，古代这样，今天也是这样。子西是贤能之人，尚且不容孔子，作为一般人就更难容得下孔子了。本章末"孔子之见疑，岂不痛哉"，这是刘向抒发感情的句子，一个"痛"字写得多么沉重！

第十六、第十七章集中表现了孔子身处艰难环境却仍保持乐观精神的高贵品质，的确让人感动！孔子讲话一般比较简捷，这两章却记录了孔子的长篇大论。面对困境，子路困惑，甚至焦虑、恼怒了，情绪很不稳定。其他弟子也多不理解。孔子耐心地启发引导他们，旁征博引，循循善诱，苦口婆心，充分体现了一代伟大教育家的卓越风范。孔子的话有两点值得玩味：一是贤者未必得志，要看时运；二是学习的目的是激励自我，提高战胜困难的勇气和信心。这些观点直到今天仍有教育意义。在《孔子家语·在厄》中有一段内容值得参考：

> 楚昭王聘孔子，孔子往拜礼焉，路出于陈、蔡。陈、蔡大夫相与谋曰："孔子圣贤，其所刺讥，皆中诸侯之病。若用于楚，则陈、蔡危矣。"遂使徒兵距孔子。
>
> 孔子不得行，绝粮七日，外无所通，藜羹不充，从者皆病。

孔子愈慷慨讲诵,弦歌不衰。乃召子路而问焉,曰:“《诗》云:‘匪兕匪虎,率彼旷野。’吾道非乎,奚为至于此?”子路愠,作色而对曰:“君子无所困。意者夫子未仁与,人之弗吾信也?意者夫子未智与,人之弗吾行也?且由也昔者闻诸夫子‘为善者天报之以福,为不善者天报之以祸’。今夫子积德怀义,行之久矣,奚居之穷也?”子曰:“由未之识也,吾语汝。汝以仁者为必信也,则伯夷、叔齐不饿死首阳;汝以智者为必用也,则王子比干不见剖心;汝以忠者为必报也,则关龙逢不见刑;汝以谏者为必听也,则伍子胥不见杀。夫遇不遇者,时也;贤不肖者,才也。君子博学深谋而不遇时者众矣,何独丘哉?且芝兰生于深林,不以无人而不芳;君子修道立德,不谓穷困而改节。为之者人也;生死者命也。是以晋重耳之有霸心,生于曹卫;越王勾践之有霸心,生于会稽。故居下而无忧者,则思不远;处身而常逸者,则志不广。庸知其终始乎?”子路出。

召子贡,告如子路。子贡曰:“夫子之道至大,故天下莫能容夫子,夫子盍少贬焉?”子曰:“赐,良农能稼,不必能穑;良工能巧,不能为顺;君子能修其道,纲而纪之,不必其能容。今不修其道而求其容,赐,尔志不广矣,思不远矣。”子贡出。

颜回入,问亦如之。颜回曰:“夫子之道至大,天下莫能容。虽然,夫子推而行之。世不我用,有国者之丑也,夫子何病焉?不容,然后见君子。”孔子欣然叹曰:“有是哉,颜氏之子!使尔多财,吾为尔宰。”

孔子在困厄之中,听到颜回这样的话,能不高兴吗?能不欣慰吗?能不感动吗?这样的弟子,孔子能不喜欢吗?“君子道狭”“君子固穷”在这里得到了集中体现。第十八章写孔子阻止子路的鲁莽行为。第十九章写君子观高山、深渊、大海,可以悟出人生艰险的道理。第二十章写君子先有功,后有名。第二十一章很有意思,写孔子不是一个书呆子,而是一个具有超强综合适应能力的人,是一个有血有肉的智者。第二十二章表现孔子的包容胸怀。第二十三章在于表达“吾岂敢自以为君子哉?志向之而已”的主题。第二十四章“吕梁济水”的故事，在《庄子·达生》中也有，文字稍异，主旨不同。《庄子》表现顺应自然，物、我两忘的主旨。《列子·黄帝》和《列子·说符》中也有此文，前者与《庄子》相同，后者与本章相同。《孔子家语·致思》与本章相同。可见，本故事有两个流传系统，分别表现不同的主旨。《说苑》成书晚于上述各书，刘向选择了与君子修养有关的“忠信”主旨。

从第二十五章到第四十五章，皆本自《孔子家语》，章节短小。第二十五章写孔子抓住子路“盛服”这样的生活小事，引导子路说话做事不自夸，要务实，做君子。孔子弟子三千，对子路极为耐心，花费的心血最多。第二十六章写孔子评价君子“乐以忘忧”。这里的“忧”指患得患失。孔子是一个乐观的人，不患得患失，所以无忧。至于志士仁人忧国忧民，并成为中华民族优良传统的“忧患意识”，与本章所言“忧”不同。第二十七章写荣启期之乐，这是一种君子之乐。古人“人生不满百，常怀千岁忧”，荣启期却善于发现快乐，给人以启发。第二十八章写曾子发现老师身上“能劳”“不争”“易事”的君子品质，表示要学习并实践它。第二十九章写孔子总结颜回身上的君子品德：“强于行已，弱于受谏，怵于待禄，慎于持身。”第三十章写孔子总结史鳝身上具有的君子品德：“不仕而敬上，不祀而敬鬼，直能曲于人。”第三十一章写孔子评价子夏与子贡。孔子对弟子的性格特点了如指掌，并且时刻牵挂他们，即便在自己临死的时候还是放心不下，他希望弟子成为君子。第三十三章写孔子体谅子夏的短处。子夏长于文化学术，但他是个小气鬼。孔子不向他借伞，不让他为难，不亮他的短。第三十四章写孔子告诫子路要讲“忠、信、礼”，这是君子之德。第三十五章写晏子赠言曾子，提出了“湛说”，这与第四十五章中耳濡目染、潜移默化的主题是一致的，《墨子·所染》讲的也是这个道理，这与当代传播学中所谓“浸泡理论”相通。第三十六章写孔子提出做人做事要有“节”“度”“量”，放纵自己，过度过量，就会招致灾祸。第三十七章仍然写君子修养。第三十八章写做事不急于求成。第三十九章写说话做事要谨慎。第四十章强调虽富贵，仍谦卑。第四十一章写自己好，还要使别人好，成人之美。第四十二章写要善于听别人的意见，使用的比喻形象而又新奇。第四十三章写君子要防小人。第四十四章写君子“依贤”的交往准则。

第四十六章写孔子观水悟德，这体现了中国古代美学思想中“观物取象，立象尽意”的命题。老子在《道德经》中说：“上善若水。水善利万物而不争，处众人之所恶，故几于道矣。居善地，心善渊，与善仁，言善信，政善治，事善能，动善时。夫唯不争，故无尤。”在对山水的审美价值的认识上，孔子可能受了老子的影响。第四十七章像一首优美的山水颂歌，前半部分写君子具有水一般的美好品德，后半部分写君子具有山一样厚德载物的胸怀。孔子特别喜欢水。《论语·雍也》记载：“子曰：‘知者乐水，仁者乐山。知者动，仁者静。知者乐，仁者寿。’”朱熹解释道：“知者达于事理而周流无滞，有似于水，故乐水。”《论语·子罕》记载：“子在川上曰：‘逝者如斯夫，不舍昼夜。’”孔子生活的环境有汶水、洙水、泗水。《礼记·檀弓上》载：“曾子怒曰：‘商！女何无罪也？吾与女事夫子于洙、泗之间。’”可以说，孔子是在洙、泗滋润下成长起来的，他对水有特殊的感情，死后也葬在洙、泗间。本章中，孔子对水的分析非常深刻，悟到了天地、人生、生命的奥秘。孔子也很喜欢山，他喜欢登山。《孟子·尽心上》记载：“孔子登东山而小鲁，登泰山而小天下，故观于海者难为水，游于圣人之门者难为言。观水有术，必观其澜。”在泰山，仍然保留着孔子的足迹“孔子登临处”“瞻鲁台”“孔子小天下处”等。孔子对泰山情有独钟，他反对季孙氏祭祀泰山的僭越行为；他临死的时候哀叹道：“泰山其颓乎！”（《礼记·檀弓上》）

《张居正讲评〈论语〉》中有这样一段：

> 盖知者于天下之理，见得明白，其圆融活泼，无一些凝滞，就似水之流动一般，此其所以乐水也。仁者于吾心之德养得纯粹，其端凝厚重，不可摇夺，就似山之镇静一般，此其所以乐山也。夫人惟心有拘系，所以多忧。知者既流动不拘，则胸次宽弘，遇事便能摆脱。凡世间可忧之事，皆不足以累之矣！岂不乐乎！人惟嗜欲无节，所以损寿。仁者既安静寡欲，则精神

> 完固，足以养寿命之源。凡伐性丧生之事，皆不足以挠之矣！岂不寿乎！夫人情莫不欲乐，亦莫不欲寿，而惟有知仁之德者，为能得之，则反身修德之功，人当知所以自勉矣。

由此可见，本段写孔子与山水的关系，揭示出了孔子胸怀天下山水，从中悟道寄情，体现了君子深厚的修养。

第四十八章将美好的品德寄托在玉石之中，玉具有了美好的人性，成为君子的化身，简直就是一首玉的赞美诗。西周时期最早将玉赋予道德内涵，并将玉纳入礼制范畴。春秋战国时代，虽然旧的礼制逐步衰落，但玉作为君子精神象征的文化传统仍然存在，并且赋予玉更加丰富的内涵，人们将有关君子的伦理道德与玉的特性相结合，使“君子之德比于玉”的观念更加深入人心。

第四十九章写用丰富的知识干坏事，比知识贫乏的人更可怕；君子是有知识的，要用知识来做好事。第五十章写君子善于自我省察，防患未然。第五十一章旨在说明慎重“择人”的道理。第五十二章文字很简单，主旨有些模糊。该章本自《晏子春秋·内篇谏下》，内容如下：

> 景公猎休，坐地而食，晏子后至，左右灭葭而席。公不说，曰：“寡人不席而坐地，二三子莫席，而子独搴草而坐之，何也？”晏子对曰：“臣闻介胄坐陈不席，狱讼不席，尸坐堂上不席，三者皆忧也。故不敢以忧侍坐。”公曰：“诺。”令人下席曰：“大夫皆席，寡人亦席矣。”

第五十三章中的齐高廷是孔子的铁杆粉丝，越过了遥远崎岖的道路，带着礼物来向孔子求教。孔子悉心传授，将一生中最宝贵的人生真谛告诉了他。

总体来看，本卷围绕“君子”这个核心话题展开，先阐明“君子道狭”观点，再援用实例加以证明，后写师徒对话，用君子之德教育弟子，再将君子之德与山水美玉相比，说明君子德行与天地相通。本卷与其题名“杂言”，不如题名“君子”。

卷十八　辨物

【题解】

本卷题为“辨物”，意思是辨析识别事物，从而做出正确的判断。现实生活中，往往会出现一些奇怪的现象，或天象，或地理，或人事，在当时科学技术还不发达的情况下，人们对这些奇异现象很难做出正确的解释，往往从主观的角度进行解说。正确认识、解释这些现象，就成了有志之士努力的方向。

本章先从自然界写起，对天象、地理做了较为合理的解说，反映了科学先驱们的探求精神，也表现了古人的哲学观念。第一章至第十一章集中表现了这些内容。尤为可贵的是，当晏子面对弄虚作假的“伪科学”时，大胆斥责他的荒唐行为，正言道：“为之无益，不为无损也。薄赋敛，无费民，且令君知之！”从而揭穿了柏常骞骗人的小把戏。第十二章阐述了人一生成长的规律。第十三章辨明了度量权衡的标准。第十四章通过对“四灵”的赞颂，表达了追求真善美的思想。第十六章通过内史过之口，对神灵降临的现象做出了合理解释，有利于引导统治者实行惠民政策。在当时人们心目中，孔子是一位智者，学识渊博，通古博今，于是很多统治者遇到了怪异现象，就去请教孔子。第十八章至第二十一章都是写请教孔子的内容。第二十二、二十三、第三十章辨析梦境，是中国版的“梦的解析”，说明中国人很早就试图揭开梦境与现实生活之间的关系。第二十五章的内容值得注意，不知道刘向依据何种文献所作，他以辛辣生动的笔调描述师旷嘲讽了晋平公的愚蠢，揭开了他虚伪的面孔，以至于晋平公采用报复手段来发泄对师旷的不满。作者对那些不能正确辨析、判断事物的可笑做法给予了彻底否定。相比之下,第二十八章则从正面记述了扁鹊高明的医术,肯定了他的医学行为。

本章内容,尽管还无法构成完整的科学体系,却也涉及了天文、地理、哲学、神学、度量、医学、心理等方面的内容。作者试图去正确解释这些现象,表现出了一定的科学精神,十分可贵。

本卷共三十二章。

一

颜渊问于仲尼曰:“成人之行何若[1]?”子曰:“成人之行,达乎情性之理,通乎物类之变,知幽明之故[2],睹游气之源[3]。若此而可谓成人。既知天道,行躬以仁义,饬身以礼乐[4]。夫仁义礼乐,成人之行也。穷神知化[5],德之盛也。”

【注释】

[1] 成人:德才兼备的完人。

[2] 幽明:幽,地下幽隐。明,天上光明。《周易·系词上》:“仰以观于天文,俯以察于地理,是故知幽明之故。”

[3] 游气:浮动的云气。

[4] 饬(chì)身:整饬自身。

[5] 穷神知化:深入探究事物的精微道理,了解事物的变化。《周易·系词下》:“穷神知化,德之盛也。”

【今译】

颜渊问孔子:“成人的品行是什么样呢?”孔子说:“成人的品行,通达关于性情的道理,知晓关于各类事物变化的规律,明白地下幽隐、天上光明的缘故,能看清云气浮动变化的源头。像这样就可以称做成人。懂得了自然界的规律之后,再亲身推行仁义之道,用礼乐来整饬自身。那仁义礼乐,就是德才兼备的完人的品行。深入探究事物的精微道理，了解事物的变化，是盛大的道德啊。”

二

《易》曰：“仰以观于天文，俯以察于地理，是故知幽明之故[1]。”夫天文、地理、人情之效存于心，则圣智之府。是故古者圣王既临天下，必变四时，定律历，考天文，揆时变[2]，登灵台以望气氛[3]。故尧曰：“咨，尔舜，天之历数在尔躬，允执其中，四海困穷[4]。”《书》曰：“在璿玑玉衡，以齐七政[5]。”璿玑，谓北辰、勾陈、枢星也[6]。以其魁杓之所指二十八宿为吉凶祸福[7]。天文列舍[8]，盈缩之占[9]，各以类为验。夫占变之道，二而已矣。二者，阴阳之数也。故《易》曰：“一阴一阳之谓道[10]。”道也者，物之动莫不由道也。是故发于一，成于二，备于三，周于四，行于五。是故玄象著明，莫大于日月；察变之动，莫著于五星。天之五星运气于五行，其初犹发于阴阳，而化极万一千五百二十。所谓二十八星者：东方曰角、亢、氐、房、心、尾、箕[11]，北方曰斗、牛、须女、虚、危、营室、东壁[12]，西方曰奎、娄、胃、昴、毕、觜、参[13]，南方曰东井、舆鬼、柳、七星、张、翼、轸[14]。所谓宿者，日月五星之所宿也。其在宿运外内者，以官名别，其根荄皆发于地而华形于天[15]。所谓五星者，一曰岁星、二曰荧惑、三曰镇星、四曰太白、五曰辰星。欃枪、彗孛、旬始、枉矢、蚩尤之旗[16]，皆五星盈缩之所生也。五星之所犯，各以金、木、水、火、土为占。春秋冬夏，伏见有时。失其常，离其时，则为变异；得其时，居其常，是谓吉祥。古者有主四时者：主春者张，昏而中[17]，可以种谷，上告于天子，下布之民；主夏者大火，昏而中，可以种黍菽，上告于天子，下布之民；主秋者虚，昏而中，可以种麦，上告于天子，下布之民；主冬者昴，昏而中，可以斩伐、田猎、盖藏，上告之天子，下布之民。故天子南面视四星之中，知民之缓急。急则不赋藉[18]，不举力役。《书》曰："敬授民时[19]。"《诗》曰："物其有矣，维其时矣[20]。"物之所以有而不绝者，以其动之时也[21]。

【注释】

[1] 仰以观于天文，俯以察于地理，是故知幽明之故：天文，天象。语出《周易·系辞上》。参见上章注释[2]。

[2] 揆(kuí)：推测，考察。

[3] 登灵台以望气氛：汉灵台，在长安西北。初名清台，为观测天象之所。郭缘生《述征记》载："长安宫南有灵台，高十五仞，上有浑仪，张衡所制。"气氛，气运。

[4] 允执其中，四海困穷：原书引用不完整。语出《论语·尧曰》，原文作"咨，尔舜，天之历数在尔躬，允执其中。四海困穷，天禄永终。"

[5] 在璿(xuán)玑玉衡，以齐七政：在，观察。璿玑玉衡，指北斗七星。一说璿玑玉衡是以美玉为装饰的天象仪器，璿，同"璇"，美玉；玑，旋转装置；衡，固定的平衡装置。浑仪的前身。齐，核准。七政，日、月和金、木、水、火、土五星运行轨度和时数称七政或七曜。语出《尚书·舜典》。

[6] 北辰、勾陈、枢星：北辰，北极星。勾陈，亦作"钩陈"，星官名。属紫微垣，共六星。四星在小熊座内，两星在仙王座内。勾陈一(小熊座 α 星)即北极星。枢星，天枢星，北斗七星的第一颗，从目测的角度看距离北极星最近。

[7] 以其魁杓(biāo)之所指二十八宿为吉凶祸福：魁杓，指北斗七星。七星的名称是，一天枢，二天璇，三天玑，四天权，五玉衡，六开阳，七摇光。以第一星至第四星组成斗身，称魁，第五星至第七星组成斗柄，称杓。二十八宿，古代天文学家把黄道(古人认为太阳绕地球而行，黄道就是想象中的太阳绕地球的轨道)上的恒星分为二十八个星座，称为

二十八星宿(或叫二十八星官),东南西北各有七个星座。古人利用斗柄所指方向的变化来辨方位,定季节。斗柄东指,天下皆春;斗柄南指,天下皆夏;斗柄西指,天下皆秋;斗柄北指,天下皆冬。古代天文学又与宗教迷信相联系,认为天象的变化预示着人事的吉凶。

[8] 天文列舍:天象排列星座。

[9] 盈缩之占:占卜盈缩的变化。

[10] 一阴一阳之谓道:一阴一阳的对立转化叫作道。

[11] 角、亢、氐(dī)、房、心、尾、箕:东方苍龙七宿的名称。

[12] 斗、牛、须女、虚、危、营室、东壁:北方玄武七宿的名称。

[13] 奎、娄、胃、昴(mǎo)、毕、觜(zī)、参:西方白虎七宿名称。

[14] 东井、舆鬼、柳、七星、张、翼、轸:南方朱雀七宿名称。以上为古代天文学四象。

[15] 根荄(gāi):草根,木根。

[16] 欃枪(chán chēng)、彗孛(bèi)、旬始、枉矢、蚩尤之旗:欃枪,彗星的别名。彗孛,彗星。旬始,星名。枉矢,星名。蚩尤之旗,彗星。古人认为彗星是妖孽的征象。

[17] 昏而中:黄昏时出现在天空正中。

[18] 赋藉:征收赋税。

[19] 敬授民时:恭敬地教授民众四时节气。语出《尚书·尧典》。

[20] 物其有矣,维其时矣:食物充足啊,符合时令啊。语出《诗经·小雅·鱼丽》

[21] 以其动之时也:敦煌文献《说苑·辨物》残卷作“以其树之之时”。

【今译】

《周易》上说:“抬头观察天文,低头观察地理,所以明白地下幽隐、天上光明的原理。”那天文、地理、人情的效验存于心中,就是智慧圣明的宝库。所以古代圣明的君王即位之后,一定根据四时的变化而变更,确定历法,考察天象,推测季节变化,登上灵台来观望气运。所以尧说:“啧啧,舜啊,按照天意帝位就在你身上了,公平地持守中正之道。如果天下百姓陷入穷困,上天赐给你的禄位就永远终止了。”《尚书》上说:“观察北斗星座,以便核准日、月和金、木、水、火、土五星运行的轨道和时数。”璿玑,说的是北辰、勾陈、天枢这些星。依据它的斗身和斗柄旋转所指向的方位来确定吉凶祸福。天象排列着星座，占卜盈缩的变化，分别按照类别作为效验。其实占卜变化的方法，只有两个罢了。这两个，就是指阴和阳的规律。所以《周易》上说："一阴一阳的转化叫作道。"所谓道，就是事物变化无不遵循的规律。所以由太一混沌开始，变化形成阴、阳二物，齐备于天、地、人三界，遍布于东、南、西、北四方，通过金、木、水、火、土五种元素来运行。所以天象中最显著的，没有超过日、月的了；考察天象中的变化，没有比金、木、水、火、土五星更明显的了。天上的五星是从五行开始运气，它们最初也还是从阴、阳开始，变化到极点的时候就有了一万一千五百二十种现象。所谓二十八星宿是：东方苍龙七宿角、亢、氐、房、心、尾、箕，北方玄武七宿斗、牛、须女、虚、危、营室、东壁，西方白虎七宿奎、娄、胃、昴、毕、觜、参，南方朱雀七宿东井、舆鬼、柳、七星、张、翼、轸。所谓宿，就是日、月、五星停留的地方。那些在二十八星宿区域内外运行的星，就用星官来加以区别。他们的根都生长在地上，花朵在天上开放。所说的五星，一是岁星（木星）、二是荧惑（火星）、三是镇星（土星）、四是太白（金星）、五是辰星（水星）。欃枪、彗孛、旬始、枉矢、蚩尤之旗五颗星，都是五星盈缩变化形成的。五星所冲犯的，各以金、木、水、火、土来占卜。春秋冬夏，隐、现有一定时间。失去规律，背离时节，就是灾异；符合时节，处于常规，便是吉祥。古代有执掌四时变化的星宿：执掌春季的是张星，黄昏时出现在天空正中，就到了可以种植谷物的时节，并上告于天子，下达于百姓；执掌夏季的是大火星，黄昏时出现在天空正中，就到了可以种植黍子和豆类的时节，并上告于天子，下达于百姓；执掌秋季的是虚星，黄昏时出现在天空正中，就到了可以种麦子的时节，并上告于天子，下达于百姓；执掌冬季的是昴星，黄昏时出现在天空正中，就到了可以砍伐、田猎、储藏的时节，并上告于天子，下达于百姓。所以天子面南观察张、火、虚、昴四星处于天空的位置，就知道百姓农事的缓急。农事紧迫的时候就不去征收赋税，就不去役使民力。《尚书》上说："恭敬地教授民众四时节气。"《诗经》上说："食物充足啊，符合时令啊。”物品之所以充足而不断绝的原因，是按照时令行动啊。

三

《易》曰：“天垂象，见吉凶，圣人则之[1]。”昔者高宗、成王感于雊雉、暴风之变[2]，修身自改而享丰昌之福也；逮秦皇帝即位，彗星四见，蝗虫蔽天，冬雷夏冻，石陨东郡[3]，大人出临洮[4]，妖孽并见[5]。荧惑守心[6]，星茀太角[7]，太角以亡，终不能改。二世立，又重其恶，及即位，日月薄蚀[8]，山林沦亡，辰星出于四孟[9]，太白经天而行，无云而雷，枉矢夜光[10]，荧惑袭月，孽火烧宫，野禽戏庭，都门内崩。天变动于上，群臣昏于朝，百姓乱于下。遂不察，是以亡也。

【注释】

[1] 则之：以之为法则，效法它。

[2] 高宗、成王感于雊（gòu）雉、暴风之变：高宗，指殷高宗武丁。成王，指周成王。雊，鼓翅伸颈鸣叫。雉，野鸡。《尚书·高宗肜（róng）日》：“高宗祭成汤，有飞雉升鼎耳而雊，祖己训诸王，作高宗肜日。”肜，祭祀后第二天再祭祀称“肜”。暴风之变，《尚书·金縢》：“秋，大熟未获，天大雷电以风。禾尽偃，大木斯拔，邦人大恐。”后成王打开黄金封固的匮，得知周公一片忠心，成王于是消除了对周公的怀疑，并改过自新。

[3] 石陨东郡：石陨，天降陨石。东郡，战国秦王政五年（前242）置，治所在今濮阳县西南。该内容又见于《汉书·楚元王传》。

[4] 大人出临洮：长人出现在临洮。临洮，秦县名。在今甘肃岷县。《汉书·五行志》载：“秦始皇二十六年，有大人长五丈，足履六尺，皆夷狄服，凡十二人，见于临洮。”

[5] 妖孽并见（xiàn）：各种不祥的怪异事物一起出现。

[6] 荧惑守心：荧惑，火星。守心，居于心宿区域。古人认为这是不祥的天象。

[7] 星茀(bèi)太角：茀，同“孛”。星茀，即“茀星”，指彗星。太角，星名，象征人君。太，当作“大”。这句话的意思是，彗星冲犯大角星，是凶兆。

[8] 日月薄蚀：薄蚀，即“薄食”。古人将日月相掩而成的日月蚀现象称作“薄蚀”，并认为是凶兆。

[9] 四孟：四季第一个月的合称。

[10] 枉矢夜光：枉矢星在夜里发光。枉矢，星名。

【今译】

《周易》上说：“上天下示各种征兆，体现吉凶，圣人把它作为法则遵守。”从前高宗武丁有感于祭祀时有野鸡鸣叫，周成王有感于风暴之灾，就加强自身修养、修正过失，于是享受了富饶昌盛的福运。到了秦始皇即位，彗星出现了四次，蝗虫遮蔽天日，冬天打雷夏天冰冻，东郡降落陨石，长人出现在临洮，各种怪异不祥的征兆一起出现。火星居于心宿区域，彗星冲犯大角星，大角星因此消失，始皇最终不知悔改。秦二世立为皇帝，加重了罪恶。等到即位，日蚀月蚀不断出现，山林消亡，星辰出现在每季的第一个月，太白金星经过天际，没有云却打雷；枉矢星在夜里发光，火星冒犯月星，妖火烧毁宫殿，野鸟在朝廷嬉戏，都城的门从内部坍塌。上天的变动显示凶象，群臣却在朝廷昏庸无能，百姓在下面混乱不堪。最终也不能自我省察，因此灭亡了。

四

八荒之内有四海[1]，四海之内有九州，天子处中州而制八方耳[2]。两河间曰冀州[3]，河南曰豫州，河西曰雍州，汉南曰荆州，江南曰杨州[4]，济河间曰兖州[5]，济东曰徐州，燕曰幽州，齐曰青州[6]。山川汙泽[7]，陵陆丘阜，五土之宜[8]，圣王就其势，因其便，不失其性。高者黍,中者稷,下者秔[9]。蒲、苇、菅、蒯之用不乏[10],麻、麦、黍、粱亦不尽,山林禽兽、川泽鱼鳖滋殖,王者京师四通而致之[11]。

【注释】

[1] 八荒:八方荒远的地方。四海:四方之海。

[2] 处中州:敦煌文献《说苑·辨物》残卷作"居中州"。中州,中原,今河南一带,位于九州中心。

[3] 两河间曰冀州:两河,战国、秦汉时,黄河自今河南武陟县以下东北流,经山东西北隅,折北至河北沧县东北入海,略呈南北流向,与上游今晋、陕间的自北向南流的一段东西相对,当时合称"两河"。《尔雅·释地》:"两河间曰冀州。"

[4] 杨:即"扬"。

[5] 济:济水。中国古代四渎之一。源出河南济源县王屋山,经山东与黄河并流入海。

[6] 燕曰幽州,齐曰青州:敦煌文献《说苑·辨物》残卷作"燕北曰幽州,济北曰青州"。

[7] 汙(wū)泽:积水的洼地,沼泽。汙,"污"的异体字。

[8] 五土之宜:五种土地各得其宜。五土,山林、川泽、丘陵、水边平地、低洼地等五种土地。

[9] 高者黍,中者稷,下者秔(jīng):敦煌文献《说苑·辨物》残卷作"高者黍粟,中者禾叔(当为"菽"),下者稻粳。"秔,"粳"的异体字,稻的一种。

[10] 蒲、苇、菅(jiān)、蒯(kuǎi):四种草,有实用价值。

[11] 王者京师四通而致之:敦煌文献《说苑·辨物》残卷作"王者在京师四通而致之"。

【今译】

八荒之内有四海,四海之内有九州,天子处在中州控制着八方。两河之间叫冀州,黄河之南叫豫州,黄河西边叫雍州,汉水南边叫荆州,长江南边叫扬州,在济水与黄河之间叫兖州,济水东边叫徐州,燕地叫幽州,齐地叫青州。山川沼泽,山陵平地,五种土地各得其宜，圣明的帝王随着它们的地形，顺着它们的便利，不失掉它们的特性。高的地方种植黍，中间的地方种植稷，低洼的地方种植秔。蒲、苇、菅、蒯四种植物应用不缺，麻、麦、黍、粱四种作物食用不尽，山林中的禽兽和川泽中的鱼鳖滋生繁殖，帝王京城道路四通八达，可以送到这些物资。

五

周幽王二年[1]，西周三川皆震[2]，伯阳父曰[3]："周将亡矣！夫天地之气，不失其序，若过其序，民乱之也。阳伏而不能出，阴迫而不能烝[4]，于是有地震。今三川震，是阳失其所而填阴也[5]；阳溢而壮阴[6]，源必塞，国必亡。夫水土演而民用足也[7]，土无所演，民乏财用，不亡何待？昔伊、雒竭而夏亡[8]，河竭而商亡，今周德如二代之季矣；其川源塞，塞必竭，夫国必依山川，山崩川竭，亡之徵也[9]。川竭山必崩，若国亡不过十年，数之纪也[10]，天之所弃不过纪。"是岁也，三川竭，岐山崩[11]，十一年，幽王乃灭，周乃东迁[12]。

【注释】

[1] 周幽王二年：周幽王，西周国君，宣王子。在位十一年，任虢石父为卿，行苛政。宠爱褒姒，废太子及申后，立伯服。申侯与犬戎破镐京，杀幽王，西周亡。诸侯立太子宜臼，是为平王，东迁洛邑，史称东周。二年，即公元前780年。

[2] 三川：三条河流的合称。西周以泾、渭、洛为三川。

[3] 伯阳父：周幽王大夫。

[4] 烝：升，腾。

[5] 填(zhèn)：通"镇"。

[6] 壮阴：即"在阴"，在阴之下。《国语・周语上》作"阳失而在阴"。敦煌文献《说苑・辨物》残卷作"阳益而在阴"。

[7] 演:滋润、繁殖生物。

[8] 伊、雒:伊水和洛水。雒,通“洛”。

[9] 徵:同“征”。预兆、征兆。

[10] 纪:十二年为一纪。

[11] 岐山:山名。在今陕西岐山县东北,周发祥地。

[12] 周乃东迁:公元前770年,平王东迁洛邑。

【今译】

周幽王二年,西周三川都发生了地震。伯阳父说:“西周将要灭亡了!天地之间的气象,不能失掉秩序,如果失掉了秩序,就是有人作乱了。阳气潜伏不能出来,阴气压迫使阳气不能上升,阴阳相迫这时就会发生地震。现在三川都发生了地震,这是阳气失掉了应有的位置为阴气镇压住了。阳气充溢却被阴气压在下面,水的源头一定被堵塞,国家一定会灭亡。水土滋润繁衍生息百姓才会充足。土地不能滋润繁衍,百姓就物资匮乏,不灭亡还等什么呢?从前伊水和洛水枯竭而夏朝灭亡,黄河枯竭而商朝灭亡,现在周朝的国运如同夏桀和商纣两代末世一样了。河水源头被堵塞,水一定会枯竭。国家依靠山川,山崩塌了河流枯竭了,这就是灭国的预兆啊。河流枯竭,山一定崩塌,如灭亡不会超过十年,因为数中一纪是十二年。上天抛弃它不会超过十二年。”这一年,三川枯竭,岐山崩塌。幽王十一年,西周灭亡,周平王东迁洛邑。

六

五岳者,何谓也?泰山,东岳也;霍山[1],南岳也;华山,西岳也;常山[2],北岳也;嵩高山[3],中岳也。五岳何以视三公[4]?能大布云雨焉,能大敛云雨焉;云触石而出,肤寸而合[5],不崇朝而雨天下[6],施德博大,故视三公也。

【注释】

[1] 霍山：又名衡山。

[2] 常山：即恒山。汉代避文帝刘恒讳改称。

[3] 嵩高山：即嵩山。

[4] 五岳何以视三公：《礼记·王制》："天子祭天下名山大川，五岳视三公，四渎视诸侯。"视，比照。三公，周代以太师、太傅、太保为三公，是天子手下军政最高长官。

[5] 肤寸：古代长度单位，一指宽为一寸，四寸为一肤。比喻短小。

[6] 崇朝（zhāo）：崇，通"终"。从天亮到早饭时。比喻时间很短，犹言一个早晨。

【今译】

五岳，指什么？泰山，是东岳；霍山，是南岳；华山，西岳也；常山，是北岳；嵩高山，是中岳。天子祭祀五岳为什么要比照宴飨三公的礼数呢？因为五岳能够广施云雨，也能广收云雨。云遇到山石而飘出，由片片微云聚合成大片云海，不到一个早晨的时间就能遍地降下雨来。它布施恩德广大无边，所以天子祭祀五岳要比照宴飨三公的礼数。

七

四渎者何谓也[1]？江、河、淮、济也。四渎何以视诸侯？能荡涤垢浊焉，能通百川于海焉，能出云雨千里焉，为施甚大，故视诸侯也。

【注释】

[1] 四渎（dú）：长江、黄河、淮河、济水的总称。《尔雅·释水》："江、河、淮、济为四渎。"

【今译】

四渎指什么？就是长江、黄河、淮河、济水。天子祭祀四渎为什么要比照宴飨诸侯的礼数呢？因为四渎能荡涤污垢，能沟通百川流向大海，能生出千里云雨，它广泛地布施恩德，所以天子祭祀四渎要比照宴飨诸侯的礼数。

八

山川何以视子、男也[1]？能出物焉，能润泽物焉，能生云雨，为恩多然，品类以百数，故视子、男也。《书》曰："禋于六宗，望秩于山川，遍于群神矣[2]。"

【注释】

［1］山川何以视子男：《尚书大传·夏传》："其余山川视伯，小者视子、男。"古代分五等爵位：公、侯、伯、子、男。

［2］禋（yīn）于六宗，望秩于山川，徧于群神矣：禋，祭祀。六宗，指四时、寒暑、日、月、星、水旱。望秩，望祭，按次序望祭山川。

【今译】

祭祀山川为什么要比照宴飨子、男的礼数呢？因为山川能生产万物，能滋润万物，能生出云降下雨，施惠很多，品类数以百计，所以祭祀山川要比照宴飨子、男的礼数。《尚书》上说："祭祀四时、寒暑、日、月、星、水旱，祭祀山川，普遍地祭祀群神。"

九

齐景公为露寝之台[1]，成而不通焉[2]。柏常骞曰[3]："为台甚急，台成，君何为不通焉？"公曰："然。枭昔者鸣[4]，其声无不为也，吾恶之甚，是以不通焉。"柏常骞曰："臣请禳而去之[5]！"公曰："何具?”对曰:“筑新室,为置白茅焉[6]。”公使为室,成,置白茅焉。柏常骞夜用事[7],明日问公曰:“今昔闻枭声乎?”公曰:“一鸣而不复闻。”使人往视之,枭当陛布翼伏地而死。公曰:“子之道若此其明也! 亦能益寡人寿乎?”对曰:“能。”公曰:“能益几何?”对曰:“天子九、诸侯七、大夫五。”公曰:“亦有征兆之见乎?”对曰:“得寿,地且动。”公喜,令百官趣具骞之所求[8]。柏常骞出,遭晏子于涂[9],拜马前,辞。曰:“骞为君禳枭而杀之,君谓骞曰:‘子之道若此其明也,亦能益寡人寿乎?’骞曰能。今且大祭,为君请寿,故将往以闻。”晏子曰:“嘻,亦善矣! 能为君请寿也。虽然,吾闻之:惟以政与德顺乎神,为可以益寿。今徒祭可以益寿乎? 然则福名有见乎[10]?”对曰:“得寿地将动。”晏子曰:“骞,昔吾见维星绝,枢星散[11],地其动。汝以是乎?”柏常骞俯有间,仰而对曰:“然。”晏子曰:“为之无益,不为无损也。薄赋敛,无费民,且令君知之!”

【注释】

[1] 露寝:台名。古代君王处理政事的宫室。

[2] 通:登。

[3] 柏常骞:人名。春秋时周史官,景公时去周至齐。为景公禳枭请寿,晏子斥其妄。

[4] 枭昔者鸣:有枭夜里鸣叫。枭,一种凶猛的鸟,俗称猫头鹰,叫声难听。昔,夜里。

[5] 禳(ráng):祈祷免除不吉利。

[6] 白茅:一种草。

[7] 夜用事:夜里做祈神除凶的事。

[8] 趣(cù):赶快。

[9] 遭晏子于涂:在路上遇到晏子。涂,通“途”。

[10] 福名:福兆。

[11] 维星绝，枢星散：维星，《汉书·天文志》："斗杓后有三星，名曰维星。"绝，消失。枢星，天枢星，北斗星第一颗星叫天枢星。散，被遮蔽。

【今译】

齐景公建造露寝台，建成后却不登上去。柏常骞说："您建造露寝台时很紧迫，建成后为什么不登上去呢？"齐景公说："是这样，有枭夜里鸣叫，叫声要多难听有多难听，我很讨厌它，因此不登上去。"柏常骞说："请让我祈求免除不吉利。"景公说："需要什么器具？"柏常骞回答说："建造新房子，放上白茅。"景公派人建造了新房子，建成后，放上了白茅。柏常骞在夜里做祈神除凶的事。第二天，他问景公："现在还能听到枭的叫声吗？"景公说："只听到叫了一声就听不到了。"派人去看，枭在台阶上张开翅膀，趴在地上死了。景公说："你的道法这样高明，也能够增加我的寿数吗？"柏常骞说："能。"景公说："能增加多少呢？"柏常骞说："天子能增加九岁，诸侯能增加七岁，大夫能增加五岁。"景公说："能有征兆出现吗？"柏常骞说："获得增加的寿数后将要发生地动。"景公高兴了，命令百官赶快准备柏常骞所需要的东西。柏常骞出了宫，在路上遇到晏子，在马前拜见，晏子辞谢。柏常骞说："我为国君祈神除凶并杀死了枭。国君问我：'你的道法这样高明，也能够增加我的寿数吗？'我说：'能。'现在就要大祭天地了，为国君祈求增加寿数，所以来向您报告。"晏子说："嘻，好事呀，能够为国君祈求增寿。既然这样，但是我听说，只有依靠着政事和德行来顺应神灵，才可以增加寿数。现在只是举行祭祀就能靠它增加寿数吗？既然这样，那么获得长寿福运的征兆能出现吗？"柏常骞说："获得寿数后将会发生地动。"晏子说："柏常骞，昨夜我看见维星消失，天枢星被遮蔽，将有地动，你依据的就是这个现象吧？"柏常骞低头好一会儿，抬起头来说："是这样。"晏子说："你祈求没有什么好处，不祈求也没有什么坏处。减轻赋税，不浪费民力才是应该做的正事。你要让国君懂得这个道理。"

十

夫水旱俱天下阴阳所为也[1]。大旱则雩祭而请雨[2]，大水则鸣鼓而劫社[3]。何也？曰：阳者，阴之长也。其在鸟则雄为阳，雌为阴，在兽则牡为阳而牝为阴；其在民则夫为阳而妇为阴，其在家则父为阳而子为阴，其在国则君为阳而臣为阴。故阳贵而阴贱，阳尊而阴卑，天之道也。今泰旱者[4]，阳气太盛以厌于阴[5]，阴厌阳固，阳其填也[6]，惟填厌之太甚，使阴不能起也，亦雩祭拜请而已，无敢加也。至于大水及日蚀者，皆阴气太盛而上减阳精，以贱乘贵[7]，以卑陵尊，大逆不义，故鸣鼓而慑之，朱丝萦而劫之。由此观之，《春秋》乃正天下之位，征阴阳之失。直责逆者不避其难，是亦《春秋》之不畏强御也。故劫严社而不为惊灵[8]，出天王而不为不尊上[9]，辞蒯聩之命不为不听其父[10]，绝文姜之属而不为不爱其母[11]，其义之尽耶！其义之尽耶！

【注释】

[1] 天下：当作“天地”。下文“《春秋》乃正天下之位”的“天下”也当作“天地”。《春秋繁露·精华》作“天地”。

[2] 雩祭：古代求雨的祭祀。

[3] 劫社：胁迫土神。

[4] 泰：大。

[5] 厌：通“压”。

[6] 填：通“镇”。

[7] 乘：欺凌。

[8] 故劫严社而不为惊灵：严社，庄严的神社。惊灵，《春秋繁露·精华》作“不敬灵”。译文从之。

[9] 出天王：使周天子出逃。《公羊传·僖公二十四年》载："冬，天王出居于郑。王者无外，此其言出何？不能事母也。"

[10] 辞蒯聩（kuǎi kuì）之命：据《史记·卫康叔世家》记载，蒯聩，即卫庄公，卫灵公太子。与庶母南子不和，要杀南子，灵公不许，出奔宋、晋。灵公死，蒯聩子姬辄立，即卫出公。《春秋公羊传·哀公三年》载："灵公逐蒯聩而立辄。然则辄之义可以立乎？曰可。其可奈何？不以父命辞王父命，以王父命辞父命，是父之行乎子也。不以家事辞王事，以王事辞家事，是上之行乎下也。"

[11] 绝文姜之属：文姜，鲁桓公夫人，与兄齐襄公私通。桓公怒，齐襄公派人杀死桓公。文姜之子鲁庄公即位后断绝了母子关系。属，亲属关系。

【今译】

水灾和旱灾都是天地间阴阳二气制造的。大旱的时候就举行求雨的祭祀仪式，发生水灾的时候就击鼓胁迫土神。为什么呢？回答是：阳气，是阴气的尊长。在鸟类之中，雄鸟为阳，雌鸟为阴；在兽类之中，公是阳，母为阴；在人类中，男为阳，女为阴；在家庭中，父为阳，子为阴；在国家中，君为阳，臣为阴。所以，以阳为贵，以阴为贱，以阳为尊，以阴为卑，这是自然规律。如今天大旱的原因，是阳气太盛，压制了阴气。阴气被压制，阳气稳固，阳气便把阴气压制了。压制太重了，使得阴气不能上升，使阴气不能升起来，也就只好举行求雨的祭祀仪式，不敢增加阳气。至于发生了大水和日食的原因，都是因为阴气太盛了，向上使阳气的精华减损。以贱凌贵，以卑陵尊，大逆不道，所以击鼓来震慑土神，用红丝绳缠绕来胁迫它。由此看来，《春秋》能够匡正天地的次序，验证阴阳二气的失误。直接斥责大逆不道的人，不回避危难。这就是《春秋》不畏惧强权势力的体现。所以胁迫庄严的神社不是不敬畏神灵，使天子出逃不是不尊敬天子，拒绝蒯聩的命令不是不听父命，断绝与母亲文姜的关系不是不热爱母亲。已经仁至义尽了！已经仁至义尽了！

十一

齐大旱之时，景公召群臣问曰："天不雨久矣，民且有饥色。吾使人卜之，祟在高山广水[1]。寡人欲少赋敛以祠灵山[2]，可乎？"群臣莫对。晏子进曰："不可，祠此无益也。夫灵山固以石为身[3]，以草木为发。天久不雨，发将焦，身将热，彼独不欲雨乎？祠之无益。"景公曰："不然，吾欲祠河伯[4]，可乎？"晏子曰："不可，祠此无益也。夫河伯以水为国，以鱼鳖为民。天久不雨，水泉将下，百川竭，国将亡，民将灭矣，彼独不用雨乎？祠之何益？"景公曰："今为之奈何？"晏子曰："君诚避宫殿暴露，与灵山、河伯共忧，其幸而雨[5]乎！"于是景公出野，暴露三日，天果大雨，民尽得种树。景公曰："善哉！晏子之言可无用乎？其惟有德也！"

【注释】

[1] 祟：作祟。指鬼神作怪害人。
[2] 祠灵山：祠，祭祀。山名。在今山东临朐县东北。
[3] 固：本来。
[4] 河伯：古代传说中的黄河之神。
[5] 其幸而雨：大概有希望下雨吧。

【今译】

齐国大旱，齐景公召集群臣问道："老天不下雨已经很久了，百姓面带饥色。我命人占卜这件事，是高山大河在作祟。我想要减少赋税来祭祀灵山，可以吗？"群臣中无人回答。晏子上前说："不可以，祭祀灵山没有益处。那灵山本来就以石头为身躯，以草木为头发。天长期不下雨，头发将要焦脆，身躯将要发热，难道它不想下雨吗？祭祀它没有益处。"景公说："不这样的话，我想要祭祀河伯，可以吗？”晏子说：“不可以，祭祀河伯没有益处。那河伯把水作为国家，把鱼鳖作为百姓。天长期不下雨，泉水将要下降，各条河流将要枯竭，国家将要灭亡，鱼鳖将要干死，难道它不想下雨吗？祭祀它有什么益处呢？”景公说：“现在怎么办呢？”晏子说：“国君如果离开宫殿把自己暴露在野外，与灵山、河伯共忧患，大概有希望下雨吧！”于是景公来到野外，露宿三天，天果然下了大雨，百姓都能够种上庄稼了。景公说：“好啊！晏子的话怎能不采用呢？他是有德行的人啊！”

十二

夫天地有德合[1]，则生气有精矣[2]；阴阳消息[3]，则变化有时矣。时得而治矣，时得而化矣，时失而乱矣。是故人生而不具者五：目无见，不能食，不能行，不能言，不能施化。故三月达眼而后能见，七月生齿而后能食，期年生膑而后能行[4]，三年囟合而后能言[5]，十六精通而后能施化[6]。阴穷反阳，阳穷反阴，故阴以阳变，阳以阴变。故男八月而生齿，八岁而毁齿，二八十六而精小通；女七月而生齿，七岁而毁齿，二七十四而精化小通。不肖者，精化始至矣，而生气感动，触情纵欲，故反施乱化。故《诗》云：“乃如之人，怀婚姻也，大无信也，不知命也[7]。”贤者不然，精化填盈后，伤时之不可遇也，不见道端[8]，乃陈情欲以歌。《诗》曰：“静女其姝，俟我乎城隅，爱而不见，搔首踟蹰[9]。”“瞻彼日月，遥遥我思，道之云远，曷云能来[10]？”急时之辞也，甚焉，故称日、月也。

【注释】

[1] 德：疑为衍文。《韩诗外传》卷一之二十无“德”字。

[2] 生气有精:形成精气。古人认为精气是形成阴阳万物的元气。

[3] 消息:消长,事物的生灭、荣枯。《周易·丰卦》:“天地盈虚,与时消息。”

[4] 期(jī)年生膑:一年后膝盖骨长成。膑,膝盖骨。

[5] 囟(xìn)合:脑盖骨长合。囟,囟门,婴儿头顶骨未合缝的地方。

[6] 十六精通而后能施化:精通,精气通达。施化,生育。

[7] “乃如之人”句:语出《诗经·鄘风·蝃蝀(dì dōng)》。

[8] 道端:正当的夫妇关系。

[9] “静女其姝(shū)”句:姝,美。俟,等。爱,隐蔽。踟蹰,徘徊。语出《诗经·邶风·静女》。

[10] “瞻彼日月”句:曷,何时。云,语助词。语出《诗经·邶风·雄雉》。

【今译】

天地结合,就生成了精气;阴阳消长,就形成了时序。时序合宜就能治理好,时序合宜就能顺利变化,时序不合宜就会混乱。所以人生来不能具备的功能有五个:眼睛看不见,不能进食,不能行走,不能说话,不能生育。所以三个月后眼珠才能转动,然后才有视力。七个月后才生出牙齿,然后才能吃食。一年后膝盖骨长成,然后才能行走。三年后头囟门长合,然后才能说话。十六岁后精气通达,然后才能生育。阴气尽而阳气生,阳气尽而阴气生,所以阴气依靠阳气而变化,阳气凭借阴气而变化。所以男孩子八个月后生出牙齿,八岁就开始换牙,十六岁后精气开始通达。女孩子七个月后生出牙齿,七岁开始换牙,十四岁精气开始通达。没有德行的人,精气刚刚通达,就被青春气息所感动,触发情意、放纵欲望,悖乱生育规律。所以《诗经》上说:“可是这个人啊,一心想着放纵欲望,太不诚信专一了,不懂得遵守父母之命啊。”有德行的人不这样,精气充盈,然后才思虑时机不能错过。当他还没有具备正当夫妇关系的时候,就用歌诗来抒发感情。《诗经》上说:“幽雅的姑娘长得美,等我在城里角楼边,隐蔽藏身看不见,急得搔首又徘徊。”“抬头看日、月,我思念悠悠,道路太遥远,何时能回转?”这是急迫的时候所说的话。太迫切了,所以借颂扬日月来表达感情。

十三

度量权衡以黍生之[1]，为一分[2]，十分为一寸，十寸为一尺，十尺为一丈。十六黍为一豆，六豆为一铢，二十四铢重一两，十六两为一斤，三十斤为一钧，四钧重一石。千二百黍为一龠，十龠为一合[3]，十合为一升，十升为一斗，十斗为一石[4]。

【注释】

[1] 度量权衡以黍生之："权"为衍文。黍，当作"粟"。下同。《太平御览·八百三十》作"度量衡，以十粟生之"。

[2] 为一分：《太平御览·八百三十》作"十粟为一分"。译文从之。

[3] 龠(yuè)：量器名。

[4] 石(dàn)：《汉书·律历志》作"斛"(hú)。

【今译】

度量衡的单位从粟开始，十粟为一分，十分为一寸，十寸为一尺，十尺为一丈。十六粟为一豆，六豆为一铢，二十四铢重一两，十六两为一斤，三十斤为一钧，四钧重一石。千二百粟为一龠，十龠为一合，十合为一升，十升为一斗，十斗为一石。

十四

凡《六经》帝王之所著[1]，莫不致四灵焉[2]。德盛则以为畜，治平则时气至矣。故麒麟麕身、牛尾[3]，圆顶一角，含仁怀义，音中律吕。行步中规，折旋中矩。择土而践，位平然后处。不群居，不旅行[4]，纷兮其有质文也[5]！幽间则循循如也[6]，动则有容仪[7]。黄帝即位[8]，惟圣恩承天，明道一脩[9]，惟仁是行，宇内和平。未见凤皇[10]，维思影像，夙夜晨兴[11]。于是乃问天老曰[12]：“凤像如何？”天老曰：“夫凤，鸿前麟后，蛇颈鱼尾，鹤植鸳鸯思[13]，丽化枯折所志[14]，龙文龟身，燕喙鸡噣[15]，骈翼而中注[16]，首戴德，顶揭义[17]，背负仁，心信智。食则有质[18]，饮则有仪，往则有文，来则有嘉。晨鸣曰发明[19]，昼鸣曰保长，飞鸣曰上翔，集鸣曰归昌。翼挟义，衷抱忠，足履正，尾系武。小声合金[20]，大音合鼓。延颈奋翼，五光备举[21]，光兴八风，气降时雨，此谓凤像。夫惟凤为能究万物，通天祉[22]，象百状，达于道。去则有灾，见则有福。览九州，观八极，备文武，正王国，严照四方[23]，仁圣皆伏。故得凤之像一者凤过之，得二者凤下之，得三者则春秋下之，得四者则四时下之，得五者则终身居之。”黄帝曰：“於戏[24]，盛哉！”于是乃备黄冕，带黄绅，斋于中宫。凤乃蔽日而降。黄帝降至东阶，西面启首曰[25]：“皇天降兹，敢不承命？”于是凤乃遂集东囿[26]，食帝竹实，栖帝梧树，终身不去。《诗》云：“凤凰鸣矣，于彼高岗。梧桐生矣，于彼朝阳。菶菶萋萋，雍雍喈喈[27]。”此之谓也。灵龟文五色[28]，似玉似金。背阴向阳，上隆象天，下平法地，槃衍象山[29]，四趾转运应四时，文着象二十八宿。蛇头龙翅[30]，左精象日[31]，右精象月，千岁之化，下气上通，能知存亡吉凶之变。宁则信信如也[32]，动则著矣。神能为高[33]，能为下，能为大，能为小，能为幽，能为明，能为短，能为长。昭乎其高也，渊乎其下也，薄乎天光，高乎其著也。一有一亡忽微哉，斐然成章。虚无则精以和[34]，动作则灵以化。於戏，允哉[35]！君子辟神也[36]，观彼威仪，游燕幽间[37]，有似凤也。《书》曰：“鸟兽鸧鸧，凤皇来仪[38]。”此之谓也。

【注释】

[1]《六经》:指《诗》《书》《礼》《易》《乐》《春秋》。

[2] 四灵:指麟、凤、龟、龙四种灵物。《礼记·礼运》:“麟、凤、龟、龙谓之四灵。”

[3] 麕(jūn):獐子。鹿类动物。

[4] 旅行:结伴而行。旅,通“侣”。《广雅·释兽》:“麟不旅行。”

[5] 质文:质,质地,底子。文,文采,色彩。

[6] 幽间则循循如也:幽间,明抄本作“幽闲”。循循如,有顺序的样子。

[7] 容仪:容貌和仪表。

[8] 黄帝:少典之子,本姓公孙,因生于寿丘,长于姬水,遂改姓姬。居轩辕之丘,因以为名,又以为号。建都于有熊,亦称有熊氏。曾击败炎帝,擒杀蚩尤,被诸侯尊为天子。有土德之瑞,故号黄帝。被尊为中华“人文初祖”。

[9] 脩:同“修”。

[10] 皇:同“凰”。

[11] 夙夜晨兴:《韩诗外传》卷八之八作“夙寐晨兴”。于义为胜。

[12] 天老:相传为辅助黄帝的七人之一。

[13] 鹤植鸳鸯思:《埤(pí)雅·释鸟》作“鹳颡(sǎng)鸳思”。颡,额。左松超疑“植”为“颡”之误。思,通“腮”。“鸯”,衍文。

[14] 丽化枯折所志:《韩诗外传》卷八之八无此句。卢文弨认为是衍文。

[15] 燕喙(huì)鸡噣(zhòu):噣,鸟嘴。《韩诗外传》卷八之八作“燕颔鸡喙”。于义为胜。

[16] 骈翼而中注:一对翅膀在中间聚合。

[17] 顶:当作“颈”。

[18] 质:举止优雅。

[19] 发明:凤凰的叫声。下面的“保长”“上翔”“归昌”都是叫声。

[20] 小声合金:小声鸣叫像金属之音。

[21] 五光:疑作“五色”。原文两“光”字,重复。《史记·屈原列传》“正义”引《应瑞图》作:“延颈奋翼,五色备举。”

[22] 天祉(zhǐ):天赐福运。

[23] 严照:威严的形象。

[24] 於戏(wū hū):同“呜呼”。

[25] 启首：同“稽首”。古代一种叩头的跪拜礼。

[26] 东囿(yòu)：东边的园林。

[27] 莑莑(běng běng)萋萋，雍雍喈喈(jiē jiē)：莑莑萋萋，枝叶茂盛的样子。雍雍喈喈，象声词。语出《诗经·大雅·卷阿》。

[28] 文：衍文。《金楼子·立言》作：“灵龟五色，似金玉。”

[29] 槃(pán)衍：盘曲延展的样子。槃，同“盘”。

[30] 翅：此字误，当作“脰”，脖子。《太平御览·九百三十一》作“蛇头龙脰”。

[31] 精：通“睛”。

[32] 信信(shēn shēn)如：舒张的样子。

[33] 神能为高：明抄本作“神龙能为高”。

[34] 虚无则精以和：当神龙处于隐蔽之时，就显得精诚和谐。

[35] 允：诚然，果真。

[36] 辟：通“譬”。

[37] 游燕幽间：游燕，游乐。幽间，幽闲，安静。

[38] 鸟兽鸧鸧(cāng cāng)，凤皇来仪：鸟兽起舞，凤凰翩翩飞来。凤皇，即“凤凰”。语出《尚书·益稷》，原作“笙镛以间，鸟兽跄跄，萧韶九成，凤凰来仪。”

【今译】

《六经》中记载的帝王，没有不祈求麟、凤、龟、龙四种灵物的。道德盛行时就把它们当作家畜，国家太平时它们就按照时节到来。所以麒麟长着獐子的身躯、牛的尾巴，圆圆的头顶，一枝头角，好像蕴蓄着仁德、秉持着道义，叫声合乎音律。它行走合乎步法，转折回旋也中规中矩。它选路而行，地方平坦才居处。它不群居，不结伴而行。盛多啊，它那美好的质地和文采！它闲静时恭顺有序，行动时仪表优雅。黄帝即位，承受上天的圣恩，明确道德、一心修治，全力推行仁爱，天下和平。黄帝未见到凤凰，默念着它的形象，早睡早起。于是问他的辅臣天老：“凤凰的形象是怎样的？”天老说：“那凤凰，从前面看像鸿雁，从后面看像麒麟，颈项似蛇、尾巴像鱼，额头像鹤、腮似鸳鸯，龙一样的花纹、龟一样的身躯，燕子一样的下巴、鸡一样的嘴，一对翅膀在中间聚合。头顶好像戴着品德，颈项好像显示着道义，脊背好像承载着仁爱，心中好像蕴藏着智慧。进食的动作优雅，饮水的姿态优美。离去的时候显示着文采，飞来的时候笼罩着祥瑞。清晨的叫声是‘发明’，白天的鸣叫是‘保长’，飞翔时的叫声是‘上翔’，栖止时的叫声是‘归昌’。它的翅膀好像携带着道义，内心好像怀抱着忠诚，脚步好像迈在正当之路，尾巴好像连接着威武的神态。它小声鸣叫就像金属碰撞发出的美妙之音，大声鸣叫就好像敲击大鼓发出的声音。它伸展脖颈、用力张开翅膀，五种美丽颜色全都呈现出来。它的光彩可以兴起八方祥风，煽动云气可以降下及时的甘霖。这就是凤凰的形象。只有凤凰才能推究万物，通达上天赐给的福运，仿效各种吉祥状态，通往光明大道。它的离去预示着灾祸，它的出现预示着福祉。它遍览九州，观察八极，文武兼备，匡正国家，威严的形象照耀四方，仁德圣贤之人都敬服它。所以帝王的道德有一点像凤凰的，它就会经过那里，有两点像凤凰它就会降落在那里，有三点像凤凰它就会在春秋两季降落在那里，有四点像凤凰它就会四季降落在那里，有五点像凤凰它就会终身居住在那里。”黄帝说：“呜呼，盛大呀！”于是置备了黄色的皇冠，系上黄色的带子，在宫中斋戒。凤凰就遮天蔽日般地降落下来。黄帝从东边的台阶走下，面向西叩首说：“上天降下凤凰，我怎能不从命呢。”于是凤凰就栖息在东边的园林中，以黄帝竹园里的果实为食，栖息在黄帝种的梧桐树上，终身不离去。《诗经》上说：“凤凰鸣叫了，在那高高的山冈。梧桐树长高了，在那向着阳光的地方。长得那样茂盛，凤鸟的叫声和谐。”说的就是这件事。灵龟有五色彩纹，像金玉一样。它背阴向阳，背上隆起像天，腹下平坦像地，盘曲延展的样子像山陵。它四趾运动应对四季变化，甲壳上显示出二十八星宿的图案。它的头像蛇，脖子像龙。左眼像太阳，右眼像月亮。千年的化育，可以上通于天。它能够预知国家存亡吉凶的变化。宁静时表现出舒张的样子，行动时则动作显著。神灵的龙能到高处，能到低处；能变大，能变小；能隐形，能显形；能变短，能变长。它有时昭显在高高的天空，有时潜伏在深深的渊底。它能靠近太阳的光芒,高得显著。它时隐时现,变化精妙,斐然成章。当它处于隐蔽时,就显得精诚和谐;当它处于行动时,就显得灵动富于变化。呜呼,果真如此啊!君子就好比是神灵。看他的威仪,游乐闲适,恰似凤凰。《尚书》说:“鸟兽起舞,凤凰翩翩飞来。”说的就是这个意思。

十五

成王时有三苗贯桑而生[1],同为一秀[2],大几盈车,民得而上之成王。成王问周公:“此何也?”周公曰:“三苗同秀为一,意天下其和而为一乎[3]?”后三年,则越裳氏重译而朝曰[4]:“道路悠远,山川阻深,恐一使之不通,故重三译而来朝也。”周公曰:“德泽不加,则君子不飨其质[5];政令不施,则君子不臣其人。”译曰:“吾受命于吾国之黄发[6]:‘久矣,天之无烈风淫雨,意中国有圣人耶?有则盍朝之!’”然后周公敬受其所以来矣。

【注释】

[1] 成王时有三苗贯桑而生:成王,周成王。见卷一君道·三[1]。三苗贯桑,三株禾苗穿透桑树。

[2] 同为一秀:同开一朵花。

[3] 意:料想。

[4] 越裳氏重译:越裳氏,亦作“越常”“越尝”,古南海国名,在“交趾之南”靠近处。重译,辗转多次翻译。

[5] 不飨(xiǎng)其质:不享受他的礼品。飨,享受,享有。质,通“贽”,初次见尊长时所拿的礼物。

[6] 黄发:老年人。《韩诗外传》卷五之十二作“黄发曰”,《尚书大传·嘉禾》也有“曰”字。于义为胜。

【今译】

周成王的时候,有三株禾苗穿透桑树生长,并同开一朵花,花朵大得几乎装满一辆车，有百姓得到后献给了成王。成王问周公："这是什么东西？"周公说："三株禾苗同开一朵花，料想是天下和睦将要统一了吧？"三年之后，就有越裳氏携带礼品经过辗转多次翻译来朝拜说："我国距离中国道路遥远，有山川阻隔，担心派一个使者不能完成使命，所以经过多次翻译来朝见。"周公说："没有施加德泽，那么君子就不应该享受他的礼品；不曾施行政令，那么君子就不能使别人称臣。"翻译说："我国的老年人说：'很长时间了，上天没有暴风骤雨，料想中国有圣人出现吧？有圣人为什么不去朝见呢！'这样之后周公才接受了他敬献的礼品。"

十六

周惠王十五年[1]，有神降于莘[2]。王问于内史过曰[3]："是何故？有之乎？"对曰："有之。国将兴，其君斋明、中正[4]，精洁、惠和[5]，其德足以昭其馨香，其惠足以同其民人，神飨而民听[6]，民神无怨，故明神降焉，观其政德而均布福焉。国将亡，其君贪冒、淫僻[7]，邪佚、荒怠，芜秽、暴虐；其政腥臊，馨香不登；其刑矫诬[8]，百姓携贰[9]。明神不蠲[10]而民有远意，民神痛怨，无所依怀，故神亦往焉，观其苛慝而降之祸[11]。是以或见神而兴，亦有以亡。昔夏之兴也，祝融降于崇山[12]；其亡也，回禄信于亭隧[13]。商之兴也，梼杌次于丕山[14]；其亡也，夷羊在牧[15]。周之兴也，鸑鷟鸣于岐山[16]；其衰也，杜伯射宣王于镐[17]。是皆明神之纪者也[18]。"王曰："今是何神也？"对曰："昔昭王娶于房[19]，曰房后，是有爽德，协于丹朱[20]，丹朱冯身以仪之[21]，生穆王焉[22]。是监烛周之子孙而福祸之[23]。夫一神不远徙迁[24]，若由是观之，其丹朱耶？"王曰：

“其谁受之？”对曰：“在虢[25]。”王曰[26]：“然则何为？”对曰：“臣闻之，道而得神，是谓丰福[27]；淫而得神，是谓贪祸。今虢少荒，其亡也。”王曰：“吾其奈何？”对曰：“使太宰以祝、史率狸姓[28]，奉牺牲、粢盛、玉帛往献焉[29]，无有祈也。”王曰：“虢其几何？”对曰：“昔尧临民以五[30]，今其胄见[31]；鬼神之见也，不失其物。若由是观之，不过五年。”王使太宰巳父率傅氏及祝[32]，奉牺牲玉觞往献焉，内史过从至虢。虢公亦使祝、史，请土焉[33]。内史过归告王曰：“虢必亡矣。不禋于神[34]，而求福焉，神必祸之；不亲于民，而求用焉，民必违之。精意以享，禋也；慈保庶民，亲也。今虢公动匮百姓，以盈其违[35]，离民怒神怨[36]，而求利焉，不亦难乎？”十九年，晋取虢也[37]。

【注释】

[1] 周惠王：见卷十五指武·六[6]。

[2] 有神降于莘(shēn)：《左传·庄公三十二年》和《国语·周语上》皆有相同记载。莘，春秋时虢邑。在今河南陕县东南。

[3] 内史过：内史，官职名。过，人名。

[4] 斋明、中正：斋明，斋戒沐浴，整洁身心。中正，不偏不倚。

[5] 精洁、惠和：思虑忠纯，恩德和畅。

[6] 神飨而民听：神灵接受祭祀而且百姓听从召唤。

[7] 贪冒、淫僻：贪冒，贪图财利。淫僻，《国语·周语上》作“其君贪冒、辟邪、淫佚”。于义为胜。

[8] 矫诬：假托名义进行诬陷。韦昭注：“以诈用法曰矫，加诛无罪曰诬。”

[9] 携贰：离心。

[10] 蠲(juān)：洁净。

[11] 苛慝(tè)：暴虐邪恶。

[12] 祝融降于崇山：祝融，传说中帝喾时的火官，死后为火神。崇山，即嵩山。韦昭注：“崇、嵩，古字通用。”

[13] 回禄信于亭隧：回禄，古代神话中的火神。信，连住两夜。亭隧，地名，不详。

[14] 梼杌(táo wù)次于丕山:梼杌,古代传说中的神名。次,停留超过两宿。丕山,山名,不详。

[15] 夷羊在牧:夷羊,神兽名。牧,地名,指牧野。

[16] 鸑鷟(yuè zhuó)鸣于岐山:鸑鷟,凤凰的别称。岐山,山名。在今陕西省岐山县东北。

[17] 杜伯射宣王于镐(hào):杜伯、宣王见卷四立节·二十[1][2]。镐,指镐京。西周初年国都,故址在今陕西西安市西北。

[18] 纪:通"记",记载。

[19] 昭王娶于房:昭王,周昭王姬瑕,成王之孙,康王之子。房,国名。西周封国。今河南遂平县。春秋时灭于楚。

[20] 是有爽德,协于丹朱:是,《国语·周语上》作"实"。爽德,失德。协,合。丹朱,尧之子。尧因其不肖,禅位于舜。

[21] 丹朱冯(píng)身以仪之:冯,同"凭"。韦昭注:"凭,依也。仪,匹也。言房后之行有似丹朱,丹朱凭依其身而匹偶焉,生穆王也。"

[22] 穆王:周穆王姬满。

[23] 监烛:监察。

[24] 一神:《国语·周语上》作"神壹"。韦昭注:"言神壹心依凭于人,不远迁也。"

[25] 虢(guó):周朝国名。此文指北虢,建都上阳(故址在今河南三门峡市)。

[26] 土:当作"王"。

[27] 丰:《国语·周语上》作"逢"。韦昭注:"逢,迎也。"

[28] 使太宰以祝、史率狸姓:太宰,官名。王室事物总管,位列六卿。祝,官名,即太祝,掌祝词祈祷之事。史,官名,即太史,史官之长。狸姓,丹朱的后代。

[29] 牺牲、粢(zī)盛、玉帛:牺牲,供祭祀用的纯色体全牲畜。粢盛,盛在祭器中的谷物。玉帛,祭祀用的玉器和丝织品。

[30] 五:韦昭注:"五年一巡守。"

[31] 胄见(xiàn):后裔神灵出现。胄,帝王或贵族的后代。

[32] 王使太宰巳父率傅氏及祝:巳父,《国语·周语上》作"忌父"。韦昭注:"周公忌父。"傅氏,韦昭注:"狸姓也,在周为傅氏。"《潜夫论·志姓氏》言帝尧之后有狸氏、傅氏。祝,《国语·周语上》作"祝、史"。即

《左传·庄公三十二年》中所记祝应和史嚚。

[33] 请土：请求赐予田土。

[34] 禋（yīn）：祭祀。

[35] 动匮百姓，以盈其违：使百姓贫乏，来满足他邪恶的欲望。匮，缺乏，疲敝。盈，满足。《国语·周语上》作“逞”，意思相同。违，邪欲。

[36] 怨：衍文。《国语·周语上》作“离民怒神”。

[37] 十九年，晋取虢：指周惠王十九年（公元前658年，也是晋献公十九年），晋荀息假道于虞以伐北虢，公元前655年晋国灭北虢。

【今译】

周惠王十五年，有神灵降落到莘地。周惠王问内史过说：“这是为什么？从前有过这样的事情吗？”内史过回答说：“有过。国家将要兴盛，它的君主就应该斋戒沐浴，整洁身心，思虑忠纯，恩德和畅。他的品德完全能够显示他的美好名声，他的恩惠完全可以团结他的人民。神灵接受祭祀而且百姓听从召唤，百姓和神灵都没有怨恨，所以神灵就降临到那里，观察他的政治和德行并且广泛地布施福运。国家将要灭亡，他的君主就贪图财利、邪僻、荒淫、放纵，政治污秽暴虐。他的政治腐败，贤能之人得不到重用。他的法治虚伪，百姓离心离德。神灵认为他不洁净，百姓都有离开的想法。百姓和神灵痛恨他，没有什么值得留恋的，所以神灵也会降临那里，观察他的暴虐邪恶并降给他祸灾。所以有的见到神灵国家兴旺，也有的见到神灵国家灭亡。从前夏兴盛的时候，祝融降到崇山；夏朝灭亡的时候，回禄在亭隧连住两夜。商朝兴盛的时候，梼杌住在丕山；商朝灭亡的时候，夷羊降落在牧野。周朝兴盛的时候，鸑鷟在岐山鸣叫；周朝衰败的时候，杜伯的灵魂在镐京射杀了宣王。这些都是史书上记载的神灵。”周惠王说：“现在降落下来的是什么神灵呢？”内史过说：“从前周昭王娶了房国女子为后，称作房后，这个女子有失德的地方。她与丹朱的神灵交合，丹朱凭依她的身子交合，生了穆王。这是神灵监察周的子孙并决定是降福还是降祸给他。那神灵一心依凭于人，不愿远迁他处，如果这样看来，这次降临的神灵应该是丹朱吧？”周惠王问：“哪个国家将遭遇灾祸?”内史过说:“是虢国。”周惠王问:“那么,为什么是虢国呢?”内史过说:“我听说,有道德的人遇上神灵,就是迎接福神;荒淫的人遇上神灵,那是因为贪婪而招致祸端。如今虢国君主有些荒淫,大概要灭亡吧?”周惠王问:“我们能做些什么呢?”内史过回答说:“派遣太宰和太祝、太史率领狸姓的人们到那里去敬献牺牲、粢盛、玉帛,但不要祈求什么。”周惠王问:“这样做了后虢国能存多长时间?”内史过回答说:“从前帝尧统治人民时五年一巡守,现在他的后代丹朱神灵出现了。鬼神出现后,不能缺少供品。如果这样看来,虢国不会超过五年。”周惠王派太宰忌父带领傅氏宗亲的人们以及太祝、太史,捧着牺牲和玉器去敬献。内史过跟从前往虢国。虢国的君主也派太祝、太史参加祭祀,却是祈求田土。内史过回去后对周惠王说:“虢国一定会灭亡。虢君不祭祀神灵,却祈求田土,神灵一定会降临灾祸给他;他不亲近百姓,却想要役使百姓,百姓一定会违反他。怀着精诚的心意来让神灵享用,就是祭祀。以慈爱之心来保护百姓,就是亲民。现在虢君使百姓贫乏来满足他邪恶的欲望,离弃人民、神灵怨怒,他却要向神灵祈求利益,不是很困难的事情吗?”周惠王十九年,晋国攻取了虢国。

十七

齐桓公北征孤竹[1],未至卑耳谿中十里[2],闟然而止[3],瞠然而视[4]。有顷,奉矢未敢发也。喟然叹曰:“事其不济乎?有人长尺,冠冕,大人物具焉[5],左祛衣走马前者[6]。”管仲曰:“事必济,此人知道之神也。走马前者,导也;左祛衣者,前有水也。”从左方渡,行十里,果有水,曰辽水。表之,从左方渡至踝,从右方渡至膝。已渡,事果济。桓公再拜管仲马前曰:“仲父之圣至如是,寡人得罪久矣。”管仲曰:“夷吾闻之,圣人先知无形。今已有形乃知之,是夷吾善承教,非圣也。”

【注释】

[1] 孤竹:古国名,在今河北省卢龙县。

[2] 卑耳谿:山名。即辟耳山。在今山西平陆县西北。谿,山谷。

[3] 闟(xī)然:突然停立的样子。

[4] 瞠(chēng)然:瞪着眼睛的样子。

[5] 大人物具焉:跟正常人的穿戴一样。《管子·小问》无“大”字。

[6] 祛(qū):祛,当作“袪”,撩起。

【今译】

齐桓公向北方征伐孤竹国,距离卑耳山山谷不到十里的地方,突然停下站住,瞪着眼睛看。过了一会儿,手捧箭矢不敢射出去。叹息道:“看来战事不会成功吧?我见有个人身高一尺,戴着帽子,跟正常人的穿戴一样,撩起左边衣襟从马前面跑过去了。”管仲说:“战事一定会成功,这个人是道路之神。在马前面跑,那是向导;撩起左边的衣襟,说明前面有水,从左侧渡过。”行走了十里;果然有水,叫辽河。测量水深后做了标记,从左侧渡水,水深到脚踝,从右渡过,水没至膝盖。渡过河以后,战事果然成功。桓公在管仲马前拜了两拜,说:“仲父圣贤到了这样的程度,寡人对先生失礼很久了!”管仲说:“我听说,圣人在事物还处于无形状态的时候就知道了。现在我是在事物处于有形状态中的时候才知道,是我善于学习罢了,并不是圣明。”

十八

吴伐越,隳会稽[1],得骨专车[2],使使问孔子曰:“骨何者最大?”孔子曰:“禹致群臣会稽山,防风氏后至[3],禹杀而戮之,其骨节专车，此为大矣。"使者曰："谁为神？"孔子曰："山川之灵，足以纪纲天下者[4]，其守为神。社稷为公侯，山川之祀为诸侯，皆属于王者。"曰："防风氏何守？"孔子曰："汪芒氏之君守封嵎之山者也[5]，其神为釐姓[6]，在虞夏为防风氏，商为汪芒氏，于周为长狄氏[7]，今谓之大人。"使者曰："人长几何？"孔子曰："僬侥氏三尺[8]，短之至也；长者不过十，数之极也。"使者曰："善哉！圣人也。"

【注释】

[1] 隳(huī)会(kuài)稽：隳，攻下。会稽，指会稽城，越国都城，今浙江绍兴市。

[2] 专车：装满车。

[3] 防风氏：汉族神话传说中人物或部落名，是巨人族。又称汪芒氏，传说是今天汪姓的始祖。

[4] 纪纲：治理、管理。

[5] 汪芒氏之君守封嵎之山：汪芒，韦昭注："长狄之国名也。"韦昭又注："封，封山；嵎，嵎山。今在吴郡永安县也。"即今浙江德清县西南。

[6] 釐(xī)姓：防风氏的后代。

[7] 长狄氏：亦作"长翟"。春秋时狄族的一支，传说其人身材较高，故称。

[8] 僬侥(jiāo yáo)氏：古代传说中的矮人国名。

【今译】

吴国攻打越国，攻下了会稽城，发现有一根骨节大得可以装满一辆车，就派使者去问孔子："什么人的骨节这样大？"孔子说："当年禹召集群臣在会稽山，防风氏后到，禹就杀了他，他的骨节可以装满一辆车，这就是大骨了。"使者问："谁可以成为神呢？"孔子说："那些山川的主人，能够治理天下，掌管这些山川的都是神。主管社稷的是公侯，主管山川祭祀的是诸侯，都隶属于天子。"使者问："防风氏掌管什么呢？"孔子说："他本是汪芒氏的君主，管理封山和嵎山，姓釐，在夏朝就是防风氏，在商朝是汪芒氏，在周朝是长狄氏，现在叫大人。"使者问："他们人有多长？"孔子说："僬侥氏身长三尺，是最短的；长的不超过十尺，是最长的。”使者说：“说得好！您是圣人哪。”

十九

仲尼在陈，有隼集于陈侯之廷而死[1]。楛矢贯之[2]，石砮矢长尺有咫[3]。陈侯使问孔子，孔子曰：“隼之来也远矣，此肃慎氏之矢也[4]。昔武王克商，通道九夷百蛮[5]，使各以其方贿来贡[6]，思无忘职业。于是肃慎氏贡楛矢石砮，长尺有咫，先王欲昭其令德之致[7]，故铭其栝曰[8]：‘肃慎氏贡楛矢’，以劳大姬[9]，配虞胡公[10]，而封诸陈。分同姓以珍玉，展亲也[11]；分别姓以远方职贡，使无忘服也。故分陈以肃慎氏之矢。”试求之故府，果得焉。

【注释】

[1] 有隼(sǔn)集于陈侯之廷：隼，鹰类猛禽。集，鸟降落在树上。陈侯，陈国君主。《孔子家语·辩物》作“陈惠公”。廷，朝廷。

[2] 楛(hù)矢贯之：楛，木名。茎似荆，色赤，可做箭杆。贯之，穿透了它。

[3] 石砮(nǔ)矢长尺有咫(zhǐ)：砮，石制的箭头。有，又。咫，长度单位，八寸为一咫。

[4] 肃慎氏：中国古代东北民族，是现代满族的祖先。韦昭注：“北夷之国，故隼来远矣。”

[5] 通道九夷百蛮：通道，沟通交往。九夷，古代称东方的九种民族。也指其所居住之地。《后汉书·东夷传》：“夷有九种。曰：‘畎夷、于夷、方夷、黄夷、白夷、赤夷、玄夷、风夷、阳夷。’”百蛮，古代南方少数民族的总称。

[6] 方贿：四方进贡的财物。

[7] 昭：显扬。

[8] 铭其栝(kuò，又读 guā)：铭，刻字。栝，箭末扣弦处。

[9] 以劳大姬：来慰劳大姬。大姬，周武王的长女。《国语·鲁语下》“劳”

作“分”，赐给。

[10] 虞胡公：陈国国君。

[11] 展亲：重视亲属关系。

【今译】

孔子在陈国的时候，有一只鹰降落在陈侯宫廷里的树上死掉了，楛箭穿透了它，石制的箭头，箭杆长一尺八寸。陈侯派使者请教孔子。孔子说：“这只鹰来自很遥远的地方，这箭是肃慎氏的箭。从前武王攻克商朝，与九夷百蛮沟通交往，让他们把本地的土特产作为贡品献来，为的是让他们记住自己的职守。于是肃慎氏进贡了楛箭，石制的箭头，箭杆长一尺八寸。先王周武王为了显示这是他的美德所招致而来，就在箭末扣弦处刻上了字是：‘肃慎氏贡楛矢。’并赐箭慰问大姬，把大姬嫁给虞的后代胡公，分封在陈国。分给同姓珍宝，表明重视亲属关系。把远方的贡品分给异姓，让他们不忘记服从。所以分给陈国的是肃慎氏的箭。”陈侯试着从旧仓库中去寻找，果然找到了。

二十

季桓子穿井得土缶[1]，中有羊，以问孔子，言得狗。孔子曰：“以吾所闻，非狗，乃羊也。木之怪夔、罔两[2]，水之怪龙、罔象[3]，土之怪羵羊也[4]，非狗也。”桓子曰：“善哉！”

【注释】

[1] 季桓子：春秋时鲁国大夫，名斯。

[2] 土缶：土制罐。

[3] 夔(kuí)、罔两：都是古代神话传说中山林中的精怪。

[4] 龙、罔象：水的精怪。

[5] 羵(fén)羊：土中的怪物。

【今译】

季桓子挖井挖出了土罐,里面有羊,以此问孔子,说挖出了狗。孔子说:"据我所知,不是狗,而是羊。山林中的精怪是夔和罔两,水中的精怪是龙和罔象,土中的精怪是羵羊,不是狗。"季桓子说:"说得好!"

二十一

楚昭王渡江[1],有物大如斗,直触王舟,止于舟中。昭王大怪之,使聘问孔子[2]。孔子曰:"此名萍实[3],令剖而食之[4]。惟霸者能获之,此吉祥也。"其后齐有飞鸟,一足来下,止于殿前,舒翅而跳,齐侯大怪之,又使聘问孔子。孔子曰:"此名商羊[5],急告民趣治沟渠[6],天将大雨。"于是如之,天果大雨,诸国皆水,齐独以安。孔子归,弟子请问。孔子曰:"异时小儿谣曰:'楚王渡江得萍实,大如拳[7],赤如日,剖而食之,美如蜜。'此楚之应也。儿又有两两相牵,屈一足而跳,曰:'天将大雨,商羊起舞[8]。'今齐获之,亦其应也。夫谣之后,未尝不有应随者也。"故圣人非独守道而已也,睹物记也,即得其应矣。

【注释】

[1] 楚昭王:见卷一君道·二十七[1]。

[2] 聘问:此处是请教的意思。

[3] 萍实:萍草的果实。萍,浮萍,一种水草,无根浮水而生。

[4] 令:《孔子家语·致思》作"可"。于义为胜。

[5] 商羊:传说中的鸟名,能报雨。《论衡·变动》:"天气变于上,人物应于下矣。故天且雨,商羊起舞,使天雨也。商羊者,知雨之物也。天且雨,屈其一足起物矣。故天且雨,蝼蚁徙,蚯蚓出,琴弦缓,固疾发,此

物为天所动之验也。”这里的记载反映了中国古代人的气象学知识，并非迷信。

[6] 趣(cù)治：赶快整治。

[7] 拳：《孔子家语·致思》作“斗”。

[8] 起舞：《孔子家语·辩政》作“鼓舞”。

【今译】

楚昭王渡江，有一个斗一样大的东西，径直碰撞到昭王乘坐的船上，停在船的中部。昭王感到非常奇怪，派人去请教孔子。孔子说：“这是浮萍的果实，剖开可以吃。只有成就霸业的国君才能得到它，这是吉祥物啊。”后来齐国有一只飞鸟，长着一只脚飞来，停在大殿前面，舒展起翅膀跳舞。齐侯感到非常奇怪，派人去请教孔子。孔子说：“这鸟名叫商羊，立刻告诉国民，赶快整治沟渠，天将要下大雨。”于是齐国按照孔子说的去办，天果然下了大雨。其他各国都发了水灾，只有齐国因此平安无事。孔子回来后，弟子们都来请教。孔子说：“从前有童谣说：‘楚王渡江，得到萍实，大如拳头，红如太阳，剖开而食，甜美如蜜。’这童谣在楚国应验了。又有小孩两两牵着手，屈起一只脚而跳，说：‘天要下雨，商羊起舞。’现在齐国得到了，也应验了。童谣说的，没有不应验的。”所以圣人不仅仅是坚守道义，还要看到后就记下来，就会得到应验的。

二十二

郑简公使公孙成子来聘于晋[1]，平公有疾[2]，韩宣子赞授馆客[3]，客问君疾。对曰：“君之疾久矣，上下神祇[4]，无不遍谕也，而无除。今梦黄熊入于寝门，不知人鬼耶？意厉鬼也[5]？”子产曰：“君之明，子为政，其何厉之有？侨闻之：昔鲧违帝命[6]，殛之于羽山[7]，化为黄熊，以入于羽渊，是为夏郊，三代举之。夫鬼神之所及,非其族类,则绍其同位[8],是故天子祠上帝,公侯祠百神,自卿已下不过其族[9]。今周室少卑,晋实继之,其或者未举夏郊也?"宣子以告,祀夏郊,董伯为尸[10],五日瘳[11]。公见子产赐之莒鼎[12]。

【注释】

[1] 郑简公使公孙成子来聘于晋:郑简公,见卷七政理·二十[2]。公孙成子,即公孙侨,字子产,谥"成"。见卷二臣术·四[6]。聘,聘问,问候。

[2] 平公:即晋平公。见卷一君道·一[1]。

[3] 韩宣子赞授馆客:韩宣子,名起,春秋时晋国卿大夫。赞,引导。授馆客,安排客人到馆舍住下。

[4] 神祇(qí):天地之神。

[5] 厉鬼:恶鬼。前面的"人鬼"指人死后的灵魂。

[6] 鲧(gǔn)违帝命:鲧,相传是禹的父亲,尧命其治水,无功。帝,韦昭注为"尧"。

[7] 殛(jí)之于羽山:殛,杀。一解为"拘囚"。羽山,山名。《山海经·海内经》:"鲧窃帝之息壤以堙洪水,不待帝命。帝令祝融杀鲧于羽郊。"《尚书·舜典》记舜殛鲧于羽山。

[8] 绍其同位:绍,承继。同位,同列。

[9] 自卿已下不过其族:已,通"以"。过,超过。族,本族。

[10] 董伯为尸:董伯,晋国大夫。尸,古代祭祀时代表死者受祭的人。

[11] 瘳(chōu):痊愈。

[12] 莒鼎:产于莒地的鼎。

【今译】

郑简公派子产到晋国访问。晋平公有病,韩宣子引导并安排客人到馆舍住下。客人询问晋平公的病情,韩宣子回答说:"国君的病很长时间了,天地之神,没有不拜祭过的,却不能使病痊愈。现在梦见黄熊爬进宫廷寝门,不知道是人鬼呢还是恶鬼呢?"子产说:"国君英明,又有你执政,哪里会有什么恶鬼?我听说,从前鲧违抗帝舜的命令,被杀死在羽山,变为黄熊,进入羽渊之中。成为夏朝郊祭的神，夏商周三代都举行。那鬼神所到之处，如果不是它的同族，就要同位承继灵位。所以天子祭祀上帝，公侯祭祀百神，从卿以下祭祀时不超过本族。如今周室渐渐衰微，晋国实际上继承了他的地位。大概是晋国没有举行夏朝郊祭那样的祭祀吧？”韩宣子把子产的话告诉了平公。于是就举行了夏朝那样的祭祀，让董伯扮作受祭的人，五天后平公的病就痊愈了。平公接见子产，赐给他莒鼎。

二十三

虢公梦在庙[1]，有神人面白毛、虎爪，执钺立在西阿[2]。公惧而走。神曰：“无走！帝今日使晋袭于尔门。”公拜顿首。觉，召史嚚占之[3]。嚚曰：“如君之言，则蓐收也[4]，天之罚神也[5]。天事官成[6]。”公使囚之，且使国人贺梦。舟之侨告其诸侯曰[7]：“虢不久矣，吾乃今知之。君不度，而嘉大国之袭于已也，何瘳[8]？吾闻之曰：大国无道，小国袭焉[9]，曰服；小国傲，大国袭焉，曰诛。民疾君之侈也，是以由于逆命[10]。今嘉其梦，侈必展，是天夺之鉴而益其疾也！民疾其态，天又诳之[11]；大国来诛，出令而逆。宗国既卑[12]，诸侯远已，外内无亲，其谁云救之？吾不忍俟，将行。”以其族适晋，三年虢乃亡。

【注释】

[1] 虢(guó)公：春秋时虢国国君，名丑。晋献公二十二年，晋假道于虞以伐虢，丑奔周，国亡。

[2] 执钺(yuè)立在西阿：钺，古代一种兵器，形状像大斧。西阿，屋栋的西檐下面。

[3] 史嚚(yín)：虢国太史。

[4] 蓐(rù)收:古神名。传说为少昊氏之子,西方白虎金正之官,掌管刑杀的神。

[5] 天之罚神:上天主管处罚的神。

[6] 天事官成:神灵降灾或赐福,皆由政事好坏所致。

[7] 舟之侨告其诸侯:舟之侨,虢国大夫。告其诸侯,《国语·晋语二》作"告诸其族"。

[8] 瘳(chōu):减损。

[9] 大国无道,小国袭焉:《国语·晋语二》没有"无"字。袭,进入。下句"大国袭焉"的"袭"字是攻取的意思。

[10] 由:《国语·晋语二》作"遂"。译文从之。

[11] 诳(kuáng):欺骗,迷惑。

[12] 宗国:即公族,指君王的同宗子弟。

【今译】

虢公梦见自己在宗庙里,有个神人,面孔长着白毛,四肢长着虎爪,拿着钺站在屋栋的西檐下面。虢公恐惧而跑。神说:"别跑!天帝今天派晋国来攻打你们的城门。"虢公跪地叩头。醒来后,虢公召见太史嚚占卜这件事。太史嚚说:"像您说的那样,这神就是蓐收,是上天主管处罚的神。神灵降灾或赐福,皆由政事好坏所导致。"虢公听了很生气,就把太史嚚囚禁起来,然后让国都的百姓来祝贺他的梦。舟之侨告诉他的族人说:"虢国长不了了,我现在才算是明白了。国君不知改变自己,反而把梦见大国来侵看作是一件好事,对于他自己的灾祸有什么减损呢?我听说过这样的话:大国有道,小国归入,这叫归服;小国傲慢,大国攻取,这叫诛伐。百姓痛恨国君的奢侈,所以就违抗他的命令。现在让百姓祝贺他的梦,奢侈的行为一定会扩展。这是上天要夺走他借鉴的镜子,而加重他的罪过。百姓痛恨他的表现,上天又迷惑他,大国来诛伐,他发出的命令又遭到百姓的反抗,公族已经卑弱,诸侯也疏远了他,他内、外两方面没有可以亲近的势力,谁还能来救援他呢?我不忍心在这里等待灭亡,我准备离开。"于是带领他的族人到晋国去了。三年之后,虢国就灭亡了。

二十四

晋平公筑虒祁之室[1]，石有言者。平公问于师旷曰[2]："石何故言？"对曰："石不能言，有神冯焉[3]，不然民听之滥也。臣闻之，作事不时，怨讟动于民[4]，则有非言之物而言。今宫室崇侈，民力屈尽，百姓疾怨，莫安其性，石言不亦可乎？"

【注释】

[1] 晋平公筑虒(sī)祁之室：晋平公，见卷一君道·一[1]。虒祁，宫殿名。

[2] 师旷：见卷一君道·一[1]。

[3] 冯(píng)：凭。这里是附着的意思。

[4] 怨讟(dú)：怨恨诽谤。

【今译】

晋平公修建虒祁台，石头有说话的。晋平公问于师旷："石头为什么能说话呢？"师旷回答说："石头不能说话，有神灵附着在上面了，不然就是百姓听错了。我听说，劳役百姓违背时令，怨恨诽谤就从百姓中产生了，那就会有不能说话的东西而说话了。现在您修建宫殿过分奢侈，百姓之力竭尽，百姓痛恨，不能让他们的生活安定下来，石头不就可以说话了吗？"

二十五

晋平公出畋[1]，见乳虎伏而不动，顾谓师旷曰："吾闻之也，霸王之主出，则猛兽伏不敢起。今者寡人出，见乳虎伏而不动，此其猛兽乎？"师旷曰："鹊食猬，猬食鵔鸃[2]，鵔鸃食豹，豹食駮[3]，駮食虎；

夫駮之状有似駮马,今者君之出必骖駮马而出畋乎?”公曰:“然。”师旷曰:“臣闻之,一自诬者穷,再自诬者辱,三自诬者死。今夫虎所以不动者,为駮马也,固非主君之德义也,君奈何一自诬乎?”平公异日出朝,有鸟环平公不去,平公顾谓师旷曰:“吾闻之也,霸王之主,凤下之。今者出朝,有鸟环寡人,终朝不去,是其凤鸟乎?”师旷曰:“东方有鸟名谏珂,其为鸟也,文身而朱足,憎鸟而爱狐。今者吾君必衣狐裘以出朝乎?”平公曰:“然。”师旷曰:“臣已尝言之矣,一自诬者穷,再自诬者辱,三自诬者死。今鸟为狐裘之故,非吾君之德义也,君奈何而再自诬乎?”平公不悦。异日置酒虒祁之台,使郎中马章布蒺藜于阶上[4],令人召师旷。师旷至,履而上堂。平公曰:“安有人臣履而上人主堂者乎?”师旷解履,刺足;伏,刺膝。仰天而叹。公起引之曰:“今者与叟戏,叟遽忧乎[5]?”对曰:“忧夫肉自生虫,而还自食也;木自生蠹,而还自刻也[6];人自兴妖,而还自贼也[7]。五鼎之具不当生藜藿[8],人主堂庙不当生蒺藜。”平公曰:“今为之奈何?”师旷曰:“妖已在前,无可奈何。入来月八日,修百官,立太子,君将死矣。”至来月八日平旦[9],谓师旷曰:“叟以今日为期,寡人如何?”师旷不乐,谒归。归未几而平公死,乃知师旷神明矣。

【注释】

[1] 畋(tián):打猎。

[2] 鵔鸃(jùn yì):鸟名,即锦鸡。

[3] 駮(bó):传说中的猛兽名。

[4] 蒺藜:即“蒺藜”。

[5] 遽(jù):就。

[6] 而还(xuán)自刻:还,迅速,立刻。自刻,蠹虫蛀蚀。

[7] 自贼:自害。

[8] 五鼎:五种祭礼,说法不一。一说羊、豕、肤、鱼、腊;一说羊、豕、肠胃、

鱼、腊;一说牛、羊、豕、鱼、麋。藿:粗劣的食物。

[9] 平旦:天刚亮。

【今译】

晋平公外出打猎,看见一只幼虎趴伏在那里不动,就回头对师旷说:"我听说,成就霸业的君主外出,猛兽见了就趴伏不敢动。现在我外出,看见幼虎趴伏在那里不敢动,这大概就是猛兽吧?"师旷说:"喜鹊吃刺猬,刺猬吃鵔鸃,鵔鸃吃豹子,豹子吃驳,驳吃老虎。那驳的形状像驳马。今天君王外出,一定是乘坐驳马驾的车吧?"晋平公说:"是这样。"师旷说:"我听说,自我欺骗一次的人遭受窘困,自我欺骗两次的人会受辱,自我欺骗三次的人会死亡。今天的虎趴伏不动的原因,是看见了驳马,肯定不是敬服君主的品德道义。君主为什么要自我欺骗一次呢?"又一天,平公上朝的时候,有一只鸟环绕平公不肯离开。平公回头对师旷说:"我听说,成就霸业的君主凤鸟就会降临到他的身边。今天我上朝,有鸟环绕我,整天不离开。这就是凤鸟吧?"师旷说:"东方有一种鸟名叫谏珂,这种鸟,身上有花纹,脚爪是红色的,它憎恶鸟类而喜欢狐狸。今天君王一定是穿着狐皮衣服上朝吧?"平公说:"是这样。"师旷说:"我曾经说过,自我欺骗一次的人遭受窘困,自我欺骗两次的人会受辱,自我欺骗三次的人会死亡。今天的鸟是因为君王穿了狐皮衣服的缘故,不是敬服君主的品德道义,君王为什么要再次自我欺骗呢?"平公不高兴。又一天,平公在虒祁台上置备了酒宴,派郎中马章在台阶上铺上蒺藜,命人召师旷来。师旷到后,穿着鞋子上堂。平公说:"哪里有做臣子的穿着鞋子进入君主殿堂的呢?"师旷脱下鞋子,脚上扎了刺;趴下来,又刺伤了膝盖。他仰天长叹。平公起来拉他说:"今天与你这个老头开个玩笑,老头就如此忧虑吗?"师旷回答说:"忧虑啊。肉上长了虫子,肉就会被虫子吃掉;木上长了虫子,木很快就会被虫蛀蚀掉;人自我作怪,很快就会把自己害死。五鼎这样的祭器不应该烹煮劣质的食物,君主的殿堂上不应当长出蒺藜。"平公说:"现在该怎么办呢?"师旷说:"妖孽在跟前,没有什么办法了。下个月的第八天，整顿百官，确立太子，君王您就要死了。”到了下个月的第八天早晨，平公对师旷说：“老头把今天定为我的死期，我现在不是好好的吗？”师旷闷闷不乐，请求回家。回到家不久平公就死了。于是人们才知道师旷真是神明啊。

二十六

赵简子问于翟封荼曰[1]：“吾闻翟雨谷三日[2]，信乎？”曰：“信。”“又闻雨血三日，信乎？”曰：“信。”“又闻马生牛，牛生马，信乎？”曰：“信。”简子曰：“大哉！妖亦足以亡国矣！”对曰：“雨谷三日，䗂风之所飘也[3]；雨血三日，鸷鸟击于上也；马生牛，牛生马，杂牧也，此非翟之妖也。”简子曰：“然则翟之妖奚也？”对曰：“其国数散[4]，其君幼弱，其诸卿货，其大夫比党以求禄爵[5]，其百官肆断而无告，其政令不竟而数化，其士巧贪而有怨。此其妖也。”

【注释】

[1] 赵简子：见卷一君道・三十三[1]。翟封荼：人名，翟人，生平不详。
[2] 翟：通“狄”，对古代居住在北方部族的泛称。
[3] 䗂(méng)风：迅疾的风。
[4] 数散：多次分裂。
[5] 比党：勾结。

【今译】

赵简子问翟封荼：“我听说翟国连续三日天上下谷子，真的吗？”翟封荼说：“真的。”“又听说连续三日天上下血，真的吗？”翟封荼说：“真的。”“又听说马生牛，牛生马，真的吗？”翟封荼说：“真的。”赵简子说：“妖孽太大了！妖孽完全能够使国家灭亡！”翟封荼说：“连续三日天上下谷子，是迅疾的风吹来的；连续三日天上下血，是凶猛的鸟在天上搏击造成的；马生牛，牛生马，是混杂放牧造成的。这些都不是翟国的妖孽。”赵简子问：“这样的话，那么翟国的妖孽是什么呢？”翟封荼说：“这个国家多次分裂，他的国君年幼懦弱，他的众卿接受贿赂，他的大夫勾结一起贪图俸禄爵位，他的百官随意决断案件而百姓无处申诉，他的政令不能贯彻到底而朝令夕改，他的士人奸诈贪婪而心怀怨恨。这就是国家的妖孽。”

二十七

哀公射而中稷[1]，其口疾，不肉食。祠稷而善，卜之巫官。巫官变[2]，曰：“稷负五种[3]，托株而从天下，未至于地而株绝。猎谷之老人张衽以受之，何不告祀之？”公从之，而疾去。

【注释】

[1] 稷：谷神。此处当指谷神庙中的神像。

[2] 变：通“辨”。

[3] 五种：五谷，黍、稷、菽、麦、稻。

【今译】

哀公射箭不小心射中了谷神神像，于是口中得病，不能吃肉。祭祀谷神就能变好，于是命巫官占卜。巫官辨认了占卜的征兆，说：“谷神背负五谷，手托禾苗从天而降，还没有到地上禾苗就折断。猎谷的老人展开衣襟来接住禾苗。为什么不向老人祭祀祈祷呢？”哀公听从了他的话，口中疾病就好了。

二十八

扁鹊过赵，王王太子暴疾而死[1]。鹊造宫门曰[2]：“吾闻国中卒有壤土之事[3],得无有急乎?”中庶子之好方者应之曰[4]:“然,王太子暴疾而死。”扁鹊曰:“入言郑医秦越人能活太子[5]。”中庶子难之曰[6]:“吾闻上古之为医者曰苗父[7]。苗父之为医也,以菅为席,以刍为狗[8],北面而祝,发十言耳,诸扶而来者、举而来者,皆平复如故。子之方能如此乎?”扁鹊曰:“不能。”又曰:“吾闻中古之为医者曰俞柎[9]。俞柎之为医也,搦脑髓[10],束肓莫[11],炊灼九窍,而定经络[12],死人复为生人,故曰俞柎。子之方能若是乎?”扁鹊曰:“不能。”中庶子曰:“子之方如此,譬若以管窥天,以锥刺地;所窥者甚大,所见者甚少[13]。钧若子之方[14],岂足以变骇童子哉!”扁鹊曰:“不然。物故有昧揥而中蛟头、掩目而别白黑者[15]。太子之疾,所谓尸厥者也[16],以为不然,入诊之,太子股阴当温,耳中焦焦如有啸者声然者[17],皆可治也。”中庶子入报赵王,赵王跣而趋出门曰[18]:“先生远辱幸临寡人,先生幸而有之,则粪土之息[19],得蒙天履地而长为人矣;先生不有之,则先犬马填沟壑矣[20]。”言未已,涕泣沾襟。扁鹊遂为诊之,先造轩光之灶[21],八成之汤[22],砥针砺石[23],取三阳五输[24];子容捣药[25],子明吹耳,阳仪反神,子越扶形,子游矫摩[26]。太子遂得复生。天下闻之,皆曰:“扁鹊能生死人。”鹊辞曰:“予非能生死人也,特使夫当生者活耳。”夫死者犹不可药而生也,悲夫!乱君之治不可药而息也。《诗》曰:“多将熇熇,不可救药[27]!”甚之之辞也。

【注释】

[1] 扁鹊过赵,王王太子暴疾而死:扁鹊,战国时医学家。姓秦,名越人。过,路过。王王,前一个“王”字误。咸淳本作“扁鹊过赵,赵王太子暴疾而死”,于义为胜。

[2] 造：到。

[3] 卒(cù)有壤土之事：卒，通“猝”，突然。壤土之事，破土建造坟茔。

[4] 中庶子之好方者：中庶子，侍从之臣。方，药方。

[5] 活：救活。郑，当作“鄚”(mò)，今河北任丘一带，曾属赵国。

[6] 难(nàn)：诘难。

[7] 上古之为医者曰苗父：上古，《汉书·艺文志》：“人更三圣，世历三古。”颜师古注引孟康曰：“伏羲为上古，文王为中古，孔子为下古。”苗父，传说中古之巫医。

[8] 以刍为狗：用草把子扎成狗的模样。刍，喂牲口的草。

[9] 俞柎(fù)：一作俞跗。传说中黄帝时良医。

[10] 搦(nuò)：按，抑。

[11] 束盲莫：束，包扎，收紧。一说刺。盲，当作“肓”。莫，通“膜”。肓莫，五脏之间，膈中之膜。

[12] 炊灼九窍，而定经络：用药物烧炙。九窍，指人体的两眼、两耳、两鼻孔、口、尿道和肛门。经络，中医指人体内气血运行通路的主干和分支。

[13] 所见者甚少：《韩诗外传》卷十之九作“所窥者大，所见者小，所刺者巨，所中者少。”

[14] 钧：此字疑为衍文。

[15] 物故有昧揥(dì)而中蛟头：事情原本就有暗中投掷击中蚊子头部的。昧揥，暗投。《韩诗外传》卷十之九作“昧投”。蛟，此字误，当作“蚊”。

[16] 尸厥：病名。症状是突然昏倒，手脚僵硬发冷。

[17] 焦焦：象声词。

[18] 跣(xiǎn)：赤脚。

[19] 粪土之息：对自己儿子的谦称。息，子女。

[20] 先犬马填沟壑：先我而死去。犬马，自谦的称呼。填沟壑，言尸首填塞山沟，死去。

[21] 轩光：煮药用的灶名。

[22] 八成之汤：汤药名。

[23] 砥针砺石：打磨针、砭。石，砭石，古代治病用的石针。

[24] 三阳五输：中医以手脚上的三个部位太阳、少阳、阳明为三阳。五输，经脉所灌注的五个部位，即太冲、太陵、太白、太渊、太谿。

[25] 子容:人名,与后面的子明、阳仪、子越、子游皆为扁鹊弟子。

[26] 矫摩:按摩。

[27] 多将熇熇(hè hè),不可救药:病势像熊熊的烈火,不可救治。熇熇,火势旺盛。语出《诗经·大雅·板》。

【今译】

扁鹊路过赵国国都,正赶上赵王太子突然得病而死。扁鹊来到国王宫门口说:“我听说都城中突然间有破土造坟的事情,莫非有人得急病?”一个喜欢医术的中庶子回答:“是的。赵王的太子突然发病死了。”扁鹊说:“进宫对赵王说郑地医生秦越人能够救活太子。”中庶子诘难他说:“我听说上古的时候有个行医的人叫苗父。苗父行医的时候,用菅草做垫席,用草把子扎成狗的模样,面向北祈祷,口中发出十个字。那些被搀扶来的人、被抬来的人,都恢复到原来的样子。你的医术能达到那样吗?”扁鹊说:“不能够。”中庶子又说:“我听说中古的时候,有个行医的人叫俞柎。俞柎行医的时候,按压脑髓,收紧肓膜,烧炙九窍,梳理经络,使死人复活,所以名叫俞柎。你的医术能达到那样吗?”扁鹊说:“不能够。”中庶子说:“你的医术如此低下,就好比用竹管窥视天,用锥子刺大地,想看到的很大,真正看到的很少(想要刺中的很大,真正能刺中的很少)。像你这样的医术,大概也就是能够使小孩子惊骇而变色吧?”扁鹊说:“不是这样。生活中原本就有暗中投掷击中蚊子头部、遮住眼睛也可以分辨白和黑那种巧合的事情。太子的疾病,是突然昏厥。你认为我说的不对,可以进去诊治,太子大腿的里侧应该是温的,耳朵中发出焦焦好似呼啸的声响,这样的病人都可以治好。”中庶子入宫报告给赵王。赵王光着脚跑出门来,说:“有劳先生远道而来,我感到非常幸运,先生若哀怜我把我孩子的病治好,我这不肖之子就能够活下来了;先生如果不哀怜我,那么我这儿子就先我而死去了。”话还未说完,泪水沾湿了衣襟。扁鹊于是替他诊治。先累砌了一个“轩光”炉灶,煎煮“八成之汤”;然后磨砺针、石,针砭三阳五输的穴位。子容捣制药品,子明将药粉吹入太子耳中,阳仪使病人精神复原，子越扶起太子的身体，子游为太子进行按摩。太子终于苏醒过来。天下的人听说后都说："扁鹊能使死去的人复活。"扁鹊解释说："我不是能够使已经死了的人复活，只不过能让没死的人活过来罢了。"那已经死了的人尚且不能用药救活，可悲呀！昏君的政治是不能够用好办法救治的。《诗经》上说："病势像熊熊的烈火，不可救治。"这是一句沉痛的话。

二十九

孔子晨立堂上，闻哭者声音甚悲。孔子援琴而鼓之[1]，其音同也。孔子出，而弟子有吒者[2]。问："谁也？"曰："回也。"孔子曰："回，何为而吒？"回曰："今者有哭者其音甚悲，非独哭死，又哭生离者。"孔子曰："何以知之？"回曰："似完山之鸟[3]。"孔子曰："何如？"回曰："完山之鸟生四子，羽翼已成乃离四海。哀鸣送之[4]，为是往而不复返也。"孔子使人问哭者，哭者曰："父死家贫，卖子以葬之，将与其别也。"孔子曰："善哉，圣人也[5]！"

【注释】

[1] 援：拿。

[2] 吒(zhà)：叹息声。

[3] 完山：不详。《抱朴子·内篇·辨问》："完山之鸟，卖生送死之声。"

[4] 哀鸣送之：《孔子家语·颜回》作"其母哀鸣送之"，表意完整。

[5] 善哉，圣人也：《孔子家语·颜回》作"回也，善于识音矣"

【今译】

孔子清晨站立在堂上，听到十分悲伤的哭声。孔子拿过琴来弹奏，琴的声音与哭声相和。孔子弹完琴出去，他的弟子中有人发出叹息的声音。孔子问："谁在叹息？"回答说："是颜回。"孔子说：

“颜回，你为什么叹息？”颜回说：“现在有人哭，哭声十分悲伤，看来不只是哭死去的人，还在哭离别的人。”孔子说：“凭什么知道这样？”颜回说：“哭声像完山之鸟的声音。”孔子说：“什么样呢？”颜回说：“完山之鸟，生育四子，孩子羽翼丰满后，就离开母鸟飞到远方。母鸟发出哀鸣为孩子送行，因为孩子走后就不再回来了。”孔子派人去问哭的人，哭的人说：“我的父亲死了，家里贫穷无钱埋葬，只好卖掉孩子来埋葬父亲。现在将要和孩子分别。”孔子说：“颜回说得好，是个圣人啊！”

三十

景公畋于梧丘[1]，夜犹蚤[2]，公姑坐睡而梦有五丈夫[3]，北面倖卢[4]，称无罪焉。公觉，召晏子而告其所梦。公曰：“我其尝杀不辜而诛无罪耶？”晏子对曰：“昔者先君灵公畋[5]，五丈夫罟而骇兽[6]，故杀之，断其首而葬之，曰五丈夫之丘。其此耶？”公令人掘而求之，则五头同穴而存焉。公曰：“嘻！”令吏葬之。国人不知其梦也，曰：“君悯白骨，而况于生者乎？”不遗馀力矣，不释馀智矣，故曰，人君之为善易矣。

【注释】

[1] 梧丘：地名。
[2] 蚤：通“早”。
[3] 姑坐：暂时坐着。
[4] 倖卢：即“倚庐”，靠着屋墙。
[5] 灵公：景公之父。
[6] 罟（gǔ）而骇兽：布网时吓跑了野兽。

【今译】

齐景公在梧丘打猎，夜里距天亮还早，景公就暂时坐着睡着了，梦见有五个男子，面向北靠着屋墙，口称自己无罪。景公醒来，召晏子来告诉了他自己做的梦。景公说："我曾经杀死没有罪过的人吗？"晏子回答说："从前先君灵公外出打猎，有五个男子布网而吓跑了野兽，所以就杀死了他们，砍下他们的头埋葬了他们，叫做'五丈夫之丘'，莫非就是这个原因吧？"景公命令人挖掘坟墓找五个人的头骨，果然五个人的头骨被埋在同一个墓穴中。景公惊叹道："嘻！"就命令人厚葬他们。国人不知道景公做梦的事，就说："国君对白骨尚且心生怜悯之情，何况对活着的人呢？"于是为国家做事不遗余力，替国家谋划竭尽智慧。所以说：人君做善事是容易的。

三十一

子贡问孔子："死人有知无知也？"孔子曰："吾欲言死者有知也，恐孝子顺孙妨生以送死也[1]；欲言无知，恐不孝子孙弃不葬也。赐，欲知死人有知，将无知也[2]？死徐自知之，犹未晚也！"

【注释】

[1] 妨生：妨害生命。

[2] 赐：子贡名赐。将：还是。

【今译】

子贡问孔子："人死后有知觉还是没有知觉？"孔子说："我要是说死后有知觉吧，就担心那些孝顺子孙妨害自己的生命去殉死；我要是说死后没有知觉吧，又担心那些不孝顺的子孙抛弃亲人的尸体不去埋葬。赐呀，你想要知道死后有知觉还是没有知觉吗？你死了以后慢慢就知道了，那时也不算晚。"

三十二

王子建出守于城父[1]，与成公乾遇于畴中[2]，问曰："是何也？"

成公乾曰："畴也。""畴也者，何也？""所以为麻也。""麻也者，何也？"曰："所以为衣也。"成公乾曰："昔者庄王伐陈，舍于有萧氏，谓路室之人曰[3]：巷其不善乎[4]！何沟之不浚也[5]？庄王犹知巷之不善，沟之不浚，今吾子不知畴之为麻，麻之为衣，吾子其不主社稷乎？"王子果不立。

【注释】

[1] 王子建出守于城父：王子建，楚平王太子建。城父，春秋楚邑。在今河南宝丰县东。

[2] 与成公乾遇于畴：成公乾，人名。生平不详。畴，麻田。

[3] 路室之人：路边房子里的人家。

[4] 巷：里中的小路。

[5] 浚：深挖河道，使水疏通。

【今译】

王子建被派到城父邑守边，与成公乾在麻田相遇。王子问道："这是什么？"成公乾说："是麻田。""麻田，是做什么用的？""用来种植麻的。""麻，是做什么用的？"成公乾说："是用来做衣服的。"成公乾说："从前楚庄王攻打陈国，驻扎在有萧氏，问路边房子里的人家：'里巷的道路不好吗？为什么不疏通沟渠呢？'庄王尚且懂得巷道不好，沟渠不通，现在你竟然不知道麻田种植麻，麻可以做衣服。你大概不能主持国家的政事吧？"王子建果然没有继承王位。

【评析】

《说苑》的编著体例，一般是以卷题为中心，首章为总论，后面各章分别从不同的角度来阐述中心与总论。本卷题为"辨物"，首章写孔子回答颜回关于"成人"的问题。那么，为什么从"成人"开始呢？笔者以为，这与卷题"辨物"有关。"辨物"二字，意思就是辨析识别事物，从而做出正确的判断。一个人的成熟，体现在能够对其所经历的世事有深刻体察，对各种社会现象能够正确分析，对各种自然现象能够准确辨析并加以解说，消除疑惑，也就是“达乎情性之理，通乎物类之变，知幽明之故，睹游气之源。若此而可谓成人”。这里的“成人”既不同于“士人”，也不同于“君子”，而是侧重于知识渊博、经验丰富的智者。比如刘向比较连续选录了四章孔子辨物的事例，充分说明孔子是一位博学者。

有的成人上知天文。第二章集中谈了这个问题。刘向认为，阴阳的变化，五行的运作，五星的盈缩，四季的变更，都是有规律的，都与吉凶祸福密切相关。中国古代关于天文学的最早文献资料有《周易》《尚书》《左传》《国语》等，记载朝廷有“传天数者”，以及负责观察天象的官员。西汉时期司马迁在《史记》中专门列有《天官书》，并提到了战国时期的天文学家申石和甘公，尽管带有占星的色彩，却也代表了中国古代天文学的萌芽。比如建立了二十八宿为代表的星象坐标体系，在对日、月、五星运动规律进行深入研究的基础上，确立了阴阳合历的制历规则，体现了我国古代天文学的成就。这个体系至迟在战国初期就已形成，然后传入印度、伊拉克和阿拉伯世界。第三章在于说明天象与政治的关系，体现了中国古代天文学的特点，是在为农业和政权双重服务的背景下发展起来的，即《周易》中的观点“天垂象，见吉凶，圣人则之”。所以中国古代天文学是与政政合一的，历来受到统治者的重视，而“灾异说”就是最典型的代表。早在《尚书》中就有“灾异说”，到了汉朝尤为盛行。刘向是主灾异说的，曾写有《论星孛山崩疏》和《条灾异封事》以及《日食对》（今传残篇），以此上书皇帝，目的在于提醒汉朝皇帝要加强自修，变凶为吉。

有的成人下知地理。第四章写中国古代行政区域的划分，按照山川为依据划分为九州。早在《尚书·禹贡》中，就已经有九州的概念了，本章的划分应该是从《禹贡》发展来的。本章还写了古代圣王因地制宜，发展生产，使得物资充足。第五章写周幽王二年，西周三川发生地震，并从阴、阳二气关系上解释了地震原因，体现了一种哲学思考。古人认为阴、阳生万物，阴、阳变化是有秩序的，秩序乱则国家乱。第六章写敬五岳，第七章写敬四渎，第八章写敬山川。祭祀天、地、山、川，是中国古代山川崇拜的表现，其中包含了丰富的“原始文化”内涵。第九章中的柏常骞，就像《皇帝的新装》里的那两个骗子，用花言巧语、虚假现象来投君王所好。晏子是个“成人”，头脑清醒，还懂天文，识破了柏常骞的骗人小把戏，并希望他用“薄赋敛，无费民”的道理来劝谏国君。

有的成人懂阴阳学说。第十章就是从阴阳观念上解释《春秋》为何不畏强权的道理，是非常深刻的。阴阳五行说是中国古代解释宇宙万物构成和发展变化规律的学说，是中国核心的哲学观念。这种观念起源相当早，西周末期已经出现，到战国时代发展成一个思想体系。《周易·系词上》有：“一阴一阳之谓道。”诸如天地、日月、昼夜、寒暑、君臣、男女、夫妇等等，都可以用阴阳概括，就连人本身也是阴阳二气精华合成的。张岱年说：“古时人见万物万象都有正反两方面，此种两极的见象普遍于一切，于是形成阴阳二观念。所谓阴阳，其实即表示正负。”古人认为，当阴阳协调之时，一些和谐，万事皆安，即符合“义”；当阴阳错乱时，就出现异常，乃违背“义”。本章中“故劫严社而不为惊灵，出天王而不为不尊上，辞蒯聩之命不为不听其父，绝文姜之属而不为不爱其母”，就是因为他们违背了阴阳规律，违背了“义”。《春秋》对于违背“义”的行为敢于批判、否定，不管他地位有多高，权力有多大，所以说《春秋》是不畏强权的。

有的成人懂得人类社会。第十一章写晏子替齐景公分析道理，灵山、河伯都希望下雨，祭祀不祭祀都一样，只有把自己暴露在野外，才能表现求雨的诚心。第十二章阐述男、女成长规律，颇有道理，即便在今天仍然适合。对第十三章，有的学者认为，本章内容是中国现存最早的关于度量衡的文献资料之一。第十四章介绍“四灵”，歌颂黄帝。《礼记·礼运》记载：“麟、凤、龟、龙，谓之四灵。”麟为百兽之长，凤为百禽之长，龟为百介之长，龙为百鳞之长。本章形象地介绍了四灵的形状。比如麒麟，它是按中国人的思维方式复合构思所产生、创造的动物。从其外部形状上看，麒麟“麕身、牛尾，圆顶一角”，这种造型是许多实有动物的合拼体。这种动物“含仁怀义，音中律吕。行步中规，折旋中矩。择土而践，位平然后处。不群居，不旅行，纷兮其有质文也！幽间则循循如也，动则有容仪”。这就把麒麟美化了，人格化了，并作为登上尊位、天下太平的吉祥物来对待了。这一传统直到今天也还保留着。比如2008年北京奥运会的吉祥物“福娃”就是这一传统的继承。“福娃”的造型融入了鱼、大熊猫、藏羚羊、燕子以及奥林匹克圣火的形象，它们的原型和头饰蕴含着与海洋、森林、火、大地和天空的联系，向世界人民传递了友谊、和平、积极进取的精神和人与自然和谐相处的美好愿望，同时也展现了中国的灿烂文化。

有的成人能解释怪异现象，消除人们的疑惑。第十五章写对“三苗贯桑而生”现象的辨析，周公认为是天下统一的象征。越裳氏“重译来朝”是很珍贵的文献资料，在《韩诗外传》卷五之十二和《尚书大传·嘉禾》中也有记载。由于古代文献对越裳的记载不详，长期起来，人们对越裳的方位及其族属一直争论不休。关于越裳的地望，史学界有越南说、老挝说、跨界说和中国说等不同观点，其族属被误认为今老挝主体民族老族。何平在《越裳不是泰老民族的先民》一文中指出，“以史书所述的地理特征，越裳与掸国无涉，与老挝及老族无关，而应在‘交趾之南’靠近处”（见《广西民族研究》2002年第2期）。

第十六章又见于《国语·周语上》《左传·庄公三十二年》，本章中内史过对神灵降临的辨析，体现了以民为本和崇尚道德的治国思想，尽管有“忽悠”的成分，但对于权力至高无上的君王来说，不失为一种制约的手段。第十七章写管仲正确辨析出现在齐桓公眼前的“道神”，消除了桓公的疑虑。如果这时犹豫不前，不但错失战机，还会影响军心，导致失败。所以，管仲的话坚定了桓公的信心，取得了胜利。第十八章至第二十一章，写孔子善于辨物，表现了孔子知识的渊博。如果将这四章与《列子·汤问》中“两小儿辩日”的故事比较，就会发现，孔子在自然科学方面的知识贫乏，而对社会科学却无比精通，这就是“术业有专攻”。

有的成人擅长解梦。第二十二章写子产为晋平公顺利解开了噩梦之源。子产了解晋平公得病的病因，平公得的是心病，只有子产这样的“成人”方能解开。第二十三章写史嚚为虢公解析噩梦，史嚚借机劝谏国君。虢公非但不听，还将其囚禁，然后让人们来贺梦，可谓昏庸到极点。这样的国家走向灭亡，理所应当。第三十章也是写解梦，晏子抓住机会教育齐景公，杀人是要遭报应的。这三章都与解梦有关，是中国比较早的解梦文献。

第二十五章写得很生动，刻画了一个自我欺骗、不知悔改而终于导致死亡的昏君的形象；同时也刻画了一个敢说真话、不谄媚逢迎的正直的师旷的形象。《管子·小问》中有桓公乘驳马“虎望见之而伏”的记载，但与本章内容大不相同，推测可能是刘向进行了加工。第二十六章写翟封荼为赵简子辨析翟国出现的异常天气并不可怕，真正可怕是国家政治的黑暗。第二十七章表达的主题是，与其祭祀谷神，不如祭祀为接住禾苗的老人。

有的成人懂得医术。第二十八章内容记载了扁鹊行医治病救人的故事。从医学的角度看，这是扁鹊诊治内科病的典型案例。太子所得“尸厥”之病，类似今天的“休克”“假死”病症，扁鹊使用了针灸、熨帖、汤液等多种方法并且效果显著，所谓“起死回生”之效，说明扁鹊擅长治内科疾病，尤其对救治突然休克的尸厥症有十分巧妙的方法。当人们称赞扁鹊具有起死回生本领的时候，他却说：“予非能生死人也，特使夫当生者活耳。”甄志亚在《中国医学史》中指出，扁鹊为人谦虚谨慎，从不挟技矜功、自我炫耀，这种事实求是的科学态度，是非常值得赞扬的。本章所记与《韩诗外传》卷十之九基本相同，只是后者记病人为虢国世子。若与《史记·扁鹊列传》相比，则司马迁记述得更加详细，尤其是写了扁鹊进宫前向中庶子详细了解病人发病时间的内容。至于病人的父亲——国王的表现，本章与《史记·扁鹊列传》同样生动感人。

第二十九章写孔子和他的学生周游列国，看到了太多悲惨景象，听到了太多揪心的哭声。因此，孔子和他的弟子都有一颗悲天悯人的心，而颜回就是弟子中最优秀的。第三十一章写孔子的回答令人拍案叫绝！末章表现的主题是，能关心百姓生活，能辨识五谷杂粮，这是做国君的基本素养，而这个王子建也太不知稼穑了。

卷十九　修文

【题解】

文，有一个特殊的含义，指儒家的礼仪制度，而礼、乐是其核心内容。修文，在本卷的意思，就是加强礼、乐教化。

前四章是总论，第五至第三十二章记述的是礼，后十章记述的是乐。第一章提出了“功成制礼，治定作乐”的论点，明确了礼乐治国、推行教化于天下的礼乐思想。第二章论述德与礼乐的关系，提出了“德不至则不能文”的观点，强调周朝的礼乐是建立在德政的基础之上的。第三章进一步突出了德与文的关系，指出“德弥盛者文弥缛，中弥理者文弥章”。第四章则通过晏子与齐景公的对话这一具体内容，阐明“君子无礼，是庶人也；庶人无礼，是禽兽也”的观点，然后得出“无礼而能治国家者，婴未之闻也”的结论。

从第五章开始分类阐述礼的具体内容和应用。五、六两章从《尚书》的角度阐述五事之礼，意在说明，日常言行举止、容貌着装都标志着一个人的修养程度。第八、九两章记述冠礼的内容极其重要性，提出“成礼加冠，以厉其心”。第十章写迎娶之礼，目的在于提倡孝道，使家庭和睦。第十一章写君王要重视寝殿之礼，指出“天子、诸侯三寝立而名实正，父子之义章，尊卑之事别，大小之德异矣”。第十二章写馈赠之礼，从天子到庶人，赠礼各有讲究，提出了“贽者，所以质也”的观点。第十三、十四两章从诸侯“贡士”和百姓“命民”的角度写赏罚之礼。第十五章写天子考察诸侯政绩之礼。第十六、十七写天子狩猎之礼。从第十八到第二十六章，写葬礼和丧礼，指出它是“礼之大宗也”。这一部分是本卷的重点内容。第二十七章至第三十二章写祭祀之礼。这几章表现了儒家重内在修养，并借曾子之口表达了这一思想："君子修礼以立志，则贪欲之心不来；君子思礼以脩身，则怠惰慢易之节不至；君子脩礼以仁义，则忿争暴乱之辞远。"很有意思的是，第三十二章写了孔子在提倡"文"的过程中遇到的一件尴尬的事情，值得玩味。

从第三十三章到结束，写的是乐。刘向认为："乐非独以自乐也，又以乐人；非独以自正也，又以正人。"刘向大段选录《乐记》中的文字，来表达"乐者，圣人之所乐也，而可以善民心；其感人深，其移风易俗，故先王著其教焉"和"生民之道，乐为大焉"的音乐思想。儒家的音乐理论，重视的是音乐的教化功能，对纯艺术的音乐欣赏并不看重。他们把音乐分为"德音"和"溺音"，前者是"治世之音"，后者是"乱世之音"和"亡国之音"；通过音乐的德、溺表现，人们可以看出国家的盛衰。所以说"声音之道，与政通矣"。

刘向所提倡的"文"，与孔子所推崇的"礼"是一致的，都是周文、武之"文"。孔子说："周监于二代，郁郁乎文哉！吾从周。"(《论语·八佾》)孔子又说："文王既没，文不在兹乎？天之将丧斯文也，后死者不得与于斯文也；天之未丧斯文也，匡人其如予何？"(《论语·子罕》)可见孔子以复兴周代文化为己任，而刘向则是想要接过孔子手中的接力棒，把周代文化继续传递下去。因此，本卷在文段内容的选编上，大量选录了《礼记》中的内容，也就是可以理解的了。

本卷共四十二章。

一

天下有道，则礼乐征伐自天子出[1]。夫功成制礼，治定作乐。礼乐者，行化之大者也。孔子曰："移风易俗，莫善于乐；安上治民，莫善于礼[2]。"是故圣王修礼文，设庠、序[3]，陈钟、鼓。天子辟雍[4]，诸侯泮宫[5]，所以行德化。《诗》云："镐京辟雍，自西自东，自南自北，无思不服[6]。"此之谓也。

【注释】

[1] 天下有道，则礼乐征伐自天子出：语出《论语·季氏》，下一句是："天下无道，则礼乐征伐自诸侯出。"

[2] 移风易俗，莫善于乐；安上治民，莫善于礼：语出《孝经·广要道》。

[3] 庠、序：古代的乡学。与帝王的辟雍、诸侯的泮宫等大学相对。《史记·儒林列传》载："闻三代教，乡里有教，夏曰校，殷曰序，周曰庠。"

[4] 辟(bì)雍：太学名。本是周天子为贵族子弟所设。东汉以后，历代皆有。校址圆形，四面环水如璧，前门外有通行的桥。

[5] 泮(pàn)宫：周代诸侯国培养贵族子弟的学校。

[6] 镐(hào)京辟雍：出自《诗经·大雅·文王有声》。镐京，指西周初年的国都。地在今陕西西安西南，沣水东岸。

【今译】

天下太平，制作礼乐、军事征伐的事情，就由天子做决定。建立功业后就制定礼仪，国家安定后就制作音乐。礼仪和音乐，是推行教化的重大事件。孔子说："要想改变社会上不良的风气和习俗，没有比用音乐去陶冶、感化更好的办法了；要想使在上位的安定，百姓得到治理，没有比国君自己遵守礼制更好的办法了。"所以圣明的君王都修治礼乐，设立庠、序，陈列钟鼓。天子设立的学校叫辟雍，诸侯设立的学校叫泮宫，就是用来推行道德教化的。《诗经》上说："镐京建辟雍，从西又向东，从南再到北，无人不归服。"说的就是这个意思。

二

积恩为爱，积爱为仁，积仁为灵[1]，灵台之所以为灵者[2]，积仁也。神灵者，天地之本，而为万物之始也。是故文王始接民以仁，而天下莫不仁焉。文德之至也[3]，德不至则不能文。商者，常也；

常者,质[4]。质主天。夏者,大也;大者,文也。文主地。故王者一商一夏[5],再而复者也,正色三而复者也[6]。味尚甘,声尚宫[7],一而复者[8],故三王术如循环。故夏后氏教以忠[9],而君子忠矣。小人之失野,救野莫如敬,故殷人教以敬,而君子敬矣。小人之失鬼[10],救鬼莫如文,故周人教以文,而君子文矣。小人之失薄[11],救薄莫如忠。故圣人之与圣也,如矩之三杂[12],规之三杂,周则又始,穷则反本也。《诗》曰:"彫琢其章,金玉其相[13]。"言文质美也。

【注释】

[1] 灵:道德修养的最高境界。

[2] 灵台:周代台名。旧址在今陕西西安西北。《诗经·大雅·灵台》一诗即歌颂文王。

[3] 文德:相对"武功"而言,即以礼乐教化进行统治。《论语·季氏》:"故远人不服,则修文德以来之。"

[4] 质:质朴。"质"字后面脱"也"字。

[5] 一商一夏:《春秋繁露·三代改制质文》作"王者之制,一商一夏,一质一文。商质者主天,夏文者主地"。

[6] 正(zhēng)色三而复:正,指正朔,农历每年的第一个月和元旦。色,指服色。不同的朝代及帝王即位,正月的月份、元旦和服色也要更换,以表示受命于天。《尚书大传》:"夏以十三月为正,色尚黑,以平旦为朔。殷以十二月为正,尚白,以鸡鸣为朔。周以十一月为正,尚赤,以夜半为朔。"三复,更替三次而复始。

[7] 宫:五音之一。

[8] 一而复者:义不可解。向宗鲁《说苑校证》认为当作"一而不复者也"。《春秋繁露·三代改制质文》有:"故王者有不易者,有再而复者,有三而复者……"。"一而不复者也"即"故王者有不易者"。

[9] 夏后氏:指禹受舜禅而建立的夏王朝。也称"夏后"或"夏氏"。

[10] 鬼:狡黠。

[11] 薄:轻薄,不厚道。

[12] 杂:通"匝",一周。

[13] 彫琢其章,金玉其相:彫,通“雕”。章,外表。相,本质。语出《诗经·大雅·棫(yù)朴》,这首诗歌颂文王的盛德,贤人众多,国家兴旺。

【今译】

积累恩德形成爱心,积累爱心形成仁道,积累仁道形成神灵。周王的灵台之所以有神灵,就是因为积累了仁道。神灵,是天地的根本,是万物的初始。所以周文王开始对待百姓用的就是仁道,因而天下的人都富有仁道。这是文王实行礼乐教化的最高境界。德政达不到,就不能实行文治。商,就是恒常的意思;恒常,就是质朴啊。质朴效法天。夏,就是弘大;弘大,就是实行教化。教化效法地。所以王朝的更替,一商一夏,一质一文,更替两次而复始。正朔和服色,更替三次而复始。滋味尚甜,声音尚宫,这是不可更替的。所以夏、商、周三代之王统治的方法循环往复。所以夏后氏用忠来教育人民,君子就变得忠诚了。但是小人的缺点在于粗野,救治粗野的办法没有比恭敬更好的了,所以商代天子就用恭敬来教育人民,君子就变得恭敬了。小人的缺点在于狡黠,救治狡黠的办法没有比礼乐教化更好的了,所以周代天子就用礼乐教化来教育人民,君子就变得文明了。小人的缺点在于轻薄,救治轻薄的办法没有比忠更好的了。所以圣人与圣人的重复出现,如同规矩多次圈画,周而复始,穷尽返本。《诗经》上说:“雕琢精美的外表,又有金玉一般精纯的本质。”说的就是文质兼美啊。

三

《传》曰:“触情从欲[1],谓之禽兽;苟可而行[2],谓之野人[3];安故重迁[4],谓之众庶[5];辨然、通古今之道[6],谓之士;进贤达能,谓之大夫;敬上爱下,谓之诸侯;天覆地载,谓之天子。是故士服黼[7],大夫黻[8],诸侯火[9],天子山龙[10];德弥盛者文弥缛[11],中弥理者文弥章也[12]。"《诗》曰："左之左之，君子宜之；右之右之，君子有之[13]。"《传》曰："君子者，无所不宜也，是故韠、冕、厉戒[14]，立于庙堂之上，有司、执事无不敬者[15]；斩衰裳、苴绖杖[16]，立于丧次[17]，宾客吊唁无不哀者；被甲撄胄立于桴鼓之间[18]，士卒莫不勇者。故仁足以怀百姓[19]，勇足以安危国，信足以结诸侯，强足以拒患难，威足以率三军。故曰为左亦宜，为右亦宜，为君子无不宜者，此之谓也。"

【注释】

[1] 从(zòng)：通"纵"。放纵。

[2] 苟可：苟且随便。

[3] 野人：乡野之人，农夫。

[4] 安故重(zhòng)迁：安于原有居住环境，不愿轻易迁移。成语有"安土重迁"。

[5] 众庶：众人。

[6] 然：后脱一"否"字。《白虎通·爵篇》："通古今、辨然否谓之士。"

[7] 黼(fǔ)：古代礼服上绣有黑白相间的斧形花纹。此处指有这种花纹的礼服。

[8] 黻(fú)：古代礼服上绣有黑白相间的类似"亞"形的花纹。

[9] 火：古代绣有火焰花纹的礼服。

[10] 山龙：古代帝王绣有山、龙花纹的衮服。

[11] 缛(rù)：繁密。

[12] 中弥理者文弥章：内心修养越高的人文采就越是明显。《论衡·书解》："德弥盛者文弥缛，德弥彰者人(当作'文')弥明。"

[13] 左之左之，君子宜之；右之右之，君子有之：语出《诗经·小雅·裳裳者华》。此诗写周王鼓励诸侯能取用左右辅弼贤人。

[14] 韠(bì)冕厉戒：韠，蔽膝，古代遮蔽在衣裳前面的一种皮制服饰。冕，礼帽。厉，腰带下垂。戒，准备好，穿戴整齐。此句指穿戴好朝服。

[15] 有司执事：泛指各种官吏。

[16] 斩衰(cuī)裳、苴绖(jū dié)杖：斩衰，为死者穿的一种丧服。粗麻布

制成，不缝下边，是丧服中最重的一种。苴绖，古人服丧时系在头上的麻带。杖，丧杖。

[17] 丧次：治丧的位次。此处当指主丧的位置。

[18] 撄（yīng）胄：咸淳本作"缨胄"。缨，系结。胄，头盔。桴（fú）鼓：桴，鼓槌，此为动词。

[19] 怀：安抚，怀柔。

【今译】

古书上记载："触动自己的感情放纵自己情欲的人，叫作禽兽；做事苟且随便的人，叫作野人；安于原有居住环境，不愿轻易迁移的人，叫作众人；能够辨别是非、贯通古今道理的人，叫作士人；举荐贤人、使能者通达的人，叫作大夫；尊敬天子、爱护臣民的人，叫作诸侯；像天一样覆盖、像地一样承载万物的人，叫作天子。所以士人穿黼服，大夫穿黻服，诸侯穿带有火焰花纹的服装，天子穿带有山和龙图案的服装。道德越是盛大的人文采越是繁密，内心修养越高的人文采就越是明显。"《诗经》上说："左边的辅弼，君子适宜做；右边的辅弼，君子得重用。"古书上说："君子这样的人，没有不合宜做的事。"所以君子穿戴好朝服，站立在庙堂之上，各种官员，没有不景仰的；身穿重丧服，披麻戴孝，手执丧杖，站立在主丧的位置上，来吊唁的宾客，没有不哀痛的；披甲戴胄，站立在咚咚敲响的军鼓之间，士卒没有不勇敢冲杀的。所以君子的仁德足以用来安抚百姓，君子的勇气足以用来使危机的国家安定，君子的信义足以团结诸侯，君子的强力足以用来抵挡灾祸，君子的威严足以用来统率三军。所以说："担任左边的辅弼合宜，担任右边的辅弼也合宜，君子没有不合宜的。说的就是这个意思。"

四

齐景公登射[1]，晏子修礼而待。公曰："选射之礼，寡人厌之矣。吾欲得天下勇士，与之图国。”晏子对曰：“君子无礼，是庶人也；庶人无礼，是禽兽也；夫臣勇多则弑其君[2]，子力多则弑其长。然而不敢者，惟礼之谓也。礼者所以御民也，辔者所以御马也[3]；无礼而能治国家者，婴未之闻也。”景公曰：“善。”乃饬射更席以为上客[4]，终日问礼。

【注释】

[1] 登射：古代诸侯大射之礼，从中选出优胜者。

[2] 弑：古代专指臣杀君、下杀上。

[3] 辔(pèi)：驭马的缰绳。

[4] 饬(chì)射：整顿射礼。饬，整治。

【今译】

齐景公举行选射，晏子准备好射礼等待他。齐景公说：“选射的礼节，我已经厌烦了。我想要得到天下有勇力的士人，和他一起谋求霸业。”晏子回答说：“君子不讲礼，就是庶人；庶人不讲礼，就是禽兽。臣子勇力大就会杀掉他的君主，儿子勇力大就会杀掉父辈。但是他们不敢这样做，就是因为有礼。礼，是用来驾驭百姓的；缰绳，是用来驾驭马匹的。不用礼却能够使国家安定的，我没有听说过。”景公说：“好。”于是整治射礼、撤换坐席，把晏子当作上等宾客，整天向他请教礼仪规范。

五

《书》曰五事，一曰貌[1]。貌者，男子之所以恭敬，妇人之所以姣好也。行步中矩，折旋中规，立则磬折[2]，拱则抱鼓。其以入君朝，尊以严；其以入宗庙，敬以忠；其以入乡曲，和以顺；其以入州里、族党之中，和以亲。《诗》曰：“温温恭人，惟德之基[3]。”孔子曰：

“恭近于礼,远耻辱也[4]。”

【注释】

[1]《书》曰五事,一曰貌:《尚书·洪范》:“一曰貌,二曰言,三曰视,四曰听,五曰思。貌曰恭,言曰从,视曰明,听曰聪,思曰睿。恭作肃,从作乂,明作哲,聪作谋,睿作圣。”

[2] 立则磬折:站立时像磬一样弯着腰身。磬,曲尺状。《春秋繁露·无行相生》:“君臣有位,长幼有序,朝廷有爵,乡党以齿,升降揖让,般伏拜谒,折旋中规,立而磬折,拱则抱鼓……孔子是也。”

[3] 温温恭人,惟德之基:温和恭敬的人,是美德的标准。语出《诗经·大雅·抑》。

[4] 恭近于礼,远耻辱也:接人待物恭敬接近礼的要求,就会远离耻辱。语出《论语·学而》。

【今译】

《尚书》上说五件事,第一是貌。貌,男子用来表示恭敬,女人用来显示美貌。走路符合矩尺的规范,旋转符合圆规的规范,站立时弯曲像磬,拱手时像抱着鼓。如果用这种礼仪进入朝廷,就显得庄重严肃;如果用这种礼仪进入宗庙,就显得恭敬忠诚;如果用这种礼仪进入乡间,就显得温和恭顺;如果用这种礼仪进入乡里、亲族中,就显得随和亲切。《诗经》上说:“温和恭敬的人,是美德的标准。”孔子说:“接人待物恭敬接近礼的要求,就会远离耻辱。”

六

衣服容皃[1]者,所以悦目也;声音应对者,所以悦耳也;嗜欲好恶者,所以悦心也。君子衣服中,容貌得,则民之目悦矣;言语顺,应对给[2],则民之耳悦矣;就仁去不仁,则民之心悦矣。三者存乎心,畅乎体,形乎动静,虽不在位,谓之素行[3]。故忠心好善,而日新之;独居乐德,内悦而形。《诗》曰:“何其处也?必有与也;何其久也?必有以也[4]。”惟有以者,为能长生久视[5],而无累于物也。

【注释】

[1] 皃:古“貌”字。

[2] 给(jǐ):口齿伶俐。

[3] 素行:不在位而行其道。即素王的品行。一说是《中庸》“君子素其位而行”的简称。

[4] 何其处也?必有与也;何其久也?必有以也:处,停留。与,同伴,或盟国。以,原因。语出《诗经·邶风·旄丘》。

[5] 视:活着。《老子·五十九章》:“是谓深根固柢,长生久视之道。”

【今译】

衣服和容貌,是用来赏心悦目的;声音和应答,是用来使听觉欣悦的;嗜好和欲望,是用来让内心高兴的。君子衣服适中,容貌得体,百姓看着就悦目;说话顺和,应对敏捷,百姓听着就悦耳;亲近仁德远离不仁德,百姓内心就高兴。这三点存在于心中,通畅在体内,表现在动与静的行动中,即便不在那个位上,也能称作素王的品行。所以忠诚的心喜好做善良的事情,每一天都是新鲜的。独自居处以德为乐,内心欢悦而表现在外形上。《诗经》上说:“怎么安处啊?一定有相与的人。怎么这样久啊?一定有它的原因。”只有懂得这个原因,才能够长寿,并且不被外物所累。

七

知天道者冠鉥[1],知地道者履蹻[2],能治烦决乱者佩觿[3],能射御者佩韘[4],能正三军者搢笏[5]。衣必荷规而承矩[6],负绳而准下[7]。故君子衣服中而容貌得,接其服而象其德。故望玉貌而行能有所定矣[8]。《诗》曰:“芄兰之枝,童子佩觿[9]。”说行能者也。

【注释】

[1] 冠钵(shù):钵,通"鹬"(yù)。《汉书·无行志中之上》颜师古注引《逸周书》:"知天文者冠鹬冠。"鹬,水鸟,天将雨即鸣,古人以其知天时,乃为冠像此鸟之形,使掌天文者冠之。

[2] 履蹻(jué):穿草鞋。蹻,通"屩"(jué),草鞋。

[3] 佩觿(xī):佩带着觿。觿,古代用来解绳结的工具,用象骨或玉制作,形如锥,也用作佩饰。《诗经·卫风·芄(wán)兰》:"芄兰之支,童子佩觿"。支,通"枝"。

[4] 佩韘(shè):韘,扳指。古代射箭套在拇指上用以钩弦,用象骨或玉制作。后来用作佩饰。《诗经·卫风·芄兰》:"芄兰之叶,童子佩韘"。

[5] 搢笏(jìn hù):即"搢绅"。把笏板插在带间。引申指士大夫。笏,朝笏,古时君臣朝会时手中所执狭长板子,用玉、象牙或竹片制作,用来记事,以备遗忘。

[6] 荷规而承矩:符合一定的圆方尺寸。《礼记·深衣》:"古者深衣盖有制度,以应规、矩、绳、权、衡。"

[7] 负绳而准下:指衣的背缝与裳的背缝上下相合,裳的下摆平正如秤。准,测定水平面的器具,秤。

[8] 王貌:咸淳本作"五貌"。指五官容貌。

[9] 芄(wán)兰之枝,童子佩觿:芄兰的枝条,好像童子佩带的象锥。芄兰,一种蔓生植物。

【今译】

知晓天文的人头戴鹬形帽子,懂得地理的人脚穿草鞋,能够治理烦乱事物的人佩带象锥,能够射箭的人佩戴扳指,能够指挥三军的人腰插笏板。所穿衣裳符合一定的圆方尺寸,衣的背缝与裳的背缝上下相合,裳的下摆平正如秤。所以君子的穿着合身得体、容貌得当,穿戴的衣物反映他的品德。所以观察他的五官容貌就可以确定这个人的品德才干。《诗经》上说:"芄兰的枝条,好像童子佩带的象锥。"说的就是有品德才能的人。

八

冠者[1]，所以别成人也。修德束躬[2]，以自申饬，所以检其邪心，守其正意也。君子始冠必祝，成礼加冠，以厉其心。故君子成人，必冠带以行事，弃幼少嬉戏惰慢之心，而衎衎于进德修业之志[3]。是故服不成象，而内心不变。内心修德，外被礼文，所以成显令之名也。是故皮弁素积[4]，百王不易。既以修德，又以正容。孔子曰："正其衣冠，尊其瞻视，俨然人望而畏之[5]，不亦威而不猛乎？"

【注释】

[1] 冠(guàn)：古代男子二十岁时行加冠礼，表示成人。

[2] 修德束躬：修养品德，自我约束。

[3] 衎衎(kàn kàn)：快乐的样子。

[4] 皮弁(biàn)素积：皮弁，古冠名。用白色鹿皮制成。素积，素裳。

[5] 俨然：庄重的样子。孔子的话出自《论语·尧曰》。

【今译】

举行冠礼，是用来区别成人和小孩的。修养品德，自我约束，自我检点，是为了约束自己的邪心，守住正确的心意。君子开始戴冠一定祷告，完成礼仪后加冠，用来勉励自己的心。所以君子成人后，一定要穿戴整齐去做事，抛弃幼年时代玩耍懒惰的心，为自己在品德上求进步事业上求发展的志向而感到快乐。所以服装如果没有图像，内心就不会有所改变。在内心加强品德修养，在外部显示礼仪，可以成就显赫美好的名声。所以戴上用白色鹿皮制成的帽子，穿上白色裙子的制度，历代帝王都不改变。既用来修养品德，又可以端正容仪。孔子说："端正衣冠，目光神态郑重严肃，使人望而生畏，这不就是既显示了庄重又不显得凶猛吗？"

九

成王将冠,周公使祝雍祝王[1],曰:“达而勿多也[2]。”祝雍曰:“使王近于民,远于佞,啬于时,惠于财,任贤使能。”于此始成之时,祝辞四加而后退[3]。公冠自以为主[4],卿为宾,飨之以三献之礼[5],公始加玄端与皮弁,皆必[6],朝服玄冕,四加[7]。诸侯太子、庶子冠,公为主,其礼与上同[8]。冠于祖庙曰:“令月吉日,加子元服[9],去尔幼志,顺尔成德。”冠礼十九见正而冠,古之通礼也。

【注释】

[1] 祝雍:祝,宗庙中主持祭礼的人。雍,担任祝官的人名。

[2] 达而勿多:祝词要通畅简洁。

[3] 四加:把祝词说了四次。下一个“四加”是第四次加冠。

[4] 公:本指爵位,这里指诸侯国君。

[5] 飨之以三献之礼:飨,宴请宾客。三献,献酒三次。

[6] 玄端与皮弁,皆必:古代一种黑色礼服。皮弁,见上一章。必,《大戴礼记·公冠》作“韠”,蔽膝,挂在祭服前。

[7] 朝服玄冕,四加:此处疑有脱文。《大戴礼记·公冠》作“朝服素韠。公冠四加玄冕。”朝服,孔广森《大戴礼记补注》:“朝服,冠弁服也。与玄端服异,但同玄冠耳。”玄冕,古代天子、诸侯祭祀时穿的礼服。四加,孔广森曰:“四加者,始加缁布冠,玄端服,再加皮弁,三加冠弁,与玄冕为四也。”

[8] 上:《大戴礼记·公冠》作“士”。

[9] 元服:冠,帽子。《仪礼·士冠礼》:“始加元服,弃尔幼志,顺尔成德。”

【今译】

周成王将要行加冠礼,周公派祝雍为成王致祝词,嘱咐说:“祝词要通畅简洁。”祝雍祝词说:“使王亲近百姓,远离奸佞之人,珍惜时间，施舍钱财，任用贤能之人。”在这典礼要完成的时候，念了四遍祝词然后退下。诸侯加冠的时候，自己做主持人，卿大夫为宾客，主人要向宾客三次献酒。诸侯第一次加冠的时候，穿黑色礼服戴缁布冠，第二次加冠的时候加白色鹿皮冠，祭服前都挂着蔽膝，第三次加冠加冠弁，第四次加冠加玄冕。诸侯的太子、庶子行加冠礼，由诸侯主持，礼仪与士人相同。冠礼在祖庙举行，祝词说：“吉月吉日，为你加冠。去掉幼稚的想法，修养成人的品德。”冠礼规定，十九岁整行加冠礼，这是古代通行的礼仪。

十

“夏，公如齐逆女。何以书？亲迎，礼也[1]。”其礼奈何？曰：诸侯以屦二两加琮[2]，大夫、庶人以屦二两加束脩二[3]。曰：“某国寡小君[4]，使寡人奉不珍之琮，不珍之屦，礼夫人贞女。”夫人曰：“有幽室数辱之产[5]，未谕于傅母之教[6]，得承执衣裳之事[7]，敢不敬拜？”祝祝答拜[8]。夫人受琮，取一两，屦以履女，正笄衣裳而命之曰[9]：“往矣，善事尔舅姑[10]，以顺为宫室，无二尔心，无敢回也。”女拜，乃亲引其手，授夫乎户，夫引手出户；夫行女从，拜辞父于堂，拜诸母于大门。夫先升舆执辔，女乃升舆，毂三转，然后夫下先行。大夫、士、庶人，称其父曰：“某之父，某之师友，使某执不珍之屦，不珍之束脩，敢不敬礼某氏贞女？”母曰：“有草茅之产[11]，未习于织纴纺绩之事[12]，得奉执箕帚之事[13]，敢不敬拜？”

【注释】

[1]“夏，公如齐逆女”句：语出《公羊传·庄公二十四年》。

[2]屦（jù）二两加琮（cóng）：屦，用麻葛等物制成的鞋。两，量词，双。琮，古代一种玉制礼器。方柱形，中有圆孔。

[3] 束脩：十条干肉。古代馈赠的一种礼物。

[4] 寡小君：太后。庄公之母。

[5] 有幽室数辱之产：有从小长在深闺的女儿，承蒙您多次屈尊求亲。产，指女儿。

[6] 未谕于傅母之教：未能接受傅母的教导。谕，理解，明白。傅母，保育、教管贵族子弟的老年妇女。

[7] 得承执衣裳之事：能够受聘承担洗衣之类的事情。意思是能够侍奉你。

[8] 祝祝：衍一"祝"字。

[9] 正笄(jī)衣裳：插正发簪整理好衣裳。笄，女子盘头用的簪子。又指女子十五成年行插笄之礼。

[10] 舅姑：指公公和婆婆。

[11] 有草茅之产：生于草野之家。谦辞。

[12] 未习于织纴纺绩之事：对针线纺织的事情还不熟练。

[13] 得奉执箕帚(jī zhǒu)之事：能够受聘做扫除的事情。箕帚，扫除的用具。代指扫除等家务。

【今译】

(《公羊传》上记载)："夏天，鲁庄公到齐国迎娶新娘。为什么要记载这件事呢？这是因为鲁庄公亲自迎娶是合乎礼仪的。"迎亲的礼仪是怎样的？回答说，诸侯迎亲用两双麻鞋和一块玉琮，大夫、庶人迎亲两只鞋子加十条干肉。迎亲的时候说："太后派我献上菲薄的玉琮和麻鞋，作为嫁娶夫人的女儿的聘礼。"夫人说："我有从小长在深闺的女儿，承蒙您多次屈尊求亲，女儿未能接受傅母的教导，得以受聘承担洗衣之类的事情，我怎敢不恭敬地拜谢呢？"祝代表国君答拜，夫人接受玉琮等聘礼，取一双鞋给女儿穿上，并替女儿插正发簪整理好衣裳，嘱咐她说："去吧，好好地服侍你的公婆，凭你的温顺使家庭和睦，不要怀有二心，不要随便回娘家来。"女儿拜辞夫人，夫人于是亲手拉着女儿的手，在门口交给女儿的新郎。新郎亲手拉着新娘的手走出门口。新郎在前边走，新娘在后边跟从。到堂上拜别新娘的父亲，在大门口拜别各位庶母。新郎先登车手拿缰绳，新娘然后登车。车轮转动了三圈，这样之后新郎下车，在前面走。至于大夫、士、庶人迎亲的时候，以受父亲委托的名义来迎亲，说道："我的父亲，我的师友，派我带着菲薄的麻鞋和干肉，我怎敢不恭敬地作为嫁娶夫人的女儿的聘礼呢？"新娘的母亲说："我女儿生于草野之家，对针线纺织的事情还不熟练，能够受聘做扫除的事情，怎敢不恭敬地回拜呢？"

十一

《春秋》曰："壬申[1]，公薨于高寝[2]。"《传》曰："高寝者何？正寝也。曷为或言高寝[3]，或言路寝[4]？曰，诸侯正寝三：一曰高寝，二曰左路寝，三曰右路寝。高寝者，始封君之寝也。二路寝者，继体之君寝也[5]。其二何？曰，子不居父之寝，故二寝。继体君世世不可居高祖之寝，故有高寝，名曰高也。路寝其立奈何？高寝立中，路寝左右。"《春秋》曰："天王入于成周[6]。"《传》曰："成周者何？东周也[7]。"然则天子之寝奈何？曰，亦三。承明[8]，继体守文之君之寝，曰左右之路寝。谓之承明何？曰承乎明堂之后者也[9]。故天子、诸侯三寝立而名实正，父子之义章，尊卑之事别，大小之德异矣。

【注释】

[1] 壬申：壬申日，定公十五年五月二十二日。
[2] 高寝：宫名。此句见于《左传·定公十五年》。
[3] 曷：何。
[4] 路寝：天子、诸侯的正室，即正寝。
[5] 继体：继位。也指继位者。
[6] 天王入于成周：此句见于《左传·昭公二十六年》。天王，指周敬王。鲁昭公二十六年，敬王入王城洛阳，晋兵戍守。成周，地名，西周初年

周公平定武庚叛乱后营建。在今河南洛阳市旧城西。《公羊传》何休注："名为成周者，周道始成，王所都也。"

[7] 成周者何？东周也：此句见于《公羊传·昭公二十六年》。

[8] 承明：古代天子左右路寝称承明，因承接明堂之后，故称。

[9] 明堂：古代天子宣明政教的地方。许多重要大典皆在明堂举行。《孟子·梁惠王下》："夫明堂者，王者之堂也。"《大戴礼记·明堂》："明堂者，所以明诸侯尊卑。"明堂的形制，有坛而无屋，与路寝、宗庙不同。

【今译】

《春秋》上说："壬申这天，鲁定公死于高寝宫中。"《传》上说："高寝是什么？就是正寝。为什么有的叫高寝，有的叫路寝呢？回答是：诸侯的正寝有三个，一个是高寝，第二是左路寝，第三个是右路寝。"高寝，是最初受封的国君的正殿。两个路寝，是继承王位的君主的正殿。为什么是两个呢？回答是：儿子不能居住父亲的正殿，所以是两个。继位的君主世世代代不能居住高祖的正殿，所以有高寝，称为"高"。路寝是怎样设立的？高寝在中间，路寝在左右两边。《春秋》上说："周天子入住成周。"《传》上说："成周是什么？就是东周。"那么天子的正寝是怎样的？回答是：也是三个。承明，是继位守法的君主的正寝，叫作左右路寝。为什么叫作承明呢？回答是：因为承接在明堂的后面。所以天子、诸侯有三个正殿名实就相符了，父子之间的关系就明确了，尊卑之间的关系就有区别了，大小德行之间的差异就显示出来了。

十二

天子以鬯为贽[1]。鬯者，百草之本也，上畅于天，下畅于地，无所不畅，故天子以鬯为贽。诸侯以圭为贽[2]，圭者，玉也，薄而不挠，廉而不刿[3]，有瑕于中，必见于外，故诸侯以玉为贽。卿以羔为贽，羔者，羊也，羊群而不党，故卿以为贽[4]。大夫以鴈为贽，鴈者[5]，行列有长幼之礼，故大夫以为贽。士以雉为贽[6]，雉者，不可指食、笼狎而服之[7]，故士以雉为贽。庶人以鹜为贽[8]，鹜者，鹜鹜也[9]，鹜鹜无它心，故庶人以鹜为贽。贽者，所以质也。

【注释】

[1] 以鬯(chàng)为贽：鬯，古时祭祀用的香酒。贽，初见尊长所送的礼。

[2] 圭：一种玉制礼器，长条形，上尖下方。

[3] 薄而不挠，廉而不刿(guì)：薄但不可弯曲，有棱角但不会伤人。廉，棱角。刿，割伤，刺伤。《荀子·不苟》："君子宽而不僈，廉而不刿。"

[4] 故卿以为贽：疑脱"羊"字。后面"故大夫以为贽"疑脱"鴈"字。

[5] 鴈，同"雁"。

[6] 雉：野鸡。

[7] 不可指食、笼狎而服之：不能用食物引诱，不能用笼子拘束而使它顺从。今本《白虎通·瑞贽篇》："士以雉为贽者，取其不可诱之以食，慑之以威，必死不可生畜。士行耿介，守节死义，不当转移也。"

[8] 鹜(wù)：野鸭。

[9] 鹜鹜：朴实单纯。

【今译】

天子把鬯作为礼物。鬯，是由百草酿制而成的，向上可以通畅于天，向下可以通畅于地，没有不能通畅的，所以天子把鬯作为礼物。诸侯把圭作为礼物。圭，是一种玉，它薄但不可弯曲，有棱角但不会伤人，里面有了瑕疵，一定表现在外表，所以诸侯把圭作为礼物。卿把羊羔作为礼物。羊羔，就是羊。羊合群但是不搞朋党，所以卿把羊羔作为礼物。大夫把雁作为礼物。雁，它们的行列有长幼礼节，所以大夫把雁作为礼物。士人把野鸡作为礼物。野鸡，不能用食物引诱它，不能用笼子拘束而使它顺从，所以士人把野鸡作为礼物。百姓把野鸭作为礼物。野鸭，朴实单纯，没有别的心眼，所以百姓把野鸭为礼物。初次见面的礼物，是用来表达质朴诚挚心意的。

十三

诸侯三年一贡士[1],士一适谓之好德[2],再适谓之尊贤,三适谓之有功。有功者,天子一赐以舆服弓矢,再赐以鬯,三赐以虎贲[3]百人,号曰命诸侯。命诸侯者,邻国有臣弑其君,孽弑其宗[4],虽不请乎天子而征之可也,已征而归其地于天子。诸侯贡士,一不适谓之过,再不适谓之傲,三不适谓之诬[5]。诬者天子黜之,一黜以爵,再黜以地,三黜而地毕。诸侯有不贡士,谓之不率正[6]。不率正者,天子黜之,一黜以爵,再黜以地,三黜而地毕。然后天子比年秩官之无文者而黜之[7],以诸侯之所贡士代之。《诗》云:"济济多士,文王以宁[8]。"此之谓也。

【注释】

[1] 贡士:古代诸侯向周天子推荐的人才。《礼记·射义》:"诸侯岁献贡士于天子。"

[2] 士一适:"士"字衍。一适,一次贡士恰当。

[3] 虎贲(bēn):勇士。

[4] 孽弑其宗:孽,庶子。弑,臣杀君,下杀上。宗,宗子,嫡长子。

[5] 诬:欺骗。

[6] 率正:率,遵从,服从。正,正道。

[7] 比年秩官之无文者而黜之:比年,每年。秩官,享受俸禄的官。无文,无功效。卢文弨疑"文"字当作"效"。

[8] 济济多士,文王以宁:济济,众多的样子。语出《诗经·大雅·文王》。

【今译】

诸侯三年向周天子贡士一次。一次贡士恰当叫作好德,两次贡士恰当叫作尊贤,三次贡士恰当叫作有功。有功的人,天子第一次赏赐车辆衣服弓箭，第二次赏赐香酒，第三次赏赐勇士百人，号称“命诸侯”。所谓“命诸侯”，就是邻国发生了臣子弑君主、庶子弑宗子的事情，即便他不请示天子直接去征讨也是可以的。征讨以后将这些国家的土地归还给天子。诸侯一次贡士不恰当叫作有过，两次贡士不恰当叫作傲慢，三次贡士不恰当叫作欺骗。欺骗天子的人遭废黜，第一次废黜他的爵位，第二次废黜他的部分土地，第三次废黜他的全部土地。诸侯如果不贡士，叫作不服从天子。不服从天子的，天子废黜他。第一次废黜他的爵位，第二次废黜他的部分土地，第三次废黜他的全部土地。这样之后，天子每年考核那些享受俸禄却没有功效的官员而废黜他们，用诸侯推荐来的人才代替他们。《诗经》上说：“依靠众多的臣子，使文王得到安宁。”说的就是这个意思。

十四

古者必有命民[1]。命民能敬长怜孤、取舍好让、居事力者[2]，命于其君。命然后得乘饬舆骈马[3]，未得命者不得乘，乘者皆有罚。故其民虽有余财侈物，而无仁义功德，则无所用其余财侈物；故其民皆兴仁义而贱财利。贱财利则不争，不争则强不凌弱，众不暴寡。是唐虞所以兴象刑[4]，而民莫敢犯法，而乱斯止矣[5]。《诗》云：“告尔民人，谨尔侯度，用戒不虞。”此之谓也。

【注释】

[1] 命民：平民受帝王赐爵者。《尚书大传》卷一下：“古之帝王必有命民，能敬长矜孤，取舍好让者，命于其君，然后得乘饰舆骈马衣文锦。”

[2] 命：此字涉上而衍。《韩诗外传》卷六之五及《太平御览·六三七》皆无“命”字。居事力者，做事情尽心尽力。

[3] 饬舆骈马：饬，《韩诗外传》及《尚书大传》皆作“饰”。饬舆，有文饰的

车。骈马，两匹马驾车。这样的车大夫以上才能乘坐。

[4] 是唐虞所以兴象刑：唐，帝尧的封号。虞，远古部落名，舜为其酋长，居于蒲阪（今山西省永济市附近）。象刑，唐虞不施行肉刑，用衣服来象征所受刑罚。

[5] 斯：就。

【今译】

古代一定有平民接受帝王赐爵的。百姓中如果有能够尊敬长者爱怜孤儿、取舍的时候注重谦让、做事情的时候尽心尽力的人，就会得到帝王赐爵。得到帝王赐爵后就能够乘坐两匹马拉的有文饰的车子。没有得到帝王赐爵的人不能乘坐，乘坐的都会受到惩罚。所以那时候的百姓即便有多余的财物，但是如果没有仁义功德的话，就无法使用那些多余的财物。所以百姓都看重施行仁义而轻视财利。百姓看轻财利就不会争夺，不争夺就不会出现以强凌弱、以多欺少的现象。这就是唐尧、虞舜所以仅用象征的刑罚，而百姓没有人敢于犯法，动乱就没有发生的原因。《诗经》上说："告诫你的人民，谨守你诸侯的法度，以防备意外的事故。"说的就是这个意思。

十五

天子曰巡狩[1]，诸侯曰述职[2]。巡狩者，巡其所守也；述职者，述其所职也。春省耕[3]，助不给也；秋省敛[4]，助不足也。天子五年一巡狩，岁二月东巡狩，至于东岳，柴而望祀山川[5]，见诸侯，问百年者，命太师陈诗以观民风[6]，命市纳贾以观民之所好恶[7]，志淫好僻者[8]；命典礼考时月、定日、同律[9]、礼乐、制度、衣服，正之。山川神祇有不举者为不敬，不敬者君黜以爵。宗庙有不顺者为不孝，不孝者君削其地。有功泽于民者，然后加地。入其境，土地辟除[10]，敬老尊贤，则有庆，益其地；入其境，土地荒秽，遗老失贤，掊克在位[11]，则有让[12]，削其地。一不朝者黜其爵，再不朝者黜其地，三不朝者以六师移之。岁五月南巡狩，至于南岳，如东巡狩之礼；岁八月西巡狩，至于西岳，如南巡狩之礼；岁十一月北巡狩，至于北岳，如西巡狩之礼。归，格于祖、祢，用特[13]。

【注释】

[1] 巡狩：天子视察各地。《孟子·告子下》："天子视诸侯曰巡狩，诸侯朝于天子曰述职。"

[2] 述职：诸侯向天子陈述职守，报告施政情况。

[3] 春省耕：春天视察耕种情况。《孟子·梁惠王下》："春省耕而补不足，秋省敛而助不给。"

[4] 敛：收获，收割。

[5] 柴而望祀：烧柴祭天与望祭山川。望，望祭。遥祭山川、日月、星辰。

[6] 太师：乐官之长。

[7] 命市纳贾（jià）：命令掌管市场的官员报告商品的价格。市，掌管市场的官员。纳，报告。贾，"价"的古字。

[8] 志淫好僻者：（考察他们）是否喜欢淫放邪辟的生活。志，《礼记·王制》无"志"字。

[9] 命典礼考时、月、定日、同律：典礼，掌管典礼的官。考，考核，考察。时，四时季节。月，月之大小。定日，日历编制。同律，音律。

[10] 辟除：开垦荒地。

[11] 掊（póu）克：聚敛、搜刮民财。此处指搜刮者，贪官。

[12] 让：责备。

[13] 归，格于祖、祢（nǐ），用特：归，回来。格，来到。祖，祖庙。祢，父庙。特，用一头牛作祭品。

【今译】

天子视察各地叫作巡狩，诸侯向天子陈述职守叫作述职。巡狩，就是巡视所管辖的范围；述职，就是陈述自己的职守。春天视察耕种情况，来帮助贫困的人；秋天视察税收情况，来帮助物质上不足的人。天子每隔五年巡狩一次。每年的二月，巡狩东方，到达泰山。天子烧柴祭天与望祭山川，接见诸侯，慰问年长者，命令掌管音乐的官员陈献民间诗歌来了解民风，命令掌管市场的官员汇报商品的价格，来了解百姓喜欢什么、厌恶什么，是否喜欢淫放邪辟的生活；命令掌管典礼的官员考核四时月份、日历编制、音律、礼乐、制度、衣服等，如有失误，加以纠正。诸侯有不祭祀山川神灵的，叫作不敬；对不敬的诸侯废黜其爵位。诸侯把祖庙中祖先牌位搞错乱的就是不孝；对不孝的诸侯要削减他的封地。诸侯对百姓有功劳恩德的，天子就增加他的封地。天子进入他的境内，发现开垦荒地，敬老尊贤，就有赏赐，增加他的封地。进入他的境内，发现土地荒芜，老人被遗弃，贤者遭排斥，贪官在位上，就责备他，削减他的封地。诸侯一次不朝见天子就废黜他的爵位，两次不朝见就削减他的封地，三次不朝见就派军队讨伐他。当年的五月，巡狩南方，到达南岳衡山，所行礼仪与巡狩东方的礼仪相同。当年的八月，巡狩西方，到达西岳华山，所行礼仪与巡狩南方的礼仪相同。当年的十一月，巡狩北方，到达北岳恒山，所行礼仪与巡狩西方的礼仪相同。回来后，到祖庙祭祀祖先，用一头牛作祭品。

十六

《春秋》曰："正月，公狩于郎[1]。"《传》曰："春曰蒐，夏曰苗，秋曰狝，冬曰狩[2]。"苗者奈何？曰，苗者毛也[3]，取之不围泽，不揜群[4]，取禽不麛、卵[5]，不杀孕重者[6]。春蒐者[7]，不杀小麛及孕重者。冬狩，皆取之。百姓皆出，不失其驰[8]，不抵禽[9]，不诡遇[10]，逐不出防[11]，此苗、狝、蒐、狩之义[12]也。故苗、狝、蒐、狩之礼，简其戎事也[13]；故苗者毛取之，蒐者搜索之，狩者守留之。夏不田，何也？曰，天地阴阳盛长之时，猛兽不攫[14]，鸷鸟不搏[15]，蝮虿不螫[16]，鸟兽虫蛇且知应天，而况人乎哉？是以古者必有豢牢[17]。其谓之畋何[18]？圣人举事必反本，五谷者，以奉宗庙，养万民也。去禽兽害稼穑者[19]，故以田言之，圣人作名号而事义可知也。

【注释】

[1] 正月，公狩于郎：该句出自《春秋·桓公四年》。郎，地名，春秋时鲁邑。

[2]《传》曰："春曰蒐（sōu），夏曰苗，秋曰狝（xiǎn），冬曰狩"：苗、狝、蒐、狩，是对在不同季节田猎的称呼。此句的"传"，当指《公羊传》。

[3] 毛：挑选野兽。

[4] 不掩（yǎn）群：不成群捕杀野兽。即不一网打尽。掩，捕杀。

[5] 不麛（mí）卵：不捕杀幼兽。麛，小鹿；卵，鸟蛋。此处皆泛指幼兽。

[6] 孕重：怀孕。

[7] 春蒐：当作"秋蒐"。

[8] 不失其驰：不狂奔乱逐。

[9] 不抵禽：不正面射杀野兽。

[10] 诡遇：不按规矩射猎禽兽。

[11] 逐不出防：不越出围捕的界限去追逐野兽。

[12] 此苗、狝、蒐、狩之义：这就是在不同季节捕杀野兽的原则。

[13] 简其戎事：检阅军事训练。古代打猎，同时也是一种军事训练。

[14] 不攫（jué）：不攫取。

[15] 鸷鸟不搏：凶猛的鸟不搏斗。

[16] 蝮蛋（chài）不螫（shì）：蝮，指毒蛇。蛋，蝎子一类的毒虫。螫，毒虫刺人，毒蛇咬人。

[17] 豢（huàn）牢：放养野兽的地方。

[18] 其谓之畋何：打猎为什么叫作"畋"呢？

[19] 稼穑：种植和收割。泛指农业生产。

【今译】

《春秋》上说："正月，鲁桓公到郎地田猎。"《传》上说："春天田猎叫作蒐，夏天田猎叫作苗，秋天田猎叫狝，冬天田猎叫作狩。"苗是怎样打猎呢？回答是："苗，就是挑选野兽打猎。捕获时不包围沼泽地，不成群捕杀野兽。捕获时不捕杀幼兽，不猎杀怀孕的野兽。”秋天蒐，就是不捕杀幼小的野兽和怀孕的野兽。冬狩，就是任何野兽都可以捕获。打猎时百姓都跟随出动，但不要狂奔乱逐，不正面射杀野兽，不要不按规矩射猎野兽，不越出围捕的界限去追逐野兽，这就是在不同季节捕杀野兽的原则。所以苗、狝、蒐、狩的制度，也是检阅军事训练（的机会）。所以苗就是挑选的意思，蒐就是搜索的意思，狩就是留守的意思。为什么夏季不田猎呢？回答是：夏季是天地阴阳之气最旺盛的时候，猛兽不攫取，凶猛的鸟不搏斗，毒蛇蝎子不伤人，鸟兽虫蛇尚且懂得顺应天时，何况人呢？所以古代一定有放养野兽的地方。打猎为什么叫作畋呢？圣人做事情一定要追求根源。五谷是敬奉宗庙、供养百姓的，田猎是为了消除危害农业生产的禽兽，所以用田来称呼它。圣人起名号使事物的含义可知了。

十七

天子、诸侯无事则岁三田[1]，一为干豆[2]，二为宾客，三为充君之庖。无事而不田，曰不敬；田不以礼，曰暴天物。天子不合围；诸侯不揜群[3]。天子杀则下大绥[4]，诸侯杀则下小绥，大夫杀则止佐轝[5]，佐轝止则百姓畋猎。獭祭鱼[6]，然后渔人入泽梁[7]；鸠化为鹰[8]，然后设罻罗[9]。草木零落，然后入山林。昆虫不蛰，不以火田，不麛不卵[10]，不夭殀[11]，不覆巢。此皆圣人在上，君子在位，能者在职，大德之发者也！是故皋陶为大理[12]，平，民各服得其实。伯夷主礼[13]，上下皆让；倕为工师[14]，百工致功；益主虞[15]，山泽辟成；弃主稷[16]，百谷时茂；契主司徒[17]，百姓亲和；龙主宾客[18]，远人至；十二牧行[19]，而九州莫敢僻违[20]。禹陂九泽[21]，通九道，定九州，各以其职来贡，不失厥宜[22]，方五千里，至于荒服[23]。南抚交趾、大发，西析支、渠搜、氐、羌[24]，北至山戎、肃慎[25]，东至长夷、岛夷[26]，四海之内，皆戴帝舜之功。于是禹乃兴九韶之乐[27]，致异物[28]，凤皇来翔[29]，天下明德也。

【注释】

[1] 无事则岁三田：无事，无战争、凶丧之事，意即天下太平。岁三田，每年田猎三次。

[2] 干豆：把干肉放在豆中祭祀祖庙。豆，古代食器，形似高脚盘。

[3] 不揜群：见上章[4]。

[4] 下大绥(ruí)：放倒田猎时指挥用的旗子。下，放倒。绥，旌旗上下垂的装饰物。此处代指旌旗。

[5] 佐轝(yú)：副车。轝，同“舆”，狩猎用车。

[6] 獭祭鱼：水獭捕食鱼类。《礼记·月令》：“东风解冻，蛰虫始振，鱼上冰，獭祭鱼，鸿雁来。”祭，捕食。因水獭捕食鱼置于水边，状如祭祀。此处指这个时令。

[7] 泽梁：在沼泽河流中拦水捕鱼的小堤。此处为动词。

[8] 鸠化为鹰：卢元骏《说苑今注今译》：“古人传说鸠鸟会渐化为雁、隼，约相当于八月。”《礼记·月令》：“凉风至，白露降，寒蝉鸣，鹰乃祭鸟，始用行戮。”此处也指时令。

[9] 罻(wèi)罗：捕鸟的网。

[10] 不麛不卵：见上章[5]。

[11] 不夭殀：《礼记·王制》作“不殀夭”。殀，摧残。夭，幼小的禽兽。

[12] 皋陶：见卷一君道·十二[8]。

[13] 伯夷：见卷一君道·十二[7]。

[14] 倕为工师：见卷一君道·十二[6]。

[15] 益主虞：见卷一君道·十二[9]。虞，古时掌管山泽禽兽的官。

[16] 弃主稷：见卷一君道·十二[4]。稷，农业。

[17] 契主司徒：见卷一君道·十二[2]。

[18] 龙：传说中远古时舜的臣子，掌管外交。

[19] 十二牧行：十二牧守行使权力。牧，州长官。

[20] 僻违：邪僻，违反常理。

[21] 禹陂（bēi）九泽：大禹在九处水泽筑堤防水。陂，筑堤防水。

[22] 不失厥宜：不失去他们的应尽职责。厥，他的，他们的。

[23] 荒服：古代五服之一。指离京畿二千五百里的地区，为五服中最远之地。

[24] 交趾、大发，西析支、渠搜、氐（dī）、羌：交趾，泛指今五岭以南地区。大发，今广西一带。析支，一作"赐支"。古西戎国名。在今青海海南藏族自治州和果洛藏族自治州的黄河流域。《尚书·禹贡》："织皮、昆仑、析支、渠搜，西戎即叙。"氐，古民族名，又称西戎，分布在今青海、甘肃、四川等地。羌，我国古代西部少数民族之一。

[25] 山戎、肃慎：山戎，也称北戎。春秋时夷国之一，分布在今河北北部。《史记·齐太公世家》："桓公二十三年，遂伐山戎，至于孤竹而还。"肃慎，又作"息慎""稷慎"。古国名。商、周时居不咸山（今吉林长白山）北，东滨大海，北至黑龙江中下游。《山海经·大荒北经》："大荒之中，有山名曰不咸，有肃慎氏之国。"

[26] 长夷、岛夷：地名。泛指今东海、南海及南海附近的居民和国家。

[27] 九韶之乐：舜乐箫韶。

[28] 致异物：招集来珍奇之物。

[29] 凤皇：即"凤凰"。

【今译】

天子和诸侯如果没有战争及凶丧之事，就每年田猎三次，一是为了祭祀祖庙，二是为了招待宾客，三是为了充实君王厨房用品。没有战争及凶丧之事却不去田猎就叫作不敬，田猎如果不按照礼制进行就叫作暴殄天物。天子狩猎不合围；诸侯狩猎不成群捕杀野兽。天子捕杀了猎物，就放倒田猎时指挥用的大旗；诸侯捕杀了猎物，就放倒田猎时指挥用的小旗；大夫捕杀了猎物，就把副车停下来。副车停下来百姓就开始狩猎。到了獭祭鱼的季节，渔人才在沼泽河流的鱼梁上捕鱼；到了鸠化为鹰的季节，才可以布置网罗捕捉禽兽；到了草木零落的季节，才可以进入山林去砍伐。昆虫不蛰伏冬眠，就不用焚烧来狩猎。不捕杀幼兽，不取鸟蛋，不杀小兽，不倾覆鸟巢。这都是由于圣人在上、君子在位、能者处在职位上，宏大的道德的体现啊！所以皋陶担任大理，公平执法，百姓都佩服他断案能够根据实情；伯夷主管礼制，上上下下的人都能够谦让；倕担任工师，百工都做出了成绩；益主管山林沼泽，山泽得到成功开发；弃主管农事，百谷按时茂盛生长；契担任司徒，百姓都能亲近和睦；龙负责接待宾客，远方的人来归附；十二牧守行使权力，九州的人没有人敢违反。大禹在九处水泽筑堤防水，使得九条河流通达，使得九州安定，各自按照他们的职责来进贡，不失去他们应尽的职责。疆域方圆五千里，到达最边远的地区。南端到达交趾、大发，西端到达析支、渠搜、氐、羌，北端到达山戎、肃慎，东端到达长夷、岛夷。四海之内，对帝舜之功感恩戴德。于是禹乃制作了九韶乐曲，招集来珍奇之物，凤凰飞来，在天下彰显光明的美德。

十八

射者必心平体正，持弓矢审固[1]，然后射者能以中。《诗》云："大侯既抗，弓矢斯张；射夫既同，献尔发功[2]。"此之谓也。弧之为言豫也[3]，豫者，豫吾意也。故古者儿生三日，桑弧蓬矢六[4]，射天地四方。天地四方者，男子之所有事也。必有意其所有事，然后敢食谷，故曰："不素飧兮[5]。"此之谓也。

【注释】

[1] 审固：眼瞄准，手握紧。

[2] "大侯既抗"句：侯，古时用布或兽皮制成的箭靶。抗，举起。射夫，射手。同，齐。献，表现。功，本领。语出《诗经·小雅·宾之初筵》。

[3] 弧之为言豫也：弧，射。豫，预备。

[4] 桑弧蓬矢六：桑弧，桑木所造的弓。蓬矢，蓬草所制的箭。六，上下四方的合称。

[5] 不素飧兮：不白吃饭啊！

【今译】

射箭的人一定要心平，身体端正，眼瞄准，手握紧，这样之后才能射中箭靶。《诗经》上说："箭靶已经举起，弓弦搭上箭，射手已经到齐，去表现你射箭的本领吧。"说的就是这个意思。弧的意思就是豫，豫的意思，就是做好心理准备。所以古代生了男孩第三天，就用桑木所造的弓，蓬草所制的箭六支，射向天地四方。天地四方，是男子做事的范围。一定要对所做的事情有心理准备，这样之后才敢食用五谷。所以说："不白吃饭啊！"说的就是这个意思。

十九

生而相与交通[1]，故曰留宾[2]。自天子至士，各有次。赠死不及柩尸[3]，吊生不及悲哀[4]，非礼也。故古者吉行五十里[5]，奔丧百里，赠赗及事之谓时[6]。时，礼之大者也。《春秋》曰："天王使宰咺来归惠公、仲子之赗[7]。"赗者何？丧事有赗者，盖以乘马、束帛，舆马曰赗，货财曰赙[8]，衣被曰襚[9]，口实曰唅[10]，玩好曰赠[11]。知生者赙赗，知死者赠襚。赠襚所以送死也，赙赗所以佐生也。舆马、束帛、货财、衣被、玩好，其数奈何？曰，天子乘马六匹，诸侯四匹，大夫三匹，元士二匹[12]，下士一匹[13]。天子束帛五匹、玄三纁二[14]，各五十尺；诸侯玄三纁二，各三十尺；大夫玄一纁二，各三十尺；元士玄一纁一，各二丈；下士彩缦各一匹[15]；庶人布帛各一匹。天子之赗，乘马六匹；乘车，诸侯四匹，乘舆；大夫曰参舆，元士、下士不用舆。天子文绣衣各一袭[16]，到地；诸侯覆跗[17]，大夫到踝，士到髀[18]。天子唅实以珠，诸侯以玉，大夫以玑，士以贝，庶人以谷实。位尊德厚及亲者，赙赗唅襚厚，贫富亦有差，二三四五之数，取之天地而制奇偶，度人情而出节文[19]，谓之有因，礼之大宗也。

【注释】

[1] 交通：交往。

[2] 留宾：指与死者生前有过交往的人。

[3] 柩(jiù)尸：柩，装有尸体的棺材。《礼记·曲礼下》："在床曰尸，在棺曰柩。"

[4] 吊生：慰问死者的家属。

[5] 吉行：去恭贺喜事。

[6] 赗(fèng)：送给丧家助葬的车马、束帛等物。

[7] 天王使宰咺(xuǎn)来归惠公、仲子之赗：天王，周天子，指周平王。宰，官名。咺，人名。归，赠送。惠公，鲁惠公，此时已死。仲子，惠公夫人，此时尚未死。事见《春秋·隐公元年》。

[8] 赙(fù)：送给丧家的布帛、钱财等。《荀子·大略》："货财曰赙，舆马曰赗。"

[9] 衣被曰襚(suì)：向死者赠送衣被叫作襚。

[10] 口实曰唅(hàn)：口实，含于死者口中之物。唅，古代殡殓时把珠、玉、贝等物放在死者口中。

[11] 玩好(hào)：玩好，供玩赏的物品。

[12] 元士：官名。周代天子之士称元士。

[13] 下士：官名。古代天子诸侯都设有士，分上、中、下三种。

[14] 玄三纁(xūn)二：黑色的帛三匹，浅红色的布帛二匹。

[15] 缦：无花纹的缯帛。

[16] 袭：量词。衣服一套叫一袭。

[17] 跗(fū)：脚背。

[18] 髀(bì)：大腿。

[19] 度(duó)人情而出节文：揣度人情而订出制度。

【今译】

因为与死者生前有过交往，所以叫作"留宾"。从天子到士各有等次。向死者赠送东西却没有赶上瞻仰遗体，慰问死者家人却没有赶上举哀的时辰，都不符合礼。所以古代的人走五十里路去恭贺喜事，走百里路去奔丧，送给丧家助葬的车马、束帛等物并赶上时辰，叫作守时。守时，是礼仪上的大事。《春秋》上说："周平王派宰咺赠送给鲁惠公和仲子助丧的车马。"赗，是什么意思？赠送财物助葬，一般用马匹和束帛，赠送车马叫作赗，赠送货财叫作赙，向死者赠送衣被叫作襚，口中放进珠宝叫作唅，送玩赏的物品叫作赠。如果与死者的家人相知就用赙、赗，如果与死者相知就用赠、襚。赠、襚是用来赠送给死者的，赙、赗是帮助活着的人的。舆马、束帛、货财、衣被、玩好这些东西，数量是怎样的呢？回答是，天子乘马六匹，诸侯四匹，大夫三匹，元士二匹，下士一匹。天子束帛五匹，其中黑色的帛三匹，浅红色的布帛二匹，各五十尺；诸侯黑色的帛三匹，浅红色的布帛二匹，各三十尺；大夫黑色的帛一匹，浅红色的布帛二匹，各三十尺；元士黑色的帛一匹，浅红色的布帛一匹，各二丈；下士彩色、白色缦各一匹；庶人布、帛各一匹。天子送助葬的礼物，是乘马六匹，车一辆；诸侯四匹，小车一辆；大夫是三匹马拉的一辆小车；元士、下士不用车。天子赠送给彩衣和绣衣各一套，长度拖到地；诸侯送的衣服长度盖到脚背；大夫送的长到脚踝；士送的衣服长到大腿。天子送口中含着的珠子，诸侯送口中含着的美玉，大夫送口中含着的小珠，士送口中含着的贝壳，庶人送口中含着的谷米。地位尊贵道德高尚及关系亲近的，赙赗唅襚也要相应丰厚。贫富也有差异，二、三、四、五这些数，是取法天地而制定出来的奇数和偶数，审度人情从而订出礼节条文，这就叫作有缘由，是礼仪的大事件。

二十

《春秋》曰："庚戌，天王崩[1]。"《传》曰[2]："天王何以不书葬？天子记崩不记葬，必其时也。诸侯记卒记葬，有天子在，不必其时也。"必其时奈何？天子七日而殡，七月而葬；诸侯五日而殡，五月而葬；大夫三日而殡，三月而葬；士、庶人二日而殡，二月而葬。皆何以然？曰，礼不豫凶事，死而后治凶服。衣衰[3]，饰修棺椁[4]，作穿窆宅兆[5]，然后丧文成。外亲毕至，葬坟集，孝子忠臣之恩厚备尽矣。故天子七月而葬，同轨毕至[6]；诸侯五月而葬，同会毕至[7]；大夫三月而葬，同朝毕至[8]；士、庶人二月而葬，外姻毕至也。

【注释】

[1] 庚戌天王崩：《春秋·隐公三年》："三月庚戌，天王崩。"天王，周平王。崩，古代称帝王或王后死叫"崩"。

[2]《传》：指《公羊传·隐公三年》。

[3] 衰(cuī)：古代的丧服。用粗麻布制成，不缝下边，是五种丧服中最重的一种。

[4] 棺椁(guǒ)：棺材和外棺。

[5] 穿窆(biǎn)宅兆：修筑坟墓下葬。穿，挖墓穴。窆，将棺材下于墓穴。宅，墓穴。兆，墓地的界域。

[6] 同轨：诸侯

[7] 同会：同一盟会的诸侯派使者参加会葬。

[8] 同朝：同朝的官员。

【今译】

《春秋》上说："庚戌这天，周平王去世。"《公羊传》上说："为什么不记载周平王的葬期呢？回答是，对天子只记载去世，不记载下葬的时间，因为下葬有固定的时间。对诸侯既记载去世的时间也记载下葬的时间，因为有天子在，所以不必有固定的时间。"固定的时间是怎样的呢？天子死后七天装入棺材停放，七个月后举行葬礼；诸侯死后五天装入棺材停放，五个月后举行葬礼；大夫死后三天装入棺材停放，三个月后举行葬礼；士、庶人死后两天装入棺材停放，两个月后举行葬礼。这都是为什么呢？回答是，礼仪不能够预知丧事，死后才能置办丧服。身穿丧服，修整棺椁，修筑坟墓下葬，这样之后丧礼才算完成。亲属都来到了，在葬礼上会齐，孝子、忠臣的深厚恩情都表达了。所以天子死后七个月下葬，诸侯都来参加葬礼；诸侯死后五个月下葬，同一盟会的诸侯派使者参加葬礼；大夫死后三个月下葬，同朝的官员都来参加葬礼；士、庶人死后两个月下葬，亲戚们都来参加葬礼。

二十一

延陵季子适齐[1]，于其反也，其长子死于嬴博之间[2]，因葬焉。孔子闻之，曰："延陵季子，吴之习于礼者也。"使子贡往而观之，其穿，深不至泉；其敛，以时服；既葬，封圹坟掩坎[3]，其高可隐也[4]；既封，左袒，右旋其封[5]，且号者三。言曰："骨肉归复于土，命也。若魂气则无不之也！无不之也！"而遂行。孔子曰："延陵季子于礼其合矣。"

【注释】

[1] 延陵季子：即季札。见卷七政理·四十[1]。

[2] 嬴博：嬴，春秋时齐地。在今山东莱芜市西北。博，春秋时齐邑。在今山东泰安市东南。

[3] 圹(kuàng)坟掩坎：圹，封，聚土为坟。圹坟，《礼记·檀弓下》作"既葬而封，广轮揜坎"。广，横向。轮，纵向。掩，盖住。坎，墓穴。

[4] 可隐：伸手可据。指坟的高度不高，四尺左右。

[5] 左袒，右旋其封：袒露左臂，向右围绕坟墓。

【今译】

延陵季子到齐国去，在归途中他的长子病死在嬴、博之间，就埋葬在那里了。孔子听到这件事，说："延陵季子，是吴国熟知礼仪的人。"于是派子贡到那里观看葬礼。挖的墓穴，深度达不到水泉；成殓的衣服，按照当时的服饰。下葬之后，封土仅能盖住墓穴，坟的高度四尺左右。封土之后，延陵季子袒露左臂，向右围绕坟墓，并且哭号三次，说道："你的骨肉回到土中，命该如此。你的灵魂无处不在，无处不在！"然后就离开了。孔子说："延陵季子的行为符合礼仪。"

二十二

子生三年，然后免于父母之怀[1]。故制丧三年，所以报父母之恩也。期年之丧通乎诸侯[2]，三年之丧通乎天子，礼之经也[3]。

【注释】

[1] 免：离得开。

[2] 期(jī)年：满一年。《礼记·中庸》："期之丧，达乎大夫。三年之丧，达乎天子。父母之丧，无贵贱，一也。"一年之丧，指的是对旁系亲属的丧服。诸侯可以有一年的丧服。天子无此服。

[3] 经：原则，常规。

【今译】

孩子出生三年，之后才能离得开父母的怀抱。所以规定为父母守丧三年，是用来报答父母的养育恩德啊。为旁系亲属守丧满一年通行于诸侯，为父母守丧三年通行于天子，这是礼仪的常规。

二十三

子夏三年之丧毕[1]，见于孔子。孔子与之琴，使之弦，援琴而弦，衎衎而乐[2]。作而曰："先王制礼不敢不及也。"子曰："君子也。"闵子骞三年之丧毕[3]，见于孔子，孔子与之琴，使之弦，援琴而弦，切切而悲[4]。作而曰："先王制礼不敢过也。"孔子曰："君子也。”子贡问曰：“闵子哀不尽，子曰君子也；子夏哀已尽，子曰君子也。赐也惑[5]，敢问何谓？”孔子曰：“闵子哀未尽，能断之以礼，故曰君子也；子夏哀已尽，能引而致之，故曰君子也。夫三年之丧，固优者之所屈，劣者之所勉。”

【注释】

[1] 子夏：见卷二臣术·五[12]。
[2] 衎衎(kàn kàn)：快乐的样子。
[3] 闵子骞(qiān)：名损，字子骞。孔子学生，鲁国人。
[4] 切切：忧伤的样子。
[5] 赐：子贡，姓端木，名赐。

【今译】

子夏守丧三年结束，来见孔子。孔子给他琴，让他弹奏。子夏拿过琴来弹奏，快乐高兴。子夏站起来说：“先王规定三年丧服，我不敢不达到。”孔子说：“是君子啊。”闵子骞守丧三年结束，来见孔子。孔子给他琴，让他弹奏。闵子骞拿过琴来弹奏，忧愁悲伤。闵子骞站起来说：“先王规定三年丧服，我不敢超过。”孔子说：“是君子啊。”子贡问道：“闵子骞余哀未尽，先生说他是君子；子夏已经脱离了悲伤，先生说他是君子。我感到困惑不解，请问先生是什么意思？”孔子说：“闵子骞余哀未尽，却能根据礼来结束丧服，所以说他是君子；子夏已经脱离哀伤，但能够按照礼的要求延长哀思服满三年，所以说他是君子。那三年的丧服，本来就是为了让那些大孝的人节制悲伤，对孝心差的人的一种勉励啊。”

二十四

齐宣王谓田过曰[1]：“吾闻儒者丧亲三年，丧君三年。君与父孰重？”田过对曰：“殆不如父重[2]。”王忿然怒曰[3]：“然则何为去亲而事君[4]?”田过对曰:“非君之土地无以处吾亲,非君之禄无以养吾亲,非君之爵位无以尊显吾亲。受之君,致之亲。凡事君所以为亲也。”宣王邑邑无以应[5]。

【注释】

[1] 田过:战国时齐国大夫。
[2] 殆:大概。
[3] 忿然:生气的样子。
[4] 然则:固定短语,可译为“这样,那么……”。
[5] 邑邑:同“悒悒”。不舒畅的样子。

【今译】

齐宣王对田过说:“我听说儒家的规定是父母死后要守丧三年,国君死了也要守丧三年。国君和父母哪一个更重要?”田过回答说:“大概国君不如父母更重要。”齐宣王很生气地说:“既然这样,那么为什么你离开父母来事奉国君呢?”田过回答说:“没有国君的土地我就无法使父母安居,没有国君的俸禄我就无法奉养我的父母,没有国君的爵位我就无法使父母尊荣显贵。我从国君这里接受它,然后献给我的父母。事奉君主是为了父母啊。”齐宣王听了尽管不高兴,却也无言以对。

二十五

古者有菑者谓之厉[1],君一时素服,使有司吊死问疾,忧以巫医[2]。匍匐以救之[3],汤粥以方之[4]。善者必先乎矜寡孤独[5],及病不能相养。死无以葬埋,则葬埋之。有亲丧者不呼其门,有齐衰、大功[6],五月不服力役之征;有小功之丧者,未葬,不服力役之征。其有重尸多死者,急则有聚众,童子击鼓苣火[7],入官宫里用之[8]，各击鼓苣火，逐官宫里。家之主人，冠立于阼[9]，事毕出乎里门，出乎邑门，至野外。此匍匐救厉之道也。师大败亦然。

【注释】

[1] 菑(zāi)：通“灾”。厉：灾役。

[2] 忧：救治。

[3] 匍匐：尽力。《诗经·邶风·谷风》：“凡民有丧，匍匐救之。”

[4] 方：布施。

[5] 矜(guān)：通“鳏”。

[6] 齐衰(zī cuī)、大功：齐衰，丧服名。为五服之一，次于“斩衰”。用粗麻布制成。大功，丧服名，五服之一。丧服期九个月。功，织布工作。大功的丧服用熟麻布制成，较齐衰为细，较小功为粗。后文的“小功”，指丧服期五个月。

[7] 苣(jù)火：火把。此处为点燃火把。

[8] 入官宫里用之：进入家中攘除灾凶。

[9] 阼(zuò)：正房前东侧的台阶，是主人之位。

【今译】

古代有灾祸叫作“厉”。此时君王身着白色服装，派官员吊唁死者、慰问病人，让巫医进行救治，尽全力去救治，用汤粥来布施。心善之人一定把照顾鳏寡孤独放在前面，还有那些得了病而无人看顾的人。有人死了无人埋葬，就加以埋葬。有人死了父母，就不在他的门口喊叫。有齐衰、大功丧事的，五个月不用服劳役；有小功丧事的，如果还没有下葬，也不用服劳役。那些死了很多人的家庭，就赶快召集许多小孩子，敲着鼓举着火把，进入他家里面攘除灾凶。各自敲着鼓举着火把，进入家中。家里的主人，戴着帽子站立于东侧的台阶，攘除结束后送出家门来，送出邑门，到达郊外。这就是尽全力救治的方法。如果军队大败，也是这样做。

二十六

斋者思其居处也[1]，思其笑语也，思其所为也；斋三日，乃见其所为斋者。祭之日，将入户，僾然若有见乎其容[2]；盘旋出户，喟然若有闻乎叹息之声。先人之色，不绝于目；声音咳唾，不绝于耳；嗜欲好恶，不忘于心；是则孝子之斋也。

【注释】

[1] 斋者：斋戒。
[2] 僾(ài)然：所见不明晰。

【今译】

斋戒，就是在祭祀的时候追思死者生前生活的情况，追思死者的音容笑貌，追思死者的行为举止。斋戒三天就能够看见他所追思的人。祭祀的那天，进灵堂门之前，隐约好像见到了死者的面容；在屋里祭拜后流连出门，就好像听到了死者叹息的声音。先人的面容，在眼前不断显现；说话的声音，回绕在耳边；先人生前的喜好爱憎，牢记于心中。这就是孝子的斋戒。

二十七

春祭曰祠，夏祭曰禴[1]，秋祭曰尝，冬祭曰烝。春荐韭、卵，夏荐麦、鱼，秋荐黍、豚，冬荐稻、鴈。三岁一祫[2]，五年一禘[3]。祫者，合也；禘者，谛也[4]。祫者，大合祭于祖庙也；禘者，谛其德而差优劣也。圣主将祭，必洁斋精思，若亲之在。方兴未登[5]，愲愲憧憧[6]，专一想亲之容貌仿佛[7]，此孝子之诚也。四方之助祭，空而来者满而反，虚而至者实而还，皆取法则焉。

【注释】

[1] 禴(yuè)：祭名。指夏季祭祀。祠、禴、尝、烝，是周朝四时祭祀之名，不同于夏、商的春曰礿(yào)、夏曰禘、秋曰尝、冬曰烝。

[2] 祫(xiá):祭名。古代天子或诸侯在太庙合祭祖先。三年举行一次。

[3] 禘(dì):大祭名。古代帝王祭祀祖先的一种典礼。五年一次。

[4] 谛:审视。

[5] 方兴未登:刚起身要登祭坛的时候。

[6] 偶偶憧憧(yú yú chōng chōng):专一虔敬的样子。

[7] 容貌仿佛:音容笑貌。

【今译】

春天祭祀叫作祠,夏天祭祀叫作禴,秋天祭祀叫作尝,冬天祭祀叫作烝。春祭献上韭菜和禽蛋,夏祭献上麦和鱼,秋祭献上黍和豚,冬祭献上稻和雁。三年一次祫祭,五年一次禘祭。祫,就是合祭;禘,就是审视。祫祭,大合祭在祖庙举行;禘祭,审视德行的优劣分别等级而祭祀。圣明的君主祭祀时,一定斋戒沐浴、聚精会神,好像祖先真的在眼前一样。刚起身要登祭坛的时候,专一虔敬的样子想象祖先的音容笑貌,这就是孝子的诚心。四方来助祭的人,来前对此不了解的回去的时候满怀收获,来前感到茫然的回去的时候感到充实,都从祭祀礼仪中学习到了法则。

二十八

韩褐子济于河[1]。津人告曰:“夫人过于此者,未有不快用者也[2],而子不用乎?”韩褐子曰:“天子祭海内之神,诸侯祭封域之内,大夫祭其亲,士祭其祖、祢[3]。褐也,未得事河伯也。”津人申楫,舟中水而运。津人曰:“向也役人固已告矣,夫子不听役人之言也,今舟中水而运,甚殆,治装衣而下游乎!”韩子曰:“吾不为人之恶我而改吾志,不为我将死而改吾义。”言未已,舟泆然行[4]。韩褐子曰:“《诗》云:‘莫莫葛藟,施于条枚;恺悌君子,求福不回[5]。’鬼神且不回,况于人乎?”

【注释】

[1] 韩褐子：人名。生平不详。

[2] 未有不快用者也：没有不举行祭祀的。快用，卢文弨认为“快”通“禬”（huì，一读 guì），为消除灾病举行的祭祀。

[3] 祢（nǐ）：父庙。《公羊传·隐公元年》何休注：“生称父，死称考，入庙称祢。”

[4] 泆（yì）然：舒缓安闲的样子。

[5] 莫莫葛藟（lěi），施（yì）于条枚。恺悌（kǎi tì）君子，求福不回：茂盛的葛和藟，蔓延树干枝条。快乐平易的君子，求福不搞邪僻。莫莫，茂盛的样子。葛藟，都是藤类植物。施，蔓延。恺悌，快乐平易。毛诗作“岂弟”。回，邪僻。语出《诗经·大雅·旱麓》。

【今译】

韩褐子准备渡河。船夫告诉他说：“人们在此渡河，没有不举行祭祀的，先生不祭祀吗？”韩褐子说：“天子祭祀天下的神祇，诸侯祭祀封域以内的神祇，大夫祭祀自己的先人，士祭祀自己的祖、父。像我这样的人，没有资格祭祀河神。”船夫划起船桨，船到了中流旋转起来。船夫说：“先前我已经告诉您了，先生不听我的话，现在船在中流旋转起来，很危险，您整理好行装衣服，准备下水游泳吧！”韩褐子说：“我不会因为人们讨厌我就改变自己的志向，我不会因为将要死去就改变我做人的原则。”话音未落，船已经安稳地行进了。韩褐子说：“《诗经》上说：‘茂盛的葛和藟，蔓延到树干枝条。快乐平易的君子，求福不搞邪僻。’鬼神尚且不喜欢邪僻，何况人呢？”

二十九

孔子曰：“无体之礼[1]，敬也；无服之丧[2]，忧也；无声之乐，欢也。不言而信，不动而威，不施而仁，志也。钟鼓之声，怒而击之则武,忧而击之则悲,喜而击之则乐。其志变,其声亦变。其志诚,通乎金石[3],而况人乎?"

【注释】

[1] 无体之礼:没有仪节而有诚敬的礼。《礼记·孔子闲居》:"(子夏问):'何谓三无?'孔子说:'无声之乐,无体之礼,无服之丧,此之谓三无。'"

[2] 无服之丧:没有丧服而有发自内心的悲痛。《孔子家语·六本》作"无服之丧,哀也。"

[3] 金石:钟磬之类的乐器。

【今译】

孔子说:"没有仪节而有诚敬的礼,是真的恭敬;没有丧服而有发自内心的悲痛,是真的悲痛;没有声音而由衷地欢乐,是真的欢乐。不说话就取得信用,不行动就显出威仪,不具体实施人们就感受到了仁爱,这就是心志真诚的结果。钟鼓的声音,愤怒的时候敲击它显得勇武有力,忧伤的时候敲击它就显得悲哀,喜悦的时候敲击它就显得快乐。心志改变了,声音也随之改变。心志精纯,金石可以被感动,何况人呢?"

三十

公孟子高见颛孙子莫曰[1]:"敢问君子之礼何如?"颛孙子莫曰:"去尔外厉[2],与尔内色胜[3],而心自取之[4],去三者而可矣。"公孟不知,以告曾子。曾子愀然,逡巡曰:"大哉言乎!夫外厉者必内折,色胜而心自取之者必为人役。是故君子德行成而容不知,闻识博而辞不争,知虑微达而能不愚。"

【注释】

[1] 公孟子高见颛孙子莫:公孟子高,即公明高,曾子弟子。颛孙子莫,鲁

国人，有贤名。

[2] 外厉：外表骄傲。

[3] 内色胜：争强好胜。

[4] 而心自取之：固执己见，自以为是。

【今译】

公孟子高拜见颛孙子莫说："请问君子的礼仪是怎样呢？"颛孙子莫说："去掉你外表的傲气，和争强好胜的欲望，还有固执己见自以为是的心理，去掉这三点就可以了。"公孟子高不明白这话的含义，就把他的话告诉了曾子。曾子脸色严肃起来，后退几步说："说得太好了！那些外表充斥着傲气的人内心一定懦弱，欲望过多又固执己见自以为是，一定为别人所役使。所以君子道德品质形成了但看上去跟普通人没有区别，见闻广博却不与人争辩，智慧到达深邃细微处而不会被愚弄。"

三十一

曾子有疾，孟仪往问之[1]。曾子曰："鸟之将死，必有悲声；君子集大辟[2]，必有顺辞。礼有三义[3]，知之乎？"对曰："不识也。"曾子曰："坐，吾语汝。君子修礼以立志，则贪欲之心不来；君子思礼以修身，则怠惰慢易之节不至；君子修礼以仁义，则忿争暴乱之辞远。若夫置罇俎[4]、列笾豆[5]，此有司之事也，君子虽勿能可也。"

【注释】

[1] 孟仪：即公明仪，曾子弟子。《论语·泰伯》作"孟敬子"。

[2] 集大辟(bì)：面对死亡。大辟，死刑。

[3] 义：明抄本作"仪"。相通。

[4] 罇俎：罇，酒杯。俎，礼器。

[5] 笾(biān)豆：古代礼器。笾为竹制，盛果品。豆为木制，盛肉食。

【今译】

曾子有病，孟仪去探望他。曾子说："鸟快要死的时候，一定发出悲哀的声音。君子面对死亡，一定有通达的话语。礼的用处，表现在三个方面，你知道吗？"孟仪回答说："不知道。"曾子说："你坐下，我告诉你。君子如果学习礼仪来树立志向，那么贪婪之心就不会产生；君子如果思考礼仪来修养身心，那么怠惰轻慢的行为就不会来到；君子如果学习礼仪来施行仁义，那么引起怒恨争斗暴乱的话就会免除。至于安置礼器，陈列笾豆，那是主管官员的职责，君子即便不会做也是可以的。"

三十二

孔子曰："可也，简[1]。"简者，易野也。易野者，无礼文也。孔子见子桑伯子[2]，子桑伯子不衣冠而处。弟子曰："夫子何为见此人乎？"曰："其质美而无文[3]，吾欲说而文之。"孔子去，子桑伯子门人不说，曰："何为见孔子乎？"曰："其质美而文繁，吾欲说而去其文。"故曰，文质脩者谓之君子，有质而无文谓之易野。子桑伯子易野，欲同人道于牛马，故仲弓曰太简[4]。上无明天子，下无贤方伯[5]，天下为无道；臣弑其君，子弑其父，力能讨之，讨之可也。当孔子之时，上无明天子也，故言"雍也可使南面[6]"。南面者，天子也。雍之所以得称南面者，问子桑伯子于孔子，孔子曰："可也，简。"仲弓曰："居敬而行简，以道民[7]，不亦可乎？居简而行简，无乃太简乎？"子曰："雍之言然！"仲弓通于化术，孔子明于王道，而无以加仲弓之言。

【注释】

[1] 可也，简：语出《论语·雍也》。意思是：做事简约，是可以的。

[2] 子桑伯子：人名。刘宝楠《论语正义》和钱穆《先秦诸子系年考辨》皆认为子桑伯子即《庄子·大宗师》中的桑户。

[3] 其质美而无文：他为人质朴却不讲究文饰。

[4] 仲弓：人名。姓冉名雍，孔子学生。

[5] 方伯：殷周时的诸侯之长。后来泛指地方长官。

[6] 雍也可使南面：语出《论语·雍也》。雍，指仲弓。后面叙述孔子与仲弓对话的内容也出自《论语·雍也》。

[7] 居敬而行简，以道民：平时做人恭敬而做事简约来引导百姓。道，同“导”。

【今译】

孔子说：“为人简约，是可以的。”但是太简了，就会变得轻率粗野。轻率粗野的人，不讲究礼仪文饰。孔子见子桑伯子，子桑伯子不着衣冠与孔子见面。孔子的弟子说：“先生为何要见这样的人呢？”孔子说：“他为人质朴却不讲究文饰，我想劝说他讲究文饰。”孔子离开后，子桑伯子的弟子不高兴，说：“先生为何要见这样的人呢？”子桑伯子说：“他为人本质美好但过分讲究文饰，我想要劝说他舍弃那些烦琐的文饰。”所以说，文和质都得到修养的人才能称之为君子，为人质朴但是不讲究文饰是轻率粗野的表现。子桑伯子轻率粗野，他想要把人的道德规范等同于牛马的行为，所以仲弓说他过分简约了。在上没有贤明的天子，在下缺乏好的诸侯领袖，天下混乱黑暗；臣子杀掉君主，儿子杀死父亲，谁如果有能力讨伐这样的人，那是可以的。孔子在世的时候，在上没有贤明的天子，所以说“冉雍可以面南而坐。”面南的，是天子啊。孔子之所以说冉雍可以面南，是因为冉雍曾经就子桑伯子做人简约的事情请教过孔子，孔子说：“为人简约，是可以的。”仲弓说：“平时做人恭敬而做事简约，并以此来引导百姓，不也是可以的吗？如果平时做人简约而做事也简约，难道不就是太简约了吗？”孔子说：“冉雍的话正确。”仲弓精通教化之术，孔子虽然懂得王道，却也不能对仲弓的话有什么补充了。

三十三

孔子至齐郭门之外[1]，遇一婴儿挈一壶[2]，相与俱行。其视精，其心正，其行端。孔子谓御曰："趣驱之[3]，趣驱之，《韶》乐方作[4]。"孔子至彼闻《韶》，三月不知肉味[5]。故乐非独以自乐也，又以乐人；非独以自正也，又以正人。矣哉[6]！于此乐者，不图为乐至于此[7]！

【注释】

[1] 齐郭门：齐国城门。

[2] 挈：《太平御览·五百六十五》作"擊"，敲的意思，与下文"《韶》乐方作"相应。译文从之。

[3] 趣（cù）：赶快。

[4]《韶》（sháo）：传说舜时乐曲名。

[5] 三月不知肉味：《论语·述而》记载："孔子在齐闻《韶》，三月不知肉味。"

[6] 矣哉："子书百家"本作"大矣哉"。

[7] 不图：不料。

【今译】

孔子来到齐国城门外边，遇见一个小孩子一边敲击壶一边行走。这小孩目光炯炯有神，心思纯正，行动端庄。孔子说："快点走，快点走，城里正在演奏《韶》乐。"孔子赶到那里欣赏《韶》乐，三个月沉浸在音乐之中以致于忘记了肉的味道。所以音乐并非只是用来自娱自乐的，也是用来娱乐他人的；并非只是用来端正自身的，也是用来端正他人的。音乐的作用真的是很大呀！这个《韶》乐，想不到能够给人带来如此美好的享受！

三十四

黄帝诏泠伦作为音律[1]。泠伦自大夏之西[2]，乃之昆仑之阴，取竹于解谷[3]。以生窍厚薄均者[4]，断两节间。其长九寸[5]，而吹之以为黄钟之宫[6]，日含少[7]。次制十二管，以昆仑之下，听凤之鸣，以别十二律[8]。其雄鸣为六，雌鸣亦六[9]，以比黄钟之宫。适合黄钟之宫，皆可生之，而律之本也。故曰，黄钟微而均，鲜全而不伤[10]，其为宫独尊，象大圣之德，可以明至贤之功，故奉而荐之于宗庙，以歌迎功德，世世不忘。是故黄钟生林钟，林钟生大吕，大吕生夷则，夷则生太簇，太簇生南吕，南吕生夹钟，夹钟生无射，无射生沽洗，沽洗生应钟，应钟生蕤宾[11]。三分所生，益之以一分以上生；三分所生，去其一分以下生[12]。黄钟、大吕、太簇、夹钟、沽洗、仲吕、蕤宾为上，林钟、夷则、南吕、无射、应钟为下。大圣至治之世，天地之气，合以生风，日至则日行其风，以生十二律。故仲冬短至[13]，则生黄钟，季冬生大吕，孟春生太簇，仲春生夹钟，季春生沽洗，孟夏生仲吕，仲夏生蕤宾[14]，季夏生林钟，孟秋生夷则，仲秋生南吕，季秋生无射，孟冬生应钟。天地之风气正，十二律至也[15]。

【注释】

[1] 泠伦：传说为黄帝的乐官。

[2] 大夏：古代西部地。《史记·大宛列传》中记载："大夏在大宛西南二千余里妫水南。"

[3] 解（xiè）谷：山谷之名。昆仑之北谷。

[4] 生窍：长有孔，中空。

[5] 九寸：《吕氏春秋·古乐》作"三寸九分"。

[6] 黄钟之宫：用黄钟律定的宫音。

[7] 日含少：义不明。疑“日”乃“曰”字之误。《吕氏春秋·古乐》作“吹曰舍少”。“舍少”是拟声词，黄钟管的声音。

[8] 十二律：古代乐律学名词，是古代的定音方法。用三分损益法将一个八度分为十二个不完全相同的半音。各律从低到高依次为：黄钟、大吕、太簇、夹钟、姑洗、仲吕、蕤宾、林钟、夷则、南吕、无射、应钟。十二律又分为阴阳两类，凡属奇数的六种律称阳律，属偶数的六种律称阴律。另外，奇数各律称“律”，偶数各律称“吕”，故十二律又简称“律吕”。

[9] 雄鸣为六，雌鸣亦六：雄鸣为六，雄鸟的鸣叫声有六种，指阳律六：黄钟、太簇、姑洗、蕤宾、夷则、无射；雌鸣亦六，雌鸟的鸣叫声有六种，指阴律六：大吕、夹钟、仲吕、林钟、南吕、应钟。奇数为阳律，偶数为阴律。

[10] 鲜全：鲜明纯正。

[11] 应钟生蕤宾：以上各句当出自《吕氏春秋·音律》：“黄钟生林钟，林钟生太蔟，太蔟生南吕，南吕生姑洗(xiǎn)，姑洗生应钟，应钟生蕤(ruí)宾，蕤宾生大吕，大吕生夷则，夷则生夹钟，夹钟生无射(yì)，无射生仲吕。”蔟，同“簇”，读“còu”。沽，同“姑”。

[12]“三分所生”句：这两句讲的是音律相生的方法，即“三分损益法”。春秋时期管仲提出了三分损益法，计算出五声音阶的律度。三分损益包含两个含义，三分损一和三分益一。根据某一特定的弦，去其三分之一，即三分损一，可得出该弦音的上方五度音；将该弦增长三分之一，即三分益一，可得出该弦音的下方四度音。将上述两种方法交替、连续使用，各音律得以生成。三分损益法的记载最早见于《管子·地员》，只算到五个音，到《吕氏春秋·音律》，用此法已经算全了十二律的长度规范。按三分损益法生律的次序，求上方五度音之律，古代称为“下生”；求下方四度之律，古代称为“上生”。

[13] 冬：《吕氏春秋·音律》“冬”字后有“日”字。

[14] 仲夏生蕤宾：《吕氏春秋·音律》作“仲夏日长至，则生蕤宾”。

[15] 至：《吕氏春秋·音律》作“定”。

【今译】

黄帝命令泠伦制作音律。泠伦从大夏的西面，来到了昆仑山的北面，从解谷伐取竹子。用自然生长有孔、厚薄均匀的竹子，从两节之间截断，长度为九寸，吹奏出用黄钟律定的宫音，好像是“舍少”的声音。然后制作十二根竹管，在昆仑山下听凤凰的鸣叫，以此来辨析十二律。雄鸟的鸣叫声有六种，雌鸟的鸣叫声有六种，用来与黄钟的宫调相比照，凡与黄钟律定的宫音相吻合，都可以发出十二律的声音，这就是音律的根本。所以说黄钟的音调细腻而均匀，鲜明纯正而不哀伤，作为音律是最为尊贵的，好比圣人的道德，可以彰显贤明之人的功绩，所以敬奉它为宗庙祭祀所用的音乐，来歌颂祖先的功德、迎接祖先的神灵，世世代代牢记在心。所以黄钟生林钟，林钟生大吕，大吕生夷则，夷则生太簇，太簇生南吕，南吕生夹钟，夹钟生无射，无射生姑洗，姑洗生应钟，应钟生蕤宾。按照三分损益法进行切分，增一分产生的乐音为上生音；按照三分损益法进行切分，减一分产生的乐音为下生音。黄钟、大吕、太簇、夹钟、姑洗、仲吕、蕤宾为上生音，林钟、夷则、南吕、无射、应钟为下生音。圣人治理的盛世，天地之间相合而生风，冬至和夏至的时候太阳乘风运行，以此产生十二律。所以仲冬时节白昼最短，于是生黄钟，季冬时节生大吕；孟春时节生太簇，仲春时节生夹钟，季春时节生姑洗；孟夏时节生仲吕，仲夏时节生蕤宾，季夏时节生林钟；孟秋时节生夷则，仲秋时节生南吕，季秋时节生无射；孟冬时节生应钟。天地之间的风气平正，十二律就确定了。

三十五

圣人作为鞉、鼓、控、揭、埙、篪[1]，此六者德音之音[2]。然后钟、磬、竽、瑟以和之[3]，然后干、戚、旄、狄以舞之[4]。此所以祭先王之庙也，此所以献酢酳酬也[5]，所以官序贵贱各得其宜也，此可以示后世有尊卑长幼之序也。

【注释】

[1] 鞉（táo）、鼓、控（qiāng）、揭（qià）、埙（xūn）、篪（chí）：六种乐器名。

鞉,一种有柄的小鼓,类似今天的拨浪鼓。控,《礼记·乐记》作“椌”,古代打击乐器名,即“柷”(zhù)。揭,《礼记·乐记》作“楬”,古代乐器名。埙,一种陶制的吹奏乐器。篪,古代一种竹管乐器。

[2] 德音:倡导社会健康、安定、和谐的音乐。

[3] 钟、磬(qìng)、竽、瑟:四种乐器名。钟、磬是打击乐器。竽,是竹制簧管乐器。瑟,一种弹拨乐器。

[4] 干、戚、旄(máo)、狄:干、戚,盾牌与大斧,武舞所执的器具,又指武舞。旄、狄,古代文舞,舞者手执牛尾或羽毛。旄,牦牛尾。狄,通“翟”,长尾的野鸡,又指用翟尾羽制成的舞具。

[5] 献酢(zuò)酳(yìn)酬:献,主人向宾客敬酒。酢,用酒回敬主人。酳,食华用酒漱口,宴会礼节。酬,劝酒敬酒。

【今译】

圣人制作鞉、鼓、控、揭、埙、篪六种乐器,这六种乐器能够发出美好的声音,然后用钟、磬、竽、瑟来伴奏,然后用干、戚、旄、狄来伴舞。这样做是用来祭祀先王祖庙的,是用来在宴席上相互敬酒的,是用来分别官职级别各得其所的,是用来让后人看到尊卑长幼秩序的。

三十六

钟声铿[1],铿以立号[2],号以立横[3],横以立武[4];君子听钟声则思武臣。石声磬[5],磬以立辩[6],辩以致死[7];君子听磬声则思死封疆之臣。丝声哀,哀以立廉[8],廉以立志;君子听琴瑟之声则思志义之臣。竹声滥[9],滥以立会[10],会以聚众;君子听竽笙箫管之声则思畜聚之臣。鼓鞞之声欢[11],欢以立动[12],动以进众[13];君子听鼓鞞之声则思将帅之臣。君子之听音,非听其铿锵而已,彼亦有所合之也[14]。

【注释】

[1] 铿(kēng):铿锵有力的声音。

[2] 号:号令。
[3] 横:精神振奋、饱满。
[4] 武:武功。
[5] 磬:拟声词。《史记·乐书》作“硁”(kēng)。
[6] 辩:正义感。指能辨析是非。《礼记·乐记》作“辨”。《史记·乐书》作“别”。义同。
[7] 辩以致死:辨别是非能够让人产生舍生取义的勇气。
[8] 廉:清廉。
[9] 滥(lǎn):《礼记·乐记》孔颖达疏:“滥犹揽也,言竹声揽然有积聚之意,故能立会。”
[10] 会:聚集人才。
[11] 鼓鞞(gǔ pí):用于祭祀神灵的鼓。鞞,同“鼙”。
[12] 动:鼓动,行动。
[13] 进众:使众人前进。
[14] 有所合之也:与思想情感合拍。

【今译】

钟的声音铿锵有力,它可以用来发布号令,号令能够使人精神振作,精神振作就能够激发人们建立武功;所以君子听到钟声就会联想到武臣。石头发出硁硁的声音,它可以用来辨析是非,辨别是非能够让人产生舍生取义的勇气,所以君子听到硁硁的声音就联想到死守边疆的忠臣。丝弦的声音哀伤,它可以使人树立清廉之志,所以君子听到琴瑟的声音就联想到坚守正义的臣子。竹管的声音收拢,它可以用来聚集人才,聚集人才可以团结众人,所以君子听到竽笙箫管的声音就联想到广聚人才的臣子。鼙鼓的声音欢快,它可以鼓舞精神,鼓舞精神可以使众人前进,所以君子听到鼙鼓的声音就想到统率军队的臣子。君子听音乐,并不只是听那铿锵有力的声音,各种音调总能与他们的思想情感合拍。

三十七

乐者,圣人之所乐也,而可以善民心;其感人深,其移风易俗[1]，故先王著其教焉[2]。夫民有血气心知之性，而无哀乐喜怒之常，应感起物而动，然后心术形焉。是故感激、憔悴之音作[3]，而民思忧；啴奔、慢易、繁文、简节之音作[4]，而民康乐；粗厉、猛奋、广贲之音作[5]，而民刚毅；廉直、劲正、庄诚之音作，而民肃敬；宽裕、肉好、顺成、和动之音作[6]，而民慈爱；流僻、邪散、狄成、涤滥之音作[7]，而民淫乱。是故先王本之情性，稽之度数[8]，制之礼义，含生气之和，道五常之行，使阳而不散，阴而不密，刚气不怒，柔气不慑，四畅交于中[9]，而发作于外，皆安其位，不相夺也。然后立之学等[10]，广其节奏，省其文彩，以绳德厚，律小大之称，比终始之序，以象事行，使亲疏、贵贱、长幼、男女之理，皆形见于乐。故曰："乐观其深矣[11]"。土弊则草木不长，水烦则鱼鳖不大，气衰则生物不遂，世乱则礼慝而乐淫[12]。是故其声哀而不庄，乐而不安；慢易以犯节，流漫以忘本；广则容奸，狭则思欲；感涤荡之气，而灭平和之德，是以君子贱之也。凡奸声感人，而逆气应之；逆气成象，而淫乐兴焉。正声感人，而顺气应之；顺气成象，而和乐兴焉。唱和有应，回邪曲直各归其分，而万物之理，以类相动也。是故君子反情以和其志，比类以成其行。奸声乱色，不习于听[13]；淫乐慝礼，不接心术；惰慢邪辟之气，不设于身体。使耳目鼻口心智百体，皆由顺正以行其义，然后发以声音，文以琴瑟，动以干戚，饰以羽旄，从以箫管；奋至德之光，动四气之和，以著万物之理。是故清明象天，广大象地，终始象四时，周旋象风雨。五色成文而不乱，八风从律而不奸[14]，百度得数而有常[15]；小大相成，终始相生，唱和清浊，代相为经[16]。故乐行而伦清，耳目聪明，血气和平，移风易俗，天下皆宁。故曰："乐者，乐也。"君子乐得其道，小人乐得其欲。以道制欲，则乐而不乱；以欲忘道，则惑而不乐。是故君子反情以和其意，广乐以成其教。故乐行而民向方[17]，可以观德矣。德者，性之端也；乐者，德之华也；金石丝竹，乐之器也。诗言其志，歌咏其声，舞动其容，三者本于心，然后乐器从之。是故情深而文明[18]，气盛而化神，和顺积中而英华发外，惟乐不可以为伪。乐者，心之动也；声者，乐之象也；文彩节奏，声之饰也。君子之动本，乐其象也，后治其饰。是故先鼓以警戒[19]，三步以见方，再始以著往，复乱以饰归。奋疾而不拔[20]，极幽而不隐。独乐其志，不厌其道，备举其道，不私其欲。是故情见而义立，乐终而德尊。君子以好善，小人以饬听过[21]。故曰："生民之道，乐为大焉。"

【注释】

[1] 移风易俗：《汉书·礼乐制》作"移风易俗易"。

[2] 著其教：彰明它的教化功能。

[3] 感激憔悴：音乐感动奋发、蹙急。

[4] 啴(chǎn)奔、慢易、繁文、简节：啴，声缓。奔，广大。"奔"字《礼记·乐记》作"谐"，《史记·乐书》作"缓"。慢易，声调舒缓。繁文、简节，优美华丽、节奏简明。

[5] 粗厉、猛奋、广贲(fèn)：粗厉，粗猛而凌厉。猛奋，《礼记·乐记》作"猛起奋末"，指乐曲开头激烈，结尾奋发。广贲，愤怒。

[6] 宽裕、肉好(hào)、顺成、和动：宽裕，宽和。肉好，圆润。顺成，平顺。和动，活泼。指音乐给人的各种美好的感觉。

[7] 流僻、邪散、狄成、涤滥：流僻，放荡。邪散，邪僻。狄成，轻佻。涤滥，散漫。指音乐给人的各种不好的感觉。

[8] 稽之度数：核定音律的度数。稽，考查，考核。度数，节拍。

[9] 四畅：阴、阳、刚、柔四气畅通无阻。

[10] 立之学等：订立学习的等级。

[11] 故曰，乐观其深矣：《吕氏春秋·音初》作："故曰：'乐之为观也，深矣。'"

[12] 慝(tè):邪恶,差错。

[13] 不习于听:《礼记·乐记》《史记·乐书》皆作"不留聪明",即不污染自己的耳、目。

[14] 五色成文而不乱,八风从律而不奸:青、黄、赤、白、黑五色缤纷而不乱,金(钟)、石(磬)、丝(琴瑟)、竹(箫管)、革(鼓)、木(柷敔 zhù yǔ)、土(埙)、匏(páo,笙竽)依照音律不错杂。

[15] 百度:各种律度。

[16] 代相为经:《礼记·乐记》《史记·乐书》皆作"迭相为经"。意思是交替变化,形成规则。

[17] 向方:向往端正。

[18] 文明:文采鲜明。

[19] 先鼓以警戒:本句及以下几句写表现武王伐纣的乐舞《大武》。

[20] 拔:失去控制。

[21] 饬听过:"听",衍文。

【今译】

乐,是圣人所喜欢的,它能够使民心向善;它深刻地感动人心,它有移风易俗的功能,所以先王重视它的教化作用。人有血气心智的天性,但没有固定不变的喜怒哀乐之情。人感于外物而动情,然后把情致表现出来。所以感动、奋发、蹙急的音乐发出来,人们就会忧愁忧思;和谐、舒缓、华丽、简明的音乐发出来,人们就会健康快乐;粗猛、凌厉、激烈、奋发、愤怒的音乐发出来,人们就会刚强勇毅;廉洁、正直、遒劲、端正、诚实的音乐发出来,人们就会严肃恭敬;宽和、圆润、平顺、活泼的音乐发出来,人们就会慈祥仁爱;淫邪、散乱、轻佻、猥亵的音乐发出来,人们就会放纵混乱。所以先王按照人的性情,核定音律的度数,制定礼义,使人的血气心智协调和顺,引导人们的五种道德,使得阳刚之气不散漫,阴柔之气不封闭,刚烈的性情不暴怒,柔和之气不怯懦,阴、阳、刚、柔四气畅通于内心而表达在外表,各得其所,不互相侵占。然后先王订立学习的等级,扩大音乐的节奏,审查它在声调上的变化,衡量它内在德行的厚重程度,规定大小音律的称呼,排列乐章的先后顺序,以礼乐象征王事的行为，让亲疏、贵贱、长幼、男女的伦理，都通过音乐体现出来。所以说："乐，可以观察到深刻的内涵。"土地贫瘠草木就不生长，水域烦扰鱼鳖就养不大，节气衰竭生物就不能顺利生长，世道混乱音乐就邪恶、放纵。所以不好的音乐悲哀而不庄重，欢乐而不安宁；声调舒缓而破坏节奏，缠绵而失却本性；这种音乐宽广则藏污纳垢，蹙急就包含着邪恶欲望，让人们感受到放荡的气息，而掩灭了平正和顺的品德，所以君子鄙视这种音乐。奸邪的声音蛊惑人心后，人们就以悖逆的心情应和它；悖逆的心情表现出来，放纵的音乐就会兴盛。平正的音乐感染人，顺和的心情就会应和它；顺和的心情表现出来，和顺的音乐就会兴盛。有唱有和，有响有应，奸邪忠直各归其类，世间万物的道理，按照各自的类别被触动感染。所以君子控制自己的感情来和悦自己的心志，比附善类成就自己的德行。奸邪之声、乱志之色，不让它们污染自己的耳、目；放纵的音乐邪恶的行为，不让它们接触自己的心灵；怠惰散漫邪辟的心情，不让它们影响自己的身体。让自己的耳、目、鼻、口、心灵以及全身各处，都通过和顺平正的心情，来实践合乎正义的原则；然后用声音表达出来，用琴瑟来修饰，用盾牌、斧钺来舞蹈，用羽毛、牛尾来装饰，用箫管来伴奏，发扬最崇高的德行的光芒，调动阴、阳、刚、柔四气的和谐，来彰明世间万物的道理。所以清明的音乐象征天，它广阔宽大象征大地，它终而复始象征四时，它回旋辗转象征风雨。青、黄、赤、白、黑五色缤纷井井有条，金、石、丝、竹、革、木、土、匏八音协调不混乱，高低、快慢、强弱等各种律度得当而有规律；大小音调相辅相成，前后乐章相续相生，或唱或和，或清或浊，交替变化，形成规则。所以健康的音乐流行，人们的伦理秩序就清楚了；人们耳聪目明，血气和平，移风易俗，天下安宁。所以说："乐，就是让人快乐。"君子快乐得到道义，小人快乐得逞欲望。用道义来抑制欲望，就快乐而不混乱；因为欲望而忘掉了道义，就惑乱而得不到真正的快乐。所以君子控制自己的感情来和悦自己的心志，推行礼乐来形成教化。所以健康的音乐流行起来百姓追求的目标就端正，就能够观察他们的德行了。德，是人性的根本；

乐，是德的外在表现；金石丝竹，是音乐的器物。诗表达情志，歌传达心声，舞展示仪容，这三个方面都发自内心，然后乐器随从伴奏。所以感情深厚并且形象鲜明，气势旺盛而出神入化。和谐顺利的感情蓄积在心中，俊美的神采体现在外表，惟有音乐是不可以作伪的。乐，是内心感动的表现；声，是乐的外在表现；声调变化是声的装饰。君子从内心深处受到感动，用音乐来加以表现，然后整理装饰。所以《大武》先击鼓来提醒舞者注意，三次踏步表示方向，音乐再响起表示前进，尾声反复数次表示凯旋。《大武》奋发迅速而不显得突然，感情幽深而不隐晦。独自表现出了情志，不满足于表现道义；广泛表现音乐的道义，不偏私于个人的欲望。所以感情表现出来了道义也就树立起来了；音乐结束了，道德的崇高也得到了体现。君子因此更加好善，小人会反省自己的过错。所以说：“教养百姓的方法，音乐是很重要的。”

三十八

乐之可密者，琴最宜焉；君子以其可修德，故近之[1]。凡音之起，由人心生也；人心之动，物使之然也；感于物而后动，故形于声。声相应，故生变，变成方[2]，谓之音。比音而乐之[3]，及干戚、羽旄[4]，谓之乐。乐者，音之所由生也，其本在人心之感于物。是故，其哀心感者，其声嗺以杀[5]；其乐心感者，其声啴以缓[6]；其喜心感者，其声发以散；其怒心感者，其声壮以厉；其敬心感者，其声直以廉；其爱心感者，其声和以调。人之善恶，非性也，感于物而后动，是故先王慎所以感之。故礼以定其意，乐以和其性，政以一其行，刑以防其奸。礼、乐、刑、政，其极一也，所以同民心而立治道也。

【注释】

[1]“乐之可密者”句：密，亲近。此四句不见于《乐记》。

[2]方：法度，准则。

[3]比音：把音协调配合一致。

[4]干戚、羽旄：见本卷第三十五章[4]。

[5]噍(jiāo)以杀(shài)：急促而衰败。

[6]啴(chǎn)以缓：和悦，舒缓。

【今译】

音乐中值得亲近的，琴最适宜了；君子因为它可以用来修养德行，所以亲近它。大凡音乐的产生，是由人内心引发的；人心被感动，是外界事物造成的，所以形成于声。声相应，所以产生变化，变化形成法度，称为音。把音协调配合一致来演奏，配上干戚、羽旄，叫做乐。乐，是音产生的源泉，它的根本在于人心被外物所感动。所以，内心发生了悲哀的反应的，它的声音就急促而衰败；内心发生了快乐的反应，他的声音就和悦而舒缓；内心发生了喜悦的反应，他的声音就爽朗而轻快；内心发生了愤怒的反应，他的声音就粗猛而凌厉；内心发生了敬仰的反应，他的声音就正直而端庄；内心发生了喜爱的反应，他的声音就和顺而协调。人的善良与邪恶，不是天生的，是有感于外物然后发生的。所以先王对自己的感动之物是很谨慎的。所以礼是用来坚定人们意志的，乐是用来调和人们的性情的，政令是用来统一人们行为的，刑罚是用来防范人们犯罪的。礼、乐、刑、政，终极目标是一致的，是用来统一民心建立良好社会的。

三十九

凡音，生人心者也。情动于中而形于声[1]，声成文谓之音。是故治世之音安以乐，其政和；乱世之音怨以怒，其政乖[2]；亡国之音哀以思，其民困。声音之道，与政通矣。宫为君，商为臣，角为民，徵为事[3]，羽为物。五音乱则无法，无法之音：宫乱则荒，其君骄；商乱则陂[4]，其官坏；角乱则忧，其民怨；徵乱则哀，其事勤[5]；羽乱则危，其财匮。五者皆乱，代相凌[6]，谓之慢[7]。如此，则国之灭亡无日矣。郑、卫之音[8]，乱世之音也，比于慢矣；桑间、濮上之音[9]，亡国之音也，其政散，其民流，诬上行私而不可止也。

【注释】

[1] 中：内心。

[2] 乖：背离。

[3] 徵(zhǐ)：同“徵”。

[4] 陂(bì)：倾斜。

[5] 勤：政事烦扰。

[6] 代相凌：《礼记·乐记》与《史记·乐书》均作“迭相陵”。义相通。

[7] 慢：放纵。

[8] 郑、卫之音：春秋战国时郑国和卫国的通俗音乐，与雅乐有别。《论语·卫灵公》：记孔子语：“放郑声，远佞人。郑声淫，佞人殆。”此处指靡靡之音。

[9] 桑间、濮上：桑间，卫国地名，在濮水之滨。《礼记·乐记》郑玄注：“濮水之上，地有桑间者，亡国之音，于此之水出也。昔殷纣使师延作靡靡之乐，已而自沉于濮水。”

【今译】

大凡音乐，产生于人的内心。人的情感在内心活动，表现在外部就是声，声形成变化叫作音。所以太平盛世的声音安宁并快乐，反映出政治的和谐；混乱之世的声音怨恨并愤怒，反映出政治背离道义；亡国的声音哀伤并忧虑，反映出百姓的困顿。声音的道理，与政治相通。宫好比是君王，商好比是臣子，角好比是民众，徵好比是政事，羽好比是财物。宫、商、角、徵、羽这五音混乱了就没有法度，没有法度的声音是：宫音混乱政治就荒疏，表示君王骄奢；商音混乱政治就倾斜，表示官场腐败；角声混乱就充满了忧患，表示百姓怨恨；徵声混乱就充满了哀伤，表示政事烦扰；羽声混乱国家就危险，表示财物匮乏。这五音都混乱，互相侵凌，就是放纵荒淫的声音，像这样的话，国家灭亡就没有多久了。郑、卫的通俗音乐，是导致社会混乱的声音，接近于慢音了；桑间、濮上的靡靡之音，是导致国家灭亡的声音，表示政治的荒乱，百姓的流离，欺上谋私的风气不可制止了。

四十

凡人之有患祸者，生于淫泆暴慢。淫泆暴慢之本，生于饮酒。故古者慎其饮酒之礼，使耳听雅音，目视正仪，足行正容，心论正道，故终日饮酒而无过失；近者数日，远者数月，皆人有德焉，以益善。《诗》云："既醉以酒，既饱以德[1]。"此之谓也。

【注释】

[1] 既醉以酒，既饱以德：美酒喝得醉醺醺，恩德领受沉甸甸。语出《诗经·大雅·既醉》。

【今译】

大凡人有祸患，来自淫佚、粗暴和怠惰。淫佚、粗暴和怠惰的源头，产生于酗酒。所以古人对饮酒的礼节是慎重的，使自己耳听雅正的声音，眼看端正的仪态，脚走正当的步伐，内心牢记正确的道理，所以即便整日饮酒也不会有过失；短的几天，长的数月，皆人人有道德，从而人品更加完美。《诗经》上说："美酒喝得醉醺醺，恩德领受沉甸甸。"说的就是这个意思。

四十一

凡从外入者，莫深于声音，变人最极。故圣人因而成之以德，曰乐。乐者，德之风。《诗》曰："威仪抑抑，德音秩秩[1]。"谓礼乐也。故君子以礼正外，以乐正内。内须臾离乐[2]，则邪气生矣；外须臾离礼，则慢行起矣。故古者天子、诸侯听钟声，未尝离于庭；卿大夫听琴瑟，未尝离于前。所以养正心而灭淫气也。乐之动于内，使人易道而好良；乐之动于外，使人温恭而文雅。雅、颂之声动人[3]，而正气应之；和成容好之声动人[4]，而和气应之；粗厉猛贲之声动人[5]，而怒气应之；郑、卫之声动人，而淫气应之。是以君子慎其所以动人也。

【注释】

[1] 威仪抑抑，德音秩秩：抑抑，美好的样子。秩秩，有秩序，有智慧。语出《诗经·大雅·假乐》。

[2] 须臾：片刻。《礼记·乐记》与《史记·乐书》均作："君子曰：礼乐不可斯须去身。"

[3] 雅、颂之声：中正平和的声音。

[4] 和成容好：和谐、平顺、圆润、美好的声音。

[5] 粗厉猛贲：见本卷第三十七章[5]。

【今译】

大凡从人体外部影响人的，没有比声音更深刻的了，声音改变人最突出。所以圣人借此合成道德，叫做乐。乐，是道德的外在表现形式。《诗经》上说："仪容举止壮美，政令有条不紊。"说的就是关于礼、乐的道理。所以君子借助礼来端正自己的外表，借助乐来端正内心。如果内心片刻之间离开了乐，就会产生邪恶之气；如果外在行为片刻之间离开了礼，放纵的行为就会发生。所以古代的天子和诸侯欣赏钟声，没有使它离开过朝廷；卿大夫欣赏琴瑟之声，没有让它从自己跟前离开过。这样做是用来培育自己端正的心灵，灭除邪恶的意念。乐从人的内心深处产生作用，使人易于接近道德而向往善良；乐使人的外部行为发生变化，使人变得温文尔雅。中正平和的声音感动人心后，人的内心就会产生正直之气来应和它；和谐、平顺、圆润、美好的声音感动人心后，人的内心就会产生平和之气来应和它；粗猛、凌厉、激烈、奋发的声音感动人心后，人的内心就会产生怒气来应和它；郑、卫之地的靡靡之音感动人心后，人的内心就会产生放纵之气来应和它。所以君子对于感动自己内心的声音是很慎重的。

四十二

子路鼓瑟有北鄙之声[1]。孔子闻之，曰："信矣，由之不才也！"冉有侍[2]，孔子曰："求，来，尔奚不谓由？夫先王之制音也，奏中声，为中节。流入于南，不归于北。南者，生育之乡；北者，杀伐之域。故君子执中以为本，务生以为基。故其音温和而居中，以象生育之气。忧哀悲痛之感不加乎心，暴厉淫荒之动不存乎体。夫然者，乃治存之风，安乐之为也。彼小人则不然，执末以论本，务刚以为基。故其音湫厉而微末[3]，以象杀伐之气。和节中正之感不加乎心，温俨恭庄之动不存乎体。夫杀者，乃乱亡之风，奔北之为也。昔舜造《南风》之声[4]，其兴也勃焉[5]，至今王公述无不释。纣为北鄙之声，其废也忽焉[6]，至今王公以为笑。彼舜以匹夫，积正合仁，履中行善，而卒以兴。纣以天子，好慢淫荒，刚厉暴贼，而卒以灭。今由也，匹夫之徒，布衣之丑也[7]，既无意乎先王之制，而又有亡国之声，岂能保七尺之身哉？"冉有以告子路，子路曰："由之罪也！小人不能耳，陷而入于斯。宜矣，夫子之言也！"遂自悔，不食，七日而骨立焉[8]。孔子曰："由之改，进矣[9]。"

【注释】

[1] 北鄙：一种粗俗放纵的声音，盛行于商都朝歌北边的鄙野。

[2] 冉有侍:冉有,孔子弟子,名求,字子有。长于政事,曾为季氏宰。侍,陪从在尊长身边。

[3] 湫厉而微末:激烈而尖细的声音。《孔子家语·辩乐解》作"亢丽微末"。元刻本《新编孔子家语句解》:"或高亢,或微细,以体杀伐之气象。"

[4]《南风》:乐章名。《孔子家语·辩乐解》载:"昔者舜弹五弦之琴,造《南风》之诗。其诗曰:'南风之薰兮,可以解吾民之愠兮;南风之时兮,可以阜吾民之财兮。'"

[5] 勃:旺盛。

[6] 忽:迅速。

[7] 丑:类,种类。

[8] 骨立:似骨而立,形容人极端消瘦。

[9] 由之改,进矣:他本"进"字作"过"。云谦刻本与咸淳本均作"进"字。《孔子家语·辩乐解》作:"过而能改,其进矣乎!"译文参考之。

【今译】

子路弹奏瑟,发出北方鄙野粗俗放纵的声音。孔子听到后,说:"仲由真是不成器。"冉有陪从在孔子身边,孔子说:"冉求,过来,你为什么不告诉仲由呢?先王制定音乐,弹奏中和的音乐,符合中和的节奏。音乐流传到了南方,没有流传到北方。南方,是生命成长的地方;北方,是杀伐的地方。所以君子坚持中和作为根本,专注于生命作为基础。所以他们的声音温馨和顺不偏激,象征生命成长的气象。忧虑、哀伤、悲痛的感受不影响自己的内心,暴厉淫荒的行为不表现在自己的外部。之所以这样,是因为它是太平盛世的声音,充满了安宁快乐啊。那些小人不这样,拿着细枝末节来讨论根本性的问题,专注于刚强作为根本。所以他们发出的声音激烈而尖细,来象征杀伐的气象。温和中正的感受没有在他们内心产生,温柔、恭敬、庄重的行为没有体现在外表。杀伐的声音,是社会混乱的声音,是败北的声音。从前舜制作了《南风》乐章,他的事业发展旺盛,至今天子和诸侯称颂不已;纣制作了粗俗放纵的声音,他灭亡迅速,至今天子和诸侯作为笑柄。舜凭借着一个平民身份,聚集正义联合仁德,实践中和推行善举,最终赖以兴盛。纣依仗着天子的身份，追求放纵荒淫的生活，严酷残暴，最终因此而灭亡。如今仲由这个人啊，属于平民百姓一类的人，既无心效法先王的礼制，又弹奏出亡国之音，这样做怎么能够保护自己七尺生命之躯呢？”冉有把孔子的话告诉了子路。子路说：“是我的错误，我是个小人、不成器，陷到这里面去了。先生说的话，很对呀！”于是很后悔自己的行为，用绝食来自罚，七天后瘦得皮包着骨。孔子说：“仲由知错就改，进步了。”

【评析】

本卷题为“修文”，指弘扬儒家礼乐文化。刘向在第一章开宗明义，提出“礼乐者，行化之大者也”的观点，把礼乐与治国联系起来，“修文”目的是建立富有秩序的文明和谐社会。中国的礼乐体制创始于西周，具体说始于周公，到了孔子才真正形成礼乐文化。因此说，周公的礼乐制度并不等同于孔子的礼乐思想。薛艺兵在《论礼乐文化》中指出：“如果说原始礼乐是服务于神鬼，西周礼乐是服务于政治，那么，孔子则要礼乐服务于社会，要使礼乐深入人心，起到促进伦理道德的作用。他不仅要使礼乐成为维护宗法制度、维持等级秩序的一种政治工具，而且也希望礼乐成为建立崇高人格、促进社会和谐的一种教育手段。他所说的‘移风易俗，莫善于乐；安上治民，莫善于礼’集中反映了他对礼乐的社会功能的认识和重视。”（见《文艺研究》1997 年第 2 期）

第二章提出了“德不至则不能文”的观点。在刘向看来，儒家的礼乐文化是建立在“仁德”基础之上的。第三章提出“德弥盛者文弥缛”，仍然是重视仁德在礼乐文化中的基础作用。本卷的总体结构是，前三章是总论，第四章至第三十二章阐述“礼”，第三十三章至最后一章阐述“乐”。中国古代汉族礼仪内容十分丰富，包括祭祀之事的吉礼、丧葬之事的凶礼，军旅之事的军礼，宾客之事的宾礼，冠婚之事的嘉礼，合称“五礼”。“五礼”又分为“冠、婚、朝、聘、丧、祭、宾主、乡饮酒、军旅”多种礼事，各种礼事又有具体的仪节，并且有相应的音乐配合。

第四章写齐景公讨厌射礼，晏子趁机进谏。齐景公为什么讨厌射礼？射礼属于军礼，起源于借田猎来进行的军事训练，分为“礼射”和“主皮之射”，后来发展为选拔贤能人才的仪式，分大射、宾射、燕射和乡射。礼射，重礼乐而不重勇力。主皮之射则重勇力。景公想要省去大射之礼，重主皮勇力之射，选出勇士，为他所用。但是，射礼是很重视礼乐的，《礼记·射义》中有：“故射者，进退周还必中礼，内志正，外体直，然后持弓矢审固；持弓矢审固，然后可以言中，此可以观德行矣。”这就把射箭与道德修养联系起来了。《礼记·射义》又载：“是故古者天子以射选诸侯、卿、大夫、士。射者，男子之事也，因而饰之以礼乐也。故事之尽礼乐，而可数为，以立德行者，莫若射，故圣王务焉。”《礼记·射义》还记载：“射者，仁之道也。射，求正诸己，己正而后发，发而不中则不怨胜己者，反求诸己而已矣。孔子曰：‘君子无所争，必也，射乎？揖让而升，下而饮，其争也君子。’”正因如此，晏子才据理力争，最后说服了景公。第十八章内容也属于射礼的内容。

第五章强调行为礼仪要“恭”，特别是入朝、入庙、入乡、入州里、入族党，都要表现出恭敬的态度。这种要求很有必要，即便今天也当如此。第六章进一步从外貌、声音、嗜好三个方面提出修养的要求，使别人感到悦目、悦耳、悦心。在日常生活中，人们可以根据一个人的外形、说话、嗜好来判定其道德素养。

第七章写的是汉族的标志性服装——深衣。关于“深衣”的详细记载，见于《礼记·深衣》。郑玄曰：“深衣，连衣裳而纯之以采者。”孔氏正义曰：“所以称深衣者，以余服则上衣下裳不相连，此深衣衣裳相连，被体深邃，故谓之深衣。”说通俗点，就是上衣和下裳连在一起，用不同色彩的布料作为边缘，可以使身体深藏不露，显得持重典雅。当今，有人提出复兴深衣，不失为一种弘扬民族传统的建议，有些学校已经成立了汉服社，定期举办活动。

第八章写冠礼。冠礼属于嘉礼，是中国古代华夏族的成年礼，男子称冠礼，女子称笄礼。冠礼是礼仪的起始。《礼记·冠义》中记载：

凡人之所以为人者，礼义也。礼义之始，在于正容体，齐颜色，顺辞令。容体正，颜色齐，辞令顺，而后礼义备。以正君臣，亲父子，和长幼。君臣正，父子亲，长幼和，而后礼义立。故冠而后服备，服备而后容体正，颜色齐，辞令顺。故曰："冠者礼之始也。"是故古者圣王重冠。古者冠礼，筮日筮宾，所以敬冠事，敬冠事所以重礼，重礼所以为国本也。故冠于阼，以著代也。醮于客位，三加弥尊，加有成也。已冠而字之，成人之道也。见于母，母拜之，见于兄弟，兄弟拜之，人而与为礼也。玄冠玄端挚于君，遂以挚见于乡大夫、乡先生，以成人见也。成人之者，将责成人礼焉也。责成人礼焉者，将责为人子，为人弟，为人臣，为人少者之礼行焉。将责四者之行于人，其礼可不重与！故孝、弟、忠、顺之行立而后可以为人。可以为人而后可以治人也。故圣王重礼，故曰，冠者礼之始也。

第九章也是冠礼的内容，记录了周成王加冠礼的具体细节。今天，很多中学为年满十八岁的高中生举行成人仪式，并宣誓，但在做法上与古代大不相同。其实我们今天可以借鉴古代冠礼的做法。

第十章写婚礼，属于嘉礼。本章比较详细地记载了诸侯迎娶新娘的部分环节，既有文献价值，又有文学价值。第十一章写寝礼。因为第一个"《传》曰"后的内容其他"三传"皆无，因此本章具有较高的文献价值。

第十二章写贽见礼，当属宾礼。贽见礼分为天子、诸侯、卿、大夫、士、庶人六个等级，礼物分别是鬯、圭、羔、雁、雉、鹜。贽，又作"挚"或"质"，《礼记·表记》记载："无辞不相接也，无礼不相见也。"用什么做见面礼呢？就是"贽"。这种见面礼普遍应用于贵族各阶层的社会活动中。《周礼》中有关于贽见礼的记载，但本章更接近于《礼记·曲礼下》，其中记载"凡挚，天子鬯，诸侯圭，卿羔，大夫雁，士雉，庶人之挚匹(鹜)"，正与本章相合。杨宽在《西周史》一书中指出：

粗看起来，这种执"贽"相见之礼，好像只是为了表现礼貌，其实他们所用“贽”的品级，“贽”的授受仪式，都具体表现了宾主的身份以及他们的亲族关系和政治上的组织关系。在西周、春秋时代，贵族的亲族关系和政治上的组织关系，都是依靠“礼”作为制度来确立和维护的，这种“贽见礼”就是确立和维护贵族组织关系的一种重要礼节，也是当时维护贵族统治和巩固贵族组织的重要制度。

第十三章写“贡士”，指春秋时代地方向朝廷荐举人才的制度。《礼记·射义》记载：“诸侯岁献，贡士于天子。”这种贡士制度，是维护周天子权威的一种策略。第十四章写“贱财利则不争，不争则强不凌弱，众不暴寡。”第十五章写天子巡狩制度，以及诸侯述职的制度。这是维护周天子大一统权威性的有力措施。第十六章写狩猎时应遵循的规矩。第十七章歌颂舜、禹盛德，田猎时体现出仁德，故能征服天下，使“荒服”这样遥远地方的人甘心服事天子。

第十九章至第二十五章写丧礼，属于凶礼，在《左传》《礼记》《周礼》《荀子》《大戴礼记》中都有这类记载。周代的丧葬礼制体现了贵族之间的宗法关系和等级关系。第十九、二十章的内容最能体现这一点。第二十一章更加具体，墓室的尺寸大小、成殓的衣服、坟头的高度，以及家属哀悼方式，都有详细记录。这就是“礼”，孔子对此非常重视，评价说：“延陵季子于礼其合矣。”

第二十二章解释为父母守丧三年的理由。《仪礼·丧服》提出子为父母、妻为夫、臣为君守丧三年，以后各朝代大都有丁忧三年的风俗。《礼记》一书还对三年丧期内的守丧行为提出了具体的标准。但是，也有人挑战这一规定。《论语·阳货》中有这样一段：

> 宰我问：“三年之丧，期已久矣。君子三年不为礼，礼必坏；三年不为乐，乐必崩。旧谷既没，新谷既升，钻燧改火，期可已矣。”子曰：“食夫稻，衣夫锦，于女安乎？”曰：“安。”“女安，则为之！夫君子之居丧，食旨不甘，闻乐不乐，居处不安，故不为也。今女安，则为之！”宰我出。子曰：“予之不仁也！子生三年，然后免于父母之怀。夫三年之丧，天下之通丧也。予也有三年之爱于其父母乎？”

李泽厚在《论语今读》中指出，这是全书最关键一章。儒学的第一原则乃人性情感，但“三年”丧期却无理性的解释。孔子的贡献的在于给了它一个解释，即以心理情感作为最终依据，将外在的礼制变为内在心理，即以亲子关系为核心的“孝慈”。

关于“守丧三年”的起源，在中国学术界是一桩公案。朱熹认为始于周公。傅斯年、胡适认为是殷商遗礼。康有为、郭沫若认为始于孔子。黄瑞琦在《“三年之丧”起源考辨》一文中认为不始于孔子，孔子是在“礼崩乐坏”的情况下提倡“三年之丧”的。周景王不行当时之礼，鲁昭公也对礼置之度外，社会上对丧期又有较大甚至激烈的争议。求治心切的孔子认为不孝生于不仁爱，不仁爱生于丧祭之礼不明，所以他希望通过明丧祭之礼以增强人们对父母的孝心，因为孝是仁的本源和基础。（见《齐鲁学刊》1988 年第 3 期）《墨子·节葬下》对守丧三年的制度持反对态度，认为对活着的人的身体是很大的摧残，后果严重。墨子的话是有道理的。第二十三章则是对这一问题的延伸。子夏和闵子骞虽然哀伤的程度和时间有别，但都符合孔子“中庸”的要求，即“哀而不伤”“乐而不淫”，言行皆中于礼。《礼记·檀弓》中有这样两段记载，值得参考：

> 子路有姊之丧，可以除之矣，而弗除也。孔子曰：“何弗除也？”子路曰：“吾寡兄弟而弗忍也。”孔子曰：“先王制礼。行道之人皆弗忍也。”子路闻之，遂除之。
>
> 伯鱼之丧母也，期而犹哭。夫子闻之，问：“谁与哭者？”门人曰：“鲤也。”孔子曰：“嘻！其甚也！”伯鱼闻之，遂除之。

这两段内容说明，孔子反对不加节制的悲哀，只要符合礼的规定就可以了。由此可以看出，孔子坚持守丧三年，是把维护礼的尊严放在第一位的。第二十四章进一步延伸。“事君”与“事亲”是什么关系？本章非常生动地告诉读者，“事君”，目的在于“事亲”。这与李泽厚的观点是相吻合的。第二十五章涉及丧服中“五服”的内容。“五服”是中国礼制中为死去亲属服丧的制度。《仪礼·丧服》规定了亲属间各种服制，被后世奉为权威性的准则，历代遵行。它规定，根据血缘亲疏的不同，服丧的服制不同，共分为五等，分别是：

斩衰、齐衰、大功、小功、缌麻。第二十六章记录了儿女对死去的先人无限追思的情景。

第二十七章开始写祭礼，属于吉礼。本章写了四时祭、祫祭和禘祭，这是古代所谓“六祭”。祫祭，指古代天子或诸侯把远近祖先的神主集合在太庙里进行祭祀。禘祭，指古代对天神、祖先的大祭。有关祫祭和禘祭的内容，在《礼记》《谷梁传》《公羊传》《礼记》和《韩诗外传》中均有记载。关于这两种祭礼，前人多有争论，主要围绕是“一祭二名”还是“二祭二名”展开的。曹玮在《西周时期的禘祭与祫祭》一文中认为：“这两种祭祀都是源于商代合祭先公先王的祭祀。祫祭的时间较早，是合祭所有先祖的祭祀仪式；禘祭是随着王位继承逐渐转为父死子继的过程中确立起来的，在西周金文中，禘祭是对父考的一种祭祀仪式，同时又是有选择地对若干先祖的一种祭祀仪式。”（见《考古学研究》（六），2006 年科学出版社）

第二十八章写韩褐子拒绝过河祭祀。重祭礼并不是胡乱祭奠，该祭祀的就祭祀，不该祭祀的决不祭祀。“吾不为人之恶我而改吾志，不为我将死而改吾义。”这话值得玩味。大概船夫是在搞有偿祭祀吧。第二十九章写孔子话“无体之礼，敬也；无服之丧，忧也。”这话很有道理，表达真诚的情感，不需要非得借助某种形式不可。第三十章的主题是“故君子德行成而容不知，闻识博而辞不争，知虑微达而能不愚。”达到这样境界的人一定是修养极高的人，但本章主题似与礼乐关系不大。第三十一章写曾子病中强调修礼对于君子的重要性。第三十二章又见于《论语・雍也》，值得玩味。《庄子・大宗师》中借孔子之口说：“彼，游方之外者也，而丘，游方之内者也。”孔子与子桑伯子是两类人，都想说服对方，结果不欢而散。其实，孔子讲究文饰，目的在于用世；子桑伯子尚简，目的在于个性解放。二者南辕北辙，想说服对方，岂不是缘木求鱼吗？对于子桑伯子这样的方外之人来说，越是简约越能够显示其本真，何必讲究文饰呢？孔子有点不知趣，结果碰了一鼻子灰。这个故事说明，同样是君子，对于“礼”的理解是迥然不同的，孔子在推行礼制的过程中，遇到了极大的挑战。

第三十三章是个过度，由写礼转到写乐。孔子对音乐的感受符合审美心理学的原理。当欣赏音乐产生强烈共鸣时，欣赏者不由自主地忘记了周身万物。当然，“三月”是约数，表示时间之长，不是实指。第三十四章内容又见于《吕氏春秋》中的《古乐》和《音律》。本章记录了中国古代音乐知识中十二律和“三分损益法”。“三分损益法”的记载最早见于《管子·地员》，有学者认为，早在春秋以前，“三分损益法”的原理就已在音乐实践中被长期使用，而“三分损益法”的产生年代最晚不迟于管仲所处的春秋时期。管仲或其门人将这种方法上升到理论、用文字表述将它记载下来，不失为音乐文化史上的一大贡献，比欧洲同一方法的“毕德格拉斯律制”要早一百四十多年，这在当时世界上是领先的音乐理论成就。（参见罗天全《试论管子“三分损益法”》，《管子学刊》1995年第2期）

第三十五章介绍中国古代乐器，它们都有几千年的历史，那些美妙的声音就是它们发出的，传达出健康、安定、和谐的精神内涵，体现了古人重视音乐的教化功能，不把音乐作为一种单纯的娱乐。第三十六章针对不同乐器的音色，指出其蕴含的深刻内涵，说明作为一般人欣赏音乐，或许只是消遣娱乐，而君子就不同了，总能与建功立业和治理国家相联系。第三十七章、第三十八章、第三十九章内容又见于《礼记·乐记》和《史记·乐书》。这三章可以看作儒家关于音乐的宣言书，详细阐述了音乐的产生及社会功能。《乐记》是《礼记》中的第十九篇，内容涉及音乐的本质、音乐与政治的关系、音乐的社会功能和音乐的美感作用。作为先秦儒家美学思想的集大成者，《乐记》以其丰富的美学思想对后世音乐的发展产生了深刻影响，并在世界音乐思想史上占有重要地位。

第四十章、第四十一章内容不见于今本《礼记·乐记》，但在《礼记·乐记》有“夫豢豕为酒，非以为祸也。而狱讼益繁，则酒之流生祸也。是故，先王因为酒礼。一献之礼，宾主百拜，终日饮酒而不得醉焉，此先王之所以备酒祸也”的记载，《乐记》是经过刘向整理的，《汉书·艺文志》记录原有23篇，今存11篇。由此推测，这两章内容与《礼记·乐记》有一定关系，可能是其佚文。第四十二章写孔子批评“子路鼓瑟有北鄙之声”，用生活中的具体实例来阐述儒家音乐思想，生动具体。

如何认识中国古代礼乐文化的本质特点呢？薛艺兵在《论礼乐文化》一文中指出，《乐记》中论及音乐本质、音乐美学等诸多范畴，但仍以礼和乐的关系以及礼乐的社会功能为主题。它把音乐的产生归结为外部世界对人的内心情感和思想的影响所至，由此而推导出“乐者通伦理者也”和“声音之道，与政通矣”，以及音乐必然会作用于社会伦理和政治的结论。所以，要维持社会的伦常秩序，要维护国家的政治和平，就必须对音乐的感情乃至影响这种感情的社会行为施之以“人为之节”，使人的音乐观念达到如孔子所言的“思无邪”。节制音乐的手段就是“礼”，即所谓“乐者，所以象德也；礼者，所以缀淫也。是故先王有大事必有礼以哀之，有大福必有礼以乐之。哀乐之分皆以礼终”。这样，乐就必须“约之以礼”，礼和乐就合理地联系在一起了。（见《文艺研究》1997 年第 2 期）

薛艺兵的观点颇为中肯，也符合刘向的编著意图。笔者认为，除此之外，古代礼乐文化还包含着深刻的哲学观。首先是对自然的敬畏之情。比如第十五章有“山川神祇有不举者为不敬，不敬者君黜以爵。”第十七章有“无事而不田，曰不敬；田不以礼，曰暴天物。”古人敬畏自然，是因为天地山川为人类的生存提供了丰富的物质财富，是人类赖以生存的物质基础。因此，对自然的敬畏，就演化为一种自然崇拜，由自然崇拜生成祭祀天地山川的礼仪。其次是对人的尊重。无论是祭礼、丧礼、贽见礼、冠礼还是婚礼，或者表现出对祖先的怀念、追思，或者表现出对他人的尊重，或者表现出对进入成年者的殷切期望，或者表现出对新郎新娘的祝福与要求，所有这些都基于尊重，对生命的尊重，对人性、人情的尊重。对自然敬畏，对人尊重，奠定了中华民族精神情感的优良基因。音乐也是这样，美好的音乐总是引导人们修德，引导人们向真、向善、向美，引导人们做君子。古人认为：“人之善恶，非性也，感于物而后动,是故先王慎所以感之”,所谓“礼以定其意,乐以和其性”;“情见而义立,乐终而德尊。君子以好善,小人以饬听过”,所以说“生民之道,乐为大焉”。今天,我们读古人遗训,要体会到它的深刻用意,使之能够在今天发挥新的作用。

卷二十　反质

【题解】

质，是质朴；反质，就是返朴归真，保持事物的本真，反对浮华虚饰。

反质的观点并非儒家所独有，儒、道、墨三家都提倡质朴。本卷首章叙述孔子得贲卦而叹息的故事，提出了“质有余者，不受饰也”的观点。第二章在此基础上表达了信鬼神不如信道德的观点，“诚有其德而推之，则安往而不可?”并明确提出，质，就是要专一。第三章叙述道家的观点。“五丈夫”实际上就是道家的代表人物。与儒家的观点不同的是，道家反对机巧，连邓析教他们使用桥（桔槔）这种省力高效的工具都加以反对。这是典型的道家观点。第四章介绍墨家的观点，通过禽滑氂和墨子的对话，表达了墨家的基本观点：反对衣着华丽，反对大兴宫室，反对穷奢极欲。第五章记秦始皇追求侈靡的生活导致灭国的教训，并借侯生之口谴责了秦始皇的荒唐行为，歌颂了古代明君“食足以饱，衣足以暖，宫室足以处，舆马足以行”的俭朴作风，从而把反质的意义定位在节俭兴邦、奢侈灭国上来。从第六章到第十八章都是在强调这个基本观点，并从服饰简朴、反对收藏、反对扩建、管好妻妾、节制饮酒、提倡裸葬等方面诠释了反质的内涵。

第十九章又回到孔子，写孔子欣赏“鲁国俭者”的行为，非常高兴地接受他进献粗食淡饭。第二十章写晏子立遗嘱、倡简朴的故事。最后几章表达了一个朴素的观点：精神生活和物质生活发生矛盾的时候，物质生活是基础，是首位；在读书学习的过程中，学做人和学书本知识哪一个更重要呢？当然是学做人更重要。这些内容深化了反质观点，具有哲学意义。

根据陆游《跋说苑》记载，本卷曾一度缺失，曾巩将《修文》分为上下卷凑足二十卷。后高丽进《反质》一卷，遂足。我们深感庆幸的是，在敦煌文献中，发现了唐代写本《反质》的残卷，对校勘《说苑》具有很高的文献参考价值。在对本卷注译过程中，笔者参考了唐写本残卷。

本卷共二十四章。

一

孔子卦得贲[1]，喟然仰而叹息，意不平。子张进[2]，举手而问曰："师闻贲者吉卦[3]，而叹之乎[4]？"孔子曰："贲非正色也，是以叹之。吾思夫质素，白当正白，黑当正黑。""夫质又何也[5]？""吾亦闻之，丹漆不文，白玉不雕，宝珠不饰。何也？质有余者，不受饰也。"

【注释】

[1] 贲(bì)：六十四卦之一。装饰，文饰。

[2] 子张：即颛孙师，字子张，孔门弟子之一。虽学干禄，未尝从政。孔子死后，独立招收弟子，宣扬儒家学说，是"子张之儒"的创始人。

[3] 师：子张名师。

[4] 而：何。

[5] 夫质又何也：左松超认为此句当是子张问话。译文从之。

【今译】

孔子占卜得到贲卦，抬头发出长长的叹息声，内心难以平静。子张进来，举手问孔子："我听说贲是吉利的卦，先生为何叹息呢？"孔子说："贲不是纯正的颜色，因此叹息。我喜欢质朴的东西，白色就要纯白，黑色就要纯黑。"子张问："质朴的东西怎么样呢？"孔子说："我也听说过，丹漆不需要再加颜色，白玉不需要再雕琢，宝珠不需要再装饰。为什么呢？它的本质已经很好了，不需要装饰。”

二

信鬼神者失谋，信日者失时，何以知其然？夫贤圣周知，能不时日而事利[1]；敬法令，贵功劳，不卜筮而身吉；谨仁义，顺道理，不祷祠而福。故卜数择日，洁斋戒，肥牺牲[2]，饰珪璧，精祠祀，而终不能除悖逆之祸。以神明有知而事之，乃欲背道妄行，而以祠祀求福，神明必违之矣。天子祭天地、五岳、四渎[3]，诸侯祭社稷，大夫祭五祀[4]，士祭门户，庶人祭其先祖。圣主承天心[5]，制礼分也。凡古之卜日者，将以辅道稽疑[6]，示有所先而不敢专自也；非欲以颠倒之恶而幸安之全。孔子曰：“非其鬼而祭之，谄也[7]。”是以泰山终不享季氏之旅[8]。《易》称“东邻杀牛，不如西邻之禴祭[9]。”盖重礼不贵物也，敬实而不贵华。诚有其德而推之，则安往而不可。是以圣人见人之文，必考其质。历山之田者善侵畔[10]，而舜耕焉；雷泽之渔者善争陂[11]，而舜渔焉；东夷之陶器窳[12]，而舜陶焉。故耕、渔与陶非舜之事，而舜为之，以救败也。民之性皆不胜其欲，去其实而归之华，是以苦窳之器，争斗之患起。争斗之患起，则所以偷也。所以然者何也？由离诚就诈，弃朴而取伪也，追逐其末而无所休止，圣人抑其文而抗其质，则天下反矣。《诗》云：“尸鸠在桑，其子七兮；淑人君子，其仪一兮[13]。”《传》曰[14]：“尸鸠之所以养七子者，一心也；君子之所以理万物者，一仪也。以一仪理物，天心也。五者不离[15]，合而为一，谓之天心。在我能因自深结其意于一，故一心可以事百君，百心不可以事一君，是故诚不远也。夫诚者，一也；一者，质也。君子虽有外文，必不离内质矣。”

【注释】

[1] 时日：时辰和日子。古人认为时日有吉凶，常以卜筮决断。

[2] 肥牺牲：供奉的祭品肥美。牺牲，祭祀用的纯一色的牲畜。

[3] 五岳、四渎：见卷十八辨物第六、七章。

[4] 五祀：住宅内外的五神：门、户、井、灶、中霤(liù)。

[5] 圣主承天心：咸淳本、明抄本均作“圣王”。天心，天意。

[6] 辅道稽疑：辅佐正道、决断疑难

[7] 非其鬼而祭之，谄也：不是自己的祖先却去祭祀它，就是谄媚。鬼，指死去的祖先。出自《论语·为政》。

[8] 泰山终不享季氏之旅：《论语·八佾》载：“季氏旅于泰山。子谓冉有曰：‘女弗能救与？’对曰：‘不能。’子曰：‘呜呼！曾为泰山不如林放乎？’”享，享用祭品。旅，诸侯祭祀山川。季氏，季康子，为陪臣，祭祀泰山不合礼，所以泰山神并不接受季氏的祭祀。

[9] 东邻杀牛，不如西邻之禴(yuè)祭：东方邻国殷商杀牛来祭神，不如西方邻国周王朝用饭菜薄礼来祭祀神。禴，祭名，指夏祭，薄礼。语出《周易·既济》。

[10] 历山：山名。称与舜相关的历山有多处。

[11] 雷泽之渔者善争陂(bēi)：雷泽，又名雷夏泽。泽名，在今山东菏泽市东北。《尚书·禹贡》有：“雷夏既泽”。争陂，争夺堤岸。

[12] 东夷之陶器窳(yǔ)：东夷，古代指东方的少数民族。窳，器物粗劣，不坚实。下文的“苦(gǔ)窳”也是这个意思。苦，通“盬”，粗糙，不坚实。

[13] 尸鸠在桑，其子七兮；淑人君子，其仪一兮：布谷鸟栖息在桑树上，专心养育七个孩子；善良的君子啊，言行始终如一。尸鸠，《毛诗》作“鸤(shī)鸠”，即布谷鸟。仪，言行。语出《诗经·曹风·鸤鸠》。

[14]《传》：左松超《说苑集证》认为“此鲁诗说也”。“一心可以事百君，百心不可以事一君”又见于《晏子春秋·内篇问下》：“一心可以事百君，三心不可以事一君。”

[15] 五者：所指不明，疑有脱漏。

【今译】

相信鬼神的人失于谋略，迷信时日禁忌的人会错过时机。凭什么知道这样呢？圣贤之人遍知一切，能够不迷信时日而顺利地办好事情。敬畏法令，推崇功劳，不用卜筮而自身吉祥。谨行仁德，顺应道理，不必祈祷也能够获得福气。所以多次占卜选择吉日，洁净斋戒，用肥美的祭品供奉神灵，珪璧精美，精心祭祀，却最终也不能够消除叛逆带来的灾祸。假如因为神明有知就去事奉它，背弃道义胡作非为，却用祭祀的方法求福，神明一定会违背他的意愿的。天子祭祀天地、五岳、四渎，诸侯祭祀社稷，大夫祭祀住宅内外的五神，士祭祀门神，庶人祭祀他们的祖先。这是圣王秉承上天的意志，制定的礼制啊。大凡古代占卜时日的人，将要用来辅佐正道、决断疑难，表示天意在先，不敢自己专断。并不是想要人们倒行逆施，然后祈求安全。孔子说："不是自己的祖先却去祭祀它，就是谄媚。"所以泰山神并不接受季氏的祭祀。《周易》上说："东方邻国殷商杀牛来祭神，不如西方邻国周王朝用饭菜的薄礼来祭神。"这是因为重视礼仪而不重视祭品，崇敬实际内容而不看重浮华。如果具备德行而推广它，到哪里去行不通呢？所以圣人看见外在的文饰，一定去考察他内在的本质。历山耕田的人喜欢侵占别人的田界，舜就在那里耕田；雷泽的渔民喜欢争抢堤岸，舜就在那里打鱼；东夷的陶器不坚实，舜就在那里制陶。耕田、打鱼和制陶，不是舜的职分，但是舜去做了，目的是要来拯救败坏的品德。人天生的弱点是不能够战胜自己的欲望，丢掉了质朴的一面而趋向于浮华，因此生产出粗劣的陶器，引起争斗的祸患。争斗的祸患来到后，民风就不淳厚了。造成这样的原因是什么呢？是背离诚心而追求欺诈，摒弃了质朴而选取了虚伪啊。人们追求末节无休无止，如果圣人抑制文饰而提倡质朴，那么天下的风气就返朴归真了。《诗经》上说："布谷鸟栖息在桑树上，专心养育七个孩子；善良的君子啊，坚守道义始终如一。"《传》上说："尸鸠之所以能够养育七个孩子，是因为用心专一。君子之所以能够治理万物，是因为坚守道义始终如一啊。凭借着坚守道义始终如一的态度治理万物，就是天的意志。五者不背离，合为一体，叫做天的意志。对我来说能够深刻地凝结自己的意念于一点，所以一心一意能够事奉百位君主，而三心二意连一个君主也无法事奉。所以诚实离我们并不遥远。诚实，就是专一；专一，就是质朴。君子虽然也讲究文饰，但是内心一定不会脱离质朴。”

三

卫有五丈夫，俱负缶而入井[1]，灌韭，终日一区。邓析过[2]，下车为教之[3]，曰：“为机，重其后，轻其前，命曰桥[4]。终日灌韭百区，不倦。”五丈夫曰：“吾师言曰：有机知之巧[5]，必有机知之败；我非不知也，不欲为也。子其往矣，我一心溉之，不知改已[6]。”邓析去，行数十里，颜色不悦怿[7]，自病。弟子曰：“是何人也？而恨我君[8]，请为君杀之。”邓析曰：“释之，是所谓真人者也[9]。可令守国。”

【注释】

[1] 缶：瓦器。大腹小口，有盖，两边有环，用来盛酒，亦可用来汲水。

[2] 邓析：见卷五贵德・五[3]。

[3] 为：疑为衍文。《太平御览》卷第五一〇、卷第九七六均无“为”字。

[4] 桥：即桔槔，井上打水用具。用绳子把杆子吊起来，杆子一头系上水桶，另一头系上重物，以求省力。

[5] 机知之巧：机智巧思。

[6] 已：同“矣”。

[7] 怿(yì)：高兴。

[8] 恨我君：使得我君懊悔。

[9] 真人：道家称得道之人。

【今译】

卫国有五个男子，一起背着瓦罐到井下取水，灌溉韭菜地，一天只能灌溉一畦。邓析经过这里，下车教给他们方法，说："制作一种机械，让它后端重，前端轻，叫做桥。一天可以灌溉百畦，人不会感到疲劳。"那五个男子说："我们老师说：'有机智巧思，就一定会因为此招致失败。'我们不是不懂，只是不想那样做罢了。先生走吧，我们专心灌溉，不会改变方法的。"邓析离开了，走了几十里路，脸色很不高兴，自己责怪自己。他的徒弟说："这是个什么人？使得我们老师如此懊悔，让我们杀掉他吧。"邓析说："放了他。这人就是所说的真人，可以让他管理国家。"

四

禽滑釐问于墨子曰[1]："锦绣绨紵[2]，将安用之？"墨子曰："恶[3]，是非吾用务也[4]。古有无文者，得之矣，夏禹是也。卑小宫室，损薄饮食，土阶三等，衣裳细布；当此之时，黻无所用[5]，而务在于完坚。殷之盘庚[6]，大其先王之室，而改迁于殷[7]，茅茨不剪[8]，采椽不斲[9]，以变天下之视。当此之时，文采之帛，将安所施？夫品庶非有心也，以人主为心，苟上不为，下恶用之[10]？二王者以化身先于天下[11]，故化隆于其时[12]，成名于今世也。且夫锦绣绨紵，乱君之所造也，其本皆兴于齐景公，喜奢而忘俭。幸有晏子以俭镌之[13]，然犹几不能胜。夫奢安可穷哉！纣为鹿台、糟丘、酒池、肉林[14]，宫墙文画，雕琢刻镂，锦绣被堂，金玉珍玮[15]，妇女优倡[16]，钟鼓管弦，流漫不禁，而天下愈竭，故卒身死国亡，为天下戮[17]，非惟锦绣绨紵之用[18]耶？今当凶年，有欲予子随侯之珠[19]

者，不得卖也[20]，珍宝而以为饰；又欲予子一钟[21]粟者，得珠者不得粟，得粟者不得珠，子将何择?”禽滑釐曰：“吾取粟耳，可以救穷。”墨子曰：“诚然。则恶在事夫奢也[22]？长无用，好末淫[23]，非圣人之所急也。故食必常饱，然后求美；衣必常暖，然后求丽；居必常安，然后求乐。为可长，行可久，先质而后文，此圣人之务。”禽滑釐曰：“善。”

【注释】

[1] 禽滑釐(gǔ lí)问于墨子：禽滑釐，战国时魏人。釐，一读 xī。初受业于子夏，后为墨子弟子。可参见《墨子·备城门》。墨子(约公元前468—前376年)，名翟。墨家创始者。相传原为宋国人，后长期住在鲁国。曾学儒术，因不满其烦琐之“礼”，另立新说，聚徒讲学，反对奢侈，主张节用，成为儒家的主要反对派，与儒家并称“显学”。

[2] 絺紵(chī zhù)：絺，细葛布。紵，苎麻布。

[3] 恶：朱熹《四书章句集注》：“惊叹辞也。”

[4] 用务：急需的东西。

[5] 黻：此字前脱“黼”字。《太平御览·八二〇》作“黼黻(fǔ fú)”，指古代礼服上的花纹。

[6] 盘庚：商朝国君，商汤九代孙。即位后从奄迁都至殷，改国号为殷。在位二十八年，国家复兴，后世称贤。

[7] 殷：地名。盘庚新迁都城，故址在今河南安阳。

[8] 茅茨不剪：茅草屋顶不加修葺。

[9] 采椽不斲(zhuó)：以柞木为椽，不用刮削。斲，砍，削。

[10] 恶：怎么，如何。

[11] 化：卢文弨认为此字为衍文。

[12] 化隆：教化盛行。

[13] 镌：刻。引申为规劝。

[14] 鹿台、糟丘、酒池、肉林：鹿台，纣王所筑台名。故址在今河南淇县朝歌镇南。纣王失败后，登鹿台自焚死。《新序·刺奢》：“纣为鹿台，七年而成，其大三里，高千尺。”糟丘，把酒糟堆成了山。酒池，以酒为

池。肉林，悬肉为林。《史记·殷本纪》："（纣）大聚乐戏于沙丘，以酒为池，悬肉为林，使男女倮相逐其间，为长夜之饮。"

[15] 玮（wěi）：美玉。

[16] 妇女优倡：美女歌伎。

[17] 戮：戮笑，耻笑。

[18] 非惟锦绣絺紵之用耶：难道不是贪图绫罗绸缎这些东西所造成的吗？"非惟……耶"，表示反问的句式。用，表原因。

[19] 随侯之珠：《淮南子·览冥·注》："随侯，汉东之国，姬姓诸侯也。随侯见大蛇伤断，以药傅（通'敷'）之，后蛇于江中衔大珠以报之，因曰随侯之珠。"

[20] 不得卖也：《太平御览·八〇三》："不"前有"曰"字。

[21] 钟：容量单位。六斛四斗为一钟。

[22] 则恶（wū）在事夫奢也：那么何必去追求奢侈呢？恶在，何必。事，从事，追求。

[23] 长（cháng，旧读 zhàng）无用，好末淫：爱好无用的东西，喜欢没有必要的享受。末，不必要的。

【今译】

禽滑釐问墨子："绫罗绸缎这些东西，做什么用呢？"墨子说："啊，这些东西不是我急需的。古代崇尚质朴的人，懂得这个道理，就是夏禹。他把自己的宫室做得很矮小，饮食节俭，土制的阶梯只有三级，衣裳用碎布连缀而成。那个时候，绣着黼黻花纹的礼服没有用武之地，而是力求结实耐用。殷代的盘庚，弘扬先王的基业，迁都到殷，茅草屋顶不加修葺，柞木为椽不用刮削，以此来改变天下人的观念。那个时候，精美的布帛用在何处呢？百姓本没有什么嗜好，他们把君主的嗜好作为自己的嗜好。如果君主不奢侈，百姓怎么会奢侈呢？夏禹、盘庚二王在天下率先垂范，所以教化在那个时候盛行，留下美名到今天。况且，那些绫罗绸缎，是昏乱的君主制作出来的，它的源头来自齐国齐景公，喜欢奢侈抛弃了节俭，幸亏有晏婴，用治国要节俭的道理来规劝他，然而仍然几乎不能说服他。奢侈哪有尽头啊！商纣王建造鹿台、糟丘、酒池、肉林，宫墙上涂满了彩绘，雕梁画栋，锦绣遍地，镶金嵌玉，美女歌伎，钟鼓管弦，放纵欲望不加节制，天下百姓生活更加困顿，所以最后他身死国灭，被天下人所耻笑。这难道不是贪图绫罗绸缎这些东西所造成的吗？如果适逢荒年，有人想要送给你随侯之珠这样的宝物，并说‘不能卖掉，珍宝只能用做装饰。’又有人想要送给你一钟谷子，得到了宝珠就得不到谷子，得到了谷子就得不到宝珠。你将选择哪一样呢？”禽滑釐说：“我取谷子，它可以解救我穷困的生活。”墨子说：“的确如此。那么何必去追求奢侈呢？爱好无用的东西，喜欢没有必要的享受，这不是圣人急于追求的。所以吃饭必须首先保证平时吃得饱，然后才去追求美味；衣服必须首先保证平时穿得暖，然后才能追求华丽；居住必须首先保证平时住得安宁，然后才能追求安乐。做事要考虑长久，先求质朴后讲文饰，这是圣人所追求的。”禽滑釐说：“讲得好。”

五

秦始皇既兼天下，大侈靡，即位三十五年犹不息，治大驰道[1]，从九原抵云阳[2]，堑山堙谷直通之[3]。厌先王宫室之小，乃于丰、镐之间[4]，文、武之处，营作朝宫渭南山林苑中[5]，作前殿阿房[6]，东西五百步，南北五十丈，上可坐万人，下可建五丈旗。周为阁道[7]，自殿直抵南山之岭以为阙[8]。为复道[9]，自阿房渡渭水，属咸阳[10]，以象天极，阁道绝汉抵营室也[11]。又兴骊山之役，锢三泉之底[12]。关中离宫三百所，关外四百所，皆有钟磬帷帐，妇女倡优。立石阙东海上朐山界中[13]，以为秦东门。于是有方士韩客侯生、齐客卢生[14]，相与谋曰：“当今时不可以居，上乐以刑杀为威，天下畏罪[15]，持禄莫敢尽忠，上不闻过而日骄，下慑伏以慢欺而取容,谏者不用而失道滋甚。吾党久居且为所害。”乃相与亡去。始皇闻之,大怒曰:“吾异日厚卢生,尊爵而事之,今乃诽谤我。吾闻诸生多为妖言以乱黔首[16]。”乃使御史悉上诸生[17],诸生传相告[18],犯法者四百六十余人,皆坑之。卢生不得,而侯生后得。始皇闻之,召而见之,升阿东之台,临四通之街,将数而车裂之[19]。始皇望见侯生,大怒曰:“老虏不良[20],诽谤而主[21],乃敢复见我!”侯生至,仰台而言曰:“臣闻知死必勇。陛下肯听臣一言乎?”始皇曰:“若欲何言?言之!”侯生曰:“臣闻禹立诽谤之木[22],欲以知过也。今陛下奢侈失本,淫泆趋末[23]:宫室台阁,连属增累[24];珠玉重宝,积袭成山;锦绣文采,满府有余;妇女倡优,数巨万人;钟鼓之乐,流漫无穷;酒食珍味,盘错于前;衣服轻暖,舆马文饰。所以自奉丽靡烂熳[25],不可胜极。黔首匮竭[26],民力单尽[27],尚不自知。又急诽谤,严威克下,下喑上聋[28],臣等故去。臣等不惜臣之身,惜陛下国之亡耳。闻古之明王,食足以饱,衣足以暖,宫室足以处,舆马足以行,故上不见弃于天,下不见弃于黔首。尧茅茨不剪,采椽不斲,土阶三等[29],而乐终身者,以其文采之少,而质素之多也[30]。丹朱傲虐好慢淫[31],不修理化,遂以不升[32]。今陛下之淫,万丹朱而千昆吾、桀、纣[33],臣恐陛下之十亡也,而曾不一存。”始皇默然久之,曰:“汝何不早言?”侯生曰:“陛下之意,方乘青云飘摇于文章之观[34],自贤自健,上侮五常[35],下凌三王[36];弃素朴,就末技[37],陛下亡征见久矣,臣等恐言之无益也,而自取死,故逃而不敢言。今臣必死,故为陛下陈之,虽不能使陛下不亡,欲使陛下自知也。”始皇曰:“吾可以变乎?”侯生曰:“形已成矣,陛下坐而待亡耳!若陛下欲更之,能若尧与禹乎?不然,无冀也。陛下之佐又非也，臣恐变之不能存也。”始皇喟然而叹，遂释不诛。后三年始皇崩；二世即位，三年而秦亡。

【注释】

［1］治大驰道：驰道，天子行车道。“大”字为衍文。《史记·秦始皇本纪》无“大”字。《汉书·贾山传》：“秦为驰道于天下……道广五十步，三丈而树，厚筑其外，隐以金椎，树以青松。”

［2］从九原抵云阳：九原，郡名，秦置。治所在今内蒙古乌拉特前旗东南（一说在今包头市西）。云阳，县名。在今陕西淳化县西北。

［3］堑山堙（yīn）谷：凿山填谷。堑，开挖。堙，填塞。

［4］丰、镐（hào）：丰，周文王旧都，在今陕西省长安县丰水西。镐，指镐京，西周初年的国都，故址在今西安市西。

［5］渭南山林苑：《史记·秦始皇本纪》作“乃营作朝宫渭南上林苑中”。上林苑，皇帝射猎游乐的园林。

［6］阿（ē）房：秦始皇宫殿名。项羽入关后，将宫殿烧毁。

［7］阁道：山崖间或高楼间架起的通道。

［8］自殿直抵南山之岭以为阙：从殿前直接到达终南山山峰，把山峰作为门阙。《史记·秦始皇本纪》作“自殿下直抵南山。表南山之颠以为阙。为复道，自阿房渡渭，属之咸阳，以象天极阁道绝汉抵营室也”。

［9］复道：楼阁之间架设在空中的上下两层通道。

［10］属（zhǔ）：连接。

［11］以象天极、阁道绝汉抵营室也：以象征通过天上的阁道渡过天河到达营室。天极、阁道、营室都是星名。

［12］兴骊（lí）山之役，锢三泉之底：骊山，在今陕西临潼县南。秦始皇选此址营造陵墓。锢三泉，浇灌铜浆来堵塞泉眼。嬴政自即位后不久就开始为自己修建陵墓，直到他去世才草草收场，前后共用了37年。大规模的修筑是在统一后的十年间，由丞相李斯督率七十二万刑徒和奴隶，倾国力修造。

［13］立石阙东海上朐（qú）山界中：石阙，石筑的阙。朐山，在今江苏连云港市西南锦屏山。

［14］韩客侯生、齐客卢生：韩地姓侯的人、齐地姓卢的人。生平不详。

［15］天：此字为衍文。《群书治要》及敦煌文献唐写本《说苑·反质》残卷

中均无“天”字。

[16] 黔首：百姓。

[17] 乃使御史悉上诸生：就命御史把众儒生全部抓起来审问。《史记·秦始皇本纪》作“于是使御史悉案问诸生”。

[18] 诸生传相告：众儒生互相告发。《史记·秦始皇本纪》作“诸生传相告引”。

[19] 数(shǔ)而车裂(liè)：数，列举罪状。车裂，古代一种酷刑，以车马撕裂人的肢体。

[20] 老虏：老贼。

[21] 而：你，你的。

[22] 禹立诽谤之木：传说尧、舜时在交通要道旁竖立木牌，让敢于进谏的人在上面写谏言，称之为“诽谤之木”。诽谤，谏言。木，木牌。

[23] 淫泆(yì)趋末：放纵行为，追求享受。

[24] 增(céng)：通“层”。

[25] 烂熳：当作“烂漫”。咸淳本作“烂漫”。绚丽多彩。

[26] 匮(kuì)竭：财物缺乏，生活困顿。

[27] 单：通“殚”，尽。

[28] 下喑(yīn)上聋：臣子钳口结舌，皇上成了聋子。喑，本义为哑，此处指沉默不语。

[29] 茅茨不剪，采椽不斲，土阶三等：参见本卷第四章。

[30] 质素：质朴。

[31] 丹朱：尧的儿子。傲慢荒淫，尧因此没有传位于他，而是传位给了舜。

[32] 不升：不能登位。

[33] 昆吾：夏商之间部落名。己姓。在今河南濮阳西南。其人民善于制造陶器和铸造铜器，夏启曾命人在昆吾铸鼎。后为商汤所灭。

[34] 文章：本指错杂的花纹，这里借指豪华的建筑和奢侈的享受。

[35] 五常：常，当作“帝”。《太平御览·四五六》作“帝”。五帝，说法不一。一指伏羲、神农、黄帝、尧、舜。一指黄帝、颛顼、帝喾、尧、舜。

[36] 三王：说法不一。一般指夏禹、商汤、周文王。

[37] 末技：一般指工商业。古人轻视工商业，以为与农、桑相违背，非正道。此处借指奢华放纵的生活，与俭朴相对。

【今译】

秦始皇兼并天下之后，生活极度奢靡，即位三十五年，还不停息。修建能走车马的大道，从九原到云阳，凿山填谷，直接通达。秦始皇嫌弃先王所建宫室狭小，于是在丰京和镐京之间，在周文王和武王住过的地方，在渭河以南上林苑中建造宫殿。建造的前殿阿房宫，东西宽五百步，南北长五十丈，上面可以坐万人，下面可以竖立五丈高的旗帜。四周架设阁道，从宫殿下面直接到达终南山山顶，把山峰作为门阙，建造复道，从阿房宫渡过渭水，连接咸阳，以象征通过天上的阁道渡过天河到达营室。又大兴骊山陵墓工程，浇铸堵塞了三个泉眼。函谷关以西有别宫三百所，函谷关以东有别宫四百所，都设有钟磬帷帐，安排了美女歌伎。竖立石阙在东海边的朐山上，作为秦王朝的东门。这时候方士韩国的侯生、齐国的卢生在一起商量说："看现在的形势不能够再待下去了，皇上喜欢凭借着刑罚和杀戮逞威，臣下害怕得罪，想要保住俸禄而不敢尽忠进谏。皇上听不到自己的过失而日益骄横，臣下恐惧屈服，靠懈怠和欺骗来博取皇上的欢心。进谏的人不受重用，背离道义越来越严重。我们如果长期住在这里，将要被他杀害。"于是一起逃走了。秦始皇听说这件事，大为恼怒，说："我以前厚待卢生，用高官厚禄敬奉他，现在竟然诽谤我。我听说众儒生经常散布妖言，蛊惑百姓。"就命御史大夫把众儒生全部抓起来审问，众儒生互相告发，犯法的有四百六十多人，都被活埋了。没有抓到卢生，后来抓到了侯生。秦始皇听说后，召见侯生。秦始皇登上阿东台，面对着四通八达的街道，准备列举侯生的罪状并实施车裂之刑。秦始皇远远看见侯生，怒骂道："你这个老贼居心不良，诽谤你的君主，竟然还敢来见我！"侯生来到他跟前，抬起头来说："我听说，知道自己必定要死了，会变得很勇敢。陛下愿意听我说一句话吗？"秦始皇说："你想说什么？说吧。"侯生说："我听说夏禹在交通要道旁竖立木牌，让敢于进谏的人在上面写谏言，想要以此来了解自己的过失。如今陛下奢侈而丧失了根本，放纵行为，追求享受：宫殿台阁，连续不断；珠玉珍宝，累积成山；绫罗绸缎，充满仓库；美女歌伎，数以万计；钟鼓享乐，毫无节制；酒食珍馐，摆满席前；衣服轻暖，车马豪华；享乐之物，绚丽多彩，不可胜数。可是百姓财物缺乏，生活困顿，民力竭尽，你自己还不知道。你又怒于别人的诽谤，用严厉的刑罚来压制下面。臣子钳口结舌，皇上成了聋子，所以我们想要离开。我们不吝惜自己的生命，但是我们吝惜陛下的国家灭亡啊。听说古代贤明的君王，吃饭吃饱就可以了，衣服暖和就可以了，宫室能够居住就可以了，车马能够行走就可以了。所以对上不被天所抛弃，对下不被百姓所厌弃。尧帝茅草屋顶不加修葺，以柞木为椽，不用刮削，土台阶只有三级，却能够一辈子住着高兴，因为华丽的装饰少，而质朴的东西多啊。丹朱傲慢荒淫，不加强修养不治理教化，于是尧没有传位于他。现在陛下的奢侈生活，是丹朱的一万倍，昆吾、桀、纣的一千倍，我担心陛下能够灭亡十次，却连一次生存下来的机会也没有。”秦始皇沉默了很长时间，说：“你为什么不早说？”侯生说：“陛下的心思，好比乘坐在青云之上，沉湎自得于豪华的建筑和奢侈的享受之中。自认为很贤明、强大，对上轻视五帝，对下蔑视三王；抛弃了俭朴的原则，追求奢华放纵的生活。陛下灭亡的征兆已经出现很久了。我们害怕说了也没有好处，却自找死亡，所以逃走而不敢进言。如今我必死无疑，所以为陛下陈述这些。虽然不能使陛下免于灭亡，却想要让陛下自己明白这些道理。”秦始皇说：“我还能够改变吗？”侯生说：“大势所趋，陛下坐而待毙算了。如果陛下想要改变它，能够像尧和禹那样吗？不能的话，就没有希望。陛下的辅佐之臣又不贤能，我担心即便改变国家也保不住了。”秦始皇长叹一声，于是释放了侯生，没有杀他。三年后，秦始皇死，秦二世即位，又过了三年，秦朝就灭亡了。

六

魏文侯问李克曰[1]：“刑罚之源安生？”李克曰：“生于奸邪淫泆之行[2]。凡奸邪之心，饥寒而起；淫泆者，久饥之诡也[3]。彫文刻镂，害农事者也；锦绣纂组[4]，伤女工者也。农事害，则饥之本也；

女工伤，则寒之原也[5]。饥寒并至，而能不为奸邪者，未之有也；男女饰美以相矜，而能无淫泆者，未尝有也。故上不禁技巧，则国贫民侈。国贫穷者为奸邪，而富足者为淫泆，则驱民而为邪也。民以为邪[6]，因以法随诛之[7]，不赦其罪，则是为民设陷也。刑罚之起有原，人主不塞其本，而替其末[8]，伤国之道乎？"文侯曰："善，以为法服也[9]。"

【注释】

[1] 魏文侯问李克：魏文侯，见卷一君道·三十六[2]。李克，见卷二臣术·五[2]。

[2] 淫泆：即"淫佚"，放纵。

[3] 久饥之诡：义不可解。敦煌文献唐写本《说苑·反质》残卷作"文餝之耗"。餝，是"饰"的异体字。这句话的意思是：文饰造成的惑乱。

[4] 锦绣纂组：追求锦绣绶带。纂组，赤色的绶带。敦煌文献唐写本《说苑·反质》残卷作"文绣纂组"。

[5] 原：同"源"。

[6] 以：敦煌文献唐写本《说苑·反质》作"已"。于义为胜。

[7] 因以法随诛之：于是就用法律惩罚他。

[8] 而替其末：替，废弃。

[9] 法服：本指按礼法规定的服饰，这里是准则的意思。

【今译】

魏文侯问李克："刑罚的源头是从哪里产生的？"李克说："产生于奸邪放纵的行为。大凡奸邪之心，因饥寒而生；放纵的行为，是由文饰造成的惑乱。注重雕梁画栋，会损害农事；追求织锦彩绣，就伤及女工。农事受到损害，这是造成饥饿的本源；伤及女工，就是挨冻的原因。饥饿和寒冷一起来到，人们却能够不做奸邪之事，没有过这样的情况；男女追求华美来竞相夸耀，却能够不放纵自己，不曾有过这样的情况。所以君王不禁止奇技淫巧，就会导致国贫民侈。国贫民侈，穷人就会出现奸邪的事情，富人就会出现放纵的事情，就会促使百姓做邪恶的事情。百姓做了邪恶的事情，于是就根据法律来惩罚他，不赦免他的罪过，这就是为百姓设下陷阱啊。刑罚的产生是有源头的，君主如果不堵塞住源头，却只去废弃那些细枝末节，这难道不是伤害国家的做法吗？"魏文侯说："说得好，把它当作准则。"

七

秦穆公闲问由余曰[1]："古者明王圣帝，得国失国当何以也？"由余曰："臣闻之，当以俭得之，以奢失之。"穆公曰："愿闻奢俭之节。"由余曰："臣闻尧有天下，饭于土簋[2]，啜于土铏[3]，其地南至交趾[4]，北至幽都[5]，东西至日所出入，莫不宾服[6]。尧释天下，舜受之，作为食器，斩木而裁之；销铜铁，修其刃，犹漆黑之以为器，诸侯侈，国之不服者十有三[7]。舜释天下，而禹受之，作为祭器，漆其外而朱画其内，缯帛为茵褥[8]，觞勺有彩，为饰弥侈，而国之不服者三十有二。夏后氏以没[9]，殷周受之，作为大器，而建九傲[10]，食器雕琢，觞勺刻镂，四壁四帷，茵席雕文，此弥侈矣，而国之不服者五十有二。君好文章，而服者弥侈，故曰俭其道也。"由余出，穆公召内史廖而告之曰[11]："寡人闻邻国有圣人，敌国之忧也。今由余圣人也，寡人患之。吾将奈何？"内史廖曰："夫戎辟而辽远[12]，未闻中国之声也[13]。君其遗之女乐以乱其政[14]，而厚为由余请期[15]，以疏其间，彼君臣有间，然后可图。"君曰："诺。"乃以女乐三九遗戎王[16]，因为由余请期。戎王果见女乐而好之，设酒听乐，终年不迁，马牛羊半死。由余归谏，谏不听，遂去，入秦，穆公迎而拜为上卿。问其兵势与其地利，既已得矣，举兵而伐之，兼国十二，开地千里。穆公奢主，能听贤纳谏，故霸西戎，西戎淫于乐，诱于利，以亡其国，由离质朴也。

【注释】

[1] 秦穆公闲：秦穆公，见卷二臣术·九[1]。闲，衍文。敦煌文献唐写本《说苑·反质》残卷无“闲”字。由余：见卷八尊贤·二[6]。

[2] 饭于土簋(guǐ)：用土制的簋盛饭。簋，古代盛食物的器皿，多为圆形。

[3] 啜于土铏(xíng)：用土鼎饮水。铏，古代盛羹的器皿。也叫“铏鼎”。

[4] 交趾：古地名。泛指今五岭以南地区。

[5] 幽都：北方边远的地方。《尚书·尧典》：“申命和叔，宅朔方，曰幽都。”

[6] 宾服：归顺，臣服。

[7] 有：通“又”。

[8] 缯(zēng)帛为茵褥：缯帛，丝织品。茵褥，褥垫。

[9] 夏后氏：指禹受舜禅而建立的夏王朝。

[10] 作为大器，而建九傲：《韩非子·十过》中“大器”作“大路”(“路”同“辂”，指天子专用的车)；“九傲”作“九旒”，本指天子旌旗上的九条丝织垂布，这里代指天子专用的旌旗。敦煌文献唐写本《说苑·反质》残卷作“作为大路，而建九游”。“九游”即“九旒”。

[11] 内史廖：即王子廖。内史，官名。

[12] 戎辟而辽远：西戎偏僻而辽远。戎，古代对西部少数民族的泛称。辟，幽僻。

[13] 中国：古代指中原地区。

[14] 遗(wèi)：送给。

[15] 请期：请求延长在外地的时间。

[16] 三九：《韩非子·十过》《吕氏春秋·不苟》《史记·秦本纪》均作“二八”。《韩诗外传》卷九之二十四作“二列”。

【今译】

秦穆公问来访的由余：“古代贤明的帝王，得到国家和失去国家，是什么原因造成的？”由余说：“我听说，因为节俭得到国家，因为奢侈失去国家。”秦穆公说：“我希望听听奢侈和节俭的区别。”由余说：“我听说尧得到天下后，用土制的簋盛饭，用土鼎饮水。他的地界南到达交趾，北到达幽都，东边和西边到达太阳升起和落下的地方，天下没有不臣服的。尧禅让天下，舜接了过来，就制作饮食用的器具，砍伐树木裁制出来；销铸铜铁，制作刀具，还要把器具漆成黑色来使用。诸侯认为这是奢侈的行为，不肯臣服的国家有十三个。舜禅让天下，禹接了过来，制作祭祀用的器具，用漆涂饰它的外部再用朱画来修饰它的内部，用丝织品作褥垫，觞和勺有彩绘，修饰得更加奢侈，于是不臣服的国家有三十二个。夏朝灭亡以后，商、周承续过来，制作天子专用的车舆，制作天子专用的旌旗；吃饭用的器具上面有雕饰，觞勺上面有刻镂的花纹；四面墙壁挂满了帷帐，垫席上也有文饰。这就更加奢侈了，所以不臣服的国家有五十二个。君王如果喜欢修饰，使用它的人就会更加奢侈。所以说，节俭才是治国的正道。”由余出去后，秦穆公召见内史廖告诉了他由余的话，说：“我听说邻国有圣人，是敌对国家的忧患。如今这个由余就是圣人，我担心。我应该怎么办呢？”内史廖说：“那戎人之地偏僻而辽远，没有听过中原地区的音乐。您如果送给戎王歌伎舞女，来搅乱他的政事，同时厚待由余替他向西戎王请求延期返回，来离间他们君臣之间的关系；他们君臣间有了隔阂，这样之后我们就可以图谋他们了。”秦穆公说：“好吧。”于是把两列十八人的歌伎舞女送给西戎王，并趁机替由余向西戎王请求延期返回。西戎王果然见到歌伎舞女就喜欢上她们，摆酒宴，听音乐，整年不迁徙，马、牛、羊死掉一半。由余回国劝谏戎王，戎王不听，于是由余就离开西戎投奔秦国。秦穆公迎接他并让他做了上卿，向他询问西戎的军事情况和地理形势。了解了情况以后，秦国发兵攻伐西戎，吞并了十二个国家，开辟了千里疆土。秦穆公本是个奢侈的君主，但是能够听取贤臣的意见，所以称霸西戎。西戎王沉溺于女乐，被小利所诱惑，因此亡了国，是因为背离了质朴啊。

八

经侯往适魏太子[1]，左带羽玉具剑[2]，右带环佩，左光照右，右光照左；坐有顷，太子不视也，又不问也。经侯曰：“魏国亦有宝乎？”太子曰：“有。”经侯曰：“其宝何如？”太子曰：“主信臣忠，百姓上戴[3]。此魏之宝也。”经侯曰：“吾所问者，非是之谓也。乃问其器而已。”太子曰：“有。徒师沼治魏而市无豫贾[4]，郄辛治阳而道不拾遗[5]，芒卯在朝而四邻贤士无不相因而见[6]。此三大夫乃魏国之大宝。”于是经侯默然不应，左解玉具，右解环佩，委之坐[7]，慊然而起[8]，默然不谢，趋而出，上车驱去。魏太子使骑操剑佩逐与经侯，使告经侯曰：“吾无德所宝，不能为珠玉所守；此寒不可衣，饥不可食，无为遗我贼[9]。”于是经侯杜门不出，传死[10]。

【注释】

[1] 经侯往适魏太子：经侯，人名，生平不详。适，到。魏太子，生平不详。

[2] 左带羽玉具剑："羽"字当为衍文。《太平御览·一百四十六》无"羽"。玉具剑，一种宝剑，剑镡(xín)为玉制。

[3] 上戴：《太平御览·一百四十六》作"戴上"。敦煌文献唐写本《说苑·反质》残卷作"载上"。戴，载，古通。

[4] 徒师沼治魏而市无豫贾(jià)：徒师沼，人名，魏国大夫，生平不详。豫贾，虚定高价欺骗买者。

[5] 郄(xì)辛治阳：郄辛，人名，魏国大夫，生平不详。治阳，治理阳地。阳，《说苑全译》注为战国时魏国城邑，在今山西太原市西北。

[6] 芒卯：见卷十敬慎·十八[3]。

[7] 相因而见：相互荐举、引荐。

[8] 坐：同"座"。

[9] 慊(qiān)然：即"嗛然"，惭愧的样子。

[10] 无为遗我贼：不要给我留下祸害。

[11] 传死：卢文弨认为二字为衍文。朱骏声则"谓传闻其死也，未必衍文"。向宗鲁《说苑校证》注引范本作"愧死"。敦煌文献唐写本《说苑·反质》残卷作"侍死"。

【今译】

经侯去拜访魏国太子,左边带着装有玉石的宝剑,右边带装饰着玉的环佩。珠光宝气左右相互映衬。经侯坐了一会,魏太子既不看他,也不问他。经侯问道:“魏国也有宝物吗?”魏太子说:“有。”经侯又问:“魏国的宝物什么样?”魏太子答道:“君主讲信用,臣子讲忠诚,百姓爱戴,这就是魏国的宝物。”经侯说:“我所问的宝物,不是说的这些,我问的是器具宝物。”魏太子说:“有。徒师沼大夫治理魏国都城,集市上没有漫天要价的;郄辛大夫治理阳地,道路上遗失了东西无人拾取;芒卯相国在朝廷上,四邻国家的贤士没有不相互引荐的。这三位大夫,就是魏国最大的宝物。”这时经侯默默无语,解掉左剑右佩,放在座位上,像犯了错误一样站起来,也不告辞,快步走出,登车离开了。魏太子派人骑马拿着剑佩追赶上还给经侯,并让派去的人告诉经侯说:“我不看重你认为的宝物,也不能把珠玉当作宝物守着它,这些东西在寒冷时不能当衣服穿,在饥饿时不能当饭吃,请不要给我留下祸害。”于是经侯闭门不出,后来听说惭愧而死。

九

晋平公为驰逐之车[1],龙旌众色[2],挂之以犀象,错之以羽芝[3]。车成,题金千镒[4],立之于殿下,令群臣得观焉[5]。田差三过而不一顾[6],平公作色,大怒,问田差:“尔三过而不一顾,何为也?”田差对曰:“臣闻说天子者以天下,说诸侯者以国,说大夫者以官,说士者以事,说农夫者以食,说妇姑者以织。桀以奢亡,纣以淫败,是以不敢顾也。”平公曰:“善。”乃命左右曰[7]:“去车!”

【注释】

[1] 晋平公为驰逐之车:晋平公,见卷一君道·一[1]。驰逐之车,用来打

猎的轻便车。

[2] 龙旌众色：绘有龙形图案的各种颜色的旗子。

[3] 错之以羽芝：错，安放。羽芝，翠羽装饰的车盖。

[4] 题金千镒：题，标注价值。镒，古代重量单位。二十四两为一镒，一说二十两为一镒。

[5] 得：疑当作“往”。

[6] 田差：人名，当为晋平公臣子，生平不详。

[7] 曰：敦煌文献唐写本《说苑·反质》残卷无“曰”字。

【今译】

晋平公制作了一辆用来打猎的轻便车，上面插着绘有龙形图案的各种颜色的旗子，挂着用犀牛角和大象牙制作的饰物，并安放上翠羽装饰的车盖。车造成后，标注价值千镒，立在宫殿之下，命令群臣前来观看。田差三次经过车的旁边连一眼也没看。晋平公气得变了脸色，大怒说：“你三次经过车的旁边连一眼也没看，为什么？”田差回答说：“我听说游说天子的，用治理天下的道理；游说诸侯的，用治理国家的道理；游说大夫的，用为官的道理；游说士的，用做事的道理；游说农夫的，用饮食的道理；游说妇女的，用纺织的道理。夏桀因为奢侈而灭亡，商纣王因为放纵而败灭，所以我不敢看。”平公说：“说得好。”于是命令身边的人说：“把车撤走。”

十

魏文侯御廪灾[1]，文侯素服辟正殿五日[2]。群臣皆素服而吊，公子成父独不吊[3]。文侯复殿，公子成父趋而入贺，曰：“甚大善矣！夫御廪之灾也。”文侯作色不悦，曰：“夫御廪者，寡人宝之所藏也，今火灾，寡人素服辟正殿，群臣皆素服而吊；至于子，大夫而不吊。今已复辟矣[4]，犹入贺何为？”公子成父曰：“臣闻之，天子藏于四海之内,诸侯藏于境内,大夫藏于其家,士庶人藏于箧椟[5]。非其所藏者不有天灾,必有人患。今幸无人患,乃有天灾,不亦善乎!"文侯喟然叹曰:"善!"

【注释】

[1] 魏文侯御廪灾:魏文侯,见卷一君道·三十六[2]。御廪,天子诸侯的府库。灾,火灾。

[2] 辟:同"避"。

[3] 公子成父:魏文侯的臣子,生平不详。

[4] 复辟:恢复原位,指重新回到正殿上议事。

[5] 箧椟(qiè dú):箱子和匣子。

【今译】

魏文侯的府库发生了火灾,文侯身穿白色衣服离开正殿五天。群臣都身穿白色衣服前来慰问文侯,唯独公子成父不来慰问。文侯重新回到正殿上议事,公子成父快步进入表示祝贺,说:"太好了! 府库发生了火灾。"文侯改变脸色,不高兴地说:"那府库,是我收藏宝物的地方,现在发生了火灾,我身穿白色衣服离开正殿,群臣也都身穿白色衣服前来慰问我,而你身为大夫却不来慰问我。如今我已经重新回到正殿上议事,你还要来表示祝贺,为什么?"公子成父说:"我听说,天子把宝物收藏在四海之内,诸侯把宝物收藏在国境之内,大夫把宝物收藏在封邑之内,士和庶人把宝物收藏在箱子和匣子中。收藏不该收藏的东西,不是发生天灾就是发生人为的灾患。如今庆幸没有人为的灾患,只是天灾,难道不是好事吗?"文侯长叹一声,说:"讲得好。"

十一

齐桓公谓管仲曰:"吾国甚小,而财用甚少,而群臣衣服舆马甚沃[1]，吾欲禁之，可乎？”管仲曰：“臣闻之，君尝之，臣食之；君好之，臣服之。今君之食也必桂之浆，衣练紫之衣[2]，狐白之裘，此群臣之所奢大也[3]。《诗》云：‘不躬不亲，庶民不信[4]。’君欲禁之，胡不自亲乎？”桓公曰：“善。”于是更制练帛之衣，大白之冠朝[5]，一年而齐国俭也。

【注释】

[1] 沃：句义不通。明抄本作“汰”。于义为胜。敦煌文献唐写本《说苑·反质》残卷作“大”。

[2] 练紫：纯紫色的丝绸。

[3] 大：同“汰”。

[4] 不躬不亲，庶民不信：不躬亲政事，百姓就不信服。语出《诗经·小雅·节南山》。

[5] 练帛之衣，大白之冠：白色丝绸衣、帽。

【今译】

齐桓公对管仲说：“我们国家很小，财物很少，但是群臣衣服、车马很奢侈，我想要禁止他们，可以吗？”管仲说：“我听说，君王品尝的东西，臣子就喜欢吃；君王喜欢的衣服，臣子就喜欢穿。如今您饮食必定要桂肉汤，穿纯紫色的丝绸、狐狸皮衣，这就是造成群臣奢侈的原因。《诗经》上说：‘不躬亲政事，百姓就不信服。’君王如果想要禁止奢侈，为什么不从自身做起呢？”桓公说：“讲得好。”于是改换成穿白色丝绸衣、帽上朝，一年后，齐国上下节俭蔚然成风。

十二

季文子相鲁[1]，妾不衣帛，马不食粟。仲孙它谏曰[2]：“子为鲁上卿[3]，妾不衣帛，马不食粟，人其以子为爱[4]，且不华国也[5]。”文子曰:“然乎?吾观国人之父母,衣粗食蔬,吾是以不敢。且吾闻君子以德华国,不闻以妾与马。夫德者得于我,又得于彼,故可行;若淫于奢侈,沉于文章,不能自反,何以守国?”仲孙它惭而退。

【注释】

[1] 季文子:见卷十一善说·二十五[2]。

[2] 仲孙它(tuō):《国语·鲁语》韦昭注:“仲孙它,鲁孟献子之子子服它也。”《群书治要》和敦煌文献唐写本《说苑·反质》残卷均作“仲孙忌”。刘文典《说苑斠补》认为当作“它”。

[3] 上卿:周制,卿分上、中、下三个级别。上卿地位最高。

[4] 爱:吝惜。

[5] 华国:使国家光彩。

【今译】

季文子做鲁国的相,他的妾不穿丝绸做的衣服,马不喂粮食。仲孙它劝谏他说:“先生作为鲁国的上卿,妾不穿丝绸做的衣服,马不喂粮食,别人会以为先生吝惜财物,而且也不能够为国家增加光彩。”文子说:“是这样吗?我看国人的父母穿粗布衣服,以粗米、草菜为食,我因此不敢奢侈。况且我听说君子凭自己的德行给国家增光添彩,没听说过凭着妾和马增加国家光彩。德行,我可以得到,别人也能得到,所以可以推行。如果放纵奢侈,沉湎于华丽的文饰,不能自我反省,靠什么来治理国家呢?”仲孙它惭愧地退下。

十三

赵简子乘弊车瘦马[1],衣羖羊裘[2],其宰进谏曰:“车新则安,马肥则往来疾,狐白之裘温且轻。”简子曰:“吾非不知也。吾闻之,君子服善则益恭,细人服善则益倨[3];我以自备,恐有细人之心也。《传》曰[4]:周公位尊愈卑,胜敌愈惧,家富愈俭,故周氏八百余年,此之谓也。”

【注释】

[1] 赵简子:见卷一君道·三十三[1]。腴(shòu):同“瘦”。
[2] 衣羖(gǔ)羊裘:穿着黑色公羊皮做的衣服。
[3] 倨(jù):傲慢。
[4]《传》:泛指古书。

【今译】

赵简子乘坐破旧车子、用瘦马驾车,身穿黑色公羊皮做的衣服。他的主管家臣进谏说:“新车安全,马肥壮跑得快,白狐狸皮衣既暖和又轻便。”赵简子说:“我不是不知道。我听说,君子穿上昂贵的衣服就更加谦恭,小人穿上昂贵的衣服就更加傲慢。我因此自我警惕,恐怕自己有小人的心理。古书上说:周公地位越是尊贵就越是谦卑,战胜了敌人后就更加恐惧,家室富裕了就更加节俭。所以周朝享国八百多年,说的就是这个道理。”

十四

鲁筑郎囿[1],季平子欲速成[2],叔孙昭子曰[3]:“安用其速成也?以虐其民,其可乎?无囿尚可乎[4]?恶闻嬉戏之游[5],罢其所治之民乎[6]?”

【注释】

[1] 郎囿(yòu):郎,春秋时鲁都近郊,在今山东兖州市西北。囿,古代帝王蓄养禽兽的园林。
[2] 季平子:即“季孙意如”,春秋时鲁国人,执鲁政,谥“平”。
[3] 叔孙昭子:即叔孙婼(chuò),春秋时鲁国大夫,谥“昭”。
[4] 无囿尚可乎:《左传·昭公九年》作“无囿犹可,无民,其可乎?”敦煌文献唐写本《说苑·反质》残卷作“无囿尚可,无民,其可乎?”皆较本章为胜。

[5] 恶(wū):疑问代词,哪里。
[6] 罢(pí):通“疲”。此处为使动用法。

【今译】

鲁国在郎地修建蓄养禽兽的园林,季平子希望快速建成,叔孙昭子说:“快速建成干什么呢?用它来祸害百姓,能行吗?没有园囿是可以的,没有百姓,难道能行吗?哪里听说过为了满足自己嬉戏玩乐的欲望,就让自己管辖的百姓疲惫不堪呢?”

十五

卫叔孙文子问于王孙夏曰[1]:“吾先君之庙小,吾欲更之,可乎?”对曰:“古之君子,以俭为礼;今之君子,以汰易之[2]。夫卫国虽贫,岂无文履一奇[3],以易十稷之绣哉[4]?以为非礼也。”文子乃止。

【注释】

[1] 叔孙文子问于王孙夏:叔孙文子,即“公叔文子”。卫国大夫,卫献公之孙。名拔。谥“文”。王孙夏,卫国大夫。
[2] 汰:奢侈。
[3] 文履一奇(jī):一只有花纹的鞋子。一奇,一只。
[4] 十稷之绣:很小的一块锦绣。十稷,极言其小。

【今译】

卫国的叔孙文子问王孙夏:“我的祖先祭庙狭小,我想要扩大它,可以吗?”叔孙文子回答说:“古代的君子,把节俭当作遵守的礼制。现在的君子,用奢侈来改变它。卫国虽然贫穷,难道连用一只带花纹的鞋子去换取一小块锦绣这样的事都做不到吗?之所以不去做是因为那样做不合礼制。”叔孙文子就打消了扩建的念头。

十六

晋文公合诸侯而盟曰[1]:“吾闻国之昏,不由声色,必由奸利。好乐、声色者,淫也;贪奸者,惑也。夫淫惑之国,不亡必残。自今以来,无以美妾疑妻[2],无以声乐妨政,无以奸情害公,无以货利示下。其有之者,是谓伐其根素[3],流于华叶[4]。若此者,有患无忧,有寇勿弭[5]。不如言者,盟示之[5]。”于是君子闻之曰:“文公其知道乎?其不王者,犹无佐也[6]。”

【注释】

[1] 晋文公:见卷一君道·二十[6]。
[2] 疑:通“儗”(nǐ)。僭越职分。《管子·君臣》:“内有疑妻之妾,此宫乱也。”
[3] 根素:根本。孙诒让《札迻》:“素疑当为荄”。荄(gāi),草根,木根。
[4] 流于华叶:只流连于花、叶。
[5] 弭(mǐ):平息。
[6] 盟示之:拿盟约誓言让他看。
[7] 犹:通“由”。敦煌文献唐写本《说苑·反质》残卷作“由”。

【今译】

晋文公联合诸侯盟誓说:“我听说国家昏乱,不是由于迷恋声色,就一定是由于利用奸诈手段谋取利益。喜欢声色,是荒淫的行为;贪图非法利益,是使人迷乱的行为。荒淫和迷乱的国家,即使不灭亡也一定残破不堪。从现在开始,不要让美妾僭越正妻的职分,不要因为沉湎声乐而妨害政事,不要用私利妨害公家利益,不要用财物诱惑下属。如果有这样的人,那就好比是砍伐了大树根本,而只是流连于花、叶。像这样的人,有了祸患也不要担忧他,有了贼寇入侵也不要替他平息。如果不遵照盟誓的话去做,就拿盟约誓言让他看。”君子听到了这话就说:“晋文公大概是个懂得治国之道的人吧？他之所以没有成就王道，是由于没有辅佐的人啊。”

十七

晏子饮景公酒[1]。日暮，公呼具火。晏子辞曰：“《诗》曰：‘侧弁之俄[2]’。言失德也。‘屡舞傞傞[3]’。言失容也。‘既醉以酒，既饱以德[4]。’‘既醉而出，并受其福[5]。’宾主之礼也。‘醉而不出，是谓伐德[6]。’宾主之罪也[7]。婴已卜其日，未卜其夜。”公曰：“善。”举酒而祭之，再拜而出，曰：“岂过我哉？吾托国于晏子也。以其家贫善寡人[8]，不欲其淫侈也，而况与寡人谋国乎？”

【注释】

[1] 晏子饮景公酒：晏子、景公，均见卷一君道·十七[1]。

[2] 侧弁(biàn)之俄：侧弁，歪戴着帽子。俄，歪斜的样子。语出《诗经·小雅·宾之初筵》。

[3] 屡舞傞傞(suō)：醉舞不止的样子。出处同上。

[4] 既醉以酒，既饱以德：语出《诗经·小雅·既醉》。王念孙《读书杂志·晏子春秋》认为，引此二句与所引其他诗句不类，当删。

[5] 既醉而出，并受其福：喝醉知趣便离席，主客脸面有福气。出处同[2]。

[6] 醉而不出，是谓伐德：喝醉如果不退席，这叫败德失礼仪。出处同[2]。

[7] 宾主之罪也：《晏子春秋·内篇杂上》无“主”字。

[8] 以其家贫善寡人：敦煌文献唐写本《说苑·反质》残卷作“以其家货养寡人”。译文从之。

【今译】

晏子请齐景公喝酒。天色晚了，齐景公叫准备灯火继续喝。晏子推辞说：“《诗经》上说：‘帽子歪歪戴头上。’说的是喝酒失德的样子。‘喝醉狂舞失控制。’说的是喝醉后失态的样子。（‘甘醇美酒喝个够，你的恩德我饱受。’）‘喝醉知趣便离席，主客脸面有福气。'说的是宾对主的礼节。'喝醉如果不离席，这叫败德失礼仪。'这是说宾对主犯下了过失。我为白天喝酒占卜过，没有为夜晚喝酒占卜。"齐景公说："说得好。"举起酒杯祭祀天和地，拜了两拜就出来了，说："怎么能责备我呢？我把国家托付给晏子是对的。他用自己家中的东西来招待我，尚且不让我奢侈，何况与我共同谋划治理国家的大事呢？"

十八

杨王孙病且死[1]，令其子曰："吾死欲倮葬[2]，以反吾真[3]，必无易吾意。"祁侯闻之[4]，往谏曰："窃闻王孙令葬必倮而入地。必若所闻，愚以为不可。令死人无知则已矣，若死有知也，是戮尸于地下也[5]，将何以见先人？愚以为不可。"王孙曰："吾将以矫世也[6]。夫厚葬诚无益于死者，而世竞以相高[7]，靡财殚币而腐之于地下。或乃今日入而明日出，此真与暴骸于中野何异？且夫死者，终生之化，而物之归者。归者得至，而化者得变，是物各反其真。其真冥冥[8]，视之无形，听之无声，乃合道之情。夫饰外以夸众，厚葬以矫真[9]，使归者不得至，化者不得变，是使物各失其然也。且吾闻之，精神者，天之有也；形骸者，地之有也。精神离形，而各归其真，故谓之鬼；鬼之为言归也。其尸块然独处[10]，岂有知哉？厚裹之以币帛，多送之以财货，以夺生者财用。古圣人缘人情，不忍其亲，故为之制礼，今则越之，吾是以欲倮葬以矫之也。昔尧之葬者，空木为椟[11]，葛藟为缄[12]。其穿地也，下不乱泉，上不泄臭。故圣人生易尚，死易葬[13]。不加于无用，不损于无益。谓今费财而厚葬，死者不知，生者不得用。谬哉！可谓重惑矣。"祁侯曰：

“善。”遂倮葬也。

【注释】

[1] 杨王孙:西汉人。《汉书·杨王孙传》载:“孝武时人也。学黄老之术,家业千金,厚自奉养生,亡所不致。”

[2] 倮葬:倮,同“裸”。裸葬,不为死者准备衣衾、棺椁,赤身而葬。

[3] 反:回归。

[4] 祁侯:人名。《汉书·杨王孙传》颜师古注:“祁侯缯贺之孙承嗣者,名它。”

[5] 戮:羞辱。

[6] 矫世:改变社会上奢侈的风气。

[7] 竞以相高:竞相攀比。

[8] 其真冥冥:它的本原玄妙幽远。

[9] 矫:《汉书》及敦煌文献唐写本《说苑·反质》残卷均作“鬲”。“鬲”同“隔”。

[10] 块然:孤独的样子。

[11] 空木为椟:挖空木头做棺材。椟,棺木。

[12] 葛藟(lěi)为缄:用葛藟捆扎。葛藟,葛藤。缄,捆扎。

[13] 生易尚,死易葬:生前崇尚简易,死后简单安葬。

【今译】

杨王孙病重得快要死了,嘱咐他的孩子说:“我想要死了以后实行裸葬,以此来返朴归真。你们一定不要违背我的想法。”祁侯听说这件事后,前去劝谏他说:“我私下里听说您要裸葬埋入土中,如果一定按传闻这样,我认为不可以。假使死人无知也就罢了;假若死人有知,这就是在羞辱他啊,那将凭什么去面见祖先呢?我认为不可以。”杨王孙说:“我将要用我的行为来改变社会上奢侈的风气。厚葬对死者的确没有益处,然而世上的人竞相攀比,浪费钱财,让它们在地下腐烂。有的今天埋进去了明天就被盗挖出来,这与把尸骸暴露在野外有什么区别呢?况且人的死亡,是人一生的变化,是事物回归本原。回归的实现了回归,变化的实现了变化,不同的事物各自回归本原。事物的本原玄妙幽远,看它,它没有形状，听它，它没有声音，这合乎自然规律的实际情况。装饰外部用来向众人夸耀，厚葬来矫饰本原，导致该回归本原的不能回归本原，该变化的不能实现变化，这使得事物各自失去了它们本来的样子。而且我听说，精神，属于天；形体，属于地。精神离开了形体，各自回归本原，所以称作鬼。鬼的意思就是归啊。人的尸体孤单单地处在那里，难道有知吗？用丝织品包裹尸体，陪送很多的钱财，来剥夺活着的人的财物用度。古代圣人依据不忍心亲人离去的人之常情，所以制定了礼制。现在的人超越了礼制，因此我想要用裸葬来改变它。从前尧埋葬的时候，挖空了木头做棺材，用葛藟来捆扎。那时候穿挖土地，向下不会破坏泉水，向上不会泄露尸体的臭味。所以圣人生前崇尚简易，死后简单安葬。不增添无意义的举措，不在无益的事情上消耗。我认为现今耗费钱财实行厚葬，死了的人不知道，活着的人得不到使用，太荒谬了！可谓非常愚昧。”祁侯说：“说得好。”于是杨王孙死后实行了裸葬。

十九

鲁有俭者，瓦鬲煮食[1]，食之而美，盛之土甂之器[2]，以进孔子。孔子受之，欢然而悦，如受太牢之馈[3]。弟子曰：“瓦甂[4]，陋器也，煮食，薄膳也，而先生何喜如此乎？”孔子曰：“吾闻好谏者思其君，食美者念其亲。吾非以馔为厚也[5]，以其食美而思我，亲也。”

【注释】

[1] 瓦鬲（lì）：陶制炊具。

[2] 土甂（fǒu）：土制器皿，盛食物。明抄本作“铏”（xíng）。

[3] 如受太牢之馈：如同接受了太牢之类的馈赠一样。太牢，祭祀时用的猪、牛、羊。

[4] 瓦甂（biān）：小瓦盆。

[5] 馔：食物。

【今译】

鲁国有一个生活节俭的人，用陶制炊具煮食物，吃起来感觉味道很美，就盛放到土制的器皿中，把它献给孔子品尝。孔子接受了它，显得很高兴，如同接受了太牢之类的馈赠一样。孔子的弟子说："小瓦盆，是简陋的器物，用它煮出来的食物，是味道淡薄的饭食，先生为什么高兴成这个样子呢？"孔子说："我听说喜欢进谏的人思念他的君主，吃到美食的人思念他的父母。我不认为他的食物有多么好吃，我高兴的是他吃到美味想起了我，是把我当作他父亲一样啊。"

二十

晏子病将死，断楹[1]，内书焉[2]。谓其妻曰："楹也语[3]，子壮而视之。"及壮发书，书之言曰："布帛不穷，穷不可饰；牛马不穷，穷不可服[4]；士不可穷，穷不可任。穷乎？穷乎？穷也[5]！"

【注释】

[1] 断楹：《晏子春秋·内篇杂下》和敦煌文献唐写本《说苑·反质》残卷均作"凿楹。"楹，厅堂前的柱子。

[2] 内：《晏子春秋·内篇杂下》和敦煌文献唐写本《说苑·反质》残卷均作"纳"。

[3] 楹也语：《晏子春秋·内篇杂下》和敦煌文献唐写本《说苑·反质》残卷均作"楹语也"。

[4] 服：耕地。

[5] 穷乎？穷乎？穷也：《晏子春秋·内篇杂下》作"国不可穷，穷不可窃也"。译文从之。

【今译】

晏子生病快要死了，凿开厅前的柱子，将遗嘱放到里面。晏子对妻子说:“柱子里面写的遗书,儿子长大后再给他看。”等到他儿子长大了,打开给他看。遗书上面写道:“布匹不能没有,没有布匹就没有穿的;牛马不能没有,没有牛马就不能耕地;士人不能没有志气,没有志气就不能得到任用;国家不能贫乏,贫乏就没有生活的基本保证了。”

二十一

仲尼问老聃曰[1]:“甚矣!道之于今难行也。吾比执道委质以当世之君[2],而不我受也。道之于今难行也。”老子曰:“夫说者流于听,言者乱于辞[3],如此二者,则道不可委矣。”

【注释】

[1] 老聃:见卷十敬慎·五[1]。

[2] 吾比执道委质以当世之君:敦煌文献唐写本《说苑·反质》残卷作“吾比执道委质以求当世之君”。《孔子家语·观周》作“吾比执道,而今委质以求当世之君”。比,先前。执道,带着某种政治主张。委质,拜见君主,向君主献礼,表示献身。

[3] 夫说者流于听,言者乱于辞:《孔子家语·观周》作“夫说者流于辩,听者乱于辞”。敦煌文献唐写本《说苑·反质》残卷作“夫说者流于辨,听者乱于辞”。辩,辨,相通。译文从之。

【今译】

孔子问老子:“太严重了!我的主张如今难以推行。我以前宣传自己的政治主张,我拜见君主,他们却不接受我的主张。看来我的主张现在难以推行了。”老子说:“那些游说国君的人失于表现自己的口才,国君则被各种花里胡哨的言论所迷惑,有这样两种人在,你的主张就不能托付给他了。”

二十二

子贡问子石[1]:“子不学《诗》乎?”子石曰:“吾暇乎哉?父母求吾孝,兄弟求吾悌[2],朋友求吾信。吾暇乎哉?”子贡曰:“请投吾《诗》,以学于子。”

【注释】

[1] 子石:公孙宠,字子石,孔子弟子,卫人。《史记·孔子世家》作“公孙龙”。
[2] 悌(tì):敬爱兄长。

【今译】

子贡问子石:“你不学《诗》吗?”子石说:“我有闲空时间吗?父母要求我孝顺,兄弟要求我敬爱,朋友要求我诚信。我有闲空时间吗?”子贡说:“让我也丢掉《诗》,来向你学习。”

二十三

公明宣学于曾子[1],三年不读书。曾子曰:“宣,而居参之门[2],三年不学,何也?”公明宣曰:“安敢不学?宣见夫子居宫庭[3],亲在[4],叱吒之声未尝至于犬马,宣说之[5],学而未能;宣见夫子之应宾客,恭俭而不懈惰,宣说之,学而未能;宣见夫子之居朝廷,严临下而不毁伤[6],宣说之,学而未能。宣说此三者学而未能,宣安敢不学而居夫子之门乎?”曾子避席谢之曰:“参不及,宣其学而已。”

【注释】

[1] 公明宣:春秋时鲁国南武城人。曾子弟子。
[2] 而:你。敦煌文献唐写本《说苑·反质》残卷与《太平御览·六百〇七》

皆作“汝”。

[3] 宫庭：指家中。敦煌文献唐写本《说苑·反质》残卷与《太平御览·六百〇七》皆作“家庭”。

[4] 亲在：在父母跟前。

[5] 说（yuè）：通“悦”，高兴，引申为敬慕。

[6] 严临下而不毁伤：对下属很严厉但不伤害他们。

【今译】

公明宣跟从曾子学习，三年没有读过书。曾子说：“宣，你在我的门下，三年不曾读书学习，为什么？”公明宣说：“我哪里敢不学习？我看见先生在家中，父母在跟前的时候，您连呵斥牛马的声音都不曾有过，我很敬慕您，但还没有学好；我看见先生接待宾客，恭敬俭朴但不懈怠，我很敬慕您，但还没有学好；我看见先生在朝廷上，对下属很严格但不伤害他们，我很敬慕您，但还没有学好。我敬慕先生这三点，但还没有学好。我哪里敢不学习却处在先生门下呢？”曾子离开座位向他道谢说：“我没有注意这些，你这就是学习啊！”

二十四

鲁人身善织屦[1]，妻善织缟[2]，而徙于越[3]。或谓之曰：“子必穷！”鲁人曰：“何也？”曰：“屦为履，缟为冠也，而越人徒跣剪发[4]，游不用之国，欲无穷，可得乎？”

【注释】

[1] 屦（jù）：用麻葛等物制成的鞋。

[2] 缟：白色的绢。

[3] 徙于越：迁徙到越国去。

[4] 徒跣（xiǎn）剪发：赤脚短发。疑本章有脱文。敦煌文献唐写本《说苑·反质》残卷作“屦为履，而越人跣行；缟为冠，而越人披发。以子之所

长，游于不用之国，欲无穷，可得乎？"《韩非子·说林》同。

【今译】

有个鲁国人善于编织麻鞋，妻子善于纺织白绢，却想要迁徙到越国去。有人对他说："你一定会穷困的。"那个鲁国人说："为什么呢？"那人回答他说："屦穿在脚上，缟用来做帽子，但是越国人赤脚短发。你前往不使用这两样东西的越国去，想不穷困，做得到吗？"

【评析】

反质，就是返朴归真，保持心灵的本真。本卷第一章不能算是总论，而是以孔子开头，写孔子喜欢质朴。质朴的东西不需要装饰。第二章有两层意思：第一层意思，积德行善胜过一切占卜祈祷。"敬法令，贵功劳，不卜筮而身吉；谨仁义，顺道理，不祷祠而福。"有些人做了坏事，整天求神拜佛，祈求老天保佑，图个自我安慰。其实，不做亏心事，不怕鬼叫门。心底无私天地宽。"诚有其德而推之，则安往而不可。"这话说得很对。第二层意思，做事要专一。专一就是质。欺诈就是不专一。"君子之所以理万物者，一仪也。"这里的专一，是紧接着第一层来的，积德行善就要专一。做到了这两点，即便讲究文饰，但内心一定不会脱离质朴。

第三章很值得玩味：提倡质朴，反对巧诈之心，做人要保持本真，是有积极意义的。但是把它扩大到一切领域，甚至鄙视机械发明，这就过分了。反对机巧的思想抑制了科学技术的发展。邓析头脑清醒，没有同意杀掉那五个人，表现了邓析包容的一面。五丈夫的观点代表了道家主张。

第四章写墨家学说。墨子反对儒家学说，刘向选录墨子言论，表明他对墨子"节用"的观点是赞同的，没有囿于儒家一说。由此可以看出《说苑》之"杂"的特点。向宗鲁在《说苑校证·序言》中指出："《说苑》之作倒近乎'兼儒、墨，合名、法，''街谈巷语，道听途说'的杂家和小说家。"这是阅读本章应注意的。

第五章内容见于《史记·秦始皇本纪》，但故事情节不同，估计有刘向的加工、虚构在里面，其讽谏当朝的用意显而易见。第六章提出“刑罚之源安生”的提问，这是一个重大提问。所谓“生于奸邪淫泆之行”，其实就是生于人性。“奸邪淫泆”是反对质朴的。如能守住质朴，就是守住了人性中真的一面。第七章写尧、舜、禹，这三个时代向来被后人称颂，但是由余的观点给了我们新的启发——物质文明的发展进步，固然是可喜的，但同时人的奢侈享乐欲望也与之俱增。舜、禹这样的明君尚且如此，更何况普通人呢？由此我们得到启示：物质文明再发达，质朴之心也不能丢。第八章提出了一个值得深思的问题：什么是宝物？是奢华的物质还是高尚的品德？在重视品德的人看来，真正的宝物不是珠宝金玉，而是高尚的品德。这个故事与《左传·襄公十五年》中的一个故事颇为类似：

> 宋人或得玉，献诸子罕。子罕弗受。献玉者曰：“以示玉人，玉人以为宝也，故敢献之。”子罕曰：“我以不贪为宝，尔以玉为宝，若以与我，皆丧宝也，不若人有其宝。”

第九章的阅读最好结合敦煌文献唐写本《说苑·反质》残卷：

> 平公作色，大怒，问田差：“寡人为此车三年，题千镒。车成，立之殿下，令群臣得观焉，今子三过而不一顾，何也？”

本章省去上面内容，艺术效果有所减弱。第十章中“非其所藏者不有天灾，必有人患”这句话打动了魏文侯。第十一章写管仲进谏桓公，自己正，才能正别人。

第十二章内容又见于《国语·鲁语》，后面还有一段文字：

> 文子以告孟献子，献子囚之七日。自是，子服（即仲孙它）之妾衣不过七升之布，马饩（xì）不过稂（láng）、莠（yǒu）。文子闻之，曰：“过而能改者，民之上也。”使为上大夫。

本章宣传了一种体现正能量的观点——“以德华国”。作为国相，文子以身作则，率先垂范，使仲孙它惭愧难当。更让人感动的是，孟献子闻知儿子的话后，竟然“囚之七日”。仲孙它从此改邪归正，以文子为榜样，从新做人。这说明孟献子父子也都是贤能之人。第十三章写赵简子严以律己，不求奢华。第十四章内容当以敦煌文献唐写本《说苑·反质》残卷为准，其中“无囿尚可，无民，其可乎”是典型的民本思想，非常可贵。第十五章表现了不追求奢华建筑的思想，在今天也还有现实意义。第十六章体现了晋文公追求简朴的品质，管好妻妾，管好下属，颇有现实意义。第十七章表现晏子辅佐景公不追求奢华，喝酒不悖礼。

第十八章被收入《汉书·杨王孙传》。汉朝以来，隆丧厚葬成为殡葬文化的主要特点。尤其是达官贵族、富豪财主们更是竞相攀比，使儒家的“孝文化”越来越形式化。据文献记载，汉武帝即位的第二年（公元前 139 年），就开始为自己营建墓地——茂陵，用了足足 52 年的时间。他死后，陵墓中“多藏金钱财物，鸟兽、鱼鳖、牛马、虎豹生禽，凡百九十物，尽瘗藏之；又皆以后宫女置于园陵。”一时之间，整个社会厚葬成风。在这种情况下，杨王孙提出裸葬，并提出一套与“隆丧厚葬”截然相反的理论，公然向世俗挑战，不能不让人感佩之至，而本章也就成了中国古代丧葬史上的重要文献。第十九章写“好谏者思其君，食美者念其亲。”这两句话反映了中国人的一种普遍心理：忠君，爱父母。第二十章写晏子临终嘱咐，游说国君的人都想凭借自己出众的辩才来赢得国君青睐，国君被这些游说者搞得晕头转向。第二十一章写孔子这样一个反对巧言令色的人，向国君宣传自己的政治主张，是很难被接受的。老子的话可谓一针见血。第二十二章很有意思，读来让人忍俊不禁。孔子说：“不学《诗》，无以言。”而子石则说自己无暇学《诗》。他把孝敬父母、敬爱兄弟、对朋友讲诚信与学《诗》对立起来了，顾此则失彼。子石的话貌似很有道理，竟把子贡给说蒙了。当然，学习应重实践，不能为学而学。第二十三章写公明宣作为曾子的弟子，认真学习老师为人处世的方法，对其日常生活中的言谈举止细细留心，处处学习。第二十四章又见于《韩非子·说林》。跟着老师学做人，至于读书，在哪里不可以进行呢？

下面说说敦煌文献中唐写本《说苑·反质》。在出土文物中，至今尚未发现竹简本《说苑》。现存最早的《说苑》版本是敦煌文献中的唐写本残卷，分别是《反质》《辨物》《修文》三个残卷。徐建委认为《反质》残卷又有两个版本，一个见于张舜徽《积石丛稿·敦煌古写本说苑残卷校勘记》中，藏于国家图书馆。该残卷存 21 章，章节次序与今本同，文字略有差异。另一个藏于敦煌研究院，文字上与张舜徽所见相同，但较张氏所见少十几字。藏于敦煌研究院的《反质》残卷存20章，行20字或21字，比较完整。至于《辨物》残卷的情况，王继如先生在《伯2872号考证——敦煌文献新发现〈说苑〉残卷》一文介绍，存34行（含残行），行22字或21字，为今本《辨物》第二、三、四、五章的内容，文字略有差异；凡分章处皆另起行，行款与敦煌本《反质》残卷同。（参见《敦煌研究》，2007年第3期）《反质》和《辨物》字体十分接近，两个残卷是什么关系呢？是当时就有两部《说苑》抄本，还是同一部抄卷有不同的抄手？尚待研究。另，秦桦林博士向笔者提供的《斯坦因第三次中亚探险所获文书（佛经以外部分）》中的两张《说苑》残片照片显示，共七个残行，文字是《说苑·修文》中第一、五、六章中的内容，字体与《反质》《辨物》残卷明显不同。由此推测，在敦煌文献中，可能不止一个《说苑》抄本。如果能够在敦煌文献中发现更多的《说苑》材料，对于该书的研究工作必将具有重要意义。

张舜徽先生《爱晚庐随笔》“敦煌古写本说苑残卷”条曾专记经冯国瑞介绍观敦煌写本一事。“余在兰州时，从友人冯仲翔教授处，得知此邦好古之士张君香冰，藏有古写本《说苑·反质篇》残卷，敦煌石室中物也。张君宝爱之，不轻示人，余闻而惊喜，因仲翔之介而走访之。主人发椟出此卷，书法端重，运笔与上虞罗氏景印之《隶古定尚书》残卷略同，而字之工整过之，信为唐以上人写本无疑。主人惠然见假，余因携归校园，取明程荣校刊本、平湖葛氏传朴堂藏明抄本（即《四部丛刊》本）及坊刻诸本杂校之，录为《校勘记》一卷，从知今本致误之由，则传写伪脱者半，凭意妄改者亦半也。复有今本不误而古写本转多伪体者，又不可固守旧钞承其舛谬也。”张香冰即张作谋（1901—1977年），香冰其号也。曾任甘肃省立第一中学校长，作品结集为《新蕉细雨轩诗词集》。张是教育家，也是收藏家，据邓明先生考述，张之写本是他的老师杨丙辰于1933—1947年间任敦煌县长所获，杨卸任后转让于他。民国三十六年（1947），张携卷去南京，请监察院长于右任、监察委员王新令观赏，于右任题名于后：“民国三十六年于右任、王新令同观于南京。”于和王都是冯国瑞的世交，尤其是王新令（1904—1965年），冯以弟视之，情同手足。冯关注过的写本，又由两位老朋友在南京兴赏题名，真是缘分啊！解放后，张失去正式工作，生活无着，在1963年左右将此《说苑·反质篇》残卷转让敦煌文物研究所即今之敦煌研究院，编号为"敦研三二八"。卷纵28.69厘米，长383厘米，共185行。今印影著录于《甘肃藏敦煌文献》。（参见刘雁翔《冯国瑞敦煌写经吐鲁番文书题跋叙录》，见《敦煌学辑刊》2008年第3期）

关于敦煌残卷《反质》的价值，李永宁先生在《敦煌文物研究所藏〈说苑·反质篇〉残卷校勘记》一文中有明确论述："现通行之《说苑》各本中之《反质篇》当为高丽本无疑。……唐本《说苑·反质篇》残卷，较今通行之高丽本更近刘向原著，据以订今本，价值可鉴。"（见《敦煌研究文集》第254页，甘肃民族出版社2000年版）另外，邓明先生在《敦煌卷子〈说苑·二十反质〉的来龙去脉》一文也说："这个卷子是隋代至初唐的写本，比宋代王尧臣、曾巩的本子早300多年，在校勘上很有价值。"